A. Nebe

Die Auferstehungsgeschichte unsers Herrn Jesu Christi

Nach den vier Evangelien

A. Nebe

Die Auferstehungsgeschichte unsers Herrn Jesu Christi
Nach den vier Evangelien

ISBN/EAN: 9783743650718

Hergestellt in Europa, USA, Kanada, Australien, Japan

Cover: Foto ©Lupo / pixelio.de

Weitere Bücher finden Sie auf **www.hansebooks.com**

DIE

AUFERSTEHUNGSGESCHICHTE

UNSERS

HERRN JESU CHRISTI

NACH

DEN VIER EVANGELIEN

AUSGELEGT

VON

A. NEBE,

DER THEOLOGIE DOKTOR, PROFESSOR UND PFARRER.

WIESBADEN,
JULIUS NIEDNER, VERLAGSHANDLUNG.
1882.
PHILADELPHIA,
BEI SCHÄFER & KORADI.

VORREDE.

Wegen des Titels dieses Buches war ich in Verlegenheit: ich hatte die Wahl zwischen Herrlichkeitsgeschichte und Auferstehungsgeschichte. Die erste Bezeichnung sagt mir wenig zu: an dem Tage seiner Auferstehung ist unser Herr in seine Herrlichkeit eingegangen und was er lebt, das lebt er von da an bis in Ewigkeit in der Herrlichkeit. Eine Herrlichkeitsgeschichte lässt sich also weder jetzt noch jemals schreiben, höchstens die Geschichte einer Periode zu seiner Zeit. Aber diese Zeit ist noch nicht gekommen, wir stehen ja noch in der ersten Periode der Herrlichkeit unseres Herrn. Die zweite beginnt erst, wenn er, der von den Todten auferstanden und aufgefahren ist gen Himmel, wiederkommen wird in grosser Kraft und Herrlichkeit. Eine dritte hebt mit dem Momente an, da der Herr der Herrlichkeit das Reich Gott, dem Vater, überantwortet. Ich entschied mich für die andere Bezeichnung — Auferstehungsgeschichte, da sich die Himmelfahrt als die nothwendige Consequenz der Auferstehung sehr leicht darunter mit befassen lässt. Mir will es so erscheinen, als wenn die Apostel dieselbe schon in diesem Lichte geschaut hätten: wenigstens kann ich mir nur mittelst dieser Voraussetzung erklären, dass sie so selten von der Himmelfahrt reden und nirgends für dieselbe eine besondere Bedeutung in Anspruch nehmen.

Wie die Leidensgeschichte ist auch die Auferstehungsgeschichte behandelt worden. Aus den vier Texten versuchte ich einen Text zusammenzusetzen: um eine einheitliche Anschauung zu gewinnen, ist solche harmonistische Verarbeitung der parallelen Berichte schlechterdings nothwendig. Wie früher, bin ich auch hier hin und wieder meine eigenen Wege gegangen; man wolle mir das nicht verargen und unbefangen prüfen, ob es auf diese Weise nicht bequemer und ungezwungener geht. Besondere Arbeiten über die Auferstehungsgeschichte lagen mir nicht vor: in dem vorigen Jahrhunderte sind auf die Anregung, welche von dem Wolfenbüttler Fragmentisten ausging, einige Schriften über diesen Theil des Evangeliums von Christus erschienen, allein dieselben sind vollständig veraltet. Dass die einschläglichen Particen aus Steinmeyer's die Auferstchungsgeschichte des Herrn in Bezug auf die neueste Kritik zu Rathe gezogen sind, versteht sich von selbst. Die Hilfsmittel, welche Kirchenväter, Reformatoren, Exegeten, wie Grotius, Gerhard, Bengel u. s. w., und Biographen des Erlösers boten, sind gewissenhaft benutzt worden.

Möchte dieses Buch eine gleich freundliche Aufnahme finden, wie die Leidensgeschichte, mit welcher es in einem inneren Zusammenhange steht, und diesem und jenem zu einem tieferen Einblicke in die unerschöpfliche Fülle der Gotteskraft und der Heilandsgnade des Auferstandenen verhelfen.

Rossleben, April 1882.

D. Nebe.

Inhaltsverzeichniss.

———

1. Die Frauen an dem Grabe des Auferstandenen.

Matth. 28, 1—10.	Mark. 16, 1—8.	Luk. 24, 1—11.
Als aber der Sabbath um war und der erste Tag nach dem Sabbath anbrach, kam Maria Magdalena und die andere Maria, das Grab zu besehen. (2) Und siehe es geschah ein grosses Erdbeben. Denn ein Engel des Herrn kam vom Himmel herab, trat hinzu und wälzte den Stein ab und setzte sich darauf. (3) Und seine Gestalt war wie ein Blitz und sein Kleid weiss als Schnee. (4) Die Hüter aber erschraken vor Furcht und wurden, als wären sie todt.	Und da der Sabbath vergangen war, kauften Maria Magdalena und Maria Jacobi und Salome Specerei, auf dass sie kämen und salbten ihn. (2) Und sie gingen zum Grabe an dem ersten Tage nach dem Sabbathe sehr frühe, da die Sonne aufgegangen war.	Aber an dem ersten Tage nach dem Sabbath, sehr frühe kamen sie zu dem Grabe und trugen die Specerei, die sie bereitet hatten.

Es ist die Frage, ob wir ein Recht haben, das, was Matthäus in diesen Versen berichtet, mit dem, was die beiden andern Synoptiker erzählen, zu verbinden. Man hat in alten Zeiten behauptet und Gerhard hat diese Behauptung seiner Zeit wieder aufgenommen, dass Matthäus in diesen ersten Versen seines Schlusskapitels von einem Grabesgang spreche, welcher schon an dem Abende des grossen Ostersabbaths, also nach unserer Weise zu reden, noch an dem Sonnabend vor dem Ostersonntage nach Untergang der Sonne stattgefunden habe. Er meint auf diesem Wege, zwei Steine des Anstosses glücklich beseitigen zu können, erstens den, dass die Frauen nach Matthäus ὀψὲ δὲ σαββάτων, τῇ ἐπιφωσκούσῃ εἰς μίαν σαββάτων zum Grabe pilgern, während sie nach den andern Evangelisten an dem ersten Tage nach dem Sabbathe erst dorthin wandern, und zweitens den, dass jene Frauen bei Matthäus nur nach dem Grabe sehen wollen, während es jenen Jüngerinnen Jesu, deren Markus und Lukas gedenken, darum zu thun ist, den heiligen Leib ihres Herrn zu salben.

Immerhin mag Hieronymus in dem bekannten Briefe (120) an Hedibia auf die vierte ihm vorgelegte Frage antworten: *nobis simplex videtur et apperta responsio, sanctas feminas Christi absentiam non ferentes per totam*

noctem non semel, nec bis, sed crebro ad sepulcrum domini cucurrisse, prae-
sertim cum terrae motus et saxa diruta et sol fugiens et rerum natura
turbata et quod hic maius est, desiderium salvatoris somnum ruperit femi-
narum, und Gerhard sich ihm anschliessen mit den Worten: *quare cum*
quilibet videat interpretationes hasce (die nämlich, welche eine Harmonie
herzustellen suchen) *coactas esse, simplicius igitur et textui convenientius*
est, descriptionem Matthaei de primo harum muliercularum ad sepulcrum
excursu accipere hoc sensu: cum sabbathum magnum praeteriisset et circa
vesperam prima sabbathorum sive feria prima a vespera incipiens succederet,
venerunt duae illae Mariae ad videndum sepulcrum: wir vermögen nicht,
ihnen nachzufolgen. Zwei grosse Bedenken, auf welche schon Wieseler
aufmerksam gemacht hat, erheben sich gegen diese Annahme. Matthäus
macht nämlich in seiner Erzählung keine Abschnitte, sondern erzählt hier
in einer ununterbrochenen Reihenfolge: die Frauen gehen zum Grabe, das
Erdbeben erfolgt, auf dem weggewälzten Steine sitzt der Engel und verkündet den herbeigekommenen Galiläerinnen, dass Jesus von den Todten
auferstanden sei. Es würde uns demnach nichts übrig bleiben, als die
Auferstehung des Gekreuzigten schon auf den Sonnabend Abend festzu-
setzen. Geht das aber in irgend einer Weise an? Es ist rein unmöglich;
dieser Thatbestand würde nicht bloss der gesammten apostolischen Predigt
widersprechen, welche ausdrücklich betont, dass Christus an dem dritten
Tage von den Todten auferstanden ist, vgl. Act. 10, 40. 1. Cor. 15, 4,
sondern auch den bestimmtesten Weissagungen Christi, vgl. Matth. 16, 21.
17, 23. 20, 19. Ist der Herr an dem Sabbath Abend schon auferstanden,
so kommen diese drei Tage auf keine Weise heraus: er ist dann bereits
an dem zweiten Tage auferweckt worden. Hierzu tritt als zweites Moment
die Aussage der Wächter, welche vor das Grab Christi gelegt worden
waren; diese verstehen sich zu der Lüge, dass die Jünger Jesu des Nachts
den Leichnam gestohlen hätten. Diese Lüge aber hätte keinen Boden,
wenn die Auferstehung Christi, welche durch dieselbe illusorisch gemacht
werden soll, schon vor der Nacht stattgefunden hätte. Wir sehen, der
Evangelist zwingt uns selbst zu der Auffassung seines Berichtes, welche
wir angenommen haben. Gegen diese Auslegung legt jedoch Keim den
entschiedensten Protest ein. Am Sabbath Abend nach 6 Uhr beim ersten
Flimmern der Sterne gehen nach ihm jene beiden von Matthäus benannten
Frauen zu dem Grabe des Herrn. Gerne geben wir ihm zu, dass der
Ausdruck σάββατον ἐπιφώσκει nicht den Anbruch des natürlichen Tages
bezeichnen muss, sondern eben so gut, wie wir zu Luk. 23, 54 vgl. Leidensgeschichte 2, 413 ausgeführt haben, auch den Anbruch des heiligen, von
Sonnenuntergang zu Sonnenuntergang sich ausdehnenden Tages bezeichnen
kann: aber wir kommen dann mit dem dritten Tage der Auferstehung in
ein arges Gedränge. Keim will uns mit seiner Bemerkung: „die beiläufige
Berufung auf Matthäus selbst, der überall τρίτῃ ἡμέρᾳ setze, ist lächerlich,
weil von Freitag 4—6 Uhr bis Samstag nach 6 Uhr gleichfalls drei Tage
gerechnet werden konnten" (3, 553), heraushelfen: allein seine Hülfe ist
unstatthaft. Er selbst gesteht zu, dass Bleek ganz im Rechte sei, wenn
er die dem Sabbath folgende Nacht strenggenommen von 6 Uhr, unter
allen Umständen von 12 Uhr an nicht mehr zum Sabbath, sondern zum
ersten Wochentage nach dem Sabbath gehören lasse, und geräth damit mit
sich selbst in Widerspruch. Denn, wenn in irgend einer Weise die Zeit

von 6 Uhr Abends bis Mitternacht noch zum Sabbath gezogen werden kann, was nach der Keim'schen Auffassung von ὀψὲ σαββάτων der Fall sein soll, so will nach der Rechnung, die man dem Evangelisten unterschiebt, der dritte Tag auf keine Weise resultiren. Am Freitag Nachmittag ist Christus gestorben und am Sabbath Abend schon auferstanden: wie will da der dritte Tag herauskommen? Keim stimmt darin mit Meyer, Weiss, Keil u. A. zusammen, dass er den Ausdruck ὀψὲ σαββάτων so fasst, dass es nicht heissen soll *sabbato peracto*, sondern *sub finem sabbati, extrema sabbati parte*. Gewöhnlich soll nach Meyer der Genetiv nach ὀψέ die Zeit angeben, in welche das Berichtete eben noch hineinfällt (τὰ τελευταῖα τούτων, Euthymius Zigabenus). So z. B. Xenoph. Hist. 2, 1, 23: τῆς ἡμέρας ὀψέ, Demosthen. p. 541 ult.: ὀψὲ τῆς ὥρας ἐγίγνετο, Lucian. Dem. enc. 14 und de morte Peregr. 21: ὀψὲ τῆς ἡλικίας. „Daher in der Späte des Sabbaths, womit, wie gleich die folgende Näherbestimmung jedes Missverständniss abschneidet, nicht der Sonnabend-Abend gemeint ist, sondern die späte Nachtzeit des Sonnabends, nach Mitternacht, gegen den Tagesanbruch des Sonntags hin, so dass also bei diesem Ausdrucke die bürgerliche Tagesbestimmung des gewöhnlichen Lebens von Sonnenaufgang bis wieder zu Sonnenaufgang zu Grunde liegt." Wir können uns in keiner Weise mit dieser Auffassung des in Rede stehenden Ausdrucks einverstanden erklären. Es ist, wie Bleek schon ausgeführt hat, rein unmöglich den Abend, welcher nach dem Untergange der sabbathlichen Sonne noch andauert, zu dem Sabbathe selbst zu rechnen: der Sabbath schloss scharf mit dem Untergange der Sonne ab und keine Stunde über diesen Untergang hinaus ward noch zu ihm gerechnet. Diese scharfe Begrenzung war geboten durch das strenge Sabbathsgesetz, welches alle Arbeit an diesem Tage verpönte. Und hier wird uns nun gar zugemuthet, nicht bloss etliche wenige Stunden des auf den Sabbath folgenden Tages dem Sabbathe zuzuschreiben, sondern den Sabbath über Mitternacht hinaus, bis zu dem Tagesanbruche, bestimmter geredet, bis zu dem Sonnenaufgang des folgenden natürlichen Tages auszudehnen. Eine Zumuthung ist das, welche wir nur auf das Entschiedenste abweisen können. Fast scheint es, als wenn die gelehrten Herrn, welche solche Forderungen an uns stellen, eben so wenig, als sie von dem Anbruche des heiligen Tages wissen, von dem Anbruche des natürlichen Tages in Palästina um die Osterzeit wissen. Nach Schubert (Reise in das Morgenland 2, 452) geht die Sonne am 24. März gegen 6 Uhr bei Hebron auf, nach Robinson (Neuere biblische Forschungen in Palästina S. 44) stand gegen 5 Uhr am 6. April der blasse Mond noch am Himmel und graue Morgendämmerung herrschte noch.

Meyer ist gewissenhaft genug zuzugeben, dass ὀψέ mit dem Genetiv eines Hauptworts verbunden nicht alle Mal die Zeit angebe, in deren spätester Frist etwas geschehen sei, sondern häufig weiter nichts als den Punkt bemerke, nach welchem etwas eingetreten sei. Diese Bedeutung von ὀψέ *cum genetivo* ist unleugbar: Passow und Pape bieten dazu Beläge. Philostratus schreibt in der vita Apoll. 4, 18: ὀψὲ μυστηρίων, *peractis mysteriis*, und ὀψὲ Τρωϊκῶν, lange nach dem trojanischen Kriege, wie Plutarch in der vita Num. c. l. ὀψὲ τῶν Νουμᾶ χρόνων. Wenn Meyer nun behauptet, dass ὀψέ in dieser Verbindung stets aussage „lange nach", so ist das nicht ganz richtig; ὀψέ bedeutet ursprünglich nur nachher, besonders allerdings

1*

lange Zeit darnach, spät: besonders, aber nicht ausschliesslich!
Bleiben wir bei jener allgemeinen Bedeutung von ὀψέ stehen, so sollen wir
die Wahl zwischen zwei Auslegungen haben: wir könnten nämlich den
darauf folgenden Genetiv τῶν σαββάτων entweder so nehmen, dass er die
Woche, oder den Sabbath bezeichnet. Severus Antiochenus, Euthymius
Zigabenus verstehen τῶν σαββάτων von der Woche: der Letztere sagt:
εἰπὼν οὖν Ματθαῖος, ὅτι ὀψὲ σαββάτων, ἐσήμανε τὸ τέλος ὅλων τῶν σαββάτων, ἤγουν, τῶν ἑπτὰ ἡμερῶν τῆς ἑβδομάδος· καὶ ἡμεῖς γάρ, ὀψὲ τῆς
ἡμέρας λέγοντες, ἢ ὀψὲ τῆς νυκτός, τὰ τελευταῖα τούτων δηλοῦμεν· τέλος
δὲ τῶν ἑπτὰ ἡμερῶν τῆς ἑβδομάδος, οὐ μόνον αὐτὸ τὸ κυρίως σάββατον,
ἀλλὰ καὶ τὸ τούτου τέλος. Grotius tritt dieser sinnigen Auslegung zu,
ebenso neuerdings wieder Wieseler, Lange u. A. Allerdings macht der
Ostertag dem Sabbath ein Ende und führt eine neue Zeit mit sich herauf:
deutet der Evangelist aber diesen Gedanken irgendwie an? Wir werden
überhaupt Anstand nehmen müssen, τὰ σάββατα als Bezeichnung der Woche
zu fassen; neuere Ausleger und Lexikographen — ich nenne nur Hengstenberg und Grimm — stellen es ganz und gar in Abrede. Wir dürfen auch
das wohl erwarten, dass dasselbe Wort, welches Matthäus in diesem Verse
zwei Mal gebraucht, nicht in verschiedenem Sinne erscheint. Wir treten
desshalb dem alten Kirchenvater Augustinus mit Luther, Calvin, Lightfoot,
Bengel, Kühnöl, Fritzsche, Olshausen, de Wette, Baumgarten-Crusius,
Ewald, Bleek, Hengstenberg u. A. bei, welcher ὀψὲ δὲ σαββάτων fasst:
nach Verfluss des Sabbathes, und gewinnen damit den Vortheil, ὀψέ in der
ganz besonderen Bedeutung von „spät nach" nehmen zu können, denn, da
der Evangelist sofort auf das Morgengrauen des ersten Tages nach dem
Sabbathe zu sprechen kommt, ist ὀψὲ τῶν σαββάτων allerdings spät nach
dem Sabbath, ist ja dann nach der jüdischen Tageseintheilung von diesem
ersten Wochentage bereits mehr als ein volles Drittel verflossen.

Matthäus bestimmt nun die Zeit nach Verlauf des Sabbathes gleich
näher mit τῇ ἐπιφωσκούσῃ εἰς μίαν σαββάτων. Wenn Lukas so schriebe,
würden wir wenigstens einen Augenblick stutzig werden, denn er gebraucht
23, 54 diesen Ausdruck als einen *terminus technicus* für den Anbruch des
gesetzlichen, religiösen Tages: Matthäus hat ganz freie Hand, ἐπιφώσκειν
kann in diesem Sinne, aber auch in dem andern natürlichen von ihm hier
gebraucht sein. Der Zusammenhang aber entscheidet dafür, dass er das
ἐπιφώσκειν von dem Aufdämmern eines neuen Tages versteht, denn kein
vernünftiger Mensch begibt sich auf den Weg, ein Ding sich genau zu be-
sehen, wenn das Sonnenlicht erloschen ist und die Finsterniss immer
dunkler hereinbricht. Die Frauen aber gingen nach ihm aus, θεωρῆσαι
τὸν τάφον. Was zu ἐπιφωσκούσῃ zu ergänzen ist, kann nicht bestimmt
gesagt werden; Ewald denkt an ἑσπέρα, Wieseler spricht für φυλακή oder
ὥρα, Kypke schlägt ἕως oder ἡμέρα vor, Baumgarten-Crusius, Weiss,
Volkmar sind für ὥρα allein, Kühnöl, Fritzsche, Bleek, Meyer, Hengstenberg
u. A. für ἡμέρα. Mit Ewalds ἑσπέρα können wir uns ganz und gar nicht
befreunden; auch Wieselers φυλακή sagt uns nicht zu, denn wir können
den Nachweis nicht liefern, dass man sagt: φυλακή ἐπιφώσκει, und können
uns überhaupt eine solche Phrase nicht denken, denn die Wache kommt
nicht mit dem Lichte herbei, sondern zieht mit dem aufgehenden Sonnen-
lichte ab. Die Ergänzung ἕως empfiehlt sich auch nicht, der neutestamentlichen Gräcität ist das Wort fremd. Möglich bleiben nur ὥρα und ἡμέρα;

die letztere Ergänzung würde sich nach meinem Dafürhalten am Meisten empfehlen, denn die Redensart ἄρα ἐπιφώσκει ist unerhört, wohl aber die andre ἡμέρα ἐπιφώσκει geläufig, cf. z. B. Herodotus 3, 86: ἅμ᾽ ἡμέρῃ δὲ διαφαυσκούσῃ. Es dämmerte, es graute also der Tag εἰς μίαν σαββάτων. Wie Lightfoot zu unserer Stelle in seinen *horae hebraicae* eingehend nachgewiesen hat, benannten die alten Israeliten die Tage der Woche nicht mit eigenen Namen, sie zählten sie, ähnlich wie wir die Sonntage des Sommers nach Trinitatis, nach dem Sabbathe und bezeichnen unsren Sonntag mit אחר בשׁבת, unsren Montag mit שׁני בשׁבת u. s. w. Matthäus wird dem hebräischen Ausdrucke, wie Calvin schon erkannt hat, vollkommen gerecht, wenn er nicht πρώτην, sondern μίαν σαββάτων schreibt. Ob aber Lightfoot wohl darangethan hat, diese Bezeichnungen mit *die primo, die secundo hebdomadis* zu übertragen, ist sehr fraglich: gelegentlich verbessert er sich selbst und schreibt: *quarta sabbati*. Die 70 hat für den Wochenfeiertag der Kinder Israel die beiden Formen: τὸ σάββατον cf. 2. Macc. 5, 25 und 12, 38 und τὰ σάββατα cf.: Exod. 2, 16, 23, 26, 29. 20, 8 und 10. 31, 13, 14, 16 u. ö. Joseph (Ant. 1, 1, 1 und 13, 8, 4) gebrauchte gleicher Weise Singular und Plural *promiscue*. Während in dem griechischen Alten Testamente der Plural vorherrscht — ich habe den Singular in keiner Stelle eines kanonischen Buches gefunden, — ist in dem Neuen Testamente der Singular am Gewöhnlichsten, cf.: Matth. 12, 2, 8. 24, 20. Mark. 2, 27, 28. 6, 2. 16, 1, 9. Luk. 6, 1, 5, 6, 7. 13, 14, 15, 16. 14, 1, 3, 5. 18, 12. 23, 54, 56. Joh. 5, 9, 10, 16, 18. 7, 22, 23. 9, 14, 16. 19, 31. Act. 1, 12. 13, 27, 42, 44. 15, 21. 18, 4; es erscheint, hingegen Matth. 12, 1, 5, 10, 11, 12. 28, 1. Mark. 1, 21. 2, 23, 24. 3, 2, 4. Luk. 4, 16, 31. 6, 2, 9. 13, 10. 24, 1. Joh. 20, 1. Act. 13, 14. 16, 13. 20, 7. 1. Cor. 16, 2. Col. 2, 16 der Plural. Hengstenberg erklärt den Plural, welcher in der Formel ἡμέρα τῶν σαββάτων Luk. 4, 16. Act. 13, 14. 16, 13 höchst auffallend ist, nicht mit Unrecht für einen *pluralis excellentiae*: in der hier vorkommenden Formel steht alle Zeit auch der Plural. Man ist wohl zu rasch zugefahren, wenn man — Meyer thut es selbst noch — für σάββατον eine doppelte Bedeutung: Sabbathstag und Woche fordert: die hebräische Bezeichnung בשׁבת אחר u. s. w. legt vielmehr den Gedanken sehr nahe, dass jener Genetiv nur eine Uebersetzung der Präposition ב ist und den Tag nur genauer signalisiren soll nach seinem Verhältnisse zu dem Sabbathstage. Hiernach wäre μία τῶν σαββάτων nicht der erste Tag der Woche, sondern der erste Tag im Verhältniss zu dem Sabbath, also entweder der erste Tag von den sechsen, welche dem Sabbath vorangehen, oder der erste Tag von den Tagen, die auf einen Sabbath folgen.

Mit diesen Zeitbestimmungen des Matthäus stimmen, was den Tag anlangt, alle Evangelisten überein; Lukas, mit welchem Johannes, den wir später betrachten wollen, gleichlautet, spricht von τῇ μιᾷ τῶν σαββάτων und Markus umschreibt diese Formel mit seinem *genetivus absolutus* καὶ διαγενομένου τοῦ σαββάτου. Hinsichtlich der Zeit des Tages ist die Uebereinstimmung vielfach in Abrede gestellt worden. Matthäus sagt, dass der Gang nach dem Grabe τῇ ἐπιφωσκούσῃ angetreten worden sei: also im Morgengrauen, womit das johanneische πρωὶ σκοτίας ἔτι οὔσης, auch des Lukas ὄρθρου βαθέως — denn so wird auf Grund aller grossen Handschriften statt des recipirten βαθέος zu lesen sein — sich recht gut vertragen würde, denn die Morgendämmerung hat ja das zu ihrer Signatur, dass das Licht noch kämpft mit der Finsterniss, und ὁ ὄρθρος ist die Zeit, da die Sonne aufgehend sich erhebt und Mensch und Thier von dem Schlaf aufsteht (ὄρνυται, wovon das Nomen sich ableitet). Das dabeistehende βαθέως wird von de Wette, Bleek, Buttmann als Genetiv des Adjectivs βαθύς, von Meyer und Weiss als Adverbium genommen, für das Erste möchte aber die Phrase ὁ ἔσχατος ὄρθρος (Theocritus 24, 86) wohl sprechen. Markus scheint nicht recht sich hiermit zu reimen: καὶ λίαν πρωῒ τῇ μιᾷ τῶν σαββάτων — so lese ich mit Tischendorf auf Grund des Sinaïtikus (Lachmann streicht den Artikel τῇ, weil er in dem Vaticanus fehlt) statt des recipirten τῆς μιᾶς σαββάτων, welches den Alexandrinus und den Codex Ephraemi für sich hat — ἔρχονται ἐπὶ τὸ μνημεῖον, ἀνατείλαντος τοῦ ἡλίου. Dieses Participium des Aoristes kann nicht in ein Participium des Präsens umgewandelt werden, was der Codex Cantabrigiensis allerdings, aber offenbar als harmonistische Correktur bietet, und was Luther, Grotius, Heupel, Wolf, Heumann, Paulus, Hug, Ebrard u. A. mehr durch die Uebersetzung „als die Sonne aufging", Krebs, Hitzig mit der „als die Sonne aufgehen wollte" und Lange „als die Sonne angefangen hatte, aufzugehen" bewerkstelligen. Wir können ἀνατείλαντος τοῦ ἡλίου durchaus nicht anders wiedergeben als mit „da die Sonne aufgegangen war", was Bengel (orto sole), Kühnöl, Fritzsche, Bleek, Meyer, Hengstenberg, Keil schon längst behauptet haben. Wir verwickeln uns durch diese Uebertragung mit den Berichten der andern Evangelisten auch nicht in den mindesten Widerspruch. Es ist ja richtig, die Finsterniss ist vergangen, das Morgengrauen verschwunden, wenn die Sonne aufgegangen ist: aber man wolle nicht übersehen, dass ἔρχεσθαι durchaus nicht allein das Gelangen an einen gewissen Ort, sondern auch das Sichaufmachen, um an diesen Punkt zu gelangen, das Sichbewegen nach einem Ziel hin aussagt. Nehmen wir diesen unbestreitbaren Sprachgebrauch zu Hülfe, so lösen sich alle Dissonanzen in die vollkommenste Harmonie auf.

In dem Grauen des Morgens begeben sich nach den Synoptikern mehrere Frauen nach dem Grabe in dem Garten Josephs von Arimathäa. Matthäus redet von zweien, nämlich von Maria Magdalena und der andern Maria, welche nach ihm 27, 61 an dem Charfreitag Abend sich noch so lange daselbst aufgehalten haben: Markus gibt die Maria Magdalena und die Maria Jakobi und Salome mit Namen an und ertheilt uns so eine sehr erwünschte Auskunft über die andre, von Matthäus nicht näher gekennzeichnete Maria: Lukas aber führt die Maria Magdalena und die Maria Jakobi, eine Ἰωάννα und καὶ αἱ λοιπαὶ σὺν αὐταῖς auf. Ueber die Maria Magdalena, die andre Maria, genannt Jakobi, und die Salome haben wir uns nicht weiter auszulassen: wir haben das schon gethan in der Leidensgeschichte 2, 280 ff. Neu ist uns hier nur die Johanna des Lukas. Der Evangelist setzt voraus, dass sie seinen Lesern bekannt ist: er hat 8, 3 sie schon erwähnt. Dort wird sie, zwischen Maria Magdalena und Susanna gestellt, unter den Weibern aufgeführt, welche dem Heiland Handreichung thaten von ihrer Habe. Er hatte sie gesund gemacht von böser Krankheit und satanischer Besessenheit: seitdem war sie, die Ehefrau des Chuzas, des ἐπιτρόπος, des Hausmeisters des Königs Herodes, dem Herrn in unwandelbarer Treue nachgefolgt. Wer unter den αἱ λοιπαὶ σὺν αὐταῖς sich befand, vermögen wir nicht mit annähernder Sicherheit zu bestimmen; nur das Eine behaupten wir mit aller Bestimmtheit, dass Maria, die Mutter Jesu, nicht unter diesen Andern, Uebrigen war. Diess ist um desswillen nicht möglich, weil dieselbe unter den Frauen, welche in der Gesellschaft des Herrn erscheinen, eine so hervorragende Stellung als die gebenedeiete Mutter einnimmt, dass Maria Magdalena, welche sonst den Chor der gottseligen Frauen führt, wie Petrus denjenigen der gläubigen Jünger, ihr den ersten Platz einräumen muss, wenn sie in Gemeinschaft mit ihnen erscheint. Ich verweise auf meine Bemerkungen zu Joh. 19, 25, Leidensgeschichte 2, 283. Es befremdet, die Mutter Jesu nicht bei diesen frommen Frauen zu finden, welche sich an dem Ostermorgen so früh auf den Weg nach dem Grabe machen, so dass wir uns nicht wundern können, dass viele Alte unter der andern Maria, welche sowohl durch die Parallelen Mark. 16, 1 und Luk. 24, 10 zu Matth. 28, 1 als auch durch die Parallele Mark. 15, 47 zu Matth. 27, 61 als die Maria, die Ehegattin des Klopas, die Mutter des kleinen Jakobus und Joses, ausser allen Zweifel gesetzt wird, dieselbe verstehen. Nicephorus h. e. 1, 33 ist dieser Ansicht, ihm steht Sedulius zur Seite, welcher singt:

> *Virgo parens aliaeque simul cum munere matres*
> *Messis aromaticae noctu venere gementes*
> *Ad tumulum.*

Man hat nach dem Grunde dieser auffallenden Erscheinung, dass die Mutter an dem Grabe des Sohnes fehlt, geforscht. Der Karthäuser Ludolph erklärt es damit, dass sie 1) das Grab des jüngst bestatteten Sohnes nur mit dem grössten Herzeleid hätte sehen können, dass sie 2) den Rüsttag und den grossen Sabbath über so unermesslich geweint habe, dass sie ganz von Kräften gekommen sei, und dass sie 3) gewusst hätte, der Leib Christi sei bereits nicht mehr im Grabe, sondern er sei wieder lebendig geworden. Der gute Mann wirft Alles bunt durch einander, denn es liegt auf der Hand, dass der erste Grund nicht mehr Stich hält, wenn der dritte Grund zu Recht besteht. Gerhard, dem wir diese Notizen über Ludolphs Meinung entnehmen, erklärt sich dahin: *magna est infirmitas fidei, quod immemores praedictionum de resurrectione Christi corpus eius nulli umquam corruptioni futurum obnoxium aromatibus suis a corruptione praeservare satagunt (mulieres), sed Maria, mater domini, procul dubio reposuit verba Christi de resurrectione in corde suo, cum verba pastorum Bethleemiticorum tam exacte notarit. Luc. 2, 19. Ideo non abiit una cum reliquis ad ungendum corpus Christi. Denique officium ungendi defunctorum corpora praestabatur ab illis, non qui cognatione omnino essent proximi, sed qui vel vicinitate vel amicitia vel remotiori cognatione defunctis erant iuncti, sicut Joseph parentis demortui corpus non ipsemet inungit, sed medicis, servis suis, hanc operam demandat. Genes. 50, 2. Neque hodie apud nos defunctorum corpora a proximis agnatis abluuntur ac vestiuntur.* Ich glaube, wir thun wohl daran, wenn wir den ersten Grund, durch welchen Gerhard das Fehlen der Maria unter diesen Frauen erklären will, einfach streichen. Ich kann nicht annehmen, dass sie das Wort des Herrn von seiner Auferstehung von den Todten verstanden habe, dessen Sinn den auserwählten Aposteln selbst verborgen blieb: auch sie suchte wie die andern Gläubigen an dem Ostermorgen noch den Lebendigen bei den Todten. Der zweite Grund lässt sich hören und kann dadurch theils motivirt, theils verstärkt werden, dass man darauf hinweist, wie gerade ein solches Werk an den Todten die allernächsten Verwandten wieder auf das Tiefste aufregen und erschüttern musste.

Diese Frauen kamen nach der Aussage des Matthäus ϑεωρῆσαι τὸν τάφον: Markus und Lukas aber wissen mehr. Markus berichtet: καὶ διαγενομένου τοῦ σαββάτου — ἠγόρασαν ἀρώματα, ἵνα ἐλθοῦσαι ἀλείψωσιν αὐτόν, Lukas aber: ἦλθον φέρουσαι ἃ ἡτοίμασαν ἀρώματα. Die Aussage des Matthäus, so hat man vielfach gesprochen, soll sich mit den Angaben der beiden anderen Synoptiker nicht vertragen. Nach Matthäus sollen sie nur das Grab betrachten wollen, nach den beiden Andern aber wollen sie den Leib des Herrn salben. Schliesst aber das Eine in der That das Andere aus? Ich kann mit Calvin, Gerhard, Bengel das nicht finden. Allerdings hat der erste Evangelist bereits gemeldet (27, 59), dass Joseph den heiligen Leib schon in eine reine Leinwand gewickelt habe, womit gewiss ein Einbinden von Aromen verbunden war: der zweite (15, 46) und der dritte (23, 53) erzählen dasselbe und nehmen keinen Anstand, die Weiber mit Salben noch besonders zu dem Grabe Christi pilgern zu lassen. Hiernach kann jene erste Notiz des ersten Evangelisten ein späteres Salben nicht abweisen. Man gesteht das zu, legt aber den Finger ein Mal auf die Schlussverse des 27. Kapitels, in welchen von der Versiegelung und Verwahrung des Felsengrabes die Rede ist, und spricht: desshalb konnten die Frauen nichts anders wollen als ϑεωρῆσαι τὸν τάφον: das Grab war ihnen verschlossen, desshalb konnten sie auch an keine Salbenbereitung, an kein Salben des Todten denken. Allein so ganz schlagend ist diese Beweisführung denn doch nicht: Matthäus setzt voraus, dass diese Frauen wussten, das Grab sei versiegelt und verwahrt, haben sie da nun Salben zubereitet, was wir annehmen, so kann er nicht ohne Weiteres sagen: sie kamen, um ihn zu salben, denn dann hätten sie gewiss sein müssen, dass weder Siegel noch Wache ihnen den Zugang zu dem Grabe verwehre, kamen sie dennoch mit Salben, so konnten sie in keiner andern Absicht für das Erste kommen, als mit der zuzusehen, wie es mit dem Grabe stehe, ob eine Möglichkeit vorhanden sei, in dasselbe zu gelangen. Unbestritten war Hauptsache ϑεωρῆσαι τὸν τάφον; alles Weitere hing von dieser Besichtigung, von dieser Okularinspektion ab. Ich kann demnach zwischen der Absicht, welche Matthäus diesen Galiläerinnen unterlegt, und der, welche die andern Synoptiker ihnen zuschreiben, keinen Widerspruch erkennen: sie wollten das Grab genau in Augenschein nehmen, um den Leib des Herrn zu salben. In der Leidensgeschichte 2, 428 habe ich ausgeführt, dass jene Mischung von Myrrhe und Aloe, welche Nikodemus zur Grablegung des Erlösers nach Joh. 19, 39 verwandte, durchaus nicht ein ἀλείφειν überflüssig machte. Jene Specereien wurden nur in die Leinwandstreifen und Leinwandtücher, in welche der Todte eingewickelt und eingeschlagen wurde, hineingestreut; das ἀλείφειν beschäftigt sich aber direkt mit dem Leibe, es ist darunter das saubere Abwaschen, das sorgfältige Einreiben desselben mit allerlei Salben zu verstehen. Eine Differenz tritt noch zu Tage: nach Markus kauften Maria Magdalena, Maria Jakobi und Salome diese ἀρώματα an dem Abende des Sonnabends (διαγενομένου τοῦ σαββάτου), nach Lukas hingegen (23, 56) besorgten sie die nothwendigen Einkäufe schon an dem Charfreitag Nachmittag, ehe der Sabbath anbrach. Ich trage kein Bedenken, einen zwiefachen Salbenkauf

anzunehmen: wir sehen ein Mal aus den hundert Litren, welche Nikodemus dem Gekreuzigten spendete, dass die Liebe zu dem Herrn so überschwänglich ist, dass sie nicht genug geben kann, und so hat es keine
Schwierigkeit vorauszusetzen, dass den salbenbereitenden Frauen von verschiedenen Seiten her noch weitere, reiche Gaben zugetragen wurden.
Auch dürfte ein Nachkauf vielleicht dadurch nothwendig geworden sein,
dass sie bei dem ersten Einkauf in der Bestürzung und Verwirrung dieses
und jenes nothwendige Ingredienz ganz vergessen oder nicht in der nöthigen
Menge gekauft hätten.

Dieses Vorhaben der Frauen kann sehr verschieden beurtheilt werden:
es lässt sich ihnen zur Last legen, aber umgekehrt auch zum Lobe auslegen. Calvin bemerkt: *peccasse quidem fateor, quod non statim mentes
suas extulerint ad illam praedictionem, quam ex ore magistri audierant:
sed quia retinent generale principium de ultima resurrectione, ignoscitur
defectus ille, qui totum actum, ut loquuntur, merito vitiasset. Sic Deus
saepe paterna indulgentia sanctorum officia suscipit, quae non modo sine
venia non placerent, sed iure etiam cum ignominia et poena repudiarentur.*
Bedenkt man, dass das Einbalsamiren der Todten, aus Aegypten herüber-
genommen, in dem Zweifel an eine Auferstehung der Todten seine tiefste
Wurzel hat und darum die sterbliche Hülle so lange als möglich erhalten
und der Gottesordnung: du bist Erde und sollst zur Erde werden! entziehen will, so lässt sich diess Verfahren verdammen. Aber man darf doch
nicht aus dem Auge lassen, dass diese Gedankenverbindung den Allermeisten verborgen war, dass sie die Einbalsamirung der Todten von den
Vätern überkommen hatten als einen Brauch, durch welchen man die
dankbare Liebe zu den Verstorbenen bezeugte. Unter diesen Gesichtspunkt ist das Werk dieser dienenden Frauen zu stellen. Luther hat das
bereits gethan: „hie ist sonderlich wohl zu merken der Weiber grosse Begierde und Liebe zu dem Herrn, dass sie also unbedacht, frühe, allein zu
dem Grabe gehen und gedenken nicht an den grossen Stein, der vor das
Grab gewälzt war; dass sie doch so viel bedacht hätten und irgend einen
Mann mit sich genommen. Aber sie thun hier wie furchtsame und be-
kümmerte Leute pflegen, darum gehen sie dahin und besinnen auch das
Nöthigste nicht, ja, sie gedenken auch nicht an die Hüter, die da ge-
harnischt waren, auch nicht an den Zorn Pilati und der Juden, sondern
wagen es frei dahin und machen sich allein auf den Weg. Was drang die
guten Weiber dazu, dass sie also Leib und Leben in die Schanze schlugen? Nichts anders denn die Gunst und Liebe, die sie zu dem Herrn
trugen, die war so tief in ihr Herz gesunken, dass sie tausend Hälse seinet-
halb gewagt hätten." Von ihrer Habe haben sie dem Herrn, so lange er
lebte, mit Freuden Handreichung gethan, jetzt leisten sie dem Verstorbenen den letzten Dienst dankbarer, treuer Liebe. Und dieser Dienst ist
um so reiner, so wohlgefälliger, je weniger sie von dem, welchem sie dienen,
einen Gegendienst erwarten können, je völliger ihr Glaube an ihn, der das
Reich Israel aufrichten sollte, Schiffbruch gelitten hat. Die hohen Erwartungen, welche sie von ihm hegten, hat er nicht erfüllt, ihre hoch-
fliegenden Hoffnungen hat er durch sein Dahinscheiden vereitelt: nichtsdestoweniger bleibt ihm ihre Liebe, ihre Verehrung, ihr Dienst! Die Liebe
überwindet Alles, sie bleibt, wenn auch der Glaube und die Hoffnung erloschen sind.

Matthäus knüpft an den Satz ἦλθεν Μαριὰμ ἡ Μαγδαληνὴ καὶ ἡ ἄλλη Μαρία den Satz: καὶ ἰδοὺ σεισμὸς ἐγένετο μέγας· ἄγγελος γὰρ κυρίου καταβὰς ἐξ οὐρανοῦ καὶ προςελθὼν ἀπεκύλισεν τὸν λίθον (der *textus receptus* hat noch τῆς θύρας, was wir aber auf Grund des Sinaiticus, Vaticanus und Cantabrigiensis löschen) καὶ ἐκάθητο ἐπάνω αὐτοῦ. Haben wir uns es mit Meyer so zu denken, dass dieses Herabkommen und Handeln des Engels geschah Angesichts der Frauen? Calvin, Grotius, Glöckler, de Wette, Bleek, Keil stellen es in Abrede. Gezwungen sind wir schwerlich, ἦλθεν θεωρῆσαι τὸν τάφον so zu nehmen, dass darin schon das zu dem Ziel Gekommensein der Frauen ausgesagt wird: es geht eben so gut an, was de Wette schon behauptet hat, hier nur ein Hingehen zu finden. Sagte Matthäus ἦλθεν εἰς oder ἐπὶ τὸν τάφον, so müssten wir allerdings darauf bestehen, dass das mit καὶ ἰδού Angeknüpfte nun erst geschah, als sie zum Grabe gelangt waren; so wie hier aber geschrieben ist, wird der Gedanke nicht ausgeschlossen, dass dieses, was nun folgt, stattfand, während die Frauen hingingen, um das Grab Christi zu beschauen. Wir lehnen daher die Fassung der Aoriste ἐγένετο, ἀπεκύλισεν, ἐκάθητο als Plusquamperfekte ab, wofür Castalio, Kühnöl, Kern, Ebrard u. A. sich ausgesprochen haben. Solche Annahmen vertragen sich durchaus nicht mit der Grammatik, sie sind unbeweisbar, unmöglich. Dieses Erdbeben steht offenbar mit dem Erdbeben, welches in der Todesstunde Christi geschah, in einem inneren Zusammenhange: Bengel geht aber zu weit, wenn er das in jener Stunde begonnene Erdbeben in diesem letzten Stosse erst zur Ruhe kommen lässt. Wir haben keine Mittheilung darüber, dass zwischen diesen beiden Erdbeben die Erde fortwährend noch sich bewegte. Nicht in einem natürlichen, sondern in einem logischen, idealen Zusammenhange stehen das Erdbeben bei dem Tode und das Erdbeben bei der Auferstehung Jesu Christi: dass eine Begebenheit, welche alle Welt bewegen und erschüttern soll, dass eine Aenderung, ein Umschwung in der Weltlage, in dem Stande aller Dinge vor sich gehen soll, mit einem Worte, dass das Alte vergangen ist und es nun ein Neues wird, das ist es, was beide Erdbeben allen Creaturen predigen.

Die Väter lassen die Erde am Liebsten desshalb erbeben, weil Christus jetzt die Pforten der Hölle sprengt und den Tod in seinen Sieg verschlingt. So sagt Hilarius: *motus terrae tempore matutino diei dominici, resurrectionis est virtus, cum contuso mortis aculeo et illuminatis illius tenebris, resurgente virtutum coelestium domino, inferorum trepidatio commovetur. Fortis armatus custodierat atrium suum hactenus pacate et quiete; nunc autem fortior illi superveniens eum vincit, exspoliat principatus et potestates, traducit confidenter palam, triumphans illos in se ipso.* Aehnlich Chrysologus: *tremuit terra, non quia angelus descendit de coelo, sed quia ab inferis dominator ascendit, movetur chaos, dissiliunt ima terrarum, timet terra, montium tremunt pondera, orbis fundamenta quatiuntur, corripitur tartarus, sistuntur inferna, adducitur mors, quae in reos tendens incurrit in iudicem, dominata servis, exarsit in dominum, saeviens in homines prosiluit in Deum.* Ich finde das nicht sehr passend, denn die Bewegung in dem stillen Reiche der Todten geht schon am Charfreitage vor sich, da die Gräber der Gerechten sich öffnen. Besser bleibt man bei jener Auslegung stehen, welche in dieser Erderschütterung das Einlauten einer neuen Zeit erkennt.

Schwerlich hat Calvin mit seiner Bemerkung hier das Richtige getroffen. *Pluribus signis gloriae suae praesentiam ostendit Dominus, ut ad reverentiam melius formaret sanctarum mulierum corda. Nam quia res non levis momenti erat, scire, partam esse a filio Dei de morte victoriam (in quo vertitur salutis nostrae summa), scrupulos omnes eximi oportuit, ut divina maiestas palam et non obscure illarum oculis se offerret. Factum ergo terrae motum dicit Matthaeus, in quo sensibilis erat illa, quam dixi, coelestis potentia. Atque hoc portento mulieres expergefieri oportuit, ut nihil iam humanum vel terrestre conciperent, sed mentes suas extollerent ad novum et minime exspectatum Dei opus.* Wäre diess die Absicht Gottes gewesen, so hätte er sie nicht erreicht, denn nicht bloss Markus lässt die Frauen nahe bei dem Grabe noch besorgt fragen: wer wälzt uns den Stein von des Grabes Thür?, sondern Matthäus selbst bezeugt durch das Wort des Engels: ihr suchet Jesum den Gekreuzigten, dass das Erdbeben keine Hoffnung in ihren Herzen erweckt hat. Das Erdbeben, wenn wir von dem allgemeinen Zwecke, dass Gott dadurch bezeugen wollte, *se hoc tempore, quo terra ita movetur, nova admiranda ac stupenda agere*, wie Gerhard schreibt, geschah wohl in Sonderheit, wie Theophylakt und Euthymius Zigabenus schon hervorheben, noch wegen der Hüter des Grabes, was ein Mal aus dem Umstande schon hervorgeht, dass Matthäus, der allein von der Wache am Grabe redet, auch allein von diesem Erdbeben spricht, und zum Andern daraus ersehen wird, dass durch diesen σεισμὸς μέγας die Wächter so ἐσείσθησαν, dass sie wie todt waren und, wieder zu sich gekommen, sofort von dannen flohen.

Nach Matthäus erfolgte dieses Erdbeben nicht aus natürlichen Ursachen, sondern hing damit zusammen, dass ein Engel von dem Himmel herniederkam, was Gerhard mit Recht betont. Ἄγγελος γὰρ κυρίου καταβὰς ἐξ οὐρανοῦ καὶ προσελθὼν ἀπεκύλισεν τὸν λίθον lesen wir. Kühnöl, welchem die natürlichen Erklärer sich gern anschliessen, will hier keinen persönlichen Engel zugestehen, sondern findet nur eine Periphrase für einen Blitz, welcher das Erdbeben begleitete und am Ende nur den Ort, wo er niederfuhr und einschlug, erschütterte, oder für Feuerflammen. *Omnia inopinata eventa*, schreibt er, *omnia, quorum causae proximae laterent, Hebraei ad auctores invisibiles, ad genios, quorum ministerio Deus ad exsequenda sua mandata uteretur, referre, atque angelos nominare solebant. Poterat ergo, more loquendi Hebraeorum, ipsa commotio terrae commode dici angelus, ut pestis tempore Davidis 2. Sam. 24, 16 sq. Ob ea autem, quae v. 3 leguntur, rectius forte intelligitur fulmen, quod saxum percusserat atque de sepulcro deiecerat, quam formam candidam et coruscam, et in apice saxi conspectam, pro genio coelesti habuerant milites: vel potius cogitandum de flammis, quae in terrae motu eruperant.* De Wette hat diese Meinung, über welche selbst Baumgarten-Crusius urtheilt, dass sie immer in Unwürdiges hineinführe und die Hauptsachen doch unerklärlich lasse, schon kurz und gut mit der Bemerkung abgewiesen, dass der Evangelist nicht bloss von einem Gewande, sondern auch von einer Rede dieser Erscheinung etwas wisse.

Baumgarten-Crusius merkt zu dieser Stelle weiter an: „diese Engelerscheinungen sind uns weder mehr geläufig noch sogar verständlich. Sie gehören in den altisraelitischen, jüdisch heiligen Stil, welcher, wenn Wunderbares zu beschreiben war, unwillkürlich in diese Darstellungen eingeht. Sowohl Gotteserscheinungen, Gottesoffenbarung, als göttlich

gewirkte Gedanken werden damit ausgedrückt. Aber wie oft schon erwähnt, die Evangelisten und die evangelische Tradition haben selbst nicht
gerade in solchen Erzählungen eigentlich sprechen wollen. Sie sprechen
ihre sinnlich alterthümliche Sprache, wie wir unsre moderne Reflexions-
sprache." Wir pflichten diesen Auslassungen aber nicht bei. Die Evangelisten haben ganz eigentlich von Engelerscheinungen geredet: so wenig
als jener Engel, der den Hirten Bethlehems die Geburt Christi verkündet,
und die Menge der himmlischen Heerschaaren, welche das *Gloria in ex-
celsis* anstimmt, Produkte des höheren, heiligen Styles, sondern Realitäten,
himmlische Persönlichkeiten sind, ebenso wenig finden wir hier althebräische
Redensarten, sondern in Wirklichkeit erscheinende himmlische Wesen.
Diejenigen, welche glauben, dass der Sohn Gottes, der in dem Schosse
seines Vaters von Ewigkeit her gesessen hat, in diese Welt gekommen ist,
und dass der Gott des Himmels sich in dieser Welt offenbart, können
keinen Augenblick sich besinnen, Erscheinungen der Engel für möglich
und, wenn die h. Schrift klar und deutlich von solchen Erscheinungen
redet, für wirklich zu halten. Offenbart sich Gott in dieser Welt, warum
soll er sich nicht durch die Wesen offenbaren, welche alle Zeit sein Angesicht sehen und sich freuen, seinen heiligen Willen zu erfüllen? Erscheint der Herr in dieser Welt; warum sollen seine dienstbaren Geister
nicht auch erscheinen, um ihm persönlich oder zu Zwecken seines Reiches
zu dienen? Ein vernünftiger Grund, warum es nicht so sein sollte, lässt
sich nicht angeben; es müsste etwa die substantielle Beschaffenheit der
Engel ein Veto einlegen. Allein erkennen wir in den Engeln auch blosse
Geister, rein geistige Wesen an, welche jeder Leiblichkeit ledig sind, —
was ich übrigens nicht für schriftmässig halte —, so werden wir ihnen
doch wohl eine solche geistige Kraft zuzuschreiben berechtigt sein, welche
sich zu Behufe des Dienstes Gottes an denen, welche die Seligkeit ererben
sollen, einen Leib *ad hoc* bilden kann, denn sonst würde ihr guter Wille
an ihrem physischen Unvermögen so oft scheitern, als es sich um ein
Handeln sticht, bei dem der Leib die *conditio sine qua non* ist. Das Na-
türlichste ist es, sowohl die Stellung der Engel zu Gott als ihre Stellung
zu den Menschenkindern recht erwogen, dass sie an den Knotenpunkten
der Offenbarung, an den Wendepunkten in der Entwicklungsgeschichte des
Reiches Gottes aus der Verborgenheit hervortreten und sich manifestiren.
Ein Blick auf das Neue Testament bestätigt diese Voraussetzung. Da der
Herr im Begriff steht, in diese Welt einzutreten, überhaupt in dem Anfange seines innerweltlichen Lebens erscheinen die Engel: jetzt will es
wieder ein Neues werden, eine neue Epoche in dem Leben Jesu Christi
hat begonnen und wieder inauguriren Engel diese neue Periode.

Der Engel, welcher von dem Himmel herniedergeschwebt war, trat an
das Grab heran und wälzte den Stein, von welchem der Evangelist berichtet hatte, dass er vor die Thüre des Grabes von Freundes Hand gewälzt und von Feindeshand versiegelt worden sei, hinweg und setzte sich
auf denselben. Nicht aus Ermüdung setzt er sich auf den abgewälzten
Stein, sondern als einer, der seines vollbrachten Werkes sich freut, der die
dasitzenden Wächter in Schrecken setzt und an ihrer Statt die Wacht an
dem heiligen Grabe übernimmt. Die Glossa erinnert sich, dass der Engel,
der in der heiligen Nacht predigte, stand und deutet sinnig diese verschiedenen Umstände so: *sedebat angelus regnantem indicans, qui in na-*

tivitate stando bellaturum significabat. Uebrigens deutet das Sitzen auf dem Steine offenbar auch darauf hin, dass der Auftrag mit diesem Weg-wälzen noch nicht vollendet ist, sondern noch etwas zu thun sein wird. Celsus hat bekanntlich sich darüber lustig gemacht, dass ein Engel kommen musste, um den Stein von der Thüre des Grabes zu entfernen. Ὁ γὰρ τοῦ θεοῦ παῖς, hat er nach Origenes c. Cels. 5, 52 gesagt, ὡς ἔοικεν, οὐκ ἐδύνατο ἀνοῖξαι τὸν τάφον, ἀλλ᾽ ἐδεήθη ἄλλου ἀποκινήσαντος τὴν πέτραν. Der Feind des Christenthums, der Verfasser des wahren Wortes, hat es sich etwas zu leicht gemacht: er hätte Recht, sich zu verwundern, wenn die Evangelien den Austritt Christi aus seinem Grabe davon abhängig machten, dass der Engel den Stein erst wegwälzt. Die Evangelien wissen davon keine Sylbe, wie sie überhaupt die Auferstehung des Herrn gar nicht erzählen, geschweige denn beschreiben, ja nicht ein Mal die Zeit derselben geben sie an, denn πρωῒ πρώτῃ σαββάτων Mark. 16, 9 wird nicht, wie Beza, Castalio, Heupel, Wolf, Rosenmüller, Paulus, Fritzsche, de Wette, Ewald, Bleek, Weiss u. A. thun, mit ἀναστάς, sondern mit ἐφάνη zu ver-binden sein, was Victor Antiochenus, Gregorius Nyss., Theophylaktus, Eu-thymius, Grotius, Bengel, Schulthess, Kühnöl, Baumgarten-Crusius, Meyer befürworten. Können wir hinterher eine so wichtige Nachricht erwarten? Ueber den Vorgang halten sie reinen Mund, für sie handelt es sich nur darum, mitzutheilen, wie die Auferstehung Jesu seinen Jüngern kund ward und wie er, der Auferstandene, sich ihnen offenbarte. Der *Consensus* der Väter vgl. Ambrosius zu Luk. 24, Chrysostomus in seinen Homilien 89 zu Matthäus und 85 zu Johannes (ἀνέστη μὲν γὰρ καὶ τοῦ λίθου καὶ τῶν σημάντρων ἐπικειμένων), Augustinus, Hieronymus, Chrysologus (s. 75: *revolvit lapidem, non ut egredienti domino praeberet aditum, sed ut dominum mundo iam resurrexisse monstraret*) Theophylaktus, Euthymius, Beda, Bern-hardus *sermo de paschate*, geht dahin, dass Christus aus dem verschlossenen und versiegelten Grabe schon hervorgegangen sei und der Engel nur den Jüngern Christi den Zugang zu dem Grabe habe bahnen wollen. Die lutherische Kirche stimmt zu. *Utuntur autem*, sagt Gerhard von jenen alten Zeugen der Wahrheit, *hac comparatione. Si Christus potuit per clausas fores ad discipulos intrare, utique etiam potuit clauso sepulcro resurgere. Item, si Christus mortalis adhuc clauso virginis utero in vitam potuit procedere, utique etiam clauso sepulcro redivivum eius corpus potuit prodire, factum immortale. Sedulius: clausos ingrediens et clausa relinquens. Nec indiguit in resurrectione auxilio angelorum, qui propria virtute claustra dissipavit inferorum.* Ein beträchtlicher Haufe reformirter Theologen spricht sich eben so aus, so sagt z. B. Marloratus: *non Christi causa venit angelus, tanquam sine eius opera non possit exire sepulcro, sed ut fides fiat mulieribus et apostolis Christum resurrexisse, apertum est sepulcrum, ut posset ostendi vacuum, non autem ut devoluto per Christi resurrectionem vacuaretur, cum iam antea vacuatum fuisset illo resuscitato, non amoto lapide ab ostio monumenti. Tametsi non desint, qui dicant, devoluto lapide opera angeli ab ostio Christum surrexisse sine ullo miraculo. Verum qui sua virtute corpus excitare potuit in sepulcro, eadem virtute potuit sepul-crum egredi occluso ostio grandi illo saxo, ut miraculo sit excitatus et miraculo egressus nulla opera angeli.* Matthäus beschreibt den Engel genauer: ἦν δὲ ἡ εἰδέα αὐτοῦ ὡς (so lesen wir wie Lachmann und Tischendorf mit dem Sinaiticus, Vaticanus,

Cantabrigiensis statt ὡσεί, welches der Codex Alexandrinus und Ephraemi enthält) ἀστραπὴ καὶ τὸ ἔνδυμα αἰτοῦ λευκὸν ὡς χιών. Bengel schreibt, Grotius u. A. folgend, zu εἰδέα *in facie* und es gewinnt so den Anschein, als wenn er unter εἰδέα das Antlitz allein verstünde: allein nichts in dem Zusammenhange nöthigt diese Beschränkung auf: εἰδέα, ἰδέα ist das, was dem Menschen in's Auge fällt, was er sehen kann, denn es kommt von ἰδεῖν her, das Aussehen, die Gestalt, die Erscheinung. Allerdings wird man wegen des folgenden Zusatzes von den schneeweissen Kleidern hier unter εἰδέα nur diejenigen Leibestheile zu verstehen haben, welche von den Kleidern nicht bedeckt wurden, denn dass diese verhüllten Glieder durch die Kleider hindurchgeleuchtet und geblitzt hätten, lässt sich nicht annehmen, da das durchdringende Licht die Farbe der Kleider nicht hätte erkennen lassen. Bedecken aber die Kleider alle Theile des Leibes ausser dem Gesicht, lassen sie nicht die Hände und die Füsse frei? Vergleichen wir diese Aussage mit der verwandten über die Verklärung Christi Matth. 17, 2, so fällt uns auf, dass dort von dem πρόςωπον und hier von εἰδέα die Rede ist. Dort wird nur von dem πρόςωπον Jesu bemerkt, dass es wie die Sonne geleuchtet habe, während die Kleider weiss wie das Licht wurden: warum drückt sich der Evangelist hier nicht ganz gleichförmig aus, warum bedient er sich eines Ausdruckes, welcher weit über τὸ πρόςωπον hinausgreift? Es muss eben bei diesem Engel mehr als das Antlitz wie ein Licht geblitzt haben. Die Aussage, dass das Aussehen, die Erscheinung des Engels einem Blitze ähnlich gewesen sei, liesse sich auch so auslegen, dass wie der Blitz keine Ruhe kennt, sondern hin und her zuckt, dieser Engel voll Beweglichkeit gewesen sei: allein diess stimmt weder zu dem Vorhergehenden, wo durchaus nicht von einem Hin- und Herfahren desselben die Rede ist, sondern von einem besonnenen Handeln und nachmaligen ruhigen Sitzen, noch mit dem Gleichfolgenden, wo das Gewand als λευκὸν ὡς χιών beschrieben wird. Offenbar soll nur die Farbe der εἰδέα angegeben werden: diese Erscheinung strahlte in blendendem Lichte. Bengel bemerkt zu λευκόν: *album. Hoc habitu antehac apparuisse non leguntur coelestes nuncii: apparuere autem postea. Act. 1, 10. 10, 30.* Irre ich mich nicht ganz, so will er damit einen Fingerweis geben, dass jetzt auch eine Reinigung, eine Verklärung der Engelwelt stattgefunden hat, dass das Sündopfer, welches der Herr hier auf Erden dargebracht hatte, auch auf die Bürger der himmlischen Welt seine Wirkung ausgeübt hat. Ich trage jedoch Bedenken aus dieser ganz beiläufigen Notiz eine solche Folgerung zu ziehen: der Herr hat mit keinem Worte auf solch eine Bedeutung seines versöhnenden Todes hingewiesen, auch in den apostolischen Briefen finde ich keine Stelle, welche zur Stütze dienen könnte. Wir lassen desshalb diesen Gedanken auf sich beruhen.

Diese strahlende Engelserscheinung verfehlte ihren Zweck nicht an den Hütern des Grabes. Matthäus sagt: ἀπὸ δὲ τοῦ φόβου αὐτοῦ ἐσείσθησαν οἱ τηροῦντες καὶ ἐγενήθησαν ὡς νεκροί. Sehr starker Ausdrücke bedient sich der Evangelist: die Erscheinung des Engels überwältigte in der grossartigsten Weise die starken Männer, die an Schrecken und Entsetzen gewöhnten Kriegsleute. Wie die Erde unter ihren Füssen gebebt hatte, so bebten ihnen ihre Kniee und das Herz in dem Leibe: sie sassen wohl, wie sie ja auch bei dem Kreuze sitzend die Wacht gehalten hatten, allein die Furcht, das Entsetzen packte sie so, dass sie entweder erstarrt da sassen oder wie todt auf den Boden niedersanken. Genauer malt das *ἐγενή&ησαν ὡς νεκροί* die Situation nicht, denn der Todte fällt, wenn er glücklich sitzt, nicht immer zur Erde nieder: meistentheils nimmt man mit den Vätern und Reformatoren kurzweg an, dass sie wie zerschmettert hinstürzten. *Nec militaris audacia sustinet vim coelicolarum.* Ein Zwiefaches jagt diesen trotzigen Knechten solchen Schrecken ein, das Erdbeben und die glänzende Erscheinung des Engels, und beides übt auf sie eine um so grössere Wirkung aus, als sie wohl vernommen hatten, dass sie um des Wortes willen, das Jesus über seine Auferstehung an dem dritten Tage geredet hatte, vor das Grab gelegt worden wären. Alle Vorkehrungen seiner Widersacher weiss Gott nicht bloss zu vereiteln, sondern mit anbetenswerther Weisheit versteht er es, die Mittel, welche sie zur Unterdrückung der Wahrheit ersinnen, in seinen Dienst zu nehmen, dass sie der Wahrheit zum Siege verhelfen. *Custodes hi sepulcro additi erant hoc fine,* schreibt Gerhard, *ut discipulos Christi terrerent et ab accessu eos prohiberent, sed mirabili Dei consilio ipsimet terrentur et resurrectionis postea testes fiunt, quo manifestum fiat, Deum posse consilia hostium non solum evertere, sed etiam in bonum convertere. Novit Deus pro immensa sua sapientia per opus alienum perficere opus suum proprium. Prudentia Judaeorum erat, sepulcrum per hos milites custodiri debere, ne quis surriperet corpus Christi et diceret plebi, ipsum resurrexisse: sed Dei prudentia erat, resurrectionem Christi omnibus manifestissimam facere, arripit ergo alienae prudentiae opus et suam perficit.* Eine zuverlässige Kunde erhalten die Hohenpriester und Obersten des Volks, welche Jesum getödtet hatten, durch die Wächter, welche sie sich ausgewirkt hatten, dass das, was sie befürchteten und verhindern wollten, geschehen sei, und so wird die kurze Freude, welche sie nach ihrem Siege genossen hatten, in den bittersten Schmerz und in den furchtbarsten Schreck verwandelt. Ob die Botschaft der Wächter in weitere Kreise drang, steht dahin. Calvin nimmt es an: dieselben lassen sich allerdings bestechen und versprechen Schweigen allen dritten Personen gegenüber; allein sie sollen nicht so schweigsam gewesen sein, wie man wünschte. *Terruit custodes Dominus, acsi cauterium inprimeret eorum conscientiis, quod invitos cogeret divinam eius virtutem sentire: saltem hucusque valuit terror, ne secure eluderent, quae mox de resurrectione spargenda erat fama. Nam etsi linguas venales prostituere ipsos non puduit, coacti sunt tamen, vellent nollent, intus agnoscere quod apud homines improbe negabant. Nec vero dubium est, quin, ubi liberior loquendi facultas erat, apud suos familiariter confessi fuerint, quod pecunia redempti non audebant vulgo proferre.* Die Wächter erschrecken tödtlich: der Engel sieht sich nicht veranlasst, von diesem Schrecken sie zu befreien, er überlässt sie sich, richtet kein tröstend Wort an sie. Sie mögen zusehen, wie sie allein fertig werden. *Territi fuerunt milites assueti ad tumultus, et pavore ita absorpti, ut tamquam semimortui caderent: sed prostratos nulla virtus erexit:* sagt Calvin. Gut zieht daraus Gerhard den Schluss, dass so tröstlich die Auferstehung Christi für seine Freunde ist, sie ebenso schrecklich und vernichtend ist für seine Feinde. Auch wir überlassen diese Wächter sich selbst, später begegnen wir ihnen noch ein Mal. Wir ersehen daraus, dass sie von dem tödtlichen Schrecken nach einer Weile wieder zu sich gekommen und in die Stadt geflohen sind, und nehmen an, dass sie das Feld geräumt hatten, ehe die gottseligen Freundinnen Jesu den Garten betreten haben.

Matth. 28.	Mark. 16.	Luk. 24.
	(3) Und sie sprachen unter einander: wer wälzt uns den Stein von des Grabes Thür? (4) und sie sahen auf und wurden gewahr, dass der Stein abgewälzt war, denn er war sehr gross. (5) Und sie gingen	(2) Sie fanden aber den Stein abgewälzt von dem Grabe (3) und gingen hinein und fanden den Leib des Herrn Jesu nicht. (4) Und
(5) Aber der Engel antwortete und sprach zu den Weibern: fürchtet euch nicht: ich weiss ja, dass ihr Jesum, den Gekreuzigten, sucht! (6) Er ist nicht hier, denn er ist auferstanden, wie er euch gesagt hat. Kommet her und sehet die Stätte, da er gelegen hat! (7) Und gehet eilend hin und saget es seinen Jüngern, dass er auferstanden ist von den Todten, und siehe, er geht vor euch hin gen Galiläa! da werdet ihr ihn sehen! Siehe, ich habe es euch gesagt!	hinein in das Grab und sahen einen Jüngling zur rechten Hand sitzen, der hatte ein lang, weiss Kleid an, und sie entsetzten sich. (6) Er aber sprach zu ihnen: entsetzet euch nicht! Ihr suchet Jesum von Nazareth, den Gekreuzigten: er ist auferstanden, er ist nicht hier! Siehe da die Stätte, da sie ihn hinlegten. (7) Gehet aber hin, saget seinen Jüngern und Petrus, dass er vor euch hingehen wird nach Galiläa: dort werdet ihr ihn sehen, wie er euch gesagt hat!	da sie darum bekümmert waren, siehe da traten zu ihnen zwei Männer mit glänzenden Kleidern. (5) Und sie erschraken und schlugen ihre Augen zur Erde. Die sprachen zu ihnen: Was sucht ihr den Lebendigen bei den Todten? (6) Er ist nicht hier, sondern auferstanden! Gedenket, wie er euch sagte, da er noch in Galiläa war, (7) und sprach: des Menschen Sohn muss überantwortet werden in die Hände der sündigen Menschen und gekreuzigt werden und am dritten Tage auferstehen. (8) Und sie gedachten an seine Worte.

Den grössten Theil des Weges haben die Frauen zurückgelegt, sie sind fast am Ziele angelangt, da steigt ein Bedenken in ihnen auf, so gross und schwer, dass sie befürchten müssen, umsonst gekommen zu sein, vergebens die Salben und Specereien zubereitet zu haben. Sie sprechen entweder, wie Meyer, Volkmar u. A. wollen, zu einander, wie es scheint, gleichzeitig, und nicht so, dass die Sorge der Einen erst die Sorge bei der Andern erweckt, oder eine jede zu sich, wie Ewald und Weiss angeben: τίς ἀποκυλίσει ἡμῖν τὸν λίθον ἐκ τῆς θύρας τοῦ μνημείου. Diese Frage befremdet uns: nur der Stein bereitet ihnen Verlegenheit und nicht die Wächter! Sind diese, die Wächter, ihnen nicht vielmehr in dem Wege als der Stein? Sind sie nicht in einer so grossen Anzahl beisammen, dass es ihren vereinten Kräften schon gelingen wird, ihn von seinem Orte zu bewegen, zumal der Garten, in dem das Grab sich befindet, ihnen leicht Pfähle und dergleichen darbietet, was das Werk erleichtert? Augustinus nimmt an, dass diese Galiläerinnen gar nichts von der Grabeswache gewusst hätten, und Viele schliessen sich ihm an, indem sie noch auf Luk. 23, 56 verweisen, wo von ihnen gesagt wird: τὸ μὲν σάββατον ἡσύχασαν κατὰ τὴν ἐντολήν. Wir müssen aber Gerhard vollkommen Recht geben, aus jenen Worten lässt sich das nicht erweisen. Es soll ja damit nur gesagt werden, dass sie an dem Sabbath nicht an das Salben der Leiche Jesu herangingen: sie konnten das Haus verlassen und mit andern Jüngern sich benehmen, ja sie konnten selbst in den Garten hinausgehen, denn er war auf keinen Fall über einen Sabbatherweg von der Stadt entfernt. Hat es Schwierigkeit anzunehmen, dass die Weiber hofften mit Geld und guten Worten bei den Wächtern zu erreichen, dass ihnen der Zugang zu dem Grabe nicht verwehrt werde? Dass Siegel davor gelegt seien, durften sie dann allerdings nicht wissen, denn wie hätten die Wächter ihnen zu Gefallen die Siegel abnehmen dürfen: aber wie leicht konnte dieser Umstand ihnen verborgen geblieben sein? Hingegen konnten sie immer schon mit der Hoffnung sich tragen, dass man sie, um den Leib Christi zu salben, in's Grab hineinlassen würde. Hatte Nikodemus nicht unverhindert schon seine Specereien herbeigebracht und gestattete die römische Sitte nicht die Bestattung der Hingerichteten? Der Leib sollte nicht aus dem Grabe fortgeschafft werden, die Weiber konnten es am Ende versuchen, aber hatten die Wächter etwas Ernstliches zu besorgen? Es war ja Tag! Es konnte auf keinen Fall unbemerkt bewerkstelligt werden. Wussten die Frauen, wie ich annehme, um die römischen Grabeshüter und hofften sie Gewährung ihrer Bitte von ihnen, so konnten sie doch noch immer in schweren Sorgen fragen: wer wälzt uns den Stein von des Grabes Thür? Denn ein grosser Unterschied ist: ein Ding geschehen zu lassen und selbst, damit es geschehen könne, die Hand anzulegen. Jetzt fällt ihnen der Stein mit einem Male schwer auf das Herz. Dieser Stein ist ein rechter Sorgenstein. *Caeterum*, bemerkt Calvin, *hinc discamus, zelo suo abreptas sine consilio illuc venisse. Lapidem sepulcro viderant opponi, qui ab ingressu quosvis arceret: cur id domi per otium non venit in mentem, nisi quia metu et admiratione attonitas ratio et memoria deficit? Sed quia pio fervore coecutiunt, vitium hoc illis Deus non imputat.* Wir motiviren das Uebersehen des Steines lieber anders: ein Mal so, dass die frommen Frauen so sehr all ihr Sinnen und Dichten auf die richtige Zubereitung der Salben gewandt haben, dass sie keinen andern Gedanken hatten, und dann so, dass sie vor dem Ueberlegen und Berathen, wie sie von den Wärtern des Grabes den Zugang sich verschaffen könnten, gar nicht an den Stein in der Thüre des Grabes dachten. Jenes war die Hauptsorge; erlaubten die Wächter nicht den Zugang, so war alles Sorgen, wie sie den Stein wegschaffen könnten, umsonst. Diese Hauptsorge nahm sie ganz hin und liess die Nebensorge nicht aufkommen. Wie häufig ereignet sich nicht das Gleiche bei uns! Ueber der Sorge um das Grosse werden Nebensachen ganz ausser Acht gelassen und stellen so oft, weil nur für das Grosse, das Hauptsächliche gesorgt war, in dem letzten Augenblicke das Gelingen der ganzen Unternehmung in Frage.

Wir kommen mit unsern ängstlichen Sorgen meistens zu spät: diese sorgenden Frauen erfahren das. Der Stein in der Thüre des Grabes macht ihnen Sorge, und dieser Stein existirt gar nicht mehr, ist schon aus der Thüre des Grabes hinweggewälzt. Triumphirend sitzt ein Engel Gottes bereits auf ihm. So ist es mit allem unsern Sorgen: es kommt regelmässig zu spät: der Herr unser Gott, hat in seinem weisen Rathe Alles schon zuvorgesehen und zugerüstet. Es gilt nur, dass wir den Kopf erheben und die Augen aufmachen. Die Weiber, welche bis dahin mit niedergeschlagenen Augen dahingegangen waren, blicken auf und wollen den Stein in das Auge fassen, der ihnen solche Sorgen bereitet, in der Hoffnung, dass ihnen bei seinem Anblick auch ein guter Gedanke kommen werde. Aber siehe! weggewälzt ist der Stein! Der Eingang steht ihnen offen! Auffallend ist der Begründungssatz: ἦν γὰρ μέγας σφόδρα. Man nimmt gemeiniglich hier eine Trajektion an, so Gerhard, Bengel, Kühnöl, Fritzsche, de Wette, Baumgarten-Crusius, Bleek, Volkmar: allein wir sprechen den Evangelisten von solch einer stylistischen Leichtfertigkeit mit Meyer, Klostermann, Weiss, Keil frei. Auf keinen Fall soll motivirt werden mit dieser Bemerkung: denn er war sehr gross, jene Frage der Sorge: wer wälzt uns den Stein von des Grabes Thür, sondern auf jeden Fall soll der Umstand, dass sie den Stein wahrnehmen konnten, erklärt werden. Vergessen wir nicht, dass des Morgens sehr frühe diese Frauen nach dem Grabe gingen, und bedenken wir, dass, wenn die Sonne eben aufgegangen ist, der Duft und Nebel über die Thäler sich ausbreitet und in den Schluchten, vornehmlich wenn sie mit Gesträuch und Bäumen bestanden sind, sich noch lange verhält, so werden wir diese Bemerkung des Evangelisten ganz an dem rechten Orte finden. Weil der Stein, welcher das Grab verschlossen hat, bedeutende Dimensionen besass, weil er ausnehmend gross war, konnten sie ihn deutlich erkennen.

Die Frage, welche diese Frauen aufwerfen, ist fast so alt, als die Welt ist, wenigstens so alt, als der Fall der ersten Frau in Sünde und Tod. Wer wälzt den Stein uns von der Thüre des Hauses, darinnen wir der Sünde dienen müssen, und schenkt uns einen freien Zugang zu Gott dem Vater? Wer versöhnt, wer rechtfertigt, wer macht uns wieder wohlgefällig? Wer wälzt den Stein uns von der Thüre des Grabes, dahinein Alle, die von Weibern geboren sind, gelegt werden, und erlöst uns aus der Macht des Todes? Wer bringt uns wieder zurück zum Leben? Wer Ohren hat zu hören, der hört diese Frage voll Sorge und Kummer in allen Zungen und Sprachen der Welt. Jetzt erfolgt eine Antwort auf diese Frage: eine Antwort, welche sie völlig löst, denn Gott hat das Werk selbst in seine Hand genommen.

Als Maria Magdalena entdeckte, dass der Stein abgewälzt sei, lief sie sofort nach Jerusalem zurück, um Petrus und Johannes herbeizurufen, denn ihr erster und einziger Gedanke war, dass böse Menschen das Grab erbrochen und den heiligen Leib gestohlen hätten. Ich werde in dem Abschnitte, welcher den Auferstandenen und Maria Magdalena behandelt, diese Annahme zu rechtfertigen suchen. Die andern Frauen folgen ihr nicht nach, sondern treten näher. Wenn wir nur den Bericht des Matthäus hätten, könnten wir allenfalls auf den Gedanken kommen, dass der auf dem abgewälzten Steine sitzende Engel sie angeredet habe. Augustinus glaubt das wirklich: er sagt de cons. evv. 3, 63: *sed potest movere, quomodo secundum Matthaeum angelus super lapidem sedebat revolutum a monumento: Marcus enim introeuntes eas in monumentum dicit vidisse iuvenem sedentem in dextris coopertum stola candida, et obstupuisse: nisi intelligamus aut Matthaeum tacuisse de illo angelo, quem intrantes viderunt, Marcum vero de illo tacuisse, quem foris viderunt sedentem super lapidem: ut duos viderint et a duobus singillatim audierint, quae dixerunt angeli de Jesu, prius ab illo, quem foris viderunt sedentem super lapidem, deinde ab illo, quem viderunt intrantes in monumentum sedentem a dextris, quo ut intrarent, illius, qui foris sedebat, verbis exhortatae sunt dicentis: venite et videte locum, ubi positus erat dominus: quo venientes, ut dictum est, et intrantes viderunt eum, de quo Matthaeus tacet, Marcus autem loquitur, sedentem a dextris, a quo talia similiter audierunt.* Euthymius und Viele stimmen diesen Ausführungen bei: ich kann es nicht. Bedenklich muss schon das Zugeständniss Augustins machen, dass der Engel im Grabe gerade wie der Engel vor dem Grabe redet: bedenklicher aber macht uns der Wortlaut der Engelrede bei Matthäus. Er spricht: οὐκ ἔστιν ὧδε, ἠγέρθη γάρ, καθὼς εἶπεν· δεῦτε, ἴδετε τὸν τόπον, ὅπου ἔκειτο. Also hier ist er nicht, weil er auferweckt worden ist: wenn er nicht auferweckt worden wäre, würde er allerdings hier sein! Hat der Leib draussen vor dem Grabe, wo der Engel sitzt auf dem Stein, etwa gelegen? Sie sollen nicht fortgehen, sondern zu ihm herantreten, dass sie den Ort sehen, wo Jesus gelegen hat. Der Redende muss also da sein, von wo man diesen Ort sehen kann, er muss sich nothwendig in dem Grabe befinden: diess hat Theophylaktus schon ganz richtig erkannt. Er lässt den Engel, welchen die Weiber zuerst auf dem Steine sitzend gesehen haben, vor ihnen in das offne Grab hineingehen, was mir nicht zusagt. Wir empfangen also von Matthäus, wenn wir auf seine Mittheilungen nur genau achten, den Fingerweis, dass der Engel die vor dem Grabe Stehenden anredet, sich selbst aber in dem Grabe befindet. Matthäus erzählt sehr summarisch: wie er nicht den Eintritt der Frauen in das Grab anmerkt, sondern sie später nur von dem Grabe wieder heimgehen lässt, so bringt er auch nicht bei, dass der Engel inzwischen seinen Platz vertauscht und von dem Steine vor dem Grabe sich in das Grab, das in den Felsen gehauen ist, begeben hat. Ganz genau, das geben wir gern zu, stimmen aber auch so die Aussagen der Synoptiker noch nicht mit einander: Matthäus lässt den Engel die Frauen anreden und sie auffordern, näher zu treten, nach Markus und Lukas hingegen traten sie ohne vorgängige Einladung ein. Allenfalls könnten wir diese geringfügige Differenz dadurch beseitigen, dass wir Josephs Grab uns so angelegt denken, wie jetzt noch eine Menge von alten Gräbern dicht bei Jerusalem gefunden wird. Da geht in den Felsen hinein ein enger Stollen, welcher zu einer grösseren Kammer meistentheils führt, in deren Wänden sich längliche, wenig hohe, aber dafür etwas breitere Nischen befinden, in welche man die Leichen hineinlegte. War diess Grab so hergestellt, so könnte angenommen werden, *ex motu proprio* seien die Frauen in jenen Gang eingetreten, aber aus Angst und heiliger Scheu bald stille gestanden und erst auf die Aufforderung des Engels bis zu der Stätte vorgedrungen, da der Herr gelegen hatte. Lukas hebt gleich hervor, dass sie den nicht fanden, welchen sie suchten: εἰσελθοῦσαι δὲ οὐχ εἷρον τὸ σῶμα τοῦ κυρίου Ἰησοῦ. Er sagt gewiss nicht ohne Absicht κυρίου Ἰησοῦ: eins hätte schon genügt, allein er will mit diesen beiden Genetiven die folgende Bekümmerniss motiviren: καὶ ἐγένετο ἐν τῷ ἀπορεῖσθαι αὐτὰς περὶ τούτου. Ihre Sorge, Angst, Verlegenheit und Traurigkeit darüber, dass der Leib des Heilands, welchen sie suchten, aus dem Grabe verschwunden sei, ohne dass ein Zeichen zurückgeblieben war, das ihnen ahnen liess, was mit ihm geschehen sei, war so sehr gross, weil der Leib, den sie nicht fanden, der Leib Jesu war, also der Leib jenes Mannes, welcher ihnen als Mensch so nahe gestanden hatte, und der Leib des Herrn war, der Leib jenes Mannes, welcher sie aus der Hand ihrer Feinde erlöst und sich ihnen als den Sohn Gottes geoffenbart hatte. Markus übergeht diess und erzählt sogleich, dass sie ein Gesicht hatten: καὶ εἰσελθοῦσαι εἰς τὸ μνημεῖον εἶδον νεανίσκον καθήμενον ἐν τοῖς δεξιοῖς περιβεβλημένον στολὴν λευκήν.

Ausser einigen wenigen vulgären Rationalisten hat Niemand je ge-

zweifelt, dass Markus ebenso wenig wie 2. Makk. 3, 26, wo auch von
νεανίαι, τῇ ῥώμῃ μὲν ἐκπρεπεῖς, κάλλιστοι δὲ τῇ δόξῃ, welche auf ein
Mal wunderbar erscheinen, die Rede ist, uns von einem menschlichen
Jünglinge, sondern von einem Engel erzählen will, welcher wie sonst in
Menschengestalt erscheint. Eine authentische Auslegung gibt er nicht,
wohl aber thut das Lukas, denn jene *ἄνδρες δύο ἐν ἐσθῆτι ἀστραπτούσῃ*,
welche auf ein Mal in dem Grabe sichtbar werden, sind durch den Bericht der beiden Wanderer nach Emmaus als *ἄγγελοι* (V. 23) enthüllt.
Matthäus spricht wie Markus auch nur von einem Engel in dem Grabe,
die Nachricht des Lukas würde mit der Mittheilung bei Johannes V. 12
zusammentreffen. Wir müssen diese verschiedenen Angaben auf sich beruhen lassen: sie erklären sich übrigens einfach dadurch, dass Matthäus
und Markus aus einer andren Quelle geschöpft haben als Lukas: die Personen, von welchen dieser seine Informationen einzog, hatten zwei Engel gesehen, was damit nicht in Conflikt kommt, dass andre Weiber, die mit in
dem Grabe gewesen waren, nur eines ansichtig geworden waren, denn die
Engel werden nur von denen gesehen, von welchen sie gesehen sein wollen.
Matthäus hat seinen Engel in dem Grabe schon beschrieben, Markus und
Lukas können das jetzt erst thun. Jene beiden Männer bei Lukas erscheinen dem Engel des Matthäus sehr ähnlich, dessen *εἰδέα* war *ὡς
ἀστραπή*, denn sie traten heran *ἐν ἐσθῆτι ἀστραπτούσῃ*, also in einem blitzen-
den, glänzenden, weissstrahlendem Gewande. Auch darin haben diese
beiden Männer etwas blitzartiges, dass sie *ἐπέστησαν αὐταῖς*. Dieses Zeitwort wird von Luk. 2, 9. Act. 12, 7 wieder von Engelerscheinungen gebraucht, wie es Homerus Il. 23, 106 von Traumerscheinungen, und Herodotus 2, 141 von Göttererscheinungen auch setzt, und bezeichnet, wie Gerhard, Grotius, Wetstein, Kühnöl, Bleek, Meyer u. A. schon hervorgehoben
haben, das Unerwartete, Urplötzliche. Markus beschreibt seinen Jüngling
als gehüllt in ein weisses Prachtgewand, in einen weissen Talar oder
Burnus, wie Vornehme und Priester einhergehen. Wir möchten diese
strahlenden Gewänder der Engel in dem Grabe nicht gerade mit Gregorius M., welcher hom. 21 sagt: *qui stola candida coopertus apparuit,
quia festivitatis nostrae gaudia nuntiavit. Candor etenim vestis splendorem
nostrae demuntiat solemnitatis*, als Festkleider nehmen, sondern sehen in
ihnen lieber eine äussere Darstellung ihrer inneren Fleckenlosigkeit und
Reinheit. Die Alten haben das jugendliche Aussehen des Engels bei Markus
vielfach als ein Unterpfand dafür genommen, dass es in dem ewigen Leben
nur eine ewige Jugend gibt. So sagt Chrysologus: *vident iuvenem, ut
cernerent nostrae resurrectionis aetatem, quia nescit resurrectio senectutem,
et ubi nasci morique nescit, ibi nec aetas admittit detrimenta, nec indiget
incrementis. Unde iuvenem, non senem, non infantem, sed iucundam aetatem viderunt*. Markus gibt den Ort genau an, wo die frommen Frauen den
Engel in dem Grabe sitzen sahen, Matthäus aber, welcher vorher den
Engel auf den Stein vor dem Grabe sitzen liess, schweigt darüber, wo er
jetzt in dem Grabe sich befand: auch Lukas theilt nichts Näheres mit.
Aus dem *ἐπέστησαν αὐταῖς* bei ihm kann nichts unsrem *καθήμενον ἐν τοῖς
δεξιοῖς* Widersprechendes geschlossen werden, denn jenes *ἐφίστημι* drückt
nur das plötzliche Herbeikommen aus und bestimmt nichts darüber, ob
der, welcher so auf eine ganz überraschende Weise erscheint, steht, sitzt
oder liegt. Bedeutsam ist, dass dieser Engel sitzt und dass er zur Rechten

sitzt. Das Sitzen nämlich rückt vor die Augen, dass Alles vollendet ist, was geschehen sollte, dass der Engel des Herrn feiern und über die vollendete Thatsache in Ruhe nachsinnen kann, zugleich aber deutet dieses Sitzen in dem Grabe, nachdem, wie die Leere desselben beweist, das Wunder vollbracht ist, darauf hin, dass es für diesen Engel, für diesen Boten Gottes, noch einen Auftrag gibt, welchen er hier in dem leeren Grabe auszurichten hat. Wartend, auf die in Geduld harrend, welche sein Gott und Herr ihm zuführen wird, sitzt er hier. Er sitzt ἐν δεξιοῖς: fast ganz allgemein fassen die neueren Ausleger dieses mit den alten Vätern so, dass der Engel gesessen hätte rechts von der Stelle, wo der Leib des Herrn gelegen hatte. Möglich ist aber auch, dass derselbe Engel rechts in Bezug auf die eintretenden Weiber seinen Sitz eingenommen hatte. Die erste Auffassung sagt mir aber auch mehr zu: der Engel des Herrn, welcher dem Zacharias in dem Tempel erschien, stand auch nicht rechts von demselben, sondern ἐκ δεξιῶν τοῦ θυσιαστηρίου Luk. 1, 11, und ebenso erblickt Maria Magdalena später in dem Grabe einen Engel da sitzen, wo das Haupt, und einen andern Engel da sitzen, wo die Füsse des Gekreuzigten geruht hatten. Die Engel, so scheint es mir wenigstens, wählen sich ihren Standort nicht nach denen, welchen sie erscheinen, sondern nach den Heiligthümern, nach den heiligen Punkten. Auch dieses Sitzen zur Rechten des Todtenlagers ist bedeutsam. Gregorius M. sagt hom. 21: *notandum vero nobis est, quidnam sit, quod in dextris sedere angelus cernitur. Quid namque per sinistram, nisi vita praesens; quid vero per dextram, nisi perpetua vita designatur? Unde in canticis canticorum scriptum est (2, 6): laeva eius sub capite meo, et dextera illius amplexabitur me. Quia ergo redemptor noster praesentis vitae corruptionem transierat, recte angelus, qui nuntiare perennem eius vitam venerat, in dextera sedebat.* Die Rechte hat den Vorzug vor der Linken, sie ist geübter, gewandter, stärker und darum erfolgreicher, glücklicher; daher kommt es, dass in den Anschauungen aller Naturvölker die rechte Seite die Glück und Heil versprechende und bringende ist, hingegen die linke Seite von böser Vorbedeutung ist. Der Ort, welchen der Engel sich erwählt hat, versinnbildlicht demnach schon, dass er für die nahenden Frauen ein gutes Wort, eine erfreuliche Mittheilung von dem, der ihn sendet, empfangen hat. Die Jüngerinnen Jesu aber sind keine Zeichendeuter, sie sehen den Engel zur Rechten und erschrecken doch gewaltiglich. Matthäus weist nur auf das Entsetzen, welches sie ergreift, hin, denn der Engel spricht sofort zu ihnen: μὴ φοβεῖσθε, und er bezeichnet diese Anrede ausdrücklich als eine Antwort, als eine Erwiederung: ἀποκριθεὶς δέ, sagt er, ὁ ἄγγελος εἶπε ταῖς γυναιξίν. Die Aelteren, denen noch Kühnöl und de Wette beipflichten, haben mit diesem ἀποκρίνεσθαι meist sehr kurzen Prozess gemacht und behaupten, es bedeute sowohl antworten, auf eine Frage Bescheid geben, als auch anheben, ohne aufgefordert zu sein, aus freien Stücken sprechen. Die neueren strengeren Exegeten und Lexikographen leugnen insgesammt diese doppelte Bedeutung und verstehen ἀποκρίνεσθαι durchgängig als antworten. Die Rede des Engels, mit μὴ φοβεῖσθε anhebend, ist in der That eine Erwiederung, eine Entgegnung: sie begegnet nämlich dem Entsetzen, welches die Weiber überfallen hatte, und sucht den Eindruck, welchen ihre Seelen empfangen haben, zu klären, zu corrigiren. Markus berichtet kurz und bündig: ἐξεθαμβήθησαν. Nur bei ihm begegnet uns dieses Zeitwort, er liebt es, um den höchsten Grad des Staunens und Entsetzens, denn diese beiden Momente liegen in ϑάμβος neben einander, auszudrücken: cf. 9, 15. 14, 33. Lukas geht weiter, er begnügt sich nicht mit der Notiz: ἐμφόβων δὲ γενομένων αὐτῶν, sondern malt noch, wie sich ihre Furcht zeigte: καὶ κλινουσῶν τὰ πρόςωπα εἰς τὴν γῆν. Sie senkten ihre Augen, sie neigten ihre Angesichter zu der Erde nieder. Es ist dieses Blicken vor sich hin auf den Boden schwerlich um desswillen allein geschehen, dass ihre Augen, die von Thränen erfüllt waren, jenen Lichtglanz nicht ertragen konnten, der die beiden Männer in dem Grabe umleuchtete: jener Lichtglanz war nur die Manifestation, die Versichtbarung des inneren Lichtglanzes, welcher diesen Männern eignete. Weiss findet hier die Geberde des προςκυνεῖν: ich bezweifle es, denn der προσκυνῶν senkt nicht die Augen, sondern sinkt auf seine Kniee nieder. Dass höhere, reine, heilige, himmlische Wesen vor ihnen standen, das erkannten und empfanden diese Weiber tief und schmerzlich. Ein ehrlicher, aufrichtiger Mensch kann vor den heiligen Gott nicht hintreten und sein Auge ungescheut zu ihm aufschlagen, nur ein Pharisäer vermag das, der sich über den Zustand seines Herzens selbst täuscht. Ein so leichtsinniger und leichtlebiger Mensch wie Ovidius hat ein sehr lebendiges Gefühl davon, dass der Mensch, wenn himmlische Dinge und Wesen ihm erscheinen, zu dem Boden den Blick senken muss. Vgl. Fast. 1, 147, da er den Janus schaut:

Sumpsi animum gratesque deo non territus egi,
Verbaque sum spectans pauca locutus humum,

und ib. 3, 371, da ein Schild vom Himmel niederschwebt:

A media coelum regione dehiscere coepit:
Summisere oculos cum duce turba suo.

Diese Frauen sind mehr als ehrliche und aufrichtige Seelen, sie sind schon lange mit dem Herrn gewandelt, sie sind zu einer gründlichen Erkenntniss ihrer Sünde gelangt: sie halten sich nicht für werth, einem Engel Gottes in's Angesicht zu schauen, demüthig, schuldbewusst schlagen sie desshalb die Augen nieder und blicken beschämt auf den Boden. Verkündet ihnen doch die Nähe der Engel, die Gottes Angesicht sehen, dass sie auch vor dem Gotte stehen, dem jene dienen. Ganz richtig bemerkt Gerhard: *ex terrore declinarunt facies suas in terram, fulgor angelicarum vestium percellebat oculos, insolita species et apparitio percellebat animos, ideo facies suas ab angelo aversas in terram declinant, quod etiam humilitatis et modestiae argumentum est, sicut de electis dicitur, quod in faciem suam cadant. Apoc. 5, 14. 7, 11. 11, 16. Angeli laetum resurrectionis nuncium allaturi aderant, sed conspectu eorum mulieres terrentur: arguit id naturae nostrae infirmitatem. Cum enim nobis conscii simus propter peccatum in carne adhuc habitans ab angelica puritate et perfectione nos longissime abesse, inde angelorum conspectu tantopere terremur, ut testantur, exempla Manoae, Danielis et aliorum, quibus angeli apparuerunt. Idem accidit his mulieribus, quas sexus natura imbecilliores reddiderat: aliter tamen expavescunt custodes, quos itidem conspectus angeli terruerat, aliter vero hae mulieres.*

Dass das Entsetzen dieser Frauen ein ganz anderes ist als das Entsetzen jener Männer, erkennen die Engel an: für jene da draussen hatten sie kein Wort der Beruhigung, Stärkung und Tröstung, jene überliessen sie gänzlich sich selbst, diese hingegen reden sie freundlich an, um alle

Furcht ihnen zu nehmen, damit sie sich freuen können des Herrn, welcher von den Todten auferstanden ist. Gregorius findet dieses verschiedene Verhalten der Engel schon in der Beschreibung angedeutet, welche Matthäus von ihrer Erscheinung entworfen hat. *In fulgure etenim*, sagt er in der mehrerwähnten Homilie 31, *terror timoris est, in nive autem blandimentum candoris. Quia vera omnipotens Deus et terribilis peccatoribus et blandus est iustis: recte testis resurrectionis eius angelus et in fulgure vultus et in candore habitus demonstratur: ut de ipsa sua specie et terreret reprobos et mulceret pios.*

Die Rede des, beziehungsweise der Engel in dem Grabe ist von den Synoptikern fast in gleichem Wortlaut überliefert worden. Matthäus und Markus geben allein das kurze Wort, durch welches ihnen guter Muth zugesprochen werden soll: μὴ ἐκθαμβεῖσθε, lautet es bei Markus, μὴ φοβεῖσθε ὑμεῖς, aber bei Matthäus. Das ὑμεῖς ist hier nicht überflüssig: es ist überhaupt, wie Winer schon längst festgestellt hat, nie bedeutungslos in dem Neuen Testamente, wenn die in der Form des Zeitwortes schon liegende Person noch besonders hervorgehoben und herausgesetzt wird. Das Pronomen hat dann alle Mal den Accent, den Ton, den Nachdruck. Sie, die Angeredeten, sollen sich nicht fürchten: sie haben keinen Anlass, keinen Grund sich zu entsetzen: der Gott, welchem diese Engel dienen, will ihnen durchaus nicht Furcht und Entsetzen durch ihre Absendung einjagen. Die alten Väter haben das schon erkannt, Augustinus wie Chrysologus, welcher sagt: *nolite timere vos. Hoc est, illi timeant: quaerentes non timeant, timeant persequentes.* Beda, Theophylaktus, Euthymius folgen, ebenso Calvin, Gerhard, Bengel, Baumgarten-Crusius, Bleek, Meyer, Hengstenberg. Dieses Wort geziemt sich nicht den Kriegsknechten, sondern nur den Frauen. Jene Kriegsknechte und ihre Herrn haben allen Grund, sich zu fürchten und zu entsetzen, denn ihre Pläne sind durchkreuzt, ihre Macht ist gebrochen, der starke Arm Gottes ist offenbar: sie aber, die Frauen, welche das Haupt haben sinken lassen, dürfen es jetzt getrost erheben und mit dem Psalmisten singen: die Rechte des Herren ist erhöhet, die Rechte des Herrn behält den Sieg! Ps. 118, 16. Calvin sagt mit Recht: *similis fuit mulierum pavor, sed consolatio mox secuta animos prope defectos restituit, ut saltem melius aliquid sperare inciperent. Et certe consentaneum est, ut promiscue tam piis quam reprobis horrorem metumque incutiat Dei maiestas, ut a facie eius sileat omnis caro. Sed ubi electos suos humiliavit dominus ipse ac subegit, mox eorum formidinem mitigat, ne oppressi succumbant: neque id modo, sed gratiae quoque suae dulcedine vulnus inflictum sanat: reprobos vero vel panico (ut loquuntur) metu exanimat, vel tabescere sinit sub lentis tormentis. Nam quod ad milites istos spectat, similes quidem fuerunt mortuis, sed absque serio affectu, sicuti mente alienati expavescunt quidem ad momentum, simul tamen obliviscuntur se timuisse: non quod prorsus deleta fuerit terroris memoria, sed quia illis effluxit viva illa et efficax divinae virtutis apprehensio, cui cedere coacti fuerunt. Sed hoc praecipue tenendum est, quum peraeque timerent ut mulieres, non adhibitam fuisse medicinam, quae ipsorum timorem leniret. Solis enim mulieribus dixit angelus: nolite timere: materiam vero gaudii et securitatis illis proposuit in Christi resurrectione.* Luther greift mit seiner Auslegung in das Folgende hinein, was nur zu billigen ist, denn die Auferstehung Christi, welche sofort verkündet wird, soll eben alle Angst, Sorge, Furcht und

Entsetzen verscheuchen, und spricht: „dieses ist ja so viel gesagt, als spräche er: was seid ihr doch für alberne, einfältige Leutlein, dass ihr euch entsetzen und fürchten wollt? Lebt doch Christus und ist von den Todten auferstanden. Derhalb gebührt euch, dass ihr fröhlich seid und euch gar nichts besorgen sollt. Denn das Christus lebt, das lebt er euch zu gut, dass ihr sein geniessen, von ihm beschützt und vor allem Jammer sollt behütet werden. Will damit anzeigen, wir sollen der Auferstehung Christi uns trösten wider den Teufel, Sünde, Tod und Hölle. Denn wo diese Feinde sollten oder könnten weiter Schaden thun, wäre es unmöglich, dass wir uns nicht fürchten sollten. Das ist der erste Befehl, nicht allein an die Weiber, sondern an alle getaufte und gläubige Christen, die da wissen und glauben, Christus sei auferstanden, dass sie sich nicht sollen fürchten." Wie können Christen, welche wahrhaft an den glauben, der an dem dritten Tage auferstanden ist, sich noch fürchten? Beweist die Auferstehung Christi von den Todten nicht, dass er ein Herr ist über Alles, dass keine Gewalt im Himmel und auf Erden ihn hemmen kann? Er spottet der Bosheit und Macht der Menschen, er löst die Bande des Todes und zerbricht die Pforten der Hölle! Will der Herr etwa seinen Sieg über alle feindlichen Gewalten allein feiern und geniessen? Warum würde der Stein hinweggewälzt von des Grabes Thür und die Auferstehung kund gethan aller Welt, wenn die Seinen nicht wissen sollten, dass er auferstanden ist von den Todten und eingegangen in seine Herrlichkeit? Freilich sind wir arme Sünder, die nimmer recht glauben könnten, dass der Auferstandene für uns lebt, allein bekennt er sich nicht nach seiner Auferstehung noch zu den Seinen? Spricht er nicht durch der Engel Mund zu ihnen: $μὴ$ $ἐκθαμβεῖσθε$, $μὴ$ $φοβεῖσθε$ $ὑμεῖς$, grüsst er sie selbst nicht: $χαίρετε$?

Nach Matthäus begründet der Engel, warum er zu ihnen so freundlich sprechen kann: $οἶδα$ $γάρ$, $ὅτι$ $Ἰησοῦν$ $τὸν$ $ἐσταυρωμένον$ $ζητεῖτε$. Er weiss, was sie hier in dem Grabe wollen, wie sie zu dem, der hier gelegen hat, stehen. Sie suchen ihn mit schwachem Glauben, aber mit starker Liebe, mit aufgegebenen Hoffnungen, aber mit ausharrender Treue: sie suchen ihn, der durch den schimpflichsten, schmählichsten Tod am Kreuze ihnen entrissen ist, und sind so willig, mit ihm Schimpf und Schande zu tragen; ihn, der an dem Kreuze sein unschuldiges Blut hat vergiessen müssen, und ihre Herzen bluten. Freunde Jesu haben keinen Grund, sich zu fürchten vor dem Engel des Herrn; er will ihnen den Weg zu dem Gekreuzigten zeigen, den sie suchen. Am Nächsten steht der Recension des Matthäus die Fassung dieser Worte bei Markus: $Ἰησοῦν$ $ζητεῖτε$ $τὸν$ $Ναζαρηνὸν$ $τὸν$ $ἐσταυρωμένον$. Bemerkenswerth ist, dass Markus diesen Satz gar nicht mit dem Vorhergehenden verbindet, dass er mehr noch als Lukas den Engel in lauter einzelnen, kurzen, abgerissenen Sätzen reden lässt. Bengel macht hierauf schon aufmerksam. Der Lapidarstyl, so wie die fliegende Rede liebt diese Weise: wir ziehen vor, dass der Engel jetzt diese einzelnen Sätze herausstösst, weil er so schnell wie möglich die gute Botschaft vollenden will. Den, welchen sie suchen, bezeichnet Markus wie Matthäus als Jesus; es ist diess nicht zu übersehen. Dem Engel lag es wohl näher, den Gesuchten als den Herrn, als den Sohn Gottes zu bezeichnen, er wählt aber diesen Ausdruck, weil er die Meinung der suchenden Frauen recht treffen will: Sie suchen nicht den Herrn, den Sohn Gottes, denn sie haben den Glauben an Jesus in dieser Dignität verloren: sie haben den Herrn, den Gottessohn verloren, aber Jesus ist ihnen geblieben, der Mensch Jesus, welcher aus Nazareth gekommen und hier in Jerusalem am Kreuze gestorben ist. Ich möchte den Zusatz τὸν Ναζαρινόν nicht aufgeben, weil er in dem Codex Sinaiticus und Cantabrigiensis fehlt: er hebt die menschliche Seite, das Menschenthum Jesu energisch hervor. Lukas entfernt sich von seinen Gefährten: die Engel stellen nach ihm an die Frauen eine Frage, welche nach einem Vorhalte, Verweise, Tadel schmeckt. Τί ζητεῖτε τὸν ζῶντα μετὰ τῶν νεκρῶν; Bengel ist nicht der Erste, welcher in τὸν ζῶντα eine Emphase findet *(eum, qui non modo revixit, sed plane vivens est)*, sondern Gerhard ist ihm bereits vorgegangen. Er schreibt: *quasi dicat: cum in Christo, quem in sepulcro quaeritis, sit vita Joh. 1, 4, cum sit panis vitae Joh. 6, 35, cum sit dux vitae Act. 3, 15, cum sit filius Dei viventis Matth. 16, 16, cum sit ipsa vita Joh. 11, 25. 14, 6. 1. Joh. 5, 20, cui pater dedit vitam habere in semet ipso Joh. 5, 26: cur eum adhuc inter mortuos, i. e. in sepulcro, quod est domicilium mortuorum, quaeritis? in creatione omnia viventia ab ipso acceperunt vitam, in ipso omnia viventia vivunt, quin et vitam aeternam amissam ipse reparavit, cum sit essentialiter ipsa vita, ideo viventibus dat vitam naturalem, credentibus dat vitam spiritualem et aeternam, quomodo ergo in morte teneri potuit. Act. 2, 24.* Olshausen, Baumgarten-Crusius, de Wette schliessen sich an, dagegen wollen Meyer, Bleek, Oosterzee von einem solchen Tiefsinne nichts wissen: nach ihnen soll mit dem τὸν ζῶντα nur ausgesagt werden, dass er, der da todt war, bereits wieder lebendig geworden und desshalb nicht mehr in dem Grabe gesucht werden kann. Je nachdem man dieses Wort versteht, wird die Farbe dieser Frage eine andere: fasst man τὸν ζῶντα gleich den Auferstandenen, so ist diese Frage allerdings nichts weiter als eine rhetorische Figur, welche den Uebergang zu der folgenden Verkündigung bildet, wie Keil sich auslässt, geht man aber bei τὸν ζῶντα tiefer, so verwandelt sich die rhetorische Formel in einen ernsten Vorhalt, der ihnen das Widersinnige ihres Suchens, den Unverstand ihres Glaubens, Christus sei todt und bleibe todt, zu Gemüthe führen soll. Ich schliesse mich Gerhard auch an: soll dieser Satz den folgenden Sätzen vorgreifen, soll er den Herrn schon als den Auferstandenen proklamiren? Wenn das die Absicht wäre, so sind die nächsten Sätze ganz überflüssig, sie enthalten dann nur, was in diesem Satze schon ausgesagt war. Passt eine solche Wiederholung oder Amplifikation in den Tenor dieser Rede? Nicht rhetorisch bereitet diese Frage auf das folgende Wort vor, sondern logisch. Sie suchen denjenigen bei den Todten, von welchem sie geglaubt und erkannt haben, dass er der Lebendige ist, dass er das Leben wie einen strömenden Quell in sich selbst hat! Haben sie diese Lebensmacht und Lebensherrlichkeit Christi nicht erfahren? Hat sein Wort nicht so manchen Todten erweckt und in ihren kalten, todten Herzen ein neues Leben in's Dasein gerufen? Und er, der den Tod in dieser zwiefachen Gestalt schon an und in Andern überwunden hat, sollte selbst der Gewalt des Todes anheimfallen? Das ist unglaublich, weil widersinnig: sie dürfen Anderes erwarten von diesem Lebenserwecker! Jetzt sind sie vorbereitet, um das grosse Osterwort zu vernehmen, was alle drei Synoptiker fast gleichlautend bringen. Matthäus schreibt: οὐκ ἔστιν ὧδε· ἠγέρθη γάρ, Markus kehrt die Satzfolge um: ἠγέρθη, οὐκ ἔστιν ὧδε. Lukas nähert sich aber wieder dem Matthäus mit seinem οὐκ ἔστιν ὧδε, ἀλλὰ ἠγέρθη. Wir geben der Fassung des Markus den Vorzug: es spricht uns bei Matthäus nicht an, dass er diese, wie Blitze einschlagenden, Sätze mit *γάρ* verbindet, sie verlieren durch diese logische Begründung an Kraft; auch Lukas befriedigt nicht recht, man darf nach jener vorbereitenden Frage doch erwarten, dass sofort die Verkündigung: der Lebenserwecker lebt! folgt. Ἠγέρθη, so spricht der Engel und er wählt dieses Wort mit Bedacht. Es ist eine schon längst gemachte Bemerkung, dass die h. Schrift das grosse Osterwunder bald auf Gottes Initiative und Causalität, bald aber auch auf des Herrn Initiative und Causalität zurückführt und demnach bald sagt: *ἠγέρθη*, bald aber auch: *ἀνέστη*. Schleiermacher will diess nicht zugestehen, er bemerkt in dem Christlichen Glauben 2 S, 93 f.: „auch wird sie (Christi Auferstehung) nie als ein Zeugniss des in Christo wohnenden Göttlichen angeführt, da sie überall nicht ihm selbst, sondern Gott zugeschrieben wird, vgl. Apostelg. 2, 24. 3, 15. 4, 10. 10, 40. Röm. 4, 24. 1. Cor. 6, 14. 15, 15. 2. Cor. 4, 14.“ Allein er befindet sich im Unrecht. Jesus spricht selbst, auf den Tempel seines heiligen Leibes hinweisend: ἐν τρισὶν ἡμέραις ἐγερῶ αὐτόν Joh. 2, 20, womit er nach V. 22 auf seine Auferstehung von dem Tode anspielt. Gleichfalls sagt er bei Joh. 10, 18: ἐξουσίαν ἔχω θεῖναι τὴν ψυχήν μου καὶ ἐξουσίαν ἔχω πάλιν λαβεῖν αὐτήν· ταύτην τὴν ἐντολὴν ἔλαβον παρὰ τοῦ πατρός μου. Hierzu kommt Matth. 17, 9: ἕως ὁ υἱὸς τοῦ ἀνθρώπου ἐκ νεκρῶν ἀναστῇ. Mark. 8, 31. 9, 9. Luk. 24, 7. 1. Thess. 4, 14: πιστεύομεν, ὅτι Ἰησοῦς καὶ ἀνέστη. Zugegeben muss werden, dass mehrere jener Evangelienstellen die Auslegung nicht ausschliessen, welche durch Mark. 9, 27 ἤγειρον αὐτὸν καὶ ἀνέστη begründet werden kann, dass das ἀνέστη die Folge eines göttlichen ἐγείρειν ist. Vielfach aber stellt der Herr selbst seine Auferstehung auch als ein Gestelltwerden auf die eigenen Füsse, so Matth. 20, 19. Mark. 9, 31. Luk. 18, 33 (alle Mal ἀναστήσεται), als ein Auferwecktwerden (ἐγερθῆναι) dar, Matth. 16, 21. 17, 23. 26, 32 (27, 63). Mark. 14, 28. Luk. 9, 22. Auffallend ist es, dass in dem Neuen Testamente nur ein einziges Mal und zwar Matth. 27, 53 von der ἔγερσις αὐτοῦ geredet wird, während von seiner ἀνάστασις, welches Wort auf seine Spontaneität und Aktivität offenbar zurückgeführt werden muss, so häufig gesprochen wird, cf. Act. 1, 22. 2, 31. 4, 33. Rom. 1, 4. Phil. 3, 10. 1. Petr. 1, 3. 3, 21. Gewiss sind es, wie Steinmeyer behauptet, praktische Gründe, wesshalb das Eine Mal die Auferstehung mehr als ein Widerfahrniss Jesu, als ein Werk Gottes des Vaters an ihm und das andre Mal mehr als seine eigenste That, als sein Selbstwerk betont wird: diese beiden Punkte müssen aber so sehr coincidiren, dass sie in der That eins sind, wie wäre es sonst möglich, dass Johannes jenes Wort: ἐγερῶ αὐτόν ohne Weiteres mit ὅτε οὖν ἠγέρθη Ἰησοῦς Joh. 2, 22 zusammenstellen kann. Wie bei der Menschwerdung Christi der Wille des Vaters mit dem Willen des Sohnes so sehr zusammentraf, dass der Menschgewordene bekennen durfte: ἐγὼ γὰρ ἐκ τοῦ θεοῦ ἐξῆλθον καὶ ἥκω· οὐδὲ γὰρ ἀπ’ ἐμαυτοῦ ἐλήλυθα, ἀλλ’ ἐκεῖνός με ἀπέστειλε Joh. 8, 42, so trifft auch hier beim Wiedereintritt Jesu Christi in diese Welt sein Wille mit dem Willen seines Vaters zusammen. Wir werden den Stellen, in welchen die selbstgewollte und selbstbewirkte Auferstehung Christi gepredigt wird, nicht gerecht, wenn wir das Werk des Vaters in solcher Omnipotenz uns vorstellen, dass der Sohn es nur passiv an sich geschehen lässt: er ist auferstanden auch aus eigener Macht und Kraft, denn durch das Erleiden des Todes sank er nicht in einen schlafähnlichen, bewusstlosen, handlungsunfähigen Zustand zurück, sondern er blieb *quoad spiritum* der lebendige Herr.

Der Engel betont hier nun nicht die Auferstehung Jesu, sondern seine Auferweckung, nicht einen Akt des Gekreuzigten, sondern einen Akt Gottes. Diese Auffassung entspricht der Person und Stellung des Engels, der als Gottes dienstbarer Geist und Bote den Beruf in erster Linie hat, das Werk seines Gottes zu melden, und ist dem Glaubensstandpunkte der Frauen am Angemessensten. Wie kann er denen, welche den Lebendigen bei den Todten suchten, eine That desselben mit Erfolg predigen. Todt ist todt, so heisst es: seine Osterbotschaft hätte keinen *locus consistendi*, keinen Punkt, da sie anknüpfen und ruhen konnte, gefunden. Mit unübertrefflicher Weisheit sucht und findet der Bote Gottes den Punkt, da er auch bei ihnen noch anknüpfen kann mit Hoffnung auf einen günstigen Erfolg. Ueber des Menschen Vermögen reicht Gottes Allmacht weit hinaus. Was diese Jüngerinnen ihrem gekreuzigten und verstorbenen Meister nicht zutrauen, das trauen sie immer noch dem allmächtigen Gott zu, auf welchen Jesus, im Geiste vorausschend, dass sich alle an ihm ärgern und tief im Glauben an seinen Namen erschüttert werden würden, gerade in seinen letzten Reden als den hingewiesen hatte, der grösser sei denn er selbst. Joh. 14, 28. Der Glaube an den Herrn hat Schiffbruch gelitten, aber der Glaube an den allmächtigen Gott lebt noch in diesen zerbrochenen Herzen! Was Gott durch das Wort seines Sohnes, wie sie recht gut wissen, an Vielen gethan hat, das hat er jetzt unmittelbar an seinem eingebornen Sohne gethan: er hat ihn auferweckt! Es ist nicht möglich, dass die Weiber dieses Wort in seinem wahren, tiefen Sinne verstehen: sie werden nicht darüber hinausgekommen sein in dem ersten Augenblicke, als dass er, der ihnen entrissen war, ihnen völlig so wieder gegeben sei, als sie ihn verloren hatten. Die Auferweckung Christi erschien ihnen als Rückkehr in die alten Verhältnisse, als blosse Wiederbelebung, *restitutio in integrum:* dass dieselbe mit der Erhöhung, mit dem Eingang ihres Herrn in eine neue Lebensweise, in eine andre Verkehrsform, in den Stand der Herrlichkeit verknüpft sei, konnten sie sich um so weniger denken, als Jesus über diese Bedeutung seiner Auferstehung sich nicht eingehend ausgelassen hatte. Sie verstanden das ἠγέρϑη nur dahin, dass sie ihn wieder haben sollten, den sie verloren hatten, dass er ihnen wieder durch Gottes Gnade geschenkt sei. Erst nach und nach führte der Auferstandene sie zu dem Verständnisse dieses Engelwortes: *dies diem docet.* Mit der Zeit wurden sie es inne, dass jenes ἠγέρϑη mehr hiess als Jesus der Nazarener, welchen ihr lieb habt, ist, von den Todten erweckt, wieder lebendig geworden. dass es die Auferstehung des Herrn der Herrlichkeit, des Herzogs unsrer Seligkeit, des grossen Hirten der Schafe, des Fürsten des Lebens verkünde. Darin aber verstanden diese Galiläerinnen bei all ihrer Beschränktheit den Sinn dieses ἠγέρϑη besser als viele Theologen der Neuzeit, welche Jesum überhaupt nicht wieder leiblich in dieses Leben zurückkehren lassen, sondern dahinein seine Auferweckung setzen, dass sein Geist im Segen fortwirkt in dieser Welt. Wunderbar dreht sich die Windrose der Meinungen und Ansichten! Vor funfzig Jahren wurde der Tod Christi zu einem Scheintode umgestempelt und jetzt versucht man, da es damit nicht gehen wollte, die Auferstehung zu einer Scheinauferstehung zu machen, denn jene Theologen, welche von Visionen und Hallucinationen reden, wie diese, welche in sehr schönen und an und für sich auch wahren Worten von der geschichtlichen Nachwirkung reden, welche Jesus, jedem grossen Manne aber darin ganz ähnlich, bis auf den heutigen Tag noch ausübt, wissen von einer wirklichen Auferstehung des Erlösers nichts, denn diese ist zuvörderst die Vereinigung des Geistes mit dem Leibe, wie umgekehrt der Tod das Abscheiden des Geistes von dem Leibe war.

Während nach Matthäus der Engel in dem Grabe den Weibern, welche Jesum suchen, versichert, dass er hier vergebens von ihnen gesucht werde, dass er hier nicht sei, weil er auferweckt worden sei, und nach Lukas die beiden Männer bezeugen, dass er nicht mehr hier, sondern auferweckt sei, schliesst Markus an dieses ἠγέρϑη ohne jede Partikel die Worte: οὐκ ἔστιν ὧδε. Die Ausleger haben nach meiner Ansicht den Sinn dieses Satzes ganz richtig erkannt, welche sie δεικτικῶς fassen, weil eine Art von *demonstratio ad oculos* geführt werden soll. Der Osterprediger weist die, denen er die Osterkunde zutragen soll, auf das leere Grab hin: der Ort, da Jesus gelegen hat, umschliesst ihn nicht mehr. Alle Zeichen deuten auch darauf hin, wie wir später aus dem johanneischen Evangelium erfahren, dass kein Leichenraub stattgefunden hat. Das leere Grab soll ihnen die Auferweckung Christi wahrscheinlich machen, soll dem Worte des Engels Glauben schaffen, wie die Worte, welche Markus sofort daranschliesst: ἴδε ὁ τόπος, ὅπου ἔϑηκαν αὐτόν, feststellen, hiermit correspondirt die Aufforderung des Engels bei Matthäus: δεῦτε, ἴδετε τὸν τόπον, ὅπου ἔκειτο, also näher heranzutreten und Umschau zu halten. Gut interpretirt Hieronymus: *ut si meis verbis non credatis, vacuo credatis sepulcro.* Der Auferstandene ist nicht hier in dem Grabe. Das Wort muss richtig verstanden werden, der, welchen das Grab nicht halten konnte, ist sicher in einem gewissen Sinne doch auch in dem Grabe, denn wo zwei oder drei versammelt in seinem Namen, ist er mitten unter ihnen, und durch Leiden und Sterben ist er in seine Herrlichkeit eingegangen, um die ganze Erde einzunehmen, Himmel und Erde zu erfüllen. Wir überzeugen uns ja aus den Erscheinungen des Auferstandenen, dass es keine Schranke des Raumes mehr für ihn gibt, dass er aller Wegen ist, wo er sein will. Eben diesen Gedanken will der Engel ausdrücken: kein Ort umschliesst, beschränkt und bindet den, welchen Gott erweckt hat. *Non est hic*, predigt Chrysologus s. 77, *secundum id, quod in loco exstitit: hic est autem per hoc, quod ubique est et loci capacitate non clauditur.* Gregor: *Non est hic, dicitur per praesentiam carnis, qui tamen musquam deerat per praesentiam maiestatis.*

Nach Lukas und Matthäus suchen die beiden Männer resp. der Engel nicht bloss durch diesen Hinweis auf das leere Grab, diese Galiläerinnen zu dem Glauben an die Auferstehung ihres Herrn zu bewegen, sie schlagen noch einen andern, und wir scheuen uns nicht zu sagen, einen sichereren, höheren, würdigeren Weg ein. Hat der Heiland in seinem Unterrichte eine gewisse Stufenfolge beobachtet und allmälig von dem Leichteren, Niederen und Irdischen seine Jünger hingeführt zu dem Schwereren, Höheren, Himmlischen, zu den grossen Geheimnissen seines Reiches, so folgen diese Prediger mit Fug und Recht seinem Beispiele. Der sinnlichen Beweisführung schliesst eine andre sich an, welche unbedingt auf einer höheren Linie steht. Gedenken sollen die Weiber, welche durch die ihnen zugemuthete und auch vollzogene genaue Besichtigung des Grabes aus ihrer

Verstürzung gekommen und nüchtern, verständig, besonnen geworden sind, was der Herr ihnen schon vor Zeiten gesagt hat. Lukas sagt ausführlich: μνήσθητε ὡς ἐλάλησεν ὑμῖν ἔτι ὢν ἐν τῇ Γαλιλαίᾳ, λέγων τὸν υἱὸν τοῦ ἀνθρώπου ὅτι δεῖ (so lesen wir mit Tischendorf auf Grund des Sinaiticus, Vaticanus und Ephraemi statt des recipirten ὅτι δεῖ τὸν υἱὸν κτλ.) παραδοθῆναι εἰς χεῖρας ἀνθρώπων ἁμαρτωλῶν καὶ σταυρωθῆναι καὶ τῇ τρίτῃ ἡμέρᾳ ἀναστῆναι: Matthäus zieht das in die wenigen Worte zusammen: καθὼς εἶπεν. Auffallend ist es, dass die Engel besonders hervorheben, Jesus habe noch in Galiläa weilend diess Alles schon vorherverkündet. Man hat vielfach mit Gerhard gesagt, diese Frauen waren Galiläerinnen, darum hätten sie nicht in Judäa, sondern nur in Galiläa diese Weissagung hören können. Allein sind diese Galiläerinnen dem Herrn, um ihm zu dienen, nicht überall hin nachgefolgt, haben sie da nicht auch die auf seine Auferstehung von den Todten abzielenden Reden vernommen, die er in Judäa kurz vor seinem Leiden und Sterben gehalten hat? Waren diese letzten Verkündigungen ihnen nicht in frischerem Gedächtnisse? Kommt das ἔτι auf diese Weise zu seinem Rechte? Offenbar wollen diese beiden Männer hervorheben, dass Jesus schon vor langen Zeiten, und nicht erst in den letzten Tagen hievon geredet hat, wohl auch das, dass er nicht ein Mal, sondern wiederholt dasselbe verkündet hat; vgl. Matth. 12, 40. 16, 21. 17, 22 f. Was er so lange zuvor, so häufig ihnen gesagt hat, muss ihnen leichter wieder in den Sinn kommen als das, was er ihnen in diesen letzten Tagen mitgetheilt hat, da dieselben so bewegt, so unruhig, so schmerzvoll waren. Jene galiläischen Eröffnungen mussten am Tiefsten in ihnen haften. Was er ihnen in Galiläa so früh und so genau verkündet hat, wie des Menschen Sohn in die Hände der Sünder überantwortet und gekreuzigt werde, ist in Erfüllung gegangen: in Folge dessen sind sie ja zum Grabe gekommen. Das, was sie damals nicht für möglich hielten, ist wirklich geschehen, in die Hände der Sünder — wir verstehen unter diesen ἄνθρωποι ἁμαρτωλοί, wie in der Leidensgeschichte 1, 246 begründet wurde, nicht die Juden allein, sondern ohne Unterschied Juden und Heiden, welche beide des Ruhmes an Gott ermangeln, — ist er verrathen worden und am Kreuze hat er sein Leben beschlossen. Ist er aber in seinen Verkündigungen nicht über das Kreuz hinausgegangen, hat er nicht auf das Bestimmteste von seiner Auferstehung und zwar von seiner Auferstehung an dem dritten Tage zugleich auch gesprochen? Der erste Theil seiner Weissagung ist, wie sie es zu ihrem tiefsten Leidwesen haben erfahren müssen, Wahrheit geworden; können sie erwarten, dass der Theil seiner Weissagungen, welcher auf seine glorreiche Auferstehung, auf seinen Sieg über alle seine Feinde sich bezieht, unerfüllt bleibe! Der dritte Tag ist heute, von welchem der Erlöser so oft geredet hat und von dem, wie wir aus Luk. 24, 21 ersehen können, seine Jünger nicht wenig unter einander gesprochen haben, denn dass an diesem Tage etwas Ausserordentliches, Wunderbares, Entscheidendes vor sich gehen solle, haben sie, wenn auch im Grossen und Ganzen seine Worte von ihnen nicht verstanden wurden, doch herausgehört. Was er zuvor gesagt hat, das ist wirklich eingetreten, er, den Gott erweckt hat, ist an dem dritten Tage, ist heute in des Morgens Frühe auferstanden! Es ist heute der verheissene dritte Tag, der einen Umschlag aller Dinge, eine Veränderung der ganzen Sachlage herbeiführt. Können sie sich nicht jener Verheissungsworte erinnern? Können sie ihnen jetzt, wo sie das loere Grab und in dem leeren Grabe sie, die Gesandten des lebendigen Gottes sehen, ihnen nicht Glauben schenken? Der Evangelist ist ein vorsichtiger Mann; er bescheidet sich mit der Bemerkung, dass die Predigt der Engel den Weibern jene Weissagung Christi in's Gedächtniss zurückrief. Vieles ist damit schon gewonnen, sie haben nun den Stab in ihren Händen, der sie stützt und trägt.

Markus weiss von solch einer Mahnung, der Worte Christi zu gedenken und zu glauben, gar nichts: wie umgekehrt Lukas nichts von dem Auftrag weiss, welchen nach den beiden andern Synoptikern die frommen Freundinnen Jesu sofort noch von dem Engel empfangen. Beide berichten das in wesentlicher Uebereinstimmung. Matthäus schreibt: καὶ ταχὺ πορευ-θεῖσαι εἴπατε τοῖς μαθηταῖς αἰτοῦ, ὅτι ἠγέρθη ἀπὸ τῶν νεκρῶν, καὶ ἰδοὺ προάγει ὑμᾶς εἰς τὴν Γαλιλαίαν· ἐκεῖ αὐτὸν ὄψεσθε. ἰδοὺ εἶπον ὑμῖν: Markus: ἀλλὰ ὑπάγετε, εἴπατε τοῖς μαθηταῖς αἰτοῦ καὶ τῷ Πέτρῳ, ὅτι προάγει ὑμᾶς εἰς τὴν Γαλιλαίαν· ἐκεῖ αὐτὸν ὄψεσθε, καθὼς εἶπεν ὑμῖν. Dem ταχὺ πορευθεῖσαι in Matthäus entspricht gewisser Massen das ἀλλά des Markus, denn diese adversative Partikel, mit der Aufforderung ἴδε zusammengehalten, soll offenbar sagen: nun ist es des Sehens genug, vollauf genug: jetzt könnt, jetzt sollt ihr gehen, ihr habt hier nichts mehr zu suchen und zu sehen. So auch Weiss: nach Klostermann sollen sie statt der überflüssig gewordenen Einbalsamirung nun dem Herrn durch schnelle Ausrichtung der Botschaft dienen. Konnten sie aber noch an ein Einbalsamiren denken, da Christus auferstanden war? Schnell sollen sie nach dem Engelsworte bei Matthäus dahingehen, wohin sie gesandt werden: es fragt sich, was dieses ταχύ soll: ob es den Frauen nur Beine machen, oder die Osterkunde so schnell wie möglich in Curs setzen soll. Waren die Jünger in einer solchen Verfassung, dass Zeit bei ihnen mehr wie Geld war, weil die Gefahr bestand, dass sie, etwas später benachrichtigt, vollständig um den Glauben gekommen wären? Schwerlich war solch *periculum in mora*. Das ταχί scheint den Frauen zu Gute kommen zu sollen. Sie waren erstaunt, verstürzt, standen sprachlos, bewegungslos da. Sie hätten noch lange Zeit wie Bildsäulen dort in dem Grabe verharrt und wären nicht zu sich gekommen, wenn sie nicht aus ihrer trägen, starren Ruhe wären aufgeregt worden. Das Gebot, schnell hinzugehen, soll diesem Zustande, der weder den Frauen noch den andern Jüngern zum Besten dient, ein Ende bereiten. Sie sollen gen Jerusalem wieder sich wenden und sagen τοῖς μαθηταῖς, den Aposteln, sodass sie *apostolae apostolorum* werden, wie die Alten ganz schön sagten. Denn dass unter τοῖς μαθηταῖς nicht an Jünger im allgemeinen, jeden Freund und Anhänger Christi in sich fassenden Sinne gedacht ist, erhellt daraus, dass ein Mal die Apostel naturgemäss das erste Recht darauf haben, die Osterbotschaft zu erfahren, und dass nach Markus der Engel unter den Jüngern in Sonderheit den Petrus nennt. Diese Weiber sind berufen, den Aposteln das Wort: ἠγέρθη zuzurufen: der Engel will es nicht thun, der Auferstandene auch nicht. Weiber, welche sonst schweigen sollen nach der apostolischen Vorschrift in der Gemeinde 1. Cor. 14, 35, werden von dem Engel des Gottes, der ein Gott der Ordnung ist, beauftragt mit der Osterpredigt: der Herr ist auferstanden! Ist das in der Ordnung? Warum geschieht das? Gerhard ist am Gründlichsten auf diese Frage eingegangen. Gott sendet nach ihm diese Frauen *1) ut observaret veterem suam consuetudinem, qua solet*

eligere contemta, ignobilia et abiecta in hoc mundo, ut pudefaciat robusta et excelsa; 2) mulieres, natura imbecilliores, procul dubio vehementissimo animi dolore propter ignominiam, cruciatus et mortem Christi perculsae fuerunt, illis igitur primo omnium nunciatur laetissima Christi resurrectio; 3) voluit Deus hoc pacto calumniis Judaeorum obviam ire. Mentiebantur pontifices, discipulos Christi corpus, magistri sui, e sepulcro furatos esse, ut ergo huius mendacii impudentia et absurditas redargueretur, mirabili Dei providentia factum est, ut mulieres prius quam apostoli ad sepulcrum venirent; iam vero nullo modo verisimile est, mulieres easque paucas ex monumento, armatis viris custodito et ingenti lapide concluso, corpus eius furatas esse; 4) mors omnium orta est per Evam mulierem, voluit igitur Christus, ut et resurrectio sua, per quam iustitia et vita reparata est, per mulieres nunciaretur; 5) denique mulieres hae magna animi praesentia summo diluculo ad Christi sepulcrum profectae erant. Apostolis interim prae metu ianuis ac seris sese munientibus, voluit igitur Deus hanc προ-θυμίαν et pium studium earum laetissimo resurrectionis nuncio remunerari.
Eine Fülle von Gründen zwar, aber wir können nur Steinmeyer beipflichten, welcher keine völlig genügende Antwort auf die schwebende Frage darin findet. Ich halte es für logisch, psychologisch und ethisch begründet, dass diese Galiläerinnen, diese gottseligen Frauen die erste Kunde von der Auferstehung des Herrn empfangen und mit der Ausbreitung derselben betraut werden. Logisch: denn sie sind am Ersten an der Stelle, wo das Wunder sich zugetragen hat und wo also auch die durch Gottes Rath geheiligte Stätte der ersten Verkündigung der grossen Osterthatsache ist. Psychologisch: denn während die Jünger sich zerstreut haben, ein jeglicher in das Seine, sind sie nicht bloss, wie ihr gemeinsames Wallen nach dem Grabe es an den Tag legt, engverbunden unter einander geblieben, sodass sie sich am Besten qualificiren, die zerstreuten Jünger wieder zu sammeln, sondern sie sind auch mit dem Herrn verbunden geblieben fort und fort in der treusten Liebe, obschon das Band des Glaubens sie eben so wenig, wie die Männer, mit Christus zusammenhält. Ethisch: denn die Apostel, welche der Erlöser erwählt hatte, dass sie seine Zeugen sein sollten bis an der Welt Ende, werden durch diese von Gott getroffene Wahl der Frauen daran erinnert, dass sie durch das Aergerniss, welches sie an seinem Kreuze nahmen, durch den Unglauben, in welchen sie offenbar hineingefallen sind, das Recht verwirkt haben, seine Zeugen zu sein. Gut schreibt Calvin: *hic mulieres extraordinario honore Deus ornat per angelum, quod praecipuum salutis nostrae caput apud ipsos quoque apostolos promulgandum ipsis mandat.*

Markus erzählt, dass der Engel diese Weiber in Sonderheit zu Petrus entsandt habe: es ist diese namentliche Hervorhebung auffällig. Dr. Paulus meint, dass sie namentlich an Petrus gewiesen würden, weil dieser eine rasche und entschlossene Natur gewesen sei und so, ein Mal zum Glauben an des Herrn Auferstehung gebracht, auch am Nachdrücklichsten, Feurigsten für dieselbe bei den andern Jüngern eingetreten sei. Allein schwerlich sieht der Engel, dieses himmlische Wesen, die fleischliche Natur des Petrus an. Die alten Väter bringen schon zwei Gründe bei, bald einzeln, bald aber verbunden. Petrus erscheint sonst immer an der Spitze der Apostel, er ist ihr Vormann, Vormund, Vorkämpfer und Vertreter, was wir gerne anerkennen, ohne damit dem sogenannten Nachfolger Petri irgend welche Prärogative vor den andern Knechten des 'Herrn einzuräumen. Grotius hat diese Auffassung später wieder mit vertreten: *Petrus autem peculiariter hic nominatur ut dux apostolici coetus:* Meyer lässt sie allein zu. Man wird jedoch diesen Gedanken abweisen müssen: der Wortlaut ist ihm durchaus nicht günstig. Sollte Petrus als der *primus inter pares* hervorgehoben werden, so gebührte ihm natürlich auch die erste Stelle: allein hier heisst es: τοῖς μαϑηταῖς καὶ τῷ Πέτρῳ. Er steht hinter den andern Jüngern als Einer, über dessen Zugehörigkeit zu jenen nichts Definitives ausgesagt wird. Weiss meint, die besondere Erwähnung des Petrus erkläre sich am Einfachsten aus der ihm speziell zu Theil gewordenen Erscheinung. Allein die Entsendung der Frauen an diesen Jünger insbesondere konnte ihn auf keine Erscheinung Christi hoffen lassen und vorbereiten. Hieronymus sieht in diesem καὶ τῷ Πέτρῳ eine Art Absolution, welche der Engel im Namen Gottes und des Auferstandenen dem Jünger ertheilt, der seinen Meister trotz all seiner Versicherungen in einer Nacht drei Mal feige verleugnet hatte, und somit eine Art von Wiedereinsetzung desselben in sein verwirktes Apostolat. Er sagt: *et Petro, qui se indignum iudicat discipulatu, dum ter negavit magistrum, peccata praeterita non nocent, quando non placent.* Gregorius tritt dem bei (*hom. 21): quaerendum nobis est, cur nominatis discipulis, Petrus designatur ex nomine. Sed si hunc angelus nominatim non exprimeret, qui magistrum negaverat, venire inter discipulos non auderet. Vocatur ergo ex nomine, ne desperaret ex negatione.* Viktor von Antiochien, Theophylaktus, Euthymius, Beda, die Glossa folgen: Zwingli, Calvin gleicher Weise *(apud Marcum nominatim iubentur nuntium hunc Petro afferre: non quia tunc dignitate excelleret, sed quia tam foeda eius defectio speciali consolatione opus habebat, ut sciret, se non esse abdicatum a Christo, quamlibet turpiter ac scelerate lapsus esset),* Gerhard, Calvin, Bengel, Kühnöl, Lange, Klostermann, Keil u. A. mehr. Gewiss soll mit diesem Worte ein Lichtstrahl in die Nacht hineingetragen werden, in welcher Petrus sich befand, aber es darf nicht übersehen werden, dass eine förmliche Absolution und Rehabilitation jetzt durchaus noch nicht stattfindet. Es ist nicht die Art des Herrn, die Vergebung der Sünden bloss anzudeuten und errathen zu lassen: das Herz, welches bittere Thränen über seine Uebertretungen vergiesst, lechzt nach einer unzweideutig ausgesprochenen, offenen, bestimmten Absolution. Auch ist die Restitution mit der Absolution nicht nothwendig eins: unsre Sünde kann uns vergeben werden, ohne dass wir wieder die Ehrenstelle zurückerhalten, welche wir vor dem jähen Falle inne hatten. Wir erfahren aus den Evangelien, vgl. Luk. 24, 34 und aus den Episteln 1. Cor. 15, 5, dass Jesus dem Petrus noch an dem Ostertage selbst erschienen ist, was da zwischen beiden vor sich ging, wird nicht berichtet, aber wir müssen annehmen, dass diese Erscheinung so wenig als diese Botschaft durch den Mund der Frauen dem gefallenen Jünger die Aufnahme in den früheren Gnadenstand gewährte. Was der Herr ein Mal gethan hat, kann er nicht noch ein Mal thun: empfängt aber Petrus nicht später am See bei Tiberius, vgl. Joh. 21, 15 ff., in feierlichster Weise die vollständige Vergebung und Wiedereinsetzung in sein heiliges Amt? Wie Jesus in der Nacht, da er litt, nur einen stummen Blick dem Petrus zuwarf, so mag auch jene Erscheinung an dem Ostertage ohne Worte verlaufen sein, woher es sich auch erklären dürfte, dass von ihr nirgends Genaueres erzählt wird. Jener Blick bewies dem

Jünger, dass der Herr, den er verleugnet hatte, sein Angesicht nicht vor ihm verbarg, und diese Botschaft bezeugte ihm auf's Neue, dass er nicht vergessen sei: aber mehr sollte er für das Erste noch nicht empfangen. Ein Sonnenblick soll jetzt nur hineindringen in die Nacht seines Bussschmerzes, später erst sollte die volle Sonne mit hellem Scheine in sein Herz hineindringen.

Nach Matthäus haben die gottseligen Frauen den Jüngern zu vermelden, ὅτι ἠγέρθη ἀπὸ τῶν νεκρῶν, nach Markus: ὅτι προάγει ὑμᾶς εἰς τὴν Γαλιλαίαν. Matthäus weiss auch von diesem Gehen nach Galiläa, allein er fügt es an jenen, mit dem recitativen ὅτι eingeleiteten Satz so an, dass man nicht gut mit Steinmeyer glauben kann, dieses καὶ ἰδοὺ προάγει ὑμᾶς εἰς τὴν Γαλιλαίαν seien Worte, welche sich nicht auf sie selbst bezögen, sondern den Aposteln allein gälten. Das Pronomen ὑμᾶς correspondirt zudem mit dem ὑμῖν in dem Schlusssatze: ἰδοὺ εἶπον ὑμῖν und dieser Dativ hat mit den Jüngern nichts zu thun, sondern lediglich mit den Frauen. Bei Markus ist die Sachlage nicht so klar: jedenfalls ist das ὅτι vor προάγει nicht mit Baumgarten-Crusius durch denn zu übersetzen: es würde ja dann gar nicht ausgedrückt sein, was sie den Jüngern und dem Petrus melden sollen, und die grosse Osterbegebenheit ist doch ein solches Ereigniss, dass man mit einem erbärmlichen „es" nicht darübergleiten kann. Wir fassen es daher mit Bos, Weber, Kühnöl, Fritzsche, Meyer recitativ, die Worte einführend, welche sie weitertragen sollen. Bengel, Fritzsche, Meyer, Hengstenberg, Steinmeyer, Keil u. A. behaupten nun, die zu bestellenden Worte erstreckten sich auch auf den Schlusssatz: ἐκεῖ αὐτὸν ὄψεσθε, καθὼς εἶπεν ὑμῖν. Man begründet diese Ausdehnung damit, dass Jesus nicht den Weibern, sondern lediglich seinen Aposteln gesagt habe, dass er vor ihnen hergehen werde nach Galiläa. Ist dieser Grund aber stichhaltig? Ich muss es sehr bezweifeln. Auf jenes Wort spielt der Engel offenbar an, welches Jesus an dem letzten Abende zu seinen Jüngern gesprochen hat in Anlehnung an Sacharj. 13, 7: πάντες (ὑμεῖς Markus) σκανδαλισθήσεσθε (ἐν ἐμοὶ ἐν τῇ νυκτὶ ταύτῃ); ὅτι γέγραπται (Matthäus hat für ὅτι hier γάρ)· πατάξω τὸν ποιμένα καὶ τὰ πρόβατα διασκορπισθήσονται (καὶ δ. τὰ πρ. τῆς ποίμνης), ἀλλὰ μετὰ τὸ ἐγερθῆναί με (Matthäus lässt ἀλλὰ fort und schreibt μετὰ δὲ τὸ ἐγ. με) προάξω ὑμᾶς εἰς τὴν Γαλιλαίαν. Richtig ist, dass dieses Wort von dem Heiland zu seinen Aposteln, mit welchen er das Ostermahl gehalten hatte, geredet worden ist, aber ist in demselben irgend welche Andeutung, dass was er ihnen verheisst, nur ihnen allein gelten soll? Es ist hier von der Zerstreuung der Schafe der Herde die Rede, . von der Zerstreuung nicht einzelner hervorragender Glieder, sondern von der Zerstreuung der gesammten Schafheerde: soll da wirklich die Verheissung προάξω ὑμᾶς εἰς τὴν Γαλιλαίαν nur auf die Apostel abzielen? Ich finde keinen Grund, welcher verwehrte, die letzten Worte bei Markus: ἐκεῖ αὐτὸν ὄψεσθε, καθὼς εἶπεν ὑμῖν jener Beschränkung zu entnehmen. Less hat aber nicht wohlgethan, ὑμῖν nun anderer Seits allein auf die Weiber zu beziehen, Godet hat aber das Richtige getroffen, wenn er diesen Satz als eine Zusage auffasste, welche den Jüngern wie den Frauen gilt, und also nicht mehr den Text ihrer Botschaft, sondern eine ganz allgemeine Verheissung enthält.

Der Auferstandene, so verkündet dieser Engel, wird vor den Seinen gen Galiläa vorausgehen. Eine grosse Schwierigkeit springt in die Augen. Sagt der Auferstehungsengel rund heraus, dass der Herr den Seinen nach Galiläa vorausgeht, so scheint er damit auszuschliessen, dass sich derselbe vorher noch seinen Jüngern in Judäa, in Jerusalem insbesondere, offenbart. Nun ist diess aber nicht der Fall, sondern an dem Ostertage erfolgen noch mehrere Erscheinungen Christi, ja sogar noch eine nach 8 Tagen in oder bei Jerusalem. Wir können uns aus dieser Verlegenheit nicht mit Meyer so herausziehen, dass wir sagen, Matthäus wisse nur um Erscheinungen Christi in Galiläa, Lukas nur um solche in Galiläa und Johannes fasse erst später diese judäischen und jene galiläischen Erscheinungen zusammen. Nicht Johannes vollzieht erst solch eine Synthese, sondern der erste Evangelist schon: erzählt er denn wirklich nur von einer Erscheinung auf dem Berge in Galiläa 28, 16 ff., berichtet er nicht ausdrücklich, dass der Auferstandene die von dem Grabe nach der heiligen Stadt heimeilenden Frauen begrüsst hat? Soll Matthäus sich nicht mit sich selbst in einen unauflösbaren Widerspruch verwickeln, so darf diese Engelsbotschaft: ἰδοὺ προάγει ὑμᾶς εἰς τὴν Γαλιλαίαν eine Erscheinung in Judäa nicht ausschliessen. Ueber Markus können wir nichts Weiteres sagen, da die Authentie der Schlussverse bekanntlich sehr zweifelhaft ist. Die alten Väter, selbst Calvin und Gerhard, haben die beregte Schwierigkeit gar nicht recht erkannt, sie ist in der neueren Zeit erst in das Bewusstsein getreten. Die Kirchenväter helfen sich meisten Theils mit der Allegorie: so sagt Gregor hom. 21: *bene autem de redemtore nostro dicitur: praecedet vos in Galilaeam, ibi eum videbitis, sicut dixit vobis. Galilaea namque transmigratio facta interpretatur. Jam quippe redemptor noster a passione ad resurrectionem, a morte ad vitam, a poena ad gloriam, a corruptione ad incorruptionem transmigraverat. Et prius post resurrectionem in Galilaea a discipulis videtur: quia resurrectionis eius gloriam post laeti videbimus, si modo a vitiis ad virtutum celsitudinem transmigramus. Qui ergo in sepulcro nuntiatur, in transmigratione ostenditur: quia is, qui in mortificatione carnis agnoscitur, in transmigratione mentis videtur.* Beda zu Markus und die Glossa eignen sich diess wörtlich an. Der Erstere bietet aber noch, die Bedeutung des Wortes *Galilaea* = *volutabrum gentium, ubi ante error erat et lubricum vestigium stabili pede non ponebat* ausbeutend, und in die Fusstapfen Cyrills und Augustins *(Galilaea interpretatur transmigratio vel revelatio. Prius itaque secundum transmigrationis interpretationem, quid aliud occurrit intelligendum, praecedet vos in Galilaeam, ibi eum videbitis, nisi quia Christi gratia de populo Israel transmigratura erat ad gentes. Secundum illud autem, quod Galilaea interpretatur revelatio, non iam in forma servi intelligendus est, sed in illa, in qua aequalis est patri. — Illa erit revelatio tanquam vera Galilaea: cum similes ei erimus, ibi eum videbimus sicut est)* eintretend, noch eine andere Deutung. *Praecedet vos, id est viam in cordibus eorum praeparabit, quia apostoli praedicantes a gentibus nullo modo susciperentur, nisi dominus viam illis in cordibus spiritu suo praeparasset: ibi eum videbitis, id est, membra et vivum corpus eius invenietis.* Hieronymus, welcher in dem Briefe an die Hedibia zwischen den judäischen und den galiläischen Erscheinungen des Auferstandenen einen Unterschied findet, dass er dort *pro consolatione timentium videbatur et videbatur breviter rursumque ex oculis tollebatur,* aber hier *tanta familiaritas erat et perseverantia, ut cum eis vesceretur,* schafft eben so wenig wie Calvin mit seiner Bemerkung *(quod discipulos in Galilaeam arcessit angelus, ideo factum esse arbitror, ut Christus se pluribus patefaceret: scimus enim, diutius versatum esse in Galilaea. Et suis liberius spatium dare voluit, ut paulatim in ipso recessu animos colligerent. Deinde locorum consuetudo eos adiuvit, ut magistrum certius agnoscerent: nam modis omnibus confirmari oportuit, ne quid ad fidei certitudinem deesset.)* Licht. Selbst Bengel tappt hier ganz unsicher herum: *et tamen optimus salvator prius se eis ostendit. Apparitio in Galilaea fuit valde solennis et publica: (Matth. 28) v. 10. 16 et promissa ante mortem.* Was soll gelten? Sind die früheren Erscheinungen in Judäa, weil sie nicht vor so vielen Zeugen wie die in Galiläa geschahen, keine richtigen Erscheinungen? Kommt der Herr, was Grotius ganz ungescheut behauptet, aus seiner grossen Güte, weil er die Schwachheit seiner Jünger berücksichtigt, früher zu ihnen, als er vor seinem Tode ihnen verheissen und nach seiner Auferstehung durch den Engel wiederholt hatte? Das Eine wie das Andre ist ganz unstatthaft. Auch die Erscheinung vor einem, vor zwei Zeugen ist eine Erscheinung; und finden an dem Ostertage wie acht Tage später nicht Erscheinungen vor einer Anzahl von Weibern und vor vielen auserwählten Zeugen statt? Soll der Herr, der alle Dinge wusste, ja ganz bestimmt wusste, dass sie alle sich an ihm ärgern würden, sich über den Stand ihres Glaubens getäuscht und desshalb seine ursprüngliche Absicht aufgegeben haben? Es ist hauptsächlich das Verdienst v. Hofmanns, dass dieser Punkt in das Klare gekommen ist. Schon in seiner Erstlingsschrift Weissagung und Erfüllung 2, 181 betrat er den einzig richtigen Weg: in seinem Schriftbeweis 2, 1, 520 sagt er: „dort, wo er bei den Geringen und Unwissenden Glauben gefunden, und nicht in Jerusalem, wo ihn die Feindschaft der Oberen an's Kreuz geschlagen, ziemte es sich, dass er die Seinen wieder sammelte, welche sein Tod zu einer hirtenlosen Herde gemacht hatte. Denn nicht sein Reich wollte er aufrichten, sondern die Seinen zur Fortführung seines Zeugenberufes bestellen. Für jenes war Zion der Ort, für dieses Galiläa." Die neueren Exegeten — ich nenne Stier, Godet, Hengstenberg, Klostermann, Keil, Steinmeyer — sind diesem Fingerweise gefolgt. Nicht bloss ist προάγειν, wie Hengstenberg sich ausdrückt, ein *verbum pastoritium*, weil der Hirte, welcher die Schafe ἐξάγει Joh. 10, 3, ἔμπροσθεν αἰτῶν πορεύεται ib. V. 4, sondern die ganze Weissagung malt den Herrn als den Hirten der Schafe. Jesus hat seinen Jüngern verheissen, dass er sie aus der Zerstreuung wieder sammeln will als der Hirte, der das Verlorne sucht und das Schwache in seinem Busen zurückträgt: diess thut der Auferstandene nicht in Jerusalem, sondern nur in Galiläa; dort hat er recht eigentlich seine Herde, denn die Mehrzahl seiner Schafe weilt dort und dort nimmt er sich ihrer recht eigentlich als der Hirte erst an. In Judäa sorgt er nur dafür, dass die Schafe seiner Herde sich nicht noch mehr zerstreuen und ganz verlaufen; in Galiläa hingegen führt er sie aus und ein, verbleibt er länger unter ihnen, um ihnen das vielfach noch mangelnde Verständniss der Schrift und seine letzten Anweisungen zu geben. Nach Markus versiegelt der Engel die Verheissung, dass sie ihn in Galiläa sehen werden, mit dem Verweise, dass Jesus selbst solches ihnen zugesagt habe, nach Matthäus schliesst er seine Rede mit ἰδοὺ εἶπον ὑμῖν, welches auf keinen Fall das *dixi* der römischen Redner ist, sondern mit dem ἀμήν, ἀμὴν λέγω ὑμῖν verglichen werden muss. Kein Uebersetzungsfehler, was Bolten, Eichhorn u. A. annehmen, kein Schreibfehler, was Maldonatus, Michaelis u. A. vermuthen, liegt hier vor: Matthäus hat so und nicht anders geschrieben. Der Engel wirft seine Person in die Wagschale mit hinein: er hat ihnen das gesagt, er, das gibt er ihnen zu bedenken, der Bote Gottes, welcher nur das verkündet, was Gott, sein Herr, ihm anbefohlen hat! Wahrheit, unzweifelhafte Wahrheit ist, was er verheisst, denn der Gott, welcher durch seinen Mund redet, ist wahrhaftig und hält, was er zusagt. *Ecce dixi vobis*, sagt Calvin. *Hac loquendi forma asseverat angelus, rerum esse quod dixit. Hoc autem non a se profert, quasi primus esset auctor, sed Christi promissioni subscribit: ideoque apud Marcum ipsa Christi verba tantum reducit in memoriam.*

Matth. 28.	Mark. 16.	Luk. 24.
(8) Und sie gingen eilend von dem Grabe mit Furcht und grosser Freude und liefen, dass sie es seinen Jüngern verkündigten. (9) Und siehe, Jesus begegnete ihnen und sprach: freuet euch! Sie traten aber zu ihm, griffen seine Füsse an und beteten ihn an. (10) Da spricht Jesus zu ihnen: fürchtet euch nicht: gehet hin, verkündigt es meinen Brüdern, dass sie hingehen nach Galiläa und dort werden sie mich sehen.	(8) Und sie gingen heraus und flohen von dem Grabe, denn es war sie Zittern und Entsetzen angekommen und sagten Niemandem ein Wort.	(9) Und sie gingen wieder vom Grabe und verkündigten das Alles den Elfen und den andern Allen. (10) Es waren aber Maria Magdalena und Johanna und Maria Jakobi und die Uebrigen mit ihnen, die solches den Aposteln sagten. (11) Und es erschienen vor ihnen wie Märlein diese Worte und sie glaubten ihnen nicht.

Matthäus und Markus stimmen darin trefflich überein, dass die Frauen auf der Stelle dem Auftrage Folge leisten; sie verliessen das Grab so schnell, dass ihre Eile einer Flucht vollkommen glich: ja sie war in der That eine Flucht, wie Markus es darstellt, denn sie fürchteten sich. Μετὰ φόβου καὶ χαρᾶς μεγάλης ἔδραμον schreibt Matthäus, εἶχεν γὰρ αἴτας τρόμος καὶ ἔκστασις aber Markus. Ihre Seelen waren auf das Tiefste aufgeregt und erschüttert, die verschiedenartigsten Gefühle wogten in ihnen wild und ungeklärt durch einander. Bengel fasst den τρόμος als eine Bewegung *corporis*, die ἔκστασις hingegen als eine *animi*; allein eine Nöthigung liegt dazu nicht vor, dem Leibe und der Seele verschiedene Empfindungen zuzutheilen. Es zittern auch die Nerven und Fibern der Seele. Matthäus legt wohl den τρόμος des Markus mit φόβος und die ἔκστασις mit χαρὰ μεγάλη aus. Fritzsche, de Wette, Meyer u. A. wollen das Adjektivum zu beiden Substantiven ziehen, allein Bleek verdient wohl den Vorzug; sollte es auch auf die Furcht gehen, so hätte statt φόβος leicht ein Femininum gesetzt werden können. Zur Freude, zur grössten Freude hatten sie alle Ursach: der, welchen sie mit dem tiefsten Schmerze hatten sterben sehen, war ihnen jetzt wieder geschenkt: wussten sie auch nicht, dass sie statt des Herrn in Knechtsgestalt jetzt den Herrn in seiner Herrlichkeit empfingen, so war ihnen doch dieses, dass sie ihn wieder hatten, genug und übergenug, um sich höchlich von ganzem Herzen zu freuen. Auch der τρόμος, der φόβος erklärt sich ganz natürlich: ein unerwartetes Ereigniss war eingetreten, der Himmel hatte sich vor ihren Augen aufgethan, ein Engel Gottes war ihnen in dem Grabe erschienen, der ihnen verkündete, dass Gottes allmächtige Hand hier eingegriffen hatte. Alles war ihnen vor den Augen nicht bloss wie ein Wunder, sondern Alles war ein Wunder über alle Wunder! Die Nähe und Gegenwart, die Manifestation Gottes ist es, welche sie in Furcht setzt, und je weniger sie sich dessen versehen hatten, desto kräftiger ist die Wirkung. Furcht und Freude schlagen in ihren Seelen in einander. Solch eine Gemüthsverfassung, solch ein Wogenschlag zwischen entgegengesetzten Empfindungen ist nichts Unerhörtes: die Alten wissen schon davon. Virgilius singt Aen. 1, 513:

> Obstupuit simul ipse, simul percussus Achates
> Laetitiaque metuque; avidi coniungere dextras
> Ardebant, sed res animos incognita turbat.

und wieder Aen. 11, 806:

> fugit ante omnes exterritus Arruns
> Laetitia mixtoque metu.

Terentius Andr. 5, 4, 33:

> vix sum apud me: ita animus commotus est metu,
> Spe, gaudio, mirando hoc tanto, tam repentino bono.

Die Worte, welche bei Markus auf diese Notiz, dass Zittern und Entsetzen sie eingenommen hatte, folgen, bilden keinen passenden Schluss: καὶ οὐδενὶ οὐδὲν εἶπον, ἐφοβοῦντο γάρ. Unmöglich ist Augustins Auslegung (de cons. ev. 3, 24): ipsorum angelorum nemini ausas fuisse aliquid dicere, id est, respondere ad ea, quae audiverant, aut certe custodibus, quos iacentes viderunt. Wie konnten sie den Engeln noch etwas sagen, da sie aus dem Grabe geflohen waren und sich auf dem Wege nach Jerusalem befanden? Weiss Markus überhaupt etwas von den Wächtern und haben wir sie uns noch bei dem Grabe auf den Boden ausgestreckt zu denken? Euthymius erklärt: οὐδενὶ οὐδὲν εἶπον τῶν ἄλλων ἀνθρώπων, τῶν ἐντυγχανόντων αὐταῖς κατὰ τὴν ὁδόν· τοῖς γὰρ ἀποστόλοις εἶπον ἅπαντα, ὑποστρέψασαι πρὸς αὐτούς, ὡς ὁ Λουκᾶς ἱστορεῖ. αἰτία δὲ τοῦ μηδενὶ μηδὲν εἰπεῖν, ὁ φόβος τῶν Ἰουδαίων, ἵνα μὴ ἀκούσαντες, ὅτι κρύττουσι τὴν ἀνάστασιν τοῦ Χριστοῦ, φονεύσωσιν ταύτας. Ihm folgen Grotius, Wolf, Heupel, Paulus, Kühnöl u. A. mehr. Wir würden dieser Auffassung beitreten, wenn nicht das Schweigen durch ἐφοβοῦντο γάρ erklärt würde: wir würden dann aber jenes stumme und stille Vorübergehen bei Allen, denen sie begegneten, weit lieber als ein Zeichen betrachten, dass sie sich nirgends aufhalten, sondern so schnell wie möglich den Befehl des Engels ausrichten wollten. Es wäre dann das οὐδὲν εἰπεῖν auf die langen üblichen Begrüssungsformeln zu beziehen, wozu Luk. 10, 4 und 2. Könige 4, 29 verglichen werden könnte. Dass die Frauen geschwiegen hätten, weil sie vor den feindseligen Juden sich fürchteten, passt nicht zu der Gemüthsverfassung, in welche sie durch die Engelerscheinung und Osterbotschaft versetzt worden sind. Sie sind ja noch in Zittern und Ekstase wegen Gottes Gegenwart; wie sollten sie jetzt auf ein Mal so reflektiren, an die Feindschaft der Welt denken und für sich Schlimmes fürchten? Nehmen wir, was in alten Zeiten schon behauptet worden ist, an, dass der Schluss des Evangeliums des Markus, d. h. der Abschnitt von V. 9 an, nicht von ihm selbst herrührt, sondern von einem Andern seinem Torso hinzugethan ist, so wäre jede Schwierigkeit beseitigt.

Unmöglich — das ist der Eindruck, welchen alle Ausleger empfangen haben — kann diess Evangelium so geschlossen haben. Die Weiber haben den Auftrag des Engels erhalten und sollen ihn aus Furcht nicht ausführen? Das ist nicht denkbar. Jedenfalls wollte der Evangelist auf diese Bemerkung noch folgen lassen, dass sie allmälig von dem heiligen Schrecken und Entsetzen sich erholten und wenn auch nicht in den allerersten Augenblicken, so doch nach einigen Stunden, noch an dem Vormittag — vgl. Luk. 24, 24 — jenes Auftrages sich entledigten. So Meyer, Bleek, v. Hofmann u. A.

Begleiten wir mit Matthäus diese Frauen nach Jerusalem! Ich weiss recht gut, dass ich damit aus der richtigen Zeitfolge heraustrete, denn ich möchte nicht die singuläre Ansicht vertreten, dass diese Galiläerinnen auf ihrem Rückwege den Auferstandenen gesehen hätten, ehe Petrus und Johannes zu dem Grabe gekommen und wieder von diesem gegangen waren, und ehe Maria Magdalena ihn geschaut hatte. Ebenfalls ist es mir nicht verborgen, dass von alten Zeiten her sehr positive Ausleger diese Erscheinung, welche Matthäus auf dem Heimwege den gottseligen Frauen zu Theil werden lässt, mit jener Erscheinung, Joh. 20, 11 ff., welche Magdalena in dem Garten nach dem Weggange der beiden Apostel hat, für identisch erklären: ich habe mich aber von der Wahrheit dieser Annahme bis jetzt noch nicht überzeugen können und halte es für sachlich angemessener, mit dieser Scene, die den Morgengang der Frauen nach dem Grabe lohnt und krönt, diesen Abschnitt abzuschliessen.

Nach Jerusalem gingen diese Jüngerinnen Jesu zurück von dem Grabe; wenn Matthäus da nun berichtet: καὶ ἰδοὺ Ἰησοῦς ὑπήντησεν αὐταῖς, so kann er ihnen nur so begegnet sein, dass er ihnen entgegenkam, dass er selbst aus der heiligen Stadt nach dem Grabe zu wandeln schien. Diese Begegnung erfolgte ganz unerwartet: die Weiber sahen nicht eine Person allmälig sich ihnen nähern, sie erkannten sie nicht immer deutlicher und schärfer und gelangten so zu dem Glauben, zu der Ueberzeugung, dass dieser Wanderer der Auferstandene sei. Καὶ ἰδοὺ spricht dafür, dass sie ihn nicht eher sahen, als sie seinen Gruss hörten: es malt ja das Ueberraschende, das Unvermittelte, das Urplötzliche dieses ganzen Auftrittes uns recht vor die Augen. Möglich wäre es, dass Jesus aus einem Seitenthälchen, aus einer Art von Versteck abseits des Weges ihnen in den Weg getreten ist; allein der Umstand, dass sie seiner nicht früher gewahr wurden, als da er vor ihnen stand, erklärt sich schon daraus vollkommen, dass sie, ganz hingenommen von dem, was sie im Grabe gesehen und gehört hatten, keine Sinne für das mehr hatten, was vor ihnen sich zutrug. Wie es bei so vielen späteren Erscheinungen des Lebensfürsten geschah, so geschah es auch wahrscheinlich dieses Mal. Sein Wort, seine Stimme offenbarte und bezeugte ihnen seine Gnadengegenwart, und sie wussten absolut nicht, auf welchem Wege, in welcher Weise er zu ihnen gekommen war. Jesus begrüsste sie mit den Worten: χαίρετε. Es ist nicht thunlich, dieses χαίρετε als eine Uebersetzung des Grusses zu betrachten, welcher bei den Kindern Israel der üblichste war: שָׁלוֹם לָכֶם, denn in dem vierten Evangelium wird dieser ganz glatt mit εἰρήνη ὑμῖν 20, 19, 21, 26 übertragen und Matthäus selbst lässt den Heiland 10, 12 u. 13 mit den Worten ἡ εἰρήνη ὑμῖν auf diese Formel anspielen. Wir nehmen desshalb mit Gerhard, Lightfoot, Paulus u. A. an, dass der Auferstandene so und nicht anders diese Galiläerinnen angeredet habe: er bediente sich absichtlich nicht des üblichen

Grusses, sondern erwählt diesen aus der griechischen Welt entlehnten Gruss, der aber auch bei den Juden der damaligen Zeit sich eingebürgert hatte, weil derselbe seinem Zwecke besser entsprach. Der älteste Gruss bei den Griechen, sowohl bei dem Zusammenkommen als auch bei dem Auseinandergehen, ja selbst über Tische bei dem Zuessen und Zutrinken angewandt, ist diess χαῖρε, χαίρετε; cf. beim Willkomm Homeri Ilias 9, 197

χαίρετον, ἤ, φίλοι ἄνδρες ἱκάνετον!

Odyss. 1, 123:

χαῖρε, ξεῖνε, παρ᾽ ἄμμι φιλήσεαι.

beim Abschied: Od. 5, 204 f.:

οὕτω δὴ οἰκόνδε φίλην ἐς πατρίδα γαῖαν
αὐτίκα νῦν ἐθέλεις ἰέναι; σὺ δὲ χαῖρε καὶ ἔμπης.

bei Tische: Od. 4, 60:

σίτου θ᾽ ἅπτεσθον καὶ χαίρετον. αὐτὰρ ἔπειτα
δείπνου πασσαμένω εἰρησόμεθ᾽.

Man hielt später dieses χαῖρε, χαίρετε, diese ἀρχαιοτάτη φιλικὴ προςφώνησις, wie Eustathius zu Ilias 9, 197 sie nennt, für zu altmodisch und gebrauchte lieber ἀσπάζειν: daher sagt Aristophanes im Plutus 322:

χαίρειν μὲν ὑμᾶς ἐστιν, ἄνδρες δημόται,
ἀρχαῖον ἤδη προςαγορεύειν καὶ σαπρόν·
ἀσπάζομαι δέ.

Dazu bemerkt der Scholiast: ἀσπάζομαί φησιν, ἅτε καινότερον. Neben diesem ἀσπάζομαι kam aber auch schon frühe ὑγιαίνειν auf. Aristophanes kennt es bereits, cf. Eccl. 477:

ἀλλ᾽ εἶμι· σὺ δ᾽ ὑγίαινε. — Καὶ σύ γ᾽ ὦ Χρέμης:

die Pythagoräer sollen diesen Wunsch allein gebraucht haben. Plato dagegen soll für χαίρειν des εὖ πράττειν sich bedient haben, wenigstens schreibt Lucianus de lapsu in salut. 4 von ihm: τὸ δὲ εὖ πράττειν ἀντ᾽ αὐτοῦ εἰσάγει, ὡς κοινὸν σώματός τε καὶ ψυχῆς εὖ διακειμένων. Es kamen so mit der Zeit bei den Hellenen die Grussformeln in Aufnahme, welche nach Lucianus in der angezogenen Schrift c. 6. Philemon in den Versen verbunden hat:

αἰτῶ δ᾽ ὑγίειαν πρῶτον, εἶτ᾽ εὐπραξίαν,
τρίτον δὲ χαίρειν, εἶτ᾽ ὀφείλειν μηδενί.

Christus wählt von diesen Formeln die älteste und die für diese Tageszeit allein im Gebrauch befindliche. Es ist ja noch Morgen und an dem Morgen begrüsst man sich: χαῖρε, χαίρετε. Lucianus sagt wenigstens in jenem interessanten Schriftchen über Verstösse beim Grüssen c. 1: ἀφικόμενος παρὰ σέ, ὡς προςείποιμι τὸ ἑωθινόν, δέον τὴν συνήθη, ταύτην φωνὴν ἀφεῖναι καὶ χαίρειν κελεύειν, ἐγὼ δ᾽ ὁ χρυσοῦς ἐπιλαθόμενος ὑγιαίνειν σε ἠξίουν, εὔφημον μὲν καὶ τοῦτο, οὐκ ἐν καιρῷ δέ, ὡς οὐ κατὰ τὴν ἕω. Ob die Juden diesen Gebrauch des χαίρειν vornehmlich an dem Morgen kannten, steht dahin: wir wissen im Allgemeinen nur, dass sie neben ihrem altherkömmlichen: Friede sei mit dir, mit euch! diese griechische Formel χαῖρε, χαίρετε gebrauchten. Lightfoot bringt aus Hieros. Taanith. 64, 2 folgende Stelle bei: *viderunt rabbini sanctum quendam e Caphar Immi et dixerunt* אמר, χαῖρε und Sheviith 35, 2: *quomodo salutant Israelitam?* אמר, cf. auch

Gittin 47, 3. E. Curtius sagt in Alterthum und Gegenwart S. 239 (1875) sehr wahr: „Grüsse dieser Art sind unübersetzbar. Das fühlen wir gleich, wenn am Eingange von Briefen ein ›Freude zuvor‹ die Stelle des χαῖρε vertritt, dessen leichte Anmuth, der Charis verwandt, in fremder Zunge unerreichbar ist. Und was ist der Sinn des Spruchs? Nicht Sinnenlust und üppiger Genuss, sondern harmlose Freude an allem Guten und Schönen, womit die Götter den Menschen gesegnet haben, dankbares Wohlbehagen an der Welt, in welcher das Volk sich glücklich fühlte. Darum ist das ›Freue dich‹ der Wahlspruch, mit dem es ganz verwachsen ist, die von allen besonderen Anlässen unabhängige, allgemeine Ansprache, der höfliche Wechselgruss auf Strassen und Plätzen, der lebendige Ausdruck einer heiteren Lebensgemeinschaft. — Darum gilt dieselbe Ansprache für Götter und Menschen, für Hohe und Niedrige, für Nahe und Ferne, für Lebende und Todte, im Krieg und Frieden, beim Kommen und Gehen." Bedeutsam, hochbedeutsam ist es, dass der Auferstandene mit diesem fröhlichen Grusse den Frauen entgegentritt. Chrysologus hat das schon gefunden, er sagt in seinem 76. Sermone: *euntibus illis occurrit Dominus et salutat eas dicens: avete. Occurrit, et non potestate terret, sed praevenit charitatis ardore: non autoritate turbat, sed salutat lege sponsi: non dominantis iure onerat, sed honorat dilectione consortis, salutat: avete. Dixerat discipulis ipse: neminem salutaveritis in via, et quid est, quod hic in via tam festinus salutat? Occurrit, non exspectat cognosci, intelligi non requirit, non ut interrogetur admittit, sed in salutationem vadit totus, vadit fervens et suum solvit ipse salutatione mandatum? Fecit, fecit, quia totum vincit et exsuperat vis amoris.* Auch Gerhard hat das Richtige erkannt. *Ut autem Christus discipulis pacem precatus, non solum consueto more eos salutat, sed et fructum resurrectionis suae pacem esse docet, ita quoque mulieres χαίρειν iubens, non solum usitata salutandi consuetudine eas compellat, sed etiam fructum resurrectionis suae gaudium et laetitiam esse docet. Χαίρειν enim proprie significat gaudere, quieto et laeto animo esse, haec ergo vox resurrectioni Christi optime convenit, quae enim maior laetitiae causa, quam Christi resurrectio, per quam ex peccato ad iustitiam, ex morte ad vitam, ex inferno in coelum translati sumus? Atque ut Christus hoc loco mulieribus vocatione et mandato angelico obsequentibus occurrit et salutem precatur: ita quoque omnibus, qui ipsi serviunt in sua vocatione, occurrit omnigena benedictione.* Wer kann dieses χαίρετε des Auferstandenen ergründen und ausschöpfen: jede Osterpredigt beschäftigt sich damit und jeder Osterprediger wird es Jahr aus Jahr ein inne, dass keines Menschen Herz dieses χαίρετε in seinem ganzen, vollen Sinne fassen kann! Diese Frauen haben den Herrn lieb, der Auferstandene ruft ihnen sein χαίρετε zu; sie müssen sich freuen, wenn sie ihn lieb haben. Siehe, es hat überwunden der Löwe, der da ist von dem Geschlechte Juda! Er triumphirt über die Bosheit und Macht seiner Feinde, nach Schmach und Schande ist er mit Preis und Ehre gekrönt, sein Versöhnungswerk hat er vollendet, dem Tode hat er seine Gewalt genommen, er ist eingegangen in seine Herrlichkeit und kräftiglich nun vor aller Welt erwiesen als der Sohn Gottes! Aber er, den sie lieben, hat nur für sie gelebt, müssen sie sich fortan seiner ohne Ende und Mass freuen, so haben sie auch allen Grund, sich ihretwegen auch zu freuen. Der Hohepriester, der mit seinem eigenen Blute hineingegangen war in das Allerheiligste, ist nun wieder hervorgetreten und seine Gegenwart bezeugt, dass Gott das Opfer angenommen und alle Fehde nun ein Ende hat. Jetzt können wir die Anklagen unseres Gewissens stillen. Wer will verdammen? Christus ist hier, der gestorben, ja vielmehr der auch auferweckt ist, welcher ist zur Rechten Gottes und vertritt uns! Jetzt sehen wir dem Tod und der Hölle ruhig in's Angesicht und rufen mit freudigem Muth: Tod, wo ist dein Stachel? Hölle, wo ist dein Sieg?

Wie Maria Magdalena, so erkennen auch diese Frauen den Auferstandenen sofort an seiner Stimme. Sie zweifeln keinen Augenblick, dass der, welcher am Kreuze gestorben ist, leibhaftig vor ihnen steht, sie laufen aber auch nicht hastig zu ihm hin, stürzen nicht athemlos auf ihn zu, sondern thun Alles mit einer gewissen Bedachtsamkeit und Ruhe, die in dem ersten Augenblick uns befremdet. Der Evangelist berichtet: $a\acute{\iota}$ $\delta\grave{\varepsilon}$ $\pi\varrho\varsigma$-$\varepsilon\lambda\vartheta o\tilde{\iota}\sigma a\iota$ $\grave{\varepsilon}\varkappa\varrho\acute{a}\tau\eta\sigma a\nu$ $a\grave{\upsilon}\tau o\tilde{\upsilon}$ $\tauo\grave{\upsilon}\varsigma$ $\pi\acute{o}\delta a\varsigma$ $\varkappa a\grave{\iota}$ $\pi\varrho\varsigma\varepsilon\varkappa\acute{\upsilon}\nu\eta\sigma a\nu$ $a\grave{\upsilon}\tau\tilde{\wp}$. Die Ausleger irren sich vollständig, welche mit einigen alten Vätern hier nur ausgesagt finden, was diese Weiber thun wollten: sie haben dem Wortlaute des Matthäus offenbar Gewalt angethan, weil sie dieses, dass der Auferstandene ihnen ohne Weiteres gestattet, seine Füsse zu fassen, damit nicht reimen konnten, dass er der Maria Magdalena es verwehrt. Chrysostomus (hom. 89 in Matth.: $\grave{\varepsilon}\lambda\acute{a}\mu\beta a\nu o\nu$ $\varkappa a\grave{\iota}$ $\delta\iota\grave{a}$ $\tau\tilde{\eta}\varsigma$ $\grave{a}\varphi\tilde{\eta}\varsigma$ $\tau\varepsilon\varkappa\mu\acute{\eta}\varrho\iota o\nu$ $\varkappa a\grave{\iota}$ $\pi\lambda\eta\varrhoo\varphi o\varrho\acute{\iota}a\nu$ $\tau\tilde{\eta}\varsigma$ $\grave{a}\nu a\sigma\tau\acute{a}\sigma\varepsilon\omega\varsigma$), den $\tau\iota\nu\acute{\varepsilon}\varsigma$ bei Theophylactus und Euthymius Zigabenus können wir nicht beipflichten, nach welchen sich diese Jüngerinnen überzeugen wollen mit ihren Händen, ob kein $\varphi\acute{a}\sigma\mu a$ vor ihnen stehe, denn von einem Zweifel ist bei ihnen keine Rede und dieses $\varkappa\varrho a\tau\varepsilon\tilde{\iota}\nu$ $\tauo\grave{\upsilon}\varsigma$ $\pi\acute{o}\delta a\varsigma$ stand mit dem $\pi\varrho\varsigma\varkappa\nu\nu\varepsilon\tilde{\iota}\nu$ in dem innigsten Zusammenhange, was schon Hieronymus behauptet: *istae accedunt et tenent pedes eius, quia adoraverunt eum.* Baumgarten-Crusius meint, sie thäten es aus Besorgniss, dass sie ihn wieder verlieren könnten: allein wie sollen sie jetzt gerade auf diesen Gedanken verfallen, da er ihnen aus freien Stücken entgegengekommen ist und sich zu erkennen gegeben hat. Es scheint ja, als wenn sie ihn gar nicht bemerkt hätten, wenn er sie nicht begrüsst hätte. Weiss lässt sie in heisser Liebe zu den Füssen Christi hinsinken und zufassen: sie haben ihn zu ihrem allerschwersten Herzeleid verloren und freuen sich nun mit unaussprechlicher Freude, dass sie ihn wieder haben. Ich gestehe, dass mir diese Auffassung sehr zusagen würde, wenn der Evangelist sich auf die Mittheilung beschränkte: $a\acute{\iota}$ $\delta\grave{\varepsilon}$ $\pi\varrho\varsigma\varepsilon\lambda\vartheta o\tilde{\iota}\sigma a\iota$ $\grave{\varepsilon}\varkappa\varrho\acute{a}\tau\eta\sigma a\nu$ $a\grave{\upsilon}\tau o\tilde{\upsilon}$ $\tauo\grave{\upsilon}\varsigma$ $\pi\acute{o}\delta a\varsigma$: allein derselbe weiss mehr, weiss ganz bestimmt, dass sie, hinzutretend und seine Füsse ergreifend, ihn anbeten wollten. Mit jener Proskynese will ein solches liebendes Ergreifen der Füsse sich nicht vertragen, es muss vielmehr ein ehrerbietiges, scheues gewesen sein, wozu noch kommt, dass das erste Wort, welches der also Angefasste an sie richtet, ihnen ihre Furcht verweist, und Furcht ist doch nicht in der Liebe? „Die Frauen," so bemerkt Meyer zu dieser Stelle, „empfangen durch das Wunderbare, Uebermenschliche, was sich ihnen in der Erscheinung des Auferstandenen darstellt, den Eindruck der Bestürzung ($\mu\grave{\eta}$ $\varphi o\beta\varepsilon\tilde{\iota}\sigma\vartheta\varepsilon$ V. 10), dass sie ihm als Supplices die Füsse fassen und ihre Unterwürfigkeit und Ehrfurcht durch die $\pi\varrho\varsigma\varkappa\acute{\upsilon}\nu\eta\sigma\iota\varsigma$ bezeugen." Kühnöl, Olshausen, Bleek, Hengstenberg meinen dasselbe. Wir wissen, dass die Hülfeerflehenden die Kniee derer umklammerten, an welche sie sich wandten, so ertheilt (Homer Ilias 24, 465)

Hermes, der Götterbote, dem alten Priamus, der seines Hektors Leichnam von Achilleus erbitten will, die Weisung:

τύνη δ' εἰςελθὼν λάβε γούνατα Πηλείωνος,

und er that es V. 477 f.:

ἄγχι δ' ἄρα στάς
χερσὶν Ἀχιλλῆος λάβε γούνατα καὶ κύσε χεῖρας.

Ebendasselbe empfiehlt die Nausikaa dem Odysseus (Od. 6, 310):

μητρὸς ποτὶ γούνασι χεῖρας
βάλλειν ἡμετέρης ἵνα νόστιμον ἧμαρ ἴδηαι,

und der göttliche Dulder verfuhr darnach (Od. 7, 142):

ἀμφὶ δ' ἄρ' Ἀρήτης βάλε γούνασι χεῖρας Ὀδυσσεύς.

Vgl. noch Ilias 24, 357. Odyss. 10, 481. Auch bei den Hebräern warfen sich Flehende vor die Füsse derer nieder, von welchen sie Hülfe und Heil erwarteten, vgl. nur Matth. 9, 18. 17, 14, 18, 26 u. 29, und umfassten dabei auch die Kniee, wie aus 2. Könige 4, 27 und Josephus ant. 7, 11, 2 (Simei κατασχὼν αὐτοῦ τοὺς πόδας ἐδεῖτο) erhellt. Wir wissen ferner auch, dass Heiden und Israeliten der Ansicht waren, die Gegenwart Gottes bringe das Leben des Menschen in die allergrösste Gefahr. Niemand kann ungestraft das allerhöchste Wesen sehen, vgl. den Mythus über Semeles Tod, welche auf ihr Begehren Zeus schaut in seiner ganzen Herrlichkeit. Richt. 6, 22 f. 13, 21. 1. Könige 17, 18. Jesaj. 6, 5. Daniel 10, 7. Allein wir können Weiss nur beistimmen, welcher es sehr unnatürlich findet, dass diese Weiber, sobald als sie den Auferstandenen erkennen, für ihr Leben fürchten sollen. Das ist nicht die Art der Liebe, dass sie ein Unglück für sich fürchtet, wenn sie den Geliebten wiedersieht! Gern geben wir zu, dass diese Frauen einen tiefen, lebhaften Eindruck aus dieser Begegnung und Allem, was vorausgegangen war, davon empfangen haben, dass der Herr, den sie liebten, ein höheres Wesen, ein übermenschliches Wesen sei, denn sie hatten ja gesehen, dass die Engel des Himmels ihm dienten, und gehört, dass Gott ein Werk einzig in seiner Art an ihm gethan habe: aber das Alles berechtigt uns nicht anzunehmen, dass sie vor diesem übermenschlichen Wesen sich gefürchtet und um ihr Leben zu seinen Füssen gebeten hätten. Waren sie mit Jesus nicht schon so lange umgegangen, dass sie wissen konnten, wie keiner, der ihn wahrhaft lieb habe, etwas Böses von ihm zu erwarten habe? Hörten sie es nicht zudem aus dem Worte, durch welches er sich ihnen zu erkennen gegeben hatte, dass er ihnen durchaus kein Leid zufügen, sondern nur Freude darbieten wollte? Lightfoot bringt dieses κρατεῖν τοὺς πόδας so mit dem προςκυνεῖν in Zusammenhang, dass bei dem προςκυνεῖν die Füsse häufig geküsst worden seien. Wir stellen das nicht in Abrede, obgleich wir keinen Beweis aus dem Alten Testament zu liefern vermögen, denn die von Lightfoot angeführte Stelle 2. Könige 4, 27 ist schwerlich so zu deuten. Das Küssen der Füsse aber war bei den Israeliten nicht ungewöhnlich, es sollte die demüthigste Unterwerfung, die ehrerbietigste Huldigung veranschaulichen: dem Heilande widerfuhr solche Ehre von der namenlosen Sünderin in der Stadt, Luk. 7, 38 und Hieros. Kidduschim f. 61, 3 erzählt: *R. Jaunai et R. Jonathane considentibus accessit homo quidam et exosculatus est pedes R. Jonathanis.* Dass das κρατεῖν τοὺς πόδας also das feste Ergreifen, das derbe Anfassen, das Sichbemächtigen der Füsse ein Küssen derselben gewesen sei, wage ich nicht zu behaupten; das hier gebrauchte Wort ist zu stark für ein blosses καταφιλεῖν. Durch jenes Küssen der Füsse wollte man offenbar mit dem Gegenstande der Verehrung in persönliche Berührung kommen: etwas Anderes erstreben auch diese Galiläerinnen nicht: sie wollen dem, dem sie eine προςκύνησις erweisen und der in leibhaftiger Gestalt vor ihnen steht, so nahe wie nur irgend möglich kommen und hatten dabei nicht im Sinne, ihn um Abwehr einer sie bedrohenden Gefahr zu ersuchen, sondern folgten nur dem Drange ihres Herzens, welches weiter nichts als den Auferstandenen anbeten wollte. So auch Kypke, Lücke.

Grotius schreibt sehr richtig zu dieser Stelle: *solebat quidem Christus, ut et prophetae olim, ab his, qui aliquid oraturi accedebant, προςκυνεῖσθαι: at non itidem ab iis, qui familiarius ipsi aderant. Quare hinc intelligimus, has feminas, quamquam de resurrectione sepulti corporis nondum satis persuasas, maius tamen quiddam animo concepisse de Christo, quam unquam antea.* Bengel stimmt dem im Wesentlichen zu: *Iesum ante passionem alii potius alieniores adorarunt quam discipuli.* Wir dürfen ganz bestimmt aussprechen: in den Evangelien wird eine frühere Anbetung Christi von Seiten seiner Jünger und Jüngerinnen durchaus nicht erzählt: Viele sind schon gekommen und haben vor ihren Augen ihrem Herrn und Meister eine προςκύνησις erwiesen, sie haben es bis zu dieser Stunde noch nicht gethan. Jetzt geschieht es zum allerersten Male. Sind die Jünger desshalb zu tadeln, dass sie jenen Fremden gestatten, ihnen zuvorzukommen? Die Frage lässt sich nur entscheiden, wenn das Wesen dieses προςκυνεῖν festgestellt ist. Nur der Orient kannte eine προςκύνησις, welche Menschen geleistet wird: Griechen und Römer wollten davon nichts wissen; sie wiesen es als eine barbarische, den Menschen entwürdigende Sitte mit aller Entschiedenheit ab. So lesen wir in Euripides Orestes 1500:

$$προςκυνῶ σ', ἄναξ, νόμοισι βαρβάροισι προςπιτνῶν$$

und Livius 30, 16: *qui (sc. legati Carthaginiensium) ubi in castra Romana et praetorium pervenerunt, more adulantium (accepto, credo, ritu ex ea regione, ex qua oriundi erant) procubuerunt.* Konon erhielt nach Cornelius Nepos c. 3 die Mittheilung: *necesse est, si in conspectum veneris, venerari te regem, quod προςκυνεῖν illi vocant:* er lehnte dieses ab, wesshalb er nach Justinus 6, 2, 13 *a regis adspectu et colloquio prohibitus est, quod eum more Persarum adorare nollet.* Alexander dem Grossen behagte diese orientalische Sitte, wesshalb er den Polysperchon, der über einen Perser, *mento contingentem humum,* schlechte Witze riss, sofort zu Boden warf und dem freimüthigen Hermolaus gestraft wurde mit den Worten: *tu Macedonas voluisti genua tibi ponere venerarique te ut Deum,* cf. Curtius 8, 5, 21 und 8, 7, 13. Diese letzte Stelle beweist, dass die Griechen in der προςκύνησις, welche Menschen erwiesen wird, eine Gotteslästerung erkannten und somit dieselbe für eine Ceremonie ansahen, welche im Gottesdienst allein eine Stelle hat. Die Griechen hatten ein ganz richtiges Gefühl: die orientalischen Könige wurden so verehrt, weil sie ja vielfach für fleischgewordene Götter gehalten wurden. In dem Neuen Testamente wird die προςκύνησις durchgängig als ein Akt angesehen, welcher nur Gott gegenüber zu Recht besteht: Kreaturen dürfen nicht in dieser Weise adorirt werden, nicht einmal ein Engel, denn Petrus, zu dessen Füssen der Hauptmann Cornelius niederfiel, um ihn

anzubeten, spricht: ἀνάστηϑι κἀγὼ αὐτὸς ἄνϑρωπός εἰμι (Act. 10, 26) und
Johannes, dem Seher, wehrt der Engel 19, 10 sein gleiches Vorhaben mit den
Worten: ὅρα μή· σύνδουλός σου γάρ εἰμι, καὶ τῶν ἀδελφῶν σου τῶν προφητῶν καὶ τῶν τηρούντων τοὺς λόγους τοῦ βιβλίου τούτου· τῷ ϑεῷ προς-
κύνησον. Vgl. dazu des Herrn Wort an den Versucher, Matth. 4, 10.
Steht es so mit der προςκύνησις, dass dieselbe nur Gott gebührt, so können
wir uns nicht wundern, dass einerseits die Jünger Jesu ihn vor seiner Auferstehung nicht angebetet haben und dass andererseits solche Personen,
welche ihm viel ferner und im Glauben viel tiefer standen, es schon zeit
seines Lebens thun. Die Jünger konnten die specifische Gottesehre dem
nicht erweisen, dessen göttliches Wesen ihnen noch nicht klar aufgegangen
war, ohne ihre Gewissen zu beschweren; wohingegen diejenigen, welche es
mit der ausschliesslichen Anbetung Gottes im Geist und in der Wahrheit
nicht so genau nehmen, kein Bedenken trugen, leichtsinnig ihm göttliche
Ehre zu erweisen. Gegen ihr Vorgehen aber brauchte Christus nicht zu
protestiren, weil ihre προςκύνησις, in ihrem Sinne allerdings eine Kreaturen-
vergötterung, in Wirklichkeit, objektiv betrachtet, ein Gottesdienst war,
denn er ist ja: Gott erschienen im Fleische! Göttliche Ehre und Anbetung
empfängt Jesus als der Auferstandene zum ersten Male von diesen Weibern.
Sie erkennen in ihm ihren Herrn und Meister wieder, allein sie empfinden
es tief, dass er doch nicht mehr ganz der Alte, ganz in der früheren Gestalt und Art vor ihnen steht. Auf keinen Fall haben sie ein klares Verständniss davon, dass er seine Knechtsgestalt abgestreift und die Herrlichkeit an sich genommen hat, aber auf jeden Fall haben sie davon ein
durchschlagendes Gefühl, dass ein Wechsel mit ihm eingetreten ist, der
ihnen das Recht verleihe zu thun, was sie lange schon so gerne gethan
hätten, — ihn anzubeten als ihren Gott und Herrn. Sie thun das mit
einer gewissen Scheu und Ehrfurcht, wie es nicht anders sein konnte, denn
die grosse Gottesthat, welche an diesem Morgen erst an ihm geschehen
war, verkündete ihnen seine Würde und Erhabenheit, seine himmlische
Herrlichkeit und wahrhaftige Gottessohnschaft.

Jesus bemerkt diese scheue Zurückhaltung und dieses starke Zufassen
der inbrünstigen Liebe: diese beiden Symptome jener Furcht und jener
grossen Freude, mit welcher sie von dem Grabe aufgebrochen waren. Er
ist der Heiland und sein erstes Werk ist, dass er sie aus dem Widerstreite
dieser gegensätzlichen Gefühle erlöst, die Furcht in ihnen niederschlägt
und sie zur reinen, vollen Freude hinführt, auf dass sein Wort an ihnen in
Erfüllung gehe, das er an dem letzten Abend gesprochen hatte: πάλιν δὲ
ὄψομαι ὑμᾶς καὶ χαρήσεται ὑμῶν ἡ καρδία καὶ τὴν χαρὰν ὑμῶν οὐδεὶς
αἴρει ἀφ᾽ ὑμῶν. Joh. 16, 22. Der Auferstandene sagt: μὴ φοβεῖσϑε· ὑπάγετε, ἀπαγγείλατε τοῖς ἀδελφοῖς μου, ἵνα ἀπέλϑωσιν εἰς τὴν Γαλιλαίαν καὶ
ἐκεῖ με ὄψονται. Die Furcht soll zuerst verscheucht werden: sie hat keine
Berechtigung. Was der Engel ihnen schon verkündet hat, dass sie auch
nicht den mindesten Grund haben, sich zu fürchten, das sagt ihnen noch
ein Mal der Auferstandene selbst mit nackten Worten: μὴ φοβεῖσϑε.
Timorem fuisse vitiosum, bemerkt Calvin, *colligimus, quo rursum Christus
eas liberat: quamquam enim ex admiratione oriebatur, contrarius tamen
tranquillae fiduciae. Ergo ut se attollant ad Christum mortis victorem, iubentur laeto esse animo. Sed iisdem verbis docemur, nunc demum rite a nobis
cognosci domini resurrectionem, si concepta fiducia gloriari audemus, eiusdem*

vitae nos esse factos participes. Certe hucusque proficere debet fides nostra, ne timor praevaleat. „Christus,“ sagt Luther, „will damit uns Alle lehren, wie wir seiner Auferstehung recht sollen brauchen, dass wir alle Furcht ausschlagen, fröhlich und guter Dinge sein sollen und wissen, dass wir nicht mehr einen todten und begrabenen Christum haben, sondern dass wir durch den Glauben uns des auferstandenen Christi und seines Sieges trösten und freuen sollen. Denn da ist ja nichts in der ganzen Welt, das einen Christen, der Christum zum Herrn hat, schrecken könnte. Die Sünde wird's nicht thun; denn wir wissen, dass Christus dafür bezahlt hat. Der Tod wird's auch nicht thun; denn Christus hat ihn überwunden. Die Hölle hat er zerrissen, den Teufel gebunden und gefangen. Ob nun die Welt ihrer Art nach den Christen feind ist und alle Plage anlegt, wie soll man ihm thun? Es ist doch nur Alles ein zeitlich Leiden, da wir dagegen wissen, dass wir die Auferstehung Christi zum ewigen Leben sollen geniessen. Darum soll diese Predigt des Engels und darnach unseres Herrn Christi immerdar unter den Christen gehen und bleiben: fürchtet euch nicht, seid fröhlich, danket und lobet Gott, denn Christus ist auferstanden und ist nicht mehr hier.“

Der Auferstandene ertheilt den auf diese Weise von aller Furcht befreiten und zu heller, reiner Freude ermuthigten Weibern einen Auftrag. Dieser ist kein neuer, es ist der, welchen sie bereits durch den Mund des Engels vernommen haben: nur das ist neu, dass sie nicht τοῖς μαϑηταῖς, sondern τοῖς ἀδελφοῖς Jesu diese Botschaft bestellen sollen. Befremdlich ist es, dass der Auftrag wiederholt wird: hegte der Auferstandene die Besorgniss, dass diese Frauen es unterlassen könnten, das, was der Engel ihnen geboten hatte, auszurichten, oder fürchtete er, dass die Jünger nicht recht gehorchen würden, wenn die Boten nur von dem Engel gesandt worden seien? Man spricht sonst von dem göttlichen Gesetz der Sparsamkeit, dass nicht zum zweiten Mal geschieht, was schon ein Mal geschehen ist, wenn nicht eine eiserne Nothwendigkeit dazu zwingt. Geschieht in dem Ueberschwange des grossen Sieges, den Christus davongetragen hat, etwas Ueberflüssiges und nichts Nothwendiges? Ich muss gestehen, dass es mir schwer fällt, den ersten Fall zu statuiren, und halte dafür, dass der Auferstandene diesen Boten seiner Auferstehung und Ausrichtern des englischen Auftrags erscheint, weil ihnen noch etwas fehlte, was sie zu diesem Werke bedurften und er ihnen allein darreichen konnte. Es fehlte ihnen offenbar das, was er ihnen auf dem Wege wünscht mit seinem χαίρετε, die rechte, helle, volle, ungetrübte, durch Nichts zu erstickende Festfreude. In der seltsamen, wenn auch sehr erklärlichen Stimmung, in welcher sie sich befinden, sind sie nicht recht im Stande, ihres Amtes zu warten. Von der Stadt her kommt Christus ihnen entgegen, hat er dort nicht vielleicht selbst seinen Jüngern schon ihre Botschaft ausgerichtet? Eine Bestätigung ist wünschenswerth, wenn sie mit rechter Freudigkeit auftreten sollen, denn die Befürchtung, dass ein Anderer uns schon zuvorgekommen ist, lähmt den Fuss und bindet die Zunge. Sie sollen sich aber durch den Umstand, dass er von Jerusalem her kommt, nicht beirren lassen: was der Engel ihnen geboten hat, hat er faktisch durch sein Vorgehen und persönliches Eingreifen nicht aufgehoben. Es bleibt bei dem, was ihnen gesagt war: sie sollen hingehen und verkünden den Brüdern Christi, dass er wie der Hirt vor ihnen gen Galiläa hergeht. Unter diesen ἀδελφοῖς μου verstehen wir nicht, was einige Aeltere wollten, die leiblichen Brüder Jesu, sondern seine Jünger, insbesondere die Apostel, sodass der Herr und der Engel zu denselben Personen senden. Auffallend ist es aber, dass der Auferstandene seine Jünger hier seine Brüder nennt, was er Joh. 20, 17 damit umschreibt, dass er von seinem Vater und von ihrem Vater, von seinem Gotte und von ihrem Gotte redet. Die Engel wagen es nicht, die Jünger Christi seine Brüder zu nennen, denn sie kennen seine Erhabenheit und jener Niedrigkeit und würden, wenn sie es aus freien Stücken thäten, dem Herrn, der auch ihr Herr ist, eine Beleidigung, eine Ehrenkränkung zufügen. Jesus allein kann hier die Initiative ergreifen, er allein kann erklären, dass er, in seine Herrlichkeit eingegangen, in diese Verbindung mit uns treten will: weil er es gethan hat, dürfen wir uns ein Herz fassen und ihn als unseren Bruder begrüssen. Meyer behauptet, dass der Sohn Gottes hier seine Jünger in der Absicht seine Brüder heisse, weil er die Vorstellung des übermenschlichen Wesens, mit welcher die Weiber vor ihm lagen, abweisen wolle: daraus, dass er jene seine Brüder nennt, sollen sie entnehmen, dass er nicht über, sondern mitten unter ihnen steht, als ihres Gleichen. Aber haben diese Weiber den Auferstandenen wirklich für ein übermenschliches Wesen gehalten? Weiss sagt mit Recht, dass in dem Texte diese Ansicht keinen Halt habe: dass Christus die menschliche Natur vorher nicht zum Scheine getragen und dass er sie jetzt auch noch nicht abgelegt habe, war ihnen ganz gewiss. Nicht seines wahrhaftigen Mensch-seins, nicht seiner Zugehörigkeit zu dem menschlichen Geschlechte will er durch diese Bezeichnung seine Jünger versichern, sondern er will ihnen durch dieses Wort versiegeln, dass er, welchen sie im Staube als den Hohen und Erhabenen anbeten, sich hernieder hält zu den Geringen und Niedrigen, dass er sich zu ihnen bekennt und hält, um sie seiner Herrlichkeit theil-haftig zu machen. *Hic quoque notanda est*, schreibt Calvin, *incredibilis Christi humanitas, quod transfugas, qui eum turpiter deseruerant, fratrum nomine dignatur. Nec dubium est, quin tam blanda appellatione moerorem, quo sciebat ipsos graviter torqueri, lenire ultro voluerit.* Besser aber predigt Luther: „Das ist ja tröstlich gepredigt, dass er seine Jünger Brüder nennt. Solcher Name ist nichts Sonderliches unter den Menschen. Aber wenn Christus uns Brüder heisst, der da Gottes Sohn ist, da ist's allererst ein trefflicher, hoher, unaussprechlicher Name. Dieser Titel ist so hoch, dass ihn ein menschlich Herz nicht verstehen kann. Wenn der heilige Geist diese Gnade nicht gibt, so kann Niemand sprechen: Christus ist mein Bruder. Denn die Vernunft ist nicht so kühn, also zu sagen; ob es gleich Jemand mit der Zunge sagt, wie die neuen Geister. Es lässt sich nicht also sagen, es ist vonnöthen, dass es das Herz also fühle; sonst ist es lauter Heuchelei. Wenn du es im Herzen wahrhaftig fühlst, so wird dir's so ein gross Ding sein, dass du vielmehr stillschweigen wirst, denn etwas davon sagen; ja vor der Grösse dieses Guten wirst du noch wohl zweifeln und wanken, ob es wahr sei oder nicht. Die rechtschaffenen und frommen Christen gehen einher in Verachtung ihrer selbst und in Furcht, und gedenken also: ei, wie komme ich arme und elende Kreatur dazu, dass Gottes Sohn mein Bruder sei? Erschrickt gleich davor und kauet dran, denn es gehört wahrlich grosse Mühe dazu, dass man es glaube; ja wenn man es also fühlte, wie es in der Wahrheit ist, so müsste der Mensch alsobald von Stund' an sterben: denn der Mensch, als er Fleisch und Blut ist, kann er's nicht verstehen. Im Leben ist des Menschen Herz viel zu enge dazu, dass es solches begreifen sollte; aber nach dem Tode, wenn das Herz wird weiter werden, dann werden wir fühlen, was wir durch das Wort gehört haben. In der Welt schreibt oft Einer dem Andern: Lieber Bruder, und ist doch im Herzen sein ärgster Feind, dem er alles Unglück wünscht: heisst er uns aber Brüder, so meint er es von Herzen, dass er durchaus unser Bruder sein und uns für Brüder halten und mit uns, wie mit Brüdern, wolle umgehen. — Ist nun Christus unser Bruder, so wollte ich gerne wissen, was uns gebrechen sollte? Leibliche Brüder sitzen in gemeinen Gütern, haben zugleich einen Vater, ein Erbe, sonst wären sie nicht Brüder; also sitzen wir auch mit Christo in gemeinen Gütern und haben zugleich einen Vater und ein Erbe, welches Erbe durch die Theilung nicht geringer wird wie ander Erbe, sondern wer ein Stück des geistlichen Erbes erlangt, der hat es gar." Bis dahin hat Christus seine Jünger noch nie mit diesem Ehren- und Liebesprädikat bezeichnet, er hat sie, wie er Joh. 11, 11 von Lazarus als seinem und ihrem Freunde redete (Λάζαρος ὁ φίλος ἡμῶν), ausdrücklich Joh. 15, 14 seine Freunde genannt (ὑμεῖς φίλοι μου ἐστε) und die Bedeutung dieser näheren Charakterisirung sofort mit den Worten hervorgehoben: οὐκέτι ὑμᾶς λέγω δούλους, ὅτι ὁ δοῦλος οὐκ οἶδε τί ποιεῖ αὐτοῦ ὁ κύριος· ὑμᾶς δὲ εἴρηκα φίλους, ὅτι πάντα ἃ ἤκουσα παρὰ τοῦ πατρός μου ἐγνώρισα ὑμῖν. Was ist aber zwischen einem φίλος und einem ἀδελφός für ein gewaltiger Unterschied? Wie er sie aber um desswillen schon seine Freunde genannt hat, weil er ihnen mitgetheilt hat, was sein Vater ihm hatte kundgethan, so nennt er sie hier seine Brüder wieder aus demselben Grunde, weil er das, was sein Vater ihm gegeben hat an diesem grossen Tag, nicht für sich behalten will, um es eigennützig zu geniessen, sondern es mitzutheilen die feste Absicht hat, dass die, deren Fleisch und Blut er an sich genommen hat, und die ihn im Glauben aufgenommen haben, mit ihm seines Sieges über Sünde, Tod und Hölle und seiner Herrlichkeit sich freuen. Die Aussage Hebräer 2, 11: οὐκ ἐπαισχύνεται ἀδελφοὺς αὐτοὺς καλεῖν, ruht nicht auf diesem Ausspruche des Erlösers, sondern auf Ps. 22, 23 wird dort verwiesen als auf die Grundstelle, auf welche nach Luther, Calvin, Hengstenberg auch Jesus sich beziehen soll, was mir aber recht gesucht erscheint.

Das ἵνα ist in seiner gewöhnlichen Bedeutung zu belassen, es gibt nicht, was de Wette meint, den Inhalt des in ἀπαγγείλατε ruhenden Befehles an, sondern ist τελικῶς zu nehmen mit Meyer, Bleek, Weiss, Keil u. A.: saget meinen Brüdern (dass ich auferstanden bin und mit euch gesprochen habe), damit sie auf diese neue Verkündigung hin nach Galiläa gehen. Der Schlusssatz: καὶ ἐκεῖ με ὄψονται hängt nicht von ἵνα ab, sondern ist als ein ganz selbstständiger Satz lose an die vorhergehende Rede gereiht. Fritzsche will das nicht zugestehen: *structuram, si ex vero, quam ex libidine metiri malis, sic est instituta, ut ὅτι, quod sopitum iacet in ἀπαγγείλατε ἵνα assumendum sit, h. m.: καὶ ὅτι ἐκεῖ με ὄψονται. Nec mirum. Nam imperare poterat Iesus, ut discipuli in Galilaeam abirent, eos vero ibi in praeceptoris adspectum venturos esse, id non ab imperio, sed ab rei natura pendet.* Allein den asyndetischen Imperativen ὑπάγετε, ἀπαγγείλατε im Anfange entspricht besser eine rein äusserliche Zusammenstellung dieser beiden Sätze.

Wie der Auferstandene wieder verschwand, wie die Frauen ihre Botschaft ausrichteten, berichtet Matthäus nicht. Lukas setzt hier ein: Die Frauen, Maria Magdalena, Johanna, Maria Jakobi und die übrigen nicht mit Namen Genannten thaten, was ihnen gesagt war. Sie vermeldeten ταῦτα (V. 10), πάντα ταῦτα (V. 11), τοῖς ἕνδεκα καὶ πᾶσι τοῖς λοιποῖς. Die Reihenfolge ist damit angegeben: zuvörderst suchten sie die Apostel auf, dann erst trugen sie Allen, die zu ihnen sich hielten, die Osterbotschaft zu. Sie kamen aber übel an und wenn der Auferstandene ihnen nicht selbst erschienen wäre und sie so nachdrücklich zur heiligen Freude aufgefordert hätte, wäre es am Ende aus gewesen mit ihrem Osterjubel. Sie fanden nämlich durchaus keinen Glauben für ihre Botschaft: der Herr ist auferstanden: καὶ ἐφάνησαν ἐνώπιον αὐτῶν ὡσεὶ λῆρος τὰ ῥήματα ταῦτα καὶ ἠπίστουν αὐταῖς. Wie thörichtes Geschwätz, wie Possen erschienen ihnen insgesammt die Nachrichten dieser Frauen, denn λῆρος, welches diess einzige Mal in dem Neuen Testamente gefunden wird, bedeutet nach Hesychius μάταιος, φλύαρος, ψεύστης. Der Evangelist beschreibt den Eindruck, welchen die ersten Mittheilungen machten, sehr summarisch: es gewinnt nach ihm den Schein, als ob alle Apostel diese Frauen als Närrinnen angesehen hätten. Nach Johannes ist es nicht ganz so schlimm gewesen, denn Petrus und Johannes empfingen nicht durch diese Jüngerinnen insgemein, sondern allein durch Maria Magdalena Nachricht und lachten nicht über das, was sie hörten. Immerhin steht aber fest, dass die Jünger Christi im Grossen und Ganzen seinen Boten nicht glaubten, sondern sie für verrückt hielten. *Turpis*, lässt Calvin sich aus, *socordia discipulos constrictos tenebat, ut in memoriam non reducerent, completum esse quod ex magistro saepius audierant. Si quid prius inauditum narrassent mulieres, merito in re incredibili earum sermoni non statim habita fuisset fides: sed nunc plus quam hebetes fuisse oportet, qui rem a filio Dei toties promissam et testatam, ubi ab oculatis testibus completa esse narratur, pro fabula vel somnio ducunt. Adde quod quum ipsos sua incredulitas recta intelligentia privaverit, non modo respuunt veritatis lucem, sed tanquam deliramentum reiiciunt.* Die Frauen liessen sich aber nicht beirren durch den Unglauben, auf welchen sie stiessen, und den Spott, welchen sie erfuhren, sie wurden durch das Verhalten der Apostel nicht im Mindesten abgeschreckt, zu den Anderen hinzugehen. Sie breiteten unverdrossen das Evangelium von der Auferstehung Christi aus, dessen gewiss, dass der Herr wahrhaftig von den Todten auferstanden sei und die Ungläubigen schon zu dem fröhlichen, aller Welt trotzenden Glauben an seine Auferstehung bringen werde.

---

2. Petrus und Johannes an dem Grabe.

Luk. 24, 12.

Joh. 20, 1—10.

Petrus aber stand auf und lief zu dem Grabe und bückte sich und sah die leinenen Tücher und ging davon heim, sich wundernd über das Geschehene.

An dem ersten Tage nach dem Sabbath kommt Maria Magdalena frühe, da es noch finster war, zu dem Grabe und sieht, dass der Stein aus dem Grabe genommen war. (2) Da läuft sie und kommt zu Simon Petrus und zu dem andern Jünger, welchen Jesus lieb hatte, und spricht zu ihnen, sie haben den Herrn weggenommen aus dem Grabe und wir wissen nicht, wo sie ihn hingelegt haben. (3) Da ging Petrus und der andere Jünger hinaus und kamen zum Grabe. (4) Es liefen aber die zwei mit einander: und der andere Jünger lief zuvor, schneller denn Petrus, und kam am ersten zum Grabe, (5) bückt sich und sieht die Leinen liegen; er ging

aber nicht hinein. (6) Da kommt auch Simon Petrus, ihm nach-
folgend, und ging hinein in das Grab und sieht die Leinen
liegen (7) und das Schweisstuch, das um sein Haupt war,
nicht bei den Leinen liegen, sondern beiseits, eingewickelt
an einem besonderen Ort. (8) Da ging nun auch der andere
Jünger hinein, der zuerst zu dem Grabe gekommen: und sah
und glaubte. (9) Denn sie wussten die Schrift noch nicht, dass
er von den Todten auferstehen müsse. (10) Da gingen die
Jünger wieder heim.

Augustinus ist bekanntlich für die Harmonistiker der Evangelien viele Jahrhunderte unbedingt massgebend gewesen: erst allmälig wurde seine Autorität gebrochen. Er combinirt die Berichte der vier Evangelisten über den Ostermorgen in dieser Weise, de cons. evv. 3, 69. *Prima sabbati diluculo, sicut omnes consentiunt, ventum est ad monumentum. Jam factum erat, quod solus Matthaeus commemorat de terrae motu et lapide revoluto conterritisque custodibus, ita ut in parte aliqua velut mortui iacerent. Venit autem, sicut Johannes dicit, Maria Magdalena, sine dubio ceteris mulieribus, quae domino ministraverant, plurimum dilectione ferventior, ut non immerito Johannes solam commemoraret, tacitis eis, quae cum illa fuerunt, sicut alii testantur. Venit ergo, et ut vidit lapidem sublatum a monumento, antequam aliquid diligentius inspiceret, non dubitans ablatum esse inde corpus Jesu cucurrit, sicut dicit idem Johannes, et nuntiavit Petro atque ipsi Johanni. Ipse est enim discipulus, quem amabat Jesus. At illi currere coeperunt ad monumentum et praeveniens Johannes inclinavit se et vidit posita linteamenta, nec intravit: Petrus autem consecutus intravit in monumentum et vidit linteamenta posita et sudarium, quod fuerat super caput eius, non cum linteamentis positum, sed separatim involutum. Deinde et Johannes intravit et vidit similiter et credidit, quod Maria dixerat, sublatum esse dominum de monumento. Nondum sciebant scripturam, quia oportebat eum a mortuis resurgere. Abierunt ergo iterum ad semetipsos discipuli: Maria autem stabat ad monumentum foris plorans, id est, ante illum saxei sepulcri locum, sed tamen intra illud spatium, quo iam ingressae fuerant: hortus quippe illic erat, sicut idem Johannes commemorat. Tunc viderunt angelum sedentem a dextris super lapidem revolutum a monumento, de quo angelo narrant Matthaeus et Marcus. Tunc eis dixit: nolite timere vos: scio enim, quod Jesum, qui crucifixus est, quaeritis: non est hic: surrexit enim sicut dixit: venite et videte locum, ubi positus erat dominus: et cito euntes dicite discipulis eius, quia surrexit; et ecce praecedit vos in Galilaeam, ibi eum videbitis, ecce dixi vobis, quibus similia Marcus quoque non tacuit. Ad haec verba Maria dum fleret, inclinavit se et prospexit in monumentum et vidit duos angelos, sicut dicit Johannes, in albis sedentes: unum ad caput, unum ad pedes, ubi positum fuerat corpus Jesu. Dicunt ei illi: mulier, quid ploras? Dicit illis: quia tulerunt dominum meum et nescio, ubi posuerunt eum. Hic intelligendi sunt surrexisse angeli, ut etiam stantes viderentur, sicut eos Lucas visos fuisse commemorat, et dixisse secundum eumdem Lucam timentibus mulieribus et vultum in terram declinantibus: quid quaeritis viventem cum mortuis? Non est hic, sed surrexit: recordamini, qualiter locutus est vobis, cum adhuc in Galilaea esset, dicens, quia oportet filium hominis tradi in manus hominum peccatorum et crucifigi et die tertia resurgere. Et recordatae sunt verborum eius. Post haec conversa est retorsum Maria et vidit Jesum stantem, sicut dicit Johannes, et non sciebat, quia Jesus est. Dicit*

ei Jesus: mulier, quid ploras? quem quaeris? Illa existimans, quia hortu-
lanus est, dicit ei: domine, si transtulisti eum, dicito mihi, ubi posuisti eum
et ego eum tollam. Dicit ei Jesus: Maria. Conversa dicit ei: Rabboni,
quod dicitur, magister. Dicit ei Jesus: noli me tangere, nondum enim
adscendi ad patrem meum: vade autem ad fratres meos et dic eis: adscendo
ad patrem meum et patrem vestrum, ad Deum meum et Deum vestrum.
Tunc egressa est a monumento, hoc est, ab illo loco, ubi erat horti spatium
ante lapidem effossum: et cum illa aliae, quas secundum Marcum invaserat
tremor et pavor et nemini quidquam dicebant. Tunc iam secundum Mat-
thaeum Jesus occurrit illis dicens: avete. Illae autem accesserunt et tenuerunt
pedes eius et adoraverunt eum. Sic enim colligimus et angelorum allocutionem
bis numero eas habuisse venientes ad monumentum et ipsius domini.

    Gelungen ist dieser Ausgleichungsversuch auf keinen Fall; der Exeget
hat das Bedenken, dass τὸ μνημεῖον das eine Mal als das Grab und das
andere Mal ohne alle Umstände als der abgegrenzte Raum des Gartens
genommen wird, in welchem sich jenes Grab befand. Ein solches Hin-
und Herspringen ist nicht erlaubt. Was haben die Frauen, welche mit
Maria Magdalena gekommen waren, während der Zeit gemacht, dass jene
in die Stadt zurücklief, um Petrus und Johannes zu holen? Augustinus
scheint zu glauben, sie hätten sich in dem grossen Garten irgendwo so
gründlich versteckt, dass jene beiden Jünger ihrer gar nicht ansichtig
wurden und sie selbst auch nicht jener Zwei: erst mit der Maria Magdalena treffen sie wieder zusammen. Und was nun? Sie sehen einen Engel
vor dem Grabe auf dem abgewälzten Steine sitzen und hören seine Osterpredigt: nun gehen sie in das Grab, gewahren dort zwei Engel und hören
noch ein Mal fast dieselben Worte! Maria Magdalena hat nun zwei Mal
schon die Kunde aus Engelsmund vernommen, dass Jesus auferstanden ist,
und soll trotzdem noch denken, dass sein Leib fortgeschafft sei. Die Scene
zwischen ihr und dem Auferstandenen soll sich abspielen vor jenen andern
dienenden Frauen! Wer kann das Alles glauben? Gerhard lässt weit
besser die Maria Magdalena mit den andern Weibern gemeinschaftlich
nach dem Grabe pilgern und in das offene Grab eintreten, aber hinweg-
laufen, sobald als sie es leer gefunden hat, ehe der Engel sich in demselben offenbart. Bengel denkt es sich so, dass Maria Magdalena nicht
mit den Andern in das Grab hineingeht, sondern, wie sie den abgewälzten
Stein bemerkt, schleunigst nach Jerusalem umkehrt, während ihre Freundinnen den Weg fortsetzen und das Grab betreten. Diese Auffassung
Bengels hat vielen Anklang gefunden: ich verweise auf Neander, Lange,
Krabbe, Baumgarten, Lichtenstein, Kühnöl, Lücke, de Wette, Luthardt,
Godet, Tholuck; dagegen hat Gerhard nur noch wenige Anhänger. Er
beruft sich darauf, dass Maria Magdalena die Wegnahme der theuren
Leiche aus dem Grabe ganz bestimmt verkünde und durchaus nicht als
eine Vermuthung ausspreche; allein zwingend ist dieser Grund nicht und
sein Gewicht wird dadurch vollständig aufgehoben, dass derselbe Evangelist,
welcher ihr diese Worte in den Mund legt, ausdrücklich erzählt, dass sie
fortlief, wie sie den abgewälzten Stein erblickte, wozu noch der Umstand
treten würde, dass die Weiber, sobald als sie in das Grab gelangt sind,
den Engel sahen. Hengstenberg ist der Einzige, welcher neuerdings mit
Entschiedenheit auf Gerhards Seite sich gestellt und dabei ihn noch weit
überboten hat. Nach ihm sind alle jene Frauen, die an dem Ostermorgen

so frühe zu dem Grabe zogen, gemeinsam in das geöffnete Grab gegangen: sie haben dort insgesammt die Engelerscheinung gehabt und den gemeinsamen Auftrag an die Jünger empfangen. Sie theilen sich in die Bestellung: Maria Magdalena übernimmt die Mittheilung an Petrus und Johannes. „Die Botschaft," bemerkt er nun, „umfasste nach Lukas Alles von ihm in V. 3—8 Erzählte, dass sie den Leichnam Jesu im Grabe nicht fanden und dass ihnen, da sie dadurch geängstet wurden, zwei Engel erschienen und ihnen die Auferstehung verkündeten. Johannes aber begnügt sich damit, nur den ersten Theil der Botschaft mitzutheilen, die Thatsache, dass die Frauen das Grab leer fanden. Es entspricht das seiner durchgängigen Weise, was seine Vorgänger bereits mitgetheilt hatten, nur in möglichster Kürze anzudeuten, nur gerade soweit, dass es hinreicht, das ihm Eigenthümliche in den Zusammenhang des bereits Bekannten einzureihen. Sollte einmal abgekürzt werden, so musste der Bericht über die Engelerscheinung und über die flüchtige Erscheinung des Herrn selbst auf dem Wege (Matth. 28, 9) dem Berichte über die Leerheit des Grabes nachstehen. Der Letztere gab wieder, was die Frauen mit leiblichen Augen gesehen hatten, und begründete ein feststehendes Faktum, der Erstere bewegte sich auf einem Gebiete, auf dem eine erregte Phantasie immer weiten Spielraum findet. Es handelt sich da um eine ὀπτασία, Luk. V. 23, die allerdings objektive Bedeutung haben kann, bei der man aber doch sehr auf seiner Hut sein muss. Als die Hauptsache in der Botschaft der Weiber erscheint eben das, was Johannes allein heraushebt, in Luk. 24, 24, wo die Jünger von Emmaus sagen: καὶ ἀπῆλϑον τινὲς τῶν σὺν ἡμῖν ἐπὶ τὸ μνημεῖον καὶ εὗρον οὕτω, καϑὼς αἱ γυναῖκες εἶπον αὐτὸν δὲ οὐκ εἶδον: das Letztere deutet im Einklang mit Matth. 28, 9 an, dass die Frauen behauptet hatten, Jesum gesehen zu haben. Nur dieser Theil der Botschaft, und was jedem Menschen mit gesundem Auge auf sein Zeugniss geglaubt werden muss, fand bei den Aposteln entschiedenen Eingang. Das Uebrige erweckt nur Ahndungen, unbestimmte Hoffnungen. Bis auf weitere Bestätigung war es wie nicht gesprochen, ein leeres Gerede, λῆρος, Luk. V. 11. Wir können aber aus Johannes selbst erweisen, dass Maria Magdalena mehr gesprochen haben muss, als was er abkürzend mittheilt. Die bei ihm berichteten Thatsachen weisen uns hier auf die aus Lukas zu entnehmende Ergänzung. Schon das muss auffallen, dass Maria Magdalena laufend kommt. Danach muss sie etwas erfahren haben, was ihre Schritte nicht lähmt, sondern beflügelt. Ferner, wenn Maria weiter nichts zu berichten hatte, so würde sie weinend zu den Aposteln gekommen sein. Sie weint aber erst in 11, 12, als ihr Dasjenige zu entschwinden droht, was sie früher bereits gehabt hatte." Wir halten diese Erklärungen für vollständig verunglückt. Maria Magdalena soll die Osterbotschaft aus dem Munde des Engels vernommen haben, ehe sie den Aposteln Mittheilung machte; und weiss ihnen doch nichts Anderes zu sagen, als dass das Grab Jesu leer sei? Die Hauptsache — denn wer kann sich wohl einreden lassen, dass das Verschwundensein der Leiche, welches sofort als ein Gestohlensein dargestellt wird, die Hauptsache sei? — hätte sie vergessen oder vielmehr, wenn wir auf einen Wink Hengstenbergs achten, am Ende absichtlich unterdrückt, um nicht für eine Hellseherin, für eine Närrin gehalten zu werden! Ihr Laufen soll sich nur erklären, wenn sie die fröhliche Kunde von der Auferstehung Christi vernommen hatte: aber glaubt sie denn daran? Nach Hengstenberg versinkt sie erst später, als sie nach dem Weggange des Petrus und Johannes draussen bei dem Grabe steht, in diesen bedauerlichen Unglauben: allein konnte sie, wenn sie der Osterbotschaft froh geworden war, jene mit den Worten entsetzen: ἦραν τὸν κύριον ἐκ τοῦ μνημείου καὶ οὐκ οἴδαμεν, ποῦ ἔθηκαν αὐτόν? Diese schmerzliche Klage ist unerklärlich, wenn sie den Engel in dem Grabe des Auferstandenen mit den andern Frauen gesehen hat.

Johannes erzählt nur, dass Maria Magdalena an dem ersten Tage nach dem Sabbath sehr frühe, denn es war noch finster, zu dem Grabe in den Garten Josephs von Arimathäa gewallt sei. Sein Bericht schliesst aber nicht aus, dass sie Genossen hatte auf diesem Wege; wir werden später einen leisen, darauf bezüglichen Wink erhalten; er erwähnt jenen Umstand nur nicht, weil es ihm, wie Weiss gut bemerkt, nur darauf ankommt, anzugeben, wie die Botschaft zu den Jüngern gelangte. Als sie endlich trotz der grauen Morgendämmerung das Grab erblickt, sieht sie τὸν λίθον ἠρμένον ἐκ τοῦ μνημείου. Grotius fährt hier zu rasch zu, wenn er anmerkt: ἐκ est ἀπό: so lässt sich mit den Präpositionen nicht umspringen. Der Evangelist weist mit seinem ἐκ darauf hin, dass der Stein, welcher das Grab Jesu schloss, nicht vor dem Eingang des Grabes, über denselben nach beiden Seiten und oben weit hinausgehend, aufgerichtet stand, sondern in dem Eingange selbst sich befand, so dass er, gerade so hoch und breit als der in den Felsen gehauene Gang, denselben vollständig ausfüllte. Dieser Umstand, welcher allein auch eine richtige Versiegelung ermöglichte, schloss jedes Hinwegwälzen aus und forderte ein Herauswälzen, ein Herausdrücken des Steines: so Meyer, Luthardt, Godet u. A. Diese Wahrnehmung war für sie genug: sie entschloss sich sofort: τρέχει οὖν καὶ ἔρχεται πρὸς Σίμωνα Πέτρον καὶ πρὸς τὸν ἄλλον μαθητήν, ὃν ἐφίλει ὁ Ἰησοῦς. Wenn Hengstenberg aus diesem Laufen schliesst, dass Maria Magdalena mehr als den weggewälzten Stein gesehen habe, so befindet er sich im Irrthum: es ist nicht richtig, dass Angst, Sorge und Furcht den Schritt alle Mal lähme. Der Furchtsame nimmt Reissaus, der Besorgte läuft umher, um Hülfe zu finden. Dieses Weib hat den Herrn lieb: es denkt, als es den weggewälzten Stein wahrnimmt, dass mit dem Leibe, der darin geruht hat, etwas Schreckliches geschehen ist, je schneller sie verständige, beherzte Männer in Kenntniss setzt, desto mehr ist Aussicht, dass das Vorhaben noch verhindert oder doch wenigstens die Spuren des Verbrechens entdeckt und verfolgt werden. Zu Simon Petrus und zu Johannes läuft sie, denn der Evangelist versteckt sich hier, wie 13, 23. 19, 26. 21, 7, unter dieser Umschreibung: μαθητής, ὃν ἐφίλει ὁ Ἰησοῦς. Bemerkenswerth ist aber, dass es an jenen Stellen heisst: ὃν ἠγάπα ὁ Ἰησοῦς: ist dieser Wechsel in den Zeitwörtern ohne Bedeutung? Gebraucht man sie promiscue? Tittmann bemerkt in seiner Schrift, De synonymis in Novo Testamento, p. 51: φίλος, unde est φιλεῖν, a φίω, seu, ut aliis placet, a πίλω, premo, comprimo, quem complectimur, osculamur, fovemus. vid. Etymol. 794, 12. 777. 778. Eustath. p. 1583. 56. φιλεῖν· τὸ ἀγαπᾶν καὶ τὸ τοῖς χείλεσιν ἀσπάζεσθαι, καὶ τὸ τὰ χείλη συμβάλλειν. cf. 1799. 51. Vid. Ev. Scheidius ad Lennep. Etymol. p. 1063. Sed ἀγαπᾶν, quod recte derivari videtur ab ἀγάω, ἀγάπη, denotat proprie amorem, qui ex admiratione et veneratione nascitur, unde reliquae huius verbi notiones plane fluxerunt: colendi, hilariter excipiendi, acquiescendi etc. Bene Hesychius:

$\varphi\iota\lambda\epsilon\tilde{\iota}\cdot\varkappa\alpha\tau\dot\alpha\ \psi\nu\chi\dot\eta\nu\ \dot\alpha\gamma\alpha\pi\tilde\alpha$. *Hinc etiam apparet, cur amicitia $\varphi\iota\lambda\acute\iota\alpha$ dicta fuerit, non $\dot\alpha\gamma\acute\alpha\pi\eta$. Denotat enim intimam animorum coniunctionem.* Bleiben wir bei diesen unanfechtbaren Bestimmungen stehen, so würde Johannes, welcher sonst durch den Beisatz $\dot{o}\nu\ \dot\eta\gamma\acute\alpha\pi\alpha\ \dot{o}\ '\mathrm{I}\eta\sigma o\tilde\nu\varsigma$ als derjenige Jünger bezeichnet wird, an dessen Herzen, überhaupt an dessen sittlich-religiöser Beschaffenheit Jesus ein inniges Wohlgefallen hatte, hier durch $\dot{o}\nu\ \dot\epsilon\varphi\acute\iota\lambda\epsilon\iota\ \dot{o}\ '\mathrm{I}\eta\sigma o\tilde\nu\varsigma$ als derjenige charakterisirt, welcher von dem Heiland die meisten äusseren Beweise seiner Liebe empfangen hatte. Wie kommt es, dass Maria Magdalena gerade zu diesen geht? Lange spricht die Vermuthung aus, dass sie diesen Beiden schon auf dem Wege begegnet sei: die Liebe zu Christus habe sie auch des Morgens so frühe zu dem Grabe hinausgetrieben, obgleich Männer an dem Grabe und an der Leiche nichts mehr hätten zu thun gehabt. Allein das $\dot\epsilon\varrho\chi\epsilon\tau\alpha\iota$ weist diesen Gedanken ab: nicht zufällig stiess sie auf diese, sie suchte sie geflissentlich auf. Gregorius M. (hom. 22) vermuthet, dass sie nicht zu diesen Beiden allein gegangen sei, sondern wie zu ihnen, so auch zu allen Aposteln, was Andere mit Gerhard ihr dadurch erleichtern, dass sie die Elfe schon an einem Orte versammelt sein lassen, um sich mit einander zu benehmen; *cucurrit citius*, schreibt er, denn er lässt alle Frauen, nachdem sie den Stein abgewälzt erblickt hatten, umkehren, *discipulisque nuntiavit. Sed illi prae caeteris cucurrerunt, qui prae caeteris amaverunt, videlicet Petrus et Johannes.* So auch Gerhard und Grotius. Besser nehmen wir mit Theophylaktus, Euthymius, Lyra an, dass Maria Magdalena nur diese beiden Apostel in Kenntniss setzen wollte. An wen sollte sie sich auch wenden in dieser grossen Angst und Noth? Petrus und Johannes waren unbedingt die zwei hervorragendsten Apostel: der Eine war von Jesus selbst als der Führer des apostolischen Chores anerkannt worden und der Andere stand ihm persönlich am Allernächsten, hatte er ihm ja noch vom Kreuze her seine Mutter überantwortet! Wir sehen, die dreimalige Verleugnung hat den Simon Petrus nicht um sein Ansehen bei den Jüngern und Jüngerinnen gebracht: sie wussten, dass sie ihm nichts vorzuwerfen hatten, denn ein Mal hatten sie sich ja Alle in jener Nacht an Christus geärgert und sich zerstreut, und zum Andern hatten sie ja auch seine aufrichtige, tiefe Reue erkannt. Bengel schliesst daraus, dass Johannes sagt: $\dot\epsilon\varrho\chi\epsilon\tau\alpha\iota\ \pi\varrho\grave o\varsigma\ \Sigma\acute\iota\mu\omega\nu\alpha\ \Pi\acute\epsilon\tau\varrho o\nu\ \varkappa\alpha\grave\iota\ \pi\varrho\grave o\varsigma\ \tau\grave o\nu\ \ddot\alpha\lambda\lambda o\nu\ \mu\alpha\vartheta\eta\tau\acute\eta\nu$, *non una fuisse utrumque discipulum*: Godet meint, es könne diese Meinung mit dem wiederholten $\pi\varrho\acute o\varsigma$ begründet werden, Meyer und Luthardt erklären aber, es ginge nicht an. Kühnöl und Lange lassen mit Gerhard beide Apostel bei einander sein, ja in einem Hause wohnen. Das doppelte $\pi\varrho\acute o\varsigma$ sagt allerdings nichts Anderes aus, als dass, wie Meyer angibt, „der Schriftsteller beide Personen für sich gedacht und in ihrer Besonderheit hervorheben wollte, ohne damit eine örtliche Getrenntheit auszudrücken"; aber wenn der Schriftsteller, welcher recht gut weiss, dass Maria gelaufen ist und also Eile hat, es so darstellt, als seien Petrus und Johannes für sich zu denken und habe desshalb mit jedem Einzelnen verhandelt werden müssen, so drängt sich doch der Gedanke Bengels einem Jeden auf; sie waren und wohnten nicht zusammen, denn sonst konnte Maria Magdalena es sparen, mit ihnen einzeln zu reden.

Zu Petrus und Johannes sagt sie nun: $\dot\eta\varrho\alpha\nu\ \tau\grave o\nu\ \varkappa\acute\nu\varrho\iota o\nu\ \dot\epsilon\varkappa\ \tau o\tilde\nu\ \mu\nu\eta\mu\epsilon\acute\iota o\nu\ \varkappa\alpha\grave\iota\ o\dot\nu\varkappa\ o\ddot\iota\delta\alpha\mu\epsilon\nu,\ \pi o\tilde\nu\ \ddot\epsilon\vartheta\eta\varkappa\alpha\nu\ \alpha\dot\nu\tau\acute o\nu$. Man sieht diesen Worten die fliegende

Eile wie die inbrünstige Liebe deutlich an. Dass der Stein hinweggewälzt
sei von des Grabes Thüre, meldet sie nicht erst umständlich: sie kann
nicht schnell genug zu der Hauptsache gelangen: *ἦραν τὸν κύριον*. Nicht
eine Vermuthung, nicht eine Befürchtung spricht sie aus, sondern als eine
bestimmte Thatsache stellt sie es hin, obschon sie nur den weggewälzten
Stein gesehen hat, dass der Herr aus dem Grabe weggebracht ist. Wir
wundern uns über dieses rasche Wesen, über diese Umwandlung einer
Vermuthung in eine faktische Behauptung nicht im Geringsten. Dieses
Zufahren und kühne Behaupten entspricht ganz der heissen Liebe, welche
die Magdalenerin zu Jesus im Herzen trug, und der grossen Aufregung
und Reizung, in welche die Ereignisse der allerletzten Tage sie versetzt
hatten. Was sollte sie auch anders denken, da der in den Mund der
Grabeshöhle hineingezwängte grosse Stein weggewälzt ist, als dass das
Grab mit Gewalt erbrochen sei? Hatten die wüthenden Feinde Jesum aus
dem Lande der Lebendigen herausgerissen, musste sie da nicht befürchten,
dass sie auch an seiner Leiche sich vergreifen und ihnen seinen Leib entreissen
würden, auf dass sie gar keine Stätte hätten, da sie ihren gerechten
Schmerz ausweinen könnten? Bengel meint, Subjekt in *ἦραν* könnten Jünger
Jesu sein: *suspicabatur forsan Josephum corpus Jesu nonnisi ad tempus
in sepulcro suo posuisse, dum alium locum exquireret.* Kühnöl ist ihm
gefolgt, sonst aber Niemand. Unmöglich hat sie an solch eine freund-
schaftliche Hinwegschaffung der Leiche an einen andern besseren, sichern,
bequemeren Ort gedacht: wie sollte dieses ohne ihr Wissen, ohne des
Petrus und Johannes Wissen geschehen sein? Hatten Freundeshände den
Leichnam anderswohin gebettet, so durfte sie den beiden Aposteln nichts
vorklagen, sondern sie nur auf den Kopf fragen: wo habt ihr ihn hingelegt?
denn diese mussten dann um die Sache wissen. Offenbar denkt sie, dass
die feindseligen Juden das Grab erbrochen und die Leiche geraubt haben.
Bezeichnend ist es, dass sie nicht von dem *σῶμα* des Gekreuzigten, sondern nur von dem Herrn redet. *Retinet illa magnum existimationem de
Jesu*, sagt Bengel. Gerhard ist etwas anderer Ansicht. Sie drückt sich
nach dem gemeinen Sprachgebrauche so aus, trifft aber damit das
Richtige. *Tulerunt τὸν κύριον, hoc est corpus domini, vulgata loquendi
consuetudine, qua corporis exuviis ipsius defuncti nomen tribuitur. Sic angeli
ipsi dicunt Marc. 16, 6: videte locum, ubi posuerunt, hoc est, corpus eius.
Joh. 19, 42: in horto erat monumentum novum, in quod posuerunt Jesum,
hoc est, corpus Jesu. Sed hic peculiaris ratio subest, propter quam corpus
domini dicitur dominus, quia deitati personaliter unitum mansit in ipsa
etiam morte.* Was man etwa hineinlegen kann in dieses *τὸν κύριον*, haben
wir nicht zu fragen, sondern lediglich zu erklären, warum Maria Magdalena so und nicht anders reden konnte und mochte. Sie hat sich noch
nicht dahineingefunden, dass Jesus ein todter Mann ist, er steht ihr immer
noch lebensfrisch vor den Augen: es ist ihr zu schmerzlich, von ihm als
von einem Todten reden zu sollen. Jesus, ihr Jesus, an welchem sie mit
ganzer Seele hing, von dessen Grabe sie sich am Charfreitage Abend am
Spätesten von Allen losgerissen hat (vgl. Matth. 27, 61. Mark. 15, 47),
ist aus dem Grabe geraubt und, welch Jammer! sie weiss nicht, *ποῦ
ἔθηκαν αὐτόν*, sonst wäre sie nicht hierher gekommen, sondern dahingeeilt,
wohin sie ihn vertragen hatten, um mit ihren Thränen, Bitten und Händen
den heiligen Leib den bösen Feinden wieder abzuringen. Aber sie ist nicht

im Stande, irgend etwas zu thun. *Οὐκ οἴδαμεν, ποῦ ἔϑηκαν αὐτόν.* Was soll der Plural *οἴδαμεν*? Weiss die Sprecherin nicht die *Numeri* aus einander zu halten? Gewiss kann sie Singular und Plural unterscheiden, denn später Joh. 20, 13 sagt sie: *οὐκ οἶδα.* Wahrhaft verwunderlich ist Meyers Auslegung dieses Plurals: „in ihrer Aufregung schliesst sie auch die Jünger, mit denen sie redete, und überhaupt die dem Gekreuzigten Nähergestandenen mit ein, wenngleich diese von der Wegnahme selbst nichts wussten. Sie redet mit einer gewissen Selbstvergessenheit aus dem Bewusstsein der Gemeinschaft, im Gegensatze gegen die Mehrheit, denen sie das *ἦραν* beimisst". Mit Recht weisen Alle diese Auskunft von der Hand; Maria Magdalena ist keine verrückte Person: sie will dem Petrus und Johannes diese Kunde erst zutragen und soll sie zugleich als ihre Mitwisser betrachten! Wer kann das glauben? Brückner sagt, es heisse *οἴδαμεν* im Gegensatz zu den das Subjekt von *ἦραν* bildenden Feinden. Also ein *pluralis maiestaticus, emphaticus* und dergleichen? Wozu das Alles: die Lösung liegt so nahe, und kann nur von Denen verworfen werden, welche sich nun ein Mal darauf versessen haben, bei der Auslegung des einen Evangelisten die andern zu missachten. Von den ältesten Zeiten her hat man diesen Plural *οἴδαμεν* dadurch erklärt, dass nach den anderen Evangelisten Maria Magdalena nicht allein zum Grabe gepilgert ist. Sie redet so in der Mehrzahl, weil sie es nicht allein weiss, sondern auch jene es noch wissen, welche sie auf dem Gange nach dem Grabe begleitet und ebenfalls den weggewälzten Stein bemerkt haben. Wie kann sie so reden? Ist sie mit jenen zusammen bis zu dem Punkt gekommen, da sie den Stein wahrnehmen konnte, so kann sie, ehe sie in die Stadt zurücklief, mit jenen einige Worte, meinetwegen auch nur einige verständnissvolle Blicke gewechselt haben; ist sie aber zuletzt, was mehrere mit Hess, Griesbach, Olshausen, Tholuck u. A. annehmen, den andern Frauen, die mit ihren Salben nicht so schnell vorwärts kamen, überhaupt auch nicht solch eine Ungeduld der Liebe empfanden, vorgelaufen, so ist ja das nicht ausgeschlossen, dass sie entweder, was Ewald gut heisst, an ihnen vorüberlaufend, ihnen Mittheilung machte und ihre Rathlosigkeit erkannte, oder, ihnen nicht` begegnend, recht gut sich denken konnte, was sie sagen würden, wenn sie den Stein hinweggewälzt und das Grab leer finden würden. Maria Magdalena deutet mit diesem *οἴδαμεν* an, dass sie nicht allein zum Grabe gegangen und von einer Beraubung desselben fest überzeugt ist. So, um nur Neuere zu nennen, Lampe, Bengel, Kühnöl, Lücke, de Wette, Baumgarten-Crusius, Tholuck, Hengstenberg, Godet, Luthardt, Weiss, Neander, Krabbe, Ewald, Strauss u. s. w. Maria Magdalena will natürlich den beiden Aposteln dieses nicht bloss mittheilen; wozu hätte sie sich gerade an sie gewendet, welche unter den Aposteln die feurigsten, die entschlossensten waren? Von Petrus ist seine rasche Art bekannt, aber man vergesse auch nicht, dass Johannes mit ihm seelenverwandt war; hat der Heiland ihn und seinen Bruder Jakobus nicht selbst wegen ihres Temperaments die Donnerskinder benannt? Mark. 3, 17. Sie will sie zum Handeln auffordern: sie sollen kommen und sehen, was zu thun ist. Richtig sagt Lampe: *scopus huius querelae sine dubio erat, discipulos incitare, ut in viam se darent et secum amissum hoc pretiosum pignus quaererent.* Nicht umsonst ist Maria Magdalena zu diesen Beiden gekommen: *ἐξῆλϑεν οὖν ὁ Πέτρος καὶ ὁ ἄλλος μαϑητὴς καὶ ἤρχοντο εἰς τὸ μνημεῖον.*

Lukas ist hier zu vergleichen, denn er berichtet, dass Petrus, nachdem er
anfänglich die Nachricht der gottseligen Frauen für eine Fabel mit den
andern Aposteln gehalten hatte, sich doch aufgemacht habe, um an Ort
und Stelle die Sache zu untersuchen. Ὁ δὲ Πέτρος ἀναστὰς ἔδραμεν ἐπὶ
τὸ μνημεῖον, so hebt der dritte Synoptiker seinen kurzen Bericht an.
Derselbe stimmt nicht ganz zu dem Referate des Johannes; wir bemühen
uns nicht, die kleinen, unbedeutenden Differenzen auszugleichen. Offenbar
fasst Lukas Alles zusammen. Maria Magdalena ist nach Johannes allein
und zuerst gekommen, später kamen die andern dienenden Frauen, denen
der Engel in dem Grabe und der Herr auf dem Wege erschienen waren;
die Synoptiker halten diese verschiedenen Mittheilungen nicht aus einander.
Petrus und Johannes machen sich sofort auf Maria Magdalenas Eröffnungen
nach dem Grabe auf, wie Johannes selbst berichtet; nach Lukas aber
begibt er sich erst, nachdem die zweite Botschaft eingelaufen ist, hinaus
zu dem Grabe und zwar er allein. Freilich sagt derselbe Lukas, dass
Petrus nicht allein draussen gewesen ist, dass Andere auch hinausgeeilt
sind, denn die beiden Wanderer nach Emmaus erzählen dem Herrn: καὶ
ἀπῆλθόν τινες τῶν σὺν ἡμῖν ἐπὶ τὸ μνημεῖον (Luk. 24, 24). Hengstenberg
hat gewiss Recht: wenn wir die genauere Mittheilung des Johannes nicht
besässen und angeben sollten, wer wohl ausser Petrus noch zu dem Grabe
des Auferstandenen gelaufen sei, würden wir auf Johannes fallen. Seine
innige, heisse Liebe zu Christus einer Seits und anderer Seits seine innige
Geistes- und Herzensverbrüderung mit Petrus ist zu bekannt; vgl. wegen
des letzteren Punktes, was ich in der Leidensgeschichte 1, 37 bemerkt
habe zu dem diesen beiden Aposteln ertheilten Auftrage Jesu, ihm das
Ostermahl in Jerusalem zu bereiten. Die beiden eng verbundenen Apostel
gehen hinaus: der Evangelist sagt nicht, von wo hinaus; allein ich kann
jenen Auslegern nicht beipflichten, welche mit Lampe Bethanien und Jerusalem zur Wahl stellen, ich meine, wir können nur an Jerusalem denken;
über die Wohnung daselbst lässt sich nur hin- und herrathen, und das
mag ich nicht. Auffallend ist es, dass Johannes in seiner Erzählung auf
ein Mal aus dem Aoriste (ἐξῆλθεν) in das Imperfekt (ἤρχοντο) übergeht:
aus dem Berichterstatter wird auf ein Mal ein Maler. Der Gang nach
dem Grabe soll eben nicht einfach notirt, sondern genau geschildert werden.
Der Evangelist, der vor vielen Jahren diesen Weg vollendet hat, denkt in
seinem hohen Greisenalter noch mit herzlicher Freude an ihn: er steht
ihm noch so lebhaft vor seinen Augen, als wenn gestern erst Alles geschehen wäre. Auf den Wechsel der Tempora heissen Tholuck, Godet,
Meyer, Luthardt schon achten. Richtig bemerkt Augustinus (tr. 120 in
Joh.): *advertenda hic et commendanda est recapitulatio, quomodo reditum
est ad id, quod fuerat praetermissum: et tamen quasi hoc sequeretur ad-
iunctum est. Cum enim iam dixisset: venerunt ad monumentum, regressus
est, ut narraret, quomodo venerunt.* Ἔτρεχον οὖν οἱ δύο ὁμοῦ· καὶ ὁ ἄλλος
μαθητὴς προέδραμεν τάχιον τοῦ Πέτρου καὶ ἦλθεν πρῶτος εἰς τὸ μνημεῖον.
Hässlich ist es, dass Strauss und seine Freunde diese genaue Schilderung
nur desswillen lassen entworfen sein, dass Petrus in Schatten gestellt und
Johannes auf den Leuchter gesteckt werde; nicht viel besser ist es, wenn
Baur hier die Tendenz wittert, dass Johannes hinter dem Petrus nicht zu
weit abstehen soll. Harmlos, neidlos sind diese Mittheilungen, welche den
Bericht des Lukas richtig stellen und vervollständigen. Die beiden Apostel,

welche aus der Stadt hinausgegangen waren, kamen gar bald in's Laufen: sie wollten sobald als möglich an den Ort kommen, wo sie den That- bestand ermitteln und alle weiteren Massnahmen verabreden konnten. Der Wettlauf fiel zu Gunsten des Johannes aus: er kam dem Petrus vor und gelangte somit zuerst an das Grab. Trivial ist Kühnöls Vermuthung, dass Johannes, welcher der Grablegung Christi beigewohnt habe, während Petrus fern geblieben sei, die nächsten Wege nach Josephs Garten besser gekannt habe: ganz unstatthaft ist die Erklärung, dass er in einem Theile der Stadt gewohnt habe, welcher von dem heiligen Grabe nicht so weit als Petri Wohnung entfernt gewesen sei: sie liefen ja zusammen. Hören lässt sich jedenfalls des Enthymius Meinung: ὡς ἀκμαιότερος τὸν τόνον τοῦ σώ- ματος gewann Johannes den Vorsprung; Luther, Gerhard, Grotius, Godet, Meyer u. A. stimmen bei. Allein wir werden mit diesem physischen Grunde einen andern verbinden dürfen. Lampe schreibt: *sive quia Joannes in aetatis flore adhuc erat constitutus, Petro iam seniore, ut colligitur ex 21, 18, sive quia sollicitudine et timore vacuus erat, qui animum Petri ob con- scientiam culpae abnegati domini adhucdum distrahebat et retardabat. Quamvis enim eodem cum Joanne dominum reperiendi desiderio flagraret, aegre tamen merito ipsi erat, hac labe maculatum coram Christo comparere.* Luthardt hat neuerdings wieder diese Erklärung vertreten. Meyer weist sie aber damit ab, dass das Schuldbewusstsein durch die bittere Reue gesühnt gewesen sei, wie es ihn ja auch nicht abgehalten habe, dem Johannes voran das Grab zu betreten. Allein dass die bittere Reue das Schuldbewusstsein mildere und lindere, ist nicht richtig: das Schuldbe- wusstsein wird im Gegentheil durch die Reue nur tiefer und beruhigt sich nicht eher, als wenn wir von dem, an welchem wir uns vergangen haben, das lossprechende Wort empfangen. Seine Freunde haben dem Petrus vergeben: ob der Herr es auch gethan hat, weiss er nicht; die Schuld liegt noch drückend auf seinem Herzen. Es scheint fast, als wenn das Schuldbewusstsein, welches anfänglich durch die erschreckende Mittheilung niedergeschlagen war, je näher er dem Grabe kam, desto stärker wieder sich erhoben habe. Hengstenberg lässt den Johannes dem Petrus vor- kommen, weil er der Jünger war, den Jesus lieb hatte. „Die persönliche Liebe zu Jesu, die mit der Liebe Jesu zu ihm Hand in Hand ging, war es, was seine Schritte beflügelte. (Quesnel: Johannes muss Petrus zuvor- kommen: man muss geliebt sein, ehe man lieben kann.) Hätte es sich um ein Werk des Berufes gehandelt, wäre etwas für Jesum oder seine Kirche zu thun oder zu leiden gewesen, so wäre Petrus sicher nicht hinter ihm zurückgeblieben." Wir wollen nicht fragen, ob es nicht auch ein Dienst für die Kirche Jesu Christi war, wenn Petrus über den Verbleib der Leiche des Stifters die nöthigen Erkundigungen anstellte, und ob nicht ein solches Hinauslaufen zu dem Grabe, welches die Blicke auf ihn richten musste, ihn als einen Jünger des Heilandes darstellte: wir sehen den Petrus mit Johannes eine gute Strecke gleichen Schritt halten, hernach zurück- bleiben, und können uns nicht denken, dass seine Liebe schon erlahmt sei; ein innerer Druck, eine je länger desto schwerer empfundene Last auf dem Herzen erklärt Alles auf das Beste. Wir beneiden die alten Väter nicht um ihre luftigen Allegorien: mag Gregor der Grosse seine Zuhörer damit zu erbauen suchen, dass Johannes hier die Heidenwelt und Petrus die Judenwelt repräsentirt, dass in Johannes die Heiden also zuerst zu

dem Herrn gelangen, aber nicht eher zu dem Ziele der Vollendung gelangen, bis dass in Petrus die Juden herzugekommen sind: wir suchen unsere
Erbauung lieber in der Betrachtung dieser beiden Jünger, welche in dem
Drange, zu einer Gewissheit über den Herrn zu kommen, Alles hinten-
ansetzen, keine Furcht vor den Juden, keine Rücksicht auf die eigene
Würde kennen, sondern hinfliegen zu dem Grabe: wie theuer muss der,
welcher dort geruht hat, ihrem Herzen sein!

Zu dem Grabe kommt Johannes zuerst, aber er tritt nicht zuerst in
dasselbe, er blickt nur hinein: καὶ παρακύψας βλέπει κείμενα τὰ ὀθόνια,
οὐ μέντοι εἰςῆλθεν. Seltsam ist dieses Benehmen des Johannes auf den
ersten Anblick: man sollte denken, wie er zu dem Grabe gelaufen ist voll
Hast und Ungeduld, so läuft er auch flugs hinein: er muss Gewissheit
haben. Nichts hemmt seine Schritte, aber er geht nicht in das Grab hinein, sondern wirft nur einen Blick hinein, παρακύψας, indem er sich etwas
duckt und bückt, um durch den Gang, in welchem er wohl in seiner
ganzen Grösse stehen kann, in die Nische hineinzublicken, da der Herr war
hingelegt worden. Er sieht dort die ὀθόνια, jene Leinwandstreifen und Tücher,
in welche man, wie ich Leidensgeschichte 2, 424 dargelegt habe, die Todten
einzuwickeln und einzuschlagen pflegte. Warum geht er nicht in das Grab
hinein? Hat er schon genug gesehen? Diess auf keinen Fall; denn nachdem Petrus hineingegangen ist, folgt er ihm nach. Auf diesen Punkt
haben in Luthers Zeiten die katholischen Ausleger gern hingewiesen, um
den Primat des Papstes damit zu belegen. „Diesen schönen, edlen Text,"
sagt der Reformator, „hat der Papst mit den Seinen dahin ziehen wollen,
seine Obrigkeit daraus zu beweisen, dass er sei das Haupt der ganzen
Christenheit: denn weil Johannes nicht will in des Herrn Grab gehen vor
Petro, sondern lässt Petrum zuerst hineingehen als den Obersten, viel weniger würde er etwas Anderes gethan oder vorgenommen haben, darin er
nicht Petro den Vorzug und die Obrigkeit gönnte! Willst du aber Ursache
wissen, warum Johannes darnach gefolgt sei, ob er schon ehe zum Grabe
gekommen ist, denn Petrus, so wisse, dass Petrus älter gewesen ist und
am ersten von Christo berufen. Denn also solls sein in der Christenheit,
dass Einer den Andern seines Alters oder Gaben halber ehre. Röm. 12, 10.
Darum wird in diesem Texte angezeigt, wie Johannes Petrum in Ehren
gehalten habe und nicht wie Petrus der oberste Apostel sei und solche
Obrigkeit geerbt sei von Petro auf den Papst." Wir finden diese Begründung des Primates Petri lächerlich, Johannes hätte sich dann gegen denselben
schon dadurch vergangen, dass er ihm vorlief. Ebenso lächerlich aber ist
es, wenn evangelische Männer den Johannes aus Respekt vor den Gesetzen
der jüdischen Reinigkeit nicht in das offene Grab eintreten lassen: Grotius,
Wetstein, Ammon u. A. sind dieser Ansicht. Hat Christus, welcher den
Sarg anrührte, in dem der Sohn der Wittwe zu Nain lag, sich nicht über
diese Verordnungen erhoben: haben Joseph von Arimathäa und Nikodemus,
welche im Glauben ihm weit nachstehen, sich gescheut, einen Todten an-
zurühren? Euthymius schreibt: φρίξας ἢ ἀρκεσθείς: allein dass Johannes
mit dem Anblicke der Leintücher noch nicht befriedigt war, ergibt sich
schon aus dem Folgenden. Die Scheu, das Grauen bleibt also nur übrig,
und mit Recht sind darauf alle neueren Ausleger bis auf Baumgarten-
Crusius, nach welchem dieser Jünger vor Staunen draussen verharrt, auch
zurückgegangen. Entweder denken sie an das natürliche Grauen allein,

welches jeden Menschen anwandelt, der eine Grabesstätte betritt, so Kühnöl, Olshausen, Lücke, Luthardt, Weiss, oder sie lassen diese natürliche Scheu dadurch sich noch verstärken, dass in diesem Grabe der gelegen hat, an welchem Johannes mit innigster Liebe hing. Der Anblick seines Grabes muss alle Wunden seines Herzens wieder aufreissen und, wenn er nun gar entdecken sollte, dass ein Frevel an der theuren Leiche geschehen ist, wie muss das Blut ihm erstarren! So Bengel, Lange, Godet, Hengstenberg, welcher letztere anmerkt: „sein weiches Gefühl, die zarte Innigkeit seiner Liebe zu Christo fürchtet eine Verwundung. Er überlässt dem kräftigeren und derberen Petrus die erste Untersuchung. Sobald diese ein befriedigendes Resultat ergeben, folgt er nach. Johannes berichtet hier über seine Schwäche ebenso offen, wie in V. 4 über seine Stärke".

Ἔρχεται οὖν καὶ Σίμων Πέτρος ἀκολουθῶν αὐτῷ καὶ εἰςῆλθεν εἰς τὸ μνημεῖον. Petrus ist, wie wir Hengstenberg gern zugeben, aus derberen Stoffen als Johannes, der zarte, innige Jünger, bereitet; es kommt ihm aber wohl auch sein Alter zu Statten, welches gegen solche Anwandlungen von Schwäche das Herz gehärtet hat. Trotz des Schuldbewusstseins, das in dem Laufe ihn aufgehalten hatte, tritt er, ohne einen Augenblick zu zaudern, muthig in das Grab hinein: den Muth gibt ihm die Ueberzeugung, dass der entscheidende Schritt jetzt geschehen muss, dass es klar werden muss zwischen ihm und seinem Herrn, wie auch klar, was es mit der Oeffnung des Grabes auf sich hat. Er guckt nicht erst vorsichtig und verstohlen, wie Johannes es gethan hatte, in das offene Grab hinein, sondern schreitet kühn dem Geheimnisse entgegen. Er hat Licht genug in demselben; die Sonne, welche allgemach schon höher aufgestiegen ist, wirft volles Licht durch den Eingang in den Gang und in die Todtenkammer zur Seite: θεωρεῖ τὰ ὀθόνια κείμενα καὶ τὸ σουδάριον, ὃ ἦν ἐπὶ τῆς κεφαλῆς αὐτοῦ, οὐ μετὰ τῶν ὀθονίων κείμενον, ἀλλὰ χωρὶς ἐντετυλιγμένον εἰς ἕνα τόπον. Im Wesentlichen stimmt Lukas überein, im Einzelnen aber weicht er sehr ab: καὶ παρακύψας βλέπει τὰ ὀθόνια (κείμενα μόνα wird von Tischendorf noch besonders beanstandet, welcher überhaupt den ganzen Vers mit Griesbach, Lachmann, Rinck, Schulz, Weiss, Ewald für höchst verdächtig hält, da er in dem Codex Cantabrigiensis ganz fehlt und sich mit Johannes so nahe berührt, allein wir halten ihn mit Meyer, de Wette, Bleek, Godet, Keil, Keim für keine Interpolation, denn er steht in dem Sinaiticus, Alexandrinus und Vaticanus und wenn er aus Johannes hier eingeschwärzt wäre, müsste man erwarten, dass er nicht des Petrus allein Erwähnung thäte, sondern auch des Johannes gedacht hätte, zumal Lukas später von mehreren Männern redet, welche den Thatbestand am Grabe ermittelt haben, und dass er ganz genau die Vorlage wiedergäbe). Petrus sah mehr also wie Johannes bei seinem ängstlichen, flüchtigen Einblick: θεωρεῖ, so sagt Johannes, und nicht, wie von sich, βλέπει. Das Wort βλέπειν ist lange nicht so bezeichnend als θεωρεῖν: Tittmann sagt in dem angezogenen Werke p. 111: βλέπειν latissime patet. Est enim proprie nihil aliud, quam uti oculis, videre. Qui visum habet, βλέπει. Ita etiam de iis dicitur, qui βλέπουσι, postquam visum recuperarunt, Luk. 7, 21. Matth. 15, 31. Job. 9, 7. Während so das βλέπειν unserem Erblicken gleich kommt, muss θεωρεῖν mit unserem Betrachten, Beschauen verglichen werden. Denn, sagt Tittmann p. 120 mit Recht: θεᾶσθαι et θεωρεῖν plerumque ponuntur, quum studium videndi et contemplandi cogitandum est. Weil Petrus sich genau umthat, gründlich Alles beschaute, entdeckte er auch mehr, als Johannes wahrgenommen hatte. Die ὀθόνια sah er auch liegen und, da diess zuerst berichtet wird, zweifelsohne auch zuerst, aber er bemerkt, weiter noch τὸ σουδάριον. Das Schweisstuch ist sicher nicht erst, worauf der aus der lateinischen Sprache überkommene Name führen könnte, von dem Occident in den Orient gebracht worden: man hat dort, wie die ägyptischen Mumien es ausser Zweifel stellen, längst dieses Tüchlein gekannt, ehe man es mit diesem fremdländischen Worte benannte. Es ist ein kleines Tuch, mit welchem man sich den Schweiss von der Stirne wischen, wohl auch den Kopf gegen die glühenden, schweisstreibenden Sonnenstrahlen schützen wollte. Es ward vielfach auch, weil man es immer zur Hand hatte, gebraucht, um etwas, was man aus dem Chiton leicht verloren hätte, sicher einzuwickeln und gut aufzuheben, so erscheint τὸ σουδάριον Luk. 19, 20 bei den Rabbinen, z. B. Chetuboth f. 67, 2: R. *Abba pecunias in sudario ligavit illudque post tergum proiecit, ut pauperes illud invenirent.* Hier wird das σουδάριον durch den Zusatz ὃ ἦν ἐπὶ τῆς κεφαλῆς αὐτοῦ, näher als das Tuch bestimmt, welches man den Todten um den Kopf band, vgl. Joh. 11, 44. Dasselbe lag aber nicht bei jenen Leintüchern, wesshalb es den Blicken des Johannes auch entgangen war, denn dass es jetzt, was Weiss glaubt, erst erwähnt wird, wo diess Moment durch die nähere Betrachtung an Bedeutung gewinnt, ist nicht allzu wahrscheinlich: sondern χωρίς, welches so adverbiell in dem Sinne für sich, abseits nur dieses eine Mal in dem Neuen Testamente gebraucht wird, und zwar ἐντετυλιγμένον εἰς ἕνα τόπον. Die Stellung von εἰς ἕνα τόπον spricht schon dafür, dass es nicht, wie Luthardt will, mit κείμενα, sondern, wie Kühnöl, Lücke, de Wette, Meyer u. A. schon längst angegeben haben, zu ἐντετυλιγμένον gehört. Zusammengewickelt war das Schweisstuch also nach einer bestimmten Stelle hin, um dort niedergelegt zu werden. Wie jene ὀθόνια in dem Grabe lagen, ob zusammengerollt und zusammengelegt oder nicht, sagt der Evangelist nicht: nahe liegt aber die Vermuthung, dass sie auch hübsch ordentlich dalagen, denn warum sollte das Schweisstuch allein in Ordnung gebracht worden sein? Und geziemte es sich nicht, dass diese Stätte, da der Herr gelegen hatte und da die Gläubigen ihr Osterfest halten sollten, auch ordentlich aussah? Sollte bloss das hübsch zusammengefaltete Schweisstuch die Befürchtung zerstreuen, dass kein Raub geschehen sei? Wer das Tuch zusammengelegt hat, erfahren wir nicht: Bengel lässt die Engel hier als ordnende Geister walten. *Angeli sine dubio ministrarunt resurgenti eorumque alter lintea, alter sudarium composuit.* Der Gedanke ist nicht übel: allein wer kann *sine dubio* solches behaupten? Ist es nicht ebenso gut möglich, dass der Auferstandene, welcher die Tücher und Binden abstreifte, durch einen Wink Alles in Ordnung brachte?

Weiteres entdeckte Petrus nicht in dem Grabe, wie er sich auch umschaute. Lukas deutet darauf hin mit seinem ὀθόνια κείμενα μόνα. Sie lagen allein da und der, welcher in ihnen gelegen hatte, war nirgends zu entdecken. Die Hüllen lagen da, aber das Weizenkorn, welches sie verhüllt hatten, war ihnen entwachsen! Petrus Vorgang macht dem Johannes Muth, er fasst sich ein Herz und tritt nun auch in das Grab. Schwerlich haben wir es uns so zu denken, dass er nicht eher hineinging, bis dass Petrus zu ihm herausgekommen war und ihm Alles berichtet hatte; er ging wohl, was auch Lange's und Luthardt's Meinung ist, demselben nach und stand mit ihm in dem Grabe; war ja dasselbe so gross, dass die Engel und die Weiber darin Raum gefunden hatten. *Καὶ εἶδεν καὶ ἐπίστευσεν.* Er sah also, was Petrus beschaut hatte, und sah jetzt mehr als vorher, ausser den Leintüchern nunmehr auch das Schweisstuch. Er sah und glaubte. Es fragt sich, was er glaubte? Augustinus sagt in dem angezogenen Traktate: *hic nonnulli parum adtendentes, putant hoc Johannem credidisse, quod Jesus resurrexit: sed quod sequitur, hoc non indicat. Quid sibi enim vult, quod statim adiunxit: nondum enim sciebant scripturam, quia oportet eum a mortuis resurgere? Quid ergo vidit, quid credidit? Vidit scilicet inane monumentum, et credidit, quod dixerat mulier, eum de monumento esse sublatum.* Theophylaktus, Beda, Erasmus folgen, Luther tritt ganz entschieden bei; er sagt: „und glaubte es, dass er wäre weggenommen, wie Magdalena zu ihnen gesagt hatte. Die lieben Jünger, ob sie schon diese Wahrzeichen gesehen und erfahren haben, dennoch haben sie dadurch der Auferstehung Christi nicht können gewiss werden, sondern haben aus diesem Wahrzeichen das Widerspiel geschlossen, nämlich dass des Herrn Leib von seinen Feinden gestohlen und weggenommen sei aus dem Grabe. Weil sie haben das Grab offen gefunden und die leinenen Tücher und das Schweisstuch gelegt, jedes an einem besondern Ort, haben sie gesagt: hie sind gewisslich Leute gewesen, welche Gewalt und Macht haben, das versiegelte Grab aufzuschliessen, dass sie solchen Frevel haben üben dürfen; so es Freunde gethan hätten, würden sie den Leib mit leinenen Tüchern und Schweisstuch zugleich hinweggetragen und den Stein wiederum auf das Grab gewälzt haben. Deuten also die lieben Jünger in ihrer Schwachheit wider des Herrn Auferstehung, was für des Herrn Auferstehung dient und dienen soll. Dazu hilft sicher, das sie von Maria Magdalena gehört haben V. 2. Dadurch werden sie in ihrem Wahn gestärkt, dass, weil sie es nun also gefunden, sie gesagt werden haben: wahrlich, liebe Maria, du hast recht gesagt, dass der Leib weg sei; denn wo seine Feinde ihn nicht weggenommen hätten, würden die leinenen Tücher und das Schweisstuch nicht so ordentlich gelegt sein." Aretius, Gerhard, Jansen, Grotius, Bengel, Kühnöl, Glöckler, Ebrard, Stier, Bäumlein u. A. mehr schliessen sich an. Nicht alle Kirchenväter stehen auf Augustins Seite: Hieronymus (in dem bekannten Briefe an Hedibia: *et credidit resurrectionem Christi iam factam et subditur causa, quare antea non credebat, cum dicitur: nondum sciebant scripturam et ideo non ex scriptura, sed ex signis visis resurrectionem Christi iam factam credebant*), Chrysostomus, Cyrillus sind andrer Ansicht: Euthymius Zigabenus, Nonnus, Lyra, Calvin, Piscator, Lange, Lücke, Olshausen, de Wette, Baumgarten-Crusius, Tholuck, Ewald, Godet, Luthardt, Hengstenberg, Weiss, Strauss, Neander, Krabbe, Lange, Baur u. A. geben ihnen Recht. Wir thun dasselbe. Luther weiss allerdings die daliegenden leinenen Tücher und das zusammengelegte Schweisstuch so zu deuten, dass sie die Wegschleppung der Leiche Jesu beweisen, allein Chrysostomus bemerkt schon viel richtiger dazu: ὅπερ ἦν ἀναστάσεως σημεῖον. Man muss sich nur recht vergegenwärtigen, wie die Feinde wider den Heiland schnaubten: hatten sie seinen Leichnam rauben wollen, so wäre es wohl möglich gewesen, dass sie, um denselben recht zu verunehren, das Schweisstuch ihm vom Kopf und die leinenen Tücher von dem Leibe abrissen; allein wären dabei nicht die ὀθόνια, diese schmalen Streifen, in Fetzen gegangen? Wäre das Schweisstuch dann nicht einfach zur Seite geworfen und mit den Füssen zertreten worden? Hätten die Plünderer des Grabes nicht noch in anderer gemeiner Weise dasselbe beschimpft und entweiht? Alles aber in dem Grabe ist so sauber, so ordentlich, dass böse Buben nicht in der Finsterniss der Nacht hier ihr Werk getrieben haben. Unentweiht ist diese Stätte! Auf einen andern Punkt macht Calvin schon aufmerksam. *Frigida*, bemerkt er, *est illa expositio, quam nonnulli afferunt, Joannem credidisse, quod ex Maria audierat, sublatum scilicet fuisse Christi corpus. Nusquam credendi verbum, praesertim ubi simpliciter et sine adiectione positum est, in hoc sensu reperies.* Lampe begründet diese Auffassung weiter: *neque enim solet notio credendi in sensu tam exili sumi, quando discipulis tribuitur. Neque res erat fidei, absentiam corporis admittere, hoc enim ex sensuum exploratione iam per experientiam infallibilem noverat. Sed fidei erat, hinc colligere, quod non esset ablatus, sed quod redivivus factus ipse exierit atque inde animo tranquillari et permoveri ad Jesum pro consummato salutis et vitae autore agnoscendum Deumque celebrandum.* Hengstenberg will so weit nicht gehen, dieses ἐπίστευσεν soll noch nicht den Glauben an die Auferstehung Christi aussagen, sondern nur den Glauben an Christum im Allgemeinen. Ich gestehe, dass ich an dieser Stelle, wo der Gekreuzigte gelegen hat und auf ein Mal verschwunden ist, nicht einen solchen allgemeinen Glauben für statthaft halten kann: wer in dem leeren Grabe des Auferstandenen glaubt, der muss nothwendig an seine Auferstehung glauben. Johannes sah und glaubte: befremdlich, dass er von Petrus, welcher doch auch sah, schweigt und nicht statt ἐπίστευσεν setzt ἐπίστευσαν. Nur von sich bezeugt der Evangelist, dass er durch dieses Sehen zum Glauben an den Auferstandenen gelangt sei. Petrus, welcher zu dem Grabe nach Johannes gekommen war, wird jetzt von demselben, vor welchem er in's Grab eingetreten war, im Glauben wieder überholt. Lukas erklärt uns, warum Johannes nur im Singular reden durfte; er sagt nämlich von Petrus: καὶ ἀπῆλθεν πρὸς ἑαυτὸν θαυμάζων τὸ γεγονός. Also zum Glauben brachte er es noch nicht, nur zum Staunen, zum Sichwundern! Er merkte, dass Gottes Hand eingegriffen habe, aber in welcher Weise das geschehen sei, war ihm noch verborgen; er ahnte, dass mit dem Leibe Jesu nach Gottes Rath etwas Wunderbares vorgegangen sei, aber dass Gott ihn auferweckt habe von den Todten, das glaubte er noch nicht. Wer kann sagen, welche Gedanken ihm durch den Kopf schossen? Gedachte er etwa daran, dass Gott der Herr den Stifter des alten Bundes selbst begraben habe (5 Mos. 34, 6), und dass hier der Stifter des neuen gelegen? Oder daran, dass Henoch einst, weil er ein göttliches Leben geführt habe, von Gott hinweggenommen und nicht mehr gesehen ward (1 Mos. 5, 24), und dass hier mehr wie Henoch gewesen sei! Lampe's Verdienst ist es, auf diesen Punkt nachdrücklich aufmerksam gemacht zu haben. *Unde hoc? Nisi quia hic fidei actus ad solum Joannem spectabat. Ille solus, atque adeo primus e viris ab hoc momento credidit Jesum resurrexisse, Petro interea dubitationis fluctibus porro agitato. Hoc non obscure Lucas docet.* Luthardt hat nach meinem Dafürhalten nicht wohlgethan, dass er sich bemüht, diesen feinen Unterschied zu verwischen. Auch in Petrus Gemüth soll der Glaube auftauchen; über die Frage aber kam er nicht hinaus: was will das werden? Und diese Frage kann ich nicht als Glaubensfunken bezeichnen.

Man glaube aber nicht, dass Johannes hier sein *εἶδεν καὶ ἐπίστευσεν* mit ebendemselben freudigen Gefühle schrieb, als Cäsar einst sein: *veni, vidi, vici* nach Rom schrieb (Plutarch. Jul. Caesar c. 50). Nein, dieses *εἶδεν καὶ ἐπίστευσεν* ist alles Andere eher als ein Triumphgesang, es ist ein de- und wehmüthiges Bekenntniss. Dass er von sich schreiben kann *ἐπίστευσεν*, ist ihm eine Freude, aber dass er wahrheitsgemäss schreiben muss: *εἶδεν καὶ ἐπίστευσεν*, ist ihm ein grosser Schmerz. Es hätte des Sehens nicht bedürfen sollen, dass er zum Glauben gelangte; er hätte, auch ohne zu sehen, glauben sollen; denn das, was er glaubte, nachdem er die deutlichen Wahrzeichen gesehen hatte, dass nämlich der Herr nicht geraubt, sondern von den Todten auferstanden sei, hätte er längst glauben müssen, wenn er die Schrift gekannt, ein richtiges Verständniss von dem Worte Gottes besessen hätte. Daran fehlte es ihnen, nicht bloss ihm, sondern überhaupt allen Aposteln, allen Jüngern; daher geht die Rede nun auf ein Mal aus dem Singular in den Plural über, daher bedurfte er, daher bedurften sie der sinnlichen Ueberführung, der äusseren Zeichen und Beweise, dass Christus von den Todten auferstanden sei. Diese richtige Auffassung des Verses: *οὐδέπω γὰρ ᾔδεισαν τὴν γραφήν, ὅτι δεῖ αὐτὸν ἐκ νεκρῶν ἀναστῆναι* finden wir bereits bei Hieronymus, welchen Lyra (*subditur causa, quare antea non credebat, cum dicitur, nondum enim sciebant scripturam, et ideo non ex scriptura, sed ex signis visis resurrectionem Christi iam factam credebant*) einfach ausschreibt. „Das Ideal des Glaubens an die Auferstehung Christi,“ schreibt Lücke, „ist für Johannes das Glauben aus Verständniss der Schrift, der Glaube, dass Christus nach göttlichem Rathschluss auferstehen müsse.“ Wir dehnen das Wort weiter aus: Johannes sieht überhaupt in dem Glauben, welcher noch äusserer Beweise und sinnlicher Ueberführung bedarf, nur Kleinglauben, nur Unglauben. Der wahre, rechte Glaube bedarf all jener äusseren, sinnlichen Stützen nicht; er schwingt, an das Wort der Schrift sich haltend, die Person des Erlösers fest im Auge behaltend, mit geistlicher Schnellkraft sich hinauf in den Himmel. Der schreibende Evangelist steht auf dieser Glaubenshöhe und schaut von ihr auf den tiefen Standpunkt hinab, welchen er damals einnahm. Er hat gehört, wie sein Meister den Königischen aus Kapernaum und in ihm das ganze Judenvolk gestraft hat mit den Worten: *ἐὰν μὴ σημεῖα καὶ τέρατα ἴδητε, οἱ μὴ πιστεύσητε* (Joh. 4, 48) und er selbst hat es, dem Thomas ähnlich, auch auf *σημεῖα* ankommen lassen! Richtig sagt desshalb Hengstenberg: „vergleichen wir mit dem *καὶ εἶδε καὶ ἐπίστευσε* das Wort des Herrn an Thomas, welches Johannes in V. 29 mittheilt: *μακάριοι οἱ μὴ ἰδόντες καὶ πιστεύσαντες*, so werden wir in diesen Worten, die in unleugbarer Beziehung auf jenen Ausspruch Christi stehen, eine Selbstanklage des Apostels erblicken, dass er nicht glaubte ganz ohne zu sehen, dass er auch nur dieses schwachen Anhaltes in dem Sichtbaren bedurfte, dass er auch nur zeitweise daran gezweifelt hat, ob das göttliche Wesen seines Herrn sich in der Auferstehung bewähren werde. Man könnte aus dieser Selbstanklage des Apostels den Schluss ziehen, dass, abgesehen von der Schwergläubigkeit der Apostel, die Erscheinungen des Auferstandenen gar nicht nöthig gewesen wären. Aber wie es den Aposteln ziemte, ohne diese äusseren Erweisungen des Auferstandenen an die Auferstehung zu glauben, so ziemte es wiederum Christo, diesen Glauben durch die That zu bewähren, und also mächtig zu beleben, so dass aus ihm eine weltüberwindende Kraft hervorwuchs, und dass den Aposteln möglich wurde, die Welt zu überführen."

Es hat Manchen befremdet, dass der Evangelist schreibt: οὐδέπω γὰρ ᾔδεισαν τὴν γραφήν; hat denn die Schrift allein dargelegt, ὅτι δεῖ αὐτὸν ἐκ νεκρῶν ἀναστῆναι? Lag es nicht näher, dass die Apostel sich dessen erinnerten, was der Heiland vor seinem Leiden und Sterben ihnen so bestimmt und auch so oft gesagt hatte, dass er von den Todten auferstehen werde, auferstehen müsse? Das geht nicht an, dass man jene Aussagen Christi mit unter ἡ γραφή befasst; denn als Johannes sein Evangelium niederschrieb, war ἡ γραφή nichts anders als die h. Schrift Alten Testamentes, die neutestamentliche γραφή kam erst viel später zum Abschluss. Von den Weissagungen Jesu abstrahirt also der Evangelist vollständig: hat das etwa darin seinen Grund, dass dieselben gar nicht so bestimmt waren, wie die Synoptiker sie uns überliefern! Meyer ist auf diesen Gedanken verfallen, wir weisen ihn entschieden ab. Die Synoptiker haben auf keinen Fall die Aussagen Christi über seine Auferstehung *ex eventu* vervollständigt und zugespitzt: sie haben auf keinen Fall *in maiorem Dei gloriam* die Worte des Heilandes gefälscht! Nicht bloss die Hohenpriester und Obersten des Volkes, welche den Pilatus um eine Wache an dem Grabe ersuchen (Matth. 27, 63), wissen, dass er seine Auferstehung auf den dritten Tag versprochen hat, sondern auch die beiden Wanderer des Osternachmittags verrathen, dass er auf den dritten Tag nach seinem Tode seine Jünger vertröstet hat (Luk. 24, 21). Hengstenberg motivirt ganz richtig dieses Uebergehen der Worte Christi und dieses Zurückgehen auf das Alte Testament damit, dass Christus bei all seinen Weissagungen über Leiden, Sterben und Auferstehen auf das Alte Testament, auf ἡ γραφή hingewiesen habe, welche davon klar rede und erfüllt werden müsse (cf. Luk. 18, 31). Die Nothwendigkeit, das rathschlussmässige, göttliche δεῖ hatte der Heiland stets aus der Schrift erwiesen; seine Erklärungen fussten alle auf dem Alten Testamente, waren nur Auslegungen jener Grundstellen. Was sie damals noch nicht wussten, das ging ihnen später auf: Alles, Alles hatte so geschehen müssen, dass die Schrift erfüllt und Gottes Gnadenrath ausgeführt werde. Auf welche Schriftstellen der Glaube der Apostel, ὅτι δεῖ αὐτὸν ἀναστῆναι ruhte, können wir nicht mit aller Sicherheit angeben. Lampe schreibt: *scriptura prophetica resurrectionem Christi asseveraverat. Haec in contritione capitis serpentis Gen. 3, 15, in erectione tabernaculorum Semi Gen. 9, 27, in benedictione per semen Abrahae etc. latebat. Et evidentiora testimonia leguntur Job. 19, 25. Ps. 16, 10. 40, 1. 2. 3; 118, 22. Jesaj. 53, 8. 10. Jerem. 31, 26. Sacharj. 6, 12. 13. Typos iam suo loco relinquimus.* Ausmachen lässt sich nichts, allein die Apostelgeschichte und die Briefe können uns berathen. Von all den angeführten Weissagungen, von welchen einige, wie gleich Hiob 19, 25, so problematischer Natur sind, dass sie besser gestrichen werden, wird nur Ps. 16, 10 in dem Neuen Testamente angezogen. Petrus erklärt in seiner grossen Pfingstpredigt, dass Gott Jesum von Nazareth von den Todten erweckt habe, λύσας τὰς ὠδῖνας τοῦ θανάτου, καθότι οὐκ ἦν δυνατὸν κρατεῖσθαι αὐτὸν ὑπ᾽ αὐτοῦ. Δαβὶδ γὰρ λέγει εἰς αὐτόν· προωρώμην τὸν κύριον ἐνώπιόν μου διὰ παντός· ὅτι ἐκ δεξιῶν μού ἐστιν, ἵνα μὴ σαλευθῶ· διὰ τοῦτο εὐφράνθη ἡ καρδία μου καὶ ἠγαλλιάσατο ἡ γλῶσσά μου· ἔτι δὲ καὶ ἡ σάρξ μου κατασκηνώσει ἐπ᾽ ἐλπίδι. ὅτι οὐκ ἐγκαταλείψεις τὴν ψυχήν μου εἰς ᾅδου, οὐδὲ δώσεις τὸν ὅσιόν σου ἰδεῖν διαφθοράν. ἐγνώρισάς μοι ὁδοὺς ζωῆς. πληρώσεις με εὐφροσύνης μετὰ τοῦ προςώπου σου. (Act. 2, 24 ff.). Auf dieselbe Stelle geht auch Paulus in seiner grossen Predigt zu Antiochien in Pisidien zurück, um die Auferweckung Christi als Erfüllung alttestamentlicher Verheissung darzulegen (Act. 13, 35). In derselben Predigt aber hebt er noch eine andere Psalmstelle hervor: καὶ ἡμεῖς ὑμᾶς εὐαγγελιζόμεθα τὴν πρὸς τοὺς πατέρας ἐπαγγελίαν γενομένην, ὅτι ταύτην ὁ θεὸς ἐκπεπλήρωκε τοῖς τέκνοις αὐτῶν ἡμῖν, ἀναστήσας Ἰησοῦν. ὡς καὶ ἐν τῷ ψαλμῷ τῷ δευτέρῳ γέγραπται. υἱός μου εἶ σύ. ἐγὼ σήμερον γεγέννηκά σε. (Act. 13, 32 f.). Ob Paulus ausser diesen beiden Stellen noch andere im Auge hatte, als er schrieb: καὶ ὅτι ἐγήγερται τῇ τρίτῃ ἡμέρᾳ κατὰ τὰς γραφάς, muss dahingestellt bleiben. Es müsste also jenem von Lampe aufgestellten Verzeichnisse jedenfalls Ps. 2, 7 hinzugefügt werden; ich würde auch Ps. 110, 1 und 4 unbedenklich noch dazuschreiben, denn das ewige Hohepriesterthum Christi begründet der Hebräerbrief 6, 20 aus dem vierten Verse, wie aus dem ersten Verse vielfach der Eingang des Herrn in seine Herrlichkeit erwiesen wird.

Petrus und Johannes, welche in dem Grabe nichts Anderes als die leinenen Tücher und das Schweisstuch gesehen haben, schlossen mit Recht aus dem Verschwundensein Christi, dass er sich ihnen hier nicht offenbaren will: ἀπῆλθον οὖν πάλιν πρὸς αὐτοὺς οἱ μαθηταί, sagt Johannes, womit Lukas, der von dem andern Jünger nichts weiss, fast wörtlich übereinstimmt: καὶ ἀπῆλθεν πρὸς ἑαυτὸν θαυμάζων. Luther, Castalio, Grotius, Wolf, Heumann u. A. ziehen πρὸς ἑαυτόν zu θαυμάζων und belegen das mit Mark. 14, 4 und Luk. 18, 11, wo πρὸς ἑαυτοὺς und πρὸς ἑαυτόν in ähnlichen Verbindungen vorkommt, mit Recht aber verbinden πρὸς ἑαυτόν mit ἀπῆλθεν, Euthymius (πρὸς τὴν ἑαυτοῦ διαγωγήν) Stephanus, Bengel, Kypke, Kühnöl, Meyer, Bleek, de Wette, Godet u. A., denn in der Parallele Joh. 20, 10 kann πρὸς ἑαυτόν nur zu ἀπῆλθον gehören, und wichtiger als die Mittheilung, dass Petrus sich bei sich selbst in seinem eigenen Herzen wundert, — wo sollte er sich denn anders wundern? —, ist uns die, dass er sich in seine Wohnung zurück begab. Kypke hat sich um die Feststellung des Sprachgebrauchs ἀπελθεῖν πρὸς ἑαυτόν die grössten Verdienste erworben. *Phrasis* πρὸς αὐτόν s. ἑαυτόν, schreibt er 1, 337, *pro ad se, ad domum suam trita est prophanis. Plutarchus apophth. p. 206 Antonium dicit, pecuniam Julii Caesaris* πρὸς αὐτὸν μετενεγκεῖν, *in domum suam translulisse. Diodor. Sicul. excerpt. Vales. p. 378:* τὴν κεφαλὴν ἀφελὼν καὶ κομίσας πρὸς ἑαυτὸν εἰς οἶκον, *caput amputatum ad se in domum apportans. Lucianus in Jove tragoed. c. 17 p. 202 dicit:* ἀπιόντων οἴκαδε παρ' αὐτούς, *quum domum redirent. Polybius 15, 29. p. 909.* ὡς ἑαυτὸν ἐπὶ δεῖπνον καλέσας, *ad convivium in domum suam invitans. Frequentissime hoc sensu* πρὸς ἑαυτόν vel πρὸς αὐτόν et πρὸς ἑαυτούς vel πρὸς αὐτούς *dixit Josephus e. gr. ant. 1, 19, 8:* ἠξίου, τὰς γυναῖκας ἀναλαβών, ἀπαλλάτισθαι πρὸς αὐτόν. *Idem ibid. 5, 1, 16* (ἀπήεσαν πρὸς ἑαυτούς), *5, 2, 8* ἀπιέναι πρὸς αὐτόν, κομίζειν πρὸς ἑαυτόν. *6, 6, 2* ἀνεχώρησε παρ' ἑαυτόν, *7, 7, 1* (ἀνέκρινεν αὐτόν, ὅτι μὴ πρὸς αὐτὸν εἰς τὴν οἰκίαν ἔλθοι); *7, 11, 1* γενόμενοι παρ' ἑαυτοῖς. *8, 4, 6* πρὸς αὐτοὺς ἕκαστοι τοῦ βασιλέως ἀπολύσαντος ἀπήεσαν. Die Septuaginta kennt ebenfalls diesen Sprachgebrauch, cf. Num. 24, 25: ἀπῆλθε πρὸς ἑαυτόν. Auch in der lateinischen Sprache kann man sich ebenso ausdrücken: cf. Plautus Menaechm. 5, 2, 11:
expetit me, ad sese ut irem,

Phaedrus 4, 20, 22:

> *sermone ab ipso cognitum cupidissime*
> *ad se recepit,*

Cicero de orat. 1, 49, 214:

> *quem non longe ruri apud se esse audio.*

Nach Hause gingen Petrus und Johannes also; die Wohnung erscheint, wie Hengstenberg richtig bemerkt, so sehr als Zubehör ihres Bewohners, dass dieser erst zu sich kommt, wenn er wieder innerhalb seiner vier Pfähle sich befindet. Der Mensch ist meist im Hause erst er selbst, er gibt sich draussen anders als er ist, er muss sich Zwang anthun; sein Haus ist seine Burg, in welcher er sich gehen lassen kann, sein Heim, das er sich nach sich, nach seinem Geschmacke und seiner Eigenthümlichkeit ausbaut und gestaltet. Sie kehrten zurück, denn so werden wir πάλιν zu verstehen haben. Es bedeutet bei Herodot und den Attikern meistens allerdings wiederum, *denuo*, und es könnte so also eine erste Wanderung der beiden Jünger, ein Morgenbesuch, welchen sie dem Grabe noch in der Nacht abgestattet haben, angedeutet sein. Allein bei Homer und Hesiod ist die einzige Bedeutung, in welcher πάλιν erscheint, rückwärts, zurück, und diess halten wir hier mit Kühnöl, Meyer, Godet u. A. fest. Johannes kehrt gläubig zurück, aber der Umstand, dass er wie Petrus auch in seine Wohnung sich zurückzieht und nicht die andern Mitapostel aufsucht, um ihnen die Osterbotschaft zu bringen, beweist, wie schwach, wie zart sein Glaube noch ist; er kann es noch nicht wagen, mit ihm offen hervorzutreten, er muss ihn erst noch in dem Verborgenen stark werden lassen. Petrus ist zu dem Glauben noch nicht hindurchgedrungen, allein er ist auf dem besten Wege zum Glauben. Gottes Wunderhand hat er erkannt, das Wunder selbst ist ihm noch unbekannt, aber vorbereitet ist er auf die Erscheinung des Auferstandenen. Wir meinen damit die richtige Mitte zwischen Calvin und Lampe getroffen zu haben. Der Erstere schreibt: *dubiis adhuc et suspensis animis domum reversos esse credibile est: quamvis enim se Joannes credidisse dicat, non fuit tamen firma illa fides, sed confusus quidam miraculi sensus et ecstasi similis, donec melior accederet confirmatio. Et certe ex nudo aspectu solida fides concipi non potuit. Adde quod illis se videndum non exhibuit Christus, donec melius a carnali suo stupore expergefacti essent. Laudabile quidem ediderant zeli sui specimen, ad sepulcrum properando: Christus tamen absconditus illis fuit, quoniam nimis superstitiose illum quaerebant.* Der Letztere geht wieder zu weit, wenn er behauptet: *ibant autem narraturi, quid resciverint: Petrus fluctuans inter spem et metum, sed Joannes non solum confirmaturus, quae Magdalena nunciaverat, verum etiam quid inde collegerit relaturus, et quia credidit, etiam cum parrhesia locuturus.*

---

3. Der Auferstandene und Maria Magdalena.

Mark. 16, 9—11.

Auferstanden aber frühe am ersten Tage nach dem Sabbath erschien er am ersten der Maria Magdalena, von welcher er sieben

Joh. 20, 11—18.

Maria aber stand vor dem Grabe draussen und weinte. Als sie nun weinte, bückte sie sich in das Grab (12), und sieht zwei

Teufel ausgetrieben hatte (10). Jene ging hin und verkündigte es denen, die mit ihm gewesen waren, die da Leid trugen und weinten (11). Und dieselbigen, da sie hörten, dass er lebe und von ihr gesehen wäre, glaubten nicht.

Engel in weissen Kleidern sitzen, einen zu den Häupten und den andern zu den Füssen, da der Leib Jesu gelegen hatte. (13) Und jene sprachen zu ihr: Weib, was weinest du? Sie spricht zu ihnen: sie haben meinen Herrn weggenommen, und ich weiss nicht, wo sie ihn hingelegt haben. (14) Als sie das sagte, wandte sie sich zurück und sieht Jesum stehen, und wusste nicht, dass es Jesus war. (15) Spricht Jesus zu ihr: Weib, was weinest du? Wen suchest du? Sie meint, es sei der Gärtner, und spricht zu ihm: Herr, hast du ihn weggetragen, so sage mir, wo hast du ihn hingelegt? so will ich ihn holen. (16) Spricht Jesus zu ihr: Maria! Da wandte sich jene um und spricht zu ihm auf hebräisch: Rabbuni, d. h. Meister. (17) Spricht Jesus zu ihr: rühre mich nicht an, denn ich bin noch nicht aufgefahren zu meinem Vater. Gehe aber hin zu den Brüdern und sage ihnen: ich fahre auf zu meinem Vater und eurem Vater und zu meinem Gotte und zu eurem Gotte! (18). Maria Magdalena kommt und verkündigt den Jüngern: ich habe den Herrn gesehen und solches sagte er mir.

Petrus und Johannes sind von dem leeren Grabe heimgegangen, aber verlassen ist das Grab nicht. *Μαριὰμ δὲ εἱστήκει πρὸς τῷ μνημείῳ* (so lesen wir auf Grund des Alexandrinus, Vaticanus und Cantabrigiensis mit Lachmann, Tischendorf u. A. statt des recipirten *πρὸς τὸ μνημεῖον*, wofür der Codex Sinaiticus *ἐν τῷ μνημείῳ* gibt) *ἔξω κλαίουσα*. Wir kennen diese Frau und können uns nicht wundern, dass sie geblieben ist, wenn die Andern auch Einer nach dem Andern fortgegangen sind. Sie steht alle Mal an der Spitze der Frauen, welche dem Herrn in treuster Liebe nachgefolgt sind und mit ihrer Habe freudigst gedient haben. Wie Johannes alle andern Apostel übertrifft durch seine zarte, herzinnige Liebe zu dem Heilande, so kann sich auch kein anderes der gottseligen Weiber mit ihr messen. Ihre Liebe zu dem Erlöser ist unvergleichlich. Er hat es aber auch um sie verdient, dass sie ihn liebt, wie keine Andere. Grosses hat er an ihr gethan, sie war auf das Allerschlimmste geplagt und er hat sie erlöst, sie ist ihm zu dem grössten Danke verpflichtet. Johannes erinnert uns nicht daran. Markus — man gestatte mir der Kürze wegen diese Bezeichnung, denn ich halte die Verse, welche mit V. 9 beginnen, nicht für ächt[1]) — deutet darauf hin mit den kurzen Worten: *ἀφ᾽ ἧς* (*παρ᾽ ἧς* haben die Codices Ephraemi und Cantabrigiensis) *ἐκβεβλι*-

---

[1]) Aeussere und innere Gründe machen es in dem höchsten Grade wahrscheinlich, dass der Schluss des Evangeliums Markus (V. 9—20) nicht ursprünglich, also unächt ist. Die äusseren Gründe sind diese: 1) der ganze Abschnitt fehlt in zwei Haupthandschriften, die wir jetzt noch besitzen, dem Sinaiticus und dem Vaticanus, in den Manuscripten einzelner Versionen, im Codex *k* der Itala und ist in No. 137 und 138 mit einem Asteriscus bezeichnet. Keil wendet hiegegen ein, dass dieser Schluss sich schon in dem Alexandrinus, Ephraemi, Cantabrigiensis, wie in der Peschito und Itala befinde: allein dieses Vorkommen desselben wiegt jenes Fehlen nicht auf, da man sich wohl erklären kann, wie Schreiber darauf kamen, ihn anzufügen, hingegen aber nicht, wie sie darauf kamen, ihn auszulassen, wenn er ihnen vorlag. 2) erklären zuverlässige Kirchenväter, dass diese Schlussverse in einer sehr grossen Menge von Abschriften der Evangelien noch zu

χει ἑπτὰ δαιμόνια, eine Notiz, welche mit Luk. 7, 2 stimmt. Von sieben Dämonen ist diese Maria besessen gewesen: wenn auch nicht Legion, so

ihrer Zeit nicht gestanden haben. Eusebius (*quaestio 1 ad Marinum in Mai scriptor. veter. nova collectio 4, 255*) sagt, dass σχεδὸν ἐν ἅπασι τοῖς ἀντιγράφοις das Evangelium mit ἐφοβοῦντο γάρ schliesse, wie er denn auch in *quaest. 3* die den Schluss enthaltenden Manuscripte nur τινὰ τῶν ἀντιγράφων nennt. Damit stimmt Hieronymus, welcher *ad Hedibiam* (ep. 120, qu. 3) schreibt von diesem Abschnitte: *in raris fertur evangeliis, omnibus Graeciae libris paene hoc capitulum in fine non habentibus*, was er aber *ade. Pelag. 2, 15* einigermassen limitirt: *in quibusdam et maxime in graecis editionibus iuxta Marcum in fine eius evangelii legitur: posteaquam accubuissent undecim. Gregorius Nyssenus* (or. II de resurr. Christi), *Victor Antiochenus ed. Matthaei 2, 120. Severus Antiochenus ed. Montfaucon bibl. Coisl. p. 74* bezeugen dasselbe, ebenso langen die Sektionen des Ammonius und die Canones des Eusebius in den besten Handschriften nicht über V. 8 oder 9 hinaus. Nach Keil wird dieser zweite Grund dadurch aber sehr abgeschwächt, dass Victor Ant. (l. c. p. 120) diese angefochtenen Schlussverse κατὰ τὸ Παλαιστιναῖον εὐαγγέλιον Μάρκου gefunden habe. Allein jener palästinensische Codex ist nicht das Markus Original und die Citate aus dem jetzigen Schlusse — Volkmar fand in der apol. 1 Justins c. 45 (προαγγελτικὸν τοῦ λόγου τοῦ ἰσχυροῦ, ὃν ἀπὸ Ἱερουσαλὴμ οἱ ἀπόστολοι αὐτοῦ ἐξελθόντες πανταχοῦ ἐκήρυξαν) eine Anspielung auf V. 20, gewiss sehr kühn; Hippolytus *de charism.* citirt die beiden Verse 16, 17, aber diese Schrift ist ihm untergeschoben; Irenaeus 3, 10, 6 bleibt somit allein übrig (*in fine autem evangelii ait Marcus, et quidem dominus Jesus, postquam locutus est eis, receptus est in coelos et sedet ad dextram Dei*) — beweisen weiter nichts, als dass schon frühe dieser Schluss dem ursprünglichen Markus hinzugethan worden ist. 3) sind wir im Stande, mehrere Schlüsse nachzuweisen, denn neben dem jetzt kanonischen gab es nach der syrischen Uebersetzung des Philoxenus und dem Codex L (Codex min. Paris. No. 62) noch diesen: πάντα δὲ τὰ παρηγγελμένα τοῖς περὶ τὸν Πέτρον συντόμως ἐξήγγειλαν. μετὰ δὲ ταῦτα καὶ αὐτὸς ὁ Ἰησοῦς ἀπὸ ἀνατολῆς καὶ ἄχρι δύσεως ἐξαπέστειλε δι᾽ αὐτῶν τὸ ἱερὸν καὶ ἄφθαρτον κήρυγμα τῆς αἰωνίου σωτηρίας.

„Die äusseren Gründe," sagt Meyer-Weiss, „finden in dem Abschnitte selbst ihre innere Bestätigung, da mit V. 9 plötzlich ein vom vorherigen Gepräge der Berichterstattung abstechendes Excerpiren eintritt, der ganze Abschnitt überhaupt aber keine Eigenthümlichkeiten des Markus enthält (kein εὐθύς, kein πάλιν u. s. w. — ein compilirende, anschauungslose Kürze und Unklarheit!), in einzelnen Ausdrücken ganz gegen die durchgängig scharf ausgeprägte Weise des Markus ist." Der Faden der Geschichtserzählung wird mit einem Male zerrissen: einen Auftrag haben die Frauen empfangen, und von ihnen wird weiter nichts gesagt, als dass sie Niemandem etwas sagten. Man erwartet, dass sie, nachdem sie die anfängliche Bestürzung, welche ihnen die Sprache geraubt hatte, überwunden haben, nun Alles auf das Beste ausrichten. Was folgt, passt nicht zu dem ersten Abschnitte dieses Kapitels: nach Galiläa werden die Apostel bestellt und mit keiner Sylbe wird eine Erscheinung Christi in Galiläa berichtet! Maria Magdalena wird V. 9 signalisirt, als ob von ihr nicht schon V. 1 geredet worden wäre!

Aeussere und innere Gründe sprechen wider die Aechtheit, welche trotzdem von Richard Simon, Mill, Wolf, Bengel, Matthäi, Eichhorn, Storr, Kühnöl, Hug Feilmoser, Vater, Scholz, Rinck, Schleiermacher, de Wette, Schwarz, Guericke, Olshausen, Ebrard, Lange, Bleek, Bisping, Strauss, Hilgenfeld, Keil u. A. vertheidigt worden ist. Nach Weiss ist das Evangelium nicht über V. 8 hinausgegangen. „Das Evangelium," sagt er, „schliesst mit der Verkündigung der Auferstehung aus Engelsmund. Die Erscheinungen des Auferstandenen gehören nach der ältesten Auffassung nicht mehr zur irdischen Wirksamkeit Jesu und darum nicht mehr in das Evangelium," Schliesst aber, wenn mit V. 8 abgebrochen wird, dasselbe wirklich mit der Verkündigung der Auferstehung aus Engelsmund? Es schliesst dann mit den Worten, dass die, welchen die Engel die Botschaft von der Auferstehung übertrugen, Niemandem etwas sagten; die Verkündigung der Engel war also ohne Erfolg, ohne Nachfolge, mit einem Worte keine. So kann aber kein Evangelium abschliessen, das ist das richtige Gefühl aller Exegeten! Scholten glaubt, der ächte Schluss sei sehr frühe verloren gegangen: aber gab es nur ein Exemplar und keine Abschriften von dem Originale? Liess sich der Verlust nicht durch Zuziehung einer andern Abschrift ersetzen? Klostermann vermuthet, Markus sei irgendwie verhindert worden, sein Werk zu Ende zu führen.: allein es sticht sich nur um einige wenige Zeilen, in einem Viertelstündchen war Alles nach Wunsch vollendet. Hat der Tod ihn etwa über-

hat doch eine runde, volle Zahl böser Geister in ihr — wie lange? wissen
wir nicht — ihr böses Wesen getrieben. Sie hat schwer gelitten und sie
hat grosses Heil erfahren. Das Haus, darinnen jene sieben bösen Geister
gewohnt haben, hat sie dem barmherzigen, allmächtigen Heiland vollständig
eingeräumt: sie hat nur eine Passion, so möchte ich von ihr sagen, denn
ihre Liebe hat noch etwas Dämonisches, Unruhiges, Leidenschaftliches, Wildes
an sich, und diese Passion ist er, der hier in das Grab gelegt worden ist.
Sie ist die Letzte gewesen, welche an dem Charfreitage spät Abends mit
blutendem Herzen sich von hier losgerissen hat, und sie ist die Erste
wieder, welche hier, um ihren Schmerz auszuweinen, an dem Ostermorgen
erscheint. Ich nehme nicht an, dass sie an dem Sonnabend, als der Sabbath vollendet war und die Sterne an dem Himmel leuchteten, schon hinausgegangen ist; auch nicht, dass sie vor den andern Weibern an dem
Sonntag Morgen aufgebrochen ist; sie ist meiner Ansicht nach mit jenen
ausgezogen, hat sie aber verlassen, wie sie den Stein abgewälzt bei dem
Grabe liegen sah, um Männer zu Hülfe herbeizurufen. Sie steht an dem
Grabe draussen: warum steht sie in dem Vorhofe, warum nicht drinnen
in dem Allerheiligsten? Was den Jünger der Liebe abhielt, in das Grab
hineinzutreten, das hält auch sie ab. Es ist kein natürlicher Schauder
vor der Finsterniss des Grabes, vor der Stätte des Todes, es ist die Besorgniss, dass ihr Schmerz dort nur durch das, was sie sieht, gesteigert
und verschärft wird. Weinend steht sie draussen an dem Grabe: sie weint,
weil es leer ist, den Heissgeliebten nicht mehr in seinem Schosse birgt.
Sie weint, wo sie allen Grund hätte, mit dem Psalmisten zu jubeln: der
Herr hat Grosses an uns gethan, dess sind wir fröhlich! Ps. 126, 3. Er
hat ja die Gefangenen Zions erlöst: aber sie ist wie eine Träumende, am
hellen, lichten Tage, da die Ostersonne schon lange nunmehr aufgegangen
ist, steht sie immer noch wie eine Nachtwandlerin da, welche Nichts um
sich sieht, als Nacht und Grauen. Ihr Mund sollte voll Lachens und ihre
Zunge voll Rühmens sein, und sie weiss nichts Besseres zu thun, als zu
weinen! Sie beweint, recht gesehen, ihr Glück, ihren seligsten Gewinn!
Gut sagt Lampe: *primum amoris indicium erat, quod stabat ad monumentum
foris. — Heic stabat, et ut prima inter primas fuerat in accessu, ita ultima
persistebat, indagans et exspectans, si qua vestigia sit alicubi detectura, quo
corpus domini transportatum sit. — Alterum indicium erat ploratus. Amor
est ignis, quo admoto cor facile in lacrymas liquescit. Cum frustra essent
querelae in terra, lacrymis pulsat coelum. Doluerat hactenus ereptum morte,
cui sanitatem et vitam corporis atque animae debebat. Ad memoriam omnium passionum a Jesu vivo exantlatarum, qua animus iam totus exulceratus*

eilt? Kaum glaublich, denn Eusebius erzählt h. e. 2, 15, dass er zu Rom sein Evangelium geschrieben und (c. 16) darauf in Alexandrien gepredigt habe, was Epiphanius
51, 6, Hieronymus *de vir. illustr. 8*, Nicephorus h. e. 2, 15, 43 bestätigen. Wir stehen
hier vor einem Räthsel, welches noch einer allseitig befriedigenden Lösung harrt. Doch
kann uns dieses Räthsel nicht abhalten, den Schluss als nicht von der Hand des Markus
herrührend zurückzuweisen. So sprechen sich aus: Michaelis, Thiess, Bolten, Griesbach,
Gratz, Bertholdt, Rosenmüller, Schulthess, David Schulz, Schott (*isagoge* p. 94 ff., gegen
seine *opuscula* 2, 129 ff.), Paulus Credner, Wieseler (*commentatio, num loci Marci 16,
9—24 et Joh. 21 genuini sint. 1839*), Neudecker, Tischendorf, Meyer, Ritschl, Ewald,
Reuss, Anger, Zeller, Hitzig, Godet, Schenkel, Scholten, Weiss, Holtzmann, Volkmar,
Keim, Klostermann, Mangold (in Bleeks Einleitung), selbst Hofmann (Schriftbeweis
2, 2. 4), Gess (Christi Zeugniss von seiner Person und seinem Werk S. 198) u. A.

erat. nunc accedebat, quod et corpori emortuo quies denegari videretur.
Ereptam quoque sibi occasionem conditura sua cadaver honorandi dolebat.
Pius sane affectus, sed cum errore et incredulitate coniunctus. Haeret enim
in corporis praesentia, quasi in hoc solo spes salutis omnis collocata fuisset.
Deinde verborum Christi immemor plorat, quando potius gaudere debebat.
Quia enim ille toties praedixerat, se a mortuis tertia die velle resurgere, eo
nunc cogitandum erat, quando corpus eius in monumento nullum comparebat,
et cum gaudio spem bonam salutis concipere. Sic frequenter pii errant,
dum affectibus per se piis intempestive indulgent. Je nach dem man sich
den Zusammenhang der verschiedenen Besuche am Grabe denkt, lässt sich
der Maria Magdalena noch mehr zur Last legen. Petrus und Johannes
hat sie herbeigerufen; diese Beiden sind bald in's Laufen hineingerathen:
Maria Magdalena konnte schon Anstands halber mit ihnen nicht um die
Wette laufen, sie kam also geraume Zeit nach ihnen erst zum Grabe. Ist
sie so spät gekommen, dass sie die beiden Apostel nicht mehr draussen
traf? Wenn sie aber dieselben nicht mehr an dem Grabe traf, mussten
sie ihr nicht auf dem Heimwege begegnen? Hat sie von ihnen nicht
Näheres gehört, wie es im Grabe aussah, und hat Johannes, der da glaubte,
dieser ihm so nahe verwandten Seele von seinem Glauben völlig geschwiegen? Augustinus nimmt das an: er sagt tract. 121 in Joh.: *viris redeun-*
tibus infirmiorem sexum in eodem loco fortior figebat affectus. Et oculi,
qui dominum quaesierant et non invenerant, lacrymis iam vacabant, amplius
dolentes, quod fuerat de monumento ablatus, quam quod fuerat in ligno
occisus: quoniam magistri tanti, cuius eis vita subtracta fuerat, nec memoria
remanebat. Tenebat itaque ad monumentum iam dolor iste mulierem., Cum
ergo fleret, inclinavit se et prospexit in monumentum. Cur hoc fecerit, nescio.
Non enim nesciebat, non ibi esse iam, quem quaerebat: quandoquidem inde
sublatum et discipulis ipsa nunciaverat: et illi ad monumentum venerant et
non solum intuendo, sed etiam intrando corpus domini quaesierant, nec in-
venerant. Mit dem alten Kirchenvater gehen jetzt nur noch Wenige, Lange,
Luthardt, Hengstenberg, Weiss. Die Allermeisten nehmen aber an, dass
Maria Magdalena mit den beiden Aposteln wieder am Grabe, noch auf dem
Wege zusammentraf: so schon Euthymius, Kühnöl, Meyer, Lücke, de Wette,
Tholuck, Godet u. A. mehr. Ich schliesse mich diesen Letzteren an.
Wenn sie durch jene erfahren hätte, dass kein Leichenraub stattgefunden
habe, so sollte man denken. dass sie bei Joseph von Arimathäa, dem
Gartenbesitzer, und bei andern vermögenden Freunden Christi Erkundigungen
über den Verbleib der theuren Leiche eingezogen hätte. Auch den Frauen,
die in der Zwischenzeit, da sie Petrus und Johannes rief, im Grabe waren,
kann sie nicht begegnet sein: sie hätte sonst von ihnen erfahren, dass sie aus
dem Munde des Engels in dem Grabe die Botschaft empfangen hätten,
er sei nicht hier, sondern auferstanden. Ist es aber möglich, dass sie zu
dem Grabe gelangte, ohne mit den Aposteln und jenen Freundinnen
zusammenzutreffen? Griesbach, welchem meines Wissens nie der Vorwurf
gemacht worden ist, dass er mit allzugrosser Aengstlichkeit eine Harmonie
herzustellen versuche, nimmt an, dass zu dem Garten Josephs verschiedene
Wege aus der Stadt geführt hätten; die Weiber, welche wussten, dass
Maria Magdalena schon den Petrus und Johannes herbeirufe, schlugen
einen Weg ein, welcher sie schneller zu den andern Aposteln brachte,
die in der Stadt in verschiedenen Quartieren zerstreut wohnten, und ebenso

erwählten die beiden Apostel einen andern Weg zum Heimgange, als den sie benutzt hatten.

Weinend steht Maria Magdalena draussen an dem Grabe: nicht Müdigkeit hält sie dort zurück, wie Bengel gelegentlich meint, sondern ihr trostloser Schmerz. Aus dem Grabe ist der Herr verschwunden, bis dahin hat sie ihn begleitet, hier hat sie ihn verloren: ὡς οὖν ἔκλαιεν, παρέκυψεν εἰς τὸ μνημεῖον. Gut bemerkt schon Gregorius M. (hom. 25) dazu: *quid est, quod se iterum inclinat, iterum videre desiderat? Sed amanti semel aspexisse non sufficit: quia vis amoris intentionem multiplicat inquisitionis. Quaesivit ergo prius et minime invenit: perserveravit, ut quaereret, unde et contigit, ut inveniret: actumque est, ut desideria dilata crescerent et crescentia caperent, quod invenissent.* Lampe ergänzt gut diese Nota: *sic solemus, quando rem amissam quaerimus, ad locum, ubi eam reliquimus, saepius respicere.* Unwillkürlich bückt sie sich, vom Schmerz hingezogen und von der Hoffnung belebt, dass das Grab ihr das Geheimniss doch noch enthülle, und siehe, was Petrus und Johannes, als sie sich auch bückten und hineinsahen, ja hineintraten, nicht sahen, das sieht sie jetzt: θεωρεῖ δύο ἀγγέλους ἐν λευκοῖς καθεζομένους, ἕνα πρὸς τῇ κεφαλῇ, ἕνα πρὸς τοῖς ποσίν, ὅπου ἔκειτο τὸ σῶμα τοῦ Ἰησοῦ. Wir begreifen Schleiermacher nicht, der es sich nicht zu erklären weiss, dass die beiden Apostel in dem Grabe keine Engel schauen, obgleich sie dasselbe gründlich untersuchen, und Maria jetzt auf ein Mal zwei. „Man begreift nicht," sagt er (Leben Jesu, S. 468): „wie die Engel hätten nachher hinein kommen können, sie müssten dann auf eine unsichtbare Weise hineingegangen sein und Gestalt gewonnen haben." Griesbach wollte das Gesehenwerden und Nichtgesehenwerden der Engel dadurch vorstellig machen, dass sie aus dem Grabe des Heilandes sich zeitweilig in einen Seitengang desselben zurückgezogen hätten. Wir vermögen auch nicht von dem Kanon Lücke's irgend welchen Gebrauch zu machen: „alle Engelerscheinungen im Neuen Testamente gehören dem subjektiven religiösen Erfahrungsgebiete an, nicht dem allgemeinen sinnlichen. Diess ist mein Kanon." Wir pflichten vielmehr Meyer bei, welcher behauptet: „Engelerscheinungen sind zwar nach der Schrift nicht in das blos subjektive Gebiet zu verlegen, aber sie theilen sich eben nur dem mit und machen sich ihm sicht- und hörbar, welchem sie gelten, während sie Andern nicht wahrnehmbar werden, weshalb darnach, wo die Engel bei der Anwesenheit des Petrus und Johannes in der Gruft gewesen seien, nicht einmal zu fragen ist." Maria Magdalena erblickt nicht, sondern sie schaut — man übersehe das absichtlich gebrauchte θεωρεῖ nicht — δύο ἀγγέλους ἐν λευκοῖς καθεζομένους. Man hat gefragt, ob der Evangelist hier von seinem Standpunkte oder von dem der Maria aus berichte, ob sie in jenen beiden Gestalten in dem Grabe wirklich Engel erkannt oder gewöhnliche Menschen vermuthet habe. Calvin und Bengel lassen es unentschieden: Gerhard dagegen sagt sehr bestimmt: *hosce autem duos angelos, qui Mariae Magdalenae in sepulchro apparent, Johannes angelos appellat, quia tales natura erant, licet a Maria Magdalena pro talibus nondum agnoscerentur.* Lampe tritt ihm zur Seite: *patet ex hoc responso (V. 13) oculos Mariae ita caligasse, ut iuvenes hos esse angelos non sentiret.* Jedoch nicht sowohl aus jener Antwort der Maria, sondern daraus, dass sie sich nicht im Geringsten verwundert und entsetzt, da sie diese beiden Wesen in dem Grabe schaut, schliesst man, dass sie diese Engel gar nicht erkannt habe.

Sonst ist ja das alle Mal der Fall, dass Menschen, welchen Engel erscheinen, sich fürchten, wie auch den Weibern eben erst geschehen ist, vgl. Matth. 28, 5 und 8. Mark. 16, 5, 6 und 8. Luk. 24, 5. Luther löst dieses Räthsel aber schon sehr glücklich so: „Diese Maria ist uns ein feines Vorbild zum christlichen Exempel: und der Evangelist hat's auch darum so fleissig wollen schreiben, dass wir, die es lesen und hören, auch ein wenig Hitze schöpften von dem Feuer, das in der lieben Magdalena brennt. Denn ihr Herz gar entbrannt ist, dass sie so daher gehet vor lauter Liebe zu dem Herrn Christo, als wäre sie toll und thöricht. Sie ist allein beim Grabe und sieht da vor ihr zwei Engel: noch ist sie so voll, beide Jammers und Brunst mit einander, dass sie sich gar nicht vor einem solchen Anblick entsetzet, wie S. Markus 16, 5 von den andern Weibern schreibt. Das muss ja ein tiefes Herz sein gewesen, das im Jammer gar ersoffen ist. Ist doch kein Mensch so beherzt, er müsste sich entsetzen, wenn er unversehens einen Engel ansichtig würde: und sie ist noch dazu ein Weib. Noch geht sie so daher, dass sie weder sieht, noch hört, fragt auch nirgend nach; so gar hängt ihr Herz anderswohin." Mit Recht sind Tholuck, Lange, Godet, Stier, Luthardt u. A. wieder auf diese Lösung des Problems eingegangen. Zwei Engel sieht Maria in dem Grabe: diese Engel bringen ihr durch ihre Gegenwart schon einen grossen Trost, wenn sie nur Sinn und Verstand dazu hätte. Richtig schreibt Chrysostomus der Hedibia: *angeli in sepulcro Christi apparent, ut sub tanta custodiae dignitate non crederet ab hominibus potuisse furari, qui ministris angelis servabatur.* Wo Gottes Engel sich aufhalten, da können böse Menschen nicht gewüthet haben: da ist die Stätte unentweiht und heilig. Die beiden Engel sassen: Luthardt findet darin dargestellt, dass sie nicht mehr zu streiten brauchen, besser aber, was Hengstenberg auch anerkennt, bemerkt schon Bengel zu καθεζομένους, *quasi opera quapiam perfunctos, et exspectantes aliquem, quem docerent.* Das es gerade auf ein Lehren abgesehen sei, verräth das Sitzen freilich noch nicht, sicher aber, dass sie noch in dem Grabe einen Dienst Gott zu leisten haben um derer willen, die ererben sollen die Seligkeit. Die beiden Engel erschienen ἐν λευκοῖς, dass im Sinne ἱματίοις zu behalten ist, versteht sich von selbst: solche Ellipsen sind nichts Ungewöhnliches. Winer S. 522 verweist auf Matth. 11, 8. Apok. 18, 12, 16. 70 Exod. 33, 4. Arrian. Epict. 3, 22, 10 ἐν κοκκίνοις περιπατῶν, wozu Artemidor in Oneirocr. 4, 44 — ἐκφέρειν ἐν λευκοῖς ἀποθανόντας — noch verglichen werden kann. In Weiss erscheinen diese himmlischen Wesen: diese weissen Gewänder entsprechen ihrer Lichtnatur und veranschaulichen ihre innere Reinheit und Herrlichkeit. Schon die klassischen Heiden dachten sich die Götter in weisser Gewandung: so schreibt Plato de legibus 12, p. 691: χρώματα λευκά πρέποντα ἂν θεοῖς εἴη καὶ ἄλλοτε καὶ ἐν ὑφῇ, was bekanntlich Cicero de legibus 2, 18, 45 wörtlich übernimmt, so singt Virgilius Eclog. 5, 56:

Candidus insuetum miratur limen Olympi

von Daphnis, der in die Zahl der Götter aufgenommen ist, wozu Servius die Bemerkung fügt: *candidus, id est deus,*
und Ovidius, Fast. 4, 619:

Alba decent Cererem, vestes cerealibus albas
Sumite.

Die h. Schrift kennt dieselbe Symbolik der Farben: Daniel sieht in einem Gesichte den Herrn, den Alten der Tage, sein Gesicht wie Schnee weiss und seines Hauptes Haar wie reine Wolle, sein Stuhl wie Feuerflammen 7, 9. Auf dem Berge der Verklärung wurden die Kleider dessen, dessen Angesicht leuchtete wie die Sonne, λευκὰ ὡς τὸ φῶς Matth. 17, 2. Jene beiden Männer bei der Himmelfahrt Christi Act. 1, 10 standen auch da ἐν ἐσθῆτι λευκῇ und den Wenigen in Sardes, deren Namen in das Buch des Lebens eingetragen sind, wird Apok. 3, 4 verheissen, dass sie ἐν λευκοῖς wandeln sollen, wie alle Weltüberwinder V. 5 und wie die 24 Aeltesten auf den Stühlen. Apok. 4, 4. Diese beiden Engel sassen aber nicht bei einander in dem Grabe, sondern von einander entfernt, denn Maria sah ἕνα πρὸς τῇ κεφαλῇ καὶ ἕνα πρὸς τοῖς ποσίν, ὅπου ἔκειτο τὸ σῶμα τοῦ Ἰησοῦ. Die Alten ergehen sich meist in unhaltbaren Allegorien hierüber: *quid est, quod unus ad caput et ad pedes alter sedebat?* fragt Augustinus l. c. *An quoniam qui graece Angeli dicuntur, latine sunt nuntii, isto modo Christi evangelium velut a capite usque ad pedes, ab initio usque in finem significabant esse nuntiandum?* Gregor findet in dem Engel zu Häupten die Verkörperung des Wortes Joh. 1, 1 und in dem zu Füssen des Wortes Joh. 1, 14, oder die lebendigen Abbilder der beiden Testamente. Besser sieht Luthardt darin dargestellt, dass der Leichnam Christi von dem Kopf bis zu den Füssen unter dem Schutze des Vaters und seiner Diener gewesen. Lightfoot erinnert schon an die beiden Cherubim, welche über der Bundeslade des Alten Testamentes ihre Flügel ausbreiteten. Lampe hat das angenommen *(ita sepulchrum domini verum arcae foederis antitypum habuit)*, auch Hengstenberg. Baumgarten-Crusius, der nüchterne Schriftausleger, kann nicht umhin, zu den Worten: ὅπου ἔκειτο zu bemerken: „ist deutlich beigesetzt, wie um die Stelle zu weihen oder Gottes Wirksamkeit zu bezeichnen." Der Engel Sitzen zu Häupten und zu Füssen dokumentirt diese Stelle als ein Heiligthum, als eine Pforte des Himmels.

An Maria Magdalena wenden sich diese beiden Engel, und nicht wendet sie sich an jene, um Auskunft von ihnen zu erlangen. Ihr ist Alles gleichgültig, einerlei: sie hat nur den einen Sinn und Gedanken, den Leib des beissgeliebten Herrn Jesu, der hier vor ihren Augen niedergelegt worden war, wieder zu finden. Er ist nicht hier, die Stätte, wo er gelegen hat, ist ganz leer, und die Engel sitzen so ruhig da, als wäre nichts geschehen, als wüssten sie um gar nichts. Sie hätte sich weggewandt, diese stillsitzenden, schweigsamen Engel keines Blickes weiter, keines Wortes gewürdigt, wenn jene sie nicht angeredet und durch ihre Fragen festgehalten hätten: γύναι, τί κλαίεις; *Quasi ignotam*, sagt Bengel, *honorifice alloquuntur, sic v. 15* γύναι, *mulier;* κύριε, *domine:* und zu τί κλαίεις bemerkt schon der alte Ammonius: ἐρωτῶσι δέ, οὐχ ἵνα μαθῶσι, ἀλλ᾽ ἵνα παύσηται. Theilnehmend ist die Frage, das steht ausser allem Zweifel: aber offenbar soll sie auch zu Gemüthe führen, dass nicht die mindeste Ursache zum Weinen vorliegt. Richtig sagt Calvin: *est autem obiurgatione et consolatione mixta oratio: obiurgat angelus importunum Mariae fletum, simul tamen laetitiam miscet, dum flendi causam negat, quia resurrexerit Christus.* Wie unverständig ist doch dieses Weinen! Das Grab ist ja leer! Wenn das Grab den Herrn noch in sich bärge, welcher da hineingelegt ward, dann dürfte, dann müsste sie weinen in Ewigkeit und Niemand könnte ihr die Thränen aus dem Auge wischen! Sie weint, wo nichts mehr zu beweinen ist, wo alles Weinen und Heulen in eine Freude verkehrt ist, welche Niemand von ihr nehmen kann. Aber wie oft ergeht es uns nicht ebenso? Unsere Augen sind gehalten, unser Herz verwirrt: wir machen uns selbst nur Herzeleid mit unsren eignen Gedanken. Wenn wir nur merken wollten auf Gottes Wort, wie viel weniger würden wir klagen und weinen. Die Engel hätten allen Grund, die Maria ernstlich zurechtzuweisen und zu schelten. Wie oft hat, von den Weissagungen der Schrift ganz abgesehen, der Mann, der hier im Grabe gelegen hat, von seinem Auferstehen geredet! Das Alles war umsonst geredet: nicht ein Mal die Entleerung des Grabes ruft eine schwache Erinnerung wach! Aber sie haben Mitleid mit der Schwachheit, sie mögen an diesem Festtage kein scharfes Gericht halten. *Angeli lacrymas prohibebant,* sagt Augustinus; *ubi quid aliud quam futurum quodammodo gaudium nuntiabant? Ita enim dixerunt: quid ploras? ac si dicerent: noli plorare. At illa eos putans interrogasse nescientes, causas prodit lacrymarum.*

Maria Magdalena spricht zu den Engeln: ἦραν τὸν κύριόν μου καὶ οὐκ οἶδα, ποῦ ἔϑηκαν αὐτόν. Meyer will das diese Worte einleitende ὅτι gleich weil fassen, mir aber gefällt wie auch Hengstenberg ein ὅτι *recitativum* an diesem Orte besser. Es ist diess nicht bloss das Einfachste stylistisch betrachtet, denn Meyer muss κλαίω vor ὅτι ergänzen, so aber braucht nichts hinzugedacht zu werden, sondern auch das dem Affekte der Red- nerin Angemessenste. Je grösser der Affekt ist, desto weniger mag man einen Grund angeben, warum man das und jenes thut; man sagt da am Liebsten weiter nichts, als: das thue ich! und damit ist es gut. Immer noch hat Maria ihren ersten Gedanken, ihre vorgefasste Meinung nicht aufgegeben: nicht rechthaberisch, wie das so oft gegen besseres Wissen und Gewissen geschieht, beharrt sie darauf, sie ist vielmehr so dahinein verrannt, dass sie beim besten Willen nicht davon loskommen kann. Ver- gebens hat sie in dem Grabe Alles in schönster Ordnung gefunden, ver- gebens hat sie Gottes Engel darin geschaut: sie ist von ihren eigenen Gedanken so eingenommen, so besessen, dass sie jetzt noch derselben Meinung ist, wie im Anfang, da sie nur den abgewälzten Stein erblickt hatte, ἦραν τὸν κύριόν μου. Wer eingedrungen ist in das Grab, sagt sie nicht: sie, die in ihrer Verwirrung nicht glaubt, dass die Engel wüssten, warum sie weinet, setzt jetzt auf ein Mal voraus, dass sie ihre geheimsten Gedanken errathen können. Sie redet von dem, was ihre Seele so tief bewegt und ganz erfüllt, als müssten es Alle schon wissen, wie es die Redeweise des tiefsten Schmerzes ist. Die Juden, die Feinde Christi, sind in's Grab eingebrochen und haben die Leiche weggenommen, verbracht, geraubt! Sie redet nicht von dem σῶμα τοῦ Ἰησοῦ, wie der Evangelist sich in dem vorhergehenden Verse ausgedrückt hat, um hier das τὸν κύριόν μου der Maria recht in's Licht zu stellen. Augustinus, Gregorius u. A. treffen mit der Bemerkung nicht den Nagel auf den Kopf, dass hier *pars* stehe *pro toto.* Besser sagt schon Gerhard: *observanda autem verborum emphasis, Christum, quem iudicabat adhuc mortuum, vocat dominum suum, quae est fidei et dilectionis particula, si quidem per fidem Christum et ipsius beneficia omnibus communia nobis appropriamus. Sic Thomas Joh. 20, 28: dominus meus et Deus meus. Sic Paulus Gal. 2, 20: Christus dilexit me et dedit se ipsum pro me. Cum Maria Magdalena cum apostolis de Christo loqueretur, in genere dicit: tulerunt dominum, quia et illi Christum agnoscebant dominum: hic vero cum angelis, quibus Christum ignotum fuisse putabat, de eo collocuta, suum appellat dominum, quo ipso affectum suum erga Christum declarat et iustam luctus sui causam manifestat. At, o Maria si dominum credis et dominum tuum, quomodo arbitraris, ab hominibus sublatum?* Ihren Herrn, dem sie als treue Magd gedient hat, nachdem er sie aus der Gewalt der sieben Geister erlöst hatte, ihr Eins und Alles haben sie hinweggetragen. Und was das Bitterste ist, sie weiss nicht, wo sie ihn hingelegt haben. Wenn sie das nur wüsste, wie viel gäbe sie darum: jetzt weint sie an dem leeren Grabe ihre bittersten Thränen, wüsste sie, wohin er gebettet ist, und könnte sie zu seiner Grabstätte gelangen, milder würden ihre Thränen, sanfter ihr Schmerz! Der Gedanke, dass die bösen Menschen ihren Herrn behalten und sein Grab besitzen sollen, ist ihr ebenso unerträglich. Gut sagt Augustinus: *haec erat causa maior doloris, quia nesciebat, quo iret ad consolandum dolorem. Sed hora iam venerat, qua id, quod nuntiatum quodammodo fuerat ab angelis flere prohibentibus, gaudium succederet fletibus.* Trösten kann die Trostlose nicht die Theilnahme der Engel, welche nur fragen: γύναι, τί κλαίεις; und nicht sagen können: ποῦ ἔϑηκαν αὐτόν, noch viel weniger das kalte, leere Grab. Sie hat für die Gottesboten im Grabe kein Auge, kein Interesse; sie wendet sich von ihnen ab, denn sie sucht nicht die dienstbaren Geister des Herrn, sondern den Herrn selbst. Der Evangelist berichtet: ταῦτα εἰποῦσα ἐστράφη, εἰς τὸ ὀπίσω. Von den Engeln wendet sie sich ab: sie kehrt diesen himmlischen Wesen ohne alle Umstände den Rücken! Wie kommt sie dazu, die Ehrfurcht, welche man Gottes Geistern schuldig ist, so ausser Acht zu lassen? Chrysostomus, Theophylaktus, Euthymius. Zigabenus lassen sie sich umdrehen, weil die Engel ihr ein Zeichen geben, dass der Auferstandene in Sicht sei. Theophylaktus schreibt: ἔοικεν οὖν, ἐν ὅσῳ αὕτη τοῖς ἀγγέλοις ὡμίλει, ὁ Ἰησοῦς ἐπιστὰς ὄπισθεν αὐτῆς ἐκπλῆξαι αὐτούς, κἀκείνους ϑεασαμένους δεσπότην καὶ τῷ σχήματι καὶ τῷ κινήματι καὶ τῷ βλέμματι ἐμφῆναι εὐθέως, ὅτι τὸν κύριον εἶδον καὶ τοῦτο τὴν γυναῖκα ἰδοῦσαν ἐπιστραφῆναι εἰς τὰ ὀπίσω. Τοῖς μὲν ἀγγέλοις τυχὸν ἐν ἐκπλήττοντι σχήματι ἐφάνη, τῇ δὲ Μαρίᾳ οὐκέτι, ἀλλ᾿ ἐν εὐτελεῖ, καὶ κοινῷ. Gerson, Chemnitz, Gerhard und einige Aeltere theilen noch diese Ansicht, nach ihnen haben die Engel sich von ihren Sitzen sogar schleunigst erhoben. Der Text weiss davon nichts. Maria wandte sich aus freien Stücken, *ex motu proprio* um. Lampe hielt möglich, dass sie ein Geräusch hinter sich gehört habe: diesen hingeworfenen Gedanken haben Kühnöl, Lücke, de Wette, Baumgarten-Crusius dankbar aufgegriffen. Jesus, der eben herantritt, soll dieses Geräusch machen: allein wir können Luthardt nur in seinem Proteste beipflichten. Der Herr, welcher durch verschlossene Thüren hindurchging, ohne dass man ein Geräusch vernahm, sondern sein Eingetretensein erst aus seinem Grusse: Friede sei mit euch! inne ward, kann unmöglich mit Geräusch herangetreten sein. Lampe kennt noch einen andern Grund. *Simplicius tamen est, Mariam inquieto inveniendi corporis Jesu desiderio permotam, cum monumentum deprehendisset evacuatum, aliorsum flexisse faciem.* Bengel tritt dem bei: *non attendit, quis quid in sepulcro loqueretur. Jesum quaerit.* So auch Tholuck, Hengstenberg, Luthardt, Godet, Ammon u. A. Sie hat keine Ruhe, bis dass sie ihren Herrn gefunden: sie wendet sich εἰς τὰ ὀπίσω, rückwärts, also von dem Grab, das in den Felsen gehauen war, nicht zur Seite, denn da starrte der Fels vor ihr, sondern hinter sich, dem Garten zu. Und siehe, die unruhige Magnetnadel hat den Pol gefunden, ohne es zu ahnen, geschweige denn zu wissen. *Καὶ θεωρεῖ τὸν Ἰησοῦν ἑστῶτα καὶ οὐκ ᾔδει, ὅτι Ἰησοῦς ἐστίν.* Sie erblickt nicht, nein, sie schaut deutlich, in vollen Umrissen, den ruhig vor ihr stehenden Jesus, denn das liegt in dem *θεωρεῖ*, welches Johannes hier wieder wie V. 6 und 12 im Unterschiede zu *βλέπει* V. 1 und *εἶδεν* V. 8 gebraucht. Damit ist unverträglich, was Baumgarten-Crusius und Stier von einem halben Sehen, von einem flüchtigen, nur streifenden Blicke hier reden. Sie schaut den ihr zugewandt stehenden Heiland, denn so ist die Situation zu denken, da derselbe sie sofort anredet, ohne sich erst drehen, ihr erst zuwenden zu müssen, und weiss nicht, dass es Jesus ist. Wie kommt es, dass sie ihren Herrn nicht erkennt? *Quaeri potest, unde hallucinatio haec, quod Jesum Maria non agnoscit, qui plus familiariter notus illi esse debebat.* Calvin findet die Ursache dieses Nichterkennens in der Maria. Aber er nimmt nicht zu dem thränenfeuchten, trübgeweinten Auge derselben seine Zuflucht, sondern denkt, wie Ammonius schon gethan hatte, an ein Gehaltenwerden derselben. *Ego in mulierum oculis potius vitium fuisse existimo: quem ad modum de duobus discipulis habetur apud Lucam* (24, 16). Gerhard stimmt ihm zu: er meint in dem Texte selbst einen Anhalt zu besitzen: *haec posterior sententia videtur verbis evangelistae magis congrua, dicitur enim Maria Magdalena δοκοῦσα, ὅτι ὁ κηπουρός ἐστι, ergo non in sua forma, sed in animo et oculis Mariae Magdalenae Christus erat hortulanus.* So noch Grotius. Allein unser Evangelist weiss Nichts von einem solchen geheimnissvollen, gottgeordneten Gehaltenwerden: wir lassen es desshalb fallen. Die meisten Ausleger — ich verweise nur auf Lampe, Kühnöl, Lange — verbinden mit jenem subjektiven Hindernisse des Erkennens noch ein objektives: das Aussehen dessen, welcher der Maria erscheint, ist ein anderes wie sonst. Hat ihn, worauf Lücke und Tholuck in Gesellschaft von Paulus gekommen sind, das Todesleiden so entstellt, sind seine Züge so durchfurcht und durchgraben? Soll aber nicht gerade das Bild des Sterbenden und Verstorbenen sich tief ihr eingeprägt haben? Oder ist die Verklärung seines Leibes, was Euthymius schon angegeben hat und neuerdings Meyer, Godet, Hengstenberg u. A. wieder vertreten, der wahre Grund? Da aber Johannes von dieser *ἑτέρᾳ μορφῇ* (Mark. 16, 12) hier schweigt, so möchte ich dieselbe auch nicht zur Erklärung heranziehen, wie sie denn überhaupt hier ganz und gar nichts dazu beitragen kann. Denn die Gestalt, in welcher der Auferstandene der Magdalenerin erschien, hatte so wenig Himmlisches und Hehres, Strahlendes und Majestätisches an sich, dass sie ihn ja für einen blossen Gärtner hielt, und die Gestalt, welche dem verklärten Leibe Christi eignete, war doch auch eine solche, dass ein Jeder, welcher nur sehen wollte, von der Identität der Person sich überzeugen konnte. Wir bleiben daher bei der ganz natürlichen Erklärung stehen: in fremder, ungewöhnlicher Kleidung steht der, welchen Maria noch bei den Todten sucht, vor ihr! Die reichen Thränen, welche sie vergossen hat und noch vergiesst, und noch mehr die Sinne und Gedanken ihres Herzens, dass Jesus todt sei und nimmer in das Leben zurückkehre, halten ihre Augen.

Mit einer Frage wendet sich Jesus an Maria Magdalena; es ist ganz dieselbe Frage, welche die Engel an sie schon gestellt haben: *γύναι, τί κλαίεις.* Es wird in diesen Worten darum auch ganz dasselbe liegen, was in jenen Engelsworten lag — herzliches Mitleid, aber auch ein freundlicher Vorwurf. Nicht aus Unwissenheit forscht der Auferstandene nach dem

Grunde der Thränen: ich glaube auch nicht, dass Lampe das Richtige getroffen hat, wenn er hier ein Zeichen der alten Familiarität, der früheren Vertraulichkeit findet *(ita sunt concepta [sc. haec verba], tanquam ab ignoto et ignorante, quid rerum hic gereretur, ad ignotam profecta essent. Sed hoc ipso indicat blandam familiaritatem, qua amicos suos ante mortem tractaverat et nunc tractare pergebat. Eadem ratione luserat cum Emmauntinis. Luc. 24, 17—22).* Allein jene Fragen, mit welchen er bei den beiden traurigen Wanderern anknüpft, haben einen anderen Zweck, als den Fortbestand seiner treuen Liebe zu bezeugen; er will offenbar durch sie ihre Herzen sich öffnen, sie sollen ihm ihren Schmerz ausströmen, dass er ihre Herzen dann füllen kann mit dem Troste seiner Unterweisung in dem Wunderrathe Gottes. So wird es wohl auch hier liegen. Anbinden will Jesus durch diese Frage mit der bekümmerten Magdalena: sie soll Vertrauen zu ihm fassen, ihr Herzeleid ihm klagen, seelsorgerlich vorbereitet werden auf seine Offenbarung. Gut erinnert Gerhard, welchem Lampe nachfolgt, daran, das τί κλαίεις die ersten Worte sind, welche aus dem Herzen und über die Lippen dessen gekommen sind, welcher durch seine Auferstehung von den Todten eingegangen ist in seine Herrlichkeit. Der Auferstandene wendet, indem er mit Maria Magdalena redet, sein Angesicht dem ganzen Menschengeschlechte zu und fragt dasselbe: τί κλαίεις; Warum weinst du? Du hast jetzt keinen Grund zu weinen! Die Scene hier hat in dem Neuen Testamente eine Parallele, ein Gegenbild. Johannes weinte sehr, dass Niemand würdig erfunden ward, das Buch aufzuthun und zu lesen, noch drein zu sehen. Da sprach einer von den Aeltesten: μὴ κλαῖε· ἰδοὶ ἐνίκησεν ὁ λέων ὁ ὢν ἐκ τῆς φυλῆς Ἰουδά, ἡ ῥίζα Δαβίδ. Apok. 5, 5. Dort handelte es sich um das Lösen der Siegel, die auf dem Buche der Zukunft lagen: hier aber um das Lösen der Siegel, welche auf das Menschengeschlecht Sünde, Tod und Hölle gelegt hatten! Gut sagt Gerhard: *porro cum haec sit prima vox Christi ex mortuis resuscitati, ideo imis sensibus atque animis reponenda est. Significat enim resurrectionem suam omnes lacrimas ab oculis nostris abstergere. Quid ploras? inquit, ego resurrexi, non audiatur vox fletus, cum parta sit aeternae laetitiae materia.* Doch Jesus fragt weiter. Die Engel hatten nur eine Frage: wollten sie ihrem Herrn nicht vorgreifen, oder waren sie so in Anbetung in dem Grabe versunken, dass sie die fliegende Unruhe, die brennende Ungeduld des armen Weibes nicht bemerkten, welches den suchte, den ihre Seele liebte? Was die Engel nicht bemerkten oder nicht bemerken wollten, das übersieht der Herr nicht. Er erkennt in ihr eine suchende, eine mit Schmerzen, mit heissen Thränen suchende Seele: τίνα ζητεῖς, fragt er weiter. Er weiss, wen sie sucht, sie sucht ihn, der sie so freundlich fragt, denn Ammon irrt sich vollständig, wenn er den Heiland in gebieterischer Kürze diese Fragen stellen lässt. Die Kürze dieser Fragen passt zu der Gemüthsstimmung des Weibes: auf lange Fragen hätte sie nicht gehört, geschweige denn Antwort gegeben, und von einem barschen, befehlshaberischen Ton ist in diesen Fragen auch ganz und gar nichts. Maria hätte dem Manne, der mit rauhem Worte ihr wehren wollte, in dem Garten zu weinen und nach dem Verlorenen zu suchen, in tiefster Seele verletzt, schweigend den Rücken gewandt. Die freundliche Frage: τίνα ζητεῖς verspricht dem suchenden Weibe, dass dieser Mensch, welcher ein so scharfes Auge, ein so tiefes Verständniss für ihre Herzens- und Leibesbewegung besitzt, ihr nicht im

Wege steht bei ihrem Vorhaben, dass er im Gegentheil, wenn er im Stande ist, Auskunft zu ertheilen, sie gern ertheilt, und wenn er Zeit hat, am Ende selbst ihr suchen hilft nach dem Verlorenen.

Der, welchen Maria Magdalena unter den Todten sucht, steht im frischesten Leben vor ihr, der, welcher so manches Wort in unvergesslicher, gesegneter Stunde ihr in das tiefste Herz hineingesprochen hat, redet wieder mit ihr: und sie erkennt weder seine Gestalt noch seine Stimme. Sie ist des Glaubens, ὅτι ὁ κηπουρός ἐστιν. Für einen Gärtner hält sie den Herrn: wir überlassen es den Alten, diesen κηπουρός allegorisch aus-zubeuten. Sie haben es mit Vorliebe und, wir dürfen auch sagen, meist mit Geschmack gethan. Entweder richten sie dabei ihre Sinne und Ge-danken in das Weite — aus einem Garten, aus dem Paradiesgarten ward in Adam das ganze menschliche Geschlecht hinausgestossen: hier ist der Gärtner, welcher einen Gottesgarten wieder in dieser von dem Fluche der Sünde getroffenen Welt angelegt hat und herumgeht, um in dieses wieder-gebrachte Paradies das menschliche Geschlecht einzuführen, dass es darin wohne: oder sie denken an die einzelne Seele, welche dieser himmlische Gärtner zarten Pflanzen gleich in seinen Garten hineinträgt, um sie dort zu pflegen, dass sie köstlich erblühen und herrliche Frucht tragen. Gregor M.: *forsitan nec errando haec mulier erravit, quae Jesum hortulanum credidit. An non ei spiritualiter hortulanus erat, qui in eius pectore per amoris sui semina virtutum virentia plantabat?* Wir sind von solchem Allegorisiren keine allzu grossen Freunde: wir haben mit dem Text schon genug zu schaffen und finden in dem Verständnisse desselben unsere Erbauung. Maria Magdalena glaubt, dass ὁ κηπουρός vor ihr stehe: der Artikel ist bedeutsam. Bengel macht schon darauf aufmerksam: *articulus indicat, magnum fuisse hortum, qui non posset esse sine hortulano.* Das ist richtig: nicht einen beliebigen, zufällig hierhergerathenen Gärtner vermuthet sie in dem freundlichen Menschen, sondern den, welcher zu diesem Garten gehört, welcher. hier ein Recht und eine Pflicht hat zu sein. Joseph von Arimathäa, welchen Matthäus 27, 57 als einen ἄνθρωπος πλούσιος beschreibt, wird durch diesen Gärtner in seinem Garten auch von Johannes nachträglich als ein wohlhabender Mann anerkannt und das Grundstück, welches er dort in der Nähe von Golgotha besass, muss ein grosser Garten gewesen sein: warum hätte er sonst für denselben einen besonderen Gärtner sich halten sollen? Wie aber Maria Magdalena darauf kam, in diesem fremden Manne den Gärtner zu erblicken, ist eine lange schon ventilirte Frage. Hieronymus weist in dem so sehr lehrreichen Briefe an Hedibia nachdrück-lich die Meinung der Manichäer ab, welche dem Auferstandenen eine neue Proteusnatur andichteten, kraft welcher er sich im Handumdrehen bald in dieser, bald in jener Gestalt habe zeigen können. *Non quod iuxta Mani-chaeum,* schreibt er, *et alios haereticos formam dominus vultumque mutasset, ut pro voluntate diversus et varius videretur: sed quod Maria stupefacta miraculo hortulanum putaret, quem tanto studio requirebat.* Bedenklich streifen gelegentlich orthodoxe Väter auch an diese doketische Auffassung heran, wie Chrysostomus, wenn er den Auferstandenen den Engeln im Grabe in seiner ganzen Herrlichkeit und in demselbigen Augenblicke der Maria in voller Niedrigkeit und Knechtsgestalt erscheinen lässt. Eine Anzahl neuerer Ausleger erklärt die Vermuthung der Maria höchst natürlich. Paulus, Kühnöl u. A., welchen Meyer aus argem Versehen Olshausen zurechnet, sagen, der Herr, welcher in dem Grabe zum Wahrzeichen seiner Auferstehung die Binden und Leintücher zurückgelassen habe, sei in Gärtnerskleidern, welche er sich aus irgend einem Gartenhäuschen in der Nähe genommen, umhergegangen: er müsse doch irgendwoher seine Bekleidung sich geholt haben. Hug lässt ihn nicht nach fremdem Eigenthum seine Hand ausstrecken, sondern behauptet, dass die Feldarbeiter nur ein Tuch um die Lenden geschlungen hätten und mit solch einem Lendentuche sei Jesus gekreuzigt worden, er habe dasselbe noch von daher um sich gehabt. Wir haben Bd. 2, 218 schon ausgeführt, dass es mit solch einem Lendentuche bei den Feldarbeitern und bei den Gekreuzigten nichts ist: und wen unsere Ausführungen noch nicht überzeugt haben, dem geben wir zu bedenken, dass jenes Lendentuch hätte entfernt werden müssen, als man den Leib des Gekreuzigten in reine Leinwand einwickelte. Tholuck hat sich Hug angeschlossen, ich kann nicht desgleichen thun, kann aber auch ebenso wenig Paulus und Kühnöl beitreten. Daran, dass Jesus bekleidet vor seiner Jüngerin stand, kann kein vernünftiger Mensch zweifeln: dass seine Kleidung aber gerade das Habit eines Gärtners gewesen sei, ist sehr zweifelhaft. Es sind ja noch die Osterfeiertage: allerdings nicht mehr der Sabbath, aber die Tage der ganzen Osterwoche hatten einen festlichen Charakter, schwerlich steckt da Josephs Gärtner wieder im Arbeitsanzug. Olshausen bemerkt: „auf solche Frage: woher Christus die nöthigen Gewänder habe bekommen können? wie er mit den durchbohrten Füssen zu gehen vermochte? kommt man nur, wenn man ihn mit dem sterblichen Leibe wieder erstehen lässt. Nach unserer Auffassung gehört auf solche Fragen ebenso wenig eine Antwort, als auf die analoge: woher die Engel ihre weissen Kleider hatten?" Ebenso sprechen sich aus Hengstenberg, Luthardt, Godet, Lange u. A. Dass Maria Magdalena in dem Unbekannten den Gärtner des reichen Joseph vermuthete, hing nicht mit seiner Bekleidung zusammen, sondern wird dadurch motivirt, dass sie hier in dieser immer noch frühen Morgenstunde keinen anderen Menschen zu sehen erwarten durfte: an einem anderen Orte hätte sie ihn für einen solchen gehalten, welcher dort *ex officio* zu thun hatte. So Meyer, Olshausen, Baumgarten-Crusius, Luthardt, Hengstenberg u. A.

Maria Magdalena, welche den Engeln nur ihr Leid geklagt hatte, dass man den Leib ihres Herrn hinweggenommen habe und sie nicht wisse, wohin er gelegt worden sei, spricht zu dem vermeintlichen Gärtner aus einem ganz anderen Tone. Sie hat das Gefühl, dass er ihr helfen könne und helfen wolle, sie spricht mit sichtlichem Zutrauen und Vertrauen zu ihm: κύριε, εἰ σὺ ἐβάστασας αὐτόν, εἰπέ μοι, ποῦ ἔθηκας αὐτόν κἀγὼ αὐτὸν ἀρῶ. Mit κύριε redet sie den fremden Mann an. Sie gibt ihm Ehre, viel Ehre! Bengel's Schluss *(quum sic olitorem appellat, ipsa tenui conditione fuisse videtur)* ist nicht ganz richtig: sie begrüsst nicht um desswillen den Gärtner mit κύριε, weil sie eine so geringe Person ist, die einen Gärtner schon als einen hohen Herrn anerkennt, sondern um desswillen, weil sie eine Bitte auf dem Herzen hat, welche sich auf das Theuerste bezieht, das sie auf Erden hat, und sie auf seine guten Dienste dabei rechnet. Gerhard sagt: *porro quod Maria eum, quem putat esse hortulanum, vocat κύριον, dominum, id civilitatis argumentum est, qua benevolentiam sibi parat, ut corpus Christi ab eo impetrare posset: sed singulari Dei providentia factum, ut compellaret eum Dominum, cui post resurrectionem coeli et terrae dominium a patre datum.* Lampe nimmt das auf: besser aber spricht doch Hengstenberg: „Die über den Stand des Gärtners hinausgreifende Anrede χύριε erklärt sich daraus, dass sie in Bezug auf ihr Theuerstes von ihm glaubte abhängig zu sein." Uebrigens war die Anrede χύριε nicht so ungewöhnlich, als man gewöhnlich annimmt. Calvin bemerkt: *dominum appellat communi gentis suae usu: nam agricolas quoque et alios ignobiles homines Hebraei dominos salutant.* Ob es bei den Hebräern wirklich so ganz allgemein üblich war, möchte ich bezweifeln: bei den Römern ist es aber nachweislich, denn Seneca schreibt ep. 1, 3, 1: *itaque sic priore illo verbo quasi publico usus es et sic illum amicum vocasti, quomodo omnes candidatos bonos viros dicimus, quomodo obvios, si nomen non succurrit, dominos salutamus.* Maria Magdalena scheint durch die Gegenwart der Engel in dem Grabe, sowie durch den Herzutritt und die freundliche Ansprache des vermeintlichen Gärtners in ihrer Voraussetzung, dass feindselige Juden den Leib Jesu geraubt hätten, stark erschüttert zu sein: zu dem Glauben, dass Christus auferstanden sei, kann sie sich freilich noch nicht aufschwingen, sie erhebt sich nur zu der Vermuthung, dass befreundete Hände aus ihr verborgenen Gründen das Grab in Josephs Garten geleert haben. *Videmus autem Mariam*, sagt Calvin, *nihil adhuc nisi terrestre sapere. Christi tantum cadaver nancissi cupit, ut sepulcro reconditum teneat: quod vero praecipuum est, omittit, ut aspiret ad divinam resurrectionis eius virtutem. Quare non mirum est, si tam crassus affectus velum opponat eius oculis.* Sie bittet: εἰ σὺ ἐβάστασας αἰτόν, εἰπέ μοι, ποῦ ἔθηκας αὐτόν. Sie hält den Fall für möglich, dass Joseph durch seinen Gärtner den Leib des Herrn in Sicherheit gebracht habe, denn dass die Fortschaffung des Leichnams aus treuer Liebe geschehen ist und durchaus nicht in der Absicht, denselben an irgend einem profanen Orte verwesen zu lassen, setzt sie voraus, wie ihre Schlussworte: κἀγὼ ἀρῶ αὐτόν verrathen. Die Befürchtung, dass die Hohenpriester und Obersten der Juden den Leib mit List oder Gewalt aus dem Grabe in Josephs Garten wegholen würden, damit derselbe noch beschimpft werde und kein Kultus des Verstorbenen aufkomme, lag nicht so sehr fern. Nachdrucksvoll ist σύ gesetzt: ἐβάστασας soll sicher heissen: fortgetragen hast. Bei Josephus kommt βαστάζειν, wie Kypke nachgewiesen hat, vielfach in diesem Sinne von *tollere, aufferre* vor, cf. ant. 7, 11, 7: βαστάσας δὲ αὐτὴν ἀπὸ τῆς γῆς und daselbst nochmals: βαστάσας ἐκεῖθεν ὁ φύλαξ καὶ κομίσας εἴς τι χωρίον ἀπωτάτω τῆς ὁδοῦ; 3, 8, 7: βαστάζοντες τὰ σώματα καὶ κομίσαντες τῆς παρεμβολῆς ἔξω; 10, 4, 5: οὐ μὴν ἀλλὰ καὶ τοῖς βασιλευομένοις ἐφεστῶτα ἅρματα, ἃ κατεσκεύασαν οἱ πρόγονοι, καὶ εἴ τι ἄλλο τοιοῦτον ἦν, ᾧ προςεκίνουν ὡς θεῷ, ἐβάστασε. Wer weggenommen ist, sagt Maria nicht: sie setzt in ihrer Verwirrung nicht voraus, dass der Gärtner ihre Worte an die Engel vernommen hat, was Meyer angiebt, sondern was auch Weiss anmerkt, dass er recht gut schon weiss, wer es ist, den sie so hitzig sucht. Gut schreibt Gerhard dazu: *non addit determinate, si tu sustulisti Jesum Nazarenum crucifixum, est enim mos ferventer amantium aestimare, quod omnes cogitent de eo, quod corde habent, ait Lyra.* Besser noch als Lyra sagt Gregorius: *quasi enim iam dixisset, ex cuius desiderio plangeret, eum dicit, quem non dixerat. Sed vis amoris hoc agere solet in animo, ut, quem ipse semper cogitat, nullum alium ignorare credat.* Wissen möchte sie, wo der Gärtner die theure Leiche hingelegt hat, um hinzugehen und sie wegtragen an einen ganz sichern Ort, wo sie die Grabeswacht dann halten will, so lange noch ein Odem des Lebens in ihr ist. Sie gönnt den todten Herrn keinem Anderen, sie möchte mit seiner Leiche aus Jerusalem, wo seine Feinde herrschen, in irgend einen stillen Versteck flüchten. Niemand hat diese Worte besser ausgelegt als Luther: „Da sie des Herrn Christi, als des Gärtners gewahr wird, denkt sie nicht weiter, glotzt ihn an und meint, alle Welt sei mit ihr gleichgesinnt und hebt schlechts zu ihm an: sage mir, wo hast du ihn hingelegt? Sie möchte ihm doch vorher einen guten Morgen gewünscht haben. Der that sie keines, dachte auch nicht, dass er sie fragen möchte, was sie wollte oder von wem sie sagt. Und das noch mehr ist, sprach sie: wo hast du ihn hingelegt? sag' mir's, so will ich ihn holen! O ja, ein schön Holen sollte das sein! Ein Weib will einen todten Körper tragen! Also ist auch ein jeglich christlich Herz geschickt, welches Christum wahrhaftig lieb hat, dass es sich dünken lässt, es sei ihm alles möglich, was es nur gedenkt. Die irdische Liebe thut auch also: ein Jeder, der drin steckt, lässt sich dünken, er wolle mehr thun, denn er kann. Darum ist diese Maria ein fein Vorbild aller derer, die an Christo hangen, dass ihr Herz in lauter rechtschaffener Liebe gegen Christo entbrannt sein soll. Denn sie vergisst alles ihrer weiblichen Sitten und Person, lässt sich nichts anfechten, dass sie die zwei Engel vor sich sieht; gedenkt auch nicht, dass Hannas und Kaiphas feindlich zürnen. Summa, sie sieht nichts, sie hört nichts, weiss auch nicht, was sie redet, so gar haben die Gedanken von dem lieben Christo ihr Herz eingenommen und gefangen. Wenn sie nur den verstorbenen Christum finden möchte, so hätte sie Genüge, der Herr hatte sieben Teufel von ihr ausgetrieben, darum konnte sie solcher grossen Wohlthat nicht vergessen. — O, dass auch wir ein solch Herz sollten haben, so wollten wir wohl andere Leute sein! Aber wir bleiben immer in Einem, heute kalt, morgen viel kälter, und sind also heillose, verdrossene Leute. Und dennoch, was für Wohlthaten empfangen wir noch täglich von ihm! Das Evangelium aber zeigt uns an, dass Maria den Herrn Jesum lieb gehabt hat nicht um seiner Person, noch um seiner leiblichen Gegenwart willen allein; sondern sei an seinem Munde gehangen und habe seiner Rede zugehört. Dasselbe Wort, das sie von ihm gehört hat, ist das Feuer gewesen ihrer Liebe, davon sie in ihrem Herzen gebrannt hat. So sollte nun das Feuer in unserm Herzen viel grösser sein, denn es in Maria gewesen ist; denn wir hören jetzt seine Rede viel reichlicher und klarer, denn sie gehört hat. Und sollte ein christlich Herz also geschickt sein, dass es sich lasse dünken, es wisse sonst von nichts mehr, denn allein von Christo. Von einem solchen Herzen wird der Teufel weit genug sein. Aber die heiligen Engel und der Herr Christus selbst werden nahe dabei sein, wie wir denn in dieser Maria sehen."

„Da sie also brennt," fährt Luther fort, „ruft ihr Jesus bei Namen und spricht: Maria! Der Herr hat seine gewöhnliche Stimme gehen lassen, die den Jüngern und Weibern, die um ihn waren, am Bekanntesten war: wie denn die gewöhnliche Stimme aus der Massen übel zu verbergen ist." Allein wir werden doch bei dieser gewöhnlichen, natürlichen Stimme nicht stehen bleiben dürfen: sie erklärt die Erkennung Christi nicht vollständig. Hat denn Jesus vorher nicht mit seiner gewöhnlichen, natürlichen Stimme zu ihr gesagt: Weib, was weinest du? Wen suchest du? Sollte er seine gewöhnliche, natürliche Stimme bei diesen Fragen zurückgehalten und in angenommener, künstlich bereiteter Stimme gesprochen haben? Wer es annehmen will, mag es annehmen, aber er frage sich ernstlich, ob eine solche Verstellung, ein solch falsches, schauspielerartiges Wesen dem Erlöser geziemt? Ich sage ohne Bedenken: es ist anstössig, unwürdig. Mit seiner gewöhnlichen, natürlichen Stimme hat Christus schon vorher gesprochen, aber seine Stimme öffnet jetzt der Maria erst die Augen, weil er sein ganzes, volles Herz in dieselbe hineinlegt, damit sie dem armen Weibe, das wohl Augen hat, aber doch keine Augen, um ihn zu sehen, der von den Todten auferstanden ist, zu Herzen gehe, und er sich so nicht ihren Sinnen, sondern ihrem Herzen, ihrem inwendigen Menschen bezeuge und zu erkennen gebe. Nicht übel sagt Lampe: *medium illuminationis est consuetum nomen Maria sono blando, cui aures piae mulieris in conversatione cum Jesu iam adsuetae erant, prolatum. Ita solemus, quem ex profundo somno suscitare, aut de perspicuo errore amice submonere aut amoris nostrae certiorem facere volumus, nomine suo nuncupare. Christus oves suas compellat nomine suo, ut documentum det, quam accurate eas cognoscat et in recensito habeat, cf. 10, 3. Verbum hoc occulta vis spiritus Christi comitatur, quae omnes tenebras inscitiae, tristitiae et incredulitatis uno ictu dispellit.* Wie oft mag Jesus diese seine Jüngerin bei Namen gerufen haben? Alle jene Gnadenstunden treten mit diesem Rufe: Maria! wieder lebhaft vor ihre Seele. Es ist die alte, liebe Stimme, deren Ton wie eine himmlische Musik in dem Ohre klingt und das Herz in seinen unergründlichen Tiefen erregt und bewegt. Es ist die Stimme, welche die sieben Teufel aus ihr ausgetrieben und die Geheimnisse des Reiches der Gnade ihr geoffenbart hat: diese Stimme hat einen so eigenthümlichen Klang, wie keines anderen Menschen Stimme: nur Einer, nur Jesus, ihr Herr, kann so sprechen. Sie hat nach dem lauten Tone dieser Stimme sich gesehnt in diesen schweren, schweren Tagen, er hat leise fortgeklungen auf allen Saiten ihres zarten, tiefbewegten Herzens: diese Stimme, welche sie nie wieder in diesem Leben zu hören glaubte, tönt jetzt wieder und zwar aus nächster Nähe in ihre Ohren und ergreift ihr Herz. Welche Tonfarbe der Stimme Jesu eignete, wissen wir nicht: das aber dürfen wir wohl behaupten, dass, wenn es anders Stimmen gibt — und dieses steht ja ausser allem Zweifel und mancher Diener am Worte ist durch Gottes Gnade mit einer solchen ausgerüstet gewesen —, welche das Ohr für sich unwillkürlich einnehmen und sympathisch das Herz berühren und bewegen und so eine ganz unwiderstehliche Gewalt ausüben, den ganzen Menschen hinreissen, so muss der Sohn Gottes, erschienen in unserem Fleische, eine solche besessen haben, holdselig müssen seine Lippen gewesen sein. Aber dieses Maria! wenn auch *vultu et accento solito*, wie Bengel sich ausdrückt, gerufen, hat jetzt doch einen ganz besonderen Nachdruck, eine ganz besondere Bedeutung, einen ganz besonderen Ton. Jesus will sich jetzt dem Weibe, das ihn noch fortwährend unter den Todten sucht, als den zu erkennen geben, welcher von den Todten auferstanden ist, als der Lebendige von Ewigkeit zu Ewigkeit: früher erkannte sie ihn schon von ferne, jetzt hat sie seine Nähe nicht ein Mal geahnt und empfunden, ihn nicht ein Mal an seiner Stimme bei der Frage: Weib, was weinest du? wen suchest du? wieder erkannt. Jetzt muss er alle Mittel in Bewegung setzen, alle Kraft zusammennehmen, damit seine Stimme siegreich durch alle Hindernisse, welche der Wahnglaube, dass er todt sei und eine Beute des Todes bleibe, in den Weg gelegt hat, hindurchdringe. Alle ihre Zweifel, ihren ganzen festsitzenden Unglauben will der

Auferstandene durch sein Wort, durch diesen einzigen Ruf: Maria! nieder-
schlagen: da gilt es zu reden so stark, so kräftig, so durchdringend und
herzbewegend, wie noch nie! Und ganz die alte Stimme kann es auch
um desswillen nicht mehr sein, weil Maria, welche durch diese Stimme aus
ihren schweren Träumen, aus der Charfreitagsfinsterniss erweckt werden
soll, noch nie in solchem Kleinglauben, ja Unglauben dem Herrn gegenüber
gestanden hat. Die Stimme Jesu, aus welcher sein herzliches Erbarmen
dem armen Weibe, welches sein A und sein O in ihm verloren hat und das
Heil nicht erkennen kann, welches allbereits ihr widerfahren ist, wohl-
thuend sich zu erkennen gibt, hat desshalb aber auch einen zurechtweisenden und desshalb einen verweisenden, einen rügenden Charakter. Schwerlich hat diese Jüngerin solch ein Maria! schon ein Mal aus dem Munde
ihres Meisters vernommen, wie ganz gleicher Weise auch Thomas nie vorher
solche Worte vernommen hat: werde nicht ungläubig, sondern gläubig! So
oft als sie bis dahin die Stimme des Meisters gehört hat, ist ihre ganze
Seele ihm entgegengeflogen, hat sie sich gläubig zu seinen Füssen niedergelassen, jetzt steht sie zum ersten Male nicht bloss zweifelmüthig, sondern
ungläubig dem Heilande gegenüber. Auf seine Weissagungen hat sie, die
sonst alle seine Worte in einem feinen und guten Herzen bewahrte, nicht
geachtet, alle Wahrzeichen, welche die Auferstehung Jesu Christi von den
Todten ihr verbürgen sollten, hat sie völlig missachtet: sie hat sich in ihren
eigenen Gedanken so verfangen, dass bis jetzt Nichts sie aus diesem selbst-
verschuldeten Irrthum befreien konnte. Die Krisis muss jetzt erfolgen: die
Entscheidung muss jetzt fallen. Wird sie, welche den Boten Gottes in dem
leeren Grabe gegenüber ihre eigenen Gedanken nicht verleugnet und
dahingegeben hat, dem Herrn gegenüber sich anders stellen? Wird sie
alles Eigene von sich werfen, um ihn auf's Neue zu besitzen? Die Stunde
ist ernst und demnach ist die Stimme des Auferstandenen, welcher die
Maria ebenso sehr sucht, als sie ihn sucht, auch ernst, der Bedeutung
dieser Stunde ganz angemessen. So liebreich lockend und freundlich
tröstend einerseits und so nachdrücklich und so ernst andererseits hat
Jesus mit diesem Weibe noch nie geredet.

Johannes berichtet: στραφεῖσα ἐκείνη λέγει αὐτῷ ἑβραϊστί (dieses Wort
wird auf Grund des Sinaiticus, Vaticanus und Cantabrigiensis mit Lachmann und Tischendorf dem *textus receptus* hinzuzufügen sein)· ῥαββουνί, ὃ
λέγεται διδάσκαλε. Wie die Situation zu denken ist, kann nicht ganz bestimmt angegeben werden. Dass Maria auf ihren Namensanruf sich dem
Rufenden zuwendet, ist sicher, allein von woher wendet sie sich ihm zu?
Lampe, Lücke, Baumgarten-Crusius, Hengstenberg, Stier u. A. nehmen an,
sie habe, als sie sich vorher nach hinten gewandt habe, nicht sich ganz
umgekehrt, sondern nur mit dem Kopfe sich umgedreht, oder sonst nur
eine halbe Schwenkung gemacht: allein das scheint mir sehr gekünstelt, auch
kann ich nicht begreifen, wie ein Mensch, welcher nur eine halbe Wendung
macht, εἰς τὰ ὀπίσω sich drehen soll, durch eine halbe Wendung gelingt
das nie, man kann dann nur seitwärts blicken. Chrysostomus und seine
Ausschreiber, Lange, Meyer, Godet, Luthardt, Weiss u. A. behaupten, sie
habe dem Grabe sich wieder zugewandt: aber man kann das gar nicht gut
denken. Das Grab mit den Engeln darinnen hat ihre Blicke nicht festhalten können, sie hat sich rückwärts schon gewandt und soll nun doch
wieder in das Grab hineinblicken, um da nach dem Todtgeglaubten und

6*

Vermissten sich umzuschauen? Mir scheint das Einfachste zu sein, dass die Suchende, welche den Herrn weder vor sich in dem Grabe bei den Engeln, noch hinter sich bei dem Gärtner gefunden hat, sich seitwärts, rechts oder links hin gewandt hat, denn anderswo konnte sie nicht mehr suchen. Die Augen versagen oft ihren Dienst, sie täuschen und irren sich, vor den Augen der Maria hat der Auferstandene schon eine Zeit lang gestanden — ich schliesse diess aus dem στραφεῖσα; wenn unmittelbar auf die Antwort der Maria dieser Ruf: Maria! gefolgt wäre, so wäre ein solches Umwenden und Abwenden nicht gut erklärlich und sie hat ihn nicht erkannt, sondern für den Gärtner angesehen. Wie aber mit dem Herzen geglaubt wird, so wird auch mit dem Herzen erkannt: die Schafe erkennen den guten Hirten nicht an seiner Gestalt, sondern an seiner Stimme. Joh. 10, 3 u. 4. Aus jenem Maria, welches aus dem reinen und vollen Herzen des Heilandes hervorquillt, und nicht aus dem Umstande, dass er ihren Namen kennt, was Weiss annimmt, wird die suchende Seele es inne, dass es Jesus ist, der mit ihr redet. Wie Schuppen fällt es nun mit einem Male von ihren Augen: ῥαββουνί ruft sie aus, die ihren Herrn gefunden, den Auferstandenen nun endlich erkannt hat. Der Evangelist nimmt an dieser Erkennungsscene den innigsten Antheil, desshalb berichtet er so genau, der Ausruf, welchen die Frau ausgestossen, habe gelautet: ῥαββουνί, welches er, weil es ἑβραϊστί geredet war, seinen Lesern verdolmetscht. Natürlich ist hier wie auch sonst mit dem ἑβραϊστί nicht gemeint, dass diese Form eine altklassische, rein hebräische sei: Maria sprach das Hebräisch, wie es damals in Palästina ganz allgemein gesprochen ward, also aramäisch. Diess ῥαββουνί begegnet uns nur noch ein Mal in den Evangelien und zwar Mark. 10, 51: Dort redet der blinde Bartimäus Jesum auch mit ῥαββουνί an, denn die in dem *textus receptus* befindliche Wortform ῥαββονί kommt nur in Minuskelhandschriften vor. Dieses ῥαββουνί ist eine mundartlich depravirte Form des talmudischen und rabbinischen Wortes, welches Buxtorf רִבּוֹנִי vokalisirt hat: רִבּוֹן, dem hebräischen אדוֹן entsprechend, wird oft, wie Buxtorf nachweist, von Gott, dem Herrn der Welt gebraucht: es ist stammverwandt mit רַב, welches uns im Neuen Testament vielfach auch bei Johannes aufstösst, vgl. Joh. 1, 38, 50. 3, 2. 4, 31. 6, 25. 9, 2. 11, 8. Die älteren Ausleger machen darauf aufmerksam, dass zwischen Rabh und Rabban ein Unterschied besteht: *Nota*, sagt Lampe, *est illa magistrorum distinctio, maius est Rabbi, quam Rabh, et maius est Rabban, quam Rabbi*: daher heisst es auch in Schulchan Aruch: *non reperimus ullum vocatum esse Rabban praeterquam principes*, unter diesen *principes* haben wir Meister in Israel zu verstehen, im Ganzen sollen nur sieben gepriesene hochgelehrte Rabbinen mit diesem Ehrenprädikate ausgezeichnet worden sein, cf. Lightfoot zu Act. 5, 34. Ueber den Ursprung dieses Namens theilt jenes Lexikon Aruch sub voce אבײ Folgendes mit: *saecula vetustiora, quae digniora erant, opus non habuerunt titulo vel Rabban vel Rabbi, vel Rabh, aut ad sapientes Babylonis insigniendos aut sapientes terrae Israeliticae: nam ecce ascendit Hillel e Babylone et nomini eius non additus est titulus rabbinatus: atque ita erat de iis, qui nobiles erant inter prophetas, nam dicit: Haggai propheta (non Rabbi Haggai). Ezra non ascendit e Babylone etc. (non Rabbi Ezra), quos non insignierunt titulo rabbinatus, cum nomina eorum proferrent. Ac non audivimus, initium hoc habuisse nisi in praefectis (synedrii) a Rabban Gamaliele sene et Rabban Simeone, filio eius, qui periit in excidio templi secundi, ac a Rabban Jochanane ben Zaccai, qui omnes fuerunt praefecti. Ac titulus etiam Rabbi incepit a promotis (ad presbyteratum) ex illo tempore, R. Zadoc et R. Eliezer ben Jacob: effluxitque res a discipulis Rabban Jochananis ben Zaccai et ultra. Ordoque in ore omnium sic est: maior est Rabbi quam Rabh et maior est Rabban quam Rabbi et maior est, qui nomine suo (simplice) vocatur quam Rabban.* Wir irren uns auf keinen Fall, wenn wir das Aufkommen dieser Titel mit dem Aufkommen des Schriftgelehrtenthums gleichzeitig setzen: es hängt damit auf das Innigste naturgemäss zusammen. Der dankbare, bewundernde Schüler wollte durch diesen Titel seinen Meister auszeichnen. Zu Jesu Zeiten war diese Sitte schon so verbreitet, dass er von seinen Jüngern ohne Weiteres so genannt wurde, obgleich er keine Schulen durchgemacht hatte, ja bei der ersten Begegnung, vgl. die Stellen aus Joh. 1, begrüssten sie ihn schon so, denn sie erkannten in ihm Einen, der sie über Gott und göttliche Dinge unterweisen konnte: auch Johannes der Täufer ward, wie wir aus Joh. 3, 26 ersehen, von seinen Schülern so angeredet. Maria Magdalena hat Jesu, wie aus diesem Ausrufe klar hervorgeht, am Liebsten den Rabbinentitel beigelegt: er ist ihr geläufiger als: Jesus, als Sohn Davids, selbst als Herr. Ob damals schon zwischen Rabbi und Rabban ein Unterschied sich festgestellt hatte, denn in dem Wort an und für sich kann er nicht liegen, wissen wir nicht: uns genügt, dass sie ihn als den Meister erkennt, dessen Jüngerin sie ist, zu dessen Füssen sie zu sitzen pflegte. Johannes überträgt nicht penibel das ῥαββουνί, denn er sagt, es bedeute bloss διδάσκαλε. Das Jota ist nicht berücksichtigt, hat er daran Recht gethan? Viele Ausleger fassen das Schlussjota in ῥαββουνί als ein schlechtes *Jod paragogicum*, so z. B. Drusius, Michaelis, Fritzsche, Meyer: Kühnöl, Hengstenberg, Stier, Luthardt, Keil u. A. dagegen sehen diess ι als ein *Jod suffixum* an. Letzteres möchte den Vorzug verdienen: dass Johannes es nicht übersetzt, ist aber keine Nachlässigkeit; in dem Sprachgebrauche hat nämlich das Suffixum seine Bedeutung eingebüsst, ganz ähnlich liegt es mit dem holländischen *Mynheer* und dem französischen *monsieur*, wo auch kein Mensch mehr daran denkt, dass dem Substantivum ein *Pronomen possessivum* vorgesetzt ist. Die Alten haben sich nicht recht dahinein finden können, dass Maria Jesum hier Rabbuni nennt. Augustinus schreibt: *nemo calumnietur mulieri, quod hortulanum dixerit dominum et Jesum magistrum. Ibi enim rogabat, hic agnoscebat: ibi honorabat hominem, a quo beneficium postulabat, hic recolebat doctorem, a quo discernere humana et divina discebat. Appellabat dominum, cuius ancilla non erat, ut per eum perveniret ad dominum, cuius erat. Aliter ergo dominum dixit: sustulerunt dominum meum: aliter autem: domine, si sustulisti eum. Nam et prophetae appellaverunt dominos eos, qui homines erant: sed aliter illum, de quo scriptum est: dominus nomen ei. Sed ista mulier, quae iam fuerat conversa retrorsum, ut videret Jesum, quando eum putavit esse hortulanum et cum illo utique loquebatur, quomodo rursus conversa dicitur, ut ei diceret: Rabboni: nisi quia tunc conversa corpore, quod non erat putavit, nunc corde conversa, quod erat agnovit?* Wir erfahren aus dem Munde Jesu selbst, dass seine Jünger ihn sowohl ὁ διδάσκαλος als auch ὁ κύριος nanuten, Joh. 13, 13: er spricht sich nie darüber aus, welcher von diesen beiden Titeln ihm wohlgefälliger ist. Die Jünger, welche von ihm als dem Menschensohn geredet haben, so lange er in Knechtsgestalt unter ihnen weilte, liessen, als er in seine

Herrlichkeit eingegangen war, diese Selbstbezeichnung ihres Heilandes fallen, es ist mit dem Ehrentitel διδάσκαλος, ῥαββί, ῥαββουνί, welchen sie dem Menschensohne beilegten, ähnlich zugegangen wie mit jenem ὁ υἱὸς τοῦ ἀν-θρώπου. Nachdem der Meister sein prophetisches Amt vollendet und sein königliches Amt angetreten hatte, kam ihnen ganz mit Recht jene frühere Benennung nicht mehr recht zutreffend, ausreichend, adäquat vor: der Titel διδάσκαλος fiel dahin, nachdem sich der bisherige Träger desselben als ὁ κύριος über Alles geoffenbart hatte. Maria, welche in dem vermeintlichen Gärtner jetzt ihren Jesus erkennt, reflektirt nicht lange, welcher Name ihm jetzt am Besten ziemt, sie nennt ihn, von welchem sie soeben als ihrem Herrn gesprochen hat, frischweg Meister, denn die Stimme, durch welche er sich ihr zu erkennen gegeben hat, ist eben jene Stimme, welche er nicht sowohl als der Herr, sondern als der Lehrer gebraucht hat: hätte sich Jesus ihr durch ein Werk kund gegeben, so würde sie wohl: κύριέ μου ausgerufen haben, da er es aber durch das Wort gethan hat, und dasselbe in erster Linie dem Lehrer zukommt, sagt sie: ῥαββουνί. So entspricht dieses ῥαββουνί der gegenwärtigen Sachlage vollständig: andererseits ist es aber auch, wie Hengstenberg hervorhebt, dem Verhältnisse, welches bis zu dieser Stunde zwischen Jesus und ihr bestanden hat, ganz angemessen, wenn das Verhältniss der Schülerin zum Meister betont wird, wie es denn aber auch eine Zusage für alle Zukunft enthält. Hierauf weist Calvin hin: *nomen enim Rabboni non modo honorificum est, sed professionem continet obedientiae. Testatur ergo Maria se Christi discipulam et illi tamquam magistro se addicit. Haec mirabilis est atque arcana humanae mentis conversio, quum Deus, suo eam spiritu illustrans, ex obtusa vel etiam penitus caeca subito perspicacem reddit.* Maria, welche es zur Genüge erfahren hat, welch ein Elend es ist, wenn das Menschenkind nicht hört und merkt auf das Wort des Meisters, der von Gott gekommen ist, bekennt mit diesem ῥαββουνί, dass sie von den Irrwegen, welche ihre Sinne und Gedanken eingeschlagen hatten, zurückgerufen worden ist und dass sie nie wieder ihre eigenen Wege gehen, sondern fortan nur von ihm, dem wahren Meister, sich unterweisen lassen will. Calvin bemerkt zu dieser Scene: *quod Mariam ad breve tempus errare passus est Christus, utile nobis fuit ad fidei certitudinem: nunc autem ab errore ipsam verbulo uno revocat. Prius eam allocutus fuerat, sed ille erat quasi ignoti hominis sermo: nunc recepta magistri persona compellat nomine discipulam, quemadmodum habuimus decimo capite, quod bonus pastor nominatim ad se vocet singulas gregis sui oves. Vox ista pastoris penetrat in animum Mariae, oculos illi aperit, sensus omnes excitat et efficit, ut protinus Christo se tradat. Ita in Maria depictam habemus vocationis nostrae imaginem. Nam hic unus in veram Christi notitiam ingressus est, si nos ipse prius cognoscat, deinde familiariter ad se invitet, non illa communi voce, quae promiscue insonat omnium auribus, sed quae peculiariter oves sibi a patre datas vocat. Ideo Paulus (Gal. 4, 9), postquam, inquit, cognovistis Deum, imo cogniti estis ab eo. Porro efficacia sermonis inde apparet, quod statim Maria debitum Christo honorem tribuit.* Wir können diese Bemerkungen uns im Wesentlichen aneignen. Gewiss haben wir hier ein sehr lehrhaftes Beispiel, welches über die Art und Weise unserer Berufung ein helles Licht verbreitet: doch Jesus fängt jetzt nicht erst an, zu berufen, er hat es längst schon gethan und so kann die eigenthümliche Lehre dieser Geschichte nicht gut in jenem Punkte liegen. Wir haben vielmehr darauf zu achten, dass die erste Begegnung des Auferstandenen mit einer Seele, welche ihn sucht und nicht finden kann, uns hier beschrieben wird. Der Auferstandene gibt sich ihr durch das Wort zu erkennen, er handelt mit ihr lediglich durch das Wort. Das ist der Hauptpunkt! Es ist ja das Wort, das Medium gewesen, durch welches Jesus bis dahin vornehmlich sein Werk an den Herzen der Seinen getrieben hat: jetzt ist er eingegangen in seine Herrlichkeit, es kann wohl da der Gedanke in uns aufsteigen, ob er nun nicht noch zu einem anderen wirksamen Mittel greift, um die Menschenherzen und die Reiche der Welt zu überwinden, ob er bei dem simplen Wort bleibt. Diese Geschichte lehrt und verbürgt es uns nun, dass der verherrlichte Herr nicht durch den Lichtglanz seiner göttlichen Majestät, nicht durch die äussere Manifestation seiner überweltlichen Glorie die Menschenkinder zu Boden werfen will, er will sie nicht äusserlich überwältigen durch seine Machtentfaltung, sondern überreden, überführen, πείθειν und ἐλέγχειν. Das Wort, das Wort allein soll es thun: es soll das *medium gratiae s. salutis* sein κατ' ἐξοχήν. Maria trifft wunderbar mit ihrem Ausrufe: ῥαββουνί in das Centrum dieses Gedankenkreises: mit wunderbarem Scharfblick erkennt sie, dass der Auferstandene als ὁ διδάσκαλος sein Heilswerk fortsetzen will in dieser Welt. Mit der Predigt des Wortes entsendet der Herr der Herrlichkeit bald seine Apostel in alle Welt, in dem Worte, das jene predigen, tritt er selbst seinen grossen Siegeszug über diese Erde an, in dem Worte steht er vor uns, durch das Wort offenbart er sich uns, nur durch diesen Spiegel schauen wir seine Herrlichkeit, nur in dem Worte will er Wohnung bei uns machen! Das Wort ist das *praecipuum*, das *primarium medium salutis*: es gibt noch andere, das wollen wir nicht leugnen, aber diese anderen kommen dem Worte nicht gleich, sie sind von ihm abhängig, ein Mal so, dass das Sakrament zu seinem Kern ein Wort hat, durch das Einsetzungswort gestiftet, bietet es uns ein verkörpertes Gnadenwort dar; und zum anderen Male so, dass das Sakrament nur für die mehr ist als eine leere, todte Ceremonie, welche dem Wort glauben. Ein solcher Unterricht, durch welches Mittel fortan der Auferstandene Umgang pflegen und Gemeinschaft halten wolle mit den Seinen, war nothwendig: von vornherein musste das in das Klare gebracht werden. Hierin erkenne ich die bewegende Mitte dieser Erscheinung. Wir erhalten aber noch weitere Aufschlüsse. Der Herr der Herrlichkeit, welcher in dem Worte sich offenbart, will nicht summarisch, in Bausch und Bogen dabei verfahren, er geht nicht auf Demonstrationen und Massenbekehrungen aus: wie er es gehalten hat in den Tagen seiner Niedrigkeit, da er mit der einzelnen Menschenseele sich einliess, ihr nachging, sie auf die ihr entsprechende Weise anfasste, so hält er es auch in dem Stande seiner Herrlichkeit weiter. In den Augen des Herrn über Alles ist das einzelne Individuum nicht verschwunden in dem Begriffe der *species*, des *genus;* es ist Alles geblieben, wie es war, jede einzelne Menschenseele ist ihm Objekt, er kennt sie und ruft sie bei Namen. Wenn das die Ehre des grossen Gottes ist, der Himmel und Erde geschaffen hat, dass er die Sterne zählt und sie alle mit Namen nennt, Ps. 147, 4, dass er ihr Heer bei der Zahl herausführt und sie alle mit Namen ruft, Jesaj. 40, 26: so ist das gleicher Weise die Ehre des Sohnes Gottes, dass er der Hirte ist, der seine Schafe mit Namen ruft und ausführt, dass er jeden einzelnen Menschen in's Auge fasst und in sein Herz schliesst. Maria Magdalena erkennt

an der Stimme den Herrn, welchen sie suchte: so sollen alle Seelen, welche
den Heiland mit ihr suchen, seine Stimme vernehmen und dieselbe soll
ihnen so in das Herz dringen, dass ihre gehaltenen Augen aufgehen und
ihr gequältes Herz jubelt: Rabbuni! Je mehr Steinmeyer sich bemüht hat,
den Nerv der Geschichte anderswo zu suchen, habe ich es für meine Pflicht
gehalten, dieser singulären Auffassung gegenüber, welche den Schwerpunkt
in den Auftrag an die Jünger V. 17 verlegt, das gute Recht der herkömmlichen Betrachtungsweise energisch zu vertreten.

Wir kommen jetzt zu einer wahren *crux interpretum:* der Evangelist
erzählt: λέγει αὐτῇ Ἰησοῦς· μή μου ἅπτου· οὔπω γὰρ ἀναβέβηκα πρὸς τὸν
πατέρα· πορεύου δὲ πρὸς τοὺς ἀδελφούς μου καὶ εἰπὲ αὐτοῖς· ἀναβαίνω
πρὸς τὸν πατέρα μου καὶ πατέρα ὑμῶν καὶ θεόν μου καὶ θεὸν ὑμῶν. Dass
hier sehr gedrängt berichtet wird, hat Gregorius M. schon ganz richtig erkannt: *iam vero ab evangelista,* bemerkt er, *non subditur, quid mulier fecit,
sed ex eo innuitur, quod audivit.* Maria hat sich mit dem Ausrufe ῥαββουνί
auf keinen Fall zufrieden gegeben, das μή μου ἅπτου weist unbedingt
darauf hin, dass sie entweder alle Anstalten traf oder schon daran war,
ἅπτεσθαι αἰτοῖ. Ich kann den Auslegern nicht beipflichten, welche vermuthen, die Jüngerin habe dem wiedergefundenen Meister die Hände drücken
(Weiss) oder um den Hals fallen wollen. Theophylaktus ist schon dieser
letzteren Ansicht gewesen, Beza, Vatablus hegen sie, neuerdings ist sie auf
das Entschiedenste von Hengstenberg verfochten worden. „Maria," sagt er,
„will Jesus umarmen. Sie meint, dass die Schranken, welche früher zwischen ihr und dem Heiland bestanden haben (ganz falsch reden Mehrere
davon, Maria habe gemeint, ›in bisheriger Vertraulichkeit‹ auch ferner
mit dem Heiland verkehren zu können), jetzt, da der Heiland durch die
Auferstehung in eine andere Daseinsform übergegangen, weggefallen seien,
dass sie nun den Aeusserungen ihres Gefühles freien Lauf lassen dürfe,
ohne zu befürchten, dass sich Menschliches einmische, dass sie Christus
noch nach dem Fleische kenne." Ich halte es viel lieber mit Gregorius M.
(amplecti voluit eius vestigia), Luther, Gerhard, Lampe, Bengel, Kühnöl,
Lücke, Ewald, Lange, Meyer, Godet u. A., welche der Maria die Absicht
zuschreiben, sich zu den Füssen Jesu niederzuwerfen. Sicher hat Hengstenberg darin Recht, dass er von früheren Umarmungen Jesu durch Maria
Magdalena nichts wissen will: haben Venturini und Konsorten früher und
später Renan an ein höchst vertrauliches Verhältniss zwischen dem Manne
aus Nazareth und dem Weibe aus Magdala gedacht, so bedauern wir das.
Nicht bloss der sittliche Charakter des Erlösers gestattet solcherlei nicht,
sondern auch der demüthige Dank, welchen Maria dem Herrn, welcher
sieben Teufel von ihr ausgetrieben hatte, schuldete, und der Umstand, dass
die Feinde Jesu an dieser Frauengesellschaft nie den geringsten Anstoss
genommen haben, schliessen dergleichen aus. Und was die Magdalenerin
sich früher nie unterstanden hat, das soll sie jetzt an diesem stillen Morgen
und abgelegenen Orte sich erdreisten! Wissen soll sie, dass Christus in
eine andere Daseinsform übergegangen ist, was doch nichts Anderes bedeuten kann, als dass er aus dem Stande der Niedrigkeit in den der
Herrlichkeit übergetreten ist, und sie soll sich ihm in die Arme stürzen
wollen! Man mag sich die Aufgeregtheit, die Leidenschaft und Gluth der
Liebe bei ihr so gross denken, als man will, wie kann der demüthigen
Magd, welche bis dahin nur immer zu Jesu Füssen gesessen hat, solches

in den Sinn kommen? Unmöglich kann sie die Erkennungsscene damit beschliessen und versiegeln wollen, dass sie die Schranken, welche die Würde und Höhe des Sohnes Gottes gezogen hatten, überspringt und sich ihm an die Brust, um den Hals wirft! Das Händedrücken ginge schon eher an, allein wenn die anderen Weiber den Herrn der Herrlichkeit schon anbeten auf den Knieen, müsste Maria erst recht im Staube daliegen. Man hat die Schwierigkeit unserer Stelle dadurch beseitigen wollen, dass man die Lesart änderte: so schlug der Altdorfer Professor Vogel seiner Zeit vor, zu lesen: μὴ οὐ πτόου, also: zage nicht, scheue, fürchte dich nicht, was dem Worte an die Weiber Matth. 28, 10, μὴ φοβεῖσθε, entsprechen würde. Aber diese Konjektur wird dadurch hinfällig, dass Johannes kein Wörtchen davon sagt, dass Jesu Erscheinung dem Weibe Furcht und Schrecken eingejagt habe, und dass μὴ οὐ als verstärkte Verneinung bei unserem Evangelisten ganz ungebräuchlich ist und überhaupt auch nur in der Frage steht. Gersdorf bat, das μή ganz zu streichen, Schulthess empfahl dafür σύ zu setzen: nach Beiden wird das Weib aufgefordert, sich durch Antasten und Anfassen zu überzeugen, dass nicht Jesu Geist, sondern der leibhaftige Rabbuni vor ihr stehe. Wir weisen alle solche Textkorrekturen mit der einfachen Bemerkung von der Hand, dass alle Haupthandschriften hier einstimmig sind: μή μου ἅπτου ist ohne Frage beizubehalten. Was will Jesus damit der Maria Magdalena sagen und verwehren? Neander bemerkt: „das Wort ἅπτεσθαι bezeichnet: Etwas ergreifen, anfassen, keineswegs nothwendig eine bloss augenblickliche Berührung. Es kann auch wohl von dem Anfassen eines Gegenstandes, den man für längere Zeit festhalten will, wie von dem Anfange einer anhaltenden Beschäftigung mit einem Gegenstande gebraucht werden." Wir wollen kürzer und bündiger sagen: ἅπτεσθαί τινος heisst sowohl Etwas leiblich, äusserlich anrühren, anfassen, halten, als auch Etwas geistig anfassen, mit seinen Sinnen und Gedanken an Etwas haften, sich mit Etwas beschäftigen. Ist ἅπτεσθαι hier, das ist nun die brennende Frage, in jenem übertragenen oder in diesem buchstäblichen Sinne hier gebraucht? Die erstere Auffassung ist in der neueren Zeit sehr in Aufnahme gekommen: dieselbe hat sich aus schwachen Anfängen, welche sich bei Luther, Calvin, Melanthon schon nachweisen lassen, immer weiter entwickelt.

Luther sagt: „rühre mich nicht an, denn ich bin noch nicht aufgefahren zu meinem Vater u. s. w., als wollte er sagen: ich weiss wohl, dass du mich lieb hast, aber du kannst mich jetzt noch nicht rechtschaffen ansehen noch berühren, wie du mich sehen und anrühren solltest. Denn sie freut sich noch nicht höher und weiter, denn der leiblichen, fleischlichen Freude, dass sie nur ihren Herrn lebend wieder hatte, wie sie ihn zuvor gehabt. Sie blieb allein an der Geschichte hängen und dachte, er werde wieder wie zuvor bei ihnen sein, mit ihnen essen und trinken, predigen und Wunder thun, und will also ihm mit ihrem Dienst und Anrühren der Füsse dieselbe Liebe erweisen wie zuvor, da sie ihn gesalbt hatte, beides im Leben und Tod. Darum will er sich jetzt nicht mehr also anrühren lassen, damit er ihr Ursache gebe, dass sie stille halte und lerne, was sie noch nicht weiss, und spricht: ich will dir ein Anderes und Neues sagen. Ich bin nicht darum auferstanden, dass ich wieder leiblich und zeitlich bei euch wandeln und bleiben wollte und du mich anrührest und küssest gleichwie zuvor. So bin ich auch nicht mehr in dem Wesen und Leben wie zuvor. Sondern dazu bin ich auferstanden, dass ich hinauf zum Vater komme; darum ist es mir nicht um dein Anrühren zu thun, sondern darum ist mir's zu thun, was du von meiner Auferstehung hältest, nämlich dass du glaubest, ich sei dadurch in ein ander Wesen gekommen. Ihr sollt wissen, dass ich zum Vater gehe, wo ich mit ihm ewiglich regieren und herrschen und euch auch aus eurem Tod und allem Jammer dahin bringen werde. Da werdet ihr mich recht sichtbarlich und anrührlich bei euch haben und euch ewig der ewigen Gemeinschaft mit mir und meinem Vater freuen." In der Randglosse hat Luther eine andere Auslegung niedergelegt: „weil sie noch nicht glaubt," so lautet dieselbe, „dass er Gott war, wollte er sich nicht lassen anrühren, denn Anrühren bedeutet Glauben und da Johannes sonderlich vor andern Evangelisten auf die geistliche Deutung Acht hat. So doch Matth. 28, 9 schreibt, er habe sich lassen durch die Weiber anrühren." *Videtur*, so lässt Calvin sich aus, *hoc cum Matthaei (28, 9) narratione parum esse consentaneum. Nam ille diserte scribit, mulieres amplexas esse, pedes Christi. Iam quum palpari a discipulis voluerit, quid causae fuit, cum Mariam a tactu prohiberet? Facilis solutio est, si modo teneamus, non ante repulsas fuisse mulieres a tactu Christi, quam quum in eo tangendo iam nimiae fuissent. Quatenus enim ad eximendam dubitationem opus erat, se procul dubio tangi non vetuit: sed quum videret in pedum complexu nimis defixas esse, zelum illum inconsideratum moderatus est ac correxit. Haerebant enim in corporali praesentia, nec alium eius fruendi modum tenebant, quam si una in terris ageret. Quare statuendum est, non ante prohibitas fuisse a tactu, quam vidisset Christus, stulto earum et intempestivo desiderio se in mundo retineri.* Aretius, Gerhard, Grotius lassen sich ähnlich aus. Lampe entschliesst sich nach längerem Bedenken auch für diese von Coccejus weiter entwickelte Fassung. *Cum enim Christus et abitum ad patrem et reditum ad suos assumendos promisisset, existimasse optimam foeminam, quod finis laetissimae huius catastrophes iam appropinquasset, quod abitus domini ad patrem iam contigerit et quod nunc actu rediret, suos secum in gloriam assumpturus. Ab hoc errore dominum voluisse amicam suam liberare eique significare, quod tantum absit, ut a patre rediret, ut potius iter adhuc ingredi propositum haberet. q. d. Ne adhaereas mente ac cogitationibus tuis mihi in illo statu, in quo nunc me conspicis: neve suavi hac imaginatione repleta me tangas, quasi nunc adsim ad regnum illud Israelis erigendum meosque in gloriam evehendos. Nondum eousque res deducta est, quia nondum ascendi ad patrem meum et nondum thronum illum occupavi, cuius spem discipulis feci. Sententia haec sane est elegantissima et varia habet, quae ei favent.* Man ist im Ganzen über diese Fassung später nicht hinausgekommen. Neander sagt: „Diese räthselhaften Worte weisen offenbar auf jene letzten johanneischen Reden Christi zurück und sie können nur aus dem Zusammenhange mit denselben recht verstanden werden. Christus hatte ja den Jüngern verheissen, dass er, nachdem er sich zum Vater erhoben, wieder zu ihnen kommen und dann immer bei ihnen bleiben werde. Nun kommt er wieder: man konnte denken, diess sei das von ihm verheissene Wiederkommen, von nun an werde er in dieser Gestalt immer bei ihnen bleiben. Vor diesem Missverstande will er warnen. Nicht in dieser Gestalt, in der er jetzt erscheint, soll man sich an ihn halten, denn er hat sich noch nicht zu seinem Vater in den Himmel erhoben. Erst wenn er sich nach seiner Erhebung in den Himmel als der Verherrlichte ihnen wieder offenbaren wird, sollen sie sich an ihn halten, ihn ganz umfassen, natürlich dann nicht auf sinnliche, sondern auf geistige Weise." Gerlach, Godet, Stier, Lange fassen das Wort ganz ähnlich. Ich will nur noch v. Hofmann und Luthardt sich aussprechen lassen, weil sie dieser Auslegung eine andere Wendung gegeben haben. Ersterer sagt in seinem Schriftbeweise 2, 1, 524: „Wenn der Herr nach jenem μή μου ἅπτου fortfährt πορεύου δὲ πρὸς τοὺς ἀδελφούς μου, so weist er Maria dann von sich hinweg zu den Jüngern, dass sie sich nicht in ihrer Freude, ihn wieder zu haben, an ihn mache und hänge, als wenn er erschienen wäre, um zu bleiben, sondern den Jüngern die Freudenbotschaft bringe, es geschehe nun wirklich, was er ihnen am Vorabende seines Todes von seinem Heimgange zum Vater gesagt hat." Letzterer schreibt: „Der Herr heisst Maria nicht an ihm haften, sondern den Jüngern Botschaft bringen, weil er noch nicht aufgefahren ist; diess steht also noch erst bevor und liegt noch nicht rückwärts. Es ist nicht der bereits Aufgefahrene, der vor ihr steht; es ist demnach nicht etwa bereits die Zeit, von der er gesagt hat, dass er hingehen werde zum Vater und dann wiederkommen zu ihnen. Es ist noch nicht die Zeit angebrochen, wo die Gemeinschaft mit ihm zum Ziel ihrer Vollendung kommen wird, sondern nur erst eine Zwischenzeit, wo sie sich mit seiner geistigen Gemeinschaft begnügen müssen." Ich kann weder der Auffassung, wie sie von v. Hofmann und Luthardt formulirt ist, noch von der, wie Coccejus, Lampe, Neander, Lange, de Wette, Hengstenberg, Baumgarten u. A. mehr sie entwickeln, mit gutem Gewissen beipflichten. Gegen v. Hofmann und Luthardt hat Meyer schon geltend gemacht, dass ἅπτεσθαί τινος nie in dem Neuen Testamente die Bedeutung besitzt, sich an Etwas heranmachen, sich anhängen, sondern stets nur die, Etwas anfassen, berühren, betasten. Schwerer als dieses sprachliche Bedenken wiegen aber die sachlichen. Es basirt diese ganze Auffassung darauf, dass Maria ein Wort, welches der Heiland am Vorabend seines Todes seinen Aposteln gesagt hat, gehört, und gründlichst missverstanden hat. Diese ganze Voraussetzung ist unhaltbar. Wann sollen die Apostel diese Abschiedsreden den gottseligen Weibern erzählt haben? Am Charfreitage ist das nicht möglich gewesen: da nahmen die grossen erschütternden Begebenheiten sie ganz hin, da gab es keine freie Stunde zu genauer Berichterstattung über das, was an jenem Abend über Tisch geredet worden war. Also an dem stillen Sabbath muss es geschehen sein. Zeit war wohl da, aber wo waren die Jünger? Sie hatten sich zerstreut ein Jeglicher in das Seine und das Entsetzen über die auf jenen stillen Abend folgenden Ereignisse hatte jene trostreichen Verheissungen vollständig zurücktreten lassen, sie waren wie ausgelöscht aus dem Gedächtnisse und traten erst wieder hervor, nachdem der wunderbare Umschwung erfolgt war und da auch wohl erst allmälig. Zerschlagen und zerschmettert waren die Jünger und die Jüngerin Jesu: ihre Sinne und Gedanken beschäftigten sich nicht mit den Verheissungen, welche der Gekreuzigte ihnen hinterlassen hatte, sondern im Gegentheile damit, dass es mit allen Verheissungen der Propheten von dem Reiche und der grossen Zukunft Christi nun aus sei. Wer kann denken, dass in so trübseliger und ungläubiger Stimmung aller in Betracht kommenden Personen solche Verheissungsworte mitgetheilt worden seien? Es ist psychologisch unerklärbar. Dazu kommt, dass Coccejus und Lampe, wie v. Hofmann und Luthardt, um ihre Auffassung plausibel zu machen, sich genöthigt sehen, jene Worte,

welche Maria missversteht, ganz aus dem Zusammenhange herauszureissen.
Haben die Apostel von jenen letzten Reden den anderen Jüngern und
Jüngerinnen Nachricht gegeben, so empfingen jene Worte von dem Wiederkommen auch ihr vollständiges Licht, so war ein solches bei Maria an-
genommenes Missverständniss unmöglich. Stehen denn nicht in diesen
letzten Reden die Aufschluss gebenden Worte, dass der Dahingehende in
dem heiligen Geiste wieder zu den Seinen kommen werde. Und selbst
wenn die Lehrer wie die Hörer diesen Schlüssel nicht bemerkt hätten, so
hat Jesus doch auf das Allerbestimmteste in diesen letzten Reden immer
wieder gesagt, dass er sobald nicht wieder komme, um die Seinen mit sich
in seine Herrlichkeit zu nehmen. Spricht er nicht wiederholt von der Angst,
welche sie in dieser Welt haben werden, 16, 20, 21, 33, von dem Hass,
der Verfolgung, ja dem Märtyrertode, welche ihrer warten in dieser Welt,
15, 19, 20. 16, 1—4, von der Mission, welche sie in dieser bösen Welt, aus
welcher er sie nicht entnommen wünscht, zu erfüllen haben, 15, 27. 17, 15,
18, 20? Wir können uns Angesichts dieser Stellen nicht erklären, wie
Maria auf einen solchen Gedanken verfiel, dass jetzt schon die Zeit der
Vollendung gekommen sei: es wäre nur möglich, wenn sie von diesem
Allem nichts erfahren hätte. Wer kann aber glauben, dass die Apostel
nur jene einzeldastehenden Verheissungen mitgetheilt und von allem An
deren grundsätzlich geschwiegen hätten? Passt, frage ich weiter, die Begründung, welche Christus selbst zu dem Gebote: μή μου ἅπτου in den
Worten gibt: οὔπω γὰρ ἀναβέβηκα, zu dieser Auslegung? Luthardt wendet
gegen Luther, Calvin, Melanthon, Aretius, Gerhard, Grotius, Godet, sich
selbst in der ersten Auflage seines Commentars u. s. w. ein, dass es nicht
anginge, bei ἅπτεσθαι einen solchen Wechsel der Bedeutung anzunehmen,
dass es bei οὔπω u. s. w. in einem ganz anderen Sinn zu ergänzen wäre,
als es in μή μου ἅπτου gebraucht ist. Das eine Mal soll Jesus ein äusseres,
leibliches Anrühren und das andere Mal ein inneres, geistliches meinen,
denn auf Grotius kommen schliesslich Alle hinaus, welcher anmerkt: *quasi
dicat Jesus: vis me tangere, Maria, id est, vis omnino frui amicitia mea:
id nunc non licet, quum tantum οἰκονομικῶς ad fidem vestram roborandam
me do conspiciendum. At ubi ad patrem adscendero, veniet tempus, quum
frui mea amicitia perfectissime poteris, non terrestri contactu, sed tali, qui
loco illi, id est, coelo, conveniat, spirituali.* Wir können den Einwand,
welchen Luthardt erhoben hat, nur billigen. Es ist nicht recht, dem
ἅπτεσθαι einen verschiedenen Sinn unterzulegen: wenn Christus sagt:
rühre mich nicht an und damit sagen will, hänge dich nicht an meine
fleischliche Erscheinung und Gegenwart, denn ich bin noch nicht aufgefahren
zu meinem Vater, du kannst, ja du sollst es dann thun, wenn es geschehen
ist, so muss das, was sie dann thun kann und soll, auf jeden Fall dasselbe
sein, was sie jetzt zu thun vorhatte. Aber der Begründungssatz kehrt
auch gegen die Ansicht v. Hofmann's und Luthardt's seine Spitze. Nach
diesen soll der Auferstandene der Maria mit οὔπω γὰρ ἀναβέβηκα κτλ.
eröffnen, dass er jetzt nicht erschienen sei, um bei ihnen zu bleiben.
Konnte, ja musste das nicht bestimmt ausgesprochen werden? Der Herr
verlangt von dem Weibe, welches in dem höchsten Affekte seine Füsse
anfasst, dass es einen richtigen Schluss ziehe mit kaltem Verstande; aus
seinem Nochnichtaufgefahrensein zu dem Vater soll es schliessen, dass er
überhaupt noch nicht zu dem Vater gegangen ist, als ob es sich von selbst

verstände, dass der Sohn nicht anders zu dem Vater gelangen kann, als
dass er zum Vater auffährt, und als ob nicht auch der umgekehrte Weg
möglich wäre, dass der Vater zu dem Sohne herabkommt, und weiter aus
dem Nochnichtgegangensein zu dem Vater, dass er noch nicht wieder
kommen kann. Klar und rund musste der Erlöser zu Maria reden:
solches Schlüsseziehen passt nicht zu der Erregtheit ihres ganzen Wesens,
das hat Lampe bereits tief gefühlt. Er erkennt darin die Achillesferse
seiner Auffassung, welche er mit stattlichen Gründen zu rechtfertigen versucht hat. *Contra rationes tam validas*, sagt er, *unum tantum esse, quod cum
aliqua veritatis specie obiici queat, censuerim, scilicet, quod vehemens Mariae
in prima manifestatione affectus prolixae ratiocinationis capax haut erat.*

Wir sehen zu, ob es nicht möglich ist, mit der sinnlichen, leiblichen
Bedeutung von ἅπτεσθαί τινος, hier zu einem erwünschten Verständnisse
zu gelangen. Wir weisen ohne Weiteres Ammon's, auf Wetstein sich
stützende Deutung zurück, nach welchem Jesus von seiner frommen Freundin
den Vorwurf fernhalten will, dass sie ihren kaum vom Tode zurückkehrenden
und nach jüdischen Begriffen noch unreinen Lehrer mit ihren Händen angerührt habe, und damit auch die Gefahr, eine Zeit lang selbst als Unreine
von dem geselligen Umgange ausgeschlossen zu werden. Wo ist in dem
ganzen Alten Testamente eine Stelle, welche einen von den Todten Auferstandenen für unrein erklärte? So vorsorglich waren denn doch diese
Vorschriften der levitischen Reinigkeit nicht! Cyrillus Alexandrinus, welcher
am Meisten von allen Vätern die Schwierigkeit dieser Stelle eingesehen
hat, fasst es gerade umgekehrt. Maria, welche, weil sie den heilige Geist noch
nicht empfangen hat, noch unrein ist, darf nach ihm den reinen und heiligen
Christus nicht berühren, weil der Grundsatz τὰ ἅγια τοῖς ἁγίοις zu Recht
besteht und so der heilige Leib des Auferstandenen profanirt würde. Ebenso
verwerfen wir die Ansicht des Dr. Paulus, nach welchem Jesus nicht angerührt sein will, weil die leiseste Berührung seinem durch die Kreuzigung
so hart mitgenommenen und schwer verwundeten Leibe die empfindlichsten
Schmerzen bereite. Und diese Füsse, welche am Vormittage dem Auferstandenen noch so wehe thun, gestatten ihm schon des Nachmittags von
Jerusalem gen Emmaus zu wandern und vor Mitternacht noch von dort
nach Jerusalem zurückzueilen! Schleiermacher denkt nicht mehr an die
Empfindlichkeit des alten Leibes, sondern an die Empfindlichkeit des neuen.
In der ersten Osterpredigt in den Festpredigten 1. Nr. 12 über Röm. 6,
4—8 bemerkt er: „als der Erlöser zuerst der Maria erschien, da sagte er,
gleichsam als sei sein neues Leben noch furchtsam und empfindlich: rühre
mich nicht an, noch bin ich nicht aufgefahren zu meinem Gotte und zu
eurem Gotte. Aber nach wenigen Tagen stellte er sich dem Thomas dar
und forderte ihn auf, er solle ihn herzhaft betasten, seine Hand in des
Meisters Seite legen.“ Olshausen hat diese mehr hingeworfene, als begründete Meinung aufgegriffen, als die einzige, welche hier übrig bleibe.
„Denkt man sich den Vorgang der Auferstehung und der Verklärung nur
wesentlich, so liegt der Gedanke nahe, dass jede Störung und Hemmung
von demselben fern gehalten werden musste.“ Allein, ganz abgesehen
davon, dass das Neue Testament ganz und gar nichts weiss, von solch
einer successiven Kondensirung und Erstarkung des verklärten Leibes des
Herrn, so bleibt es uns räthselhaft, wie ein Antasten denselben in seiner
normalen Entwicklung stören und hemmen soll, und ein Leib, der so zart

ist an dem Morgen, dass er keine Berührung vertragen kann, soll an dem Nachmittage desselben Tages ein παραβιάζεσϑαι (Luk. 24, 29) ohne irgend ein Wehegefühl dahinnehmen! Nach Weisse hat der Auferstandene weder den alten, noch einen neuen Leib gehabt, er hat körperlos vor der Maria gestanden, erst durch das Auffahren zum Vater soll er zu einem Leibe wieder gelangt sein: wir begreifen dann aber nicht, wie Maria ihren Meister sehen und wie er seinen Aposteln seinen Leib zum Betasten hinhalten konnte. Da hat, wenn ein Mal phantasirt werden soll, Hilgenfeld unstreitig seine Sachen besser gemacht, nach welchem der Auferstandene sich nicht anfassen lässt, weil er nur Mensch ist und sich erst bei seiner Himmelfahrt wieder mit dem Logos vereinigt. Diess führt uns zu der Auffassung von μή μου ἅπτου = προσκύνησόν μοι. Alt ist diese Auffassung. Chrysostomus erwähnt schon: τινές φασιν, ὅτι χάριν αἰτεῖ πνευματικὴν ἀκούσασα μετὰ τῶν μαϑητῶν λέγοντος (Joh. 14, 16); dieses hat Lightfoot wieder aufgenommen; es folgten Bengel, Kypke, Kühnöl, Lücke, Maier, Strauss, Lange, Hilgenfeld, Ewald, Pressense, Volkmar u. A. mehr. Indem Maria den Herrn anrührt, soll sie seine Füsse umfassen, um ihn anzubeten. Wir wissen aus dem alten Homer schon, dass die, welche von den Göttern etwas erflehten, die Knice derselben erfassten; so heisst es Ilias 1, 512, als Thetis den Zeus im Olympus aufsucht:

$$\Theta\acute{\epsilon}\tau\iota\varsigma\ \vartheta',\ \dot{\omega}\varsigma\ \ddot{\eta}\psi\alpha\tau o\ \gamma o\acute{\upsilon}\nu\omega\nu,$$
$$\dot{\omega}\varsigma\ \ddot{\epsilon}\chi\epsilon\tau'\ \dot{\epsilon}\mu\pi\epsilon\varphi\upsilon\nu\tilde{\iota}\alpha,\ \kappa\alpha\grave{\iota}\ \epsilon\ddot{\iota}\rho\epsilon\tau o\ \delta\epsilon\acute{\upsilon}\tau\epsilon\rho o\nu\ \alpha\ddot{\upsilon}\tau\iota\varsigma.$$

Ilias 15, 75 f. spricht der Vater der Götter und Menschen:

$$\dot{\omega}\varsigma\ o\ddot{\iota}\ \dot{\upsilon}\pi\acute{\epsilon}\sigma\tau\eta\nu\ \pi\rho\tilde{\omega}\tau o\nu,\ \dot{\epsilon}\mu\tilde{\omega}\ \delta'\ \dot{\epsilon}\pi\acute{\epsilon}\nu\epsilon\upsilon\sigma\alpha\ \kappa\acute{\alpha}\rho\eta\tau\iota,$$
$$\ddot{\eta}\mu\alpha\tau\iota\ \tau\tilde{\omega},\ \ddot{o}\tau'\ \dot{\epsilon}\mu\epsilon\tilde{\iota}o\ \vartheta\epsilon\grave{\alpha}\ \Theta\acute{\epsilon}\tau\iota\varsigma\ \ddot{\eta}\psi\alpha\tau o\ \gamma o\acute{\upsilon}\nu\omega\nu;$$

womit Euripides Hecuba 242 verglichen werden kann, wo dieses arme Weib klagt:

$$\ddot{\eta}\psi\omega\ \delta\grave{\epsilon}\ \gamma o\nu\acute{\alpha}\tau\omega\nu\ \tau\tilde{\omega}\nu\ \dot{\epsilon}\mu\tilde{\omega}\nu\ \tau\alpha\pi\epsilon\iota\nu\grave{o}\varsigma\ \ddot{\omega}\nu;$$

cf. Odyss. 10, 323 und die zu Matth. 28, 9 beigebrachten Stellen. Diese alte Sitte blieb. Kypke bemerkt ganz richtig zu unsrer Stelle 1, 410 f.: *etiam apud gentiles, qui Diis supplicabant, genua simulacrorum eorum in templis apprehendere solebant. Hinc Pindarus Nem. 8, 22 dicit:*

$$\text{'}\mathrm{I}\kappa\acute{\epsilon}\tau\alpha\varsigma\ A\dot{\iota}\alpha\kappa o\tilde{\upsilon}\ \sigma\epsilon\mu\nu\tilde{\omega}\nu\ \gamma o\upsilon\nu\acute{\alpha}\text{-}$$
$$\tau\omega\nu\ \pi\acute{o}\lambda\iota\acute{o}\varsigma\ \vartheta'\ \dot{\upsilon}\pi\grave{\epsilon}\rho\ \varphi\acute{\iota}\lambda\alpha\varsigma$$
$$\text{'}A\sigma\tau\tilde{\omega}\nu\ \dot{\upsilon}\pi\grave{\epsilon}\rho\ \tau\tilde{\omega}\nu\delta'\ \ddot{\alpha}\pi\tau o\mu\alpha\iota.$$

Aeaci veneranda genua cum pro urbe chara, tum pro hisce civibus prehendo. Proinde Epicurus singularem cultum a Colote sibi exhibitum exaggerans, teste Plutarcho non suav. vivi posse sec. Epic. p. 1100 scripsisse fertur: ὡς Κολότης μὲν αὐτὸν φυσιολογοῦντα προσκυνήσειεν γονάτων ἁψάμενος, *quod Colotes se naturam rerum explicantem prehensis genibus adoraverit. Plura de hoc ritu dabit Doughtaeus ad Luc. 5, 8.* Wir ersehen aus diesen Stellen, dass der Sprachgebrauch der alten Schriftsteller sich in dem Laufe der Jahrhunderte durchaus nicht abgeschliffen hatte: es kommt auch bei den spätesten Schriftstellern nie ἅπτεσϑαί τινος in dem Sinne von ἅπτεσϑαι γούνων, γονάτων τινός vor. Schon dieser Umstand muss uns höchst bedenklich gegen diese Auffassung μή μου ἅπτου = μὴ προσκύνησόν μοι machen. Wir treten dieser Auslegung aber noch von einer andern Seite entgegen. Nach Kühnöl, welchem Meyer in der ersten Auflage zustimmt, soll Maria Magdalena als eine *supplex* Christi Kniee anfassen. Wir haben zu Matth. 28, 9 rückhaltslos anerkannt, dass allerdings die Heiden wie die Juden die Erscheinung himmlischer Wesen für gefährlich, für tödtlich hielten für den Menschen, welchem sie zu Theil wird: allein wie wir dort das Gebaren der gottseligen Frauen so zu verstehen nicht im Stande waren, so ergeht es uns auch hier wieder. Ist es möglich, dass jener Ruf ῥαββουνί nicht ein Schrei jubelnder Freude, dass der schmerzlich vermisste und sehnlichst gesuchte Heiland auf ein Mal vor ihr stehe, sondern ein Schrei der Angst und des Entsetzens ist, dass sie ihn erblickt hat und nun unrettbar sterben muss! Wie kann Maria sich des Todes von demjenigen versehen, welcher als der Fürst des Lebens jetzt ihr erschienen ist? Daher sind diejenigen gegen Kühnöl in einem ganz bedeutenden Vortheile, welche die Magdalenerin nicht als eine *supplex*, sondern lediglich als eine *venerabunda* vor den Auferstandenen sich auf die Erde werfen sehen. Nach den τινές bei Chrysostomus und Lightfoot hat sie dabei die Bitte um den Tröster auf dem Herzen, indem sie den Herrn anrührt; die andern Freunde dieser Auffassung, wie Bengel, Lücke, Meyer u. s. w., schieben ihr keine solche Nebengedanken unter. Ueberwältigt von dem Anblicke dessen, der da todt war und nun lebt und so in dem Glanze des kräftiglich erwiesenen Sohnes Gottes vor ihr steht, sinkt sie in's Knie, um ihm die Opfer ihres Lobes und Dankes an dem grossen Tage seiner Erhöhung darzubringen. Wir gestehen, dass diese Ansicht sehr Vieles für sich hat. Der Gemüthsstimmung des Weibes und der Herrlichkeit des Herrn ganz angemessen ist diese Scene, sie hätte dann auch eine Parallele an der Anbetung, welche die Gefährtinnen Maria's dem Auferstandenen bei der ersten Begegnung erweisen, allein abgesehen von dem sprachlichen Bedenken, dass ἅπτεσθαί τινος wie in dem Sinne von προσκυνεῖν τινι vorkommt, erheben sich die stärksten sachlichen Bedenken gegen diese Auffassung. Christus will nicht angerührt, nicht angebetet sein. Warum denn nicht? Kypke sagt: *adoratio, quae Christo exhibebatur civilis non erat, sed religiosa. Humili loco is natus erat et conditione, adeoque in eum qua talem, adoratio civilis non cadebat. Adorabant illum tum praecipue homines afflicti, quum opem quandam miraculosam, quum divinum aliquid ab eo expeterent. Adorabant eum discipuli ante resurrectionem rarissime, nec nisi divino quodam miraculo ab eo perpetrato uti Luc. 5, 8. Iam quum resurrexisset, crescebat in eum fides de divina ipsius eminentia; crescebat deinde adorandi ardor. Attamen ipsa humanae naturae adoratio Christo non aeque conveniebat in terris adhuc versanti, quam in coelum iam translato in statu exaltationis. Hinc et apostolus Phil. 2, 9, 10 adorationem Christi docet veluti officium aliquod, quod ipsius ταπείνωσιν et ὑπερύψωσιν subsequi demum debuerit. His praemissis nostra Christi verba in hunc sensum interpretor. Noli iam me adorando et in hoc adorationis ritu diutius haerendo tempus terere, quod laeto nuncio ad discipulos meos perferendo utilius impendere potes. Non ego equidem pietatem tuam mentemque mihi devotam, quam me suppliciter adorando ostendis, plane repudio, quum adoratio haec et divinae meae naturae et maiestati, quae mihi data est, omnino competat. At scito tamen, nondum humanae meae naturae, quam praesentem vides, hunc cultum aeque convenire, quum ad patrem meum nondum ascenderim, ac post ascensionem, quum usus maiestatis divinae plenissimus devotissimum cultum mortalium suo iure requiret.* Herder, Kühnöl u. A. acceptiren dieses. Aber ist es möglich, dass Jesus hier die Anbetung abweist, während er sich dieselbe, ohne Widerspruch zu erheben, in derselben Stunde noch von den andern galiläischen Frauen wohlgefallen lässt? Geziemte ihm göttliche Anbetung jetzt noch nicht, weil er noch nicht verklärt war, so liess er nicht nur jene Weiber ein schweres Unrecht begehen, sondern auch alle jene Unglücklichen, welche ihn während seines Erdenlebens schon anbeteten. Ich verstehe Kypke nicht, welcher in der menschlichen Natur, die der Logos an sich genommen hatte, ein Hinderniss seiner Anbetung findet: er war in dieser menschlichen Natur, als dieser Menschensohn der eingeborne Sohn vom Vater, welcher in das Fleisch gekommen ist, und konnte es desshalb nicht wehren, wenn man ihn göttlich verehrte; auch sollte es Kypke schwer fallen, nachzuweisen, dass die menschliche Natur in dem Auferstandenen noch nicht verklärt war, sondern erst bei der Himmelfahrt verklärt wurde. Andre finden in der Maria den Grund, warum Christus ihre Anbetung abweist. Luther hat in seiner schon früher beigebrachten Randglosse es ausgesprochen, dass der Erlöser von ihr nicht wolle angebetet sein, weil sie noch nicht recht an ihn und seine Himmelfahrt glaube. Mehrere sind diesem Fingerweise gefolgt. Allein wir können uns ihnen nicht anschliessen. Waren denn jene Armen, die vor Jesus ihre Kniee beugten, im Glauben weiter gefördert als Maria? Von den andern dienenden Frauen nimmt Christus die Anbetung an; standen sie hinsichtlich ihres Glaubens und ihrer Erkenntniss über ihr, welche stets an ihrer Spitze genannt wird? Wir begreifen es vollständig, dass Kypke, um sich aus der Klemme zu ziehen, bemerkt, der Auferstandene wolle von Maria nicht angebetet sein, weil sie so schnell wie möglich den Aposteln die Botschaft: der Herr ist auferstanden und mir erschienen! zutragen solle. Wolf und Heumann hatten sich bereits schon so ausgesprochen: Rosenmüller, Tittmann schliessen sich an, auch v. Hofmann, Luthardt u. A. wissen diesen Gedanken zu Gunsten ihrer Auffassung zu verwerthen. Allein, dürfen die andern galiläischen Weiber, welche auch an die Jünger eine Sendung empfangen, nicht erst zu seinen Füssen anbeten? Nahm das Anbeten denn so viel Zeit in Anspruch, dass jener Auftrag darunter litt? Dazu bedenke man, dass Christus sein μή μου ἅπτου nicht damit begründet, dass schleunigst sein Wort den Aposteln vermeldet werden soll, sondern lediglich damit, dass er noch nicht aufgefahren ist. Steht seine Auffahrt vor der Thüre, soll οὔπω γὰρ ἀναβέβηκα etwa aussagen: denn ich will jetzt auffahren und keine Zeit ist zu verlieren? Wie die Nachricht: aufgefahrensein gen Himmel, der Anbetung der Maria kein dogmatisches, religiöses Hinderniss in den Weg legt, so ist dasselbe auch weit entfernt, davon ein zeitliches Hinderniss zu bereiten. Ist er noch nicht aufgefahren, so hat er ja noch die schönste Zeit, ihre Anbetung in Empfang zu nehmen, er weilt ja dann noch ganz ruhig in dieser Welt und hat auch nicht die Absicht, sofort gen Himmel zu fahren, was Baur allerdings mit Andern in diesem Satze ausgesprochen findet, allein mit grossem Unrecht. Keine Exegese kann aus dem Satze: οὔπω γὰρ ἀναβέβηκα κτλ. den Sinn entwickeln: denn ich stehe jetzt im Begriffe aufzufahren, ohne sich an ihm zu vergewaltigen: er sagt nichts weiter aus, als dass das Auffahren noch nicht von Statten gegangen ist, und bestimmt über die Zeit, da dasselbe geschehen soll, absolut gar nichts.

Lässt sich das μή μου ἅπτου nicht fassen als μὴ προςκύνησόν μοι, so lässt es sich vielleicht, hat man gedacht, verstehen = μὴ ψηλάφα με.

Diess meinen Köster (Immanuel S. 245), Baumgarten-Crusius, v. Meyer
(in der h. Schrift in berichtigter Uebersetzung mit kurzen Anmerkungen
sagt er: du brauchst mich nicht zu betasten noch ängstlich festzuhalten,
ich bin's, bin noch hier, fahre noch nicht auf), Grimm, Bäumlein, und vor
allen Dingen Meyer. Letzterer sagt: „Maria sieht: es ist der Herr.
Aber im höchsten Grade ergriffen und entzückt von seiner wunderbaren
Erscheinung, weiss sie nicht: ist er es leibhaftig, wirklich aus dem
Grabe hervorgegangen, körperlich wieder lebendig geworden und auferstanden? oder aber ist es sein verklärter, schon zu Gott emporgestiegen
gewesener Geist, der wieder herabgekommen ist, ihr zu erscheinen,
so dass er nur die leibliche Gestalt, nicht das leibhaftige Wesen hat?
Desshalb die Gewissheit zu haben, die ihr liebeglühendes Herz in diesem
Momente der plötzlichsten, tiefsten Ueberraschung bedarf, will sie ihn
anfassen, antasten, um durch's Gefühl die Ueberzeugung zu vermitteln, welche ihr das Auge allein diesem wunderbaren Glück gegenüber
nicht geben konnte. Dem aber wehrt Jesus: taste mich nicht an!
und in ihre Seele schauend gibt er ihr die Gewissheit, welche sie sucht,
durch seine eigne Versicherung, indem er zur Begründung jener Abwehr hinzufügt: denn noch nicht emporgestiegen bin ich zum
Vater, also noch kein verklärter Geist, welcher aus dem Himmel, wohin
er emporgestiegen, wieder herabgekommen ist. Betasten will sie wie nachher Thomas, aber nicht aus Unglauben, sondern weil ihr Glaube nach einer
Bestimmtheit ringt, deren ihre Liebe nicht entrathen kann. Nur diese
Fassung entspricht streng den Worten überhaupt und besonders dem be-
gründenden $\gamma \acute{\alpha} \varrho$, sie trägt keine Scenerie hinein, von welcher nichts dasteht."
Ich kann diese Auffassung nicht gutheissen. Soll $\mathring{\alpha}\pi\tau\varepsilon\sigma\vartheta\alpha\acute{\iota}$ $\tau\iota\nu\sigma\varsigma$ wirklich
mit $\psi\eta\lambda\alpha\varphi\tilde{\alpha}\nu$ $\tau\iota\nu\alpha$ sich vollständig decken? Steinmeyer bezweifelt das mit
gutem Grunde, auch bedienen sich die Evangelisten, wenn sie von blossem
Anrühren und Betasten reden, nie unsres $\mathring{\alpha}\pi\tau\varepsilon\sigma\vartheta\alpha\iota$, sondern stets jenes
$\psi\eta\lambda\alpha\varphi\tilde{\alpha}\nu$, vgl. Luk. 24, 40. 1. Joh. 1, 1. Wie $\mathring{\alpha}\pi\tau\varepsilon\sigma\vartheta\alpha\iota$ nach Luthardt's
richtiger Bemerkung mehr ist als $\vartheta\iota\gamma\gamma\acute{\alpha}\nu\varepsilon\iota\nu$ oder $\psi\alpha\acute{\nu}\varepsilon\iota\nu$, so unterscheidet
es sich auch von $\psi\eta\lambda\alpha\varphi\tilde{\alpha}\nu$, und zwar dadurch, dass es ein längeres,
stärkeres Anrühren ausdrückt; es möchte unsrem deutschen: an etwas
haften, sich hängen, vollkommen entsprechen. Es kommt uns nicht in den
Sinn, in Abrede zu stellen, dass es der Maria Magdalena ergehen konnte,
da sie auf ein Mal den Auferstandenen sah, wie den Jüngern an dem Osterabende geschah, dass sie nämlich nicht recht an die leibhaftige Gegenwart
des Herrn glauben konnte. Allein, soll das Weib, welches an der Stimme
ihren Meister sofort erkannt hat, auf ein Mal wieder kopfscheu und bedenklich geworden sein, ob er es denn auch wirklich sei? Ich kann das nicht
glauben: Maria ist ihres Glaubens gewiss und fröhlich.

Gibt es denn noch andre Auffassungen? Gewiss, die alten Väter
gehen ganz richtig davon aus, dass $\mathring{\alpha}\pi\tau\varepsilon\sigma\vartheta\alpha\acute{\iota}$ $\tau\iota\nu\sigma\varsigma$ ein starkes, gewalt-
sames Anfassen eines Gegenstandes bezeichne und lassen den Auferstandenen
gegen dieses derbe, so wenig ehrerbietige Berühren Protest einlegen. Chryso-
stomus erklärt sich hom. 86 in Io. dahin: $\delta o\kappa\varepsilon\tilde{\iota}$ $\mu o\iota$ $\beta o\acute{\nu}\lambda\varepsilon\sigma\vartheta\alpha\iota$ $\alpha\mathring{\nu}\tau\dot{\eta}\nu$ $\mathring{\varepsilon}\tau\iota$
$\sigma\nu\nu\varepsilon\tilde{\iota}\nu\alpha\iota$ $\alpha\mathring{\nu}\tau\tilde{\omega}$, $\mathring{\omega}\varsigma\pi\varepsilon\varrho$ $\tau\acute{o}\tau\varepsilon$ (früher) $\varkappa\alpha\grave{\iota}$ $\mathring{\alpha}\pi\grave{o}$ $\tau\tilde{\eta}\varsigma$ $\chi\alpha\varrho\tilde{\alpha}\varsigma$ $\mu\eta\delta\grave{\varepsilon}\nu$ $\mathring{\varepsilon}\nu\nu o\tilde{\eta}\sigma\alpha\iota$
$\mu\acute{\varepsilon}\gamma\alpha$, $\varepsilon\mathring{\iota}$ $\varkappa\alpha\grave{\iota}$ $\pi o\lambda\lambda\tilde{\omega}$ $\beta\varepsilon\lambda\tau\acute{\iota}\omega\nu$ $\mathring{\varepsilon}\gamma\varepsilon\gamma\acute{o}\nu\varepsilon\iota$ $\varkappa\alpha\tau\grave{\alpha}$ $\sigma\acute{\alpha}\varrho\varkappa\alpha$ — $\mu\grave{\eta}$ $\pi\varrho\acute{o}\varsigma\iota\vartheta\acute{\iota}$ $\mu o\iota$, $\varkappa\alpha\vartheta\acute{\alpha}\pi\varepsilon\varrho$
$\varkappa\alpha\acute{\iota}$ $\pi\varrho\acute{o}\tau\varepsilon\varrho o\nu$. So nach Theodor Mops., Theophylaktus, Euthymius, Erasmus,
Jansen u. A. Allein wir verstehen nicht, wie ein blosses Anrühren die

Ehre des Herrn in Gefahr bringen soll, und nur von einem Anrühren ist hier die Rede. Dass hinter diesem Anrühren steckt ein familiäres Umgehen, ein ganz gewöhnlicher Verkehr ist nirgends angedeutet: der Auferstandene verbietet nicht die alten Formen des geselligen Lebens, sondern weiter nichts als das Anrühren, das Zugreifen. Wie diese Auslegung in das μή μου ἅπτου so etwas hineinlegt, was schlechterdings nicht darin liegt, so misshandelt sie auch den begründenden Satz: οὔπω γὰρ ἀναβέβηκα κτλ. Sagt er: jetzt dürfen wir nicht mehr in der alten Art und Weise mit einander umgehen, denn ich bin noch nicht aufgefahren zu meinem Vater, so müssen wir ja nothwendig weiter denken: wenn ich aber aufgefahren sein werde, dann könnt ihr es wieder mit mir halten, wie zuvor. Männer wie Augustinus haben die Unmöglichkeit der damals herrschenden Deutung durchschaut, aber statt sich rechtschaffen um die Erforschung des buchstäblichen Sinnes zu bemühen, ergehen sie sich lieber in Allegorien. Was sollen wir aber damit anfangen, wenn jener tr. 121 in Joh. sagt: *aut ergo sic dictum est; noli me tangere, nondum enim ascendi ad patrem meum, ut in illa femina figuraretur ecclesia de gentibus, quae in Christum non credidit, nisi cum adscendisset ad patrem: aut sic in se credi voluit Jesus, hoc est, sic se spiritualiter tangi, quod ipse et pater unum sint.* Diesen letzteren Gedanken greift Gregorius M. auf. Beza sucht der kirchenväterlichen Normalauslegung etwas aufzuhelfen: *volebat*, merkt er an, *Maria Christum amplecti prae nimio videlicet amore eius et gaudio, quod rursum carne praesentem vidisset. Verum quum dominus videret eam carnalem sui praesentiam plus aequo admirari, animum eius ad coelestia amplexusque fidei erigere volens a tactu sui eam repellebat dicens: ne me etc. Contra voluit, ut discipuli ipsum tangerent et hoc ut suae resurrectionis fidem illis faceret, qui eam nondum credebant.* Vatablus, Calov, Cornelius a Lapide u. A. fügen dann noch mit Kypke hinzu: umarme mich nicht, hänge dich nicht so an meine Füsse, sondern mache dich auf und eile zu meinen Brüdern. Allein, wie wir früher schon gegen alle Umarmungen uns entschieden ausgesprochen haben, so müssen wir uns auch gegen dieses Drängen zur Eile erklären. Jesus begründet das Wort μή μου ἅπτου nicht damit, dass schleunigst die Jünger benachrichtigt werden müssen, sondern damit, dass er noch nicht aufgefahren sei zu seinem Vater, was doch auf keinen Fall bedeuten soll, dass er jetzt aber auffahren muss. Mir scheint dieses Wort durchaus nicht so schwierig zu sein, als man gewöhnlich annimmt. Uebersetzen wir die Worte: μή μου ἅπτου, fasse mich nicht an, hänge dich nicht an mich, halte mich nicht so fest, wie sie nach dem Urtheile aller Exegeten und Lexikographen unbedenklich übertragen werden können, so stellt sich uns die Situation so dar. Maria hat an dem Rufe den Heiland erkannt, welchen sie mit Schmerzen gesucht hat, sie läuft auf ihn zu, stürzt sich schon oder will sich eben zu seinen Füssen niederstürzen, um ihn, den sie so unverhofft gefunden, den Gottes Gnade ihr so wunderbar wieder geschenkt hat, zu ergreifen und festzuhalten, dass er ihr nicht wieder genommen werden kann. Ist dieses Zufahren, um gleichsam von ihm Besitz zu ergreifen, um ihre Hand an ihn zu legen, dass er ihr bleiben muss, nicht vollständig motivirt? Was thut der Mensch, welchem ein Gut, an dem sein Herz gehangen hat, entrissen worden war, wenn er es wieder findet? Er fasst mit beiden Händen zu! Der Freund, welcher einen verloren gegebenen, einen todtgeglaubten Freund durch Gottes Gnade gesund an Leib, Seele und Geist, im frischesten Leben wiederfindet, schliesst ihn in seine Arme, drückt ihn fest an seine Brust vor Freude und Entzücken, dass er ihn wieder hat. Maria übersieht in ihrer Aufregung, in ihrem Entzücktsein nicht, dass eine Schranke zwischen dem Auferstandenen und ihr besteht: sie schliesst ihn desshalb nicht in ihre Arme, sondern sinkt zu seinen Füssen nieder und umfasst seine Kniee. Sie freut sich, dass sie ihn wieder hat und will ihn festhalten, dass er ihr bleibe. Vortrefflich passt zu dieser Auffassung der von Christus angegebene Grund seines Gebotes: μή μου ἅπτου, οὔπω γὰρ ἀναβέβηκα πρὸς τὸν πατέρα. Sie braucht ihn nicht so krampfhaft festzuhalten, es hat noch keine Noth, sie soll ihn nicht dieses eine Mal nur schauen und dann nicht wieder: es hat die Abschiedsstunde noch nicht geschlagen, er bleibt noch auf Erden, er weilt noch eine Zeit lang bei den Seinen. Wie lange sie ihn noch besitzen soll, gibt Jesus nicht an; wohl aber deutet er darauf hin, dass er nicht gekommen ist, um nun ewig bei ihnen zu bleiben. Seine Himmelfahrt ist noch nicht geschehen, aber sie wird geschehen, womit wieder darauf leise hingedeutet wird, dass Maria wohl daran thut, die Gemeinschaft mit ihrem Meister in etwas Anderem zu suchen, als in dem leiblichen Anrühren und Erfassen.

Eine Weisung ertheilt Christus dem zurückgewiesenen Weibe: πορεύου δὲ πρὸς τοὺς ἀδελφούς μου (so lese ich mit Meyer, Godet, Luthardt gegen Tischendorf, welcher μου vollständig löscht und gegen Lachmann, welcher es wenigstens einklammert, weil es im Codex Sinaiticus und Cantabrigiensis fehlt, denn der Wegfall in diesen beiden Handschriften erklärt sich wohl leicht dadurch, dass dieses gehäufte μου Manchem anstössig war, wohingegen das blank dahingesetzte ἀδελφούς etwas Befremdliches immer haben wird, weil die Jünger bis dahin noch nie schlechtweg ἀδελφοί benannt worden sind), καὶ εἰπὲ αὐτοῖς· ἀναβαίνω πρὸς τὸν πατέρα μου καὶ πατέρα ὑμῶν καὶ θεόν μου καὶ θεὸν ὑμῶν. Zu seinen Brüdern heisst Christus die Maria sich wenden: sie soll ihn nicht anrühren, sich nicht an seine Füsse hängen, sondern als seine gehorsame Magd und willige Botenfrau πρὸς τοὺς ἀδελφούς μου gehen. Wer diese Brüder sind, wird hier ebensowenig wie Matth. 28, 9 gesagt; wir erfahren aber aus dem folgenden Verse, dass die Beauftragte unter denselben die μαθηταί, die Jünger, insbesondere sicher die Jünger unter den Jüngern, die Apostel verstanden hat. Der Auferstandene bezeichnet seine Jünger hier ausdrücklich wieder als seine Brüder. Was will er damit? Nach Meyer soll Maria aus dieser Bezeichnung entnehmen, dass die Erscheinung, die ihr zu Theil geworden ist, noch keine überirdische und verklärte ist, dass der, welcher vor ihr steht, annoch unsres Fleisches und Blutes theilhaftig und somit unsres Gleichen ist. Allein die Magdalenerin hat ihn gar nicht für eine überirdische Erscheinung angesehen, er kann sich also auch auf diese Weise ihnen nicht gleichstellen wollen. Diese Gleichstellung würde übrigens auch an dem Folgenden scheitern, wo Christus nicht von unsrem Vater und Gotte *communicative* spricht, sondern es betont, dass Gott in anderer Weise sein Gott und Vater und ihr Gott und Vater ist. Nach Steinmeyer (Auferstehungsgeschichte S. 171) nennt er seine Jünger seine Brüder, „weil sie in die Gemeinschaft seines Wirkens eintreten, weil, wie ihn selbst der Vater gesandt hat in die Welt, also auch sie in seinem Namen die gleiche Mission empfangen sollen." Seltsam ist diese Auffassung. Mit keinem Worte spielt der Herr darauf hin, dass er

7*

den Aposteln jetzt die Sendung in die Welt ertheilt: nicht zu ihnen, sondern zur Maria spricht er: πορεύου und was sie ihnen sagen soll, bezieht sich nicht auf etwas, was sie thun sollen in dieser Welt, sondern auf etwas, das er selbst thut und was direkt mit der Aussendung der Apostel nichts zu schaffen hat, denn diese ist nicht Folge der Himmelfahrt, sondern Folge der Ausgiessung des h. Geistes. Maria, welche dieses Wort hörte, wie die Apostel, welche aus ihrem Munde diesen neuen Namen, den der Auferstandene ihnen beigelegt hatte, empfingen, konnten nichts Andres darin ausgesprochen finden, als dass der, welcher in seine Herrlichkeit nunmehr eingegangen war, sich nicht über sie hinwegsetze und erhebe, sondern sich zu ihnen herniederhalte, um sie wie seiner brüderlichen Liebe, so auch seiner Herrlichkeit sich erfreuen zu lassen. Steinmeyer behauptet, dass nicht zum ersten Male die Jünger von ihrem Meister Brüder genannt würden und verweist auf Matth. 12, 49, wo Jesus, seine Hand ausstreckend und auf seine Jünger hinweisend, spricht: ἰδοὺ ἡ μήτηρ μου καὶ οἱ ἀδελφοί μου. Allein man verkenne nicht, dass er dort im Affekte der Rede und hier mit ruhigem Blute sich so auslässt, und dass er dort bildlich, hier aber buchstäblich das Wort gemeint hat. Auch hier finde ich keinen Anlass, den Brudernamen aus Ps. 22, 23 abzuleiten: wohl aber will ich Luther noch ein Mal zu Wort kommen lassen, um diesen Brudernamen auszulegen. „Also hat er zuvor nie mit seinen Aposteln geredet, denn im Abendmahl nennt er sie wohl seine lieben Kindlein und seine Freunde Joh. 15, 14, 15, aber jetzt nimmt er den allerfreundlichsten und herrlichsten Namen, so er nennen kann, und heisset sie Brüder. Es sind ja die freundlichsten Namen, so die Menschen unter sich haben, Mutter, Bruder, Schwester u. s. w., die durch Mark und Bein gehen. Es ist ihm dazu viel daran gelegen, denn er harrt nicht lange, sondern sobald er auferstanden, ist das seine erste Sorge, dass ihnen gesagt werde, was er vorhabe und dass er auferstanden sei. Es ist ja über alle Masse süsse und lieblich geredet, dass, wer nur hie glauben wollte, sein Leben lang und weil die Welt steht, genug zu glauben hat, dass es wahr sei, wie die lieben Apostel auch selbst genug und mehr denn genug daran zu glauben gehabt haben. Denn der Trost ist zu gross und die Freude zu hoch und der Menschen Herz zu klein und zu enge, solches zu erlangen. Es ist aus der Massen eine schöne und herrliche Predigt gewesen dem lieben Petro und den andern Aposteln. Die lagen da verschlossen, nicht allein verzagt und schüchtern wie eine zerstreute Herde ohne einen Hirten, sondern auch mit bösem Gewissen. Petrus hatte ihn gar verleugnet; die Andern alle hatten so treulich bei ihm gehalten wie ein Hase bei seinen Jungen. Sie sitzen alle mit einander mitten in der Hölle mit bösem Gewissen und Schrecken, haben den Tod vor Augen, dürfen sich nirgend vor den Juden regen. Das können sie in den Sinn nicht nehmen, dass ihnen der Herr vergeben wolle; viel weniger aber können sie das gedenken, dass er sie zu Brüdern wolle aufnehmen. Oder wer kann es noch glauben und fassen? Ich wollte es zuweilen auch gerne glauben, aber ich kann es nicht also stark in's Herz bringen, dass ich mich gänzlich darauf erwäge und es für die lautere Wahrheit halten könnte. — Denn rechne du selbst, was solche Worte in ihnen haben und geben: gehe hin, meine liebe Schwester (denn also will er die Weiber ohne Zweifel auch genannt haben, weil er ihnen am ersten erscheint), und sage den verleugneten und abtrünnigen Jüngern, dass sie meine lieben Brüder heissen und sein sollen. Heisst das nicht mit einem Worte mit Christo ins gesammte Leben und ganze Erbe des Himmels und Alles, was Christus hat, gesetzt sein? Denn, lieber Herr Gott, was ist es, wenn er uns Brüder heisst? Nämlich diess, dass er uns zu Gottes Kindern und seinen Miterben macht. Röm. 8, 16, 17. So thue nun Einer das und zähle her das Erbe und die Güter, die er hat, da wird sich beisammen finden ein armer, elender Bettler und der grösste und höchste König. Ich bin euer Bruder, spricht er, habe ich einen Heller, einen Gulden, du sollst ihn auch haben: ewige Gerechtigkeit, ewiges Leben, Weisheit, Freude und Trost. Alles, was ich habe, soll Alles dein sein. Hast du Sünde, Schuld, Schaden, Hölle, Tod und Teufel, das soll mein sein; ich habe Baarschaft genug, dich zu lösen und für dich zu bezahlen. Kommen nun Sünde, böses Gewissen, Schrecken vor dem Tod und der Hölle, Verfolgung von der Welt und was des Dings mehr sein mag; so kann ich mich mit diesen Worten trösten und sagen: ich bin ja ein Bruder Christi, eingesetzet in gemeine Güter und einerlei Erbe; derhalb lasse ich mich solches alles nicht anfechten. So tief sind wir nicht gefallen, so böse ist es nicht gemacht und verderbt: diese Brüderschaft kann Alles wieder zurechtbringen und reichlich ersetzen, als die da ewig, unendlich und unerschöpflich ist. — Welches Herz kann nun hier genug glauben, dass der liebe Herr uns so nahe zugehört? Denn es ist ja zu gross, unaussprechlich Ding, dass wir arme, elende Adamskinder, die wir in Sünden geboren und veraltet sind, der hohen Majestät wahrhaftige Brüder, Miterben und Mitregenten im ewigen Leben sein sollen, wie S. Paulus herrlich solches rühmt Röm. 8, 17. Eph. 2, 4—6. Kol. 3, 3, 4. 1. Kor. 3, 21, 23. 6, 2, 3. Also gibt mir das Wort Bruder eine solche Krone auf mein Haupt, welche Niemand aussprechen, noch mit Gedanken ergründen kann. 2. Tim. 4, 7, 8. S. Paulus hat's verstanden, darum hat er auch so herrlich davon geschrieben. Auch die Epistel an die Hebräer mutzet diess hoch auf und spricht: derhalb schämt er's sich nicht, dass er sie seine Brüder heisst. 2, 11. Da sieht man, dass die lieben Heiligen solchem Worte fleissig nachgedacht und wohl bewogen haben, welch' ein herrlicher, grosser Titel diess sei, dass wir Christi Brüder sollen heissen." Calvin, Gerhard, Grotius, Bengel und die meisten neueren Ausleger pflichten Luther vollkommen bei und finden in dieser Bezeichnung seiner Jünger als seiner Brüder die Versicherung, dass nicht bloss das alte Liebesverhältniss wieder aufgenommen werden soll, sondern dass das neue Verhältniss hoch noch über dem alten stehen wird, früher waren sie zum höchsten seine Freunde, fortan sollen sie seine Brüder heissen und sein.

Sagen aber lässt der Auferstandene seinen Brüdern: ἀναβαίνω πρὸς τὸν πατέρα μου καὶ πατέρα ὑμῶν καὶ θεόν μου καὶ θεὸν ὑμῶν. Vorher hatte er von seiner ἀνάβασις gesprochen als einem Ereignisse, welches noch nicht geschehen, wohl aber zu erwarten sei, jetzt spricht er in der Präsensform: ἀναβαίνω. Nach Kinkel, Baur, Köstlin, Lutterbeck, Greve, Hilgenfeld, Keim, Volkmar u. A. nöthigt dieses Präsens zu der Annahme, dass die Auffahrt des Auferstandenen sofort nach dieser Erscheinung vor sich geht. Erscheint der Herr an dem Osterabende nach Johannes, so soll er seinen Jüngern eigentlich nicht als der Auferstandene, sondern als der, welcher gen Himmel gefahren ist, erscheinen; er soll von dem Himmel wieder niedergestiegen sein zu dieser Erde, um sich den Seinen kund zu thun. Johannes soll also die Auferstehung und Himmelfahrt auf einen Tag festsetzen. Es ist bekannt, dass unser Evangelist wie an diesem Orte, so auch an andern gelegentlich von der Himmelfahrt redet, vgl. 3, 13. 6, 62, durchaus aber nicht dieselbe erzählt. Bestätigt dieses nicht die Meinung der genannten Theologen? Hatte Johannes nicht die Pflicht, dieselbe darzustellen, wenn sie anders erst vierzig Tage nach Ostern erfolgte, wie die allgemeine Annahme ist. Allein dann hätte auch die Pflicht ihm zum Allerwenigsten obgelegen, uns den Eintritt des Heilandes in diese Welt zu erzählen, über welchen er, der die Mutter des Herrn nach der Kreuzigung Christi zu sich genommen hatte, unstreitig mehr wusste als die Andern insgesammt. Wesshalb schwieg er von der Geburt Christi? Doch wohl nur desshalb, weil die andern Evangelisten, welche vor ihm geschrieben hatten, Alles schon gesagt hatten, was die Gläubigen wissen sollten. Berichtet er nun nicht die Himmelfahrt, so dürfte ganz analog auch gesagt werden, er unterlässt das, weil seine Vorgänger Alles, was wissenswerth ist, schon mitgetheilt hatten. Eine äussere Nothwendigkeit bestand also nicht: wie aber, fragt man, keine innere? Konnte der Evangelist den Faden seiner Geschichtserzählung da abreissen, wo er es gethan hat, bei einzelnen Erscheinungen des Auferstandenen, den Nachspielen seiner Auferstehung? Musste er sie nicht, wenn sie sich nicht wie der Rhein im Sande verlaufen sollte, bis zu dem Punkte fortführen, da der Auferstandene äusserlich, leiblich aus dieser Welt scheidet? Aber schliesst nur das vierte Evangelium so ab, begegnet uns nicht dasselbe Phänomen auch bei dem ersten Evangelium? Offenbar ist es den alten Historiographen zu Sinn gewesen, wie manchem neueren Biographen Jesu Christi — man denke nur an Ewald, Renan, Holtzmann, Hausrath — sie wussten nicht recht, ob sie die Himmelfahrt in dem Ende der Herrngeschichte oder in dem Anfang der Apostelgeschichte unterbringen sollten. Lukas schlug den sichersten Weg ein, da er sich nicht entscheiden konnte, und berichtet seinem lieben Theophilus die Himmelfahrt in dem Evangelium wie in der Apostelgeschichte. Blicken wir weiter hinein in die Apostelgeschichte und in die Episteln, so befremdet es uns, dass in der apostolischen Predigt die Himmelfahrt eigentlich nie betont wird, kaum ein und noch ein Mal wird gelegentlich erwähnt, dass derjenige, welcher auferstanden ist von den Todten, auch gen Himmel gefahren sei. Die Auferstehung Christi ist so energisch in das Centrum des apostolischen Zeugnisses gestellt worden, dass die Himmelfahrt vollständig auf die Peripherie hinausgedrängt wurde. Der Wendepunkt in dem Leben des Erlösers ist nach dem Neuen Testamente die Auferstehung: darüber kann kein Zweifel obwalten. Wir können dieser Anschauung ihre Berechtigung nicht absprechen. Die Himmelfahrt Christi ist die logische Konsequenz der Auferstehung: der Eingang in die Herrlichkeit, die Erhöhung geht nicht erst durch die Himmelfahrt, sondern schon durch die Auferstehung von Statten. Es befremdet uns darum nicht im Mindesten, wenn Johannes von der Himmelfahrt nicht besonders handelt. Ist nun dieses Präsens ἀναβαίνω ein Fingerweis, dass derselbe die Himmelfahrt auf den Tag der Ostern verlegt? Wir finden das nicht. Ein Mal machen wir darauf aufmerksam, dass in diesem Kapitel — von dem 21. sehe ich absichtlich ganz ab — noch von einer Erscheinung nach acht Tagen die Rede ist. Deutet der Berichterstatter mit einem Wörtchen darauf hin, dass der Herr sich zu derselben von dem Himmel herabgelassen hat; will er durch dieselbe nicht den ungläubigen Thomas davon überführen, dass er wahrhaftig von den Todten auferstanden ist, nicht als ein verklärter, gen Himmel entschwebter und von dort herabgekommener Geist, sondern in leibhaftiger Gestalt vor ihm steht? Finden sich in dem Evangelium nicht ähnliche Aussagen, wo das Zeitwort in der Präsensform angetroffen wird? Wird darin ausgesagt, dass auf der Stelle geschieht, wovon die Rede ist, so dürfen wir uns als ehrliche Leute nicht länger sträuben, sondern müssen ohne alle Winkelzüge bekennen: während Lukas in der Apostelgeschichte die Himmelfahrt auf den vierzigsten Tag nach Ostern verlegt, setzt sie dieser Evangelist auf den Ostertag selbst. Nach Joh. 7, 33 spricht Jesus zu den Pharisäern: ἔτι μικρὸν χρόνον μεθ᾽ ὑμῶν εἰμι καὶ ὑπάγω πρὸς τὸν πέμψαντά με. Man bedenke, auf dem Laubhütten-feste Monatelang vor Ostern sagt der Heiland, die Zwischenzeit als eine kleine Weile ansehend, im Präsens von seinem Hingang, ὑπάγω. Vgl. dazu 8, 14, 21. 13, 33, 36. 14, 4, 28. 16, 5, 10, 16, 17. Ebenso kommt ἔρχομαι 14, 3, 8, 18. 17, 11, 13 und πορεύομαι πρὸς τὸν πατέρα 14, 12, 28. 16, 28 vor. Hofmann hat in Weissagung und Erfüllung 2, 185 schon hierauf hingewiesen, Luthardt hat seinem Meister sich angeschlossen. Ein zwingender Grund ist also in dieser Präsensform nicht enthalten: wir können uns die Freiheit nehmen, das, was hier angekündigt wird, auf eine spätere Zeit hinauszuschieben. Wir machen von dieser Freiheit Gebrauch und meinen, dass unser Text selbst einen Wink darüber gibt, dass die Auffahrt nicht in solcher Geschwindigkeit erfolgte. Man reisse doch die Sätze, welche so eng mit einander verbunden sind, nicht auseinander: οὔπω ἀναβέβηκα πρὸς τὸν πατέρα· πορεύου δὲ πρὸς τοὺς ἀδελφούς μου καὶ εἰπὲ αὐτοῖς· ἀναβαίνω. Wäre es wohl angemessen gewesen zu sagen: οὔπω ἀναβέβηκα, wenn das Auffahren gen Himmel in dem Momente vor sich hätte gehen sollen, da er der Maria Magdalena sich zu erkennen gab, oder während der Zeit, da sie den Aposteln die Botschaft überbrachte? Christus lässt seinen Jüngern sagen, dass er aufsteige, auffahre πρὸς τὸν πατέρα μου καὶ πατέρα ὑμῶν καὶ θεόν μου καὶ θεὸν ὑμῶν. Es ist mit Recht schon den ältesten Auslegern aufgefallen, dass er erstens nicht einfach sagt πρὸς τὸν πατέρα ἡμῶν und zweitens mit jener Aussage sich nicht bescheidet, sondern den πατέρα auch noch als θεόν prädizirt. Augustinus mag für die alten Väter das Wort führen: er bemerkt (tract. 121 in Joh.): *non ait patrem nostrum: aliter ergo meum, aliter vestrum: natura meum, gratia vestrum. Et Deum meum et Deum vestrum. Neque hic dixit: Deum nostrum: ergo et hic aliter meum, aliter vestrum: Deum meum, sub quo et ego homo sum, et Deum vestrum, inter quos et ipsum mediator sum.* Luther stimmt ganz zu: „Das sind doch ja schöne und freundliche Worte, da er den Nutzen und die Frucht seiner Auferstehung noch lieblicher ausstreicht. Zum Ersten macht er einen Unterschied zwischen uns und ihm, spricht nicht: ich fahre auf zu unsrem Vater, sondern ich fahre auf zu meinem Vater und zu eurem Vater. Da will er mit anzeigen, dass wir nicht einen Vater haben und er einen andern; aber dass wir nicht also des Vaters Söhne seien, wie er. Er ist des Vaters natürlicher und von Ewigkeit ge-borner Sohn und nicht ein Kürsohn und diesen Vortheil hat er nun vor allen Andern. So ist nun das mächtig gross, dass er sagt: und zu eurem Vater. Mit diesem Wort thut er den Himmel auf und schliesst allen Gläubigen auf die väterliche Gnade und Barmherzigkeit. Damit will er ein Herz, so in Furcht und Anfechtung steckt, gar auswaschen und sprechen: Lieber, es ist nicht also, wie du dich lässt dünken: ich bin dein Bruder, so ist mein Vater auch dein Vater. Also nimmt er aus dem Herzen den zornigen Anblick und setzt einen freundlichen und rechten Anblick an die Statt: gibt mit diesem Worte Alles, das der Vater hat und vermag, dass wir dasselbe zum Erbfall sollten haben. Christus will dein Bruder sein, so will Gott dein Vater sein; so müssen nun auch alle Engel deine Freunde sein und es müssen lachen und mit dir sich freuen Sonne, Mond und alle Sterne: die Hölle muss ganz und gar zugeschlossen sein und muss nichts Anderes da sein als der väterliche und gnädige Wille Gottes. Siehe, so schön und lieblich kann der liebe Herr Christus reden!" Es ist beachtenswerth, wie scharf der Herr, welcher die Jünger eben erst als seine Brüder bezeichnet hat, sich von ihnen zugleich unterscheidet: sein Vater ist nicht in derselben Weise, wie er sein Vater ist, auch unser Vater. Und gerade dieser Umstand, dass der grosse Gott Himmels und der Erde, in anderem Sinne unser Vater ist, als er sein Vater ist, offenbart uns recht die brüderliche Liebe Jesu Christi zu uns. Denn was Bengel sagt, gilt: *nos per illum; ille singularissime et primo*. Dieser Zusammenhang tritt dadurch in dem Worte selbst zu Tage, dass es nicht lautet πρὸς τὸν πατέρα μου καὶ πρὸς τὸν πατέρα ὑμῶν, sondern nur ein Mal πρός steht, wodurch sein Vater und unser Vater nicht aus einander gehalten werden. Doch der Herr redet nicht bloss von seiner Auffahrt zu seinem Vater und zu unsrem Vater, er amplificirt sein Wort: καὶ θεόν μου καὶ θεὸν ὑμῶν. Es ist nicht gerade häufig, dass Jesus von seinem Gotte redet. *Christus*, bemerkt Bengel richtig, *Deum appellavit Deum suum, ter. in cruce Matth. 27, 46, hoc loco et in Apocalypsi 2, 7,* wo μοῦ allerdings im *textus receptus* nicht zu finden ist, wohl aber nach Tischendorf sein gutes Recht hat, da es von ängstlichen Abschreibern gestrichen worden ist, als der Ehre des Sohnes Gottes zu nahe tretend. Gewiss ist es ein grosser Unterschied, wenn der Heiland von seinem Vater und seinem Gotte redet. Die alten Heiden haben das höchste Wesen gern *optimus* und *maximus* genannt, sie weisen damit auf einen Unterschied, auf unterschiedliche Eigenschaften in der Gottheit hin. Als *optimus* ist der höchste Gott das menschenfreundlichste, als *maximus* das mächtigste Wesen. Auf ähnliche Unterschiede führen die beiden hier gebrauchten Namen, πατήρ und θεός. Während bei der Bezeichnung des höchsten Wesens als Vater sein Liebesverhältniss zu uns betont wird, tritt aus dem θεός, so es neben ὁ πατήρ gestellt wird, seine unbedingte Oberherrlichkeit, also unsre schlechthinige Abhängigkeit von ihm an's Licht. Die Alten haben das schon erkannt: so schreibt Epiphanius *adv. haer.* 69, 55: θεόν μου ἔλεγε καὶ θεὸν ὑμῶν καὶ πατέρα μου καὶ πατέρα ὑμῶν, πατέρα μου μὲν κατὰ φύσιν ἐν τῇ θεότητι καὶ πατέρα ὑμῶν διὰ χάριν δι᾽ ἐμὲ ἐν τῇ υἱοθεσίᾳ, θεόν μου δέ, ὅτι τὸ ὑμέτερον σαρκίον εἴληφα καὶ θεὸν ὑμῶν κατὰ φύσιν καὶ ἀλήθειαν. So Cyrillus, Ambrosius, Augustinus, Calvin: *porro Christus deum suum appellat, quatenus sumpta servi figura se ipsum exinanivit. Est igitur hoc humanae eius naturae proprium, sed in totam personam confertur unitatis respectu, quia idem est homo et deus.* Es ist aber sehr fraglich, ob sie das Richtige getroffen haben, denn der Sprechende befindet sich ja gar nicht mehr in dem *status exinanitionis*; soll er aus seinem früheren Bewusstsein heraus, aus alter, lieber Gewohnheit Gott noch seinen Gott nennen? Wenn irgend, so musste der Erlöser jetzt an dem grossen Tage seines Sieges ein volles Bewusstsein davon haben, dass er der Sohn Gottes sei und ihm nicht mehr als Knecht gegenüberstehe. Lampe's Bemerkung, wie richtig sie sonst sein mag: *emphatice vero hae relationes patris et dei coniunguntur, quod etiam imitatur Paulus Eph. 1, 3, quia relatio patris benignam eius voluntatem, Dei vero, illimitatam eius potentiam et summam maiestatem exprimit. Hanc potissimum perfectionum bigam in resuscitatione filii et servi sui Jehova demonstraverat et porro in eius exaltatione revelare volebat;* reicht hier auch nicht aus, denn Christus betont ja nicht, dass sein Gott ihn zu sich nimmt, sondern dass er nach eigenem Entschlusse, in selbsteigenster Kraft zu seinem Vater hinaufgeht. Ich glaube auch nicht, dass man damit zum Ziele kommt, dass man auf die verklärte menschliche Natur hinweist, welche den Auferstandenen, weil dieselbe eben eine menschliche ist, in dem Bewusstsein seiner Abhängigkeit von Gott erhält, denn diese Natur ist ja eben, weil sie verklärt ist, allen Schranken entrückt und somit unabhängig. Wir werden wohl tiefer in das Geheimniss der Trinität hineindringen müssen. Ist Gott der Vater unsers Herrn Jesu Christi, hat der Logos in dem Wesen und Willen des Vaters den Urgrund seines Seins, so ist, mag nun der Logos als ἄσαρκος oder als ἔνσαρκος gedacht werden, damit immer irgend eine Dependenz der zweiten Person von der ersten in der Gottheit gesetzt. Wie aus dem Verhältniss zu dem höchsten Wesen als seinem Vater resultirt, dass derselbe auch unser Vater ist, so resultirt gleicher Weise aus dem andern Verhältnisse, in welchem der Sohn zu dem Vater steht, dass sein Gott auch unser Gott ist, dass wir durch seine Vermittlung zu Gott kommen und nur, weil er unser Bruder geworden ist, zu Gott sprechen dürfen: du bist mein Gott!

Wie kommt nun aber Christus darauf, dass er an dem Morgen seiner Auferstehung durch Maria Magdalena seinen Jüngern sagen lässt, dass er, von den Todten auferstanden, nicht bei ihnen bleibe, sondern zum Vater gehe, die bestimmte Absicht habe, im Begriffe stehe, zu seinem Gott und Vater heimzukehren, denn so haben wir, wie ausser den Genannten, welche die Himmelfahrt auch noch auf den Ostertag legen, alle Ausleger behaupten, das Präsens ἀναβαίνω zu verstehen. Vergebens suchen wir bei den Kirchenvätern nach einer Antwort auf diese Frage. Gerhard beschäftigt sich erst eingehend mit ihr: nach ihm will der Erlöser durch diese Eröffnung, durch diese Perspektive seiner Himmelfahrt, alle die fleischlichen Hoffnungen, welche seine glorreiche Auferstehung in den Herzen seiner Jünger aufs Neue erwecken und auf das Höchste entflammen konnte, mit der Wurzel ausrotten. *Sed quid causae*, so formulirt Gerhard die Frage, *quod Christus de ascensione potius quam de resurrectione discipulis suis concionari voluit: videbantur enim prius de resurrectionis veritate confirmandi, antequam de ascensione aliquid audirent? Respondeo: ex variis concionibus Christi, quas, ante passionem et mortem ad illos habuerat, resurrectionem didicerant, vel certe discere debuerant, sed ob praeconceptum somnium de terreno quodam Messiae regno haec omnia ita accipiebant, quod Christus ad mundanum quoddam regimen inchoandum sit resurrecturus, unde ipso ascensionis die adhuc quaerunt, an in tempore hoc regnum Israel sit restiturus, Act. 1, 6. Huic inveterato errori ut obviam iret, ad considerationem ascensionis suae eos revocat, ne scilicet ex resurrectionis nuncio spem terreni regni denuo conciperent, sed ad coelestia bona ab illo speranda animos erigerent.* Lampe tritt diesen Ausführungen bei, meint aber auch, um desswillen könne Christus von seiner Auffahrt sprechen, *ut discipuli ex eius tenore eo certius*

veritatem resurrectionis dominicae colligerent, cum audirent a Maria summa-
rium praecise illorum sermonum, quos ante triduum Jesus ad solos discipulos
absente Maria habuerat. Wir lassen diesen Gedanken fallen, denn wie die
wenigen Worte, mit welchen Christus das Weib betraut, ein *summarium*
der letzten Reden bei Johannes sein sollen, ist uns unbegreiflich und
weiter hätte in denselben bestimmt von einem ἀναβαίνειν geredet sein
müssen, was nicht der Fall ist. Das Wort, um welches sich Alles dreht,
kommt in ihnen nie vor. Ich billige den von Gerhard angegebenen Grund,
bin aber der Meinung, dass diese Verkündigung sich aus mehr als einem
Grunde an dem Ostermorgen noch geziemte. Es ist dieses Wort das
Programm des Auferstandenen! Er ist auferstanden, in das Leben aus
dem Tode zurückgekehrt, aber seine Auferstehung bedeutet mehr als das,
sie ist ein ἀναβαίνειν zu dem Vater, um sich auf den Stuhl zu seiner
Rechten zu setzen, sie ist der Eingang in die Herrlichkeit. Sie ist also
nicht die Pforte zu einer neuen, herrlicheren Phase des Erdenlebens,
sondern im Gegentheil, sie entnimmt Jesum der bisherigen, weltförmigen
Daseinsform und führt ihn in den Himmel hinauf und hinein, um von dort
herab sein Regiment zu führen. Die Jünger haben sich also darauf gefasst zu machen, dass er nicht bei ihnen bleibt, nicht ununterbrochen mit
ihnen umgeht, er steigt auf von dieser Erde, wird über ein Kleines ihren
leiblichen Augen entrückt, sichtbar gen Himmel fahren; er muss sie daran
gewöhnen, er kann sich ihnen nur noch in einzelnen Erscheinungen offenbaren. Zu Elisa sprachen einst die Kinder der Propheten: weisst du auch,
dass der Herr wird deinen Herrn von deinen Häupten nehmen? (2. Kön. 2, 5).
Elisa wusste es und sprach: ich weiss es auch wohl, schweigt nur stille!
Die Apostel könnten es wissen, aber in der Freude, dass ihr Herr und
Meister zu ihnen zurückgekehrt ist aus dem Grabe, vergessen sie es: sie
sollen es aber nicht vergessen, sondern die kurze Zeit, welche der Auferstandene ihnen noch schenkt, recht treu auskaufen!

Maria Magdalena richtet des Herrn Auftrag aus. Johannes und
Markus berichten das: der Erstere schreibt: ἔρχεται Μαριὰμ ἡ Μαγδαληνὴ
ἀγγέλουσα (so lese ich mit Tischendorf auf Grund des Sinaiticus, Alexandrinus und Vaticanus statt des recipirten ἀπαγγέλουσα) τοῖς μαθηταῖς,
ὅτι ἑώρακα τὸν κύριον καὶ ταῦτα εἶπεν αὐτῇ. Die Lesart ἑώρακα ist zu
gut durch den Codex Sinaiticus und Vaticanus bezeugt, als dass wir sie
fallen lassen dürften: spätere Schreiberhände suchten die Konformität herzustellen und machten aus der ersten Person die dritte ἑώρακε. Ein
Wechsel in der Darstellung, hier also ein Uebergang aus der *oratio recta*
in die *oratio obliqua*, ist nichts Unerhörtes: vgl. nur Act. 1, 4. Markus
begnügt sich nicht mit der Notiz: ἐκείνη πορευθεῖσα ἀπήγγειλεν τοῖς μετ'
αὐτοῦ γενομένοις, πενθοῦσιν καὶ κλαίουσιν, sondern berichtet noch, wie die
Botschaft von den Freunden und Anhängern Jesu, die da heulten und
weinten — πενθεῖν wird noch öfters mit κλαίειν verbunden, so Luk. 6, 25.
Jak. 4, 9. Apok. 18, 15, 19, es ist ein stärkerer Ausdruck als λυπεῖσθαι
und κλαίειν und ist desshalb auch in den Stellen aus der Offenbarung dem
κλαίειν nachgeordnet, denn es ist ein beliebter Ausdruck für die Klage,
welche über einen Todten angestimmt wird, vgl. die Lexika von Passow
und Pape, — aufgenommen wurde. Er sagt nämlich: κἀκεῖνοι ἀκούσαντες,
ὅτι ζῇ, καὶ ἐθεάθη ὑπ' αὐτῆς, ἠπίστησαν. Grotius legt ἀκούσαντες, ὅτι ζῇ
so aus: id est, ἀκούσαντες, ὅτι ὁ ἄγγελος εἶπεν αὐτὸν ζῆν. *Hoc enim ad*

primam illam historiam refero: quod sequitur ad secundam: allein dazu ist auch nicht der mindeste Grund. Eine solche Breviloquenz wäre zu stark. Ich möchte aber auch nicht ohne Weiteres Fritzsche beitreten, welcher übersetzt: *illi postquam eum vivere quippe ab ea visum audiverant, non ei fidem habuerunt;* denn es hat den Anschein, als ob die Apostel daraus, dass Maria ihn gesehen hatte, den Schluss gezogen hätten, er müsse leben. Das Einfachste ist sicher, den Satz so zu fassen, dass jene hörten, erstens dass der Gekreuzigte wieder lebendig geworden sei, und zweitens, dass er der Maria sich geoffenbart habe, sodass sie ihn nicht bloss sehen, sondern anschauen, genau betrachten konnte. Die Trauer über des Herrn Tod hatte alle Lichter der Hoffnung bei seinen Jüngern ausgelöscht: sie konnten nicht glauben, sie setzten dem Glaubenszeugnisse der Jüngerin und Apostolin Jesu Christi den entschiedensten Unglauben entgegen. Wir wollen die Jünger desshalb nicht schelten, sondern haben selbst Anlass, uns ihres Unglaubens zu freuen. Je grösser ihr Unglaube an die vollendete Thatsache der Auferstehung Jesu Christi war, desto weniger kann der Gedanke aufkommen, dass aus der erhitzten Einbildungskraft der Apostel der Glaube, Jesus sei auferstanden, hervorgewuchert sei. Ihr Unglaube dient zur Bezeugung der Wahrheit, was die Alten schon klar gesehen haben, wesshalb z. B. Leo der Grosse (s. 1. in ascens.) predigt: *mors Christi multum discipulorum corda turbaverat, et de supplicio crucis, de emissione spiritus, de exanimati corporis sepultura gravati moestitudine mentibus, quidam diffidentiae torpor obrepserat. Nam cum sanctae mulieres, sicut evangelica pandit historia, revolutum a monumento lapidem et sepulchrum corpore vacuum et viventis Domini testes angelos nunciarent, verba earum apostolis aliisque discipulis deliramentis similia videbantur. Quam utique haesitationem humana infirmitate mutantem nequaquam permisisset spiritus veritatis praedicatorum suorum inesse pectoribus, nisi illa trepida sollicitudo et curiosa cunctatio nostrae fidei fundamenta iecisset.*

Steinmeyer erklärt es für sehr leicht, eine Menge von Diskrepanzen zwischen dieser Erscheinung, welche Maria Magdalena hatte, und jener, welche den galiläischen Frauen nach Matth. 28, 9 zu Theil ward, herauszustellen: wir nehmen Akt von dieser Erklärung und verzichten desshalb auf diesen Beweis für die Nichtidentität beider Erzählungen. Es will mir scheinen, als ob innere Differenzen genug vorhanden wären. Hier eine Seele, die den Lebenden bei den Todten sucht, dort Seelen, die da glauben und wissen, dass er von den Todten auferstanden ist. Daher hier von vornherein ein Nichterkennen, dort ein sofortiges Erkennen des Herrn der Herrlichkeit. Hier ein Umklammern der Füsse des Erkannten, um ihn festzuhalten und wieder in Besitz zu nehmen, dort ein tief demüthiges Anbeten. Daher hier eine Abweisung, dort ein Gewährenlassen. Hier erscheint Christus der Maria um ihretwillen, um sie zum Glauben zu führen, dort erscheint er nicht um der gottseligen Frauen willen, sondern um der Apostel willen, die gen Galiläa beschieden werden sollen. Ich kann mich daher nicht zu de Wette, Baumgarten-Crusius, Godet, Tischendorf, Steinmeyer schlagen, sondern nehme zwei verschiedene Erscheinungen mit Griesbach, Hess, Paulus, Glöckler, Kühnöl, Luthardt, Hengstenberg, Lange, Neander u. A. mehr an. Markus sagt ausdrücklich, dass der Auferstandene zuerst der Maria erschienen sei: wir haben keinen Grund, an der Wahrheit dieser Angabe zu zweifeln. Sie hat das schon für sich, dass der Herr der

Herrlichkeit am Ersten von all seinen Aposteln dem Petrus erschienen ist,
wie aus Luk. 24, 34 und 1. Cor. 15, 5 unwidersprechlich hervorgeht. Wie
jener das *membrum praecipuum* unter den Männern ist, welche Jesu nachgefolgt sind, so ist Maria Magdalena die Vorsteherin des Chores der
dienenden Frauen. Wir meinen, wenn man von Ansprüchen reden darf,
so hatte sie vor jenen Andern einen wohlerworbenen Anspruch, dass der
Auferstandene sie nicht hintenansetzte, sondern bevorzugte. Glöckler,
Hengstenberg und Neander sind anderer Ansicht: die von dem Grabe
heimeilenden Frauen sehen nach ihnen zuerst.

---

4. Die Bestechung der Grabeswächter.

Matth. 28, 11—15.

Da sie aber hingingen, siehe da kamen etliche von den Hütern in die Stadt und ver-
kündigten den Hohenpriestern Alles, was geschehen war. (12) Und sie kamen zusammen mit
den Aeltesten und hielten einen Rath und gaben den Kriegsknechten Gelds genug (13) und
sprachen: saget, seine Jünger kamen des Nachts und stahlen ihn, dieweil wir schliefen. (14) Und
wenn diess vor den Landpfleger gebracht wird, wollen wir ihn bereden und schaffen, dass
ihr sicher seid. (15) Sie aber nahmen das Geld und thaten, wie sie gelehret waren.
Solches ist eine gemeine Rede geworden bei den Juden bis auf den heutigen Tag.

Matthäus berichtet allein, dass die Hohenpriester und Pharisäer den
Pilatus um eine Wache gebeten haben, die das Grab verwahren sollte; er
hat bereits auch mitgetheilt, dass dieselbe, als das Erdbeben geschah und
der Engel des Herrn den Stein von der Grabesthür abwälzte und sich
dann, seines Werkes froh, hinsetzte, vor Schrecken erbebte und wie todt
ward. Er kommt jetzt noch ein Mal auf diese Wächter zu reden: $\pi o \varrho \varepsilon v o$-
$\mu \acute{\varepsilon} v \omega v$ $\delta \grave{\varepsilon}$ $\alpha \grave{v} \tau \tilde{\omega} v$, $\grave{\iota} \delta o \acute{v}$ $\tau \iota v \varepsilon \varsigma$ $\tau \tilde{\eta} \varsigma$ $\varkappa o v \sigma \tau \omega \delta \acute{\iota} \alpha \varsigma$ $\grave{\varepsilon} \lambda \vartheta \acute{o} v \tau \varepsilon \varsigma$ $\varepsilon \grave{\iota} \varsigma$ $\tau \grave{\eta} v$ $\pi \acute{o} \lambda \iota v$ $\grave{\alpha} v \acute{\eta} \gamma \gamma \varepsilon \iota$-
$\lambda \alpha v$ (so lesen wir auf Grund des Codex Sinaiticus und Cantabrigiensis mit
Tischendorf statt des recipirten $\grave{\alpha} \pi \acute{\eta} \gamma \gamma \varepsilon \iota \lambda \alpha v$, welches von Weiss noch ge-
schützt wird, weil $\grave{\alpha} v \alpha \gamma \gamma \acute{\varepsilon} \lambda \lambda \varepsilon \iota v$ sonst nie von Matthäus gebraucht werde.
Allein gerade dieser Umstand dürfte dafür sprechen, dass $\grave{\alpha} v \acute{\eta} \gamma \gamma \varepsilon \iota \lambda \alpha v$ hier
ursprünglich ist: die Abschreiber stiessen sich an diesem nur hier er-
scheinenden Verbum compositum und setzten kurzer Hand das übliche an
seine Statt) $\tau o \tilde{\iota} \varsigma$ $\grave{\alpha} \varrho \chi \iota \varepsilon \varrho \varepsilon \tilde{v} \sigma \iota$ $\ddot{\alpha} \pi \alpha v \tau \alpha$ $\tau \grave{\alpha}$ $\gamma \varepsilon v \acute{o} \mu \varepsilon v \alpha$. Es ist die Frage, wann
die Grabeswächter von dem Grabe aufgebrochen sind. Grotius und Baum-
garten-Crusius meinen, sie seien erst, nachdem die galiläischen Frauen,
denen der Auferstandene auf dem Wege erschien, das leere Grab wieder
verlassen hätten, aufgestanden und fortgeeilt. Nach Gerhard haben sie sich
schon früher aufgemacht: Meyer ist auch der Ansicht, „die Soldaten," sagt
er, „sind also, während die Frauen noch auf dem Wege sind, bereits in
der Stadt angekommen und machen den Oberpriestern Anzeige." Glöckler
und de Wette stimmen bei. Weiss lässt sie aber nicht vor den Weibern
sich fortbegeben, sondern gleichzeitig mit ihnen. Mir ist es nicht sehr
wahrscheinlich, dass sie gleichzeitig mit oder nach den Weibern in die
Stadt gehen, ich meine, dass Gerhard schon das Richtige getroffen hat.
Sollen sie so lange Zeit erstarrt dagesessen oder dagelegen haben? Es
ist ja Alles nicht in wenigen Augenblicken abgemacht gewesen: wir

haben anzunehmen, dass die Jüngerinnen Jesu erst eine Zeit lang in schweren Gedanken und Sorgen vor dem geöffneten Grabe gestanden haben, ehe sie auf Zureden der beiden Engel sich entschliessen, in die Grabeshöhle hineinzutreten. Doch wir können aus unserem Texte uns schon überzeugen, dass Gerhard vollständig Recht hat. Es ist zu bedenken, dass der Evangelist nicht schreibt: πορευομένων δὲ αὐτῶν — ἀπῆλθον, sondern πορευομένων δὲ αὐτῶν — ἀνήγγειλαν: er setzt also mit dem Weggehen der Frauen durchaus nicht den Fortgang der Kriegsknechte, sondern ihre Meldung bei den Hohenpriestern gleichzeitig. Wie können sie aber um dieselbe Zeit, da jene Galiläerinnen von dem Grabe scheiden, ihren Bericht in der Stadt abstatten, wenn sie nicht vor jenen den Garten Josephs geräumt haben? Nicht die Jünger, nicht die Freunde Christi in der Stadt empfangen somit die erste Nachricht von seiner siegreichen Auferstehung, sondern seine Widersacher, seine Todfeinde. Sie hatten solch eine Mittheilung nicht erwartet: wie ein Blitzstrahl aus heiterem Himmel trifft sie diese Kunde. Sie wiegten sich noch in ihren stolzen Siegesträumen und ἰδού, so schreibt Matthäus mit gutem Bedacht, siehe, mit einem Male, urplötzlich, werden sie furchtbar aufgeweckt durch die Wächter, welche an ihre Thür hart anklopfen! Nicht Alle, welche zu der κουστωδία gehören, stehen da, sondern nur τινὲς τῆς κουστωδίας. Wie kommt es, dass nur τινές erscheinen? Lange glaubt, dass nach guter, strammer militärischer Ordnung nur ein Kommando von dem Posten entsandt worden sei, um Rapport zu erstatten von dem wunderbaren Ereignisse und um neue bezügliche Instruktionen zu bitten, die anderen Wachmannschaften seien an dem Grabe verblieben bis auf Weiteres. Ich weise diesen Gedanken ab: die evangelische Geschichte begünstigt ihn nicht. Wie hätten die Frauen, Petrus, Johannes, Maria Magdalena das Grab besuchen und betreten können, wenn die Wache noch vor demselben lag? Und da Maria sofort in die Stadt eilte und die beiden Apostel herausliefen, ist es unmöglich, dass diese Abgesandten den Bescheid dem Posten schon zugestellt hatten, er könne abziehen. Euthymius Zigabenus bemerkt zu τινές· οἱ καταλειφθέντες παρ' αὐτῷ (ich möchte nicht mit Matthäi daneben schreiben: τῷ Χριστῷ, sondern lieber τῷ μνημείῳ) φύλακες ἢ οἱ ἐπισημότεροι τούτων. Das Erste ist nicht statthaft, denn τινές ist nie gleich πάντες, es ist stets nur ἔνιοι. Das Letztere lässt sich hören; doch worin bestand das, wodurch sich diese Boten vor den Anderen auszeichneten? Paulus räth darauf, dass es die Quaternio, also die aus vier Mann bestehende Abtheilung gewesen sei, welche zu der Zeit, da diess Alles geschah, gerade die Wache hatte: allein diese Leute hätten doch dann gut gethan, noch andere Mannschaften mitzunehmen, welche sich für ihre Unschuld und Straflosigkeit verbürgten, ehe sie die Anderen überhaupt bereit fanden, für sie die Wacht zu übernehmen. Oder war etwa eben ihre Zeit abgelaufen? Besser sehen wir in diesen τινές mit Calvin, Gerhard, Grotius u. A. Beauftragte der ganzen Wache. Pontius Pilatus, der Oberbefehlshaber sämmtlicher römischen Truppen in dem heiligen Lande, hatte diese kleine Abtheilung dem Hohenpriester zur Verfügung gestellt, welche um eine Bewachung des Grabes, die nur etliche Tage dauern sollte, gebeten hatten. Darnach war nicht der römische Landpfleger derjenige, welchem diese κουστωδία Bericht zu erstatten hatte, sondern den Hohenpriestern war sie verantwortlich. Sie war so lange, als dieser Wachdienst dauerte, gleichsam beurlaubt und musste sich bei dem Landpfleger erst wieder zum Dienste melden, wenn jene Kommission ausgerichtet war. Diese τινές genügen dem strengen Dienstreglement: sie haben dabei aber, wie Calvin und Gerhard schon ganz richtig vermuthen, wohl noch unreine, eigennützige Nebenabsichten. *Quod autem*, so lässt der Reformator sich aus, *dicit Matthaeus, venisse ex illis quosdam, incertum est, an pauci astuti consilium ab aliis segregaverint, an vero missi fuerint communi omnium nomine. In hanc secundam partem magis inclinat coniectura, quia postea dicit Matthaeus, non uni vel duobus, sed in genere datam fuisse militibus mercedem periurii. Certum quidem est, sive omnes simul conspiraverint, sive pars illorum, tamen ex crudeli et implacabili sacerdotum contra Christum odio praedam venatos esse: deinde cum scelere obstrictos tenerent, mala eorum conscientia ad extorquendam pecuniam fuisse abusos. Nam (quod sceleratis fere omnibus contingit) sacerdotes male sibi conscii, ut dedecus suum tegerent, milites largo pretio corrumpere coacti sunt.* Gerhard begründet diese Ansicht Calvin's nicht übel: *noverant, pontifices nihil magis timere quam ne fama obtineret, Christum triduo post ex mortuis resurrexisse; noverant etiam, se eo fine illuc missos ut custodito sepulchro famam illam extinguerent, postquam igitur fructus diligentiae in asservando sepulchro ipsis perierat, novam emungendae pecuniae rationem excogitant ac relatione eorum, quae viderant et audierant, pontifices perterrent.* Diese Kriegsknechte verstehen ihren Vortheil, sie nehmen denselben um so lieber wahr, je mehr sie sich darüber mochten geärgert haben, dass sie in diesen Tagen, in denen es in Jerusalem viel zu begaffen gab, einen schweren, langweiligen Wachdienst in diesem abgelegenen Garten zu verrichten hatten. Sie wissen sehr gut, dass diese Obersten, welche diese Wache sich erwirkt haben, weil sie irgend welche Erfüllung des Verheissungswortes Christi von seiner Auferstehung nach drei Tagen befürchteten, das allergrösste Interesse haben, die Auferstehung des Gekreuzigten nicht ruchbar werden zu lassen, und denken, dass ihnen ein gutes Stück Geld wird geboten werden, wenn sie fest versprechen, gegen Jedermann von dem zu schweigen, das sie gesehen haben. Sie wollen sich nicht rechtfertigen, sondern für ihre Mühe bezahlt machen: um ein Trinkgeld ist es ihnen hauptsächlich zu thun. Nur τινές statten den Hohenpriestern den Bericht ab: was machen die Anderen inzwischen? Sie sind auch aus dem Garten abgezogen: abgezogen ohne die Erlaubniss abzuwarten, dass sie heimgehen könnten. Wie dürfen sie das wagen? Hat der Schrecken, der sie überfiel, in ihnen das Bewusstsein ihrer Pflicht ausgelöscht? Ich glaube das nicht: dem römischen Legionär sind die Kriegsartikel stets vor Augen. Aber sie stehen nicht mehr unter dem direkten Befehle ihres Kriegsobersten, derselbe hat sie auf kurze Zeit den Hohenpriestern überlassen und unterstellt. Sie haben nur diesen gegenüber sich zu verantworten und ihrem Hauptmanne erst in dem Falle, dass Beschwerde wider sie einläuft. Wie sollten die Hohenpriester bei Pilatus sie verklagen? *Indicta causa* straft kein römischer Oberbefehlshaber seine Leute, wenn sie von Provinzialen, mögen es auch die Obersten im Lande sein, eines Dienstversehens beschuldigt werden. Was haben die Ankläger zu erwarten? Ein Verhör, ein strenges Verhör wird vorgenommen, die vier Mann, welche in jener Stunde das Grab zu hüten hatten, beschwören, dass ein Erdbeben stattgefunden und eine leuchtende, blitzende Gestalt den Stein von des Grabes Thür abgewälzt hat; die anderen acht Mann des Postens bestätigen diese Aussage — und was haben nun die

Hohenpriester von ihrer Beschwerdeführung? Nur Spott und Hohn: der Landpfleger hat ihnen die Wache gegeben mit den Worten: *ἀσφαλίσασϑε ὡς οἴδατε* (Matth. 27, 65), sie haben ihr Geschäft schlecht verstanden: den Schaden haben sie, für den Spott brauchen sie nicht zu sorgen! Die Kriegsknechte können also ungescheut den unliebsamen Posten aufgeben.

Die Hohenpriester und Pharisäer hatten diese Grabeswächter erbeten und an Ort und Stelle geführt: die Wächter gehen aber nur zu den Hohenpriestern, denn, wenn auch die Pharisäer die schürenden Personen sind, so sind jene die leitenden, die autoritativen Männer, und vermelden *ἅπαντα τὰ γενόμενα.* Was sind alle diese Geschehnisse? Theophylaktus sagt: das Erdbeben, das Wegrollen des Grabsteines und ihr tödtlicher Schrecken. Gerhard geht weiter: *quomodo scilicet magnus terrae motus contigerit, quomodo angelus de coelo descendens lapidem sepulchri revolverit ac super eum sederit, cuius aspectus fuerit instar fulguris et vestimentum nivis instar candidum. Quin imo ex descriptione Matthaei videtur posse colligi, quod hi milites e longinquo astiterint et angelicam de resurrectione Christi concionem ad mulieres habitam audierint.* Andere thun mit Grotius noch einen Schritt weiter und fügen hinzu: *corpus non repertum.* Mir scheint Grotius zu weit zu gehen, wie auch Gerhard mit seiner letzten Bemerkung: Matthäus berechtigt uns nicht zu solchen Annahmen. Wie todt sinken die Wächter dahin, als sie den Engel sehen: legt das den Gedanken nahe, dass sie sich ein Herz fassen und dem Orte näher treten, da der Engel gewaltet hat, so dass sie zu hören vermögen, was die Engel in dem Grabe den Weibern predigen?

Die Erzählung ist nicht ganz glatt, sie ist unbeholfen: ein Wechsel des Subjektes tritt auf ein Mal ein; diess Vorkommniss steht nicht allein da, vgl. darüber Winer S. 556, wo eine reiche Beispielsammlung aus dem Neuen Testamente wie aus profanen Schriftstellern veranstaltet worden ist. Der Evangelist schreibt: *καὶ συναχϑέντες μετὰ τῶν πρεσβυτέρων συμβούλιόν τε λαβόντες ἀργύρια ἱκανὰ ἔδωκαν τοῖς στρατιώταις.* Die Hohenpriester, die Angesehensten also aus dem priesterlichen Geschlechte, welche im Synedrium sassen, die Hierarchen traten mit den Laienältesten zusammen. Es ist auffallend, dass sie nicht die Pharisäer, mit welchen sie bei Pontius Pilatus gewesen waren, einberufen, sondern diese *πρεσβύτεροι τοῦ λαοῦ.* Wir können uns diess nur dadurch erklären, dass sie nicht eine private, vertrauliche Vorbesprechung, sondern eine offizielle Versammlung abhalten wollen. Grotius, Kühnöl, de Wette, Bleek, Hengstenberg u. A. denken nun an eine förmliche Sitzung des Synedriums, Weiss und Keil hingegen nur an eine nicht förmliche Versammlung von Synedristen. Da aber Matthäus, wie Leidensgeschichte 2, 434 bemerkt wurde, das Synedrium mehrfach mit οἱ ἀρχιερεῖς καὶ οἱ πρεσβύτεροι umschreibt, so empfiehlt es sich desshalb hier, eine Einberufung dieses obersten Gerichtshofes anzunehmen. Der Hoherath, welcher den Herrn zum Tode verdammt hat, empfängt jetzt die Mittheilung, dass sein Grab wunderbar geöffnet, ja dass der Gekreuzigte auferstanden sei. Wir können allerdings nicht nachweisen, dass die Leute von der Wache die Auferstehung gemeldet haben, es liegt aber sehr nahe, denn sie wussten, was der Todte für den dritten Tag in Aussicht gestellt hatte, und schlossen aus jenen wunderbaren Vorgängen, dass das Angekündigte geschehen sei. Diess aber steht ausser allem Zweifel, dass der Hoherath weder an einen Betrug, den die römischen Kriegsknechte ihm spielten, noch an einen Raub, welchen die Jünger ausgeführt hatten, dachte. In dem ersteren Falle hätten die Hohenpriester, ehe sie die Aeltesten beriefen, die Wächter einem scharfen Verhöre unterzogen und draussen an und in dem Grabe Alles auf das Genaueste untersucht, um hinter die Schliche zu kommen. In dem andern Falle wären gegen die Jünger Massregeln ergriffen worden, liess sich ja doch die Leiche eines Mannes nicht gut unbemerkt zur Seite schaffen und am Allerwenigsten in diesen Festtagen, wo alle Winkel in und um Jerusalem besetzt und alle Wege mit Zelten umstellt waren. Das böse Gewissen, welches den Hohenpriestern und Pharisäern keine Ruhe liess, sie ängstigte und zu Pilatus hintrieb, offenbart jetzt wieder seine durchschlagende, wahrhaft überwältigende Kraft. Die Hohenpriester und Obersten des Volkes haben nicht den Muth, das Ganze als eine leere Posse zu betrachten, sie unterbreiten den Bericht der Grabeswächter einer ad hoc zusammenberufenen Versammlung. Es gilt einen Rath zu fassen, sich zu entschliessen und Stellung zu nehmen. Wir erfahren Nichts von den Verhandlungen selbst, der Evangelist referirt nur, was herauskam: συμβούλιόν τε λαβόντες ἀργύρια ἱκανὰ ἔδωκαν τοῖς στρατιώταις. Matthäus verwendet mehrfach die Formel συμβούλιον λαμβάνειν, cf. 12, 14. 22, 15. 27, 1, 70, Mira locutio, schreibt Fritzsche zu der ersten Citatstelle, quae magis latinorum consilium capere, exprimat quam Graecorum usui adaptata sit. Lucas et Marcus habent συμβούλιον ποιεῖν. Bleek stimmt bei. Allein in λαβὼν αἵρεσιν Dem. 947, 20, möchte doch, wie Meyer anmerkt, eine entfernte Parallele vorliegen. Die Phrase ἀργύρια ἱκανά im Sinne von viel Geld, viele Silberlinge ist gut griechisch, denn ἱκανός heisst nicht bloss genügend, ausreichend, sondern auch, wie die Lexika von Passow und Pape angeben, tüchtig, ansehnlich, stattlich, cf. Polybius 26, 5 ἱκανὸς κατὰ τὴν ἐπιφάνειαν, 1, 53, 8, ἱκανὸν πλῆθος, 2, 12, 5 ἱκανὸς φόβος. Ich kann nicht billigen, dass Meyer mit Berufung auf Demosthenes 782, 24 ἀργύρια hier als Geldbeträge fassen will: es ist ja nicht das erste Mal, dass unser Evangelist von ἀργύρια spricht, welche die Hohenpriester auszahlen, vgl. 26, 15. 27, 3, 5, 6. In allen diesen Stellen sind Silberlinge gemeint, eine ganz bestimmte Geldsorte, und so ist es auf jeden Fall auch hier. Dreissig Silberlinge haben diese geldgierigen, geizigen Menschen schon dem Judas Iskarioth ausgezahlt; mit schlechten dreissig Silberlingen werden sie schwerlich das Stillschweigen und die Lüge von zwölf habgierigen, beutelustigen römischen Kriegsknechten sich erkaufen. Sie müssen tiefer in den Beutel — ob wieder, was z. B. Gerhard glaubt, in den Tempelschatz, steht dahin — hineingreifen, und so werden sie an dem gestraft, damit sie am Meisten sich versündigten. Gut merkt Gerhard an: *Judas relinquit illis potestatem decernendi de proditionis precio, sed hoc loco coguntur dare ἀργύρια ἱκανά, quantum militibus videbatur: avari quidem erant, ut ex historia evangelica colligitur Matth. 23, 14. Marc. 12, 40. Luc. 16, 14., sed avaritiam superabat odium contra Christum, cuius gloriam, ut quibuscunque possent modis, opprimant, nullis sumptibus parcunt. Hanc vero pecuniam procul dubio ex aerario templi pontifices acceperunt, sicut etiam antea triginta illos argenteos proditori datos, et sic pecunia sacris usibus destinata promovendo mendacio et opprimendae Christi gloriae inservire cogitur.* Doch wir sehen lieber von dem Beutel ab, um einen Blick in das Herz dieser Leute zu thun. Sie sind verstockte Sünder: verzweifelt böse Leute. Wie freundlich ist Gott gegen sie! Er sendet ihnen diese Kriegsknechte zu, denen man den Schrecken von dem Erdbeben und der Engelerscheinung her wohl noch in dem verstörten Angesicht, in den verglasten Augen ansehen konnte. Sie hören aus ganz unverdächtigem Munde die Wundermäre und haben nun Zeit, in sich zu gehen, das Heil ihrer Seelen und das Wohl und Wehe ihres Volkes zu bedenken, denn das mussten sie ja klar erkennen, dass das Volk Israel rettungslos dem Untergange verfallen sei, wenn es in seiner Feindschaft wider den Messias, den Trost und die Hoffnung der Väter, verharre. Die Hand Gottes, welche einst vor den Augen des Königs Belsazar auf die Wand ihm gegenüber Hieroglyphen zeichnete, hat jetzt an jene Felsenwand im Garten Josephs wieder Worte geschrieben, welche sie lesen und sich deuten können. Belsazar erbebte — und sie, die Pfleger des Heiligthums, die Obersten des Gottesvolkes, erzittern nicht, wenigstens nicht nachhaltig, nicht wirksam. Luther sagt: es „brachten die Hüter den Hohenpriestern die Botschaft. Was meinst Du, werden sie da gedacht haben? Wie wird ihr Herz gezittert und gebebt haben? Sie konnten's für keinen Scherz halten; denn da standen ihre eigenen Zeugen; von denen hörten sie nicht allein, was geschehen war, sondern konnten's ihnen auch ansehen. Aber da ist noch keine Besserung, sie gerathen noch tiefer in die Sünde und böses Gewissen. Denn sie halten sobald am Sabbath einen Rath, geben den Kriegsknechten Geldes genug, dass sie ihnen sollten lügen helfen." Vergebens hat der Gott, der allen Menschen helfen will, auch zu den Hohenpriestern und Obersten des Volkes seine Osterboten gesandt, wie er die Frauen zu den Jüngern schickte: auf Unglauben bei den Freunden Christi stiessen jene, Glauben aber finden diese Kriegsknechte bei den geschworenen Feinden. Aber der Glaube, den sie finden, ist kein seligmachender. Das Licht, welches mit der Ostersonne ihnen aufgegangen ist, treibt sie, die Kinder der Finsterniss, nur tiefer hinein in das Verderben. Gut schreibt Calvin zu unsrer Stelle: *porro hinc patet reprobos, postquam se ad peccandum praecipites semel dederunt, novis subinde flagitiis implicari, idque, dum pudorem suum tueri volunt apud homines, Dei offensa secure neglecta. Miseri isti non tantum largitione redimunt milites, sed etiamsi crimen in iudicium adductum fuerit, famam suam et caput noxae obiiciunt. Quid autem eos praeter sumptus iacturam ad tantum discrimen subeundum cogit, nisi quia obstinatus furor eos retrocedere non sinit, donec peccata peccatis accumulent?* •

Das Geld gaben die Hohenpriester und Obersten des Volkes nicht als eine Belohnung, dass sie einen Tag und eine Nacht da draussen in dem Garten Wache gehalten hatten, sondern um sie zu bestechen, um sie zu einer Lüge zu erkaufen. Sie gaben es, indem sie sagten: εἴπατε, ὅτι οἱ μαθηταὶ αὐτοῦ νυκτὸς ἐλθόντες ἔκλεψαν αὐτὸν ἡμῶν κοιμημένων. Zu einer Lüge, zu einer schamlosen, ganz gemeinen Lüge verleiten diese Hohenpriester — denn sicher haben nicht die Hohenpriester und Obersten insgemein mit den Kriegsknechten verhandelt, sondern nur die Hierarchen, welchen jene ihren Bericht abgestattet hatten —, diese Priester des Gottes, der im Geist und in der Wahrheit angebetet sein will, jene armen Menschen. Wie muss doch jedes bessere Gefühl in ihnen erloschen, die Stimme des Gewissens längst schon erstickt sein! Wie wenig Lust und Eifer verrathen sie, den Wegen ihres Gottes nachzugehen und seine Offenbarungen, die Werke seiner allmächtigen Hand, zu verstehen! Die Führer des

Volkes entlarven sich als die schändlichsten Verführer: die Priester des wahrhaftigen Gottes als Kinder dessen, der ein Lügner und ein Vater derselbigen ist! (Joh. 8, 44.) *Πρότερον μέν*, merkt Euthymius Zigabenus an, ὠνήσαντο τὸν φόνον αὐτοῦ, νῦν δὲ ὠνοῦνται καὶ τὴν ἀλήθειαν τῆς ἀναστάσεως αὐτοῦ καὶ πατοῦσι τὸ οἰκεῖον συνειδός, καὶ οὐδὲ τοὺς φύλακας αἰδοῦνται, κακουργοῦντες καὶ συγκαλύπτοντες μὲν τὴν ἀλήθειαν, πλάττοντες δὲ τὸ ψεῦδος καὶ χρώμενοι τούτου διακόνοις, τοῖς ἐκείνης μάρτυσιν. Die Hohenpriester instruiren diese Kriegsknechte auf das Genaueste: es sind ja ihrer Mehrere, welche über das, was des Morgens draussen an dem Grabe sich zugetragen hat, gefragt werden können; dass sie sich nun in keinem Worte widersprechen, sagt man ihnen Wort für Wort, was sie nöthigen Falls berichten sollen. Das ὅτι ist recitativ: sie sollen aussagen, dass die Jünger, des Nachts zu dem Grabe gekommen, den Leib des Herrn, denn nichts Anderes wird hier mit αὐτόν bezeichnet, gestohlen haben. Diese Auskunft empfahl sich den Hohenpriestern schon um desswillen, dass sie die Befürchtung dem Landpfleger gegenüber ausgesprochen hatten, die Jünger möchten kommen und ihn stehlen und dann ausposaunen, dass er von den Todten auferstanden sei. Matth. 27, 64. Viele Ausleger sind der Ansicht, dass es unmöglich gewesen sei, römische Kriegsknechte zu solch einer Lüge zu stempeln! Römische Soldaten hätten die Zumuthung, zu bekennen, dass sie nicht im Stande gewesen seien, den Einbruch der Jünger in das Grab zu verhindern, dass sie, statt zu wachen, geschlafen hätten, mit Entrüstung zurückgewiesen. Man macht auf die drakonischen Kriegsartikel aufmerksam, nach welchen solche Fahrlässigkeit auf das Schärfste, selbst mit dem Tode, bestraft wird. Wir lesen im Frontinus 3, 12, 2 von dem Athener Iphikrates: *vigilem, quem dormientem viderat, transfixit cuspide. Quod factum quibusdam tamquam saevum increpantibus, qualem inveni, inquit, talem reliqui.* Allein Baumgarten-Crusius hat gewiss Recht, wenn er bittet, die Sache nicht gar zu tragisch zu nehmen. Er gibt zu bedenken, dass das Dienstversehen nicht in dem Dienst des römischen Kaisers vorfällt, sondern in dem Dienste der dem römischen Landpfleger so verhassten Hohenpriester und Aeltesten des Volkes, und dazu an einem hohen Festtage, welchen sie nach Heidenweise mit Essen und Trinken gefeiert haben, so dass sie müde geworden waren. Man vergesse auch nicht, dass sie nicht zu Pontius Pilatus hingehen und sich ihm selbst als Wächter, welche geschlafen haben, angeben sollen; Schweigen geloben sie sich gegenseitig, nur dann sollen sie sagen, was man ihnen eingelernt hat, wenn sie gefragt, und zwar so gefragt werden, dass sie eine Antwort nicht verweigern können. Was hatte es für sie für Gefahr, sich zu dieser Lüge, die sie selbst gravirte, bereit zu erklären? Erfuhr ihr Gebieter wohl so bald von der Sache etwas? Wie lange blieb er überhaupt noch in Jerusalem? War er erst ein Mal in Cäsarien wieder, so hatte es gute Wege, die Kunde von der Auferstehung Christi gelangte dann nicht so bald zu seinen Ohren. Und was hatten sie dann zu befürchten? Wer konnte es wissen, ob nicht von den in Jerusalem lagernden Truppen, oder von denen, welche in dem Lande zerstreut lagen und die auf das Osterfest dorthin gezogen waren, jenes kleine Kommando auf einen Tag abgegeben worden war? Ihre Haut trugen diese Kriegsknechte wahrlich noch nicht zu Markt! Man hat von anderer Seite diese Lüge angegriffen, sie soll so unwahrscheinlich, so unglaubhaft, so schlecht ersonnen, so albern sein.

Chrysostomus, Eusebius *demonstr. ev.* 9, 142, Theophylaktus, Euthymius sind schon dieser Ansicht: der Letztere apostrophirt die intellektuellen Väter derselben also: σφόδρα ἀπίθανος ὁ λόγος ὑμῶν. τί γὰρ κερδάναι μέλλοντες ἔκλεψαν ἂν αὐτόν; πῶς δὲ καὶ φυλάκων τοσούτων καὶ τοιούτων παρακαθημένων, ἔλαθον ἄν; πῶς δὲ καὶ τηλικούτου κινδύνου κατετόλμησαν, εὐπτόητοι ἄνδρες, ὧν ὁ μὲν κορυφαῖος γυναικάριον δειλιάσας ἠρνήσατο τὸν διδάσκαλον· οἱ δὲ ἄλλοι δεσμούμενον αὐτὸν ἰδόντες ἔφυγον; πῶς δὲ καὶ δυνάμενοι κλέψαι αὐτὸν ἀκινδύνως ἐν τῇ πρώτῃ νυκτί, ὅτε οὐδεὶς τὸν τάφον ἐφύλαττεν, εἵλοντο κλέψαι αὐτὸν κινδύνως ἐν τῇ δευτέρᾳ νυκτί ὅτε παρῆσαν οἱ φύλακες; Calvin adoptirt diese Ausstellungen und nennt das ganze Lügengewebe ein *puerile effugium*. Wir geben zu, dass die Jünger, wenn sie von vornherein entschlossen waren, den Leib Jesu auf die Seite zu schaffen, das zu einer bessern Zeit ausführen konnten: aber die lieben Alten haben vergessen, dass den Aposteln der Gedanke, sich desselben zu bemächtigen, doch erst kommen konnte, als sie zu ihrem Schrecken erfuhren, dass die Feinde eine Wache und ein Siegel vor das Grab gelegt hatten. Wir wissen, wie furchtsam die Jünger Christi waren, aber konnten die Hohenpriester nicht dem Volke einreden, dass die Verschüchterten auf ein Mal heldenmüthig geworden seien? Das Seltsamste an der ganzen Lüge hebt aber Calvin erst hervor: *addunt, se dormientibus hoc esse factum. Unde igitur furatum divinant? Quod si qua erat suspicio de discipulis, cur non vestigia sequuti sunt? Cur nullum strepitum moverunt?* Es ist nicht zu leugnen, diese Lüge hat keine irgend wie zwingende Kraft. Was die Soldaten aussagen sollen auf das Haupt der Jünger, haben sie nicht gesehen. Es fehlen alle Beweise, sie sprechen nur Vermuthungen aus, sie haben ja, wie sie selbst eingestehen, geschlafen. Nichtsdestoweniger halten wir diese Lüge für nicht so schlecht, als sie meist gemacht wird, und unsere Meinung wird durch die Thatsache bestätigt, welche der Evangelist selbst zum Schluss noch anführt, dass sie nämlich grossen Eingang fand. Der Erfolg rechtfertigt sie also vollständig: wir werden auch, von diesem glänzenden Erfolge ganz abgesehen, sie nicht verachten dürfen. Was sollten die Hohenpriester und Volksobersten wohl machen, als diese Grabeswächter ihnen die Botschaft brachten? Sollten sie den Leuten einreden, Jesus sei ein Zauberer, ein Magus, wie in den Clementinischen Recognitionen 1, 42 ausgeführt wird, und seine Jünger hätten ihnen im Grauen des Morgens ein Blendwerk vorgemacht? Das ging nicht an; denn sie mussten sich darauf gefasst machen, dass über kurz oder lang die Auferstehung des Gekreuzigten von seinen Gläubigen bezeugt wurde, und wie wollten sie diesem Zeugniss entgegentreten? Das Grab, das sie versiegelt und behütet hatten, war leer: es musste also dreist eine Verbringung der Leiche durch einige wenige Eingeweihte behauptet werden. Etwas Anderes konnten sie nicht vorbringen: sie mussten, wie sehr auch alle näheren Umstände gegen einen Leichenraub sprachen, mit aller Entschiedenheit darauf bestehen. Eine andere Lüge war nicht möglich. Es gibt diesen Ausführungen einen ganz besonderen Nachdruck die konstatirte Thatsache, dass, so sehr sich auch der gehässige, giftige Scharfsinn der Juden im Laufe der Jahrhunderte abgequält hat, die Leere des Grabes zu erklären, in welches der Herr gelegt wurde, bis auf den heutigen Tag noch keine andere Lösung gefunden worden ist, als diese: die Jünger haben ihn aus dem Grabe gestohlen.

Der Fall muss vorgesehen werden, dass dieses Geheimniss nicht mehr zwischen den Hohenpriestern und den Kriegsknechten bleibt, dass zu den Ohren des Landpflegers eine Kunde dringt. Was dann? Die Lügenschmiede bieten den Soldaten, wenn sie auf ihre Lüge eingehen wollen, alle möglichen Garantien: καὶ ἐὰν ἀκουσϑῇ τοῦτο ἐπὶ τοῦ ἡγεμόνος, ἡμεῖς πείσομεν καὶ ὑμᾶς ἀμερίμνους ποιήσομεν. Mit ἐπί ist hier ἀκουσϑῇ verbunden; es ist aber nicht erlaubt, ἐπί zu fassen, als wäre es ὑπό. Sehr gut umschreibt Erasmus unsern Satz schon: *si res apud illum iudicem agatur.* Vatablus und Grotius haben sich später auch dafür ausgesprochen: der Letztere sagt: *proprie enim de iudicum consistorio ita loquuntur Graeci. Festus ad Paulum Act. 25, 9:* ϑέλεις, εἰς Ἱεροσόλυμα ἀναβάς, ἐκεῖ περὶ τούτων κρίνεσϑαι ἐπ᾽ ἐμοῦ. Wir können diesen gerichtlichen Gebrauch des ἐπί τινος auch mit Klassikern belegen: ἐπὶ δυοῖν κλητήρων καλεῖσϑαι Plato. Leges 8, 846, b., ἀμέλει γράψομαί σε παρανόμων ἐπὶ τοῦ Ῥαδαμάνϑυος Lucianus Cataplus c. 18, κατηγορεῖν ἐπὶ τοῦ βασιλέως Diodorus Sic. 16, 93. Ebenso kann ἀκούειν in diesem gerichtlichen Sinne gleich vornehmen, eine Vernehmung, ein Verhör vornehmen sowohl in der neutestamentlichen Gräcität cf. Joh. 7, 51 ἐὰν μὴ ἀκούσῃ παρ᾽ αὐτοῦ. als auch in der profanen, cf. Xenophon, Cyropaed. 1, 2, 14, οἱ δὲ γεραίτεροι ἀκούσαντες ἐκκρίνουσι nachgewiesen werden. Wenn also der kaum zu befürchtende Fall eintreten sollte, dass Pilatus, auf irgend eine Weise von dem umlaufenden Gerüchte über die Auferstehung Jesu Christi in Kenntniss gesetzt, auf den Einfall käme, eine Untersuchung anzuordnen und ihre Vernehmung zu gebieten, so wollen die Hohenpriester für sie eintreten und ἡμεῖς πείσομεν versprechen sie frischweg. Mit Emphase steht ἡμεῖς an der Spitze des Satzes, höchst nachdrucksvoll versichern sie, dass sie die Leute sind, die ihnen dann zur Seite stehen und Alles zum Besten lenken. Sie sprechen so, als ob der Landpfleger von ihnen so abhängig sei, dass er machen müsse, was sie wollen, dass sie ihn vollständig beherrschen. Worauf diese Zuversicht sich gründet, wissen wir nicht: Einige denken an die Bestechlichkeit, an das Geschenkenehmen, welches Philo in der bekannten und von mir Leidensgeschichte 2, 138 vollständig mitgetheilten Stelle (ad Caium M. 2, 590), vgl. auch Leidensgeschichte 2, 422, unter den unrühmlichen Eigenschaften dieses Mannes zu oberst stellt, demnach die bekannteste, die hervorstechendste war. Wir werden ihn bereden, verheissen sie. Grotius bemerkt zu diesem πείσομεν: *id est: placidum reddemus* und hat damit grossen Anklang gefunden. Kypke versucht sogar nachzuweisen, dass πείϑειν = *placare* gut hellenistisch sei. Er beruft sich auf 2 Makk. 4, 45: ἤδη δὲ λελειμμένος ὁ Μενέλαος ἐπηγγείλατο χρήματα ἱκανὰ τῷ Πτολεμαίῳ τῷ Δορμένοις πρὸς τὸ πεῖσαι τὸν βασιλέα und auf Josephus ant. 6, 5, 6: ὁ δὲ ὑπισχνεῖται καὶ παρακαλέσειν τὸν ϑεὸν συγγνῶναι περὶ τούτων αὐτοῖς καὶ πείσειν. Allein in keiner von beiden Stellen wird πείϑειν in dem postulirten Sinne gebraucht: Krebs (observ. in N. T. ex Josepho) versteht πείϑειν gleich *pecunia corrumpere.* Wir geben zu, dass es, wenn ἀργυρίῳ oder χρήμασιν dabei steht (Joseph. Ant. 14, 11, 4 und 16, 4) diess bedeuten kann: bemerken aber, dass es ohne diese erklärenden Dative nie in diesem Sinne erscheint. Wir reichen stets mit der gewöhnlichen Bedeutung Jemanden bereden, besprechen, durch gute Worte zu etwas bewegen, aus, was seiner Zeit der gelehrte Lambert Bos und später Fritzsche, Bleek, Meyer, Weiss aufs Neue behauptet haben. Bereden wollen sie den Landpfleger καὶ ὑμᾶς ἀμερίμνους ποιήσομεν. Dem ἡμεῖς steht dieses ὑμᾶς gegenüber, sie wollen es dahin bringen, dass sie ohne Sorgen sein können, dass ihnen nichts Uebles widerfahren soll; aller Gefahr, ja aller Plackereien, wie Grotius, Paulus, Baumgarten-Crusius, Bleek und Meyer angeben, wollen sie die Kriegsknechte überheben.

Das Anerbieten lässt sich hören: die Soldaten gehen darauf ein; der Evangelist berichtet: οἱ δὲ λαβόντες τὰ ἀργύρια ἐποίησαν ὡς ἐδιδάχθησαν. Diese römischen Kriegsknechte stehen auf keinen Fall unter dem Kommando jenes trefflichen Hauptmannes, welcher unter dem Kreuze Christi stand, und als er sah, was da geschah, mit ganzem Herzen Gott die Ehre gab. Es sind in zwiefachem Sinne Gemeine, gemeine Kriegsknechte und gemeine Seelen. Für Geld ist ihnen Alles feil: die Wahrheit gilt ihnen nichts, Gottes Wunder sind ihnen eine Narrethei. Gut bemerkt Gerhard zu unserer Stelle: *cum nondum pecunia corrupti essent, veritatem minime celabant, sed rem omnem, prout gesta erat, libere et intrepide nunciabant, iam vero spe lucri contra conscientiam mendacium loco veritatis disseminant. Quo non mortalia pectora cogis, Auri sacra fames. Philippus Macedo dicere solitus fuit, nullum oppidum tam firmum et munitum esse, quominus expugnari possit, modo asinus auro onustus in illud ascendere queat. Ita experientia comprobatur, nullum fere pectus humanum in veritate adeo confirmatum esse, quin ab ea dimoveatur, modo spes aliqua lucri affulgeat. Apparet hoc in militibus hisce sepulchri custodibus, qui denuo vendunt Christum a Juda proditore prius venditum. Viderant angelum de coelo descendentem et lapidem a sepulchro revolventem; senserant maiestatem Christi resurgentis, quia terrae motu et conspectu angeli exterriti, facti erant velut mortui (audierant angelicum de Christi resurrectione testimonium); renunciaverunt haec omnia pontificibus non sine animi consternatione: sed pecuniae cupiditas et familiaris huic hominum generi levitas ita eos excoecant, ut alta eorum omnium ipsos capiat oblivio. Miraris profanos illos milites tam audacter resurrectionem Christi negare et contra eam mentiri fuisse ausos: atqui eadem hodie in mundo agitur fabula: Christum resurrexisse propter iustificationem nostram.* Es ist ein auf den ersten Blick im höchsten Grade befremdliches Widerspiel. Den Feinden Christi, den höchsten hier in Frage kommenden Autoritäten, geht amtlich und förmlich die Nachricht zu, dass der, welchen sie gekreuzigt und getödtet haben, nach Gottes Wunderrath, wie er vorhergesagt hat, an dem dritten Tage auferstanden ist. Die Auferstehung Christi ist darnach, menschlich zu reden, die beglaubigteste Thatsache. Aber diese Autoritäten bestechen die Zeugen der Wahrheit, sie unterdrücken mit demselben Mittel, womit sie den König der Wahrheit aus der Hand des Judas erkauft haben, das Zeugniss der Wahrheit und bringen eine furchtbare, Tausende und aber Tausende um das Heil ihrer Seelen bringende Lüge in Umlauf. Schön und wahr sagt Lange (3, 1681): „Die Gewissheit von der Auferstehung Christi, welche Gott der Welt in der Form weltlicher Gewissheit und Beglaubigung geschenkt hatte, wurde durch den höchsten Akt welthistorischer Kabale und Fälschung entkräftet; und Gott liess diesem Werk der Schande seinen elenden Verlauf, weil die Botschaft von der Auferstehung nicht in der Form der weltlichen, sondern der himmlischen Gewissheit sich verbreiten sollte, dadurch nämlich, dass die Auferstehung Christi ganz wesenhafte Versiegelungen und Entsiegelungen im Reiche des Geistes und des wesentlichen Lebens bewirkte." Nicht auf dem Historienglauben, sondern lediglich auf dem Herzensglauben, wie das auf unvergleichliche Weise durch die Reformatoren in das Licht gestellt worden ist, beruht das Heil der Welt: daher liess Gott nach seiner ewigen Weisheit es zu, dass jene Grabeswächter, welche jenen Historienglauben in der Welt hätten ausbreiten können, sich erkaufen liessen zu dieser ungeheuren Lüge; es sollte in dieser Welt nur von solchen die Auferstehung des Sohnes Gottes bezeugt werden, welche die Wahrheit und Kraft derselben an dem eigenen Herzen erfahren hatten und durch ein neues Leben in Unschuld und Gerechtigkeit darstellten.

Die Hohenpriester sprengten die Fabel, welche sie den Kriegsknechten eingelernt hatten, aus, nicht sogleich, denn da hatte es noch keine Noth, weil die Auferstehung Jesu Christi von den Todten noch nicht von seinen berufenen und mit dem Geiste der Wahrheit getauften Aposteln mit Freudigkeit in weiteren Kreisen verkündet ward, sondern erst dann, als das apostolische Zeugniss in Jerusalem und in dem ganzen Lande laut ward. Und diese Fabel fand Eingang: καὶ ἐφημίσϑη ὁ λόγος οὗτος παρὰ Ἰουδαίοις μέχρι τῆς σήμερον (so lese ich mit Lachmann und Weiss auf Grund des Sinaiticus und Alexandrinus, die recipirte Lesart τῆς σήμερον ἡμέρας hat den Vaticanus und Cantabrigiensis allerdings für sich). Was ist ὁ λόγος οὗτος? Grotius sagt: *Veteres omnes magno consensu intelligunt famam illam mendacem de corpore Christi a discipulis subtracto. — Malunt tamen alii diligentes atque eruditi harum litterarum interpretes, ita haec Matthaei verba accipere, quasi dicatur, non potuisse ita celari sceleratam istam inter sacerdotes et milites mendacii nundinationem, ut non aliquam rimam inveniret veritas, per quam in publicum emanaret. Quod ipsum quoque verissimum credo, et hoc initium quoddam fuisse multorum ad Christum conversionis. Nam ad Pilatum quoque pervenisse videtur huius doli notitia: quando Tertullianus his, quae ex isto citavimus — nihilominus tamen primores, quorum intererat et scelus divulgare et populum vectigalem et famularem sibi a fide revocare, surreptum a discipulis iactitaverunt: apolog. c. 21 — ista subiicit: ea omnia super Christo Pilatus et ipse iam pro sua conscientia Christianus. Caesari tum Tiberio nunciavit. His ita expensis, ut neutram improbo, ita priorem interpretationem posteriori praefero.* Paulus hat später die von Grotius schon fallen gelassene Auslegung wieder aufgenommen, alle anderen neueren Ausleger erklären sich aber dagegen. Mit Fug und Recht, denn ὁ λόγος οὗτος weist auf jene Rede hin, welche die Hohenpriester den Kriegsknechten eingeübt (εἴπατε) und welche diese auch richtig gelernt hatten (ἐποίησαν ὡς ἐδιδάχϑησαν). Sehr gut sagt Weiss, indem er das artikellose Ἰουδαίοις sich nicht entschlüpfen lässt: „Das zur Zeit des Evangelisten überall, wo es Juden gab, gangbare Gerücht, die Jünger Jesu hätten seinen Leichnam gestohlen, um das leergefundene Grab als Beweis für seine Auferstehung ausgeben zu können, wird auf eine Lüge der Grabeswächter zurückgeführt, zu der sie die Volkshäupter selbst durch Bestechung vermocht hatten, um das Zeugniss der Augenzeugen für das wunderbare Ereigniss des Ostermorgens zu entkräften. So gipfelt ihre Feindschaft wider Jesum in der schmachvollsten Intrigue, durch die sie den Eindruck seiner sieghaften Auferstehung auf das betrogene Volk zu paralysiren versuchten." In den Händen der Hohenpriester und Obersten befand sich das Volk: wir haben in der Leidensgeschichte Jesu mehr denn ein Mal darauf aufmerksam gemacht, wie die Häupter die ganze Nation beherrschten. Sie besassen ausser der Energie des Wollens auch alle Mittel äusserer Macht. Sie wussten genau, was sie wollten, und waren längst schon entschlossen, alles, was Noth, zu thun, als das Volk noch hin und herschwankte und sich nicht zu entscheiden vermochte: so waren sie dem Volke nicht bloss gewachsen, sondern selbst überlegen, sie, diese Wenigen der grossen Menge, denn Jeder, der da weiss, was er will, und Alles daran setzt, das, was er will, auszuführen, nimmt alle Mal die unentschiedene Menge in das Schlepptau und reisst sie mit sich fort. Es kam dazu, dass diese Hohenpriester und Obersten wirklich die Häupter der Nation waren, sie besassen alle Macht: die Macht des Reichthums und der Geburt, die Macht der Bildung und Gelehrsamkeit, die Macht der Gesetzeskunde und des Priesterthums. Einen Terrorismus sondergleichen hat diese Handvoll Leute ausgeübt; die Weltgeschichte erzählt von Terroristen vielfach, aber keiner von diesen Männern, die mit eisernem Fusse jede andere Geistesregung, jede abweichende Meinung, jedes sittliche Bedenken niederstampften, kann mit diesen sich messen, denn nie hat die Gerechtigkeit, die Wahrheit, die Menschenliebe, die Gottesfurcht wieder in solch einer Verkörperung dagestanden. Das Volk, welches sich von seinen Obersten hatte verblenden lassen, als der Heiland in Person, auf Leben und Tod angeklagt, von seinem Richter selbst gerechtfertigt und empfohlen, zur Wahl ihm dargeboten war, lässt sich jetzt aufs Neue furchtbar verblenden. Jetzt ist es viel leichter, denn der Auferstandene steht nicht mehr da und macht durch seine Erscheinung die Lügen der Obersten zu Nichte. Haben wir erstaunen müssen über die Gemeinheit der römischen Kriegsknechte, so müssen wir uns entsetzen über die Ruchlosigkeit dieser Hohenpriester. Sie haben das Zeugniss aus unverdächtigem Zeugenmunde empfangen, dass der, welchen sie gekreuzigt haben, weil er Christus, der Sohn Gottes sein wollte, von den Todten, wie er's vorausgesagt hat, auferstanden ist an dem dritten Tage: aber dieses Zeugniss lässt sie kalt und unbewegt. Unter Gottes gewaltige Hand wollen sie sich nicht beugen: wider ihn und seinen Gesalbten wollen sie den Kampf fortsetzen. Dass dieser Kampf nur mit Verlust der ewigen Seligkeit geführt werden kann, braucht ihnen Niemand zu sagen: aber sie nehmen ihn, ohne sich auch nur einen Augenblick zu bedenken, energisch auf, sie wollen lieber sterben und verderben, als Gott die Ehre geben. Sie wissen es, geben sie jetzt nach, so sind sie um Ehre und Macht bei den Leuten. Sie wollen herrschen, darum muss Christus sterben und der Auferstandene von seinen Jüngern gestohlen sein: sie wollen herrschen und müsste darum auch das ganze Volk verderben. Durch ihre Lüge hindern sie es ja, dass die Wahrheit an den Tag kommt und das Licht erkennt und bekennt: hie ist mehr als das Zeichen Jonas des Propheten, hie ist das Zeichen des Menschensohnes, das Wahrzeichen des Christus, das Lebenszeichen des Sohnes des lebendigen Gottes, lasset uns Busse thun und seine Gnade suchen! Gottes Gericht trifft jetzt den Sünder: das Volk hat es verdient, dass der Lüge solche Macht gegeben wurde. Calvin sagt: *quamquam autem hoc durum videri posset, quod Deus falsum hunc rumorem grassari passus sit ad exstinguendam filii sui gloriam, iustae eius ultioni habendus est, qui debetur honor. Dignum enim fuisse illam gentem, quam nebulae luce privarent, hinc perspicimus, quod inane frivolumque mendacium tam cupide arripitur:*

deinde quia omnes fere impegerant in lapidem offensionis, obtenebrari oportuit oculos eorum, ne viderent calicem vertiginis ipsis propinari: denique in omne genus dementiae proiici, sicut Jesaiae vaticinio praedictum erat (3, 6, 8). Neque enim Deus umquam tam stulta crudelitate ipsos decipi passus esset, nisi ut privaret spe salutis, a quibus ipse contemptus fuerat redemptor: sicuti eodem poenae genere nunc mundi ingratitudinem castigat laxans reprobis habenas, ut in peius proficiant.

Spuren dieses Gerüchtes, dass durch Diebstahl der Jünger das Grab entleert worden sei, finden wir in der apokryphischen wie in der ächten patristischen Litteratur. In den clementinischen Rekognitionen 1, 42 lesen wir: *alii finxerunt furatum*, in den Akten des Pilatus c. 13 treten gar die bestochenen Kriegsknechte mit Selbstbekenntnissen hervor. Wichtiger ist uns, dass Justinus der Märtyrer diese Lüge kennt und ein Mal auf sie anspielt *(dial. cum Tryph. 17:* μετὰ γὰρ τὸ σταυρῶσαι ὑμᾶς ἐκεῖνον τὸν μόνον ἄμωμον καὶ δίκαιον ἄνθρωπον, δι᾽ οὗ τῶν μωλώπων ἴασις γίνεται τοῖς δι᾽ αὐτοῦ ἐπὶ τὸν πατέρα προςχωροῦσιν, ἐπειδὴ ἐγνώκατε αὐτὸν ἀναστάντα ἐκ νεκρῶν καὶ ἀναβάντα εἰς τὸν οὐρανόν, ὡς αἱ προφητεῖαι προεμήνυον γενησόμενον, οὐ μόνον οὐ μετενοήσατε, ἐφ᾽ οἷς ἐπράξατε κακῶς, ἀλλὰ ἄνδρας ἐκλεκτοὺς ἀπὸ Ἱερουσαλὴμ ἐκλεξάμενοι τότε ἐξεπέμψατε εἰς πᾶσαν τὴν γῆν, λέγοντες, αἵρεσιν ἄθεον χριστιανῶν πεφηνέναι, καταλέγοντές τε ταῦτα, ἅπερ καθ᾽ ὑμῶν οἱ ἀγνοοῦντες ἡμᾶς πάντες λέγουσι) und später c. 108 bestimmt angibt, dass jene Sendboten des Hohenrathes hätten aussprengen sollen: ὃν σταυρωσάντων ὑμῶν οἱ μαθηταὶ αὐτοῦ κλέψαντες ἀπὸ τοῦ μνήματος νυκτός, ὁπόθεν κατετέθη ἀφηλωθεὶς ἀπὸ τοῦ σταυροῦ, πλανῶσι τοὺς ἀνθρώπους λέγοντες· ἐγηγέρθαι αὐτὸν ἐκ νεκρῶν καὶ εἰς οὐρανὸν ἀνεληλυθέναι. Tertullianus stellt sich an Justin's Seite: die eine Stelle aus dem Apologetikus gegen die Heiden 21 habe ich bereits vorher citirt *(Nihilominus tamen primores — surreptum a discipulis iactitaverunt,* die andre findet sich *de spectaculis* c. 30, wo der alte Vater zum Schluss seiner Schrift triumphirend ausruft: *hic est ille (dicam) fabri aut quaestuariae filius, sabbati destructor, Samarites et daemonem habens, hic est ille arundine et colaphis diverberatus, sputamentis dedecoratus, felle et aceto potatus. Hic est, quem clam discentes subripuerunt, ut resurrexisse dicatur, vel hortulanus detraxit, ne lactucae suae frequentia commeantium laederentur.* Diese Lüge hat sich bis in das Mittelalter hinein erhalten. Eisenmenger theilt in seinem Entdeckten Judenthume, 1700, 1, 190 ff. mit, dass in dem Büchlein Toledoth Jeschu, welches in dem zwölften Jahrhundert verfasst worden ist, allerdings dem Judas, dem Verräther, der Leichenraub zugeschrieben wird. Zwischen ihm und dem Rabbi Tanchuma findet folgendes Gespräch statt: „Was ist das, Judas, dass du issest, da alle Israeliten fasten und in Traurigkeit stecken? Hierüber entsetzte sich Judas, der in seinem Garten sass und ass, und sprach: wie so, mein Herr? Warum fasten sie denn? Der Rabbi Tanchuma sagte: wegen des Hurensohnes, welcher gehenkt und auf dem Platz der Steinigung ist begraben worden, aber weggekommen ist, und man weiss nicht, wer ihn aus seinem Grab genommen habe. Seine gottlose Versammlung aber gibt vor, er sei gen Himmel gefahren und die Königin hat gesagt, dass sie alle Israeliten wolle umbringen lassen, wenn sie ihn nicht finden werden. Da antwortete Judas und sprach: wenn dieses Hurenkind, der Sohn der Unreinen, gefunden werden sollte, würde dann Israel errettet werden und selbigem kein Leid widerfahren? Der Rabbi

Tanchuma fügte hinzu: wenn er gefunden wird, so wird freilich Israel
errettet werden. Da sprach er: komme her, ich will dir den Mann weisen,
den du suchest, denn ich habe den Hurensohn aus seinem Grabe gestohlen,
dieweil ich gefürchtet habe, seine gottlose Versammlung möchte ihn aus
demselbigen wegnehmen, und habe ihn in meinem Garten begraben und
gemacht, dass ein Wasserflüsslein über ihn herläuft." Der Rabbi Abraham
Perizol aber berichtet in seiner Schmähschrift Maggen Abraham (Eisenmenger 1, 194): „seine Jünger haben ihn in der Sabbathsnacht gestohlen,
welches die erste Nacht des Osterfestes war, in welcher die Israeliten mit
ihren feierlichen Zusammenkünften geschäftig waren und mit dem Essen
der Osterlämmer zu thun hatten und also denselben nicht verwahren konnten.
Es haben desswegen seine Jünger den Sabbath entheiligt und ihn aus dem
Grab, welches sie, wie in dem Evangelium geschrieben steht, *sepulchrum*
nennen, worein er gelegen war, gestohlen und ihn mitten in einem Garten
begraben: sie haben auch bezeugt, dass sie ihn lebendig gesehen und mit
ihm geredet haben."

Diese jüdische Legende hat in dem vergangenen Jahrhunderte Reimarus,
der bekannte Wolfenbüttler Fragmentist, wieder aus dem Antiquitätenkabinet
hervorgesucht und weiter ausgeputzt. Wir lassen ihn ein Mal reden. Von
dem Zwecke Jesu und seiner Jünger, Braunschweig 1778, heisst es S. 242,
§ 56: „Wir haben schon bemerkt, dass einige, obwohl wenigere, der damaligen Juden, eine zwiefache Zukunft des Messias geglaubt, da er erst in
armseliger Gestalt und leidend erschienen, nachmals aber bald herrlich und
herrschend in den Wolken des Himmels wiederkommen würde. Dieses kam
denen Aposteln vortrefflich zu statten, und sie sahen, dass sie noch nicht
verloren Spiel hatten. Die Erwartung der Zukunft des Messias um diese
Zeit war noch allgemein, und wenn sie sich gleich in der Person eines
Theudas und Judas Galiläus (Apostelg. 5, 36 f.) betrogen hatten, so hörten
sie doch nicht auf, denselben in andern und auf eine andere Art zu erwarten; wie auch die nachmalige Geschichte der Juden weiset. Die Apostel
konnten auch vermuthen, dass ein gross Theil derer, die Jesum als einen
Propheten angesehen, der in Worten und Thaten mächtig gewesen wäre,
nunmehro dieses Lehrgebäude auch ergreifen, und sein Leiden als einen
Theil seines Messias-Amtes, und als eine Folge seiner grossen Zukunft
betrachten, daher aber auch seine andere herrliche vom Himmel desto eher
glauben und erwarten würden. Sie durften auch nicht zweifeln, dass
mancher der vorigen Anhänger Jesu aus eben der Furcht für Dürftigkeit
und Beschimpfung, welche die Apostel selbst trieb, mit in ihr Schiff treten,
und gerne glauben würden, was sie wünschten, damit sie nur nicht möchten
geirrt und sich betrogen haben. In ihren verschlossenen Thüren und bey
dem gemeinschaftlichen Anliegen, da sie noch einmüthig bey einander
waren, hatten sie die beste Zeit zu überlegen und mit einander zu verabreden, wie sie diese Meynung zu ihrem Vortheil anwenden könnten, und
dazu war vor allen Dingen nöthig, den Körper Jesu bald wegzuschaffen,
damit sie vorgeben konnten, er sey aufgestanden und gen Himmel gefahren,
um von dannen nächstens mit grosser Kraft und Herrlichkeit wieder zu
kommen. Es war ihnen ein Leichtes, solche Entwendung des Körpers in's
Werk zu richten. Er lag in Josephs Garten in einem daran schliessenden
Felsen begraben, der Herr und der Gärtner litten, dass die Apostel bey
Tage und bey Nacht das Grab besuchten: sie verrathen sich selbst mit ihrem

Geständniss, dass jemand den Körper habe heimlich wegtragen können:
sie haben die Beschuldigung, dass sie solches selbst in der Nacht wirklich
gethan, von hoher Obrigkeit leiden müssen und haben sich nirgend von
solcher gemeinen Rede zu retten unterstanden. Kurz, alle Umstände geben,
sie haben dieses Unternehmen in der That ausgeführt, und nachmals zum
Grundstein ihres neuen Lehrgebäudes gelegt. Es scheinet wohl, aus dem
Verfolg, dass sie damit nicht lange gesäumet, sondern den Leichnam bald
nach vier und zwanzig Stunden, ehe er vollends in die Verwesung getreten,
bey Seite geschaffet haben, und dass sie, wie dieses geschehen und kund
worden, als voller Verwunderung, und unwissend von irgend einer Auferstehung, sich auch mit dahin begeben, und die leere Stätte beschauet.
Allein noch war es zu frühe, dieses öffentlich zu sagen, und zu behaupten.
Sie warten damit ganzer fünfzig Tage, um hernach, wenn es nicht mehr
Zeit wäre, nach dem Körper zu forschen oder von ihnen zu fordern, dass sie
den auferstandenen Jesum öffentlich zeigen sollten, desto dreister zu sagen,
dass sie ihn hie und da geschen, dass er bey ihnen gewesen, mit ihnen gesprochen, und gegessen hätte, und endlich von ihnen geschieden und gen
Himmel gefahren sey, um bald herrlicher wieder zu kommen." Wie niedrig
wird hier von den Aposteln Jesu Christi gedacht, die eigennützigsten Motive
werden ihnen untergeschoben. Bei verschlossenen Thüren rathschlagen sie, wie
sie die Auferstehung ihres Heilandes im Scene setzen, damit sie und die Andern, welche in diese „Heilands-Kasse" (S. 251 u. ö.) einen Einsatz gethan
haben, jetzt, wo die Bank gesprengt worden ist, doch noch zu ihrem Gelde
gelangen! In einen ganz gemeinen, schlau geplanten Betrug verwandelt sich
die herrliche Auferstehung Jesu Christi von den Todten: die Apostel ent-
puppen sich als Lügner und Betrüger! Wir dürfen die Thatsache konstatiren, dass diese Erklärung des Wolfenbüttler Fragmentisten selbst bei den
vulgärsten Rationalisten keinen Glauben gefunden hat. Die Apostel erschienen diesen doch, zu ihrer Ehre sei das gesagt, in einem ganz andern
Lichte und die Rückkehr des Gekreuzigten in das Leben an dem dritten
Tage stand ihnen ausser allem Zweifel, nur erwachte derselbe nicht aus
dem wirklichen Tode, sondern bloss aus dem Scheintode. Mit Entrüstung
haben sich alle Wortführer des Rationalismus gegen diese Reimarischen
Unterstellungen ausgesprochen. In unseren Tagen wird die Auferstehung
Christi vielfach als Vision betrachtet. Die ersten schwachen Anfänge dazu
lassen sich bereits bei Celsus nachweisen, der nach *Origenes contra Celsum*
2, 55 einen Juden so sprechen lässt: τίς τοῦτο εἶδε; γυνὴ πάροιστρος, ὥς φατε,
καὶ εἴ τις ἄλλος τῶν ἐκ τῆς αὐτῆς γοητείας ἤτοι κατά τινα διάθεσιν
ὀνειρώξας, ἢ κατὰ τὴν αἰτοῦ βούλησιν δόξῃ πεπλανημένῃ φαντασιωθείς,
ὅπερ δὴ μυρίοις συμβέβηκεν· ἢ ὅπερ μᾶλλον ἐκπλῆξαι τοῖς λοιποὺς τῇ
τερατείᾳ ταύτῃ θελήσας, καὶ διὰ τοῦ τοιούτου ψεύσματος ἀφορμὴν ἄλλοις
ἀγύρταις παρασχεῖν, womit 7, 35 zu vergleichen ist, wo es heisst: μετὰ
ταῦτα κακοήθως ὁ Κέλσος φησὶ περὶ τῶν προειρημένων ἀνθρωποειδῶν κατ'
αἰτὸν θεῶν, ὅτι ὄψεταί τις αἰτοὺς οὐχ ἅπαξ παραδυέντας, ὥσπερ τὸν
τούτοις ἐξαπατήσαντα (sc. Christus), ἀλλὰ ἀεὶ τοῖς βουλομένοις ὁμιλοῦντας.
Diese Ansicht hat Spinoza später weiter entwickelt, welcher meint, dass den
Jüngern die Erkenntniss der Auferstehung Jesu von den Todten durch
herablassende Wirksamkeit Gottes nach ihrer Fassungsweise vermittelt
worden sei — *apostolos omnes omnino credidisse, quod Christus a morte
resurrexerit et ad coelum revera ascenderit — ego non nego. Nam ipse*

etiam Abrahamus credidit, quod Deus apud ipsum pransus fuerit, cum tamen haec et plura alia huiusmodi apparitiones seu revelationes fuerint, captui et opinionibus eorum hominum accommodatae, quibus deus mentem suam iisdem revelare voluit. Concludo itaque Christi a mortuis resurrectionem revera spiritualem et solis fidelibus ad eorum captum revelatam fuisse, nempe quod Christus aeternitate donatus fuit et a mortuis (mortuos hic intelligo eo sensu, quo Christus dixit: sinite mortuos mortuos suos sepelire) surrexit, simulatque vita et morte singularis sanctitatis exemplum dedit et eatenus discipulos suos a mortuis suscitat, quatenus ipsi hoc vitae eius ac mortis exemplum sequuntur. Epist. 23 ad Henricum Oldenburgium p. 454. Gfrörer, p. 559. Es hat sich diese Visionshypothese in unseren Tagen stark ausgebreitet, denn der von Geiger, Grätz und Noack unternommene Lösungsversuch dieses welthistorischen Problems, dass die Apostel, durch den Widerspruch des Kreuzestodes Jesu Christi, welchen sie für den Messias hielten, mit ihrem Messiasglauben zu einem gründlichen Studium der alttestamentlichen Weissagungen getrieben, zu dem höheren Schriftverständniss gelangten, der Messias müsse durch Leiden in seine Herrlichkeit eingehen, durch Tod zum ewigen Leben hindurchdringen, und nun schnell entschlossen noch einen Schritt weiter gingen und sagten: er muss leben! und lebt also und ist uns erschienen, hat, wie vorauszusehen war, keinen Anklang gefunden. Aus solchen Reflexionen sprosst nie im Leben ein Glaube hervor, der einer ganzen Welt Trotz bietet. Keim spricht vollkommen wahr 3, 579: „Die Visions-Theorie darf heutzutage geradezu als die bevorzugte, wenn nicht gar herrschende Erklärung der dunkeln Vorgänge nach dem Tode Jesu betrachtet werden. Von Renan, von Strauss, von Reville und Scholten vorgetragen, hat sie durch die scharfe und pünktliche, den Anregungen von Baur und Strauss zu dankende Durchführung im Leben des Paulus durch Dr. Holsten, welche noch vor den Arbeiten jener Männer fiel, neue Stützen erhalten." Wir erkennen darin einen grossen Verdienst Keim's, dass er diese Theorie einer gründlichen Prüfung unterworfen hat. Hier können wir auf dieselbe noch nicht eingehen, schon im nächsten Abschnitte wird sich ein passender Ort dazu finden.

5. Der Gang nach Emmaus.

Mark. 16, 12 u. 13.	Luk. 24, 13—35.

Darnach da zwei aus ihnen wandelten, offenbarte er sich in einer andern Gestalt, da sie über Feld gingen.

Und siehe, zwei aus ihnen gingen an demselbigen Tage in einen Flecken, der war von Jerusalem sechzig Feldwegs weit, dess Name heisst Emmaus. (14) Und sie redeten mit einander von allen diesen Geschichten. (15) Und es geschah, da sie so redeten und befragten sich unter einander, nahte sich Jesus zu ihnen und wandelte mit ihnen. (16) Aber ihre Augen wurden gehalten, dass sie ihn nicht kannten. (17) Er sprach aber zu ihnen: was sind das für Reden, die ihr zwischen euch handelt unterwegs, und sie standen traurig still. (18) Da antwortete einer mit Namen Kleopas und sprach zu ihm: wohnest du allein als Fremdling zu Jerusalem und weisst nicht, was in diesen Tagen darinnen geschehen ist. (19) Und er sprach zu ihnen: welches? Sie aber sprachen zu ihm: das von Jesus von Nazareth, welcher war ein Prophet, mächtig von Thaten und Worten vor Gott und allem Volke, (20) wie

ihn unsre Hohenpriester und Obersten überantwortet haben
zur Verdammniss des Todes und gekreuziget. (21) Wir aber
hofften, er sollte Israel erlösen. Aber doch auch über das
alles ist heute der dritte Tag, dass solches geschehen ist.
(22) Auch haben uns erschrecket etliche Weiber der Unsern,
die sind frühe bei dem Grabe gewesen, (23) haben seinen
Leib nicht gefunden, kamen und sagten, sie hätten ein Gesicht der Engel gesehen, welche sagen, er lebe. (24) Und
Etliche von uns gingen hin zu dem Grabe und fanden es
also, wie die Weiber sagten, aber ihn fanden sie nicht.
(25) Und er sprach zu ihnen: o ihr Thoren und träges
Herzens zu glauben alle dem, das die Propheten geredet
haben. (26) Musste nicht Christus solches leiden und zu
seiner Herrlichkeit eingehen? (27) Und fing an von Mose
und allen Propheten und legte ihnen alle Schriften aus, die
von ihm gesagt waren.

Gerhard beginnt seine Besprechung dieser Erscheinung des Auferstandenen mit den Worten: *inter omnes Christi resuscitati manifestationes
nulla prolixius ab evangelistis descripta, nulla etiam suavior et iucundior
est, quam haec ipsa, quae discipulis in Emaus abeuntibus contigit, quippe in
cuius descriptione copiose et prolixe commemoratur, quomodo Christus hisce
viatoribus non solum sese associaverit, sed etiam amice cum illis per horas
duas vel tres collocutus ex Vetere Testamento vaticinia passionis, mortis ac
resurrectionis suae illis proposuerit, quomodo tandem in diversorio Emauntico
ab illis agnitus sit et quanta cura totum hoc negotium reliquis apostolis sit
ab iisdem expositum.* Wie Johannes sehr eingehend die beiden Erscheinungen Christi vor seinen Jüngern in Jerusalem erzählt, so hat mit unver-
kennbarem Fleisse die geschickte Hand des dritten Evangelisten uns ein
lebensfrisches, warmes, klares und tief ergreifendes Bild von diesen entworfen. Alle andern Offenbarungen des Auferstandenen treten gegen diese
drei ganz bescheiden in den Hintergrund. Was den Verfasser dazu bestimmte, diese so hervorzuheben, können wir jetzt noch nicht sagen. Das
aber liegt auf der Hand, er schreibt ihr eine ganz eminente Bedeutung zu.
Ich halte mit allen neueren Auslegern die kurze Notiz bei Mark. 16, 12 f.
für einen Fingerweis auf diese Erzählung des Lukas: Euthymius Zigabenus
und Andreas Osiander sind anderer Meinung. Sie betonen, dass Markus
sagt, die beiden Jünger seien über Land gegangen, Lukas dagegen, sie
seien nach Emmaus gepilgert, und dass Markus bemerkt, dass sie mit ihrem
Berichte keinen Glauben gefunden hätten, Lukas dagegen angibt, dass die
Gläubigen mit heller Freude ihnen entgegengejauchzt hätten. Ich kann der
ersten Instanz auch nicht die geringste Bedeutung zuschreiben: die zweite
erst ist von Belang, doch wird sich diese Enantiophonie als eine blosse
Enantiophanie schliesslich herausstellen.

Markus verknüpft seine kurze Mittheilung mit der Nachricht über die
Erscheinung, welcher die Maria Magdalena gewürdigt ward: μετὰ δὲ ταῦτα
δυσὶν ἐξ αὐτῶν περιπατοῦσιν ἐφανερώθη ἐν ἑτέρᾳ μορφῇ, πορευομένοις
εἰς ἀγρόν. Lukas hebt umständlicher, und zugleich sich Aufmerksamkeit
und Beachtung erbittend, weil er ein grosses Ereigniss zu verkünden hat,
mit den Worten an: καὶ ἰδού, δύο ἐξ αὐτῶν ἐν αὐτῇ τῇ ἡμέρᾳ ἦσαν
πορευόμενοι εἰς κώμην ἀπέχουσαν σταδίους ἑξήκοντα (so lese ich auf Grund
sämmtlicher grossen Handschriften mit Ausnahme des Codex Sinaiticus,
welcher ἑκατόν vor ἑξήκοντα fügt, was Tischendorf nicht in den Text hätte

aufnehmen sollen, da es offenbar eine leichtsinnige Korrektur des Abschreibers ist) ἀπὸ Ἱεροσαλήμ, ᾗ ὄνομα Εμμαοῦς. Das μετὰ ｜ταῦτα des Markus, welches an und für sich nicht nöthigt, diese Begebenheit noch auf den Ostertag zu setzen, wird durch Lukas näher bestimmt: ἐν αὐτῇ τῇ ἡμέρᾳ, also an demselben Tage, da die Auferstehung stattgefunden hatte, was auch aus V. 21 unleugbar hervorgeht, geschah es. Die Tageszeit wird nicht gemeldet: die allgemeine Annahme, dass an dem Osternachmittage diese Geschichte spielt, hat Alles für sich. Dafür spricht schon der Umstand, dass die beiden Wanderer wissen, dass nicht bloss Frauen bei dem Grabe gewesen sind, sondern auch Männer, die es so fanden, wie jene gesagt hatten; viel mehr aber noch der Umstand, dass sie, die, als die Sonne sich senkte und es Abend werden wollte (V. 29), Emmaus erreicht und den Unbekannten genöthigt hatten, bei ihnen zu bleiben, nach Jerusalem noch zurückeilen, nachdem sie ihn endlich erkannt haben, der Stunden lang mit ihnen gepilgert war, und˙dort, οὔσης οὖν ὀψίας, sagt Johannes 12, 19, die Apostel zusammenfinden. Konnten sie aber noch an dem Abende gen Jerusalem zurückeilen, so können sie, da sie am Abend in Emmaus erst angelangt sind, unmöglich des Morgens schon die Hauptstadt verlassen haben, denn davon, dass sie irgendwo eingekehrt seien, ist nicht die Rede, wie es ihre Gemüthsverfassung auch ausschliesst. Wer diese beiden Wanderer waren, lässt sich nicht feststellen. Jünger Christi waren es, das sagen beide Erzähler mit ihrem δύο ἐξ αὐτῶν und δυσὶν ἐξ αὐτῶν: waren es etwa Apostel? Fritzsche spricht sich zu der Markusstelle dafür aus: er behauptet das τοῖς μετ᾽ αὐτοῦ in V. 10 nöthige dazu. Allein, sind damit wirklich nur die Elfe oder überhaupt nicht Alle, welche mit Jesus es hielten, gemeint? Origenes c. Celsum 2, 62 versteht unter dem namenlosen Jünger den Apostel Simon Petrus, worauf sich am Ende auch die Angabe des Ambrosius, dass er Ammaon geheissen habe, zurückführen lässt: er hat aber fehlgegriffen und, dass ihm Rus und Lightfoot gefolgt sind, ist unverzeihlich, wie konnten jene in Jerusalem Versammelten dann den Ankömmlingen entgegenrufen: ὄντως ἠγέρθη ὁ κύριος καὶ ὤφθη τῷ Σίμωνι (Luk. V. 34). Sie können den ankommenden Simon doch nicht mit der Freudenbotschaft empfangen, dass er ihm erschienen sei? Epiphanius haer. 23, 16 bemerkt, dass Nathanael jener Anonymus gewesen sei: auch diess wird schwerlich angehen, da fast mit Einstimmigkeit behauptet wird, dass Bartholomäus und Nathanael identisch sind, indem der erstere Namen ihn nur nach seinem Vater, als den Sohn des Tolmai, der zweite aber nach seinem Eigennamen benennt. Holtzmann räth auf Jacobus minor, dieser ziehe mit seinem Vater Klopas heim: aber finden die beiden Wanderer bei ihrer Rückkunft nicht οἱ ἕνδεκα versammelt? Kann Einer von den Elfen eben ankommen und doch schon bei den Andern sich befinden? Da es mit Aposteln nicht geht, hat man auf die siebzig Jünger gegriffen, so Hieronymus, Euthymius Zigabenus (zu Markus), Gerhard, Grotius, Bornemann u. A. mehr. Allein wir finden nirgends eine Bestätigung dieser Vermuthung, denn aus dem, dass der eine Wanderer Κλεόπας (Luk. V. 18) hiess, lässt sich doch Nichts erschliessen. Man hat es gethan: Κλεόπας soll eine und dieselbe Person sein mit jenem Κλωπᾶς, welcher Joh. 19, 25 als der Gemahl der einen Maria, die mit unter dem Kreuze stand, erwähnt ist. Jener Klopas wird aber fast ganz allgemein für den Ἀλφαῖος angesehen, und wie ich in der Leidensgeschichte 2, 282 kurz ausgeführt habe, nicht mit Unrecht. Ist aber *Κλεόπας* und *Κλωπᾶς* ein und derselbe Name? Und führt Lukas nicht konstant jenen *Κλωπᾶς*, den Mann der Maria und den gesegneten Vater des Apostels Jacobus minor und des Joses, als *Ἀλφαῖος* an, cf. Ev. 6, 15 u. Act. 1, 13? Wie soll er hier auf ein Mal darauf kommen, denselben unter einem fremden Namen auftreten zu lassen? Und was hat man damit erreicht, wenn man den *Κλεόπας* hier mit jenem *Κλωπᾶς*, *Ἀλφαῖος*, dem Eusebius (h. e. 3, 11 *καὶ δὴ ἀπὸ μιᾶς γνώμης τοὺς πάντας Συμεῶνα τὸν τοῦ Κλωπᾶ, οἳ καὶ ἡ τοῦ εὐαγγελίου μνημονεύει γραφή*), Olshausen, Wieseler, Bornemann zu Gefallen, identifizirt: versteht es sich, was einige Alte annahmen, denn ganz von selbst, dass der Vater wenigstens zu den siebzig Jüngern gehört, wenn der Sohn zu den Zwölfen erwählt worden ist? Wir halten es daher lieber mit Euthymius Zigabenus, welcher zu Lukas schreibt: *ἐξ αὐτῶν δὲ εἶπεν ἁπλῶς, ἤγουν, ἐκ τῶν ὅλων μαθητῶν*, Kühnöl, Baumgarten-Crusius, de Wette, Meyer, Bleek, Godet u. A.

Diese beiden Jünger gingen nach Markus *εἰς ἀγρόν*. Schulthess behauptet, das sei sehr unbestimmt gesprochen: es könne heissen: auf das Feld, aufs Land, in ein Dorf. Fritzsche erklärt dagegen: *εἰς ἀγρόν nihil aliud significare potest, quam rus*, aufs Land, *ἀγρόνδε* sei allein unbestimmt. Wir brauchen uns in diesen gelehrten Streit nicht einzulassen, denn der Zusammenhang bei Markus entscheidet schon dafür, dass diese beiden Jünger keinen Spaziergang durch die Felder angetreten, geschweige denn sich hinausbegeben hatten, um zu arbeiten. Aus der Hauptstadt des Landes zogen sie fort und der Hauptstadt steht, wie wir aus dem Gebrauche des Wortes *rus* bei den Lateinern recht gut wissen, Alles, was ausserhalb ihrer liegt und steht, als Land gegenüber, wenn es auch draussen prächtige Villen und bevölkerte Ortschaften gibt. Lukas berichtet genau, dass sie gegangen seien *εἰς κώμην ἀπέχουσαν σταδίους ἑξήκοντα ἀπὸ Ἰερουσαλήμ, ᾗ ὄνομα Ἐμμαούς*. Die Alten haben mit diesem, sechzig Stadien von Jerusalem entfernten, Orte Emmaus wenig Umstände gemacht: Hieronymus in seinem Onomastikon, Sozomenus 5, 27 (*πόλις ἐστὶν ἐν Παλαιστίνῃ ᾗ, νῦν καλουμένῃ Νικόπολις· ταύτην δὲ ἔτι κώμην οἶδεν ἡ θεία τῶν εὐαγγελίων βίβλος καὶ Ἐμμαοῦς προςαγορεύει· Ῥωμαῖοι δὲ μετὰ τὴν ἅλωσιν Ἰεροσολύμων καὶ τὴν κατὰ τῶν Ἰουδαίων νίκην, Νικόπολιν ἀνηγόρευσαν*). Wilhelm, Bischof von Tyrus, Calvin, Lightfoot, Ritter, Rödiger, Arnold, Robinson erklären, dieses *Ἐμμαούς* sei jenes Nikopolis, welches nach dem Zerfalle des römischen Reiches wieder seinen alten Namen annahm und jetzt Amwas heisst. Dieser Ort, halbwegs zwischen Jerusalem und Joppe gelegen, ist aber nicht 60, sondern beinahe 180 Stadien von der Hauptstadt entfernt, wie auch das *itinerarium Hierosolymitanum* von 22 römischen Millien spricht. Dieses Emmaus war sehr bekannt, in dem Alten Testamente und im Josephus begegnet es uns mehrfach. cf. 1. Makk. 3, 40, 57. 9, 50. Joseph. Ant. 14, 11, 2. 17, 10, 7. b. i. 2, 20, 4. 3, 3, 5: der Schreiber des Codex Sinaiticus kannte kein anderes und schrieb desshalb unbekümmert statt 60 Stadien 160. Unbekümmert, sage ich, denn er überlegte nicht, dass die beiden Wanderer, welche am Abend erst den Auferstandenen dort über Tische erkannt hatten, auf keinen Fall noch an demselben Abend spät in Jerusalem wieder erscheinen konnten. Der Weg — jene 160 Stadien als richtig angenommen — nahm wenigstens 6 Stunden in Anspruch. Reland drang schon mit allem Nachdrucke darauf, ein Emmaus näher bei Jerusalem zu suchen: bei Josephus findet man bald ein solches, wenn man nur in dem *Index sub voce Ammaus* nachschlägt; im b. i. 7, 6, 6 erwähnt er, dass ein χωρίον, ὃ καλεῖται μὲν Ἀμμαοῦς ἀπέχει δὲ τῶν Ἱεροσολύμων σταδίοις ἑξήκοντα; aber wo lässt sich dasselbe jetzt in Trümmern und einem anklingenden Namen an Ort und Stelle nachweisen? Jene Stelle des Josephus, welche dadurch schon höchst bemerkenswerth ist, dass sie dieselben 60 Stadien angibt, hätte Licht geben können. Dort wird erzählt, dass der Kaiser Vespasianus an Bassus und den Prokurator Liberius Maximus den schriftlichen Befehl geschickt habe, das ganze jüdische Land unter den Hammer zu bringen. Eine neue Stadt wollte er nicht in demselben gründen, sondern alles Land als sein Privateigenthum veräussern. Nur 800 ausgedienten Soldaten theilte er in dem Gebiete von jenem Ammaus Ländereien zu. Sepp und Caspari kamen, von einander ganz unabhängig, auf den Gedanken, dass jene Zutheilung von Ländereien in der Gemarkung von Ammaus den Rückgang und schliesslich den vollständigen Eingang des Ortes zur Folge gehabt hätte. Was sollten die armen Leute dort noch anfangen, nachdem der grösste und beste Theil ihrer Felder in fremde Hände gekommen war? Der Ort verschwand von dem Erdboden, dagegen erblühte jene Niederlassung der römischen Veteranen auf dem näher nach Jerusalem zu gelegenen Theil der Gemarkung auf. Nun findet sich etwa ⁵/₄ Stunden westnordwestlich von der Metropole jetzt noch ein Ort Namens Kulonieh: allzugrosse Divinationsgabe gehört nicht dazu, in diesem Kulonieh eine Depravation von *colonia* zu erkennen[1]), welcher letztere Name sich vortrefflich für solch eine Ansiedelung ausgedienter Legionäre eignete. Caspari will seine Annahme noch aus dem Talmud begründen: er verweist auf Mischna Succa 5, 6, wo es wörtlich heisst: *praeceptum salicis quomodo se habet? locus erat prope Hierosolymis, qui vocabatur Moza* (מוצא); dazu bemerkt der alte Ausleger Bartenora: *Vocatur Moza, in Gemara dicunt, quod nomen est* קלניא, *uti ego etiam audivi nomen illius esse, et ibi invenitur salix estque locus parum distans a Jerosolymis. Caeterum* קלניא *notat immune esse a tributo.* Wir lassen Bartenora's Étymologie auf sich beruhen, denn dass das hebräische Wort nur hebräische Umschreibung von *colonia* ist, liegt zu sehr auf der Hand, und wollen nur noch bemerken, dass Caspari Hammauza, wie Mauza mit dem Artikel lauten würde, mit unsrem Ἐμμαούς, dem Ἀμμαοῦς des Josephus, für identisch hält. Lange, Stier, Keim, Godet, Furrer, Ewald, v. Hofmann treten dem bei. Winer, de Wette, Bleek, Meyer, Keil sehen den Ort nur in der Nähe Jerusalems mit Wetstein, Rosenmüller, v. Raumer u. A., ohne sich zu entscheiden, denn ausser unsrem Kulonieh stehen noch mehrere Orte zur Wahl. Van der Velde weiss von einem Culondiah, Andere, wie Pococke 2, 72, Michaelis und vor allen Dingen Dr. Hermann Zschocke (Das neutestamentliche Emmaus, 1865) treten der bis in das 13. Jahrhundert hineinreichenden Tradition bei, nach welcher Kubeibeh, das nach den Messungen des Bauraths K. Schick 62—65 Stadien von Jerusalem entfernt ist, das Ziel ist, nach welchem diese beiden Jünger an dem Osternachmittage ihre Schritte lenkten. Bekümmert, tief traurig

---

[1]) Robinson schreibt in seinem Palästina 2, 364: „Der Name scheint von dem lateinischen Colonia herzukommen; aber mir ist kein historisches Faktum zur Begründung einer solchen Etymologie bekannt. Nach Scholz gibt es hier viele alte, aus gehauenen Steinen errichtete Mauern; Reise S. 161.“

sind sie; sie ziehen aber nicht mit verschlossenen Herzen und Lippen ihres Weges, sie haben das Bedürfniss sich mit einander zu besprechen. Ein Leid hat beide betroffen, sie sind nicht bloss Reise-, sondern auch Leidensgefährten. Der Eine denkt von dem Andern Licht und Trost zu empfangen, wonach ihre Herzen verlangen. *Καὶ αὐτοὶ ὡμίλουν πρὸς ἀλλήλους περὶ πάντων τῶν συμβεβηκότων τούτων.* Dass *ὁμιλεῖν* heisst nicht bloss umgehen mit jemandem und dann übertragen sich mit einer Sache beschäftigen, sondern auch mit jemandem sich besprechen, sich unterhalten, wobei die Person in den Dativ kommt und nicht wie hier *ὁμιλεῖν* mit *πρός τινα* verbunden ist, kann aus den Klassikern erwiesen werden: cf. Lucianus asin. 7: *λουσάμενοι ἐδειπνοῦμεν καὶ ποτὸς ἦν σιχνὸς ἡμῶν ὁμιλοίντων.* Athen. 1, 10, Diodor. Sic. 2, 56 *ἀποκρινομένους τε καὶ ταῖς ὑποκειμέναις περιστάσεσιν οἰκείως ὁμιλοῦντας.* Das Wort kommt in dem Neuen Testamente nur noch hier V. 15 u. Act. 20, 11 u. 24, 26 (hier richtig mit dem Dativ), also überhaupt nur bei Lukas vor. Das *καὶ αὐτοί* vor *ὡμίλουν* ist, streng genommen, nicht erforderlich; es verdankt dem *καὶ αὐτός* in dem folgenden Verse seinen Platz. Sie ihres Theils unterhielten sich über alle diese Begebenheiten, welche nicht mit Meyer auf das, was in dem vorhergehenden Verse dieses Kapitels berichtet wird, beschränkt zu werden brauchen, sondern auch das Leiden und Sterben in sich schliessen, und Jesus anderes Theils gesellte sich später zu ihnen. Mit Recht findet Calvin in diesem Gespräche der beiden Jünger mit einander ein Zeichen ihres noch nicht völlig erloschenen Glaubens. *Hoc pietatis signum fuit, quod fidem in Christum, licet infirmam et exiguam, utcunque fovere conati sunt: neque enim alio tendebat colloquium, nisi ut magistri sui reverentiam crucis scandalo instar clypei opponerent. Quamquam autem sciscitando et disputando inscitiam reprehensione dignam prodebant, quum pridem admoniti de futura Christi resurrectione obstupescerent ad eius auditum, eorum tamen docilitas ad azimendum errorem Christo aditum praebuit. Multi enim data opera quaestiones movent, quia illis propositum est contumaciter verum respuere: quibus autem cordi est, placide verum amplecti, etiamsi vacillent ad minimas obiectiones et ad leves scrupulos subsistant, his gratiam coram Deo pium obediendi studium conciliat, ut quasi porrecta manu in solitam certitudinem adducti fluctuare, desinant. Hoc quidem tenendum est, ubi de Christo inquirimus, si modesto discendi studio id fiat, ianuam ei apertam esse ad nos iuvandos, imo tunc velut doctorem ipsum arcessimus, sicuti profani homines impuris suis sermonibus eum procul summovent.* Dass diese Wanderer nicht schweigen können auf dem Wege ist ein sicheres Zeichen, dass der Glaube an den Herrn Jesus in ihren Herzen solche tiefe Wurzeln geschlagen hatte, dass selbst das Aergerniss des Kreuzes ihn nicht gänzlich ersticken konnte. Man malt vielfach diese beiden Jünger als ganz verzweifelte Männer aus; das sind sie aber nicht, denn wer an Einem verzweifelt ist, auf welchen er seine ganze Hoffnung gesetzt hatte, der schweigt von ihm, wenn er mit treuem Herzen an ihm gehangen, oder er verflucht seinen Namen, wenn er bei ihm nur das Seine gesucht hat. Nach Trost und Licht sehnen sich diese Beiden; sie denken, dass sie durch Austausch ihrer Gedanken etwas gewinnen können: sie haben sich von den Andern in Jerusalem abgewandt, denn, wenn auch deren Osterjubel ihre Herzen nicht verwundet, da es dazu weder bei den Frauen, noch bei den Aposteln annoch gekommen ist, so haben doch die Nachrichten derselben ihnen weder Trost noch Licht gebracht. Der Stein ist hinweggewälzt von dem

Munde des Grabes, das natürliche Licht bricht siegreich hinein in seine
Finsterniss, — aber nur ein Mund kann sie trösten und erleuchten und
dieser Mund hat sich im Tode für immer geschlossen. Er ward nicht mehr
gesehen!

Καὶ ἐγένετο ἐν τῷ ὁμιλεῖν αὐτοὺς καὶ συνζητεῖν καὶ αὐτὸς ὁ Ἰησοῦς
ἐγγίσας συνεπορεύετο αὐτοῖς. Das καὶ vor αὐτός, welches letztere, wie de
Wette, Bleek, Meyer, Godet, Keil u. A. erinnern, mit Nachdruck gesetzt
ist, er, von dem sie soeben redeten, über dessen Tod sie ohne Trost und
Licht waren, kann nur denen befremdlich sein, welche übersehen, dass ein
ἐγένετο diesen Satz anfängt. Wir finden vielfach dieselbe Erscheinung
wieder, cf. Matth. 9, 10. Mark. 2, 15. Luk. 2, 15. 5, 1, 17. 10, 38. 14, 1.
17, 11. 19, 15. 24, 4. Fritzsche will καὶ in dem Sinne von *nempe* alle
Mal fassen, auch in der hebräischen Phrase וַיְהִי mit folgendem Vav soll
dieses letztere diese Bedeutung besitzen, cf. 1. Sam. 28, 1. 2. Sam. 13, 1.
Er ist aber mit seiner Behauptung allein stehen geblieben, und das ist ihm
mit Recht geschehen. Denn häufig bleibt nach ἐγένετο jenes καὶ ganz weg,
cf. Luk. 1, 8 f. 2, 6. 8, 40, was schon dafür sprechen möchte, dass der
Accent nicht darauf ruht; und dann entspricht es so ganz dem Standpunkte
der naiven Geschichtserzählung, dass nach dem unbestimmten ἐγένετο die
Erzählung mit u n d weiter gesponnen wird, als wäre jenes ἐγένετο selbst
schon ein Ereigniss. So Bleek, Meyer. Es lässt sich dieses Phänomen mit
dem andern vergleichen, dass καὶ im Nachsatze nach einer Zeitpartikel wie
ὅτε und ὡς mehrfach steht, cf. Luk. 2, 21 u. 7, 12, dazu Winer S. 389.
Man hat gefragt, von wo Jesus sich diesen beiden Wanderern genaht habe.
Paulus, der natürlich den von der Kreuzigung sehr hart mitgenommenen
und von dem Scheintode noch kraftlosen Leib Jesu schonen muss, meint,
wenn er nicht von einer Seite her in ihren Weg gekommen sei, so hätten
sie ihn eingeholt; komme er ja doch auch erst nach ihnen in Jerusalem
am Abend an, da er eben langsam gehen musste. Gerhard, Grotius, Rosenmüller, Kühnöl, Meyer u. A. lassen die beiden Wanderer einen Vorsprung
haben und von Jesus eingeholt werden. Jedenfalls entspricht diese Situation
mehr der Erzählung; wenn es nöthig wäre, den Dr. Paulus zu beruhigen,
so könnte diess sehr leicht durch die Bemerkung von Aretius geschehen,
dass Leute, welche sich lebhaft unter Weges unterhalten, nicht so schnell
vom Flecke kommen. Jesus ging im buchstäblichen Sinne des Wortes
diesen Beiden nach. Sie verdienten es wohl, dass er ihnen nachging. „Das
Exempel reizt und ermahnt uns," predigt Luther, „dass wir gern von
Christo reden und hören und mit der Schrift und Gottes Wort umgehen
sollen, ob es auch nicht alle Zeit so bald verstanden wird, noch zu Herzen
geht, wie es sollte. Denn obwohl diese zwei Jünger noch voll Unglaubens
stecken, aber unterwegs mit einander von Christo sich bekümmern, ganz
einfältiglich und schier vergeblich dahin schwatzen, so will und kann er
nicht von ihnen bleiben, sondern ist alsbald vorhanden und gesellt sich
auf's Freundlichste zu ihnen und trifft bald ihr Herz und Gedanken und
fängt an, ihnen eine schöne und herrliche Predigt zu thun eben von dem
Artikel, darob sie bekümmert sind und zweifeln. Darum ob kein anderer
Nutzen dabei wäre, sollte uns doch diess reizen, gern damit umzugehen,
weil wir Gott und dem Herrn Christo damit gefallen und einen lieben
Gottesdienst thun und wissen, dass er alsdann gewisslich nicht weit von
uns ist, wie er selbst verheisst Matth. 18, 20: wo ihrer zwei oder drei

beisammen sind in meinem Namen, da bin ich mitten unter ihnen." Gerhard findet den Hauptgrund, warum der Auferstandene an seinem grossen Sieges-tage sich gerade diesen Jüngern naht, um ihnen Trost und Licht zu bringen, und die Andern in Jerusalem auf seine Erscheinung bis zu dem späten Abend warten lässt, darin, dass diese die am Meisten abgekommenen Schafe seiner Herde waren. Steinmeyer will davon nichts wissen. Nach ihm naht sich der Erlöser diesen Wanderern gar nicht ihretwegen, sondern der Apostel wegen; diese sollen ihn nur sehen, damit sie jenen es hinterbringen und sie so auf die sofort erfolgende Erscheinung vorbereiten. Natürlich kann der gelehrte Theologe diese Ansicht nur so aufstellen, dass er schliess-lich den Bericht des Lukas gegen den des Markus Preis gibt. Es soll jenen beiden Jüngern durchaus nicht, wie Lukas es darstellt, jener Oster-jubel entgegengeschallt sein, sondern sie sollen die Apostel noch ungewiss und zweifelmüthig gefunden und sie erst durch ihren Bericht zu dem festen, herrlichen Glauben: der Herr ist auferstanden! gebracht haben. Wir können uns nun und nimmer dazu entschliessen, den so genau detaillirten Bericht des Lukas dem Berichte des Markus nachzusetzen, welcher so sehr summarisch ist. Wir haben schon bei der Erscheinung, welche Maria Magdalena hatte, denselben Gedanken Steinmeyer's abgewiesen und thun es hier um so entschlossener, als den beiden Jüngern ein Auftrag an die Apostel gar nicht ertheilt wird. Um ihrer selbst willen ist Christus diesen Beiden aus dem Kreise der Jünger erschienen. Wir behaupten nicht, dass sie hervorragende Personen aus dem weiteren Jüngerkreise gewesen sind, denn Kleopas hat eine solche Stellung nicht eingenommen und sein Begleiter ist so unbedeutend, dass der Evangelist nicht ein Mal seinen Namen über-liefert: aber wir wissen, dass der treue und gute Hirte nicht bloss ein Herz für die Grossen, sondern auch für die Kleinen hat. Wir geben gern zu, dass der Glaube an die Auferstehung Jesu Christi von den Todten bei den Aposteln lange noch nicht zum Durchbruche gekommen war: aber wir weisen darauf hin, dass alle Anstalten von dem Heiland getroffen sind, dass der Glaube endlich ohne sein persönliches Eingreifen zum Durchbruch kommt. Maria Magdalena war zum Glauben gelangt, wir setzen wohl nicht zu viel voraus, wenn wir sie in dem Kreise der Jüngerinnen Jesu vor allem Andern geschäftig sehen, die Glaubenslampe, welche nur noch trübe gebrannt hatte, zu schmicken und zu putzen. Die Evangelien erzählen, dass Johannes bereits glaubt und Petrus in ein tiefes Staunen versunken ist: auf Johannes rechnen wir nicht so wie auf Petrus, dessen Staunen durch eine nicht erzählte, aber zwei Mal angedeutete Erscheinung Christi zu dem entschiedensten Glauben gefördert wird: Simon Petrus ist der Oster-prediger in dem Kreise der Jünger, wie das Luk. 24, 34 ausser Zweifel stellt. Dort in Jerusalem ist Alles auf dem besten Wege: die Jünger halten zusammen, die Schwachen werden durch die Starken gewartet und gestärkt. Was soll aber aus diesen beiden Wanderern werden? Sie sind herausge-treten aus dem Kreise der Jünger; wenn sie nicht ganz abkommen sollen, muss der Herr sich also selbst aufmachen, um sie zurecht und zurück-zubringen.

Es scheint, als wenn der Heiland erst schweigend hinter diesen beiden Jüngern dreingegangen sei und nach einer Weile erst mit ihnen angebunden habe. Er wollte sie wohl erst an seine Nähe gewöhnen, sein augenblick-liches Fragen und Erkundigen, was ihnen fehle, hätte sie verletzt und abgestossen, da sie einen neugierigen Menschen in ihm vermuthet hätten, der sich den langweiligen Weg durch ein Gespräch mit wildfremden Menschen, so gut, wie es eben ging, verkürzen wollte. Ehe er sie fragte, συνεπορεύετο αὐτοῖς. Die beiden Wanderer erkennen ebensowenig wie Maria Magdalena den Auferstandenen: jene, die ihn in einem Garten schaute, hielt ihn für einen Gärtner, diese, die unter Weges sind, meinen, es sei auch ein Wandersmann wie sie. Das Nichterkennen Seitens der Maria ward nicht erklärt, Markus und Lukas aber berichten, dass diese beiden Jünger den Herrn nicht erkannten aus bestimmten Gründen. Markus sagt rund heraus δυσὶν ἐξ αὐτῶν περιπατοῦσιν ἐφανερώθη ἐν ἑτέρᾳ μορφῇ : Lukas hingegen οἱ δὲ ὀφθαλμοὶ αὐτῶν ἐκρατοῦντο τοῦ μὴ ἐπιγνῶναι αὐτόν. Offenbar sagen beide Synoptiker nicht dasselbe. Nach Markus war das Nichterkennen in der ἑτέρᾳ μορφῇ Christi begründet, nach Lukas in einem Gehaltenwerden der Augen. Was haben wir uns unter jener ἑτέρᾳ μορφῇ zu denken? Grotius bleibt bei dem Aeusserlichsten, der Kleidung, stehen: *habitu alio, quam quo uti solebat:* Heumann, Bolten, Paulus, Kühnöl nehmen zu der fremden, ungewohnten Kleidung noch veränderte Gesichtszüge. Wir weisen diese Meinungen kurzer Hand ab: die Kleidung kann wohl im Abendlande Leute machen, aber da die Kleidung des Morgenlandes, wenigstens bei dem armen Manne, und ein solcher war Christus, so uniform ist, kann jene fremde Kleidung das Räthsel nicht lösen. Mit den durch den Tod entstellten Gesichtszügen ist es auch ein sehr missliches Ding, denn die allgemeine Erfahrung ist die, dass die verzogenen Gesichtszüge, wenn der Mensch nur in Seelenfrieden dahingefahren ist, sich wieder in die alten Formen glätten. Gerhard will auch von einer wahren ἑτέρᾳ μορφῇ des Auferstandenen nichts hören: er zwingt die Aussage des Markus, dass sie auf Lukas hinausläuft. *Quod Marcus dicit, Christum ἐν ἑτέρᾳ μορφῇ, apparuisse, id iuxta interpretationem Lucae, qui prolixius hanc historiam persequitur et aliquot annis post Marcum scripsit, sic intelligendum est, quod alia fuerit forma* οὐκ ὄντως, ἀλλὰ οἰομένως, *non secundum rei veritatem, sed secundum horum discipulorum opinionem. Sicut et Christus Rom. 8, 3 dicitur demissus in similitudine carnis peccati, non quod caro ipsius vere fuerit peccatrix caro, sed quia talis hominum oculis et iudicio videbatur.* Dass man aber jene Aussage des Markus nicht so subjektiv verstehen darf, sondern dass sie eine objektive Thatsache berichten will, haben die Kirchenväter und die lutherischen Reformatoren, sowie die Mehrzahl der neueren Ausleger — Bengel, Fritzsche, Bleek, Baumgarten-Crusius, Meyer, Keil u. A. — klar erkannt. Der Leib, in welchem der Auferstandene ἐφανερώθη, *se conspiciendum praebuit,* wie Fritzsche richtig überträgt, war nicht mehr der alte. Eine Umwandlung war mit ihm vorgegangen: seine μορφή hatte sich verändert. Wir stehen hier vor der Frage, welcher Art der Leib war, mit welchem Christus von den Todten auferstand, und können uns ihr nicht entziehen.

Es gilt zuerst den Thatbestand festzustellen. Diess ist, so viel ich weiss, auf die vollständigste und richtigste Weise schon durch Rothe geschehen. Ich lasse denselben desshalb reden. (Dogmatik, 2, 1, 137 ff.) „Die Data in unsern Evangelien, aus denen diese Vorstellung gebildet werden muss, scheinen sich zu widersprechen und sich gegenseitig auszuschliessen, und zwar bei Einem und demselben Berichterstatter, — nicht etwa so, dass das sich Widersprechende sich unter die verschiedenen

Berichterstatter vertheilt. Auf der einen Seite scheint der Auferstandene allerdings ein ganz natürlich menschliches Leben zu leben, in einem gewöhnlichen, materiellen Leibe, wie er ihn vor seinem Kreuzestode an sich trug. Es wird von ihm ein menschliches Reden, Gehen, Brodbrechen erzählt, ja auch, dass er mehrmals Speise zu sich genommen, und zwar zum Theil ausdrücklich zu dem Zwecke, um seine zweifelnden Jünger von der Realität und Materialität seines Leibes zu überführen. (Luk. 24, 41—43. Joh. 21, 12, 13.) Als seine Jünger, durch seine plötzliche Erscheinung erschreckt, einen Geist zu sehen meinen, zeigt er ihnen zu demselben Ende seine Hände und seine Füsse zur Betastung mit der ausdrücklichen Bemerkung, ein Geist habe nicht Fleisch und Blut, wie sie sähen, dass er es habe. (Luk. 24, 37—40.) Bei Johannes zeigt er bei seiner ersten Erscheinung in der Mitte der versammelten Apostel diesen seine Hände und seine Seite (Joh. 20, 20), und lässt acht Tage später den Thomas seine Nägelmale und seine Seitenwunde betasten (Joh. 20, 27). Die Frauen, die ihm bei Matthäus am Auferstehungsmorgen zuerst begegnen, umfassen seine Füsse (Matth. 28, 9). Ueberdiess versichert Petrus (Apostelg. 10, 41) feierlich, die Zwölfe hätten nach seiner Auferstehung von den Todten mit ihm zusammen gegessen und getrunken. Dem gegenüber kommen aber auch genug solche Züge vor, die sich mit der Annahme einer materiellen Leiblichkeit des auferstandenen Erlösers nicht zusammen zu reimen, und vielmehr bestimmt auf eine geisterhafte Beschaffenheit seines Zustandes und eine blosse visionäre Art seines Verkehrs mit seinen Gläubigen hinzudeuten scheinen. Schon das nur so seltene, kurze und abgebrochene Zusammensein des Erlösers mit seinen Jüngern erweckt eine solche Vorstellung. Man fragt, unvermeidlich, wo er sich denn in den langen Zwischenräumen zwischen seinen einzelnen Erscheinungen aufgehalten haben möge, und nach der den evangelischen Erzählungen sichtlich zu Grunde liegenden Ansicht kann man sich nur die Antwort geben, dass er sich nach den einzelnen Erweisungen seines Lebens immer wie ein höheres Wesen sofort wieder in die unsichtbare Welt zurückgezogen habe, aus der er nur in einzelnen Fällen, wo und wann er es zweckmässig fand, auf vorübergehende Weise hervortrat. Ebenso veranlassen auch schon die Formen, mit denen die einzelnen Erscheinungen des Auferstandenen unter den Jüngern eingeführt werden, sehr natürlich den Gedanken an visionäre Ereignisse, denn die Ausdrücke ὤφϑη, ἐφανερώϑη, ἐμφανὴς ἐγένετο, ὀπτανόμενος αὐτοῖς u. s. w. sind ja für solche gerade die geläufigen. Denselben Eindruck gibt es auch, wenn Paulus (Kor. 15, 5—8) mit den Erscheinungen des Erlösers in den vierzig Tagen nach seiner Auferstehung ganz ohne Weiteres die ihm selbst zu Theil gewordenen Erscheinungen desselben, die doch notorisch nur visionäre waren, in Eine Reihe stellt. Ferner ist in derselben Beziehung der Umstand sehr auffallend, dass der Auferstandene entweder überhaupt nicht, oder doch nicht sicher erkannt wird, auch von seinen nächsten Anhängern. Die Jünger von Emmaus erkennen ihn anfangs lange nicht (Luk. 24, 16), bis er ihnen endlich am Brodbrechen kenntlich wird (V. 31). Lukas gibt (V. 16) als Grund davon an: οἱ ὀφϑαλμοὶ αὐτῶν ἐκρατοῦντο τοῦ μὴ γνῶναι αὐτόν, Markus aber (16, 12), dass der Auferstandene ihnen ἐφανερώϑη ἐν ἑτέρᾳ μορφῇ. Desgleichen erkennt Magdalena den ihr zuerst erscheinenden Jesus nicht eher, bis er sie bei ihrem Namen ruft (Joh. 20, 14 ff.). Auch Johannes Kap. 21 erkennen die Jünger den am Ufer stehenden Jesus längere Zeit nicht, wenigstens nicht sicher (V. 4, 7, 12). Endlich hat sein Kommen und Gehen durchweg etwas Geisterhaft-plötzliches. Kaum haben die Jünger von Emmaus ihn endlich erkannt, so ist er auch schon wieder vor ihren Augen verschwunden. (Luk. 24, 31: ἄφαντος ἐγένετο ἀπ᾽ αὐτῶν). Sogleich nachher tritt er auf durchaus plötzliche Weise in die Versammlung der Jünger zu Jerusalem ein (Luk. 24, 36: ἔστη ἐν μέσῳ αὐτῶν), so dass diese erschrecken und eine Geistererscheinung zu sehen meinen (V. 37). Auch bei den beiden Besuchen, die Joh. Kap. 20 berichtet werden, bei den versammelten Jüngern, erscheint er mit eben der Plötzlichkeit unter ihnen (ἔστη εἰς τὸ μέσον) und noch dazu bei verschlossenen Thüren (τῶν θυρῶν κεκλεισμένων (V. 19, 26), welche letztere Angabe allerdings nicht sagen will, Jesus sei durch die verschlossen gebliebenen Thüren (durch die Bretter selbst) hindurchgegangen, sondern nur die verschlossenen Thüren hätten sich vermöge seiner Wundermacht geöffnet (Apostelg. 12, 10)."

Wie lösen wir das vorliegende Problem? Gelangen wir damit zu einem erwünschten Ziele, dass wir behaupten: der Auferstandene trug ganz denselben Leib, welchen er vordem getragen hatte, jenes σῶμα χοϊκόν? Reinhard ist der namhafteste Vertreter dieser Ansicht. Er erklärt die gewöhnliche Annahme, dass der Leib des Auferstandenen verklärt gewesen sei, für eine durchaus nicht so ausgemachte Wahrheit, als man es dreist darstelle. Alle Stellen, mit denen man die Verklärung des auferstandenen Körpers Christi erklären wolle, seien einer andern Erklärung fähig; eine Menge von Umständen und Handlungen würde erzählt, die an einen geistigen Körper gar nicht denken liessen; wenn die Freunde Jesu von seiner Auferstehung hätten fest überzeugt werden sollen, habe er ihnen in dem bisherigen, bekannten, alten Leibe erscheinen müssen. Wir haben es hier nicht mit dem zweiten und dritten Grunde zu thun, denn nur der erste Grund fällt für uns in die Wagschale. Ist es möglich, dass der Auferstandene so erscheinen kann, wie er erscheint, wenn er diesen groben, materiellen Leib noch an sich hat? Die allgemeine Ueberzeugung ist jetzt eine andre, als sie zu Reinhard's Zeiten war: kein Mensch wagt jetzt noch die Behauptung, dass der Auferstandene in dem alten Leibe, aus irdischen Stoffen bereitet, den Seinen sich genaht habe. Der Text ist zu gewaltig: die Erscheinungen zu geheimnissvoll, zu geisterhaft. Güder (Die Lehre von der Erscheinung Jesu Christi unter den Todten, S. 349) lässt den Herrn allerdings noch mit dem σῶμα χοϊκόν aus dem Grabe hervortreten, aber sofort auch in einen Verklärungsprozess eintreten. Von der Auferstehung an beginnt die verklärende Verwandlung der Leiblichkeit Christi und erreicht an dem Tage der Himmelfahrt ihren Abschluss, ihre Vollendung. Diese Ansicht, welche sich bis auf Origenes zurückführen lässt (c. Cels. 2, 62: καὶ ἦν γε μετὰ τὴν ἀνάστασιν αὐτοῦ ὡσπερεὶ ἐν μεθορίῳ τινὶ τῆς παχύτητος τῆς πρὸ τοῦ πάθους σώματος καὶ τοῦ γυμνὴν τοιούτου σώματος φαίνεσθαι ψυχήν), erfreut sich in unseren Tagen eines grossen Beifalls, vornehmlich bei den württembergischen Theologen. Schmid sagt in seiner biblischen Theologie des Neuen Testamentes § 19, 2: „so bietet sich aus allen diesen Elementen zusammen die Ansicht dar, dass es sich von der Auferstehung an um eine stufenweise Verklärung handelt, deren Vollendung erst mit der Himmelfahrt eintritt." Dorner lehrt in seinem System der christlichen Glaubenslehre 2, 669 f.: „es wäre ein Widerspruch gegen sein gottmenschliches Wesen, gegen die unauflösliche Unio des Göttlichen und Menschlichen in ihm, wenn der Tod ihm bleibend einen Theil seiner selbst hätte rauben können. Vielmehr vereinigt er sich nun auch mit seinem Leibe in höherer Weise als zuvor (wo er noch versuchlich war und sein Leib eine relative Selbständigkeit dem Geiste gegenüber haben musste), und zwar dadurch, dass nun sein Geist als einziger Mittelpunkt die vollkommene Macht ist über seine Naturseite als sein schlechthin williges Organ, und dieses beweist durch Ueberwindung alles Tödtlichen, rein Passiven in sich, also des Todes im Prinzip, positiv durch allmälige, auch äussere Verklärung, wofür die vierzig Tage nach der Auferstehung als Uebergang anzusehen sein werden." Olshausen, Osiander (Apologie des Lebens Jesu, S. 338), Bleek, Tholuck, Martensen (Christliche Dogmatik, § 172 zum Schluss) vertreten denselben Gedanken. Interessant ist das Eingeständniss Schmid's: „Dass wir uns hiervon keine genaue Anschauung bilden können, liegt in der Natur der Sache" (l. c). Sehr wahr; wir vermögen uns von solch einem in vierzig Tagen zu seinem Ziele kommenden Prozesse keine Vorstellung zu machen: allein schlimmer ist es noch, dass die Berichte der beiden hier eigentlich nur in Erwägung zu ziehenden Evangelisten, des Lukas und des Johannes, einen solchen stufenmässigen Entwicklungsprozess rein ausschliessen. Ist jene Umsetzung der unverklärten Leiblichkeit des Auferstandenen in verklärte Leiblichkeit, des χοϊκόν in πνευματικόν normal, und anders lässt sie sich bei Christus schlechterdings nicht denken, so müsste bei seinen Erscheinungen sich eine aufsteigende Linie, ein sehr bedeutender Fortschritt in's Geistliche nachweisen lassen. Aber wir müssen als Thatsache konstatiren, dass diess nicht der Fall ist; schon bei den ersten Erscheinungen tritt das pneumatische Element neben jenem sarkischen sehr entschieden hervor und bei den letzten Erscheinungen macht sich umgekehrt das sarkische Element neben jenem pneumatischen wieder so entschieden geltend, wie in dem Anfange. Wir sehen durchaus kein Zurücktreten jenes irdischen Elementes, kein immer vollständigeres Verschlungenwerden desselben durch die Kraft des Pneumatischen. Man bedenke, an dem Osterabende tritt der Auferstandene in einer solchen Weise mitten unter seine Jünger bei verschlossenen Thüren, dass der Gedanke, ein πνεῦμα, das πνεῦμα des Gekreuzigten erscheint, sich ihnen mit einer solchen Macht aufdrängt, dass der Erscheinende sich genöthigt sieht, sie von seiner Leibhaftigkeit zu überführen: seine Hände, seine Füsse, seine Seite zeigt er ihnen mit der Versicherung, dass ein Geist weder Fleisch noch Knochen habe, wie er habe! Nach acht Tagen ist sein Leib noch nicht anders geworden, Thomas kann in seine Nägelmale und seine Seitenwunde noch seine Finger und seine Hand legen. An dem Tage seiner Himmelfahrt verkehrt er nicht wie ein ätherisches Wesen mit seinen Aposteln: an ihrer Spitze schreitet er aus Jerusalem heraus gen Bethanien auf den Oelberg, sie sprechen ganz freimüthig mit ihm, er breitet seine Hände segnend über sie aus und fährt sichtbarlich, leibhaftig gen Himmel. Ein Prozess wird uns zugemuthet und, wir bemerken, so scharf wir auch darauf sehen, durchaus keine Phasen desselben und diese Phasen müssten doch sehr auffallend sein, denn in dem Zeitraume von vierzig Tagen setzt sich Alles, was irdisch ist in dem Leibe Jesu, in Ueberirdisches, Himmlisches um!

Die alte orthodoxe Kirche lehrt, dass Christus mit verklärtem Leibe von den Todten auferstanden sei. Die namhaftesten Kirchenväter des Orientes und des Occidentes sind darin ganz einstimmig. Chrysostomus sagt hom. 87 in Jo.: τί δέ ἐστι τὸ ἐφανέρωσεν; Ἐκ τούτου δῆλον, ὅτι οὐχ ἑωρᾶτο, εἰ μὴ συγκατέβη, διὰ τὸ λοιπὸν ἄφθαρτον εἶναι τὸ σῶμα καὶ ἀκήρατον. Auch Theodoretus lässt sich nicht anders aus. In seinem zweiten Dialoge im Eranistes erklärt der Orthodoxe sich dahin: οἰδὲν οὖν ἐν αὐτῇ (sc. σαρκί) μεμένηκε μετὰ τὴν ἀνάστασιν τῶν ὅσα τὴν φύσιν δηλοῖ. Der Widersacher sagt: οὐκοῦν καὶ θνητόν ἐστι καὶ παθητὸν (σῶμα) μετὰ τὴν ἀνάστασιν; der Orthodoxe entgegnet: οὐδαμῶς, ἀλλ' ἄφθαρτον καὶ ἄπαθες καὶ ἀθάνατον. — οὐκοῦν μένει ἡ φύσις, μεταβάλλεται δὲ αὐτῆς τὸ φθαρτὸν εἰς ἀφθαρσίαν, καὶ τὸ θνητὸν εἰς ἀθανασίαν — καὶ τὸ δεσποτικὸν τοιγαροῦν σῶμα, ἄφθαρτον μὲν ἀνέστη, καὶ ἄπαθες καὶ ἀθάνατον καὶ τῇ θείᾳ δόξῃ δεδοξασμένον καὶ παρὰ τῶν ἐπουρανίων προσκυνεῖται δυνάμεων· σῶμα δὲ ὅμως ἐστί, τὴν προτέραν ἔχον περιγράφην. Die Väter der abendländischen Kirche geben ebenso ihre Stimmen ab. Augustinus schreibt, um nur eine Stelle aus vielen, die zu Gebote stehen, hervorzuheben, de civitate Dei 22, 19: quae claritas in Christi corpore, cum resurrexit, ab oculis discipulorum potius abscondita fuisse, quam defuisse credenda est. Non enim eam ferret humanus atque infirmus adspectus, quando ille a suis ita deberet attendi, ut posset agnosci. Quo pertinuit etiam, ut contrectantibus ostenderet suorum vulnerum cicatrices; ut etiam cibum potumque sumeret, non alimentorum indigentia, sed ea, qua et hoc poterat, potestate. Leo predigt in dem ersten Sermone de resurrectione Domini: resurrectio Domini non finis carnis, sed commutatio fuit, nec virtutis augmento consumpta substantia est. Qualitas transiit, non natura defecit: et factum est corpus impassibile, quod potuit crucifigi; factum est immortale, quod potuit occidi; factum est incorruptibile, quod potuit vulnerari. Die Verklärung des Leibes des Auferstandenen lehren die Reformatoren, nicht bloss Luther, sondern selbst Zwingli (caro Christi etiam post resurrectionem glorificata. In histor. dom. resurrectionis). Die Dogmatiker der lutherischen Konfession sprechen sich ebenso aus. Gerhard bemerkt in seiner Harmonie in dem Abschnitte, welcher der Erscheinung des Herrn am Osterabende gewidmet ist: non defuit Christo potentia per clausas fores intrandi, tum ex virtute Deitatis, secundum quam superabundanter plura praestare posset, quam intelligimus Eph. 3, 20, tum ex dote subtilitatis corpori eius collata, quod post resurrectionem est spirituale et glorificatum 1 Cor. 15, 45. Phil. 3, 21, quin imo propter purissimam et arctissimam humanae naturae cum λόγῳ unionem facillimum fuit Christo corpus suum per clausas fores discipulis praesens sistere. Später: firmiter igitur inhaeremus verbis textus, quod scilicet Christus ad discipulos venerit, cum ante ingressum et in ipso ingressu ianuae essent clausae, ex quo intelligimus, Christum quidem in resurrectione sua verum et naturale corpus, adeoque illud ipsum, corpus suum, in quo passionem ac mortem sustinuerat, e sepulchro retulisse, interim tamen corpus eius non amplius θνηταῖς δυσχερείαις obnoxium, sed glorificatum et proprietatibus corporis spiritualis praeditum esse. Quod enim apostolus dicit, corpora nostra post resurrectionem fore πνευματικά, spiritualia 1 Cor. 15, 15: id multo magis de Christi corpore intelligendum est, cui corpora nostra tunc erunt σύμμορφα Phil. 3, 21. — Dicitur autem corpus spirituale, non quia carne et ossibus destitutum in spiritum plane mutatur, sed quia manente corporis substantia proprietatibus spiritus exornatur. Sunt autem proprietates spiritus, esse invisibilem, non movendi de loco in locum successive iuxta rationem huius saeculi, non indigere cibo ac potu, pertransire corpora *solita nullo impedimento etc.* Baier sagt in seinem *compendium theologiae positivae 3, 2, 2, § 5, d: accepit enim corpus idem illud quidem, quod antea habuit: sed glorificatum iuxta Phil. 3, 21.* Nam σῶμα τῆς δόξης *per ebraismum denotat corpus gloriosum; et tale quidem, cuius affectiones prolixius describuntur 1 Cor. 15, 40 seqq. Unde etiam e sepulchro clauso potenter exivit. vid. Matth. 28, 2 et 6, ubi recensetur angelum domini removisse lapidem sepulchralem, non ad recludendum exitum: sed ad monstrandum aliis locum, a Christo resuscitato iam derelictum.* Buddeus lehrt in seinen *institutiones theologiae dogmaticae 794: quod autem Christus post resurrectionem habuerit* σῶμα τῆς δόξης, *corpus gloriae et Paulus testatur Phil. 3, 21, et inde etiam constat, quod videri a nemine potuerit, nisi quibus se ipsum conspiciendum praebere voluit. Non tantum enim in immortalitate immunitateque ab omnibus infirmitatibus, sed et in claritate et subtilitate* δόξα *illa, seu gloria corporis Christi consistit. cf. 1 Cor. 15, 40 f. Qua quidem ratione corpora fidelium aliquando* σύμμορφα *fore corpori glorificato Christi, apostolus Phil. 3, 21 pronuntiat.* Diese Ansicht vertreten unter den Neueren Thomasius, Kahnis, v. Hofmann, Luthardt, Lange, Stier, Hengstenberg, Steinmeyer, Weiss, Baumgarten u. A.

Rothe, welchem seine ganze Anschauung von der Materie nicht erlaubt, die Auferstehung Christi als eine leibliche anzuerkennen, glaubt den Erscheinungen Christi so gerecht werden zu können, dass er den „reinen Geist", um jene zu Stande zu bringen, mit der bereits abgelegten leiblichen Hülle sich vorübergehend verbinden lässt. „So widersprechend lauten die Data," sagt er l. c. S. 139. „Das Allerverwirrendste dabei ist, dass so oft Data von dem allerentgegengesetztesten Charakter dicht neben einander stehen. Die Lösung dieses Räthsels dürfte nur in der Annahme zu finden sein, dass die Erscheinungen des Auferstandenen Erscheinungen des allerdings schon als reiner Geist vollendeten (nach Seele und Leib, s. Joh. 20, 17) Erlösers sind, der aber seinen bereits abgelegten, für ihn selbst zwecklos gewordenen ehemaligen materiellen Leib zu dem Ende nochmals, jedoch nur in lediglich transitorischer Weise, in Besitz nimmt und wie ein Kleid anlegt, um seine Gläubigen von der Thatsächlichkeit seines Hindurchgedrungenseins durch den Tod in den Zustand verherrlichten Lebens mit sinnlich-empirischer Evidenz zu überzeugen. Unter dieser Voraussetzung leuchtet es ein, wesshalb der erstandene Erlöser, ungeachtet er in einem wirklich materiellen Leibe erscheint, doch so gar nicht durch die für diesen in der Natur der Materie selbst begründeten Beschränkungen gebunden ist, weder durch die räumlichen (Luk. 24, 31. 36. Joh. 20, 19. 26), noch durch die zeitlichen (Luk. 24, 36. Joh. 20, 19. 26. 21. 4)." Ich weiss mit dieser transitorischen Leiblichkeit des auferstandenen Erlösers zu Behuf seiner Erscheinungen schlechterdings nichts anzufangen. Die Materie hat durchaus nicht, wie Rothe annimmt, der Gottheit gegenüber diese Stellung, dass sie jener absoluten Position und Positivität gegenüberstünde als das μὴ ὄν, als das Widergöttliche und desshalb Zuvernichtende: sie ist, weil Gottes schöpferisches Werk, auch in irgend einer Weise derselben adäquat und fassbar. Was wird uns hier nun zugemuthet in's Besondere? Der Leib Jesu, welcher den Mächten des Todes anheimgefallen war, wurde wenigstens vierzig Tage lang durch ein Wunder Gottes erhalten und vor aller Verwesung bewahrt, damit der reine Geist denselben nach Belieben als sein Kleid anlegen kann? Was wird aus jener grossen Parallele, welche Paulus zwischen dem Herrn als dem Erstling unter denen, die da schlafen, und den Gläubigen, als den Spätlingen, zieht? Ist es nichts mit der Auferstehung der Todten, wie sie die h. Schrift bezeugt und S. Paulus 1 Kor. 15 so gewaltig predigt? Nichts mit jenem unverweslichen, unsterblichen, himmlischen, geistlichen Leibe, welchen der erlöste Geist bei der Wiederkunft des Auferstandenen empfangen soll? Diese Parallele des Apostels Paulus, das haben die alten wie die lutherischen Exegeten und Dogmatiker ganz richtig erkannt, wird ganz und gar hinfällig, wenn Jesus Christus nicht an dem dritten Tage mit einem verklärten Leibe aus dem Grabe hervorgegangen ist. Aber qualificirt sich dieser geistliche Leib zu solchen Erscheinungen, wie sie in den Evangelien geschildert werden? Die Frage wird gewöhnlich so formulirt, ob denn ein solches σῶμα τῆς δόξης essen und trinken und sich auf Fleisch und Knochen hin betasten lassen könne. Lassen wir sie uns ein Mal so gefallen. Die Alten haben kein Bedenken gehabt, diese Frage zu bejahen. Bei Theodoretus erklärt der Orthodoxe (l. c.): τὰ διά τινα οἰκονομίαν τοῦ σωτῆρος γενόμενα, οὐκ ἔστι κάνων καὶ ὅρος τῆς φύσεως. Johannes Damascenus sagt de fide orth. 4, 1: εἰ καὶ ἐγεύσατο βρώσεως μετὰ τὴν ἀνάστασιν, ἀλλ᾽ οὐ νόμῳ φύσεως· οὐ γὰρ ἐπείνασεν· οἰκονομίας δὲ τρόπῳ, τὸ ἀληθὲς πιστούμενος τῆς ἀναστάσεως, ὡς αὐτή ἐστιν ἡ σὰρξ ἡ παθοῦσα καὶ ἀναστᾶσα. Die Spätern nehmen dankbar diese Bestimmungen an: so spricht Gerhard: *ergo quod Christus videndum se exhibuerat in via his comitibus, id liberrimae erat οἰκονομίας et erat habitus corporis ad tempus ascitus: quod vero oculis mortalibus se subtrahit, id de proprietate gloriosae carnis est. Thomas p. 3. qu. 54. a. 1 resp. ad 2: quicunque habet corpus glorificatum, in potestate sua habet videri, quando vult, et quando non vult, non videri. Hoc tamen habuit Christus non solum ex conditione corporis gloriosi, sed etiam ex virtute Deitatis, per quam fieri potest, ut corpora etiam non gloriosa miraculose non videantur. Quod autem de intuitu corporis Christi, eum scilicet non fuisse necessitatis, sed liberrimae οἰκονομίας, idem etiam de contactu eius est intelligendum, unde Gregorius hom. 20 in ev. scribit: quod Christi corpus est incorruptibile et simul palpabile, haec sunt duo contraria iuxta humanam rationem, sed salvator noster in resurrectione sua utrumque servavit, ut monstrando incorruptibile invitaret ad praemium, praebendo palpabile formaret fidem*[1]. *Colligitur ergo hoc loco, quod Christi corpus* ἀοράτως καὶ ἀναισθήτως, *invisibiliter et insensibiliter alicubi esse possit, cum sit non solum glorificatum, sed et* λόγῳ *personaliter unitum corpus, qua* ἐξοχῇ *ab omnibus etiam glorificatis corporibus longissime distinguitur.* Die neuere Theologie mag von solch einer οἰκονομία und συγκατάβασις nichts wissen. Allein reichen wir ohne eine solche aus?

Die Schriftlehre ist, dass Jesus Christus als Erstling von denen, die da schlafen, mit dem σῶμα τῆς δόξης aus dem Grabe hervorgegangen ist:

---

[1] Ich habe diese Stelle so mitgetheilt, wie Gerhard sie bietet: derselbe ist aber in seinen Citaten öfters nicht diplomatisch treu. Die Stelle findet sich hom. 26 und lautet so: *qua in re duo mira et iuxta humanam rationem sibi valde contraria ostendit: dum post resurrectionem suam corpus suum et incorruptibile et tamen palpabile demonstravit. Nam et corrumpi necesse est, quod palpatur: et palpari non potest, quod non corrumpitur. Sed miro modo atque inaestimabili redemptor noster et incorruptibile post resurrectionem et palpabile corpus exhibuit: ut monstrando incorruptibile invitaret ad praemium, et praebendo palpabile firmaret ad fidem.*

lehrt sie gleicher Weise, dass die verklärten Leiber grob-materieller Natur sind, dass sie essen und trinken, Fleisch und Knochen haben? Die alten Dogmatiker wollen von Essen und Trinken der verklärten Leiber nichts wissen, dagegen gestehen sie ihnen ohne Bedenken dieselbe Substanz zu. Ein Gedanke, welchen wir uns nicht aneignen können; denn die verklärte Substanz ist, man mag sich drehen und wenden, wie man will, nicht mehr dieselbe. Wenn nun aber doch der Auferstandene isst, so kann dieses weder zum Scheine, noch aus irgend einer Art von Nothwendigkeit geschehen sein: er kann lediglich gegessen haben, weil er essen wollte, weil er durch sein Essen einen ganz bestimmten Zweck erreichen wollte. Wenn er seine Hände, seine Füsse und seine Seite betasten lässt, so kann dieses gleicher Weise nicht geschehen sein, weil sein Leib an und für sich tastbarer, fassbarer, handgreiflicher, harter Natur ist, sondern weil er es so haben will, weil er diess um eines höheren Zweckes wegen für nothwendig erachtet. Wir gehen mit Steinmeyer noch einen Schritt weiter und sagen, nicht einzelne Momente bei den Erscheinungen, sondern diese Erscheinungen selbst beruhen sammt und sonders in der Heilsökonomie und einer Condescendenz des verherrlichten Mittlers. Nicht eine innere Nothwendigkeit verursacht seine Erscheinungen: er, der leiblich verklärte Heiland, hat seinetwegen nicht seinen Jüngern zu erscheinen. Ihretwegen erscheint er, und da der verklärte Leib ein σῶμα πνευματικόν ist, muss er, um ihnen erscheinen zu können, sich in einer Leiblichkeit offenbaren, welche den Sinnen der Seinen entgegenkommt. Nicht in seiner wahren, transscendenten, pneumatischen Leiblichkeit kann er, wenn sie ihn sehen sollen, vor sie hintreten, sondern in einer solchen, welche der menschlichen Schwachheit Rechnung trägt. Ist es aber denkbar, dass die pneumatische Leiblichkeit eine solche Gestalt annimmt? Ist sie im Stande, sich so zu verdichten und zu verkörpern? Was verstehen wir unter Verklärung des Leibes? Doch wohl die Entfesselung des Leibes von allen ihn hemmenden Schranken des Raumes und der Zeit? Die Aufhebung jener Anomalie, die zwischen der geistigen und der leiblichen Natur besteht, jenes Auseinanderseins der beiden konstitutiven Momente: Geist und Leib? Der verklärte Leib ist nichts mehr in sich, an und für sich, er ist von dem Geiste durchdrungen, verschlungen, überwältigt. Er ist das Werkzeug, welches dem Geiste nie seinen Dienst versagt. Der Auferstandene erscheint darum seinen Jüngern, nicht weil sein Leib verklärter Natur ist, denn als verklärter ist er unsichtbar, sondern weil er Kraft seines Willens seinen verklärten Leib so disponirt, dass er sich versichtbart zu dem Behufe, dass die Seinen ihn sehen. Vgl. v. Hofmann, Schriftbeweis 2, 1, 525.

Während Markus berichtet, der Auferstandene sei den beiden Jüngern in einer andern Gestalt erschienen und damit sagen will, dass er nicht in dem alten, ihnen bekannten Leibe, sondern in einem von jenem sich unterscheidenden und daher ihnen unbekannten erschienen sei, schreibt Lukas, οἱ δὲ ὀφθαλμοὶ αὐτῶν ἐκρατοῦντο τοῦ μὴ γνῶναι αὐτόν. Ihre Augen also wurden so überwältigt, dass sie den Wandersmann, welcher zu ihnen sich gesellt hatte, nicht erkannten. Κρατεῖν erscheint hier in einer Bedeutung, welche es nach Homer erst empfangen hat; es ist aber der Uebergang von κρατεῖν = potestatem habere zu potestatem exercere, impedire nicht so sehr schwierig. Kypke hat mehrere Stellen beigebracht, in welchen κρατεῖν bedeutet retinere, cohibere, impedire. Sic Achilles Tatius, bemerkt er,

l. 1 p. 41 ait: ἔρως ἀνταγωνίζεται καὶ πατήρ, ὁ μὲν ἕστηκεν αἰδοῖ κρατῶν, ὁ δὲ κάθηται πυρπολῶν, amor et pater sibi invicem repugnant, alter pudore me cohibet, alter sedet me inflammans. Sic et κρατεῖσθαι dicitur de membris corporis, quum retinentur et impediuntur, quominus vim et actionem sibi propriam exserant. Euripides in Helena v. 1403: σιγητέον μοι καὶ σε προςποιούμεθα, Εὔνουν κρατεῖν τε στόματος, tacendum est mihi, et te etiam praesuminus benevolum, os cohibiturum esse. Plutarchus educ. lib. p. 10 (c. 14): τὸ τοίνυν τῆς γλώσσης κρατεῖν — εἴ τις μικρὸν καὶ φαῦλον ὑπείληφε, linguam retinere, si quis exigui momenti aut vile esse putat. An dem Erkennen wurden die Augen der beiden Jünger gehindert. Was war es, was sie hinderte, was sie den Auferstandenen, der ihnen sonst ganz gut bekannt war, nicht erkennen liess? Paulus, Kühnöl, Bornemann u. A. denken hier auch wieder an die durch die Kreuzesmartern entstellten Gesichtszüge, an die ungewohnte Kleidung u. dgl. Der Eine nimmt noch dazu, dass Christus sich ihnen von hinten her nahte und die ganze Zeit hinter ihnen drein ging: der Andere, dass die Niedergeschlagenheit und die Thränen ihre Augen am Boden festhielten und trübten. Die alten Väter haben schon nicht recht gewusst, was sie dazu sagen sollten. Augustinus ist ein seltsames Beispiel der Rathlosigkeit. In dem bekannten Briefe an Paulinus (ep. 149. § 31) lässt er sich so aus: *de evangelio inquisitio tua solet multos movere, quomodo dominus post resurrectionem, cum in eodem corpore surrexit, a quibusdam, qui eum noverant, utriusque sexus hominibus et agnitus non sit et agnitus sit. Ubi primum quaeri solet, utrum in eius corpore, an potius in illorum oculis aliquid factum sit, quo non posset agnosci? Cum enim legitur: tenebantur oculi eorum, ne agnoscerent eum, impedimentum quoddam agnoscendi videtur in luminibus factum esse cernentium: cum vero aperte alibi dicitur: apparuit eis in alia effigie, utique in ipso corpore, cuius alia erat effigies, aliquid factum fuisse, quo impedimento tenerentur; id est moram agnoscendi paterentur oculi eorum. Sed ego miror, cum duo sint in corpore, quibus cuiusque species agnoscatur, lineamenta et color, cur ante resurrectionem, quod in monte ita transfiguratus est, ut fieret vultus eius splendidissimus sicut sol, neminem movet eum usque ad tantam excellentiam fulguris et lucis colorem sui corporis mutare potuisse; et post resurrectionem movet aliquatenus lineamenta mutata esse, ut non posset agnosci: et rursum eadem potentiae facultate, sicut tunc pristinum colorem, sic et post resurrectionem pristina lineamenta revocasse. Nam et illi tres discipuli, ante quorum oculos in monte transfiguratus est, non eum agnoscerent, si ad eos talis aliunde venisset: sed quia cum illo essent, ipsum esse certissime retinebant. At enim corpus ipsum erat, in quo resurrexit? Quid hoc ad rem. Nam illud utique ipsum corpus erat, in quo in monte transfiguratus est, et ipsum erat iuvenis, in quo natus est: et tamen si quis eum repente iuvenem vidisset, qui nonnisi infantulum nosset, non utique agnosceret. An vero ad lineamenta mutanda non potest celeriter Dei potestas, quod potest per annorum moras hominum aetas?* Der alte Vater entscheidet sich aber *de consensu ev. 3, 25* dahin: *inerat aliquid, quo non sinerentur agnoscere, quod videbant, quod scilicet et caligo et aliquis humor efficere solet. — Non autem incongruenter accipimus, hoc impedimentum in oculis eorum a Satana fuisse, ne agnosceretur Jesus, sed tamen a Christo est facta permissio usque ad sacramentum panis.* Luther erklärt Alles natürlich: „ob er wohl wahrhaftig bei ihnen und eben der Christus ist, den sie oft gesehen und gehört, also nicht, dass er anders wäre oder sich nicht kennen lassen wollte, sondern weil ihre Herzen und Gedanken so fremd und ferne von ihm sind, und sie gar keine anderen Gedanken von ihm haben, als von einem todten Menschen. Also wird er auch von Magdalena und den andern Jüngern nicht eher erkannt, als bis sie zuvor das Wort von seiner Auferstehung gehört haben." Calvin schlägt sich auf die andere Seite: die Augen der beiden Jünger sind auf übernatürliche Weise gehalten worden. *Hoc diserte evangelista testatur, ne quis putet mutatam fuisse corporis Christi figuram. Quamvis ergo similis sui maneret Christus, ideo agnitus non fuit, quia capti erant videntium oculi, quo tollitur spectri vel falsae imaginationis suspicio. Hinc vero docemur, quanta sit in nobis sensuum omnium imbecillitas, ut neque oculi neque aures officio suo fungantur, nisi quatenus illis assidue suggeritur e coelo facultas. Naturaliter quidem suis dotibus praedita sunt membra nostra: sed quo melius constet, precario nobis concessa esse, Deus in manu sua eorum usum retinet, ut hoc ipsum, quod aures audiunt et oculi vident, in quotidianis eius beneficiis ponendum sit: quia nisi in singula momenta vegetet sensus nostros, tota eorum vis mox peribit. Fateor quidem, non semper teneri sensus nostros, qualiter tunc accidit, ut in obiecta forma tam crasse hallucinentur: uno tamen exemplo ostendit Deus, penes se esse quascunque homini facultates contulit dirigere, ut sciamus naturam subesse eius arbitrio.* Wir schliessen uns mit Meyer, Bleek, de Wette, Keil dieser Ansicht an, und bedauern, dass Godet Alles aus dem Unglauben dieser Beiden und aus der Verwandlung des Leibes Christi erklären will. Sie sahen nicht, weil sich über ihre Augen ein Schleier legte, weil sie nicht sehen sollten. Aber es ist nicht die Macht Satans, was Augustinus glaubt, welche die Sehkraft ihrer Augen so schwächt, dass sie den Heiland nicht zu erkennen vermögen, sondern Gott hat dieses Nichterkennen gewirkt. Was hat er dabei für einen Zweck? Schwerlich den, auf welchen Calvin's Ausführungen hindeuten, uns zu überführen, dass unsre Sinne nur dann ihren Dienst thun, wenn Gott es haben will; sondern vielmehr den, welchen Luther, trotz seiner falschen Herleitung des Nichterkennens, schon erkannt hat. „Hierin ist die Weise gezeigt, wie seine Auferstehung erkannt wird, nämlich am ersten durch das Wort und den Glauben, zuvor und ehe als durch leiblich Gesicht und Empfindung. Und hiemit will er uns zeigen, dass die Kraft seiner Auferstehung und seines Reiches hier auf Erden und in diesem Leben sich allein durch das Wort und den Glauben beweisen soll, so sich an den Christum hält, den er doch nicht sieht, und also in ihm Sünde und Tod überwindet, Gerechtigkeit und Leben ergreift." Der Maria Magdalena offenbarte sich der Auferstandene durch sein Wort, als er sie bei Namen rief, auch an dem Osterabende werden die Apostel seine Erscheinung erst aus seinem Grusse, also wieder aus seinem Worte, inne: diese Jünger sollen auch nicht durch das äussere Gesicht, durch den Anblick des Auferstandenen, zum Glauben an seine Auferstehung gebracht werden, sondern die Augen des Geistes sollen ihnen geöffnet werden, sie sollen erst an die Auferstehung Jesu Christi glauben, ehe sie ihn schauen. Das ist der Weg des Heiles: wir gelangen nur durch den Glauben an den, welchen wir mit den Augen unsres Leibes nicht zu schauen im Stande sind, zu dem Schauen von Angesicht zu Angesicht. Die ersten Jünger sind schon auf diesem Wege geführt worden: sie schauten den Herrn in seiner Herrlichkeit nicht eher, als bis sie glaubten, dass er durch Leiden des Todes zu seiner Herrlichkeit eingegangen sei. Die solide Grundlage des Christenthums in dem Gemüthe des einzelnen Menschen kann nie sinnliche Wahrnehmung, äussere Apperception sein, sondern nur das Erkennen und Erfahren des inwendigen Menschen, der Glaube. Die Sinne täuschen und schwinden. Die Apostel, welche den Auferstandenen an dem Osterabende mitten unter sich wieder sahen, meinten, er sei ein Geist, sie überzeugten sich mit ihren Sinnen, dass es kein Geist sei, — konnte aber in ihnen später, da sie den Herrn nicht mehr zu sehen bekamen, nicht der böse Gedanke aufsteigen, dass sie sich geirrt hätten, dass eine von den vielen Sinnentäuschungen untergelaufen sei, dass sie gemeint hätten, den Herrn zu sehen, und ihn doch gar nicht gesehen hätten. Die Sinne schwinden und das, was sie vermitteln, verwischt sich mit der Zeit. Alle sinnlichen Wahrnehmungen haben nur so lange, als sie noch frisch im Gedächtnisse sich befinden, etwas lebensfrisches; sie verbleichen und verblassen allmälig. Der Grund, auf dem unser Christenthum steht, würde also morsch und hohl werden, wenn er auf dem äusseren Sehen und Fühlen beruhte. Das Wort, welches der Auferstandene später zu Thomas spricht, der nicht glauben wollte, ehe er gesehen hatte, ist von allgemeiner, ewiger Bedeutung: selig sind, die nicht sehen und doch glauben.

Der Unerkannte wendet sich mit einer Frage an die beiden Wanderer: er beginnt das Gespräch, den Verkehr mit den Worten: τίνες οἱ λόγοι οὗτοι, οὓς ἀντιβάλλετε πρὸς ἀλλήλους; Das Wort ἀντιβάλλειν kommt in der Bedeutung, welche es hier hat, bei Klassikern nicht vor, was übrigens nichts zu sagen hat, denn es erklärt sich trefflich selbst aus der Sachlage. Die beiden Wanderer unterhielten sich mit einander, ihre Unterhaltung bestand aber nicht in Erzählungen von allerlei Geschichten, sondern sie tauschten ihre Gedanken aus, sie verhandelten über das Thema, wie Jesus Christus, den sie für den Messias zu halten allen Grund gehabt hatten, am Kreuze seinen Lauf habe beschliessen können. Diese Frage bewegten sie nicht bloss in ihrem Herzen, — ἀντιβάλλειν kommt von diesem Erwägen und Bewegen in Gedanken, diesem *volvere aliquid in corde, in animo, secum,* wofür auch *revolvere* gelegentlich eintritt, wie es ja auch ein Durcheinander und Herüber und Hinüber gibt, 2 Makk. 11, 13 (πρὸς ἑαυτὸν ἀντιβάλλων τὸ γεγονός) vor, — sondern sie bewegten sie mit einander, das Wort flog, einem Balle vergleichbar, bald langsamer, bald rascher, zwischen ihnen hin und her. Wenn auch nicht gerade sehr lebhaft, denn dazu war das Thema zu schaurig und zu dunkel, so war doch sehr bewegt ihr Gespräch. Christus fragt sie theilnehmend, nachdem er sie eine Zeit lang still und stumm hat angehört. Er fängt es höchst vorsichtig und verständig an und gibt allen Seelsorgern durch sein Verfahren hier beherzigenswerthe Winke. Er weiss recht gut, warum sie so ausserordentlich bekümmert sind, aber er verräth das mit keinem Worte, er überrascht sie nicht mit seinem Scharfblicke und seiner Kombinationsgabe, sondern erkundigt sich als ein Nichtwissender angelegentlich bei ihnen, damit sie reden und durch's Reden sich das Herz erleichtern können. Wer einem Bekümmerten Trost und Licht bringen will, der darf nicht ungeduldig zufahren, sondern muss die Geduld, welche er dem Leidenden predigt, selbst beweisen. Er hat sie zum Aussprechen zu veranlassen und, wenn dasselbe auch lange Zeit in Anspruch nimmt und er darüber gar nicht zu Worte kommen kann, nicht zu unterbrechen und Schweigen zu gebieten, weil sie die Sache nicht verstehen und er Alles viel besser schon weiss, als sie es ihm sagen und klagen. Der Auferstandene hat Geduld mit diesen Beiden, wenn man alle Umstände erwägt, unerschöpfliche Geduld! Das Aussprechen dient aber nicht bloss zu einer Herzenserleichterung, worauf nach Gregor's Vorgang nur noch hingewiesen wird, sondern auch zur Selbsterkenntniss, denn durch das Aussprechen wird es dem Armen erst recht klar, wie schlimm es um ihn und seinen Glauben steht. Gerhard macht auf diesen letzten Punkt aufmerksam: *apparet igitur, quod Christus in nostris afflictionibus quandoque se ita gerat, ac si plane nihil de eis sibi constaret, idque ideo facit, ut nos nobis ipsis faciat notos, hoc est, ut latentem in cordibus nostris incredulitatem et impatientiam nobis manifestet; extra crucem videmur nobis pulchre credere, spondemus nobis magnum animi robur in tolerandis calamitatibus, sed ubi ad rem ventum est, frigemus, quin etiam tacite contra Deum murmuramus.* An diesen Beiden kann Jesus nicht vorübergehen, er muss sie fragen, sich mit ihnen in Verbindung setzen. Sie können, obwohl sie an ihm irre geworden sind, von ihm nicht lassen; wie sollte er, der da weiss, dass sie irre gehen, sie sich selbst überlassen? Der Auferstandene hat ein Herz für seine alten Freunde, für seine schwachen Gläubigen. Seine Freude ist es, dass der Stand der Erhöhung, in welchen er nun eingetreten ist, ihm keine Schranken mehr setzt, dass er mit seiner Hülfe und seinem Heile, mit seiner persönlichen Gegenwart Allen nunmehr zu jeder Zeit und aller Wegen erscheinen kann, wenn sie in Nöthen sind. Gut sagt Luther: „siehe, mit wie grossem Fleiss er sich dieser zwei schwachgläubigen Jünger annimmt und für sie sorgt und Alles thut, ihrer Schwacheit aufzuhelfen und ihren Glauben zu stärken. Weil diese in grosser Gefahr des Unglaubens sind, lässt er die andern Apostel alle bei einander sitzen, welche doch auch darob bekümmert und schwach genug im Glauben, findet sich bei ihnen alsbald ein, als hätte er jetzt nach seiner Auferstehung nichts Anderes zu thun, geht auf's Schönste und Säuberlichste mit ihnen um, schwatzt mit ihnen, lehrt und unterrichtet sie, zürnt auch mit ihnen, bis sie im Glauben stark und gewiss und ihre Herzen, so vorher traurig und bekümmert, wieder erfreut werden: damit auch wir wissen und tröstlich zu ihm uns versehen sollen, dass wir einen solchen Herrn an ihm haben, der auch unsre Schwachheit tragen und zu gute halten kann, und diejenigen nicht darum von sich stossen und verdammen will, die nicht alsbald glauben und leben könnten, wie sie sollen, wenn sie nur solche Herzen sind, die Christum und sein Wort nicht verachten noch verleugnen wollen, sondern Lust und Liebe zu ihm haben und gerne stark und vollkommen im Glauben und im Leben sein wollten."

Nach dem *textus receptus* hat der Auferstandene noch weiter gefragt: καί ἐστε σκυθρωποί; Behalten wir diese Lesart bei, so empfiehlt es sich, diese Frage nicht als eine Frage des Vorwurfs mit Lange zu fassen, sondern als eine Frage der herzlichsten Theilnahme. Allein der *textus receptus* dürfte schwerlich eine Prüfung aushalten. Der Codex Sinaiticus, Alexandrinus, Vaticanus, welche durch alte Uebersetzungen wie die sahidische, koptische, äthiopische unterstützt werden, lesen: καί ἐστάθησαν σκυθρωποί, welches darum auch Tischendorf ohne Bedenken aufgenommen hat. Warum in späteren Handschriften dieses originale ἐστάθησαν ausgemerzt und in ἐστέ verwandelt worden ist, erklärt sich so am Leichtesten, dass ängstliche Schreiber sich daran stiessen, dass hier bemerkt wird, sie hätten still gestanden, und später, dass sie nach Emmaus, an das Ziel ihrer Wallfahrt, gekommen seien, ohne dass inzwischen beigebracht worden ist, dass sie sich wieder in Bewegung gesetzt hatten. Wir können uns unmöglich an den Ausfall dieser letzteren Notiz stossen: es verstand sich wohl von selbst, dass sie, welche nach Emmaus gehen wollten, nicht so lange, als sie berichteten und belehrt wurden, regungslos an einem Orte stille standen. Hingegen ist für uns diess καὶ ἐστάθησαν σκυθρωποί sehr bedeutsam. Es sagt uns nämlich, dass die Beiden, als sie die Stimme des fremden Mannes vernahmen, nicht ihre Schritte verdoppelten, um einem unbequemen Frager, einem aufdringlichen Wandersmann zu entgehen: seine Stimme, wenn sie auch nicht die Stimme ihres als todt beweinten Erlösers wieder erkannten, ging ihnen zu Herzen; sie wurden nicht unwillig, dass er sich in ihr Gespräch einmischte, ohne von ihnen dazu veranlasst zu sein, sondern standen bereitwillig still, um ihm die gewünschte Auskunft zu ertheilen. Es hat etwas Befremdliches auf den ersten Blick, dass es nicht einfach heisst: καὶ ἐστάθησαν, sondern σκυθρωποί noch beigefügt ist. Dieses Eigenschaftswort bedeutet sehr Verschiedenes: wörtlich heisst es nichts weiter als finsteräugig, finster anzusehen. Unwille und Zorn verfinstert des Menschen Angesicht, aber auch Kummer und Herzeleid. Dass diese beiden Jünger nicht so finster dastehen, weil sie über das Dazukommen und das Sicheinmischen dieses Fremdlings aufgebracht waren, geht aus dem Zusammenhange klar hervor. Sie sehen es als eine Wohlthat an, dass dieser Unbekannte nicht mit kurzem Grusse an ihnen vorübereilt, sondern ihnen seine Theilnahme bezeigt. Traurig und nicht im Mindesten zornig standen sie also still: das kann nun entweder ihren Gesichtsausdruck bei diesem Stillestehen oder den Grund angeben, warum sie stille standen. Das Erstere sagt mir nicht zu; dass diese beiden Jünger von allen diesen Geschichten nicht mit lustigem Angesichte, sondern mit tiefbekümmerten Herzen und thränenfeuchten Augen sich mit einander unterhalten, versteht sich so sehr von selbst, dass jede darauf abzielende Bemerkung uns nur falsch angebracht dünkt. Der Grund, warum sie stille und, setzen wir lieber gleich hinzu, auch Rede standen, wird mit diesem σκυθρωποί beigebracht. Die theilnehmende Frage eines fremden Mannes regte sie tief auf: wie wir ja häufig genug erleben, dass die Hausgenossen, welche über einen schweren Verlust, der sie betroffen hat, sich schon einiger Massen beruhigt haben, durch Fragen von dritten Personen wieder zu einem Ausbruche ihrer Klagen und Thränen getrieben werden. Die Frage des Herrn erregt ihre Herzen im tiefsten Grunde, jetzt, wo sie sagen wollen, was sie so in Traurigkeit versetzt, empfinden sie Alles, was sie verloren haben, auf's Stärkste. Die Last des Jammers liegt so furchtbar schwer auf ihren Herzen, dass sie stille stehen, Athem schöpfen, aus der Tiefe aufseufzen müssen.

Einer der beiden Wanderer ergreift das Wort, ἀποκριθεὶς δὲ εἷς ὀνόματι Κλεόπας εἶπεν πρὸς αὐτόν (so mag mit Tischendorf gelesen werden). Michaelis, Paulus, de Wette, Baumgarten-Crusius, Bleek, Godet, Meyer, Keil u. A. erklären Κλεόπας für eine Abkürzung von Κλεόπατρος: Winer spricht sich auch dafür aus. S. 93, Ἀντίπας ist ähnlich durch Verkürzung aus Ἀντίπατρος entstanden. Wir wissen über ihn nichts weiter, da wir ihn mit Κλωπᾶς, Ἀλφαῖος nicht für eine und dieselbe Person erachten.

Einige Ausleger sagen, er sei der ältere der beiden Wanderer: lässt sich diess aber mit einiger Sicherheit daraus ableiten, dass er das Wort zuerst ergreift? Er spricht: σὺ μόνος παροικεῖς (ἐν liest jetzt der recipirte Text, allein es wird durch den Codex Sinaiticus, Alexandrinus, Vaticanus, Cantabrigiensis als ein Einschiebsel blossgestellt) Ἰερουσαλὴμ καὶ οὐκ ἔγνως τὰ γενόμενα ἐν αὐτῇ ἐν ταῖς ἡμέραις ταύταις; Sein Befremden, sein höchstes Befremden spricht Kleopas aus über die Frage des fremden Mannes. Der schwergeprüfte Mensch kann es sich nicht denken, dass irgend jemand von seinem Leide nichts wissen sollte, und dieser Mann hat um so mehr Grund unverhohlen sein Erstaunen auszudrücken, als das Unglück, welches ihn und seinen Genossen so tief niedergeschlagen hat, sie nicht allein betroffen hat, sondern jeden, der zu dem Volke Israel gehört. Das Pronomen ist nachdrücklichst an die Spitze des Satzes gestellt und wird durch μόνος noch verstärkt, mit Recht dringen Meyer, Bleek, v. Hofmann, Keil u. A. darauf, dass μόνος zu beiden Zeitwörtern, zu ἔγνως ebenso gut wie zu παροικεῖς gezogen werde. In verschiedenem Sinne lässt sich παροικεῖν fassen: buchstäblich oder übertragen. Kühnöl hat neuerdings die Ansicht von Castalio, Vatablus, Clarius und anderen Aelteren wieder aufgegriffen. *Attamen possunt haec verba etiam ita explicari, ut παροικεῖν eodem sensu accipiatur, quo Latini uti solent peregrinari, et formula in urbe sua hospitem esse, de iis nimirum, qui quid agatur, ignorant;* bist du denn allein so fremd zu Jerusalem. *Sic ξένος positum extat de eo, qui alicuius rei ignarus est. Soph. Oed. tyr. v. 218* (ἃ ᾽γὺ ξένος μὲν τοῦ λόγου τοῦδ᾽ ἐξερῶ). *Marc. Anton. l. 3.* (richtiger 4, 29): ξένος κόσμου, ὁ μὴ γνωρίζων τὰ ἐν κόσμῳ ὄντα. *Cicero pro Milone c. 12, 23: an vos, iudices, vero soli ignoratis, vos hospites in hac urbe versamini? vestrae peregrinantur aures neque in hoc pervagato civitatis sermone versantur? Cic. pro Rabir. 10, 28: adeone hospes huiusce urbis, adeone ignarus es disciplinae, consuetudinis nostrae, ut haec nescias?* Allein wir können diese tropische Fassung, welche Stier auch annimmt, nicht empfehlen: παροικεῖν erscheint nie in der griechischen Sprache in diesem Sinne, auch nicht πάροικος, sondern eben nur ξένος. Wir müssen bei der eigentlichen Wortbedeutung stehen bleiben. Drei Auslegungen streiten um den Preis. Theophylaktus, Zeger, Grotius, Olshausen u. A. nehmen παροικεῖν gleich *habitare*, wohnen und berufen sich auf die Septuaginta, welche mehrfach שכן und גור wie Gen. 24, 37. Num. 20, 15. Ps. 15, 1. 120, 6 mit diesem griechischen Worte wiedergibt. Allein in der neutestamentlichen Gräcität und auch bei den späteren griechischen Schriftstellern ist dieser Sprachgebrauch nicht nachweisbar. Es kann nur heissen: dabei, in der Nähe wohnen, oder zufällig da wohnen, nicht als ständiger Einwohner, sondern als Fremdling, als Gast. Rosenmüller, Glöckler u. A. ziehen das Erstere vor, Bleek hält es für möglich, dass der griechische Sprachgebrauch hier berücksichtigt sei: mir will es nicht so erscheinen, der klassische griechische Sprachgebrauch darf in dieser hellenistisch gefärbten Erzählung nicht erwartet werden. Es bleibt daher nur übrig, παροικεῖν von einem zeitweiligen Wohnen zu nehmen: so kommt es Act. 7, 6 (vgl. 13, 17), Hebr. 11, 9, vgl. 1. Petr. 1, 17. 2, 11 vor. Für einen Israeliten hält Kleopas seinen Herrn und Meister, welcher wie sie zu dem Osterfeste gen Jerusalem gezogen sei und sich jetzt auf seinem Heimwege befinde; ob er, was Bengel und Bleek meinen, aus dem Dialekte, welchen Jesus redete, erkannte, dass er aus Galiläa stamme und desshalb in Jerusalem nur als Festbesucher verweilt habe, ist eine Vermuthung, die nicht allzuviel für sich haben möchte. Denn es lag der Gedanke doch so nahe, dass der Wandersmann, welcher in den Ostertagen von Jerusalem sich entfernte, nur der Hauptfesttage wegen sich dorthin begeben habe.

Der Herr bricht sein Incognito nicht: er fragt wieder, als wüsste er rein gar nichts: ποῖα. Da öffnen sich nun die Schleusen, in vollem, Alles ergreifendem Strome ergiesst sich die Fülle ihres Herzeleides. Τὰ περὶ Ἰησοῦ τοῦ Ναζαρηνοῦ, heben sie an: man übersehe nicht οἱ δὲ εἶπαν αὐτῷ. Wer mit Kleopas nun redend auftritt, lässt sich nicht rathen. Ein Apostel kann nicht der Mann sein, auch schwerlich Lukas, was τινές bei Theophylaktus, Lyra, Lange, Godet u. A. wollen, dagegen spricht nicht sowohl Kap. 1, 2, was Meyer angibt, denn diess kann anders gefasst werden, wohl aber Kol. 4, 14, wo Lukas unter Heidenchristen erscheint. Wir müssen die Offenherzigkeit dieser beiden Jünger bewundern, welche nun gemeinschaftlich reden, aber wohl schwerlich so, dass man mit Paulus unterscheiden kann, was jeder einzeln gesagt hat: sie haben mit einander gesprochen, nicht Einer hübsch fein nach dem Andern, sondern durch einander, denn jeder wollte dem freundlichen Reisegefährten seinen Schmerz klagen, nur allmälig wird Einer den Andern erst haben ausreden lassen. Sie haben Jerusalem eben erst verlassen und wenn Gerhard auch schwerlich ihren Abzug damit richtig motivirt, dass sie eine Verfolgung und Festnehmung der Jünger von Seiten der Hohenpriester und Obersten des Volkes befürchtet hätten, welche durch die Kunde von der Auferstehung Jesu auf das Aeusserste in Wuth versetzt worden seien, so gehört doch ein grosser Muth dazu, dass sie sich ohne Rückhalt als Anhänger jenes Mannes bekennen, welchen sein Volk verdammt und gekreuzigt hat. Sie scheuen sich nicht davor, um Jesu Christi willen Spott und Schmach zu erleiden von diesem Manne. Können sie ahnen, wie er zu dem Herrn steht, ob er sie nicht als solche, welche sich auch von jenem Menschen aus Nazareth haben blenden und irreführen lassen, lächerlich macht? Aber ihr Schmerz ist so tief und wahr, ihre Anhänglichkeit an den grossen Propheten, den Gott seinem Volk erweckt hatte, so stark und innig, dass sie es nicht lassen können von ihm zu zeugen, soweit als sie es in ihrem Kleinglauben verstehen. Da der fremde Pilger — welchen sie schwerlich für einen Galiläer gehalten haben, wozu dann die genaue Angabe, dass sie Jesus, den Mann aus Nazareth, meinen? das war jedem Galiläer doch wohl bekannt — nichts zu wissen scheint von allen diesen Geschichten, so charakterisiren sie den Mann ihrer Thränen erst genauer, ehe sie auf das klägliche Geschick übergehen, dem er in Jerusalem in diesen allerletzten Tagen erlegen ist. Ὃς ἐγένετο ἀνὴρ προφήτης δυνατὸς ἐν λόγῳ καὶ ἔργῳ (so lesen wir auf Grund des Codex Sinaiticus und Cantabrigiensis mit Tischendorf statt des recipirten ἐν ἔργῳ καὶ λόγῳ) ἐναντίον τοῦ θεοῦ καὶ παντὸς τοῦ λαοῦ. Mit dem Prophetennamen schmücken sie den Gekreuzigten: mehr ist er ihnen nicht mehr. Richtig sagt schon Augustinus s. 236, 2: iam non dominus, sed propheta. Es ist die Frage, ob das zu προφήτης gestellte ἀνὴρ die Dignität des Propheten erhöhen soll: die Alten haben es mehrfach so genommen. Meyer spricht sich mit Berufung auf Bernhardy's griechische Syntax S. 48 auch dafür aus: „ehrsamer Ausdruck,“ merkt er an. In dem klassischen Griechisch tritt häufig ἀνήρ noch zu einem Substantivum hinzu, ohne dass damit der in diesem Substantiv liegende Begriff potentiirt würde: dieselbe

Erscheinung lässt sich auch bei lateinischen Schriftstellern aufweisen. (Cicero, de orat. 2, 46, 193 homo histrio. Terentius Phormio 2, 1, 62 servus homo.) Es soll nur, ganz ähnlich, wie bei der Anrede ἄνδρες Ἀθηναῖοι, πολίται, στρατιῶται den Athenern, Bürgern, Soldaten Ehre erwiesen wird, markiren, dass der dazu gehörige Namen einen Menschen bezeichnet, dem Ehre gebühret. So steht bei Thucydides 1, 74 ἄνδρα στρατηγόν und 6, 85 ἀνδρὶ δὲ τυράννῳ, bei Pindarus Isthm. 6, 75 μάντις ἀνήρ, Palaephatus de incredib. c. 38 ἀνὴρ βασιλεύς, und Euripides im Rhes. 645 κλῶπες ἄνδρες. In dem Neuen Testamente begegnen wir Act. 3, 14 — ἄνδρα φονέα — noch ein Mal diesem Sprachgebrauche, ebenso in der Septuaginta, welche den hebräischen Urtext Lev. 21, 9 getreulich wiedergibt und des ἀνθρώπου ἱερέως gedenkt. Jesus von Nazareth heisst hier also nicht ein ἀνὴρ προφήτης, weil er die Propheten, welche es vor ihm gegeben hat, wie Saul, der Sohn Kis, um die Länge eines Hauptes wenigstens überragt, sondern weil jeder von Gott begnadete Prophet hoch über jedem andern Menschen erhaben ist. Gerhard findet also mit Recht weder in der Bezeichnung Christi als προφήτης das Bekenntniss, dass er der Messias sei, noch in dem Zusatze von ἀνήρ das Eingeständniss, dass er zum wenigsten der Grösste von Allen sei. *Prophetae nomen κατ' ἐξοχήν Messiae tribuitur Deut. 18, 18. Luc. 7, 16. Joh. 6, 14. Act. 3, 22. 7, 37, alibi vero in genere pro eximio doctore et futurorum praenuncio divinitus misso accipitur. Quia igitur paulo post non simpliciter in communi prophetarum ordine Christum collocant, sed a se et aliis redemptorem, λυτρωτὴν ipsum fuisse creditum asserunt, ideo cogitari poterat prophetae nomen in hoc Cleophae sermone specialiter pro Messia accipiendum esse, sed quia additur vocabulum ἀνδρός, ex eo apparet, quod pro vulgari quodam propheta, qualis olim fuerat Elias, Elisaeus et reliqui, non autem pro singulari et magno illo propheta ἐξαιρετῶς καὶ ἐξοχικῶς sic dicto eum habuerunt.* Als Prophet ist Christus hervorgetreten, als Prophet hat er sich immer mehr hervorgethan: er ist bei seiner öffentlichen Wirksamkeit immer mehr gewachsen, sowohl, so dass er sich in immer grösserer Herrlichkeit offenbarte, als auch, so dass sein Prophetenthum immer grössere Anerkennung fand: die Jünger sagen eben nicht ὃς ἦν, sondern, was Meyer mit Recht betont, ὃς ἐγένετο, um auf dieses Werden und Zunehmen hinzudeuten. Und was für ein Prophet ist er geworden? Er stand da δυνατὸς ἐν λόγῳ καὶ ἔργῳ. Schon die alten Heiden fanden die wahre Grösse ihrer berühmten Männer vornehmlich darin, dass sie des Wortes mächtig und thatkräftig waren, dass sie Beides, zu reden und zu handeln, meisterhaft verstanden. So sagt Demosthenes p. 699 in dem Anfang der Rede gegen Timotheus: Καλλίστρατος καὶ Ἰφικράτης τῷ τε πράττειν καὶ τῷ εἰπεῖν δυνάμενοι; so preist Lysias in seiner orat. funebris § 42 den Themistokles im ἱκανώτατον εἰπεῖν καὶ γνῶναι καὶ πρᾶξαι; so führt Thucydides 1, 139 den Perikles mit den Worten ein: ἀνὴρ κατ' ἐκεῖνον τὸν χρόνον πρῶτος τῶν Ἀθηναίων, λέγειν τε καὶ πράσσειν δυνατώτατος. Auch bei den alttestamentlichen Grössen wurde in jenen Zeiten so sehr die Macht in Wort und Werk als die beiden nothwendigen Requisite angesehen, dass Stephanus den Moses, trotzdem dass dieser von sich selbst bekennt, ein Mann von schwerer Zunge zu sein, Act. 7, 22 als δυνατὸς ἐν λόγοις καὶ ἐν ἔργοις charakterisirt. Die Gewalt, welche Jesus durch sein Wort ausübte, wird nicht nur von seinen Hörern offen bekannt, wie die Bürger Nazareths über die χάρις, über die Anmuth, die Holdseligkeit

seiner Worte in laute Verwunderung ausbrachen, Luk. 4, 22, so ent-
setzten sich die Leute auf dem Berge über die ἐξουσία seiner Rede, über
ihre überwältigende Kraft (Matth. 7, 28 f.): sondern tritt auch aus der ganzen
evangelischen Geschichte klar hervor. Er hatte Alles, was den grossen
Redner macht — einen unausschöpflichen Ideenreichthum, neue, überraschende, tiefe Gedanken, durchsichtige Klarheit, einleuchtende Wahrheit:
er war ein Meister, wie es keinen zweiten gegeben hat, in der Veranschau-
lichung, plastischen, drastischen Darstellung, in der Ausmalung. Er verstand es, seine Rede der Zeit und dem Orte anzuschmiegen, er hatte einen
herzerforschenden Scharfblick, schlug alle Mal den rechten Ton an, traf
alle Zeit den rechten Punkt in dem inwendigen Menschen, dass er von der
Macht seiner Rede ergriffen ward. Er konnte reden, dass ein Gedanke
nach dem andern wie ein strahlender Blitz aufleuchtete, und das Dunkel,
das über den Dingen Himmels und der Erde lagerte, mit einem Schlage
zerriss, wie mächtige Donner rollten aber gelegentlich auch seine Worte,
wenn sie an Gottes Gericht mahnen sollten. Und wieder konnte er so
sprechen, dass seine Rede wie ein freundlicher Regen herabträufelte, der
die verschmachteten Pflanzen aufrichtet und ein gnädiges Jahr des Herrn
verheisst, oder dem linden, stillen, sanften Sausen glich, in welchem der Gott
aller Gnade sein Volk heimsucht, um es mit dem herzerquickenden Frieden,
der höher als alle Vernunft ist, zu segnen. Der Macht seines Wortes konnte
sich Niemand entziehen: seine bittersten Feinde, die Hohenpriester und Pharisäer sahen es kommen, dass das ganze Volk ihm anhängt, wenn man ihm
nicht Einhalt thue: dass diess mit Worten, mit Widerspruch und Widerreden
nicht zu erreichen sei, wussten sie, denn mehr als ein Mal hatte er ihnen
den Mund so gestopft, dass sie nicht ein Wort mehr sagen konnten. Und
nicht bloss den Mund verstand er ihnen zu stopfen, sondern auch einen
Stachel ihnen in das verhärtete Herz hineinzubohren. Hätte sein Wort
nicht auch wie ein zweischneidiges Schwert ihr Herz zertheilt, so hätten
sie ihn wohl verwünscht und verfolgt, aber nie gekreuzigt. Ebenso mächtig
wie in dem Worte, hat sich aber der Mann aus Nazareth auch im Werke
erwiesen. Was haben wir unter diesem ἔργον zu verstehen? Aeltere
Ausleger gedenken daran, dass der rechte Lehrer nicht bloss mit seinem
Munde, mit seinem Worte, sondern auch mit seinem Leben, mit seinem
Beispiel lehren soll. In vollkommenster Weise hat Jesus das gethan: sein
Leben ist die genauste Illustration seiner Lehre, nichts Anderes als der
praktische Kommentar seines Wortes. Er thut, was er lehrt. Allein mit
Recht verwerfen Calvin und Gerhard schon diese Auffassung; in allen aus
den profanen Schriftstellern wie aus der h. Schrift beigebrachten Stellen,
wo neben des Wortes auch des Werkes Erwähnung geschieht, ist das ἔργον
nicht die sittliche Beschaffenheit, der ethische Charakter des Betreffenden,
sondern seine Leistung, seine Thathandlung. Offenbar spielen die beiden
Wanderer auf die Kraftthaten des Erlösers, auf seine τέρατα und σημεῖα
an. Wunder haben auch die alttestamentlichen Propheten gethan, aber
die Wunder Jesu stellen sich jenen nicht bloss ebenbürtig an die Seite,
sondern übertreffen sie sowohl quantitativ als auch qualitativ. Auf die
kurze Zeit seiner öffentlichen Thätigkeit kommt eine solche Menge von
Wundern, dass wir zum Schlusse des johanneischen Evangeliums lesen,
ἅτινα ἐὰν γράφηται καθ' ἕν, οὐδὲ αὐτὸν οἶμαι τὸν κόσμον χωρῆσαι τὰ
γραφόμενα βιβλία (21, 25). Und diese Wunder geschehen meist ohne allen

Apparat, ohne dass irdische Hülfsmittel in Anwendung kommen, durch das Wort, durch das blosse Wort. Man vergleiche nur ein Mal die Art und Weise, um sich von dem Gesagten ein Bild zu machen, wie der Heiland den Jüngling von Nain erweckt und wie Elias den Sohn der Wittwe zu Zarpath in's Leben zurückruft: hier sieht man den Knecht, dort den Herrn!

Ein Prophet, mächtig in Wort und Werk, ist Jesus von Nazareth geworden ἐναντίον τοῦ θεοῦ καὶ παντὸς τοῦ λαοῦ. *Nec supervacua est adiectio, coram Deo et populo*, bemerkt Calvin, *quae significat Christi praestantiam ita fuisse testatam hominibus et claris experimentis cognitam, ut fuco et inani ostentatione caruerit. Atque hinc colligi potest brevis veri prophetae definitio, nempe qui sermoni operum quoque virtutem adiunget, nec tantum apud homines excellere studebit, sed sincere se gerere tamquam sub Dei oculis.* Gerhard schliesst sich dieser Auffassung an: Grotius vertheidigt sie nicht übel: *quia vero hic praecessit δυνατός, puto ἐναντίον non id proprie significare, quod putat Theophylactus et quod post Salomonem Paulus nos vult facere: προνοεῖν καλά, οὐ μόνον ἐνώπιον κυρίου, ἀλλὰ καὶ ἐνώπιον ἀνθρώπων* 2. Kor. 8, 21: *sed potius testimonium ei datum a Deo per opera (quomodo et Petrus Jesum vocat Act. 2, 22 ἄνδρα ἀπὸ τοῦ θεοῦ ἀποδεδειγμένον δυνάμεσι καὶ τέρασι) et ab hominibus per fidem habitam eius sermoni, loquendi genus inde natum, quod de iis rebus testimonium perhibemus, quae nobis in conspectu sunt. Affine est illud in Gen. 10, 9 de Nembrodo* גִּבּוֹר צַיִד לִפְנֵי יְהֹוָה, *ut intelligamus, eum potentissimum fuisse bellatorem (nam et Plato et Aristoteles bellum venationi comparant) Deo arma ipsius mirum in modum fortunante, haud dubie ad puniendam eorum populorum insolentiam, qui iustam libertatem ferre non poterant.* Paulus, Kühnöl und die Neuern folgen, denn Lange steht allein mit seiner Bemerkung, dass durch diese Zufügung ausgesagt werden solle, dass er gleich gross im geheim-beschaulichen wie im öffentlich-werkthätigen Leben gewesen sei. Meyer will mit seiner Note zu ἐναντίον etc., „d. h. so dass er sich Gotte in dem ganzen Volke als solchen darstellte", im Grunde auch nichts Anderes sagen, als dass er sich vor Gott und dem Volke als einen solchen mächtigen Propheten ausgewiesen und bewährt habe. Seine Worte und Werke, welche eine so wunderbare Macht ausübten, haben ihn vor Himmel und Erde unwidersprechlich als einen rechten Propheten dargethan. Es war keine Täuschung, kein Betrug in denselben: wie die Menschen sie als Kraftzeichen erkannten, so sah auch Gott aus ihnen die Kraft, welche er ihm verliehen hatte, wie aus einem reinen Spiegel wieder herausstrahlen. Und was Gott sah, dasselbe sah auch das Volk Gottes: das ἐναντίον παντὸς τοῦ λαοῦ besagt im Grunde dasselbe, was Petrus Apostelg. 2, 22 mit καὶ οἴδατε αὐτοί den Juden zu Gemüthe führt. Was Nikodemus einst dem Manne aus Nazareth bekannt hatte, dass Niemand solche Zeichen, wie er gethan, thun könne, wenn Gott nicht mit ihm sei, das erklären, nur in etwas anderer Formulirung, diese beiden Wanderer. Gut sagt Gerhard: *coram Deo potens dicitur fuisse in verbo et opere h. e. non apparenter tantum, sed in rei veritate.*

Kurz ist die Person Jesu charakterisirt: die Jünger gehen nun zu dem über, was mit diesem grossen Propheten in diesen Tagen zu Jerusalem geschehen ist. Sie sagen: ὅπως τε παρέδωκαν αὐτὸν οἱ ἀρχιερεῖς καὶ οἱ ἄρχοντες ἡμῶν εἰς κρίμα θανάτου καὶ ἐσταύρωσαν αὐτόν. Der Evangelist bleibt nicht in der Konstruktion des Satzes: David Schulz schlug desshalb

vor ὅμως τε zu lesen. Allein eine Textverbesserung ist nicht nothwendig.
Sehr richtig bemerkt Bornemann, welchem Kühnöl, Meyer, Bleek, Godet,
v. Hofmann u. A. zustimmen: *respicit ὅπως ad v. 18 οὐκ ἔγνως, egregie
familiaris colloquii rationem repraesentans, qua, quae universe antea diximus,
mutata paululum structura accuratius explicatum imus.* Alibi in talibus
Lucas aliique ὡς usurparunt et καὶ ὡς v. c. 6, 4. 8, 47. 24, 35. 23, 55.
Act. 11, 16. 20, 20. Wyttenbach. ad Select. hist. p. 358. Goeller ad
Thucyd. 1, 1. p. 47. Die ἀρχιερεῖς und ἄρχοντες haben wider diesen Propheten sich gesetzt: wir verstehen unter diesen ἄρχοντες nicht etwa
ἄρχοντες τῶν Φαρισαίων, cf. Luk. 14, 1, sondern ἄρχοντες τοῦ λαοῦ, cf. 23,
13 u. 35, die ausser jenen Hohenpriestern in dem Hohenrathe sitzenden
Volkshäupter. Die Spitzen der Hierarchie wie die Vertreter des gesammten
Volkes haben diesen Propheten überantwortet zur Verdammniss des Todes:
sie haben ihn also als einen Missethäter angesehen und behandelt, ihn
ergriffen und in *optima forma* verurtheilt zum Tode. Ja sie haben sich
nicht begnügt, ihn zu dem üblichen Tode zu verdammen, sie haben ihn
gekreuzigt, um die grösstmögliche Schmach und Schande auf ihn zu häufen.
Die beiden Wanderer wissen recht gut, dass die Hohenpriester und Obersten
des Volkes den Heiland nicht selbst durch ihre Leute gekreuzigt haben:
Pilatus hat es befohlen, aber sie sind sehr genau über alle Vorgänge unterrichtet. Sie wissen ganz genau, dass es dem römischen Landpfleger nicht
in den Sinn gekommen wäre, den Propheten an das Kreuz zu schlagen:
derselbe hielt ihn im Gegentheil für vollständig ungefährlich, aber die
Häupter des Volkes haben ihm keine Ruhe gelassen, ihm gedroht mit Klage
bei seinem Herrn, dem Kaiser, und ihm so die Erlaubniss zur Vornahme
der Kreuzigung abgepresst. Wie diese beiden Jünger sich auslassen, so
spricht sich auch Petrus Apostelg. 2, 23. 3, 15. 4, 10 aus und so stellt
es Joh. 19, 16 dar: die Obersten der Juden waren die intellektuellen Urheber der Kreuzigung, die römischen Kriegsknechte nur willenlose Werk-
zeuge in ihrer Hand. *Οἱ ἀρχιερεῖς καὶ οἱ ἄρχοντες ἡμῶν*, so sprechen
diese beiden Jünger Jesu: *ἡμῶν* beschliesst auch den Wandersmann unter
sich, dem sie Auskunft geben. Ihre gemeinsamen Obern haben das gethan! Wir finden darin eine Stimme tiefwehmüthiger Klage. Es schmerzt
sie, dass es mit den Häuptern des Volkes so weit gediehen ist, dass sie
den bewährten Gottespropheten getödtet haben, dass der Gottesprophet
durch ihre Schuld ein solches Ende nehmen musste. Ungescheut sprechen
sie über die Obrigkeit, welche einen Justizmord begangen hat, dem fremden
Manne gegenüber ihr Urtheil aus: sie vermögen nichts wider die Wahrheit
und geben ihr getrost die Ehre. Aber man lerne von ihnen auch den
rechten Ton, wie man sein Urtheil über die Obrigkeit aussprechen soll,
wenn sie sich vergangen hat. Keine Erbitterung, keine Drohung, keine
Verwünschung, sondern nur Bedauern, Schmerz und Wehmuth! Gerhard
hätte desshalb mehr sagen sollen, als: *hac ratione igitur Cleophas haud
obscure innocentiam Christi praedicat. Pontifices autem et principes iniusti-
tiae et crudelitatis insimulat. Etenim si Christus erat vir propheta potens
in factis et sermone, coram Deo et toto populo, utique non erat iniuria
afficiendus, multo minus crucifigendus. Sic pia simplicitas et Christianus
candor scapham nominat scapham et ignorat illas circuitiones, ambiguitates et
emollitiones, quas politicae prudentiae nomine hodie venditant et honesto
praetextu circumvestiunt, qui τὰ σκληρὰ μαλθακῶς proferre didicerunt.* An

Freimuth, Ueberzeugungstreue, Unerschrockenheit fehlt es bei den Beiden nicht, aber auch nicht an der Gelassenheit, welche Alles dem anheimstellt, der da recht richtet.

Lachmann hat an dem recipirten Texte nichts geändert, Tischendorf liest aber auf Grund des Sinaiticus und Vaticanus ἐλπίζομεν. Wir können jedoch diess Mal jenen beiden Handschriften den Vorzug nicht einräumen: wir haben gelegentlich schon die Bemerkung gemacht, dass sich in dem Codex Sinaiticus mancherlei Korrekturen finden, so war ja, damit das unbekannte Emmaus des Lukas mit dem allgemeinen bekannten Emmaus-Nikopolis zusammentreffe, ohne Umstände ein ἑκατόν eingeschoben worden. Das Präsens ἐλπίζομεν setzt der ängstliche Schreiber statt des ächten ἠλπίζομεν, weil es ihm sehr bedenklich erschien, dass diese beiden Pilger in ihrem Glauben an Jesus als den Propheten sollten irre geworden sein. Warum aber sollen sie nicht Schiffbruch in ihrem Christusglauben erlitten haben, bestanden doch die Apostel selbst nicht in der Anfechtung? Ich bleibe daher mit allen andern Textkritikern und Exegeten bei der gewöhnlichen Lesung: ἡμεῖς δὲ ἠλπίζομεν, ὅτι αὐτός ἐστιν ὁ μέλλων λυτροῦσθαι τὸν Ἰσραήλ. Der Mann aus Nazareth, mächtig in Worten und Werken, erschien ihnen je länger desto mehr in einem andern, höheren Lichte: sie sahen anfänglich in ihm nur einen Propheten, aber er wuchs vor ihren bewundernden Augen immer mehr aus seinem Prophetenkleide heraus, sie ahnten bald, dass er mehr sei, sie hofften endlich, in dem mächtigen Propheten den Propheten zu besitzen, welchen Moses dem Volke verheissen hatte, *Deut. 18, 18*, den Propheten *par excellence*, dem die λύτρωσις Israels gelingen sollte. Eine schüchterne Bezeichnung Jesu als des Messias findet v. Hofmann in diesem Wort ὁ μέλλων λυτροῦσθαι τὸν Ἰσραήλ: ich kann mir diesen Ausdruck nicht aneignen. Nicht verlegen, schüchtern, zurückhaltend sprechen diese Jünger aus, was sie von dem Nazarener erhofften, sondern offen und ehrlich bekennen sie, dass sie die allerhöchsten und allerweittragendsten Hoffnungen auf ihn gesetzt hatten. Unter dem ὁ μέλλων λυτροῦσθαι τὸν Ἰσραήλ ist ja auf keinen Fall ein Mann zu verstehen, welcher dem Volke zu irgend einer Erleichterung seiner Nothlage verhelfen oder demselben eine höhere Erleuchtung zuführen wird, sondern ein Mann, der den Davidischen Königsstuhl wieder aufrichtet, die Feinde, welche in das heilige Land gefallen sind, in siegreichen Schlachten vernichtet, die Länder der ganzen Erde sich unterthänig macht und die goldene Zeit seinem Volke herbeizaubert, da ein jeder Israelit gemüthlich unter seinem Weinstock und Feigenbaum sitzt und die Kinder des Morgens und des Abends, des Mittags und der Mitternacht vor ihm die Kniee beugen, um ihre irdischen Schätze ihm zu Füssen zu legen und das Gesetz aus seinem Munde zu empfangen. Nicht an eine Erlösung aus dem Diensthause der Sünde, sondern allermeist an eine Erlösung aus der Hand ihrer äusseren Feinde dachten sie: einen weltlichen Heiland hatten sie in dem Jesus von Nazareth erhofft und in diesen letzten Tagen, da er seinen königlichen Einzug in Jerusalem hielt, waren ihre Erwartungen auf das Höchste gestiegen, sie glaubten ihrer Sache ganz gewiss zu sein. Wie furchtbar sind sie aus ihren süssen, weltseligen, stolzen Träumen geweckt worden! Je höher ihre Hoffnungen aufflogen, desto mehr hat der Fall ihres Meisters sie zerschmettert. Elegisch können wir diese Worte ἡμεῖς δὲ ἠλπίζομεν κτλ. nicht nennen, das wäre zu wenig gesagt: mit schmerzzerrissenem, blutendem

Herzen stehen sie an dem dunklen Grabe, welches alle ihre glänzenden Hoffnungen verschlungen hat. Calvin bemüht sich, diese Worte anders zu fassen: jene sollen die Hoffnung noch nicht gänzlich über Bord geworfen haben, sondern haltlos zwischen Furcht und Hoffnung hin und her schwanken. *Ex contextu patebit, non fuisse spem, quam de Christo conceperant, abruptam, licet hoc primo intuitu verba innuant. Sed quia narratio interposita de Christi damnatione hominem nullo evangelii gustu imbutum alienare poterat, quod ab ecclesiae praesulibus damnatus foret, huic scandalo s p e m redemptionis opponit Cleophas. Etsi autem trepide et instar vacillantis postea ostendit in hac spe se manere, sedulo tamen quaecunque potest adiumenta ad eius fulturam colligit.* Wir können dem in keiner Weise beipflichten: der ganze Text nöthigt zu jener anderen Auffassung, welche Theophylaktus, Euthymius Zigabenus, Beda, Lyra, Erasmus, Luther (also von den Sachen reden, als die nun an Christo verzweifeln, der jetzt bei ihnen gar todt und in ihrem Herzen ewiglich begraben, Nichts mehr thut noch vermag), Gerhard, Grotius, Bengel und alle neueren Ausleger vertreten.

Die folgenden Worte sind sehr schwierig: ἀλλά γε καὶ (so ist auf Grund des Sinaiticus, Vaticanus, Cantabrigiensis mit Lachmann, Tischendorf, Meyer u. A. unbedingt zu lesen) σὺν πᾶσιν τούτοις τρίτην ταύτην ἡμέραν ἄγει (σήμερον hat der gewöhnliche Text noch; der Alexandrinus liest es, auch der Cantabrigiensis [aber vor ἄγει], es fehlt im Sinaiticus und Vaticanus und darf wohl als überflüssig dahingegeben werden), ἀφ᾽ οὗ ταῦτα ἐγένετο. Was bedeutet die Partikel ἀλλά γε? Luther folgt der Vulgata, welche einfach *et* übersetzt: Gerhard tritt mit seinem *atqui* schon näher: die Neueren sind darin einig, dass ἀλλά γε adversativ zu nehmen ist, Paulus — vielmehr ja, Glöckler — jedoch, Kühnöl — *at vero*, aber doch, Bornemann — aber leider, aber freilich. Meyer, Keil — freilich, Bleek und Godet — aber, Winer S. 493 — doch wenigstens. Es steht in dem klassischen Griechisch nicht beisammen, sondern nimmt ein Wort in die Mitte: ἀλλὰ πειράσομαί γε, Plato Phaed. 63 d. cf. Heindorf zu dieser Stelle. Wir nehmen καὶ zu ἀλλά γε hinzu: aber doch auch — wir merken aus diesen Worten, dass etwas da ist oder da war, welches die gesunkenen Hoffnungen in irgend einer Weise wieder aufrichtete. Bei alledem (σὺν πᾶσιν τούτοις), was sie erfahren und erlitten haben, da war immer noch Etwas vorhanden, welches jenem Leiden und Sterben des Erlösers etwas von seinem Schrecken und Entsetzen nahm, bei alle dem Herzeleid war ihnen doch noch ein Schimmer von Hoffnung geblieben. Was es war, erkennen wir aus den emphatischen Worten τρίτην ταύτην ἡμέραν ἄγει. Auf diesen dritten Tag haben sie immer noch leise gehofft, sie erhofften von ihm die Lösung jenes Räthsels vom Kreuzestode des Messias, einen grossartigen Umschwung der ganzen Sachlage. Wie dieser dritte Tag solche Hoffnungen erwecken konnte, wird nicht angegeben, aber aus dem wehmüthigen, trübseligen αὐτὸν δὲ οὐκ εἶδον V. 24 verstehen wir Alles. Sie hatten gehofft, den Gekreuzigten an dem dritten Tage wieder zu sehen, sie hatten auf die Wiederkunft des Getödteten geharrt. Zu bestimmt hatte Jesus auf den dritten Tag nach seinem Tode seine Gläubigen vertröstet: sie verstanden nicht, was er ihnen verhiess, aber so viel verstanden sie doch, dass er auf eine Erhebung aus der Niederlage, auf einen glänzenden Sieg über seine Feinde hindeute. Der dritte Tag, an welchen sie sich, wie Ertrinkende an einen Strohhalm, anklammerten, ist erschienen, fast

vollendet, und was ist geschehen? Sie sagen τρίτην ταύτην ἡμέραν ἄγει.
Die Lesart, welche wir billigen, schliesst die seltsame Fassung des Dr. Paulus
aus, welchem Schacht (harm. hist. resurr, p. 151) vorausgegangen war, wonach σήμερον das Subjekt ist; der heutige Tag führt schon den dritten
Tag = ist schon der dritte. Will man ἄγει nicht mit Grotius, Bengel,
Rosenmüller, Kühnöl, Glöckler, de Wette, Baumgarten-Crusius, Ewald,
Buttmann, Bleek u. A. als impersonell gelten lassen, so muss man etwas
dazu ergänzen. Heinsius brachte ὁ θεός, Schwarzius, wie Kühnöl beibringt,
οὐρανός, Er. Schmid und Heumann ὁ ἥλιος, Camerarius χρόνος, Beza (das
eine Mal) tempus oder res und Andere Anderes in Vorschlag. Man sieht
diesen Ergänzungen allen die Ungehörigkeit an: nur zwei Ergänzungen
werden jetzt noch vertheidigt, entweder ὁ Ἰησοῦς, so Kypke, Mosche,
Meyer, oder Ἰσραήλ, so Bornemann und v. Hofmann. Beza und Godet
halten neben anderen Fassungen auch Kypke's Ansicht noch für möglich. Derselbe sagt: *sensus est, tertium diem agit, vel in morte, vel in sepulcro. Elegans
est linguae idiotismus, quum Graeci aliquid certo die factum esse indicaturi,
vocem illam sive phrasin, quae diem denotat, personis tribuunt.* Aber der
gelehrte Mann ist nicht im Stande, irgend eine Stelle beizubringen, wo
ein griechischer Schriftsteller auch nur ein einziges Mal die Zeit so bestimmt: ὁ δεῖνα ἄγει τὴν τρίτην ἡμέραν oder sonst einen bestimmten Tag:
und selbst wenn irgend eine Stelle sich auftreiben liesse, so würde sie doch
nicht zum Beweise dienen, weil hier von einem Todten gesagt wird: er
bringt den dritten Tag zu, was, da das Zubringen = Leben ist, an einem
Widerspruche mit sich selbst leidet. Diese Instanz hat hauptsächlich
v. Hofmann geltend gemacht, um seine Vermuthung mit Ἰσραήλ dringend
zu empfehlen. Wir geben gern zu, dass ἄγειν ἡμέραν 1. Makk. 7, 48 u. 49.
2. Makk. 2, 12 u. 16. 10, 8. Esth. 9, 28 bedeutet ein Fest feiern, einen
Festtag halten, wenn nämlich aus dem Context es erhellt, dass es sich um
eine Festfeier dreht, sonst aber heisst es eigentlich nur: *diem agere*, den
Tag zubringen: über das Wie? wird Nichts verrathen. Hier liesse sich
allenfalls an die Osterfestfeier denken, es ist ja der dritte Tag des Festes:
allein, wenn diese Jünger, schmerzlich bewegt, sagen wollten: Israel feiert,
als wenn Nichts vorgefallen wäre, nun den dritten Festtag, so hätten sie
die Hauptsache geradezu vergessen, denn weder von Israel, welches feiert,
ist die Rede mit einer Silbe, noch von dem Passahfest, dessen dritter Tag
jetzt begangen wird, gemeldet worden, dass an dessen erstem Festtage der
Mann aus Nazareth gekreuzigt wurde. Wir sehen uns daher gezwungen,
ἄγει impersonell zu fassen, was keine allzu grossen Schwierigkeiten hat.
Wie sind die leisen Hoffnungen, die sie von diesem dritten Tage im ahnen-
den Herzen hegten, betrogen worden! Ἀλλὰ καὶ γυναῖκές τινες ἐξ ἡμῶν
ἐξέστησαν ἡμᾶς γενόμεναι ὀρθριναὶ ἐπὶ τὸ μνημεῖον, καὶ μὴ εὑροῦσαι τὸ
σῶμα αὐτοῦ ἦλθον λέγουσαι καὶ ὀπτασίαν ἀγγέλων ἑωρακέναι, οἵ λέγουσιν,
αὐτὸν ζῆν. Aus dem γυναῖκές τινες lässt sich nicht entnehmen, ob diese
beiden Jünger die Weiber selbst gehört haben oder nur durch Hörensagen
von ihrem Grabesgange und der Engelserscheinung Kunde besitzen. Denn
es kann schlechterdings kein Grund angegeben werden, warum sie diesem
Fremdlinge bestimmte Personen nennen sollten: um ihn vollständig auf
das Laufende zu setzen, reichte es vollkommen aus, ganz allgemein von
γυναῖκές τινες zu sprechen. Wohl aber wird aus dem Verlaufe der Rede
ganz klar, dass sie nicht aus der ersten Quelle, sondern bereits aus einer

schon getrübten und theilweise selbst löcherichten Quelle geschöpft haben. Dass der Auferstandene selbst den Galiläerinnen erschienen ist, als sie vom Grabe in die Stadt heimkehrten, wissen sie nicht: es war, als sie Jerusalem verliessen, noch nicht in die Kreise gedrungen, in denen sie sich bewegten. So, wie sie erzählen, haben sich die Dinge an dem Ostermorgen nicht zugetragen. Jene Frauen, die in dem Grabe Jesu Engel gesehen hatten, sind nicht erst, um Bericht zu erstatten, nach der Stadt zurückgegangen, haben sich darauf nicht zum zweiten Male nach dem Grabe begeben, und auf dem zweiten Heimgange nach Jerusalem erst den Auferstandenen gesehen. Als sie das Gebot, welches die Engel ihnen gegeben hatten, auszurichten nach Jerusalem zurückgingen, begegnete ihnen schon Christus. Wir können uns auch so nicht helfen, dass wir der Maria Magdalena noch einige Begleiteiterinnen mit auf den Weg geben, als sie zu Petrus und Johannes eilt, nachdem sie den Stein abgewälzt gesehen hatte; denn Engel hatte Maria da noch nicht gesehen. Wir müssen eben eingestehen, der Bericht dieser beiden Jünger ist nicht diplomatisch genau und zuverlässig, sondern verworren und unrichtig. Sie erzählen, was ihnen zu Ohren gekommen war; vielleicht haben sie die ihnen einzeln zugegangenen Gerüchte in dieser Weise selbst erst kombinirt. Eine klare, durchsichtige Geschichtserzählung konnte überhaupt dann erst zu Stande kommen, nachdem alle einzelnen Details gesammelt, gesichtet, mit einander verglichen und festgestellt waren. Hören wir, was die beiden Jünger aus umlaufenden Gerüchten von der grossen Osterthatsache wissen!

Etliche Weiber also, deren Zugehörigkeit zu dem Kreise der Jünger Jesu durch ἐξ ἡμῶν konstatirt wird, haben sie also in Verstürzung versetzt. Es lässt sich fragen, ob in Schrecken und Entsetzen, oder in Staunen und Verwundern. Paulus, Kühnöl, Stier u. A. nehmen das Letztere an, Grotius aber mit besserem Rechte das Erstere: denn aus ihren Worten geht ja evident hervor, dass das, was sie an dem Vormittage vernommen haben, den letzten Hoffnungsschimmer erbarmungslos ausgelöscht hat. Nachdem sie das gehört haben, was sie hörten, haben sie allen Hoffnungen Valet gegeben und Jerusalem verlassen, weil nun Alles aus ist. Diese frommen Frauen sind zu dem Grabe des Gekreuzigten also an diesem dritten Tage hingegangen, γενόμεναι ὀρθριναί, so wird mit Lachmann und Tischendorf statt des recipirten ὄρθριαι zu lesen sein. Die lectio recepta ist gut attisch und uns desshalb verdächtig: ὀρθρινός kommt in der späteren Gräcität erst vor und ist desshalb dem neutestamentlichen Idiom gemässer. Frühmorgens haben sie sich aufgemacht und haben in dem Grabe den Leib dessen, den sie suchten, nicht mehr gefunden. Daraufhin sind sie gekommen und sagen ὀπτασίαν ἀγγέλων ἑωρακέναι, οἳ λέγουσιν αὐτὸν ζῆν. Zu denken gibt es, dass die Berichterstatter, welche aus der Konstruktion fallen, indem dem γενόμεναι entsprechend ἐλθοῦσαι zu erwarten war, nicht referiren: καὶ μὴ εὑροῦσαι τὸ σῶμα αὐτοῦ, ἀλλ᾽ ἑωρακυῖαι ἀγγέλοις, οἳ λέγουσιν αὐτὸν ζῆν, ἦλθον. Sie wollen offenbar die ὀπτασία ἀγγελῶν nicht als eine objektive, historische Thatsache, sondern nur als eine Meinungsäusserung, als eine Behauptung der Weiber, welche für die Wahrheit derselben einzutreten haben, hinstellen. Sie fällen kein Urtheil über diese ὀπτασία, aber eben dieses, dass sie alles Andere nicht so erzählen, die Frauen hätten gesagt, dass sie den Leib nicht gefunden hätten, jetzt aber bei dem Gesichte der Engel sich so in der Reserve halten, muss bei Jedem,

der Augen zu sehen hat, die Vermuthung erwecken, dass sie durch diese
seltsame Weise der Berichterstattung die Sache auf der Aussage der Weiber
wollen beruhen lassen und die Verantwortlichkeit nicht zu übernehmen gesonnen sind, weil sie sich eines Verdachtes nicht erwehren können, und zwar
des Verdachtes, dass die guten Frauen Etwas in ihrer Einbildung, welche
durch die Schauer des Grabes gereizt war, gesehen hätten, was ein Mensch
mit gesundem Sinne nicht gesehen hätte. — Für eine subjektive Vision
erklären diese beiden Jünger die Engelerscheinung in dem Grabe und
damit verliert natürlich auch die Aussage der Engel, welche die Frauen
übermittelt haben, αὐτὸν ζῆν, allen Anspruch auf Glaubwürdigkeit. So
auch Bengel, Stier u. A.

Wie diese beiden Wanderer die Osterbotschaft der Frauen, dass Christus
auferstanden sei und lebe, auf eine Vision zurückführen, so hat man ja in
unserer Zeit das Zeugniss der Apostel von der Auferstehung unseres Herrn
Jesu Christi gleicher Weise wieder auf eine Vision zurückgeführt. Mit
Recht hat man aufgegeben, die Visionen von dem Auferstandenen so zu
erklären, dass aus einem intensiven Studium der Schrift die Apostel allmälig auf den Gedanken gekommen seien, der Messias könne nicht seinen
Feinden unterliegen, müsse über sie herrschen und nun, ganz hingenommen
von diesem Gedanken, den Auferstandenen mit ihren leiblichen Augen zu
sehen sich eingebildet hätten. Die Apostel waren solche doktinäre, solche
Reflexionsmenschen nicht: es bliebe dabei auch unerklärt, wie an dem
Abend des dritten Tages nach dem Tode Jesu schon bei der Mehrzahl der
in Jerusalem versammelten Gläubigen diese Ueberzeugung, dass der Messias
nicht sterben könne, sondern leben müsse und daher dann auch wirklich
lebe, zum siegreichen Durchbruche sollte gekommen sein! Der Apostel
Petrus, welcher von den Vertretern dieser Hypothese zu dem *primus motor*
gemacht wird, hat seinen bitteren Bussschmerz dann damit niedergekämpft,
dass er sich mit einer gründlichen Durchforschung der Propheten an dem
stillen Sonnabend, wohl am Ende schon am Charfreitage vorahnenden
Geistes, beschäftigte: wer kann das glauben? Es ist weder psychologisch —
andere Dinge bewegten da sein Herz, noch logisch möglich —, denn so
tief eingewurzelte Vorurtheile wie dieses, dass der Messias nicht sterben
dürfe, lassen sich nicht in 24 Stunden ausrotten. Der Weg der Reflexion
ist langsam. Und selbst den Fall gesetzt, dass Petrus jenen kühnen Sprung
von dem: der Messias muss leben, zu dem: der Messias lebt wahrhaftig,
ich sehe ihn, in dieser kurzen Frist gemacht habe: wie kann es ihm in
einem Tage gelungen sein, seine Ueberzeugung fast allen Anderen
beizubringen? Der langsame Weg der Reflexion führt hier nicht zum ge-
wünschten Ziele: man hat ihn daher fast ganz allgemein als unbrauchbar
aufgegeben und dafür den rascheren, den psychologischen Weg erwählt.
Es ist der breite Weg und Viele sind, die darauf wandeln.

Hören wir Einen von ihnen. Schenkel schreibt in seinem Charakter-
bilde Jesu in dem neunundzwanzigsten Kapitel: „Erst in der Art, wie er
sein Leiden trug und die Schrecken des Todes überwand, offenbarte Jesus
die ganze, bis dahin noch Vielen verhüllte, Herrlichkeit seines Geistes und
Wesens; die Tiefe seiner Todesnoth wurde für ihn die Höhe seiner Verherrlichung. Diesem mächtigen Eindrucke, der von seinem Kreuze ausgegangen war, konnten sich namentlich auch seine Apostel nicht entziehen.
Der betäubende Schrecken, der in Folge seiner Gefangennahme, Ver-

urtheilung und Hinrichtung die Apostel niedergeschmettert hatte, fing an, den wiedererwachenden Gefühlen der Liebe, des Vertrauens, der Hoffnung zu weichen. Die Frauen gingen auch hier voran. Sie hatten am Morgen des ersten Wochentages mit Sonnenaufgang das Grab Jesu besucht; sie fanden es leer, den Stein weggewälzt; an der Stelle des Leichnams Jesu glaubten sie eine Himmelserscheinung zu erblicken. Zustände der Entzückung traten ein, die Folge tieferschütterten weiblichen ¦Seelenlebens. Doch wagten sie zunächst noch nicht, von dem geheimnissvollen Vorgange überhaupt nur zu sprechen. Jesus war den Frauen nur in eigener Person erschienen; aber der Engel sollte ihnen verkündigt haben, dass er in Galiläa seinen Jüngern persönlich erscheinen werde." Keim fasst Alles, was die Vertreter dieser Art von Visionstheorie zu sagen haben, 3, 588 f so zusammen: „In Wahrheit war er ihnen auch gar nicht gestorben, den Frauen unter dem Kreuze im Voraus nicht, aber den Aposteln noch weniger, da sie ihn nur als Lebenden, als Starken bis zum letzten Augenblick gesehen, da sie sein Leiden, Schmachten, Sterben, Begrabenwerden gar nicht erlebt hatten, da sie endlich in Galiläa fern von den Niederlagen und Gräbern Jerusalems wieder so ganz auf seinem, auf ihrem Boden, auf dem Boden seiner Erfolge, Kräfte, Triumphe standen und in der Liebes-, in der Gemeinschaftskette, welche sie unter einander von Neuem schlossen, welche sie sichtlich auch auf die Familie Jesu erweiterten, das Fortleben und Fortregieren des Meisters in seiner Gemeinde deutlich verriethen. Nun denn in solcher Hochfluth grenzenloser Erregung, gesteigert durch den Abbruch der Nahrung und die fiebernden Stimmungen des Abends, zergehen erfahrungsmässig die Grenzlinien innerer und äusserer Welt und Auge und Ohr sind im Voraus mitzitternde Glieder dieser inneren wogenden Geisteswelt, während ihr Dienst gleichzeitig nach aussen läuft und in seltsamer Ausgleichung und Mischung des Doppelberufs als ein Aeusseres dem Menschen zuträgt, was er im Grunde nur innerlich gesehen, gehört hatte. So entstehen bei überreizten Nerven und Kongestivzuständen, bei momentan oder chronisch krankhaften Zuständen des Sensoriums in alten und neuen Zeiten Gesichte, so hat, vom A. T. und vom N. T. mit der langen Reihe von Beispielen nicht zu reden, Maximilla, die Montanistin, Christus gesehen, die Jungfrau von Orleans den Erzengel Michael, die heilige Katharina und Margaretha empfangen, Franz von Assisi den Herrn als Seraph, Savonarola die dunklen und hellen Bilder der Zukunft durch den Dienst der Engel geschaut." (S. 591) „Begreiflich scheint es also, dass allermeist und zuerst Petrus, der Vertraute Jesu, der Ueberschwängliche zugleich und Willenskräftige, der Mann, der den Lebendigen am vollsten in seiner Seele trug, weil er den Messias vor allen Anderen erkannt, begehrt, geliebt und als Unwiderstehlichen bis Gethsemane, bis Jerusalem, bis Galiläa, bis gestern und heute im Stachel seiner Verleugnung erfahren hatte, den Herrn leibhaftig unter seinen Augen zu sehen glaubte, der keinen Augenblick aufgehört hatte, in seinem Geiste und Gewissen die beseligende und strafende Herrschermacht zu sein und der jetzt geistig nach Galiläa kam, um nach einem Wort von Laktanz seine Apostel zu suchen. Glaubte Petrus, so stand der Weg des Glaubens und Schauens weithin offen, auch für die Zwölfe, auch für die Fünfhundert; und der Auftrag Jesu erfüllte sich in leichter Weise: wenn du umkehrst, so befestige die Anderen. Die lebhaften Affekte menschlicher Natur haben eine ungemeine Verbreitungsfähigkeit. Lachen und Weinen, Niedergeschlagenheit und Enthusiasmus, selbst Besessenheiten sind durch ihre naturalistische Kraft und durch den Rücktritt der ruhigen Geisteskräfte auch im Zuschauer entschieden kontagiös, ansteckend, wie der Schnupfen, sagt Lessing in seiner Art. Religiöse Begeisterung und Entzückung springt zweifach über, weil die Macht der Naturverwandtschaft sich verdoppelt durch den Geistesbund und die sympathische Grundstimmung auch des Unbetheiligten. Schon das A. und N. T. zeigt das Ueberspringen der Prophetie, des Zungenredens auch auf die Neutralen. Die Geschichten der Montanisten, der Flagellanten, der Wiedertäufer, der Quäcker, der Kamisarden und Appellanten, der Methodisten und Irvingianer wird man nicht leugnen wollen. Von Einem liefs zum Andern, von Einigen in die Massen."

So viel diese Visionstheorie auch für sich haben mag, sie hat, wie Keim vornehmlich ausgeführt hat, von dem psychologischen Standpunkte aus gewürdigt, doch noch weit mehr gegen sich. Derselbe macht mit Recht darauf aufmerksam, dass eine so gewaltige Aufregung der Geister, welche sich in Visionen entladet, sich nicht alsogleich wieder legt, sondern wenn sie auch mit einem Male gekommen ist, nur ganz allmälig wieder zur Ruhe kommt. Nun zeigt sich aber bei den Aposteln, welche doch, weil Häupter der Gemeinde, vor Allen auch die Träger dieser Visionen sein müssen, schon von den ersten Wochen an, ja bereits 10 Tage nach der letzten, grossartigsten Erscheinung des Auferstandenen, eine grosse Nüchternheit und Besonnenheit, Ruhe und Geistesschärfe: man denke doch an Petrus' so helle und klare Pfingstpredigt, an die scharfen, dialektischen Streitreden des ersten christlichen Märtyrers. Auch haben jene Manifestationen des Auferstandenen gar nichts von fieberhafter Aufregung, von lebhaften Affekten, von Ueberschwänglichkeit. Ernst, zurückhaltend, lehrhaft, Weisungen ertheilend in kurzen, knappen Worten erscheint der Herr. Er versetzt seine Gläubigen nicht in Staunen und Entzücken: misstrauische Gedanken steigen in ihnen auf, prüfende Blicke werfen sie auf ihn, sie stürzen nicht mit Maria auf ihn los, sondern prallen vor ihm zurück. Kein Zungengeschwirr, keine Seligpreisungen, keine Reden in fremden Zungen, sondern nur ein Antworten, wenn der Herr sie fragt, sonst spricht der, den sie schauen, und wovon spricht er zumeist? Nicht von der grossen Zukunft, welcher sie entgegengehen, sondern von der Schrift, um ihnen das Verständniss zu öffnen. Das Vollmass und Uebermass der Erregtheit, welches Hallucinationen der Augen ermöglicht, fordert, wie Keim treffend bemerkt, als solches eine gewisse Breite und Weite des Zeitverlaufs, der Fluth folgt nicht sogleich die Ebbe, vielmehr nehmen wir sie erst in Steigerungen wahr; die Erscheinungen wiederholen sich, weil die Spannung der Geister andauert, Einer den Anderen fortreisst. Aber bei den Erscheinungen des Auferstandenen findet ein solches Anwachsen und Anschwellen nicht statt. Einige wenige Gesichte kommen im Verlaufe von vollen vierzig Tagen vor, und diese nehmen nicht zu und hernach wieder ab, fliessen nicht in einander, sondern jede Manifestation hat einen ganz bestimmten Zweck, ein rother Faden geht durch sie alle hindurch, sie bilden eine aufsteigende Linie, einen normal fortschreitenden und in einzig-vollkommener Weise abschliessenden Prozess. Ich lege auf diesen planvollen Stufengang einen höheren Werth mit Gess, Steinmeyer, Luthardt u. A., als Keim ihm beimisst, dem diese Erscheinungen des Auferstandenen sich schliesslich doch in „Telegramme" des im Himmel lebenden Jesus (3, 605) verflüchtigen, und möchte auch den Gedanken nicht so spröde von der Hand weisen, dass die Apostel, sobald als die Visionen aufhörten, in Zweifel verfallen mussten, ob sie vorher auch recht gesehen hätten. Ich kann dieser schöngleissenden Visionstheorie nur mit Bleek, Krabbe, Hengstenberg, Keil, Godet, Steinmeyer, Beyschlag, Gebhardt, Pressense, Holtzmann, Weizsäcker ein Nichtmöglich entgegenstellen.

Die Weiber, welche behaupteten, Engel in dem Grabe Christi gesehen zu haben, οἳ λέγουσιν αὐτὸν ζῆν — der Indikativ ist absichtlich gesetzt, die direkte Anschauung, bemerkt Meyer, ist lebendig damit in die *oratio obliqua* hineingeschoben — sind von dem Grabe weggegangen. Dass sie sogleich den Aposteln oder anderen Männern rapportirt haben, sagen die Pilger nicht: sie wissen nur, dass sie zurückgegangen sind und von dem, was sie gesehen, nicht geschwiegen haben. Auf die durch diese Frauen in Umlauf gekommene Nachricht haben Männer sich hinbegeben, um den Thatbestand zu ermitteln. *Καὶ ἀπῆλθόν τινες τῶν σὺν ἡμῖν ἐπὶ τὸ μνημεῖον καὶ εὗρον οὕτως καθὼς καὶ αἱ γυναῖκες εἶπον, αὐτὸν δὲ οὐκ εἶδον.* Wieder halten sich die beiden Wanderer ganz im Allgemeinen: wissen sie, wer diese τινές waren? Aus dem Folgenden sind wir nicht im Stande, es mit einiger Sicherheit zu beantworten. Wir werden wohl nicht fehlgreifen, wenn wir an den Grabesgang nicht des Petrus, sondern des Petrus und des Johannes denken: Theophylaktus liess zwischen diesen Beiden die Wahl, allein mit Recht hat Euthymius Zigabenus, Beda, Lyra, Gerhard, Grotius u. s. w. nur die letzte Annahme gutgeheissen, denn davon, dass Petrus allein oder von anderen Namenlosen begleitet, ohne den Apostel Johannes zum Grabe geeilt sei, weiss die evangelische Geschichte nichts. Diese τινές sind allerdings damit nicht als Männer charakterisirt, aber dass unter diesen τινές wirklich Männer sich verbergen, erhellt aus dem Vorausgegangenen — den γυναῖκές τινες ἐξ ἡμῶν steht dieses ἀπῆλθόν τινες gegenüber — und aus dem Folgenden, denn diese τινές fanden es so καθὼς καὶ αἱ γυναῖκες εἶπον, wodurch sie von den Weibern ausgeschlossen werden. Die Männer haben es nicht anders gefunden als die Weiber: sie haben kein Gesicht von Engeln gehabt, sondern nur das Grab leer gefunden: unstreitig reflektiren diese beiden Wanderer, wie nach ihnen Dr. Paulus und Konsorten, dass die Männer nothwendig auch die Engel gesehen haben müssten, wenn sie den Weibern wirklich erschienen wären, was Bengel schon muthmasste. Jene Engel sollen gesagt haben, er lebe — aber sie, die da hingegangen sind, um nach dem Lebendigen zu suchen, haben ihn nicht zu Gesicht bekommen; und wie soll er leben, wenn er sich jenen entzieht? Die beiden Jünger ziehen offenbar diesen Schluss: sie können es sich nicht denken, wie Jesus, wenn er anders auferstanden ist von den Todten, sich diesen Männern nicht sollte geoffenbart haben. Der Schluss hat eine gewisse Berechtigung. Diese Beiden wissen, wie lieb der Heiland die Seinen hat, wie bemüht er immer gewesen ist, die Thränen zu stillen und die Herzen zu erfreuen: und weiss er nicht alle Dinge, weiss er nicht, wie sein Tod die Seinen bis zu Tode betrübt hat? Und er, der Herr mit dem liebenden Herzen und dem allwissenden Geiste, hat sich noch nicht kundgethan! Leben soll er, und den Seinen nicht leben! In's Leben zurückgekehrt sein, und von den Seinen sich zurückhalten, sich zurückziehen! Wer kann das glauben? Calvin bemüht sich vergebens, aus diesen Worten des Unglaubens einen Glaubensfunken herauszulocken.

Nam tertium diem ab ipso non alio fine notatum fuisse probabile est, nisi quia Dominus se triduo resurrecturum promiserat. Quod deinde corpus a mulieribus repertum non fuisse narrat et oblatam illis angelorum visionem et quod de sepulchro vacuo dixerant mulieres, virorum quoque testimonio fuisse probatum, ad hanc summam refertur, Christum resurrexisse. Ita prius homo inter fidem et metum dubius fidei adhibet fomenta et contra metum pro suo virili luctatur. Luther steht ganz auf der Seite der neueren Exegese: er spricht es offen aus, dass sie sagen wollen: „wir wissen nun nicht, wo es bleibt, wir sehen wohl, dass Nichts daraus wird, er ist nun todt, und wenn er gleich wieder lebendig würde, auferstünde, wird er dennoch nicht das Volk erlösen können und ein König werden. Also meinten sie, die Erlösung wäre aus. Daraus lernen wir, wie auch in denen, so nun Christus und heilig sind, Schwachheit und Gebrechen bleiben, sonderlich in den hohen Stücken der Lehre und des Glaubens, dass sie solches nicht so bald verstehen noch so fest und stark fassen können, wie sie sollten, und dass es nicht so gering noch leicht Ding ist um den Glauben, wie die unverständigen und unerfahrenen Geister wähnen." In der gedrücktesten, trübseligsten Gemüthsstimmung befinden sich diese beiden Jünger Christi: sie hatten noch in Etwas auf diesen dritten Tag gehofft, sie erhalten an demselben richtig auch ganz wunderbare Nachrichten: das Grab ist leer, Engel haben in demselben sich schauen lassen, aber weil das, worauf sie hofften, nicht geschieht, der Auferstandene selbst sich nicht offenbart, missverstehen sie jene Wahrzeichen der glorreichen Auferstehung des Erlösers vollständig und erkennen in ihnen nur die sicheren Zeichen, dass Alles jetzt zu Ende ist. Der Mensch, welcher aus seinen eigenen Gedankenkreisen nicht heraustritt, kann Gottes Gedanken nie begreifen: falsche, vorhergefasste Ansichten halten das Licht der Wahrheit auf und ab und schaffen da Finsterniss, wo die Klarheit des Herrn uns umleuchtet.

Erschlossen haben die beiden Jünger dem Unbekannten ihr Herz, erschöpft, entmuthigt, schweigen sie. Nun erst kann Christus zum Worte kommen: der Arzt gönnt dem Kranken das erste Wort, der Tröster veranlasst den, welchen er erquicken will, sein Herz auszuschütten. Aber seltsam klingt die Rede des fremden Wanderers. Es ist kein Wort des Trostes, sondern ein Wort scharfer Zurechtweisung, das er an sie auf ein Mal jetzt richtet. Er sagt: ὦ ἀνόητοι καὶ βραδεῖς τῇ καρδίᾳ τοῦ πιστεύειν ἐπὶ πᾶσιν οἷς ἐλάλησαν οἱ προφῆται. *Acrior et durior*, bemerkt Calvin, *videtur haec obiurgatio quam pro infirmi hominis respectu: verum qui circumstantias omnes expendet, facile intelliget, non abs re tam aspere castigatos a domino fuisse, apud quos tam male diuturnam operam et prope absque ullo fructu locaverat. Notandum enim est, non tantum ad hos duos restringi, quod hic dicitur, sed obiici commune vitium, quod statim ex eorum ore reliqui socii audiant. Toties Christus de sua morte eos praemonuerat, toties etiam disseruerat de nova et spirituali vita, suamque doctrinam prophetarum oraculis confirmaverat: quasi apud surdos, vel potius truncos ac lapides, verba fecisset, mortis horrore perculsi huc et illuc sese versant.* Ganz kann diese Bemerkung aber nicht befriedigen, denn die anderen Jünger, Petrus an ihrer Spitze, standen jenen Nachrichten und Wahrnehmungen ebenso ungläubig gegenüber als diese beiden, welche, wohl nicht in den Kreis der Zwölfe aufgenommen, auch nicht so weit wie diese gefördert waren. Kam es dem Heilande darauf an, seinen Jüngern eine ernste Strafpredigt darüber zu halten, dass sie seine Eröffnungen über die Nothwendigkeit seines Leidens und Sterbens nicht aufgenommen hatten, so musste er sich unbedingt an die schlimmsten Unverständigen, an die Apostel, wenden. Es lag also noch ein ganz besonderer Grund vor, gerade diese Jünger zu schelten. Bengel bescheidet sich mit der kurzen Bemerkung: *salutaris reprehensio*. Leider lässt er sich nicht weiter aus, er mag aber wohl daran gedacht haben, dass eine starke Anfassung allen Jenen Noth thut, welche die Flügel gleich hängen lassen und Alles nur schwarz sehen. Diese beiden Wanderer sind solche Naturen, die sich dem Schmerze ganz hingeben, der Traurigkeit sich mit innerer Genugthuung überlassen — es gibt bekanntlich auch ein Schwelgen in Schwermuth und ein Geniessen der Thränen. Es fehlt ihnen alle Energie, alle Spannkraft; sie sind zerschlagen, lendenlahm, schachmatt, schlaff und todmüde: sie wollen nichts Anderes wissen, als dass es mit Christus aus ist, sie wollen an seine Auferstehung nicht glauben. Die energische Sprache des Herrn soll in ihnen die Energie des Willens wecken, sie sollen glauben wollen. Ἀνόητοι heisst er sie zuerst: es fehlt ihnen also an dem νοῦς, an dem rechten Verstande, an der klaren Erkenntniss. Wenn sie Sinn und Verstand hätten, so würden sie heute nicht so traurig ihres Weges ziehen und sich das Herz gegenseitig schwer machen, sondern jauchzen und dem Herrn, der sein Volk erlöst hat, lobsingen. Ihre Schuld ist es, dass es so mit ihnen steht: nicht Gott hat sie in dieses Herzeleid hineinversetzt, sondern ihre ἄνοια, ihr Unverstand. Sie könnten die rechte Erkenntniss, das volle Verständniss haben, allein sie haben auf die Verkündigungen ihres Herrn und Meisters und auf die Weissagungen nicht geachtet. Umsonst hat Gott der Herr vor Zeiten durch die Propheten und zuletzt durch seinen Sohn von dem Allem zu ihnen geredet. Wie kommt es, dass sie bei all' den Enthüllungen, welche ihnen zu Theil geworden sind, nicht zu Verstand gekommen sind? Waren Jesu Worte nicht sonnenklar? Waren die Weissagungen der Propheten, auf welche sie fortwährend hingewiesen wurden, nicht auch so hell und licht? Sie sind ἀνόητοι, weil sie βραδεῖς τῇ καρδίᾳ τοῦ πιστεύειν sind. Cicero redet *de nat. deor. 1, 5, 11* von einer *tarditas hominum* auf dem Gebiete des Denkens, ja es gibt solche *indociles et tardi* § 12, welche träge, denkfaul, dumpf und stumpf dasitzen: Christus meint hier aber doch wohl eine andere Art von Trägheit, er nennt diese Jünger ja nicht βραδεῖς τῷ νῷ, sondern βραδεῖς τῇ καρδίᾳ. Zwar versicherten Paulus und Kühnöl, dass καρδίᾳ hier nichts Anderes als Erkenntniss, διάνοια, νοῦς sei: allein sie irren sich, dem Hebräer ist das Herz nicht gerade Sitz des Verstandes, sondern vielmehr, wie auch uns, Sitz des Gefühls und des Willens: sie sind also träge in ihrem Gefühlsleben und in ihrem Willen: so mit Recht Meyer, Hengstenberg, Keil u. A. Lose steht ἀνόητοι und βραδεῖς τῇ καρδίᾳ neben einander: Calvin hat schon versucht, beide Prädikate einander näher zu rücken. Er findet, dass der Unverstand in der Herzensträgheit seine Wurzeln habe: *hanc igitur titulationem stultitiae merito tribuit et eius causam facit socordiam, quod ad credendum non magis propensi fuerint*. So ist es in der That. Das Herz dieser beiden Jünger ist träge, es mag sich nicht scheiden von dem, woran es hängt, noch von der Welt, in welcher es sich ganz gemüthlich eingerichtet hat, sich trennen. Es klebte an der Welt, es hatte die Welt lieb und was in der Welt ist, und freute sich, dass es in dem Gottesreich, welches es von den Propheten, mächtig in Worten

und Werken, erhoffte, die Weltherrlichkeit und Weltseligkeit recht geniessen könne. Sie haben gewiss mehr wie ein Mal gehört, wie Jesus von
den Seinen das Kreuztragen, die Selbstverleugnung, die Verzichtleistung
auf diese Welt forderte, aber sie mochten von ihren weltlichen Gedanken
und Idealen nicht lassen: das träge, an diesem Aeon hangende Herz schlug
solche Worte leichtfertig in den Wind. Sie wollten davon nichts hören,
nichts wissen, darum verstanden sie nicht. Wie nur das reine Herz Gott
schauen kann, so ist auch nur das reine Herz im Stande, Gottes Wort zu
verstehen und seine Wege zu erkennen. Der Genetiv τοῦ πιστεύειν ist mit
βραδεῖς τῇ καρδίᾳ zu verbinden, in Bezug auf das Glauben sind sie trägherzig, sie sind faul, unlustig, unwillig zum Glauben. Paulus will ἐπὶ
πᾶσιν für sich nehmen und nicht mit πιστεύειν verknüpfen: bei dem Allen
= da doch alles Jenes da, bekannt, ist: בְּ werde von dem, ὃ προςκεῖται,
auch gesagt. Stier folgt ihm und meint in Bengel einen besseren Vorgänger zu besitzen, der anmerkt: *in medio sunt prophetarum sermones, nec
tamen creditis* und übersetzt: ihr Herzensträgen im Glauben (an sich und
überhaupt) nach, bei oder trotz Allem, was die Propheten geredet haben!
Zu dem folgenden ἔδει zieht v. Hofmann Alles von unserem ἐπὶ an: musste
nicht ob Allem, was geweissagt, auf Grund dessen u. s. w. Wir können weder
das Eine noch das Andere annehmen: Paulus setzt voraus, dass jene
Weissagungen und deren richtige Auslegung ihnen bekannt gewesen seien,
allein das ist gar nicht der Fall, und v. Hofmann verrenkt das ganze
Satzgefüge. Die alten Ausleger, Theophylaktus und Euthymius, haben kein
Bedenken gefunden, ἐπὶ πᾶσιν auf πιστεύειν zu beziehen und mit Recht
haben die neueren Ausleger — Kühnöl, Baumgarten-Crusius, Meyer, Bleek,
Hengstenberg, Godet u. A. — ihre Zustimmung erklärt. Es ist ja wahr,
πιστεύειν ἐπί τινι kehrt im ganzen Neuen Testamente nicht wieder, denn
Act. 13, 12 gehört ἐπὶ τῇ διδαχῇ sicher nicht zu dem entfernter stehenden
ἐπίστευσεν, sondern zu dem unmittelbar davor sich befindenden ἐκπλησσόμενος;
allein es entspricht hier, wie Bleek angibt, dem Hebräischen בְּ הֶאֱמִין.
Keinen Verstand haben also diese beiden Wanderer, weil sie kein Herz
hatten für die Weissagungen der Propheten: nur das, was die Propheten
von der Herrlichkeit des Messias und seines Reiches geweissagt hatten,
war ihnen herzlich lieb, weil sie die bildlichen Reden für buchstäbliche
Beschreibungen des zukünftigen herrlichen Zustandes hielten. Alles hingegen, was dieselben von dem Leiden und Sterben des Messias gesagt
hatten, war ihren Herzen fremd geblieben, denn das alte Sprüchwort sagt
nicht umsonst: *qualis rex talis grex* und der Reicheskönig hat denselben
Kanon aufgerichtet in dem Worte: der Knecht ist nicht grösser denn sein
Herr (Joh. 15, 20). Wenn der Weg des Königs durch's Kreuz zur Krone
geht, so kann der Weg seiner Knechte auch nur durch Leiden zur Herrlichkeit führen: welches fleischliche Herz vernimmt aber gern eine solche
Rede? Sie ist zu hart. Was uns in Betrachtung der Leidensgeschichte
mehrfach aufgefallen ist, begegnet uns hier wieder: Christus sieht in seinem
Leiden und Sterben nichts Anderes als eine Erfüllung der Weissagung. Er
konnte nicht anders als leiden, denn davon hatten die Propheten geredet.
Diesen Satz will er recht tief in ihr Herz hineindrücken, darum spricht er
ihn nicht apodiktisch, sondern in Form der Frage aus. Gut hat Calvin
das schon erkannt: *non dubium est, quin de Messiae officio, quale descriptum
est a prophetis, concionatus sit dominus, ne mors crucis offendiculo esset, et*

in itinere trium vel quatuor horarum satis fuit ad uberem rerum explicationem spatii. Non ergo tribus verbis asseruit Christum oportuisse pati, sed prolixe disseruit missum ideo fuisse, ut mortis sacrificio peccata mundi expiaret, ut χάθαρμα fieret ad tollendam maledictionem, ut suo reatu aliorum sordes elueret. Ideo sententiam hanc interrogative protulit Lucas, maioris vehementiae causa: unde colligitur, rationibus ostensam fuisse mortis necessitatem. Οὐχὶ ταῦτα ἔδει παθεῖν τὸν Χριστὸν καὶ εἰςελθεῖν εἰς τὴν δόξαν αὐτοῦ; so fragt, sagen wir richtiger als Calvin, Christus selbst und nicht Lukas. Von einer Nothwendigkeit seines Leidens und Sterbens ist er hiernach voll überzeugt: es ging schlechterdings nicht anders, wollte er das sein, was er nach den Aussagen der Propheten, der Männer Gottes, und desshalb auch nach dem geoffenbarten Willen seines Gottes und Vaters, nach dem ewigen Heilsrathschlusse sein sollte, so musste er ταῦτα παθεῖν. Die unverständigen und trägherzigen Jünger haben also gerade an dem sich gestossen, was ihn erst recht zu dem ὁ Χριστός macht, was sie auf die Höhe des Glaubens fördern sollte, hat sie, weil sie falschen Idealen nachjagten, um ihren Glauben gebracht. Meyer will aus dem ἔδει für die zweite Hälfte des Satzes καὶ εἰςελθεῖν εἰς τὴν δόξαν αὐτοῦ ein δεῖ borgen. „Nicht als ob er schon durch die Auferstehung an sich und vor der Himmelfahrt in seine δόξα gelangt wäre, denn erst sein himmlischer Zustand ist seine Herrlichkeit nach dem Tode, siehe 9, 26. 21, 27. Phil. 2, 9 f. 1. Petr. 1, 21. 1. Tim. 3, 16. Joh. 20, 17. 17, 5, sondern aus dem vorherigen ἔδει ist hier δεῖ zu ergänzen: und muss er nicht hineingelangen in seine Herrlichkeit? Wesshalb jene Leiden erst vorhergehen mussten." Bleek schlägt sich auch zu Meyer: nach ihm kann es nicht so gemeint sein, „dass er damals derselben (Herrlichkeit) schon ganz theilhaftig geworden war, sondern nur, dass er, damit er derselben in ihrer Fülle theilhaftig werden könnte, nach dem in der Schrift angedeuteten Rathschlusse Gottes durch Leiden hindurchgehen musste." Auffallender Weise spricht sich auch Stier dafür aus. „Das ἔδει als Vergangenheitsform bezieht sich strenggenommen nur auf die längst vorhandene, den ewigen Gottesrath vorlegende Schrift, sonst nicht ein Mal auf alles παθεῖν ausser dem ταῦτα, am wenigsten auf ein schon ganz geschehenes εἰςελθεῖν εἰς τὴν δόξαν." Weiss spricht von einem doppelten Lehrtropus, einem früheren und einem späteren. Ich kann meinen in den Evang. Perikopen 2, 302 f. gegen diese Auffassung eingelegten Protest nur erneuern. Es fällt mir nicht ein, aus der Grammatik Instanzen dagegen zu entnehmen, denn bei Classikern kommt es wiederholt vor, dass das Verbum, welches zu zwei oder mehreren Aussagen gehört, in einem anderen Tempus zu ergänzen ist: cf. Bornemann zu Luk. 24, 47. Kühner 2, 605: sondern ich stelle dagegen den Satz auf, dass in dem ganzen Neuen Testamente die Auferstehung Jesu Christi von den Todten als sein wirklicher Eintritt in die δόξα dargestellt wird. Hierauf führt schon das Verheissungswort des Auferstandenen an den Schächer: heute noch wirst du mit mir im Paradiese sein: sowie das grosse Wort auf dem galiläischen Berge: ἐδόθη (man beachte doch den Aorist) μοι πᾶσα ἐξουσία ἐν οὐρανῷ καὶ ἐπὶ γῆς. Die Apostel bekennen dieses auf die unzweideutigste Weise. Paulus lehrt gleich Röm. 1, 4, dass Christus kräftiglich erwiesen sei als der Sohn Gottes, seit der Zeit er auferstanden ist von den Todten; er basirt 1. Kor. 15 den Satz von der Auferstehung der Todten und ihrem damit verknüpften Eingang zur δόξα auf die Thatsache, dass Christus auferstanden ist; in der grossen christologischen Grundstelle Phil. 2, 5 ff. wird offen ausgesprochen, dass die ὑπερύψωσις desselben sofort nach seinem Tode stattgefunden habe. Wir sagen, mit seiner Auferstehung ist der Erlöser auch in seine Herrlichkeit eingegangen: er ist leiblich verklärt, nimmt die Machtstellung wieder ein, welche er vordem besessen hat, und ist auch als der Gottmensch an dem Ziele seiner inneren Vollendung. Das Leiden ist für ihn die Brücke, der Uebergang aus dem *status exinanitionis* zu dem *status exaltationis* gewesen: es musste so sein. Jesus setzt die beiden Aussagen οὐχὶ ταῦτα ἔδει παθεῖν τὸν Χριστόν - εἰςελθεῖν εἰς τὴν δόξαν αἰτοῦ durch καί neben einander: aber zwischen beiden besteht nicht bloss ein äusserer, sondern auch ein innerer Zusammenhang. Christus musste leiden, wenn er anders in seine Herrlichkeit eingehen wollte. Nur in dem Leiden kam seine innere δόξα zur vollsten Darstellung; in der Hitze der Trübsal, in den Martern des Kreuzestodes bewies und bewährte er sich in seiner Unschuld, Heiligkeit und Gerechtigkeit: und anderer Seits konnte er zu der δόξα eines wahrhaftigen Hohenpriesters, eines Erlösers der sündigen Menschheit nicht anders gelangen, als dass er unsere Sünde auf sich nahm und unseren Tod erlitt.

Eine Kardinalfrage hat der Auferstandene den beiden Jüngern vorgelegt, nachdem er sie auf die Weissagungen der Propheten schon hingewiesen hatte. Allein sein Fragen hätte ihm nichts geholfen: man kann nicht alle Wahrheiten aus dem Menschen herauskatechisiren. Wenn ihre Grundelemente nicht in dem Herzen ruhen, ist alles Fragen verlorene Mühe. Und wissen diese Zwei etwas von den hier einschlagenden Stellen des Alten Testamentes? Sie sind ja ἀνόητοι καὶ βραδεῖς τῇ καρδίᾳ. Will der Herr eine Antwort auf seine Frage haben, so muss er sie erst instruiren und ihnen die Weissagungen des Alten Testamentes vorlegen. Er thut das in überaus gründlicher Weise: und das wohl bei diesen beiden Jüngern, dass er einer ausführlichen Auseinandersetzung bei den Andern überhoben sei. Die, welche er in die Wahrheit so gründlich eingeführt hat, sollen die Andern in diese Wahrheit hineinleiten. Der Evangelist berichtet: καὶ ἀρξάμενος ἀπὸ Μωυσέως καὶ ἀπὸ πάντων τῶν προφητῶν διερμήνευσεν αὐτοῖς ἐν πάσαις ταῖς γραφαῖς τὰ περὶ ἑαυτοῦ. Natürlich ist das τὰ περὶ ἑαυτοῦ nicht absolut, sondern nur relativ zu nehmen: nicht alle messianischen Stellen des Alten Testamentes kamen in diesem Gespräche zur Behandlung, sondern nur diejenigen, welche sich auf das in dem vorigen Verse aufgestellte Thema bezogen; also nur die von dem Leiden des Messias und dem durch Leiden vermittelten Eingang desselben in seine Herrlichkeit. Ueber alle Massen gründlich war diese Unterweisung. Der Meister begnügte sich nicht, seinen Jüngern eine einzige Stelle des Alten Testamentes vorzulegen; er fing bei Moses an und legte ihnen alle Schriftstellen vor; und die blosse Vorführung jener vielen Stellen erschien ihm nicht hinreichend, er legte sie nicht bloss vor, sondern auch aus. Er bot ihnen nicht bloss eine Summe von Schriftworten, sondern eröffnete ihnen auch den Verstand eines jeden. Marck, Rus, Heumann, Rosenmüller denken sich die Verhandlung nun so, dass zuerst alle Texte aus dem ganzen Alten Testament zusammengetragen wurden und daran sich eine mehr allgemein gehaltene Interpretation anschloss. Dieses Verfahren, welches allerdings den Text am Meisten für sich hat, wäre aber doch wohl sehr wenig zweckmässig gewesen. Was nützte jene Kompilation und die daran geknüpfte allgemeine Besprechung? Besser wäre es dann ohne Frage gewesen, wenn nur einige wenige Stellen wären ausgehoben und erläutert worden, denn die Gefahr lag ja bei dem Unverstande und der Herzensträgheit dieser Jünger so nahe, dass sie erstens jene Stellen nicht in's Herz aufnahmen, weil ihnen gleich eine grosse Menge geboten wurde, und zweitens, dass keine von jenen Stellen ihr rechtes Licht empfing, weil sich der Lehrer über alle insgesammt auf ein Mal verbreitete. Eine gründliche Unterweisung wird nie bei einer solchen Methode zu Stande kommen: man muss Schritt für Schritt fortschreiten, ein Stück nach dem andern vornehmen. Der Evangelist sagt: ἀρξάμενος ἀπὸ Μωυσέως καὶ ἀπὸ πάντων τῶν προφητῶν διερμήνευσεν. Meyer möchte dem Text ganz gerecht werden, ohne jenem bedenklichen Verfahren das Wort zu reden. Er sagt: „ἀρξάμενος ist successiv zu denken: er fing an von Mose, und als er mit diesem fertig war, von sämmtlichen Propheten, indem er diese einzeln der Reihe nach vornahm, mithin von jedem derselben einen neuen Anhub seiner διερμήνευσις machte." Allerdings wird so, was Godet und Keil auch gutheissen, der Vorwurf einer gewissen Nachlässigkeit in dem Ausdrucke zurückgewiesen, allein dafür Anlass zu dem Vorwurf der Künstelei gegeben. „Lukas," bemerkt Winer S. 557, „hatte wohl sagen wollen: Jesus von (bei) Moses beginnend durchlief alle Propheten, siehe auch Baumgarten-Crusius zu der Stelle. Statt dessen schliesst er, das ἀπό im Sinne habend, die πάντες προφῆται im Genitiv an. Mit jener Stelle lässt sich in Verbindung setzen Act. 3, 24 πάντες οἱ προφῆται ἀπὸ Σαμουὴλ καὶ τῶν καθεξῆς ὅσοι ἐλάλησαν καὶ κατήγγειλαν cet." So auch de Wette, Bleek u. A. Mit Moses macht der Heiland den Anfang, er fuhr nicht hin und her in dem Alten Testamente, sondern schritt von Buch zu Buch, wie sie in dem heiligen Codex standen, weiter vorwärts. Er kam so von Moses auf die Propheten: wir haben kein Recht, diese Bezeichnung auf die Bücher der grossen und kleinen Propheten zu beschränken; bekanntlich nannten die Israeliten die auf das Gesetz folgenden Geschichtsbücher die älteren, früheren Propheten; ebenso wenig werden wir die *Chetubim*, die *hagiographa* ausschliessen dürfen, denn der ganze Komplex der kanonischen Bücher wird im Neuen Testamente unter ὁ νόμος καὶ οἱ προφῆται Matth. 5, 17. 7, 12, 22, 40. Luk. 16, 16. 29 verstanden, nur Luk. 24, 44 treten zu diesen beiden Bestandtheilen die an der Spitze der Hagiographa stehenden ψαλμοί. Er wollte die Jünger so durch die h. Schrift hindurchführen, dass das Licht der Wahrheit immer heller aufleuchte. Er führte sie den Weg aus der Morgendämmerung zum Lichte, auf welchem Gott der Herr ihre Väter geführt hatte. Es ist ein unverkennbarer Fortschritt in den Weissagungen der h. Schrift: Gott hat nicht in dem Anfang so klar und deutlich von dem Leiden und Sterben des Messias geredet als an dem Ende. Zuerst nur leise Andeutungen, geheimnissvolle Typen: später aber fehlen die unzweideutigen Verkündigungen keineswegs. Gottes Offenbarung ist eine grosse Pädagogie und diese Beiden, welche rechte Kinder im Verständniss waren, leitete die pädagogische Weisheit Christi so zur Erkenntniss der Wahrheit. Der Sohn Gottes verschmähte das Wort nicht, welches Gott vor Zeiten durch seine Knechte geredet hatte, obgleich er hoch über ihnen stand und das, was jene gesagt hatten, unstreitig viel besser sagen konnte. Warum that er das nicht? Weil er ein rechter Lehrer war, der nach einem Anknüpfungspunkte bei denen sucht, welche er unterrichtet. Die Autorität des Alten Testamentes stand diesen Jüngern unerschütterlich fest: sie glaubten der Schrift, als der Offenbarung des wahrhaftigen Gottes. Gelang es dem Herrn, den schlagenden Nachweis aus dem Alten Testamente zu liefern, dass Moses und die Propheten von dem Leiden und Sterben, wie von dem Auferstehen des Messias zeugten, so war Alles gewonnen. Nicht in dogmatische, spekulative Untersuchungen vertiefte sich Jesus, er war ein Realist; kein Religionsphilosoph, sondern ein Realpolitiker in der Gottesökonomie: aus dem Worte Gottes Alten Testamentes wollte er die Grundveste erbauen. Er begnügte sich aber nicht, aus dieser unerschöpflichen Fundgrube die Bausteine bloss hervorzuholen, sondern er bearbeitete diese rohen Bausteine durch sein Dolmetschen, Erklären und Auslegen, auch so, dass sie sich in einander fügten zu einem festen Gebäude. Die alten Exegeten haben schon auf mehrere Stellen des Alten Testamentes hingewiesen, welche Christus sicher angezogen habe: so kam nach Theophylaktus Ps. 16, 10. 68, 7 u. s. w., sowie die Geschichte von Isaaks Opferung zur Behandlung. Luther spricht: „diess ist ohne Zweifel gar eine schöne, herrliche Predigt gewesen. Nun wünschte ein Jeglicher wohl zu wissen, was doch der Herr für eine Schriftstelle angeführt habe, so von ihm sprach, dadurch sie also entzündet, gestärkt und überzeugt worden sind. Welche jedoch die Sprüche werden gewesen sein, die Christus hier den Jüngern hat vorgehalten, müssen wir nachrathen. Es sieht mich aber also an, als sind es diese gewesen, die die Apostel in der Apostelgeschichte anziehen und Petrus und Paulus hin und wieder in ihren Episteln und die Epistel zu den Hebräern. Aus den Propheten wird er genommen haben den Spruch 2. Sam. 7, 12—14. Ps. 132, 11, vornehmlich aber Ps. 16, 9—11, womit auch stimmen Ps. 110, 1—4. 2, 7. 8, 5—7. Was wird aber Christus in dieser Predigt zu den Jüngern aus Mose eingeführt haben? weil man doch so wenig, und wie sich's ansehen lässt, gar nichts in Mose findet, was davon lautete, dass er leiden und am dritten Tage auferstehen müsste. Denn die Juden haben die Zeit und lange auch Mosen gehabt, wie sie ihn noch heutiges Tages fleissig lesen und haben doch so gross, seltsam Ding nie darin ersehen. Aber hierauf antwortet der Evangelist, dass er ihnen die Schrift auslegte und das Verständniss öffnete. Da steckt's, dass Moses gewiss von Christus schreibt, aber es liegt daran, dass der es liest, auch verstehen muss, was es sei. — Ohne Zweifel aber hat er Mose nicht allein die erste Verheissung von des Weibes Samen (1. Mos. 3, 15) genommen und ausgelegt, sondern auch andere Hauptsprüche, als 1. Mos. 12, 3 u. 22, 18, item 1. Mos. 49, 10 ff.“ Gerhard denkt an Gen. 3, 15. 12, 3. 49, 11. 2. Sam. 7, 13. Ps. 2, 7. 8, 6 f. 16, 9 u. 11. Ps. 22. Ps. 31, 6. Ps. 41, 10. Ps. 68, 2. 19. Ps. 69, 2, 3, 5, 22, 23 u. 26. Ps. 110. Jesaj. 43, 24. 50, 6 u. 7. 53. 55, 3 u. 4. 63, 1 u. 2. Daniel 9, 26. 7, 13. Hos. 6, 2. 13, 14. Mich. 2, 13. Sacharj. 9, 11. 12, 10. 13, 7. Während Luther aus leicht erklärlichen Gründen in seiner Predigt auf die Typen im Alten Testamente nicht eingeht, lässt sich Gerhard auch über sie aus. Wenn er den Kanon hier beibehalten hätte, welchen er vorher bei der Ermittelung der Sprüche in Anwendung gebracht hat, so würde er nur auf das Zeichen des Propheten Jonas, auf das Passahlamm und auf die Sühnopfer zurückgreifen können, denn in dem Neuen Testamente werden nur diese Typen des leidenden Christus erwähnt. Hier aber legt er jenen Kanon zur Seite und zieht noch

Anderes herein, worin die Kirche später einen Typus erkannt hat, so bringt er die Arche Noa's (der Holzkasten ist nach Augustinus *de civ. Dei 15, 26* das Bild vom Holze des Fluchs), die Opferung Isaak's, den Verkauf Joseph's und Anderes in Erinnerung. Wir wagen uns nicht so weit, von diesen zuletzt erwähnten Typen kann wohl nur die Opferung Isaak's ernstlich in Betracht kommen. Die Exegese des Alten Testamentes, welche in demselben keine direkten Weissagungen auf Christus, durchaus keine bestimmten Vorherverkündigungen seines unschuldigen Leidens und Sterbens und dadurch vermittelten Eingangs in die Herrlichkeit anerkennt, hat diesem Vorgehen Christi gegenüber, welcher der rechte Hermeneut ist, alles Recht in der christlichen Kirche verloren. Die Augen solcher Exegeten sind gehalten, aber leider können wir dieses Gehaltensein nicht auf eine göttliche Causalität zurückführen, denn hier gibt der Herr den Blinden das Gesicht und zeigt ihnen sein Leidens- und sein Herrlichkeitsbild in dem Spiegel des Alten Testamentes.

Markus.	Lukas.
(13) Und jene gingen hin und verkündigten es den Andern: aber auch ihnen glaubten sie nicht.	(28) Und sie kamen nahe zu dem Flecken, da sie hingingen, und er stellte sich, als wollte er fürder gehen. (29) Und sie nöthigten ihn und sprachen: Bleibe bei uns, denn es will Abend werden und der Tag hat sich schon geneigt. (30) Und es geschah, da er mit ihnen zu Tische sass, nahm er das Brot, dankte, brach es und gab es ihnen. (31) Da wurden ihre Augen geöffnet und sie erkannten ihn. Und er verschwand vor ihnen. (32) Und sie sprachen zu einander: brannte nicht unser Herz in uns auf, da er mit uns redete auf dem Wege, als er uns die Schrift öffnete. (33) Und sie standen auf zu derselbigen Stunde, kehrten wieder gen Jerusalem und fanden die Elfe versammelt und die bei ihnen waren, (34) die sprachen: wahrhaftig ist der Herr auferstanden und dem Simon erschienen! (35) Und sie erzählten ihnen, was auf dem Wege geschehen war, und wie er bei dem Brotbrechen von ihnen erkannt wäre.

Wie lange dieser Unterricht gedauert hat, können wir nicht sagen: eine Unterrichtsstunde war es auf keinen Fall bloss, denn man erwäge wohl, dass Christus nicht einzelne alttestamentliche Stellen vor- und durchnahm, sondern alle darauf bezüglichen in allen Büchern. Gerhard spricht von zwei bis drei Stunden: er mag das Richtige wohl getroffen haben. Nahte sich der Heiland auch nicht in der Umgebung Jerusalems den beiden Wanderern, sondern erst, als sie schon eine längere Wegstrecke zurückgelegt hatten, so brachte es doch das Gespräch mit sich, dass sie ihre Schritte ermässigten und bedächtig wandelten. *Καὶ ἤγγισαν εἰς τὴν κώμην, οὗ ἐπορεύοντο.* Mehrere ältere Ausleger, welche Nikopolis für Emmaus hielten und an das Ende dachten, wo erzählt wird, dass diese Zwei noch des Abends nach Jerusalem zurückgehen, sahen sich veranlasst, diese *κώμη* von einem andern Orte zu verstehen. Calvin hat die Schwierigkeit sich nicht klar gemacht und sagt desshalb: *cur alium locum divinent quidam interpretes quam Emauntem, nulla ratio est: neque enim tam longum iter erat, ut in propriore hospitio quiescendum fuerit.* Nicht das Hinkommen von Jerusalem nach Emmaus ist das *punctum saliens*, denn wir wissen nicht, dass sie erst spät Nachmittags aufgebrochen sind, sondern das Zurückkommen, welches nur nach Sonnenuntergang geschehen sein kann. Gerhard schlägt mit dem Texte jene Ansicht zurück: ganz offenbar blicken die Worte εἰς τὴν κώμην, οὗ ἐπορεύοντο auf die Worte im Anfange unserer Erzählung: ἦσαν πορευόμενοι εἰς κώμην κτλ. zurück. Das Ziel ihrer Wanderung hatten die beiden Jünger erreicht, aber ihr Ziel schien nicht das Ziel ihres Reisegefährten, Trösters und Lehrers zu sein: καὶ αὐτὸς προςεποιήσατο (das haben der Codex Sinaiticus, Alexandrinus, Vaticanus, Cantabrigiensis und so lesen demgemäss auch Lachmann und Tischendorf: Meyer hält den Aorist für eine Korrektur, προςεποιεῖτο sei das Ursprüngliche und nur von späteren Handschreibern der Conformität wegen verwandelt: mir scheint aber das Zeugniss der angeführten Autoritäten zu gewichtig zu sein) πόῤῥωτέρω (so der Sinaiticus und Cantabrigiensis: πόῤῥώτερον hat der Alexandrinus und Vaticanus, Lachmann und Tischendorf geben der ersten Lesart den Vorzug) πορεύεσθαι. *Duae sunt huius loci interpretationes*, schreibt Gerhard. *Quidam statuunt, Christum serio sibi proposuisse iter longius, persuasum vero discipulorum precibus in diversorium una cum iis abiisse, quae sententia utilem praebet doctrinam, quod Christus piorum precibus obsequentem sese praestet et voluntati eorum sese quasi accommodet Ps. 145, 19. Sed,* urtheilt er hernach ganz richtig, *huic sententiae adversari videtur, quod Christus eo fine se his discipulis associaverat, ut in diversorio se eis manifestaret, quodque nulla fuerit causa, cur Christus longius proficisceretur, cum in momento adesse potuerit, ubicunque voluerit. Ergo verisimilius et textui convenientius est, statuere, quod Christus externis gestibus simulaverit, ac si longius ire vellet.* Eine Schwierigkeit ist mit dieser Auslegung verbunden: kann, darf Christus sich verstellen? Augustinus hat dieselbe schon erkannt und sucht sie *quaest. evang. 2, 51* so zu lösen. *Quod scriptum est de domino, finxit se longius ire, non ad mendacium pertinet. Non enim omne, quod fingimus, mendacium est: sed quando id fingimus, quod nihil significat, tunc est mendacium. Cum autem fictio nostra refertur ad aliquam significationem, non est mendacium, sed aliqua figura veritatis. Alioquin omnia, quae a sapientibus et sanctis viris, vel etiam ab ipso domino figurate dicta sunt, mendacia deputabuntur, quia secundum usitatum intellectum non subsistit veritas talibus dictis. Non enim homo, qui habuit duos filios, quorum iunior accepta parte patrimonii sui profectus est in regionem longinquam, et cetera quae in illa narratione contexuntur, ita dicuntur tamquam vere fuerit quisquam homo, qui hoc in filiis suis duobus aut passus sit aut fecerit. Ficta sunt ergo ista ad rem quandam significandam, tam longe lateque maiorem et tam incomparabiliter differentem, ut per illum fictum hominem Deus verus intelligatur. — Quid ergo significat, quod se ire longius dominus finxit, cum comitaretur discipulis, exponens eis sanctas scripturas, utrum ipse esset, ignorantibus? quid putamus, nisi quia hospitalitatis officio ad suam cognitionem pervenire posse homines intimavit?* Mag Gregorius M. auch in seiner 23. Homilie diese Auffassung Augustins billigen und den Herrn sich stellen lassen, als wolle er fürbass gehen, damit diese beiden Wanderer Gelegenheit fänden, Gastfreundschaft ihm zu erweisen und für dieselbe zum Lohne seine Erscheinung zu erlangen: wir können es nicht. Auch Calvin genügt uns nicht: *mihi vero hoc unum sufficit, sicuti Christus oculos eorum ad tempus velavit, quibuscum loquebatur, ut tamquam aliena persona indutum vulgarem hospitem ducerent: sic consilium longius pergendi ad tempus prae se tulisse, non aliud fingentem, quam quod re ipsa facturus erat, sed quia volebat sui discessus modum celare. Longius enim profectum nemo negabit, quia tunc segregatus fuit ab hominum consortio.* Keine Lehre wollte der Heiland diesen beiden Jüngern über den Segen der Gastfreundschaft ertheilen, ebenso wenig die Art und Weise seines Weggangs verbergen, ist er denn etwa später verschwunden, ohne dass sie es wahrnehmen? Er nimmt den Schein an, dass er sie verlassen wolle, damit sie sich dessen klar bewusst werden, dass er sie nicht verlassen darf, dass sie nicht von ihm lassen können. Ganz richtig hat Gerhard schon hierauf hingewiesen, denn unter dem Stroh seiner fünf Gründe *1) (ad exprimendas cogitationes horum discipulorum, existamabant Christum a se longissime abesse, qualis igitur in ipsorum cordibus erat, talem se exterius gerebat, 2) ad praefigurandam suam ascensionem in coelos, 4) ad afflictorum cogitationes depingendas, 5) ad designandum id, quod mox facturus erat)* findet sich doch als dritter Grund ein gutes Korn. *Ad vehementius excitandum horum discipulorum affectum. Corda ipsorum igne spiritus in hac Christi concione incensa erant, adeo ut ipsis visa fuerit brevissima, et exoptarint, hanc concionem fuisse prolixiorem, ideo ergo se Christus longius iturum simulat, ut scintillas huius ignis in corde accensi emitterent et hospitalitatem erga viae comitem, a quo instructi erant, re ipsa exercerent.* Wir wissen recht gut, das, was wir an einem Menschen besessen haben, tritt uns dann erst recht in das Bewusstsein, wenn wir befürchten, dass wir ihn verlieren: so erging es auch diesen Beiden, die wie Träumende dahinwanderten und nicht wussten, wer mit ihnen wandelte. Christus will durch diese Miene, als wolle er von ihnen scheiden, sie zu der Erkenntniss und dem Bekenntniss bringen, dass er ihnen unentbehrlich ist. Das scheint mir besser, als, was man vielfach und zuletzt wieder Keil beibringt, dass er sie hätte prüfen wollen, ob sie seine Gemeinschaft noch länger geniessen wollten. Das war höchst überflüssig, denn, wenn er auch nicht alle Dinge gewusst hätte, so musste er ja sehen, wie sie sein Wort mit immer grösserer Freude annahmen. Sie fühlen tief, was er ihnen in den wenigen Stunden geworden ist, καὶ παρεβιάσαντο αὐτὸν λέγοντες· μεῖνον μεθ᾽ ἡμῶν, ὅτι πρὸς ἑσπέραν ἐστὶν καὶ κέκλικεν ἤδη (dieses Wörtchen schieben wir mit Tischendorf auf Grund des Sinaiticus und Vaticanus hier ein) ἡ ἡμέρα. Durchaus wollen sie von dem Unbekannten nicht lassen: schrecklich ist ihnen der Gedanke, dass das erquickliche Gespräch, die Trost und Licht schaffende Unterweisung in Mose und den Propheten jetzt schon ein Ende haben soll. Er hat ihre Herzen aufgerichtet und gestärkt, aber sie wissen es nur zu gut, dass ihnen noch Vieles fehlt: sie befürchten wohl auch, dass sie mit ihm auch das wieder verlieren könnten, was sie von ihm unterwegs empfangen haben. Sie möchten noch mehr von ihm erfahren über den verborgenen Gnadenrathschluss unserer Erlösung: da sie den Auferstandenen in seiner Herrlichkeit nicht sehen mit ihren Augen, obgleich sie nun wohl in das Gesicht des fremden Mannes blicken, möchten sie wenigstens — ach der Abend ist ja so lang! — von der Herrlichkeit des Auferstandenen noch recht viel hören. Sie machen Vorstellungen, dringen mit Bitten auf ihn ein, bestürmen ihn mit inbrünstigem Flehen. Genesis 33, 11 heisst es, dass Jakob ἐβιάσατο αὐτὸν (den Esau) καὶ ἔλαβε: es ist hier

nur an ein Zwingen mit Worten zu denken: Judic. 19, 7 ist es auch wieder
so gemeint. Man fasst es hier auch so, doch ist nicht abzulehnen, dass sie
in dem Affekte die Hand auf seinen Arm legten oder seines Kleides Saum
erfassten, denn jenes βιάζεσθαι ist schwächer als unser *compositum* παραβιάζεσθαι. Noch ein Mal stossen wir auf παραβιάζεσθαι in diesem Sinne,
die Purpurkrämerin Lydia παρεβιάσατο den Paulus und seine Reisegefährten, bei ihr zu bleiben. Die Bitte der Beiden ist interessant, sie sind
doch etwas schüchtern. Der unbekannte Meister, der ihnen auf dem Wege
begegnet ist, wird nicht gebeten, ihretwegen zu bleiben, sondern es wird
ihm vorgestellt, dass er in eigenem Interesse bei ihnen bleiben müsse: sie
glauben durch diesen Vorhalt der Erhörung ganz gewiss zu sein. *Μεῖνον*
μεθ᾽ ἡμῶν, bitten sie verschämt. Glöckler, Kühnöl u. A. wollen daraus
schliessen, dass Emmaus der Wohnort dieser beiden Jünger gewesen sei,
allein das sagt μένειν nicht aus: sie wollen nur, dass er da bleibe, wo
sie die Nacht über verbleiben. War es ein Wirthshaus, war es das Haus
eines Gastfreundes, war es das eigene Haus Eines von Beiden, wir wissen
es nicht. Und bleiben soll er, ὅτι πρὸς ἑσπέραν ἐστίν, weil es auf den
Abend zugeht, und der Wanderer, wenn es Abend wird, sein Wandern aufgibt, und sich ausruht. Die Phrase πρὸς ἑσπέραν εἶναι ist gut griechisch,
wir finden sie nicht bloss bei Josephus, wie z. B. *ant. 5,4,3:* ἐπεὶ δὲ πρὸς
ἑσπέραν ἦν, sondern auch bei Xenophon, *hist. gr. 4, 3, 22:* ἐπεὶ δὲ πρὸς
ἑσπέραν ἦν. Auch die andere Redensart, welche 9, 12 schon vorkommt,
κέκλικεν ἤδη ἡ ἡμέρα ist klassisch: 70. Jud. 19, 9 ἕως κλῖναι τὴν ἡμέραν,
Apollonius Rhodius 1, 452 κλίνοντος ἡλίου, ganz ähnlich heisst es: ἀπο-
κλινομένης δὲ τῆς ἡμέρης, Herod. 4, 181: ἅμα τῷ κλῖναι τὸ τρίτον μέρος τῆς
νυκτός, Polybius 3, 93, 7. Einer von beiden Sätzen ist eigentlich überflüssig, denn auf den Abend geht es los, wenn die Sonne an dem Himmel
niedersteigt, allein bei dem παραβιάζεσθαι spart man eben die Worte
nicht und scheut sich auch nicht im Mindesten vor Tautologien. Sie werden
nicht müde die späte Zeit, das Hereinbrechen der Nacht dem Fremdlinge,
welchen sie festhalten wollen, zu Gemüthe zu führen. Was Jakob that,
als er erkannte, wer der Unbekannte sei, mit welchem er die Nacht über
gerungen hatte; dasselbe thun diese beiden Wanderer, sie ringen mit dem
Herrn, der ihnen noch unbekannt ist, und der Erfolg ihrer Bitte ist durch
jenen Vorgang schon verbürgt.

Καὶ εἰςῆλθεν τοῦ μεῖναι σὺν αὐτοῖς, referirt Lukas. Ich wage nicht
wie Glöckler, Meyer u. A. zu behaupten, dass zu εἰςῆλθεν nothwendig aus dem
Vorhergehenden εἰς τὴν κώμην zu ergänzen sei, und glaube, dass andere
Ausleger, wie Kühnöl und Bleek, viel besser daran thun, die Wahl zwischen
εἰς τὴν κώμην und εἰς τὴν οἰκίαν zu lassen: mir sagt das Letztere mehr
zu, denn das, was nach diesem εἰςῆλθεν sofort berichtet wird, ist nicht auf
dem Markte oder einer Strasse des Ortes, sondern in einem Hause geschehen. Das Haus eines Gastfreundes passt nicht recht: der Auferstandene
hätte sich in demselben nicht mit den beiden Wanderern allein hinsetzen
können, der Hausherr wäre mit bei Tische und folglich auch bei der Offenbarung gegenwärtig gewesen. Dass dieses nicht statthaft ist, sieht Jedermann. In ein Wirthshaus, was Calvin und Gerhard schon angeben, begaben
sich die drei Wanderer: καὶ ἐγένετο ἐν τῷ κατακλιθῆναι αὐτὸν μετ᾽ αὐτῶν
λαβὼν τὸν ἄρτον εὐλόγησεν καὶ κλάσας ἐπεδίδου αὐτοῖς. Nicht als ihr
Gast sitzt Christus mit ihnen zu Tische: als ob es sich gar nicht anders

verstünde, waltet er in ihrer Mitte als der Herr, der Meister, der Haus-
vater, und schwerlich haben sie ihn erst, was Lange meint, gebeten, sich
der Sache in dieser Weise anzunehmen — so schon mit Recht Gerhard,
Grotius, Bengel. Nachdem sie sich an den Tisch gelagert hatten, nimmt
er das Brot, das süsse Brot des Osterfestes in seine Hand, und spricht
darüber ein Lobgebet, einen Segensspruch. Verkehrt ist es, dass Meyer
hier auf die Vorschrift des Talmud Berac. f. 45, 1 aufmerksam macht:
tres, qui simul comedunt, tenentur ad gratias indicendum; ist es denn denkbar, dass der Heiland Speise und Trank zu sich nimmt, ohne dem Geber
aller guten und aller vollkommenen Gabe Dank zu sagen? Er hat nie ohne
Tischgebet etwas genossen. Keils Protest gegen die herkömmliche Auslegung kann ich nicht begreifen: „unrichtig,“ schreibt er, „ist die Deutung
des $\varepsilon\dot{v}\lambda\acute{o}\gamma\eta\sigma\varepsilon\nu$ vom Tischgebet: dagegen entscheidet schon der Umstand,
dass $\lambda\alpha\beta\grave{\omega}\nu$ $\tau\grave{o}\nu$ $\ddot{\alpha}\varrho\tau o\nu$ dem $\varepsilon\dot{v}\lambda\acute{o}\gamma\eta\sigma\varepsilon\nu$ vorangeht, Jesus also das Brot nahm,
um es zu segnen und das von ihm gesegnete Brot dann an die Tischge-
nossen austheilte.“ Auch sonst wird das Gebet, welches Jesus über dem
Brote sprach, ein $\varepsilon\dot{v}\lambda o\gamma\varepsilon\tilde{\iota}\nu$ genannt und er verrichtete dieses $\varepsilon\dot{v}\lambda o\gamma\varepsilon\tilde{\iota}\nu$ auch
sonst in der Weise, dass er das, worüber er Gott loben und preisen wollte,
in seine betenden Hände nahm, (und wohl gen Himmel erhob) und dann
erst brach und austheilte, vgl. Matth. 14, 19. Mark. 6, 41. Luk. 9, 16.
Joh. 6, 11. Jetzt trat der entscheidende Moment ein: es fiel wie Schuppen
von ihren Augen und sie erkannten endlich den, welchen sie stundenlang
nicht erkannt hatten, trotzdem dass er mit ihnen gewandelt war und mit
ihnen geredet hatte. *$A\dot{v}\tau\tilde{\omega}\nu$ $\delta\grave{\varepsilon}$ $\delta\iota\varepsilon\nu o\acute{\iota}\chi\vartheta\eta\sigma\alpha\nu$ $o\dot{\iota}$ $\dot{o}\varphi\vartheta\alpha\lambda\mu o\grave{\iota}$ $\varkappa\alpha\grave{\iota}$ $\dot{\varepsilon}\pi\acute{\varepsilon}\gamma\nu\omega\sigma\alpha\nu$
$\alpha\dot{\iota}\tau\acute{o}\nu$.* Man hat dieses Erkennen mehr oder weniger natürlich erklären
wollen: sehen wir zu, ob es geht. Stutzig soll nach Einigen die beiden
Wanderer schon gemacht haben, dass Christus sich so ganz ohne Umstände
als den Ersten unter ihnen benimmt und bei Tische den Vorsitz führt.
Nach Paulus fand das Erkennen schon statt, als er das Brot nahm, seine
durchgrabenen Hände wurden dabei sichtbar: allein der Evangelist be-
richtet, dass nicht bei jenem $\lambda\alpha\beta\varepsilon\tilde{\iota}\nu$, sondern erst $\dot{\varepsilon}\nu$ $\tau\tilde{\eta}$ $\varkappa\lambda\acute{\alpha}\sigma\varepsilon\iota$ die Augen
jener Zween seien geöffnet worden. Das $\varepsilon\dot{v}\lambda o\gamma\varepsilon\tilde{\iota}\nu$ soll es gethan haben
nach Euthymius ($\dot{\iota}\delta\acute{o}\nu\tau\omega\nu$ $\tau\grave{\iota}\nu$ $\sigma\nu\nu\acute{\eta}\vartheta\eta$ $\varkappa\alpha\grave{\iota}$ $\gamma\nu\acute{\omega}\varrho\iota\mu o\nu$ $\varepsilon\dot{v}\lambda o\gamma\acute{\iota}\alpha\nu$ $\tau o\tilde{v}$ $\ddot{\alpha}\varrho\tau o\nu$),
Calvin *(peculiarem vero precandi ritum illi in usum fuisse apparet, cui
sciebat discipulos familiariter assuevisse, ut hac nota admoniti sensus suos
excitarent)*. Auch Bengel heisst das gut. Ich kann nicht beistimmen: es
scheint mir dem freien Umgange, welchen Jesus mit seinem Gott und
Vater pflegte, nicht zu entsprechen, dass er sich eine bestimmte Formel
für das Tischgebet festgestellt hatte. Er war kein Freund von solchen
stereotypen Formeln, welche so leicht zu einem gedankenlosen, gewohnheits-
mässigen Plappern verführen. Der, welcher ein Herr auch des Geistes ist,
legte sich selbst nicht das unerträgliche Joch eines Buchstabens auf. Wir
dürften dann übrigens wohl auch erwarten, dass jenes Gebet sich bei
irgend einem altchristlichen Schriftsteller erhalten hätte: es musste sich,
weil so sehr geheiligt, von Mund zu Mund fortpflanzen. Lange und Keil
haben diesen Uebelstand erkannt, sie nehmen an, dass Jesus ein freies
Gebet über dem Brote gesprochen hat: dieses Gebet, welches den Himmel
öffnete, soll ihnen auch ihre Augen geöffnet haben. Lange sagt schön
(3, 1690): „als er aber damit begann, als er die Worte des Dankes und
des Segens sprach und ihnen das gesegnete Brot reichte, da wurden ihre

Augen aufgethan. Sie erkannten ihn. Das war derselbe Mann, den sie schon früher hatten beten hören, als ob er in den Himmel einging, oder als ob er aus dem Himmel herausträte, und der ihnen vielleicht auch sonst schon mit Worten voll von unvergesslich göttlichem Lebensklange das Brot gebrochen hatte." „Offenbar," bemerkt Keil, „machte das Segnen des Brotes auf die Tischgenossen solchen Eindruck, dass ihnen die Ungewissheit über die Person des Fremdlings, der ihnen die Schrift der Propheten so ausgelegt hatte, wie kein Schriftgelehrter es verstand, völlig gehoben wurde." Doch weder die Stimme des Betenden, noch die Kraft des Gebetes öffnete den beiden Jüngern die gehaltenen Augen: wenn das der Fall gewesen wäre, so hätten sie sich anders ausdrücken müssen, als sie es V. 35 thun. Haben sie dann ἐν τῇ κλάσει τοῦ ἄρτου den Auferstandenen wirklich erkannt, nicht vielmehr ἐν τῇ εὐλογίᾳ τοῦ ἄρτου? Man hat an das κλάσας sich gehalten. Lyra behauptet, der Heiland habe einen besonderen Griff gekannt, die Brote zu brechen: *sic frangebat panem, acsi scinderetur cultello.* Das sind aber Narrenspossen. Schöne (Geschichtsforschungen über kirchliche Gebräuche, S. 64) nimmt jedenfalls besser an, Jesus habe das Brot auf ganz eigenthümliche, auf seinen gewaltsamen Tod am Kreuze sich beziehende Weise gebrochen: allein wir weisen auch das von der Hand. Die Erkennungsscene fand nicht bei dem Brotbrechen statt, sondern die Augen gingen den Beiden erst auf, nachdem Christus das gebrochene Brot ihnen gereicht hatte. Kühnöl meint, *cumque panem frangeret, fractumque iis porrigeret, vidisse eos manus ipsius vulneratas, atque ita eum agnovisse.* Das ist allerdings eine wesentliche Verbesserung der Ansicht des Dr. Paulus: allein auch sie hilft nicht viel: ἐν τῇ κλάσει τοῦ ἄρτου kommt nicht zu seinem Rechte. Die alten Väter Chrysostomus, Theophylaktus, Augustinus, Leo, Beda u. A. verstehen die κλάσις τοῦ ἄρτου von der Feier des h. Abendmahls. In dem Reformationszeitalter ist viel über diese Stelle gehandelt worden: die Papisten kämpften für diese Auffassung mit dem allergrössten Eifer; selbst Bellarmin schreibt noch *de sacram. eucharistiae 4, 24:* dass Christus hier durch sein Beispiel *usum unius speciei in eucharistia* gutheisse. Melanthon, Calvin, Beza haben dagegen sich mehr oder weniger scharf ausgesprochen. Der Erstere sagt in der Apologia p. 234: *fingunt initio ecclesiae alicubi morem fuisse, ut una pars tantum porrigeretur. Neque tamen exemplum huius rei vetus ullum afferre possunt. Sed allegant locos, in quibus fit mentio panis, ut apud Lucam, ubi scriptum est, quod discipuli agnoverint Christum in fractione panis. Citant et alios locos de fractione panis. Quanquam autem non valde repugnamus, quominus aliqui de sacramento accipiantur, tamen hoc non consequitur, unam partem tantum datam esse, quia partis appellatione reliquum significatur communi consuetudine sermonis.* Calvin weist ganz richtig eine Feier des Abendmahls hier von der Hand. *Augustinus et cum eo plerique alii senserunt, panem non in edulium a Christo porrectum fuisse, sed in sacrum corporis sui symbolum. Et hoc dictu plausibile est, dominum in spirituali demum coenae speculo agnitum fuisse: nam discipuli corporalibus eum oculis intuiti non cognoverant. Sed quia nullo probabili indicio coniectura haec nititur, simplicius accipio verba Lucae, quod Christus panem in manu sumens gratias more suo egerit.* Dass neuere katholische Ausleger und Biographen Christi, wie z. B. Sepp auf den alten Hefen sind sitzen geblieben, wollen wir ihnen nicht zu sehr verargen, dass aber neuerdings protestantische Theologen sich dafür erklärt haben, ist schlechterdings nicht zu entschuldigen. Glöckler und Hengstenberg hätten bedenken sollen, dass erstens die Phrase εὐλογεῖν καὶ κλᾶν τὸν ἄρτον durchaus nicht die fixirte Formel für die Spendung des h. Abendmahles ist, vgl. Matth. 14, 9. 15, 36 und die Parallelen; dass zweitens der Evangelist nichts weiss von einer Spendeformel. welche hier absolut nothwendig war, weil jene, wenn der Auferstandene auch Alles genau so hielt, als an dem Gründonnerstag Abend, doch nicht auf den Gedanken kommen konnten, er wolle ihnen das Sakrament seines Leibes und Blutes darreichen, denn sie hatten, weil zu dem weiteren Jüngerkreise gehörend, der Stiftung des heiligen Abendmahles nicht beigewohnt. Und das wäre doch eine Profanation des Sakramentes durch den Stifter selbst gewesen, wenn er das Heilige solchen gegeben hätte, welche davon keine Ahnung hatten. Ein gewöhnliches Mahl hielt Christus mit diesen beiden Wanderern. so behaupten wir in Uebereinstimmung mit Gerhard, Grotius, de Wette, Bleek, Meyer, Godet, Keil, Lange u. A.: besser sagten wir vielleicht, zu einem gewöhnlichen Mahle liess er sich mit ihnen nieder, denn das Folgende legt die Vermuthung nahe, dass er selbst kaum einen Bissen zu sich nahm. Nachdem er das Brot gesegnet, gebrochen und gereicht hatte, thaten sich ja sofort ihre Augen auf, woran sich das Spätere unmittelbar anschloss. Da wir keine natürliche Erklärung für das Erkennen des Auferstandenen, welches nun plötzlich erfolgt, genügend erfunden haben, so bleibt uns nichts übrig, als auf die göttliche Causalität zu rekurriren. Der Berichterstatter denkt es sich auf keinen Fall anders: wenn er hätte sagen wollen, dass die Jünger ihn nun aus eigenem Vermögen erkannt hätten, würde er geschrieben haben: καὶ ἐπέγνωσαν αὐτόν. Er schreibt aber mit gutem Bedachte: αὐτῶν δὲ διενοίχϑησαν οἱ ὀφϑαλμοί: das Sehen kam also nicht auf dem natürlichen Wege zu Stande, dass sie die Augen aufschlugen, aufthaten — was hätte das geholfen, sie waren ja doch nicht in stockfinsterer Nacht, sondern am hellen Nachmittag, und nicht mit blinden, sondern mit sonst ganz gut und scharf sehenden Augen mit ihm gegangen: sondern sie erkannten jetzt den Unbekannten, weil etwas mit ihren Augen geschah. weil die Augen, welche bis dahin nach Gottes Willen und durch Gottes Wirken waren gehalten worden, geöffnet wurden, weil Gott sie sehend machte. So Gerhard, Grotius, Bengel, Bleek, Meyer, Godet, Hengstenberg, Keil u. A. In den Evangelien wird bei den Heilungen der Blinden mehrfach, vgl. Matth. 9, 30. 20, 33. Joh. 9, 10, 14, 17. 10, 21. 11, 37, ἀνοίγειν τοὺς ὀφϑαλμούς gesetzt: bei Lukas kommt es Act. 9, 8 u. 40 von dem ganz natürlichen Augenaufschlage vor: hier wird, wie Meyer ganz richtig anmerkt, durch das stärkere διανοίγειν τοὺς ὀφϑαλμούς die Befähigung, vorher Unbekanntes zu erkennen, versinnlichend bezeichnet, wie Gen. 3, 5, 7. 21, 19. 2. Reg. 6, 17, 20. Act. 26, 18. Leugnen wollen jedoch wir nicht, dass Alles, was da über Tische geschah, mit half, den Jüngern die Augen zu öffnen: aber das Alles hätte es für sich allein nicht bewirkt, Gottes Hand musste eingreifen. „Zum Letzten," predigt Luther, „wird die Larve und Deckel von ihrem Herzen und Augen genommen, dass sie ihn nicht mehr für einen Gast und Fremdling ansehen, sondern nun recht erkennen und fühlen, dass er nicht mehr ferne von ihnen, sondern selbst gegenwärtig ist und solches in ihnen wirkt, dass sie nun ganz gewiss im Glauben sind und hinfort der leiblichen, sichtbaren Offenbarung nicht mehr bedürfen." Wieder hat der Herr den alten

Weg mit diesen eingeschlagen: ehe ihnen die Augen des Leibes geöffnet werden, dass sie ihn im Fleische (im verklärten Leibe) schauen, sind ihnen die Augen des Geistes geöffnet worden, dass sie in dem leidenden und sterbenden Nazarener den Messias erkannten. Auch das Folgende hat in Früherem schon seine Parallele. Die Weiber, welche anbetend seine Kniee umfassen, weist der Auferstandene von sich weg zu den Aposteln, auch der Maria Magdalena gestattet er es nicht, sich lange seiner Gegenwart zu erfreuen. Er offenbart sich eigentlich nur, um wieder zu scheiden, durchaus nicht, um zu bleiben. An dem ersten Tage schon mussten seine Jünger zu dieser Erkenntniss gebracht werden. Nur zu leicht konnte in ihnen die Hoffnung aufkeimen, dass er wiedergekommen sei, um ganz in der alten Weise mit ihnen zu verkehren, also um ihnen leiblich immer gegenwärtig zu bleiben: sie sollen wissen, dass er seine Gegenwart ihnen nur für eine kurze Weile schenkt, dass er leiblich über ein Kleines von ihnen scheidet. Hat er die Seinen von seiner Auferstehung und Gegenwart überzeugt und hat seine Erscheinung ihren bestimmten Zweck erreicht, so ist die Gnadenstunde auch unwiderruflich dahin. Das erfahren auch diese beiden Jünger. Sie erkennen den Auferstandenen — sie staunen nicht, blicken sich nicht erst lange verwundert an und entdecken dann erst, dass ihr Herr und Meister inzwischen sich fortbegeben hat, sondern wie sie ihn erkennen, da ist er auch ihren Blicken wieder entschwunden. Der Evangelist schreibt: καὶ αὐτὸς ἄφαντος ἐγένετο ἀπ᾽ αὐτῶν. Kypke fasst ἄφαντος absolut und nimmt ἐγένετο ἀπ᾽ αὐτῶν gleichfalls für sich. Er bemerkt, dass die Phrase γίνεσθαι ἀπό τινος = ab aliquo discedere gut griechisch ist, was wir nicht leugnen wollen, und übersetzt: et ille discessit ab illis, ita ut non videretur. Meyer und Keil sind von den späteren Auslegern allein auf diesen Weg getreten. Sie haben nicht wohlgethan: das Nächstliegende ist es sicher, mit der Vulgata, Luther, Beza, Gerhard, Grotius, Bengel, Kühnöl, Bleek, Godet u. A., ἄφαντος mit ἐγένετο zu verbinden: unsichtbar werden. Dass ἀπ᾽ αὐτῶν hier steht und nicht αὐτοῖς, hat seinen guten Grund. Beza hat ihn getroffen: ne quis existimet, praesentem quidem Christum cum ipsis mansisse, sed corpore, quod cerni non posset. Der Ausdruck ἄφαντος γίνεσθαι ist dem höheren Style, der Dichtersprache entlehnt: der Grieche gebraucht ἄφαντος nicht so gern als ἀφανής, obgleich es bei Homer schon vorkommt, cf. Ilias 6, 60. 20, 303. Nur die Dichter verwerthen es. So sagt Theocritus 4, 5:

ωὑτὸς δ᾽ ἐς τίν᾽ ἄφαντος ὁ βωκόλος ᾤχετο χώραν,

und Euripides im Orestes 1483 ff.:

πάλιν δὲ τὰν Διὸς κόραν
ἐπὶ σφαγὰν ἔτεινον·
ἃ δ᾽ ἐκ θαλάμων ἐγένετο
διαπρὸ δωμάτων ἄφαντος,
ὦ Ζεῦ καὶ γᾶ καὶ φῶς καὶ νύξ,
ἤ τοι φαρμάκοισιν,
ἢ μάγων τέχναισιν, ἢ θεῶν κλοπαῖς.
τὰ δ᾽ ὕστερ᾽ οὐκέτ᾽ οἶδα.

Wir ersehen aus diesen Stellen, dass ἄφαντος ἐγένετο ἀπ᾽ αὐτῶν aussagen kann, er verschwand plötzlich auf ganz natürlichem Wege, aber auch, er verschwand geheimnissvoll, wunderbar von ihnen. Clerikus, Hammond, Wetstein, Heumann, Paulus, Kühnöl, Schleiermacher nehmen das Erstere an: allein wenn wir erwägen, dass Lukas diesen seltenen Ausdruck erwählt und dass er sofort das Stehen des Auferstandenen mitten unter seinen Jüngern als ein unerklärliches Dahingekommensein darstellt, so können wir uns keinen Augenblick bedenken, die andere Auffassung zu wählen mit Luther, Calvin, Gerhard, Grotius, Bengel, Glöckler, Olshausen, Baumgarten-Crusius, Meyer, Bleek, Godet, Stier u. A. Calvin sucht das Unsichtbarwerden Christi durch eine Gotteswirkung auf die Augen der beiden Jünger zu erklären. *Non evanuit ab iisdem oculis, quia per se invisibile fuerit eius corpus, sed quia, Deo vigorem suum subtrahente, obtusa fuit eorum acies.* Beza stimmt dem bei. Aber seltsam wäre es doch, wenn der Evangelist, welcher vorher nicht vergessen hat, zu berichten, dass diese Jünger den Herrn nicht erkannten, weil ihre Augen gehalten wurden, und dass sie ihn sofort erkannten, als dieselben geöffnet wurden, hier nicht beigebracht hätte, dass mit ihren Augen etwas vorging, so dass sie den Fortgang Christi nicht erkennen konnten. Der Grund, dass sie das nicht sahen, lag nicht in einer Trübung ihrer Augen, sondern in der wesentlichen Beschaffenheit des verklärten Leibes dessen, welchen sie sahen, und in seinem Willen, dass sein Leib von ihnen nicht mehr gesehen werde. Er war der Herr seines Leibes, und zwar in einer solchen eminenten Weise, dass er denselben, je nachdem er es für heilsam erachtete, den Blicken der Seinen darstellen und entrücken konnte. Jetzt wollte er sich ihren Blicken entziehen, seine Absicht war erreicht, sein Heilswerk an ihnen vollendet. Er hatte sie zu dem festen, fröhlichen Glauben gebracht, dass er wahrhaftig von den Todten auferstanden sei und in der Herrlichkeit lebe. Von seinem Eingang in die Herrlichkeit gab er ihnen, so zu sagen, durch sein geheimnissvolles Verschwinden einen augenscheinlichen Beweis. *Nec vero mirum est,* sagt Calvin, *Christum, simulac fuit agnitus, subito disparuisse, quia nequaquam utilis erat longior eius conspectus, ne (ut suopte ingenio nimis in terram proclives erant) rursus illum ad terrenam vitam detrahere cuperent. Ergo quatenus, ad testandam resurrectionem necesse erat, videndum se exhibuit: subito autem discessu docuit, se alibi quam in mundo quaerendum esse, quia novae vitae complementum erat in coelum ascensus.* Damit ist Gerhard ganz einverstanden, ja er überbietet den Reformator noch. *Voluit hac disparitione ostendere, quod non resurrexit ad hanc vitam, sed ut coeleste et spirituale regnum post suam resurrectionem et ascensionem ad coelos inchoaret. Discipulis nunc demum longe fuisset iucundius cum Christo colloquium et magis exoptata cum eo conversatio, quam antea, sed subito fit inconspicuus, venerat enim ut in fide resurrectionis eos confirmaret, non autem ut pristino more huius saeculi in posterum etiam cum ipsis conversaretur. Carnale erat desiderium istud, quo ipsius conversationem pristinam exspectabant, ideo Christus hac subita disparitione ad spiritualia et coelestia eos revocat.* Ich kann das nicht unterschreiben: Gerhard legt den beiden Wanderern Gedanken unter, welche ihnen ganz fremd sind. Wie kann es ihnen in den Sinn kommen, den Auferstandenen, welcher von seinem Eingang in die Herrlichkeit so herzbewegend zu ihnen gesprochen hat, in dieses fleischliche Leben wieder hineinzuziehen! Ihre Seelen sind jetzt nicht in der Verfassung, dass sie anders als himmlisch dächten. Sie möchten den, der ihnen den Himmel erschlossen und in seiner

Himmelsglorie sich geoffenbart hat, bei sich behalten, um so den Himmel schon auf Erden zu geniessen und zu besitzen.

Verschwunden ist der Auferstandene: die beiden Jünger sind allein. Wie ganz anders aber sprechen sie jetzt, nachdem sie den Herrn auf's Neue verloren haben, zu einander! Kein Wort der Klage, keine Klage herzlicher, schmerzlicher Wehmuth! Wie könnten sie klagen? Sie haben nur zu danken, selbst dafür zu danken, dass er von ihnen gegangen ist, denn dadurch gelangen sie erst zu der vollen Erkenntniss, was er an ihnen gethan, welchen Segen er ihnen gebracht hat. Sie sprechen zu einander: οὐχὶ ἡ καρδία ἡμῶν καιομένη ἦν ἐν ἡμῖν, ὡς ἐλάλει ἡμῖν ἐν τῇ ὁδῷ, ὡς διήνοιγεν ἡμῖν τὰς γραφάς; Verkehrt ist es sicher, dieses Bekenntniss so zu deuten, als wenn von einem Feuer geredet würde, welches vorher in ihren Herzen gebrannt habe, nun aber wieder erloschen sei. Das Feuer brannte nicht bloss auf dem Wege, es hat auch in der Herberge fortgebrannt, und jetzt, da der, welcher das Feuer in ihnen angesteckt hat, dahingegangen ist, schlägt es in hellen Flammen aus, ja so gewaltig ist es, das erfahren wir sofort, dass es sie nach Jerusalem zu den anderen Gläubigen hintreibt, um in ihnen mit ihrem Feuer das Feuer seliger Jesusliebe und glühender Festfreude zu entzünden. *Postmodum magis observarunt, quam in ipso ardore*, schreibt freilich auch Bengel, aber er irrt sich dieses Mal. Die Empfindung hat nicht bloss *valde et diu* angehalten, sondern sie dauert noch fort: sie konnten sich nicht anders ausdrücken, denn es kam ihnen darauf an, auszusprechen, dass dieses Feuer schon lange, ehe sie den Herrn erkannt hatten, in ihren Herzen gebrannt habe und dass sie, wenn sie nur Sinn und Verstand besessen hätten, an diesem Feuerfangen, an diesem Brennen ihrer Herzen es hätten abnehmen müssen, wer denn der fremde Mann sei, der zu ihnen sich genaht hatte. Nicht erst Maldonatus hat den Zusammenhang dieser Frage mit dem Vorhergehenden in der Paraphrase klargelegt: *vere Christus est, nam non alia potuit esse causa, cur in via eo loquente tantopere animus noster inflammaretur:* Calvin hatte bereits geschrieben: *effecit Christi agnitio, ut arcanam et latentem spiritus gratiam, qua prius donati fuerant, vivo sensu perciperent discipuli. Sic enim nonnumquam operatur in suis Deus, ut vim spiritus ad tempus ignorent (cuius tamen non sunt expertes), vel saltem ut eam distincte non agnoscant, sed tantum sentiant arcano instinctu. Sed discipuli ardorem quidem prius conceperant (cuius nunc recordantur), sed sine attentione: nunc, ex quo innotuit illis Christus, demum reputare incipiunt, quam prius sine gustu hauserant eius gratiam seque hebetes fuisse intelligunt. Nam se ipsos insimulant socordiae, acsi dicerent: qui factum est, ut inter loquendum non fuerit a nobis cognitus? nam quum penetraret in corda nostra, debuimus animadvertere, quisnam esset. Caeterum non simpliciter ex hoc nudo signo colligunt esse Christum, quia ad inflammandas mentes efficax fuerit eius sermo: sed quia debitum ei honorem tribuunt, dum ore loquitur, intus quoque spiritus sui ardore corda accendere.* In Brand hat Christus ihre Herzen gesetzt, seine Worte sind feurige Pfeile gewesen: ein heiliges Feuer hat sich aus seinem Munde hineinergossen in ihre Herzen. Feurig soll der Redner sein, denn seine Hörer soll er entflammen: das haben die alten Rhetoren schon gefordert. Cicero sagt *de fin. 4, 3, 7: incendit igitur eos, qui audiunt: de oratore 2, 45, 188: quae mehercule ego, Orasse, quum a te tractantur in causis, horrere soleo. Tanta vis animi, tantus impetus, tantus dolor oculis, vultu, gestu, digito denique isto tuo significari solet: tantum est flumen gravissimorum optimorumque verborum, tam integrae sententiae, tam verae, tam novae, tam sine pigmentis fucoque puerili, ut mihi non solum tu incendere iudicem, sed ipse ardere videaris: orator 38, 132: nec umquam is, qui audiret, incenderetur, nisi ardens ad eum perveniret oratio.* Der Herr ist ein Redner, wie es keinen zweiten gibt, indem er diese beiden Jünger in einziger Weise erleuchtet, entzündet er wunderbar auch ihre Herzen. Wohl ist Ps. 39, 4 von einem Feuer im Herzen die Rede, aber diess Feuer ist der brennende Zorn, auch Jerem. 20, 9 ist das Feuer in dem Herzen etwas ganz Anderes als hier. Eine neue Empfindung haben diese beiden Wanderer, als der Auferstandene nicht mit ihnen, sondern zu ihnen sprach, denn Bengel bemerkt treffend zu ἐλάλει ἡμῖν — *loquebatur nobis, id est plus, quam nobiscum,* als er ihnen die Schrift eröffnete, und sie bezeichnen dieselbe mit dem glücklichen Treffer der naiven Simplicität auf die entsprechendste Weise. Was an ihnen geschehen ist, was sie in ihrem Herzen verspüren, das nimmt sie ganz hin: daher die gehäuften Pronomina der ersten Person, ἡμῶν — ἐν ἡμῖν — ἡμῖν — ἡμῖν. Sie betonen immer und immer wieder ihre Empfindung und Erfahrung. Was für ein Feuer brennt nun aber in ihren Herzen? Die Alten nennen jeden lebhaften Affekt des Herzens ein Feuer, der Zorn, der Schmerz, die Reue, die Begierde u. s. w. brennt in dem Herzen. „Ganz natürlich,“ sagt Meyer, „legen die beiden Jünger ihre innerlich so lebhaft erfahrene Gefühlserregtheit nicht näher aus einander, weil eine solche Erregung, von welcher verschiedene Affekte ergriffen sind, um so weniger nach ihren einzelnen Bestandtheilen in's Bewusstsein tritt, je tiefer und drangvoller sie ist.“ Demnach war es entbehrlich, dass Kypke, welchem Rosenmüller und Kühnöl folgen, auszumitteln sich bemüht hat: die Jünger wären *affectu amoris, desiderii, spei* und *gaudii* bewegt gewesen.“ Ich verstehe diese Rede nicht: gewiss hat der Exeget, welcher dieses Wort recht verstehen will, sich nicht damit zufrieden zu geben, dass hier verschiedene Affekte das Feuer geschürt haben, er hat zu fragen, was sind das für verschiedene Affekte, nur wird er sich bescheiden müssen, das Verhältniss dieser einzelnen Affekte zu einander festzustellen. Diess ist den genannten Männern aber auch nie in den Sinn gekommen. Uebrigens eröffnet Kypke die Reihe dieser grundlos gerügten Exegeten nicht erst: Gerhard hat ihm bereits die Fackel vorgetragen. Er bemerkt: *porro per ignem, quem in cordibus suis arsisse confitentur, intelligitur primo spiritualis ignis devotionis ex diligenti auscultatione concionis huius accensus; deinde ignis gaudii et laetitiae ex vero intellectu vaticiniorum propheticorum et ex Christi manifestatione, denique ignis caritatis erga reliquos discipulos, qua ita urgentur, ut licet iamdum vespera imminebat, Hierosolymam ad ipsos revertantur et laeti huius nuncii eos faciant participes.* Wir sehen, Kypke hat Gerhard's Angaben nicht alle adoptirt; mit Recht, denn derselbe hält das nicht fest im Auge, dass die Jünger von dem Feuer reden, das durch das Gespräch auf dem Wege in ihnen entzündet worden ist. Nach meinem Dafürhalten aber hätte Kypke wohlgethan, die Beschämung, die Reue, welche sie empfanden, dass sie so unverständig, so trägherzig gewesen waren, wie ihnen nun sonnenklar wurde, mit herein zu ziehen. Schön sagt Luther von dem brennenden Herzen: „Diess ist auch ein Exempel von der Kraft und Frucht der Auferstehung und ein Zeugniss der wahrhaftigen Auferstehung. Denn Christus hiermit mit der That beweist, dass er nicht todt ist, wie sie ihn am Ersten halten, sondern in ihnen wirkt und seine Macht übt durch's Wort und macht, dass sie gläubig werden und nun anderen Sinn und Verstand, Herz und Muth haben denn zuvor."

Keine Weisung haben diese beiden Jünger von dem Auferstandenen empfangen, ihren Brüdern diese frohe Botschaft zuzutragen, dass sie ihn gesehen haben in seiner neuen Herrlichkeit. Sie erkennen selbst ihre Pflicht und beeilen sich, derselben nachzukommen. Sie wissen, wie es in dem Kreise der Brüder ausgesehen hat, da sie Jerusalem verliessen. Der Glaube an die Auferstehung des Herrn und Meisters war da noch gar nicht zum Durchbruche gekommen: zwischen Furcht und Hoffnung, zwischen Entsetzen und Staunen, Glaubenwollen und Nichtglaubenkönnen schwankten die Gemüther! Die Gemeinde soll aber den grossen Siegestag ihres verklärten Hauptes mit Psalmen, Lobgesängen und geistlichen Liedern würdig beschliessen. *Καὶ ἀναστάντες αὐτῇ τῇ ὥρᾳ ὑπέστρεψαν εἰς Ἱερουσαλήμ,* so schreibt Lukas, Markus setzt hier endlich wieder ein mit seinen *κἀκεῖνοι ἀπελθόντες.* Die brüderliche Liebe drängt sie; dem Auferstandenen, der ihnen zum Glauben verholfen hat, wollen sie dadurch danken, dass sie ihm dienen an seinen Brüdern und diese im Glauben unterweisen. Es ist viel, dass sie in derselben Stunde, sofort als sie die Offenbarung gehabt haben, sich auf den Weg machen. Sie sind hungrig und müde: es ist bereits Abend, drei Stunden gebrauchen sie. Aber sie gehen und nach allen Anzeichen beschleunigen sie ihre Schritte, sie fliegen zurück. Gut schreibt Calvin: *Circumstantia temporis et locorum distantia ostendit, quanto nuncii ad condiscipulos perferendi studio duo isti homines flagrarint. Quum sub vesperam ingressi essent diversorium, non ante noctis tenebras patefactum illis fuisse domitium probabile est: iter trium horarum nocte intempesta conficere, incommodum erat: surgunt tamen eodem momento et propere Hierosolymam currunt. Et certe si tantum postridie venissent, suspecta fuisset tarditas: nunc vero cum se nocturna quiete fraudare maluerint, quam non celeriter facere laetitiae suae participes apostolos, narrationi fidem addidit ipsa festinatio.* Die beiden Zeugen und Boten des Auferstandenen kommen nach Jerusalem und — wunderbare Fügung Gottes! — *εὗρον ἠθροισμένους τοὺς ἕνδεκα καὶ τοὺς σὺν αὐτοῖς,* erzählt uns Lukas. Sie brauchen nicht hin und her zu laufen in der grossen Stadt, um deren sie in Liebe gedachten, die Freudenbotschaft in's Haus zu tragen, sie fanden Alle an einem Orte beisammen — *τοὺς ἕνδεκα καὶ τοὺς σὺν αὐτοῖς,* als hätten sie gewusst, dass sie kommen wollten, um ihnen Alles genau zu berichten. Von *ἕνδεκα* spricht der Evangelist, aus Joh. 20, 24 aber ersehen wir, dass Thomas nicht unter ihnen war, als der Herr, welcher bald nach jenen kam, mitten unter sie trat. Augustinus vermuthet, Thomas habe sich bald nach Ankunft dieser beiden Zeugen des Auferstandenen aus dem Hause entfernt, da es ihm zu toll wurde; Euthymius Zigabenus glaubt, von Elfen sei die Rede, weil Matthias dort gewesen, der bald zum Apostel gewählt wurde. Wir lehnen Alles ab: *οἱ ἕνδεκα* ist nicht als Zahlwort zu nehmen, sondern als Bezeichnung der Apostel, deren Zahl jetzt auf Elf herabgesunken war: Gerhard verweist schon sehr richtig auf Joh. 20, 24, wo Thomas *εἷς ἐκ τῶν δώδεκα* genannt wird, obgleich es ihrer nur noch Elfe waren. So Grotius, Paulus, Kühnöl, Bleek, Neander u. A. Die Apostel, unter welchen einer recht gut fehlen konnte, waren mit den anderen Gläubigen zusammen — *ut de repentina re,* setzt Bengel hinzu. Ich zweifle, ob mit Recht. Meint er etwa, dass sie sich zu dieser späten Abendstunde versammelt hatten, weil auf ein Mal die Nachricht sich verbreitete, Petrus habe den Herrn gesehen? Besser ist sicher die Annahme, dass die grossen Tagesbegebenheiten sie zusammengeführt und bei einander gehalten hatten. Eine neue Ueberraschung aber erwartet noch die beiden Wanderer. Bezeugen wollten sie den Anderen, dass der Auferstandene ihnen erschienen sei, und sie bitten, jetzt fest zu glauben an die Auferstehung des Gekreuzigten, und siehe! als sie die Thür öffnen, schallt ihnen entgegen das volle, freudige Bekenntniss: ὄντως ἠγέρϑη ὁ κύριος καὶ ὤφϑη Σίμωνι. Wir irren uns wohl nicht, wenn wir das nachdrücklichst vorgestellte ὄντως (denn zu Anfang gehört es unbedingt nach dem Sinaiticus, Vaticanus, Cantabrigiensis) darauf deuten, dass diese beiden Ankömmlinge als Zweifler, als Ungläubige von diesen Bekennern geschieden sind. Sie haben es nicht glauben wollen, jetzt dürfen sie sich dem Glauben nicht mehr verschliessen: ὄντως, in Wahrheit, in Wirklichkeit, ἠγέρϑη ὁ κύριος, das, worauf es ihnen ankommt, ist zuerst geordnet. Die Stellung des ἠγέρϑη entspricht der Stellung des ὤφϑη. Worauf dieser sichere, lebendige Glaube an Christi Auferstehung ruht, verräth uns der Schlusssatz καὶ ὤφϑη Σίμωνι. Die Erscheinung, welche dem Simon Petrus geworden war, hat diese Entscheidung herbeigeführt und diese Entschiedenheit zuwege gebracht. Sein Zeugniss hat Grosses gewirkt, hat erfolgreich durchgeschlagen: er hat jetzt schon angefangen, das Wort seines Meisters zu erfüllen: καὶ σύ ποτε ἐπιστρέψας στήρισον τοὺς ἀδελφούς σου Luk. 22, 32. Wie bekannt, berichtet kein Evangelist über diese Erscheinung, welche dem ersten der Apostel an dem Ostertage noch zu Theil ward: Paulus weiss aber auch um sie, wie wir aus 1. Kor. 15, 5 ersehen. Lange, älteren Vorgängern folgend, findet die Benennung des Petrus als Simon bedeutsam. Petrus soll nach seinem Falle sich nur Simon und nicht mehr Petrus genannt haben und so genannt worden sein. Er meint, wie der Priester sein Gewand und der Offizier seinen Degen abgebe nach schwerem Vergehen, so habe er seinen von dem Heiland empfangenen Ehrennamen aufgegeben. Wir können das nicht billigen: mit Recht erinnert Meyer schon daran, dass Simon, weil der familiäre, auch der übliche, traute Namen dieses Apostels in dem Jüngerkreise gewesen sei. Ueber alle Massen kleinlich und beschränkt wäre es gewesen, wenn die Anderen dem Apostel, welchem der Herr durch seine persönliche Erscheinung schon die Versicherung gegeben hatte, dass ihm sein Fehltritt vergeben werden solle, auf diese Weise seine Missethat vorgehalten hätten: sie hatten wahrlich kein Recht dazu.

Auf diesen frischen, vollen Ostergruss aus dem Schosse der Gemeinde antworten nun die beiden Wanderer mit einem eingehenden Berichte: καὶ αὐτοὶ ἐξηγοῦντο τὰ ἐν τῇ ὁδῷ καὶ ὡς ἐγνώσϑη αὐτοῖς ἐν τῇ κλάσει τοῦ ἄρτου. Mit καὶ αὐτοὶ beginnt emphatisch dieser Satz: sie ihrerseits, im Gegensatz zu den Versammelten, konnten auch von einer Erscheinung des Auferstandenen reden. *Apparitiones*, schreibt Bengel, *utrinque factae, quibus se invicem confirmabant illi, quibus obtigerant.* Es ist wie ein erhebender Chorgesang mit Strophe und Antistrophe: eine Antiphonie in vollständigster Symphonie! Bedeutsam ist, dass sie nicht sprechen: καὶ ὡς ἔγνωσαν αὐτόν, sondern ἐγνώσϑη αὐτοῖς. Das Erkennen bezeichnen sie damit nicht als Etwas, das sie gethan haben, sondern als Etwas, das ihnen zu Theil geworden ist. Gut sagt Begel desshalb: *noscendum se prae-*

buit. Sic אחוד ר. LXX γνωσϑήσομαι *Num. 12, 6.* Sic εἱρέϑην *Röm. 10, 20.*
Und er gab sich ihnen zu erkennen ἐν τῇ χλάσει τοῦ ἄρτου, welches wir
nicht mit Lyra, Baumgarten-Crusius, Hengstenberg, Gess u. A. übertragen:
an dem Brechen oder durch das Brechen des Brotes, sondern mit Gerhard:
bei dem Brotbrechen. *Non describitur medium quasi praepositio ἐν notet
causam efficientem illius agnitionis sive argumentum, ex quo dominum agnoverint, sicut haec phrasis usurpatur Gen. 42, 33* ἐν τούτῳ γνώσομαι, *in hac
re cognoscam, pro quo tamen Graeci solent uti praepositione* ἐν, *sed dum-
taxat tempus agnitionis.* So mit Recht, denn dem ἐν τῇ ὁδῷ steht dieses
ἐν τῇ χλάσει τοῦ ἄρτου gegenüber, noch Grotius, Kühnöl, Bleek, de Wette,
Meyer u. A.

Mit diesem Schlusse bei Lukas stimmt nicht der Schluss bei Markus:
ἀπήγγειλαν τοῖς λοιποῖς· οὐδὲ ἐκείνοις ἐπίστευσαν. Augustinus sucht *de
cons. ev. 3, 73* so zu helfen: *quid intelligendum est, nisi aliquos ibi fuisse,
qui hoc nollent credere?* Ihm folgen Theophylaktus (οὐ περὶ τῶν ἔνδεκα
ἀποστόλων λέγει, ἀλλὰ περί τινων ἑτέρων), Euthymius, Osiander, Heupel,
Paulus, Schott, Kühnöl u. A. Allein der Text sagt ausdrücklich, dass jene,
denen diese Beiden meldeten, was ihnen widerfahren sei, solchen Unglauben
ihnen entgegensetzten, und Allen und nicht Einzelnen hatten sie es mitgetheilt.
Calvin und Bengel nehmen daher einen Umschlag bei den Versammelten
an. Calvin lässt sie aus Kleinglauben zum Glauben sich erheben: Markus
berichtet dann den ersten unmittelbaren Eindruck, Lukas aber die ab-
geklärte Stimmung, die gewonnene Ueberzeugung. *Facile colligimus, ita
fuisse persuasos, ut solent homines attoniti, quibus res non est tranquille
meditata: tales autem subinde in varias dubitationes revolvi scimus. Quicquid
sit, constat ex Luca, maiorem illorum partem in illo quasi ecstatico pavore
non modo libenter amplexam esse quod dicebatur, sed contra suam diffiden-
tiam pugnasse. Nam hac particula v e r e dubitandi ansam sibi praecidunt.*
Umgekehrt fallen nach Bengel die Versammelten aus der Plerophorie des
Glaubens schmählich heraus, wonach Lukas den Anfang und Markus den
Verlauf darstellte. *Utrumque verum,* schreibt er zu Markus. *Credebant, sed
mox recurrebat suspicio et ipsa incredulitas. Fides exoriens, excepta prima
laetitia, quae tamen quiddam insolens et ecstaticum habebat admixtum, non
erat fides, collata ad fidem defaecatam, exsaturatam, apostolatui idoneam,
quae secuta est.* Luk. 24, 37 f. Joh. 20, 25. Matth. 28, 17. Schulthess,
Fritsche, de Wette u. A. behaupten, dass irrthümlich diese Notiz von
Markus hier angebracht sei; sie beziehe sich auf das Vorkommniss bei der
Erscheinung Luk. 24, 41. Eine solche falsche Komposition ist ein Noth-
behelf: sollte nicht ein solches Fluthen und Ebben bei den Gläubigen möglich gewesen sein, wie Calvin und Bengel annehmen? Man bedenke ein
Mal, dass sie in dem tiefsten Grunde des Gemüthes aufgeregt waren und
lange geschwankt hatten, was sie zu der Auferstehungsbotschaft sagen
sollten. Man erinnere sich, dass sie auch, als Christus mitten unter ihnen
steht, von den verschiedensten Gefühlen und Gedanken hin und her gezogen
werden: es bedurfte des entscheidenden Eingreifens des Erlösers, dass sie
zu einem festen, wankellosen, ruhigen Glauben kamen. Es war zu viel,
was sie glauben sollten: der Gott aller Gnade hatte zu Grosses an ihnen
gethan! Ich möchte mich, wenn ein Mal gewählt sein muss, auch wie Keil
zu Bengel neigen. Auf die Springfluth des Glaubens, welche den beiden
Wanderern entgegenschlägt, um sie mit fortzureissen, folgt ein bedauer-

licher Rückschlag: möglich, dass derselbe durch den Bericht derselben von der so sehr lehrhaften Unterredung und von dem plötzlichen Verschwinden des Erkannten veranlasst war. Jene lebhaften Mittheilungen versetzten sie in eine andere Stimmung, nahmen den Verstand in Anspruch und beförderten so die Reflexion. Und jenes räthselhafte Unsichtbarwerden erweckte die Vermuthung, dass es nicht der leibhaftige Erlöser, sondern nur sein Geist gewesen sei.

---

6. Die Erscheinung am Osterabend.

Mark. 16, 14.	Luk. 24, 36—43.	Joh. 20, 19—23.
Später, da die Elfe zu Tische sassen, offenbarte er sich und schalt ihren Unglauben und Herzenshärtigkeit, dass sie nicht geglaubt hätten denen, die ihn gesehen hatten auferstanden.	Da sie aber davon redeten, stand er selbst mitten unter ihnen und spricht zu ihnen: Friede sei mit euch! (37) Sie erschraken aber und fürchteten sich, meinten, sie sähen einen Geist. (38) Und er sprach zu ihnen: was seid ihr erschrocken? Und warum steigen solche Gedanken in euren Herzen auf? (39) Sehet meine Hände und meine Füsse, dass ich es selber bin; befühlet mich und sehet, denn ein Geist hat nicht Fleisch und Bein, wie ihr sehet, dass ich habe. (40) Und da er das sagte, zeigte er ihnen Hände und Füsse. (41) Da sie aber noch nicht glaubten vor Freude und sich verwunderten, sprach er: habt ihr etwas zu essen hier? (42) Und sie gaben ihm ein Stück von gebratenem Fisch und Honigseim. (43) Und er nahm es und ass vor ihnen.	Da es nun Abend war an jenem Tage, dem ersten nach dem Sabbath, und die Thüren verschlossen waren, da die Jünger waren, aus Furcht vor den Juden, kam Jesus und stand in der Mitte, und spricht zu ihnen: Friede sei mit euch! (20) Und als er das sagte, zeigte er ihnen seine Hände und seine Seite. Da wurden die Jünger froh, dass sie den Herrn sahen.
		(21) Da sprach Jesus abermals zu ihnen: Friede sei mit euch! Gleich wie mich der Vater gesandt hat, so schicke ich euch! (22) Und da er das sagte, blies er sie an und spricht zu ihnen: nehmet hin den heiligen Geist! (23) Welchen ihr die Sünden erlasset, denen werden sie erlassen, und welchen ihr sie behaltet, denen sind sie behalten.

12 *

Dass die Abschnitte des Lukas und Johannes auf eine und dieselbe Erscheinung des Auferstandenen sich beziehen, ist meines Wissens nie ernstlich in Abrede gestellt worden: ob wir aber mit Fug und Recht auch diesen einen Vers aus Markus herbeigezogen haben, ist die Frage. Die Vulgata mit ihrem *novissime*, auch Luther mit seinem „zuletzt“ sind anderer Ansicht, sie halten dafür, dass diese von Markus berichtete Erscheinung die letzte sei, also die an dem Himmelfahrtstage. Schulthess hat sich später wieder dafür ausgesprochen, ὕστερον soll nach ihm nur *postremo* bedeuten. Richtig aber bemerkt Fritzsche: *voc. ὕστερον esse p o s t e a scilicet quam duobus discipulis se obtulerat v. 12, 13, non p o s t r e m o ut monere pigeat, tamen propter nonnullos interpretes dicendum est:* was Meyer und Bleek u. A. bestätigen. Wir machen von dieser zulässigen Bedeutung Gebrauch, weil es uns wie schon Rus ganz unglaublich erscheint, dass an dem Tage der Himmelfahrt noch die Apostel wegen ihres Unglaubens an die Auferstehung hätten ausgescholten werden müssen. Alle Erscheinungen müssten dann ohne Erfolg geblieben sein!! Für diese Kombination sind Calvin, Gerhard, Bengel, Kühnöl, Olshausen, Bleek, Meyer, Tischendorf u. A. mehr.

Die beiden ausführlichen Erzählungen des Lukas und Johannes stimmen vielfach überein; da, wo sie aus einander gehen, ergänzen sie einander vortrefflich. Was die Zeit anlangt, so besteht zwischen beiden der vollständigste Einklang. Lukas knüpft eng an das Vorhergehende an: die beiden Wanderer nach Emmaus reden noch: denn wir haben kein Recht, den *Genetivus absolutus* ταῦτα δὲ αὐτῶν λαλούντων so zu verstehen, als ob sie mit den Andern sich über jene Offenbarung des Auferstandenen unterhalten hätten, es war eben erst bemerkt, καὶ αὐτοὶ ἐξηγοῦντο, dieses ἐξηγεῖσθαι wird hier mit λαλεῖν wieder aufgenommen. Da, als die Sonne untergehen wollte, die Wanderer vor Emmaus standen und sie von dort drei Stunden zur Rückkehr gebrauchten, so werden wir auf eine späte Abendstunde gewiesen. Johannes ist ausführlicher. Er hatte in den vorhergehenden Versen von den Ereignissen des Vormittags, soweit sie sich auf Maria Magdalena, Petrus und Johannes bezogen, gesprochen: er nimmt den Faden desshalb etwas umständlicher mit den Worten auf: οὔσης οἶν ὀψίας τῇ ἡμέρᾳ ἐκείνῃ τῇ μιᾷ τῶν σαββάτων. Es ist also inzwischen Abend geworden: es war noch der Abend des ersten Tages nach dem Sabbath. Lampe fasst die Bezeichnung des Tages dem heiligen Style gemäss und behauptet demnach, dass es noch etwas vor 6 Uhr Abends gewesen sei, denn mit Sonnenuntergang, der auf 6 Uhr etwa zu legen sei, wäre dieser erste Tag zu Ende gewesen. Allein eine Nothwendigkeit besteht nicht, wie Hengstenberg schon dargethan hat: die Hebräer nehmen den Tag vielfach auch in dem gewöhnlichen Sprachgebrauche und Johannes, welcher in Kleinasien sein Evangelium schrieb und dazu für die Gemeinde der Gläubigen, welche längst aus den Schuhen der Synagoge herausgewachsen war, hatte auch nicht den mindesten Anlass, die Länge des Tages nach diesem heiligen Chronometer zu messen. Es ist Abend, ja es ist schon spät am Abend, wie die anderen Ausleger einstimmig annehmen. Gualther, Heumann, Herder u. A. finden in dem folgenden zweiten absoluten Genetiv noch eine Zeitbestimmung: τῶν θυρῶν κεκλεισμένων soll aussagen, zu der Zeit, da man die Thüren zu Jerusalem oder überhaupt zu schliessen pflegte. Wir entsinnen uns, dass der Grieche eine bestimmte Zeit des Morgens mit der Phrase πληϑοίσης ἀγορᾶς, cf. Herod. 4, 181, bezeichnet; wir können uns aber nicht erinnern, dass bei den Alten eine gewisse Stunde des Abends durch ϑυρῶν κεκλεισμένων kenntlich gemacht würde. Was sollen hier überhaupt zwei Zeitbestimmungen: eine war vollkommen ausreichend. Ist aber τῶν ϑυρῶν κεκλεισμένων nicht Zeitbestimmung, so kann es nur einen irgend wie interessanten Umstand noch angeben. Viele meinen, es solle damit die Angst, die Furcht, der Kleinglaube der Versammelten recht vor die Augen gemalt werden: τῶν ϑυρῶν κεκλεισμένων ὅπου ἦσαν οἱ μαϑηταὶ (συνηγμένοι, so liest der *textus receptus*, welcher den Codex Cantabrigiensis allein für sich hat, wir streichen aber dieses Partizip, da es in den anderen Haupthandschriften fehlt) διὰ τὸν φόβον τῶν Ἰουδαίων. Nach Grotius und Bengel soll allerdings διὰ τὸν φόβον τῶν Ἰουδαίων sowohl die Zusammenkunft als auch die Verschliessung der Thüren erklären, richtig aber sagt Lampe schon: *clausura ianuarum in congregatione longe manifestius timoris indicium est quam ipsa congregatio.* Ist es möglich, ist es entschuldbar, dass die Apostel, die Säulen der Gemeinde, aus Furcht vor den Juden an dem Osterabend mit den anderen Gläubigen zusammensitzen bei verschlossenen Thüren! Das ist ja Alles wahr, was man beibringt, dass die Obersten des Volkes sich in der grössten Aufregung befinden mussten wegen der ihnen durch zuverlässige Zeugen zugebrachten Kunde von der Auferstehung Jesu Christi, welche Kunde möglicher Weise auch durch Mittheilungen von Gesichten entschlafener und erweckter Heiligen verstärkt sein konnte. Aber man bedenke doch: sie sind die Jünger dessen, der den Rath und die Macht seiner Feinde vernichtet hat, der heute seinen grossen Sieg feiert! Wie reimt sich zu diesem Siege, der ja ihnen den Sieg über alle Feinde verbürgt, diese Furcht vor den grimmigen Juden? Wir finden in dieser Furcht ein sicheres Merkzeichen, dass sie sich noch nicht klar darüber geworden ist, was es mit der Auferstehung und dem damit verbundenen Eingange des Herrn in seine Herrlichkeit für eine Bedeutung hat: wundern kann uns das nicht, das grosse Ereigniss des Tages hatte sie überrascht, verstürzt, betäubt, erst allmälig, als ihr Gemüth ruhiger geworden war, zogen sie daraus die richtigen Schlüsse. *Quod simul convenerant*, sagt Calvin, welchen Gerhard fast wörtlich ausschreibt, sehr wahr, *fidei vel saltem pii affectus signum fuit; Quod se clausis ianuis tenebant occultos, in eo aliquid infirmitatis agnoscimus. Nam etsi in fortissimos et invictae constantiae homines interdum cadit aliquid metus, sic tamen trepidasse tunc apostolos colligere promptum est, ut fidei defectum proderent. Exemplum notatu dignum: nam etsi minus fortiter se gerunt quam deceat: non tamen infirmitati suae indulgent. Latebras quidem sibi quaerunt fugiendi periculi causa, colligunt tamen animos, ut simul maneant: alioqui dilapsi essent huc et illuc, nec quisquam ausus fuisset alium aspicere. Hoc modo nobis cum infirmitate carnis nostrae luctandum est, nec frenum timori laxandum, qui nos ad defectionem sollicitat.* Der Herr nimmt sich seiner schwachen Knechte freundlich an, er kommt zu ihnen, um sie im Glauben zu stärken; sie sollen sich nicht mehr vor Menschen fürchten, sondern unerschrocken jeder Gefahr in das Angesicht trotzen. Wir finden aber nicht bloss in dem Umstande, den Calvin hervorhebt, dass er sie nicht lange auf seine Erscheinung warten lässt, sondern den Tag seiner Auferstehung noch krönt mit seiner Offenbarung in ihrem Kreise, sondern auch in dem Umstande, dass er die, welche seiner so unwürdig sich benehmen, mit seiner Gegenwart erfreut, ein Zeichen, *quam clementer egerit cum illis Christus.* Er kommt ἦλθεν ὁ Ἰησοῖς καὶ ἔστη εἰς τὸ μέσον, schreibt Johannes, Lukas hingegen: αἰτὸς (so lese ich mit dem Codex Sinaiticus, Vaticanus, Cantabrigiensis; der gewöhnliche Text hat noch ὁ Ἰησοῦς) ἔστη ἐν μέσῳ αἰτῶν. Wie Lukas erzählt, müssen wir dieses Stehen Christi in der Mitte seiner Jünger für ein Wunder betrachten. Derselbe sagt Nichts von einem ἐλθεῖν, auf ein Mal, plötzlich steht er da. Gut bemerkt Bengel zu ἔστη: *stetit, antequam venientem cernerent,* ihm pflichten fast alle neueren Schriftausleger bei, wie Olshausen, de Wette, Meyer, Bleek, Keil: dass die älteren es mit Bengel halten, versteht sich von selbst. Der ganze Zusammenhang ist so zwingend, dass Strauss sich nicht mit Unrecht hier über die Herren lustig macht, welche Alles ganz natürlich vor sich gehen lassen. Die Weise des Eintritts in ihren Kreis frappirt ja die Jünger dermassen, dass sie ein πνεῦμα zu sehen glauben. Ausserdem hat Lukas durch die Notiz über den Weggang Christi von den Jüngern zu Emmaus uns schon vorbereitet auf das verwandte Geheimniss seines Stehens in der Mitte. Wenn Johannes vorher nicht gesagt hätte: καὶ τῶν θυρῶν κεκλεισμένων, würden wir nicht leicht auf den Gedanken kommen, dass ein Wunder vorliege. Allein jene Genetive zwingen dazu. Es hat ja an solchen nicht gefehlt, welche jedes Wunder aus Johannes heraus interpretiren. Calvin kennt solche Leute schon und weist sie kurzer Hand ab: *nam quod putant quidam, reseratas illi fuisse fores per aliquem et humano more ingressum, prorsus a mente evangelistae discrepat.* Zu diesen *quidam* gehört der treffliche Peter Martyr, welcher den Erlöser zur Verherrlichung des Festes und zur Ueberraschung seiner Jünger entweder durch ein Fenster auf einer Leiter oder von dem Dache her durch die Treppe in den Versammlungssaal sich begeben sieht. Die Neuzeit hat natürlich noch Schlimmeres zu Tage gefördert: Jesus hat sich in das Haus geschlichen, ehe die Thüren verschlossen wurden, oder ist, als den beiden Wanderern aufgethan wurde, ganz unbemerkt hineingehuscht, oder hat leise angeklopft und ist von der Thürhüterin ganz heimlich eingelassen worden. Wenn man sich das Folgende nur genauer angesehen hätte, wäre man schwerlich auf solche abenteuerliche Gedanken gefallen, denn V. 26 stossen wir noch ein Mal auf die verschlossenen Thüren und es steht nicht mehr dabei, sei es nahe, sei es ferne, διὰ φόβον τῶν Ἰουδαίων; woraus doch wohl ersichtlich ist, dass der Verschluss der Thüren hier nicht angemerkt wird, um die Furcht vor den Juden zu veranschaulichen, sondern um auf das Geheimniss hinzuweisen, das über dem Hineinkommen des Herrn schwebt. Offenbar will der Evangelist sagen, dass er bei verschlossenen Thüren, trotzdem, dass dieselben verschlossen waren und verschlossen blieben, zu seinen Jüngern kam. Ein Wunder ist das Hereinkommen: wie ist es geschehen? Hieronymus schreibt in der bekannten Schrift in Joannem Hier. 35: *quod clausis ingressus est ostiis, eiusdem virtutis fuit, cuius est ex oculis evanescere. Linceus, ut fabulae ferebant, videbat trans parietem: dominus clausis ostiis, nisi phantasma fuerit, intrare non poterit? aquilae et vultures transmarina cadavera sentiunt: salvator apostolos suos nisi ostium aperuerit, non videbit? Dic mihi, accuratissime disputator, quid est maius, tantam terrae magnitudinem appendere super nihilum et super aquarum incerta librare, an Deum transire per clausam portam et creaturam cedere ceatori?* Man versteht ganz allgemein diese Aeusserung des alten Kirchenvaters dahin, dass die Thür sich von selbst aufgethan habe, um den Heiland einzulassen. Bucer griff diesen Gedanken wieder auf: Calvin verschaffte ihm einen grossen Eingang bei den Reformirten. Er sagt zu Johannes: *circumstantia haec diserte addita fuit, quia divinae in Christo potentiae illustre specimen continet. Sic igitur habendum est, Christum non sine miraculo ingressum esse, ut documentum ederet suae divinitatis, quo suos discipulos magis attentos redderet: interea tamen verum esse minime concedo, quod asserunt Papistae, Christi corpus penetrasse per ianuas clausas. Hoc ideo contendunt, ut corpus gloriosum non modo reddant simile spiritui, sed immensum esse nulloquo loco contineri obtineant. Verum nihil tale sonant verba: quia non dicit evangelista intrasse per ianuas clausas, sed repente stetisse inter discipulos, quum tamen clausae essent ianuae, nec aditus illi esset patefactus manu hominis. Scimus Petrum e carcere obserato egressum esse: an ideo dicendum erit, per medium ferrum et asseres penetrasse? Facessant ergo pueriles istae argutiae, quae nihil prorsus habent solidi et secum trahunt multa deliria. Nobis sufficiat, quod Christus insigni miraculo resurrectionis suae fidem sancire voluit apud discipulos.* cf. instit, 4, IV, 29: *nec ianuis clausis intrare tantundem valet ac penetrare per solidam materiam, sed sibi aditum patefacere divina virtute, ut repente steterit inter suos discipulos, plane admirabili modo, quum obseratae essent fores.* Beza hält ein Zwiefaches für möglich: *vel sponte patuerunt illi fores vel ipsi parietes illi fuerunt pervii.* Ursinus, Piscator u. A., neuerdings wieder Baumgarten-Crusius sind auf Calvin's Ansicht stehen geblieben. Sie hat etwas Ansprechendes; nicht bloss Act. 12, 10 u. 16, 26 empfiehlt sie, sondern es war auch ein weitverbreiteter Glaube in der alten Welt, dass die verschlossenen Thüren vor dem Lieblinge eines Gottes von selbst aufsprängen. So lesen wir im Euripides *Bacch.* 419 ff.:

Βρόμιον ἀνακαλούμεναι θεόν.
αἰτόματα δ᾽ αὐταῖς δεσμὰ διελίθη ποδῶν,
κλῇδές τ᾽ ἀνῆκαν θύρετρ᾽ ἄνευ θνητῆς χερός.
πολλῶν δ᾽ ὅδ᾽ ἀνὴρ θαυμάτων ἥκει πλέως
ἐς τάςδε Θήβας.

Ovidius erzählt, dass dem Tyrrhener Acoetus, welcher um desselben Gottes willen in die Gewalt des Pentheus gerathen war, ebenso wunderbar geholfen ward (3, 699):

*sponte sua patuisse fores lapsasque lacertis
sponte sua, fama est, nullo solvente catenas.*

So heisst es bei Virgilius *Aen.* 6, 81 f.

*ostia iamque domus patuere ingentia centum
sponte sua vatisque ferunt responsa per auras.*

Gleicher Weise berichtet Hotapanus über die Befreiuung des Moses aus der Gefangenschaft bei dem Könige Aegyptens in Eusebius *praep. ev.* 9, 27: νικτὸς δὲ ἐπιγενομένης τάς τε θύρας πάσας αἰτομάτως ἀνοιχθῆναι τοῦ δεσμωτηρίου καὶ τῶν φυλάκων, οὓς μὲν τελευτῆσαι, τινὰς δὲ ὑπὸ τοῦ ὕπνου παρεθῆναι, τά τε ὅπλα κατεαγῆναι. Wir müssen bei alle dem doch diese Meinung abweisen, wenn der Evangelist ein solches Wunder hätte erzählen wollen, hätte er es ganz verkehrt angefangen: so wie er berichtet, kam Jesus bei verschlossenen und nicht bei von selbst aufgegangenen

Thüren. Die alten Väter nehmen meistens an, dass der Auferstandene durch die verschlossenen Thüren hindurchgegangen sei: sie erklären es meist nicht rund heraus, aber die Vergleiche, welche sie beibringen, und die Beschreibungen, welche sie von dem Körper des Auferstandenen liefern, beweisen, dass sie es sich so vorgestellt haben. Chrysostomus versteht es so (*hom.* 87 in Joh.): τὸ γὰρ οὕτω λεπτὸν καὶ κοῦφον ὡς κεκλεισμένων εἰςελθεῖν τῶν θυρῶν παχύτητος πάσης ἀπήλλακτο, ihm schliessen sich natürlich Theophylaktus und Euthymius an. Theodoretus spricht sich in dem schon ein Mal angezogenen zweiten Dialoge auch dahin aus: ἀλλὰ εἰςῆλθε τῶν θυρῶν κεκλεισμένων ὡς ἐξῆλθεν ἐκ μήτρας, τῶν τῆς παρθένου κλείθρων ἐπικειμένων. Augustinus steht auch auf dieser Seite: in Jo. tr. 121, 4 : *moli autem corporis, ubi divinitas erat, ostia clausa non obstiterunt. Ille quippe non eis apertis intrare potuit, quo nascente virginitas matris inviolata permansit.* In Sermo 247. sagt er § 2 rund heraus: *videamus ergo, quid nobis ad loquendum hodierna lectione proponitur. Ipsa quippe lectio admonet nos et quodammodo loquitur nobis, ut aliquid dicamus, quemadmodum dominus, qui in soliditate corporis resurrexit, ut non solum videretur a discipulis, sed etiam tangeretur, potuerit illis apparere ostiis clausis. Nonnulli enim de hac re ita moventur, ut pene periclitentur, afferentes contra miracula divina praeiudicia ratiocinationum suarum. Sic enim disputant: si corpus erat, si caro et ossa erant, si hoc resurrexit de sepulcro, quod pependit in ligno; quomodo per clausa ostia intrare potuit? Si non potuit, dicunt: non est factum. Si potuit, quomodo potuit? Si comprehendis modum, non est miraculum: et si miraculum tibi non videtur, propinquas ut neges, quia et de sepulcro resurrexit. Respice ab initio miracula domini tui et redde mihi de singulis rationem. Vir non accessit et virgo concepit. Redde rationem, quomodo sine masculo virgo conceperit. Ubi defecerit ratio, ibi est fidei aedificatio. Ecce habes unum in domini conceptu miraculum: audi etiam in partu. Virgo peperit et virgo permansit. Jam tunc dominus, antequam resurgeret, per clausa ostia natus est. Quaeris a me et dicis: si per clausa ostia intravit, ubi est corporis modus? Et ego respondeo: si super mare ambulavit, ubi est corporis pondus? Sed fecit illud dominus tamquam dominus. Numquid ergo, cum resurrexit, destitit esse dominus? Quid quod et Petrum fecit ambulare super mare? Quod in illo divinitas potuit, in isto fides implevit. Sed Christus quia potuit: Petrus, quia Christus adiuvit.* Diese Ausführungen des grössten Kirchenvaters, welche durch das Ansehen eines Hilarius und Leo noch wesentlich unterstützt wurden, galten dem Abendlande als Norm. Die Exegeten und Dogmatiker des Mittelalters bestehen darauf, dass Christus nicht bei verschlossenen Thüren, sondern durch diese verschlossenen Thüren zu seinen Jüngern kam. Dieser Konsensus war so gewaltig, dass Luther, welcher in der Auslegung vielfach seine eigenen Bahnen einschlug, hier ganz in den alten Gleisen verblieb. „Dass er aber," so spricht er, „zu den Jüngern durch verschlossene Thüren kommt, damit ist angezeigt, dass er nach seiner Auferstehung in seinem Reich auf Erden nicht mehr an leiblich, sichtbar, greiflich, weltlich Wesen, Zeit, Stätte, Raum und dergleichen gebunden sein, sondern also erkannt und geglaubt sein will, dass er durch seine Kraft allenthalben gegenwärtiglich regiere, an allen Orten und alle Zeit, wenn und wo wir dess bedürfen, bei uns sei und uns helfen wolle, ungefangen und unverhindert von der Welt und aller ihrer Macht." Es versteht sich, dass die orthodoxen Dogmatiker und Exegeten diesen Eintritt durch verschlossene Thüren festhalten, denn sie konnten dann diese Geschichte im Interesse der Ubiquitätslehre vortrefflich ausbeuten. Die Späteren haben sich aber mit Recht gegen diese Auffassung einstimmig erklärt: wenn der Evangelist über die Art und Weise, wie der Auferstandene bei verschlossenen Thüren auf ein Mal in der Mitte seiner Jünger erschien, etwas Bestimmtes gewusst oder uns Eröffnungen hätte machen wollen, so würde er sich anders ausgedrückt haben, und wenn er den Gedanken gehegt und denselben hätte ausbeuten wollen, dass Christus durch die verschlossenen Thüren, also durch die Bretter derselben, wie Quecksilber durch Holz, gedrungen sei, brauchte er ja nur vor den Genetivus τῶν ϑυρῶν κεκλεισμένων die Präposition διά zu schreiben und Alles war in's Klare gesetzt. Johannes hat es nicht gethan: er ist ein gewissenhafter, treuer Geschichtsschreiber, er hat nur aufgezeichnet, wessen er sicher war, und das war hier das Hineingekommensein Jesu trotz der verschlossenen Thüren; wie das geschehen ist, weiss er nicht, hat er weder mit seinen eigenen Augen gesehen, noch von seinem verklärten Meister erfahren, er schweigt desshalb und wagt nicht ein Mal eine Vermuthung. Folgen wir seinem demüthigen Beispiele und bekennen wir offen: es ist uns ein Geheimniss. Aber dieses Geheimniss hat einen guten Grund, liegt in der Wesenheit, in der Beschaffenheit des verklärten Leibes, mit welchem der Herr der Herrlichkeit aus seinem Grabe hervorgetreten ist. Zwingli weist nicht übel auf ein bekanntes Analogon hin: *corpus glorificatum alia ratione introire potest. Sol intrat per vitrum, et vox per ianuam, nec mox sequitur duo corpora in eodem loco esse.* Wir bleiben bei unsrem Satze, dass der verklärte Leib über den Schranken des Raumes und der Zeit steht, dass er dem Geist homogen und zu jedem Dienste geschickt ist, und behaupten: der Auferstandene kann mit ihm überall sein, wo er sein will. Wunderbar ist das Erscheinen bei verschlossenen Thüren; es bildet die Kehrseite von jenem wunderbaren Verschwinden vor den Augen der beiden Jünger zu Emmaus. So ähnlich von Grotius an alle Ausleger von Bedeutung, ich nenne Bengel, Lampe, Olshausen, Lücke, Tholuck, de Wette, Meyer, Baumgarten-Crusius, Bleek, Luthardt, Hengstenberg, Godet u. A. mehr.

Mit einem Male, urplötzlich also kam der Herr und ἔστη εἰς τὸ μέσον, schreibt Johannes, ἐν μέσῳ αἰτῶν aber Lukas. Gut merkt Bengel an zu der letzteren Stelle: *id significantius quam in medium:* während Johannes den Gedanken noch zulässt, dass die Versammelten wahrnahmen, wie der wunderbar Eingetretene sich vorwärts bewegte in die Mitte des Gemaches, schliesst Lukas denselben aus: er schritt nicht sichtbar durch ihren Kreis, sondern, wie aus der Erde gewachsen, stand er da in ihrer Mitte. Markus schildert die Lage, in welcher die ἕνδεκα sich befanden, näher: ἀνακειμένοις αὐτοῖς τοῖς ἕνδεκα ἐφανερώϑη. Sie standen also nicht zusammen, sondern lagen auf den Ruhepolstern, welche an den Wänden dieses Zimmers angebracht waren. Calvin, Beza, Gerhard, Calov u. A. wollen hier ἀνακεῖσϑαι nicht in dem üblichen Sinne verstehen, wie es uns schon Mark. 14, 18 begegnet, es soll nur *una sedere* heissen: wir bleiben aber mit Paulus, Kühnöl, Fritzsche, de Wette, Bleek, Meyer u. A. bei der gewöhnlichen Bedeutung. Damit ist aber nicht gesagt, dass die Bretter mit den Speisen noch vor ihnen gestanden hätten, als Jesus kam, sondern im Allgemeinen nur angegeben, dass sie von der Mahlzeit her noch auf den

Ruhebänken lagerten. Aus Luk. 24, 41 wenigstens scheint hervorzugehen, dass Speisen nicht mehr zur Hand waren, sondern erst auf den Wunsch Jesu zur Stelle geschafft werden mussten: dieses aber konnte sofort bewerkstelligt werden, da sie zusammen gegessen und getrunken hatten. Auch Markus deutet darauf hin, dass es mit diesem Kommen des Auferstandenen zu seinen Jüngern ein besonderes Bewandtniss hatte: er sagt nämlich ἐφανερώθη. Er that sich ihnen also kund, versichtbarte sich ihnen und sie sahen ihn nur, weil er von ihnen gesehen sein wollte, weil er ihnen erschien. Kaum steht der Erlöser in ihrer Mitte, so thut er auch seinen Mund auf: wahrscheinlich merkten die Versammelten erst, dass er gekommen sei, als sie seine alte, bekannte Stimme auf ein Mal hörten. Tischendorf streicht mit fester Hand die Worte in dem recipirten Texte bei Lukas: καὶ λέγει αὐτοῖς· εἰρήνη ὑμῖν, weil sie in dem Codex Cantabrigiensis fehlen, sie befinden sich aber schon in dem Codex Sinaiticus, Alexandrinus und Vaticanus und sind wohl schwerlich aus Johannes erst hier eingeschoben worden. Beide Evangelisten berichten demnach, dass der Auferstandene mit einem εἰρήνη ὑμῖν die Seinen begrüsst habe. Wir wissen, dass die Kinder Israel sich meistentheils zu grüssen pflegten mit den schönen Worten: לְךָ שָׁלוֹם und שָׁלוֹם לָכֶם und finden es sehr schön, dass der Auferstandene diesen altherkömmlichen Friedensgruss beibehält. Wie er nicht gekommen ist, das Gesetz oder die Propheten aufzulösen, so ist er ja auch gleicher Weise nicht gekommen, die alten, guten Formen und Formeln zu beseitigen: aber wie er gekommen ist, das Gesetz und die Propheten zu erfüllen, so ist er auch gekommen, diese Formen und Formeln zu erfüllen, ihren Sinn, ihren Inhalt, ihre Bedeutung zu erhöhen und zu vertiefen. Wir können um desswillen schon Calvin, Lücke, de Wette, Meyer u. A. nicht beipflichten, welche in diesem εἰρήνη ὑμῖν nur den gewöhnlichen Eintrittsgruss verstehen. Alles, was Jesus in seine heiligen Hände und seinen heiligen Mund nimmt, erhält dadurch eine höhere Dignität, und dieser Friedensgruss muss hier um so mehr von seinem Geiste berührt und verklärt worden sein, als erstens der, welcher ihn entbietet, vor wenigen Tagen erst zu seinen Elfen gesprochen hat: εἰρήνην ἀφίημι ὑμῖν, εἰρήνην τὴν ἐμὴν δίδωμι ὑμῖν· οὐ καθὼς ὁ κόσμος δίδωσιν, ἐγὼ δίδωμι ὑμῖν. Μὴ ταρασσέσθω ὑμῶν ἡ καρδία. Joh. 14, 27, und als er zweitens jetzt zum ersten Male unter ihnen erscheint, nachdem er den Frieden für sie bereitet hat. Der herkömmliche Friedensgruss empfängt in dem Munde des Friedensfürsten, der unser Friede ist, einen ganz neuen, tiefen Sinn. So haben Chrysostomus, Theophylaktus, Euthymius, Luther, Gerhard, Lampe, Bengel, Olshausen, Godet, Hengstenberg, Luthardt u. A. schon lange erkannt. Seinen Friedensgruss entbietet Christus, seinen Frieden bringt er ihnen nach seinem Siege. Schön sagt Luther: „Wenn er mitten in unsrem Herzen steht, so hören wir so bald eine liebliche Stimme, dass er zu dem Gewissen sagt: sei zufrieden, es hat keine Noth, deine Sünden sind dir vergeben und hinweggenommen und soll dir nichts mehr schaden. Friede sei mit euch! Freundlicher konnte er es nicht machen, denn dass er ihnen Frieden anbeut und seine Hände und seine Seite zeigt, damit sie seiner Auferstehung gewiss und durch solchen Glauben wider alle Traurigkeit, Furcht und Schrecken getröstet werden. Hier ist nichts Unfreundliches und Schreckliches. Der Gruss ist süss und lieblich. Denn Friede heisst in hebräischer Sprache alles Gut, Glück und

Wohlfahrt; Friede heissen sie, wo es wohl zugehet und das Herz zufrieden und guter Dinge ist. Es ist aber dieser Friede Christi gar heimlich und verborgen vor den Augen und Sinnen, nicht ein sichtbarer oder handgreiflicher Friede in äusserlichem Fühlen, sondern innerlich und geistlich im Glauben, welcher nichts Anderes ergreift und erfasst, denn das, was er hier hört: Friede sei mit dir, fürchte dich nicht! und also sich genügen lässt und zufrieden ist darüber, dass Christus sein Freund ist und Gott ihm wohl will und alles Gute anbieten lässt, ob er gleich äusserlich in der Welt keinen Frieden, sondern eitel Widerspruch fühlt, wie du siehst, dass hier den Jüngern Christi geschieht, welche da verschlossen in grosser Furcht vor den Juden sitzen, den Tod vor Augen haben, obwohl ihnen Niemand etwas thut, zappelt ihnen doch inwendig das Herz. Da kommt der Herr und stillt ihr Herz, dass sie nicht mehr darnach fragen, wie die Juden toben, kommen in solchen Trutz und Freudigkeit, dass sie sagen: wir haben den Herrn gesehen! Denn der Teufel kann es nicht leiden, dass ein Christ Frieden habe; da müssen Christen täglich Unglück und Unfrieden leiden, dass der Teufel sie ängstigt, drückt und plagt mit Schrecken der Sünde und Strafe derselben, die Welt mit ihrer Verfolgung und Tyrannei, das Fleisch mit seiner eigenen Schwachheit und Ungeduld. Darum muss Christus auf eine andere Weise Friede geben, als der ist, den die Welt hat und gibt. Joh. 14, 27. Weltlicher Friede besteht darin, dass das äusserliche Uebel, das da Unfrieden macht (Feinde, Armuth, Krankheit) hinweggenommen werde. Aber christlicher oder geistlicher Friede wendet es um, also dass das Unglück aussen bleibet, als Feinde, Krankheit, Armuth, Sünde, Teufel und Tod, die sind da, lassen nicht ab und liegen rings herum, dennoch ist inwendig Friede, Stärke und Trost im Herzen, dass es nach keinem Unglück fragt, ja auch muthiger und freudiger wird, wenn es da ist, denn wenn es nicht da ist. Darum heisst es wohl solcher Friede, der höher ist denn Vernunft und alle Sinne. Phil. 4, 7. Denn die Vernunft weiss nichts davon, wie man das Herz zufrieden stellen und trösten soll in den Nöthen, da alle Güter, welche die Welt geben kann, fehlen. Wenn aber Christus kommt, lässt er äusserliche Widerwärtigkeit bleiben, stärkt aber die Person und macht aus Blödigkeit ein unerschrocken Herz, aus dem Zappeln keck, aus einem unruhigen ein friedsames, stilles Gewissen, dass ein solcher Mensch in denselben Sachen getrost, muthig und freudig ist, in welchen sonst alle Welt erschrocken ist, d. i. im Tod, Schrecken der Sünde und allen Nöthen, da die Welt mit ihrem Troste und Gut nicht mehr helfen kann. Das ist denn ein rechter, beständiger Friede, der da ewig bleibt und unüberwindlich ist, so lange das Herz an Christo hangt. Joh. 16, 33." Fleischlich Gesinntsein ist eine Feindschaft wider Gott, die Ungerechtigkeit bringt den Uebelthäter um den Frieden seines Herzens: durch sein Leiden und Sterben hat Christus nicht bloss unsren Ungehorsam gesühnt und wieder gut gemacht, sondern die Anklagen und die Verdammniss unsres eignen Herzens gestillt, denn die Strafe liegt auf ihm, auf dass wir Frieden hätten. Jesus bringt aber diesen Frieden, welchen er durch sein unschuldig Leiden und Sterben gemacht hat, seinen Jüngern nicht in dieser Allgemeinheit, er applicirt seinen Frieden ihnen noch ganz in Sonderheit. Dass die Sünde in Unfrieden stürzt, wissen sie recht wohl; sie haben das in den letzten Tagen erst recht tief erkannt, Petrus geht darin allen Anderen wieder voraus, und empfinden es auf das Lebendigste in dieser Gnadenstunde, da sie den Gekreuzigten lebendig wieder in ihrer Mitte sehen. Sie haben sich allesammt an ihm geärgert, haben ihn feige, kleingläubig, an sich nur denkend, verlassen: ihr Herz straft sie, ihre Sünde gönnt ihnen keinen Frieden. Da kommt er, an dem sie sich so schwer vergangen haben, und spricht zu ihnen: Friede sei mit euch! Er zankt und hadert nicht mit ihnen, er sagt ihnen mit seinem Friedensgrusse zu, dass er ihnen verzeiht und vergibt. Aber nicht bloss in Rücksicht auf die Vergangenheit bringt Christus ihnen den mit der Sündenvergebung verknüpften Frieden, sondern auch in Rücksicht auf die Gegenwart, in welcher sie sich befinden. Sie sind bei verschlossenen Thüren aus Furcht vor den Juden versammelt, sie fürchten sich vor ihnen, sie haben keinen Frieden vor ihnen: ganz richtig weist Theophylaktus schon darauf hin, dass der Auferstandene mit seinem Friedensgrusse ihnen aus der Angst und Unruhe von wegen der feindseligen Juden heraushilft. Er steht in ihrer Mitte, er beweist durch seine Gegenwart, dass er von ihnen nicht scheiden, sondern vielmehr treu zu ihnen halten will; jetzt dürfen sie unverzagt sein und bei allem Unfrieden, den sie in dieser Welt haben, im tiefsten Frieden leben, denn der Herr ist in ihrer Mitte, der da alle seine Feinde überwunden hat! Innerlichen und äusserlichen Frieden, Frieden mit Gott in dem Himmel und Frieden vor den bösen Menschen wünscht der Auferstandene mit diesem hochbedeutsamen, die Kraft und Wirkung seiner Auferstehung in das hellste Licht stellenden Grusse: Friede sei mit euch. Aber wir wissen, Jesu Worte sind Thaten, seine Wünsche sind keine *pia desideria*, sondern heilskräftige Mittheilungen; er, der da spricht: *εἰρήνη ὑμῖν*, senkt mit diesen Worten seinen Frieden, seinen Versöhnungsfrieden, ihnen zu unverlierbarem Besitze in das tiefste Herz.

Die Jünger haben helle Augen und geöffnete Ohren: es ergeht ihnen weder wie den beiden Emmauspilgern, deren Augen gehalten wurden, noch wie der Maria Magdalena, welche in der Stimme ihres Herrn die Stimme eines ihr ganz unbekannten Gärtners zu vernehmen meinte. Sie erkennen durch Auge und Ohr, an der Gestalt wie an der Stimme den, von dem sie sprechen, von dem sie gezeugt haben: der Herr ist wahrhaftig auferstanden und dem Simon erschienen! Aber es findet eine solche Scene statt, wie wir sie nach alle dem wohl zu erwarten berechtigt sind: kein Aufspringen, kein Hinstürzen, um die Füsse des Auferstandenen zu umklammern und ihn anzubeten. Lukas erzählt: *πτοηθέντες καὶ ἔμφοβοι γενόμενοι ἐδόκουν πνεῦμα θεωρεῖν*, mit dem Letzteren stimmt Johannes, mit dem Ersteren aber Markus, welcher erzählt: *ὠνείδισεν τὴν ἀπιστίαν αὐτῶν καὶ σκληροκαρδίαν, ὅτι τοῖς θεασαμένοις αὐτὸν ἐγηγερμένον οὐκ ἐπίστευσαν*. Es scheint mir das Angemessenste, die Rüge, welche der Auferstandene seinen Jüngern nach Markus ertheilt, an dieser Stelle einzuschalten: Gerhard und Andere thun es erst an dem Schlusse dieser ersten von Lukas berichteten Scene, ehe der zweite Friedensgruss erschallt. Sollte die Freude der Versammelten wohl durch diese Strafpredigt versalzen worden sein? Die Jünger, durch Vorzeigen der Hände und Füsse vergewissert, dass ihr Herr und Meister mitten unter ihnen steht, empfangen wegen ihres Unglaubens und der Härtigkeit der Herzen den nöthigen Vorhalt. Der Acker ist durch den scharfen Zahn dieses Pfluges dann aufgerissen und umgeworfen, um desto williger und dank-

barer in seinen Schoss aufzunehmen, was ihm anvertraut werden soll.
Allen Grund hat Christus aber, die Seinen zu tadeln, er thut es in der
feinsten Weise: er straft sie nicht desshalb, dass sie seinen Vorherverkündigungen nicht geglaubt haben und verzweifelt sind, trotzdem dass er
ihnen die herrlichste Perspektive eröffnet hatte, er bleibt bei dem Allerletzten stehen, das sie sich haben zu Schulden kommen lassen. Er hat
sich schon Mehreren geoffenbart, diese sind als seine Boten und Zeugen
vor ihnen aufgetreten, haben sie erinnert an das, was er ihnen verheissen
hatte, und — sie haben nicht geglaubt. Die erste Botschaft, dass das
Grab leer sei, haben sie für ein Märlein gehalten; das Zeugniss der Maria
Magdalena hat sie nicht anderes Sinnes gemacht; es gelang dem kräftigen
Petrus erst, sie auf eine kleine Weile fortzureissen zu dem Bekenntnisse
der Wahrheit: der Herr ist wahrhaftig auferstanden; selbst die beiden
Wanderer, welche so ausführlich von der Gnade und Wahrheit des Auferstandenen mit brennenden Herzen ihnen erzählten, haben kein Feuer
für die Dauer in ihren Herzen entzünden können. Hell und hoch ist die
Flamme der Begeisterung ein Mal aufgeschlagen, um aber bald wieder
zusammenzusinken. Wie die beiden Wanderer nicht glaubten, weil ihre
Herzen träge und faul waren, so stammt der Unglaube bei diesen, welche
der Auferstandene strafen muss, wenn anders die Erscheinung, deren er
sie würdigt, von durchschlagendem Erfolge sein soll, auch aus einem
Defekte ihrer Herzen. Mit dem Herzen wird geglaubt, schreibt Paulus
Röm. 10, 10, und umgekehrt wird auch mit dem Herzen nicht geglaubt.
Der Unglaube kommt aus dem Herzen, und wie sollen diese Jünger den
Boten und Zeugen des Auferstandenen glauben, sind ihre Herzen doch
hart und trocken, dumpf und stumpf? Der Ausdruck σκληροκαρδία ist in
dem klassischen Griechisch fremd, die 70 kennt ihn aber schon Deuter. 10, 16,
Jerem. 4, 4. Sir. 16, 10: im Neuen Testament begegnet er uns noch
Matth. 19, 8. Mark. 10, 5. Wie sehr es den Elfen und den Uebrigen
an dem rechten, fröhlichen Glauben fehlte, hatte sich Christus eben erst
überzeugen müssen, denn als sie ihn sahen und seine Stimme hörten, da
war das Erste, welches sie empfanden, Furcht und Entsetzen. Sie trauten
ihren Augen und Ohren nicht, sie schreckten und schauerten zusammen:
die Erscheinung erfolgte so unerwartet, so urplötzlich, so geheimnissvoll,
so wunderbar, dass sie auf den Gedanken kamen, πνεῦμα θεωρεῖν. Solche
Gefühle und Gedanken steigen auf bei ähnlichen ungeahnten Begegnungen.
Gut schildert Quintilianus in seiner neunten Deklamation c. 7 diesen seltsamen Zustand: *His cogitationibus attonito et in mortem iam paene de-
merso inopinata subito amici mei species offulsit. Obstupui, totumque corpus
percurrit frigidus pavor, neque aliter, quam si vana obiiceretur oculis imago,
mente captus steti. Ubi primum lux rediit laxatumque est iter voci, quid
tu, inquam, quo casu pervenisti huc miser?* Johannes deutet übrigens auf
solch ein Erschrecken und Nichtglauben auch hin, denn nur so kann das Zeigen
der Hände und der Seite genügend motivirt werden, wie Calvin schon
richtig erkannt hat. *De hoc pavore non meminit Joannes: sed quum
dicat ipse quoque, Christum manus suas et latus ostendisse discipulis, con-
iicere licet, fuisse aliquid ab eo omissum. Nec vero evangelistis insolens
est, dum compendio student, partem duntaxat attingere. Porro ex Luca
discimus, spectaculi novitate territos credere suis oculis ausos non fuisse.
Paulo ante statuerant resurrexisse dominum et tamquam de re sibi probe*

nota asseveranter locuti erant: nunc dum eum conspiciunt suis oculis, sensum illis excutit admiratio, ut spiritum esse imaginentur. Etsi autem vitio non caruit hic error, qui ex infirmitate manavit, non tamen ita sui obliti erant, ut sibi timerent a praestigiis: sed quamvis sibi illudi non putent, magis tamen huc inclinant, sibi in visione per spiritum proponi resurrectionis imaginem, quam Christum ipsum, qui nuper in cruce mortuus fuerat, vivum adesse. Ita visionem fallaciae suspectam non habebant, quasi inane esset spectrum, sed metu correpti tantum in spiritu sibi ostendi putabant, quod re ipsa positum erat sub oculis. Mit Calvin stimmt heut zu Tage wohl nur noch Keil: die anderen Ausleger nehmen allesammt an, dass die Jünger in der ersten Aufregung befürchten, ein Gespenst, einen Geist wahrzunehmen. Was in Matth. 14, 26 berichtet wird, wiederholt sich hier in erhöhter Weise: als die Jünger, die auf dem galiläischen Meere Noth litten, den Heiland über das Wasser hingehen sahen, um ihnen mit seiner Hülfe zu erscheinen, ἐταράχθησαν λέγοντες, ὅτι φάντασμά ἐστιν· καὶ ἀπὸ φόβου ἔκραξαν. Ein Luftgebild meinten sie dort zu erblicken, hier entspricht τὸ πνεῦμα jenem τὸ φάντασμα, wie Paulus, Kühnöl, Olshausen, de Wette, Bleek, Meyer u. A. mit Recht behaupten. Es fragt sich aber, ob die Jünger jetzt glauben, dass sie irgend einen Geist wahrnehmen, welcher sich der Gestalt und der Stimme ihres Meisters bedient, um sie zu ängstigen, oder ob sie wähnen, der Geist des Gekreuzigten sei aus dem Lande der Todten zu ihnen emporgestiegen. Luther nimmt das Erstere an und, wie mir scheint, hat er allen Grund dazu. Denn der Erscheinende bemüht sich nicht bloss, seine Jünger zu überführen, dass er in Fleisch und Knochen, nicht als ein körperloser Schatten, ein lebloses Etwas vor ihnen steht, sondern auch davon, dass er und kein Anderer es ist, der ihnen erscheint. Was sollte er aber sowohl von der Realität seiner Erscheinung, als auch von der Identität seiner Person seine Gläubigen zu überzeugen suchen, wenn es ihnen nicht auch zweifelhaft gewesen wäre, ob sein Geist oder ein fremder böser Geist in seiner Gestalt sich ihnen offenbare. Durch die ganze alte Welt geht der Glaube, dass böse Geister in jeder beliebigen Gestalt erscheinen können. Das ganze Mittelalter hält daran noch fest, und wir wissen, dass Luther selbst diesen Glauben theilte. „Hier hören wir," so sagt er in seiner Kirchenpostille, „dass Christus auch nicht leugnet, sondern mit seiner Antwort bestätigt, dass Geister erscheinen, weil er sagt: ein Geist hat nicht Fleisch und Bein. Aber das sagt die Schrift nicht, hat dess auch kein Exempel, dass solche der verstorbenen Menschen Seelen seien, und bei den Leuten wandeln und Hülfe suchen sollten, wie wir bisher in unserer Blindheit, vom Teufel betrogen, geglaubt haben. Daher auch der Papst sein erdichtetes Fegefeuer und schändlichen Messenjahrmarkt aufgerichtet hat; und ist an derselbigen Lügenlehre und Gräul als an der Frucht wohl zu sehen, dass auch der Grund, darauf solches gebaut ist, nämlich von den wandelnden Seelen, vom Lügenvater, dem Teufel, herkommt, der in der verstorbenen Menschen Namen die Leute betrogen hat. Denn dass man solchem Gespenst der irregehenden Geister unter der Seelen Namen nicht glauben soll, haben wir Grund genug. Zum Ersten aus dem, dass die Schrift nichts überall davon sagt, dass der verstorbenen Menschen Seelen, so noch nicht auferstanden, sollten unter den Leuten umgehen; so doch sonst Alles, was uns nöthig ist zu wissen, in der Schrift offenbart ist: hat uns

auch kein Wort davon wollen wissen lassen, wie es denn auch nicht
möglich ist uns, zu begreifen und zu verstehen, wie es um die Geister
gethan sei, die von dem Leibe abgeschieden, vor der Auferstehung und
dem jüngsten Tage, als die nun gar von der Welt und dieser Zeit abge-
sondert und geschieden sind. Zum Andern, dass es auch klar in der
Schrift verboten ist, dass man von den Todten nichts fragen noch ihnen
glauben soll, 5 Mos. 18, 11. Jesaj. 8, 19. Und Luk. 16, 31 ist angezeigt,
dass Gott keinen von den Todten will auferstehen noch predigen lassen,
weil Moses und die Schrift vorhanden ist. Darum soll man wissen, dass
alle solche Gespenste und Gesichte, so sich also sehen und hören lässt,
sonderlich mit Rumpeln und Poltern, keiner Menschen Seelen, sondern
gewisslich Teufel sind, die also ihr Spiel haben, entweder die Leute mit
falschem Vorgeben und Lügen zu betrügen, oder vergeblich zu schrecken
und zu plagen."

Ein Gespenst vermeinten die Jünger zu sehen; ein Gespenst, welches
die Gestalt des Heilandes nachäffe. Christi Aufgabe muss es zuerst sein,
sie zu überzeugen, dass er selbst vor ihnen steht und kein anderes, fremdes Wesen. Er spricht zu ihnen: τί τεταραγμένοι ἐστέ, καί διὰ τί διαλογισμοὶ ἀναβαίνουσιν ἐν ταῖς καρδίαις (so liest auf Grund des Sinaiticus
und Alexandrinus Tischendorf, ἐν τῇ καρδίᾳ, aber Lachmann auf Grund
des Vaticanus und Cantabrigiensis) ὑμῶν; die Alten greifen hier sicher fehl,
wenn sie mit Gerhard in dieser Anrede einen Beweis geboten finden, dass
die Erscheinung vor den Jüngern wirklich der Heiland ist. Er soll sich
nämlich in diesem Worte als denjenigen offenbaren, der die Gedanken
der Menschen kraft seiner Allwissenheit kennt und somit Gottes Sohn ist:
allein das geht nicht an, denn erstens gehörte gar kein Herzen und Nieren
erforschender Blick hier dazu, um zu errathen, welche Gedanken den
Jüngern durch den Sinn fuhren, ihr Zusammenfahren und Erschrecken
war *sapienti sat*, und zum Andern eignet ja auch den Geistern, welche
fremde Gestalten an sich nehmen, nach dem Volksglauben ein höheres
Wissen. Jesus will weiter Nichts, als die Seinen zurechtweisen: τί τεταραγμένοι ἐστέ, so spricht er hier: Matth. 14, 27 sagt er zu ihnen, welche
ἐταράχϑησαν durch seine Erscheinung auf den Fluthen: ϑαρσεῖτε, ἐγώ εἰμι,
μὴ φοβεῖσϑε. Er lobt nicht in dem Mindesten, dass sie in Verwirrung
und Bestürzung, in Unruhe und Aufregung hineingerathen sind, sie müssten
ihn nach Allem, wie sie auf seine Erscheinung vorbereitet sind, in ganz
anderer Weise empfangen: allerdings auch mit Herzensbewegung, aber
mit hellen, klaren Sinnen und Gedanken. Aber welche Gedanken tauchen
jetzt in ihren Herzen auf und fluthen durch einander? Sie, welche einem
glatten Spiegel gleichen sollten, in welchem seine Herrlichkeit wieder-
scheinen könnte, sind nicht im Stande, sein Bild in ihre Herzen aufzunehmen und tief hineinzuprägen. Διὰ τί διαλογισμοὶ ἀναβαίνουσιν ἐν
ταῖς καρδίαις ὑμῶν. Es ist nicht ein einziger Gedanke aufgestiegen aus
den Tiefen ihres Herzens, sondern ein Heer von Gedanken, aber nicht ein
geordnetes, wohldisciplinirtes, sondern ein in die höchste Verwirrung ge-
rathenes Heer, wo Einer dem Andern in dem Wege steht. Sie glauben
das eine Mal; es ist ein Gespenst, ein böser Geist, der uns quält, und
das andere Mal: nein, es ist der Geist, der aus dem Leibe geschiedene
Geist unsers Herrn und Meisters selbst; sie glauben weiter: es ist sein
Geist, der dem Hades für einen Augenblick entstiegen ist, und das andere

Mal: nein, er steht als der Auferstandene von den Todten leibhaftig vor unsren Augen. Aus der Verwirrung ruft Christus seine Jünger zur Sammlung und Besinnung für das Erste also zurück: *his verbis (quid turbati estis)* sagen wir mit Calvin, *monentur, a terrore colligere mentes suas, ut recepto sensuum vigore de re sibi comperta iudicent. Quam diu enim homines occupat perturbatio, in luce manifesta coecutiunt. Ergo ut certam notitiam concipiant discipuli, iubentur rcm sedatis et compositis animis expendere.* Sodann verweist er es ihnen, dass sie solchen Gedanken den Laufpass geben: der Mensch soll auch ein Herr seiner Gedanken sein und sie unterdrücken lernen. Sie lassen ihren Gedanken vollständige Freiheit: *dicit autem,* sagt Calvin wieder, *ascendere cogitationes, significans veri notitiam in ipsis ideo suffocari, ut videndo non videant: quia non cohibent perversas imaginationes, sed potius cursum illis laxando, in locum superiorem attollunt. Et certe nos hoc nimis verum esse experimur, quemadmodum nebulae, si mane screnum fuerit coelum, sursum elatae claram solis lucem obscurant, ita dum nostris rationibus nimis libere contra Dei verbum insurgere permittimus, quod ante nobis conspicuum erat, ex oculis nostris subduci.*

Nachdem die erschrockenen und verwirrten Jünger auf diese Weise zur Ruhe gebracht sind, spricht Christus nach Lukas zu ihnen: ἴδετε τὰς χεῖράς μου καὶ τοὺς πόδας μου, ὅτι ἐγώ εἰμι αὐτός (so mit Lachmann und Tischendorf nach dem Sinaiticus und Vaticanus, der *textus receptus* hält sich mit seinem ἐγὼ αὐτός εἰμι an den Cantabrigiensis). ψηλαφήσατέ με καὶ ἴδετε, ὅτι πνεῦμα σάρκας καὶ ὀστέα οὐκ ἔχει, καθὼς ἐμὲ θεωρεῖτε ἔχοντα, καὶ τοῦτο εἰπὼν ἐπέδειξεν (so mit dem Sinaiticus und Vaticanus) αὐτοῖς τὰς χεῖρας καὶ τοὺς πόδας. Wir haben durchaus kein Recht, den letzten Satz (καὶ τοῦτο εἰπὼν κτλ.) mit Tischendorf auf Grund des Cantabrigiensis ganz zu streichen: er steht in dem Sinaiticus, Alexandrinus und Vaticanus bereits. Hier nähert sich Johannes sehr bedeutend, dass man jene Schlussworte des Lukas für entlehnt aus ihm erachtete: er erzählt nämlich καὶ τοῦτο εἰπὼν ἔδειξε καὶ τὰς χεῖρας καὶ τὴν πλευρὰν αὐτοῖς. Seine Hände und seine Füsse zeigt Jesus nach Lukas, sie sollen sie ansehen und daraus erkennen, ὅτι ἐγώ εἰμι αὐτός, dass er es ist und kein Anderer. Er will sie durch den Augenschein, durch diese eigentlichste *demonstratio ad oculos* gewiss machen, dass nicht ein fremdes Wesen in seiner Gestalt vor ihnen steht, sondern er selbst in eigenster Person. Auf die Identität der Person kommt es hier an. Luther und Calvin, welchen Aeltere, wie z. B. Euthymius, schon vorausgegangen waren, erklären freilich, dass Christus nur von der Realität, von der Leibhaftigkeit seiner Erscheinung die Seinen überzeugen wolle. Die ganz überwiegende Mehrzahl der neueren Ausleger aber ist anderer Ansicht: während nach Paulus und de Wette Jesus die entblössten Theile seines Leibes zeigt, um den Gedanken an einen Geist zu widerlegen, thut er diess nach Kühnöl, Bleek, Meyer, Godet, Keil u. A., um die Identität der Person festzustellen. Das ἐγώ εἰμι αὐτός lässt beide Auffassungen zu, dahingegen verträgt sich das Zeigen der Hände, Füsse und Seite nicht mit der Meinung von Paulus und de Wette. Ob Geist oder Leib vor ihnen stehe, konnten sie durch das Sehen nicht herausbekommen, denn trotzdem, dass sie Jesum sahen, waren sie doch der Meinung, es sei ein Geist: das liess sich nur durch ein Betasten und Befühlen sicher ermitteln. Uebrigens konnte man die

Häude und Füsse schon sehen, ohne dass sie noch besonders gezeigt wurden: werden sie aber noch besonders hingezeigt, so muss an denselben etwas Besonderes sichtbar gewesen sein, und auf dieses, was bei dem Hinhalten erst deutlich ersehen werden konnte, muss es hier angekommen sein. Nach Johannes zeigt der Auferstandene ausser den Händen noch seine Seite, und aus der Geschichte mit Thomas erhellt, was die Apostel da sahen: sie sahen in den Händen die Nägelmale und in der Seite den Lanzenstich. Wussten sie nun, weil sie solches gesehen hatten, dass nicht sein Geist, sondern er selbst leibhaftig in ihrer Mitte stehe? Gewiss nicht, denn diese Malzeichen konnten ja auch das φάντασμα an sich genommen haben, um sie zu berücken. Diese Wundenmale aber bewiesen, dass, was es nun sei, welches ihnen erscheine, ob Leib oder Geist, der Herr selbst in irgend einer Weise sei. Die Identität der Person resultirte daraus, ohne dass über die Beschaffenheit derselben schon etwas festgestanden hätte. Dass Johannes neben den Händen noch die Seite nennt, hat darin seinen Grund, dass er allein von dem Stiche erzählt, mit welchem der römische Kriegsknecht dem Gestorbenen die Seite öffnete; Lukas, welcher davon nichts weiss, erwähnt die Füsse noch, an welchen nach Paulus und Konsorten die Striemen von den Stricken, mit denen sie an das Kreuzesholz festgeschleift gewesen waren, noch zu erkennen gewesen sein sollen. Das ist kaum glaublich, über zwei Mal vier und zwanzig Stunden sind ja schon vergangen. Wir denken richtiger an die Male der Nägel, welche durch seine Füsse getrieben worden waren. Ein gegründetes Bedenken dagegen, dass Hände, Seite und Füsse gezeigt wurden, ist nicht vorzubringen. Auf dreier Zeugen Mund, so zu sagen, steht die Behauptung Christi also: ἐγώ εἰμι αὐτός: seine Hände, Füsse und Seite zeugen in vollstem Dreiklang und Einklang: Er ist es selbst, Er und kein Anderer.

Wenn nach Lukas der Auferstandene seine Jünger nun aber weiter auffordert: ψηλαφήσατέ με καὶ ἴδετε, so richtet er dieses Wort an sie, um sie zu überführen, dass er kein πνεῦμα, kein φάντασμα ist, wofür sie ihn ansehen. In seinem buchstäblichen Sinne ist ψηλαφᾶν zu nehmen, ἰδεῖν hingegen ist tropisch; betasten sollen sie ihn, um durch das Betasten zu erkennen, dass er kein Geist ist. Meyer will ὅτι mit dass auslegen, v. Hofmann stimmt zu und übersetzt nun, ὅτι πνεῦμα σάρκας καὶ ὀστέα οὐκ ἔχει καθὼς ἐμὲ θεωρεῖτε ἔχοντα, dass ich Fleisch und Bein habe, was ein Geist nicht hat. Eine Umkehr der Sätze ist dabei erforderlich: ein Jeder wird zugeben, dass jede andere Auffassung, welche solch ein Zwangsverfahren vermeidet, den Vorzug verdient. Wir bleiben daher bei der gewöhnlichen, auch von Bleek, Ewald, Weiss, Keil u. A. gebilligten Deutung von ὅτι gleich denn, weil. Gewiss sollen sie durch das Betasten der vor ihnen stehenden Gestalt werden, dass sie kein Geist, kein Gespenst, keine umbra ist, denn ein solcher Geist hat nicht σάρκας καὶ ὀστέα, wie sie sehen, durch das Betasten inne werden, dass er es hat. Dass hier nicht von σάρξ καὶ αἷμα die Rede ist, erklärt sich daraus, dass gefühlt werden soll: das Blut aber lässt sich, wenn auch fühlen an seinem Schlagen, so doch nicht so gut fühlen, als das Knochengerüst, welches von dem Fleische überzogen ist: auch könnte das, was sie in den Adern sich bewegen fühlen, etwas Anderes sein als Menschenblut. Hier, wo sie sich von seiner Realität, von seiner Leibhaftigkeit überzeugen sollen, muss dergleichen ihnen dargeboten werden, was einem Gespenste auf keinen Fall eignet. Dass die Geister der Verstorbenen weder Fleisch noch Knochen hätten, stand den Alten ausser allem Zweifel. Schon Homerus singt in der Odyssea 11, 217 ff.

> οὔτι σε Περσεφόνεια, Διὸς θυγάτηρ, ἀπαφίσκει,
> ἀλλ' αὕτη δίκη ἐστὶ βροτῶν, ὅτε κέν τε θάνωσιν.
> οὐ γὰρ ἔτι σάρκας τε καὶ ὀστέα ἶνες ἔχουσιν,
> ἀλλὰ τὰ μέν τε πυρὸς κρατερὸν μένος αἰθομένοιο
> δαμνᾷ, ἐπεί κε πρῶτα λίπῃ λεύκ' ὀστέα θυμός.
> ψυχὴ δ', ἠΰτ' ὄνειρος, ἀποπταμένη πεπότηται.

Apollonius spricht bei dem Philostratus 9, 12: λαβοῦ μου, ἔφη, κἂν μὲν διαφύγω σε, εἴδωλόν εἰμί σοι, ἐκ φερσεφάττης ἥκον, οἷα φαίνουσιν οἱ χθόνιοι θεοὶ τοῖς ἀθυμοτέροις τὰ πένθη· εἰ δὲ ὑπομείναιμι ἁπτόμενος πεῖθε καὶ Δάμιν ζῆν τέ με καὶ μὴ ἀποβεβληκέναι τὸ σῶμα.

Ovidius sagt in den Metamorph. 4, 443:

> *errant exsangues sine corpore et ossibus umbrae.*

Schön umschreibt Luther: „warum seid ihr erschrocken und lasset solche Gedanken in eure Herzen kommen? Ihr malet mich als einen Geist und solchen, der euch nur erschrecken wolle, so ich doch komme und euch trösten und erfreuen will. — Was wollt ihr noch an mir zweifeln und mit euren Gedanken ein Gespenst aus mir machen? Ihr habt ja noch nie keinen Teufel oder Geist gegriffen, noch gesehen Fleisch und Blut haben, wie ich habe; ob sie gleich zuweilen solche Gestalt an sich nehmen und die Sinne betrügen. Also gibt er ihnen zu dem Worte auch ein stark gewiss Zeichen und tröstet sie mit der That, dass sie ja sich vor ihm nicht fürchten sollen; zeigt ihnen, was er für sie gethan hat. Denn das ist ja ein lieblich, tröstlich und fröhlich Bild, dieses lieben Heilandes Hände und Füsse sehen, die um meinetwillen durchstochen und damit auch meine Sünden an das Kreuz genagelt sind. Solches weiset er mir zum Wahrzeichen und Zeugniss, dass er für mich gelitten, gekreuzigt und gestorben sei, und ja nicht denkt, mit mir zu zürnen und mich in die Hölle zu stossen."

Der Evangelist erzählt nicht, ob die Jünger auch wirklich thaten, was Jesus ihnen verstattete: mir scheint es geschehen zu sein. Sollten sie einer Erlaubniss sich nicht bedienen, um ihrer Zweifel sich zu erledigen, zumal dieselbe in der Form eines Gebotes gegeben war? Sollten sie nicht jedes Mittel, welches die Freundlichkeit ihres Heilandes ihnen darbot, freudig ergreifen, um zu der fröhlichen Gewissheit zu gelangen, dass er es wirklich auch sei. Blicken wir auf das Folgende hin, wo erzählt wird, der Auferstandene habe etwas Essbares gefordert und vor ihnen gegessen, um sie von der Leibhaftigkeit seiner Erscheinung zu überzeugen, so müssen wir gestehen, wenn die Jünger auf den ersten Beweis sich nicht einlassen wollten, welcher ihnen angeboten wurde, so kann ihnen unmöglich ein zweiter Beweis gegeben werden. Sie betasteten also den Herrn und überzeugten sich, dass es nicht ein Geist, nicht sein Geist, sondern er selbst in leibhaftiger Wirklichkeit es sei. Nach Johannes könnte es den Schein gewinnen, als wenn sie jetzt schon zu dem vollen, festen Glauben hindurchgedrungen seien, allein Lukas, der diesen ersten Theil der Erscheinung sehr eingehend darstellt, belehrt uns eines Andern. Immer kam der Osterglaube noch nicht zum Durchbruche. Ἔτι δὲ ἀπιστούντων αὐτῶν

ἀπὸ τῆς χαρᾶς καὶ θαυμαζόντων, εἶπεν αὐτοῖς, ἔχετέ τι βρώσιμον ἐνθάδε.
Die Freude der Jünger ist so gross, dass sie nicht recht glauben können,
dass es so ist, wie alle Zeichen ihnen es darthun: das Menschenherz ist
vielfach zu klein, um eine grosse Freude, welche ihm wider Vermuthen
und Erwarten widerfährt, gleich fest aufzunehmen. Es geht nur scheu,
nur zaghaft heran, es kommt nur allmälig zur freudigen Gewissheit. Gut
sagt Luther: „Das ist auch ein seltsamer Text und wunderliche Rede;
zuvor ist der Glaube verhindert durch die Furcht und erschrockenen Gedanken; jetzt hindert die Freude, die nun viel grösser ist, denn zuvor
das Schrecken war, und sind jetzt die Jünger der Freuden so voll von dem
Schelten des Herrn und Zeigen seiner Hände und Füsse, dass sie noch
nicht glauben können. Das ist auch der Christen Anfechtungen eine, dass
die Gnade gar zu gross und herrlich ist, wenn wir unsere Geringigkeit
und Unwürdigkeit gegen Christum ansehen, und der Trost so gar überschwänglich, dass unsere Herzen viel zu enge sind, denselben zu fassen;
denn wer sollte das dürfen in's Herz fassen, dass Christus sich selbst
gegen mich armen, sündlichen Menschen als einen solchen freundlichen
Heiland erzeigt, der mir Alles, was er gethan hat, auf ein Mal zu eigen
gibt. Muss doch das Herz gleich vor ihm selbst erschrecken und denken:
meinest du auch, dass es wahr sei, dass die Majestät, so Himmel und Erde
geschaffen, sollte sich meines Elendes so hoch annehmen und mich so
gnädiglich ansehen, der ich mich so hoch und vielfältiglich gegen ihn ver-
sündigt und tausendmal Zorn, Tod und Hölle verdient habe?" Glauben
möchten die Jünger so gerne, aber das Uebermass ihres Glückes lässt sie
nicht zum Glauben kommen. *Hic quoque locus ostendit,* bemerkt der
nüchterne Calvin richtig, *non fuisse consulto incredulos, sicuti qui in animum
inducunt non credere: sed quum eos ad cupide credendum ferret voluntas,
fuisse affectus sui vehementia constrictos, ut acquiescere non possent. Nam
certe gaudium, cuius meminit Lucas, non nisi ex fide oriebatur: et tamen
obstaculo · fuit, ne victrix emergeret eorum fides. Notemus ergo, quam
suspecta nobis esse debeat affectuum nostrorum vehementia, quae, quamvis
ex bonis principiis oriatur, nos tamen a recta via transversos rapit.* Dass
grosse Freude den Glauben an einen überraschenden Umschwung der
ganzen Lage nicht gleich aufkommen lässt, dass der Mensch sich erst in
sein Glück hineinfinden muss, ist bekannt: die alten Schriftsteller wissen
das lange schon. So schreibt Livius 39, 49: *vix sibimet ipsi ex necopinato
gaudio credentes: pars nuncios Messenem praemittunt, debellatum esse,
Philipoemenem adduci. Primum adeo incredibilis visa res, ut non pro vano
modo, sed vix pro sano nuncio audiretur: deinde ut super alium alius
idem omnes affirmantes veniebant, tandem facta fides.* Seneka sagt im
Thyestes 938 ff.:

> *proprium hoc miseros sequitur vitium,*
> *numquam rebus credere laetis.*
> *Redeat felix fortuna licet,*
> *tamen afflictos gaudere piget.*

Der Schwachheit der Seinen kommt Christus freundlich entgegen: er
will ihnen zeigen, dass er in leibhaftiger Wirklichkeit mitten unter ihnen
steht, und fragt sie, ob sie nicht irgend etwas zu essen haben. Er isst nicht
aus irgend welchem eigenen Bedürfnisse, denn der verklärte Leib, welchen

13*

er aus dem Grabe mit herausgenommen hat, bedarf nicht mehr der Speise und des Trankes, sondern lediglich ihretwegen, ihres noch bestehenden Unglaubens willen will er etwas Speise haben. Sie brauchen nicht lange zu suchen: sie haben dort vorher zusammen wohl etwas genossen. Sie brachten ihm ἰχϑύος ὀπτοῦ μέρος καὶ ἀπὸ μελισσίου κηρίον, so möchte ich doch lesen, obschon Lachmann und Tischendorf Alles, was nach μέρος in dem *textus receptus* steht, gestrichen haben, weil es in den Haupthandschriften, dem Codex Sinaiticus, Alexandrinus, Vaticanus und Cantabrigiensis, nicht gefunden wird. Andere Handschriften enthalten aber die beanstandeten Worte: wie sollen sie in den Text gekommen sein? Sie stehen nirgends sonst in der h. Schrift: aus Versehen, was Meyer, Godet, Keil u. A. vermuthen, ist καὶ ἀπὸ μελισσίου κηρίον ausgelassen worden. Wir verstehen darunter Honig, welchen Bienen in die Zellen hineingetragen haben, also eine Honigwabe im Unterschiede von andern aus Saft gekochten Honigen. Wir weisen alle Allegorieen, welche die Kirchenväter aus dem gebratenen Fische und dem Honigseime herausziehen, ohne Weiteres von der Hand: Christus will nicht zu einem allegorischen Spiele Anlass geben, sondern durch sein Essen die Jünger überzeugen, dass er es in leibhaftiger Wirklichkeit ist. Man hat gefragt, wie kann aber in aller Welt dieses Essen das zu Stande bringen? Haben nicht auch Engel zum Scheine gegessen? Vgl. Tob. 12, 19. Wir müssen das zugestehen, aber man bedenke, dass der Auferstandene, streng genommen, nicht mehr den Nachweis zu erbringen hat, dass er kein Geist ist, sondern in leibhafter Wirklichkeit ihnen erschienen ist. Sie haben ihn ja betastet. Zu jenem Hauptbeweise kommt jetzt nur ein sekundärer hinzu: dieser baut sich auf jenem auf. Man hat anderer Seits gefragt, wie konnte Jesus Fleisch und Knochen haben und Wundenmale in Händen, Füssen und in der Seite zeigen, wie konnte er essen mit seinem verklärten Leibe. Wir antworten, wie wir bis hieher auf alle diese Fragen geantwortet haben: er konnte das, denn der verklärte Leib war ein williges Organ. Haben die Engel, wenn sie erscheinen, nicht auch einen Leib, der gesehen und betastet werden kann? Hat Abraham, als er den drei Männern, welche in dem Haine Mamre zu ihm gekommen waren, die Füsse wusch, dabei nicht auch Fleisch und Knochen in seinen Händen gespürt. Gen. 18, 4 ff. Ich scheue mich nicht, den alten Auslegern in dem Punkte recht zu geben, dass sie dem verklärten Leibe, welchen sie von jedem Bedürfniss frei sprechen, die Fähigkeit beilegen, wenn es eben gut und heilsam erscheint, etwas Irdisches in sich aufzunehmen, was selbst Zwingli thut, der anmerkt: *quid vero corpori glorificato opus fuit cibo? Non comedit, ut corpus reficeret, quod cibo corporali ad necessitatem minime utebatur, sed ut veritatem humanae naturae in se suis comprobaret. Edit ergo non sibi, sed apostolis.* Ich trage aber auch kein Bedenken, im Widerspruch mit ihnen zu behaupten, dass dem verklärten Leibe nicht Fleisch und Blut, nicht Fleisch und Knochen, überhaupt keine irdischen, grobmateriellen Substanzen eignen. Ich meine, wie man dem verklärten Leibe jene Fähigkeit, etwas zu geniessen, was diese Erde darbietet, unbedenklich zugestehen darf, so kann man ihm auch diese Fähigkeit, je nach Bedürfniss sich zu verdichten und mit gröberen Stoffen zu bekleiden, nicht vorenthalten.

Jetzt, nachdem der Auferstandene vor ihren Augen und von ihrer Speise gegessen hatte, jetzt erst fielen alle Bedenken und Zweifel dahin:

ἐχάρησαν οἶν οἱ μαϑηταὶ ἰδόντες τὸν κύριον. Jetzt sahen sie den Herrn eigentlich erst, jetzt erkannten sie erst, dass er es selbst sei in leibhaftiger Person, und die Freude brach nun vollständig durch. „Ja freilich mussten sie froh werden," sagt Luther, „denn das ist freilich die grösste Freude, die des Menschen Herz empfinden kann, so es den Herrn Christum wieder sieht und erkennt, der ihm zuvor todt und gestorben und mit dem aller Trost und Freude hinweggenommen war. Nun aber kann das Herz sich fröhlich trösten, es weiss, dass es an ihm einen freundlichen, lieben Heiland und durch ihn bei Gott eitel Gnade und Trost hat wider das Schrecken der Sünde und des Todes und der Welt und der Hölle Gewalt. Röm. 5, 1, 2." Sie freuten sich, dass sie ihn wieder hatten, dass er, ihr Heiland und ihr Herr, nicht ein Kind des Todes, sondern der Fürst des Lebens, der Lebendige von Ewigkeit zu Ewigkeit sei und zu ihnen sich halte und bekenne. Es erfüllte sich so schon proleptisch das Wort der Verheissung Joh. 16, 22: *πάλιν δὲ ὄψομαι ὑμᾶς καὶ χαρήσεται ὑμῶν ἡ καρδία καὶ τὴν χαρὰν ὑμῶν οὐδεὶς αἴρει ἀφ' ὑμῶν.*

Wir besitzen von diesem Theile der Erscheinung noch einen ausserkanonischen Bericht. Ignatius schreibt in dem Briefe an die Smyrnäer c. 3: *ἐγὼ γὰρ καὶ μετὰ τὴν ἀνάστασιν ἐν σαρκὶ αὐτὸν οἶδα καὶ πιστεύω ὄντα. Καὶ ὅτε πρὸς τοὺς περὶ Πέτρον ἦλϑεν, ἔφη αὐτοῖς· λάβετε, ψηλαφήσατέ με, καὶ ἴδετε, ὅτι οὐκ εἰμὶ δαιμόνιον ἀσώματον. Καὶ εὐϑὺς αὐτοῦ ἥψαντο καὶ ἐπίστευσαν, κρατηϑέντες τῇ σαρκὶ αὐτοῦ καὶ τῷ πνεύματι.* Damit ist zu vergleichen, was Hieronymus in dem *catalogus scriptorum ecclesiasticorum* im zweiten Kapitel mittheilt. *Evangelium quoque, quod appellatur secundum Hebraeos et a me nuper in graecum latinumque sermonem translatum est, quo et Origenes saepe utitur, post resurrectionem salvatoris refert: dominus autem cum dedisset sindonem servo sacerdotis, ivit ad Jacobum et apparuit ei. Juraverat enim Jacobus, se non comesturum panem ab illa hora, qua biberat calicem domini, donec videret eum resurgentem a mortuis. Rursusque post paululum: afferte, ait dominus, mensam et panem. Statimque additur: tulit panem et benedixit ac fregit et post dedit Jacobo Justo et dixit ei: frater mi, comede panem tuum, quia resurrexit filius hominis a dormientibus.*

Hiermit war aber die Erscheinung Christi unter seinen Aposteln und den zu Jerusalem versammelten Gläubigen an dem Osterabende noch nicht abgeschlossen: er wollte mehr, als sie zu dem festen, fröhlichen, friedensreichen Glauben fördern, dass er von den Todten auferstanden sei. Seine Zeugen sollten die Apostel sein bis an der Welt Ende, und sie nicht allein, sondern ein jeder Gläubige soll in seinem Kreise, an seinem Orte von ihm zeugen mit Wort und Werk in dieser bösen Welt. Die Auferstehung aber ist die Hauptthatsache; wie Paulus 1 Kor. 15 ausführlich darlegt, ruht der Christenglaube darauf, dass der Herr von den Todten auferstanden ist. Diese seine Auferstehung, welche ihn kräftiglich als den Sohn Gottes beweist, erweist ihn als den Hohenpriester, dessen Selbstopfer Gott in Gnaden angenommen hat. Die grösste Heilsthat Gottes an seinem eingebornen Sohne, welche den Mittelpunkt der christlichen Predigt bilden soll, ist sie ja nur die Kehrseite zu dem Leiden und Sterben des Heilandes, und welche zu bezeugen die Apostel in Sonderheit berufen sind, Apostelg. 10, 40 f., ist nun vollendet und hat sich Glauben verschafft: die Mission kann nun beginnen. Alles ist bereitet, was durch die

Mission hinausgetragen werden soll in die Welt, und auch die Personen sind bereitet. Es kann uns desshalb nicht Wunder nehmen, dass der Auferstandene den Auftrag der Mission seinen vorerwählten Zeugen jetzt insbesondere ertheilt. Man sagt, wie kann es so gemeint sein? Thomas war nicht zugegen: war er nicht auch zum Apostolate berufen, ist er ausgegangen auf seine eigene Faust, denn nach acht Tagen empfängt er keinen besonderen Missionsbefehl? Wir entgegnen: Alles richtig, Thomas ist nicht gegenwärtig, wird später auch nicht aufs Neue bevollmächtigt, aber er ist ja ein integrirendes Glied in der Gemeinschaft der Apostel, darum gilt, was der Herr den andern allen sagt, da er ihn mit keinem Worte ausschliesst, auch ihm. Man sagt weiter: wie kann Christus, welcher hier ganz im Allgemeinen spricht, zu den Aposteln in Sonderheit sich wenden? Wir erwidern: gewiss sind bei den Aposteln noch andere Gläubige, aber diese Letzteren wussten, dass sie nicht dazu berufen waren, die Verkündigung des Evangeliums unter den Völkern zu ihrer ausschliesslichen Lebensaufgabe zu machen. Weil ein Missverständniss nach Allem, was vorausgegangen war, unmöglich war, durfte der Herr so allgemein sich halten in seiner Rede. Man sagt ferner: wie kann aber der Heiland seine Apostel hier aussenden, haben sie denn seinem Gebote sofort nachkommen können? Haben sie nicht noch fünfzig Tage warten müssen, bis dass sie öffentlich vor allem Volke als seine Zeugen auftreten durften? Die Sendung ist also verfrüht, übereilt, nicht zeitgemäss. Wir verweisen dagegen darauf, dass es sich denn doch wohl gebührte, dass Christus seinen Aposteln, welchen er bei ihrer Berufung eröffnet hatte, was seine Absicht mit ihnen sei, später in feierlicher Weise kund that, die Zeit, das Amt anzutreten, sei nun gekommen. Nach seiner Auferstehung konnte diese Kundmachung erst erfolgen: es fragt sich, ob sie an einem andern Tage besser am Orte war, als an diesem Osterabende. Jedenfalls muss das Steinmeyer zugestanden werden, dass diese Erscheinung an dem Osterabende den Höhepunkt in der Geschichte der vierzig Tage bildet: alle weiteren Erscheinungen kommen ihr in keiner Weise gleich. Sie sind nur, so zu sagen, Nachfeiern dieser ersten glänzenden, nur Nachklänge, Nachspiele. Durchschlagend ist diese hier: jetzt sahen sie Jesum als den Herrn und freuten sich seiner in einer ganz unvergleichlichen Weise. Aber man übersehe auch das Moment nicht, dass die Mission Christi in dieser Welt nun ein Ende erreicht hat, wie ja denn auch der Auferstandene durchaus nicht allem Volke, sondern nur den vorher auserwählten Zeugen erscheint, wie Petrus Apostelg. 10, 41 ausdrücklich hervorhebt; die Mission des Herrn ist erloschen, die Mission seiner Knechte beginnt nun ganz naturgemäss. Ich möchte auch noch auf einen anderen Umstand, auf eine Parallele hinweisen, welche hier entscheidet. Der Heiland hatte ja, den Aposteln gleich, auch von vornherein den Beruf empfangen, seines Gottes und Vaters Sendbote und Zeuge zu sein in dieser Welt; er durfte aber seines Amtes nicht eher sich annehmen, bis dass er durch die Taufe im Jordan mit dem h. Geist gesalbt und gesandt war, und trat er sofort nach dieser Wasser- und Geistestaufe sein Werk an? Vierzig Tage brachte er noch in der Wüste, in der Stille, in der Zurückgezogenheit zu, um auf seine Amtsthätigkeit sich vorzubereiten; gleicher Weise werden auch die Apostel, welche schon längst auserwählt sind, zum zweiten Male berufen und dabei mit dem h. Geiste gesalbt, um nicht sofort das Amt anzutreten, sondern sich zur Ausrichtung desselben nicht vierzig, sondern fünfzig Tage lang zuzurüsten. Die Parallele zwischen der Taufe des Herrn und diesem Vorgange ist leider noch nicht erkannt worden, selbst Steinmeyer hat sie ganz ausser Acht gelassen. Offenbar liegt für Johannes der Schwerpunkt dieser Osterabenderscheinung in diesem zweiten Theile; Lukas fand denselben in der Ueberführung der Apostel von der Identität der Person und der Realität der Erscheinung; er spricht daher von dieser Schlussscene gar nicht.

Εἶπεν οὖν αὐτοῖς πάλιν· εἰρήνη ὑμῖν, so möchte zu lesen sein nach dem Codex Sinaiticus und Cantabrigiensis, der *textus receptus* hat zwischen αὐτοῖς und πάλιν noch ὁ Ἰησοῦς. Nun erst, daher steht οὖν hier, nachdem sie in der ihnen erscheinenden Gestalt den Herrn mit heller Freude erkannten, konnte er zu dem fortschreiten, wozu er in ihre Mitte gekommen war. Zum zweiten Male grüsste er sie mit εἰρήνη ὑμῖν. Kühnöl, Lücke, Baumgarten-Crusius, Stier nehmen diesen Gruss als Abschiedsgruss. Mit Recht macht aber Meyer dagegen geltend, dass keine Andeutung davon im Texte enthalten sei und ein wunderlicher, rascher Wechsel von Gruss und Abschied herauskomme: ich füge noch hinzu, dass εἰρήνη ὑμῖν, wenn es Abschiedsgruss sein sollte, doch wohl auch an den Schluss dieses Auftrittes gestellt sein müsste. Die Alten haben den Gruss schon anders verstanden: Euthymius Zigabenus schreibt: καὶ λοιπὸν ὑπὸ πολλῆς χαρᾶς, ὡς εἰκός, θορυβοῦντας καταστέλλει, ἵνα προσέχωσιν, οἷς μέλλει ἐρεῖν. Augustinus sagt in dem *tract. 121* in Jo.: *iteratio confirmatio est, ipse quippe dat per prophetam promissam pacem super pacem.* Es ist ja wahr, die Angst und das heilige Entsetzen, welche die Versammelten überfallen hatten, als die Worte: Friede sei mit euch! in ihre Ohren und Herzen hineinschallten, haben gewehrt, dass der Frieden über ihre Seelen sich ausgoss, allein die Aufregung hat sich schon gelegt, und in der Freude, welche nun ihre Herzen erfüllt, haben sie schon den Frieden, welchen der Auferstandene ihnen entboten hatte. Freude und Friede, χαρὰ καὶ εἰρήνη, sind in dem Reiche der Gnade unzertrennlich mit einander verknüpft. Wir werden daher gestehen müssen, einer Wiederholung des Friedensgrusses, was Meyer vor Allem vertritt, bedurfte es jetzt nicht mehr. Wegen dessen, was folgt, wiederholt Christus: εἰρήνη ὑμῖν. Bengel, welcher zu πάλιν schreibt: *vim prioris salutationis nondum plane ceperant, ideo iteratur atque adeo cumulatur*, bemerkt richtiger zu εἰρήνη: *fundamentum missionis ministrorum evangelii.* 2 Kor. 4, 1, worauf Lampe unter mehreren Andern schon hingewiesen hatte. Ihm folgen Godet, Hengstenberg, Luthardt u. A. Man fasst aber auf keinen Fall diesen Frieden in seinem ganzen Umfange, wenn man mit Hengstenberg meint, dass er sie vor allen äusseren feindlichen Mächten in dieser Welt sicher stelle: wir haben tiefer zu gründen. Die Apostel Jesu Christi werden wie ihr Herr und Meister gesandt, um zu predigen εἰρήνην διὰ Ἰησοῦ Χριστοῦ (Act. 10, 36), αὐτὸς γάρ ἐστιν ἡ εἰρήνη ὑμῶν (Eph. 2, 14). Das Evangelium ist ein εὐαγγέλιον τῆς εἰρήνης (Eph. 6, 15) und verkündet allen Menschen, den fernen und den nahen, τὴν εἰρήνην (Eph. 2, 17). Der ganze Inhalt des Evangeliums ist hier in ἡ εἰρήνη zusammengefasst; und daran haben wir hier unbedingt festzuhalten. Sollen sie als die Sendboten und Zeugen des Friedensfürsten in die Welt hineingehen, welche keinen Frieden hat, so müssen sie den Frieden Gottes, welcher höher als alle Vernunft ist, in ihren Herzen tragen. Wie können sie etwas bezeugen und anbeten, welches ihnen selber noch mangelt? Wenn sie nicht den Frieden, seinen Frieden haben, kann er sie nicht senden. *Καϑὼς ἀπέσταλκέν με ὁ πατήρ, κἀγὼ πέμπω ὑμᾶς.* An seine Stelle setzt der Herr die Apostel, denn dass an diese in Sonderheit zu denken ist, ergibt sich daraus, dass er sie ja schon längst ausgesondert hatte als diejenigen, welche er in alle Welt aussenden wollte. Alle Anwesenden wussten, was die *δώδεκα,* die *ἀπό-στολοι* sein sollten, und konnten keinen Augenblick in Zweifel sein, an welche Adresse dieses Wort ergehe. Eine Substitution in's Amt ist hier offen ausgesprochen. Euthymius hat das bereits klar erkannt: *καὶ πρὸ τοῦ σταυροῦ εἴρηχε πρὸς τὸν πατέρα* (Joh. 17, 18) · *ὅτι καϑὼς ἐμὲ ἀπέ-στειλας εἰς τὸν κόσμον κἀγὼ ἀπέστειλα αὐτοὺς εἰς τὸν κόσμον· ἐπῆρεν οὖν αἰτῶν τὰς ψυχάς, ἐγχειρίσας αὐτοῖς τὸ ἴδιον ἔργον καὶ καταστήσας διαδόχους ἑαυτοῦ.* Seinen Auftrag, seine Mission erachtet Christus für erloschen, er spricht desshalb in dem Perfektum *ἀπέσταλκεν;* ihr Auftrag, ihre Mission beginnt jetzt, daher erscheint nun das Präsens *πέμπω.* Man hat gefragt, wie kann das Präsens hier Platz greifen, beginnt die Sendung der Apostel nicht erst mit dem Tage der Pfingsten? Gewiss treten sie erst nach fünfzig Tagen dieses Amt an, nichtsdestoweniger aber sendet sie der Herr schon in diesem Augenblicke aus. Ward er nicht auch schon gesalbt und gesandt, als Johannes der Täufer ihn taufte, und trat er sogleich nun öffentlich vor dem Volke auf? Es gab noch eine Zwischenzeit. So ist es auch hier: Christus redet in der Form der Gegenwart: ich sende euch, und doch will er nicht, dass sie in demselben Momente nun das ausrichten, wozu er sie aussendet. Er schenkt ihnen auch noch eine Zwischenzeit zur Sammlung, zur stillen Vorbereitung. Mit diesem Tage aber beginnt ihre Sendung, denn das Ereigniss, welches eine neue Epoche inaugurirt, ist jetzt erfolgt. Er ist auferstanden und in seine Herrlichkeit eingegangen, sein Werk, das Werk des Knechtes Gottes, ist nun vollendet. Von nun an liegt das Werk auf ihren Schultern. Wie Jesus zu der Maria Magdalena von seiner zukünftigen Himmelfahrt nicht im Futurum sprach, sondern in dem Präsens *ἀναβαίνω* (Joh. 20, 17), so spricht er auch von der zukünftigen Aussendung seiner Jünger jetzt wieder in dem Präsens, *πέμπω.* Es soll, wie Luthardt sehr richtig sagt, nur der Gegensatz des Neuen gegen das bisherige Alte scharf markirt werden. Schwerlich wird, was Hengstenberg meint, zwischen den Zeitwörtern *ἀπέσταλκεν* und *πέμπω* eine wesentliche Differenz aufzuweisen sein, etwa so, dass *ἀποστέλλειν* eine höhere Dignität des *ἀπεσταλμένος* involvire. Christus nennt sein *πέμπειν* (Joh. 17, 18) ein *ἀποστέλλειν,* und seine Gesandten sind ja *ἀπόστολοι* genannt worden, weil der Lieblingsausdruck des Heilandes eben jenes *ἀποστέλλειν* war. Will man zwischen *ἀποστέλλειν* und *πέμπειν* unterscheiden, so möchte in dem *ἀποστέλλειν* schärfer als in dem synonymen *πέμπειν* ausgedrückt sein, dass es sich um eine längere oder kürzere Trennung handelt, es ist das Wegschicken im Gegensatze zu dem einfachen Schicken. Wie Christus von dem Vater gesandt worden ist, so sendet er nun seine Jünger. Es ist nicht zu übersehen, dass *καϑώς* und nicht ein simples *ὡς* oder *ὥςπερ* hier gesetzt wird: von jenen unterscheidet sich *καϑώς,* wofür die Attiker *καϑά* gebrauchen, wie von „wie" im Deutschen „gleichwie"; es bezeichnet also eine materielle, sachliche Korrespondenz mit Steinmeyer zu reden. Seine Vollmachten, seine *vices* überträgt der Herr demnach seinen Aposteln; er setzt sie an seine Statt, wenn er sie in gleicher Weise sendet, wie sein Vater ihn gesandt hat. Wie er seines Vaters Sendbote und Zeuge ist, so sollen sie nnn umgekehrt seine Sendboten und Zeugen sein in dieser Welt. Sehr gut schreibt Calvin: *his verbis suos apostolos quodammodo inaugurat Christus in officium, cui prius eos destinaverat. Dimissi quidem ante fuerant per Judaeam, sed tantum ut praecones, qui iuberent audiri summum doctorem, non autem ut apostoli, qui perpetuum obirent docendi munus. Nunc autem eos dominus legatos sibi ordinat, qui regnum eius in mundo constituant. Maneat igitur hoc fixum, apostolos nunc primum institui ordinarios evangelii ministros. Perinde autem valent eius verba acsi diceret, se doctoris officio hactenus defunctum esse, completo igitur cursus sui stadio se nunc easdem illis mandare vices. Nam intelligit hac lege se creatum fuisse a patre ecclesiae doctorem, ut praeiret reliquis ad tempus, deinde subrogaret in suum locum, qui absentis vices supplerent. Qua etiam ratione Paulus (Eph. 4, 11) dicit, eum dedisse alios apostolos, alios evangelistas, alios pastores, qui ecclesiam usque ad finem mundi gubernent. Primum itaque testatur Christus, quamvis ipse temporale habuerit docendi munus, evangelii tamen praedicationem non exigui esse temporis, sed aeternam fore. Deinde, ne minor sit doctrinae auctoritas in ore apostolorum, iubet in eandem, quam a patre accepit, functionem ipsos succedere, eandem illis imponit personam atque idem iuris assignat: atque ita sanciri eorum ministerium oportuit. Erant enim obscuri et gregarii homines. Deinde, ut in illis esset summus splendor ac dignitas, scimus tamen, quidquid est hominum, fide esse longe inferius. Quare non abs re Christus apostolis suis communicat quam a patre auctoritatem accepit, ut hoc modo declaret non humanitus, sed Dei iussu illis iniungi evangelii praedicationem.* Schwerlich ist des Herrn Absicht, die Apostel über die Leiden zu trösten, welche bei der Ausrichtung ihres Amtes ihnen bevorstehen, was Gregor d. Gr. in der Homilie 26 angibt: *sicut misit me pater, et ego mitto vos, i. e. ea vos caritate diligo, cum inter scandala persecutorum mitto, qua me caritate pater diligit, quem venire ad tolerandas passiones fecit.* Keinen Trost, sondern einen Befehl will der Auferstandene ertheilen: er hat sie auserwählt zur Predigt des Evangeliums und erklärt nun auf die feierlichste Weise, dass er, der Herr der Herrlichkeit, nicht andern Sinnes geworden ist, sondern sich *in statu exaltationis* ihre schwachen, geringen Dienste will wohlgefallen lassen, und dass sie das Amt, dazu sie auserlesen waren, nun antreten sollen.

Als er selbst ausgesandt wurde, da ward er, welcher aus dem h. Geiste empfangen und heilig von seiner Mutter Leibe an war, mit dem h. Geiste gesalbt. Der Vater in dem Himmel salbte ihn. Hier fehlt auch diese Parallele nicht: sie treten eben völlig an seine Stelle, nur mit dem Unterschiede, dass er, und nicht der Vater, sie in diese Stelle einsetzt. Er sendet sie, wie er soeben erst erklärt hat, und darum gibt er ihnen zu ihrer Sendung auch den heiligen Geist mit auf den Weg, und zwar nicht von dem Vater, sondern von sich, aus seiner Fülle. Man hat erst in der neueren Zeit daran zu zweifeln angefangen, ob Christus, welcher τοῦτο εἰπὼν ἐνεφύσησεν καὶ λέγει αἰτοῖς· λάβετε πνεῦμα ἅγιον, unter heiligem Geiste hier den heiligen Geist verstehe. In dem Schriftbeweise 2, 1, 522 f. belehrt uns v. Hofmann, dass der Auferstandene durch dieses Anhauchen, wie vorher durch das Zeigen seiner Hände und Füsse den Jüngern die

Art und das Wesen seines jetzigen leiblichen Lebens zu wissen thue. „Gottes Geist ist der innewohnende Grund des menschlichen Lebens, ohne dass darum der Odem, welcher den Menschen zu einem lebendigen Wesen macht, heiliger Odem ist; denn er hat seine anderseitige Bestimmtheit von der ungöttlichen Nichtigkeit der sich fortpflanzenden menschlichen Natur. Wenn nun der Auferstandene Jesu seinen Lebensodem heiligen Geist nennt, so muss, als er den im Grabe liegenden Leib wieder zur Stätte seines Lebens macht, mit seiner aus Mutterschoss überkommenen menschlichen Natur eine Wandlung vorgegangen sein, vermöge welcher sie dem Geiste Gottes gleichartig, also zum entsprechenden Mittel der Gemeinschaft mit Gott geworden ist." Luthardt hat diesen Gedanken weiter entwickelt. „Wie der Odem des Lebens von Gott ausgeht, so der Odem des neuen Lebens von Christo. Denn das neue Leben ist in ihm, dem Auferstandenen und Verklärten, neue Wirklichkeit geworden. Darum kann er von dem Hauche des Mundes, mit dem er die Jünger anhaucht, sagen: λάβετε u. s. w., denn dieser ist es, den er πνεῦμα ἅγιον nennt. — Wenn sie den Hauch seines Mundes fühlen, sollen sie wissen, dass es heiliger Geist ist, welchen sie empfangen, weil der Hauch seiner verklärten, somit der Gemeinschaft der sündigen Menschen entnommenen Menschennatur. Nicht als wäre das ein ›heiliges Mittelding, welches heiliger Geist und doch nicht der heilige Geist ist‹, eine Vorstellung, welche ausserhalb der Schrift liege (Meyer); es ist immer der eine selbe heilige Geist, welcher Jesu einwohnte und 7, 39 noch nicht war, welchen die Jünger hier empfangen im Hauch des Mundes Jesu und der doch erst an Pfingsten über sie ausgegossen wird; aber sein Verhältniss zu Jesu und zu den Seinen macht eine Geschichte durch. Vordem in Jesu beschlossen, soll er als Geist des Verklärten und Erhöhten die Macht des neuen Lebens und der Gemeinde Jesu werden. Jetzt nun galt es noch nicht Wirksamkeit im Dienste Jesu, also noch nicht Mittheilung einer Macht der Wirksamkeit, wie an Pfingsten, wohl aber sollten die Jünger der Verklärung Jesu gewiss gemacht werden, wie an Pfingsten der Erhöhung Jesu. So haucht sie Jesus hier an mit heiligem Geist, wie er an Pfingsten denselben vom Himmel aus über sie ausgiesst. Beide Male entspricht die Gegenwart des Geistes dem Lebensstadium Jesu selbst." Wir können diesen Ausführungen Luthardts in keiner Weise beitreten. Es bleibt doch trotz seiner Ein- und Ausreden dabei, dass πνεῦμα ἅγιον hier etwas Anderes ist, als τὸ πνεῦμα ἅγιον: jenes artikellose πνεῦμα ἅγιον ist nach v. Hofmann und Luthardt nämlich nur der Lebensodem Jesu Christi, die Macht des Geistes in seiner Person und in seinem Wesen und Leben, das göttliche Princip, welches ihn durchwaltet und Alles, was in ihm ist, überwältigt hat; hingegen jenes artikulirte τὸ πνεῦμα ἅγιον ist der heilige Geist, welcher weltmächtig ist, der da ausgeht vom Vater und vom Sohne, um die Welt in der Brust dessen, über welchen er kommt, zu überwinden, und so durch diese geistgetauften Ueberwinder der Welt in sich die Welt ausser ihnen, die Welt um sie herum zu überwinden. Der aus dem Grabe hervorgegangene Christus ist, πνεῦμα ἅγιον ausathmend, wohl selbst lebendig durch und durch, aber der gen Himmel aufgefahrene Herr hat erst die Macht τὸ πνεῦμα ἅγιον zu senden, denn nun erst ist er, der ein Herr seiner selbst war, auch ein Herr aller Dinge geworden. Wir lehnen diesen Unterschied zwischen der Auferstehung und der Erhöhung (Himmelfahrt)

ganz entschieden ab: der Auferstandene proklamirt selbst in seinem Gespräche mit den beiden Emmauspilgern seinen bereits stattgefundenen
Eingang in die Herrlichkeit. Was sollten wir übrigens auch von dem
Evangelisten denken, welcher in dem Prooemium den Logos in seiner himmlischen Glorie uns darstellt und ganz vergisst, in dem Schlusse seines
Werkes uns mitzutheilen, dass er, der vom Vater ausgegangen und in
diese Welt gekommen ist, wieder zu dem Vater heimgegangen und über
diese Welt erhöht ist? Der Auferstandene soll jetzt den Geist noch nicht
als Geist der Gemeinschaft und der Kraft mittheilen können, obgleich der
heilige Geist jetzt in voller Stärke in ihm ist und er dazu noch spricht:
λάβετε? Den Geist, der in ihm ist, sollen sie hinnehmen; nicht seinen
heiligen Lebensodem spüren, sondern den Odem seines neuen Lebens ein-
athmen, einsaugen, dass er in ihnen wohne und wirke. Von dem heiligen
Geiste redet der Erlöser, indem er seine Jünger anhaucht, schwerlich so,
wie Lampe es sich denkt, allesammt mit einem Anhauche; wie hätten sie
alle Zehn den Hauch seines Mundes dann merken können? Lampe selbst hält
das nicht für menschenmöglich, doch sei Gott ja Alles möglich, sondern
vielmehr so, dass er jeden Einzelnen anhauchte. Man suchte dem Kon-
flikte, in welchen diese Worte, λάβετε πνεῦμα ἅγιον, mit der Ausgiessung
des heiligen Geistes an dem Tage der Pfingsten treten, dadurch sich zu
entziehen, dass man dieses λάβετε in dem Sinne eines Futurums nahm.
Chrysostomus führt den Chor; er sagt in der ersten Homilie in act. ap.:
ἵνα δεκτικοὺς αὐτοὺς ποιήσῃ καὶ ἀρχοῦντας πρὸς τὴν ὑποδοχήν. Theodorus
Mops., Theophylaktus, Euthymius, Bullinger, Piscator, Grotius (sicut passionem suam futuram signis aptis praefiguravit, ita et missionem spiritus
sancti, qui vento comparatur Act. 2,2; sufflando datus erat homini spiritus
vitae, sufflando promittitur spiritus sanctus), Lampe, Kühnöl, Bäumlein u. A.
Allein das geht unmöglich an. An und für sich unterläge es ja keinem
Bedenken, das Anhauchen als eine symbolische, das Wort begleitende
Handlung zu fassen, denn die Propheten veranschaulichen öfters eine
Weissagung durch eine entsprechende Handlung. Aber man wird hier,
wie das die alten Auslegen, z. B. Cyrillus und Euthymius schon erkannt
haben, ganz bestimmt an die Belebung des ersten Menschen erinnert; auf jenes
göttliche Anhauchen des Erdenkloses geht dieses ἐμφυσᾶν zurück und
muss desshalb als eine reale Lebensmittheilung aufgefasst werden. Auch
der Imperativ λάβετε widerspricht einer solchen Deutung: sie sollen jetzt
zugreifen und nehmen. Die Jünger müssen demnach jetzt den heiligen
Geist empfangen haben. Die alten Ausleger suchen nun diese Geistesmittheilung am Osterabende von jener pfingstlichen Geistesmittheilung so
zu unterscheiden, dass der heilige Geist in verschiedener Qualität beide
Male gegeben wird. Chrysostomus geht hier wieder voran: in der
88. Homilie zu Johannes sagt er: οὐκ ἂν δέ τις ἁμάρτῃ, καὶ τότε εἰληφέναι αὐτοὺς λέγων ἐξουσίαν τινὰ πνευματικὴν καὶ χάριν· ἀλλ' οὐχ ὥστε
νεκροὺς ἐγείρειν καὶ δυνάμεις ποιεῖν, ἀλλ' ὥστε ἀφεῖναι ἁμαρτήματα.
διάφορα γὰρ τὰ χαρίσματα τοῦ πνεύματος. Theophylaktus und Euthymius
kennen auch diese Auslegung. Gerhard und Maldonatus haben sie später
wieder vertreten. Allein seltsam wäre es doch, wenn Christus hier die
Seinen mit dem heiligen Geiste ausstattete ratione ministerii evangelici
und zu Pfingsten ratione miraculosorum donorum, sie treten ja doch das
ministerium faktisch erst mit dem Pfingsttage an, und es wäre ein Akt

souveräner Willkür, wenn sie von den beiden Stücken, welche sie zu ihrer Amtirung besitzen sollen, das Eine jetzt schon vorläufig empfangen, und zwar das Eine, was eigentlich nur nothwendig ist, und das Andere, das nur ein *donum supcradditum*, etwas Accidentielles ist, mehrere Wochen später erst empfingen. Augustinus und Gregorius verstehen unter dem heiligen Geist den Geist der Liebe: der letzte Kirchenvater der abendländischen Kirche erklärt in hom. 26: *quaerendum nobis est, quid est, quod spiritum sanctum dominus noster et semel dedit in terra consistens et semel coelo praesidens? Neque enim alio in loco datus spiritus sanctus aperte monstratur, nisi nunc, cum per insufflationem percipitur, et postmodum, cum de coelo veniens in linguis variis demonstratur. Cur ergo prius in terra discipulis datur, postmodum de coelo mittitur, nisi quod duo sunt praecepta caritatis dilectio videlicet Dei et dilectio proximi. In terra datur spiritus, ut diligatur proximus: e coelo datur spiritus, ut diligatur Deus.* Diese Auffassung hat keinen Halt, sie ist eine Ausgeburt der Verlegenheit. Origenes und Cyrillus haben unter den Alten schon eine andere Ansicht aufgestellt, sie unterscheiden die verschiedenen Geistesmittheilungen lieber quantitativ von einander. Melanthon und Calvin haben sich ebenfalls dahin ausgesprochen; der Letztere bemerkt: *verum si tunc flatu spiritum Christus contulit apostolis, videtur supervacua fuisse spiritus missio, quae postea secuta est. Respondeo, sic datum fuisse apostolis spiritum hoc loco, ut aspersi duntaxat fuerint eius gratia, non autem plena virtute imbuti. Nam quum apparuit in linguis igneis spiritus super eos, prorsus fuerunt renovati. Et sane non ita eos nunc constituit evangelii sui praecones, ut statim ad opus emittat, sed potius, ut alibi habetur, quiescere eos iussit.* Luk. 24, 49. *Et si rite omnia expendimus, non tam in praesentia necessariis eos dotibus instruit, quam in futurum tempus spiritus sui organa destinat. Quare hic flatus ad magnificam illam spiritus missionem, quam toties pollicitus fuerat, magna ex parte referri ac extendi debet.* Calov, Bengel, Olshausen, de Wette, Baumgarten-Crusius, Meyer, Godet, Hengstenberg, Neander u. A. vertreten mehr oder minder scharf diese Auslegung; Weiss sagt sich von ihr los, aber auf die Gefahr hin, dass die Ausrüstung, welche die Jünger jetzt empfangen, ganz dieselbe ist, welche sie nach den sonstigen Mittheilungen des Neuen Testamentes zu Pfingsten erhalten, wonach Johannes über die Pfingstgabe ganz besondere, nicht zu definirende Ansichten gehegt haben muss. Während die Einen den Gedanken Bengels *arrha pentecostes* weiter ausführen, heben Andere das psychologische Moment mehr mit Lücke hervor, welcher sagt: „Wenn Bengel sagt, als *arrha pentecostes* empfingen die Apostel jetzt den Geist, so ist das Wahre hierin wohl diess, dass das Pfingstfest nicht sowohl den plötzlichen Anfangs- als vielmehr den Kulminationspunkt der in den Gemüthern der einzelnen Jünger immer bewusster werdenden Geistesmittheilung bezeichnet. Diese fing an, aber auf eine verborgene, mehr nur vorbereitende Weise, mit dem Eintritt der Jünger in die Gemeinschaft mit Christo. Das erste Wiedersehen des auferstandenen Christus in der Versammlung der Jünger war epochemachend für diese. In jeder Epoche aber ihres Lebens mit Christo lag eine Mittheilung und Erregung des Geistes." Neander, der Psycholog unter den Kirchenhistorikern, tritt an Lüke's Seite. „Ein neues Bewusstsein von dem höheren Leben," sagt er Leben Jesu, 4. Aufl. 777, „das sie aus der Gemeinschaft mit Christo empfangen hatten, das aber

in ihnen noch ein schlummerndes, verborgenes war, mochte in ihnen auf-
strahlen. Aber es fehlte doch noch viel daran, dass der Sinn jenes
Zeichens und jener Worte an ihnen in Erfüllung gegangen wäre. Sie
waren noch nicht die mächtigen Organe jenes Geistes zur Verbreitung des
Reiches Christi. So enthält jene Handlung Christi ein prophetisches Element; sie hat aber nicht bloss eine symbolische Bedeutung, sondern eine
göttliche Einwirkung ist damit verbunden, es ist ein wichtiges vermittelndes
Glied zwischen der ersten Verheissung und ihrer Erfüllung, den Eindrücken,
welche die Jünger aus dem früheren Umgange mit Christus empfangen
hatten, und der Thatsache, welche wir mit dem Namen der Ausgiessung
des heiligen Geistes bezeichnen. Zwar werden wir uns nun die Wirkung
dieses verheissenen Geistes in den Jüngern als etwas Fortgehendes und
sich immer mehr Entwickelndes zu denken haben, als die neue Beseelung
ihres ganzen eigenthümlichen Wesens in allen ihren eigenthümlichen
Kräften und Richtungen. Aber doch werden wir schon durch die Analogie
aller religiösen geschichtlichen Entwicklung veranlasst werden, uns einen
epochemachenden Moment zu denken, in welchem das Bewusstsein dieses
gemeinsamen, von Christus empfangenen höheren Lebens, das Bewusstsein
der neuen Schöpfung, deren Urheber Christus war, in einer gemeinsamen
Begeisterung in der ersten Gemeinde mächtiger hervortrat, wie alle grossen
religiösen Bewegungen von solchen epochemachenden historischen Momenten
ausgehen, aber immer auch gewisse, stufenweis vorbereitende Vermittlungen
voraussetzen." Steinmeyer bemerkt S. 184: „vor der Auskunft, dass sich
das Eine zu dem Andern wie der Anfang zum vollen Ergusse verhalte,
hätte schon der Täuferausspruch warnen sollen, ὅτι οὐκ ἐκ μέτρου δίδωσιν
ὁ θεὸς τὸ πνεῦμα Joh. 3, 34. Die mit Beifall aufgenommene Bemerkung
von Bengel *arrha pentecostes*, die Vorstellung von einer ἀπαρχὴ πνεύματος
im partitiven Sinne, hält die biblische Probe nicht aus; denn den Geist
selbst, nicht aber ein vorläufiges Mass desselben, hat der Apostel Röm.
8, 23 unter der Erstlingsgabe gemeint." Wir legen diesen Einsprüchen
keine grosse Bedeutung bei. Steinmeyer irrt sich gewaltig, wenn er glaubt,
dass zwischen den Geistesmittheilungen Gottes kein Gradunterschied sei,
empfängt ja doch eine und dieselbe Person aus der gnädigen Hand Gottes
den heiligen Geist nicht ein Mal, sondern zu verschiedenen Malen, wie
die Lampe ja auch zu verschiedenen Malen bald reichlicher, bald kärg-
licher mit Oel getränkt wird, dass sie brennen kann. Wollen wir leugnen,
dass die heiligen Gottesmänner des Alten Bundes schon heiligen Geist
erhalten haben, und dürfen wir sagen, dass das Mass des Geistes, welches
ihnen geschenkt wurde, dem Masse des Geistes, welches in das Herz der
Apostel ausgegossen wurde, gleichkomme? In dem Neuen Bunde sind die
Apostel nicht die alleinigen Geistgetauften, der heilige Geist kam über
Alle, die von ganzem Herzen an den Herrn Christus glaubten: empfingen
aber die andern Gläubigen dasselbe Vollmass, wie jene Säulen der Gemeinde, die Apostel? Der Herr unser Gott hätte dann jeden Unterschied
hinsichtlich der Erleuchtung zwischen den Aposteln und den andern Jüngern
verwischt: jene hätten dann nur den Vorzug, dass sie Jesus nach dem
Fleische gekannt hatten. Gott gibt den heiligen Geist allerdings nach
Mass und Johannes der Täufer will das in dem Geringsten nicht in Abrede
ziehen, jenes Wort beleuchtet nur das Verhältniss zwischen dem Heilande
und seinem Vorläufer. Dem Manne aus Nazareth, auf dessen Erfolge die

Johannesjünger scheel sahen, hat Gott den heiligen Geist nicht nach dem Mass, sondern nach der Fülle gegeben, denn er ist ja der Sohn, dem der Vater Alles in seine Hand gegeben hat: Johannes aber bekennt von sich, den Geist nur nach dem Masse empfangen zu haben. Die Gabe bemisst sich nach dem, welchem gegeben werden soll: man kann nicht in jedes Gefäss ein gleiches Mass hineinschütten, sondern nur ein seiner Capacität entsprechendes Mass. Waren die Apostel jetzt so weit, dass der Erlöser ihnen das Vollmass des heiligen Geistes, welches er ihnen zugedacht hatte, auch schon mittheilen konnte! Das Mass für die Geistesmittheilung ist das Mass des Glaubens: wie verschieden ist aber noch der Glaube der Apostel an dem Osterabende, da sie aus Furcht vor den Juden bei verschlossenen Thüren zusammensitzen, von dem Glauben an dem Pfingstfeste, da die Thüren ihres Versammlungslokales weit offen stehen am hellen, lichten Tage, dass die gottesfürchtigen Männer aus allerlei Volk unverhindert eintreten können! Ist jene Instanz aus Röm. 8, 23 von grösserem Werthe? Ich mag mich nicht darüber streiten, in welchem Sinne dort die ἀπαρχὴ τοῦ πνεύματος genommen ist, denn damit steht und fällt Bengel's Ansicht nicht: er will ja nichts weiter sagen, als dass diese österliche Geistesmittheilung ein Angeld, ein Unterpfand für die pfingstliche gewesen sei. Ist das nicht ein ganz richtiger Gedanke? Das geistliche Leben steht wie alles kreatürliche Leben stets im Werden, bildet einen organischen Prozess: der heilige Geist kann sich nicht in seiner ganzen Fülle in das Menschenherz sogleich hineingiessen, er muss es, wenn er das Herz nicht erdrücken will, in einer gewissen Allmäligkeit thun. Achten wir doch auf des Herrn Verfahren mit seinen Aposteln, es ist ein Muster pädagogischer Weisheit, er führt sie, die lange noch nicht Alles fassen können, Schritt für Schritt vorwärts, von Stufe zu Stufe. Jede Geisteserleuchtung, jede Geistesmittheilung ist da eine *arrha* auf eine weitere, reichere, vollere: denn sie verspricht, dass, wenn sie nur erst richtig von der begnadigten Person aufgenommen ist, ein Weiteres erfolgt. Gerhard hat schon ganz richtig erkannt, dass das Leben des Heilandes mit seinen Aposteln ein immer kräftigeres Erfassen der Letzteren durch den heiligen Geist zu seiner nothwendigen Konsequenz hat. Die Geistesmittheilung selbst können wir uns schlechterdings nicht in der Weise denken, welche Steinmeyer angibt. Nach ihm, S. 185, trat die Gabe des Osterabends „weder nach Innen in die Erfahrung, noch auch nach Aussen in die Erscheinung. Eng zu dem Amte gehörig und Coëfficientin seines Begriffs, musste sie latitiren und quiesciren, so lange die Funktion desselben noch geruht hat. Eben daher begreift es sich, dass der Gegenstand des Besitzes noch immer eine Sache der Verheissung blieb. Der Ton der Verheissung, Apostelg. 1, 8, war um so mehr im Recht, als die Zusage, die am Himmelfahrtstage verlautet, nicht die δωρεὰ πνεύματος, sondern die δύναμις desselben betrifft, eine δύναμις, die überdiess am Schlusse des Verses in die ausdrücklichste Beziehung zur Erfüllung der Zeugenpflicht gesetzt wird." Wir können uns aber nun solches Latitiren und Quiesciren des heiligen Geistes gar nicht vorstellen; es ist des Geistes Art, sich zu manifestiren. Die Apostel, welche den Hauch des Lebensodems aus dem Munde des Auferstandenen spürten, sollten auch in ihren Herzen spüren, dass der Odem seines Lebens auf sie übergegangen war. Jenem Erdengebilde blies Gott in das Angesicht hinein und es wurde dadurch in demselben Augenblicke εἰς ψυχὴν ζῶσαν,

Gen. 2, 6: der Auferstandene bläst jetzt den Aposteln auch in's Angesicht und offenbart sich als τὸ πνεῦμα ζωοποιοῦν 1 Kor. 15, 45, sie werden lebendig, in sein Leben versetzt in demselben Momente. Dieser Osterabend war ein epochemachender Moment in dem Leben der Apostel: durch diese Erscheinung und Geistesmittheilung des Auferstandenen wurden sie auf eine höhere Stufe in dem geistlichen Leben befördert. Pfingsten bleibt dabei in seinem vollen Rechte bestehen, an diesem Tage gelangen sie durch die Geistestaufe auf den Höhepunkt. Eine wirkliche, aber noch nicht die abschliessende, sondern nur eine vorbereitende Mittheilung des heiligen Geistes wird hier den Aposteln zu Theil: der Auferstandene erweist sich nun als den Erhöhten, denn der heilige Geist war nach Joh. 7, 39, ehe Christus verklärt war, noch nicht zur Mittheilung da, als den, der wie der Vater den heiligen Geist gibt, welchem er will. Zu ihrer Mission, zu ihrem Dienste an dem Worte empfangen die Apostel den heiligen Geist: ihr Dienst ist ja, wie Paulus 2 Kor. 3, 6 ff. herrlich ausführt, eine διακονία τοῖ πνεύματος, welche sie ohne das πνεῦμα nicht auszurichten vermögen.

Indem der Auferstandene seine Apostel anbauchte, sprach er: nehmet hin den heiligen Geist: es fragt sich, ob dieses Anhauchen, dieses ἐμφυσᾶν mit jenem Geistmittheilen in einem näheren oder ferneren Zusammenhange steht. Ist es bloss Symbol oder ist es Medium dieser Geistesmittheilung? Augustinus entscheidet sich für das Symbol; er sagt *de civit. Dei. 13, 24: neque . enim flatus ille corporeus de carnis ore procedens substantia erat spiritus sancti atque natura, sed potius significatio, qua intelligeremus spiritum sanctum patre esse filioque communem. de trin. 4, 29: nec video, quid aliud significare voluerit, cum sufflans in faciem discipulorum ait: accipite spiritum sanctum: neque enim flatus ille corporeus cum sensu corporaliter tangendi procedens ex corpore substantiae spiritus sancti fuit, sed demonstratio per congruam significationem.* Ihm folgen viele Väter: Calvin begründet diese Auffassung nicht übel: *porro quum arcana inspiratione posset Christus gratiam conferre apostolis,visibilem flatum addere voluit ad eos melius confirmandos. Symbolum autem hoc sumpsit Christus a vulgari scripturae more, cui tritum est, spiritum conferre vento.* Wir können über die Schrift noch hinausgehen: die alten Griechen und Römer kennen auch diesen heiligen Sprachgebrauch, nennen die Begeisterung einen *afflatus divinus, cf. Cicero de nat. deor. 2, 66, 166. de divin. 1, 19, 34* und *19, 38,* später *inspiratio,* cf. Solinus 6, und bezeichnen Hauch, Lebensodem, Geist mit einem Worte, dessen Etymologie klar ist, πνεῦμα von πνεῖν und *spiritus* von *spirare.* Lücke, de Wette, Baumgarten-Crusius, Hengstenberg, Weiss schliessen sich an. Dagegen fassen die lutherischen Exegeten, wie z. B. Gerhard, Calov, das Anhauchen als das Medium, als das Vehikel, kraft dessen der Geist Christi auf die Apostel übergeht: neuerdings erklären sich Meyer, Luthardt u. A. hierfür. Ich kann diesen Letzteren nur beipflichten. Das Anhauchen konnte, wie Meyer schon bemerkt, da Christus dabei sprach: λάβετε πνεῦμα ἅγιον, von den Jüngern nicht anders verstanden werden und die Aehnlichkeit mit Gen. 2, 1 ff. liegt so auf der Hand, dass jene Stelle den Schlüssel hergeben muss. Dort aber überträgt Gott der Schöpfer durch sein Anhauchen seinen Geist, seinen Lebensodem in das Erdengebilde. In welcher δόξα steht der Auferstandene jetzt mitten unter seinen Jüngern: der, welcher die Welt erlöst hat, ist derselbe, der sie geschaffen hat! Die alten Väter machen auf zweierlei mit Recht schon aufmerksam. Er ist der Quell aller Gnaden, er ist der Quell alles Lebens! Euthymius sagt: ἐνεφύσησε μὲν οὖν, ὡς πηγὴ χαρισμάτων, καὶ ἵνα μάθωμεν κἀντεῦθεν, ὅτι αὐτός ἐστιν ὁ καὶ τὸ πρῶτον καὶ ζωτικὸν ἐμφύσημα ἐμφυσήσας τῷ Ἀδάμ.

Seine Jünger sendet der Herr, wie er von seinem Vater gesandt worden ist; er ertheilt ihnen das, was sein Vater ihm gegeben hatte, um seinen Auftrag auszurichten in dieser Welt, den heiligen Geist: sie sind seine Stellvertreter, seine Bevollmächtigten. Was war die Predigt, welche der Heiland verkünden sollte? Die Predigt von der Gnade Gottes, welcher die Sünde nunmehr vergeben will. Der Sohn Gottes hat die Macht, auf Erden Sünden zu vergeben. Er überträgt jetzt seinen Aposteln sein Amt, er muss ihnen desshalb auch die Predigt von der Sündenvergebung befehlen und ihnen die Macht verleihen, auf Erden Sünden zu vergeben an seiner Statt, in seinem Namen. Darauf gehen die Schlussworte des ordinirenden Herrn: er spricht: ἄν τινων ἀφῆτε τὰς ἁμαρτίας ἀφίενται (die Lesarten schwanken sehr; Lachmann zieht ἀφίωνται vor, welches sich in dem Sinaiticus als Korrektur, denn ursprünglich stand dort ἀφεθήσεται, im Alexandrinus, Cantabrigiensis vorfindet, wahrscheinlich aber ist dieses dorische Perfektum, welches unregelmässig gebildet ist, vgl. Winer 74, nur eine Korrektur eines Abschreibers, um den Gleichklang mit dem parallelen κεκράτηνται herzustellen; wir geben mit Meyer, Tischendorf u. A. dem Präsens ἀφίενται, welches der Vaticanus darbietet, den Vorzug) αὐτοῖς· ἄν τινων κρατῆτε, κεκράτηνται. Wie diese Worte lauten, so ertheilen sie keinerlei Vollmachten, keinerlei charismatische Kräfte. Nach Michaelis heisst Sünden vergeben, Krankheiten, die Strafen der Sünde hinwegnehmen, und Christus soll demnach das χάρισμα ἰαμάτων verleihen. Less, Morus, Lange u. A. billigen das. Seit wann aber heissen die Krankheiten schlechtweg ἁμαρτίαι? Wir bezweifeln nicht, dass Sünden vielfach durch Krankheiten gestraft werden, aber ἀφιέναι ἁμαρτίας ist ein in der neutestamentlichen Gräcität nur in einem und demselben Sinne vorkommender *terminus technicus.* Meyer versteht dieses ἀφιέναι ἁμαρτίας, wie es verstanden werden muss, von dem Vergeben der Sünden; er findet aber hier eine einzelne, specifische, charismatische Begabung der Apostel, nämlich die der gültigen Sündenerlassung und des Gegentheils, die der sittlichen Disciplinargewalt, nicht bloss hinsichtlich der Aufnahme zur Gemeinde (de Wette, Ahrens, Steitz u. A.) und der Abweisung von derselben, sondern auch hinsichtlich der verzeihenden oder bannenden Zucht ihrer Mitglieder. „Beides haben die Apostel geübt, und es ist unbefugt nur Ersteres zu verstehen, da Beides zur Mission der Apostel wesentlich gehörte." Diesem letzteren Satze Meyer's stimmen wir vollkommen bei: Grotius, Baumgarten-Crusius, de Wette u. A. haben ganz ohne Grund die Sündenvergebung, welche die Jünger wirksam vornehmen sollen, auf den Vorhof des Hauses Gottes, auf den Vorhof der Heiden und Juden beschränkt. Es wird in dem Hause Gottes, in der Kirche auch gesündigt, und da der Vollmachtgeber seine Vollmacht nicht limitirt, sondern ganz allgemein von Vergebung der Sünden redet, so haben die Apostel Recht und Macht, nicht bloss denen, welche in die Gemeinde eintreten wollen, die Vergebung der Sünden zuzusprechen, sondern auch denen, die, in der Gemeinde lebend, sich auf's Neue versündigen. So sehr ich Meyer, dem übrigens schon Viele vorausgegangen waren, ich nenne nur von den Alten den trefflichen Cyrillus Al. und von den Neueren Lücke in seinem Protest gegen die, welche diese Vollmacht nur auf die Mission treibenden und nicht auf die Gemeinden leitenden Apostel ausdehnen wollen, beitrete, so muss ich doch auch gegen seine Auffassung Einspruch einlegen. Er bringt ein Mal die Disciplinargewalt der Apostel hier mit herein. Er ist nicht der Erste, welcher das gethan hat: die katholische Kirche erkennt in diesem Worte Christi das Einsetzungswort des Sakramentes der Busse, in welchem die Kirche das Amt der Schlüssel ausübt. *Si quis dixerit*, so lautet der dritte Kanon der 14. Session des Tridentinum, *verba illa domini salvatoris: accipite spiritum sanctum: quorum remiseritis peccata, remittuntur, et quorum retinueritis, retenta sunt: non esse intelligenda de potestate remittendi et retinendi peccata in sacramento poenitentiae, sicut ecclesia catholica ab initio semper intellexit; detorserit autem contra institutionem huius sacramenti ad auctoritatem praedicandi evangelii, anathema sit.* Ich kann von irgend einer Uebertragung einer Disciplinargewalt an die Apostel hier Nichts entdecken: wie sollte das auch möglich sein. Es fehlt die Grundvoraussetzung und Bedingung. Uebertragen kann man nur, was man selbst besitzt. Die Vollmacht des Substituten darf nie über die Vollmacht des ersten Mandatars hinausgehen: hat der, welcher die Apostel hier an seine Stelle setzt, von Gott solch eine Disciplinargewalt empfangen und hat er dieselbe Zeit seines öffentlichen Wirkens ausgeübt? Wohl spricht der Erlöser davon, dass er auch der von Gott verordnete Richter der Welt sei; wohl stellt er es so dar, dass seine erste Erscheinung in dieser Welt, welche eine Erscheinung der heilsamen Gnade ist, zum Gerichte Vielen ausschlägt: aber wir sehen nirgends den Heiland eine Disciplinargewalt neben seinem Predigtamt ausüben; selbst in dem engsten Kreise der Seinen thut er das nicht; da giebt es keine Censuren, keine Bussen, keinen kleinen oder grossen Bann. Ich muss also diesen von Meyer betonten Gedanken an eine sittliche Disciplinargewalt als ganz ungehörig zurückweisen. Wie steht es mit dem Grundgedanken dieses tüchtigen Schriftauslegers, welcher in diesem Worte die Verleihung eines Charisma an die Apostel erkennt? Christus soll ihnen zusagen, dass sie auf eine solche Weise durch den heiligen Geist erleuchtet werden, dass sie in der διάκρισις πνευμάτων 1. Kor. 12, 10 unfehlbar sind, dass sie Jedem, der in die Gemeinde einzutreten wünscht, auf den Grund des Herzens sehen, und ihn je nach dem Befunde aufnehmen oder abweisen, und dass sie jedes Glied der Gemeinde so durchschauen, dass sie wissen, ob ihm Gottes Gnade oder Gottes Zorn zu verkünden ist. Wir haben gegen diese Auffassung nicht das Bedenken, dass dieser Zusage des Herrn das Werk seiner Knechte nicht gerecht würde: wir erfahren ja, um nur auf zwei eklatante Fälle hinzuweisen, dass mit untrüglichem Blicke die Apostel einen Simon Magus unter den Aspiranten der Handauflegung und einen Ananias unter denen, die ihre Gaben zu ihren Füssen niederlegten, erkannten. Allein wenn der Heiland seinen Aposteln dieses Charisma verleihen wollte, so hätte er das doch erstens bestimmt aussagen und nicht versteckt andeuten und zweitens ihnen auch in Sonderheit zusprechen müssen: keines von Beidem geschieht. Der Zusammenhang, in welchem dieses Wort mit dem λάβετε πνεῦμα ἅγιον steht, führt vielmehr auf den Gedanken, dass ein Jeder, welcher den heiligen Geist hat, diese Macht der Sündenvergebung besitzt. Ueberhaupt scheint das Wort Christi

Mark. 16, 17 f. darauf zu deuten, dass die charismatische Ausstattung der Apostel erst an dem Tage der Pfingsten Statt fand. Nicht ein Mal eine Ermächtigung zur Sündenvergebung ertheilt strenggenommen der Auferstandene hier den Seinen, sondern, wie die Worte lauten, sagt er nichts weiter, als dass, was sie in Betreff des Vergebens und des Behaltens der Sünde thun werden, von dem, in dessen Hand der letzte Entscheid ruht, als wohlgethan, als gültig mit Ja und Amen bekräftigt werden soll. Christus setzt den Fall voraus, dass seine Sendboten in die Lage kommen, die Vergebung der Sünden gewissen Leuten zuzusprechen. Die Predigt von dem Evangelium beschränkt sich ja nie auf eine allgemein gehaltene Verkündigung der Sündenvergebung, sondern wenn die Predigt von der Sündenvergebung einen Menschen in der Tiefe seines Herzens ergriffen hat, so möchte er aus dem Munde des Botschafters Jesu Christi das Wort vernehmen, dass seine Sünden in Sonderheit ihm erlassen sein sollen. Wenn sie nun einem bussfertigen, gläubigen Individuum zusprechen, dass es von seiner Sünde losgelassen sei, so soll, was sie sagen, gelten, die Sünden sollen erlassen werden. Das klassische Griechisch kennt wohl die Phrase ἀφιέναι τινά, jemanden, welcher in Anklagezustand versetzt worden, freisprechen, oder jemanden, der zu einer Strafe verdammt worden ist, freigeben, aber diese ἀφιέναι τι oder ἀφιέναι τινί τι ist ihm ganz fremd. In dem Griechisch der Septuaginta und des Neuen Testamentes kommt diese Redeweise erst vor, und zwar stets in religiösem Sinne. Die Sünde wird dabei gedacht als die Macht, welche dem, der sie begangen hat, auf dem Nacken sitzt und sich ihm an die Fersen heftet: dieselbe wird τινί, einem zu Gute hinweggesandt, dass sie kein Anrecht mehr an ihn hat und also von ihm ablassen, abstehen muss. Wer die Sündenvergebung ratificirt und zwar in dem Augenblicke, in welchem sie absolviren, denn das Präsens ἀφίενται weist darauf hin, dass diese Ratifikation nicht später ein Mal, sondern sogleich erfolgt, sagt der Herr nicht aus. Wir können an Gott den Vater denken, denn dieser hat mit der Predigt von der Sündenvergebung Jesum betraut; allein da der Herr eben jetzt seine Jünger als seine Sendboten aussendet und bevollmächtigt, so liegt es am Nächsten, dass er, welcher durch sein unschuldiges Leiden und Sterben das Recht, den Menschen ihre Sünden zu vergeben, sich erworben hat, es ist, der ihr lösendes Wort anerkennt. Der andere Fall ist aber auch denkbar, dass sie, weil es an der rechten Herzensbereitschaft fehlt, die Sünden nicht vergeben können: für diesen Fall sichert er ihnen zu, dass es bei ihrem Bescheid und Erkenntniss verbleiben soll. Den Gegensatz zu dem ἀφιέναι τὰς ἁμαρτίας bildet hier κρατεῖν; in der vielfach angezogenen Stelle Matth. 16, 19 ist dem λύειν, mit welchem hier ἀφιέναι korrespondirt, δεῖν gegenüber gestellt. Hammond meint, es hätte hier auch gesagt werden können: ἄν τινων δῆτε, δέδενται: ich glaube das nicht. Sollte sich δεῖν ἁμαρτίας sagen lassen? Nicht die Sünden werden gebunden, sondern die Sünder: oder soll man sich etwa denken, dass wie Gott die Thränen in einem Sack oder Schlauch sammeln soll, Ps. 56, 9, er die Sünden in ein Bündel zusammenschnüren soll, um es seiner Zeit dem Missethäter auf die Schultern zu legen. Wie dieses κρατεῖν der Sünden zu denken ist, gibt Jesus nicht an; einige Ausleger sagen, dass ihm das Bild von einem Gefängniss, von Fesseln u. dgl. vorschwebe; allein diess ist nicht richtig, es müsste dann doch wohl lauten: ἄν τινα κρατῆτε. Nicht der Sünder, sondern die Sünde wird ergriffen und festgehalten. Wir denken an ein Festhalten in dem Gedächtniss, κρατεῖν kommt bei den Klassikern sehr häufig so ohne jeglichen Zusatz vor; es ist diess jedenfalls das Nächste. Auffallend ist es, dass in dem Nachsatze nicht, dem ἀφίενται entsprechend, eine Präsensform steht: allein das Perfektum κεκράτηνται ist ganz richtig, das Präsens κρατοῦνται würde einen ganz falschen Gedanken ergeben. Von dem Augenblicke an, da der Mensch sündigt, steht seine Schuld in dem Buche des gerechten Gottes eingetragen: tritt ein Erlass ein, so wird die Schuld ausgelöscht, es findet dann eine Aenderung statt, tritt aber kein Erlass ein, so bleibt Alles bei dem Alten. Etwas Neues soll dieser Nachsatz nicht beibringen: viel weniger noch will er aussagen, dass es der Apostel Amt sei, die Sünden zu behalten. Sie sind Botschafter an Christus statt und haben wie er das Evangelium der Vergebung der Sünden zu verkündigen und nicht das Gericht abschliessend vorzunehmen. Eine Art von *parallelismus membrorum* liegt vor; der zweite Satz dient nur zur Verstärkung des ersten. Sind sie des Herrn Bevollmächtigte, in welchem das Licht und Leben der Welt beschlossen ist, so versteht es sich von selbst, dass, wenn sie die Sünden nicht vergeben können, dieselben überhaupt nicht vergeben werden können. Die Sündenvergebung steht allein in dem Namen Jesu Christi, er allein hat das Recht dazu durch sein Verdienst sich erworben.

Die Auslegung der katholischen Kirche, welche in diesem Worte des Auferstandenen die Stiftungsurkunde des Sakramentes der Busse und das Privilegium des Klerus findet, geht auf falschen Bahnen. Von Pönitenz ist gar nicht die Rede, und wie soll ein Privilegium des Klerus abgeleitet werden? Sind die Priester der katholischen Kirche etwa die Rechtsnachfolger der Apostel? Haben die Apostel etwa das Recht gehabt, wie der Erlöser sie sich substituirte, so Andere an ihre Stelle zu berufen? Vergleicht sich die Stellung Christi zu seinem Gotte und Vater mit der Stellung der Apostel zu ihrem Herrn und Meister? Eins sind der Vater und der Sohn: sind in derselben Weise auch eins der Herr und seine Knechte? Und wann haben die Apostel jene Substitution vorgenommen? Wir können nur die Auffassung der evangelischen Kirche für berechtigt erachten. Das Amt der Schlüssel hat Christus in diesem Worte nicht gestiftet: er versichert nur, dass das Wort, die Predigt seiner Boten gültig und wirksam sein wird. Er ertheilt ihnen keinen Befehl — das wolle man doch beachten! — Sünden zu vergeben und Sünden zu behalten, sondern erklärt sich nur dahin, dass ihr Wort ebenso viel gelten und wiegen soll wie sein Wort. Wie sein Wort Gottes Wort ist, so soll das Wort der Apostel das Wort ihres Herrn selber sein. Doch wir haben über den engen Kreis der Apostel hinauszugehen, das Versicherungswort hat eine grössere Tragweite. Wenn wir auch angenommen haben, dass diese Worte in erster Linie sich auf die Apostel beziehen, so können wir uns doch dagegen nicht verschliessen, dass sie auch den Andern zu Gute kommen. Wir wissen erstens, dass nicht bloss die Apostel versammelt waren, als Jesus an dem Osterabend erschien: Johannes deutet schon darauf hin, denn er nennt die Versammelten nicht οἱ ἕνδεκα, sondern ganz allgemein οἱ μαθηταί, was durch Luk. 24, 33 ganz genau spezialisirt wird, οἱ ἕνδεκα καὶ οἱ σὺν αὐτοῖς. In irgend einer Weise müssen also diese Worte, da sie nicht ausdrücklich auf einen Bruchtheil der Hörer begrenzt werden, Allen gelten. Und zum Andern ertheilt der Erlöser diese Zusicherung, nachdem er mit dem heiligen Geiste die Seinen gesalbt hat — die Seinen, sage ich absichtlich, denn der Evangelist berichtet nicht, dass Christus nur die gegenwärtigen zehn Apostel angeblasen hätte: ich glaube allerdings, dass er sie nur anhauchte, allein man übersehe nicht, dass der Hauch nicht bloss den Angeblasenen zu Theil wird, es liegt in seiner Natur, sich der ganzen Luft mitzutheilen, nicht Einzelne schlürfen ihn demnach ein, sondern Alle haben, je nach dem, ihren Theil daran. Das Medium, das zur Geistesmittheilung gewählt wurde, weissagt also schon, dass der Geist sich nicht bloss denen, welche am Nächsten stehen und die Ersten sind, mittheilen will, sondern Allen. Allen, welche des heiligen Geistes theilhaftig sind, gilt diese Zusage, dass, was sie reden, der Herr selbst geredet haben will, dass es bei ihrem Worte sein Bewenden haben soll. Vortrefflich sagt Calvin: *non dubium est, quin hic breviter complexus sit dominus evangelii summam. Neque enim separanda est haec potestas remittendi peccata a docendi officio, cui uno contextu annexa est. Dixerat paulo ante Christus, sicut misit me pater, ita et ego mitto vos. Nunc quorsum spectet et quid sibi velit ista legatio declarat: tantum interposuit quod necesse erat, se illis spiritum sanctum dare, ne quid ex ipsis agerent. Hic ergo praecipuus est evangelii praedicandi finis, ut Deo reconcilientur homines, quod fit gratuita peccatorum venia, quemadmodum et Paulus docet 2 Cor. 5, 18, ubi evangelium hac ratione appellat ministerium reconciliationis. Multa quidem alia continet evangelium, sed hoc inprimis agit illic Deus, ut recipiat homines in gratiam peccata non imputando. Nam in hoc maxime differt a profana philosophia evangelium, quia hominis salutem in gratuita peccatorum remissione constituit. Nam et hinc fluunt alia Dei beneficia, ut nos illuminet Deus ac regeneret spiritu suo, ut reformet ad imaginem suam, ut invicta fortitudine contra mundum et Satanam nos armet. Itaque tota pietatis doctrina et spirituale ecclesiae aedificium fundamento illo nititur, quod Deus nos a peccatis omnibus absolutos gratis sibi adoptat. — Videmus nunc, cur tam splendido elogio commendet Christus ac ornet ministerium, quod apostolis iniungit, nempe ut tuto sibi persuadeant fideles, ratum esse, quod audiunt de remissis peccatis, nec minoris faciant reconciliationem, quae voce hominum offertur, quam si Deus ipse manum e coelo porrigeret. Ac uberrimum huius doctrinae fructum quotidie percipit ecclesia, dum pastores suos intelligit divinitus ordinatos esse aeternae salutis sponsores, nec peccatorum remissionem, quae apud illos est deposita, procul esse quaerendam. — Hoc secundum membrum,* bemerkt er zu dem Schlusssatze, *quorum retinueritis, addit Christus ad terrendos evangelii sui contemptores, ut sciant, non impune cessuram sibi esse hanc superbiam. Ergo sicuti apostolis iniuncta est salutis et vitae aeternae legatio, ita rursum armati fuerunt vindicta adversus omnes impios, qui oblatam sibi salutem respuunt, ut docet Paulus 2 Cor. 10, 6. Caeterum ordine posterius est, quia priore loco ostendi oportuit, verum et geminum evangelii praedicandi finem. Quod Deo reconciliamur, hoc evangelii proprium est: accidentale vero, quod morti aeternae addicuntur increduli. Qua ratione Paulus, dum illam, cuius nuper memini, vindictam denuntiat incredulis, mox subiicit, postquam impleta fuerit vestra obedientia. Significat enim proprium esse evangelii, ut invitet omnes ad salutem: adventicium autem esse, ut interitum quibusdam afferat. Notandum tamen est, quisquis evangelii vocem audit, nisi peccatorum remissionem illic sibi promissam amplectitur, reatu et aeterna damnatione obstringi. Nam sicut Dei filius odor est vivificus, ita iis, qui pereunt, odor est mortis in mortem, non quod necessaria sit damnandis reprobis evangelii praedicatio, quum natura perditi simus omnes et praeter haereditariam maledictionem novas mortis causas sibi quisque accersat, sed quia multo graviorem poenam meretur eorum contumacia, qui scientes et volentes filium Dei spernunt.* Während Calvin sich damit begnügt, das Amt des Neuen Testamentes in's Licht zu stellen, betont Luther, dass dieses Recht der Sündenvergebung einem jeden Christenmenschen zusteht und ein ganz unvergleichlicher Schatz ist. „Diese Gewalt nun wird hier allen Christen gegeben, d. i. dem, der ein Christ ist. Wer ist aber ein Christ? Der da glaubt. Wer da glaubt, der hat den heiligen Geist. Darum ein jeglicher Christ hat die Gewalt, die der Papst, Bischöfe u. s. w. haben in diesem Falle, die Sünden zu behalten oder zu erlassen. So höre ich wohl, ich mag Beichte hören, taufen, predigen, Sakrament reichen? Nein! S. Paulus sagt: lasset Alles ehrbarlich und ordentlich zugehen, 1. Kor. 14, 40. Wir haben wohl Alle diese Gewalt; aber Niemand soll sich vermessen, dieselbe öffentlich zu üben, denn der dazu durch die Gemeinde erwählt ist. Heimlich aber mag ich sie wohl brauchen. Als wenn mein Nächster kommt und spricht: Lieber, ich bin beschwert in meinem Gewissen, sage mir eine Absolution; so mag ich das frei thun, dass ich ihm das Evangelium predige und sage ihm, wie er sich der Werke Christi annehmen soll und gewisslich glaube, Christi Gerechtigkeit sei sein und seine Sünden sind Christi. Das ist der grösste Dienst, den ich meinem Nächsten kann erzeigen! — Wer kann aber ausreden, welch ein unaussprechlicher, mächtiger und seliger Trost das sei, dass ein Mensch dem andern mit einem Wort den Himmel aufschliessen und die Hölle zuschliessen kann? Eine Gewalt, welche weit und hoch über aller Gewalt auf Erden ist. Wie ein überschwänglicher Trost, dass Gott dieselbige Kraft, die er in Christo übt, auch in uns erweckt und uns gleiche Gewalt gibt. Wie er ihn in ein himmlisch Wesen gesetzt hat, über alle Gewalt, Macht und Kraft und Alles, was man nennen mag: also hat er uns auch in dieselbige Gewalt gesetzt, dass diejenigen, so da glauben, alle Gewalt haben über Himmel und Erde."

- - - - -

7. Christus und Thomas.

Joh. 20, 24—31.

Thomas aber der Zwölfe Einer, der da heisst Zwilling, war nicht bei ihnen, da Jesus kam. (25) Da sagten die andern Jünger zu ihm: wir haben den Herrn gesehen. Er aber sprach zu ihnen: es sei denn, dass ich in seinen Händen sehe das Nägelmal und lege meinen Finger in den Ort der Nägel, und lege meine Hand in seine Seite, werde ich nicht glauben. (26) Und über acht Tage waren abermal seine Jünger drinnen und Thomas mit ihnen: kommt Jesus, da die Thüren verschlossen waren, und trat in die Mitte und sprach: Friede sei mit euch! (27) Darnach spricht er zu Thomas: Reiche deinen Finger her und siehe meine Hände, und reiche deine Hand her und lege sie in meine Seite und werde nicht ungläubig, sondern gläubig! (28) Thomas antwortete und sprach zu ihm: Mein Herr und mein Gott! (29) Spricht Jesus zu ihm: dieweil du mich gesehen hast, Thomas, so hast du geglaubt: selig sind, die nicht sehen und doch glauben! (30) Nun that Jesus noch viele andere Zeichen vor seinen Jüngern, die nicht geschrieben sind in diesem Buche. (31) Diese aber sind geschrieben, dass ihr glaubet, Jesus sei der Christ, der Sohn Gottes, und dass ihr durch den Glauben das ewige Leben habet in seinem Namen.

Paulus führt diese Erscheinung (1. Kor. 15, 4 ff.) nicht mit an: soll er sie nicht gekannt haben? Der Grund, welcher ihn bestimmte, die Erscheinung, welche Maria Magdalena und bald darauf die galiläischen Weiber erlebten, zu übergehen, greift hier nicht Platz. Thomas, auf welchen der Auferstandene es dieses Mal ganz entschieden abgesehen hat, ist ja der Zwölfen Einer! Und sein Zeugniss für die Wirklichkeit der Auferstehung des Erlösers muss um so entscheidender in die Wagschale fallen, je mehr er sich wider den Glauben an dieselbe gesträubt hatte. Es will mir scheinen, als ob Paulus diese Erscheinung des Auferstandenen mit jener Erscheinung an dem Spätabende des Ostertages zusammenwerfe: er kann das mit gutem Rechte thun, diese beiden Erscheinungen sind im Grunde nur Eine. Der Herr will dem Thomas jetzt nur gewähren, was er den andern Aposteln gewährt hat: er will seinen Friedensgruss ihm in das Herz senken und durch seine persönliche Gegenwart ihn zu dem Glauben bringen, dass er von den Todten auferstanden sei. Ein Nachspiel ist diese Offenbarung: eine Ergänzung jener ersten in dem Kreise der Apostel.

Johannes hatte V. 19 bloss berichtet, dass Jesus da, wo die μαθηταί an dem Osterabende versammelt gewesen waren, erschienen sei. Ueber die μαθηταί liess er sich nicht weiter aus: die Parallele in Lukas unterrichtete uns, dass wir an τοῖς ἕνδεκα καὶ τοῖς σὺν αὐτοῖς zu denken haben. Jetzt erfahren wir aus Johannes, dass unter jenen μαθηταί allerdings die Apostel den Grundstock bildeten, dass aber nicht alle gegenwärtig waren. Einer von ihnen fehlte, und um dieses einen fehlenden Apostels willen geschieht, was nun erzählt wird. Θωμᾶς δὲ εἷς ἐκ τῶν δώδεκα, ὁ λεγόμενος Δίδυμος οὐκ ἦν μετ᾽ αὐτῶν, ὅτε ἦλθεν (ὁ Ἰησοῦς schiebt der textus receptus ein, es bleibt besser weg, da es im Sinaiticus, Vaticanus und Cantabrigiensis nicht gefunden wird). Dieser Thomas, welcher in dem Verzeichnisse der Apostel mit dem Zöllner Matthäus eine Syzygie bildet, vgl. Matth. 10, 3. Mark. 3, 18. Luk. 6, 15, jedoch Act. 1, 13 mit Philippus verbunden aufgeführt wird, gehört, wie seine Stellung in der zweiten Hälfte des Kataloges schon andeutet, nicht zu den hervorragenden Gliedern dieses heiligen Chores. Wir wissen von ihm nur äusserst wenig, und dieses lediglich aus Johannes. Wir können uns denjenigen nur anschliessen, welche seine Heimath in Galiläa, und zwar an dem See Genezareth suchen, denn ein Fischer ist er seinem Gewerbe nach gewesen und hat mit den Zebedäiden dort sein Handwerk betrieben, vgl. Joh. 21, 2. Der Evangelist sagt, dass er einen Beinamen geführt habe, er hiess ὁ Δίδυμος, der Zwilling. Dieser Name soll nach Vielen aber nicht ein Beiname, sondern nur die Uebertragung seines israelitischen Namens Thomas in das Griechische sein, denn Θωμᾶς = תאומא bedeute nichts Anderes als ὁ δίδυμος, weil תאם heisst geminus, duplex fuit. Die Alten fassen dieses Wort meist buchstäblich: Thomas soll nicht allein zur Welt gekommen sein, sondern ein natürlicher Zwilling sein; man gibt ihm entweder eine Zwillingsschwester, welche nach der Tradition (cf. Cotelerius, patr. apost. 1, 272) Lysia hiess, oder einen Zwillingsbruder. Dieser wird nirgendswo mit Namen genannt, da aber Eusebius, h. e. 1, 13 erzählt, dass Thomas auch den Namen Judas geführt habe, und man diesen Judas mit dem Judas, dem Bruder des Herrn (Matth. 13, 55) combinirte, so könnte, wie Thilo zu den Akten des Thomas p. 94 ff. ausführt, δίδυμος auch bedeuten ein Stietbruder Jesu. Andere aber fassen den Namen ὁ Δίδυμος nicht als eine Uebersetzung des hebräischen אָמֵא, sondern als einen wirklichen Beinamen. Ich glaube, dass diese allein das Richtige getroffen haben. Wenn Johannes nämlich einen Ausdruck seiner vaterländischen Sprache nur dolmetscht, so bedient er sich nicht der Phrase ὁ λεγόμενος u. dgl.; er gebraucht dann alle Mal einen andern Ausdruck. So schreibt er 1, 38: Ῥαββί, ὃ λέγεται ἑρμηνευόμενον, διδάσκαλε, V. 41 τὸν Μεσσίαν, ὅ ἐστι μεθερμηνευόμενον, ὁ Χριστός, V. 42 Κηφᾶς, ὃ ἑρμηνεύεται Πέτρος, vgl. noch 9, 7. 19, 13 sagt er: εἰς τόπον λεγόμενον Λιθόστρωτον Ἑβραϊστὶ δὲ Γαββαθᾶ, hier ist auf keinen Fall Λιθόστρωτον eine blosse Uebersetzung des jüdischen Namens Gabbata, sondern ein anderer, und zwar der bei den Griechen und Römern gebräuchliche Name jener Stätte bei dem Palaste des Herodes. Ebenda lesen wir V. 17: εἰς τὸν λεγόμενον Κρανίου τόπον, ὃς λέγεται ἑβραϊστὶ Γολγοθᾶ, Hier ist es fraglich, ob Κρανίου τόπος ein selbstständiger oder nur ein übersetzter Name ist: wahrscheinlich aber ist mir, dass dieser Hügel allerdings diesen zweiten Namen noch trug. 20, 16 schreibt er ganz ähnlich: λέγει αὐτῷ ἑβραϊστί· Ῥαββουνί, ο λέγεται, διδασκαλε; auch hier möchte anzunehmen sein, dass weniger eine Dolmetschung gegeben werden soll, denn dieselbe würde heissen müssen, κύριε, als dass für das hebräische Wort der Titel gesetzt wird, welcher in der griechischen Sprache landläufig war. Wenn wir nun hier in dem ὁ Δίδυμος einen neben dem Thomas hergehenden Namen des Apostels anerkennen, so fragt es sich, ob der Apostel diesen Namen wegen eines äusseren Umstandes oder wegen seiner inneren Beschaffenheit erhalten hat. Hengstenberg ist neuerdings sehr entschieden für die letztere Möglichkeit eingetreten. Alle Beinamen, welche die Apostel in den Evangelien haben, sollen theologischen Charakters sein, einen sittlich-religiösen Grundzug in ihrem Wesen signalisiren. Die charakteristische Eigenthümlichkeit unsres Thomas soll seine Zweifelsucht gewesen sein, er heisse der Zwilling, weil er ein Zweifler gewesen sei und in dem Zweifler gleichsam zwei Seelen sich befinden: ὁ Δίδυμος sei ὁ δίψυχος ἀνήρ. Er ist nicht der Erste, sondern Theophylaktus macht schon darauf aufmerksam, dass dieser Name so viel sei als der Zweifler; die Glosse findet dasselbe schon in dem ursprünglichen Θωμᾶς, אָמֵא angezeigt, welches sie mit תהום, der abyssus, der Abgrund in Verbindung bringt, in dessen schauerliche Tiefen die Zweifel diesen armen Jünger hinabgetrieben hatten. Mir scheint es doch in hohem Grade zweifelhaft, ob die Sache sich so verhält, wie Hengstenberg mit grosser Zuverlässigkeit behauptet. Wenn der Name ὁ Δίδυμος diesen theologischen Charakter besitzt, so könnte er dem Thomas entweder von seinen Genossen vor seiner Bekanntschaft mit Christus beigelegt worden sein, oder Jesus wäre der Schöpfer desselben. Sollten die Freunde dieser Beinamen aufgebracht und der Heiland ihn etwa durch Petrus, Johannes, Jakobus und Andreas, mit welchen Thomas umging, erfahren haben? Mir kann es nicht gefallen, dass der Sohn Gottes einen Spitznamen in dieser Weise adoptirt und verewigt. Soll Christus den Thomas erst so benannt haben? Soll er durch diesen Beinamen seinen theologischen Charakter gekennzeichnet haben? Hengstenberg befindet sich im Irrthum, die Zweifelsucht ist unmöglich die theologische Eigenthümlichkeit dieses Apostels; nur eine Zeitlang ist er ein Zweifler gewesen, diese Erscheinung Christi reisst ihn aber aus dem Meere der Zweifel heraus, in das er versunken war, und stellt ihn auf den Fels des Heils, da er anbetend spricht: mein Herr und mein Gott! Ist es möglich, dass der Heiland einen bleibenden Beinamen von einer vorübergehenden Gemüthsstimmung und Richtung her nimmt? Eine Phase und nicht die schönste Phase in dem Entwicklungsgange des Thomas sollte dieses ὁ *Δίδυμος* fixiren? Ich kann es nicht glauben und möchte darauf noch hinweisen, dass der Evangelist, welcher erzählt, Jesus habe dem Simon den Namen Kephas, Petrus beigelegt, wohl auch nicht unerwähnt gelassen hätte, er habe den Thomas ὁ *Δίδυμος* benannt, zumal er an allen Stellen, da er von Thomas spricht, ausser hier noch 12, 16; 14, 5; 21, 2, diese Worte ὁ *λεγόμενος Δίδυμος* hinzufügt. Da wir von einem Zwillingsgeschwister dieses Apostels nichts wissen und einen theologischen Charakter seinem Beinamen nicht beimessen können, so muss die Sache auf sich beruhen, denn ein Jeder weiss, dass die Namen sich im Laufe der Zeiten so abschleifen, so sehr ihre ursprüngliche Bedeutung einbüssen, dass sehr gut ein Menschenkind den Namen Thomas, der Zwilling, bei seiner Beschneidung empfangen konnte, denn mit derselben war die Namengebung verbunden, welches allein das Licht der Welt erblickt hatte. Nur das geht aus dem *Θωμᾶς, ὁ λεγόμενος Δίδυμος* evident hervor, dass dieser Apostel unter zwei Namen bekannt war: er wurde eben so wohl Thomas als auch Didymus genannt. Diese Doppelnamigkeit des Einen Mannes scheint darauf hinzuweisen, dass er bei seiner apostolischen Thätigkeit in Kreise und Länder kam, da sich die griechische Bezeichnung mehr empfahl, weil der hebräische Originalname den Leuten nicht mundgerecht und verständlich war. Die älteste Tradition ist, dass er das Evangelium in Parthien predigte, vgl. Origenes bei Eusebius *h. e.* 3, 1. Socr. 1, 19. Clement. *recogn.* 9, 29. Hieronymus gibt Persien an und Rufinus berichtet in seiner Kirchengeschichte 2, 5, dass er in Edessa begraben liege. Später liess man ihn nach Indien ziehen, so Gregor. Naz. *or.* 25 in Arian. ed. Clemencet 1, 438. Ambros. in Ps. 45, 10. Hieronymus ep. 59 ad Marcellam, Nicephorus *h. e.* 2, 40. Acta Thomae c. 1, Abdias hist. apost. c. 9, wo erzählt wird, dass die Thomaschristen in ihm den Stifter ihrer Kirche verehren.

Dieser Thomas, genannt der Zwilling, war nicht bei den Jüngern, da Jesus an dem Osterabende kam. Warum war er nicht bei ihnen? Grotius bemerkt: *negotio aliquo, ut credibile, occupatus:* Bengel: *quia fortasse remotius habuerat domicilium et sero de resurrectione audierat.* Mir erscheint keines von diesen Dreien *credibile.* Was für ein Geschäft hätte den Thomas an dem Osterabende abhalten können, mit den Gläubigen die Auferstehung seines Herrn und Meisters zu feiern? Jetzt musste jedes noch so dringende Geschäft hintenan stehen, denn nun galt es zu singen: diess ist der Tag, den der Herr macht! Kann Thomas so weit weggewohnt haben, dass er nicht an den Ort der Versammlung kommen konnte? Wenn die beiden Wanderer von Emmaus dahin gelangten, warum sollte es ihm, der in Jerusalem oder in seiner nächsten Umgebung sich aufhielt, ein Ding der Unmöglichkeit gewesen sein? Zu spät soll er die Kunde von der Auferstehung Jesu empfangen haben: wie will man das wahrscheinlich machen? In zwölf Stunden mussten alle Jünger Christi in Jerusalem es wissen und wem brachten die Frauen, die am frühsten bei dem Grabe waren, die Osterbotschaft? Den Aposteln! Nein, die alten Kirchenväter haben da zum Theil schon richtiger gesehen. Chrysostomus freilich glaubt noch, dass Thomas, durch die Gefangennahme und Kreuzigung Christi erschreckt, sich so weit verlaufen habe, dass er noch nicht zur Stelle sei, was Theophylaktus, Euthymius, Gerhard, selbst Meyer noch ihm abnehmen, Augustinus hingegen hat bereits die Vermuthung ausgesprochen, dass er an dem Osterabende schon bei den Andern gewesen, aber von ihnen gegangen sei, als durch die Dazukunft der beiden Emmausjünger die Stimmung eine überaus gehobene und zuversichtliche geworden sei. Kann ich auch nicht annehmen, dass Thomas sich aus dem Kreise der Jünger an dem Osterabende entfernt habe, so halte ich doch mit Augustinus und seinen Anhängern dafür, dass es nicht ein äusserer Umstand war, wesshalb Derselbe nicht gegenwärtig war, sondern eine innere Nothwendigkeit vorlag. Seine Gemüthsstimmung war nicht eine derartige, dass er zu Lob und Ehren der Auferstehung seines Herrn und Meisters mit den Andern sich vereinigen konnte, sein Kleinglaube, sein Unglaube hielt ihn fern. So auch Lange, Luthardt, Godet, Stier u. A. Wenn Thomas sich auch von der Gemeinde der Gläubigen separirt hat, so ist die Brücke zwischen ihnen noch nicht abgebrochen. Er steht mit ihnen noch in Verbindung und Zusammenhang. Der Evangelist gibt uns leider keinen Aufschluss, wer die Brücke zuerst betrat: ob Thomas sich den Andern wieder näherte, oder ob die Andern den Thomas aufsuchten, denn er erzählt nur kurz und bündig: ἔλεγον οὖν αὐτῷ οἱ ἄλλοι μαθηταί· ἑωράκαμεν τὸν κύριον. Gerhard entscheidet sich nicht über die schwebende Frage. Bengel ist der Ansicht, dass die Annäherung von Thomas ausging: *paulo post venisse videtur*, schreibt er zu ἔλεγον: nach Hess, Stier u. A. ergreifen die Andern die Initiative. Diess Letztere ist wahrscheinlicher: die Apostel, welchen der Auferstandene erschienen war, hatten das allergrösste Interesse, ihren Amtsgenossen davon in Kenntniss zu setzen, um ihn von seinem Unglauben zu bekehren: er konnte es ja nicht ahnen, dass inzwischen ein wunderbarer Incidenzfall eingetreten war. Etwas von der suchenden und erhaltenden Liebe des Heilandes ist in die Herzen der anderen Jünger schon übergegangen: sein Anhauchen hat ihnen in der That von seinem Geiste Etwas mitgetheilt, sie bewähren sich schon jetzt als seine Gesandten, als die Gehülfen des grossen Hirten. Ihre Botschaft, ihr Zeugniss lautet: ἑωράκαμεν τὸν κύριον. Sicher haben sie es bei diesen drei Worten nicht bewenden lassen: sie geben nur die Summa ihrer Mittheilungen an. Gesehen haben sie den Herrn, mit Emphase steht ἑωράκαμεν an der Spitze dieses Satzes. Nicht gehört haben sie, dass der Meister von Diesem und Jenem gesehen worden ist, nein, mit ihren Augen haben sie ihn allesammt gesehen, sie haben sich Alle davon überzeugt, dass er es in der That und Wahrheit war, dass er und kein Anderer, dass er in leibhaftiger Wirklichkeit vor ihnen gestanden hat. Sie Alle, Alle haben ihn gesehen mit einem Male; zehn Zeugen, welche nur reden, das sie gesehen haben mit ihren Augen, stehen hier vor dem, der nicht glauben wollte und konnte, dass Christus auferstanden sei. Können sie sich irren? Können sie lügen! Gesehen haben sie nicht den Meister, nicht den Gekreuzigten; den Herrn, τὸν κύριον haben sie gesehen. Er hat sich ihnen geoffenbart, aber nicht in der alten Daseinsweise, sondern in einem neuen Zustande, in dem Stande der Herrlichkeit als τὸν κύριον κατ' ἐξοχήν. Thomas aber setzt dem Zeugnisse seiner Freunde, welche er nur als wahrhaftige, besonnene, somit als glaubwürdige Männer kennt, den entschiedensten Unglauben entgegen.

Umsonst sind sie zu ihm gekommen: er steht unerschütterlich auf seiner vorgefassten Meinung. Er spricht zu ihnen: ἐὰν μὴ ἴδω ἐν ταῖς χερσὶν αὐτοῦ τὸν τύπον τῶν ἥλων καὶ βάλω μου τὸν δάκτυλον (so lese ich mit Tischendorf auf Grund des Sinaiticus und Cantabrigiensis statt τὸν δάκτυλόν μου), εἰς τὸν τόπον (so lese ich mit Lachmann, Tischendorf, Meyer, Luthardt u. A. statt des recipirten τύπον, welches allerdings in dem Codex Vaticanus und Cantabrigiensis gefunden wird, aber mechanisch von den Abschreibern wiederholt worden ist. Der Sinaiticus schreibt gedankenlos εἰς τὴν χεῖραν αὐτοῦ: der Alexandrinus, mit welchem der Codex I und die Peschito wie die Itala stimmen, überliefert τόπον, welches sicher das Ursprüngliche ist, denn erstens lässt sich wohl die Umschreibung des τόπον in τύπον, aber nicht umgekehrt die Verwandlung von τύπον in τόπον erklären, und zweitens trifft Grotius Bemerkung vollständig zu: τύπος videtur, τόπος impletur.) τῶν ἥλων καὶ βάλω μου τὴν χεῖρα εἰς τὴν πλευρὰν αὐτοῦ, οὐ μὴ πιστεύσω. Sehr bestimmt und derb ist diese Entgegnung des Apostels. Er kann seinen Unglauben nicht leicht schärfer ausdrücken: vortrefflich hebt der feinsinnige Bengel diess aus dem ἐὰν μή und dem οὐ μή hervor. *Professa incredulitas. Neque dicit: si videro, credam: sed solummodo: nisi videro, non credam. Neque existimat, se visurum esse: etiamsi ceteri, se vidisse, dicant. Sine dubio visus est sibi valde iudiciose sentire, et loqui; sed incredulitas, dum aliis iudicii defectum tribuit, ipsa saepe duritiem et tarditatem alit et prodit. Marc. 16, 14. Luc. 24, 25.* Er hält es für rein unmöglich, dass Christus auferstanden sein und leben sollte: bezeugen mögen es die andern zehn Apostel, ein Jeder in der kräftigsten Weise, er glaubt es nicht, er kann es nicht glauben. Der Tod Christi — mag er ihn nun, was Stier annimmt, mir aber sehr unwahrscheinlich scheint, denn unter jene Luk. 23, 49 angegebenen οἱ γνωστοὶ αὐτοῦ lassen sich die Apostel, wie ich Leidensgeschichte 2, 410 nachgewiesen habe, nicht gut subsumiren, selbst mit angesehen, oder von den Wundenmalen in den Händen und dem Stich in der Seite erst von Andern vernommen haben, — hat auf ihn einen so erschütternden, alle Hoffnungen vernichtenden Eindruck gemacht, dass er an eine Wiederbelebung des Gekreuzigten schlechterdings nicht glauben kann. Glauben könnte er nur in dem Falle, wenn der, welcher auferstanden sein soll, sich ihm selbst offenbarte in der Weise, dass er leibhaftig vor ihn hinträte und ihm gestattete, nicht bloss die Wundenmale zu schauen — das Auge kann ja durch irgend ein Blendwerk getäuscht werden, weil es mit dem Objekt selbst nicht in unmittelbare Berührung kommt, — sondern dieselben auf das Genaueste und Eingehendste zu betasten. Wenn er glauben soll, so will er sehen ἐν ταῖς χερσὶν αὐτοῦ τὸν τύπον τῶν ἥλων, das durch das Einschlagen der Nägel verursachte Mal und seinen Finger will er nicht bloss an diesen Ort legen, um ihn zu befühlen, sondern in diesen Ort hineinlegen. Von den Nägeln war die Hand durchschnitten und durchrissen, und Thomas setzt voraus, dass diese Löcher sich noch nicht geschlossen haben, noch nicht zugegangen und verwachsen sind. Wir wissen, dass man bei der Kreuzigung Nägel von der stärksten Dimension, vgl. Leidensgeschichte 2, 198, verwandte, und hier erfahren wir, dass die durch Kreuzesnägel gemachte Oeffnung so bedeutend war, dass man recht gut einen Finger hineinstecken konnte. Aber das Sehen und Betasten der Nägelmale genügt dem ungläubigen Apostel lange noch nicht: er will an dem Leibe des Auferstandenen noch weitere typo- und topographische Untersuchungen anstellen. Er will die Seite, welche der Heiland den andern Jüngern enthüllt haben soll, auch sehen und seine Hand nicht an dieselbe heranbringen, sondern in dieselbe hineinlegen: es muss in dieser Seite demnach eine Wunde sich befinden, welche die Wunden in den Händen weit übertrifft. Wir sehen, er weiss um den Lanzenstich. Wenn gewisse Ausleger mit Paulus, Lücke, de Wette sich darauf berufen, dass der Apostel nicht an den Füssen Christi nach Wundenmalen suchen wolle, um sich zu überzeugen, dass er es sei in leibhaftiger Wirklichkeit, und die Annagelung der Füsse frischweg leugnen: so können wir ihnen keine Berechtigung zu dieser Schlussfolge zugestehen. Wenn Thomas nach allen möglichen Wundenmalen, welche der Erlöser an seinem Leibe trug, hätte forschen wollen, so standen ihm, ausser den Wunden an den Füssen, auch noch die Wunden auf der Stirn und den Wangen wie auf dem Rücken zur Verfügung: denn keinem Zweifel unterliegt es, dass jetzt immer noch Spuren von der Dornenkrone auf der zerstochenen Stirne und Malzeichen, in allerlei Farben schimmernd, von den Faust- und Stockschlägen in dem Angesichte und vornehmlich von der Geisselung auf dem Rücken mussten sichtbar sein. Thomas bescheidet sich mit jenen beiden Kennzeichen, mit dem Lanzenstiche in der Seite und mit den Nägelmalen in den Händen. Die Nägelmale in den Händen korrespondirten so sehr mit den Nägelmalen in den Füssen, dass eine Beaugenscheinigung der letzteren ganz überflüssig war. Waren die Male in den Händen noch zu sehen und zu fühlen, so mussten sie auch in den Füssen noch zu sehen und zu fühlen sein. Ich kann nicht mit Meyer sagen, dass Thomas in dem Befühlen der Fusswunden Etwas verlangt hätte, was zu viel und dem Dekorum nicht entsprechend gewesen wäre. Wie eine Besichtigung und Betastung der Füsse mehr gegen das Dekorum verstossen hätte, als die der Seite, ist schlechterdings nicht einzusehen. Das Gegentheil vielmehr ist richtig: die Füsse trug man ja bloss, sie wurden von Andern bei dem Lösen der Schuhriemen und dem Fusswaschen vielfach gesehen und angerührt. Hingegen blieb die Seite alle Zeit sowohl den Augen als auch den Fingern fremder Leute entzogen. Zu viel hätte Thomas ebensowenig gefordert: warum sollten drei Stellen des Leibes zu viel sein? Steht ja doch eine Sache auf zweier oder dreier Zeugen Mund! Ueberflüssig, dabei bleiben wir, war es: die Wunden in den Füssen entsprachen ganz genau den Wunden in den Händen: sie waren durch eben dieselben Nägel zu eben derselben Zeit geschlagen worden. Umständlich findet Meyer die Worte des Zweiflers und bemerkt, dass sich in ihnen eine fast kecke Zuversichtlichkeit seines Unglaubens auspräge. So ist es sicher. Thomas vermeint seiner Sache ganz gewiss zu sein. Gut umschreibt Luther diese Worte des Zweiflers: „es soll mich's Niemand bereden, dass ich's glaube, sondern will so fest auf dem Nein stehen, dass ich's auch nicht glauben will, ob ich's gleich sehe, wie ihr sagt, dass ihr ihn gesehen habt. Soll ich's aber glauben, so muss es mir so nahe kommen, dass, wenn's möglich wäre, ich ihm die Seele möchte anrühren und in die Augen greifen." Thomas will Niemandem glauben, ausser sich selbst und seine zehn Finger gelten ihm mehr, als die zehn auserwählten Zeugen des Auferstandenen. Er spricht keck und „trotzig", wie Luther schon angibt, der ihn für eben so keck und muthig, als grob und einfältig hält, denn, sagt er: „unter Allen, wie es scheint, war S. Thomas der keckste und muthigste, dass er auch sagt (Joh. 11, 16):

lasset uns mit ihm ziehen, dass wir mit ihm sterben", und „darnach scheint's, dass Thomas ein grober und einfältiger Mann gewesen sei, der durch das Mal der Nägel sich bekehren will, welche nicht sonderliche Macht haben, einen zu bekehren." Gerhard charakterisirt den Jünger im Ganzen ähnlich: *apparet in eo quaedam morositas et αἰτοσοφία, qua sibi solus sapit, suis nititur cogitatis et reliquis apostolis omnibus contradicit.* Dräseke schildert in den trefflichen Predigten über die letzten Schicksale unseres Herrn, Bd. 2, Pr. 15 diesen Apostel mit den kurzen Worten: „Thomas war ein kräftiger Mensch, mit einer an Eigensinn streifenden Bestimmtheit; eben so viel Herz, als Kopf. Unbedingt hing er an Jesu. Israels Heil erwartete er einzig von diesem Einzigen." Winer findet bei ihm offenbar etwas Rasches und Vorlautes (Joh. 11, 16. 14, 5, ja Stürmisches 20, 28); er wünschte klare Vorstellungen von den Dingen zu haben, ehe er sich mit ihnen befreunden mochte, er wollte hell sehen. Tiefe Reflexion und ängstliches Grübeln war ihm fremd: er suchte keine Bedenklichkeiten auf, wenn sich ihm aber Widersprüche aufdrängten, so wollte er klar erkennen und war dann rasch entschieden. Luthardt entdeckt wie Ebrard bei Thomas ein trübsinnigen Gedanken am Meisten zugewandtes melancholisches Gemüth: er grub sich immer tiefer in die düsteren Gedanken ein, obgleich sie ihm das Leben seiner Seele zerstörten. Die Hoffnungslosigkeit war ihm die vertraute Welt seiner Seele geworden. Aus dem Unglauben der hoffnungslosen Melancholie erhebt sich seine Seele im plötzlichen, mächtigen Aufschwung zu jenem höchsten Worte des Glaubens, als das Unglaubliche und Unmögliche geschieht und der Auferstandene ihm erscheint. Nitzsch behauptet, dass dieser Apostel, über dessen Charaktereigenthümlichkeit und Sinnesweise nur drei Aussprüche, welche Johannes in seinem Evangelium aufbewahrt hat, authentischen Aufschluss geben, sich in denselben, welche alle Eines Sinnes sind, als den allerdings schwergläubigen, wissen und sehen wollenden, aber doch tief ergriffenen und empfänglichen Jünger darstelle. Steinmeyer glaubt, dass Thomas am Treffendsten durch den Spruch gezeichnet werde: Du meinest nicht, was göttlich, sondern was menschlich ist. Er habe wohl von Anfang an nur darum geglaubt, weil er gesehen, weil er eine überirdische Macht in der Erscheinung Jesu wahrgenommen habe. Auf diese Macht habe er gehofft, von ihr die Erlösung Israels erwartet. Er ist dem Unglauben verfallen und aus diesem kommt der Zweifel hervor. Es wird sehr schwer sein, aus den drei Aeusserungen des Thomas auf sein Temperament zu schliessen: es ist wahr, trübsinnig, düster sind sie alle, aber man bedenke, dass sie sämmtlich in eine Zeit hineinfallen, welche schon unter dem sichtbaren Zeichen des Kreuzes steht. Die Stimmung des Sprechers konnte desshalb, wenn er auch sonst eine heitere, frische, fröhliche Natur besass, nur eine gedrückte, sorgenvolle, schwermüthige sein. Eine treue Anhänglichkeit beurkunden die ersten beiden Aussprüche: Joh. 11, 16 wie 14, 5. Dort spricht Thomas, das Angesicht seinen Mitaposteln zugewandt: lasst uns ziehen, dass wir mit ihm sterben. Er weiss, welche Gefahr dem Meister in Judäa, dicht bei der Hauptstadt droht, aber er kann sich nicht entschliessen, ihm die Treue zu brechen, er untersteht sich auch nicht, ihm wie Petrus, irgend einen Vorbalt zu machen: will Jesus hin, so soll es an ihm nicht fehlen: er ist rasch und festentschlossen, ihm zu folgen und, wenn es nicht anders ist, mit ihm zu sterben. Unverständig erscheint er

hier nicht im Mindesten, er versteht sich vielmehr ganz gut auf die Zeichen
der Zeit: unverständig auch nicht, wie vielfach angenommen wird, in der
andern Stelle 14, 5. Wo ich hingehe, das wisset ihr, und den Weg wisset
ihr auch, so hatte der Heiland gesagt, da spricht Thomas: Herr, wir
wissen nicht, wo du hingehest und wie können wir den Weg wissen?
Wieder tritt die innige Liebe und treue Anhänglichkeit an den Meister
recht in das Licht. Er muss bestimmt wissen, wo derselbe hingeht, denn
er will zu ihm, über dem Wege darf kein Geheimniss ruhen. Hiernach
erscheint uns Thomas als eine zähe, nüchterne, entschlossene, verständige
Natur, die mit Allem gern in's Reine kommen will und nach handgreif-
lichen Gründen sucht. Das entschiedene Glaubenszeugniss der Apostel stösst
ihn, wenn er auch seinen Unglauben sehr bestimmt ausspricht, nicht im Geringsten ab. Er hat von den modernen Zweiflern keine Ader in sich, die
nur zweifeln um des Zweifels willen, er zweifelt, weil es ihm um einen
festen, unerschütterten Glauben zu thun ist. Jene wollen durchaus nicht
glauben, hingegen findet er in seinem Unglauben keine Befriedigung, mit
Schmerzen sieht er auf die glücklichen Tage zurück, da er glauben konnte,
mit Neid — denn dieses Wort wird hier ein Mal passiren dürfen — blickt
er auf seine Mitapostel hin, die da selig sind in dem Glauben, dass sie
den Herrn gesehen haben. Was gäbe er darum, wenn er auch glauben
könnte! Der ungläubige Thomas ist, in dem Grunde seines Wesens betrachtet, ein mit Schmerzen, mit Wehmuth suchendes Gemüth: er sucht
nur in einer anderen Weise, als Maria Magdalena, seinen Herrn! Sucht
die ihn mit dem warmen Herzen, er sucht ihn auch von Herzen, aber der
Verstand bleibt dabei alle Zeit oben. Johannes berichtet: καὶ μεθ᾽ ἡμέρας
ὀκτὼ πάλιν ἦσαν ἔσω οἱ μαθηταὶ καὶ Θωμᾶς μετ᾽ αὐτῶν. Wo sind die
Jünger mit Thomas vereint nach acht Tagen? Hieronymus, welchem
Wetstein und Olshausen wieder zugestimmt haben, antwortet: in Galiläa,
denn er bemerkt zu Matth. 28, 16: *in monte Galilaeae Jesus conspicitur,
ibique adoratur. Tunc manifestius ostenditur Thomae et latus lancea vul-
neratum et manus fixas demonstrat clavis.* Allein mit Recht lehnen das
die andern Alle ab. In Jerusalem spielt auch diese Erscheinung, und zwar
an derselben Stätte, wie die vor acht Tagen: hierauf weist, wie Lampe,
Kühnöl, Lücke, de Wette, Tholuck, Hengstenberg, Luthardt, Godet u. A.
bemerken, πάλιν ἦσαν ἔσω hin. Sie waren also ἔσω, das heisst, innen in
einem Hause, wie Lampe, Kühnöl u. A. ganz richtig näher bestimmen.
Auch bei Klassikern heisst ἔσω ohne jede weitere Bestimmung sehr häufig
in dem Hause, *domi*, wie Kypke nachgewiesen hat. Vgl. Sophocles Oedip.
tyr. 455:

> καὶ ταῦτ᾽ ἰών
> ἔσω, λογίζου,

und 1150:

> ἡ δ᾽ ἔσω
> κάλλιστ᾽ ἂν εἴποι σὴ γυνὴ τάδ᾽ ὡς ἔχει.

Antig. 484:

> ἔσω γὰρ εἶδον ἀρτίως
> λυσσῶσαν αὐτήν, οὐδ᾽ ἐπήβολον φρενῶν.

Wie kam es aber, dass die Jünger an dem achten Tage noch in Jerusalem und gar dort versammelt waren? Die Festwoche war mit dem

Sabbath Abend vorüber: sie hätten ungehindert, nachdem sie in der voll-
kommensten Weise alle Gerechtigkeit erfüllt hatten, bereits an dem Morgen
dieses achten Tages, dieses Sonntages, nach Galiläa heimziehen dürfen, dahin
der Auferstandene sie ausdrücklich hatte bescheiden lassen und selbst beschieden. Warum verweilen sie über die Gebühr in der Hauptstadt? Wir
irren uns wohl nicht, wenn wir in dem Thomas, der sich jetzt mitten unter
ihnen befindet, den erkennen, welcher an Allem schuld ist. Seinetwegen
haben sie Jerusalem noch nicht verlassen können. Christus hatte verheissen, dass er vor ihnen her gehen werde wie der Hirte nach Galiläa,
um sie dort zu weiden: aber es fehlt noch viel, dass die zerstreuten, von
Todesschrecken aus einander gejagten Schafe sich wieder gesammelt haben
und wie eine geschlossene, dichtgeschaarte Herde ihm dorthin nachziehen.
Einer, welcher nicht durch seine Abwesenheit glänzen durfte, hatte sich
noch nicht wieder mit ihnen vereinigt, um dem geschlagenen, aber vom
Tode auferstandenen Hirten nachzufolgen: Thomas musste mit ihnen ziehen,
denn er war der auserwählten Zwölfen Einer. Hier an der Stätte, wo er
seinen Herrn verloren hatte und wo sein Herr wieder in das Leben gekehrt und den Andern erschienen sein sollte, wartete er auf die Lösung,
auf die Entscheidung. Das bannte ihn an diesen Ort, das hielt die andern
Apostel zurück. Grotius, Lange, Luthardt, Hengstenberg u. A. sind der
Ansicht, dass sie zur Feier des Auferstehungstages, zur Feier der Fest-
oktave in Jerusalem verblieben und versammelt gewesen wären: wir hätten
also hier die erste christliche Sonntagsfeier, denn der Sonntag ist ja nichts
Anderes als die allwöchentliche Nachfeier des grossen Ostertages. Wir
können diesen Gedanken uns aber nicht aneignen: sollte den Aposteln
schon zur vollen Klarheit gekommen sein, dass des Menschen Sohn, welcher
als den Herrn des Sabbaths sich bekannt hat, Mark. 2, 28, durch seine
Auferstehung an dem Tage nach dem Sabbath, diesen ersten Wochentag
zu seinem heiligen Tage, zum Tage des Herrn eingesetzt hat? Es wird
diese Zusammenkunft wohl nicht die erste gewesen sein, welche nach jener
österlichen abgehalten wurde: der Glaube sucht nach Gemeinschaft, wie
er der Gemeinschaft mit dem Herrn bedarf, um immer tiefere und festere
Wurzeln zu schlagen, so bedarf er der Gemeinschaft mit den Brüdern, um
immer völligere und reichere Frucht zu tragen. Sie mochten schon manchen
Abend mit Thomas auf die Erscheinung des Auferstandenen gewartet haben:
der Herr kam nicht früher als an diesem achten Tage. *Interiectis diebus
nulla fuerat apparitio*, sagt Bengel gewiss ganz richtig. Warum kam
Christus erst nach acht Tagen? Theophylaktus vermuthet, er habe den
ungläubigen Jünger durch dieses lange Wartenlassen strafen wollen; Euthymius aber meint, er habe den harten Grund seines Herzens durch das
verlängerte Zeugniss der andern Apostel auf die Dinge, welche kommen
sollten, vorbereitet (ἵνα ἐν τῷ μέσῳ κατηχούμενος ὑπὸ τῶν μαθητῶν εἰ-
πειθέστερος πρὸς πίστιν γένηται). Gerhard hat diesen Grund fallen lassen
und fügt zu dem des Theophylaktus noch den, dass er die Apostel durch
den Unglauben ihres Genossen habe prüfen wollen. *Sed qui fit*, schreibt
er, *quod post octo denum dierum intervallum incredulo Thomae Christus
apparet? Sane agnoscenda hac in parte liberrima ipsius voluntas, interim
non absurde dicitur, hanc dilationem fuisse 1) iustissimam poenam negligen-
tiae et oscitantiae in Thoma. Segregaverat se a reliquis apostolis ac sua
culpa fructu manifestationis, quae reliquis discipulis facta erat, se ipsum*

privaverat, inde factum, ut per integrum octiduum cum larvis incredulitatis, cum carne et ratione sua colluctari cogeretur. 2) probationem fidei in reliquis apostolis. Ad fidem resurrectionis praegressis multis τεκμηρίοις vel tandem perducti erant, haec fides demonstranda fuit colluctatione cum incredulo Thoma, ut mutuis colloquiis et certaminibus cresceret.

Man hat von den ältesten Zeiten her angenommen, dass der Evangelist uns nicht in den Morgen oder den Nachmittag, sondern in den Abend dieses achten Tages versetzt. Er sagt freilich mit keiner Sylbe, dass es Abend ist, denn nie werden wir uns entschliessen können, den *Genetivus absolutus* τῶν θυρῶν κεκλεισμένων als Angabe der späten Abendzeit zu nehmen. Und dennoch treten wir diesem *consensus interpretum* mit vollster Ueberzeugung bei. Man beachte, dass diese Erscheinung des Auferstandenen eine Ergänzung der ersten in dem Kreise des Apostel ist. Diese Ergänzung ist eine Wiederholung. Jetzt sind wieder die Thüren verschlossen wie damals; jetzt tritt der Herr wieder wie das erste Mal plötzlich in die Mitte; jetzt ist sein erstes Wort wieder wie dort: Friede sei mit euch! Die Uebereinstimmung ist so durchgängig, die Aehnlichkeit so gross, dass wir uns keinen Augenblick bedenken und sagen: erschien der Erlöser das erste Mal οὔσης ὀψίας Joh. 20, 19, so ist er auch hier zu keiner andern Tageszeit zu den mit Thomas versammelten Jüngern gekommen. Der Evangelist kann, weil das Aeussere dieser Erscheinung, wie ein Ei dem andern, dem der ersten gleichet, sich kurz fassen: ἔρχεται ὁ Ἰησοῦς τῶν θυρῶν κεκλεισμένων καὶ ἔστη εἰς τὸ μέσον καὶ εἶπεν· εἰρήνη ὑμῖν. Statt des ἦλθεν in der Parallele V. 19 lesen wir hier ἔρχεται: der Wechsel der Tempora ist wohl nicht gleichgültig. Dieses und jenes Kommen ist sicher als ein rasches, plötzliches zu denken, aber jenes Kommen war doch gewisser Massen angemeldet durch die Erscheinung, welche der Maria Magdalena, den Weibern und den beiden Wanderern zu Theil geworden war, und überhaupt zu erwarten, denn, wem sollte der Auferstandene sich an dem herrlichen Tage seines Sieges als den Ueberwinder des Todes und den Fürsten des Lebens wohl eher kund thun als seinen Aposteln? Waren sie doch die auserwählten Zeugen! Auf eine zweite Erscheinung des Auferstandenen in Jerusalem noch zu rechnen, hatten sie keinen Anlass und Grund. Eine zwingende Nothwendigkeit lag nicht vor: sollten die Apostel in der Folge den Unglauben der Juden und der Heiden mit dem Zeugniss von der Auferstehung Jesu Christi überwinden, so lag der Gedanke ja sehr nahe, dass sie die Kraft ihres Glaubenszeugnisses, die Macht des heiligen Geistes, mit welchem sie angehaucht worden waren, an dem ungläubigen Menschen in ihrer Mitte beweisen sollten. Ersehnt, gewiss mit heissen Gebeten erfleht, kommt jetzt nach acht Tagen Jesus: aber bei alle dem ist seine Erscheinung doch unerwartet, überraschend, weil durch Nichts vorher verkündet, ja durch ein sechstägiges Nichterscheinen ganz in Frage gestellt. Mit einem Male kommt er τῶν θυρῶν κεκλεισμένων. Der Zusatz διὰ τὸν φόβον τῶν Ἰουδαίων, welchen wir V. 19 fanden, fehlt hier: hat das was zu bedeuten? Lässt Johannes diese Begründung fort, weil sie nach jener Bemerkung überflüssig ist, oder weil sie jetzt nicht mehr zutreffend ist? *Nondum plane desierant timere,* schreibt Bengel im Einverständnisse mit Lightfoot zu dieser Stelle: Lücke, Meyer, Bäumlein u. A. stimmen ihm bei. Ich kann es nicht thun: sollten die Jünger nach acht Tagen sich noch so fürchten. wie an dem ersten Tage, da sie den Herrn noch nicht gesehen hatten? Sollte der Friedensgruss ihnen nicht den Frieden Gottes, der höher als alle Vernunft ist, in das Herz gesenkt haben? Sollten sie, die da nicht gewohnheitsmässig, sondern emphatisch, überzeugt bekennen: wir haben den Herrn gesehen, sich jetzt noch vor schwachen, ohnmächtigen Kreaturen fürchten? Man thue den Aposteln keinen Schimpf an! Können die Thüren nicht aus einem andern Grunde verschlossen gewesen sein? Werden bei uns nicht vielfach, nachdem der Gottesdienst begonnen hat, die Thüren der Kirche verschlossen? Geschieht das aus Furcht? Wollen wir dadurch nicht jede Störung von uns fern halten? Warum soll diess, was Luthardt, Stier u. A. annehmen, hier nicht der Grund sein? In die Mitte der Versammelten tritt wieder der Erlöser, er bildet ja stets den Mittelpunkt der versammelten Gemeinde, sie sammelt sich zu seinem Worte und Sakrament. Sein Gruss verkündet ihnen wieder seine Gegenwart: es ist der Gruss, welchen sie an dem Osterabende schon zwei Mal mit ganz besonderem Nachdrucke aus seinem Munde vernommen und an ihren Herzen nicht als einen blossen, frommen Wunsch, sondern als eine Kraft erfahren haben. Der Friedefürst spricht heute wie vor acht Tagen wieder: Friede sei mit euch! Ihnen allen fehlte noch der Friede: auch denen noch, welche an dem Osterabende schon den Frieden des Herrn empfangen hatten. Was liess sie noch nicht recht zum Frieden kommen? Es war der Unglaube des Thomas, eines hervorragenden Mannes unter den Jüngern, eines auserwählten Zeugen. So lange als er nicht glauben wollte, nicht glauben konnte, waren sie nicht im Stande, sich zufrieden zu geben. Sie hatten ihn lieb und trugen Leid darüber, dass er durch seinen beharrlichen Unglauben sich unglücklich und zugleich unfähig machte zu dem Amte, das ihm befohlen war. Aber am Ende hätten sie sich auch beruhigen können wegen des Thomas, hatten sie ja doch wegen des Verräthers ihre Herzen schon stillen müssen mit dem Gedanken, dass Gottes Gerichte unbegreiflich und seine Wege unerforschlich sind. Konnte es in dem verborgenen Rathe Gottes nicht liegen, dass auch die Auferstehung seines Sohnes einen Apostel um seine Krone bringen sollte? Dieses εἰρήνη ὑμῖν, wenn es auch, wie der Genetiv des Plurals deutlich zeigt, Allen gilt, gilt doch Einem unter den Gegenwärtigen in Sonderheit. An diesen Einen wendet der Erscheinende sich sofort: εἶτα λέγει τῷ Θωμᾷ· φέρε τὸν δάκτυλόν σου ὧδε καὶ ἴδε τὰς χεῖράς μου, καὶ φέρε τὴν χεῖρά σου καὶ βάλε εἰς τὴν πλευράν μου καὶ μὴ γίνου ἄπιστος, ἀλλὰ πιστός. Vor Thomas tritt er hin, ihn fasst er scharf in das Auge, an ihn richtet er ein besonderes Wort. Mit Recht kann Luther nicht umhin, die Sanftmuth und Geduld, die Freundlichkeit und Leutseligkeit des Herrn der Herrlichkeit in vollen Tönen zu preisen. Er sagt: „Das mag doch ja ein starker Unglaube sein, der eben so übel einem Apostel ansteht, als dass Petrus ihn gar verleugnet und sagt, er habe ihn nie gekannt. Das ist doch je ein harter Kopf, der da meint, es müsse es ihm Christus machen, wie er wolle, oder er wolle nicht glauben. Gerade als sei so viel daran gelegen, was er glaube oder nicht glaube. Was dünkt dich doch, dass Christus mit ihm soll anfangen, und was der billige Lohn solches Unglaubens sei? Denn hier finden sich mancherlei Sünden. Die erste und grösste, dass er von Christo nicht mehr hält, denn von andern Propheten, die schlechte Menschen waren. Die andere, dass er seine Mitjünger als Narren erachtet und sich allein für weise hält. Die dritte, dass er meint, Christus müsse es ihm machen, wie er wolle; oder er wolle ihn nicht ansehen. Ja der liebe Apostel will selbst verloren und verdammt sein damit, dass er nicht will glauben. Denn da kann keine Vergebung der Sünden noch Seligkeit sein, so man diesen Artikel von der Auferstehung Christi nicht glaubt, weil darin liegt alle Kraft des Glaubens und des ewigen Lebens, wie S. Paulus 1. Kor. 15, 14, 17, 18 sagt. — Was thut nun Christus mit dem armen, ungläubigen Menschen? Lässt er ihn auch in solchem Unglauben stecken? Nein: das wäre gar wider seine Art und sein Amt; denn er vergleicht sich selbst einem Hirten, der dem verlorenen Schäflein so lange nachgeht, bis er's findet. Solcher Art nach thut er hier auch. Obgleich Thomas den andern Aposteln will nicht glauben, daran liegt Christo nichts; er lässt sich an dem genügen, dass er so viel von Thoma hört, er wolle glauben, wenn er ihn sehe und greife. Darum säumt er sich nicht lange, sondern am achten Tage nach seiner Auferstehung, da Thomas sich in seinem Unglauben gestärkt und nunmehr gar erstorben ist, und Niemand hofft, dass Christus sich ihm sonderlich erzeigen solle, erscheint er den Jüngern abermal und zugleich Thoma, um welches willen auch allein diese Erscheinung und Offenbarung, die schöner und herrlicher ist, denn die vor acht Tagen geschehen ist. Und was das Allergrösste ist, lässt er sich auch mit überaus freundlichen Worten hören und spricht: Friede sei mit euch! Fasset in solchem Wort auch den armen, grossen Sünder Thomam mit, dass er ein fröhliches Herz haben und nicht denken soll, er sei darum da, dass er seines Unglaubens halber ihn strafen und verstossen wolle. Nein, lieber Thomas, Friede sei mit dir auch, fürchte dich nicht, ich zürne nicht mit dir, noch mit deines gleichen. Du hast gesagt, du wollest nicht eher glauben, denn du sähest meine Nägelmale und legest deine Finger drein: reiche nun deine Finger her, lieber Thoma, und greife meine Hände, und reiche deine Hand her und lege sie in meine Seite (räumt ihm also so weit ein, dass er nicht allein sehe, wie die Andern, sondern auch greife und fühle, wie er gesagt hatte); allein, dass du nicht länger ungläubig seist, sondern gläubig. Solches ist um unsertwillen geschrieben, dass wir lernen sollen, wie lieb uns Christus habe und wie freundlich, väterlich, sanft und gelinde er mit uns umgeht und umgehen will. Nicht ein zorniges, ein mitleidendes Herz hat er gegen die Sünder, dass der Teufel sie so gefangen hält: versucht derhalb und thut Alles mit einander, das ihm möglich ist, auf dass er sie aus des Teufels Stricken und der Sünde bringen und bekehren möge. Die Schwachgläubigen will er nicht umstossen und verwerfen, sondern duldet ihre Schwachheit, geht gar sanft und säuberlich mit ihnen um. Das beweist er hier an Thoma, welcher, ob er schon grob und einfältig ist, dennoch ist er nicht untreu noch boshaftig, sondern treu und fromm. Er denkt also: ich wollte es wohl gerne glauben, dass Christus von den Todten auferstanden sei, wenn ich es nur glauben könnte, und wünscht von Herzen, dass es nur wahr wäre, Christus sucht ihn treulich, trägt seine Härtigkeit und hilft ihm zum Glauben. Solch Exempel mit Thoma, wie gesagt, ist uns zu Gut geschehen und geschrieben."

Die Worte Christi an Thomas haben, wie Luthardt sehr richtig bemerkt, etwas Rhythmisches. Es sind nämlich zwei parallele Glieder mit einem abschliessenden Satze. Die beiden parallelen Glieder nehmen die Forderung des Thomas vollständig in sich auf: in ihnen wird ihm gewährt, was er zur Ueberwindung seines Unglaubens heischte, der Schlusssatz greift dagegen auf des Thomas Schlusswort οὐ μὴ πιστεύσω zurück. Christus weiss, was jener für Bedingungen gestellt hat: woher kennt er sie? Lücke, dem Schleiermacher beipflichtet, ist auf den wunderbaren Gedanken gekommen, dass der Apostel Einer ihm es in aller Geschwindigkeit und Heimlichkeit mitgetheilt habe. Wunderbar, dass ein sonst so feinsinniger und umsichtiger Ausleger auf diesen — ich kann mich nicht anders ausdrücken — komischen Einfall gekommen ist. Das τῶν θυρῶν κεκλεισμένων hätte schon warnen sollen, denn es weist ohne Zweifel darauf hin, dass trotz der verschlossenen und verschlossen gebliebenen Thüren der Auferstandene doch einen Zugang zu dem Versammlungssaale gefunden hat. Vor allen Dingen aber hätte Lücke Angesichts der Grundstelle 2, 24 f.: αὐτὸς δὲ Ἰησοῦς οὐκ ἐπίστευεν αὐτὸν αὐτοῖς διὰ τὸ αὐτὸν γινώσκειν πάντας, καὶ ὅτι οὐ χρείαν εἶχεν, ἵνα τις μαρτυρήσῃ περὶ τοῦ ἀνθρώπου, αὐτὸς γὰρ ἐγίνωσκεν τί ἦν ἐν τῷ ἀνθρώπῳ, und der vielen Zeugnisse, welche das Evangelium für die Allwissenheit des menschgewordenen Sohnes Gottes beibringt, vgl. 1, 42, 47 f. u. s. w., sich fragen müssen, ob der Evangelist, welcher hier erzählt, dergleichen etwas für möglich hielt. Jesus weiss, was Thomas gefordert hat, und er hält den Jünger mit überlegener Gnade und Kraft an seinem Worte fest, um ihn ganz zu überwinden. Vor denen, welchen er in seinem hartnäckigen Unglauben die Bedingungen angegeben hat, auf welche er sich erst zu ergeben gesonnen ist, bekommt er zu seiner Beschämung seine Worte aus dem Munde des Auferstandenen noch ein Mal zu hören. Aber gnädig ist der Herr auch bei dieser Züchtigung seines bösen Knechtes. Er wiederholt nicht alle seine Worte, weit entfernt davon, sie auch nur im Geringsten in die Höhe zu schrauben, mildert er sie merklich um ein Weniges. Thomas nämlich hatte gesagt: ἐὰν μὶ ἴδω ἐν ταῖς χερσὶν αὐτοῦ τὸν τύπον τῶν ἥλων καὶ βάλω μου τὸν δάκτυλον εἰς τὸν τόπον τῶν ἥλων, statt dessen gibt Jesus ihm seine Worte in dieser Fassung zurück: φέρε τὸν δάκτυλόν σου ὧδε καὶ ἴδε τὰς χεῖράς μου. Das ist unstreitig viel glimpflicher. Eine Umstellung der Satztheile hat stattgefunden: Thomas hatte zuerst vom Sehen, dann vom Betasten gesprochen, Christus fordert ihn nun auf, zuerst zu fühlen und dann zu sehen: aber, wenn auf diese Weise auch die Spitze seiner Forderung, also die Spitze seines Unglaubens scharf hervortritt, so ist dieser Spitze ihr Stachel dadurch benommen, dass erstens nicht von dem τύπος und τόπος τῶν ἥλων ein langes Gerede gemacht wird, sondern nur die Hände dargeboten werden, und dass das etwas hitzige, eifrige, zufahrende βάλλειν in ein φέρειν umgesetzt ist. Ganz ähnlich verhält es sich mit dem zweiten Parallelsatze. Jesus fordert den Thomas auf zu thun, was er begehrt hat: φέρε τὸν δάκτυλόν σου ὧδε: Gerhard hat schon ganz richtig bemerkt, dass dieses ὧδε von uns δεικτικῶς zu fassen ist: die Hände wurden dabei von dem Herrn dem Ungläubigen unter die Augen gehalten, nicht um sie bloss zu sehen, wie man aus dem Nachsatze: καὶ ἴδε τὰς χεῖράς μου schliessen könnte, sondern um seinen Finger auf die Hand und zwar dahin auf die Hand zu bringen, zu legen, wohin durch das Vorzeigen seine Blicke gelenkt wurden. Seine Hand soll er ausstrecken und in die Seite hineinwerfen: der Auferstandene enthüllt ihm also seine Seite, durch welche die Lanze nach seinem Herzen gedrungen ist. Wir erstaunen über das, was dem ungläubigen Thomas angeboten wird. *Porro quod tam facile,* schreibt Calvin, *Christus Thomae concedit, quod improbe petierat adeoque ad manus suas palpandas et contrectandum vulnus lateris ultro eum invitat, hinc colligimus, quam sedulo nostrae pariter et illius fidei consuluerit. Nec enim unius Thomae, sed nostri quoque habita fuit ratio, ne quid ad stabiliendam fidem nostram deesset. Mirus autem ac prodigiosus Thomae stupor: simplici Christi aspectu non contentus, manus quoque habere volebat resurrectionis testes. Ita non pertinax solum, sed superbus etiam et in Christum contumeliosus erat. Nunc saltem viso Christo pudore confundi et expavescere debuerat.* Bengel hat, wie alle späteren Ausleger, das Richtige getroffen, wenn er schreibt: *si pharisaeus ita dixisset: nisi videro etc., nil impetrasset; sed discipulo pridem probato nil non datur.* Jesus kennt seine Leute: er weiss, was an einem Menschen ist: es ist ihm nicht verborgen, dass Thomas nicht wie ein Pharisäer Ausflüchte machen und gegen die handgreifliche Wahrheit sich sperren wird, er weiss, dass er sich nach Gewissheit, freilich nach einer sehr sinnlichen Gewissheit mit Schmerzen sehnt, um zu dem Glauben hindurchzudringen. Mit einer ernsten Gewissensmahnung schliesst der Heiland: καὶ μὴ γίνου ἄπιστος, ἀλλὰ πιστός. Luther folgt in seiner Uebersetzung der Vulgata, welche μὴ γίνου mit *noli esse* wiedergibt. Ewald, Meyer, Stier, Hengstenberg, Godet, Luthardt, Weiss erklären sich dagegen: sie behaupten, γίνου müsse auch hier in seiner gewöhnlichen Bedeutung genommen werden. Bäumlein und Gess wollen bei der alten Uebersetzung verbleiben. Wir nehmen Akt von Gess' Zugeständniss, dass in Matth. 19, 8. Röm. 11, 6. 2. Petr. 2, 1 es möglich sei, γίνεσθαι in der Bedeutung von *fieri* festzuhalten und untersuchen nur, ob Luk. 1, 5 es nicht auch erlaubt ist, das ἐγένετο in seinem ursprünglichen Sinne zu belassen. Gewiss geht diess an: *exstitit*, es trat auf, ist hier ganz am Platz, wie auch in einer ganz ähnlichen Stelle, Mark. 1, 4. Thomas ist also nicht bereits völlig in dem Unglauben versunken, sondern soll sich jetzt vor dem Unglauben hüten, da die grösste Gefahr vorhanden, dass, wenn er jetzt nicht das Heil seiner Seele wahrnimmt, der Unglaube bei ihm zum Regiment gelangt. Dem Herrn gegenüber muss der Mensch seine Stellung nehmen und er steht jetzt vor seinem Jünger, damit er seine Stellung jetzt nehme und seine Entscheidung treffe. Jetzt ist der kritische Moment da. Eine zweite Erscheinung wird ihm nicht mehr zu Theil, wenn er die Zeit seiner gnädigen Heimsuchung jetzt nicht erkennt und ausnutzt. Alles liegt in seiner Hand, Alles hängt von seinem Entschlusse ab. Grotius schreibt: *incredulitas aliquid habet de voluntario:* wir möchten noch über dieses *aliquid* hinausgehen. Der Unglaube hat bei keinem Menschen seinen Grundsitz in dem Kopfe, sondern in dem Herzen, in dem Willen. Nur der, welcher ungläubig sein will, wird ungläubig: hingegen wer nicht ungläubig sein will, kommt zu dem seligmachenden Glauben: Diese Behauptung ist nur die Kehrseite des paulinischen Grundsatzes: καρδία πιστεύεται. Röm. 10, 10. Es ist übrigens zu beachten, dass der Herr zu Thomas nicht sagt: καὶ μὴ ἀπίστησον, ἀλλὰ πίστευε: er will mit dem μὴ γίνου ἄπιστος, ἀλλὰ πιστός ihm zu bedenken geben, dass es nicht auf einen einzelnen Akt, sondern auf einen Zustand abgesehen ist. Wie jetzt die Würfel fallen, so bleiben sie liegen: und der Wille des Herrn ist es, dass ein beharrlicher, unerschütterlicher Glaube der Segen dieser unvergesslichen Stunde sei. Es fragt sich, ob dieses Gläubig- und Ungläubigwerden sich auf einen speziellen Punkt, oder auf den christlichen Glauben ganz im Allgemeinen bezieht. Lampe meint: *sigillatim heic praescribitur fides in Christum ex mortuis resuscitatum.*

Das ist keine Frage, denn der Unglaube des Thomas haftete an diesem Punkte: allein Lampe weist schon sehr wahr und klar darauf hin, dass der Artikel von der Auferstehung Jesu Christi ein Fundamentalartikel der ganzen christlichen Lehre ist und dass also Derjenige, welcher dieselbe verwirft, dem ganzen Christenthum feindlich gegenüber steht. Ueberwindet Thomas diesen Stein des Anstosses, so steht er in dem Centrum des Christenglaubens.

Was thut der Jünger auf das Wort seines allwissenden Herrn und Meisters? Legt er seinen Finger in die Nägelmale, seine Hand in die Seite? Der Evangelist erzählt nichts davon: es folgt auf dieses Anerbieten sofort die Antwort: ὁ κύριός μου καὶ ὁ θεός μου. Die Ausleger sind sehr getheilter Ansicht. Tertullianus (de anima c. 17: fidelis fuit et visus et auditus in monte: fidelis et gustus vini illius, licet aquae ante, in nuptiis Galilaeae: fidelis et tactus exinde creduli Thomae), Hilarius, Cyrillus, Gregorius M., Nonnus, Theophylaktus lassen den Ungläubigen thun, was er begehrt hatte. Augustinus hält es nicht für wahrscheinlich. Er sagt (tr. 121 in Jo.): videbat tangebatque hominem et confitebatur Deum, quem non videbat neque tangebat: sed per hoc, quod videbat atque tangebat, illud iam remota dubitatione credebat. Dicit ei Jesus: quia vidisti me, credidisti. Non ait: tetigisti me, sed, vidisti me: quoniam generalis quodammodo sensus est visus. Nam et per alios quatuor sensus nominari solet: velut cum dicimus: audi et vide, quam bene sonet, olfac et vide, quam bene oleat; gusta et vide, quam bene sapiat tange et vide, quam bene caleat. Ubique sonuit, vide, cum visus proprie non negetur ad oculos pertinere. Unde et hic ipse dominus: infer, inquit, digitum tuum huc et vide manus meas: quid aliud ait, quam tange et vide? Nec tamen oculos ille habebat in digito. Ergo sive intuendo, sive etiam tangendo, quia vidisti me, inquit, credidisti. Quamvis dici possit, non ausum fuisse discipulum tangere, cum se offerret illi tangendum: non enim scriptum est, et tetigit Thomas. Calvin sprach sich sehr entschieden für ein Betasten und Befühlen aus: atqui perinde acsi nullius culpae esset sibi conscius audacter et intrepide manum suam ingerit. Colligere enim promptum est ex verbis evangelistae, non prius resipuisse, quam tactu ipso convictus esset. Ihm schliessen sich Beza, Gerhard, Grotius, Bengel, Kühnöl, Paulus u. A. an. In der neueren Zeit neigt man sich mehr zu der gegentheiligen Ansicht, welche unter den älteren Auslegern vor Allen Euthymius Zigabenus (ἰδὼν ἐν ταῖς χερσὶν τὸν τύπον τῶν ἥλων καὶ τὴν πλευρὰν αὐτοῦ νενυγμένην, αὐτίκα ἐπίστευσε, μὴ ἀναμείνας ψηλαφῆσαι) vertreten hat, ich nenne Tholuck, Meyer, Luthardt, Lange, Stier, Weiss u. A. Ich halte es mit diesen Letzteren. Es darf allerdings nicht geläugnet werden, dass das Verbum ὁρᾶν, wie Augustinus schon ganz richtig ausgeführt, nicht bloss von einem Wahrnehmen der Augen, sondern von jedem Wahrnehmen der Sinne gebraucht wird; allein man muss doch hier im Auge behalten, dass Thomas ganz entschieden forderte, die Wundenmale und den Lanzenstich an dem heiligen Leibe des Auferstandenen zu betasten, da er der Meinung war, dass das blosse Sehen derselben noch nicht ein vollgültiger Beweis für die Realität der Erscheinung sei. Die andern Jünger versicherten, gesehen zu haben, er begehrte mehr, ein genaues, untersuchendes Betasten mit Finger und Hand. Wenn dem gegenüber nun ganz bestimmt betont wird, ἑώρακάς με, so kann es meinem Dafürhalten nach auch nicht dem geringsten Zweifel mehr unterliegen, dass Thomas nun, da der Herr ihm seine Forderung gewährte, auf das Befühlen Verzicht leistete und sich mit dem blossen Schauen begnügte. Georg Müller, der Bruder des bekannten Historiographen Johannes von Müller und Freund Herders, behauptet in seinem leider zu frühe vergessenen Buche vom Glauben der Christen 2, 77, dass Thomas, da der Auferstandene ihm die Wunden zeigte, ein neues, grosses Wunder gesehen habe. „Zudem," schreibt er, „blieben ja doch die Wunden noch immer offen, und das wieder in Kreislauf gebrachte Blut hätte sich .durch die gleichen Oeffnungen wiederum ergossen." Ich kann aber hiervon keinen Gebrauch machen. Wenn Christus auch vor dem Jünger stand leibhaftig und zwar, genauer noch gesagt, in einem Leibe, welcher dem Leibe, in welchem er gekreuzigt worden war, vollkommen glich, so war dieser Leib doch nicht mehr jener Leib, denn es war ja nicht mehr der alte sarkische, sondern bereits der neue, pneumatische Leib. Dass der pneumatische Leib des Erlösers Spuren jener Wundenmale trägt, kann damit nicht bestritten werden, dass der neue Leib ἐν δόξῃ und ἐν δυνάμει 1. Kor. 15, 43 steht, denn jene Wundenmale gereichen in Zeit und Ewigkeit dem Sohne Gottes zu Lob und Ehre; preisen sie ja doch die unaussprechliche Fülle seiner Gnade, die, um die armen Sünder zu erretten und selig zu machen, sich selbst in den Tod gegeben hat. Eine Schwachheit inhärirt ja auch dieser Wunden wegen nicht dem neuen Kraftleibe, denn geheilte Wunden schwächen nicht alle Mal den Leib. Ich möchte einen Schritt noch weiter wagen: wenn der Leib, welchen die Verklärten tragen, der klare Spiegel ihrer Seele ist, die plastische Ausprägung ihres verborgenen Menschen, so liegt der Gedanke sehr nahe, dass der verklärte Leib Christi Spuren seiner Verwundung aufweist, denn welch einen plastischeren Ausdruck könnte es für seine Heilandsliebe geben, als seine Wunden? Sein Tod am Kreuze ist, ich scheue mich des Wortes nicht, die grösste That seines ganzen Lebens, wesshalb die Engel auch in dem Buche der Offenbarung 5, 12 singen: das Lamm, das erwürget ist, ist würdig zu nehmen Kraft und Reichthum und Weisheit und Stärke und Ehre und Preis und Lob! Da der verklärte Leib des Auferstandenen hier in Frage kommt, werden wir wohlthun, wenn wir Zustände dieses sterblichen Leibes nicht sofort auf jenen übertragen. Mir scheint es übrigens sich nicht von selbst zu verstehen, dass die durch die Nägel verursachten Wunden aufs Neue hätten bluten müssen, diese konnten doch wohl in dem Laufe von 10 Tagen vollständig verharscht gewesen sein. Wie es mit der Wunde in der Seite stand, lässt sich nicht ermitteln, denn wir wissen nicht, ob der Stich ein scharfer, glatter war und wohin er geführt wurde. Ich bleibe übrigens auch hier meinem Grundsatze treu, dass der verklärte Leib ein williges Organ ist und nach dem Willen seines Besitzers sich sichtbar und fühlbar machen kann: Tertullianus hat denselben bereits in seinem interessanten Werke *de carne Christi c. 6,* wenigstens in Bezug auf die Engel aufgestellt und durchgeführt: *igitur cum relatum non sit, unde sumpserint carnem, relinquitur intellectui nostro, non dubitare, hoc esse proprium angelicae potestatis ex nulla materia corpus sibi sumere: quanto magis inquis ex aliqua?*

Thomas sieht nur die Wundenmale in den Händen und den Lanzenstich in der Seite: das ist ihm vollauf genug. Aus der Tiefe seines Unglaubens schwingt er sich in einem wunderbaren Wechsel auf die höchste Höhe des Glaubens. Aus dem Spätling wird ein Erstling, denn auf jenem

Gipfel ist noch kein anderer Apostel angelangt, aus dem Letzten in dem Glauben ist er mit einem Male der Erste im Bekennen geworden. Er spricht zu dem, welcher vor ihm steht, ἀπεκρίθη Θωμᾶς καὶ εἶπεν αὐτῷ sind, wie wir bald sehen werden, Worte von hoher Bedeutung: ὁ κύριός μου καὶ ὁ θεός μου. Dieser Ausruf des Ungläubigen, welcher jetzt den kühnsten, weitesten Glaubenssprung macht, welchen kein Apostel ihm vor- oder nachmacht, ist in alten Zeiten schon als eine Exklamation verstanden worden. Theodorus Mopsuestenus schreibt dazu: *quasi pro miraculo facto Deum collaudat.* Wir müssen diese Auffassung aber ablehnen: es heisst εἶπεν αὐτῷ, also richtet der Sprecher nicht an eine andere Person, sondern an den, der mit ihm gesprochen hat. seine Worte, und zum Andern bitten wir zu bedenken, dass überall, wo Gläubige in dem Gespräche mit Jesu sich des Ausdruckes Herr bedienen, dieser Name ihm gilt und nicht Gott, dem Vater. Paulus schlug vor, dieses: mein Herr und mein Gott! für einen blossen Ausruf des Staunens und Verwunderns zu nehmen: dagegen genügt aber schon die Bemerkung, dass sich bei den Israeliten keine Spur findet von solchem leichtsinnigen und strafwürdigen Gebrauche des göttlichen Namens. Ammon bezieht ganz ruhig ὁ θεός μου auf Jesus, fabelt uns aber vor, dass Thomas denselben mit dem Ehrennamen Eloha bewillkomme, „da Gott diese Geister schon bei der Weltschöpfung angeredet, die mo- saische Offenbarung sie mit demselben Namen bezeichnet und Christus selbst vom jüdischen Standpunkte aus als Schutzgeister der Frommen be- zeichnet hatte“. Wunderbar, aus ὁ θεός μου wird demnach: mein Engel, mein Schutzgeist. Wann wird ἄγγελος mit ὁ θεός im Neuen Testamente vermengt? Die Socianer behaupteten, *pronomen μοῦ voci θεός adiunc- tum articulo proposito vim consuetam ita adimere, ut iam non illum unum Deum, sed eum significet, quem Thomas ut divinum dominum sibi colendum ex resuscitatione ipsius a Deo facta agnovit.* Sie haben neuerdings viele Anhänger gewonnen; so sagt Lücke: „sind nun die Worte als ausrufende Anrede an Jesum (vokativisch) zu nehmen, so nennt Thomas in staunender Ehrfurcht den Auferstandenen seinen Herrn und Gott. Die gewiss nicht dogmatische Stimmung des Jüngers, der von der mehr sinnlichen Skepsis zum überschwänglichen Glaubensgefühl des Göttlichen in Christo schnell übergeht, ferner die schwankende Bedeutung von θεός in dieser Verbin- dung, vgl. 10, 35, erlaubt nicht, aus dieser Anrede einen Beweisort für die trinitarische Gottheit Christi zu machen.“ Schmieder, Bäumlein, v. Hof- mann, Luthardt u. A. folgen. In seinem Schriftbeweise sagt v. Hofmann 1, 142: „das werden wir anerkennen, dass ὁ θεός μου so verstanden sein will, wie es einem Menschen konnte gelten wollen. Thomas sah in dem Todesüberwinder den Menschen, welchem alle Gewalt gegeben war im Himmel und auf Erden, und darnach benannte er ihn. Der Herr war ihm jetzt Gott, sein Gott, geworden und damit auch sein Herr in höherer Bedeutung des Wortes. Nicht dass er in ihm das Subjekt ὁ θεός erkannte, sondern das Prädikat θεός gab er ihm, und auch diess nicht überhaupt, sondern um zu sagen, was er ihm sei. Die Thatsache, deren er von dem Herrn sinnlich vergewissert worden war, hatte einen solchen Eindruck auf ihn gemacht, welcher ihn den als seinen Gott anbeten hiess, welchen er bisher als den Sohn Gottes verehrt hatte. Denn als den über Alles Mächtigen wird sich ihm forthin erweisen, der als Sieger über den Tod, und den, welcher des Todes Gewalt hat, vor ihm steht.“ Luthardt bleibt

v. Hofmann treu: „seinen Herrn und Gott nennt Thomas Jesum auf Grund seiner gegenwärtigen Seinsweise, wie sie Jesus gegen ihn bethätigt hat. Auf Grund seiner Auferstehung ist er der Herr und Gott für die Seinen seiner äusseren geschichtlichen Wirklichkeit nach geworden. Diese Wahrheit ist nicht gegen die Anerkennung einer ›ursprünglichen Gottespersönlichkeit‹ geltend zu machen (Beyschlag in Stud. u. Krit. 1875, 453), sondern es ist eben hier zunächst nur von der Gegenwart die Rede. Διδάσκαλος nannten die Jünger Jesum früher; so nennt ihn noch Maria Magdalena V. 16. Jetzt heisst er billig unser Herr und Gott. Nur darin findet jetzt Er, so wie sein Verhältniss zu uns, seinen adäquaten Ausdruck. Er ist nicht ὁ θεός im Subjekt, der, den wir Gott nennen, sondern Gott im Prädikat; θεότης gilt von ihm. Wie das Verhältniss Jesu des Herrn und Gottes zu Gott dem Vater zu fassen sei — daran zu denken hat Thomas freilich keine Zeit gehabt. Darum hat er auch allerdings keine dogmatische, sondern eine geschichtliche Aussage gethan. Geschichtlich ist dieses Wort wie der Anfang des Evangeliums, welchem dieses Ende auch entspricht. Aber es ist ein geschichtliches Wort von dogmatischer Bedeutung, wenigstens im Sinne des Evangelisten; denn mit Absicht stellt er jenem Anfang diesen Schluss gegenüber. Was der Evangelist dort an die Spitze gestellt als sein Bekenntniss, das hat sich geschichtlich erwiesen als Thatsache, und ist so geschichtlich zum Bekenntniss der Jünger geworden." Auch diese Auffassung muss ich zurückweisen. Wenn Lücke noch mit älteren Auslegern meinte, dass ὁ θεός sich nach 10, 35 in einem sehr weiten Sinne nehmen lasse, so sind ihm v. Hofmann und Luthardt so energisch entgegengetreten, dass jetzt kein Ausleger mehr wagt, aus jener Stelle Kapital zu schlagen. Wie lässt sich überhaupt jene Stelle mit der hier vergleichen, dort wird bemerkt, dass die alttestamentliche Schrift gewisse Menschen nenne θεούς, hier aber wird Jesus nicht θεός, sondern ὁ θεός benannt! Ein Zwiefaches ist es, welches nach meinem Ermessen dieser weitverbreiteten Auffassung in dem Wege steht: erstens der Artikel vor θεός und zweitens die Zusammenstellung mit ὁ κύριός μου. Wir geben gerne zu, dass θεός an und für sich Prädikat sein kann, aber es steht hier nicht θεός, sondern ὁ θεός, und den Nachweis sind v. Hofmann und Luthardt uns schuldig geblieben, dass ὁ θεός in jenem Sinne irgendwo in dem Neuen Testamente erscheint. Behauptet doch Luthardt zu dem gleich folgenden V. 31, dass ζωή, weil es den Artikel nicht bei sich habe, die Sache nur prädikativisch benenne. Stets bezeichnet ὁ θεός das göttliche Subjekt als solches. Wenn Thomas mit ὁ θεός μου nichts Anderes ausdrücken wollte, als dass er in Jesus ein Wesen anerkenne, welches ihm wie Gott ist, dem er sich schlechterdings unterstellt, übergibt und befiehlt, so ist nicht einzusehen, wie er in einem Athem sprechen kann: ὁ κύριός μου καὶ ὁ θεός μου. Ist dann aber ein Unterschied zwischen ὁ κύριός μου und ὁ θεός μου? Er sagte dann nichts Neues, nichts Höheres, wenn er von der ersten Aussage zu der zweiten fortschreitet, sondern wäre ein Schwätzer, welcher dasselbe mit etwas anders klingenden Worten in seiner Ekstase zwei Mal vorbrächte. Ein Progress muss unbedingt stattfinden: ὁ θεός μου muss um ein Bedeutendes noch ὁ κύριός μου überbieten. Wir glauben auch mit v. Hofmann und Luthardt, dass das Ende des Evangeliums — denn dass Johannes ursprünglich mit Kapitel 20 abgeschlossen hat, kann Angesichts der Stellen 20, 30 f. u. 21, 24 f. nicht gut in Abrede genommen werden — zu dem Anfang zurückkehrt: nur finden wir in dem λόγος nicht den geschichtlichen, sondern den ewigen, nicht bloss den ökonomischen, sondern den immanenten Gottes Sohn. Unsere Auffassung wird von Luther und Calvin auf das Entschiedenste vertreten. Luther sagt: „das ist ein trefflich Wort. Er ist nicht trunken, redet auch aus keinem Schimpf oder Scherz; so meint er auch nicht einen falschen Gott: darum lügt er gewisslich nicht. Auch wird er hierin von Christo nicht gestraft, sondern sein Glaube bestätigt und muss Wahrheit und Ernst sein. Das ist nun die Kraft der Auferstehung Christi, dass S. Thomas, der so tief und verstockt vor allen Andern im Unglauben war, so plötzlich verwandelt, gar ein anderer Mann wird, der da nun frei heraus bekennt, dass er nicht allein glaube, dass Jesus auferstanden sei, sondern also erleuchtet wird er durch die Kraft der Auferstehung Christi, dass er nun auch gewiss glaubt und bekennt, dass er sein Herr, wahrer Gott und Mensch sei, durch welchen, wie er jetzt vom Unglauben, aller Sünden Hauptquelle, auferstanden ist, werde er auch am jüngsten Tage auferstehen vom Tode und mit ihm in unaussprechlicher Herrlichkeit und Seligkeit leben. Da lernt er in einem Augenblick, das ihm vor unmöglich däuchte, dass er's sollte glauben. Denn da wird er ohne Zweifel hinter sich gedacht und die Verheissung, die Gott den heiligen Vätern und seiner Kirche gethan (1. Mos. 3, 15), vor sich genommen und geschlossen haben: hier sehe ich, das ich vor nie gesehen noch geglaubet habe. Dieser Mensch stirbt und steht wieder von den Todten auf, dass er rechter, natürlicher Mensch und doch in einem andern und ewigen Leben ist; da kann nichts anders sein, er muss des Teufels und des Todes Herr sein; sonst würden sie ihn gehalten und nicht wiederum zum Leben haben kommen lassen. Er ist Gottes Sohn, daher kommt ihm solche Kraft und Macht; und wird fortan an dem sein: wer wider den Teufel, die Sünde und den Tod will sicher sein, der halte sich hieher an diesen Mann; da kann er Hülfe und Trost wider den Teufel, die Sünde und den Tod finden. Siehe, also ist Thomas bald aus einem ungläubigen, ungelehrigen, groben Schüler ein sehr köstlicher Theologus und Doktor geworden, der den Herrn Christum seiner Person und darnach auch seines Amtes halben eigentlich und wohl kennt." Calvin schreibt: *duo sunt huius confessionis membra. Fatetur Thomas, Christum esse dominum suum: deinde altius conscendit ac Deum quoque nominat. Scimus, quo sensu tribuat Christo scriptura domini nomen: quia scilicet constitutus est a patre summus moderator, qui imperio suo omnia contineat, coram quo flectatur omne genu, qui denique sit patris vicarius in mundo gubernando. Ita proprie domini nomen in eum competit, quatenus mediator est in carne manifestatus et caput ecclesiae. Sed Thomas, ex quo dominum agnovit, statim evehitur ad aeternam eius divinitatem: et merito. Nam ideo ad nos descendit Christus et primum quidem exinanitus est, deinde collocatus ad patris dextram coeli terraeque dominium obtinuit, ut nos ad divinam suam et patris gloriam attolleret. Quare ut fides nostra ad aeternam Christi divinitatem perveniat, initium fieri oportet ab ea notitia, quae propior est et magis facilis. Ita vere a quibusdam dictum est, a Christo homine nos deduci ad Christum Deum, quia sic gradatim proficit fides nostra, ut Christum in terra apprehendens, natum in stabulo, suspensum in cruce, ad gloriam resurrectionis transeat, ac inde tandem ad aeternam eius vitam et potentiam, in qua refulget divina eius maiestas. Interea sic habendum est, non posse Christum*

*rite a nobis dominum cognosci, quin mox succedat divinitatis eius cognitio.
Nec vero dubium est quin haec communis piorum omnium debeat esse confessio, quam videmus a Christo probari. Numquam certe passus fuisset
honorem patri ereptum falso et temere in se transferri. Atqui manifeste
ratum habet, quod dictum fuit ab Thoma.* · *Quare unus hic locus ad refel-
lendam Arii insaniam abunde sufficit: neque enim duos imaginari deos fas
est. Adde quod simul exprimitur personae unitas in Christo, quum idem et
Deus et dominus vocatur. Emphatice etiam suum bis appellat, ut declaret
ex vivo et serio fidei sensu se loqui.* Ganz ähnlich lässt sich Gerhard aus:
er hebt nur noch hervor, dass wenn in dem ὁ κύριός μου die menschliche
Natur, so in dem ὁ θεός μου die göttliche bekannt werde. Man hat sich
dem Eindruck dieser Stelle, von welcher Cassianus in seiner Schrift *de
incarn.* sagt: *sufficit hoc testimonium fidei etiam summae infidelitati*, dadurch zu entziehen gesucht, dass man aufstellte, Thomas erkenne den
Herrn hier nicht an als Gott von Gott geboren, sondern lediglich als eine
Inkarnation desselben. So empfahl Artemonius, wie Bengel beibringt, die
Auslegung, *qua Thomas dominum, Jesum, et Deum, patrem in eo inse-
parabiliter existentem appellaverit:* und so behauptet Baumgarten-Crusius
neuerdings wieder, er achte Christum für eine solche Gotteserscheinung,
wie sie in dem Alten Testamente abwechselnd mit Engeln eingeführt
werde, für eine Theophanie. Allein es steht dieser Fassung schon das
εἶπεν αὐτῷ in dem Wege; denn Bengel hat Recht, wenn er einwendet:
*sed sic Thomas non utrumque ei Jesu, sed alterum Jesu, alterum patri di-
xisset per repentinam, admirationi Thomae minime respondentem apostrophen.*
Wir haben aber auch schwerwiegende sachliche Bedenken. Eine Theophanie, eine Erscheinung des *Maleach Jahve* soll Thomas in dem auferstandenen Herrn erkennen: wie kann er auf diesen Gedanken verfallen? Die Theophanien in dem Alten Testamente sind allesammt nur
momentan, vorübergehend, sie halten nur eine kleine Zeit an, hier hätte die
Theophanie ein volles Menschenalter angedauert; und weiter jene Theophanien erfolgen so, dass der erscheinende Gott sich nicht faktisch in den
Leib der Menschheit eingliedert, Jesus aber hat Mutter, Brüder und
Schwestern. Die Erscheinung des Sohnes Gottes hat mit jenen Erscheinungen nichts Analoges. Es tritt weiter hinzu, dass der Evangelist mit
diesem Worte des Thomas sein Evangelium abschliessen wollte und dass
Jesus dasselbe gut heisst: ist es des Apostels Glaubensbekenntniss, ist es
des Herrn Selbstzeugniss, dass er nicht eine Ensarkose des Logos, sondern
eine Theophanie ist? Wir haben keinen Grund, von der altkirchlichen
Auslegung abzuweichen; wir vertheidigen dieselbe mit Bengel, Hengstenberg, Godet, Stier, Nitzsch u. A. Die Worte: ὁ κύριός μου καὶ ὁ θεός
μου will Winer, S. 164, trotzdem dass sie an Jesus gerichtet sind, doch
mehr als Ausruf denn als Anrede nehmen. Der Nominativ ist bei solchen
Ausrufen bei den Griechen früh und stark im Gebrauch, vgl. Bernhardy
67: da aber Winer selbst eingesteht, dass der Nominativ vielfach statt
des Vokativs bei Klassikern, wie im Neuen Testamente, vorkomme, vgl.
nur Matth. 11, 26. Mark. 15, 34. Ps. 22, 2, so ziehe ich für meine Person
die Anrede dem Ausrufe vor, weil sie dem εἶπεν αὐτῷ angemessener ist.
Die zwei Kasus bilden den ganzen Satz, es ist also kein abgerundeter,
vollständiger Satz. Diess entspricht ganz der Sachlage, der Höhe der
Aufregung, der Stärke des Affektes, der Inbrunst des Glaubens. *Est autem*

sermo per affectum subitum abruptus, sagt Bengel, *hoc sensu, domine mi et Deus mi, credo et agnosco, te esse dominum meum et Deum meum*. Gewiss ist es bedeutsam und charakteristisch, dass Thomas nicht nach den Namen greift, welche den Jüngern sonst gang und gäbe waren: Rabbi, Rabbuni, Meister, Jesus, Herr in dem unvollendeten Sinne, wie Nitzsch sich treffend ausdrückt. Jesus steht in dem Glanze seiner Auferstehung, in dem vollen Lichte seiner frischen Gottesklarheit vor dem staunenden, glaubenden, anbetenden Jünger, denn es hat denselben gewiss auf die Knie niedergezogen: er sieht in ihm nicht einen Herrn, wie es ihrer noch Viele gibt auf dem Erdenrunde, sondern den Herrn, welcher einzig in seiner Art ist, weil er ein Herr ist über Alle und Alles, Ps. 110, 1. Aber die Aussage steigt noch in höhere Regionen hinauf: der, welcher als ὁ κύριός vor Thomas steht, ist auch ὁ θεός. Das will unbedingt mehr sagen, als dass er der Sohn Gottes sei, er ist ihm der Mensch gewordene Gott, der Gott, welcher in die Erscheinung eintritt, der Gott der Offenbarung. Er erkennt also in Jesus Christus die zweite Person, in der Gottheit dogmatisch zu reden, oder den Logos, welcher Fleisch geworden ist; jetzt hat derselbe alle Hüllen und Schranken des Fleisches durchbrochen und zeigt sich in der Klarheit, welche er bei dem Vater hatte, ehe die Welt war: Diesen Herrn und diesen Gott bekennt aber Thomas als seinen Herrn, als seinen Gott. Derselbe steht ihm also nicht als ein unerreichbares Wesen gegenüber, sondern er greift in dem Glauben zu, hält ihn im Glauben fest und schliesst sich „durch ein zwiefaches Mein" (Nitzsch) für immer und ewig mit ihm zusammen. Wir haben hier das kürzeste und unerschöpflichste Glaubensbekenntniss: mein Herr und mein Gott!

Jesus nimmt dieses Bekenntniss an: er protestirt, wie Erasmus schon bemerkt, mit keiner Sylbe dagegen, dass Thomas ihn mit Gott identificirt. Wenn man in seinem Angesicht nicht den Vater sehen könnte, wenn er nicht gleichen Wesens wäre, so hätte er auf die feierlichste Weise gegen diese Apotheose Einsprache thun müssen, denn Thomas betet ihn als seinen Herrn und seinen Gott unbedingt mit diesen Worten an. Aber wir hören keinen Protest, sondern nur eine Bestätigung: λέγει αὐτῷ ὁ Ἰησοῦς· ὅτι ἑώρακάς με, πεπίστευκας. Also das gute Bekenntniss des Glaubens hört der Herr, der allein unfehlbar ist, aus diesen Worten heraus: es bedarf keiner Limitation, keiner Korrektur. So wie es gestellt ist, so ist es richtig: und alle diejenigen sind gewaltig in dem Irrthum, welche diese hohen Worte für „einen übertreibenden Ausdruck" (Ewald), für Ueberströmungen eines tief aufgeregten Gemüthes, für einen Dithyrambus halten; man vergesse doch nicht, wie streng monotheistisch die Anschauungen waren, welche der Bekenner mit der Muttermilch eingesogen hatte. Ein *horror naturalis* müsste ihn vor solchen Ueberschreitungen bewahren. Griesbach, Scholz, Ewald, Meyer, Godet, Lachmann fassen nun dieses Wort als Frage, aber besser bleiben wir mit Tischendorf, Lücke, Luthardt u. A. bei der herkömmlichen Interpunktion. Wie soll Christus darauf kommen, dem Thomas eine Rüge durch diese Frage zu ertheilen und durch die Hervorstellung des Satzes ὅτι ἑώρακάς με ihn zu tadeln, dass es des Sehens bei ihm noch bedurfte, um zum Glauben zu gelangen. Wenn bei dem Jünger etwas strafbar war, so war es nicht, dass er sah und glaubte, sondern dass er erst fühlen und dann glauben wollte. Was er nach Meyer rügen soll, ist nicht zu rügen: gut sagt Luthardt, dass auf Augenzeugniss der Aufer-

stehungsglaube der Apostel beruhen musste. Keinen Tadel enthalten diese
ersten Worte, aber eben so wenig auch eine Belobigung, was Paulus annimmt, sondern ganz einfach die Erklärung, dass er auf dem Wege des
Sehens zum Glauben gekommen ist. Das Perfektum πεπίστευκας ist bedeutsam: der Herr weiss, dass Thomas nicht wieder in den Zweifel zurück-
fallen, sondern unbeweglich in dem Glauben stehen wird, der jetzt in ihm
geboren ist. „Das Perfektum," sagt Winer S. 244, „steht für das Präsens,
insofern, als durch letzteres eine Handlung oder ein Zustand angezeigt
wird, dessen Anfang und Begründung als abgeschlossen in die Vergangenheit fällt." Glaubt aber Thomas jetzt, so muss er auch selig sein, denn
dieser Glaube, welcher den Heiland ergreift und spricht: mein Herr und
mein Gott! macht auf jeden Fall selig. Doch der Weg, auf welchem dieser
zu dem Glauben gelangt ist, schliesst bald ab, denn wir haben den Herrn
nicht alle Zeit leibhaftig bei uns. Das Auge des Heilandes sieht in dem
Thomas nicht einen einzelnen Menschen, sondern den Repräsentanten einer
Gattung, nämlich der grossen Menge von Ungläubigen und Zweiflern. Ihnen
kann nicht mehr so geholfen werden, wie dem Thomas geholfen ward;
diesem ist geholfen worden, damit diese Hülfe bei jenen nicht mehr nöthig
sei. Gregorius M. sagt in seiner 26. Homilie: *numquid casu gestum creditis,
ut electus ille discipulus tunc deesset, post autem veniens audiret, audiens
dubitaret, dubitans palparet, palpans crederet? Non hoc casu, sed divina
dispensatione gestum est. Egit namque miro modo superna clementia, ut
discipulus ille dubitans, dum in magistro suo vulnera palparet carnis, in
nobis vulnera sanaret infidelitatis. Plus enim nobis Thomae infidelitas ad
fidem, quam fides credentium discipulorum profuit: quia dum ille ad fidem
palpando reducitur, nostra mens omni dubitatione postposita in fide solidatur.*
Gewiss liegt hierin eine tiefe Wahrheit: ein Apostel des Herrn musste
in dieser hartnäckigen Weise zweifeln an der Wirklichkeit seiner Auferstehung, wie Thomas es gethan hat, damit allen zukünftigen Zweiflern jede
Ausflucht, jede Entschuldigung abgeschnitten würde. Thomas forderte,
wenn er glauben sollte, einen Beweis, wie ihn kein Zweifler besser fordern
kann: denn dieser muss dann doch jeden Falls von seinem Zweifel abtreten,
wenn er das, an dessen Existenz er zweifelt, mit seinen eignen Händen
nach Belieben betasten kann. Ob Thomas betastet hat oder nicht, ver-
schlägt hier nichts: hat er es unterlassen, so that er es, weil er durch
die Erscheinung dessen, an dessen Auferstehung er nicht glauben konnte,
so überwältigt wurde, dass er alle Waffen streckte. Ein solcher Odem
und Strom des Lebens ging von ihm aus, sein Lebendigsein, seine Leibhaftigkeit war so evident, dass er auf Alles verzichten konnte. Und selbst
dafür hat der Auferstandene Fürsorge getroffen, dass nicht gesagt werden
kann, gesehen haben sie den Herrn, aber nicht gefühlt. Die Weiber, die
an dem Ostermorgen seine Kniee umspannten, haben es gethan, und gewiss
haben die Apostel bei so manchen Handreichungen, welche sie, wie an
dem ersten Abend dem Herrn leisteten, oder von ihm empfingen, wie
Joh. 21, 13 seinen heiligen Leib berührt, wesshalb unser Evangelist in
seinem ersten Briefe 1, 1 schreiben kann: ὃ ἦν ἀπ᾽ ἀρχῆς, ὃ ἀκηκόαμεν,
ὃ ἑωράκαμεν τοῖς ὀφθαλμοῖς ἡμῶν, ὃ ἐθεασάμεθα, καὶ αἱ χεῖρες ἡμῶν
ἐψηλάφησαν, περὶ τοῦ λόγου τῆς ζωῆς κτλ. Hat Thomas sich gegeben, so
müssen sich jetzt alle Zweifler geben: ein ψηλαφᾶν, ein ἰδεῖν ihrer Seits
ist eine unbillige, ungerechtfertigte Forderung, sie haben denen zu glauben,

welche, wie sie, gezweifelt haben, den Erlöser aber gesehen haben auferstanden von den Todten und durch dieses Sehen erst zum Glauben gelangten. Ein anderer Weg thut sich nun auf, da Christus eingegangen ist in seine Herrlichkeit: der Heiland blickt auf die hin, welche diesen Weg nun einschlagen müssen und spricht: μακάριοι οἱ μὴ ἰδόντες καὶ πιστεύσαντες. Das ist jetzt der Heilsweg, der Weg zur Seligkeit! An dem Positiv μακάριοι ist nicht zu künsteln: er darf nie in einen Komparativ verwandelt werden. Grotius versucht das schon: *id est praeferendi sunt. Sic Luc. 11, 28, Positivus pro comparativo ut 1 Cor. 7, 8.* Kühnöl folgt nach: μακάριοι, *longe feliciores; nam positivus vim habet comparativi, ut Luc. 11, 28, sunt feliciores praedicandi; fides eorum praestantior, virtus eorum maior est, qui, licet oculorum et sensuum adiumentis uti non possint, tamen credunt.* Ganz verkehrt ist diese Auffassung: sie ist gegen die Grammatik, wie gegen den Glauben. Man erinnere sich doch, dass die Apostel auf diesem Wege zu dem Glauben an die Auferstehung gekommen sind: es bedurfte bei ihnen, da sie der Schrift nicht glaubten, äusserer, sinnlicher Ueberführungen. Johanes glaubte erst, als er in dem Grabe die Leintücher und das Schweisstuch hübsch ordentlich liegen sah an verschiedenen Orten; Maria Magdalena musste auch erst sehen und hören, wie die Apostel ohne Ausnahme! Wollen wir sagen, dass von denen, die nach ihnen gekommen sind, Viele oder auch nur Wenige sie im christlichen Glauben und Leben übertroffen haben? Man muss doch vorsichtig sein mit seinen Behauptungen! Alles hat seine Zeit, sagen wir: Alles hat seine Ordnung. Die Zeit, da man glauben durfte, nachdem man gesehen hatte, ist abgelaufen: in dem Aeon, in welchem wir leben, heisst es: erst glauben und dann schauen! Die nach der ersten Ordnung stehen denen nach der zweiten Ordnung in keinem Stücke nach: auch sie sind selig, denn sie sahen ihn, der unser Herr und Gott ist, und glaubten. Auffallend ist aber die Form, in welcher der Herr diesen Kanon aufstellt: μακάριοι οἱ μὴ ἰδόντες καὶ πιστεύσαντες. Was sollen die Partizipien des Aoristes, der Vergangenheit hier? Augustinus stellt darüber schon seine Betrachtungen an: er findet in der Prädestination Gottes den Schlüssel des Verständnisses. *Praeteriti temporis usus est verbis, tamquam ille qui quod erat futurum, in sua noverat praedestinatione iam factum.* Grotius behauptet frischweg: *est autem et hic aoristus pro praesenti: praesens autem pro quovis tempore. Nam de credituris apostolorum testimonio, et quidem longe positis a Judaea hominibus, praecipue agitur.* Allein solche Behauptungen wagt jetzt kein Mensch mehr, wie denn auch der Standpunkt der Prädestination nicht derjenige ist, von welchem aus Johannes sein Evangelium schreibt. Lücke weist mit Recht die ab, welche mit de Wette unter denen, die nicht sahen und doch glaubten, die Apostel verstanden, denn auf diese passt diese Beschreibung ganz und gar nicht, und beruft sich darauf, dass die Aoriste auch von den Klassikern in allgemeinen Sentenzen gebraucht werden, wenn diese einen bestimmten Kreis von sich wiederholenden Fällen begreifen. Der Satz lässt sich nach ihm umschreiben: selig, welche pflegen nicht zu sehen und doch glauben, cf. Pindar. Olymp. 12, 14: πολλὰ δ' ἀνθρώποις παρὰ γνώμαν ἔπεσεν, und Eurip. Phoen. 509:

ἀνανδρία γάρ, τὸ πλέον ὅστις ἀπολέσας
τοἴλασσον ἔλαβεν.

Winer spricht S. 248 sich rundweg gegen diese auch von Tholuck, Stier u. A. vertretene Ansicht aus: „ein Pflegen drückt der Aorist (Schäfer, Demosth. 1, 247. Wex, Antigone 1, 326. Madvig 110) im Neuen Testamente nirgends aus." Wir beugen uns unter diesen Wahrspruch, denn es lassen sich die Partizipien des Aoristes auf ganz ungezwungene Weise mit Meyer, Hengstenberg, Godet u. A. erklären. Ἰδόντες und πιστεύσαντες bezeichnen diejenigen, mit Meyer zu reden, „welche von dem Zeitpunkte der von ihnen ausgesagten μακαριότης aus angesehen, nicht gesehen und doch geglaubt haben, und gläubig geworden sind, ohne gesehen zu haben. Der Zeitpunkt der μακαριότης aber ist, dem allgemeinen Satze entsprechend, die allgemeine Gegenwart, und die μακαριότης selbst ist das Glück, welches sie durch den schon gegenwärtigen und dereinst ewigen Besitz der Messianischen ζωή geniessen." Der Herr sieht die Dinge an von dem Standpunkte der eingetretenen μακαριότης; die, welche selig sind, sind dieses, weil sie nicht erst in diesem Momente nicht sehen und doch glauben, sondern weil sie nicht sahen und doch glaubten. Sehr falsch versteht Baur dieses Wort dahin, dass darin der Gegensatz zwischen dem Glauben, der auf der innern Selbstgewissheit ruht, und dem Glauben betont werde, der ausser sich sucht, was er in sich haben sollte, und an Äusseren Geschehnissen haftet: es sticht sich hier wie auch sonst in dem Evangelium nicht um den Glauben an eine mehr oder minder blasse Idee, sondern um den Glauben an eine sehr konkrete Person, nämlich an den Jesus von Nazareth, welcher der Christus und der Sohn Gottes ist, und der auch nicht sowohl in lehrhaften Worten, die den Menschen von allem Aeussern weg auf das eigne Innere wiesen, um dort sich und seinen Gott zugleich zu ergreifen, als in Thaten und Zeichen seine Gottesherrlichkeit geoffenbart hat. Der Mensch soll an die grossen Thaten Gottes glauben, ohne dass er sie noch ein Mal mit seinen äusseren Augen sehen will; er soll die Heilsgeschichte, welche von Augenzeugen gepredigt worden ist, im Glauben aufnehmen, ohne dass dieselbe sich noch ein Mal vor seinen Augen abspielt. Das Wort Christi spricht aus, was der Evangelist bei dem neunten Verse dieses Kapitels so tief und schmerzlich empfunden hat. Er bekennt dort seinen Unglauben, seine Sünde, dass er nicht dem Worte der Propheten, dem Zeugnisse der h. Schrift glaubte, sondern erst durch den Augenschein von der Wahrheit überzeugt werden musste. Unser Glaube aber soll nicht auf unserm Sehen und Fühlen, nicht auf unserem Äusseren, sinnlichen Wahrnehmen, ja nicht ein Mal auf unserm innern Schmecken und Empfinden, auf der Wahrnehmung des inneren Sinnes beruhen, sondern sich lediglich gründen auf Gottes Wort, einzig und allein an seine Zusage sich halten. Gut sagt Calvin: *hic fidem eo nomine commendat Christus, quod in simplici verbo acquiescens a sensu et ratione carnis minime pendet. Brevi ergo definitione vim et naturam fidei complectitur, nempe quod non subsistit in praesenti aspectu, sed penetrat usque ad coelos, ut credat quae sunt abscondita ab humano sensu. Et certe hoc dandum est honoris Deo, ut nobis αὐτόπιστος sit eius veritas. Habet quidem suum aspectum fides, sed qui in mundo et terrenis obiectis minime subsistit. Qua ratione dicitur rerum invisibilium vel non apparentium demonstratio (Hebr. 11, 1). Paulus autem eam aspectui opponens (2 Cor. 5, 7) significat, non haerere in considerando praesentium rerum statu, nec circumspicere ad ea, quae in mundo apparent, sed ab ore Dei pendere et verbo Dei fretam supe-*

rare totum mundum, ut suam ancoram in coelo figat. Summa est, non esse rectam fidem, nisi quae in verbo Dei fundata ad invisibile Dei regnum consurgit, ut superior sit onmi humana apprehensione.

Von dem Weggange des Auferstandenen berichtet Johannes hier nichts. Er setzt voraus, dass jeder sinnige Leser — und nur für solche hat er sein Evangelium geschrieben — aus der Beschreibung des Eintrittes Christi schon von selbst sich sagt, wie es mit seinem Abtreten zuging. Erzählen liess sich von dem Modus nichts, man sah ihn nicht: wie er kam, ohne dass man es wahrnahm, sondern es erst in dem Momente, da er sprach, den Jüngern kund wurde, so verhielt es sich auch ähnlich mit seinem Weggehen. Sie merkten erst, dass er verschwunden war, als sie nichts mehr vernahmen.

Der Evangelist knüpft ein kurzes, aber hochbedeutsames Schlusswort an diese Erscheinung: ein Wort, welches sich trefflich an sie anschliesst, sowohl an das Wort des Thomas: mein Herr und mein Gott! als auch an das Wort des Herrn: dieweil du mich gesehen hast, Thomas, so glaubest du; selig sind, die nicht sehen und doch glauben! Durch ein Zeichen, in welchem Christus seine Herrlichkeit offenbarte, ist Thomas zu dem Glauben hindurchgedrungen: wohin es mit ihm kam, das ist des Verfassers Wunsch und Gebet, dahin soll es mit Allen kommen, die das hören und lesen. Er hat die Feder in die Hand genommen nicht aus irgend welchen schriftstellerischen Gelüsten, sondern ausschliesslich im Interesse des Glaubens, um zu dem Glauben zu locken, zu leiten, im Glauben zu fördern und vollzubereiten. Πολλὰ μὲν οὖν καὶ ἄλλα σημεῖα ἐποίησεν ὁ Ἰησοῦς, ἐνώπιον τῶν μαθητῶν (αὐτοῦ steht noch im *textus receptus*, allein, da es im Alexandrinus und Vaticanus fehlt, wird es besser gestrichen), ἃ οὐκ ἔστιν γεγραμμένα ἐν τῷ βιβλίῳ τούτῳ· ταῦτα δὲ γέγραπται, ἵνα πιστεύητε (so lesen wir mit Tischendorf auf Grund des Sinaiticus und Vaticanus, statt des recipirten πιστεύσητε), ὅτι Ἰησοῦς ἐστιν ὁ Χριστός, ὁ υἱὸς τοῦ θεοῦ, καὶ (es ist in dem Sinaiticus wohl nur aus Versehen ausgefallen) ἵνα πιστεύοντες ζωὴν αἰώνιον (ich schiebe diess Adjektivum, da es durch die Codices Sinaiticus, Ephraemi, Cantabrigiensis dargeboten wird, gegen Tischendorfs Willen in den Text ein) ἔχητε ἐν τῷ ὀνόματι αὐτοῦ.

Ich schliesse mich den Theologen an, welche das letzte Kapitel des Evangeliums des Johannes, das einundzwanzigste also, für einen Nachtrag halten; von wem derselbe herrührt, geht uns hier noch gar nichts an. Mit Grotius ist diese Ansicht erst aufgekommen, sie hat sich aber in dem Laufe der Zeiten so festgesetzt, dass von allen neueren Auslegern des vorliegenden Evangeliums nur noch Hengstenberg und Hölemann nach dem Vorgange Guerickes und Olshausens dafür eintreten, dass in der ersten Anlage desselben schon das Kapitel 21, welches zu dem Eingange Kap. 1, 1—18 zurückgeht, sich befunden habe. Hier liegt der ursprüngliche Schluss des ganzen Evangeliums uns vor: es fragt sich nur, wie weit dieses Schlusswort zurücksieht, ob nur auf dieses letzte zwanzigste Kapitel oder auf das ganze Evangelium. Die Ansichten sind seit lange schon verschieden und bis auf den heutigen Tag ist keine zur Herrschaft gelangt, denn jede stützt sich auf gute Gründe. Die Meinung, welche das höchste Alter für sich hat, ist die, dass dieser Epilog sich nur auf die Erscheinungen des Auferstandenen beziehe. Das behauptet schon Chrysostomus, ihm folgen Theophylaktus (περὶ ποίων σημείων ἐνταῦθα λέγει ὁ Εὐαγγελιστής; ἆρα *τῶν πρὸ τοῦ σταυροῦ; οἰχί, ἀλλὰ τῶν μετὰ τὴν ἀνάστασιν· ἐπάγει γάρ· ἐποίησεν ὁ Ἰησοῦς ἐνώπιον τῶν μαθητῶν αὐτοῦ· Τὰ δὲ πρὸ τοῦ σταυροῦ οὐκ ἐνώπιον τῶν μαθητῶν, ἀλλὰ πάντων ἐποίει, ὥστε ταῦτα περὶ ὧν νῦν λέγει ὁ Εὐαγγελιστὴς τὰ μετὰ τὴν ἀνάστασίν εἰσιν),* Euthymius Zigabenus, Rupertus, Luther, Beza, Gerhard, Calov, Maldonat, Semler, Heumann, Schott, Weber, Kühnöl, Lücke, Olshausen, Lange, Baur, Ewald u. A. Für diese Auffassung scheint, worauf Theophylaktus schon hinweist, der Umstand sehr bedeutend in die Wagschale zu fallen, dass die σημεῖα, von welchen geredet wird, *ἐνώπιον τῶν μαθητῶν* geschehen sind. Es ist ja nur eine sehr kleine Anzahl von σημεῖα namhaft zu machen, welche Jesus nicht vor dem Volke, sondern ausschliesslich vor seinen Jüngern gethan hat: die Verklärung auf dem Berge, das Wandeln auf dem Meere, der Stater im Fischmaule, werden wohl die einzigen bei den Synoptikern sein. Bei allen andern Zeichen sind ausser den Jüngern noch andere Leute gegenwärtig gewesen. Beschränken wir uns auf die Zeichen, welche Johannes selbst berichtet, so sind auf der Hochzeit zu Kana, bei der Reinigung des Tempels, bei der Heilung des Sohnes des Königischen, bei der des achtunddreissigjährigen Kranken am Teiche Bethesda, bei der Speisung der fünftausend Mann, bei der Heilung des Blindgeborenen, bei der Auferweckung des Lazarus ausser den Jüngern noch Andere als Zeugen gegenwärtig; nur bei dem Wandeln Christi auf dem See Genezareth (Joh. 6, 19 ff.) sind Jünger die einzigen Schauer. Dehnen wir den Begriff von σημεῖον auch aus, dass darunter jede Kundgebung der δόξα des Erlösers gestellt werden kann, wie z. B. die Offenbarung seiner Allwissenheit u. dgl., so ändert das nicht viel, denn nach dem Sprachgebrauche des Evangelisten sind unter σημεῖα doch in erster Linie Wunder der Macht zu verstehen. Die Zeichen, welche der Auferstandene that, das müssen wir zugestehen, geschehen sammt und sonders *ἐνώπιον τῶν μαθητῶν*, denn er offenbarte sich nur ihnen, nie dem Volke. Wir wollen nicht fragen, ob der Evangelist von den Zeichen des Auferstandenen schreiben kann *πολλὰ μὲν οὖν καὶ ἄλλα*: beide Begriffe *πολλά* und *ἄλλα* sind ja sehr relativ, und möglich ist es ja, dass Christus bei den wenigen Erscheinungen, welche er seinen Jüngern gewährte, noch weitere Zeichen that: wir halten uns lieber an den Satz: *ἃ οὐκ ἔστιν γεγραμμένα ἐν τῷ βιβλίῳ τούτῳ.* Der Verfasser blickt hin nicht auf einen kleinen Theil seines Werkes, sondern auf das ganze Werk zurück: dieses Buch kann nichts Anderes sein, als das Evangelium vom Anfang bis zum Schluss. Befinden sich ausser in dem zwanzigsten Kapitel in den anderen noch Wunder, so weiss ich nicht, mit welchem Rechte wir dieselben hier ausschliessen wollen. Einen Rückblick stellt Johannes an, welcher zu Ende gekommen ist; sein sinnendes Auge ruht auf seinem so weit abgeschlossenen Evangelium. Er zieht die Hand von ihm ab, setzt es in Umlauf, obschon er recht gut weiss, dass Jesus noch viele und zwar andere Zeichen noch gethan hat vor seinen Jüngern. So schon Cyrillus, auch Euthymius Zigabenus ist nicht dagegen, denn er schreibt ausdrücklich: *ἢ καὶ κοινὸς ὁ λόγος περί τε τῶν πρὸ τῆς ἀναστάσεως καὶ περὶ τῶν μετὰ τὴν ἀνάστασιν.* Calvin, Jansen, Wolf, Lampe, Bengel, Tholuck, de Wette, Frommann, Baumgarten-Crusius, Meyer, Maier, Hengstenberg, Hilgenfeld, Luthardt, Godet und Bäumlein. Für diese Auffassung spricht ausser jenem *ἐν τῷ βιβλίῳ τούτῳ*, auch noch das durch kein *μετὰ τὴν ἀνάστασιν* näher bestimmte *ἐποίησεν ὁ Ἰησοῦς* und dagegen kann ἐνώπιον τῶν μαθητῶν nicht angezogen werden. Es ist keine Frage, vor dem Volke hat Christus die Mehrzahl seiner σημεῖα gethan, aber dieser Umstand fällt hier nicht in die Wagschale: hier sticht es sich um die Niederschrift dessen, was Jesus gethan hat und zwar um die Niederschrift dessen, damit es geglaubt werde, da kommt es darauf an, dass glaubwürdige Zeugen vorhanden sind, welche, was geschehen ist, gesehen und behalten haben in einem feinen und guten Herzen. Nicht um des Volkes willen hat der Heiland eigentlich jene vielen andern Zeichen gethan, sondern seiner Jünger willen, sie sollten, wie dort auf der Hochzeit zu Kana, aus ihnen seine Herrlichkeit ahnen und erkennen, um an seinen Namen zu glauben und dann für den Glauben in der Welt zu wirken. Es kam ihm auf die Augenzeugenschaft seiner Jünger an: für sie, vor ihnen hat er Alles gethan, was er Zeit Lebens gethan hat. Wenn der Evangelist schreibt, dass er ausserdem noch viele und zwar andere Zeichen gethan habe, so will er damit nicht den Inhalt der andern kanonischen Evangelien als Wahrheit bezeugen, was Gerhard schon kennt und Lampe seiner Zeit verfochten hat. *Per librum hunc intelligi potest non solum liber evangelii Joannis, sed etiam integer liber quatuor evangeliorum.* Hengstenberg hat diesen Gedanken, welchen Bengel nicht abweist, neuerdings wieder aufgegriffen: Johannes ladet nach ihm ein, anderwärts die Ergänzung zu suchen für dasjenige, was er nicht hat, weil es schon vollständig mitgetheilt war. Godet lässt ihn nicht bloss auf die synoptischen Evangelien, welche ihm schon abgeschlossen vorlagen, sondern auch auf die mündliche Ueberlieferung anspielen. Nichts von alle dem scheint uns das Richtige zu sein; der Verfasser wirft weder auf die andern schriftlichen Evangelien, noch auf das mündliche Evangelium Seitenblicke, er vergleicht nur, was er niedergeschrieben hat, mit dem, was er selbst von dem Erlöser weiss. Er theilt nicht Alles mit, was er von süssen, heiligen, seligen Erinnerungen in seinem treuen Herzen und Gedächtniss trägt, er bekennt, dass er nur einzelne Griffe in die unendliche Fülle hinein gethan hat, dass, wenn es seine Absicht gewesen wäre, Alles auf das Papier zu bringen, er noch von vielen andern Zeichen hätte erzählen müssen. Er hat nur eine Auswahl veranstaltet, so mit Recht Calvin (*nisi addita fuisset ista occupatio, putassent lectores, nullum ex miraculis, quae Christus edidit, a Joanne fuisse omissum, seque hic plenam habere et integram omnium historiam*), Lücke, Meyer, Luthardt, Bäumlein u. A., und zwar hat ihn dabei eine ganz bestimmte Absicht geleitet, wie er in dem Schlussverse ταῦτα δὲ γέγραπται bekennt. Wir werden dieses ταῦτα nicht absolut nehmen dürfen, auf jeden Fall ist σημεῖα dazu zu ergänzen, wie Lampe, Meyer, Luthardt u. A. schon ganz richtig bemerken. Das macht Schwierigkeiten. Hat denn Johannes in seinem Evangelium hauptsächlich σημεῖα Christi berichtet? Unterscheidet sich seine Schrift nicht von den synoptischen Evangelien ganz wesentlich dadurch, dass er weniger Wunder, hingegen viel mehr Reden Christi uns überliefert? Den Inhalt seines Evangeliums bilden, nach seinem eigenen Geständnisse, nun aber σημεῖα. Die, welche diese beiden Verse nur als Schluss des zwanzigsten Kapitels betrachten, kommen nicht dadurch in's Gedränge, dass in diesem Kapitel grosse Reden des Auferstandenen enthalten sind, wohl aber dadurch, dass diese Erscheinungen unter den Begriff der σημεῖα subsumirt werden. Man sollte denken, wenn der Apostel nur auf zwei Offenbarungen zurückblickte, hätte er ein anderes

Wort gewählt: es empfahl sich dann, von *ἀποχαλύψεις* und *φανερώσεις* u. dergl. zu reden. Lukas spricht zwar Act. 1, 3 von *πολλοῖς τεχμηρίοις* des Auferstandenen, aber Johannes versteht hier unter *σημεῖα* doch etwas ganz Anderes. Gewiss begreift dieser zuvörderst hier unter *σημεῖα* diejenigen Thaten Christi, welche er mit *τέρατα* koordinirt, also seine Wunder, aber weil diese *τέρατα* auch *σημεῖα* genannt werden können, da sich in ihnen die verborgene Herrlichkeit des Herrn für denjenigen, welcher Augen zu sehen hat, kund thut, so schliesst sich an jenen engbegrenzten Sprachgebrauch leicht der erweiterte an, dass *σημεῖον* ist jedes Hervorbrechen der immanenten Glorie, sei es in Werk oder in Wort. Godet will im Ganzen lieber bei der engeren Bedeutung verharren. „Aber warum,“ fragt er, „spricht Johannes nur von den Wundern und nicht von den Reden Jesu? Offenbar weil er hier von der Begründung des Glaubens nicht bloss bei den Jüngern, sondern in der Welt spricht. Für diejenigen, welche Jesum selber geschaut und gehört hatten, lag die Bürgschaft für sein Zeugniss von seiner Person in seiner Person selbst. In diesem Sinne sagt Jesus: glaubet m i r, weil ich es bin. 14, 10 f., hingegen für diejenigen, welche glauben sollen, ohne gesehen und gehört zu haben, und auf diesen Glauben ihr ganzes Wesen und alle ihre Hoffnungen gründen sollen, sind die von den Augenzeugen bezeugten Wunder die nothwendige Bürgschaft für die Göttlichkeit der Person und des Werkes Christi. Jesus selbst hat seine Reden meistens an Wunder als ihren Stützpunkt angeknüpft; und diese Verbindung zwischen den Zeichen und den Reden tritt besonders in unsrem Evangelium hervor.“ Ich bin nicht im Stande, diesen Ausführungen Godet's zuzustimmen. Geben die Wunder in dem Evangelium des Johannes wirklich den Stütz-, den Anknüpfungspunkt für die Reden Christi ab? Diess ist nur bei einigen Reden der Fall, wie 5, 19 ff.; 6, 25 ff., die Mehrzahl lehnt sich durchaus nicht an Wunder und Zeichen an; das Gespräch mit Nikodemus (Kap. 3) und der Samariterin (Kap. 4), die Rede am Laubhüttenfest (7, 16 ff.), die grosse Streitrede mit den Juden (Kap. 8), die Predigt von dem guten Hirten und seinen Schafen (Kap. 10), die letzten Reden (13—17) treten ganz selbstständig auf. Auch das ist nicht richtig, dass die von Augenzeugen bezeugten Wunder Jesu bei der Predigt des Evangeliums unter den Juden und Heiden die Bürgschaft für die Göttlichkeit der Person und des Werkes Jesu Christi hätten leisten müssen. In welcher Weise die Apostel gepredigt haben, um den Glauben an den Namen ihres Herrn zu wecken, ersehen wir aus der Apostelgeschichte sehr deutlich. Sie liefert uns einige Missionspredigten der Apostel Petrus und Paulus sicher in der Absicht, dass dieselben uns die Form zeigen, nach welcher die andern alle gestaltet waren. Von Wundern ist in denselben die Rede, wer wollte das leugnen? Aber nicht von einzelnen Wundern, welche der Erlöser gethan hat; kein einziges Wunder wird erzählt, ja nicht ein Mal auf ein einziges angespielt, das Höchste ist, dass bemerkt wird, der Mann, welchen sie der Welt als den einigen Heiland preisen, sei im Lande umhergezogen, um wohl zu thun und gesund zu machen Alle, die vom Teufel überwältigt waren (Act. 10, 38). Nur ein Wunder wird alle Zeit hervorgezogen und recht in das Licht gestellt als einzig in seiner Art: aber das ist kein Wunder, welches Christus selbst gewirkt hat, sondern eins, welches an ihm geschehen ist. Dieses Wunder hätte sich allerdings auch als ein Selbstwerk des Heilandes darstellen lassen, allein die Apostel thun das in diesen Missionspredigten niemals, sie bezeichnen dasselbe als ein Werk des Vaters an dem eingebornen Sohne, seinem lieben Kinde. Die Auferstehung Jesu Christi von den Todten, diess Wunder, zu welchem alle jene Predigten rekurriren, erscheint in der Apostelgeschichte nirgends als Auferstehung des Todten aus eigenem Willen und Vermögen, sondern stets als Auferweckung, also nicht als Selbstzeugniss des Sohnes, sondern als Zeugniss des allmächtigen Gottes für seinen Sohn. Der Glaube in der ungläubigen Welt ist keineswegs durch die Apostel auf die Wunder, welche Jesus in dem jüdischen Lande gewirkt hat, begründet worden, wie Godet meint, sondern einzig und allein auf das grosse Gotteswunder der Auferweckung, wie denn auch Petrus den Mittelpunkt des apostolischen Zeugnisses darin findet, dass der Apostel ein Zeuge der Auferstehung Jesu Christi ist. Act. 1, 22.

Blicken wir auf das Evangelium des Johannes zurück, vergegenwärtigen wir uns dessen gesammten Inhalt, denn das ist hier das allein Richtige, und Hengstenberg verirrt sich von der Wahrheit, wenn er den Apostel gleichfalls als Summa seines Evangeliums Zeichen und Wunder hinstellen lässt, weil bei seinen Vorgängern die σημεῖα und ἔργα im Vordergrunde stehen. Ἐν βιβλίῳ τούτῳ sind nicht die vier kanonischen Evangelien, sondern lediglich das vierte enthalten. Offenbar bilden in diesem johanneischen Evangelium die Wunder nicht den Hauptstock der Erzählung, die δόξα des Sohnes Gottes offenbart sich nach der Ankündigung in dem Prologe als eine δόξα πλήρης χάριτος καὶ ἀληθείας. Die Herrlichkeit in der Wahrheit kann aus Wundern nicht recht hervorstrahlen, denn die Wahrheit liegt auf dem Gebiete des Wissens, der Erkenntniss, sie offenbart sich also in dem Worte. Wir haben daher auf jeden Fall den Ausdruck σημεῖον in dem Sinne zu nehmen, welchen der Evangelist an der ersten Stelle, wo er sich dieses Wortes bedient, feststellt. Er bezeichnet das Wunder auf der Hochzeit zu Kana als ein σημεῖον und fügt dazu: καὶ ἐφανέρωσε τὴν δόξαν αὐτοῦ. Darnach ist ein σημεῖον Alles, aus welchem die Klarheit des Logos, die Herrlichkeit des Sohnes Gottes hindurch bricht und leuchtet, jeder Erweis seiner selbst, jede Manifestation seiner für gewöhnlich verborgenen Gloria.

Johannes bekennt, dass er sein Evangelium in einer ganz bestimmten Absicht geschrieben habe, nämlich in der, ἵνα πιστεύητε. Die älteren Ausleger haben schwerlich das *punctum saliens* in dieser Bemerkung getroffen, wenn sie mit Euthymius sagen: οὐ πρὸς φιλοτιμίαν, φησίν, ἐγράψαμεν· ἢ γὰρ ἂν καὶ ἄλλα ἐγράψαμεν, πολλῶν ὄντων· ἀλλὰ πρὸς χρείαν μόνην, ἵνα πιστεύσητε, ὅτι Ἰησοῦς οὗτός ἐστιν ὁ Χριστός, ὁ υἱὸς τοῦ θεοῦ, ὁ ὑπὸ τῶν προφητῶν καταγγελλόμενος. Seine Absicht betont der Evangelist nicht um desswillen so scharf, dass man ihm keine falschen Nebenabsichten unterschiebe, sondern um desswillen, dass die Absicht, in welcher er schrieb, bei seinen Lesern erreicht werde. Er will, sie sollen wissen, was seine einzige Absicht war, dass sie ihm die Freude bereiten und auf seine Absicht mit ihnen eingehen. Aus dem Glauben hat er zum Glauben geschrieben, wie ja die ganze apostolische Predigt auch aus dem Glauben zum Glauben ergeht. Hat er aber diese Absicht von Anfang an gehabt, so muss er in seinem Evangelium Alles niedergelegt haben, was zum Glauben nothwendig ist, so darf kein wesentlicher Glaubensartikel in demselben übergangen sein. *His verbis significat, scriptis se mandasse, quod nobis*

satisfacere deberet, quia abunde sufficiat ad fidei nostrae confirmationem.
Vanae enim hominum curiositati occurrere voluit, quae inexplebilis est, et
nimis licenter sibi indulget. Hinreichend, auskömmlich ist sein Evangelium
zum Behufe des Glaubens. Keine andere Absicht hatte er, als dem Glauben
zu dienen; schwerlich aber in der Weise, dass er den Glauben erst pflanzen,
sondern so, dass er den gepflanzten Glauben begiessen wollte, denn nicht an
Ungläubige wendet sich Johannes mit den Worten ἵνα πιστεύητε, was
Hilgenfeld vermuthete, sondern an solche, welche allbereits in dem Glauben
stehen. „Es wurde,“ so schreibt Ewald sehr wahr von dem Evangelium
des Johannes, „vom Apostel sogar absichtlich zunächst nur für einen
engeren Kreis von Lesern bestimmt: diess ergibt sich sehr deutlich aus
seinem Schlusse, sowie aus einer diesem entsprechenden beiläufigen Bemerkung kurz vor ihm. 20, 31 u. 19, 35. Hier spricht der Apostel ganz wie
zu vertrauten Lesern, welche er kennt und die ihn kennen, als bestimmte
er sein Buch zunächst nur für sie und wollte es ihnen wie sein letztes
Vermächtniss seiner Liebe etwa für die Zeit nach seinem Tode zurücklassen.“ Er will nur nachhelfen, stärken, stützen. Die Summe des christlichen Glaubens wird kurz und bündig gezogen: sie lautet: ὅτι Ἰησοῦς
ἐστιν ὁ Χριστὸς ὁ υἱὸς τοῦ θεοῦ. Auch der Glaube des Apostels ist nicht
gnostisch, sondern historisch: er will in seinem hohen, geistlichen Evangelium uns nicht fliegen lehren hinein in die sublimen Regionen irgendwelcher
christlichen Spekulation. Johannes ist kein Ideologe, so reich er auch an
Ideen, an den feinsten Ideen einer wahrhaft christlichen Gnosis ist, er ist
Realist. Er behält fest im Auge das Bedürfniss der Christen, in deren
Mitte er lebt, und denen er für den Fall seines Abscheidens in diesem
Evangelium seine Predigt hinterlassen will. Nicht der λόγος ἄσαρκος ist
der Centralpunkt seines Glaubens und seiner Predigt, sondern ὁ Ἰησοῦς ist
es. Jesus, der Mann aus Nazareth, diese bestimmte, konkrete, historische
Persönlichkeit. Und dieser Jesus ist Objekt des Glaubens in zweifacher
Eigenschaft, erstens qua ὁ Χριστός und zweitens qua ὁ υἱὸς τοῦ θεοῦ.
Nicht ein leerer, lediger, todter Gedanke ist der Glaube an Jesus, sondern
er „schliesst und ist gewiss“, wie Luther redet, „dass er sei der Christ,
d. i. der verheissene König und Heiland, und Gottes Sohn, durch welchen
wir Alle von der Sünde und ewigem Tod erlöst werden.“ Jesus ist der
Christ, das ist das A in dem apostolischen Glauben, und Jesus der Christ
ist der Sohn Gottes, das ist das O in demselben. Jesus ist der Christ, der
Sohn Gottes, das ist die ganze Summe des Glaubens. Wie kurz ist diese
Summe, nur wenige Worte, aber die Zeit und Ewigkeit ist nicht lang
genug, um, was in diesen wenigen Worten enthalten ist, herauszusetzen.
Jesus ist der Christus, so schliesst Johannes sein Evangelium in seiner
ersten Anlage ab: der Ring ist fertig, das Ende ist zu dem Anfang zurückgekehrt. Dort steht als das erste Bekenntniss das Bekenntniss des Jüngers,
welcher auf Johannes des Täufers Weisung: siehe, das ist Gottes Lamm! sich
mit unserem Evangelisten aufgemacht hatte: εὑρήκαμεν τὸν Μεσσίαν, ὅ
ἐστιν μεθερμηνευόμενον ὁ Χριστός 1, 41. Dieses allererste Glaubensbekenntniss bricht hier am Schlusse des Evangeliums wieder mächtig hervor. Was
Andreas in Jesus gefunden hatte, das soll für das Erste jeder Leser dieses
Evangeliums auch in demselben finden. Er soll glauben, ὅτι Ἰησοῦς ἐστιν
ὁ Χριστός. Richtig schreibt Calvin schon dazu: *Christum intelligit, qualis*
in lege et prophetis fuerat promissus, nempe mediator Dei et hominum,

summus patris legatus, unicus mundi instaurator et auctor perfectae felicitatis. Neque enim nudum et inanem titulum arripuit Joannes, quo filium Dei ornaret, sed complexus est sub Christi nomine, quaecunque illa officia prophetae assignant. Ideo considerandus est nobis, qualis illic describitur.
Jesus ist aber noch mehr als der in dem Alten Testamente verheissene Messias: der Glaube steigt von dem Christus auf zu dem ὁ υἱὸς τοῦ θεοῦ. Jesus ist nicht bloss Einer, der mit dem Geiste Gottes, wenn auch im Vollmass, getauft worden ist, sondern steht mit Gott in einer ewigen Wesensgemeinschaft. Er ist nicht der erst in der Zeit gewordene Gottessohn, sondern der vor der Gründung der Welt schon bei dem Vater in Klarheit, in Selbstständigkeit, in eigener Persönlichkeit subsistirende Sohn. Nicht bloss das Bekenntniss des Thomas: ὁ κύριός μου καὶ ὁ θεός μου wird mit diesem ὁ υἱὸς θεοῦ aufgenommen: auch hier schliesst sich der Ring wieder vollständig. In dem Prologe des Evangeliums hat Johannes bekannt: ὁ λόγος σὰρξ ἐγένετο καὶ ἐσκήνωσεν ἐν ἡμῖν, καὶ ἐθεασάμεθα τὴν δόξαν αὐτοῦ, δόξαν ὡς μονογενοῦς παρὰ πατρός (1, 14), und das zweite Bekenntniss aus dem Munde eines Jüngers, der durch Philippus Christo zugeführt wurde, lautete: σὺ εἶ ὁ υἱὸς τοῦ θεοῦ, σὺ εἶ ὁ βασιλεὺς τοῦ Ἰσραήλ (1, 50): jetzt wird auch dieses Moment wieder aufgenommen. Der, welcher in Jesus den Christus erkennt, welchen das Alte Testament verheissen hat, wird bald in ihm den Sohn Gottes schauen, der zu dem Werke der Erlösung in diese Welt gekommen ist. *Addit*, schreibt Calvin, *filius Dei, quia ex communi hominum ordine nemo repertus fuisset ad res tantas peragendas idoneus, nempe ad patrem nobis placandum, ad expianda mundi peccata, ad mortem abolendam, ad diruendum Satanae regnum, ad veram iustitiam et salutem nobis afferendam. Caeterum quum filii nomen unice in Christum competat, sequitur, non adoptione esse filium, sed natura. Quare in hoc nomine continetur aeterna Christi divinitas. Et certe qui Christum in tam luculentis documentis, quae in evangeliis exstant, Deum non agnoscit, quia coecutit in plena luce, ne solis quidem ac terrae intuitu dignus est.* Beide Aussagen, welche der Evangelist hier nur neben einander stellt, gehören nothwendig zu einander. Jesus qualificirt sich nur dadurch zum Χριστός, dass er ist ὁ υἱὸς τοῦ θεοῦ. Nur der Glaube spricht: Ἰησοῦς ἐστιν ὁ Χριστός, ὁ υἱὸς τοῦ θεοῦ: nur das Auge des Glaubens sieht in dem Jesus aus Nazareth dieses Beides, den Messias, den Heiland und den Sohn des lebendigen Gottes. Ist das der *scopus generalis*, welchen der Apostel bei der Abfassung seines Evangeliums im Auge hatte, so hatte er dabei noch einen *scopus specialis*, mit Lampe zu reden. Glauben sollen seine Leser an Jesus als an den Christ und den Sohn Gottes: aber es ist ihm nicht bloss um die Ehre seines verklärten Herrn und Meisters zu thun, sondern auch um die Seligkeit seiner Brüder. Er hat sein Evangelium auch dazu geschrieben, dass sie das ewige Leben haben; er bekennt frank und frei als seine Absicht: καὶ ἵνα πιστεύοντες ζωὴν αἰώνιον ἔχητε ἐν τῷ ὀνόματι αὐτοῦ. Die Konstruktion ist nicht ganz klar. Lampe macht auf Eins aufmerksam: *Circa constructionem dubium videri posset, an credentes pertineat ad subiectum, an ad praedicatum. Secundum priorem constructionem hic subesset sensus: ut vos, qui creditis, habeatis vitam in nomine eius. In posteriori sensus verborum ita flueret: ut per fidem, tanquam salutare medium, vitam habeatis in nomine eius. Res ipsa eodem recidit, nam in priori quoque interpretatione fides supponitur esse medium a salutem. Nihilominus*

si prior sententia amplectenda esset, tamquam magis emphatica, tum clare scopus hic distingueretur a praecedenti, quoad personas. Weiter aber ist die Frage, womit ἐν τῷ ὀνόματι αὐτοῦ zu verbinden ist. Luther, Calvin, Gerhard, Grotius nehmen es zu ζωὴν ἔχητε, gewiss mit Recht, denn wenn πιστεύειν auch mehrfach mit ἔν τινι verbunden wird, so entscheidet die Stellung hier doch für jene Verbindung. Glauben sollen die Leser dieses Evangeliums an Jesum als den Christus und den Sohn Gottes, dazu hat der Apostel dasselbe niedergeschrieben, denn seine Absicht ist, dass sie durch den Glauben ζωὴν αἰώνιον haben in dem Namen desselben. Leben will er durch seine Schrift wecken und erhalten, denn in der Welt ist kein Leben, sie liegt in der Finsterniss, hat sie ja doch sich unterfangen, das ewige Licht, welches lebenskräftig hereinschien, zu dämpfen, zu unterdrücken. In Jesus ist das Leben wieder hereingetreten in diese Welt, so lange als das Evangelium von Jesus bleibt in dieser Welt, kann ihr das Leben nie ganz entschwinden. Wer an ihn glaubt, der hat das Leben: er soll es nicht ein Mal in der Zukunft empfangen, nicht nach dem Tode dieses Leibes, nicht nach dem Ablaufe bestimmter Aeonen, nein, wie der Logos, dieses Licht- und Lebensprincip, mitten hereingetreten ist in diese Welt, so beginnt für einen Jeden, der im Glauben diesem Licht- und Lebensprincipe sich erschliesst, das Leben schon in dieser Zeit, und dieses in dieser Zeit beginnende Leben nimmt kein Ende, wenn nur der Glaube nicht aufhört, es überwindet die Zeit und den Tod, es ist unvergänglich, unsterblich. Das ewige Leben ragt schon herein in dieses zeitliche Leben, wir können es, so wir nur wollen, im Glauben schon besitzen. Diese Diesseitigkeit des ewigen Lebens wird in dem johanneischen Evangelium wiederholt gelehrt, so z. B. 3, 36. 5, 21, 24. 6, 40, 54. Das Leben aber steht in dem Namen Jesu, des Christus und des Sohnes Gottes. Calvin bemerkt: *etsi autem Hebraeis nomen pro virtute saepe accipitur, hic tamen relatio est ad evangelii doctrinam. Tunc enim demum in Christum credimus, quum nobis praedicatus est. Loquor de ordinaria ratione, qua nos dominus ad fidem adducit.* Wir können dem nicht beitreten: der Name Christi ist nicht gleich der gepredigte Christus, die Predigt von Christus. Nicht der Dienst seiner Knechte verschafft dem Erlöser τὸ ὄνομα, sondern er hat sich selbst dieses ὄνομα gegeben. Allerdings ist auf den alttestamentlichen Sprachgebrauch zurückzugehen, Calvin versieht sich aber, wenn er das dem ὄνομα entsprechende hebräische Wort שֵׁם mit *virtus* gleichbedeutend fasst. „Der Name,“ sagt Henstenberg zu Joh. 1, 12, „ist in der Schrift die Zusammenfassung der Thaten. Dass Christus einen Namen hat, weist darauf hin, dass er wie der Jehova des Alten Bundes im Unterschiede von den namenlosen Göttern der Heiden, nicht mit leeren Prätensionen aufgetreten ist, sondern in Thaten der Macht und Liebe sein Wesen kund gegeben und damit ein Panier errichtet hat, um das die Kirche sich sammeln kann.“ Gott wohnt in einem Lichte, dazu Niemand an und für sich kommen kann, daher ist Gott seinem Wesen nach unnennbar: aber er tritt aus seiner Unzugänglichkeit und Verborgenheit heraus, er manifestirt und revelirt sich, er macht sich gleichsam durch seine Werke einen Namen. Der Name Gottes ist die Offenbarung, das Selbstzeugniss Gottes. Das ewige Leben fliesst von dem Sohne Gottes in uns über, wenn sein Name, seine Offenbarung im Glauben von uns aufgenommen wird, und wir haben nur so lange das ewige Leben in uns, als wir im Glauben an dem Sohne Gottes hängen, denn er ist allein das Leben!

---

8. Der Auferstandene und die sieben Fischer.
Joh. 21, 1—14.

Darnach offenbarte er sich abermal den Jüngern an dem Meere bei Tiberias. Er offenbarte sich aber also. (2) Es waren bei einander Simon Petrus und Thomas, der da heisset Zwilling, und Nathanael von Kana in Galiläa und die Söhne des Zebedäus und zwei andere von seinen Jüngern. (3) Spricht zu ihnen Simon Petrus: ich gehe hin zu fischen. Sie sprachen zu ihm: wir gehen auch mit dir. Sie gingen hinaus und traten in das Schiff und fingen in derselbigen Nacht nichts. (4) Da es aber Morgen wird, stand Jesus auf dem Ufer: aber die Jünger wussten nicht, dass es Jesus ist. (5) Spricht Jesus zu ihnen: Kinder, ihr habt doch nicht etwa eine Zukost? Sie antworteten ihm: nein. (6) Er aber sprach zu ihnen: werfet das Netz zur Rechten des Schiffes und ihr werdet finden! Da warfen sie und konnten es nicht ziehen vor der Menge der Fische. (7) Da spricht der Jünger, welchen Jesus lieb hatte, zu Petrus: es ist der Herr! Da Simon Petrus hörete, dass es der Herr war, gürtete er den Ueberwurf um sich, denn er war nackt, und warf sich in das Meer. (8) Die andern Jünger aber kamen auf dem Schiffe, denn sie waren nicht ferne von dem Lande, sondern bei 200 Ellen, und zogen das Netz mit den Fischen. (9) Als sie nun austreten auf das Land, sehen sie Kohlen liegen und Fische darauf liegen und Brot. (10) Spricht Jesus zu ihnen: bringet her von den Fischen, die ihr jetzt gefangen habt. (11) Simon Petrus stieg hinein und zog das Netz auf das Land voll grosser Fische, hundert und drei und fünfzig. Und wiewohl ihrer so viel waren, zerriss doch das Netz nicht. (12) Spricht Jesus zu ihnen: kommt und haltet das Frühmahl! Niemand aber unter den Jüngern wagte, ihn zu fragen: wer bist du? denn sie wussten, dass es der Herr war. (13) Da kommt Jesus und nimmt das Brot und gibt's ihnen, desselbigen gleichen auch die Fische. (14) Das ist bereits das dritte Mal, dass Jesus sich offenbarte seinen Jüngern, auferstanden von den Todten.

An der Authentie, an der Apostolicität dieses Abschnittes, überhaupt des ganzen einundzwanzigsten Kapitels ist viele Jahrhunderte lang in der christlichen Kirche nie gezweifelt worden. Grotius ist meines Wissens der Erste, welcher dem Evangelisten und Apostel Johannes dieses Schlusskapitel absprach: er that es mit eben so viel Einsicht als Bescheidenheit. *Omnino arbitror*, schreibt er zu 20, 30, *sero hic sequuntur conclusionem esse totius operis et ibi finiisse Joannem librum, quem edidit. At sicut caput ultimum Pentateuchi et caput ultimum Josuae post Mosis et Josuae mortem additum est a Synedrio Hebraeorum, ita et caput, quod sequitur, post mortem Joannis additum ab ecclesia Ephesina, hoc maxime fine, ut ostenderetur impletum, quod de longaevitate, non violenta morte Joannis dominus praedixerat. Cetera autem, quae in eo capite narrantur, addita ad demonstrandum tempus, locum et occasionem illius oraculi. Argumento est, quod in fine capitis clausula huic similis repetitur, et quidem hoc modo* οἴδαμεν, ὅτι ἀληθής ἐστιν ἡ μαρτυρία αὐτοῦ: *quibus verbis ecclesia ostendit, se de supra positis a Joanne et de his etiam, quae ex privatis ipsius commentariis erant deprompta, minime dubitare, quum alioqui, si Joannes hoc scripsisset, dicturus fuisset, ut supra* κἀκεῖνος οἶδεν, ὅτι ἀληθῆ λέγει. 19, 35. Noch ein Mal betont er zu καὶ ταῦτα γράψας in V. 24 dieses Kapitels, dass aus dem litterarischen Nachlasse des Johannes diese Stücke dem Evangelium angehängt worden sind: *qui haec quoque, supra cetera antehac edita, in commentariis privatis reliquerat.* Zu dem folgenden Verse äussert er die geistvolle Vermuthung, dass der vielgenannte Presbyter Johannes der Redaktor dieses Anhanges gewesen sei: er bemerkt nämlich zu *oἶμαι: hic dicitur singulariter, quia pro ecclesia haec scripsit episcopus. Sicut et in apocalypsi litterae pro ecclesiis ad episcopum diriguntur. Forte is fuit Joannes ὁ πρεσβύτερος, cuius sepulcrum se Ephesi distinctum ab illo Joannis apostoli vidisse memorat Hieronymus et cui veterum nonnulli adscribunt epistolas duas.* Grotius fand vielen Beifall: man ging aber meistens weit über ihn hinaus und leugnete allen und jeden johanneischen Ursprung, so im Laufe der Zeiten Clericus, Hammond, Semler *(de variis lectionibus N. T. c. 11)*, Pfaff (Einleitung zu Baumgartens Polemik 1, 62), Paulus, Gurlitt *(lection. in N. T. specimen III. 1805*, er nimmt zwei verschiedene Verfasser an, von dem Einen stammt V. 1—14, von dem Andern 15 ff.), Bertholdt, Seyffarth (Beiträge zur Specialcharakteristik der Johanneischen Schriften 1823, S. 271 ff.), Lücke, Ammon, Schott, *(Commentatio exegetico-critica de origine et indole capitis ult. Ev. Jo.* Jena 1825), und Isagoge 164, de Wette, Credner, Reuss, Wieseler *(indagatur, num loci Marc. 16, 9 ff. et Joannes genuini sint necne.* Göttingen 1839), A. Schweizer, Bleek, Zeller, Schwegler, Baur, Köstlin, Scholten, Grimm, Keim, Weiss u. A. Grotius' wirklicher Gedanke ist in der neueren Zeit erst wieder vertreten worden. Ewald glaubt, dass, als über des Apostels langes Leben in der ganzen Christenheit ein leicht schädlich werdendes Gerücht sich ausbreitete, derselbe beschlossen habe, selbst noch vor seinem Tode ihm auf die rechte Art durch die reine Herstellung der Thatsache entgegen zu wirken. Freunde halfen ihm, dieselben, welche ihn bei der Verabfassung des Evangeliums schon unterstützt hatten: diessmal aber verfuhren sie noch etwas freier wie früher und liessen ihre Hand noch leichter durchleuchten, obgleich sie dem Willen des Apostels gemäss sich übrigens der Haltung des Haupttheils anschlossen und ihn auch hier in dem Nachtrage nicht offen mit Namen als den Verfasser angaben. Johannes ist hiernach der intellektuelle Urheber dieses Nachtrags, Freundeshände concipirten ihn nach seinem Willen und Berichte. So sprechen sich noch aus Neander, Bäumlein, Brückner. Es fehlt aber auch nicht an Solchen, welche den Apostel nicht bloss als den geistlichen, sondern auch als den buchstäblichen Vater dieses Kapitels anerkennen. Gegen Grotius trat selbst der berühmte Richard Simon in die Schranken, ausser ihm lutherischer Seits Calov, Mill *(proleg. in N. T. § 249)*, Wetstein, Lampe, Bengel, Michaelis, Krause *(Vindiciae cap. ultimi ev. Joh.* Wittenberg 1793), Beck *(observationes critico-exegeticae 1795)*, Eichhorn, Kühnöl, Hug, Wegscheider (Einleitung in das Ev. des Joh., S. 172 ff.), Handschke *(commentatio de αὐθεντίᾳ c. 21 ev. Jo. e sola orationis indole diiudicanda.* Lips. 1818), Erdmann (Einige Bemerkungen über Joh. 21. Rostock 1821), Weber *(authentia capitis ultimi Ev. Jo. huiusque evangelii totius argumentorum internorum usu vindicata.* Halle 1823), Guericke, Redding (Disputation, Gröningen 1833), Frommann, Olshausen, Tholuck, Klee, Maier, Meyer, Stier, Baumgarten-Crusius, Weitzel (Theol. Studien und Kritiken 1849, 601 ff.), Lampe, Laurillard *(disputatio de locis ev. Joh.,* Leyden 1855), Tiele *(annotatio in locos nonnullos ev. Joh. ad vindicandam huius ev. authentiam,* Amsterdam 1853, 115 ff.), Stier, Hengstenberg, Hölemann, Godet, Luthardt, Steinmeyer u. A. Doch muss bemerkt werden, dass nicht Alle das ganze Kapitel dem Johannes zuschreiben; Meyer spricht nämlich den allerletzten Vers dem Evangelisten ab, Andere verzichten mit Beck, Kühnöl,

Baumgarten-Crusius, Luthardt, Tholuck auf die beiden letzten Verse, wohingegen Lange, Weitzel, Hengstenberg und Hölemann auch dieses Schlusswort dem Evangelisten vindiciren. Bei der Untersuchung kommen diese beiden letzten Verse nicht in Betracht, denn sie sind nicht mit dem Vorhergehenden eng verwoben, sondern untersiegeln es gleichsam nur.

Die Gründe, welche man gegen die Authentie dieses Kapitels beibringt, sind folgende. Erstens. Die Sprache soll sich von der in dem unbedingt ächten Grundstocke des Evangelisten unterscheiden. Ausdrücke kommen vor, welche dort nicht gefunden werden, so $\check{\epsilon}\varrho\chi\epsilon\sigma\vartheta\alpha\iota$ $\sigma\acute{\upsilon}\nu$ $\tau\iota\nu\iota$ V. 3 statt $\dot{\alpha}\varkappa o\lambda o\upsilon\vartheta\epsilon\tilde{\iota}\nu$, $\pi\varrho\omega\tilde{\iota}\alpha\varsigma$ $\gamma\iota\nu o\mu\acute{\epsilon}\nu\eta\varsigma$ V. 4 statt $\pi\varrho\omega\tilde{\iota}$, $\tau o\lambda\mu\tilde{\alpha}\nu$ und $\dot{\epsilon}\xi\epsilon\tau\acute{\alpha}\zeta\epsilon\iota\nu$ V. 12, $\varphi\acute{\epsilon}\varrho\epsilon\iota\nu$ statt $\check{\alpha}\gamma\epsilon\iota\nu$ V. 18. Allein diese Abweichungen sind von äusserst geringem Belange: mit Recht bemerkt Meyer, dass sie alle so unwesentlich, ja meist im Sinn des Kontextes so natürlich begründete Erscheinungen seien, dass sie, zumal in Erwägung der späteren Abfassungszeit des Nachtrags, eine ernste Bedenklichkeit durchaus nicht zurücklassen und von dem sonstigen völlig Johanneischen Gepräge, welches der Aufsatz in der Sprache, in der Art der Darstellung und in den den Augenzeugen verrathenden Einzelzügen an sich trägt, weit überwogen würden. Aus der Sprache wird kein Argument gegen die Aechtheit entlehnt werden können, gestehen doch Solche, welche dieses Kapitel dem Apostel absprechen, offen und ehrlich den Johannescharakter der Sprache zu. So z. B. sagt Credner (Einleitung S. 232): „von der inneren Seite untersucht, weist dieses Kapitel fast alle Eigenthümlichkeiten des johanneischen Stils auf." Selbst Bleek bekennt (Beiträge 181): „dass dieselbe (Sprache) im Stil und im ganzen Charakter vielfach an den Johannes erinnert." Das genüge für das Erste, wir werden an Ort und Stelle noch auf diese scheinbaren Abweichungen von dem johanneischen Sprachgebrauche zu reden kommen. Zweitens. Es soll die sonstige Klarheit und Anschaulichkeit des Evangelisten in diesem Nachtrage nicht zu finden sein. Wir können diese Instanz in keiner Weise gelten lassen und wundern uns, dass Solche, welche sonst die Darstellung des vierten Evangelisten mit dem Prädikate „unklar, verschwommen" brandmarken, jetzt auf ein Mal die anderen Passagen für klar und anschaulich erklären und nun an diesem Kapitel das aussetzen, was sie sonst aufstechen. Ich bemerke, dass ich die Klarheit und Anschaulichkeit weder im Evangelium sonst noch in diesem Kapitel hier vermisse: der alte Apostel erzählt mit einer gewissen jugendlichen Frische, mit welcher eine gewisse Umständlichkeit sich trefflich verträgt. Drittens soll die Selbstbezeichnung des Evangelisten V. 20 nicht recht johanneisch sein. Es ist wahr, derselbe bezeichnet sich sonst kürzer, als den Jünger, welchen Jesus lieb hatte 13, 23. 19, 26. 20, 2, gelegentlich auch kurzweg als den andern Jünger, wie 18, 15 f.: aber dass er hier weiter ausholt und an die Scene 13, 23 erinnert, hat nichts Auffallendes. Diese Erinnerung war dem Apostel über Alles theuer und motivirt auch des Petrus Frage nach dessen Geschick: der Liebeserweis, welchen Christus dem Johannes darin gegeben hatte, dass er ihn an seiner Brust ruhen liess, berechtigte ja zu der Erwartung, dass er in ganz besonderer Weise seinen Herrn im Tode preisen werde. Viertens soll der] V. 22 auftauchende Gedanke der Wiederkunft Christi nicht mit der sonstigen Anschauung des Evangeliums stimmen. Allein das Evangelium spricht mehr als ein Mal von der Wiederkunft des Herrn im Allgemeinen, wie 14, 3, und im Besonderen von der Wiederkunft zur Erweckung

der Todten wie 5, 28 ff. und zum Weltgerichte wie 5, 22. Fünftens soll
V. 23 den Tod des Apostels schon voraussetzen. Das Gegentheil aber ist
der Fall. Sehr gut bemerkt Bäumlein: „Johannes ist aber offenbar noch
am Leben, als dieser Nachtrag entstund. Das geht aus V. 24 ὁ μαρτυρῶν
περὶ τούτων hervor und wird auch durch V. 22 sehr wahrscheinlich. Das
Präsens μαρτυρῶν zudem neben γράψας, ist nicht anders zu erklären, als
dass man noch jetzt aus dem Munde des Jüngers die Bestätigung des
Mitgetheilten vernehmen kann, und dazu stimmt denn auch ὅτι ἀληθὴς
αὐτοῦ ἡ μαρτυρία ἐστίν. Die Feststellung des den Lieblingsjünger Jesu
betreffenden Wortes, die genaue Feststellung desselben gegenüber einer weit
verbreiteten Umdeutung legt die Annahme nahe, dass noch jetzt diese Ansicht
über die Aeusserung Jesu verbreitet und dass es dem Verfasser des Anhangs
eben daran gelegen war, falschen Erwartungen über das Schicksal dieses
Jüngers entgegenzutreten." Es ist daher, da zwingende Gründe nicht vorhanden sind, das Gerathenste, diesen Anhang nicht einem unbekannten
Verfasser zuzuschieben. Wenn man nun aber die Frage stellt, ob Johannes
diesen Anhang selbst niedergeschrieben oder nur seine Niederschrift an-
geordnet habe, so scheint es mir doch das Rathsamste, den Apostel als
den Verfasser zu betrachten. V. 23 legt wenigstens diesen Gedanken
sehr nahe. Wahrscheinlich hat aber der Evangelist diesen Anhang dem
Evangelium nicht selbst zugefügt, wir dürften dann doch wohl erwarten,
dass er den bisherigen Schluss des Evangeliums 20, 30 u. 31 dort entfernt und an dem Ende dieses einundzwanzigsten Kapitels angebracht habe.
Diese lose, mechanische Zusammenreihung erklärt sich am Leichtesten
bei der Annahme, dass nach dem Tode des Apostels Andere diese heilige
Reliquie aus seinem schriftstellerischen Nachlasse dem Handschriften des
Evangeliums einverleibten. Sehr frühe muss dies aber geschehen sein, ja
es muss geschehen sein, ehe das Evangelium aus dem engen Kreise, für
welchen der Jünger es geschrieben hatte, in alle Welt hinausging, denn in
allen Codices des Neuen Testamentes wie in allen alten Uebersetzungen
steht es schon. Nur V. 25 fehlt in Cod. 63 und ist in den Codex Sinaiticus
nicht von der ersten Hand hineingeschrieben. Origenes kennt bereits, wie
wir aus Eusebius h. e. 6, 25 erfahren, das Schlusswort dieses Kapitels
V. 25 und hält es für ächt johanneisch: Tertullianus spielt *de anima 50*
auf die Johannessage an *(Obiit et Joannes, quem in adventum domini re-
mansurum frustra fuerat spes)*, er kann sie aber anderswoher kennen.

Johannes berichtet: μετὰ ταῦτα ἐφανέρωσεν ἑαυτοῦ πάλιν (ὁ Ἰησοῦς
hat Tischendorf vollständig gestrichen) τοῖς μαθηταῖς (αὐτοῦ fügt der Codex
Cantabrigiensis noch hinzu) ἐπὶ τῆς θαλάσσης τῆς Τιβεριάδος. ἐφανέρωσεν δὲ
οὕτως. An das zwanzigste Kapitel schliesst sich dieses Stück, dessen zwei
letzte Verse ein altes Scholion schon eine προςθήκη nennt (vgl. Codices
Vatic. 129. 137. 138. 139. 143, Venet. 210, Laur. 186. 195, Lücke 2, 824),
auf das Engste an. Zwei Klammern sind angebracht: μετὰ ταῦτα und
πάλιν. Der Evangelist liebt es, den Uebergang mit μετὰ τοῦτο 2, 12.
19, 28 und μετὰ ταῦτα 3, 22; 5, 1, 14; 6, 1; 19, 38 zu bilden. Wir
werden also in die Zeit versetzt, welche auf die zweite Erscheinung des
Auferstandenen im Kreise der Apostel folgte. Ein Näheres lässt sich nicht
ermitteln. Gerhard, Sepp u. A. meinen, es seien jetzt wieder acht Tage
verflossen: der zweite Sonntag nach der Auferweckung Christi sei ge-

kommen. Allein der Text spricht nicht für solch eine kurzgemessene Zeit. Aus dem Umstande, dass die Apostel wieder fischen gehen, dürfte man viel eher schliessen, dass eine geraume Zeit über Christus nicht erschienen war. Bengel hat auch diese Ansicht: Stier, Braune u. A. gehen noch einen Schritt weiter und fordern für diese Scene einen Sonntag. Am Nächsten lag dann der dritte Sonntag nach Ostern. Wir leugnen nicht, dass es an und für sich etwas sehr Ansprechendes hat, wenn der Herr und das Haupt seiner Gemeinde zu seinen Erscheinungen diesen Tag sich auserwählt hätte, welchen er zu seinem Tage zu erheben gesonnen war, und verhehlen uns auch nicht, dass der Umstand, dass Jesus an dem ersten Sonntag nach seiner Auferstehung zum zweiten Male zu den versammelten Jüngern kommt, ein sehr günstiges Präjudiz erweckt: doch scheuen wir uns, eine blosse Vermuthung als historische Thatsache auszusprechen. Sollte der Evangelist, welcher vorher erwähnt hatte, dass die zweite Erscheinung am achten Tage stattfand und somit auf einen Sonntag fiel, nicht den Tag ganz genau hier angegeben haben, wenn es der Sonntag gewesen und dieser Tag eine weitere Weihe empfangen hätte? Sollte ein so sinniger Mann wie Johannes diesen Umstand ausser Acht gelassen haben? Später, eine geraume Zeit, nachdem Christus den ungläubigen Thomas zum Glauben an seine Auferstehung von den Todten gebracht hatte und somit sämmtliche Apostel im Stande waren, das zu sein, wozu er sie erwählt hatte und in alle Welt ausschicken wollte, Zeugen, nämlich seiner Auferstehung, ἐφανέρωσεν ἑαυτόν. Dieses Wort ist gut johanneisch: Markus 16, 12 u. 14 schreibt ἐφανερώθη, welches schliesslich mit dem ἐφάνη bei ihm 16, 9 auf eins herauskommt, da es sich von ihm nur so unterscheidet, dass das Erscheinen, welches beide Zeitwörter aussagen, durch φανεροῦσθαι als ein Hervortreten aus der Finsterniss in das Licht bestimmter dargestellt wird. Johannes aber bedient sich des Aktivums. So heisst es 2, 11 ἐφανέρωσεν τὴν δόξαν αὐτοῦ und 7, 4 φανέρωσον σεαυτὸν τῷ κόσμῳ. Ganz gut sagt Bengel: ἐφανέρωσεν ἑαυτόν, *manifestavit se ipsum. Grandius sonat, quam* ἐφάνη, *apparuit.* Wenn ἐφανέρωσεν ἑαυτόν schon mehr sagt als ἐφάνη, weil es verkündet, dass der, welcher erscheint, nicht vor den Augen seiner Auserwählten ein Mal vorüberfährt, sondern sich ihnen zeigt, wie er selbst ist, so muss ἐφανέρωσεν ἑαυτόν auch mehr bedeuten als ἐφανέρωσεν τὴν δόξαν αὐτοῦ. Denn der Mann selbst ist doch immer noch mehr als die δόξα, welche ihn umleuchtet. Jene δόξα Christi ist gleichsam nur die Peripherie, welche durch die Klarheit, welche von ihm ausstrahlt, gebildet wird, sie ist aber lange noch nicht der Kern, das Licht ausstrahlende Centrum. Dort auf der Hochzeit offenbart Jesus nur seine δόξα, nur seines Kleides Saum bekommen die Apostel zu sehen; hier offenbart er, nicht wie er ist, sondern was er ist, sich selbst in seiner Wesenheit, nicht in einem Spiegel, sondern mit aufgedecktem Angesichte. Die älteren Ausleger betonen meist, dass der Auferstandene aus seiner verborgenen Seinsweise heraustritt und sich versichtbart: so schreibt Chrysostomus *(hom. 87 in Jo.)*: τί δέ ἐστι τὸ ἐφανέρωσεν; Ἐκ τούτου δῆλον, ὅτι οὐχ ἑωρᾶτο, εἰ μὴ συγκατέβη, διὰ τὸ λοιπὸν ἄφθαρτον εἶναι τὸ σῶμα καὶ ἀκήρατον. Theophylaktus (ἐν τῷ εἰπεῖν· ἐφανέρωσεν ἑαυτὸν ὁ Ἰησοῦς, τοῦτο δηλοῖ ὁ Εὐαγγελιστής, ὅτι εἰ μὴ ἤθελε καὶ αὐτὸς ἑαυτὸν διὰ συγκατάβασιν φανερῶσαι, οὐχ ὡρᾶτο, τοῦ σώματος ὄντος ἀφθάρτου), Euthymius folgen ihrem grossen Meister: der Letztere bemerkt: τὸ δὲ ἐφανέρωσεν ἑαυτόν, καὶ ἐφάνη, καὶ ὤφθη καὶ τὰ τοιαῦτα, ὑποφαίνουσιν, ὅτι κατὰ τὴν φύσιν τῆς ἀφθαρσίας τοῦ σώματος ἀφανὴς ἦν φθαρτοῖς ὀφθαλμοῖς· συγκαταβατικῶς δὲ καὶ οἰκονομικῶς ἐφανεροῦτο. Ich kann den Alten nur Recht geben: die können es natürlich nicht, welche dem Auferstandenen den verklärten Leib noch nicht gönnen. De Wette sagt, der Evangelist lasse auf eine geisterhafte Existenz schliessen, was Baumgarten-Crusius, Meyer, Luthardt entschieden zurückweisen: nach dem Berichte sämmtlicher Evangelien hat Christus nach seiner Auferstehung nicht eine geisterhafte, sondern eine pneumatische Existenz. Meyer irrt sich aber auch, wenn er behauptet, der Verfasser setze ein Verborgensein voraus, welches wir nach den weiteren Andeutungen, die uns werden, nur so verstehen können, dass Jesus zwischen Ostern und Himmelfahrt die vierzig Tage zugebracht habe, wie einst die vierzig Tage in der Wüste, in vollständiger Zurückgezogenheit und heiligem Sinnen bis auf die wenigen Stunden, da er seine Gläubigen durch seine Gnadengegenwart erquickte. Die Evangelien wissen von solch einer *retraite spirituelle* des Erlösers gar nichts: er wohnte seinem Leibe nach an keinem abgegrenzten Orte, denn derselbe war schon verklärt und somit von allen Schranken des Raumes befreit. Aus seinem unsichtbaren Leben trat der Auferstandene für gewisse Momente heraus: er versichtbarte sich, er disponirte in seiner Virtuosität und Plenipotenz über seinen geistlichen Leib, dass er erscheinen und gesehen, überhaupt mit den Sinnen wahrgenommen werden konnte, wann und wie er wollte. So Luthardt, Tholuck, Brückner, Weiss. Τοῖς μαθηταῖς erschien er aber. Wir können aus diesem Worte durchaus nicht mit der Sicherheit, welche wir bei Lampe, Lücke, Hengstenberg, Luthardt finden, dass Apostel diese Gesegneten des Herrn waren. Man beruft sich auf Joh. 20, 19 u. 20, sowie auf V. 25 u. 26; allein ist es so ausgemacht, dass jene μαθηταί nur Apostel waren? Bedenklich muss doch schon machen, dass der Evangelist, wenn er den Thomas als einen Apostel signalisiren will, ihn nicht einen μαθητής, sondern einen ἐκ τῶν δώδεκα (20, 24) nennt. Es kommt dazu, dass die μαθηταί, welchen Christus an dem Osterabende erscheint, authentisch von Lukas als „die Apostel und die mit ihnen" ausgelegt werden. Der Ausdruck μαθητής erscheint in dem Johannesevangelium vielfach in dem weiteren Sinne, dass er jeden Anhänger Jesu bezeichnet, so unzweifelhaft 4, 1. 6, 60, 61, 66. 7, 3. 9, 27, 28. 18, 17, 19. 19, 38. Wir werden bald mehrere Namen dieser μαθηταί kennen lernen: möglicher Weise lässt sich daraus der Begriff der Wortes hier festsetzen. Die Worte ἐπὶ τῆς θαλάσσης τῆς Τιβεριάδος gehören nicht, wie selbst Meyer früher noch annahm, zu μαθηταῖς, es hätte dann doch wohl οὖσιν der dergleichen etwas dabei stehen müssen: sie sind, wie Baumgarten-Crusius, Lücke, de Wette, Meyer schon bemerken, mit ἐφανέρωσεν ἑαυτόν zu verbinden. Jesus offenbarte sich nicht den auf dem Meere sich aufhaltenden Jüngern, sondern offenbarte sich ἐπὶ τῆς θαλάσσης ihnen. Die früheren Ausleger nehmen es mit der ursprünglichen Bedeutung der Präpositionen nicht so genau, so soll selbst nach Kühnöl ἐπὶ *cum genetivo* gleich sein *prope, ad*. Gewöhnlich aber steht ἐπί τινος vom Sein auf oder über einem Orte (Punkt oder Fläche), wie Winer S. 335 lehrt; hier ist es auch so zu fassen. Das Ufer befindet sich über dem Wasser, es ist höher gelegen: daher drückt der Hebräer unser an dem Ufer meistentheils der Natur ganz getreu mit בְּ aus, cf. Ps. 1, 3. Gen. 41, 1. Die Septuaginta setzt ἐπί τινος auch so Gen. 41, 1. 2. Reg. 2, 7; selbst griechische Klassiker beobachten diesen Sprachgebrauch. So schreibt Xenophon An. 4, 3, 28 κελεύει αὐτοῦ μεῖναι ἐπὶ τοῦ ποταμοῦ, Polybius 18, 27, 8 αἱ ἐφ᾽ Ἑλλησπόντου πόλεις. Jesus, welcher seinen Jüngern erschien, erschien ihnen also nicht auf dem Meere, dass er etwa wie einst in dieser Gegend auf den Fluthen des Meeres ihnen entgegenwandelte, sondern er offenbarte sich ihnen so, dass er auf dem Meeresufer stand und sie ihn über sich stehen sahen. Das Meer nennt Johannes ϑ. τῆς Τιβεριάδος, wie er dasselbe schon 6, 1 als ἡ ϑάλασσα τῆς Γαλιλαίας τῆς Τιβεριάδος bezeichnet hat. Dieser See Galiläa's, wie dieses Wasserbecken schlechtweg heissen konnte, weil im Vergleich zu ihm der See Merom, mehr nach Norden, an dem Fusse des Libanon gelegen, durch welchen der Jordan auch lief, wegen seiner geringen Ausdehnung gar nicht in Betracht kam, erscheint in dem Neuen Testamente unter verschiedenem Namen. Das Alte Testament sagt יָם כִּנֶּרֶת Num. 34, 11 (Deut. 3, 17). Jos. 13, 27 oder יָם כִּנְּרוֹת Jos. 11, 3: im Neuen heisst es gewöhnlich (cf. Matth. 4, 18. 15, 29. Mark. 1, 16. 7, 31) ἡ ϑάλασσα τῆς Γαλιλαίας, wie denn auch ἡ ϑάλασσα vielfach ohne jede nähere Bestimmung, wie der Zusammenhang und die Vernunft der Sache ergiebt, vgl. Matth. 4, 13, 15, nur ein Mal kommt in den Evangelien, welche diesen See so oft erwähnen, die Bezeichnung ἡ λίμνη Γεννησαρέτ Luk. 5, 1 vor, Strabo 16, c. 2. 155 schreibt dafür ἡ λίμνη Γεννησαρῖτις, wie auch Ptolemaeus 5, 15, 9. Josephus, Ant. 18, 2, 1. vita § 65; Plinius 5, 15, 15 Genesara und 1. Makk. 11, 67 τὸ ὕδωρ Γεννησάρ. Allein Johannes nennt dieses grosse galiläische Binnenmeer, wenn er keinen Zweifel übrig lassen will, ἡ ϑάλασσα τῆς Τιβεριάδος 6, 1 und hier. Ob Bengel mit seiner Anmerkung zu der ersteren Stelle: Mare Galilaeae, totum: Mare Tiberiadis, pars, das Richtige getroffen hat, ist mir etwas zweifelhaft, da Pausanias 5, 7, 3 unstreitig den ganzen See λίμνη Τιβερίς heisst, wie denn auch der Talmud von dem ימא של טבריא und der Eingeborene noch heutzutage von dem See Tubariyeh redet. Derselbe trug diesen Namen noch gar nicht lange, denn die Stadt Tiberias, welche ausser diese beiden Male nicht wieder in der Schrift gefunden wird, war zu Jesu Zeiten erst eben im Aufblühen begriffen. Josephus erzählt in den Antiquitäten 18, 2, 3, dass der Tetrarch Herodes Antipas sie an dem schönsten Punkte Galiläa's seinem Freunde, dem Kaiser Tiberius, zu Ehren angelegt und benannt habe. (Ἡρώδης δὲ ὁ τετράρχης — ἐπὶ μέγα γὰρ ἦν τῷ Τιβερίῳ φιλίας προσελϑών — οἰκοδομεῖται πόλιν ἐπώνυμον αὐτῷ Τιβεριάδα τοῖς κρατίστοις ἐπικτίσας αὐτὴν τῆς Γαλιλαίας ἐπὶ λίμνῃ τῇ Γεννησαρίτιδι). Alles, was der Landesfürst thun konnte, um seine Pflanzung zur schnellen Blüthe zu bringen, that er. Er zog viel Fremde dorthin, zwang auch Galiläer, sich dort anzubauen, die geringsten Menschen wurden aufgenommen, selbst mit Häusern und Ländereien beschenkt, die ganze Stadt mit ganz besonderen Freiheiten und Rechten begnadigt (Jos. l. c.). Herodes Antipas, der Herr Galiläa's, baute sich hier selbst einen grossen, prächtigen Palast (Vita §§ 12 u. 13), legte eine Rennbahn an (Vita § 64), erwählte die Stadt zum Sitze der Regierung (Vita § 9), woraus evident hervorgeht, dass er selbst hier die allermeiste Zeit seinen Wohnsitz aufschlug. Diese Schöpfung des Herodes, so grosses Aergerniss die Juden Anfangs daran nahmen, hatte noch eine grosse Zukunft; obschon im Anfange die Juden sich dort nicht gern niederlassen wollten wegen der vielen vorhandenen Gräber (Jos. Ant. 18, 2, 3), so zogen nach dem Untergange Jerusalems so viele Rabbinen und Häupter des Volkes hierher, dass bald eine jüdische Hochschule entstand, welche mehrere Jahrhunderte florirte. Hieronymus bemerkt zu Ezech. 48, 21: *Tiberias, quae olim appellatur Chenereth* und in seinem *Onomasticon* lesen wir *sub voce Chennereth: Tiberiadem ferunt hoc primum appellatum nomine:* allein da Eusebius nichts davon erwähnt, so ist es eine Zuthat des leichtgläubigen, kritiklosen Vaters. Jene Gräber beweisen, dass, als Herodes zu bauen anfing, die Stätte unbewohnt war, denn die Israeliten flohen die Todtenhöfe als unreine Oerter. Hier an dem See Genezareth offenbart sich der Auferstandene. Wir können es uns gar nicht anders denken, als dass er, wenn er überhaupt in Galiläa seinen Gläubigen erscheinen wollte, an diesem Meer es thut. Nicht der Umstand erweckt in uns diese Erwartung, dass an dem Ufer dieses herrlichen Landsees in den vielen kleinen Ortschaften, welche ihn auf der lieblichen Westküste umsäumen, eine grosse Anzahl seiner Apostel daheim ist; ich erinnere an Petrus und Andreas, wie an den Philippus, welche nach Joh. 1, 44 alle Drei aus Bethsaida stammten, sowie an Jakobus und seinen Bruder Johannes, welche, wie aus Luk. 5, 10 sich ergibt, gemeinsam mit Petrus und Andreas auf dem See zu fischen pflegten und demnach nahe bei einander wohnten: sondern darauf gründet sich unsere Hoffnung, dass der Herr in den Tagen seiner Niedrigkeit am Meisten und am Liebsten in dieser Gegend am Meere, der Perle des heiligen Landes verweilt hat. Hier am See Genezareth hat er selbst gewohnt in seiner Stadt Kapernaum; hier hat er auf den Bergeshöhen und an dem Ufer des Meeres vor Tausend und aber Tausenden gepredigt, hier hat er eine ganz ausserordentliche Menge von Wundern und Zeichen vollbracht. Fast jeder Ort ist Zeuge eines grossen Werkes gewesen; selbst die Wasser haben seine Herrlichkeit gespürt und die hohen, steilen, dunkeln Berge da drüben im Osten und die Wüste dahinter preisen seinen heiligen Namen. Hier ist Alles seiner Ehre voll! Wir haben aber noch ein viel besser begründetes Recht auf Erscheinungen in Galiläa. Jesus Christus hat sie selbst zugesagt: noch ehe er litt und starb, hat er seinen Jüngern verheissen, dass er wie der Hirte nach seiner Auferstehung ihnen vorgehen werde gen Galiläa, Matth. 26, 32. Mark. 14, 28: und diese Verheissung hat er an dem Tage seiner Auferstehung nicht bloss durch Engelmund, vgl. Matth. 28, 7. Mark. 16, 7, sondern sogar mit seinem eigenen Munde, vgl. Matth. 28, 10, ihnen bestätigt. Die neuere Kritik, welche in Niemand Geringerem als in Gotthold Ephraim Lessing ihren Bahnbrecher verehrt, will sich mit judäischen und galiläischen Erscheinungen des Auferstandenen nicht befreunden: sie meint, diese zwei Schauplätze vertrügen sich nicht mit einander, entweder sei Christus in Judäa, bestimmter in Jerusalem, oder nur in Galiläa zu seinen Aposteln gekommen. Man behauptet, über die Erscheinungen habe eine zwiefache Tradition bestanden; eine judäische, welche nur von Erscheinungen in Jerusalem, und eine galiläische, welche nur von solchen in Galiläa etwas wisse, die letztere Tradition habe Matthäus in sein Evangelium aufgenommen, Lukas dagegen habe die erste Tradition als die allein richtige anerkannt; Johannes, welcher nach diesen beiden Evangelisten geschrieben habe, suche beide Traditionen mit einander zu kombiniren. Von dem zweiten Evangelium ist mit Fug und Recht nicht die Rede, weil der Schluss desselben nicht original ist. So geben Strauss, de Wette, Meyer, Holtzmann, Keim, die Tübinger Schule ihre Stimmen ab. Matthäus, welcher sowohl das Wort vor dem Tod, das ein Erscheinen des Auferstandenen in

Galiläa verheisst, als auch das Bestätigungswort des Engels wie des Herrn selbst uns mittheilt, weiss aber nicht bloss von einer Offenbarung desselben in Galiläa, denn die seltsame Meinung Rudolf Hofmann's, dass jenes τὸ ὄρος in Galiläa, wo nach Matthäus 28, 16 der Erlöser den Elfen seine letzten Befehle ertheilte, ein Berg bei Jerusalem, eine Spitze des Oelbergs sei, hat keinen Anklang gefunden und wird von uns am betreffenden Orte als ganz unhaltbar zurückgewiesen werden, sondern berichtet selbst, was merkwürdiger Weise sogar Meyer übersehen hat, von einer Erscheinung des Herrn in Judäa, bei Jerusalem. Oder sind etwa die Verse 28, 9 u. 10, in welchen er erzählt, dass der Auferstandene die von dem Grabe heimkehrenden galiläischen Frauen begrüsste, nicht von dem Apostel niedergeschrieben worden? Niemand bis jetzt hat es gewagt, jene beiden Verse für eine spätere Interpolation zu erklären: wie sollte das auch angehen, stehen sie doch in allen Handschriften ohne irgend welchen Vermerk der Unächtheit! Also Matthäus redet schon wie Johannes von judäischen und galiläischen Erscheinungen. Mit Lukas liegt es nicht so, wir müssen zugestehen, dass, wie er jenes Wort, welches die Apostel nach Galiläa bescheidet, um des auferstandenen Hirten zu geniessen, nicht enthält, er auch nirgends einen Fingerweis gibt, dass die Jünger bis zur Himmelfahrt, ja bis zu Pfingsten Jerusalem oder Judäa verlassen haben. In seinem Evangelium erzählt der dritte Evangelist so, dass man unwillkürlich auf den Gedanken kommt, Alles, was das letzte Kapitel enthält, ist an einem und demselben Tage geschehen. Christus ersteht von den Todten des Morgens frühe; die Weiber kommen zum Grabe und empfangen von zwei Engeln die Osterbotschaft: der Auferstandene pilgert mit den beiden Jüngern nach Emmaus, öffnet ihnen die gehaltenen Augen, dass sie die Schrift, die von seinem durch Leiden und Sterben vermittelten Eingang in die Herrlichkeit redet, und schliesslich ihn, der davon mit ihnen redet, erkennen. Er verschwindet, tritt aber, nachdem diese Zwei als seine Zeugen nach Jerusalem zurückgeeilt sind, mitten unter die Versammelten, zeigt ihnen seine Hände und Füsse, isst vor ihnen Etwas von gebratenem Fisch und Honigseim, zieht sodann eine kurze Summe von all seinen Reden, erschliesst ihnen das Verständniss der Schrift, befiehlt ihnen die Predigt von der Busse und der Vergebung der Sünden und heisst sie in Jerusalem bleiben, bis dass sie mit der Kraft aus der Höhe angethan würden. Darauf führt er sie hinaus bis gen Bethanien, fährt gen Himmel auf und sie kehren wieder gen Jerusalem. Nirgends, wir leugnen diesen Thatbestand mit keinem Worte, nirgends finden wir irgend welche Andeutung, dass dasjenige, was Lukas erzählt, im Verlaufe eines Zeitraumes von 40 Tagen und nicht in dem Verlaufe eines einzigen Tages und zwar des Ostertages sich zugetragen habe. Hätten wir nur diesen Bericht, so würden wir auf das Allerentschiedenste dafür eintreten, dass der Heiland an demselben Tage auferstanden und aufgefahren ist gen Himmel. Nun ist aber das Evangelium nicht das einzige Werk, welches Lukas uns hinterlassen hat, wir besitzen von ihm noch die Apostelgeschichte, welche bekanntlich mit der Erzählung der Himmelfahrt Jesu beginnt. Wie verhält sich nun der Schluss des Evangeliums zu dem Anfange der Apostelgeschichte? Im Wesentlichen wird die Himmelfahrt gleichlautend erzählt: sie findet nach der Apostelgeschichte auch bei Jerusalem auf dem Oelberge statt, der sich bekanntlich zwischen Jerusalem und Bethanien erhebt, darin aber unterscheidet sich der zweite, der spätere Bericht (denn V. 1 blickt ja auf das schon vor längerer Zeit ausgegangene Evangelium zurück) von dem ersten, dass er ganz bestimmt meldet, Jesus habe nach seinem Leiden sich den Aposteln durch mancherlei Erweisungen lebendig erzeigt und sich unter ihnen vierzig Tage lang sehen lassen (1, 3). Hier wird die Himmelfahrt auf den vierzigsten Tag nach dem Auferstehungstag festgesetzt. Ist Lukas inzwischen über den Tag, da der Herr aufgehoben ward gen Himmel, genauer unterrichtet worden? Hat er in der Zeit, die zwischen dem Abschlusse seines Evangeliums und dem Anfange der zweiten Rede mitten inne liegt, erst die Wahrheit erfahren? Wir können das nicht gut glauben. Lukas ist ein Schüler und Freund des Apostels Paulus. Wie gut weiss dieser Apostel nicht über die Erscheinungen des Auferstandenen Bescheid, welche hohe Bedeutung legt er denselben nicht bei! 1. Kor. 15, 1 ff. Er weiss von einer ganzen Kette von Erscheinungen, und dass er sich dieselben nicht so dachte, dass eine unmittelbar auf die andere folgte, sondern vielmehr zwischen den einzelnen längere oder kürzere Pausen annahm, erhellt daraus, dass er die Erscheinung, welche ihm selber auf dem Wege nach Damaskus zu Theil ward, mit einem ἔσχατον δὲ πάντων (V. 8) an die vorangegangenen anreiht. Erfolgen jene alle an einem Tage und erschien ihm der Herr erst mehrere Jahre später, so liess sich nicht gut so schreiben. Versichert nun Lukas in dem Prologe seines Evangeliums, dass er die genausten, zuverlässigsten, umfassendsten Erkundigungen eingezogen habe, so müssen wir voraussetzen, dass er, was Paulus wusste, auch wusste. Ein weiteres Bedenken tritt hinzu. Wenn Lukas, nachdem er sein Evangelium schon veröffentlicht hatte, erst in Erfahrung brachte, dass Christus nicht an dem Tage seiner Auferstehung, sondern an dem vierzigsten Tage darnach aufgefahren sei, so hätte er im Eingang seiner Apostelgeschichte, welche er demselben Freund und Gönner widmete, diesen Irrthum wohl nicht stillgeschwiegen, sondern offen und ehrlich verbessert, um jedem Missverständnisse vorzubeugen. Er thut das aber nicht: er muss also der Ueberzeugung sein, dass sich seine neue Aussage mit der alten im schönsten Einklange befindet; es kann also seine Absicht in dem Evangelium nicht gewesen sein, die Himmelfahrt des Herrn auf den Auferstehungstag zu verlegen. In einem Athem erzählt er in dem Evangelium, er markirt nicht, dass die Himmelfahrt ganze vierzig Tage nach der Auferstehung erst stattgefunden hat. Wie kommt er auf ein Mal dazu, jetzt so summarisch, so *uno tenore*, so zeitlos zu erzählen? Er misst offenbar der Himmelfahrt für sich selbst keine besondere Bedeutung zu. Sie ist ihm die nothwendige Konsequenz der Auferstehung, das grossartige Finale derselben. Sie steht mit jener in einem logischen, organischen Zusammenhange und gehört bereits nicht mehr dem Leben des Heilandes an, welches er beschreiben will. Er hat in seinem ersten λόγος, in seinem Evangelium das Leben des Herrn in der Niedrigkeit, im Fleische, auf Erden darstellen wollen; dieses Leben aber ist mit der Auferstehung abgeschlossen, durch dieselbe ist er in seine Herrlichkeit eingegangen, nun lebt er im Geiste, denn auch sein Leib ist pneumatisch, und offenbart sich von dem Himmel her.

Wir sind gezwungen, in dem vierundzwanzigsten Kapitel des Lukas irgendwo einen Einschnitt oder ihrer mehrere zu machen: ob wir es am Besten bei V. 44, oder bei V. 50, oder an beiden Orten thun, ist eine Frage, welche wir hier noch nicht beantworten können. Uns genügt für jetzt vollständig der gelieferte Nachweis, dass der dritte Evangelist, wenn er nicht mit sich selbst in Widerspruch gerathen soll, seinen Bericht in dem Evangelium nicht so gemeint haben kann, als wäre Auferstehung und Himmelfahrt der glorreiche Anfang und der grandiose Schluss eines und desselben Tages in dem Leben Christi. Wenn der Heiland nun seinen Aposteln befiehlt, nach Lukas 24, 49, dass sie in Jerusalem bleiben sollen, bis dass sie den heiligen Geist empfangen haben, so haben wir ein Recht, dieses Gebot dem Ostertage abzusprechen und es mit dem Gebote, welches in der Apostelg. 1, 4 am Himmelfahrtstage ertheilt wird, für identisch zu erklären. Wir erlangen dadurch zu den Erscheinungen in Galiläa Raum und Zeit. Man hat mehrfach behauptet, dass es dazu an der nothwendigen freien Zeit gemangelt habe. Christus sei nach Joh. 28, 26 noch an dem achten Tage nach Ostern seinen Jüngern in Jerusalem erschienen des Abends spät: an dem Morgen des neunten Tages hätten sie also im günstigsten Falle erst aufbrechen können. An dem vierzigsten Tage nach Ostern seien sie schon wieder allesammt in Jerusalem. Es blieben also für die Reise nach Galiläa nur dreissig Tage übrig. Zur Hinreise habe man, wenn man nicht den nähern Weg durch Samarien habe einschlagen wollen, ungefähr fünf Tage gebraucht, zur Rückreise ebenso viel, es blieben also nur zwanzig Tage im Ganzen zu Erscheinungen dort übrig. Offen gestanden, so verstehe ich dieses ganze Rechenexempel nicht. Es leidet an einem πρῶτον ψεῦδος, und dieses ist, dass man sich meist vorstellt, als ob der Auferstandene in Galiläa längere Zeit, Tage lang mit seinen Gläubigen wieder habe zusammenleben wollen. Nichts berechtigt uns aber zu dieser Annahme: alle Erscheinungen sind kurz, dehnen sich nicht über eine grössere Stundenzahl aus, die beiden Wanderer nach Emmaus scheinen die längste Zeit mit dem Auferstandenen zusammengewesen zu sein, und diese Gnade widerfuhr ihnen wahrscheinlich nur, weil ihre Augen so ungewöhnlich lange gehalten wurden, dass sie ihn nicht erkannten. Nicht auf ein längeres Zusammenleben mit den Jüngern in der alten Weise war es abgesehen bei der Verheissung und dem Gebote, dass sie gen Galiläa sich begeben sollten, um ihn zu sehen; sie sollten ihn eben nur sehen, denn er wollte ihnen bloss hin und wieder, auf längere oder auf kürzere Zeit, je nach dem, sich offenbaren. Warum aber beschied er sie dann nach Galiläa? Wenn er sie wollte, konnte er sie ja ruhig in Jerusalem bleiben lassen: so wird vielfach geredet, und man denkt damit die Erscheinungen in Galiläa als unnöthig, als vollständig unmotivirt zu beseitigen. Seinetwegen brauchte sich Christus nicht nach dem Norden des heiligen Landes zu begeben, er konnte ja erscheinen, wo er wollte, und lief nirgends Gefahr, denn er ward von denen nur geschaut, welchen er sich offenbaren wollte. Nach Galiläa berief er seine Jünger um ihretwillen. In Jerusalem, überhaupt in dem jüdischen Lande, konnten sie diese vierzig Tage nicht in solchem stillen Frieden zubringen, wie dort. Hier in Jerusalem herrschten die Feinde Jesu Christi, dort in Galiläa waren sie vor ihren Nachstellungen und Gewaltstreichen vollständig gesichert. Hier waren sie leicht erkennbare, nicht gern gesehene Fremdlinge, dort war ihre liebe, traute Heimath. Wie hätten sie hier die ganzen vierzig Tage über ihr Leben fristen können? Ihre Kasse langte eben zu einem achttägigen Festaufenthalte und zu der Rückreise, sie hätten in der Hauptstadt, wenn sie nicht borgen und betteln wollten, Arbeit suchen müssen; hätten sie dieselbe leicht gefunden? In

Galiläa lagen die Verhältnisse viel günstiger, dort brauchten sie nur nach ihren Netzen zu greifen und ihre Schiffe zu besteigen, und sie hatten des Lebens Nahrung und Nothdurft. Hier bilden sie nur eine kleine Herde, 120 Seelen, das war der ganze Bestand des Häufleins, welches nach der Himmelfahrt in Jerusalem sich versammelt, dort in Galiläa hatte Christus mehr Glauben gefunden; wollte er nicht einzelne Auserwählte durch seine Gnadengegenwart erquicken, sondern sich als ein treuer Hirte möglichst Vieler, wenn irgend möglich, seiner ganzen Herde annehmen, so musste er sie dort aufsuchen. Seine Erscheinung konnte zu Jerusalem zudem den Gläubigen nie die rechte Befriedigung gewähren; er, der in anderer Gestalt, weil in seine Herrlichkeit eingegangen, vor ihnen stand, wurde ihnen durch die fremde, ungewöhnliche Umgebung noch mehr entrückt; dort aber in Galiläa war das anders. Hier, wo er mit ihnen aus- und eingegangen war, wo so Vieles an ihn sie erinnerte, wo er so oft seine Herrlichkeit ihnen geoffenbart hatte, trat er ihnen um ein Bedeutendes näher; in der bekannten, vertrauten Umgebung erschien er ihnen lange nicht mehr so unnahbar, ein zutrauliches, ein nahes Verhältniss stellte sich hier schneller wieder her. Auch das, worauf Lange, Krabbe, Stier u. A. aufmerksam machen, ist mit in Betracht zu ziehen: jetzt rückt für die Apostel der Tag herbei, da sie ausgehen sollten in alle Welt mit der Predigt des Evangeliums, da war es angemessen, dass sie ihr Haus bestellten und alle irdischen Verhältnisse in Ordnung brachten: wo konnte das aber anders geschehen als in Galiläa, ihrer Heimath? Wir sehen, die Erscheinungen des Auferstandenen in Galiläa leiden an keiner inneren Unwahrscheinlichkeit, an keinem Widerspruche, sei es der Evangelien unter einander, sei es des Berichterstatters mit sich selbst. Wir haben guten Grund, an diesen galiläischen Erscheinungen neben den judäischen festzuhalten und werden uns am Ende überzeugen, dass diese mit jenen eine aufsteigende Linie, eine fortlaufende Kette bilden. Mit uns stimmen nicht bloss die alten Kirchenväter und die Reformatoren, sondern auch, allem Widerspruche der modernen Kritik gegenüber, Neander, Krabbe, Lange, Hoffmann, Ebrard, Lichtenstein, Riggenbach, Baumgarten, Olshausen, Baumgarten-Crusius, Tholuck, Bleek, Godet, Bäumlein, Hengstenberg, v. Hofmann, Luthardt, Keil u. A.

Dem Evangelisten ist an dieser Erscheinung Christi in Galiläa am See Tiberias viel gelegen; wir erkennen diess aus den Schlussworten des ersten einleitenden Verses: ἐφανέρωσεν δὲ οὕτως. „Eine derartige Wiederholung,“ bemerkt Meyer ganz richtig, „findet sich sonst bei Johannes nicht. Doch kann er hier absichtlich so geschrieben haben, den Entstellungen des Thatbestandes in der Ueberlieferung gegenüber.“ Auch wir sind der Ansicht, dass dieser Satz nicht ein Zeichen der Altersschwäche ist, welche in einer gewissen Breite und Umständlichkeit sich zu äussern pflegt, sondern mit Absicht so geformt ist: nur ist es uns nicht möglich, die Absicht, welche Meyer mit vielen Andern hier vermuthet, als richtig zu erkennen. Wenn der Evangelist nur das Gerücht, welches hinsichtlich seines Endes in der Gemeinde herumlief, hätte berichtigen wollen, so war es ganz überflüssig, diesen Fischzug mit dem Frühmahle zu erzählen, und zwar mit dem besonderen Vermerke, dass es die dritte Erscheinung Christi überhaupt sei. Diese Geschichte hat mit jenem Gerüchte ganz und gar nichts zu schaffen: ganz zufällig schloss sich jenes Anlass gebende Wort an sie an. Es ist dem Verfasser hier offenbar nicht um jene Enthüllungen des Auferstandenen, welche dem Petrus zu Theil wurden, zu thun, sondern einzig und allein um diese Offenbarung, welche den Jüngern von dem Herrn an dem See gewährt wurde. Diese ist dem Apostel über die Massen wichtig, dass er, nachdem er sie angekündigt und gleichsam die Ueberschrift über dieselbe gesetzt hat, es nicht lassen kann, seine Detailschilderung mit den Worten: ἐφανέρωσεν δὲ οὕτως zu eröffnen. Hengstenberg, welcher es sich offenbar zur Aufgabe gestellt hat, alle möglichen und unmöglichen Beziehungen in diesem Schlusskapitel des Johannes zu entdecken, behauptet, es sei zu ἐφανέρωσεν als Objekt τὴν δόξαν zu ergänzen. Johannes soll bei diesem letzten Zeichen, welches er berichtet, auf das erste Zeichen, welches er erzählt hat, auf das Zeichen auf der Hochzeit zu Kana hinweisen: dort, 2, 11, heisst es: καὶ ἐφανέρωσεν τὴν δόξαν αὐτοῦ. Diese Anspielung soll durch die Notiz, dass Nathanael aus Kana stamme, über allen Zweifel erhoben werden. Es sei uns gestattet, mit den andern Auslegern insgesammt an dieser Beziehung und Ergänzung zu zweifeln: aus dem Zusammenhange ergibt sich, dass ἑαυτόν aus dem Satze vorher herüberzunehmen ist, welches mehr aussagt, als dass er seine Herrlichkeit geoffenbart habe.

Ganz im Allgemeinen hatte der Evangelist davon geredet, dass der Auferstandene sich den Jüngern geoffenbart habe: sofort bringt er jetzt die Zahl und die Mehrzahl dieser Sieben mit Namen bei: ἦσαν ὁμοῦ Σίμων Πέτρος καὶ Θωμᾶς ὁ λεγόμενος Δίδυμος καὶ Ναθαναὴλ ὁ ἀπὸ Κανᾶ τῆς Γαλιλαίας καὶ οἱ τοῦ Ζεβεδαίου (so liest Tischendorf, der Codex Sinaiticus und Cantabrigiensis geben οἱ υἱοὶ τ. Ζ., wogegen der Codex Ephraemi υἱοὶ erst nach τοῦ Ζεβεδαίου stellt, es wird dieses glossirende υἱοὶ auf Grund des Alexandrinus und Vaticanus einfach zu streichen sein), καὶ ἄλλοι ἐκ τῶν μαθητῶν αὐτοῦ δύο. Im Ganzen waren also sieben Jünger ὁμοῦ. Dieses ὁμοῦ ist, wie Kypke mit Recht monirt, mit *una erant, congregati erant* zu übertragen, *ita ut uno in loco, urbe domove illos fuisse significet.* Er beruft sich für diese Bedeutung der Partikel auf *Xenoph. Cyrop. 3, 2, 4:* ἐπεὶ δὲ ὁμοῦ ἦσαν, ἔλεξε τοιάδε, wozu wir noch aus *Anab. 7, 1, 28* notiren: τούτων δὴ πάντων ὁμοῦ ὄντων ἔστι τις οὕτως ἄφρων. *Aristophan. Thesm.* v. *572:* πρὶν οὖν ὁμοῦ γενέσθαι, wozu wir noch beibringen · *Sophocl. Oed. Tyr,* v. *1007:* ἀλλ' οὔποτ' εἰμι τοῖς φυτεύσασιν γ' ὁμοῦ. Ὁμοῦ lässt uns die Wahl zwischen Ortschaft und Haus, denn an das Schiff darf jetzt noch nicht gedacht werden, da Petrus nach V. 3 ja den Andern erst eröffnet, dass er gesonnen sei, fischen zu gehen. Bengel entscheidet sich für das Haus, *uno loco, domi, septem:* ich kann ihm diess Mal nicht folgen. Lebt Petrus — denn an ihn werden wir doch immer zuerst zu denken haben — in solchen glänzenden Verhältnissen, dass er sechs Gäste dort unterbringen kann für lange Zeit: hat er nicht seine Schwiegermutter, welche Christus einst vom Fieber geheilt hat (Matth. 8, 14 f. Mark. 1, 30 f. Luk. 4, 38), sein Weib und seinen Bruder Andreas (Mark. 1, 29) bei sich? Jakobus und Johannes sind ihm sicher nicht zur Last gefallen, sie wohnten doch wohl in ihres Vaters Hause an demselben Orte, d. h. da nach Johannes 1, 44 Bethsaida die πόλις des Andreas und Petrus war, in diesem kleinen Orte, zu deutsch Fischhausen, welcher nahe bei Kapernaum gelegen haben muss, vgl. Matth. 8, 13 u. 14, Luk. 4, 38, jetzt aber ganz, auch dem Namen nach, verschwunden ist. Zuerst macht

Johannes den Simon Petrus namhaft: es kann nicht anders sein, dieser steht ja stets an der Spitze der Jünger. Hengstenberg vermuthet, dass die Doppelbezeichnung Σίμων Πέτρος von hoher Bedeutung sei; er lässt sich leider nicht näher aus: wahrscheinlich aber meint er, dass dieser Apostel mit doppeltem Namen angeführt wird, weil er weder ein ganzer Simon, noch ein ganzer Petrus ist. Er ist kein ganzer Simon mehr, weil er durch die bitteren Thränen, welche er nach seinem Falle fand, mit dem alten Menschen entschieden gebrochen hat; aber er ist trotzdem noch kein ganzer Petrus, denn der, welcher ihn zum Petrus ernannte, hat noch nicht feierlich erklärt, dass er das bleiben soll, wozu er ihn gemacht hat. Ich halte das hier für gesucht. Höchst auffallend ist es, dass neben Simon Petrus steht Θωμᾶς ὁ λεγόμενος Δίδυμος. Wie kommt dieser Apostel an die zweite Stelle, während die beiden Söhne des Zebedäus, Jakobus und Johannes, die so vielfach bevorzugten (Matth. 17, 1. 26, 37. Mark. 5, 37) folgen? Hengstenberg meint, wegen des ὁ Δίδυμος erhalte er diesen Ehrenplatz: neben dem Felsenmann müsse der Zwillingsmann, neben der Einheit die Gespaltenheit, ich würde lieber sagen, neben dem Bekenner der Zweifler stehen? Warum das aber? Soll das Licht bei dem Einen den Andern in Schatten stellen und der Schatten bei dem Einen das Licht bei dem Andern recht hervorheben? Oder soll neben dem Zweifler der Glaubensmann stehen, der ihn stützt und aufrecht hält? Aber ist Thomas jetzt noch ὁ Δίδυμος, wie Hengstenberg das Wort auffasst, ein Zweifler, eine arme, zwiespaltige, zerrissene Seele? Er hat in dem Schluss des vorhergehenden Kapitels seinen Glauben bekannt in so vollen und hohen Tönen, dass auf ihn jener Name nicht mehr passt. Er soll doch wahrlich nicht aus der Höhe seines Glaubens an Christus wieder in das bodenlose Meer des Unglaubens herabgestürzt sein? Mir scheint, dass dem Thomas diese zweite Stelle angewiesen ist, weil von ihm zu allerletzt die Rede war: der Evangelist, welchem es die Bescheidenheit nicht gestattet, sich selbst mit Jakobus obenan zu stellen, räumt diesen Ehrenplatz dem Manne mit Freuden ein, der mit seinem herrlichen Glaubensbekenntniss alle andern Apostel überflügelt hat. Als Dritter erscheint Ναϑαναὴλ ὁ ἀπὸ Κανᾶ τῆς Γαλιλαίας. Wir kennen diesen Jünger allein aus dem Evangelium des Johannes: er wird in ihm nur zwei Mal erwähnt, im Eingange wie im Ausgange. Zu den allerersten Jüngern gehört er: als Jesus aus Judäa nach Galiläa von Johannes dem Täufer heimkehrte, führte Philippus, welchen der Heiland selbst zur Nachfolge aufgefordert hatte, ihn herzu. Aus der Auszeichnung, mit welcher er empfangen wurde, aus dem Ehrenprädikat eines Israeliten ohne Falsch, welches ihm zu Theil ward, wie überhaupt aus der Umständlichkeit, mit welcher seine erste Begegnung mit dem Erlöser beschrieben wird, haben mit Recht alle Ausleger in alter und neuer Zeit geschlossen, dass dieser Nathanael in der ersten Gemeinde eine bedeutende Stellung eingenommen hat. Dieser Schluss wird durch unsren Vers befestigt. Wenn er ein namenloser Mann war, könnte er unmöglich zwischen Petrus und Thomas einer und die Söhne des Zebedäus anderer Seits eingeschoben werden. Nun finden wir aber nirgends wieder einen Nathanael im Neuen Testamente. Man ist daher auf die Vermuthung gekommen, dass er sich irgendwo, und zwar was am Nächsten liegt, in dem Apostelverzeichnisse der Synoptiker unter einem andern Namen verbirgt. Haben wir guten Grund, den Klopas und den Alphäus, und gar den Lebbäus (Matth. 10, 3),

Thaddäus (Mark. 3, 18) und Judas Jakobi (Luk. 6, 16) für eine und dieselbe ·Person zu erklären, so wird es keinem Bedenken unterliegen, den
Nathanael mit dem Bartholomäus zu identificiren, welcher mit dem Philippus
ein Apostelpaar bei Matth. 10, 3, Mark. 3, 18 und Luk. 6, 14 bildet. In der
Apostelg. 1, 13 ist er freilich mit Matthäus zusammengestellt; diese Zusammenstellung liesse sich aus der gleichen Bedeutung der beiderseitigen
Namen mit Hengstenberg entschuldigen, denn Nathanael wie Matthäus
bedeuten so viel wie Theodorus, Gottesgabe. Die übliche Koordination
wiese hin auf den engen Freundschaftsbund, welcher zwischen Philippus
und Bartholomäus bestand, welchem es ja ganz entspräche, dass Philippus
unter dem Namen Nathanael seinen Freund und späteren Apostelkollegen
Bartholomäus zu dem Erlöser geleitete. Es wäre dann dieselbe Person von
Johannes mit ihrem *nomen proprium*, hingegen von den Synoptikern regelmässig mit dem *nomen patronymicum* aufgeführt worden, denn Βαϱθολο-
μαῖος ist בַּר תַּלְמַי, Sohn des Tolmai, welcher Rufname in der Septuaginta
2. Sam. 13, 37 als Θολμί und bei *Josephus ant.* 20, 1, 1 als Θολομαῖος
vorkommt. Gerne gestehen wir Strauss gegenüber zu, dass sich die Identität des Nathanael mit Bartholomäus nicht mit absoluter Sicherheit feststellen lässt, allein sie ist sehr wahrscheinlich und daher mit gutem Grunde,
trotzdem dass die hervorragendsten Kirchenväter, wie Augustinus, Chrysostomus, Gregorius M., den Nathanael, weil er ein Schriftgelehrter gewesen
sei, des Apostolates für unwerth erachten, von Lightfoot, Nahr *(de Natha-
naele a Bartholomaeo non diverso 1740)*, *Assemanni Bibliotheca or.* 3, 1,
306. 2, 4 ff., Bengel, Kühnöl, Fritzsche, Winer, Olshausen, de Wette,
Neander, Lange, Meyer, Keil u. A. vertheidigt worden. Dieser Nathanael
wird näher gekennzeichnet als ὁ ἀπὸ Κανᾶ τῆς Γαλιλαίας. Wir kennen
diesen Ort, der Evangelist erwähnt ihn nie anders als mit diesem Genetiv,
cf. 2, 1, 11. 4, 46. Hengstenberg erklärt, dass derselbe nicht Bestandtheil
des Namens sei, um dieses Kana von einem andern aussergaliläischen zu
unterscheiden; es habe allerdings noch ein anderes existirt, eine Stadt im
Stamme Ascher gegen Sidon hin (Josua 19, 28), welches wohl das heutige
Dorf Kana in der Nähe von Tyrus ist. Er soll nur von Johannes hinzugesetzt
sein. Allein diese Ausführungen können uns in keiner Weise befriedigen; wir
sehen keinen Grund ein, warum der Evangelist 4, 46 bemerken soll, dass
Kana in Galiläa gelegen habe; war dort in dem vorhergehenden Verse
doch schon erzählt worden, dass Jesus nach Galiläa von dem Feste zurückgekehrt sei. Hier verhält es sich ebenso: da wir jetzt an dem See bei
Tiberias in Galiläa uns befinden, würden wir das Kana, des Nathanaels
Heimath, doch in der Nähe, also in Galiläa, suchen. Nur 2, 1 lässt sich
der Genetiv zur Noth rechtfertigen, obschon wir durch 1, 43 bereits
bedeutet worden sind, an ein Kana in Galiläa zu denken: in V. 11 aber
ist es auch dort ganz unmotivirt. Wir sind mit den andern Auslegern
der Meinung, dass nicht Johannes dieses Kana erst mit dem Genetiv ausgestattet hat, sondern dass dieser Ort im Munde des ganzen Judenvolkes
diesen Namen trug, und zwar zum Unterschiede von jenem Kana in dem
Stamme Ascher, hart an der Grenze von Tyrus. Allerdings gehört auch
das Stammgebiet jenes Sohnes Jakobs zu Galiläa, wie dasselbe zu Lebzeiten Christi bestand; ob aber auch zu dem Galiläa, wie es in älterer
Zeit umschrieben wurde, möchte doch die Frage sein. In der Zeit vor
dem Exil scheint die Landschaft Galiläa noch nicht einen so grossen Um-

fang besessen zu haben, nach Josua 20, 7 und 21, 37 dürfte man wohl behaupten, dass nur ein ganz bestimmter Distrikt im Stamme Naphthali Galiläa genannt wurde, womit denn auch die Nachricht (2. Reg. 15, 29) sich vortrefflich vertragen würde, dass Thiglath-Pileser, der König von Assyrien, dem Könige Pekah von Israel abnahm, Ijon, Abel-Beth-Maacha, Janoha, Kedes, Hazor, Gilead und Galiläa, das ganze Land Naphthali, wo Galiläa wohl durch das ganze Land Naphthali näher bestimmt wird. Dieses neutestamentliche $Kava\ \tau\tilde{\eta}\varsigma\ \Gamma a\lambda\iota\lambda a\iota a\varsigma$ wird nicht das viele Jahrhunderte hindurch dafür ausgegebene *Kefr Kenna* sein, für welches noch Hengstenberg spricht, sondern das jetzt noch den alten Namen führende Dorf *Kana el Dschlelil*, wofür die grössten Autoritäten — ich nenne nur Ritter und Robinson — sich entscheiden. Was veranlasst den Evangelisten aber, hier des Heimathsortes des Nathanael zu gedenken, was er in dem ersten Kapitel, wo es am Ende mehr am Platze war, unterlassen hat? Hengstenberg bedeutet uns, nach dem Vorgange von Lampe u. A., dass er das Kana in Galiläa hier erwähne, damit wir wissen, dass der Mann, welcher Zeuge des ersten Zeichens des Herrn in der Niedrigkeit war, auch Zeuge dieses ersten Zeichens ist, welches der Herr der Herrlichkeit, wieder aus Judäa nach Galiläa heimgekehrt, vollbringt. Haben Andere auch schon das sehr plausibel gefunden, mir will es durchaus nicht einleuchten. Was hat denn das folgende Zeichen Christi für innere Verwandtschaft mit jenem Wunder der Verwandlung des Wassers in Wein? Wenn hier an ein früheres Zeichen sollte erinnert werden, so war es ganz ungehörig, jenes Zeichen zu Kana in's Gedächtniss zurückzurufen: ein Wunder ist allerdings dem Apostel, welcher dem sofort zu berichtenden Wunder beiwohnte, wieder lebhaft vor die Seele hingetreten, aber es ist das Wunder, welches Lukas 5, 1 ff. eingehend uns überliefert. Da die Anspielung auf das Zeichen zu Kana nicht passt, so mag dieses $\dot{a}\pi\dot{o}\ Kava\ \tau\tilde{\eta}\varsigma\ \Gamma a\lambda\iota\lambda a\iota a\varsigma$ hier wohl eben so gemeint sein, wie das ganz entsprechende $\dot{a}\pi\dot{o}\ B\eta\vartheta\sigma a\ddot{\iota}\delta\dot{a}\ \tau\tilde{\eta}\varsigma\ \Gamma a\lambda\iota\lambda a\iota a\varsigma$ 12, 21, wo die Person des Philippus nur näher gekennzeichnet werden soll. Die Söhne des Zebedäus stehen erst an vierter und fünfter Stelle; wir sind über sie nicht in Zweifel, Jakobus und Johannes, die beiden hervorragenden Apostel, vgl. Matth. 4, 21. Luk. 5, 10, sind diese nicht mit Namen genannten Jünger; da Johannes in seinem Evangelium nirgends seines Vaters gedenkt und der Name desselben nur aus den andern Evangelien uns bekannt ist, so merkt Bengel gut an: *praesupponit ut rem ex ceteris evangelistis notam, qui fuerint filii Zebedaei, quisve Zebedaeus.* Wenn dieser Nachtrag von fremder Hand herrührte, sei es von einer namenlosen, sei es von der des Presbyters Johannes, für welchen Wieseler neuerdings wieder ein gutes Wort einlegte, so könnten wir mit Bengel nicht begreifen, wie diese Beiden dem Thomas und dem Nathanael-Bartholomäus nachgestellt werden: nur Johannes oder ein Fälscher, welcher ihn auf das Getreueste kopirte, konnte so anordnen und die Namen selbst verschweigen. Aecht johanneisch ist dieser Zug der Demuth und der Keuschheit; leise nur will er andeuten, dass er mit zugegen war. Zwei andere Jünger waren noch dabei: $\varkappa a\dot{\iota}\ \ddot{a}\lambda\lambda o\iota\ \dot{\epsilon}\varkappa\ \tau\tilde{\omega}\nu$ $\mu a\vartheta\eta\tau\tilde{\omega}\nu\ a\dot{\upsilon}\tau o\tilde{\upsilon}\ \delta\dot{\upsilon}o.$ Diese Ausdrucksweise ist ebenfalls von gut johanneischem Gepräge, wir lesen 1, 35 nämlich: $\varkappa a\dot{\iota}\ \dot{\epsilon}\varkappa\ \tau\tilde{\omega}\nu\ \mu a\vartheta\eta\tau\tilde{\omega}\nu\ a\dot{\upsilon}\tau o\tilde{\upsilon}$ $\delta\dot{\upsilon}o.$ Der Evangelist nennt keine Namen, enthält sich jedes zurechtweisenden Winkes: der Vermuthung ist also ein weiter Spielraum eröffnet. Während die Einen meinen, dass er sich in dem Alter nicht mehr auf die

Namen der andern beiden Jünger besinnen könne, behauptet Hengstenberg, sie seien ihm nicht entfallen, sondern er habe sie verschwiegen, da man sie eines Theils ohne alle Schwierigkeit finden könne, wenn man nur fleissig und verständig suche, und da man andern Theils, wenn er sie genannt hätte, die Absichtlichkeit in der Nennung der Fünf nicht erkannt hätte. Wir können von dem Letzteren durchaus keinen Gebrauch machen und sind der festen Ueberzeugung, dass, wenn der Evangelist die beiden noch übrigen Jünger mit Namen aufgeführt hätte, der erfindungsreiche Kopf eines überall Anspielungen und Geheimnisse witternden Auslegers schon die beiden Namen Philippus und Andreas zu verwerthen gewusst hätte. Gerhard, Lightfoot, Lampe, Dräseke, Hengstenberg u. A. denken an diese: wie könne Petrus ohne seinen Bruder und Hausgenossen Andreas fischen gehen, wie Philippus seinen Busenfreund Nathanael allein gehen lassen? Wo der Eine, da sei auch der Andere. Möglich ist es, aber doch auch eben nur möglich und durchaus nicht nothwendig. Wenn nicht diese beiden Apostel die beiden andern Jünger gewesen seien, versichert Lampe, so sei an zwei Andere aus dem Kreise der Apostel zu denken. Diess sagen auch Lücke, Hengstenberg, Luthardt u. A. aus. Aus der Angabe V. 1, dass Jesus sich seinen Jüngern geoffenbart habe, wie aus der Wiederholung desselben in V. 14. folgern sie dieses: ich kann nur sagen, das sind Ansichten und weiter nichts. Wie nachgewiesen wurde, ist Johannes in dem Gebrauche von μαθητής ein rechter Latitudinarier und durchaus kein Rigorist: er begreift darunter jeden Jünger Christi, sei er nun ein hoher Apostel oder ein geringer Bruder. Eher liesse sich aus der Bedeutung dieses Zeichens entnehmen, dass diese sieben Jünger sammt und sonders Apostel sind: allein zwingend ist das auch nicht, denn nicht die Apostel allein haben das Evangelium von Christus ausgebreitet in dieser Welt, die Apostelgeschichte wie die apostolischen Briefe belehren uns, dass auch Diakonen, Evangelisten und andere Gläubige mehr die Missionsarbeit sich befohlen sein liessen. Bengel fügt zu ἐκ τῶν μαθητῶν die Worte: ex discipulis, apostolis aliisve, was Grotius bereits gethan hatte: ihm stimmen Kühnöl, Olshausen, de Wette, Meyer, Godet, Baumgarten-Crusius u. A. zu. Hengstenberg hat sein Vergnügen, die Siebenzahl der Apostel zu theilen und damit zu spielen. Die Sieben theilt sich in drei und vier: es entstehen demnach zwei bedeutsame Gruppen. Die erste umfasst den Petrus, Thomas und Nathanael. Der Felsenmann und der Israelit ohne Falsch nehmen den Mann des Zweifels freundlich in die Mitte. Die beiden Söhne des Zebedäus kommen wieder zu hohen Ehren, sie stehen nämlich an der Spitze der zweiten Gruppe, die zwei Ungenannten (Apostel nach Hengstenbergs Meinung) schliessen sich enge an. Wir mögen von dergleichen Spielereien nichts wissen: sie sind Ausgeburten einer falsch gerichteten Exegese.

Zusammen sind diese sieben Jünger an dem See Tiberias: da ergreift Petrus, der entschlossene Mann, der nicht lange warten und ruhen kann, die Initiative. Er wendet sich zu den andern Sechsen und spricht: ὑπάγω ἁλιεύειν. Er theilt ihnen kurz und bündig seinen Entschluss mit, sie mögen machen, was sie wollen, er lässt sich nicht drein reden, bittet sie aber auch nicht, ihm treue Gesellen zu sein bei der beschlossenen Arbeit, er befiehlt ihnen noch weniger, ihm zu folgen. Wir erkennen hieraus, dass der Primat dem Petrus gar nicht eine Herrschergewalt über die Andern

verliehen hat, er ist nur *primus inter pares*. Sie sind ganz selbstständig,
ganz unabhängig, die Herrn ihrer Entschlüsse und ihrer Werke. Ein sehr
wichtiger Fingerweis, den die römische Kirche nicht hätte übersehen sollen.
Die Angeredeten besinnen sich nicht lange; sie mahnen nicht ab, sondern
sagen ihre Gemeinschaft auf der Stelle zu: ἐρχόμεθα καὶ ἡμεῖς σὺν σοί.
Man hat das ἐρχόμεθα σὺν σοί für unjohanneisch erklärt: der Evangelist,
sagt man, bediene sich in ähnlichen Fällen des Wortes ἀκολουθεῖν wie
Joh. 1, 37. 38. 44, oder des ἄγειν wie 11, 7, 15. 16. 14, 31, allein ἀκολουθεῖν wird mehr von der Nachfolge des Jüngers hinter seinem Meister
her gebraucht, und ob ἄγειν hier das rechte Wort gewesen wäre, ist mir
sehr fraglich, denn es handelt sich nicht um ein Gehen auf dem Lande,
sondern um ein Fahren auf dem Wasser. In dem Sinne, in welchem
ἔρχεσθαι hier erscheint, steht es auch 20, 3: es heisst ja hier nicht gelangen,
sondern einfach gehen. Wie haben wir diesen Entschluss des Petrus und
seiner Genossen zu verstehen? Verräth sich in ihm eine Glaubensschwäche,
ein Abfall von dem Berufe, welchen der Heiland vor und nach seiner
Auferstehung ihnen ertheilt hat? Wollen sie wieder, ihrer himmlischen
Berufung, ihrer apostolischen Bestimmung vergessend, die Arbeiten des
früheren irdischen Berufes auf sich nehmen und damit in das alte bürgerliche
Leben, an dem Herrn und seinem Reiche verzweifelnd, zurückkehren?
Die alten Väter haben schon gestutzt und allerlei Bedenken geäussert,
und diese bald mit mehr, bald mit weniger Glück überwunden. Chrysostomus, Theophylaktus, Euthymius sind der Meinung, sie hätten zum Zeitvertreibe, aus Langeweile nach den alten Netzen gegriffen. Der Letztere
schreibt: μήτε γὰρ τοῦ σωτῆρος διόλου συνόντος αὐτοῖς, ὡς εἴρηται, μήτε
τοῦ ἄλλου παρακλήτου ἐλθόντος, μήτε τοῦ κηρύγματος ἐντελῶς ἐγχειρισθέντος
αὐτοῖς, οὐδὲν ἔχοντες πράττειν, λοιπὸν ἡλίευον, τὴν προτέραν μετερχόμενοι
τέχνην, εἰ καὶ μὴ φιλοκερδῶς, ὡς τὸ πρίν. Unglücklich ist diese Motivirung; das hilft nicht viel, dass es ihnen jetzt nicht mehr wie sonst um
einen grossen Gewinn zu thun ist: das Hauptbedenken bleibt ganz unbe-
rührt. Wie ist es möglich, fragen wir, dass die Apostel Langeweile empfanden und desshalb zum Zeitvertreibe fischen gingen; war diese Zeit für
sie nicht in dem allerhöchsten Grade bedeutsam, galt es nicht jeden Augenblick auszukaufen? Ist diese Zeit denn bloss dazu da, dass hin und wieder
Christus ein Mal zu ihnen kommt; haben sie in derselben sich nicht vorzubereiten auf den Tag, welcher im Anzuge ist, da sie an die Stelle dessen,
der gen Himmel gefahren ist, zu treten und das Amt des Neuen Testamentes zu verwalten haben? Wie konnten sie sich langweilen, wenn sie
ihr Herz prüften, ob sie denn auch dazu geschickt seien, und sich bemühten,
tiefer in das Verständniss der Schrift sowie der Worte, des Werkes und
der Person des Herrn, des Welterlösers, einzudringen? Ich muss gestehen,
mir erscheint es wie eine Blasphemie, sich die Apostel in dieser grossen
Vorbereitungszeit als solche gelangweilte, langweilige Männer vorzustellen.
Es ist schier unmöglich. Wir erfahren aus dem Evangelium Lukas (24, 53),
mehr aber noch aus der Apostelgeschichte (1, 14 ff.), mit welcher Inbrunst
sie warteten der Dinge, die da kommen sollten. Haben sie erst vom Tage
der Himmelfahrt an so in Gebet und Flehen gewartet? Hatten sie nicht
schon am Ostertage gehört, dass ihr Herr im Begriffe sei, zu seinem Vater
aufzufahren, und dass er sie aussende, wie sein Vater ihn gesendet habe?
Sie wussten, dass sie über eine kleine Weile als Botschafter an Christi

Statt auftreten sollten und haben sich gelangweilt in dieser Zeit, welche
zur Sammlung, zur stillen Einkehr in das eigene Herz, zur tiefen Con-
templation der grossen Thaten Gottes ihnen geschenkt war! Ist das der
Fall, dann hat die heilige Flamme nicht recht geglüht in ihrer Brust!
Theophylaktus wirft den Gedanken hin, dass sie wohl auch um des täg-
lichen Brotes willen, wegen des Leibes Nahrung und Nothdurft wären
fischen gegangen. Der Gedanke ist gut. Die Noth zwingt sie; wenn sie
nicht arbeiten wollen, haben sie nichts zu essen. Die Kasse des Herrn,
aus welcher auch seine Apostel lebten, war wohl nie sehr reich, wenn in
diesen Gotteskasten auch manche fromme Hand ihr Scherflein einlegte:
Judas ist ein Dieb gewesen und mag, nachdem er den Entschluss gefasst
hatte, den Heiland zu verrathen, kühnere und tiefere Griffe in den anver-
trauten Beutel gethan haben, wie je; dazu war der lange Aufenthalt zu
dem Osterfeste hinzugekommen. Neue Quellen flossen nicht und die alten
versiegten, denn die Weiber, welche sonst von ihrer Habe Handreichung
gethan hatten, haben ihre letzten Sparpfennige dahingegeben, um Salben
und Spezereien für den Gekreuzigten zu bereiten. Längere Zeit mögen
die nach Galiläa heimgekehrten Apostel mit sich gekämpft haben, ob sie
die Schiffe, welche sie vor Jahren verlassen hatten, wieder besteigen sollten:
Petrus erkannte in dem Umstande, dass keine Hülfe ihnen von anderer
Seite kam, einen Wink seines Herrn: die Zeit, von welcher derselbe Luk.
22, 36 an dem letzten Abende geredet hatte, da sie den Beutel und die
Tasche nicht vergessen sollten, schien ihm jetzt gekommen. Ich möchte
aus diesen kurzen, knappen Worten: ὑπάγω ἁλιεύειν, herauslesen, dass
der Erste der Apostel jetzt eben erst über den Willen seines Meisters ganz
klar geworden ist; keinen Augenblick will er zaudern, keinen Einwand
will er hören, wie schwer es ihm auch fallen mag, er will thun, was sein
Herr ihm gebietet. Mag Keim, selbst Gossner eine Art von Verrath in
diesem Entschlusse entdecken, ich kann das nicht finden. Dieser Entschluss:
ὑπάγω ἁλιεύειν gereicht dem Apostel nicht zur Schande, sondern zu der
höchsten Ehre, denn Pflicht des Christen ist, wenn sein Herz auch nicht
recht daran will, jeder Weisung seines Herrn getreulich, selbstverleugnungs-
voll nachzukommen. Wir begegnen bei Augustinus bereits der richtigen
Auffassung; derselbe sagt in. *tr. 122 in Jo.: quid est ergo, quod nunc quasi*
apostolatu relicto fiunt, quod fuerunt, et quod dimiserant, repetunt, tamquam
obliti, quod audierant: nemo ponens manum super aratrum, et respiciens
retro, aptus est regno coelorum? Quod si fecissent defuncto Jesu, prius
quam resurrexisset a mortuis —, tamen si tunc fecissent, putaremus eos illa,
quae animos eorum occupaverat, desperatione fecisse. Nunc vero post eum
sibi de sepulcro redditum vivum, post oblatum suis oculis et manibus, non
solum videndam, sed etiam tangendam atque palpandam redivivae carnis
evidentissimam veritatem, post inspecta vulnerum loca, usque ad apostoli
Thomae confessionem, qui se aliter crediturum non esse praedixerat, post
acceptum eius insufflatione spiritum sanctum, post verba in suas aures eius
ore prolata: sicut misit me pater et ego mitto vos, quorum remiseritis pec-
cata, remittuntur eis, et quorum retinueritis, retenta sunt: subito fiunt, sicut
fuerant, non hominum, sed piscium piscatores. His ergo, quos hoc movet,
respondendum est, non eos fuisse prohibitos arte sua, licita scilicet atque
concessa, victum necessarium quaerere, sui apostolatus integritate servata,
si quando, unde viverent, aliud non haberent. Nisi forte quispiam putare

audebit aut dicere, apostolum Paulum non pertinuisse ad eorum perfectionem, qui relictis omnibus Christum secuti sunt, quoniam ne quemquam eorum gravaret, quibus evangelium praedicabat, suum victum suis manibus trans-igebat, ubi magis impletum est, quod ait: plus omnibus illis laboravi (1. Cor. 15, 10), et adiunxit: non autem ego, sed gratia Dei mecum. Und weiter unten: *si ergo beatus Paulus est ea potestate, quam profecto cum ceteris evangelii praedicatoribus habebat, non cum ceteris uteretur, sed suo stipendio militaret, ne gentes a nomine Christi penitus alienas doctrina eius quasi venalis offenderet, aliter educatus, artem, quam non noverat, didicit (?), ut dum suis manibus transigitur doctor, nullus gravaretur auditor: quanto magis beatus Petrus, qui iam piscator fuerat, quod noverat, fecit si ad praesens illud tempus, aliud unde viveret, non invenit?* Diesen richtigen Gedanken hat Gregor d. Gr. aufgenommen: er macht aber darauf sehr richtig aufmerksam, dass nicht jeder Apostel seinen alten Beruf wieder habe aufnehmen dürfen, um das liebe Brot sich zu verdienen. Es gebe Unterschiede in den irdischen Berufen. *Cur repetiit,* fragt er *hom. 24, quod dereliquit? Sed si virtus discretionis inspicitur, citius videtur, quia nimirum negotium, quod ante conversionem sine peccato extitit, hoc etiam post conver-sionem repetere culpa non fuit. Nam piscatorem Petrum, Matthaeum vero telonearium scimus: et post conversionem suam ad piscationem Petrus rediit, Matthaeus vero ad telonei negotium non resedit: quia aliud est victum per piscationem quaerere, aliud autem telonei lucris pecunias augere. Sunt enim pleraque negotia, quae sine peccatis exhiberi aut vix aut nullatenus possunt. Quae ergo ad peccatum implicant, ad haec necesse est ut post conversionem animus non recurrat.* Luther, Calvin, Grotius, Lampe und die neueren Ausleger insgesammt, bis auf den Katholiken Klee, finden es ganz in der Ordnung, dass Petrus, um leben zu können, wieder die alten Netze ergreift und sich auf den See begibt: vortrefflich gibt Luther zu bedenken, dass der Herr sicher die Arbeit des Apostels nicht mit seinem Segen gekrönt hätte, wenn sie ein Unrecht, eine Sünde gewesen sei. Wenn Hengstenberg aber bemerkt, dass die Apostel überhaupt ihren irdischen Beruf bis dahin noch nie völlig aufgegeben hätten, so können wir ihm in keiner Weise zu-stimmen. Das ist ja zuzugeben, dass sie nicht von dem Augenblicke an, da sie mit Jesus bekannt wurden, ihr bisheriges Gewerbe aufgesteckt haben, vielmehr geht aus einem Vergleiche zwischen Luk. 5, 1—11 und Joh. 1, 37—42 unwidersprechlich hervor, dass, wenn die erste Begegnung auch schon entscheidend war, dieselbe doch noch nicht ein vollständiges Heraus-treten aus dem bisherigen Lebenskreise und Berufe zur Folge hatte. Es gab eine Probezeit: Christus berief sie, nachdem sie sich bewährt hatten, erst in seine unmittelbare Nähe, in seine Lebensgemeinschaft. Sollten sie in der That hin und wieder, vorübergehend zu dem heimischen Herde und zu dem verlassenen Nahrungszweige zurückgekehrt sein? Sollten sie durch die Arbeit ihrer Hände sowohl für den Lebensunterhalt der Ihrigen, wie für die Existenz ihres Meisters und der andern Jünger sorgen? Wie der Apostel Matthäus, als der Heiland zu ihm sprach: folge mir nach! seine Zollbude für immer zuschloss und seinen Abschied nahm (Matth. 9, 9 f.), so verliessen nach Luk. 5, 11 Petrus und seine Freunde auch Alles, um ihm nachzufolgen, nachdem sie die Verheissung empfangen hatten, dass sie fortan (man beachte doch das hochbedeutsame ἀπὸ τοῦ νῦν V. 10!) Menschen fahen sollten.

Recht umständlich erzählt Johannes, was nun geschah: ἐξῆλθον καὶ ἐνέβησαν εἰς τὸ πλοῖον; Lücke hält diess nicht für johanneisch: allein mit Recht verweisen ihn Meyer u. A. auf 1, 39 ff. 9, 1 ff. Die Umständlichkeit ist auch hier wieder beabsichtigt: sie spannt, sie schildert. Sie gingen also von dem Orte weg, da sie mit einander gesprochen hatten, und stiegen in das Schiff hinein, welches ihnen nicht das erste beste war, sondern ihnen eigenthümlich zugehörte. Aber seltsam, sie sind in Mangel und Noth und ihre Mühe und Arbeit bleibt gänzlich ohne Erfolg und Segen: καὶ ἐν ἐκείνῃ τῇ νυκτὶ ἐπίασαν οὐδέν. Hier stossen wir wieder auf das gut johanneische Wort: πιάζειν, cf. 7, 30, 32. 44. 10, 39. 11, 57. Die Vergeblichkeit der Arbeit wird dadurch noch auffallender, dass die Apostel die Kunst des Fischens nicht verlernt haben; sie wissen sehr wohl, wenn man Fische fangen muss, und haben sich desshalb des Nachts an ihr Werk gemacht. Die Fische lassen sich schon in den Flüssen nicht leicht am hellen, lichten Tage fangen, sie kommen nicht zum Vorschein, wenn die Sonne glühend heiss auf die Wasser brütet und das Geräusch des Tages vernommen wird. Aristoteles, dieser Philosoph, der ein eben so grosser Naturforscher war, schreibt in der *historia animal. lib.* 8, 19: ἁλίσκονται δὲ μάλιστα οἱ ἰχθύες πρὸ ἡλίου ἀνατολῆς καὶ μετὰ τὴν δύσιν· ὅλως δὲ περὶ δυσμὰς ἡλίου καὶ ἀνατολάς. οὗτοι γὰρ λέγονται εἶναι ὡραῖοι βόλοι, διὸ καὶ δίκτυα ταύτην τὴν ὥραν ἀναιροῦνται οἱ ἁλιεῖς. μάλιστα γὰρ ἀπατῶνται οἱ ἰχθύες τῇ ὄψει κατὰ τούτους τοὺς καιρούς. τὸ μὲν γὰρ νυκτὸς ἡσυχάζουσιν, πλείονος δὲ γενομένου τοῦ φωτὸς μᾶλλον ὁρῶσιν. Oppianus singt in seinem Werke *de piscatione 3, 44 sq.:*

τολμήεις δὲ μάλιστα καὶ ἄτρομος, ἠδὲ σαόφρων
εἴη, μηθ᾽ ὕπνου φιλέων κόρον· ὀξὺ δὲ λεύσσοι
ἐγρήσσων κραδίῃ τὲ καὶ ὄμμασι πεπταμένοισιν.

und V. 50 f.:

θήρη δὲ ἑσπερίη μὲν ὑπωρινῇσιν ἐν ὥραις
χαρτίστη τελέθει, καὶ ἑωσφόρος εὖτ᾽ ἀνατέλλῃ.

Offenbar sollen die Jünger nichts fangen bei ihrer Arbeit: was hat das zu bedeuten? Es ist ein Unverstand, wenn Ausleger wähnen, dass der Evangelist diesen Anhang niedergeschrieben habe, um der falschen Tradition über sein Lebensende entgegenzutreten. Wer das annimmt, kann uns nie sagen, warum hier der Fischzug und das darauf folgende Frühmahl so umständlich beschrieben wird. Ein Monstrum ohne Gleichen würde dann dieses Kapitel! Jenes Wort, welches in einem einzigen Verse enthalten ist, würde eingeleitet sage! durch einundzwanzig ganze Verse! Ist das möglich?? Die alten Väter übertreffen hier weit diese neueren Schriftforscher; sie erkennen die selbstständige Bedeutung dieses Fischzuges an. Derselbe ist ihnen ein ausserordentlich bedeutungsreiches Ereigniss von Anfang an gewesen. Dieser Fischzug hat einen Vorgänger, denn mit der Vermuthung Strauss' und vieler Anhänger der Tübinger Schule ist es nichts. Aus einem einzigen Wunderfischzuge, den Petrus und seine Gesellen ein Mal gethan haben, sind in der Tradition nicht erst zwei geworden. Allerdings haben diese beiden Fischzüge neben dem, dass sie auf einem Meere, dem See Genezareth, ausgeführt werden, gar manche Verwandtschaft. Petrus ist der Obmann der Fischer beide Male, eine ganze Nacht hindurch werfen die unverdrossenen Arbeiter beide Male vergeblich ihr Netz in das

Meer aus, ein Wort des Heilands verschafft ihnen beide Male erst den Segen. Aber man habe doch auch ein offenes Auge für die grossen Unterschiede! Lukas, denn dieser berichtet uns allein jenen ersten Fischzug, setzt denselben in das erste Jahr der öffentlichen Lehrwirksamkeit Jesu, Johannes aber den seinen in die Zeit nach der Auferstehung des Erlösers. Dort bittet Jesus den Petrus, der seine Netze auswäscht, das Schiff ein Wenig vom Land wegzufahren, dass er zu dem versammelten Volke reden könne; hier betritt der Herr nicht des Petrus Schiff und lehrt auch nicht das Volk an dem Ufer. Dort ist die Sonne schon hoch am Himmel aufgestiegen, als Petrus auf des Herrn Wort sein Netz auswirft, hier ist es noch früher Morgen; dort weiss Petrus recht gut, wer von einem Zuge zu ihm redet, hier kennt er den Herrn und seine Stimme mit Nichten. Dort heisst es: fahre hinaus auf die Höhe!, hier aber: wirf das Netz zur Rechten aus; dort will das Netz zerreissen von der Menge der gefangenen Fische, hier hält es; dort muss Petrus den Söhnen des Zebedäus, die in einem anderen Schiffe sich befinden, winken, dass sie ihm ziehen helfen, hier sind dieselben mit Nathanael und Thomas, welche bei Lukas ganz fehlen, schon in seinem Schiffe. Dort werden die beiden Schiffe auf dem Meere vollgeladen, hier wird das Netz, welches von Fischen wimmelt, an das Land gezogen, weil ein zweiter Nachen nicht zur Stelle war und das Schiff, das ein so schweres Netz hätte herausziehen wollen, umgeschlagen wäre; dort wirft sich Petrus dem Segensspender in seinem Schiffe zu Füssen, hier stürzt er sich in die Fluthen, um zu ihm zu gelangen. Dort werden die Fische nur in das Schiff hereingenommen, hier Stück für Stück am Lande gezählt. Dort sagt Jesus, dass er sie aus Fischern zu Menschenfischern machen will, hier aber nichts dergleichen. Wir halten die Speisungswunder ganz entschieden aus einander, und weisen jede Vermengung dieser beiden Fischzüge zurück. Sie sind durchaus nicht verschiedene Redaktionen einer Geschichte, sondern Berichte von zwei verschiedenen Wundern. Ich kann aber nicht glauben, dass Johannes diesen wunderbaren Fischzug, welchen der Auferstandene seinen sieben Jüngern bescheerte, wegen der äusseren wunderbaren Umstände, die dabei waren, erzählt: ich würde dann, wenn dieser glückliche Fischzug wirklich das Einzige wäre, was betrachtet werden soll, auch mit Olshausen diese Erzählung für dürftig und bedeutungslos erklären müssen, und mit Hengstenberg wünschen, ihrer lieber überhoben zu sein. Rein unbegreiflich wäre es, wie Johannes sein hohes, tiefsinniges Evangelium mit diesem Wunder abschlösse, welches so feierlich als eine Selbstoffenbarung des Herrn angekündigt ist. Nicht um des Wunders willen kann er dieses Ereigniss berichtet haben: es ist ein σημεῖον. Ja, wir werden noch einen Schritt weiter wagen dürfen. Das folgende Gespräch mit Petrus bezieht sich auf dessen und Johannes Ausgang aus diesem Leben, es blickt also in die Zukunft, es enthält eine Weissagung. Neben diese Weissagung durch's Wort tritt dieser wunderbare Fischzug als eine Weissagung durch's Werk. Nicht bloss die Verbindung, das enge Verflochtensein der beiden Bestandtheile dieses Kapitels leitet uns auf diesen Gedanken, sondern auch die Verbindung, die grosse Aehnlichkeit, welche zwischen diesem und dem ersten Fischzuge besteht, berechtigt uns zu dieser Annahme. Etwas Bedeutsames, Allegorisches, Typisches eignet schon dem ersten Fischzuge, welchen Petrus auf das Wort Jesu gethan hat; dagegen lässt sich nicht streiten, denn das Wort, welches

Christus an jenes Wunder geknüpft hat, eröffnet diese Perspektive. Den gewöhnlichen Fischer, der sein Netz auf sein Wort im Glauben auswarf, will der Erlöser zu einem Menschenfischer erheben; damit jener aus seinem irdischen Berufe um so williger in die himmlische Berufung übertritt, zeigt er ihm in einem Bilde, wie gesegnet seine Arbeit sein soll, wenn er auf sein Wort hört und sein Netz als geistlicher Fischer in das Meer der Völker auswirft. Ich bin kein grosser Freund von Allegorieen und weiss recht gut, dass die allegorische Schriftauslegung gewöhnlich den sichern Grund und Boden des Buchstabens unter den Füssen verliert, aber hier ergeht es mir wie dem nüchternen, verständigen, prosaischen Meyer. Die ganze Sachlage ist so, dass man zu jener geistlichen, symbolischen Deutung hinübergedrängt wird. Die alten Väter brauchen nicht erst auf diese Seite hingezogen zu werden, sie neigen von Haus aus schon dahin. Es mögen zwei Auslegungen genügen. Augustinus sagt *(tract. 122 in Jo.): hoc est magnum sacramentum in magno Joannis evangelio: et ut vehementius commendaretur, loco ultimo scriptum. Quod ergo septem discipuli fuerunt in ista piscatione, Petrus et Thomas et Nathanael et duo filii Zebedaei et alii duo, quorum nomina tacentur, isti suo septenario numero finem significant temporis. Universum quippe septem diebus volvitur tempus. Ad hoc pertinet, quod mane facto Jesus stetit in littore; quia etiam littus finis est maris et ideo finem significat saeculi. Eumdem finem saeculi ostendit, et quod Petrus rete retraxit in terram, hoc est in littus. Quod ipse dominus aperuit, ubi alio quodam loco de sagena in mare missa similitudinem dedit; et eam trahunt, inquit, ad littus. Quod littus quid esset exponens, ait, sic erit in consummatione saeculi. Sed illa verbi est, non rei gestae parabola: re autem gesta, sicut hoc loco qualiter in saeculi fine futura sit, ita dominus alia piscatione significavit ecclesiam, qualiter nunc sit. Quod autem illud fecit in initio praedicationis suae, hoc vero post resurrectionem suam, hinc ostendit, illam capturam piscium bonos et malos significare, quos nunc habet ecclesia: istam vero tantummodo bonos, quos habebit in aeternum, completa in fine huius saeculi resurrectione. Denique ibi Jesus non sicut hic in littore stabat, quando iussit pisces capi: sed ascendens in unam navim, quae erat Simonis, rogavit eum, ut a terra reduceret pusillum et in ea sedens docebat turbas: ut cessavit autem loqui, dixit ad Simonem: duc in altum et laxate retia vestra in capturam. Et illic quod captum est piscium in naviculis fuit, non sicut hic rete extraxerunt in terram. His signis et si qua alia potuerint reperiri, ibi ecclesia in hoc saeculo, hic vero in fine saeculi figurata est: ideo illud ante, hoc autem post resurrectionem domini factum est: quia ibi nos Christus significavit vocatos, hic resuscitatos. Ibi retia non mittuntur in dexteram, ne solos significent bonos, nec in sinistram, ne solos malos, sed indifferenter. — Quod autem illic duabus navibus propter circumcisionem et praeputium: hoc isto loco ducentis cubitis existimo figuratum, propter utriusque generis electos, et circumcisionis et praeputii; tamquam centum et centum, quia in summa centenarii numerus ad dexteram transit. Postremo in illa piscatione numerus piscium non exprimitur, tamquam illud ibi fiat, quod praedictum est per prophetam: annuntiavi et locutus sum, multiplicati sunt super numerum: hic vero non sunt aliqui super numerum, sed certus est numerus, centum quinquaginta tres: cuius numeri ratio domino adiuvante reddenda est.* Der Kirchenvater geht von der Zehn als der Zahl des Gesetzes und von der Sieben als der Zahl des heiligen Geistes aus; wenn man zu der so gewonnenen Zahl Siebzehn alle Zahlen von 1 bis zu derselben einfach addirt, so erhält man 153: demnach lehrt diese Zahl hier, dass Alle, welche das Gesetz beobachten und von dem heiligen Geiste begnadet werden, zu den Auserwählten gehören. Diese allegorische Auslegung hat in der katholischen Kirche lange Zeit geherrscht: Gregor d. Gr. gab ihr das päpstliche Siegel. Er schreibt *hom. 24: bis in sancto evangelio legitur, quia dominus iussit, ut ad piscandum retia mitterentur, ante passionem videlicet et post resurrectionem. Sed priusquam redemptor noster pateretur et resurgeret, mitti quidem rete ad piscandum iubet, sed utrum in dexteram an in sinistram mitti debuisset, non iubet: post resurrectionem vero discipulis apparens mitti rete in dexteram iubet. In illa piscatione tanti capti sunt, ut retia rumperentur, in ista autem et multi capti sunt et retia rupta non sunt. Quis vero nesciat, bonos dextera et malos sinistra figurari? Illa ergo piscatio, in qua specialiter, in quam partem mitti rete debeat, non iubetur, praesentem ecclesiam designat, quae bonos simul ac malos colligit; nec eligit, quos trahat, quia et, quos eligere possit, ignorat. Haec autem piscatio post domini resurrectionem facta in solam dexteram missa est: quia ad videndam claritatis eius gloriam sola electorum ecclesia pertingit, quae de sinistro opere nihil habebit. In illa piscatione prae multitudine piscium rete rumpitur: quia nunc ad confessionem fidei etiam cum electis reprobi tanti intrant, qui ipsam quoque ecclesiam haeresibus scindant. In ista vero piscatione et multi pisces et magni capiuntur et rete non rumpitur: quia sancta electorum ecclesia in continua auctoris sui pace requiescens nullis iam dissensionibus dilaniatur.* Zwingli ist auf dem richtigen Wege: sehr treffend ist seine Bemerkung: *quo magis ascensioni appropinquat dominus, hoc magis ad futurum officium animos discipulorum parat, firmata prius fide resurrectionis suae. A piscatura eos ad se vocaverat antea, ut porro homines verbi praedicatione caperent. Refricat ergo priora et miraculo novo excitat, ut meminerint ad quale officium sint asciti et quid fructus in hoc allaturi non quidem sua ipsorum virtute, sed Dei.* Calvin suchte die Auslegung auf andere Bahnen zu lenken: die Jünger haben nach ihm die ganze Nacht hindurch nichts fangen dürfen, damit die Herrlichkeit Christi desto heller vor ihnen erstrahle. *Tota nocte passus est Deus, frustra eos satagere, ad illustrandam miraculi fidem. Nam si quid cepissent, non ita clare in continuo successu immotuisset Christi virtus, sed dum tota nocte frustrati subito ingenti captura potiuntur, iusta illis datur occasio agnoscendae Domini gratiae.* Allein wir können mit diesem Gedanken Calvins uns nicht befreunden: bedarf die Herrlichkeit Christi einer solchen Folie, um zu leuchten? Will der Herr überhaupt seinen Jüngern einen Beweis von seiner *virtus* geben? Ist seine Auferstehung nicht der grösste durchschlagendste Beweis und Erweis? Gerhard möchte der allegorischen Auslegung sich gern entschlagen: der Auferstandene will nach ihm sich durch dieses Wunder als derselbe, der er vordem war, zu erkennen geben. *Ut ergo Christus ante suam passionem in aquis miracula fecerat, quia ex aqua facit vinum Jo. 2, 9, magnam piscium copiam in rete discipulorum cogit Luc. 5, 6, ambulat super mare Matth. 14, 25, staterem fabricat in ore piscis Matth. 17, 27, ita etiam hoc loco miraculosa piscium captura discipulis se ac maiestatem suam manifestat, ut agnoscant ipsum eundem esse et a mortuis vere resurrexisse, qui antea cum ipsis conversatus fuerit.* Allein, bedurften die Jünger jetzt noch der Ueberführung, dass der Herr, welcher ihnen schon

mehrmals erschienen war, wirklich er selbst sei? Sollten sie dessen noch
nicht gewiss geworden sein? Es sieht sich darum Gerhard schliesslich
doch genöthigt, wieder einzulenken. Diess Wunder ist auch nach ihm ein
Zeichen, welches einen Durchblick in die Zukunft gestattet. *Denotatur*
etiam per hanc piscium multitudinem multitudo credentium per rete evan-
gelicum in toto orbe expansum ab apostolis capienda et ad littus vitae
aeternae adducenda. Grotius fand eine Weissagung auf das Werk der
Apostel, Lampe aber eine Skiographie der ganzen Geschichte des Reiches
Gottes bis an das Ende, alle Arbeit in der Nacht des Antichristenthums
ist vergeblich, bis dass der Herr wiederkommt. Wir glauben nicht, dass
uns hier ein Bild aus den letzten Zeiten vor die Augen gerückt wird;
der Auferstandene will den Aposteln einen Blick eröffnen in ihre eigene
Zukunft. Wie er die persönliche Zukunft des Petrus und Johannes enthüllt, so zeigt er den Aposteln jetzt ihre amtliche Zukunft. Mit welchem
Erfolge sie arbeiten werden unter den Völkern, das wird ihnen jetzt kund
gethan. So auch Gess, S. 201. Diese sieben Jünger gelten als die Repräsentanten derer, die da ausgehen; verkehrt war es, wenn Crysostomus,
was Euthymius noch belobt, die anderen Jünger an dem Ufer aufstellt,
um zuzuschauen, sie sind leiblich nicht gegenwärtig und doch sind sie
persönlich hier betheiligt. Mehrere Ausleger begnügen sich aber nicht
bei jener Perspektive auf die apostolische Missionsthätigkeit; der Heiland
soll noch Andeutungen machen über den Erfolg ihrer Predigt unter Juden
und Heiden. Jene Nacht, in der sie nichts fangen, soll nach Weitzel
(Studien und Kritiken 1849, 618 ff.), Hengstenberg, Hilgenfeld, Godet u. A.
die Zeit abschatten, da die Apostel unter ihren Landsleuten das Netz auswerfen. Die totale Erfolglosigkeit der Mission unter Israel soll verkündet sein! Wir fragen, ist eine solche Weissagung möglich? Ist die
Arbeit unter den Juden und Judengenossen ohne allen Segen geblieben?
Man darf doch jene dreitausend Seelen, die an dem Pfingsttage zu der
Gemeinde der Gläubigen hinzugethan wurden (Act. 2, 41), und jene Gemeinden, die in dem ganzen Lande, auch in Samarien, erblühten, 8, 1, 4 ff.,
40, nicht ganz übersehen! Eine spezielle Beziehung auf die Wirksamkeit
der Apostel unter den Juden ist also in diesem Umstande nicht zu suchen:
am Leichtesten liesse sich aus ihm noch der Gedanke entwickeln, welchen
Grotius an die Worte: ἐπίασαν οὐδέν anknüpft: *providentia divina, ut eo*
constaret, frustra esse humanum laborem sine divina gratia Ps. 127. Luthardt
betont diess auch: ist es aber wohl noch Noth, den Aposteln so empfindlich
zu Gemüthe zu führen, dass alle Arbeit, welche sie auf eigene Faust, nach
ihres Herzens Gutdünken angreifen, vergeblich ist, aber die Arbeit, die auf
Christi Weisung unternommen wird, mit dem reichsten Segen gekrönt
wird? Es wird sich am Ende doch empfehlen, bei dem Allegorisiren nicht
allzu sehr in das Detail einzugehen: nur in grossen Zügen, nur in allgemeinen, aber scharfen Umrissen zeichnet der Auferstandene hier den
Menschenfischern den Erfolg ihrer Arbeit. Wie sie dieselbe treiben sollen,
hat er ihnen schon gesagt und dass sie nur auf den Antrieb und in der
Kraft seines Geistes gehen sollen, hat er an dem Osterabend durch den
Anhauch seines Mundes ihnen schon eröffnet. Schwerlich thut er hier
Etwas, was er ein Mal schon zur vollen Genüge gethan hat.

Die ganze Nacht hindurch haben die sieben Jünger umsonst gearbeitet,
da kommt der Herr an dem frühen Morgen und ändert mit einem Male

durch sein Wort die ganze Sachlage. Der Evangelist erzählt: πρωΐας δὲ (das nun folgende ἤδη des recipirten Textes hat keinerlei Berechtigung) γινομένης (so lesen wir mit Tischendorf auf Grund des Codex Alexandrinus, Vaticanus, Ephraemi statt des üblichen γενομένης, welches allerdings den Codex Sinaiticus und Cantabrigiensis für sich hat) ἔστη Ἰησοῦς ἐπὶ (der *textus receptus* hat εἰς, da aber die Codices Sinaiticus, Alexandrinus, Cantabrigiensis ἐπί bieten, so ist diese Präposition mit Lachmann und Tischendorf vorzuziehen) τὸν αἰγιαλόν. Πρωΐα kommt in dem johanneischen Evangelium nicht weiter vor, denn, wie 20, 1, so ist auch 18, 28 statt des recipirten πρωΐα mit Tischendorf πρωΐ zu lesen: man wird aber aus diesem Substantiv nicht gut Kapital schlagen können, da in dem Evangelium so wenig Anlass war, von der Morgenzeit zu reden. Diejenigen Ausleger, welche mit Hengstenberg die Nacht als Symbol der Heillosigkeit fassen, betrachten die πρωΐα, welche nun die Nacht vertreibt, als ein günstiges Omen: diese πρωΐα ist ihnen das Bild des anbrechenden Heiles. Mit dem Anbruche und nicht nach dem Anbruche des Frühmorgens, denn γινομένης ist nicht gleich γενομένης, ἔστη stand Jesus, das Licht der Welt, die Sonne des Heils da. Wir haben, wie Stier, Meyer, Luthardt u. A. schon gethan haben, dieses ἔστη gleich ἔστη in 20, 19 und 26 zu nehmen. Die sieben Jünger bemerkten also nicht, dass ein Mann sich dem See näherte, oder dem Ufer, da sie fischten, sich zu bewegte, sie entdeckten den einsamen Wandersmann nicht eher, als bis er stand, still stand. Er kam also unbemerkt, überraschend, plötzlich. Er stand ἐπὶ τὸν αἰγιαλόν: die Präposition ἐπί cum *Accusativo* ist nach Winer 363 hier vollständig gerechtfertigt und Matthäi hat mit Unrecht diese Lesart eine *semigraeca correctio* genannt. „Mit Verbis der Ruhe,“ gibt Winer an, „ist ἐπί nur scheinbar verbunden. Matth. 13, 2 ὁ ὄχλος ἐπὶ τὸν αἰγιαλὸν εἰστήκει, stand (hatte sich gestellt) über das Ufer hin, vgl. Odyss. 11, 577. Diodor. Sic. 20, 7.“ Er stand also, da das Ufer über den Spiegel des Wassers sich erhob, vor ihnen wie auf einem Präsentirteller, auf einem Punkt, da seine ganze Gestalt genau gesehen werden konnte, und dennoch schreibt Johannes, der Mann mit dem Auge eines Adlers, der mit auf dem See war: οὐ μέντοι ἔγνωσαν (so liest Tischendorf auf Grund des Sinaiticus; ᾔδεισαν, die *lectio recepta*, hat aber auch sehr bedeutende Autoritäten für sich) οἱ μαθηταί, ὅτι Ἰησοῦς ἐστιν. Wie kommt es, dass die Jünger Jesum nicht erkennen? Die Entfernung war so bedeutend nicht, denn er konnte ganz bequem mit ihnen reden und sie vernahmen jedes seiner Worte, sie waren ja, wie wir aus V. 8 erfahren, nur 200 Ellen von dem Ufer entfernt. Kühnöl u. A. mit ihm nehmen zu dem Morgengrauen, welches am Ende durch die aus dem See aufsteigenden Dünste noch verstärkt wurde, ihre Zuflucht: wir mögen von solchen natürlichen Erklärungen nichts wissen. Sie sind ganz entschieden nicht bloss gegen den Sinn des Evangelisten, mit welchem wir uns hier beschäftigen, sondern auch gegen den der Synoptiker. Die Evangelien führen das Nichterkanntwerden des Herrn nach seiner Auferstehung auf andere Gründe zurück. Markus spricht von einem ἑτέρα μορφῇ (16, 12); Lukas bei den Emmausjüngern von einem κρατεῖσθαι der Augen (24, 16); Johannes erzählt, dass Maria Magdalena den, welchen sie für einen Gärtner hielt, erst, als er sie bei Namen rief, erkannte. Chrysostomus glaubt, dass es der Wille des Erlösers gewesen sei, eine kleine Weile noch unerkannt zu bleiben: οὐκ εὐθέως ἑαυτὸν δείκνυσιν, Theophylaktus und

Euthymius nehmen das dankbar an: der Letztere aber hat noch eine andere Vermuthung: ἴσως τοῦ εἴδους αὐτοῦ λαμπροτέρου φαινομένου διὰ τὴν ἀφθαρσίαν, ἢ κατ᾽ οἰκονομίαν ἀγνοουμένου αὐτοῖς. Mir sagt es nicht zu, was allerdings einer ganzen Anzahl neuerer Exegeten hoch gefällt, einen Verklärungsprozess des Leibes Christi in diese vierzig Tage hineinzulegen. Er ist mit verklärtem Leibe, davon haben wir uns früher überzeugt, aus dem Grabe hervorgegangen und somit kann er jetzt nicht von einer Klarheit zu der andern noch fortschreiten, und zwar so wunderbar fortschreiten, dass die Jünger, welche ihn in einer früheren Phase seiner Entwicklung gesehen und erkannt haben, in einer späteren nicht mehr zu erkennen vermögen. Die Grundlineamente müssen bei einem Prozesse doch bleiben und können nie ganz verwischt werden. Wenn nun gar Meyer u. A. behaupten, der ganz veränderte Zustand und das Erscheinen des Auferstandenen sei an dem Nichterkennen Seitens seiner Gläubigen Schuld, so geht das noch viel weniger an, denn zum ersten Male erscheint er ja ihnen jetzt nicht, sie haben ihn allesammt bis auf Thomas schon zwei Mal gesehen, längere Zeit gesehen. Seine verklärte Gestalt, seine durchgeistete Person musste sich ihnen tief eingeprägt haben. Ich möchte zwei Gründe für das Nichterkanntwerden des Auferstandenen annehmen. Es hatte sowohl in den Jüngern, als auch in dem Herrn seinen Grund. In den Jüngern, denn diese waren so mit ihrem Werke beschäftigt, dass sie den Mann dort an dem Ufer gar nicht genauer in das Auge fassten. Was ging er ihnen an? Sie hatten ja keinen Fingerweis von dem Heiland empfangen, dass sie hier auf seine Erscheinung warten sollten, er hatte nur ganz im Allgemeinen ihnen verheissen, dass sie ihn in Galiläa sehen sollten. Man mag diesen Grund zu natürlich finden, ich habe nichts dagegen; denn nicht alle natürlichen Gründe sind zu verwerfen. Was natürlich ist, das ist nicht gesucht, nicht gekünstelt, sondern von selbst einleuchtend. Fleissige Arbeiter aber, wenn sie auch Nichts schaffen und vor sich bringen, blicken sich nicht viel um, sondern sind ganz bei dem Werke ihrer Hände: man lasse diesen sieben Jüngern doch den Ruhm, dass sie solche Arbeiter sind! Nicht allein an den Jüngern, sondern auch an dem Herrn lag es. Er gibt sich häufig nicht sofort, wenn er erscheint, zu erkennen; den galiläischen Weibern, den versammelten Jüngern, dem Thomas manifestirte er sich sofort, hingegen der Maria Magdalena, den beiden Emmausjüngern nicht. Diesen Sieben wollte er sich, so sage ich auch mit Luthardt, nicht auf der Stelle zu erkennen geben, sie sollten ihn aus der Wirkung seines Wortes, aus dem Segen, den er ihnen schenkte, erkennen. Das hängt mit der symbolischen Bedeutung dieses Fischzuges auf das Engste zusammen. Die Jünger sollen den Herrn, welchen sie bei dem Beginne ihres Werkes noch nicht recht erkennen, während ihrer Arbeit in seinem Namen immer mehr erkennen, sie sollen wachsen durch seine Gnade an seiner Erkenntniss und Erfahrung und aus dem Segen, der ihrer Arbeit nicht fehlt, es innewerden, dass es der Herr ist. Mögen die alten Ausleger mit dem Ufer, auf welchem der Auferstandene steht, ihr Spiel treiben, und dasselbe, weil es das Ende des Meeres bezeichnet, als das Ende dieses Aeons, somit als das ewige Leben betrachten, wir können uns ihnen nicht anschliessen, denn dieser Fischzug reicht nicht bis an dieses Ende aller Dinge, sondern weissagt nur von dem Erfolge der Apostel. Weit eher könnten wir uns entschliessen, mit Grotius zu sprechen: *significans, se per resurrectionem iam esse in vado, ipsos in solo versari*, was Bengel, Luthardt, Stier u. A. gutheissen. Allerdings unterscheidet sich dieser Fischzug dadurch von dem ersten, dass die glücklichen Fischer den Herrn, welcher allein ihnen zu dem reichen Segen verhilft, nicht bei sich in dem Schiffe haben, dass sie, räumlich von ihm getrennt, ihr Werk treiben müssen. Doch nöthig ist es nicht, das Ufer in dieser Weise auszudeuten, und da es nicht nöthig ist, lassen wir lieber das Spiel, denn Gottes Wort ist uns nicht zum Spiel, sei es auch noch so sinnig und erbaulich, in die Hand gegeben.

Die Jünger kennen den Mann an dem Ufer nicht: keine Stimme in ihrer Brust raunt ihnen zu: es ist der Herr, ihre Herzen fliegen ihm nicht voll seliger Lust entgegen! Wie Christus mit den beiden Emmausjüngern anknüpft, so muss er auch hier die Initiative ergreifen. Diese sieben Jünger hätten ihn an sich vorübergehen lassen, trotzdem, dass sie nach seiner Gegenwart sich sehnten, wie nach frischem Wasser, wenn er mit ihnen nicht angebunden hätte. Er will sich ihnen kund thun, darum steht er hoch auf dem Ufer: von dort aus spricht er zu ihnen: παιδία, μή τι (diess τί fehlt in dem Codex Sinaiticus gewiss nur aus Versehen) προςφάγιον ἔχετε. Mit παιδία redet Christus seine Jünger an. Er hat sie so noch nicht genannt, wohl hat er τεκνία 13, 33 in der trautesten, liebreichsten Weise gebraucht; aber παιδία ist gut johanneisch, vgl. seinen ersten Brief 2, 13, 18. Bengel schreibt zu παιδία, *filioli. Nomen aetatis. Appellat quasi ignotus, amanter, e sublimi, ut Sapientia aeterna.* Gewiss athmet diese Anrede warme Liebe, was alle Ausleger zugestehen, denn παιδίον ist die Koseform für παῖς; aber das *e sublimi* Bengel's ist auch ganz richtig. Παιδία, so redet der Vater zu seinen Kindern, weiterhin aber auch jede Autoritätsperson zu jedwedem. Dass es ein *Diminutivum* ist, kommt hier nicht in Betracht, gar häufig schleift sich in dem Sprachgebrauche so etwas aus. Euthymius hat desshalb nicht Unrecht, wenn er anmerkt: παιδία τούτοις ἐλάλησε, τῇ συνηθείᾳ χρησάμενος. ἔθος γὰρ τοὺς ἐργατικοὺς οὕτως ὀνομάζειν διὰ τὸ πρὸς τοὺς πόνους ἀκμοῖόν τε καὶ νεανικὸν αὐτῶν. Nonnus, Lampe, Lücke, Godet, Stier erkennen das als richtig an. Meyer glaubt, dass sie das von Jesu im Sinne der väterlichen Liebe gemeinte παιδία als freundliche Bezeichnung ihres Dienststandes aus dem Munde des Unbekannten genommen hätten. Christus, der sich noch nicht verrathen will, wählt mit Bedacht diese Bezeichnung, welche amphibolisch ist und ihnen sowohl als gewöhnlichen Handarbeitern, aber auch als seinen Geliebten gebührt. Diess παιδία leitet eine Frage ein: μή τι προςφάγιον ἔχετε. Lücke, de Wette, Stier u. A. behaupten, dass eine Frage mit μή auch eine bejahende Antwort fordere und verweisen auf Matth. 12, 23: allein sie befinden sich im Irrthum. Winer sagt S. 453, dass μή (μή τι) alle Mal nur stehe, wo eine verneinende Antwort vorausgesetzt oder erwartet werde. Allerdings hat der berühmte Gottfried Hermann zu Vigerus p. 789 erklärt, dass μή bisweilen auch eine bejahende Antwort beabsichtige, allein neuere Philologen sind dem auf das Bestimmteste entgegengetreten. Die Stellen, welche man aus dem Neuen Testamente für diesen irregulären Gebrauch des μή in der Frage hat beigebracht, Matth. 12, 23; Joh. 4, 29, 33 u. s. w., lassen sich alle so auslegen, dass der Fragesteller es auf ein Nein als Antwort hat abgesehen. Die mitangezogene Stelle Matth. 12, 23 ist ganz einfach so zu übersetzen: doch nicht etwa dieser ist der Messias? Trägt er ja doch Eigenschaften

an sich, welche wir von dem Messias, der da kommen soll, nicht erwarten!
Das, was Jesus von den Fischern begehrt, nennt er προςφάγιον. Diess
ist kein elegantes griechisches Wort, nur das gemeine Volk sprach von
προςφάγιον, der Feingebildete aber von ὄψον. Moeris bemerkt: ὄψον,
Ἀττικῶς· προςφάγιον, Ἑλληνικῶς, und Thomas Mag. ὄψον, οὐ προςφάγιον.
Die Etymologie und somit die Bedeutung von προςφάγιον ist ganz klar:
Alles gehört darunter, was man zu dem Hauptessen hinzunimmt, also die
Zukost. Da sich Jesus an Fischer wendet, so will er selbstverständlich
Fische zur Zukost haben, welche in der alten Welt überhaupt viel —
allerdings bei Homer noch nicht — zur Zukost verwandt wurden. Diess war
so sehr üblich, dass das edlere Wort für προςφάγιον das erwähnte ὄψον
schlechtweg Fischwerk, Fische bedeutet. Athenaeus erklärt auf das Bestimmteste 7, 276, e: εἰκότως πάντων τῶν προςοψημάτων, ὄψων καλουμένων
ἐξενίκησεν ὁ ἰχθὺς διὰ τὴν ἐξαίρετον ἐδωδὴν μόνος οὕτω καλεῖσθαι διὰ
τοὺς ἐπιμανῶς ἐσχηκότας πρὸς ταύτην τὴν ἐδωδήν. Ganz ähnlich lässt
sich Plutarchus im *symposion 4, 4, 2* aus: πολλῶν ὄντων ὄψων ἐκενίκηκεν
ὁ ἰχθὺς μόνος ἢ μάλιστά γε ὄψον καλεῖσθαι. Auch bei den Hebräern waren
Fische die beliebteste Zukost zu dem nothwendigsten Nahrungsmittel, dem
Brote, cf. Matth. 14, 17, 19. Mark. 6, 38, 41. Luk. 9, 13, 15. Joh. 6,
9, 11. Matth. 15, 34, 36. Mark. 8, 7. Luk. 24, 42. Die Jünger antworten, wie Christus es erwartet hat, mit einem kurzen οὔ. Wenn Einige
meinen, dass dieses Nein sehr verdrossen, mürrisch geklungen habe, so
täuschen sie sich wohl. Jene sind gar nicht in der Lage, lange Reden zu
halten, denn sie wollen das Fischen noch nicht aufgeben, sondern wenn es
auch schon Morgen geworden ist, unablässig ihr Netz auswerfen, biss dass
sie einen Fang thun. Ohne Zweifel haben sie den Herrn für einen Wandersmann gehalten, der sehr frühe aufgebrochen ist und jetzt Hunger empfindet,
zu dessen Stillung er von ihnen gern Fische kaufen möchte: so schon
Chrysostomus, Theophylaktus, Euthymius, Tholuck, Stier u. A. Luthardt
hätte dagegen sich nicht aussprechen sollen, denn was er meint, dass Jesus
Fische zum Frühstücke von ihnen haben wolle, das meinen auch sie, nur
heben sie hervor, dass er die Zukost von ihnen nicht geschenkt haben,
sondern ordentlich bezahlen will. Der Mann an dem Ufer gibt den Leuten
in dem Schiffe, deren Unglück ihm zu Herzen geht, einen guten Rath:
βάλετε εἰς τὰ δεξιὰ μέρη τοῦ πλοίου τὸ δίκτυον καὶ εὑρήσετε. *Non imperat Christus*, schreibt Calvin, *pro iure ac potestate magistri ac domini,
sed consulit ut unus quispiam e populo.* Lampe führt diese kurze Bemerkung weiter aus: *datur hoc mandatum per modum consilii, ita ut suspicari
discipuli possent, ignotum illum advenam ipsum piscandi non imperitum in
illa regione ad dextrum latus navigii sita aliquid observasse, ex quo plus
quam probabili coniectura collegerat, piscium ibi colluviem esse. Alias
hortatui personae hactenus ignotae tam facile morem non gessissent.* Auf
der rechten Seite sollen die Fischer, welche vor den Augen des unerkannten
Jesus bis dahin nur auf der linken die Netze ausgeworfen haben, es jetzt
ein Mal versuchen. „Die rechte Hand,“ sagt Hengstenberg, „ist die beste
Hand und darum ist die rechte Seite die gute Seite. Erklärung des
Namens Benjamin, der Sohn der Rechten, ist das »sein Vater liebt ihn«,
1. Mos. 44, 20, und das »der Geliebte Jehova's«, 5. Mos. 33, 12. In
1. Mos. 48 ist der, dem die Rechte aufgelegt wird, mehr gesegnet, als
dem die Linke. *Dextra manus*, sagt Gesenius in dem Thesaurus unter ימין,

boni ominis erat." Es versteht sich ja ganz von selbst, dass der Herr kein Tagewähler und Abergläubischer ist, er heisst das Netz auf der rechten Seite auswerfen, ἵνα μὴ κατὰ τύχην ἡ ἄγρα δόξῃ, wie Euthymius gut anmerkt: allein dass es ein gutes Vorzeichen ist, dass es auf der rechten Seite geschehen soll, liegt hier, wo wir es mit einem symbolischen Wunder zu thun haben, auf der Hand. Nach der Symbolik aller Völker ist die rechte Seite die Glücksseite. Diejenigen, welche hier eine Weissagung erkennen auf die Arbeit der Apostel unter den Juden und den Heiden und die Nachtarbeit auf die Arbeit unter den Juden deuteten, sagen, der Auferstandene gebietet jetzt seinen Aposteln, sich den Heiden zuzuwenden; diese befinden sich auf der rechten Seite. Wir haben diese spezielle Auslegung abgewiesen: die Apostel haben unter ihren Volksgenossen durchaus nicht so erfolglos gearbeitet. Es lässt sich auch nicht gut denken, dass die Fischer die ganze Nacht hindurch nur auf der linken Seite sollten gefischt haben: eine solche Beharrlichkeit bei solchen Misserfolgen wäre unverständig gewesen. Der Accent liegt wohl darauf, dass sie vorher nicht auf Weisung Christi ihr Werk getrieben haben, sondern nach eigener Wahl, und darauf, dass sie vorher gefischt haben, wo sie zu fangen meinten, und nicht da, wo der Herr sie hingewiesen hatte. Wer Menschen fangen will, der kann sich nicht den Ort wählen nach seinem Verstande, wo er im Segen wirken will, er muss von dem Erlöser sich auf den rechten Punkt und Ort stellen und von ihm sich sein Arbeitsfeld anweisen lassen. Er allein kann recht ein- und anweisen, weil er allein alle Dinge weiss.

Was der fremde, unbekannte Mann den Jüngern anempfiehlt, das thun sie. Der Mensch, welcher lange Zeit vergeblich gearbeitet hat, stösst nicht so leicht einen guten Rath, wenn er nur in der rechten Weise ertheilt wird, von sich. Er hört und lässt sich bedeuten. Lampe erinnert noch daran, dass die Stimme Christi eine solche Kraft besitzt, dass sie die Herzen der Menschen leitet nach Wohlgefallen. *Discipuli autem*, schreibt Calvin, *consilii inopes homini quamvis ignoto facile obtemperant. Si ante primum iactum tale aliquid audissent, non fuissent tam prompti ad parendum. Quod ideo moneo, ne quis miretur, ita fuisse morigeros, quum iam longa et irrita fatigatione essent domiti. Quanquam non vulgare hoc fuit temperantiae documentum, quod laborem, in quo se infeliciter exercuerant tota nocte, post exortam diei lucem continuant. Et certe ut Dei benedictioni locus detur, constanter exspectanda est: nihil enim magis praeposterum, quam manum statim ab opera retrahere nisi fructuosa appareat. Serio laborasse discipulos, testis est Petri nuditas. Atqui non detrectant periculum facere novi iactus, ne quam occasionem negligant. Quod tamen obsequuntur Christi praecepto, fidei ascribi non potest. Audiunt enim tanquam ignotum hominem. Nunc si nobis molesta est nostra vocatio, quia videtur esse sterilis labor, quem suscipimus, ubi tamen nos Dominus ad pergendi constantiam hortatur, colligere animos decet: non deerit tandem felix eventus, sed opportuno tempore.* In Folge des Wortes des unbekannten Mannes werfen die Jünger ihr Netz auf der angegebenen Seite aus: οἱ δὲ ἔβαλον (so liest Tischendorf auf Grund des Codex Sinaiticus und Cantabrigiensis, der *textus receptus* hat noch οὖν) καὶ οὐκέτι αὐτὸ ἑλκύσαι ἴσχυον (so wird mit dem Codex Sinaiticus, Vaticanus, Ephraemi und Cantabrigiensis statt des recipirten ἴσχυσαν gelesen werden müssen) ἀπὸ τοῦ πλήθους τῶν ἰχθύων. Kein Wort Jesu fällt in

18*

das Wasser; was er zusagt, das muss geschehen; das geschieht auch alle
Wege, wenn es nur bei uns nicht an dem erforderlichen Gehorsam fehlt.
Früher hatten diese Jünger mit Leichtigkeit, ohne alle Beschwerde das in
die Tiefe hinuntergelassene Netz heraufgezogen; jetzt, da sie es nach
Weisung auf der rechten Seite ausgeworfen haben, vermögen sie das nicht
mehr, was sie bis jetzt immer vermochten. Die freudige Ahnung durch-
zuckt sie, dass sie jetzt einen Fang, ja einen reichen Fang gethan haben,
und je mehr sie ziehen, je mehr sie sich anstrengen müssen, um das Netz
auf dem Spiegel des Meeres heraufzuziehen, desto mehr wird die Ahnung
zur seligen Gewissheit, dass ein ganz wunderbarer Fang ihnen gelungen
ist. Wie ist auf ein Mal diese Menge von Fischen auf der rechten Seite
ihres Schiffes? Haben wir ein Wunder der Allwissenheit oder ein Wunder
der Allmacht hier vor Augen? Lange bleibt sich auch hier treu und
schreibt dem Erlöser nur einen in das Vorborgene, in die Tiefe dringenden
Blick zu: Bengel folgt Gerhard, welcher ein Wunder der Allmacht hier
findet, nicht in der Weise, was Aeltere annahmen, dass der Auferstandene
aus Nichts diese Fische erst gemacht habe, sondern so, dass er die Fische,
welche nach dem Zeugnisse des Josephus b. i. 3, 10, 7 (γένη δὲ ἰχϑύων
ἐν αὐτῇ διάφορα πρὸς τοὶς ἀλλαχοῦ γεῦσίν τε καὶ ἰδέαν) in reicher Fülle
und grosser Güte in dem See vorhanden waren, auf diese rechte Seite
hinschwimmen liess. Gewiss ist an eine Schöpfung von Fischen nicht zu
denken, denn, wo man mit den zu Gebote stehenden Mitteln vollkommen
ausreicht, ist es Willkür, ein Wunder zu statuiren. Etwas Ueberflüssiges,
etwas Unnöthiges kann durch ein Wunder nie bewirkt werden. Hat Jesus
die Fische etwa im Wasser springen sehen, hat er von dem Ufer aus
tiefer in das Meer hinabgesehen, als die darauf arbeitenden sieben Jünger?
Mir scheint, was Gerhard und Bengel schon angeben, den Vorzug zu verdienen. Durch seinen Willen sammelte der Herr diese Fische an diese
Stätte. Der Uebergang aus dem Aoriste ἔβαλον in das Imperfektum ἴσχυον
ist nicht ohne Bedeutung, Ewald macht bereits darauf aufmerksam: das
Auswerfen war ein Werk des Augenblickes, das Herausziehen aber ging
nicht so schnell von Statten, es dauerte lange ἀπὸ τοῦ πλήϑους τῶν ἰχϑύων.
Dieses ἀπό = von wegen kommt auch, wie die Lexika von Passow und
Pape und die grösseren Grammatiken von Matthiä, Krüger, Bernhardy u. A.
schon ausweisen, auch bei Klassikern vor; wer sich darüber genauer unterrichten will, ist auf Kypke's Bemerkungen aufmerksam zu machen.

Wir schliessen uns den Auslegern an, welche in diesem reichgesegneten
Fischzuge nicht eine Specialweissagung über den Erfolg der apostolischen
Arbeit unter den Heiden erblicken, sondern eine symbolische Darstellung
des Segens, welcher der apostolischen Mission überhaupt folgt. Sie, die von
dem Herrn schon längst berufenen Menschenfischer, sollen, wenn sie von
ihm sich nur zurechtweisen lassen, solch einen wunderbar gesegneten Zug
thun in dem Meere der Völker.

Jetzt geht wenigstens Einem der Jünger das Auge auf, das so lange
gehalten war. Wir ahnen schon, dass es Johannes ist. Er, der zuerst zu
dem Grabe des Auferstandenen und an dem Grabe zuerst zu dem Glauben
kam, dass Jesus von den Todten auferstanden sei, erkennt jetzt mit einem
Male den Herrn. Er selbst berichtet: λέγει οὖν ὁ μαϑητὴς ἐκεῖνος, ὃν ἠγάπα
ὁ Ἰησοῦς τῷ Πέτρῳ· ὁ κύριός ἐστιν. Die Umschreibung, welche wir aus
dem Evangelium des Johannes kennen, kehrt hier wieder, aber nicht ganz

in der herkömmlichen Weise. Sonst heisst es: ὁ ἄλλος μαθητής 18, 15 oder ὁ μαθητὴς ὁ ἄλλος 18, 16, ὁ ἄλλος μαθητής, ὃν ἐφίλει ὁ Ἰησοῖς 20, 2; ἐκεῖνος steht nirgends, wohl aber auch 13, 23 μαθητής, ον ἠγάπα ὁ Ἰησοῦς. Das intime Verhältniss zwischen Petrus und Johannes, welches die neuere Kritik erst in das Gegentheil zu verwandeln sich unterfing, tritt hier wieder recht in das Licht. Sechs Jünger sind im Schiffe, an welche Johannes insgesammt sich wenden könnte: aber dem Petrus, selbst nicht ein Mal seinem Bruder Jakobus, theilt er in erster Instanz seine Entdeckung mit. Petrus soll es vor Allen wissen, dass der Mann da an dem Ufer ὁ κύριος ist. Der Evangelist bezeichnet vor der Auferstehung nur zwei Mal Jesus als ὁ κύριος 4, 1 u. 6, 23: nachdem derselbe aber von den Todten auferstanden ist, thut er es mit Vorliebe, vgl. 20, 2, 13, 20, 25 u. 28. Wir dürfen daraus schliessen, dass er dieses Wort in jenem Sinne nahm, in welchem es Thomas in seinem Bekenntnisse gebraucht. Wie kam es, dass Johannes von allen Sieben Jesum zuerst erkannte? Sicher hat das nicht in einem äusseren Umstande, sondern in einer inneren Beschaffenheit seinen Grund. Die alten Väter haben schon ähnliche Gedanken ausgesprochen: sie weisen auf den jungfräulichen Sinn, auf das reine Herz bei ihm hin. Bengel merkt an: *vita quieta citius observat res divinas, quam activa: et haec tamen occasionem praebet, nec fructu excidit apud sanctos.* Sicher ist Etwas daran: Petrus, welcher diesen Fischzug leitet und ganz bei der Sache ist, wie wir aus seiner Bekleidung wahrnehmen, hat augenblicklich zu viel mit dem Segen zu schaffen, der in seinem Netze beschlossen ist, als dass er noch Sinne und Gedanken für etwas Anderes hätte. Die Arbeit nimmt ihn ganz hin, ganz in Anspruch. Johannes arbeitet gewiss auch rechtschaffen mit und sitzt, nicht in Gedanken versunken, dort in dem Schiffe, aber seine Sinne und Gedanken sind noch anderswo als bei diesem Werke, sie suchen den, der ihn liebt und der ihnen verheissen hat, dass sie in Galiläa ihn sehen werden. Seine Augen schauen nach dem Herrn aus von einer Morgenwache zu der anderen. Woran aber erkannte er in dem Manne da droben auf dem Ufer den Auferstandenen? Neander glaubt an der Stimme: Lange an der Gestalt. Allein die Stimme haben die anderen Jünger auch vernommen: das Auge des Adlers unter den Evangelisten ist schwerlich schärfer als bei den Uebrigen. Auf Herzenssympathie verfallen Andere; aber dann hätte sein Herz schon längst dem Manne am Meeresrande entgegenschlagen müssen. Das Wunder setzen desshalb neben der Stimme Lücke und de Wette mit in Rechnung, Andere mit Lampe neben der Gestalt, Andere mit Tholuck neben Stimme und Gestalt: wir werden, da die Erkennungsscene erst nach dem wunderbaren Fischzuge spielt, von dem Evangelisten, der es ja am Besten wissen musste, darauf geführt, dass es vor allem Anderen dieses Wunder gewesen ist, was ihm die Augen geöffnet hat. So schon Chrysostomus, Euthymius (τοῦτο σινεὶς ἀπὸ τῆς εὐτυχίας καὶ τοῦ συγκεκλεῖσθαι τοῖς ἰχθύας ὥσπερ ἐξ ἐπιτάγματος), Calvin (*neque enim Christum oculis cognoscit, sed quia persuasus est divinitus oblatam esse piscium copiam, colligit Christum esse, a quo directae fuerant ipsorum manus*), Gerhard, Grotius, Kühnöl, Olshausen, Stier, Luthardt, Weiss u. A. Johannes weiss es, dass Einer nur auf Erden ist, der so segnen kann, und dieser Eine hat schon ein Mal hier auf dem galiläischen Meere seine Herrlichkeit in einem ähnlichen, reichgesegneten Fischzuge geoffenbart. Mit diesem Fischzuge steht jener Fischzug wie ein frisches Morgenbild wieder vor seiner Seele: der, welcher damals gebot: ἐπανάγαγε εἰς τὸ βάθος καὶ χαλάσατε τὰ δίκτυα ὑμῶν εἰς ἄγραν, Luk. 5, 4, hat auch jetzt gesprochen: βάλετε εἰς τὰ δεξιὰ μέρη τοῦ πλοίου καὶ εὑρήσετε. Ohne eine bestimmte Absicht theilt Johannes seinem lieben Petrus mit, dass es der Herr ist, gewiss ihm nicht in's Ohr, dass die Anderen es nicht hören können und sollen, sondern mit lauter Stimme, dass auch sie es erfahren: er soll sich mit ihm und den Anderen freuen, dass der, den sie zuletzt in Jerusalem gesehen haben, ihnen jetzt wieder erscheint, um nicht bloss sich dort am Ufer sehen zu lassen, sondern um etwas bei ihnen zu verweilen, denn seine Frage, sowie der Segen, welchen er bescheert hat, machen es im höchsten Grade wahrscheinlich, dass er mit ihnen ein Frühmahl halten will. Die grosse Verschiedenheit des Naturells bei Petrus und Johannes gibt sich wieder in sprechender Weise kund. Während Johannes den Herrn zuerst erkennt, duldet es den Petrus, den er in Kenntniss gesetzt hat, nicht mehr in dem Schiffe. Es heisst Σίμων οὖν Πέτρος, ἀκούσας, ὅτι ὁ κύριός ἐστιν, τὸν ἐπενδύτην διεζώσατο, ἦν γὰρ γυμνός, καὶ ἔβαλεν ἑαυτὸν εἰς τὴν θάλασσαν. Chrysostomus macht auf die charaktertreue Zeichnung schon aufmerksam: er schreibt nämlich: πάλιν τὰ ἰδιώματα τῶν οἰκείων ἐπιδείκνυνται τρόπων οἱ μαθηταὶ Πέτρος καὶ Ἰωάννης. Ὁ μὲν γὰρ θερμότερος ἦν, ὁ δὲ ὑψηλότερος ἦν· καὶ ὁ μὲν ὀξύτερος ἦν, ὁ δὲ διορατικώτερος. Διὰ τοῦτο ὁ μὲν Ἰωάννης πρῶτος ἐπέγνω τὸν Ἰησοῦν· ὁ δὲ Πέτρος πρῶτος ἦλθεν πρὸς αὐτόν. Theophylaktus, Euthymius schliessen sich dem mit Recht an. Die Scene von 20, 3 ff. wiederholt sich in anderer Weise. Johannes war zuerst zu dem Grabe gekommen, dennoch aber gelangte Petrus zuerst dahin, wo der Herr gelegen hatte: Johannes erkennt hier zuerst den Herrn, und dennoch kommt Petrus wieder zuerst dahin, wo derselbe sich befindet. Ausser der gewaltigen Sehnsucht nach Jesus, ausser der brennenden, kein Hinderniss ertragenden Liebe zu Christus zeigt sich hier bei diesem ersten Jünger seine Kühnheit, seine rasche Entschlossenheit, sein glühender Eifer — alles Eigenschaften, welche ihn in Stand setzten, in der apostolischen Kirche die Stelle einzunehmen, welche der Herr und Meister ihm anvertraut hatte. Er, der bei diesem Fischzuge die Initiative ergriffen und offenbar die Hauptarbeit vollbracht hatte, sollte auch in dem Werke der Mission an der Spitze stehen und von allen ersterwählten Aposteln nach dem Willen dessen, der ihn berufen hatte, das Meiste schaffen. Man hat mehrfach die Frage aufgeworfen, wer hier richtiger gehandelt habe, Petrus, der sich in das Meer wirft, oder Johannes und die anderen fünf Jünger, welche ruhig in dem Schiffe verharren? Wir antworten mit Hengstenberg: Petrus that Recht, dass er nicht in dem Schiffe blieb, und die Anderen thaten ebenso Recht, dass sie in dem Schiffe blieben. Sie handelten nicht bloss so, wie es ihrem Temperamente, ihrer von Gott ihnen gegebenen Individualität gemäss war, sondern wie der Heiland es ganz gewiss auch gewünscht hatte. Oder ist es glaublich, dass er diesen reichen Fischsegen ihnen bescheert habe in der Absicht, dass sie, sobald sie daraus inne würden, er sei es selbst, das Schiff verlassen und zu ihm eilen sollten? Was wäre dann aus dem reichgesegneten Schiffe geworden? Der Segen wäre verloren gegangen durch ihren blinden Eifer. Dem Petrus lässt sich keinerlei Fahrlässigkeit. keinerlei Ueberstürzung zur Last legen: er weiss recht gut, wer in dem Schiffe ist, diesen vertraut er, diesen überlässt er, während er rasch und entschieden handelt, die Leitung und Bergung desselben. Wir sehen, die Jünger ergänzen sich unter einander: die Eigenthümlichkeit des Einen gestattet es, dass sich die Eigenthümlichkeit des Andern in ganzer ursprünglicher Stärke bethätigt. Was that der rasche, feurige Petrus nach des sinnigen, beschaulichen Johannes Mittheilung, dass es der Herr sei? Der Evangelist berichtet: τὸν ἐπενδύτην διεζώσατο, ἦν γὰρ γυμνός, καὶ ἔβαλεν ἑαυτὸν εἰς τὴν θάλασσαν. Wir fragen zuerst, was unter ὁ ἐπενδύτης zu verstehen ist. Die Ansichten der Gelehrten laufen jetzt noch wie früher aus einander. Less, Michaelis, Hezel, Bolten verstanden unter dem ἐπενδύτης das Kleidungsstück, welches von den Attikern χιτωνίσκος, cf. *Xenophon. Mem. 2, 7, 5. Theophr. Charact. 25,* auch ὑποδύτης, cf. *Eustathius ad Odyss. γ. p. 1462,* von den Lateinern aber *interula* (das Fragment des Varro bei Nonnus 14, 36), *subucula (Horatius ep. 1, 1, 95)* genannt wurde. Allein wie kann ἐπενδύτης ein solches Kleid bezeichnen? Die Derivation des Wortes ist ja ganz klar und durchsichtig. Der ἐπενδύτης ist auf jeden Fall ein Kleidungsstück, welches nicht auf der blossen Haut, sondern über anderen Kleidern gewöhnlich getragen wurde. Fischer, Bretschneider, Kühnöl, Olshausen u. A. behaupten, ὁ ἐπενδύτης sei ὁ χιτῶν, die *superaria,* das *intusium* (vgl. das citirte Fragment Varro's: *postquam binas tunicas habere coeperunt, instituerunt vocare subuculam et indusium,* welches lange Zeit ganz falsch so verstanden wurde, als ob das Unterkleid bei Männern *subucula* und bei Frauen *intusium* genannt worden sei), die vielfach absolut gesetzte *tunica.* Allein in dem ganzen Neuen Testamente wird dieses Kleidungsstück nie wieder ἐπενδύτης benannt, trotzdem dass dasselbe vielfach erwähnt wird. Fassen wir die Etymologie des Ausdrucks in's Auge, so ist ἐπενδύτης jedes Gewand, welches über ein anderes gezogen wird, also ein Ueberwurf, ein Ueberzug (de Wette, Baumgarten-Crusius, Ewald, Bäumlein), so auch im klassischen Griechisch, wie Meyer beibringt, in einem Fragmente des Sophokles, Dindorf 391 und einem anderen des Nicochares bei Pollus 7, 45. Allein die Etymologie entscheidet bei Kleidungsstücken nicht immer: es kommen neue Moden auf und ein Kleid, welches früher ein Oberkleid, ja das oberste selbst war, und darnach genannt wurde, muss einem anderen seinen bisherigen Platz einräumen. Daher mag es kommen, dass bei späteren Lexikographen sich über ὁ ἐπενδύτης verschiedene Angaben finden. Wir halten uns an Suidas, welcher schreibt: ὑποδύτην· τὸ ἐσώτερον ἱμάτιον· ἐπενδύτην δὲ τὸ ἐπάνω und an einem anderen Orte: ἐπενδύτης· τὸ ἐσώτατον ἱμάτιον und Moeris, welcher angibt: χιτωνίσκος καὶ χιτών, ἀττικῶς ὑποδύτης καὶ ἐπενδύτης ἑλληνικῶς. Hiermit stimmt Theodoretus, welcher in den *quaest. in Exod. 60* ἐπενδύτην δέ paraphrasirt τὸν χιτῶνα τὸν ἔξωθεν. Das griechische Wort ἐπενδύτης ist in dem Laufe der Zeiten in die Sprache der Juden übergegangen, im Talmud finden wir schon אונדרא: aber die alten Erklärungen laufen auch wieder sehr aus einander. Maimonides beschreibt zur Mischna, Berachot 9, 5 dieses Gewand folgender Massen: אונדרה *est vestimentum, quod induebatur super carnem ad recipiendum eo sudorem, ne vestes pretiosiores inquinentur eo, nec moris erat id portare nisi sub aliis vestibus.* Bartenora bemerkt aber zu באונדרו, *cum cingulo suo, hinc cingulo cingebant se ad pecuniam secum portandam. Vel iuxta alios est vestimenti genus, quod induebant super carnem sudoris causa, ne eo interficerentur alia vestimenta, nec tamen decorum ut istius modi vestimento solo incedat quisquam.* In Schulchan Aruch lesen wir darüber: *est species indumenti, indusium scilicet parvum, cui multi loculi sunt assuti, quibus imponunt, quidquid obvium ipsis.* Buxtorf bemerkt dazu: *non fuit ergo simpliciter indusium lineum, quod proxime iunctum cuti, sed species quaedam alia interioris indumenti, in quo pecunia aut alia necessaria abscondi et circumferri poterant.* Ziehen wir die älteren Exegeten zu Rath, so belehrt uns Theophylaktus: ἔστιν οὖν ὁ ἐπενδύτης λινοῦν τι ὀθόνιον, ὃν οἱ Φοίνικες καὶ οἱ Σύροι ἁλιεῖς περιελίττουσιν ἑαυτοῖς, εἴτε γυμνοὶ ὄντες, εἴτε ἐπὶ τοῖς ἱματίοις τοῦτο ἐπιτιθέντες, ἁπλῶς δὲ εἰπεῖν, οἷον οἱ ζωογράφοι ποιοῦσι τοῖς ἀποστόλοις, ἐπάνω τῶν ἱματίων περιειλιγμένους. Euthymius theilt uns über diesen ἐπενδύτην noch Genaueres mit: τὸν ἐπενδύτην δέ, χιτώνιόν τι φασιν ἀχειρίδωτον, ἄχρι γονάτων περιστέλλον. σύνηθες δὲ τοῦτο τοῖς θαλαττεύουσιν, εὐκινησίαν ἅμα καὶ εὐσχημοσύνην αὐτοῖς παρὰ τῷ ὕδατι περιποιούμενον. Folgen wir diesen Werken, welche allen Glauben verdienen, denn der berühmte Niebuhr liefert in seiner Beschreibung von Arabien, Kupfertafel XV uns zwei Abbildungen, auf welchen wir einen Mann, welcher mit einem anderen einen Stamm zersägt, und einen anderen Mann, welcher auf dem Felde arbeitet, erblicken nur in einem solchen bis auf die Kniee herabreichenden Hemde ohne lange Aermel, das mit einem Gürtel auf dem Leibe gehalten wird: so hätten wir den ἐπενδύτης als einen Arbeiterkittel, als eine Blouse uns mit Grotius, Meyer, Godet, Luthardt, Baumgarten-Crusius, Lücke, Hengstenberg u. A. vorzustellen. Von diesem Kittel sagt Johannes nun, dass der Apostel ihn sich umgegürtet habe. Dieses διεζώσατο kann an und für sich nicht so verstanden werden, dass er ihn angezogen und dann umgegürtet hätte, denn das Zeitwort besagt nichts Weiteres, als eben dieses Umgürten. Viele Ausleger versichern aber, dass er nicht bloss den Kittel sich umgegürtet, sondern ihn überhaupt erst über sich geworfen habe, der erklärende Beisatz: ἦν γὰρ γυμνός fordere das auf das Entschiedenste. Grotius schon stellt die Behauptung auf, dass nur derjenige, welcher das Oberkleid, hier also den ἐπενδύτης, abgelegt habe, γυμνός sei, ihm stimmen Meyer, Godet, Luthardt u. A. zu; allein es ist nicht einzusehen, warum Jemand, der nur den Fischerkittel an hat nicht γυμνός genannt werden kann: γυμνός ist jeder, welcher Theile an seinem Leibe bloss lässt, welche sonst mit Kleidern bedeckt sind. Jene Fischerblouse entbehrte nach Euthymius' genauer Beschreibung der Aermel und reichte auch nur bis zu den Knieen durch ein festes Anziehen der Kleidung mittelst des Gürtels konnte Petrus allerdings die blossen Arme und Füsse nicht verhüllen, wohl aber andere Theile seines Körpers, welche, da das Gewand nicht straff angezogen war, sondern weit und lose an ihm herunterhing, nunmehr bedecken. Es war dem eifrigen, unermüdlichen Fischer bei der anstrengenden Arbeit trotz der Kühle der Nacht heiss geworden, der Schweiss drang ihm aus allen Poren und so hatte er, um es sich bequemer zu machen, nicht die Blouse abgelegt, wohl aber den Gürtel gelöst. Die Peschito, Nonnus, Calvin, Gerhard, Grotius, Calov, Bengel, Hug, Tholuck, Ewald, Godet, Meyer, Luthardt sind anderer Ansicht, nach ihnen zieht der Apostel den ἐπενδύτης erst wieder an, ehe er sich gürtet: mir sagt es ebenso wenig zu wie dem Theophylaktus, Euthymius, Kühnöl, Baumgarten-Crusius, Hengstenberg u. A. Hatte er dieses Kleidungsstück nicht an, so hätte der Evangelist sich sehr leichtfertig ausgedrückt, wenn er nur von dem Angürten desselben sprach; dann war unbedingt das Anziehen die Haupt- und das Angürten die Nebensache. Vergleichen wir nun noch 13, 4 mit dieser Stelle, so meine ich, kann man unsere Auslegung nicht mehr von der Hand weisen. Dort wird erzählt, dass Jesus sich auch angegürtet habe — διέζωσεν ἑαυτόν dort entspricht ganz dem διεζώσατο hier — mit einem leinenen Schurze, da er aber denselben nicht unter den Oberkleidern trug, welche er der Fusswaschung wegen auszog, so unterlässt der Berichterstatter nicht, zu melden, dass er diesen Schurz genommen habe, λαβὼν λέντεον διέζωσεν ἑαυτόν: wenn es hier ähnlich sich verhalten hätte, dürften wir, da Johannes ja zugestandener Massen sehr umständlich erzählt, auch die Notiz, dass er den abgelegten Kittel in aller Geschwindigkeit sich erst übergeworfen habe, hier erwarten, wenn die Peschito und ihre Anhänger das Richtige getroffen hätten. Petrus that nichts Anderes, als dass er den lang und lose an seinem Leibe herabhängenden ἐπενδύτης durch einen Gürtel sich fest auf den Leib zog: ἦν γὰρ γυμνός. Man hat auf diesen Satz sich gesteift und, wie schon bemerkt, behauptet, dass diese Angabe zum Allerhöchsten eine Bedeckung der Schamtheile zulasse. Denn darüber, dass γυμνός nicht immer eine absolute Nacktheit, sondern vielfach nur eine relative aussagt, ist man ebenso einig als darüber, dass der Apostel nicht so schamlos gewesen sei, *in puris naturalibus* vor den Anderen zu arbeiten. Die γυμνότης des Petrus soll nun nach Vielen darin bestanden haben, dass er nur einen Schurz, ein Tuch um seine Lenden gelegt hatte. Nonnus tritt für ein Schurzfell, für eine Thierhaut ein: er singt:

δέρμα τόπερ διδύμων κεχαλασμένον εἰς πτύχα μηρῶν
ἰχϑυβόλοι φορέουσι ἀϑήπου σκέπας αἰδοῦς,
γυμνὸν γὰρ δέμας εἶχεν ἐς ἠόνα δίκτυον ἕλκων.

Ein *subligaculum* nehmen an: Calov (*prorsus nudus, tectis solummodo, quod et inter barbaros Indos solent, qui nudi incedunt, pudendis*), Tholuck, Lange, Godet, Bäumlein; Luthardt hält daneben auch ein Hemd für möglich, was Meyer nach dem Vorgange von Gerhard hier besser findet. Allein der Sprachgebrauch von γυμνός ist doch nicht so eng, wie diese Ausleger meistentheils annehmen, sondern im Gegentheile so weit, als ich vorher schon aus der Natur der Sache es dargestellt habe. Jetzt bringe ich den Beweis für meine Behauptung nach. Der Grieche bezeichnet den Menschen schon als nackt, welcher den χιτών nicht trägt, vgl. *Lucianus Cyn.* 1, wo wir lesen: τί ποτε, ὦ οὗτος, πώγωνα μὲν ἔχεις καὶ κόμην, χιτῶνα δὲ οὐκ ἔχεις καὶ γυμνοδερκῇ καὶ ἀνυπόδητος, τὸν ἀλήτην καὶ ἀπάνϑρωπον βίον καὶ ϑηριώδη ἐπιλεξάμενος. Demnach kann Petrus, um desswillen, dass er nicht das übliche Gewand, sondern nur einen schäbigen, nicht alle sonst bedeckten Glieder bedeckenden Arbeiterkittel anhatte, schon γυμνός genannt werden, was Theophylaktus und Euthymius bereits annehmen. Wenn die Mehrzahl der Ausleger mit Chrysostomus, Theophylaktus, Euthymius, Gerhard, Grotius, Bengel u. A. glaubt, dass der Apostel, ehe er sich in das Wasser wirft, erst Toilette mache, weil er nicht γυμνός vor den Augen seines Herrn erscheinen wolle, und daraus sowohl auf seine hohe Ehrfurcht vor Christus, als auch auf sein tiefes Schuldbewusstsein — dieser ἐπενδύτης soll ihm als Feigenblatt dienen, um seine Blösse zu decken — sofort schliessen, so kann ich ihnen auch in diesem Punkte nicht Recht geben. Von Toilettemachen kann hier nicht die Rede sein, denn das Sichstürzen in das Meer brachte ja doch die Kleider in Unordnung und sie mussten ihm, wie er aus dem Wasser stieg, auf dem Leib fest angeklatscht sitzen, so dass alle Formen seines Körpers

erst recht hervortraten. Der Satz *ἦν γὰρ γυμνός* soll nichts weiter aussagen, als dass Petrus durch Nichts behindert wurde, den Gedanken,
welcher ihm, wie er hörte, der Herr sei es, in das Herz gekommen war,
auf der Stelle in's Werk zu setzen. Es bedurfte gar keiner langen Vor-
bereitungen: gedacht, gethan. Nur ein Griff und er war im Stande. Die
Blouse wird durch den Gürtel fest an den Leib gezogen, dass sie nicht
hinderlich werde, und nun ist er fix und fertig, *καὶ ἔβαλεν ἑαυτὸν εἰς
τὴν θάλασσαν.* In das Meer wirft sich Petrus: das *ἔβαλεν* verträgt sich
nicht mit Lyra's Ansicht, für welche später, kaum begreiflich, Gerhard
Propaganda zu machen suchte: *si natando venire voluisset, cur ἐπενδύτην
induisset, quae remoram quandam natanti iniecisset. Nec peditando sive
vadando venire potuit, quia profunda erat aqua, cum a continenti cubitis
quasi ducentis adhuc distiterit: nec solum intervallum illud a littore, sed et
magnitudo navis profunditatem illam stagni eo in loco arguit: potuit in eo
moveri navis, in qua ad minimum septem homines, centum quinquaginta
tres magni pisces et retia et alia navis instrumenta, cui etiam πλοιάριον
aliquod erat coniunctum (?). Verisimilius igitur censendum, quod Petrus
miraculose super aquas ambulando ad Christum ocius contenderit.* Grotius
und Baumgarten-Crusius, denn dessen Verweis auf Matth. 14, 28 ff. kann
nicht anders gefasst werden, halten zu. Wer aber auf dem Wasser wandeln will, darf sich nicht in das Meer hineinwerfen: thut er das, so sinkt
er wenigstens für eine kleine Zeit unter. Wer wandeln will auf den Wassern,
muss bedächtig aussteigen, wie der Apostel es auch in ganz richtigem
Instinkte damals gethan hat (*καταβὰς ἀπὸ τοῦ πλοίου* heisst es dort Matth.
14, 29). Mit Recht sagt schon Nicephorus in seiner Kirchengeschichte
1, 35, dass der Apostel habe schwimmen wollen, Calvin schwankt zwischen
Wandeln auf und Schwimmen in dem Meere, Calov, Lampe, Bengel, Kühnöl,
Olshausen, Tholuck, Lücke, Luthardt, Hengstenberg, Stier, Godet u. A.
aber sind ganz entschieden dafür. Das Schiff konnte, da es das volle
Netz nach sich zog, nicht so schnell vorwärts kommen, Petrus hoffte durch
Schwimmen das Land eher zu erreichen und seine Hoffnung betrog ihn nicht.
  *Οἱ δὲ ἄλλοι μαθηταὶ τῷ πλοιαρίῳ ἦλθον, οὐ γὰρ ἦσαν μακρὰν ἀπὸ
τῆς γῆς, ἀλλὰ ὡς ἀπὸ πηχῶν διακοσίων, σύροντες τὸ δίκτυον τῶν ἰχθύων.*
Auch die andern sechs Jünger gelangen wohlbehalten an das Land *τῷ
πλοιαρίῳ.* Der Dativ wird von Meyer örtlich genommen, auf dem Schiffe
kamen sie, er beruft sich auf Herodot 5, 99; allein diese Stelle lässt sich
eben so gut übersetzen: er kam mittelst, mit 20 Schiffen, und so kann
πλοιαρίῳ hier eben so gut mit Godet als *Dativus instrumenti* gefasst werden.
Gerhard unterscheidet dieses *πλοιάριον* von *τὸ πλοῖον* V. 3: bei dem grossen
Schiffe soll noch ein kleiner Nachen sich befunden haben. Wir wissen
recht gut, dass grössere Schiffe meist noch einen Kahn mit sich führen,
allein so lässt es sich hier doch nicht denken. Das Schiff, in welchem
Petrus in die See hineingestochen war, ist keineswegs ein grosses Fahrzeug
gewesen, sondern wie unsre Schiffer an der Ost- und Nordsee auch nur in
einem einzigen Nachen zum Fischen ausfahren, so auch diese ihre Zunft-
genossen auf dem galiläischen Meere. Wo blieb das grosse Schiff, wenn
sie sammt und sonders in den kleinen Nachen stiegen? Und durften sie
es wagen, von diesem kleinen Kahne aus das schwere Netz hinter sich
her zu ziehen? Statt des *πλοῖον* V. 3 steht hier das Diminutivum, gerade
wie *τὸ πλοῖον* 6, 17, 18, 19 und *τὸ πλοιάριον* V. 22 ein und dasselbe

Fahrzeug ist. Beide Worte, sehen wir, sind auch gut johanneisch. So sehr gross war die Entfernung nicht: der Evangelist schätzt sie auf 200 Ellen (ὡς ἀπὸ πηχῶν διακοσίων ist gut johanneisch, es kommt nur bei ihm, vgl. Ev. 11, 18. Apok. 14, 20 ἀπό bei Bestimmung von Entfernungen vor), also auf ein halbes Stadium, auf 300 Fuss, nahehin 100 Meter. Weil sie so nahe an dem Lande waren, — so gelangt γάρ, wie Grotius und Bengel schon angeben, zu seinem Rechte, — verliessen sie das Schiff nicht; sie hatten ihre liebe Noth mit dem Netz voller Fische, sie mussten es richtig schleppen wegen seiner reichen Fülle. Viel stärker als ἑλκύειν ist dieses σύρειν. Bengel bemerkt schon: *maiorem vim innuit verbum σύρειν.* Tittmann stimmt dem in seinem Werke *de synonymis* p. 57 bei. *Conveniunt in eo*, sagt er, *quod utrique inest notio trahendi, i. e. efficiendi, ut aliqua res, e suo loco mota, aliam sequatur. Hoc sensu ἑλκύειν (quod saepissime nihil aliud est, quam secum ducere, ut in Eurip. Jon v. 750) dicitur* Joh. 18, 10. 21, 6, 11. *Sed ita differre videntur, ut in v. ἑλκύειν intelligatur tractio tendens aliquo, in v. σύρειν autem cogitetur potissimum, rei, quae trahitur, motus isque continuus, neque interruptus.* — *Nisi fallimur, differunt, ut nostra* ziehen und schleppen (zerren). Aber wenn er auch erklärt: *neutri autem per se violentiae significatio inest, sed ad v. σύρειν accedit. quia cogitatur, rem, quae trahitur, ita sequi, quasi renitatur, ut maiori nisu trahenda sit:* so gesteht er doch zu: *manifesta est diversa notio in Joh. 21, 6, 8, 11.* Alle Kräfte müssen diese sechs Mann anstrengen, um das Netz an das Ufer zu schleppen, so Meyer, Stier u. A.

Ein neues Wunder erwartet die Jünger, wie sie auf das Land treten: ὡς οὖν ἀπέβησαν (so liest auch Tischendorf, trotzdem der Codex Sinaiticus hat ἀνέβησαν) εἰς τὴν γῆν, βλέπουσιν ἀνθρακιὰν κειμένην καὶ ὀψάριον ἐπικείμενον καὶ ἄρτον. Das Unerwartete dessen, was sich ihren Augen darbot, tritt aus dem Präsens βλέπουσιν noch merkbar hervor. Sie erblicken, was ihnen vorher verborgen geblieben war, ein Kohlenfeuer, aus dem dabei stehenden κειμένην erhellt, dass diese Kohlen nicht sowohl aufflammten und Funken sprühten, sondern daliegend nur glühten. Auf dem Kohlenfeuer lag ὀψάριον. Wir kennen dieses Wort schon aus dem johanneischen Evangelium: 6, 9 ist von fünf Gerstenbroten und δύο ὀψάρια die Rede: aus den Parallelen Matth. 14, 17. Mark. 6, 38 und Luk. 9, 13 geht sonnenklar hervor, dass diese beiden ὀψάρια nichts Anderes als δύο ἰχθύες sind und also der klassische Sprachgebrauch von ὀψάριον dem Johannes bekannt ist, nach welchem ὀψάριον, Zukost, in erster Linie Fischwerk bedeutet. Wir haben jene Stelle als Schlüssel zum Verständnisse dieser zu benutzen: das ὀψάριον, welches hier auf den Kohlen liegt, ist Fisch. Es sind hierüber alle Ausleger einig, aber sie entzweien sich sofort, wenn man weiter fragt: ein Fisch oder Fischwerk, d. h. Fische überhaupt. Kollektivisch fassen Grotius, Bengel, Lücke, Baumgarten-Crusius, Meyer und Luthardt dieses ὀψάριον: ihr Hauptgrund ist, dass Jesus doch unmöglich mit einem Fische seine Jünger habe speisen wollen. Dass dieser Grund nichts wiegt, liegt auf der Hand. Der Mann, welcher mit fünf Broten und zwei Fischen fünftausend Mann ohne Weiber und Kinder so wunderbar sättigte, dass sogar noch zwölf Körbe voll Brocken übrig blieben, wird nun, da er in seine Herrlichkeit eingegangen ist. doch wahrlich mit einem Fische und einem Brote sieben hungrige Menschen satt zu machen verstehen! Von Gerhard, Lampe, Bengel, Kühnöl, de Wette, Hengstenberg,

Godet, Stier, Keim u. A. wird ὀψάριον als richtiger Singular genommen;
nicht mehr und nicht weniger als ein Fisch lag auf dem Feuer. Ich muss
mich auch für diese Auffassung entscheiden: die Stelle Joh. 6, 9 spricht
dafür, dass Johannes dieses Wort nicht kollektivisch, sondern von dem
einzelnen Stücke versteht; auch lässt sich der Artikel τό vor ὀψάριον V. 13
weit leichter erklären, wenn nur ein Exemplar da war. Meyer ist mir
unbegreiflich, wenn er hier auch nicht ein Mal den Schein eines Wunders
finden will, welchen Lücke offen und ehrlich zugegeben hatte. Auf sich
soll nach ihm beruhen, wie Jesus die Sachen hierher gebracht habe; aber
er lässt die Sachen selbst nicht auf sich beruhen, sondern gibt Andeutungen,
welche nicht misszuverstehen sind. Es ist in dem höchsten Grade natürlich
zugegangen. Er konnte selbst oder durch fremde Hände Alles hergeschafft
haben. Er selbst! Kühnöl vermuthet, dass Jesus, während die sieben
Jünger auf seine Anweisung einen grossen Fang thaten, auch mit Glück
gefischt habe: freilich nur ein kleines Fischlein war seine Beute. Wir
lehnen diese Vermuthung ab, sie widerspricht dem Allen, wie es der Heiland
früher in ähnlichen Lagen gehalten hat, und verträgt sich nicht mehr mit
dem *status exaltationis*, in dem er sich nunmehr befindet. Durch andre
Hände! Bäumlein noch kann mit der Bemerkung nicht zurückhalten, dass
Petrus natürlich Alles inzwischen zubereitet habe. Mit dem Fische in der
einen Hand und wohl am Ende gar mit den glühenden Kohlen in der
andern Hand — denn so schnell konnte er doch am Lande die Kohlen
nicht erst entfachen — muss der Apostel dann geschwommen sein. Ein
Wunder treibt man zur Vorderthüre hinaus und muss die Hinterthüre weit
aufthun, dass ein anderes Wunder sich einschleiche. Lange meint, Christus
habe nur einen Wunsch zu äussern brauchen und tausend Fischerherzen
wären bei dem Klange seines Namens erglüht und hätten ihre Schätze
ihm zu Füssen gelegt. Allein mit Recht wendet Luthardt dagegen ein,
dass der Herr nach seiner Auferstehung nicht mehr mit Fremden verkehrt,
sondern nur noch mit seinen Jüngern, und, fügen wir noch hinzu, da der
Evangelist ausdrücklich bemerkt, dass er sich diesen sieben Jüngern geoffenbart habe, so ist der Gedanke, dass andere Jünger ihn erkannten und
versorgten, vollständig ausgeschlossen. Christus muss — etwas Anderes
bleibt nicht übrig — auf irgend eine wunderbare Weise hier Alles zubereitet haben. Chrysostomus, Theophylaktus, Euthymius, Grotius, Calov,
Hammond, Maldonatus u. A. lassen ihn, was er gebraucht, mit allmächtiger
Kraft aus Nichts hervorbringen. Nicephorus h. e. 1, 35, Jansen, Stier,
Luthardt sagen, dass die Engel ihrem Herrn dienten. Ich möchte diesen
Letzteren den Vorzug geben: sonst sind die Wunder Jesu keine Neu-
schöpfungen, sondern knüpfen an irgend ein Substrat sich an. Finden die
Jünger übrigens, wie sie das Land betreten, Kohlen, einen Fisch auf denselben und Brot dabei liegen, so sehen sie, dass der Auferstandene nicht
des eigenen Bedürfnisses wegen sie vorher nach einer Zukost gefragt hat:
sie überzeugen sich, dass er ihres Dienstes nicht bedarf, sondern für Alles
schon allein sorgt. Zu gleicher Zeit aber ersehen sie aus den Anstalten,
dass er sie, welche die ganze Nacht umsonst gearbeitet haben um des
lieben Brotes willen, wunderbar speisen kann und keine Noth leiden
lassen will.

Ehe Christus aber die Jünger zu dem Mahle, welches er für sie zugerüstet hat, einladet, sagt er zu ihnen: ἐνέγκατε ἀπὸ τῶν ὀψαρίων ὧν

ἐπιάσατε νῦν. Seltsam gewiss, dass sie von den gefangenen und in dem Netz an das Ufer gezogenen Fischen herbei bringen sollen. Warum das? Euthymius Zigabenus schreibt: ἵνα μὴ φαντασία δόξῃ τὸ πρᾶγμα. Allein wie konnte der Argwohn die Jünger beschleichen, dass ihr Fischzug nur ein Blendwerk sei? Hatten sie die Fische, gross und klein, nicht mit ihren Augen gesehen und sich nicht anstrengen müssen, das Netz in die Höhe und sich nach an das Land zu ziehen? Besser meint desshalb Gerhard, dass der Fisch, welchen sie auf dem Feuer liegen sahen, ihnen nicht als ein Phantasma erscheine, sollten sie von ihren Fischen herbeiholen, um einen Vergleich anzustellen. Bengel schliesst sich ihm an: *ita cernebant discipuli, piscem illum tam verum esse piscem quam ceteros.* Allein wie sollen die Jünger darauf kommen, den Fisch, der auf den Kohlen liegt, für ein Phantom zu halten? Musste ihnen das Brot dann nicht auch ein Scheinbrot sein? Nach Euthymius, dem Andere wie Augustinus schon vorangegangen waren, müssen sie von den Fischen herbeiholen, weil jener eine Fisch auf dem Feuer unter so Viele nicht langte: εἰκὸς δέ, sagt er, καὶ ἐκ τῶν πιασθέντων ἰχθύων τινὰς ὀπτηθῆναι πρὸς ἑστίασιν ὅλων τῶν μαθητῶν, τοὺς λοιποὺς δὲ πένησι διανεμηθῆναι. Mit ihm halten es Gerhard, Lücke, Meyer, Godet und Luthardt. Mir scheint es nicht sehr wahrscheinlich: diess meinen auch Stier und Hengstenberg. Reichte der Fisch nicht, so reichte auch das Brot nicht; das Brot aber reichte, denn dass die Jünger von irgendwoher Brot herbeischafften, wird nicht vermeldet. Reichte aber das Brot, so musste der eine Fisch erst recht unter die sieben Mann reichen, denn der Fisch ist ja nur Zukost, hingegen das Brot die eigentliche Hauptkost. Man hat sich gewöhnt, dieses Verhältniss ganz ausser Acht zu lassen, ja es geradezu auf den Kopf zu stellen: allein das ist in keiner Weise erlaubt. Schon in unsrer Stelle wird ὀψάριον durch προσφάγιον V. 5 erläutert und in den Speisungswundern, welche jeden Falls eine Analogie darbieten, ist das Brot die Grundlage und der Fisch nur die Zulage. Hüten wir uns, der symbolischen Deutung zu Liebe die faktischen Verhältnisse zu ändern. Keinerlei Bedürfniss liegt vor: Christus kann und will mit dem einen Fische auf den Kohlen, wie mit dem einen Brote daneben diese sieben Mann speisen und sättigen. Der Grund, warum er die Herbeibringung der Fische befiehlt, liegt wohl nur darin, dass er die Aufmerksamkeit der Jünger von sich ablenken und auf die Fische, welche sie gefangen, aber ohne Weiteres an dem Ufer in dem Netze haben liegen lassen, hinlenken will. Diese Fische sind nicht so hintenanzusetzen: sie verdienen alle Beachtung. Dass Christus hernach mit den Jüngern bei dem Mahle gesprochen habe, wird nicht erwähnt, mehrere Ausleger behaupten desshalb mit Luthardt, es sei schweigend eingenommen worden: wie wäre es, wenn er schwiege, weil er durch die Zeichensprache dieses wunderbaren Fischzuges ihnen schon Alles gesagt hatte, was er für diese Stunde auf seinem Herzen trug? Die Fische sollen nicht vergessen werden. Was hat es mit diesen Fischen auf sich? Hören wir weiter! Ἀνέβη (so ist zu lesen und nicht ἐπέβη, welches der Codex Sinaiticus enthält) οὖν (diese Partikel ist auf Grund des Sinaiticus, Vaticanus, Ephraemi mit Tischendorf in den *textus receptus* einzuschieben) Σίμων Πέτρος καὶ εἵλκυσεν τὸ δίκτυον εἰς τὴν γῆν (so muss auf jeden Fall statt des recipirten ἐπὶ τῆς γῆς mit dem Codex Sinaiticus, Alexandrinus, Vaticanus, Ephraemi gelesen werden, der Codex Cantabrigiensis hat statt εἰς die Präposition

ἐπί aber auch mit dem Akkusative) μεστὸν ἰχϑύων μεγάλων ἑκατὸν πεντήκοντα τριῶν. Petrus ergreift wieder, seinem Charakter ganz angemessen, die
Initiative des Handelns, des Gehorchens: wie sehr er sich gesehnt hatte, zu
seinem Herrn hinzugelangen, so sehr ist er aber auch willig, dahin zu gehen,
wohin dieser ihn entsendet. Auf keinen Fall will Johannes sagen, dass
die andern sechs Jünger — etwa zur Strafe dafür, dass jener das schwere
Netz sie hatte allein an das Ufer die 200 Ellen schleppen lassen — nur
zusehen, wie der Ausreisser das Netz vollends an das Land zieht und entleert: die Jünger sind von jenem gemeinen Sinne ganz frei, und zudem
hat der Heiland nicht in Sonderheit zu jenem gesprochen, sondern im
Plural, also zu ihnen ohne Ausnahme ἐνέγκατε. Sie folgen dem Petrus,
der, wie sie vorher, allein das Werk nicht hätte zu Stande bringen können,
und steigen mit ihm hinauf, nämlich hinauf in das Schiff, welches am Ufer
lag und mit seinen Seitenwänden so hoch aus dem Wasser hervorragte,
dass man hineinklettern musste, und zogen nun das Netz, welches an der
Seite des Schiffes, die dem Meere zugewandt war, sicher befestigt gewesen
war, so dicht mit vereinten Kräften heran, dass sie die Fische herausnehmen konnten. Jetzt erst überzeugten sie sich von dem reichen, wunderbaren Segen, welchen der Auferstandene ihnen bescheert hatte, und den
er, demüthig und ihrer treuen, unverdrossenen Arbeit, ihrem willigen, freudigen Gehorchen unter so erschwerenden Verhältnissen die volle Anerkennung zollend, als die Frucht ihrer Arbeit, als ihr Werk in dem Worte:
ὧν ἐπιάσατε νῦν bezeichnet hatte. Sie fanden in dem Netze 153 grosse
Fische: ich glaube nicht, dass der Evangelist das weitere Wunder versteckt andeuten will mit dieser Angabe ἰχϑύων μεγάλων, dass nur diese
153 Fische in das Netz gegangen waren und durchaus keine mittleren und
kleinen. Wo so viele grosse Fische in einem Netze gefangen werden, fehlt
es auch nicht an andern. Wie aber bei den Speisungswundern nur die
Männer gezählt werden und nicht die Weiber und Kinder, so werden
ähnlich auch bei diesem Fischzuge nur die grossen Fische gerechnet. Es
konnte nicht fehlen, dass man diese Zahl 153 sehr bedeutsam fand, da
die symbolische Bedeutung dieses Wunders schon frühe zur Anerkennung
gelangte. Ich habe schon früher kurz angegeben, dass Augustinus, durch
ein wunderliches Rechenexempel aus dieser Ziffer die Zahl der Auserwählten
herausbrachte: die alten Väter bieten aber noch andere Auflösungen.
Hieronymus findet darin, dass die Fülle der Völker zu dem Herrn bekehrt
wird: derselbe schreibt zu Ezechiel c. 47: *aiunt, qui de animantium scri-
psere naturis et proprietate, qui ἁλιευτικά tam latino, quam graeco didicere
sermone, de quibus Oppianus Cilix est poeta doctissimus, centum quinquaginta tria esse genera piscium, quae omnia capta sunt ab apostolis et nihil
remansit incaptum, dum et nobiles et ignobiles, divites et pauperes, et omne
genus hominum de mari huius saeculi extrahitur ad salutem.* Es ist aber,
worauf Lampe schon aufmerksam macht, in Oppian keine Stelle, in welcher
er bestimmt erklärt, dass es nur 153 Arten von Fischen gebe, und selbst
wenn er das irgend wo bemerkt hätte, wird es nicht viel helfen, denn
dieser Schriftsteller hat nicht zu Christi Zeiten, sondern erst zu Ausgang
des zweiten Jahrhunderts unter Marcus Aurelius und Commodus gelebt,
und Plinius, welcher hier zu allererst hätte zu Rathe gezogen werden
müssen als derjenige Schriftsteller, welcher die naturgeschichtlichen Kennt-

nisse jener Zeit in seiner *historia naturalis* zusammengefasst hat, erwähnt, dass es 174 gebe. (*Peracta aquatilium dote, non alienum videtur indicare per tot maria, tam vasta et tot millibus passuum terrae infusa, extraque circumdata mensura paene ipsius mundi, quae intelligantur animalia centum septuaginta quatuor omnino generum esse eaque nominatim complecti, hist. an. 32, 53.*) Bengel hätte desshalb wohlgethan, diese Auffassung des alten Hieronymus der Vergessenheit zu überlassen und jeden Registrirungs-versuch einzustellen. In unsren Tagen sind Köstlin (theol. Jahrbücher 1851, 195) und Hilgenfeld (1868, 446) dafür wieder vergebens in die Schranken getreten. Severus, Ammonius, Theophylaktus halten es mit den τινές, von welchen Euthymius sagt: φασί τινες, διὰ τῶν ἑκατὸν μὲν ὑπο-δηλοῦσθαι τοὺς ἐξ ἐθνῶν σαγηνευθησομένους, διὰ τῶν πεντήκοντα δὲ τοὺς ἐξ Ἰουδαίων· πλείους γὰρ οἱ ἐξ ἐθνῶν τῶν ἐξ Ἰουδαίων· διὰ τῶν τριῶν δὲ τὴν ἁγίαν τριάδα, εἰς ἣν πιστεύουσιν. Ein Jeder, der sehen will, sieht von selbst schon, wie unhaltbar diese Ansicht ist: wenn die Ziffer 100 die Heiden und die 50 die Juden darstellt, so kann, wenn die bodenloseste Willkür nicht die Rechnung verderben soll, die 3 auch nur auf Menschen, die durch das Netz des Evangeliums gefangen werden, sich beziehen. Hengstenberg findet wie Grotius in dieser Zahl die Summe der bekehrten Heiden. Grotius schreibt zu dieser Stelle: *notant quidam, tot piscium numerari genera, eoque significari, ex omni hominum genere cap-turam fore. Figura Davidis et Salomonis temporibus, quum CLIII millia fuere proselytorum. 2 Paral. 2, 17.* Hengstenberg sagt: „dass die Zahl 153 hier eine tiefere Bedeutung haben muss, dringt sich sofort auf, wenn der symbolische Charakter des ganzen Vorgangs erkannt wird. Die Ge-nauigkeit in der Angabe der Zahl würde auch sonst etwas Kleinliches haben, vgl. Bengel. Man darf nicht einwenden, dass die geschichtliche Wahrheit leiden müsse, wenn die Zahl für bedeutsam erklärt werde. Denn der Unterschied der grossen Fische, die hier allein gezählt werden, und der kleinen ist ein fliessender, so dass also der theologischen Betrach-tungsweise hier ein gewisser Spielraum eröffnet ist. Die tiefere Bedeutung der Zahl wurde auch schon im Alterthum erkannt. Schon Grotius erkannte richtig, dass die Zahl zu 2. Chron. 2, 17 in Beziehung steht: und Salomo zählte alle Fremdlinge, welche im Lande Israel, und wurden funden hundert und drei und funfzig tausend und sechs hundert. Vgl. 1. Kön. 9, 20. Zu dem: alle Fremdlinge, bemerkt Kimchi: ›die Ueberbleibsel der Kananiter, die nicht mehr der Verehrung der Götzen ergeben sind.‹ Dass es sich wirklich um Proselyten handelt, wurde in der Christologie zu Sacharja 9, 7 nachgewiesen, in welcher Stelle schon die Aufnahme der Fremdlinge unter Israel in Davids Zeit als Vorbild des dereinstigen Eingehens der Fülle der Heiden in das Volk Gottes betrachtet wird. Genau so wie unsre Stelle zu 2. Chron. 2, 17 verhält sich Apokal. 13, 18 zu Esr. 2, 13. Ohne den alttestamentlichen Schlüssel weiss man mit beiden Stellen nichts an-zufangen. Der Einwand, dass die 600 hier nicht in Betracht kommen, welche in der Chronik neben den 153,000 sich befinden, ist von gar keiner Bedeutung. Da nun bekanntlich nur ganze Fische gefangen werden, so hatte ein angefangenes Tausend keine Bedeutung." Strauss rühmt in seiner Schrift: die Halben und die Ganzen, Hengstenberg wegen dieser ingeniösen Entdeckung und Hengstenberg hat dieses Lob ganz vergnügt eingestrichen:

ich kann Nichts daran rühmen, jene Stelle aus der Chronik passt ganz und
gar nicht; 153,600 werden im Leben nicht, man mag sich drehen und
wenden, wie man will, gleich 153! Spielerei, nichts wie Spielerei!

Da man mit den Ziffern nicht zum Ziele kam, so hat man sich daran
erinnert, dass die einzelnen Buchstaben wie bei den Griechen, so auch bei
den Hebräern Zahlenwerthe vertreten, und eine Buchstabenrechnung hier
vorgenommen. Dr. Egli kam zuerst auf diesen seltsamen Gedanken: er
brachte glücklich den Namen des Petrus *Schimeon Johannah* (שמעון = 118
und יונה = 35, theol. Jahrb. 1854, 153) heraus. Nun ging's auf der Buch-
stabenrechnerei flott vorwärts: Volkmar entzifferte (Himmelfahrt Mose 62)
Schimeon bar Jona Kepha, Keim *Schimeon* (71) *Iochanna* (53) *Kepha* (29),
wofür sich Späth und Noack erklärten. Ich brauche mein Urtheil über
solche aberwitzige Versuche nicht erst zu fällen: was soll diese Geheim-
schrift des Petrusnamens in Zahlenbuchstaben? Soll dieser Fischzug dem
Apostel sagen: Du bist der Mann, du bist der Menschenfänger κατ' ἐξοχήν?
Calvin schreibt: *argute Augustinus ex repetitis numeris legem inde et evangelium conflat. Verum si quis propius expendat, reperiet puerilem esse
lusum.* Ich nehme nicht den geringsten Anstand, dieses strenge Urtheil
des Reformators unter alle diese Deutungsversuche zu setzen. Aber was
sollen dann diese 153 Fische? Ich antworte kurz und bündig: sie
sollen die Wirklichkeit und die Grösse dieses Wunderzuges feststellen.
Auf das Erstere hat Lampe bereits hingewiesen: *praecisa numeri consignatio
eo potissimum spectat, ut appareat quomodo singuli pisces manibus discipulorum tractati, recensiti, repositi fuerint; quomodo etiam omnes sint conser-
vati et in usum conversi: quae circumstantiae veritatem et certitudinem
miraculi valde illustrant.* Baumgarten-Crusius hat neuerdings wieder darauf
hingewiesen, dass diese weder mystische noch sonst bedeutsame Zahl eine
Bürgschaft leiste für die Authentie der Erzählung. Die Zahl hatte sich
dem Gedächtnisse des Apostels tief eingeprägt, dass er sie in seinem
höchsten Alter noch nicht vergessen hatte; mit Staunen zählten sie 153
grosse Fische, und er theilt uns das mit, auf dass wir aus dieser bestimmten
Zahl entnehmen, dass er uns kein Märlein aufhängt, sondern Wahrheit
berichtet, und dann, dass dieses Wunder des Fischzuges über alle Massen
gross ist. Die Grösse des Wunders zeigt sich nicht nur in der grossen
Anzahl der gefangenen grossen Fische, sondern auch darin, dass trotzdem,
dass es ihrer so viele und so grosse waren, das Netz doch nicht riss.
Καὶ τοσούτων ὄντων οὐκ ἐσχίσθη τὸ δίκτυον, heisst es darum noch ganz
besonders. Wir entsinnen uns, dass das Netz zerriss (*διεῤῥήγνυτο τὸ δίκτυον*, Luk. 5, 6), als der Heiland das erste Mal dem Petrus einen solchen
unermesslichen Fischsegen bescherte; das wiederholte sich jetzt nicht.
Alterum miraculum, sagt Lampe, welchem Euthymius, Gerhard u. A. schon
vorangegangen waren und Lücke, Ewald, Meyer u. A. beipflichten, *in eo
consistebat, quod cum tales τοσοῦτοι essent non solum numero, sed etiam
mole adeoque et robore, ita ut ordinarium rete ab iis rumpi facile potuisset,
nihilominus rete non sit scissum.* Die Angabe der Zahl ist demnach gar kein
apokryphischer Zug, was Lücke glaubte, sondern gehört hier wesentlich mit
zur Sache, um das Wunder in das rechte Licht zu stellen. Was die Apostel
mit den Fischen gemacht haben, welche sie nicht mit herbeibrachten, sagt
der Evangelist nicht: einige Ausleger nehmen mit Euthymius an, dass sie
diejenigen, welche sie augenblicklich selbst nicht assen, an Arme verschenkten,

Andere aber sagen, sie hätten sie für sich aufgehoben und zu ihrem Besten verkauft, so z. B. Gerhard.

Nachdem die Fische aus dem Netze genommen und gezählt sind, spricht Jesus zu ihnen: δεῦτε, ἀριστήσατε. Er ruft sie von dem Schiffe wieder zu sich: ob er sie dorthin begleitet und sie also vor seinen Augen den Segen eingesammelt haben, steht dahin. Jedenfalls heisst: δεῦτε, herbei, tretet her zu mir! Er müsste, wenn er nicht bei dem Kohlenfeuer stehen geblieben ist, nach der Zählung sich wieder dorthin begeben haben, ohne dass sie ihm folgten. Möglich ist auch dieses, denn wir hören sogleich, dass die Jünger nicht mehr wagten, irgend Etwas nach eigenem Gefallen zu thun; es musste ihnen Alles erst gesagt werden. Herbei ruft Christus die sieben Jünger: ἀριστήσατε. Wie haben wir zu übersetzen? Ruft er sie herbei zu einem Frühmahle, oder zum Hauptmahle? Bei den Griechen wird anfänglich mit τὸ ἄριστον der Morgenimbiss, das Frühstück bezeichnet, cf. Hom. Od. 16, 2: ἐντύνοντο ἄριστον ἅμ᾽ ἠοῖ. Aeschyl. Agam. 341. Herod. 1, 63. Aristoph. nub. 416. Allmälig aber änderte sich der Sprachgebrauch mit der Sitte: die Attiker wenigstens benannten später gewöhnlich das (erste) Frühstück ἀκράτισμα, die Mahlzeit um Mittag ἄριστον, und die Abendmahlzeit δεῖπνον. Doch erhielt sich auch daneben der alte Sprachgebrauch, wie denn Plutarchus, de Alex. fortit. II, 1, 6 schreibt: ἠρίστα μὲν ὄρθρου καθεζόμενος, ἐδείπνει δὲ πρὸς ἑσπέραν βαθεῖαν. Derselbe Schriftsteller bemerkt im Symp. 8, 6, 3: τὸ δ᾽ ἄριστον ἐκλήθη πράνδιον ἀπὸ τῆς ὥρας. Die Einen nehmen nun hier den früheren Sprachgebrauch mit Gerhard, Grotius, Lampe, Bengel, Kypke, Baumgarten-Crusius, Lücke, de Wette, Tholuck, Meyer, Ewald, Luthardt u. A. an, die Anderen aber den späteren mit Bengel, Hengstenberg. Letzterer behauptet rundweg, ἀριστάω bedeute hier, wie Luk. 11, 37 und ἄριστον Matth. 22, 4. Luk. 11, 38; 14, 12 die Hauptmahlzeit des Tages, das Mittagsmahl. Allein Luk. 14, 12 wird τὸ ἄριστον von dem τὸ δεῖπνον bestimmt unterschieden und also, da δεῖπνον sonst schlechtweg die Hauptmahlzeit ist, als Frühstück verstanden. Wir halten daran fest, denn alle Umstände führen hier darauf, dass es ein Frühmahl war. Mit dem Morgen stand der Heiland an dem Ufer, sofort redete er seine Jünger an, allsogleich warfen sie das Netz aus, schnell zogen sie es ein und ruderten ohne Aufenthalt dem Lande zu, wo der Fisch schon auf den Kohlen lag: was soll aus dem armen Fische werden, wenn er bis Mittag braten soll? Haben die glücklichen Fischer an den 150 Fischen gezählt und wieder gezählt, bis dass die Sonne ihren Höhepunkt erreicht hat, um sich die Zeit zu vertreiben? Die Jünger folgen dem Rufe ihres Herrn in schweigendem Gehorsam! Am Morgen liegt auf der gesammten Schöpfung noch ein ahnungsvolles, geheimnissreiches, heiliges Schweigen; wenn die Sonne höher steigt, bricht sie diess Schweigen erst. Aehnlich steht es mit den Jüngern an diesem Morgen. Stille, heilige Stille ist um sie her — und sie wagen nicht, diese heilige Stille zu verscheuchen mit einem Laute: der Evangelist berichtet: οὐδεὶς δὲ (diese recipirte Lesart gründet sich auf den Sinaiticus, Alexandrinus, Cantabrigiensis, der Vaticanus und der Codex Ephraemi lassen δέ ganz aus) ἐτόλμα τῶν μαθητῶν ἐξετάσαι αὐτόν· σὺ τίς εἶ· εἰδότες, ὅτι ὁ κύριός ἐστιν. Heinsius (exercit. sacr. 237), Gurlitt, Kühnöl schaffen auf die allerleichteste Weise das beschwerliche ἐτόλμα sich von dem Halse, τολμᾶν redundare putant, ut adeo verbi notio propria non sit urgenda. Ita vero *τολμᾶν frequenter a scriptoribus Graecis usurpari solere, docuit Marklandus ad Lysiam p. 159 ed. Taylor.* „Keiner hält das jetzt noch für möglich: von den Alten hat auch Niemand dieses Wort für überflüssig erklärt. Es ist im Gegentheile hier hochbedeutsam. *Si ergo sciebant*, schreibt Augustinus (*tract. 123 in Jo.*), *quid opus erat, ut interrogarent? Si autem non opus erat, quare dictum est: non audebant: quasi opus esset, sed timore aliquo non auderent? Sensus ergo hic est: tanta erat evidentia veritatis, qua Jesus illis discipulis apparebat, ut eorum non negare, nec dubitare quidem ullus auderet: quoniam si quisque dubitaret ubique interrogare deberet. Sic ergo dictum est: nemo audebat eum interrogare, tu quis es, ac si diceretur: nemo audebat dubitare, quod ipse esset.* Beda, Jansen, Gerhard u. A. mehr schliessen sich diesen Ausführungen an. Mit Recht betont aber dem gegenüber Meyer, dass hier nicht geschrieben steht im Text, sie hätten nicht gewagt zu **zweifeln**, sondern zu **fragen**. Calvin bemerkt: *quaeri potest, quid illis obstiterit, pudorne ex reverentia an aliud quippiam. Atqui si videbat Christus eos ambigere, debuit ut saepe alias occurrere eorum dubitationi. Respondeo, non aliam fuisse pudoris causam, nisi quia satis constabat esse Christum. Sciscitari enim solemus de rebus dubiis et obscuris. Significat ergo evangelista, non interrogasse discipulos Christum, quod veriti fuerint illi iniuriam facere: adeo se clare conspicuis signis patefecerat.* Coccejus kommt mit seiner Bemerkung: *tam certo omnes cognovisse dominum, ut non tantum supervacuum fuerit percunctari, sed etiam* τολμηρόν *et alicuius impudentiae, quae merito debuerit vituperari*, welche Lampe dankbar übernimmt, nicht zurecht. Chrysostomus hat, wie Meyer schon beibringt, das Richtige getroffen. Er sagt in seiner 87. hom. in Joh.:

οὐκέτι γὰρ τὴν αὐτὴν παῤῥησίαν εἶχον, οὐδὲ ὁμοίως ἐθάῤῥουν, οὐδὲ ἤρχοντο πρὸς αὐτὸν διὰ λόγου λοιπόν, ἀλλὰ μετὰ σιγῆς καὶ δέους πολλοῦ καὶ αἰδοῦς ἐκαθέζοντο προσέχοντες πρὸς αὐτόν· τὴν δὲ μορφὴν ἀλλοιοτέραν ὁρῶντες καὶ πολλῆς ἐκπλήξεως γέμουσαν, σφόδρα ἦσαν καταπεπληγμένοι καὶ ἐβούλοντό τι περὶ αὐτῆς ἐρωτᾶν· ἀλλὰ τὸ δέος καὶ τὸ εἰδέναι αὐτούς, ὅτι, οὐχ ἕτερός τις ἦν, ἀλλ᾽ αὐτός, ἐπεῖχον τὴν ἐρώτησιν. Fragen schwebten den Jüngern auf den Lippen. Erkundigungen hätten sie für ihr Leben gern eingezogen, den ἐξετάζειν, welches diess eine Mal in Johannes vorkommt, sonst aber im Neuen Testamente, noch Matth. 2, 8; 10, 11 erscheint, ist weit stärker, als ἐρωτᾶν. Es drückt nämlich das Ausforschen, das scharfe Examiniren, das gerichtliche Befragen aus, vgl. die Wörterbücher von Passow und Pape. Inquirirt aber hätten die Jünger, wenn sie sich nicht gescheut hätten, wenn nicht ehrfurchtsvolle, heilige Scheu sie abgehalten hätte, nicht wie es mit dem Fischzuge sei zugegangen, auch nicht was er denn bedeuten solle, sondern σὺ τίς εἶ. Die Erscheinung Christi war jetzt nicht, wie sie früher gewesen: wodurch sie sich von den früheren unterschied, können wir nicht angeben, da uns kein Anhalt geboten wird. Seine äussere Erscheinung hat dieses Mal etwas an sich, dass sie für einen Augenblick wohl hätten zweifelhaft werden können, ob er es sei, was auch Lange annimmt, der 3, 1714 schreibt: „in dem Wesen Jesu muss sich etwas Ueberirdisches kund gegeben haben, worin sich seine jetzige Erscheinung vor der früheren unterschied"; und auch Luthardt: „es muss also die äussere Erscheinung des Herrn etwas Fremdes gehabt haben": sie waren jedoch von der Identität so fest überzeugt, dass er es sei und kein Anderer, wenn er auch nicht wie sonst vor ihnen stand. Ganz ungerechtfertigt ist Ewald's

Behauptung, dass sie eigentlich nicht wissen, wer der Fremde sei, und dass dieser Fremde, ehe sie ihn fragen, durch seine ganz eigenthümliche Weise das Brot und die Zukost zu vertheilen, sich ihnen offenbare. Längst hatte Johannes den Herrn erkannt, längst wussten es die Anderen, er und kein Anderer sei es. Wir dürfen wohl die Vermuthung wagen, dass der Herr bei seinen ersten Erscheinungen in einer solchen Gestalt seinen Jüngern sich nahte, welche seiner früheren ausserordentlich glich: es galt ja, sie von der Selbigkeit der Person, des Auferstandenen mit dem Gekreuzigten, zu überzeugen. Nachdem diese Ueberzeugung bewirkt worden ist, liegt kein Grund mehr vor, dass er sich bei den späteren Erscheinungen so weit wieder, dass ich so sage, seinem alten, fleischlichen Leibe akkommodirt und annähert. Er kann sich immer mehr zeigen, wie er ist, in seiner himmlischen Glorie, in seiner ἑτέρᾳ μορφῇ. Er musste sie des alten Anblickes entwöhnen und an den neuen gewöhnen.

Herbeigerufen zum Frühmahle hat der Auferstandene die Jünger: aber keiner von ihnen streckt seine Hand nach dem Fische und dem Brote aus. Wie kommt das? Sind sie nicht hungrig geworden bei der langen Arbeit? Hat Jesus sie mit seinem ἀριστήσατε nicht eingeladen, sich es nun wohlschmecken zu lassen? Es ist ein feiner Zug, den Johannes hier andeutet. Die Ehrfurcht vor Christus, die Heiligkeit dieser Stunde, lässt sie nicht mehr an des Leibes Nahrung und Nothdurft gedenken: sie meinen, diese himmlische Stunde zu entweihen, wenn sie an die Befriedigung irdischer Bedürfnisse herangehen. Sie haben wohl auch einen stillen Wunsch, aber sie wagen nicht ihn zu verlautbaren. Wenn der Heiland sonst die Hungrigen speiste, nahm er die Brote und Fische in seine gesegneten Hände und reichte es seinen Jüngern dar, dass sie es dem Volke vorlegen sollten. Jetzt sind sie hungrig, was hier liegt, ist des Herrn, der es für sie, wie sie hören, bestimmt hat. Wird er Brot und Fisch ihnen jetzt nicht reichen? Da sie zaudern, ἔρχεται (οὖν steht in dem recipirten Texte ohne hinlängliche Autoritäten) Ἰησοῦς καὶ λαμβάνει τὸν ἄρτον καὶ δίδωσιν αὐτοῖς καὶ τὸ ὀψάριον ὁμοίως. Kühnöl lässt sich hier wieder von Gurlitt irreleiten: das ἔρχεται vor λαμβάνει soll nichts bedeuten. Er schreibt: ἔρχεσθαι coniuncte cum λαμβάνει pleonastice poni ex Hebraismo; atque hanc rationem etiam apud Graecos ut apud nos in vita communi, obtinere, da kam er und sagte, etsi aliquis loco motus non sit. Gewiss hat das ἔρχεται auch hier seine Bedeutung für sich. Hengstenberg denkt es sich so, dass Jesus an der Spitze der Jünger, die er zum Essen eingeladen hat, von dem an's Ufer gezogenen Netze zu dem Kohlenfeuer zurückkehrt. Allein das erlaubt das δεῦτε, mit dem die Jünger herbeigerufen sind, auf keinen Fall. Der Herr muss sich in der Nähe des Kohlenfeuers befunden haben. Er hat, wie Meyer schon ganz richtig anmerkt, in einiger Entfernung von demselben gestanden, vielleicht in der Mitte zwischen den beiden Brennpunkten dieser Scene, dem Netz und dem Feuer. Er tritt jetzt herzu und nimmt τὸν ἄρτον, das Brot, welches sie vorher schon neben dem Kohlenfeuer hatten liegen sehen, und gibt es ihnen, schwerlich so, dass er ihnen den ganzen Brotlaib oder Brotkuchen hinreicht, dass sie sich davon nach Belieben abbrechen, sondern wohl so, was auch Gerhard, Grotius u. A. gut heissen, dass er jedem sein bestimmtes Theil gibt, hierauf führt wenigstens das αὐτοῖς bei δίδωσιν. Darauf nimmt er τὸ ὀψάριον — der Artikel ist wie der bei ἄρτον zu fassen — und verfährt damit in gleicher Weise. Auffallend ist es, dass der Evangelist nichts von einem Gebete über dem Brote mittheilt. Lampe ist der Ueberzeugung, es sei mit dem Brotbrechen als selbstverständlich ausgelassen: was Theodorus von Heraklea, Ammonius und andere Väter schon vermuthet hatten. Nach Euthymius ist es jetzt aber absichtlich fortgeblieben: οὐκέτι ἀναβλέπει εἰς τὸν οὐρανόν, οὐδὲ τὰ ἀνθρώπινα ἐκεῖνα ποιεῖ, δεικνύων, ὅτι κἀκεῖνα κατ' οἰκονομίαν ἐποίει; nach Hengstenberg, weil das Mahl Güter repräsentirt, die erst in der Zukunft ertheilt werden sollten; nach Lange, weil Christus sich ihnen noch nicht positiv habe zu erkennen geben wollen; nach Luthardt, weil es überhaupt ein schweigendes Mahl sein solle; nach Meyer, weil es ein blosses Frühstück, und nicht das Hauptmahl gewesen sei. Euthymius irrt sich aber, wenn er das Beten jetzt nicht mehr bei dem Auferstandenen am Platze findet: ist er nicht ·der Hohepriester, welcher für uns bei seinem Vater fürbittet und eintritt? Hengstenberg kann doch nicht leugnen wollen, dass die Jünger in Wirklichkeit Speise empfangen und dass alle Kreatur geheiligt werden muss durch das Wort Gottes und Gebet? Auch Lange fehlt, denn die Jünger wissen längst schon, dass es der Herr ist. Luthardt hat darin wohl Recht, dass die Jünger bei diesem Frühmahle schweigen, aber dass der Auferstandene dieses Mahl mit keinem Worte seines Mundes ihnen gewürzt, ja die Speise nicht ein Mal gesegnet habe, ist kaum glaublich. Meyer ist auch auf einer falschen Fährte. Soll Jesus wirklich einen solchen strengen Unterschied zwischen Nebenmahlzeit und Hauptmahlzeit gemacht und das Gebet bei der ersteren für überflüssig gehalten haben? Wir werden zu der ältesten Ansicht zurückgedrängt: es ist das Gebet nicht erwähnt, weil es sich von selbst versteht, wie das Brechen bei dem Geben. So auch Ewald. Ob die Jünger sich zu dem Genusse von Brot und Fisch auf das Ufer hingelegt haben, was Chrysostomus, Lampe, Lange u. A. annehmen, oder ob sie stehend es zu sich genommen, was z. B. Meyer glaubt, kann nicht entschieden werden. Wichtiger ist aber unstreitig die Frage, ob die Jünger allein, oder mit Jesus zusammen gegessen haben. Sie essen nach Bengel, Stier, Hengstenberg, Steinmeyer, Keim ausschliesslich; hingegen isst der Meister mit seinen Jüngern, der Herr mit seinen Knechten nach Gerhard, Lampe, Luthardt. Das Letztere sagt mir mehr zu: erstens entspricht es der Frage Jesu, ob sie nichts zu essen haben, am Besten, denn durch dieselbe erweckt er die Vermuthung, dass er selbst essen will. Soll er diese Frage nicht ernstlich gemeint, sondern sie nur so zum Scheine gethan haben, um mit ihnen anzuknüpfen? Das dünkt mir seiner nicht würdig zu sein, er verstellte sich dann und zeigte sich zugleich sehr ungeschickt, ein Gespräch zu eröffnen. Zweitens sagt Petrus sehr bestimmt aus Apostelg. 10, 41, dass sie, die Apostel, mit dem Auferstandenen zusammen gegessen und zusammen getrunken haben. Bot sich hier nicht die beste Gelegenheit zu dem gemeinsamen Essen?

Der Evangelist schliesst diese seine Erzählung ab, und es ist daher ganz verkehrt, wenn so viele Ausleger — Lücke, de Wette, Baumgarten-Crusius, Meyer — sie nur betrachten als einen Eingang zu dem folgenden Gespräche Christi mit Petrus, durch welchen die bestimmte Situation desselben auf das Genaueste angegeben werden soll. Ganz offenbar wollen diese Worte: τοῦτο (der Codex Sinaiticus schiebt hier ein δέ auf seine Faust ein) ἤδη τρίτον ἐφανερώθη Ἰησοῦς τοῖς μαθηταῖς (αὐτοῦ hat noch der textus receptus, allein es ist zu streichen, da es im Sinaiticus, Alexandrinus, Vaticanus und C. Ephraemi fehlt) *ἐγερϑεὶς ἐκ νεκρῶν* so gefasst werden, wie die Worte 2, 11 und 4, 54. Es ist eine Eigenthümlichkeit des Johannes, wenn er so ein kleines, selbstständiges Stück, so ein kleines Bild vollendet hat, es zu markiren. Geschlossen ist nun diese Scene, das Ende kehrt sichtbar zu dem Anfange zurück. Als die dritte Erscheinung des Auferstandenen vor seinen Jüngern wird diese Erscheinung an dem See bei Tiberias angegeben. Einige, wie Grotius, sprechen mit Calvin: *numerus ternarius ad temporis distantiam refertur. Plus septies iam apparuerat Christus: sed quidquid in uno die gestum fuerat, sub manifestatione una complectitur. Significat ergo, per intervalla visum esse Christum discipulis, ut fidem suae resurrectionis faceret.* Richtiger aber äussert sich schon Gerhard dahin: *quod non eo sensu accipiendum, quasi Christus hactenus tribus tantummodo in universum vicibus post resurrectionem suam apparuerit, siquidem ipso resurrectionis die quinquies se manifestavit, sed Johannes loquitur non de privatis quibusvis apparitionibus, sed tantum de publicis coram pluribus vel universis discipulis, quarum prima facta est ipso resurrectionis die, quando Christus sub vesperam ianuis clausis absente Thoma ad discipulos venit, altera facta est post octiduum praesente iam Thoma, tertia est haec circa mare Tiberiadis coram septem discipulis facta.* Ihm folgen Lampe, Bengel, Olshausen, Lücke, de Wette, Meyer, Tholuck, Godet, Hengstenberg, Luthardt. Auffallend findet mit Recht Lücke das *ἤδη*, welches einige alte Uebersetzungen, da sie damit nicht recht gewähren konnten, einfach wegliessen. Meyer sagt, es setze einer Seits voraus, dass nach Johannes bis jetzt noch andere Erscheinungen vor den Jüngern, als die, welche er erzählt hat, nicht stattgefunden haben, anderer Seits aber, dass später noch andere erfolgt seien. Damit aber kommt das *ἤδη* doch nicht zu seinem vollen Rechte: es macht offenbar den Eindruck, dass der Vorstellung entgegengetreten werden soll, es habe sich der Auferstandene bis dahin noch nicht geoffenbart. Godet glaubt, dass eine irrige Meinung, welche auf Matthäus und Markus sich stützte, welche nur von galiläischen Erscheinungen Christi vor seinen Jüngern reden, oder zu reden scheinen, verbessert wird. „Nein,“ sagt Johannes, „als er ihnen zum ersten Male in Galiläa erschien, war es schon das dritte Mal, dass er sich ihnen zeigte.“ Als den *ἐγερϑεὶς ἐκ νεκρῶν* zeigte sich aber der Herr — diese Phrase verräth wieder die Hand des Johannes, cf. 2, 22. 12, 9, 17 —, das sagt mehr als *μετὰ τὴν ἔγερσιν ἐκ νεκρῶν*, denn es gibt bestimmt an, dass er sich als den Erweckten, also als den Ueberwinder des Todes darstellte.

Nach Meyer ist dieses Frühmahl ohne Bedeutung: das ist schwerlich glaublich, denn es ist zu eng mit dem symbolischen Fischzuge verbunden. Die Alten waren anderen Glaubens. Augustinus sagt (tr. 123 in Jo.): *piscis assus, Christus est passus. Ipse est et panis, qui de coelo descendit. Huic incorporatur ecclesia ad participandam beatitudinem sempiternam. Propter quod dictum est: afferte de piscibus, quos apprehendistis nunc: ut omnes, qui hanc spem gerimus, per illum septenarium numerum discipulorum, per quem potest hoc loco nostra universitas intelligi figurata, tanto sacramento nos communicare possemus, et eidem beatitudini sociari.* Jetzt werden drei Meinungen verfochten. Olshausen griff Augustinus Gedanken wieder auf. Weitzel spitzte ihn schärfer zu und Hengstenberg führt ihn so weiter aus: „Das Mahl bedeutet den himmlischen Lohn der treuen Arbeit, vgl.

das ὁ μισϑὸς ὑμῶν πολὺς ἐν τοῖς οὐρανοῖς Matth. 5, 12 und das ὁ ϑερίζων μισϑὸν λαμβάνει καὶ συνάγει καρπὸν εἰς ζωὴν αἰώνιον. Joh. 4, 36. Dieser himmlische Lohn erscheint auch sonst mehrfach unter dem Bilde eines Mahles, das Jesus den Seinen bereitet, Luk. 12, 37. 22, 30: ἵνα ἐσϑίητε καὶ πίνητε ἐπὶ τῆς τραπέζης μου ἐν τῇ βασιλείᾳ μου. Die Apostel empfangen hier nicht bloss ein Vorbild, sondern auch ein Unterpfand dieser himmlischen Mahlzeit." Hengstenberg basirt diese Auslegung, welche im Ganzen auch Lange, Stier, Godet, Gess vertreten, auf die Angabe des Evangelisten, dass das Netz an das Ufer (der Ewigkeit) gezogen worden sei: allein diese Stütze ist im höchsten Grade morsch. Steinmeyer sieht hier zwei Worte aus Parabeln Jesu in Erfüllung gehen: zuerst den Spruch: ἑτοίμασον τί δειπνήσω καὶ περιζωσάμενος διακόνει μοι, ἕως φάγω καὶ πίω Luk. 17, 8 und dann den: ἀμὴν λέγω ὑμῖν, ὅτι περιζώσεται ὁ κύριος καὶ ἀνακλινεῖ αὐτοὺς καὶ παρελϑὼν διακονήσει αὐτοῖς Luk. 12, 37. Der Herr verlangt Menschenseelen als Speise von ihren Händen und er bescheert ihnen Speise, d. i. lohnet ihnen, was sie geleistet haben in seinem Dienste. Allein, da der Evangelist gar nicht weiter andeutet, dass Christus auch gegessen habe, kann der Gedanke, dass ihn nach den Seelen der Menschen hungert, auch nicht Grundzug sein in dieser Symbolik des Mahles. Luthardt erkennt, dass dieses Mahl die Stärkung und den Genuss darstelle, welche der Herr seinen Arbeitern in wunderbarer Weise in dem Diesseits, in diesem zeitlichen Leben bereitet. Ich kann es nur gut heissen, dass er nicht weiter geht. Nicht auf den ewigen Lohn, sondern auf den zeitlichen deutet der Heiland hin, wie denn auch die Apostel in dieser Welt ihre Netze auswerfen. Wenn sie auch in ihrer Arbeit immer gleich mit Erfolg arbeiten, wenn sie auch mit dem Apostel Paulus oft denken müssen, dass sie ohne sichtbaren Segen bleiben (Apostelg. 18, 9 f.), so sollen sie doch den Muth und das Gottvertrauen nicht sinken lassen, sondern unverdrossen, eifrig, gläubig in ihrem Werke fortfahren. Der Segen bleibt nicht aus: er kommt zu der Stunde, welche der Herr in seinem wunderbaren Rathe beschlossen hat. Leiden sie auch Hunger und Durst, Mangel und Noth: sie sollen doch Alles haben, was sie bedürfen: der Herr sorgt für die Seinen, er hat Brot und Zukost längst schon für sie bereitet. Haben sie ihn früher auf seine Frage: habt ihr je Mangel gehabt? antworten müssen der Wahrheit gemäss: nie irgend welchen: so sollen sie auch fortan nicht Mangel leiden, sondern aus seiner Wunderhand empfangen Nahrung und Nothdurft. Sie mögen nur dafür sorgen, dass sie, wenn er zu ihnen kommt, ihm etwas vorzulegen, ihm etwas aufzuweisen haben, als die Frucht ihrer Arbeit. Der Spruch: Trachtet am Ersten nach dem Reiche Gottes und nach seiner Gerechtigkeit, so wird euch solches Alles zufallen: erfüllt sich an ihnen in der Fassung: arbeitet nur ausschliesslich für das Reich Gottes, so wird euch solches Alles zufallen!

9. Simon Johannas.

Joh. 21, 15—24.

Da sie nun das Frühmahl gehalten hatten, spricht Jesus zu Simon Petrus: Simon Johannas, hast du mich lieber, denn mich diese haben? Er spricht zu ihm: ja, Herr, du weisst es, dass ich dich lieb habe. Spricht er zu ihm: weide meine Lämmlein!

(16) Spricht er wieder zu ihm zum andern Male: Simon Johannas, hast du mich lieb? Er spricht zu ihm: ja, Herr, du weisst es, dass ich dich lieb habe. Spricht er zu ihm: weide meine Schafe! (17) Spricht er zum dritten Male zu ihm: Simon Johannas, hast du mich lieb? Petrus ward traurig, dass er zum dritten Male zu ihm sagte: hast du mich lieb? und sprach zu ihm: Herr, du weisst alle Dinge, du weisst, dass ich dich lieb habe. Spricht Jesus zu ihm: weide meine Schäflein! (18) Wahrlich, wahrlich ich sage dir: da du jünger warest, gürtetest du dich selbst und wandeltest, wo du hin wolltest: wenn du aber alt bist, wirst du deine Hände ausstrecken und ein Anderer wird dich gürten und führen, wo du nicht hin willst. (19) Das sagte er aber, zu deuten, mit welchem Tode er Gott preisen würde. Da er aber das gesagt, spricht er zu ihm: folge mir nach!

Enge schliesst sich diese Geschichte an die vorhergehende an, was schon daraus erhellt, dass sie bei derselben Erscheinung, unmittelbar nach dem Frühmahle sich ereignet: dass sie aber ein in sich geschlossenes Ganzes bildet, ergibt sich daraus zur Genüge, dass der Evangelist nicht nach V. 23 die Worte eingefügt hat, welche wir jetzt V. 14 lesen. Es soll hiermit natürlich nicht geleugnet werden, dass ein rother Faden sich aufweisen lässt, welcher durch beide Geschichten hindurchläuft: wohl aber soll das betont werden, dass dieser rothe Faden beide Geschichten nicht wie Anfang und Schluss an einander reiht, was z. B. die Ansicht Hengstenberg's und Steinmeyer's ist. Der Erstere meint, an den Ueberblick über die zukünftige Entwicklung der Kirche knüpfe sich leicht und natürlich die Einsetzung desjenigen in sein Amt, den Jesus schon bei der ersten Begegnung als den Felsen bezeichnet habe, auf den er seine Kirche gründen wolle. Der Letztere betrachtet diese Erzählung als eine wirkliche Fortsetzung der vorangehenden. „Welches ist nun der Fortschritt, das neue Moment, in dem weiteren Verlauf?" So fragt er S. 204 und antwortet: „Im Lichte der Weissagung Christi wird die Antwort zu finden sein. Wir haben den Fischzug der Jünger auf die Mühe ihrer Evangelistenlaufbahn gedeutet. Aber sie haben mehr zu befahren, als Wachen und Fasten, als Arbeit und Kampf. »Man schilt uns, man lästert uns; wir leiden Verfolgung und haben Trübsal allenthalben; wir werden getödtet den ganzen Tag und sind für Schlachtschafe geachtet.« Und Etlichen unter ihnen war ein besonders tragisches Los bereitet. Im höchsten Massstabe dem Petrus." Wir suchen den Nerv dieser Geschichte mit den ältesten Auslegern anderswo und werden unsere Ansicht durch die Auslegung selbst rechtfertigen.

Ὅτε οὖν ἠρίστησαν λέγει τῷ Σίμωνι Πέτρῳ ὁ Ἰησοῦς· Σίμων Ἰωάννου (so schreiben die Codices Vaticanus, Ephraemi, Cantabrigiensis, in dem Sinaiticus hat dieser Genetiv ursprünglich gefehlt, von erster Hand aber ist er schon hineincorrigirt worden, der recipirte Text liest bekanntlich Ἰωνᾶ), ἀγαπᾷς με πλίον τούτων; Nach dem Frühmahle also und keineswegs während desselben, was irrthümlich einige Ausleger, z. B. Baumgarten-Crusius annehmen, wendet sich der Auferstandene an Petrus, welchem er sich schon ein Mal, wie wir aus Luk. 24, 34 und 1. Kor. 15, 5 bestimmt wissen, an dem Ostertage geoffenbart hat. Angesichts des wunderbaren Fischzuges, wie des Kohlenfeuers fragt er ihn. Mit Recht lenkt Godet unsere Blicke auf diesen Rahmen der folgenden Handlung. Ein Fischzug, wie jener, bei welchem der Heiland den Simon Petrus berief: ein Kohlenfeuer, wie jenes, bei welchem der berufene Apostel seinen Herrn verleugnete! Man könnte auf den Gedanken kommen, dass Christus bei dem Jünger jetzt etwas vermisst habe, welches bei jenem ersten wunderbaren Fischzug so überraschend, so übermächtig hervorbrach, da er mit den Worten: Herr, ich bin ein sündiger Mensch, zu seinen Füssen niederfiel: aber wir werden doch wohl gut thun, diesen Gedanken abzuweisen. Wir wissen erstens nicht, was zwischen dem Jünger und dem Meister vor sich gegangen ist, da jener schneller als das Schiff das Ufer erreicht hatte: nicht unwahrscheinlich ist es, meine ich, dass der, welcher sich um des Herrn willen in die Fluthen des Meeres warf, an das Land gekommen, sich demselben auch zu Füssen wirft. Zweitens ist es nicht die Art des verherrlichten Erlösers, dass er das, was er bei den Seinen schmerzlich vermisst, sie bloss ahnen lässt, er straft offen heraus. Drittens erscheint es höchst unpassend, dass er mit seinen Händen einem Menschen die Gaben und Unterpfänder seiner Liebe darreicht, entschlossen, demselben, wie er sie genossen hat, einen starken Verweis zu ertheilen. Dieser Fischzug, nach welchem Jesus mit Petrus anbindet, soll nicht an jenen Fischzug erinnern, weil der Jünger damals so bussfertig war, sondern weil der Beruf, welchen er damals empfing, ihm jetzt auf's Neue bestätigt werden soll. Das Kohlenfeuer aber soll den Jünger an jenes Kohlenfeuer gemahnen, da er seinem Herrn untreu wurde, damit er an diesem Kohlenfeuer seine Verleugnung sühne und öffentliche Absolution erhalte. Wir haben auf keinen Fall hier ein Gespräch vor uns, welches zwischen den zwei betheiligten Personen im Stillen, im Geheimen, abseits von den andern sechs Jüngern geführt wurde. Euthymius, Gerhard, Grotius, Lampe, Hess, Kühnöl, Baumgarten-Crusius, Lange, Stier, Bäumlein, Luthardt u. A. haben das schon sehr richtig erkannt. Hierauf führen die Anfangsworte: ὅτε οὖν ἠρίστησαν, denn sie deuten mit keiner Silbe darauf hin, dass der Schauplatz jetzt mit einem Male sich ändert, dass der Herr sich fortbegibt oder die Andern gehen heisst, um mit Petrus allein zu sein. Ebenso spricht dafür das hinweisende Pronomen τούτων in der ersten Frage. Aus mehr als einem Grunde waren zu dem folgenden Gespräche Zeugen erwünscht, ja nothwendig. War Petrus auch durch die Erscheinung, welcher der Auferstandene ihn an dem grossen Tage seines Sieges schon gewürdigt hatte, für sich, privatim, der Vergebung seines Herrn gewiss, so bedurfte er doch noch einer öffentlichen, dass ich so sage, officiellen Sündenvergebung, denn eine öffentliche, ja die öffentlichste Stellung von allen erst erwählten Aposteln sollte er einnehmen. Es mussten da Vorkehrungen getroffen werden, dass nicht unverständige Menschen — und an diesen hat es ja auch in der apostolischen Kirche schon nicht gefehlt — ihm seinen tiefen Fall vorrückten und die Würde eines Apostels absprachen. Dass seine Mitapostel ihm vergeben hatten, ersehen wir aus der Art und Weise, wie sie Luk. 24, 34 von ihm reden und hier mit ihm verkehren: ihnen gegenüber bedurfte es keiner Rehabilitation, wohl aber solchen unverständigen Leuten gegenüber. Ich kann denen wenigstens nicht zustimmen, welche sagen: weil Petrus seinen Kollegen ein öffentliches Aergerniss gegeben hatte, musste er auch vor ihnen deshalb zur Rede gestellt werden, damit die Gelegenheit ihm geboten würde, ihnen Abbitte zu thun; Grotius, Dräseke, Stier, u. A. so. Es ist gewiss nicht bedeutungslos, dass es in der Anrede heisst: Σίμων Ἰωάννου. Dieser Genetiv bezeichnet den Simon als den Sohn des Johannas, 1, 43 steht davor noch ausdrücklich ὁ υἱός. Johannas ist mit Johannes identisch, vgl. Winer S. 57, und unterscheidet für das Erste den Simon (Petrus) von dem andern Simon nach seiner Abstammung. Lücke meint, diese Anrede Simon Johannas (vgl. 1, 43 und Matth. 16, 17) sei vielleicht die gewöhnliche Art, wie Jesus den Petrus anredete. Der bedeutsame Name *Κηφᾶς* (*Πέτρος*) scheine erst später als Anrede gewöhnlich geworden zu sein. Allein er befindet sich offenbar im Irrthume, denn Matth. 17, 25 finden wir: Simon, und Luk. 22, 31: Simon, Simon. Wir werden, wenn Meyer u. A. auch sich dagegen erklären, doch eine bestimmte Absichtlichkeit hier bei diesem Simon Johannas vorauszusetzen haben, denn die gewisse Feierlichkeit, womit Meyer und Tholuck hier sich helfen wollen, lässt das Räthsel ungelöst. Warum nennt der Heiland ihn dann nicht Simon Petrus, indem er seinen alten, natürlichen und seinen neuen, geistlichen Namen zusammenfügt? Nach de Wette und Hölemann will er ihm mit diesem Simon Johannas zu Gemüthe führen, dass er sein Vertrauen durch die Verleugnung verscherzt hat: allein, ist der, welcher den Petrus mit Simon Johannas anredet, nicht gesonnen, ihm das grösste Zeichen seines Vertrauens zu geben? Nach Stier, Hengstenberg, Luthardt soll dem apostolisch Neuen das bloss Menschliche als dessen Voraussetzung mit diesem Simon Johannas gegenübergesetzt werden. Hiernach würde mit Simon Johannas der Apostel in seiner Naturbasis, als natürlicher Mensch dargestellt, aus welchem die Gnade etwas machen will, und zwar Joh. 1, 43 einen Felsenmann, Matth. 16, 17 den Felsen der Gemeinde und hier den Hirten der Herde. Wenn aber so diese Anrede das Reinmenschliche in Petrus betont, nachdem der Herr mit seinem Geiste doch schon so lange an seinem Herzen gearbeitet hat, so enthüllt dieselbe das Nochnichtwiedergeborensein, die Schwäche und Sünde, welche dem so Benannten noch immer anklebt. Ich trete desshalb Lange, Godet u. A. bei, nach welchen Jesus den Apostel mit Simon Johannas anredet, weil er ihn an seine natürliche Abkunft und Schwachheit heilsam erinnern will. Die Frage lautet: *ἀγαπᾷς με πλέον τούτων;* der Genetiv *τούτων* ist nicht ganz bestimmt: er kann ein Mal *genetivus subiecti*, aber auch *genetivus obiecti* sein, d. h. es darf übersetzt werden: liebst du mich mehr, als diese mich lieben, aber auch liebst du mich mehr oder diese. Dann fragt es sich, ob *τούτων* persönlich, männlich, oder sächlich gemeint ist. Ich kann mich nur den Auslegern anschliessen, welche einen *genetivus subiecti* hier erkennen: die Wiederholung der Frage, wo das *πλέον τούτων* ganz wegfällt, macht diess zweifellos. Whitby, Oeder, Bolten, und neuerdings wieder Ammon beziehen den Objektsgenetiv *τούτων* auf die daliegenden Fische, auf den Fischfang, auf das Fischerleben. Bei Petrus soll in diesen heiligen Wochen, da der Herr nicht mehr fort und fort mit den Seinen verkehrte, eine gewisse Oede sich eingefunden haben, vielleicht hatte er auch die Furcht vor den Juden noch nicht ganz überwunden, kurz und gut, es stellte sich bei ihm ein Heimweh ein nach seinem Kahn und Netz, er war drauf und dran, diesem Zuge seines Herzens zu folgen und seine Arbeit für das Reich Gottes ganz aufzustecken. Da erscheint Jesus und greift entschieden ein mit seiner Frage: *ἀγαπᾷς με πλέον τούτων.* Ist es aber möglich, dass er in dieser Weise in seinem Glauben Schiffbruch gelitten hat? Wie kann man den grossen Apostel so beschimpfen! Und selbst, wenn jemand es alles Ernstes für möglich hält, so wird er doch wohl einsehen, dass einem solchen unzuverlässigen Kunden Christus nicht die Pflege seiner Herde anvertrauen durfte. Den Petrus fragt der Herr, ob er ihn lieber habe, als die, in deren Gemeinschaft er sich befindet, als die Jünger? Wie kommt er zu dieser Frage? Grotius u. A. mit ihm meinen, dass sich das *πλέον τούτων* darauf beziehe, dass jene Anderen in dem Schiffe ruhig bei dem Netze verblieben sind, während er sich in heisser Liebesgluth in den See stürzte. Gewiss ist dieser Sprung in's Wasser ein Zeichen seiner grossen Jesusliebe: aber bildete er sich darauf etwas ein? Reflektirte er selbstgefällig und selbstgerecht über diesen Liebessprung, welchen keiner ihm nachgemacht hatte, sodass er zurechtgestellt werden musste? Lampe nimmt an, Christus frage nicht, um den Eigendünkel zu dämpfen, sondern um dem Apostel klar zu machen, dass er ihn mehr lieben müsse, als die Anderen, weil ihm mehr vergeben sei. *Mihi enim cum Cyrillo, Bucero et aliis videtur primarium quaestionis domini scopum fuisse, non ut pudefaceret et ironice exprobraret falsam gloriationem, sed ut simpliciter Petrum admoneret de officio, quod utique ei incumbebat et quod Jesus iure ab eo requirere poterat. Si enim is plus amare debet, quem Jesus maiori beneficio affecit, summum prae aliis apostolis amorem Petrus ei debebat, quem turpissime omnium lapsum et perfidissime sui promissi ac debiti oblitum non tamen abdicaverat, sed in gratiam receperat. Mulier, cui multa peccata erant remissa, multum dilexit.* Luc. 7, 47. Wenn Christus aber dem Petrus zu Gemüthe führen wollte, dass er mehr denn die anderen Alle die Pflicht habe, ihn zu lieben, so durfte er das πλέον τούτων in der zweiten und dritten Frage nicht weglassen. Nach Olshausen war vielmehr Zweck der Fragen allein der, den Apostel in die vollkommene Armuth und Lösung von sich selbst zu führen. Allein wo liegt das in der Frage: liebst du mich mehr denn diese? Hast du mich lieb? Hengstenberg belehrt uns, dass diese Frage gar nicht ermitteln wolle, ob Liebe da sei, sondern nur die Grundlage als vorhanden nachweise, welche das Gebot: Weide meine Lämmlein! erfordert. „Die Frage nach dem mehr," sagt er, „hat zur Voraussetzung, dass dem Petrus eine die der übrigen überragende Stellung zugedacht ist, vgl. Matth. 16, 18, dass er wahrhaftig Petrus werden soll, der Fels, darauf die Kirche gegründet ist, der Hirt der Herde Christi. Jesus hätte sagen können: du liebst mich mehr als diese, darum weide meine Schafe. Dass so die Sache wirklich stand, erhellt daraus, dass Jesus ihm das Weiden der Schafe überträgt. Aus dem Vorhandensein der Folge schliessen wir mit Recht aůf das Vorhandensein der Bedingung." Auch das ist nicht richtig: gesetzt, Christus übertrage ihm hier feierlich, was Hengstenberg u. A. mit ihm annehmen, den Primat unter den Aposteln, so würde derselbe doch nicht auf der grösseren Liebe dieses Jüngers beruhen. Johannes — das darf nicht vergessen werden — und nicht Petrus, der an der Spitze der Apostel steht, ist der Jünger, welchen der Herr liebte. Die Stellung, welche ein Christ unter seinen Brüdern inne hat, ist kein Gradmesser für die Liebe, für das Mehr oder Minder der Liebe zu dem Heilande. Es hat in der christlichen Kirche gar Viele gegeben, welche in der Verborgenheit lebten und durchaus keinen nach Aussen hin hervorragenden Platz einnahmen, die aber an inbrünstiger, heiliger Liebe zu dem Sohne Gottes und des Menschen solchen äusserlich bevorzugten Würdenträgern weit überlegen waren. Nach Meyer erklärt Jesus, dass er von Petrus, der bisher eine so hervorragende Liebe geäussert (man denke an 6, 68, an das Fusswaschen, an den Schwertstreich, an 13, 37), und vermöge der Auszeichnung, deren er ihn gewürdigt hatte, auch jetzt eine hervorragende Liebe erwarte. Allein es passen dann die Antworten nicht: der Jünger erklärte ja dann, dass der Frager sich in seiner Erwartung täusche, denn er geht auf sie nicht ein, und der Frager liesse zu dem zweiten und dritten Male diese Voraussetzung als nicht zutreffend fallen. Die Frage: ἀγαπᾷς με πλέον τούτων, ist sehr ernst gemeint. Sie soll den Petrus auf das Haupt, in das Herz hinein treffen. Er hat in der That sich eine grössere Liebe zugeschätzt, als den Anderen und hat im Vertrauen auf diese seine grössere Liebe sich hoher Dinge vermessen, also vermessen, dass er mit seiner Vermessenheit nicht bloss in Abrede zog, dass Jesus wisse, wie es mit seinem Herzen beschaffen sei, sondern auch die Anderen empfindlich verletzte. Johannes — das ist richtig — erzählt uns das nicht in seinem Evangelium, aber wir wissen, dass er mehrfach die Synoptiker als bekannt voraussetzt. Offenbar spielt dieses πλέον τούτων auf das Wort an: εἰ πάντες σκανδαλισθήσονται ἐν σοί, ἐγὼ οὐδέποτε σκανδαλισθήσομαι (Matth. 26, 33, vgl. Mark. 14, 29). So schon die Alten: Chrysostomus, Theophylaktus, Euthymius, Gerhard, Grotius, Lightfoot, Bengel, Kühnöl, Lücke, de Wette, Tholuck, Stier, Luthardt, Bäumlein, Keim u. A. Augustinus, Weiss u. A. denken lieber an das verwandte Wort Joh. 13, 37. *Hoc ergo vult Christus dicere*, bemerkt Gerhard, *num eodem adhuc animo es, ut reliquis praesumptuose te praeferas?* Petrus nimmt die Spitze in dieser Frage wahr: er bescheidet sich und gibt den Bescheid: ναί, κύριε, σὺ οἶδας, ὅτι φιλῶ σε. So ist zu interpungiren, wie Beza seiner Zeit schon nachgewiesen hat: es ist nach κύριε durchaus kein Punktum oder Kolon mit Curcellaeus und Baumgarten-Crusius zu setzen. Simon Johannas will nämlich nicht mit ναί die ganze Frage Christi bejahen, sondern nur den Theil: ἀγαπᾷς με beantworten. Lampe, Rus, Less, Kühnöl, Luthardt erklären ganz bestimmt ihre Zustimmung. Auf einen Vergleich mit den Anderen verzichtet jetzt der Jünger, welcher damals einen so selbstgerechten Vergleich zwischen ihnen und sich zog: er hat inzwischen sich kennen gelernt und durch eigenen Schaden die Wahrheit des alten Wortes erkannt, dass des Menschen Herz ein trotzig und verzagtes Ding ist. Zu seinem Besten, mit einem seligen Gewinne ist Petrus gefallen und jeder Gedanke des Hochmuths ist ihm gründlich entfallen. Aber es ist diess nicht die einzige Restriktion, welche er vornimmt. Christus hatte gefragt: ἀγαπᾷς με πλέον τούτων; Petrus lässt nicht bloss das πλέον τούτων unberücksichtigt, sondern antwortet auch nicht ἀγαπῶ σε, sondern σὺ οἶδας, ὅτι φιλῶ σε. Oder haben die Ausleger Recht, welche hier ἀγαπᾶν und φιλεῖν für vollständig gleiche Begriffe erklären? Die Alten sind der Ansicht: Augustinus sagt (tr. 123 in Jo.): *merito dicitur Petro: diligis me? et respondet, amo te. — Ubi etiam demonstrat unum atque idem esse amorem et dilectionem. De civ. Dei. 14, 7* begründet er seine Meinung eingehender: *ipse dominus, Petrum apostolum interrogans, cum dixisset: diligis me plus his? Ille respondit: domine, tu scis, quia amo te. Et iterum dominus quaesivit, non utrum amaret, sed utrum diligeret eum Petrus: at ille respondit iterum: domine, tu scis, quia amo te. Tertia vero interrogatione et ipse dominus non ait: diligis me, sed amas me? ubi secutus ait evangelista: contristatus est Petrus, quia dixit ei tertio: amas me? Cum dominus non tertio, sed semel dixerit: amas me? bis autem dixerit: diligis me? Unde intelligimus, quod etiam, cum dicebat dominus: diligis me, nihil aliud dicebat: quam amas me? Petrus autem non mutavit huius unius rei verbum, sed etiam tertio: domine, inquit, tu omnia scis, tu scis, quia amo te.* Wir können weder dieser Behauptung, noch dieser Ausführung beipflichten, wenn auch Gerhard, Grotius, Kühnöl, Baumgarten-Crusius, Tholuck,

Bäumlein, Weiss u. A. es thun. Wir halten dafür mit Lampe, Bengel, Lücke, de Wette, Godet, Hengstenberg, Lange, Luthardt u. A., dass die Verba ἀγαπᾶν und φιλεῖν sich unterscheiden. Bengel weiss recht gut, dass *alii hoc discrimen faciunt, ut ἀγαπᾶν sit simpliciter amare, φιλεῖν ita, ut aliquem osculari gestiamus, et firmat hoc discrimen Eustathius;* aber er definirt doch anders: ἀγαπᾶν, *amare, est necessitudinis et affectus:* φιλεῖν, *diligere, iudicii.* Darnach würde über dem ἀγαπᾶν, weil es aus blindem Affekte, aus unwillkürlicher Regung des Herzens hervorgeht, das φιλεῖν stehen, nicht das sympathische, sondern das vernünftige, ethische Lieben. Hengstenberg ist derselben Ansicht: während Petrus auf der einen Seite, hinsichtlich des πλέον τούτων hinter der Frage zurückbleibt, soll er gleichsam zum Ersatze nach einer anderen Seite über die Frage hinausgehen. An die Stelle des ἀγαπᾶν setze er das φιλεῖν, welches mehr die zärtliche Liebe bezeichne. Wahrscheinlich brauche er בּחם, *diligere ex intimis visceribus* mit Beziehung auf den Anfang des Psalms 18: herzlich hab' ich dich lieb, Jehova, meine Stärke! Auf keinen Fall will aber der Apostel dem Heiland eine höhere Liebe bekennen, als derselbe ihm zugetraut hatte: er wäre ja damit wieder in seinen alten Fehler des Grossthuens und Renommirens hineingefallen und zwar dieses Mal um so unverzeihlicher, als er den Herrn zum Mitwisser annimmt. Der Unterschied zwischen ἀγαπᾶν und φιλεῖν ist von Tittmann, wie S. 52 schon bemerkt wurde, ganz richtig angegeben worden. Petrus ist bescheiden, er bekennt, dass er Jesus noch nicht so liebt, wie er als der Herr, als der Sohn Gottes geliebt werden muss — nie wird die Liebe zu Gott mit φιλεῖν ausgedrückt —, in dieser respektvollen, verehrenden, tiefgehenden, ewigen Weise, sondern ihn nur liebe, wie man einen liebt, dem die Herzen von selbst sympathisch entgegenfliegen, mit warmer, anhänglicher, leidenschaftlicher Liebe. Offen und ehrlich gesteht er ein, dass seiner Liebe noch die höhere Weihe und damit auch die rechte Tiefe und die ewige Dauer abgehe. Wir sehen, wie Petrus vor seinen Genossen und seinem Herrn sich auf das Tiefste beugt: er hat jetzt Acht auf sich selbst und wiegt die Worte erst, ehe er redet. Sonst hat er geredet in dem festen Glauben, dass er sein Herz kenne und ist im Vertrauen auf seine Selbsterkenntniss den warnenden Worten Christi entgegengetreten: jetzt redet er vor dem Angesichte des Herrn und beruft sich auf dessen Wissen: σὺ οἶδας. Er appellirt damit nicht an das gute, treue Gedächtniss desselben, welches die Beweise der Liebe, die er jetzt und sonst gegeben hat, nicht vergessen hat, sondern an das Wissen desselben, welchem nichts verborgen ist, an seinen Herzen und Nieren prüfenden Blick. Nur zu leicht täuscht sich der Mensch über den Zustand seines Herzens: der Zusatz, du weisst es, soll aussagen, dass der Sprecher sich vor dem allwissenden Auge des Herrn genau geprüft und es also befunden hat, wie er aussagt. Wenn Hengstenberg glaubt, dass die Grundstelle zu dieser Versicherung Ps. 40, 10 sei, so vermögen wir nicht ihm zu folgen. Eine Analogie liegt offenbar vor; dass Petrus aber jene Stelle im Auge gehabt habe, als er sein σὺ οἶδας sprach, ist im allerhöchsten Grade unwahrscheinlich. Demuth und Muth offenbart sich in diesem Bekenntniss. *Petrus*, sagt Gerhard sehr wahr, *se vere et sincere Christum amare respondet, sed non addit, se plus quam reliquos amare. Id quidam sic interpretantur, quod Petrus non potuerit de aliorum cordibus perinde iudicare ut de suo, nemo enim novit, quid sit in homine, nisi spiritus hominis, qui est in eo 1. Cor. 2, 11 atque haec αἰτιολογία utilem praebet doctrinam, quod de veritate et sinceritate cordis nostri ita testificari debeamus, ut interim alios non temere abiiciamus ac iudicemus; sed haec forma responsi rectius tribuitur modestiae et humilitati Petri, quam in atrio Caiphae et in cribro Satanae didicerat: antea praetulerat se omnibus collegis, proinde si ante negationem quaesitus fuisset, procul dubio respondisset, quod plus reliquis diligat, sed videns, se turpius omnibus defecisse, demittit cristas, nec effert se supra reliquos collegas. Laudanda est haec Petri modestia, uti etiam ingenua ipsius confessio, quod non tacet nec dissimulat nec ambigue respondet, sed animi sui sensum manifeste exponit, provocat etiam ad ipsius Christi notitiam, quod est argumentum bonae conscientiae in Christo, cum solius Dei sit abditos cordium recessus intueri. 1. Reg. 8, 39. Jerem. 17, 9. Observandum etiam hoc loco, quod Petrus non amplius sibi suaeque carnali persuasioni confidit, sicut ante lapsum fecerat, sed ad Christi notitiam provocat, re ipsa enim didicerat, cor hominis esse pravum et inscrutabile, cuius latebrae soli Deo sint perviae Jerem. 17, 9.*

Diese Sprache, dieses Bekenntniss gefiel dem Herrn wohl; er nimmt es in Gnaden an und spricht zu ihm: βόσκε τὰ ἀρνία μου. Den Gedankenzusammenhang legt Augustinus s. 253, 2 mit den wenigen Worten klar: *tamquam diceret, quid mihi retribuis, quia diligis me? Dilectionem tuam ostende in ovibus meis.* Eine Menge Ausleger — ich nenne nur Grotius, Kühnöl, Lücke, de Wette, Bäumlein — behauptet frischweg, Weiss hält es für sehr wahrscheinlich, wie zwischen ἀγαπᾶν und φιλεῖν kein Unterschied sei, so stehe auch hier βόσκειν und ποιμαίνειν, welches sofort gebraucht wird, ganz *promiscue*. Gerhard, Lampe, Luthardt u. A. machen aber geltend, dass βόσκειν zu allererst bedeute mit Futter versorgen, füttern, nähren. Das ist richtig, denn in der Odyssee 14, 325 heisst es schon:

καί νύ κεν ἐς δεκάτην γενεὴν ἕτερόν γ' ἔτι βόσκοι

11, 364 f.:

οἷα τε πολλοὺς
βόσκει γαῖα μέλαινα πολυσπερέας ἀνθρώπους.

17, 558 f.:

σῖτον δὲ καὶ αἰτίζων κατὰ δῆμον,
γαστέρα βοσκήσεις,

daher βόσκειν τι gleich verzehren, so Aeschylus Agam. 118 f.:

βοσκόμενοι λαγίναν
ἐρικύμονα φέρματι γένναν.

Weiden soll Petrus τὰ ἀρνία. Kühnöl, Lücke, de Wette, Tholuck u. A. mehr behaupten, dass ἀρνία und πρόβατα ganz gleich wären: mir scheint diess nicht der Fall zu sein und vielmehr Euthymius, Gerhard, Lampe, Bengel, Ewald, Meyer, Luthardt u. A. ganz mit Recht einen Unterschied zu statuiren. Wäre ἀρνίον und πρόβατον dasselbe, so dürfte man wohl in dem zehnten Kapitel, wo Jesus von sich als dem Hirten und den Seinen als seinen Schafen redet, irgend ein Mal ἀρνία statt πρόβατα erwarten: aber nicht ein einziges Mal findet dort eine Vertauschung statt. Jenes Wort kommt überhaupt nur an dieser einzigen Stelle des Evangeliums vor, in den Briefen des Johannes wird es nicht angetroffen, erst in der Apokalypse kehrt es wieder, Christus wird dort mit entschiedener Vorliebe τὸ ἀρνίον genannt (5, 6. 6, 1, 16. 7, 10, 14, 17. 12, 11. 13, 8. 14, 1, 4. 15, 3.

17, 14. 19, 7, 9. 21, 14, 22, 23. 22, 1, 3). Diese Diminutivform, welche ihre Bedeutung nicht verloren hat, kann entweder die kleinen, jungen, schwachen, zarten Schafe, also die Lämmchen bezeichnen, oder die grossen, erwachsenen Schafe, indem das Verkleinerungswort als Kosewort gilt. Christus fügt zu ἀρνία das Pronomen μοῦ, welches sicher nicht ohne Bedeutung ist: es erinnert den, welcher diese Schafe weiden soll, daran, dass dieselben ihm nicht zum Eigenthum übergeben werden, so dass er mit ihnen nach Belieben schalten und walten könne. *Non igitur*, bemerkt Beza, *ut illorum dominus, quod ipsemet Petrus agnoscit, neque ut ἀρχιποίμην (is enim est unicus ille dominus ovium, sanguine sui ipsius redemptarum), sed ut fidus illius minister.* Der ἀρχιποίμην, wie Petrus später selbst in dem ersten Briefe 5, 4 den Herrn nennt, vertraut ihm also seine Schafe zur Pflege. Sie sind sein Eigenthum und sollen es bleiben, denn er hat sie mit seinem eigenen unschuldigen Blute sich erkauft, und wird sie einst von den Händen seines Knechtes wieder fordern; dieser soll als seines Herrn Schafe sie betrachten und sie so pflegen und nähren, wie er es selber gethan hat bis dahin, mit seinem Worte, dem Brote des Lebens. Weil er den Heiland liebt, darum kann und soll er nun seine Lämmlein weiden. Die Liebe zu Christus befähigt ihn zu diesem Dienste.

Zum zweiten Male ertönt aber die Frage: Σίμων Ἰωάννου, ἀγαπᾷς με; Der Evangelist drückt sich etwas umständlich aus: πάλιν δεύτερον: er hat das schon ein Mal 4, 54 gethan. Matthäus bietet mit πάλιν ἐκ δευτέρου 26, 42 eine Parallele. Viele Ausleger nehmen mit Grotius und Kühnöl einen Pleonasmus an: Andere leugnen das. Hengstenberg meint, πάλιν blicke rückwärts, δεύτερον aber vorwärts: πάλιν hebe hervor, dass Jesus bei der ersten Frage nicht stehen bleibe, δεύτερον bereite das τρίτον V. 17 vor. Lampe findet in πάλιν angegeben, dass bei der Sache geblieben werde, und in δεύτερον, dass dieselbe Sache mit denselben Worten gefragt werde. Das Letztere hat nicht viel für sich: das Erstere ist gesucht. Ich würde lieber sagen, das δεύτερον bestimmt das πάλιν näher dahin, dass dieses Wiederfragen das zweitmalige war. Diese zweite Frage ist mit der ersten nicht ganz conform: es fehlt nämlich das verfängliche πλέον τούτων. Der Herr lässt es jetzt barmherzig hinweg: es genügt ihm vollkommen, dass Petrus dadurch, dass er dieses nicht mehr von sich behauptete, Busse gethan hat. Er will nicht mehr demüthigen, denn er hat erkannt, dass seine Seele jetzt von Hochmuth nichts mehr wissen will: er fragt ihn aber auch nicht, was die Antwort des Jüngers nahe legt: φιλεῖς με, sondern er bleibt bei dem ἀγαπᾷς με ruhig stehen. Der Gefragte antwortet buchstäblich wie das erste Mal: ναί, κύριε, σὺ οἶδας, ὅτι φιλῶ σε. Nun aber tritt eine Verschiedenheit ein: die Antwort Jesu lautet nicht wieder: βόσκε τὰ ἀρνία μου, sondern ποίμαινε τὰ πρόβατά (Tischendorf liest auf Grund des Codex Vaticanus und Ephraemi προβάτια, wir geben aber dem Codex Sinaiticus, Alexandrinus, Cantabrigiensis den Vorzug und behalten die *lectio recepta* bei) μου. Statt βόσκε heisst es jetzt ποίμαινε. Wenn βόσκειν das Versorgen mit Nahrung, das Weiden recht eigentlich ist, so ist ποιμαίνειν, wie Gerhard, Lampe, Bengel, Lange, Stier, Meyer, Hengstenberg, Luthardt u. A. angeben, mehr das Leiten, das Aus- und Einführen. Statt ἀρνία μου heisst es nunmehr τὰ πρόβατά μου. Die, welche geführt werden sollen, werden also weder als kleine, noch als zärtlich geliebte Wesen bezeichnet, sondern einfach als solche, welche bereits soweit erwachsen sind, dass man sie austreiben kann.

Zum dritten Male wendet sich Christus an den Petrus: jetzt aber lautet seine Frage nicht mehr: ἀγαπᾷς με, sondern φιλεῖς με. Wie schon bemerkt wurde, findet Hengstenberg hier eine Steigerung und Anerkennung: es soll zugestanden werden, dass Petrus seinen Herrn ἀγαπᾷ, verehrt, und nun weiter gefragt werden, ob er denn auch herzlich ihn lieb habe. Die anderen Ausleger sind mit Recht anderer Ansicht; es findet hier keine Klimax, sondern eine Antiklimax, kein Fortschritt, sondern ein Rückschritt statt. Bisher hatte der Heiland seinen Jünger darnach gefragt, ob er ihm mit heiliger, himmlischer, verehrungsvoller Liebe zugethan sei und derselbe hatte bekannt, dass er ihm gut sei, dass er ihn persönlich liebe: jetzt greift der Erlöser diese Versicherung auf und stellt die Frage, und damit es als fraglich hin, ob dieses, was jener schon zu zwei Malen bekannt hatte, überhaupt wahr sei, ob er wirklich irgend welche Zuneigung, irgend welches herzliche Wohlgefallen an ihm habe. Selbst dieses Minimum, dieses geringe φιλεῖν zieht die Frage, wie Lange, Meyer, Ewald, Godet u. A. schon gesehen haben, scheinbar in Zweifel. Petrus hat ein Verständniss, was es mit dieser Aenderung der Frage auf sich hat: ἐλυπήθη ὁ Πέτρος, ὅτι εἶπεν αὐτῷ τὸ τρίτον· φιλεῖς με. Es war sehr verkehrt, wenn Augustinus und seine Freunde aus diesem τὸ τρίτον vor φιλεῖς με schlossen, dass φιλεῖν und ἀγαπᾶν vollständig gleiche Bedeutung besässen: der Evangelist will ja nicht sagen, dass Jesus zum dritten Male φιλεῖς με gefragt habe, sondern nur, dass die dritte Frage so gelautet habe. Die, welche auf diesen feinen, aber in dem klassischen Griechisch allgemein bekannten Unterschied von ἀγαπᾶν und φιλεῖν nichts gaben, haben hin und her gerathen, um diese Betrübniss zu erklären, welche gerade diese dritte Frage dem Apostel verursachte. Lyra sagt, er sei bei dieser dritten, trotz seiner Versicherungen immer wieder gestellten Frage, so betrübt geworden, *quia timuit, ne Christus sibi praediceret casum aliquem futurum, sicut superius ei praedixerat suam negationem.* Grotius vermuthet, er sei so traurig geworden, *quod ter negando meruisset ter interrogari:* Calvin will nicht eingestehen, dass er gemerkt habe, die dreifache Frage stehe mit der dreimaligen Verleugnung in irgend welcher Beziehung. Hengstenberg erklärt, jene stehe mit dieser nur in einem . rein formellen Zusammenhang. Gewiss besteht zwischen diesen drei Fragen und den drei Verleugnungen ein innerer Zusammenhang: wir stellen getrost mit Chrysostomus, Cyrillus, Augustinus, Luther, Calvin u. A. die Behauptung auf, wenn Petrus den Herrn nicht drei Mal verleugnet hätte, so würde er überhaupt gar nicht gefragt worden sein: wozu war das dann nöthig? Hat der Heiland die anderen Apostel, welche er doch auch mit dem Hirtenamte über seine Schafe betraute, in dieser Weise nach ihrer Liebe zu ihm befragt? Hier kann man sich nicht mit den Katholiken so heraushelfen, dass man sagt: nicht in das Hirtenamt, sondern in den Primat ward Petrus jetzt eingesetzt, denn man darf nicht vergessen, dass die Vollmachten der anderen Apostel nicht von Petrus herrühren, sondern von Christus ihnen unmittelbar verliehen worden sind. Sie haben so zu sagen die *missio canonica* empfangen, als Christus mit dem heiligen Geiste sie anblies und sprach: wie mich der Vater gesandt hat, so sende ich euch. Und wie der

Vater ihn nicht einem Anderen unterstellt hat und er demnach nur dem sendenden Vater responsabel ist, so hat er sie damals auch nicht Einem untergeordnet, sondern sich die Hoheitsrechte, den Primat über sie vorbehalten. Auf die dreimalige Verleugnung beziehen sich diese drei Fragen, sie sind durch dieselbe motivirt. Von einem Mangel an Liebe zeugt jene dreimalige Verleugnung, denn, wer wahrhaft liebt, freut sich mit dem Geliebten zu leiden und zu sterben, darum wird drei Mal nach dem Vorhandensein der Liebe jetzt gefragt. Doch diese Beziehung der Fragen kann den Jünger schwerlich in solche Traurigkeit versetzen, dass man sie ihm an seinem ganzen Wesen ansieht. Ist es möglich, dass er bei der ersten Frage mit ihrem schneidenden πλέον τούτων die Abzielung, die Absicht nicht merkt? Seine Verleugnung stand ihm vor den Augen, so oft als der Auferstandene durch seine Erscheinung sich zu ihm bekannte. Die Erinnerung erklärt also dieses Traurigwerden nicht. Hat er aus diesem dreimaligen Fragen etwa die Ueberzeugung gewonnen, dass Christus ihm noch nicht völlig vergeben habe, sondern ihm seine Missethat noch immer nachtrage? Auch das ist nicht möglich. Denn ein Mal weiss Petrus, dass der Heiland, wenn er die Sünde vergibt, sie auch völlig vergibt, und zum anderen, dass er ihm vergeben hat. Hat er ihm nicht besonders die gottseligen Frauen zugesandt, ist er ihm nicht in Sonderheit am Ostertage erschienen, hat er ihn nicht an dem Abend zur Predigt des Evangeliums ausgerüstet und abgeordnet? Die Betrübniss wird durch nichts Anderes, wie Meyer ganz richtig bemerkt, als durch die Frage: φιλεῖς με verursacht: wie ein scharfes, zweischneidiges Schwert schneidet dieselbe in das Herz des Apostels: sein Schmerz ist, dass Jesus ihm nicht ein Mal das φιλεῖν, die persönliche Zuneigung zutraut, welche er bescheiden für sich in Anspruch genommen hat, und somit trotz seiner zweifachen Betheuerung gar keinen Glauben an seine Liebe zu haben scheint. Hieraus erklärt sich nun aber auch die Form seiner Antwort: vorher beschränkte er sich auf die Betheuerung: ναί, κύριε, σὺ οἶδας, ὅτι φιλῶ σε, jetzt verstärkt er sie in der angemessensten, ehrerbietigsten Weise: er spricht: κύριε, πάντα σὺ οἶδας, σὺ γινώσκεις, ὅτι φιλῶ σε. Nicht auf sich, auf sein Wissen um das eigene Herz beruft er sich, sondern wie er vorher schon den Herrn zu seinem Zeugen angenommen hat, so thut er es jetzt wieder, aber er hebt eine Eigenschaft an diesem Zeugen hervor, welche die Betheuerung, die er auszusprechen gesonnen ist, verstärkt und bewahrheitet. Er weiss es, dass er vor dem steht, der Alles weiss, und vor diesem allwissenden Herrn schlägt er das Auge nicht nieder, verstummt er mit Nichten, sondern ist seiner Sache so gewiss, dass er die Freudigkeit hat, vor ihm es auszusprechen, dass er ihm nicht erst zu sagen braucht, er habe ihn lieb, weil der Frager ebenso gut, wenn nicht noch besser als er, es weiss. Das σὺ οἶδας πάντα wird von den Alten auf die göttliche Allwissenheit Christi im Allgemeinen bezogen. Luther fasst es auch so, ihm folgen Lampe, Hengstenberg u. A.: es ist aber wohl dieser Situation angemessener, hier nicht an alle Dinge in dieser Welt zu denken, sondern an Alles, was der Mensch in seinem Herzen verborgen trägt; Christus ist darum hier wohl als der Allwissende bezeichnet, weil er der Herzenskündiger ist, so Kühnöl, Baumgarten-Crusius, Stier, Luthardt, Godet u. A. In dem Herzen des Petrus brennt die Liebe zu Christus: das empfindet er, wenn der Herr es auch nicht zuzugestehen scheint, ja das empfindet er so tief und so wahr, dass er es sich nicht vorstellen kann, wie diese Liebe in dem Gerichte dessen, welcher Herzen und Nieren prüft, nicht bestehen sollte. Jesus antwortet auf dieses Bekenntniss in einer neuen Weise: βόσκε τι᾽ προβάτιά μου. Das Zeitwort aus der ersten Anweisung wird unverändert in diese dritte aufgenommen und das Objekt in der zweiten wird damit verbunden, freilich nicht in seiner ursprünglichen Fassung, sondern in einer abgeleiteten Form, statt πρόβατα heisst es jetzt προβάτια. Dieses Wort lässt sich eng, aber auch weiter nehmen: es kann die πρόβατα als junge, kleine Geschöpfe, aber dieselben auch als Gegenstände zarter Liebe kennzeichnen. Der alte Auftrag kehrt wieder. Es fragt sich nun, wie sich diese drei Worte: βόσκε τὰ ἀρνία μου, ποίμαινε τὰ πρόβατά μου, βόσκε τὰ προβάτιά μου zu einander verhalten, denn über die Frage, ob in den Fragen Jesu auf eine dreigestaltige Liebe hingedeutet werde, was z. B. Gregor M. und Bernhard (s. 35, 7 habes charitatem de corde puro, et conscientia bona, et fide non ficta. s. 29. 1 diliges et dulciter sive affectuose, diliges prudenter, diliges fortiter. Cant. cant. s. 76, 8: non otiose toties repetitum est: Petre, amas me, in commissione ovium. Et ergo quidem id significatum perinde puto, ac si illi dixisset Jesus: nisi testimonium tibi perihibente conscientia, quod me ames et valde perfecteque ames, hoc est plus quam tua, plus quam tuos, plus quam et te, ut huius repetitionis meae numerus impleatur, nequaquam suscipias curam hanc nec te intromittas de ovibus meis, pro quibus sanguis utique meus effusus est) annehmen, brauche ich mich nach dem Gesagten nicht weiter einzulassen.

Lightfoot versteht unter den ἀρνία, πρόβατα und προβάτια die verschiedenen Völkerschaften, unter welchen Petrus, überhaupt die Gesammtheit der Apostel arbeiten soll. Si peculiare quid in hac tergeminatione pasce, pasce, pasce, insinuetur, vix aptius applicueris, quam ad tergeminum obiectum ministerii Petri, gentiles, Judaeos et Israelitas de decem tribubus. Er spricht sich aber nicht genauer aus, auf welche von diesen drei Völkern er jene drei Nomina ἀρνία u. s. w. bezieht. Wir beanstanden nicht bloss die Reihenfolge, es müsste zum Wenigsten heissen: Judaeos, Israelitas, Gentiles, sondern auch den ganzen Gedanken. Es fehlt jeder Fingerweis, dass diese Schafarten verschiedene Völker repräsentiren sollen. Besser ist es wohl, von solchen Völkerunterschieden ganz abzusehen und die Gesammtthätigkeit des Apostels unter den Völkern, in der christlichen Kirche unter diesen dreifachen Gesichtspunkt zu stellen. Er hat es mit ἀρνία, πρόβατα und προβάτια aller Wegen zu thun. Die Einen sagen: successive, nach einander, die Anderen aber, simultan, zu gleicher Zeit. Bengel kennt beide Auslegungen: tribus hisce sententiis grex Petro commissus in tres aetates distribuitur: primaeque aetatis grex, appellatione agnorum venit: tertiae, ovium (nunquam tamen sine agnis subolescentibus): secundae igitur ovium teneriorum adhuc, sive agnorum iam robustiorum. Discrimen nominum, quod graeca lingua aegre capiebat, discrimen verborum, βόσκε et ποίμαινε, compensat. βόσκειν est pars τοῦ ποιμαίνειν. Neque, si sermo Hebraeus has verborum differentias non cepit, opportuna graecorum verborum proprietate Johannes sensum domini non potuit exprimere. Tali sensu Syrus post verbum pasce versu 15, 16, 17 tria diversa nomina ponit, quibus agni, oviculae, oves respondent. Pariterque Ambrosius in Luc. 24 scribit: denique tertio Petrus non agnos, ut primo, quodam lacte vescendos; nec oviculas, ut secundo: sed oves pascere iubetur, perfectiores ut perfectior gubernaret. Oviculas Petro et oves *commendatas ait Maximus in s. de s. Petro et Paulo.* Aber er entscheidet sich schliesslich doch für eine andere Auffassung. *Ab hoc sermone ad mortem Petri erant 36 anni, atque id tempus hic ipse sermo in tres periodos ferme aequales dividit. Primum pavit Petrus tenellam ecclesiam christianam sive agnos, quorum appellatio cum illa discipulorum in actis appellatione congruit, cui deinde fratrum appellatio successit. vide ad Matth. 10, 1 sq. In secunda periodo oves adduxit, rexit, congregavit. In tertia ecclesiam ex Judaeis et gentibus collectam pavit, usque ad martyrium.* Stier stimmt diesen Ausführungen Bengels zu. Der Herr behändigt demnach mit diesen Worten dem Apostel ein Programm seiner kirchenregimentlichen Thätigkeit. Dass die Hauptsache hineingetragen ist, liegt auf der Hand: wo ist ein Wink, dass die πρόβατα jene πρόβατα sind, von welchen es Joh. 10, 16 heisst: καὶ ἄλλα πρόβατα ἔχω, ἃ οὐκ ἔστιν ἐκ τῆς αὐλῆς ταύτης, und dass jene προβάτια die aus Juden und Heiden gesammelten Gemeinden sind? Wo ist eine Andeutung, dass jene drei Funktionen nicht in einander fallen, sondern auf einander folgen? Besser ist es daher, diese ἀρνία, πρόβατα und προβάτια, diese Objekte der apostolischen Thätigkeit, auf verschiedenartige Schichten in der Gemeinde, auf bleibende Bestandtheile derselben zu beziehen, wie Bengel es einleitend schon gethan hat. Diess ist unbedingt die älteste Auffassung: Euthymius fasst dieselbe in die wenigen Worte zusammen: ἀρνία τοίνυν καὶ πρόβατα οἱ μαθηταὶ διὰ τὸ ἄκακον καὶ πρόχειρον εἰς σφαγήν. καὶ αὖτις ἀρνία μέν, οἱ ἀτελέστεροι· πρόβατα δέ, οἱ τελειότεροι. Diese Unterscheidung acceptiren Gerhard, Wetstein, Lampe, Lange, Luthardt u. A. Lampe schreibt zu ἀρνία: *denotant igitur in contradistinctione ovium v. 16, 17 talia membra gregis domini, quae ἀρτιγεννητά, recenter nata, imbecilla, lactentia, quae cum mansuetudine et lenitate singulari tractari debent.* Zu πρόβατα bemerkt er weiter: *oves contradistincte ad agnos sunt membra gregis domini maiori gratiae incremento gaudentia, solidioris cibi capacia. Illas igitur debebat ποιμαίνειν, quae vox hic ostendit, quo modo tales duci deberent in pascua, ac pedo pastorali dirigi, ne a via, in qua gressus promovent, iterum aberrent.* Diese oves magis provectae atque exercitatae bedürfen aber auch der Pflege, der Nahrung, der Erquickung (*refectione*). Aehnlich lässt Lange sich aus 3, 1716. „Hatte er ihm mit der ersten Weisung die Pflege seiner Lämmer anvertraut, so bestellte er ihn mit der zweiten zum eigentlichen Hirten und Führer seiner Schafe, also nicht nur zur Versorgung, sondern auch zur Leitung seiner Herde, nicht bloss zur Führung der Kleinen und Unmündigen, sondern auch der Gereiften." Allein diese Auffassung will auch nicht recht befriedigen: man kommt nämlich mit der letzten Weisung: βόσκε τὰ προβάτιά μου nicht zurecht, wesshalb Lange sie auch ganz bei Seite lässt. Sind die προβάτια das, was das Wort ursprünglich aussagt, so fällt es mit τὰ ἀρνία, was auch Ewald anerkennt, vollständig zusammen und die dritte Weisung würde sich durchaus nicht von der ersten unterscheiden: eine nackte Wiederholung läge vor. Man wird sich entschliessen müssen, πρόβατα und προβάτια auf ein und dasselbe Objekt zu beziehen: die zuerst genannten πρόβατα erscheinen wieder als προβάτια, weil der Affekt den Sprecher überwältigt, weil nun, da er zum dritten und letzten Male seine Herde dem Petrus befiehlt, das Gefühl in ihm tief erregt ist. Wir verzichten daher darauf, die grosse Herde Christi in ἀρνία, πρόβατα und προβάτια, als in drei verschiedene Haufen zu theilen, und können nur zwei

Theile anerkennen: Starke und Schwache, Gereifte und Anfänger im
Glauben. Nach dem Bestande der Herde ist also nur eine Zweitheilung
gestattet: die Dreitheilung des Heilandes kommt so zu Stande, dass er die
Thätigkeit des Hirten, welche sich auf die Starken und Gereiften bezieht,
nach zwei Seiten hin darstellt. Es ist ein βόσκειν und ein ποιμαίνειν.
Das βόσκειν der ἀρνία umfasst das Nähren derselben, ein ποιμαίνειν findet
bei ihnen noch nicht statt. Die zarten Lämmchen werden noch nicht hinausgetrieben, sondern in dem Stalle oder innerhalb der Hürden gehegt und
gepflegt, wie es recht ist; sie müssen durch entsprechende, nahrhafte Kost —
sagen wir durch die lautere Milch des Evangeliums — erst soweit gefördert werden, dass sie gewisse Schritte thun und auf den Wiesen und
Bergen sich ergehen können, um sich selbst ihre Speise zu suchen. Das
Füttern ist Hauptsache bei den Kleinen, das Aus- und Einführen, wenn
es überhaupt geschieht, Nebensache. Anders liegt die Sache mit denen,
welche erstarkt sind. Man kann sie nicht mehr am Gängelbande führen,
daheim oder innerhalb der Hürden zurückhalten, man muss sie in das
Freie hinaustreiben. Sie sind gewisser Massen mündig, selbstständig geworden, man muss sie gehen lassen, aber nie so gehen lassen, dass man
sie aus den Augen verliert, sondern ein Auge auf sie haben. Sie bedürfen
der Leitung, der Führung, der Behütung, der Vertheidigung, der Aufsicht.
Es gibt grüne Auen und frische Wasserbrunnen, zu denen sind sie zu
locken. Aber das genügt noch nicht. Die Brunnen sind vielfach mit einem
schweren Steine bedeckt, der Hirte muss den Stein wegwälzen, Wasser
schöpfen und die durstigen Thiere tränken. Auch mit dem Futter hat es
seine liebe Noth. Sie wissen vielfach nicht, wo sie die rechte Weide finden,
und verirren sich. Da gibt es auch Giftblumen, da zu nasses und darum un-
gesundes Gras. Der Hirte hat also noch mehr zu thun, als seine Herde auszuführen und dafür zu sorgen, dass sie sich nicht zerstreut, sondern beisammen
bleibt, auf dem rechten Wege wandelt und dem Ziele näher kommt, er hat
mit einem Worte nicht bloss zu leiten (ποιμαίνειν), sondern auch dafür zu
sorgen, dass es ihr auf ihrem Wege nie an der auskömmlichen, gesunden
Nahrung mangelt, dass sie immer stärker und kräftiger wird, mit einem
Worte, das βόσκειν ist auch ein Hauptstück seiner Aufgabe. Christus legt
seine Worte nicht näher aus und gibt uns so grosse Freiheit: doch darf
man dieselbe auch nicht missbrauchen. Luthardt scheint mir das zu thun.
„Ἀρνία,“ sagt er, „sind die Lämmer, deren jedes einzelne sorglicher Pflege
bedarf. Πρόβατα sind die Schafe, welche die Herde ausmachen und ge-
meinsamer Leitung bedürfen; daher hier ποίμαινε. Beide Gesichtspunkte
sind dann zusammengefasst im dritten προβάτια: die heranwachsenden
Schafe der Herde. Hier tritt daher wieder βόσκε ein. Es folgt die Pflege
der Einzelnen, die Sorge für das Ganze, die Heranziehung der Einzelnen
für das Ganze: die drei wesentlichen Seiten des Dienstberufs in der Gemeinde Jesu.“ Unmöglich kann Christus das meinen: sollte die Sorge für
das Ganze in dem: ποίμαινε τὰ πρόβατά μου hervorgehoben werden, so
durfte dieses Ganze nicht in seine einzelnen Glieder aufgelöst werden, so
musste es zum Wenigsten heissen: ποίμαινε τὴν ποίμνην (10, 16) oder
τὸ ποιμνιόν μου (Luk. 12, 32).

Nach der Liebe zu sich fragt Christus bei Petrus und auf das Bekenntniss, dass er ihn lieb habe, befiehlt er ihm das Hirtenamt. Gut
weist Hengstenberg darauf hin, dass der Herr sowohl durch die Frage:

20 *

ἀγαπᾷς, φιλεῖς με, als auch durch die Bezeichnung der Herde als αὐλία, πρόβατα und προβάτιά μου sich Gott gleich stelle. Die Bildersprache, deren er sich hier bedient, ist alt: in dem Alten Testamente bereits ist viel von dem Volke Gottes als der Herde der Schafe die Rede: Gott der Herr bezeichnet sie konstant als seine Schafe, hier tritt der Sohn an die Stelle des Vaters als dessen Erbe. Ebenso wird in dem Alten Testamente die Liebe zu Gott als das Ein und Alles angegeben, hier wird Alles von der Liebe zu dem Heilande abhängig gemacht. Doch das sind nur Neben-sachen, die Hauptsache ist und bleibt, dass die Liebe zu Christus als das Eine, was Noth ist, um seine Herde zu weiden, wie es recht ist, auf das Energischste durch diese dreimalige Frage hervorgestellt wird. Calvin weist schön nach, dass die Liebe zu Christus darum ein unerlässliches Requisit ist, weil das Hirtenamt mit viel Noth und Trübsal verbunden ist. *His verbis significat Christus, neminem posse fideliter servire ecclesiae et operam suam impendere gregi pascendo, nisi altius respiciat quam ad ho-mines. Principio munus pascendi per se laboriosum est et molestum, quando nihil difficilius est, quam homines, continere sub Dei iugo, quorum multi infirmi sunt, alii leves et protervi, alii tardi et segnes, alii duri et parum dociles. Iam Satan quascunque potest offensiones ingerit, quibus frangat boni pastoris animum vel debilitet. Huc accedit multorum ingratitudo et aliae taedii causae. Numquam ergo in hoc officio constanter perget, nisi in cuius corde sic regnabit amor Christi, ut sui oblitus totumque se illi addicens im-pedimenta omnia superet. Ita se affectum fuisse declarat Paulus (2. Kor. 5, 14), cum dicit, charitas Christi constringit nos hoc reputantes, quod, si unus mortuus est pro omnibus, omnes simul convenit esse mortuos. Quamvis enim amorem intelligat, quo nos complexus est Christus et cuius morte sua specimen praebuit, adiungit tamen mutuum affectum, qui ex tanti beneficii sensu nascitur. Rursum vero alibi improbos et falsos doctores, qui ecclesiam turbant, hac nota insignit, quod non diligant dominum Jesum (1. Kor. 16, 22). Meminerint ergo qui ad regendam ecclesiam vocantur, si munus suum rite pro-beque exsequi cupiunt, initium sibi esse faciendum a Christi amore. Interim luculente testatur Christus, quanti faciat salutem nostram, dum ita singula-riter pastoribus eam commendat. Atque hoc sibi documentum fore asserit, quantopere ab illis ametur, si eam sollicite curent. Nihil certe efficacius potuit dici ad animandos evangelii ministros, quam dum audiunt nullum Christo gratius officium esse, quam quod pascendo eius gregi impenditur. Piis autem omnibus non vulgaris inde haurienda est consolatio, dum se filio Dei tam caros esse ac pretiosos audiunt, ut eos quasi in locum suum subroget.* Allein besser noch hat Augustinus darauf schon aufmerksam gemacht, dass die Liebe zu Christus nicht bloss zur Ausdauer in diesem Amte stärkt, sondern auch die Seele dieses Weidens sein muss. Er sagt *tr. 123 in Jo.*: *sit amoris officium, pascere dominicum gregem, si fuit timoris indicium, ne-gare pastorem. Qui hoc animo pascunt oves Christi, ut suas velint esse, non Christi, se convincuntur amare, non Christum: vel gloriandi, vel domi-nandi, vel adquirendi cupiditate, non obediendi et subveniendi et Deo pla-cendi caritate. Contra hos ergo vigilat totiens inculcata ista vox Christi, quos apostolus (Phil. 2, 21) gemit sua quaerere, non quae Jesu Christi. Nam quid est aliud: diliges me? pasce oves meas, quamsi diceretur, si me diligis, non te pascere cogita: sed oves meas, sicut meas pasce, non sicut tuas; gloriam meam in eis quaere, non tuam; dominium meum, non tuum; lucra mea, non tua, ne sis in eorum societate, qui pertinent ad tempora periculosa, se ipsos amantes et caetera, quae huic malorum initio connectuntur. — Non sint ergo se ipsos amantes, qui pascunt oves Christi, ne tamquam suas, sed tamquam ipsius eas pascant; et velint ex illis sua lucra conquirere, sicut amatores pecuniae; vel eis dominari, sicut elati; vel gloriari de honoribus, quos ab eis sumunt, sicut superbi; vel in tantum progredi, ut etiam haereses faciant, sicut blasphemi; nec cedant sanctis patribus, sicut parentibus non obedientes; et eis, qui illos corrigere volunt, quia perire nolunt, mala pro bonis reddant, sicut ingrati; interficiant animas et suas et alienas sicut scelesti; materna ecclesiae viscera dissipent, sicut irreligiosi; non compatiantur infirmis, sicut sine affectione etc.*

Seine Herde übergibt Christus dem Petrus mit dieser dreimaligen Frage: hast du mich lieb, und dieser dreimaligen Weisung: weide meine Lämmer, weide meine Schafe. Hengstenberg stimmt Ewald zu, welcher die Drei als Zahl der Vollendung fasst, geht aber damit über Ewald weit hinaus, dass er diese Dreizahl mit jener Dreizahl bei der Verleugnung in keinerlei Zusammenhang bringen will. Wir leugnen nicht, dass aller guten Dinge drei sind und dass die Drei vielfach angibt, dass nun etwas zu seinem Abschluss gediehen ist, wie z. B. die Versuchung in den drei Angriffen, die Anfechtung in dem Garten Gethsemane durch die drei Gebetsgänge, allein dass nur durch diese drei Fragen und drei Weisungen die Uebertragung des Hirtenamtes an Petrus endgiltig und vollständig habe vollzogen werden können, wage ich nicht zu behaupten. An solche Dinge bindet sich Jesus nicht: er hat nur zu einem Mal gesprochen: gleichwie mich der Vater gesandt hat, so sende ich euch; er hätte es hier auch bei dem zweiten Akte auf sich beruhen lassen können. Er that es nicht: weil, was Petrus durch seine dreimalige Verleugnung verdorben hatte, durch diese dreimalige Frage und Weisung wieder gut gemacht werden sollte. Die dreimalige Verleugnung hat des Jüngers Liebe zu seinem Meister in Frage gestellt, durch die dreimalige Frage Christi wird sie jetzt ausser allen Zweifel gestellt; die dreimalige Verleugnung hatte den Petrus um die Würde eines Apostels gebracht, denn deren Aufgabe ist es, den Namen des Herrn zu bekennen vor aller Welt, es koste auch das Leben, durch die dreimalige Weisung, die Herde zu weiden, wird dem gefallenen Apostel seine Würde wieder zurückgegeben. Auf die feierlichste Weise ist er in sein Amt wieder eingesetzt, durch eine dreimalige Erklärung des Erlösers vor den sechs Jüngern als Zeugen. Bei dieser Auffassung des Chrysostomus, Cyrillus und Augustinus bleibe ich stehen und lasse mich nicht durch Bengel, Hengstenberg und Gess (S. 201) zu weiteren Koncessionen verleiten. Die alten lutherischen und reformirten Ausleger sind vollkommen im Rechte, dass sie alle weiteren römischen Ausdeutungen auf das Entschiedenste ablehnen. Es kommt mir nicht in den Sinn, einen gewissen Vorzug dem Apostel Simon Petrus abzusprechen, denn ein Jeder, welcher die Evangelien und die Apostelgeschichte auch nur mit einiger Aufmerksamkeit durchsieht, erkennt, dass dieser Apostel mit gutem Grunde in allen Apostelverzeichnissen an der Spitze steht, er ist das *membrum praecipuum* unter den erst erwählten Zwölfen. Aber kommt ihm desshalb der Primat zu, welchen die römisch-katholische Kirche ihm beilegt seit alten Zeiten und den sie neuerdings am Liebsten so bestimmen möchte, wie sie den Primat des Nachfolgers auf Petri Stuhl auffasst. Der Primat des Papstes besteht wesentlich darin, dass er der Quell wie aller Wahrheit, so auch aller Rechte ist: wie er nach den Bestimmungen des letzten vatikanischen

Koncils infallibel ist, also der Besitzer aller religiösen Wahrheiten, so ist er lange schon nach den Anschauungen der Kanonisten der Besitzer sämmtlicher kirchlichen Rechte. Diese ruhen auf oder in seiner Person, die Last dieser Prärogative ist zu gross, der eine Hirte kann die ganze, grosse Herde nicht weiden, er überträgt desshalb aus seiner Machtfülle Vollmachten auf Andere, und diese theilen von ihren Vollmachten wieder weiter nach unten hin mit. Alles ist somit nur ein Ausfluss aus jener Urquelle. Von einem solchen Primate weiss die h. Schrift nichts: was die Nachfolger S. Petri sich beilegen, hat S. Petrus in Wahrheit nie besessen, obgleich Leo M. es ihm in seinem ersten Sermone auf Christi Himmelfahrt zulegt. Er ist nur eine gewisse Zeit der Erste unter den Aposteln gewesen: nach Gottes Rath überflügelt ihn aber bald das auserwählte Rüstzeug. Petrus und die andern beiden Säulenapostel erkennen das Recht des grossen Heidenapostels rücksichtslos an: sie treffen keine Anstalten, ihm an den Vollmachten, welche sie empfangen haben, Antheil zu geben, sie theilen sich bloss mit ihm in die Arbeit, sie behalten das Volk der Juden als ihr Arbeitsfeld bei, ihm lassen sie als seine Domaine die Heidenwelt. Von einer Unterordnung des Paulus unter Petrus ist keine Rede — ebenbürtig, gleichberechtigt stehen sie neben einander. Ist in dem Laufe der nächstfolgenden Jahrhunderte der Kirche in Rom der Beruf zugefallen, Vorort der Kirche in dem römischen Reiche zu sein, so hätte jene Kirche, wenn sie sich dessen bewusst geblieben wäre, dass sie vornehmlich aus Heiden erwachsen sei, nicht den Petrus, sondern den Paulus als ihren Stifter betrachten sollen. Aber selbst unter jenen erst gewählten und ergänzten Zwölfen eignet dem Petrus in keiner Weise der Primat. Er ist nur *primus inter pares* und die Andern dependiren durchaus nicht von ihm. Daraus, dass Christus ihm die Lämmer und Schafe überweist, lässt sich nicht beweisen, dass er ihm auch die Obhut und Aufsicht über die andern Elfe übertragen habe. Schon ein Blick auf unsern Text genügt, um zu erkennen, dass unter jene ἀρνία, πρόβατα und προβάτια die Apostel sich nicht unterbringen lassen, denn von diesen werden sie unterschieden in dem πλέον τούτων. Es wird diese Bemerkung bestätigt durch die *Missio* an dem Osterabende. Christus sendet nicht den Petrus allein, sondern gleich Alle: von dem Herrn, dem ἀρχιποίμην, werden sie unmittelbar mit Vollmachten ausgestattet und nicht von dem Ersten der Jünger. Die Apostelgeschichte zeigt uns dem ganz gemäss, wie nicht Petrus als der Inhaber des von dem Herrn und Haupt der Gemeinde gestifteten Primates seine Befehle austheilt, sondern wie er in Gemeinschaft mit den andern Aposteln und den Gläubigen berathet und beschliesst (6, 2 ff. 15, 6 ff.). Bengel weist die römischen Prätensionen ab: *desinat tandem hoc ad se, et ad se unum, rapere, qui nec amat nec pascit, sed depascit, per successionis Petrinae simulationem. Non magis Roma, quam Hierosolyma aut Antiochia aut quivis alius locus, ubi apostolum Petrus egit, Petrum sibi vindicare potest: imo Roma minime, caput gentium. Nam Petrus erat in apostolis circumcisionis.* Allein sehr geheimnissvoll merkt er doch an: *illud plus his indicio est, Petrum hic restitui in locum suum, quem amiserat per abnegationem; simulque quiddam ei prae condiscipulis tribui, sed nihil, a quo ceteri excludantur: nam sane etiam hi amabant Jesum. C. 16, 27.* Was dieses *quiddam* ist, gibt Bengel leider nicht an. Allein der Umstand, dass dieses *quiddam* doch auch den Andern zugestanden wird, weil sie Jesum gleichfalls liebten, legt den Gedanken nahe, dass es nichts Anderes als das Weiden der Herde ist. Auch die andern Apostel sind zu Hirten berufen, aber da sie nicht auf diese Weise, wie Petrus, installirt werden, lässt der Herr errathen, dass dieser Jünger in seinem Hirtenamte mehr schaffen wird, als die Andern. Mit diesem Gedanken, welcher, wenn er nur die Arbeit unter Israel in's Auge fasst, den Wahrspruch der Geschichte für sich hat, kann sich Hengstenberg aber nicht begnügen. Er nennt (3, 345) Petrus einen Oberhirten, stellt ihm aber dort nicht die Apostel, sondern die Presbyter als Unterhirten gegenüber, allein 3, 343 sagt er ausdrücklich: „Die Frage nach dem mehr hat zur Voraussetzung, dass dem Petrus eine die der Uebrigen überragende Stellung zugedacht ist, vgl. Matth. 16, 18, dass er wahrhaftig Petrus werden soll, der Fels, darauf die Kirche gegründet ist, der Hirt der Herde Christi." Hengstenberg hat damit weit über das Ziel hinaus geschossen und sich in sehr bedenklicher Weise der herkömmlichen katholischen Auslegung genähert: er ist offenbar darauf gefallen, weil er die Beziehung dieser Fragen und Weisungen auf die Verleugnung nicht anerkennen wollte. Uebersieht man diesen Zusammenhang, dann muss man allerdings, um für diese Scene einen Grund zu finden, sich auf das Rathen legen.

Christus, welcher durch seine Erscheinung an dem Ostertage den Petrus sich selbst wiedergegeben hatte, gibt ihn jetzt seinem Amte wieder. Bei jedem andern Apostel wäre eine stillschweigende Rehabilitation wohl statthaft gewesen, denn keiner von ihnen nahm solch eine hervortretende Stellung ein: bei diesem Apostel ging das in keiner Weise an. Er musste in der förmlichsten Weise legitimirt werden als der berufene, ja als der berufenste Zeuge Jesu Christi, damit sein eigenes Gewissen gestillt, die Gemeinde der Gläubigen wahrhaft mit ihm ausgesöhnt und der ungläubigen Welt jeder Anlass abgeschnitten werde, an seinem Rechte und seiner Macht zu zweifeln.

An diesen Auftrag, seine Schafe zu weiden, knüpft der Heiland eine Weissagung über das Ende, welches Petrus nehmen wird. Ἀμὴν ἀμὴν λέγω σοι, ὅτε ἧς νεώτερος, ἐζώννυες σεαυτὸν καὶ περιεπά τεις, ὅπου ἤθελες· ὅταν δὲ γηράσῃς ἐκτενεῖς τὰς χεῖράς σου, καὶ ἄλλος (so lese ich mit dem Codex Alexandrinus, Vaticanus, Ephraemi gegen den Codex Sinaiticus und Cantabrigiensis, welche ἄλλοι überliefern) σε ζώσει (der Codex Sinaiticus hat ζώσουσιν, eine spätere Hand hat in den Codex des Ephraem hineinkorrigirt ζώσωσιν; in dem Cantabrigiensis finden wir gar die ganz abnorme Form ζωσούσει — σέ stellen die Codices Sinaiticus, Vaticanus, Ephraemi nach ζωσ.) καὶ οἴσει (im Sinaiticus heisst es: ποιήσουσίν σοι ὅσα οὐ θέλεις; im Cantabrigiensis aber ἀπάγουσίν σε), ὅπου οὐ θέλεις. In welchem Zusammenhange steht diese Todesweissagung mit dem Vorhergehenden? Lücke meint in Beziehung auf die Furcht vor dem Tode, welche den Petrus zur Verleugnung getrieben habe, stelle der Herr die Treue des Jüngers gleichsam auf die letzte Probe, indem er ihm die Zukunft des Märtyrertodes vorhalte. Wirst du auch diese Probe bestehen, mir auch in den Tod folgen? So scheine er ihn zu fragen. Mit Recht weisen die andern Ausleger aber diesen Gedanken zurück; denn die Verkündigung läuft in keine Frage aus, sondern setzt es als ganz bestimmt hin, dass Petrus solches erleidet um seines Glaubens willen. Es ist also nicht die Frage, ob er dazu geschickt und bereit ist, sondern dass er diese sogenannte Probe besteht, wird als historische Thatsache vorausgesagt. Eine Probe findet also nicht statt. Mit dem Vorhergehenden stellt Gerhard schon so die Verbindung her, dass der Jünger auf ein zweites Erforderniss zum Hirtenamte aufmerksam gemacht wird. *Requisita erat a Petro in ovibus Christi pascendis fidelitas et diligentia, nunc exigitur etiam patientia, ut non solum pastu ovium, sed et moriendo amorem suum declaret. Est ergo talis cohaerentia: si vere et sincere me diligis, oves meas pasces. Si oves pascis, crux sequetur, hunc eodem erga me amore ductus patienter tolerabis.* Allein wir lehnen auch diesen Gedanken ab; die Weissagung spitzt sich durchaus nicht in eine Mahnung zur Geduld, zur willenlosen Dahingabe und dergleichen zu. Die Prophezeiung ist also die Hauptsache: Christus will den Petrus über das Los, welches ihn erwartet, aufklären. Hengstenberg behauptet, die Vorkenntniss dieses Ausgangs gehöre zu seiner Amtsausrüstung, sie diene dazu, alle Herrschergelüste in ihm zu ertödten, ihm das $\varkappa\alpha\tau\alpha\varkappa\upsilon\varrho\iota\varepsilon\acute{\upsilon}\varepsilon\iota\nu$ $\tau\~\omega\nu$ $\varkappa\lambda\acute{\eta}\varrho\omega\nu$ 1. Petr. 5, 3 zu verleiden, auch dazu, dass er recht eifrig den Beistand aus der Höhe zu einem so gefahrvollen Amte suche. Allein findet sich eine Andeutung, dass Jesus bei Petrus solche Herrschergelüste voraussetzt; hat er ihm zu einem solchen Argwohne durch sein bisheriges Verhalten Anlass gegeben? Und wurde dieses angenommene Herrschergelüste nicht gerade durch diese Verkündigung genährt? Wollte er herrschen, so musste er sich also bald zum Herrscher aufwerfen und seinen Anspruch auf die Herrschaft konnte er leicht mit dem Hinweise auf die Krone des Märtyrers, die ihm winke, begründen. Luthardt u. A. fassen diese Verkündigung Christi als Vorstellung des Lohnes, der den Apostel erwartet; eine Verheissung liegt also vor. Ich kann dem nicht beistimmen. Die Weissagung malt das Ende des Petrus nicht mit hellen, sondern mit schwarzen Farben, hebt nur die Leiden, welche er zu erdulden hat, recht geflissentlich hervor und weist mit keiner Silbe darauf, dass es durch das Kreuz zur Krone, durch Todesleiden zur Herrlichkeit des ewigen Lebens geht. Dieser nur nach seiner Leidensseite vorgeführte gewaltsame Tod konnte dem Petrus unmöglich als ein verheissener Lohn erscheinen. Wir bleiben wohl besser mit Steinmeyer dabei stehen, dass Christus dem Jünger seine Zukunft aufdeckt, damit er wisse, dass für ihn über kurz oder lang die Zeit komme, da er nicht mehr wirken könne, damit er um so eifriger die Zeit auskaufe, welche zu dem Weiden der Herde Christi ihm gegönnt ist, und dass er für diese Leidenszeit sich zurüste, damit, wenn Noth und Tod auf ihn wieder einstürmen, er nicht zum zweiten Male seinen Herrn verleugne, sondern sich gänzlich in seinen Willen ergebe. Den beiden hervorragendsten Aposteln hat der Erlöser vorausgesagt, welche Leiden und Trübsale auf sie warten; Petrus wird hier bedeutet und für Paulus empfängt Ananias das Wort in Damaskus: ich will ihm zeigen, wie viel er leiden muss um meines Namens willen (Apostelg. 9, 16).

Die Weissagung geschieht nicht frei heraus, sondern, wie so viele Weissagungen des Alten Testamentes, im Bilde, im Symbole, wodurch die Auslegung erschwert wird. Geheimnissvoll sollte die Rede sein; ihr Sinn war wohl im Allgemeinen klar, aber das Einzelne, das Besondere sollte erst im Laufe der Zeiten sich enthüllen: sie sollte durch die Geschichte des Apostels ihre Auslegung empfangen. Zwei Sätze bilden diese Weissagung: diese Sätze sind Gegensätze. Dem jungen Petrus wird der bejahrte

Petrus gegenübergestellt: der Parallelismus der einzelnen Glieder springt
in die Augen, nur ein Glied des Nachsatzes hat in dem Vordersatze kein
Pendant. Denn ὅτε ἦν νεώτερος entspricht ὅταν δὲ γηράσῃς, dem ἐζώννυες
σεαυτόν das ἄλλος σε ζώσει, dem περιεπάτεις, ὅπου ἤθελες das οἴσει, ὅπου
οὐ θέλεις: nur das ἐκτενεῖς τὰς χεῖράς σου steht für sich allein. Nach Meyer
soll die erste Vershälfte der zweiten nur zur plastischen Vorbereitung der
darin enthaltenen Prophetie dienen, wie ein ferner Hintergrund, aus welchem
das weissagende Bild desto lebendiger hervortritt. Die alten und die
neuen Ausleger sind anderer Ansicht: der Vordersatz, welcher von dem
jungen Petrus handelt, ist weder Rahmen noch Staffage, sondern steht
ebenbürtig neben dem Nachsatze von dem alternden Petrus, was schon
die nachgewiesene Kongruenz zwischen beiden Sätzen erwarten lässt. Der
junge Petrus ist so genau und ausführlich, durchaus nicht mit einigen
scharfen Rissen gezeichnet, dass es dem Herrn auf eine Charakterschilderung
und nicht auf einen passenden Hintergrund für den alten Petrus angekommen
sein muss. Dem alternden, dem alten Petrus wird der junge, der jüngere
Petrus gegenübergestellt, denn sie gleichen sich durchaus nicht mehr, sondern unterscheiden sich ganz wesentlich von einander. Von des Jüngers
Vergangenheit ist in den Worten ὅτε ἦς νεώτερος die Rede und von seinem
Alter ὅταν δὲ γηράσῃς: de Wette, welcher das vorhergehende dreimalige
Fragen schon „etwas spielend" fand, nimmt daran Anstoss, dass das gegen-
wärtige mittlere Alter sammt dem damit verbundenen Zustande verschwiegen werde, wodurch der Gegensatz schielend ausfalle, wie denn
überhaupt die ganze Rede der Einfachheit Jesu nicht würdig sei. Wir
wissen nicht, was diese Rede verbrochen hat, dass sie so unwürdig sein
soll: die Einfachheit kann nicht vermisst werden, wenn man nur, worauf
Meyer achten heisst, bedenkt, dass der Heiland in konkreten Bildern redet.
Der Gegenwart bei dem Apostel wird nicht Rechnung getragen: es ist die
Frage, ob dieselbe nicht irgendwo mit eingerechnet ist, sei es in dem
νεώτερος, in der Jugend, sei es in dem γηράσῃς, in dem Alter. Grotius,
Lücke, Olshausen, Tholuck, Stier, Bleek, Hengstenberg u. A. entscheiden
sich für das Erstere. In der Zusammenstellung liegt nach Lücke etwas
Proverbielles, vom mittleren Standpunkte des Lebens aus gedacht, so dass
die Aoriste der Form der allgemeinen Sentenz angehören: Petrus war noch
in den besten Jahren und gürtete sich jetzt noch selbst, d. h. jetzt erfreut
er sich noch der freien Willkür und Selbstständigkeit der früheren Jugend,
später unterliegt er dem Zwang, der Hilflosigkeit, den Leiden des höheren
Alters. Aus der Sphäre des äusseren Lebens gehen Andere in die des
inneren Lebens über. Olshausen sagt, die beiden Hälften des Verses
gingen auf Jugend und Alter im geistigen Leben. In der Fülle der
geistigen Kraft walte Petrus frisch und kräftig, wie ihm gut dünke, im
Alter aber werde er vielfach gehemmt, hart verfolgt und genöthigt, wider
Willen da und dort thätig zu werden. Aehnlich Tholuck. Nach Bleek
sagt Jesus, dass Petrus für seine späteren Jahre von ihm die Richtung
seiner Thätigkeit und die Ausrüstung mit seiner Kraft zu erwarten habe:
nach Hengstenberg aber fällt das Sichselbstgürten des Petrus, die unge-
hemmte Energie, mit welcher er frisch und frei seinen Beruf ausrichtet,
erst recht in die Gegenwart und Folgezeit seiner apostolischen Thätigkeit.
Der jüngere Petrus, mag man ihn nun so geistlich verstehen oder nicht,
wird aber doch als ein nicht mehr existirender anzusehen sein, wenigstens

legt der Satz: *ὅτε ἦν νεώτερος* den Gedanken sehr nahe, dass diese Zeit der Vergangenheit angehört, was Euthymius schon ganz richtig erkannt hat, welcher, das Alter auch geistlich fassend, die Jugend auf die Zeit bezieht, da Petrus unter dem Gesetze lebte (*ὅτε ἐτύγχανες ἀτελέστερος ὑπὸ τὸν ἀτελέστερον νόμον τὸν μωσαϊκὸν κείμενος, ἡτοίμαζες σεαυτὸν πρός ὃ ἐβούλου, καὶ διῆγες, ὡς ἤθελες*). Luthardt findet die Gegenwart in der Zukunft wenigstens insofern mit enthalten, als jene Hingegebenheit des Willens bei dem alten Petrus in seiner gegenwärtigen Liebe zu dem Herrn begründet ist. Wir leugnen die Wahrheit dieser Bemerkung nicht, allein das Wort Christi setzt die Zeit, *ὅταν δὲ γηράσῃς* in weite Zukunft und wir haben kein Recht, dieses Greisenalter schon in die Jetztzeit hineinzurücken. Es bleibt daher wohl bei dem, dass Jugend und Alter einander gegenübergestellt werden und die Gegenwart gar nicht in Betracht gezogen wird: schielend wird darum der Gegensatz immer noch nicht, denn die Gegenwart, welche dazwischen liegt, hat eben noch kein bestimmtes Gepräge. Sie ist ein Uebergangsstadium: der jüngere Petrus ist, wie das Fischengehen, das Sichwerfen in's Meer schon gezeigt hat und wie es sofort seine Frage nach dem Geschicke des Johannes verrathen wird, noch nicht abgethan, aber es gibt sich der alte Petrus auch schon kund, der seinem Herrn sich völlig dahingibt. Die Gegenwart ist eine Zeit des Werdens, da die Gegensätze sich noch mit einander reiben, nur die Vergangenheit und die Zukunft zeigt uns einen vollständig in sich abgeschlossenen Menschen, hier den jungen Mann in seiner eigenen Kraft und dort den alten Mann im Bewusstsein seiner eigenen Schwachheit. Als du jünger warst, spricht Christus zu Petrus, *ἐζώννυες σεαυτὸν καὶ περιεπάτεις, ὅπου ἤθελες.* Beide Sätze stehen in dem engsten Zusammenhange, denn das Gürten geschieht einzig und allein zum Behufe des Wandelns. Es ist bekannt, dass die Morgenländer lange Gewänder trugen, welche sie durch einen Gürtel nicht bloss straff, sondern auch höher an den Leib zogen, wenn sie eine Arbeit, einen Weg oder dergleichen etwas vorhatten. 1. Kön. 18, 46. 2. Kön. 4, 29. 9, 1. Luk. 12, 35. 17, 8. Joh. 13, 4. 21, 7. Act. 12, 8. Die Selbstständigkeit, die Kraft, die Unabhängigkeit des Apostels tritt schon aus dem *ἐζώννυες σεαυτόν* deutlich hervor: er bedurfte dazu keinerlei Handreichung und Unterstützung, Alles vermochte er selbst zu Stande zu bringen; er gürtete sich recht eigentlich mit seiner eigenen Kraft, was er, wie Grotius schon ganz richtig bemerkt, soeben erst gezeigt hatte, da er seinen Ueberwurf sich angürtete und in das Meer sprang. Aus dem anderen Satze *καὶ περιεπάτεις, ὅπου ἤθελες* springt die Ungebundenheit, die absolute Freiheit des Apostels ebenso klar hervor: er ist ganz der Herr seiner Entschlüsse und Handlungen, er kann nach seiner Willkür handeln, thun und lassen, was er will. Nur sein eigener Wille ist sein Gesetz. Auch dieser charakteristische Zug fehlt nicht in dem Bilde, welches Johannes von seinem Genossen eben erst entworfen hat. Er fragte nicht erst bei den Anderen an, was sie zu thun gesonnen wären, was sie ihm riethen, sondern verkündete ihnen seinen festen Willen, fischen zu gehen, und ebenso unterhandelte er nicht mit ihnen, als er sich in das Meer hineinwarf, ob sie es ihm gestatten wollten und das schwere Netz ohne seine kräftige Beihilfe an das Ufer ziehen könnten. So steht Petrus vor unseren Augen da: ein frischer, starker, thatenlustiger, entschlossener, ganz selbstständiger Mensch, durch Nichts gehemmt in seinem Willen und Wirken. Neben diesen jugendlichen Petrus stellt der

Heiland das Bild des alten, bejahrten Petrus. Er fängt seine Schilderung mit den Worten an: ὅταν δὲ γηράσῃς. Eine Verheissung ist in diesem Worte enthalten. Ein ganz junger Mann ist der Apostel nicht mehr, wir erfahren aus Matth. 8, 14 und den Parallelen, dass er vor seiner Berufung schon verheirathet war. Näheres können wir über sein Alter nicht bestimmen: nur das Eine steht fest, dass er kein Jüngling mehr an Jahren war. Er soll lange leben auf Erden, das Greisenalter erreichen, während der, dessen Namen er verkünden wird, in seinen besten Mannesjahren aus dem Lande der Lebendigen gerissen worden ist. Grotius bemerkt zu unserer Stelle: *ubi ad hanc aetatem quadraginta ferme annos adieceris:* er mag das Richtige damit wohl getroffen haben, denn langlebig sind die Kinder Israel noch heutzutage und damals noch vielmehr, so dass das Greisenalter noch nicht von so frühen Jahren an, wie bei uns meistentheils geschieht, gerechnet werden kann. Ein hohes Alter wird Petrus erreichen, lange wird er die ihm anvertraute Herde weiden dürfen, aber, wenn es sonst heisst: aus der Enge in die Weite, aus der Tiefe in die Höhe führt der Heiland seine Leute, dass man Gottes Wunder sehe, so wird es bei ihm umgekehrt sein. Je älter er wird, desto mehr wird es mit ihm in die Enge und Tiefe gehen, er soll in seinem Alter das gerade Gegentheil von seiner Jugend erfahren: ἐκτενεῖς τὰς χεῖράς σου, spricht Christus. Es fragt sich, ob dieser Satz einen eigenen, selbstständigen Gedanken enthält. Wie nachgewiesen, hat er in der ersten Vershälfte kein entsprechendes Glied, er ist überschüssig. Meyer zieht daraus den Schluss, dass er desshalb keinen selbstständigen Zug enthalte, sondern nur zur Ausmalung des nächstfolgenden Satzes diene: Steinmeyer aber schliesst das Gegentheil daraus. Weil dieser Satz nicht einen Satz des ersten Hemistichs aufnimmt, so will er nach ihm nicht als drittes Glied zu den nachfolgenden Aussagen hinzutreten, sondern den Gesichtspunkt angeben, aus welchem das Widerspiel zwischen Vergangenheit und Zukunft zu betrachten sei. Das will sagen, dieser Satz, ἐκτενεῖς τὰς χεῖράς σου, gibt den Hauptgedanken, das Thema an, welches in den folgenden Sätzen nur weiter ausgeführt wird. Die Richtigkeit dieser letzteren Auffassung hängt davon ab, ob ἐκτείνειν τὰς χεῖρας, wie von Hengstenberg, Hilgenfeld, Steinmeyer am Entschiedensten behauptet worden ist, eine gewöhnliche, keinem Missverstande ausgesetzte Bezeichnung der Kreuzigung ist. Ein Charakteristikum der Kreuzigung soll das Ausspannen der Hände sein, Artemidor nehme τὴν τῶν χειρῶν ἔκτασιν als charakteristisch für die Kreuzigung, Plautus sage: *dispessis manibus patibulum cum habebis.* Es ist für das Erste zu bemerken, dass Artemidor und Plautus nicht von derselben Handausstreckung sprechen, jener meint die bei der Kreuzigung, dieser vor der Kreuzigung; jener redet von der Ausspannung der Hände an dem aufgerichteten Kreuze, dieser dagegen von der Fesselung der Hände an das Kreuz, um dasselbe zur Richtstätte nach römischer Sitte hinauszutragen. Dann aber ist darauf aufmerksam zu machen, dass es weder bei griechischen noch bei lateinischen Schriftstellern vorkommt, dass für Gekreuzigtwerden rundweg gesagt wird: ἐκτείνειν τὰς χεῖρας, *dispendere manus.* Diese Phrase begegnet uns nirgends, selbst Artemidor umschreibt den Kreuzestod nicht einfach mit ἡ τῶν χειρῶν ἔκτασις, sondern erwähnt nur, was wir längst wissen, dass bei der Kreuzigung ein solches Ausstrecken der Hände an das Holz des Fluches stattfand. Wir können daher unmöglich dieses ἐκτενεῖς τὰς χεῖράς σου als Schlüssel des Verständnisses für die folgenden

Sätze gebrauchen, wir finden darin gar keine Hindeutung auf den Kreuzestod, was so Viele annehmen, und werden damit zu der Ansicht Meyers zurückgedrängt, dass in dem vorliegenden Satze nicht die Hauptsache, sondern
etwas Nebensächliches enthalten ist. Dieses Ausstrecken der Hände wird
mit dem folgenden καὶ ἄλλος σε ζώσει in der engsten Verbindung stehen.
Weitzel meint, es solle mit diesem: du wirst deine Hände ausstrecken,
ausgesagt werden, dass Petrus mit seinen Händen gegen das Gegürtet-
werden sich nicht sträuben werde, dass er also freiwillig, freudig das Leid
auf sich nehme: Meyer weist das mit Recht ab, denn in dem Hinhalten
der Hände liegt ja dieses Moment an und für sich noch nicht, sondern nur
das, dass man den Widerstand aufgibt, verzichtet und sich ergibt. Man wolle
auch die Schlussbemerkung ὅπου οὐ θέλεις nicht übersehen. Die Ohnmacht,
die Preisgebung an fremde Gewalt soll nun nach Meyer durch dieses Hände-
ausrecken veranschaulicht werden: allein diese Uebertragung des Bildes in
das Wort dürfte nicht ganz korrekt sein. Petrus wird nicht preisgegeben
einer fremden Gewalt, sondern ergibt sich dieser selbst aus freiem Entschlusse: die Hände werden ja nicht von Anderen ergriffen und festgehalten,
sondern er hält sie selbst hin, bietet sie selbst dar. Luthardt hebt diesen
Umstand, was auch Weiss anerkennt, besser hervor; nach ihm streckt der
Apostel die Hände aus, dass man unter seinen Armen durchfahren und
ihn leicht binden kann. Wer gegürtet werden soll, muss die Hände und
Arme vom Leibe entfernen. Jedes Hinderniss räumt also der Jünger
Christi selbst fort, welches seiner Umgürtung im Wege steht. Was ist
nun unter diesem ἄλλος σε ζώσει zu verstehen. Wir lehnen jene Auslegungen ab, welche dieses Gürten auf irgend eine Procedur bei der
Kreuzigung beziehen. De Wette stellt es frei, entweder an das Fest-
schleifen des auf den Reitflock gebrachten Missethäters an den Stamm des
Kreuzes, oder an die Verbindung des Schamtuches zu denken. Für das
letztere entscheiden sich Hug, Tholuck, Ewald, Brückner u. A.: es geht
nicht an. Ich habe in der Leidensgeschichte 2, 218 nachgewiesen, dass
dieses sogenannte Lendentuch bei der Kreuzigung gar nicht gebräuchlich
war. Das Anschleifen des Leibes fand, wie dort 2, 198 auch erörtert
wurde, in der That statt; Lücke, Stier u. A. erklären sich dafür: allein
ein seltsames ὕστερον πρότερον träte dann zu Tage, nachdem die Hände
an den Querbalken genagelt sind, würde der Leib erst an den aufsteigenden Pfahl befestigt werden. *Alligabantur cruci, dum clavi essent infixi,*
sagt freilich Bengel, aber er irrt sich. Die Befestigung des Leibes musste
der Befestigung der Hände vorangehen. Casaubonus suchte die Schwierigkeit so zu überwinden, dass dieses Gürten nichts weiter ist als das Anbinden der Hände an das Kreuz, welches der Verbrecher zur Richtstätte
hinausschleppt: allein er übersieht, dass man von den Händen nicht sagen
kann, sie werden gegürtet, nur das Umbinden des Leibes wird dem
griechischen Ausdruck gerecht. Wir müssen uns jedes Gedankens an eine
Kreuzigung entschlagen, denn auch das gleichfolgende οἴσει will in keiner
Weise sich dazu fügen: Ewald bezieht es darauf, dass der Sträfling von
den Henkersknechten an das Kreuz getragen und darauf gesetzt wurde: aber
eine Menge von Stellen aus alten Schriftstellern, welche ich Leidensgeschichte
2, 197 gesammelt habe, machen es unzweifelhaft, dass der Verurtheilte selbst
meistentheils auf das Kreuz hinaufstieg: und selbst ein solches weniger häufig
vorkommendes Hinaufgehobenwerden zugestanden, was gewinnen wir? Wieder

ein ὕστερον πρότερον, welches uns Alles verdirbt, denn ehe der Missethäter an das Kreuz geschleift und mit seinen Händen angenagelt wurde, musste er doch auf das Kreuz gesetzt werden. Oder sollen wir den aberwitzigen Gedanken, dass die Befestigung an das Kreuz vorgenommen wurde, ehe dasselbe erhöhet war, sondern lang auf dem Boden lag, gut heissen? Das ἄλλος σε ζώσει hat mit der Kreuzigung nichts zu schaffen; es sagt nur aus, dass dieses Gürten des Apostels ein Binden ist, da aber nicht Hände und Füsse ihm gebunden werden, denn damit würde man aus dem Bilde fallen, sondern ein Strick wie ein Gürtel um seinen Leib gelegt wird, so weist dieses ἄλλος σε ζώσει schon darauf hin, dass es nicht auf ein Unschädlichmachen, sondern auf ein Verbringen, auf ein Umbringen des Apostels abgesehen ist. Er wird, nachdem er so mit einem Stricke gegürtet ist, wie ein Schlachtthier fortgeschleppt werden: der ἄλλος, welcher ihn gegürtet hat, wird ihn auch fortreissen, mit Gewalt dahinschaffen, ὅπου οὐ θέλεις. Schott erklärt οἴσει für unjohanneisch er setze sonst ἄγειν; allein der gelehrte Mann hat ausser Acht gelassen, dass hier eben nicht von einer ganz gewöhnlichen Weiterbeförderung, sondern von einem gewaltsamen Fortschleppen die Rede ist, wofür, wie Baumgarten-Crusius, de Wette, Stier, Luthardt u. A. schon längst erkannt haben, gerade φέρειν das rechte Wort ist. Die nähere Bestimmung zu οἴσει, ὅπου οὐ θέλεις setzt es ausser allen Zweifel, dass ein Fortgerissenwerden auf die Richtstätte, also ein gewaltsamer Tod geweissagt wird. Wer jener ἄλλος ist, dem Petrus seine Hände hinhält, der einen Strick ihm um den Leib schlingt und ihn dem Tode überliefert, wird nicht ausgesagt: diejenigen, welche diese Weissagung geistlich auslegen von der Ertödtung des alten, eigenwilligen, selbstmächtigen Petrus, erklären natürlich den Herrn für diesen Anderen. Allein diese geistliche Deutung ist nicht zu halten, sie scheitert an der Auslegung, welche der Evangelist selbst diesem Worte des Auferstandenen gegeben hat. Auf den leiblichen Tod bezieht er es in erster, ja in einziger Instanz. Wollen wir ein besseres Verständniss für uns in Anspruch nehmen? Es haben sich ja mehrfach Ausleger nicht zufrieden gegeben mit der Deutung, welche Johannes hin und wieder zu einem Ausspruche Jesu gefügt hat; dass sie hier aber ganz entschieden im Unrechte sich befinden, lässt sich aus dem Worte Christi selbst darthun. Glauben diese Herren, denen die prosaische, historische Auslegung des Apostels nicht genehm ist, denn wirklich, dass bei Petrus die neue Kreatur, welche nicht ihre eigenen Wege gehen und den eigenen Kopf durchsetzen will, erst in seinem Greisenalter zum Vorschein und zur Herrschaft gelangt sei? Die Worte: ὅταν δὲ γηράσῃς lassen keine andere Deutung zu: erst in seinem Greisenalter, kurz vor seinem Märtyrertode, wird also Petrus, der Erste der Apostel, erst ein Mensch Gottes? Wo gerathen wir mit dieser Annahme hin? Das Pfingstfest, dessen gesalbtester Prediger derselbe Apostel ist, hat ihm dann kein neues Herz, keine neue Zunge gegeben? Er predigt wie tönend Erz, wie eine klingende Schelle, denn der Geist erfüllt ihn noch nicht! Auf Andere fällt er bei seiner Predigt, ja durch das Auflegen seiner Hände theilt er sich mit: aber er, dessen Mund und Hand solche Wunder wirken, ist noch kein Gefäss des heiligen Geistes. Doch nicht bloss das dieses zweite Hemistich einleitende, sondern auch das dasselbe beschliessende Wort protestirt gegen solch eine Fassung. Der Andere, der Herr, sein Gott, führt Petrus auf die Richtstätte, in den Tod hinein und Petrus, der alte, hochbejahrte, Gott ergebene Apostel, will sich doch nicht dahin führen lassen: ὅπου οὐ θέλεις! Er reagirt gegen seines Herrn Weg und Willen! Er soll sich einer Seits ganz seinem Herrn ergeben haben und doch anderer Seits nicht wollen, wie jener will! Oder lässt sich das ὅπου οὐ θέλεις in die Gegenwart hereinverlegen? Sollte es aus jener Zeit Angesichts des Todes in die Jetztzeit geschoben werden, so war ein ἄρτι unbedingt erforderlich. Wir bleiben desshalb bei der authentischen Auslegung des Johannes stehen und beziehen diese Weissagung auf das leibliche Ende, auf den leiblichen Tod des Petrus. Das ὅπου οὐ θέλεις bereitet dann keine Schwierigkeiten. Chrysostomus hat es schon richtig verstanden: τῆς φύσεως λέγει τὸ συμπαθὲς καὶ τῆς σαρκὸς τὴν ἀνάγκην, καὶ ὅτι ἄκουσα ἀποῤῥήγνυται τοῦ σώματος ἡ ψυχή. Ihm schliessen sich Theophylaktus, Euthymius, Calvin, Gerhard, Lampe (welcher allerdings die Einschiebung eines nunc noch für möglich hält), Bengel, Olshausen, Lücke, Godet, Hengstenberg, Luthardt u. A. an. Wenn Gurlitt und Paulus diese Weissagung Christi dahin abschwächen, dass Petrus in seinem hohen Greisenalter schwächlich und hilfsbedürftig sein werde, so vergehen sie sich nicht bloss an der feierlichen Eröffnungsformel: ἀμὴν ἀμὴν λέγω σοι, welche eine hochbedeutsame Verkündigung erwarten lässt, sondern auch an den Worten der Weissagung selbst; das ἐκτενεῖς τὰς χεῖράς σου καὶ ἄλλος σε ζώσει liesse sich wohl darauf deuten, dass er Hülfe suchend, mit zitternden Händen hin und her tastete und endlich ein Anderer sich seiner erbarmt und ihm zurechthilft, dass er sich bewegen kann, aber was soll dann das οἴσει, ὅπου οὐ θέλεις in diesem Zusammenhang? Auf einen gewaltsamen Tod, welchem eine Fesselung vorangeht, weist diese Prophezeihung hin. Die alten Väter Chrysostomus, Cyrillus, Theophylaktus, Euthymius, Ambrosius, Augustinus, Hieronymus, Gregorius, Beda haben dieselbe ganz speziell auf den Kreuzestod, welchen Petrus erlitt, bezogen: ihnen folgen viele spätere Ausleger nach, z. B. Grotius, Lampe, Bengel, Olshausen, Tholuck, Baumgarten-Crusius, Meyer, de Wette, Stier, Ewald, Brückner, Bäumlein, Hilgenfeld, Hengstenberg, Steinmeyer u. A. Wir haben keinen Punkt in den Worten Christi entdeckt, welcher den gewaltsamen Tod, den er seinem Jünger voraussagt, näher bestimmt als Tod an dem Kreuz, und bleiben desshalb mit Nonnus (ὀψὲ δὲ γηράσκων τανύσεις σέο χεῖρας ἀνάγκῃ καὶ σε περισφίγξουσιν ἀφειδέες ἀνέρες ἄλλοι, εἴς τινα χῶρον ἄγοντες, ὃν οὐ σέο θυμὸς ἀνώγει), Calvin, Beza, Gerhard, Kühnöl, Lange, Meyer, Godet, Luthardt u. A. bei dieser allgemeinen Fassung stehen. Calvin bemerkt sehr richtig: *multi genus mortis notari putant, quod extensis brachiis suspensus fuerit. Verum ego simpliciter cingendi verbo comprehendi interpretor externas omnes actiones, quibus se et vitam suam homo componit. Cingebas te. Hoc est, induebas prout libitum erat: posthac autem tolletur haec formandi habitus libertas. Porro quo supplicii genere affectus fuerit Petrus, nescire praestat, quam dubiis fabulis habere fidem. Ducet, quo non vis. Sensus est, Petrum non suo fato, sed vi et gladio moriturum. Sed videtur absurdum, quod Christus mortem eius voluntariam fore negat. Nam ut nulla constantia, sic nulla martyrii laus, ubi quis ad mortem invitus rapitur. Verum hoc ad dissidium carnis et spiritus, quod sentiunt in se fideles, referri debet: numquam enim tam libero solutoque affectu obsequimur Deo, quin mundus et caro vel ut funiculis quibusdam in contrarium nos retrahant.* Eingehender lässt sich Gerhard so aus: *extensio manuum ad genus mortis, videlicet ad crucifixionem a quibusdam refertur, cum evangelista verba Christi sic interpretatur, quod significant ποιότητα θανάτου, qualitatem mortis, quam Petrus erat subiturus. Tunc Petrus ab alio cingitur, cum cruci astringitur, ait Tertullianus adv. Gnost. c. 15, sed cum in aliis etiam violentae mortis generibus, quam in crucifixione, manus extendantur cumque addatur, alius te cinget et ducet, quo non vis, ideo ad constrictionem per vincula, quae imponi solent illis qui ad supplicium ducuntur, simplicius refertur. Proponitur ergo in Petro solennis fortuna ministrorum ecclesiae in hoc mundo, quod propter confessionem et praedicationem evangelii odia, pericula, quandoque etiam mortem ipsam sustinere cogantur, Matth. 10, 16. Joh. 15, 18. 16, 2 ff. Id quod exempla prophetarum, apostolorum, Johannis Baptistae adeoque omnium martyrum evidenter comprobant.*

Es fragt sich, ob unsere Auslegung vor der Erklärung des Evangelisten: τοῦτο δὲ εἶπεν σημαίνων ποίῳ θανάτῳ δοξάσει τὸν θεόν, besteht. Verträgt sie sich nicht damit, so ist sie unbedingt zu kassiren. Auf den Tod des Petrus bezieht Johannes dieses Wort des Herrn und zwar nicht auf den Tod im Allgemeinen, sondern auf die besondere Beschaffenheit desselben. Die ποιότης desselben fand er darin geweissagt. Wie ist Petrus gestorben, müssen wir fragen: denn keinem Zweifel unterliegt es, dass diese Worte erst nach seinem Tode geschrieben sind. Dass er nicht eines natürlichen, sondern eines gewaltsamen Todes gestorben ist, wird schon von Clemens in seinem ersten Briefe an die Korinther Kap. 5 bezeugt: Hier heisst es: λάβωμεν πρὸ ὀφθαλμῶν (ἡμῶν) τοὺς ἀγαθοὺς ἀποστόλους. Ὁ Πέτρος διὰ ζῆλον ἄδικον οὐχ ἕνα, οὐδὲ δύο, ἀλλὰ πλείονας ὑπήνεγκε πόνοις καὶ οὕτω μαρτυρήσας ἐπορεύθη εἰς τὸν ὀφειλόμενον τόπον τῆς δόξης. Was das πορεύεσθαι εἰς τόπον τῆς δόξης besagt, lernen wir aus den folgenden, auf Pauli Martyrium bezüglichen Worten: μαρτυρήσας ἐπὶ τῶν ἡγουμένων. Οὕτως ἀπηλλάγη τοῦ κόσμου καὶ εἰς τὸν ἅγιον τόπον ἐπορεύθη, ὑπομονῆς γενόμενος μέγιστος ὑπογραμμός. In Kap. 6 weist er wieder auf den Märtyrertod beider Apostel hin: τούτοις τοῖς ἀνδράσιν ὁσίως πολιτευσαμένοις συνηθροίσθη, πολὺ πλῆθος ἐκλεκτῶν, οἵτινες πολλὰς αἰκίας καὶ βασάνους διὰ ζῆλον παθόντες, ὑπόδειγμα κάλλιστον ἐγένοντο ἐν ἡμῖν. Herakleon's Aeusserung (bei Clemens Al. *strom. 4,9*) über eine Sammlung von Aussprüchen Christi, welche sich auf das Martyrium beziehen, legt es nahe, dass Petrus sein Leben für den Herrn liess, aber er nennt nirgends den Apostel mit Namen, noch winkt er auf ihn merklich hin, was man nach Keim 3, 565, Anm. 2 erwarten sollte. Eusebius überliefert in seiner Kirchengeschichte weitere Zeugnisse von mehr oder minder glaubhaften Schriftstellern: so schreibt nach ihm 2, 25 Caius in seiner Schrift gegen den Proclus: ἐγὼ δὲ τὰ τρόπαια τῶν ἀποστόλων (des Petrus und Paulus) ἔχω δεῖξαι. ἐὰν γὰρ θελήσῃς ἀπελθεῖν ἐπὶ τὸν Βατικανὸν καὶ ἐπὶ τὴν ὁδὸν τὴν Ὠστίαν εὑρήσεις τὰ τρόποια τῶν ταύτην ἱδρυσαμένων τὴν ἐκκλησίαν, und Dionysius, Bischof von Korinth: ἄμφω (Petrus und Paulus) καὶ εἰς τὴν ἡμετέραν Κόρινθον φυτεύσαντες ἡμᾶς, ὁμοίως ἐδίδαξαν· ὁμοίως δὲ καὶ εἰς τὴν Ἰταλίαν ὁμόσε διδάξαντες, ἐμαρτύρησαν κατὰ τὸν αὐτὸν καιρόν. Origenes berichtet ganz bestimmt, dass Petrus gekreuzigt worden sei und zwar den Kopf nach unten; Eusebius hat uns h. l. 3, 1 seine Mittheilung auch getreulich aufbewahrt: Πέτρος δὲ ἐν Πόντῳ καὶ Γαλατίᾳ καὶ Βιθυνίᾳ Καππαδοκίᾳ τε καὶ Ἀσίᾳ κεκηρυχέναι τοῖς ἐν διασπορᾷ Ἰουδαίοις ἔοικεν· ὃς καὶ ἐπὶ τέλει ἐν Ῥώμῃ γενόμενος ἀνεσκολοπίσθη κατὰ κεφαλῆς, οὕτως αὐτὸς ἀξιώσας παθεῖν. Eusebius berichtet selbstständig 2, 25 den Kreuzestod: ein auf dieselbe Todesart abzielendes Wort des Tertullianus aus *adv. Gnosticos* (auch *Scorpiacum* genannt) c. 15: *tunc Petrus ab altero cingitur, cum cruci adstringitur*, habe ich schon beigebracht, ich füge noch ein zweites hinzu aus *praescript. haer. 36: felix ecclesia (sc. Romana), cui totam doctrinam apostoli cum sanguine suo profuderunt, ubi Petrus passioni dominicae adaequatur*. Hieronymus schreibt in dem *catal. script. eccl. c. 2.: a quo (Nerone) et affixus cruci, martyrio coronatus est, capite ad terram verso et in sublime pedibus elevatis: asserens se indignum, qui sic crucifigeretur ut dominus suus. Lactantius (de mort. persecut. c. 2): Petrum cruci adfixit (Nero)*. Eines gewaltsamen Todes, ja des Todes am Kreuze ist Petrus gestorben, das steht historisch fester, als Calvin seiner Zeit glaubte. Denkt nun Johannes bei seiner Bemerkung, dass Christus angedeutet habe, ποίῳ θανάτῳ er Gott preisen werde, nur im Allgemeinen an den Märtyrertod, oder ganz bestimmt an den Kreuzestod? Die Ansichten der Ausleger sind sehr getheilt. Das versteht sich, dass alle diejenigen, welche in dem ἐκτείνειν τὰς χεῖρας eine prägnante Bezeichnung der Kreuzigung fanden, die ποιότης τοῦ θανάτου auf dieselbe beziehen; aber mit ihnen verbinden sich Mehrere, nach welchen nur ein gewaltsamer Tod vorhergesagt wurde, wie z. B. Luthardt, welcher das Verhältniss dieser Weissagung zu ihrer Erfüllung sich gerade so vorstellt, wie das der alttestamentlichen zur Erfüllung in den neutestamentlichen Thatsachen. Wie z. B. in den Weissagungen von der Jungfrau oder von dem Könige, der auf dem Eselsfüllen zu der Tochter Zion kommt, oder vom Kleiderverlosen oder so vielen ähnlichen immer nur ein bildlicher Ausdruck gewählt sei, welcher die Sache am Treffendsten bezeichne, und zwar so, dass in der neutestamentlichen Erfüllung, da die Sache sich erfüllen sollte, diese sich nicht vollständig erfüllen konnte, ohne dass auch der bildliche Ausdruck wirklich wurde, ohne dass es aber in der Weissagung auf denselben abgesehen gewesen wäre; wie daher die Erfüllung des Buchstabens hier zum Fingerweis und Nachweis dienen könne, dass eben die Sache sich völlig erfüllt habe: so verhalte es sich auch hier. Das Händeausstrecken, indem man sich gürten lässt, sei das Charakteristikum für die Passivität des Erleidens. So erfülle sich denn nun, da die Sache, der Tod des gewaltsamen Erleidens, sich erfülle, auch dieser charakteristische Buchstabe, zum Zeichen, dass die geweissagte Sache in ihrer völlsten Wahrheit sich verwirklicht habe; denn gerade im Ausstrecken der Hände am Kreuze stelle sich die Passivität des Erleidens in einer Weise dar, wie sie signifikanter sich nicht darstellen könne. So wenig es also für die Erfüllung jener Weissagungen zufällig sei, dass Jesus wirklich von einer Jungfrau geboren worden u. s. w., obgleich nicht dieß zunächst im A. T. geweissagt war, so wenig sei es zufällig, dass Petrus den Kreuzestod erlitten hat, obgleich auch dieser nicht zunächst von Jesus geweissagt sei. Lange, Meyer, Godet u. A. mehr wollen diesen Schritt nicht thun; sie verharren dabei, dass diese Bemerkung des Evangelisten nur sage, Petrus sei dieser Weissagung gemäss eines gewaltsamen Todes auf dem Richtplatze gestorben. Bringt man das Folgende in Anschlag, in welchem dem Johannes ein langes Leben und ein friedlicher Tod verheissen wird, so wird man diesem ποίῳ θανάτῳ allerdings schon gerecht, wenn man es bloss auf solch ein Ende unter Henkershand deutet: allein des Gedankens kann man sich doch

kaum erwehren, dass Johannes in dieser Weissagung mehr als jene allgemeine Angabe eines gewaltsamen Todes, sondern die besondere Angabe
der gewaltsamen Todesart gefunden hat. Die Weissagung Christi lautete
so allgemein, dass sie bei jeder Art eines gewaltsamen Todes in Erfüllung
gegangen wäre: er hatte sich aber einer solchen bildlichen Einkleidung
bedient, dass die einzelnen Züge derselben, freilich nicht in ihrer ursprünglichen Reihenfolge, sondern aus dem Kontexte herausgerissen und jeder
für sich genommen, auf die besondere Art seines Märtyrertodes ganz genau
passten. Die Weissagung Sacharja's, auf welche Luthardt schon hinweist,
stellt das Verhältniss, welches hier zwischen Weissagung und Erfüllung
obwaltet, ganz in das Klare. Der König wird von dem Propheten dargestellt als ein demüthiger, sanftmüthiger Herr, er lässt ihn, um diesem
Gedanken einen ganz konkreten Ausdruck zu geben, desshalb auf dem
Füllen der Eselin seinen Einzug halten. Nur Bild ist dieses Füllen —
aber in der Erfüllung wird dieses Bild zur buchstäblichen Wahrheit, zur
greifbaren Wirklichkeit.

Johannes liebt, solche Glosseme zu Aussprüchen des Erlösers zu machen,
vgl. 2, 21 f. 7, 39. 12, 33. 18, 32; er schreibt hier sehr gewählt: ποίῳ
θανάτῳ δοξάσει τὸν θεόν. *Magnificus martyrii titulus* δοξάζειν τὸν θεόν,
sagt Grotius und Suicer hat in seinem *thesaurus eccl. 1, 949* aus den
Kirchenvätern nachgewiesen, dass diese Phrase zur Bezeichnung des Märtyrertodes ausserordentlich beliebt war. Auf jeden Fall hat sie aus diesem
Verse ihren Ursprung genommen, was auch Meyer, Hengstenberg, Luthardt,
Godet u. A. annehmen. Hengstenberg glaubt die Erklärung in Matth. 5, 16,
damit sie eure guten Werke sehen und verherrlichen euren Vater in dem
Himmel, zu haben. Gott werde verherrlicht durch die Todesfreudigkeit der
Märtyrer, die nur in ihm Wurzel haben kann und ausserhalb seines
Gebietes nicht gefunden wird. Auf keinen Fall kann man den Grundgedanken jener Stelle hier ohne Weiteres eintragen. Der Heiland sagt dort
nicht, dass der, welcher die guten Werke vollbringt, selbst Gott preise,
sondern weist darauf hin, dass diejenigen, welche jene guten Werke sehen,
so von ihnen ergriffen, überwältigt und entzückt werden, dass sie nicht
umhin können, Gott zu preisen, dass er solche Menschen geschaffen und zu
solchen Thaten mit gutem Willen und starker Kraft ausgerüstet hat. Es
ist aus der Kirchengeschichte bekannt, wie die Freudigkeit der Männer
Gottes, die sich unter den bittersten Todesmartern erprobte, auf die zu-
schauenden Heiden gewirkt hat; sie erkannten die welt- und todüberwin-
dende Macht des Evangeliums, bekehrten sich von ihren falschen Göttern
zu dem lebendigen Gott und gaben ihm so die Ehre. Aber an dieser
Stelle ist nicht von dem Preisen Gottes aus fremdem Munde über sein
Werk in den Märtyrern die Rede, sondern davon, dass Petrus durch sein
Leiden und Sterben selber Gott verherrlicht, seinen Namen lobt und seine
Ehre verkündet. In dieser Beziehung passt also die Stelle aus Matthäus
absolut nicht. Der um seines Glaubens willen sterbende Jünger Christi
preist Gott, den Vater, denn er beweist es mit der That, mit seinem
eigenen Blute, dass er in der Offenbarung Gottes einen überschwänglichen
Schatz besitzt, welcher ihm hundert- und tausendfältig für allen Schaden
Ersatz leistet, dass er Gott liebt über Alles. *Magnum habet pondus*,
schreibt Calvin, *haec periphrasis. Etsi enim scopum hunc piis omnibus
propositum esse decet, ut Deum tam vita quam morte sua glorificent, voluit*

tamen Joannes peculiari elogio ornare eorum mortem, qui sanguine suo evangelium Christi obsignant nomenque illustrant, sicuti Paulus docet ad Philippenses 1, 19. Iam vero nostrum est, quem mors Petri fructum protulit, colligere. Nam ignaviae nostrae culpa est, nisi inde confirmatur fides nostra et eodem etiam tendimus, ut per nos illustretur Dei gloria.

Nachdem Christus dem Petrus das Martyrium vorherverkündet hat, richtet er an ihn noch die Worte: ἀκολούϑει μοι. Die alten Väter haben diese Aufforderung für sehr bedeutungsvoll gehalten: erst neuerdings kam die Ansicht auf, dass Jesus nur wünsche, einige wenige Schritte von ihm begleitet zu werden. So Kühnöl, Paulus, und, was zu verwundern ist, selbst Weiss u. A. Wir finden es aber ganz unbegreiflich, warum der Evangelist dann diese so unwichtigen, so ganz unbedeutenden Worte überliefert. Er hat eben erst eine Weissagung Christi in Lapidarstyl uns mitgetheilt und soll auf ein Mal aus dieser höchsten Höhe hinabsinken in die Tiefe des gewöhnlichen Lebens? Unmittelbar nach dieser symbolischen Weissagung, nach diesem symbolischen Fischzug eine solche Notiz! Warum soll der Apostel dem Meister jetzt Gesellschaft leisten? Allein ist der Auferstandene gekommen und sonst auch allein gegangen, mit einem Male, urplötzlich war er sonst immer verschwunden vor den Blicken seiner Gläubigen! Will er den Petrus etwa mit sich nehmen? Mit ihm Stunden, Tage in der Einsamkeit zubringen? Aber die Erscheinungen sind sonst nur kurz, wenn die Erkennung geschehen ist. Auf ein Gespräch, sagen Lange, Godet u. A., ist es abgesehen? Was hat der Herr dem Petrus so ganz im Geheimen mitzutheilen? Den Berg, heisst es, da er den fünfhundert Brüdern bald erscheinen will, sowie die Zeit, da sie ihn zu erwarten haben. Aber, fragen wir verwundert, konnte er das nicht vor den anderen Jüngern auch thun? Diese Eröffnung war doch sicher nicht in ein solches Geheimniss zu hüllen: das Geheimniss musste ja sofort gebrochen und die Parole ausgegeben werden: auf den und den Berg zu der und der Zeit. Wollte Jesus über irgend einen anderen Punkt mit ihm allein verhandeln, so musste er den Johannes, so bald er seine Gegenwart entdeckte, zurücksenden: er thut es nicht, er lässt ihn mitgehen und spricht nichts weiter von Belang in dessen Gegenwart. Er kann demnach jene Absicht nicht gehabt haben, denn ist es denkbar, dass er sich durch eine Zudringlichkeit eines Jüngers, wenn auch seines Lieblingsjüngers, seinen Plan durchkreuzen lässt? Wir kommen auf diese Weise zu dem Schlusse, dass er überhaupt nicht weiter mit Petrus reden wollte, dass es ihm lediglich um sein Nachfolgen zu thun war, und dass er, wie Luthardt schon ganz richtig vermuthet, nach wenigen Schritten in die Unsichtbarkeit zurückzutreten vorhatte, aus welcher er herausgetreten war. Weggehen will er und Petrus soll ihm das Geleite geben. Wie ich nicht im Stande bin, dieses Wort mit Paulus, Kühnöl bloss buchstäblich zu nehmen, so kann ich es aber auch nicht ausschliesslich tropisch fassen. Das haben die alten Väter schon gethan: sie legen das ἀκολούϑει μοι meistens so aus, dass Christus den Simon Petrus zum ökumenischen Bischofe, zu seinem Nachfolger, zu seinem Stellvertreter auf Erden ernennt. So Chrysostomus, Theophylaktus, Euthymius. Letzterer schreibt: ἐντεῦϑεν πάλιν δείκνυσιν, ὅτι πρὸ τῶν ἄλλων αὐτὸν οἰκειοῦται· καὶ μείζονος ἀξιοῖ τιμῆς, ἵνα καὶ προϑυμότερος γένηται. Εἰ δὲ λέγοι τις, πῶς οὖν Ἰάκωβος ἔλαβε τὸν ϑρόνον τῶν Ἱεροσολύμων; ἐροῦμεν, ὅτι ὁ Πέτρος τῆς οἰκουμένης ἐχειροτονήϑη διδάσκαλος. Aber sie verbinden damit gewöhnlich noch eine zweite tropische Auslegung, wie denn Euthymius gleich fortfährt: περιπατούντων τοιγαροῖν τοῦ τε διδασκάλου καὶ τῶν μαθητῶν, εἶπεν, ἀκολούθει μοι, σταυρούμενος καὶ αἰτὸς δηλονότι καὶ τὸν ἴσον θάνατον ὑφιστάμενος. Mögen neuere katholische Ausleger die erste tropische Auffassung noch vertheidigen, wir weisen sie kurzer Hand zurück mit allen protestantischen Auslegern: sie hat in dem Texte auch nicht den geringsten Halt. Wollte Christus das aussagen, was man hier sucht und findet, so musste er sich ganz anders ausdrücken. Die Aufforderung ἀκολούθει μοι ergeht ja hier nicht das einzige Mal an ein Menschenkind, sondern ist schon oft ergangen, so nach Joh. 1, 43 an Philippus, so nach Matth. 8, 22 an den Jünger, der seinen Vater erst begraben wollte, und nach 9, 9 an Matthäus. Wir hätten also mehrere Anwärter zu dem ökumenischen Bischofsstuhle, zu dem Summepiskopate, wenn ἀκολούθει μοι diese Bedeutung hätte. So kontextwidrig diese Auslegung ist, so sehr hat sie auch die Geschichte der apostolischen Kirche gegen sich. Mit besserem Rechte verstand daher Baumgarten - Crusius dieses ἀκολούθει μοι wie die anderen: werde mein Jünger! Allein wie kann der nachträglich noch zur Jüngerschaft aufgefordert werden, welcher schon längst Jünger ist und das Hirtenamt übernommen hat? Die andere geistliche Auffassung wird von protestantischen Exegeten gebilligt: Luther paraphrasirt das Wort mit „gib dich in den Tod williglich" und Calvin bemerkt: *hic exponit Christus, quorsum illa violentae mortis praedictio spectaret, nempe ut se Petrus ad tolerantiam comparet. Quando, inquit, mors tibi subeunda est meo exemplo, sequere ducem tuum. Caeterum quo lubentius Deo ad crucem vocanti Petrus obtemperet, ducem se Christus proponit. Neque enim generalis est exhortatio, qua eum ad sui imitationem invitet, sed tantum agit de specie mortis. Hoc autem unum quicquid acerbitatis in morte est non parum mitigat, dum se ante oculos nostros offert filius Dei cum beata sua resurrectione, quae triumphus est noster contra mortem.* Gerhard wollte dem ἀκολούθει μοι einen weiteren Umfang geben: *primo exemplum suum in pascendis ovibus sibi (ei) proponit — deinde exemplum suum in obeunda morte ipsi proponit, denique verbis Christi, sequere me, ipsam speciem mortis videlicet crucifixionem recte Petro praedictam esse, non absurde dicitur, cum eventus hoc ipsum comprobavit.* Allein er hat keine Nachfolger gefunden; wie soll auch jetzt noch, nachdem die Rede zu dem Tode des Apostels übergegangen ist, auf seine Hirtenthätigkeit Bezug genommen werden. Nachfolge in den Tod und zwar in den gewaltsamen (Lücke, Meyer), ja bestimmt in den schmählichen Tod am Kreuz fordert Christus hier von Petrus. Allein wir können uns mit dieser tropischen Deutung, welche so nahe liegt, noch nicht völlig zufrieden geben. Es erhellt ein Mal, was Gerhard bereits ganz richtig gesehen hat, aus der ganzen Situation, dass Petrus in der That dem Auferstandenen mit seinem Leibe nachfolgt, wie ja auch Johannes sich hinter Jesus und Petrus auf den Weg macht. Der Apostel muss also in diesem Worte: ἀκολούθει μοι, das Gebot gefunden haben, seinen Herrn nicht allein von dem Platze, da das Frühmahl gehalten worden war, fortgehen zu lassen, sondern ihn zu begleiten. Er scheint das Wort doppelsinnig verstanden zu haben, von leiblicher Nachfolge augenblicklich und von geistlicher Nachfolge in seinem Alter. Er folgt wenigstens dem sich entfernenden Erlöser nach, ganz hingenommen von dem Gedanken, dass es seine Bestimmung ist, durch seinen Tod Gott zu preisen: aus diesem

Sinnen und Erwägen geht die Frage über des Johannes endliches Los
hervor. Diesen Doppelsinn hat Grotius schon erkannt: *sicut modo res ante
gestas signa dicendorum sumsit, ita nunc, quod dixerat, signo conspicuo exprimit. Nam sequere me, sensum habet et illum communem, cui etiam Petrus
in praesens paruit et mysticum alterum. Alludit ad id, quod dixerat*
Matth. 10, 38, und möchte ich sehr gerne noch hinzufügen, *et quod Petro soli
dixerat* Joh. 13, 36. Bengel, Olshausen, Meyer, Ewald, Stier, Bäumlein,
Godet, Hengstenberg, Luthardt, Keim u. A. erklären sich ebenfalls für diese
Amphibolie. Nicht nach einer Pause, was Meyer annimmt, womit er aber
gegen die Worte des Evangelisten, $\varkappa\alpha i\ \tau o\tilde{v}\tau o\ \varepsilon i\pi\grave{\omega}\nu\ \lambda\acute{\varepsilon}\gamma\varepsilon\iota\cdot\ \dot{\alpha}\varkappa o\lambda o\acute{v}\vartheta\varepsilon\iota$
$\mu o\iota$, verstösst, welche keine Unterbrechung zulassen, sondern sofort (*con-
tinuo*, sagt Bengel) auf jene Todesweissagung sprach Christus zum Apostel:
folge mir nach, und derselbe folgte ihm ohne Anstand nach, wodurch er
seine Bereitwilligkeit und Entschlossenheit dokumentirte, dem Herrn zu
gehorchen, das zu thun, was er ihm sage. Aber nicht bloss der Gehorsam
wird auf diese Weise konstatirt, sondern der Leidensweg wirklich schon
geistlicher Weise betreten, denn der, welchem Petrus nachfolgt, ist der
Gekreuzigte, welcher die Malzeichen seines gewaltsamen Todes noch an
seinem verklärten Leibe trägt. Grotius hätte noch weiter zurückgreifen
können, in dem Alten Testamente stossen wir mehrfach auf symbolische
Handlungen; hier liegt auf dem Boden des Neuen Testamentes eine solche
vor. Dieses äussere Nachfolgen des Petrus ist ein Symbol, Zeugniss und
Siegel, dass er auch in Leiden und Trübsale, in den gewaltsamen Tod, bis
zum Kreuze nachfolgt. Er bekennt sich auf Grund dieses Vorgangs als
$\mu\acute{\alpha}\varrho\tau\upsilon\varsigma\ \tau\tilde{\omega}\nu\ \tau o\tilde{v}\ X\varrho\iota\sigma\tau o\tilde{v}\ \pi\alpha\vartheta\eta\mu\acute{\alpha}\tau\omega\nu$ 1. Petr. 5, 1 und wartet auf sein
Ende, $\varepsilon i\delta\acute{\omega}\varsigma,\ \H{o}\tau\iota\ \tau\alpha\chi\iota\nu\acute{\eta}\ \dot{\varepsilon}\sigma\tau\iota\nu\ \dot{\eta}\ \dot{\alpha}\pi\acute{o}\vartheta\varepsilon\sigma\iota\varsigma\ \tau o\tilde{v}\ \sigma\varkappa\eta\nu\acute{\omega}\mu\alpha\tau\acute{o}\varsigma\ \mu o\iota,\ \varkappa\alpha\vartheta\grave{\omega}\varsigma\ \varkappa\alpha i$
$\dot{o}\ \varkappa\acute{v}\varrho\iota o\varsigma\ \dot{\eta}\mu\tilde{\omega}\nu\ {}^{\prime}I\eta\sigma o\tilde{v}\varsigma\ X\varrho\iota\sigma\tau\grave{o}\varsigma\ \dot{\varepsilon}\delta\acute{\eta}\lambda\omega\sigma\acute{\varepsilon}\ \mu o\iota.$ 2. Petr. 1, 14.

Joh. 21.

(V. 20) Petrus aber wandte sich um und sieht den Jünger folgen, welchen Jesus
lieb hatte, der auch bei dem Mahle an seine Brust sich anlegte und sprach: Herr, wer
ist's, der dich verräth? (21) Da Petrus diesen nun sah, spricht er zu Jesus: Herr, was
soll aber dieser? (22) Jesus spricht zu ihm: so ich will, dass er bleibe, bis ich komme;
was gehet es dich an? Folge du mir nach! (23) Da ging nun diese Rede aus unter den
Brüdern: dieser Jünger stirbt nicht. Und Jesus sprach nicht von ihm: er stirbt nicht,
sondern: wenn ich will, dass er bleibe, bis ich komme, was gehet es dich an?

Dem scheidenden Heiland folgt Petrus nach, aber nicht allein. Einer
geht noch unaufgefordert mit: $\dot{\varepsilon}\pi\iota\sigma\tau\varrho\alpha\varphi\varepsilon i\varsigma\ \dot{o}\ \Pi\acute{\varepsilon}\tau\varrho o\varsigma\ \beta\lambda\acute{\varepsilon}\pi\varepsilon\iota\ \tau\grave{o}\nu\ \mu\alpha\vartheta\eta\tau\acute{\eta}\nu,\ o\nu$
$\dot{\eta}\gamma\acute{\alpha}\pi\alpha\ {}^{\prime}I\eta\sigma o\tilde{v}\varsigma,\ \dot{\alpha}\varkappa o\lambda o\upsilon\vartheta o\tilde{v}\nu\tau\alpha,\ \H{o}\varsigma\ \varkappa\alpha i\ \dot{\alpha}\nu\acute{\varepsilon}\pi\varepsilon\sigma\varepsilon\nu\ \dot{\varepsilon}\nu\ \tau\tilde{\wp}\ \delta\varepsilon\acute{\iota}\pi\nu\wp\ \dot{\varepsilon}\pi i\ \tau\grave{o}$
$\sigma\tau\tilde{\eta}\vartheta o\varsigma\ \alpha\grave{\upsilon}\tau o\tilde{v}\ \varkappa\alpha i\ \varepsilon i\pi\varepsilon\nu\cdot\ \varkappa\acute{v}\varrho\iota\varepsilon,\ \tau\acute{\iota}\varsigma\ \dot{\varepsilon}\sigma\tau\iota\nu\ \dot{o}\ \pi\alpha\varrho\alpha\delta\iota\delta o\acute{v}\varsigma\ \sigma\varepsilon;$ Meyer denkt,
dass Jesus während des bisherigen Gespräches mit Petrus von den anderen
Jüngern sich entfernt habe, das Pronomen $\tau o\acute{v}\tau\omega\nu$ aber V. 15 stellt es
ganz fest, dass er, als er das Gespräch anknüpfte, den Jüngern nicht den
Rücken zugekehrt, sondern sie noch vor Augen hatte. In ihrer Gegenwart
ist dem Petrus das Hirtenamt befohlen und der Märtyrertod geweissagt
worden: mit dem $\dot{\alpha}\varkappa o\lambda o\acute{v}\vartheta\varepsilon\iota\ \mu o\iota$, wie Luthardt mit Recht annimmt, ver-
lässt der Herr erst den Kreis, um zu verschwinden. Johannes hat die
Aufforderung an Petrus gehört; das hält ihn aber nicht ab, in einer gewissen Entfernung nachzugehen. Er darf es wagen, denn wenn der Erlöser jenem auch ein Wort in Sonderheit sagen wollte, so ist er der

Ueberzeugung, dass weder Jesus noch Petrus ein Geheimniss vor ihm haben: er hat aber wohl den Sinn des Wortes: ἀκολού9ει μοι richtig gefasst. Er weiss, dass kein Gespräch gepflogen, sondern nur versinnbildlicht werden soll, dass der Jünger in der Nachfolge seines Meisters dem Märtyrertode entgegengeht. Er macht sich auch auf, dem Herrn und Petrus nach, denn der Tod hat für ihn keine Schrecken, er möchte auch von Herzen gern seine Liebe zu Christus mit seinem Herzblute versiegeln. Das Geräusch seiner Schritte weckt den voranschreitenden Petrus aus seinem tiefen Sinnen, er wendet sich rückwärts und erblickt seinen trautesten Freund, den Johannes, in dessen Gemeinschaft er schon so manchen Weg für den Sohn Gottes zurückgelegt hat, vgl. Luk. 22, 8. Aecht johanneisch ist es, dass der Name dieses freiwillig folgenden zweiten Apostels nicht angegeben wird. Die Umschreibung ist dieses Mal weitläufiger als sonst. Petrus erblickt τὸν μα9ητήν, ὃν ἠγάπα ὁ Ἰησοῦς, ἀκολου9οῦντα. Ewald verwirft die gewöhnliche Uebersetzung, er verbindet das Partizip ἀκολου9οῦντα nämlich nicht mit βλέπει, sondern mit ἠγάπα, er sieht den Jünger, welchen Jesus gerne folgen sah. Wir können ihm aber nicht beipflichten, ein Mal erklärt sich das Umdrehen und Fragen des Petrus gar nicht gut, wenn Johannes bei den anderen Jüngern zurückgeblieben ist: wollte er sich nach dessen Geschicke erkundigen, so konnte er es ja thun, ohne den Kopf umzudrehen. Alles führt darauf, dass er erst fragt, nachdem und weil er jenen auch nachfolgen sah. Zum Andern ist die Verbindung des Partizips mit βλέπει viel üblicher als die mit ἀγαπᾶν, wozu noch kommt, dass der Relativsatz ὃν ἠγάπα ὁ Ἰησοῦς, wozu ὃν ἐφίλει ὁ Ἰησοῦς 20, 2 eine Parallele abgibt, ganz selbstständig und vollständig ist, wie wir aus 13, 23 ersehen. Der Jünger, welchen der Herr lieb hatte, folgt seinem geliebten Herrn nach: die Liebe treibt ihn. Aber ein zweites Charakteristikum wird noch angegeben: ὃς καὶ ἀνέπεσεν ἐν τῷ δείπνῳ ἐπὶ τὸ στῆ9ος αὐτοῦ. Hengstenberg tritt sehr energisch für die herkömmliche Deutung ein: „ἀναπίπτειν,“ sagt er, „bedeutet bei Johannes stets sich zu Tische legen, vgl. 6, 10. 13, 12 und ebenso auch in den drei ersten Evangelien. Diese Bedeutung wird also auch hier beibehalten werden müssen: welcher sich zu Tische legte an die Brust Jesu. In der Grundstelle korrespondirt das ἦν δὲ ἀνακείμενος εἰς ἐν τῷ κόλπῳ τοῦ Ἰησοῦ in V. 23, nicht das ἐπιπεσὼν ἐπὶ τὸ στῆ9ος τοῦ Ἰησοῦ in V. 23.“ Hiernach hätte Johannes nicht ein Mal vorübergehend an der Brust Christi geruht, sondern beständig, dem zarten, innigen Liebesverhältnisse, welches zwischen ihnen Beiden bestand, ganz entsprechend. Wir haben aber gegen diese Auffassung grosse Bedenken. In dem Morgenlande legte man sich doch in dem gewöhnlichen Leben, um ein Mahl einzunehmen, nicht so dicht bei einander, dass der Kopf des Einen in dem Schosse des Andern ruhte: nur bei grossen Festmahlen, wie bei dem Passahmahle, war das der Fall. Es kommt dazu, dass wir in den Evangelien nie eine Notiz finden, dass Johannes diesen Ehrenplatz besessen habe: nur bei dem letzten Mahle, das Jesus mit seinen Aposteln in dem grossen Saale zu Jerusalem hielt, wird es als etwas ganz Besonderes erwähnt, dass er an seiner Brust geruht habe. Auf dieses Mahl weist ausserdem der Artikel vor δείπνῳ, was Euthymius (ἐν τῷ δείπνῳ τῷ μυστικῷ), Bengel (in coena insigni illa) schon klar erkannt haben und Meyer, Luthardt, Godet u. A. entschieden vertreten. Hengstenberg's Zurückführung dieses ὃς καὶ ἀνέπεσεν ἐπὶ τὸ στῆθος αὐτοῦ auf Joh. 13, 23 ist verunglückt in jeder Beziehung, denn dort ist von einem ἀναπίπτειν gar nicht die Rede, auch gar nicht von στῆθος des Heilandes, in V. 25 treffen wir erst auf die hier gebrauchten Ausdrücke, στῆθος und ἐπιπεσών, welches hier mit ἀναπεσών vertauscht ist. Gern geben wir zu, dass ἀναπίπτειν in den vier Evangelien von dem Sichlegen zu Tische vorkommt, aber wir wollen doch darauf aufmerksam machen, dass mit ἀναπίπτειν nur die Leibesbewegung ausgesagt wird, welche nothwendig ist, dass man liegen und ruhen kann: es ist die Vorbedingung zu dem ἀνακεῖσθαι. Wollte der Evangelist angeben, dass Johannes an der Brust des Herrn bei allen Mahlzeiten geruht habe, so hätte er also das falsche Zeitwort erwählt. Alles weist darauf hin, dass wir an jene Scene bei dem Passamahle zu gedenken haben, und wir werden unserer Sache dadurch ganz gewiss, dass der Evangelist nicht schreibt ὃς καὶ ἀνέπεσεν ἐν τῷ δείπνῳ ἐπὶ τὸ στῆθος αὐτοῦ καὶ ὃς εἶπεν· κύριε. τίς ἐστιν ὁ παραδιδούς σε, sondern nach ἐπὶ τὸ στῆθος αὐτοῦ ohne alle Umstände fortfährt καὶ εἶπεν. Der Zusammenhang dieser beiden Sätze ist so eng, dass, wenn jenes Liegen an der Brust ein gewohnheitsmässiges war, auch dieses Fragen ein gewohnheitsmässiges gewesen sein muss: nun aber hat Johannes nachweislich nur ein Mal gefragt: κύριε, τίς ἐστιν ὁ παραδιδούς σε, darnach hat derselbe auch nur dieses eine Mal nachweislich an der Brust Jesu gelegen. Was soll aber diese lange Umschreibung der Person des Johannes? Chrysostomus, Theophylaktus, Euthymius glauben, es solle dargestellt werden, welche grosse Veränderung mit Petrus vor sich gegangen ist, er, welcher an jenem Abende sich nicht zu fragen getraute, hat jetzt die Kühnheit, den Herrn, ohne dass dieser irgend welchen Anlass gegeben hat, auszuforschen. Euthymius sagt: ἀναμιμνῄσκει δὲ ἡμᾶς ἐκείνης τῆς κατακλίσεώς τε καὶ ἐρωτήσεως, δεικνύς, ὅσην ὁ Πέτρος παρρησίαν ἔσχε μετὰ τὴν ἐπὶ τῇ ἀρνήσει μετάνοιαν· ὁ γὰρ τότε μὴ τολμῶν ἐρωτῆσαι, ἀλλὰ τῷ ἀγαπημένῳ χρησάμενος εἰς τοῦτο, οὗτος οὐ μόνον τὴν προστασίαν ἐπιστεύθη τῶν ἀδελφῶν, ἀλλὰ καὶ περὶ τοῦ ἠγαπημένου θαρραλέως ἐρωτᾷ. Allein diese Auslegung scheitert schon an dem Umstande, dass Petrus, weil er eben nicht in dem Schosse Jesu lag an jenem Abende, ihn gar nicht leise fragen konnte, sondern den Johannes, der an Christi Brust lag, um seine guten Dienste angehen musste. Nach Meyer soll die folgende eifersüchtelnde Frage, in welcher die Pointe der Weitererzählung liegt, damit vorbereitet werden, indem es die den Petrus zu dieser Frage bestimmende Erwägung andeutet, dass vielleicht dem von Jesu so vorzüglich geliebten und ausgezeichneten Jünger nicht ebenfalls ein so leidensvolles Los zugedacht sein möchte. Olshausen redet auch von einem gewissen neidischen Blick auf das mildere Geschick des Johannes, auch Lücke glaubt an eine gewisse Eifersucht, Bäumlein desgleichen, Tholuck, Weitzel wenigstens zum Theile. Auch Gerhard ist hierher zu nehmen, obgleich er schreibt: *severum Christi responsum ostendit contrarium, videlicet non ex pio affectu, sed ex curiositatis vitio Petrum quaerere, quid autem ille?* Denn er bemerkt sofort: *ut sit sensus: cum mihi tam tristia sint praedicta, quid huic exspectandum? Egone solus ita tractabor, cur ille evadet liber; quid prae reliquis deliqui, ut durius sim tractandus?* Ich kann mich ihnen nicht anschliessen und entdecke in dem Texte auch nicht die geringste Spur zu diesem Verdachte. Ist es möglich, dass der Jünger, den Jesus eben erst wegen seiner Verleugnung auf das Vollständigste absolvirt hat, sofort jenem

Schalksknechte gleich hingeht, um sich durch Lieblosigkeit an seinem Mit-
knechte, dem ein freundlicheres Los beschieden ist, und an dem gnädigen
Herrn, der Alles nach seinem Rathe ordnet, zu versündigen? Sollte Petrus
die Dreistigkeit besessen haben, eine Frage, welche aus so unlauterem
Grunde in ihm aufgestiegen ist, dem vorzulegen, von welchem er eben erst
bekannt hat, dass er alle Dinge weiss? Sollte er seinem lieben Johannes,
der zarten Seele, nicht ein schmerzensloseres Ende gönnen, als ihm, dem
wetterharten Manne, bevorsteht? Sollte er in dieser Gnadenstunde nicht
die höchste Genugthuung darin finden, dass er vor Allen berufen ist, dem
Heilande in dem gewaltsamen Tode nachzufolgen? Der Verbrecher, welcher
sein Unrecht fühlt, heisst die Strafe willkommen, und Petrus sollte nicht
auf den Tod unter Henkershand sich freuen, durch welchen er seinen
Fehltritt sühnen darf? Baumgarten - Crusius und Ewald, den Fusstapfen
Calvin's folgend, welcher anmerkt: *ideo inserta haec periphrasis fuit, ut
sciamus, qua de causa compulsus fuit Petrus ad movendam quaestionem,
quae hic refertur: absurdum enim putabat, solum se vocari omisso Joanne,
quem semper tantopere Christus dilexerat,* werden dieser Seelenstimmung
bei Petrus viel gerechter, wenn sie, jede Eifersüchtelei abweisend, den
Apostel denken lassen: wenn ich schon werth geachtet werde, um des
Herrn willen das Martyrium zu erleiden, welch ein glänzender Märtyrertod
wird dem Lieblingsjünger vorbehalten sein, dass er unter den Qualen des
Todes das Hohelied der Christusliebe in den höchsten Tönen singen darf.
Wenn mir dieses Heil und diese Ehre widerfährt, wie wird er erst Gott
preisen dürfen in seinem Tode! Die Männer, welche hier von Neid und
Eifersüchtelei reden, haben ganz ausser Acht gelassen, dass es keinem
Christen in der Urkirche, überhaupt in den ersten Jahrhunderten, da die
erste Liebe zu dem menschgewordenen Sohne Gottes noch wie eine helle,
heilige Flamme in allen Herzen glühte, in den Sinn kam, den stillen, fried-
lichen, natürlichen Tod auf dem Siechbette dem gewaltsamen Tode vorzuziehen. Meyer, selbst Gerhard und Hengstenberg haben diesen charak-
teristischen Zug übersehen: die Märtyrer wurden beneidet um den Vorzug,
dass sie in die Gemeinschaft der Leiden Christi eintreten durften; Christus
ist mein Leben, Sterben ist mein Gewinn, und als Märtyrer sterben, mein
seligster Gewinn; das war das allgemeine Glaubensbekenntniss in jener
grossen Zeit. Das enge Verhältniss, welches zwischen Christus und Johannes
bestand, scheint nicht wegen der folgenden Frage des Petrus, sondern
wegen des eigenmächtigen, freiwilligen Nachfolgens dieses Jüngers hier
betont zu sein. Die Motive seines Mitgehens werden aufgedeckt. Dafür
entscheidet sich schon Bengel, er bemerkt wenigstens zu ὅς καί, *ut antea
in coena illa, ita nunc quoque locum quaerebat et se familiariter insinuabat,
propemodum magis, quam Petrus libenter perferret.* Lange, Stier, Godet,
Luthardt, Weiss u. A. treten dem bei. Als Petrus den *ex motu proprio*
nachfolgenden Johannes gewahrte, richtete er die Frage an Christus: κύριε,
οὗτος δὲ τί; Michaelis, Rosenmüller, Paulus u. A. übersetzen diese Worte:
was will, was soll aber dieser? Petrus, welcher allein die Aufforderung
zu folgen empfangen hat, kann es nach ihnen nicht begreifen, wie Johannes
sich das untersteht: er wendet sich an Jesus, entweder um ihn zu fragen,
ob er, hinter seinem Rücken, jenem einen Wink gegeben hat, oder
um ihn darauf aufmerksam zu machen, dass jemand unberufen mitgeht,
und ihn so zu veranlassen, den Zudringlichen zurückzuschicken. Wir

lehnen diese Auffassung ab, nicht weil sie, wie Meyer angibt, mit der falschen Erklärung von ἀκολούϑει μοι V. 19 zusammenhängt, denn jenes Gebot ist zweideutig, sondern weil die Antwort Christi auf dieses κύριε, οὗτος δὲ τί; dann im höchsten Grade unpassend wäre, denn die Zukunft des geliebten Jüngers wird in derselben enthüllt. Die Frage hat sich also auf das zukünftige Geschick, auf das Ende, welches Johannes nehmen sollte, bezogen. Das Zeitwort fehlt in derselben: Winer bemerkt S. 518 mit Recht, dass der Zusammenhang auf ein Futurum führe, er lässt die Wahl zwischen ἔσται und γενήσεται. Auf γενήσεται könnte Act. 12, 18 τί ἄρα ὁ Πέτρος ἐγένετο bringen, auf ἔσται aber Xenophon Hell. 2, 3, 17: τί ἔσοιτο ἡ πολιτεία. Grotius, dem Hengstenberg zustimmt, schlägt πείσεται vor, allein diese Ellipse ist zu stark und ganz überflüssig: wir reichen mit ἔσται und γενήσεται vollkommen aus. Für ἔσται entscheidet sich auch Winer in erster Instanz, ihm fällt Meyer zu. Man mag nun ἔσται oder γενήσεται vorziehen, wir erhalten einen irregulären Satz, τούτῳ δὲ τί ἔσται oder γενήσεται würde es ganz korrekt heissen, statt τούτῳ steht οὗτος, welches, wie Bäumlein angibt, nach sonstiger Konstruktion als *nominativus absolutus* zu nehmen ist. Was wird aus ihm werden? οὐκ ἀκολουϑήσει σοι; οὐ τὴν αὐτὴν ἡμῖν ὁδὸν τοῦ ϑανάτου βαδιεῖται; οὐχ ὁμοίως ἀποϑανεῖται; συνῆκε γάρ, τί ὑπεδήλου, τὸ ἀκολούϑει μοι, καὶ σφόδρα φιλῶν τὸν Ἰωάννην, ἐβούλετο κοινωνὸν αὐτὸν τοῦ ἴσου ϑανάτου λαβεῖν, καὶ ὡς τοῦ Ἰωάννου μὴ τολμῶντος ἐρωτᾶν, αὐτὸς ἐρωτᾷ καὶ τὴν ἀμοιβὴν ἀποδίδωσιν. So Euthymius. Johannes, welcher das doppelsinnige ἀκολούϑει μοι recht gut verstanden hatte, erklärt durch dieses freiwillige Nachgehen, dass es seines Herzens stiller, inniger Wunsch ist, für Christus zu leiden und zu sterben. Chrysostomus sagt, Petrus, welcher an jenem Abende den Johannes vorgeschickt habe, schlage sich jetzt in das Mittel und lege dem Heilande die Frage vor, welche Johannes in seinem Herzen getragen, aber zu verlautbaren sich nicht getraut habe. Aehnlich spricht sich neuerdings Luthardt wieder aus. Nach diesem deutet er durch sein Thun die Frage an: ἐγὼ δὲ τί; was ist mein Berufsgeschick, damit ich dir dienen und deinen Namen preisen werde. Allein Nichts im Texte weist darauf hin: das Nachfolgen legt nur seine Bereitwilligkeit und Entschlossenheit dar, hinzugehen, wohin er geführt wird, still und stumm, wie ein Schaf, das vor seinem Scheerer und selbst auf der Schlachtbank verstummt. Die Zukunft kümmert ihn nicht, er fragt nicht nach ihr, wie der Psalmist nicht fragt nach Himmel und Erde, weil er den Herrn hat: und er hat jetzt seinen Herrn und fühlt sich in seiner Gemeinschaft so selig, dass er keine Frage wegen seines Schicksals auf dem Herzen hat. Petrus kommt ihm also nicht zuvor noch zu Hilfe mit seinem: κύριε, οὗτος δὲ τί; Er stört ihn vielmehr mit seiner Frage in dem seligen Genusse dieser Gnadenstunde. Unberufen fragt er, aus Freundschaft, aus natürlicher Sympathie mit Johannes (Chrysostomus, Erasmus, Wetstein, Godet, Weiss), aber mit Ehrfurcht, den, der alle Dinge weiss. Die Ehrerbietigkeit geht aus dem vorausgesetzten κύριε hervor, welches gar nicht aus alltäglicher Uebung Jesus beigelegt wird; in dem vertrauten Verkehre vor der Auferstehung hiess es ῥαββί, nur dann, wenn der Glaube der Apostel einen hohen Aufschwung nahm und ein Bekenntniss erfolgen sollte, erscheint κύριε als Anrede. Vgl. mit einander Joh. 1, 38, 49. 4, 31 u. 6, 68. Jesus schweigt nicht auf die Frage des Petrus, er sagt ihm: ἐὰν αὐτὸν ϑέλω μένειν ἕως *ἔρχομαι, τί πρός σε; σύ μοι ἀκολούθει.* Keine runde, bestimmte Antwort wird ertheilt: das *ἐάν* lässt sich nicht zur Seite schieben, der Conditionalsatz sich nicht in einen kategorischen verwandeln. In der Vulgata ist dieses geschehen, *sic eum volo manere*, so lesen wir heute noch in ihr. Allein *ἐάν* heisst nicht *sic*, sondern *si*, ein einziger Buchstabe verändert hier vollständig den ganzen Sinn. *Sic eum volo manere* sagt aus: ja, ich will, dass er bleibe, und *si eum volo manere*, wenn ich den Willen habe, falls ich will, dass er bleibt: das erste Mal würde ganz bestimmt ausgesprochen, dass er bleiben soll, das andere Mal aber nur als möglich gesetzt, dass er ihn bleiben lassen wollte. Der Satz ist durchaus nicht apodiktisch, sondern hypothetisch: das darf nicht verwechselt werden. Leider haben das Exegeten von gutem Rufe nicht beachtet: es ist ihnen nicht genehm, vielleicht des Heilandes nicht würdig, dass er eine dilatorische, ausweichende und auf Schrauben stehende Antwort gibt, und so wird aus der bedingten Antwort eine bedingungslose Zusage. Bengel eröffnet den Reigen unter diesen neueren Schriftauslegern. *Nunquam dominus amicis quamlibet inepte rogantibus meram dedit repulsam. Quare ne hic quidem severitate mera reprimit Petrum, sed aliquid benigne subinnuit: sicut etiam αὐτόν, illum, relativum, lenius est, quam si τοῦτον, hunc, demonstrativum, ei reponeretur. Est igitur amphibolia et gravis et suavis. Nam conditio, si, non affirmat, si accipiatur sermo de adventus complemento: categorice etiam valet sermo, si de primordiis adventus. Et sane senserunt fratres, τό si non plane rigide a domino esse adhibitum: quamquam id ipsum non debuerant totum tollere v. 23. — αὐτόν, eum. Sic Johanni ad quaerendum minus prompto (num antea quoque nisi extimulatus quaesierat v. 20), sed tamen quaerere optanti, indicatur, quid ei futurum sit. Minus curiosis plus revelatur.* Hengstenberg folgt: die Zurückweisung ist nach ihm nur eine formelle. Jesus, der immer so liebreich auf die Wünsche der Jünger eingeht, soll der Sache nach auch hier der Bitte des Petrus um Aufschluss über die Zukunft seines Freundes entsprochen haben. Auch Luthardt behauptet, dass der Herr eine indirekte Antwort gebe, oder besser gesagt, gebe er sie nicht, sondern lasse er sie in seinem Thun erkennen. Denn, wenn er nun fortgehe mit Petrus, ohne den Andern mitgehen zu heissen, also ihn zurücklassend. so sei das ebenso bedeutsam für diesen, wie das Mitgehen für jenen. Wir halten nichts von dieser Zeichensprache: sie ist vollständig falsch. Mit keiner Sylbe sagt Christus dem Johannes, dass er da bleiben soll, wo er sich augenblicklich befindet, und dem Petrus, dass er ihm noch weiter das Geleite geben soll: ist er noch weiter gegangen und nach diesem Worte nicht sofort verschwunden, so sind beide Jünger ihm nachgewandelt. Ebenso wenig halten wir von dieser Auslegung der Worte: *ἐὰν θέλω* kann nun und nimmermehr heissen *θέλω*, es setzt nur eine Möglichkeit und durchaus keine Wirklichkeit. Ein majestätischer Ausspruch ist dieses *ἐὰν αὐτὸν θέλω μένειν*. Gut schreibt Bengel dazu: *potestas Jesu in vitam et mortem eorum.* Röm. 14, 9. Von seinem Willen hängt der Seinen Lebensgeschick und Lebensende ausschliesslich ab: er hat die Zügel des Weltregimentes in seiner Hand und verfügt nach seinem souveränen Ermessen über Alles. Dieses Wort steht ebenbürtig dem Worte Matth. 28, 18 zur Seite: *ἐδόθη μοι πᾶσα ἐξουσία ἐν οὐρανῷ καὶ ἐπὶ γῆς.* Er kann es wollen, dass er es aber wirklich will, erklärt er nicht, *αὐτὸν μένειν.* Luthardt fasst dieses *μένειν* amphibolisch; Johannes soll da bleiben, wo er ist, ebenso äusserlich, als symbolisch. Allein das Dastehenbleiben kann hier nicht gemeint sein, denn er soll bleiben, bis dass Jesus wieder kommt. Oder wollte der Meister mit dem Ersten der Apostel einen kleinen Spaziergang machen und ihn wieder an diese Stelle zurückbringen, wo Johannes jetzt Posten stand? Das μένειν bezieht sich nicht auf das Verbleiben an Ort und Stelle, sondern auf das Verbleiben in diesem Leben, aus welchem Petrus in der Nachfolge des Erlösers durch einen gewaltsamen Tod vor der Zeit abgerufen werden soll. Bengel schreibt ganz richtig daneben *remanere in terra*. 1. Kor. 15, 6. Meyer fügt noch Joh. 12, 34; Phil. 1, 24 hinzu und Kypke weist, Raphael ergänzend, der diese Bedeutung von μένειν nur mit einer Stelle aus dem Arrianus (μέχρι νῦν διά σε ἔμενον, Epict. 3, 24) belegen konnte, diesen Sprachgebrauch bei den Klassikern gründlich nach: vgl. Sophokles Trach. v. 173 ff., wo die Deianira zu dem Jungfrauen-chore spricht:

$$εἴ με χρὴ μένειν$$
$$πάντων ἀρίστου φωτὸς ἐστερημένην.$$

Xenophon Cyr. 8, 4, 27 sagt Cyrus zu Artabazus: ὡς ἀναμενοῦντος, ἔφη, καὶ οὐκ ἀποθανουμένου οὕτω παρασκευάζου. Diogenes Laert. 7, 5, 4, 174: ὀνειδίσαντος αὐτῷ (dem Cleanthes) τινος εἰς τὸ γῆρας, κἀγώ, ἔφη, ἀπιέναι βούλομαι· ὅταν δὲ πανταχόθεν ἐμαυτὸν ὑγιαίνοντα περινοῶ καὶ γράφοντα καὶ ἀναγινώσκοντα, πάλιν μένω. Auch Epictet bei Stobaeus s. 120: διὰ τοῦτο μένω, *propterea in vivis maneo*. Ebenso Lücke, de Wette, Heng-stenberg u. A. Augustinus aber legte diesem μένειν schon einen besonderen Sinn unter: er schreibt tr. in Jo. 124: *quod enim ait: volo eum manere, donec veniam, non sic intelligendum est quasi dixerit remanere vel per-manere: sed exspectare*. Olshausen u. A. haben in neuerer Zeit wieder zu dieser Eintragung ihre Zuflucht genommen, um einer Tautologie zu ent-rinnen. Christus fügt einen Zeitpunkt bei, bis zu welchem er wohl den Johannes im Leben lassen könnte, wenn er wollte, ἕως ἔρχομαι. Augustinus, Beda, Rupertus, Maldonatus, Clarius, Zeger, Grotius, Kühnöl, Olshausen, Ewald u. A. verstehen dieses Kommen von dem Herbeikommen Christi in der Todesstunde der Seinen, um ihren Geist aufzunehmen; da aber der Heiland doch auch den Märtyrern in der Todesstunde nahe ist, so würde dieser Satz gar nichts Besonderes über das Lebensende des Jüngers aus-sagen im Unterschiede zu dem Ausgange, den Petrus nehmen sollte, und nur den platten Gedanken ausdrücken: er soll so lange im Leben bleiben, bis dass er stirbt. Um nun einen Unterschied zu gewinnen, dekretirt man, dass dieses Kommen Christi nur bei einem stillen, sanften Sterben statt-finde. Allein das lässt sich wohl dekretiren, denn das Papier ist geduldig, aber den Nachweis kann man nicht führen und der gesunde Menschen-verstand muss jedem sagen: kommt der Erlöser zu denen, die in Frieden sterben, so muss er erst recht zu denen kommen, welche um seines Namens willen das Leben lassen, um ihren Geist in seine Hände aufzunehmen. Theophylaktus ist hier ganz rathlos: nach ihm reisst Christus die beiden Jünger, die ungeschieden bleiben wollen, aus einander, dem Petrus ge-bietet er, in seiner Nachfolge mit der Predigt des Evangeliums in alle Welt auszuziehen, und dem Johannes, hier in Galiläa, wo er sich ihnen geoffenbart hat, zu verbleiben. Einige, bemerkt er schliesslich, bezogen die Worte ἕως ἔρχομαι auf die Zerstörung Jerusalems, nach welcher der

Evangelist erst Galiläa verlassen habe. An die Zerstörung Jerusalems, an das grosse Strafgericht, welches über das Judenvolk erging, denken Lightfoot, Hammond, Lampe, Wetstein, Lange u. A. Allein, diess will nicht recht gehen, denn wir wissen, dass Johannes diesen Zeitpunkt weit überlebt hat, und die Worte ἕως ἔρχομαι sagen doch sehr bestimmt aus, dass seines Bleibens auf Erden nicht mehr sein wird, wenn sein Herr gekommen sein wird. Ebrard bezieht dieses in Aussicht gestellte Kommen Christi auf jenes Kommen des Herrn zu seinem Knechte, welches ihm auf Patmos zu Theil ward, auf das Kommen in jenen grossartigen apokalyptischen Gesichten. Allein, davon ganz abgesehen, dass auch mit jenem apokalyptischen Schauen das Ableben des Jüngers nicht zusammenfällt, so kann das ἔρχομαι hier, wo Christus persönlich, sichtbarlich zu seinen Jüngern gekommen ist, nicht anders verstanden werden, als das ἔρχεσθαι, welches die beiden Engel an dem Tage der Himmelfahrt vgl. Act. 1, 11 in Aussicht stellen, d. h. es geht auf die Parusie, auf die Wiederkunft des Sohnes Gottes von dem Stuhle seiner Macht auf diese Erde. Die Brüder, welche auf diese Eröffnung hin verbreiteten, Christus habe gesagt, dieser Jünger stirbt nicht, haben das ἔρχομαι so gefasst, denn wenn Christus wiederkommt, erlöst er die Seinen aus der Sterbensnothwendigkeit, sie werden, so sie anders an dem grossen Tage seiner Zukunft im Leben erfunden werden, verwandelt in einem Augenblick. Für die Parusie erklären sich Euthymius, Lücke, de Wette, Meyer, Tholuck, Godet, Steinmeyer, Hengstenberg, Luthardt u. A. Nun aber wird der Termin, bis zu welchem Jesus, wenn es ihm beliebt, den Johannes im Leben lässt, bei dieser Auffassung in das Masslose hinausgerückt und längst, längst ist Johannes, dem ein langes Leben geweissagt worden ist, entschlafen; entschlafen, obgleich die Worte so lauten, als ob er möglicher Weise jenen Termin erleben, ja wohl ein Weniges noch überleben werde. Bengel, Hengstenberg, Luthardt, Godet suchen auf verschiedenen Wegen zu helfen. Sie sehen zum grössten Theil schon in der Zerstörung Jerusalems den Anfang der Parusie. Bengel schreibt: *vastationem Hierosolymorum continuo excipit tempus domini venientis. Matth. 23, 39. 24, 29, quem adventum Johannes in apocalypsi describendum nactus est. Praecipui apostoli ex duodecim erant duo, Petrus et Johannes. Ille, fundamentum: hic, coronis: si tertius addendus, est Jacobus, primus ex iis martyr, qui quidem huic convivio quoque interfuerat potius, quam colloquio. Petro, crux; Johanni, apocalypsis illa magna, per aenigma hoc loco promissa est. Et inter hunc sermonem domini interque obitum Johannis medius quasi articulus fuit martyrium Petri, annis aerae receptae 30, 67, 98, haec sibi momenta vindicantibus. Hoc pacto demum plenius perspicitur antitheton: Petrus Jesum ex mundo proficiscentem sequitur per mortem: at Johannes manet in mundo, donec idem veniat. Sane crucem Petri aequiparat ministerium Johannis in scribenda et mittenda apocalypsi, propter res gravissimas ei tantisper exantlandas: ap. 1, 17. 10, 9 s.: neque ea ecclesiae minus fructuosa est. Videlicet Johannes superatis periculis in vita mansurus erat, dum maturum foret, defunctis pridem collegis tantum non omnibus, Judaeorum re sublata, constitutaque ecclesia christiana, apocalypsin administrare, cuius prora ac puppis est frequens illud ac solenne: venit: venio: venito. 1, 7. 22, 20. Decuit enim apocalypsin non edi citius et tamen edi per apostolum. Quare hoc loco promissio Johanni quondam cum aliis data Matth. 16, 28, nunc ad Johannem solum singulari, excellenti ac nova ratione contrahitur. Saepe res tum dicitur fieri, quum ea ut futura re-praesentatur: quare, dominus in illa vividissima repraesentatione prophetica et apocalyptica* venire *dicitur. Neque solum in visione, sed in Johannis oculis et affectu, et ab illa solennissima denunciatione et ipso potissimum Johannis obeuntis tempore, ac deinceps re ipsa est* Veniens *potius, quam venturus. Namque manente Johanne, evenire coepit impletio data ipsi quoque septimo angelo tuba. Ap. 11, 15.* Wir stellen nicht in Abrede, dass das Gericht des Herrn über Jerusalem und das Gericht über die ganze Welt bei seiner Wiederkunft in einem Zusammenhange stehen; es ist eine und dieselbe Person, welche beide Gerichte abhält und in beiden denselben Massstab anlegt, allein, dass beide Gerichte mehr sind, als Manifestationen einer Person und derselben Idee der Gerechtigkeit: dass sie in einem mehr als typischen, nämlich in einem causalen Zusammenhange mit einander stehen, dass also das Gericht über Jerusalem mit zwingender Nothwendigkeit das Gericht über diese Welt herbeizieht, kann nicht nachgewiesen werden. Es sind zwei verschiedene Aktionen des Sohnes Gottes und durchaus nicht ein und derselbe Akt seines Kommens. Heng-stenberg hat darum wohl gethan, dass er von dem Gerichte über Jerusalem absieht und das Kommen des Herrn auf den welthistorischen Kampf zwischen Christus und Rom bezieht, denn dieser wird sich als erste Phase des grossen Kampfes zwischen Christus und Welt füglich anschauen lassen, der durch die Wiederkunft zum Abschlusse gebracht wird. Mit der Ver-folgung unter Domitianus nehmen die Verfolgungen einen ökumenischen Charakter an und diese Zeit hat der Evangelist erlebt. Allein nirgends, auch in der Apokalypse nicht, wird diese Zeit der Verfolgung als ein Kommen des Herrn dargestellt: das Kommen ist ein glorreiches, wie Bengel gut zu ἕως ἔρχομαι schreibt, *donec ego ero revera veniens gloriose,* und jene Verfolgungen waren noch nicht in dieser Weise glorreich: das Schwert konnte die Christenheit allerdings nicht erwürgen, es erlahmte sogar, aber es ward noch nicht zerbrochen, noch nicht in eine Pflugschar umgewandelt. Godet erkennt, dass man die Parusie Christi durchaus nicht vordatiren kann, dass sie jetzt noch eine zukünftige ist, und verfällt nun auf den seltsamen, abenteuerlichen Gedanken, dass Johannes bis auf diese ferne Zukunft bleibe, weil er auf unbegreifliche Weise noch Theil nimmt an dem grossen Fischzuge des Evangeliums in der Heidenwelt, dessen Anfang Petrus leitete, bis zu dem Ende der gegenwärtigen Haushaltung Gottes, bis dass das Schifflein an dem Ufer der Ewigkeit anlandet. Wir sehen, alle Versuche, ἕως ἔρχομαι so auszulegen, dass es nicht bloss von dem jüngsten Tage, sondern auch von früheren Zeiten gilt, sind verunglückt. Wir können es nicht anders fassen, als von dem jüngsten Tage, da der Auferstandene leibhaftig wieder kommt. Auf diesen Termin weist Christus hin: ich nehme keinen Anstand daran, dass die Zeit, welche zwischen dem Tage, da dieses Wort geredet wurde, und dem, da Johannes starb, ein ver-schwindender Punkt ist gegen den unabsehbaren Zeitraum von dem Tode des Johannes bis zu dem jüngsten Tage; man vergesse aber nicht, dass Jesus spricht: ἐὰν αὐτὸν θέλω μένειν, ἕως ἔρχομαι. Die Rede ist nicht apodiktisch, sondern hypothetisch. Der Heiland setzt die weiteste Zukunft, den äussersten Termin: selbst wenn er den Johannes am Leben lassen wollte, bis dass Himmel und Erde vergehen, was geht das den Petrus an. Er kann machen, was er will: ἢ οὐκ ἔξεστί μοι ποιῆσαι ὃ θέλω ἐν τοῖς ἐμοῖς; Matth. 20, 15. Gerhard hat das schon sehr richtig erkannt: *nequaquam enim assertive Christus pronuntiat, Johannem in vivis usque ad novissimum iudicium permansurum, quam opinionem ipse Johannes disertis verbis excludit, sed hypothetico pronuntiato Petri curiositatem graviter et severe retundit. Si vel maxime usque ad diem extremum et adventum meum novissimum eum superesse velim, quid hoc ad te?* Die Phrase τί πρὸς σέ, ist gut griechisch, wie man sich aus Raphels *adnotationes ex Polybio et Arriano p. 291 (Arr. Epict. p. 339* μὴ προσέλθῃς, οἰδέν ἐστι πρὸς σέ p. 340 und 389 τί πρὸς ἐμέ) und Kypke (*Arr. Epict. 3, 18* p. 300 τί οὖν πρὸς σέ zwei Mal, Demosthenes, *coron. 8:* εἰ γὰρ εἶναί τινα δοκοίη τί μάλιστα ἐν τούτοις ἀδικήματα, οὐδέν ἐστι τούτων δήπου πρὸς ἐμέ. c. 14: ἕτερος λόγος οὗτος οὐ πρὸς ἐμέ. c. 19: οὐδὲν γὰρ ἡγοῦμαι τούτων εἶναι πρὸς ἐμέ und 73: ὥστε οὐδὲ ὁ λόγος τῶν κατὰ ταῦτα πραχθέντων πρὸς ἐμέ) leicht überzeugen kann. Diess τί πρὸς σέ enthält offenbar eine Abweisung und Zurechtweisung: Petrus soll sich nicht um das Los bekümmern, welches dem Johannes zu Theil wird, sondern nur daran denken, wie er seine Aufgabe, die ihm mit dem Worte schon vorgesteckt war, ἀκολούθει μοι und sofort in dem Worte: σύ μοι ἀκολούθει auf's Neue und zwar durch die Hinzuthat des σύ jetzt schärfer ausgesprochen wird, mit Ehren erfülle. Gut sagt Calvin: *voluit Christus manum iniicere discipulo, ut cum intra vocationis suae metas contineret. Nihil tua refert, inquit, nec te sciscitari decet, quid de collega tuo agatur, hoc meo arbitrio permitte: solum de te cogita et te ad sequendum accinge, quo vocaris. Non quod supervacua sit omnis cura de fratribus, sed modum habere debet, ut cura sit, non curiositas, quae nos impediat.* Es ist die Frage, was den Herrn an der Frage des Petrus missfällt, warum er ihn in dieser energischen Weise, welche sehr an das Wort auf der Hochzeit zu Kana erinnert: τί ἐμοὶ καὶ σοί, Joh. 2, 4, zurückweist? Hatte der Erlöser aus der Frage den geheimen Neid, die scheelsehende Eifersucht, welche Gerhard, Olshausen, Lücke, Baumgarten-Crusius, auch Weitzel, Tholuck zum Theil darin entdeken, herausgehört, so würde auf jeden Fall die Rüge viel schärfer ausgefallen sein. Wenigstens verdiente eine von solchem unsauberen Geiste eingegebene Frage eine viel empfindlichere Züchtigung: man kann nicht einwenden, dass der Erlöser den stillen Frieden dieser Gnadenstunde durch ein unerbittlich strenges Strafgericht nicht stören wollte, denn über dem Frieden dieser Stunde stand das Seelenheil des Apostels, welches, wenn jenem Geiste Raum gegeben wurde, in der höchsten Gefahr schwebte. Nicht als eine sittlich schlechte Frage behandelt Christus dieses Wort des Petrus, sondern als eine ungehörige. Man weist jetzt meistentheils auf zwei Punkte hin: ungehörig soll die Frage sein, weil sie Neugier verräth und sich unberufen in den Rath des Herrn einmischt. Hengstenberg, Bäumlein, Luthardt betonen die unberufene Einmischung. Hat Hengstenberg aber Recht, wenn er erklärt, dass Petrus „es gewagt hatte dem Herrn Gesetze vorzuschreiben"? Vorsichtiger spricht Luthardt von einem unberufenen Sichkümmern um des Andern Geschick. Baumgarten-Crusius weist diese Auffassung sehr gut damit zurück, dass, wenn in des Apostels Frage ein Angriff auf die Majestätsrechte des Erlösers enthalten sei, in dem Verweis ἐγώ nicht dürfte fortgeblieben sein: es gehörte dann auch nicht bloss irgendwo hin, sondern musste an der Tonstelle stehen. Ich kann in der Frage nichts Anderes als verzeihliche, aber doch bedenkliche Neugierde finden mit Luther, der da spricht: „Hier ist uns eine merkliche Lehre gegeben, die wir wohl sollen zu Herzen nehmen, da Christus spricht zu Petrus: folge du mir, als spräche er: siehe du auf mich, was ich dir sage; will nicht, dass er soll sehen, wo Johannes bleibe. Da hat Christus eigentlich eine Strasse gemacht, darin er bleiben soll, dass er das thue, was ihm von Gott befohlen ist und seines Berufes warte. Es ist eine nöthige, heilsame Lehre, dass ein Jeglicher warte, was ihm befohlen ist und wahrnehme seines Berufes. Es ist ein gemeiner Irrthum, dass wir ansehen die Werke der Heiligen, und wie sie gewandelt haben, wollen wir auch wandeln und meinen, es sei köstlich wohlgethan. Nein, spricht Jesus, nicht also, warte du des Deinen, thue was ich dir sage, jener wird seines auch wohl finden. Ich will mancherlei Diener haben, sollen aber nicht alle eines Werkes sein." „Ein Jeder lerne seine Lektion, so wird es gut im Hause stohn." Das Luthersprüchlein wäre hier gut angebracht gewesen. Deutlicher sagt Calvin: *habemus in Petro nostrae non modo supervacuae, sed etiam noxiae curiositatis exemplum, quod aliorum intuitu ab officio nostro abstrahimur. Est enim nobis fere innatum, ut alienae potius quam vitae nostrae rationem exigendo vana inde capiamus effugia.* Grotius, Lampe, Bengel, Kühnöl, de Wette, Godet u. A. schliessen sich an. Die Lust, welche wir bei so vielen frommen Seelen finden, hinter den Vorhang sehen zu wollen, regt sich bei Petrus, da ihm seine persönliche Zukunft enthüllt ist: von allen Aposteln stand Johannes ihm am Nächsten, so möchte er wenigstens über dessen Lebensende das Nähere erfahren. Aber bedenklich ist dieses Fragen, Forschen, Grübeln; man versäumt darüber seine Pflicht, rüstet sich nicht und macht sich nicht heran zu dem eigenen Berufe. Wie viel edle Kräfte sind über dieser neugierigen, fruchtlosen Beschäftigung der Kirche, dem Dienste des Herrn verloren gegangen! Sie hätten, wenn sie das Eine, was Noth ist, mit solchem brennenden Eifer getrieben hätten, ein Salz werden können, aber weil sie ihre Kräfte an falsche Ziele setzten, ist das Salz in ihnen ganz dumm geworden! O, dass doch das auf die eigene Person, auf die eigene Lebensaufgabe hinweisende Wort: σύ μοι ἀκολούθει, wie ein scharfes zweischneidiges Schwert ihnen durch die Seele gefahren wäre!

Dieser Ausspruch Christi über das Ende, welches Johannes nehmen sollte, blieb nicht ein Geheimniss der beiden Apostel, sondern verbreitete sich und da Johannes alle seine Gefährten überlebte und zu sehr hohem Alter gelangte, so kam ein seltsames Gerücht in Umlauf und fand weithin Glauben: ἐξῆλθεν οὖν οὗτος ὁ λόγος εἰς τοὺς ἀδελφούς, ὅτι ὁ μαθητὴς ἐκεῖνος οὐκ ἀποθνήσκει. Nach Euthymius, dem Calvin beipflichtet, sind die ἀδελφοί niemand anders, als die Apostel: εἰκὸς γάρ, schreibt er, χἀκείνους ἀκούειν, ἃ πρὸς τὸν Πέτρον ἐῤῥήθησαν: allein nach den Anzeichen, welche in dem Texte enthalten sind, hat dieses Gespräch nicht in Gegenwart der andern Jünger stattgefunden, sondern in einer gewissen Entfernung von ihnen, und schwerlich hat Petrus dort mit Stentorstimme gefragt, was aus Johannes werden solle, und eben so schwerlich hat Christus mit Posaunenton die Antwort ertheilt, dass die Zurückgebliebenen sie vernehmen konnten. Petrus und Johannes haben mitgetheilt, was Christus geäussert hatte, und so erfuhren es wohl jene Fünf zuerst, im Laufe der Zeiten breitete es sich immer weiter aus, denn Johannes nahm in der ersten Gemeinde eine hervorragende Stellung ein wegen der Liebe, die

der Heiland ihm vor den Anderen bewiesen hatte, wegen seiner Erkenntniss und Erfahrung von der Herrlichkeit des fleischgewordenen Logos,
wegen seiner treuen Pflege der Gemeinden und seiner denkwürdigen
Lebensschicksale. Wir wissen, je weiter das Wasser, welches hell und
klar aus der Quelle hervorspringt, durch das Land hinfliesst, desto mehr
wird es unrein und trübe. So erging es auch dem Worte Christi, es ward
in seiner ursprünglichen Gestalt nicht fortgepflanzt von Mund zu Mund:
die Rede, die heilige Sage kam auf, er habe gesagt (ὅτι wird am Besten
recitativ gefasst): ὁ μαθητὴς ἐκεῖνος οὐκ ἀποθνήσκει. Bemerke das ächt
johanneische ἐκεῖνος bei ὁ μαθητής. Der Evangelist tritt dieser Sage
entgegen und rektificirt sie durch die Bemerkung: οὐκ εἶπεν αὐτῷ (nicht
zu ihm direkt, denn an Petrus, der darnach gefragt hatte, war das Wort
gerichtet, sondern in Bezug auf ihn, über ihn) ὁ Ἰησοῦς, ὅτι οὐκ ἀποθνήσκει,
ἀλλ᾽, ἐὰν αὐτὸν θέλω μένειν ἕως ἔρχομαι, τί πρὸς σέ. Den sagenhaften
Worten Jesu stellt Johannes die authentischen gegenüber. Offenbar hält
er die Uebertragung jenes Ausspruchs in οὐκ ἀποθνήσκει nicht für richtig.
Was ist daran auszusetzen? Nach Heumann und Hengstenberg lehnt er
die landläufige Auffassung des Kommens Christi ab. „Der λόγος," sagt
Hengstenberg, „ruhte auf der Annahme, dass das Kommen sein Letztes sei,
mit dem die παλιγγενεσία verbunden ist, Matth. 19, 28, und also für die
dann noch Lebenden die Verwandlung, 1. Kor. 15, 51, 52, das Entgegen-
gerücktwerden in die Luft, 1. Thess. 4, 17, Stellen, die sehr füglich auf
die Bildung dieser Meinung eingewirkt haben können. Der Apostel hält
dieser Meinung entgegen, dass es ein Anderes sei, nicht sterben, und das
Kommen des Herrn erleben, er deutet an, dass es ein Kommen des Herrn
vor dem Ende des gegenwärtigen Weltlaufes gibt, so dass man das Kommen
des Herrn erleben und dann doch sterben kann. Ganz das Richtige findet
sich schon bei Heumann." Dieser sagt: „welche Wiederkunft des Herrn
hier nicht verstanden werde, belehrt Johannes seine Leser. Da nämlich
einige Christen meinten, der Herr habe hier von seiner Wiederkunft zu
dem grossen Weltgerichte geredet, von welcher ein Engel bei der Auffahrt des Herrn sagte: dieser Jesus wird eben also, wie ihr ihn jetzt habt,
gen Himmel fahren sehen, wiederkommen, Apostelg. 1, 11, und daraus den
Schluss machten, Johannes werde nicht sterben, sondern bis an den jüngsten
Tag in der Welt bleiben und alsdann mit allen anderen noch nicht gestorbenen Gläubigen in den Himmel hinauffahren; so bezeugt Johannes,
dass der Herr nicht gesagt habe, er werde nicht sterben. Er gibt dadurch
zu erkennen, dass er wie seine Mitapostel sterben, folglich den jüngsten
Tag und die Wiederkunft des Herrn zu dem allgemeinen Gerichte nicht
erleben werden, und dass also diejenigen irren, welche des Herrn Worte
von dieser seiner Wiederkunft verstehen." Luthardt stimmt diesen Ausführungen zu: ich kann es nicht. Der Evangelist hätte dann seine Korrektur
sehr ungeschickt angebracht: lag das Missverständniss in einer falschen
Auffassung des ἔρχομαι, so musste diese beseitigt und die richtige dargeboten werden: diess geschieht weder eingehend, noch andeutungsweise,
sondern dem οὐκ ἀποθνήσκει wird jenes Wort, aus welchem es erschlossen
wurde, ohne jede Bemerkung gegenübergestellt. Aus der Nebeneinander-
stellung des traditionellen und des originalen Wortes muss sich also die
Unrichtigkeit der Legende von selbst ergeben. Was ist der Unterschied
zwischen οὐκ ἀποθνήσκει und ἐὰν αὐτὸν θέλω μένειν ἕως ἔρχομαι? Oder,

da οὐκ ἀποϑνήσκει gleich ist μένει, zwischen μένει und ἐὰν αὐτὸν ϑέλω μένειν ἕως ἔρχομαι? Ein zwiefacher, was auch Bengel angibt: erstens ist der hypothetische Satz mit ἐάν mir nichts dir nichts in einen kategorischen verwandelt und zum Andern auch der Termin verschwiegen worden, bis zu dem das μένειν gelten soll. Auf die letztere Differenz legen wir keinen Werth, denn aus der christlichen Lehre ergibt sich, wer im Leben bleibt bis zu dem Tage der Wiederkunft, bleibt auf immer und ewig im Leben, denn der Tod ist dann verschlungen in den Sieg. Die erstere Differenz ist aber von der allergrössten Bedeutung. Cyrillus hat das schon gefunden, Luther sagt gut: „dass Etliche sich hier sehr mühen zu wissen, ob S. Johannes gestorben sei oder noch lebe, zeigt der Evangelist genugsam, dass es Christus nicht hat wollen uns wissen lassen, darum sollen wir auch nicht darnach forschen. Er spricht, Jesus habe nicht gesagt, er soll nicht sterben, und sagt doch auch nicht, dass er sterben soll, lässt es also hangen im Zweifel. Wenn Christus schon gesagt hätte: ich will, dass er bleibe, bis ich komme, möchte dennoch verstanden werden, er würde am jüngsten Tage sterben, nun er aber sagt: so ich will, dass er bleibe, ist's noch viel finsterer, dass er nicht schlecht sagt, ob er will oder nicht will.“ Calvin bemerkt: *nihil certi de Joanne pronunciare voluerat Christus, sed tantum sibi asserere plenam in eum vitae et mortis potestatem: ita simplex ac utilis per se erat doctrina. Sed plus sibi fabricant et imaginantur discipuli, quam dictum fuerat. Quare ut tuti simus ab eodem periculo, sobrie sapere discamus. Sed ea est humani ingenii lascivia, ut toto impetu in vanitatem ruat. Quo factum est, ut hic quoque error, a quo discrete evangelista cavendum monuerat, nihilominus in mundo grassatus sit.* Gerhard, Grotius, Bengel, Kühnöl, Weber, Lücke, Weitzel, Tholuck, Meyer, Bäumlein u. A. mehr erklären ganz bestimmt, dass Johannes zu Gemüthe führen will, Christus habe nur hypothetisch gesprochen und die Tradition fehle, weil sie aus einem bedingten Satze einen kategorischen Ausspruch gemacht habe. Dem Evangelisten hat sein Protest nicht allzuviel geholfen: die Sage wusste sich auch Angesichts des Grabes des Johannes zu halten. Sie liess ihn nicht ruhen in demselben. Er wurde begraben, aber als man das Grab wieder öffnete, fand man von ihm nichts mehr. Ephraem (bei Photius Cod. 229) berichtet: ταύτῃ τῇ δόξῃ συνᾴδουσι καὶ αἱ πράξεις τοῦ ἠγαπημένου Ἰωάννου καὶ ὁ βίος, ἃς οὐκ ὀλίγοι προφέρουσι. κατατεϑεὶς γὰρ φασι κατὰ τὴν αὐτοῦ ἐκεῖνον προτροπὴν ἔν τινι τόπῳ, ζητηϑεὶς αἰφνίδιον (Nicephorus h. e. 2, 42, welcher dieselbe Fabel überliefert, spricht von dem folgenden Tage) οὐχ εὑρίσκετο. ἀλλὰ μόνον τὸ ἁγίασμα βρύον ἐξ αὐτοῦ τοῦ τόπου, ἐν ᾧ πρὸς βραχεῖαν ῥοπὴν ἐτέϑη. ἀφ' οὗ πάντες ὡς ἁγιασμοῦ πηγὴν τὸ ἅγιον ἐκεῖνο μύρον ἀρυόμεϑα. Theophylaktus weiss von solchen, welche behaupteten, er sei wie Henoch und Elias lebendig in den Himmel aufgenommen worden, und *Pseudohippolytus de consummatione mundi (Hipp. op. ed. Fabricius app. 14)* lehrt: *prior ipsius adventus praecursorem habuit Joannem baptistam, posterior autem, qui venturus est in gloria, Enoch, Eliam et Joannem theologum exhibebit.* Augustinus kennt eine anders gestaltete Sage. Johannes liess sich sein Grab herstellen, legte sich hinein wie in ein Bett und verschied: aber in Wahrheit ist er nicht gestorben, er athmet noch in seinem Grabe, sein Odem bewegt den Grabeshügel und treibt weissen Staub in die Höhe. Er schreibt tr. 124, 2 in Jo: *quem tradunt etiam, quod in quibusdam scripturis quamvis apocryphis reperitur, quando sibi fieri iussit sepulcrum, incolumen fuisse praesentem; eoque efosso et diligentissime praeparato, ibi se tanquam in lectulo collocasse, statimque eum esse defunctum: ut autem isti putant, qui haec verba domini sic intelligunt, non defunctum, sed defuncto similem cubuisse; et cum mortuus putaretur, sepultum fuisse dormientem; et donec Christus veniat sic manere suamque vitam scaturigine pulveris indicare; qui pulvis creditur, ut ab imo ad superficiem tumuli adscendat, flatu quiescentis impelli. Huic opinioni supervacaneum existimo reluctari. Viderint enim, qui locum sciunt, utrum hoc ibi faciat vel patiatur terra, quod dicitur: quia et re vera non a levibus hominibus id audivimus.* Beda pflanzt diese Legende gläubig fort.

Joh. 21.

(V. 24) Diess ist der Jünger, der von diesen Dingen zeuget, und diess geschrieben hat, und wir wissen, dass sein Zeugniss wahr ist. (V. 25) Es sind aber noch viele andere Dinge, die Jesus gethan hat, welche, so sie eines nach dem andern geschrieben würden, achte ich, die Welt selbst würde die Bücher nicht fassen, die zu schreiben wären.

Von wem diese Bemerkung V. 24 herrührt, ist Streit. Meyer, Hölemann, Hengstenberg schreiben sie noch dem Johannes zu, die anderen Ausleger aber verbinden sie mit dem folgenden Verse und finden darin ein dem ganzen Evangelium angehängtes Wahrheitszeugniss der ephesinischen Gemeinde. Der johanneischen Abfassung steht hauptsächlich οἴδαμεν im Wege: es bereitet doppelte Schwierigkeit. Erstens, wie kommt Johannes darauf, von sich in der ersten Person des Plurals zu sprechen, denn mit Chrysostomus, Theophylaktus, Paulus u. A. lässt οἴδαμεν sich nicht in οἶδα μέν auflösen, alle Codices lesen οἴδαμεν und wo findet dieses ersonnene μέν sein correspondirendes δέ? Der Evangelist soll nicht den Plural der Majestät, sondern den der Gemeinschaft hier in Anwendung bringen: er soll mit seinen Lesern sich zusammenschliessen. Aber wie kann er das, will er nicht gerade einem Wahne, der sich bei den Brüdern, d. h. bei rechtgläubigen, frommen Christen, welche den Brüdernamen verdienen und wohl auch sein Evangelium lesen, festgesetzt hat, entgegentreten? Zweitens, wie hart ist es doch, dass derselbe Mann in einem und demselben Satze von sich in der ersten und in der dritten Person reden soll. Es empfiehlt sich weit mehr, dass οἴδαμεν und οὗτος ὁ μαθητής verschiedene Subjekte sind. Die Lesart schwankt: οὗτός ἐστιν ὁ μαθητὴς ὁ μαρτυρῶν περὶ τούτων καὶ (ὁ lesen der Codex Vaticanus und Cantabrigiensis, eine spätere Hand hat diesen Artikel vor καί in den Codex Sinaiticus hineingeschrieben) γράψας ταῦτα. Der Wechsel in den Participien ist wohl nicht ganz ohne Bedeutung. Meyer und seine Freunde sagen, μαρτυρῶν beweise, dass Johannes noch lebe, persönlich, mündlich dieses, was er niedergeschrieben hat, noch bezeuge, γράψας aber heisse es, weil er sein Werk vollendet habe: aber der Wechsel lässt sich ganz einfach so erklären, dass das Schreiben allerdings ein Ende hat, das Zeugen aber noch ununterbrochen fortgeht, weil der Zeuge der Wahrheit eben durch seine Schrift noch mitten unter uns weilt und zu uns redet. Luthardt will, obgleich er diese Worte dem Evangelisten abspricht, doch die Auslegung Meyer's beibehalten: allein die Annahme, dass die ephesinische Gemeinde, in deren Hände Johannes sein Evangelium und diesen Nachtrag niedergelegt haben soll, noch bei Lebzeiten des Apostels dieses Buch mit Unterschrift und Siegel versehen habe, als dasselbe anderen Gemeinden mitgetheilt wurde, empfiehlt sich sehr wenig. Sollte eine apostolische Schrift, die Schrift des letzten hochangesehenen Apostels durch Unterschrift und Siegel der ephesinischen Gemeinde eine grössere Glaubwürdigkeit empfangen, als durch die Chiffre, das Namenszeichen des Verfassers? Nach dem Ableben des Jüngers, von dem man vielfach glaubte, er werde nicht sterben, stellten die Aeltesten der Gemeinde, in welcher er die letzte Zeit seines Lebens ununterbrochen gewohnt hatte, seinem Evangelium dieses Zeugniss aus: οἴδαμεν, ὅτι ἀληθής ἐστιν αὐτοῦ ἡ μαρτυρία, so möchte ich statt des recipirten μαρτιρία αὐτοῦ, welches den Codex Sinaiticus und Alexandrinus für sich hat, auf Grund des Vaticanus, Ephraemi und Cantabrigiensis lesen, weil es gewichtiger in die Wagschale fällt und auf die Person des Erzählers den Accent legt. Der Nachredner schliesst mit einer Versicherung voll Ueberschwänglichkeit und Enthusiasmus der Empfindung für die Grösse und Fülle Jesu Christi, wie Luthardt sagt, dass man nicht mit Unrecht etwas Hyperbolisches und Apokryphisches in diesem Verse gefunden hat, denn wir wissen, wie zurückhaltend, scheu und massvoll sonst die Sprache des Johannes und der Synoptiker ist. Tischendorf streicht diesen Schlussvers, weil er in dem Codex Sinaiticus und einigen Scholien fehlt, allein die anderen Handschriften bieten ihn insgesammt. Der Verfasser von V. 24 ist auch der Schreiber dieser Worte: ἔστιν δὲ καὶ ῎λλα πολλά, ἂ (so lesen wir mit Lachmann und Tischendorf auf Grund des Sinaiticus, Vaticanus und Ephraemi statt des recipirten und von Meyer noch vertheidigten ὅσα, quotquot, welches die Relativbestimmung nicht wie ἂ einfach sachlich, sondern quantitativ geben würde) ἐποίησεν ὁ Ἰησοῖς, ἅτινα (quippe quae, das Relativpronomen ist qualitativ zugleich) ἐὰν γράφηται καθ᾽ ἕν (Stück für Stück, cf. Bernhardy, S. 240. Ast. lex. Platon. 1, 639. Euripides, ran. 802 κατ᾽ ἔπος Wort für Wort), οὐδ᾽ αὐτὸν οἶμαι τὸν κόσμον χωρήσειν (so statt χωρῆσαι mit dem Sinaiticus, Vaticanus, Ephraemi) τὰ γραφόμενα βιβλία. Das ἀμήν, was in dem *textus receptus* noch folgt, ist nicht ursprünglich. Mit Auswahl hat also der Evangelist nach diesem Zeugnisse geschrieben, nicht Alles, was er von Jesus, d. h. dem geschichtlichen, und nicht dem prähistorischen, überweltlichen Sohn Gottes wusste, welches letztere Hölemann noch hinzunimmt, hat er niedergeschrieben: das Leben des menschgewordenen Logos ist so überschwänglich reich an bedeutsamen Reden und Begebenheiten, dass, wenn man jedes Wort und Werk genau. eingehend, erschöpfend wiedergeben wollte, eine solche Menge Bücher zu schreiben sein würde, dass der grosse Weltenraum für die so entstehende Bibliothek zu klein wäre. Falsch verstehen Augustinus, Hieronymus, Rupertus, Bengel u. A. unter κόσμος die Menschheit, das Menschengeschlecht und χωρήσειν *non de capacitate geometrica*, wie Bengel redet, *sed morali*, besser wäre wohl *intellectuali*. „Jeder einzelne geschichtliche Moment des Lebens Jesu," bemerkt Luthardt gut, „war von unendlichem Inhalt. so dass unendlich viel davon zu sagen wäre, um ihn ganz zur Darstellung und Anschauung zu bringen."

10. Die Erscheinung auf dem Berge in Galiläa.

Matth. 28, 16—20.	Mark. 16, 15—18.
Aber die elf Jünger gingen nach Galiläa auf den Berg, dahin sie Jesus beschieden hatte. (17) Und da sie ihn sahen, fielen sie vor ihm nieder; Etliche aber zweifelten. (18) Und Jesus trat zu ihnen, redete mit ihnen und sprach: mir ist gegeben alle Gewalt im Himmel und auf Erden. (19) Gehet hin und macht zu Jüngern alle Völker, indem ihr sie taufet in den Namen des Vaters und des Sohnes und des heiligen Geistes (20) und sie lehret halten Alles, was ich euch befohlen habe. Und siehe, ich bin bei euch bis an der Welt Ende.	Und er sprach zu ihnen: gehet hin in alle Welt und prediget das Evangelium aller Kreatur. (16) Wer da geglaubt haben und getauft sein wird, der wird selig werden; wer aber nicht geglaubt haben wird, der wird verdammt werden. (17) Die Zeichen aber, die da nachfolgen werden denen, die da geglaubt haben, sind diese: in meinem Namen werden sie Teufel austreiben, sie werden mit neuen Zungen reden, (18) sie werden Schlangen aufheben, und wenn sie etwas Tödtliches trinken werden, wird's ihnen nicht schaden, auf Kranke werden sie die Hände legen, und es wird besser mit ihnen werden.

Mit dem Berichte des Matthäus über die Erscheinung des Auferstandenen auf dem Berge in Galiläa verbinde ich den Abschnitt Mark. 16, 15—18, wie das schon von Euthymius, Calvin, Gerhard, Bengel und vielen Anderen geschehen ist. Augustinus, dem neuerdings Hengstenberg noch beigetreten ist, nimmt jene von dem zweiten Evangelisten überlieferten Worte Christi über die Predigt des Evangeliums in aller Welt, über den Segen der Taufe und über die Zeichen der Gläubigen für den Osterabend noch in Anspruch. Es ist nicht zu leugnen, dass jene Aussagen sich an die Erklärung: gleichwie mich der Vater gesandt hat, so sende ich euch, welche der Auferstandene den Aposteln gab, recht gut anschliessen, allein diese Stelle des Matthäus hat weit mehr Berührungspunkte. Dort, Joh. 20, 21, wird wohl von der Sendung der Apostel gehandelt, aber nicht wie hier in Matthäus diese Sendung als eine Sendung an alle Welt betont: dort wird auch gar nicht auf die heilige Taufe Rücksicht genommen, während hier bei Matthäus dieses Sakrament eingesetzt wird. Selbst die Verheissung der Zeichen bei Markus findet in Matthäus einen Anknüpfungspunkt in der Zusage, dass Christus bei ihnen sei bis an der Welt Ende. Bengel u. A. gehen noch einen Schritt weiter und kombiniren noch Luk. 24, 44—49: ich wage das aber nicht, denn die Verheissung des heiligen Geistes, welche V. 49 ertheilt wird, ist so fest in den Kontext der Rede Christi verwoben, dass man sie unmöglich herausnehmen kann: dieses müsste aber geschehen, denn nach Act. 1, 4 gehört dieselbe unstreitig sammt dem Gebote, nicht von Jerusalem zu weichen, dem Himmelfahrtstage an, ausserdem kann auch auf dem Berge in Galiläa dieses Verbleiben nicht mit den Worten: ὑμεῖς δὲ καϑίσατε ἐν τῇ πόλει befohlen werden.

Die elf Jünger, also die sämmtlichen Apostel gingen nach Galiläa auf den Berg, dahin Jesus sie berufen hatte. Wir können diese Reise nicht auf den Ostertag selbst setzen, was allerdings das Nächstliegende wäre, sondern nehmen an, dass sie erst nach acht Tagen erfolgte. Nur auf diese

Weise können wir die Mittheilung des vierten Evangelisten über die Erscheinung, welche des Thomas wegen stattfand, in die Geschichte dieser letzten Quadragesimalzeit einflechten, denn rein unmöglich ist es, dass die Jünger, an dem Montag nach Ostern gen Galiläa abgezogen, in dem Laufe dieser Woche den Herrn dort auf dem Berge schauen und an dem Sonntag nach Ostern sich wieder in der Hauptstadt befinden. Die Zeit zu der Hin- und Rückreise wäre zu kurz gewesen und die Bemerkung des letzten Evangelisten, dass die Erscheinung am See Tiberias die dritte gewesen sei, wäre grundfalsch. Eben diese Notiz des Johannes nöthigt uns, diese Bergscene nach jene Seescene zu verlegen, welches die neueren Exegeten und Biographen fast einstimmig gutheissen. Innere Gründe machen diese Reihenfolge auch in dem höchsten Grade wahrscheinlich. Das Fischengehen des Petrus und seiner sechs Genossen legt die Vermuthung nahe, dass sie sich längere Zeit der Gnadengegenwart Christi nicht erfreut haben: ebenso lassen die ausführlichen Anweisungen und Zusagen bei der in Rede stehenden Offenbarung ahnen, dass ihrer nicht mehr viele zu erwarten sind. Wir haben vorausgesetzt, dass diese Erscheinung in Galiläa stattfinde: diese Voraussetzung, an welcher der Erzbischof Suarez († 1580) seiner Zeit und später der gelehrte Jesuit Harduin irre geworden waren, hat neuerdings Dr. R. Hofmann (Meissner Schulprogramm, Ueber den Berg Galiläa. 1856) ganz über den Haufen zu stürzen versucht. Nach ihm hiess ein Theil des Oelbergs und zwar die nördlichste Spitze desselben Galiläa, weil die Galiläer bei ihren Osterfestbesuchen dort ihre Zelte aufschlugen. Er beruft sich auf das Evangelium des Nikodemus, wo es im 14. Kapitel heisst: μεθ' ἡμέρας δὲ ὀλίγας ἤλθον ἀπὶ τῆς Γαλιλαίας εἰς τὸ Ἱεροσόλιμα ἄνθρωποι τρεῖς. — οὖτοι ἤλθον πρὸς τοὺς ἀρχιερεῖς καὶ εἶπον αὐτοῖς καὶ τῷ λαῷ· τὸν Ἰησοῦν, ὃν ὑμεῖς ἐσταυρώσατε, εἴδομεν ἐν τῇ Γαλιλαίᾳ μετὰ τῶν ἕνδεκα μαθητῶν αὐτοῦ εἰς τὸ ὄρος τῶν ἐλαίων, διδάσκοντα πρὸς αὐτοὺς καὶ λέγοντα· πορεύθετε εἰς πάντα τὸν κόσμον καὶ κηρύξατε τὸ εὐαγγέλιον καὶ ὅστις πιστεύσει καὶ βαπτισθῇ, σωθήσεται, ὅστις δὲ οὐ πιστεύσει, κατακριθήσεται, καὶ ταῦτα λέγων ἀνέβαινεν εἰς τὸν οὐρανόν· καὶ ἐθεωροῦμεν καὶ ἡμεῖς καὶ ἄλλοι πολλοὶ τῶν πεντακοσίων ἐπέκεινα. Hofmann versteht ἐν τῇ Γαλιλαίᾳ nun als den Standpunkt, von welchem aus die drei Männer Jesum auf dem Oelberg haben sitzen und lehren und dann gen Himmel fahren sehen: in der anderen griechischen Textrecension heisst es statt εἰς τὸ ὄρος τῶν ἐλαίων — εἰς τὸ ὄρος τὸ καλούμενον Μαμίλχ. Allein jenes ἐν τῇ Γαλιλαίᾳ lässt sich ebenso gut fassen als Bezeichnung des Landes, da sie Jesum geschaut haben, die Mittheilung der drei Männer, dass sie ihn dort auch hätten gen Himmel fahren sehen, stört nicht in dem Mindesten, denn nicht das, was wir die Himmelfahrt nennen, braucht dieses ἀναβαίνειν εἰς τὸν οὐρανόν zu sein, es kann ebenso gut das wunderbare Verschwinden, das plötzliche Unsichtbarwerden beschreiben. Zudem passt diese apokryphische Nachricht nicht zu den Angaben des Matthäus: die drei Männer sagen ja aus, sie hätten ἐν τῇ Γαλιλαίᾳ, d. h. nach Hofmann auf diesem Berge Galiläa, gestanden, während nach Matthäus, sowohl zu Folge des Wortes des Engels (28, 7), als auch zu Folge seiner eigenen Erklärung der Auferstandene V. 10 selbst in Galiläa, d. h. nach dieser Auslegung auf dem Berge Galiläa, erscheinen will und nach unserer Stelle wirklich erschienen ist. Wir können diesen apokryphischen Nachrichten nicht den geringsten Werth beimessen und haben keinen Grund,

aus Chrysostomus' *(hom. 82 in Matth.)* Worten, dass Christus οὐδὲ εἰς μα-
κράν τινα χώραν nach seiner Auferstehung sich begeben habe, herauszulesen,
dass er nicht in die Landschaft, sondern auf den Berg Galiläa bei Jerusalem gegangen sei. Von einem Berge Galiläa weiss die heilige Schrift,
auch Josephus keine Sylbe, obwohl sie Gelegenheit genug hatten, von dem
Oelberge zu reden. Es kann daher nur gebilligt werden, dass diese sonder-
bare Hypothese Hofmann's allseitig abgewiesen worden ist. Nach Galiläa
εἰς τὸ ὄρος gingen also die Elfe: der Berg wird allerdings mit dem bestimmten Artikel bezeichnet, allein durchaus nicht genannt. Die Ausleger
rathen hin und her. Paulus bringt den Karmel in Vorschlag, Gerhard,
Grotius, Lange weit besser den Tabor, Meyer und Weiss den Berg, auf
welchem die Bergpredigt gehalten wurde. Wir können nichts bestimmen:
Weiss will aus dem Relativsatze οὗ ἐτάξατο αὐτοῖς ὁ Ἰησοῦς etwas entnehmen, οὗ soll nämlich nicht gleich οἷ, wohin sein, was Winer S. 418 und
alle anderen Ausleger mit Berufung auf den klassischen Sprachgebrauch,
dass die Adverbia der Ruhe häufig mit Verbis der Bewegung da verbunden
werden, wo zugleich eine Beharrung am Orte ausgedrückt werden soll
(Hermann *Viger.* 790 und Bernhardy 350), unbedenklich annehmen, sondern
in seinem ursprünglichen Sinne gleich wo hier gesetzt sein. Das τάσσεσθαι
sei intransitiv gebraucht und zu übersetzen, wo Jesus ihnen die Grund-
gesetze des Gottesreiches gegeben hatte (Matth. 5, 1). Aber Keil nennt
diese Uebertragung schon kontextwidrig und so ist es in der That: der
Zusammenhang führt darauf, dass dieser Berg der ist, welchen Jesus zu
dieser Zusammenkunft bestimmt angegeben hatte. Wann das geschehen
ist, lässt sich nicht ermitteln. Grotius denkt bei einer Erscheinung in
Jerusalem, richtiger aber Ebrard, Lange, Godet u. A. bei der Erscheinung
am See Tiberias. Auf einem Berge wollte er in seiner Herrlichkeit den
Seinen sich manifestiren: auf einem Berge hat er nach Matth. 5, 1 seine
grosse Thronrede gehalten, in welcher er seine Lehre als die Erfüllung
des Gesetzes und der Propheten darstellte, ebenso hat er auf einem Berge
seinen drei auserwählten Jüngern seine persönliche Gottesklarheit gezeigt.
Die Berge sind nach der Symbolik aller Naturvölker die heiligen Stätten,
die Tempel der Götter: auf ihnen stehen die Throne der Unsterblichen, auf
ihnen ruht der Himmel. Einen erhabenen Ort erwählt sich Christus für
seine Erscheinung, wir ahnen daraus, dass dieselbe sehr erhaben ist. Die Elfe
sehen ihn, aber mit verschiedener Empfindung: καὶ ἰδόντες αὐτὸν προςεκύνησαν, οἱ δὲ ἐδίστασαν. Die Erzählung des Matthäus ist eigenthümlich
und erinnert lebhaft, was Kühnöl, de Wette, Bleek, Meyer, Weiss u. A.
schon bekannt haben, an Matth. 26, 67: τότε ἐνέπτυσαν εἰς τὸ πρόσωπον
αὐτοῦ καὶ ἐκολάφισαν αὐτόν, οἱ δὲ ἐῤῥάπισαν. In beiden Stellen steht dem
οἱ δέ kein οἱ μέν gegenüber: es wird flottweg gesagt, das und das sei
geschehen, aber wie diess gesagt ist, fällt dem Erzähler ein, dass nur die
Meisten und durchaus nicht Alle so gehandelt haben, und er bringt mit
οἱ δέ nachträglich bei, was einige Wenige statt dessen gethan haben, um
Alles richtig zu stellen. Diese Art und Weise der Erzählung ist bei den
Klassikern auch zu finden, cf. Xenophon, *Hell.* 1, 2, 14: ᾤχοντο εἰς Δεκέ-
λειαν, οἱ δὲ εἰς Μέγαρα. *Cyrop.* 4, 5, 46: ὁρᾶτε γὰρ δή, ἔφη, νυνὶ πρῶτον,
ἵπποι ὅσοι ἡμῖν πάρεισιν, οἱ δὲ προσάγονται. *Quibus in locis*, bemerkt
Klotz *ad Devar. p. 358. primum universa res ponitur, deinde partitio nascitur, quae ostendit, priora quoque verba non de universa causa iam accipi*

posse. Fritzsche hat sich in diese Spracherscheinung nicht finden können: *ego semper ita censui, cogitando hoc membrum praemitti debere, οἱ μὲν οὐκ ἐδίστασαν, ut nemo praeter hos undecim discipulos designetur:* allein eine Ergänzung ist ganz überflüssig, der Satz οἱ δὲ ἐδίστασαν hat in dem προςεκύνησαν schon den nothwendigen Gegensatz: sie zweifelten aber, während jene vor dem, welchen sie sahen, auf das Angesicht niederfielen, um ihn anzubeten, wodurch sie es bezeugten, dass sie nicht im Geringsten zweifelten, ob der Erscheinende der Herr sei. Wenn Matthäus geschrieben hätte οἱ μὲν προςεκύνησαν, οἱ δὲ ἐδίστασαν, so müssten ungefähr ebenso Viele das Eine und ebenso Viele das Andere gethan haben: nach dem aber, wie hier der Text lautet, können nur Wenige gezweifelt haben, die Mehrzahl zeigte sich im Glauben fest gegründet. Wie wir Matth. 28, 9 das von Weibern prädicirte προςεκύνησαν αὐτῷ nicht als eine gewöhnliche morgenländische Ehrenbezeigung, sondern als eine aussergewöhnliche göttliche Anbetung genommen haben, so halten wir es jetzt wieder. Es dauert lange, bis die Apostel rückhaltslos ihre Kniee vor dem Heiland beugen und ihm als dem Mensch gewordenen Sohne Gottes die gebührende Ehre erweisen: die gottseligen Frauen sind ihnen zuvorgekommen und der Vorgang des Thomas, der seinen Herrn und seinen Gott in dem Auferstandenen erkannte, hat sie noch nicht in den Staub vor dem Hohen und Erhabenen hingezogen. Offenbar hat die bei den edelsten Israeliten am Tiefsten eingewurzelte Scheu gegen alle Kreaturvergötterung sie vor der Auferstehung und der damit zusammenfallenden Erhöhung ihres Meisters abgehalten, ihn anzubeten: nun aber, wo der Tod bei ihm verschlungen ist in den Sieg und seine Knechtsgestalt gewichen ist der Gestalt seiner Herrlichkeit, tragen sie kein Bedenken mehr, jetzt finden sie in seiner Anbetung ein seliges Genüge. Daraus dass es nicht sofort geschieht, als sie den Auferstandenen zum ersten Male in ihrer Mitte sehen, ersehen wir ein Zwiefaches: erstens, dass ihnen in dem ersten Momente die ganze und volle Bedeutung seiner Auferstehung noch nicht einleuchtete, sondern nur allmälig, in einem ununterbrochenen Prozess aufging, und zweitens, dass die Erscheinungen des Auferstandenen selbst nicht einfache Wiederholungen, sondern auch fortschreitende, aus dem Leiblichen immer mehr in das Geistliche sich erhebende Offenbarungen waren: von einer Klarheit des Herrn wurden die Gläubigen zu der nächstfolgenden Erscheinung zu einer anderen, höheren Klarheit hinaufgeführt. *Nusquam legimus,* bemerkt Wetstein sehr wahr, *Christum ante resurrectionem suam ab apostolis adoratum fuisse: unde colligimus, maius quiddam et divinius eos de Christo nunc sensisse, quam antea.* Während die Mehrzahl anbetend vor dem Herrn der Herrlichkeit auf den Knieen liegt, halten sich Andere zurück: οἱ δὲ ἐδίστασαν. Fritzsche wird sich hier selbst untreu: wie scharf tadelt er sonst die Ausleger, welche flugs aus einem Aoriste ein Plusquamperfektum machen und sich ganz und gar nicht um den Unterschied der Tempora kümmern. Grotius erhält aber jetzt auf ein Mal seinen vollen Beifall, denn er hat von jeher gedacht, dass ἐδίστασαν *vim plusquamperfecti* hier besitze und paraphrasirt: *et conspicati eum in genua procubuere; (alii non dubitaverant) nonnulli vero dubitaverant, sed cuncti posteaquam in Galilaea praeceptorem suis ipsi oculis usurparunt, dubitationes penitus sibi exemerant.* Unter den Zweiflern steht dann, wie Grotius schon angibt, Thomas an der Spitze. Wir weisen diese Ansicht kurzer Hand ab: sie thut nicht bloss dem Aoriste ἐδίστασαν,

sondern auch dem Kontexte offenbare Gewalt an. Das Zweifeln soll nach
Einigen, wie Lange, sich darauf bezogen haben, ob jene, welche Christum
anbeteten, wohl das Rechte thäten; allein sie zweifelten nicht, als sie jene
auf den Knieen liegen, sondern als sie den Herrn vor sich stehen sahen,
und darnach können sie nur darüber in Zweifel gewesen sein, ob ihre
Augen sie nicht trügten, ob sie den Auferstandenen denn wirklich in leibhaftiger Gestalt, und nicht ein Phantom erblickten. So schon Euthymius
ganz richtig. Nur von den Elfen spricht Matthäus und von diesen Elfen,
welche den Herrn zum Wenigsten alle schon zwei Mal gesehen hatten,
sollen noch Etliche, wie an dem ersten Osterabende, zweifeln, ob er es
denn wirklich sei; das halten Viele für ein Ding der Unmöglichkeit.
Daher ist man darauf gekommen, an dem Texte Korrekturen vorzunehmen. Beza schlug statt οἱ δέ vor οὐδέ: glücklich aber ist diese
Konjektur, obschon sie leicht ist, nicht zu nennen. Man weiss nicht,
was der Evangelist mit dieser Bemerkung nach ἰδόντες αὐτὸν προςεκύνησαν noch will und aus dem, dass sie ihn anbeteten, wie sie ihn gewahr wurden, geht ja sonnenklar hervor, dass sie auch den geringsten
Zweifel nicht mehr hegten. Der Bericht ist zudem hier so gedrängt, dass
kein überflüssiges Wörtlein stehen darf. Bornemann fasst ἐδίστασαν in's
Auge und liest mit einer Umstellung des ε nun διέστασαν; während die
Einen anbetend herantreten, treten die Andern, von heiligem Entsetzen
erfasst, aus einander, fahren sie erschrocken, verstürzt zurück; allein auch
diese Konjektur hat nichts Empfehlenswerthes. Ein richtiger Gegensatz
besteht zwischen jenem Anbeten und diesem Zurückprallen nicht, denn
beides wäre nur eine verschiedene Aeusserung der tiefen, vor Christus
empfundenen Ehrfurcht: dem Anbeten bietet allein das Verweigern derselben, das Zweifeln die Spitze. Wir bleiben desshalb dabei stehen, dass,
während die Mehrzahl anbetete, Etliche zweifelten an der Wahrhaftigkeit
der Erscheinung. Aber, sagt man, die Apostel konnten nicht mehr zweifeln:
an dem Osterabende hatte der Auferstandene sie davon überzeugt, dass er
es selbst sei und dass er leibhaftig vor ihnen stehe, acht Tage darauf
schlägt er in der Seele des Thomas die letzte Spur des Zweifels nieder:
überwunden ist aller Zweifel bei den Aposteln und der überwundene
Zweifel kann sich nicht wieder ihrer Herzen bemächtigen. Man müsste
bei dieser Ansicht über den Kreis der Elfe hinausgehen: Theophylaktus und
Kühnöl sehen bei den Elfen die 70 Jünger auf dem Berge; Gerhard, Calov,
Grotius, Michaelis, Paulus, Olshausen, Ebrard, Stier, Lange, Hengstenberg u. A. aber die fünfhundert Brüder, von welchen Paulus 1. Kor. 15, 6
redet. Glöckler denkt nicht an jene siebzig, noch an jene versammelten
fünfhundert, sondern überhaupt an andere, bei den Elfen sich aufhaltende
Jünger. Auf jene siebzig kam man, weil man meinte, die Aussendungs-
worte Christi auch auf sie beziehen zu können, denn ausser jenem Worte
an die Sendboten spricht der Erscheinende nichts. Aber wo findet sich
in der Apostelgeschichte oder den ältesten christlichen Schriftstellern eine
Bemerkung, dass neben den Aposteln diese siebzig Jünger der Predigt des
Evangeliums in aller Welt obgelegen hätten. Sie wären also auf dem
Berge doch auch nur als Statisten gegenwärtig. Ich glaube allerdings
auch, dass mit dieser feierlichen Erscheinung vor den Elfen jene von Paulus
erwähnte vor den fünfhundert Brüdern zusammenfällt, denn in Galiläa
kann dieselbe nur geschehen sein, weil einerseits dort allein eine so stattliche

Anzahl von Anhängern Jesu wohnte und, ohne Aufsehen zu erregen, auf einem Berge sich versammeln konnte, und weil es andererseits im höchsten Grade befremdend wäre, wenn von jener grossartigsten Offenbarung Christi in Galiläa bei dem Evangelisten, welcher vornehmlich auf diese galiläischen Vorgänge uns vorbereitet, auch nicht ein Mal ein Schatten zu entdecken wäre. Allein trotz alle dem wage ich es doch nicht, mit den angegebenen Auslegern die Zweifler unter diesen fünfhundert Brüdern zu suchen. Matthäus berichtet nur, dass die Elfe sich auf den namenlosen Berg in Galiläa begeben hätten, und wenn er dann beibringt, dass Etliche gezweifelt hätten, so müssen diese Zweifler nothwendig unter denen sich befinden, deren Anwesenheit er konstatirt. Von den Elfen zweifeln noch Etliche bei dieser letzten Erscheinung vor der Himmelfahrt: wie ist das denkbar? Meyer, welcher mit einer Menge neuerer Theologen den Verklärungsprozess des Leibes Christi in diese geheimnissvollen vierzig Tage hineinlegt, führt das Zweifeln auf diese vor sich gehende und zum Theil schon vor sich gegangene Veränderung in der Leiblichkeit des Herrn zurück. Allein wir haben diesen Gedanken früher schon als unhaltbar zurückgewiesen. Es war kein natürlicher Grund, sondern ein übernatürlicher Grund zum Zweifel vorhanden. Nach seiner leiblichen Seite war Christus schon mit dem Tage seiner Auferstehung vollständig verklärt, das σῶμα τῆς δόξης αὐτοῦ (Phil. 3, 21) trug er von jenem Tage an: aber die Erscheinungen des Auferstandenen sind eben nicht gewöhnliche Schauungen, sondern nur bestimmt gewollte und geformte Kundgebungen, Versichtbarungen des Auferstandenen, welcher wegen der Verklärtheit seines Leibes an und für sich naturnothwendig nicht mehr mit den Augen dieses Fleisches erblickt wird. Christus — wir kommen wieder auf unseren alten Satz zurück, der wohl die Wahrheit aussagt, da er die Probe bei allen Erscheinungen besteht — wird nur von denen nach dem Eingange in seine Herrlichkeit geschaut, welchen er erscheinen will, und zwar wird er so von ihnen geschaut, wie er von ihnen geschaut sein will. Die Zeit und die Art und Weise seiner Erscheinung, wie die Form seiner erscheinenden Leiblichkeit hängt lediglich von seinem freien Ermessen, von seinem souveränen Willen ab. Das sinnliche Auge darf nie gleich den vollen Sonnenglanz erblicken, sondern muss, wenn es nicht Schaden leiden soll, an das Licht sich erst gewöhnen, und so darf auch das Auge des Geistes nicht mit einem Male den Sonnenglanz der Klarheit des Herrn schauen, der Glanz muss erst gedämpft werden, er darf nur Schritt für Schritt wachsen. Ich nehme an, dass dieses bei den Erscheinungen Christi stattfindet. Sie beschreiben nicht eine Kurve, geschweige einen Zirkel, sondern bilden eine aufsteigende Linie. Bei den Erscheinungen an dem Osterabende und nach acht Tagen tritt er in einer solchen Gestalt mitten unter seine Jünger, welche seiner früheren Erscheinung im Fleische so sehr glich, dass man sich mit Sehen und Fühlen überzeugen konnte, er und kein Anderer sei es: er musste der Schwachheit seiner Jünger Rechnung tragen und sich auf die unterste Stufe herablassen, freilich blitzte aus seinem wunderbaren Kommen und Gehen hervor, dass sein Leben nicht mehr diesen irdischen Gesetzen unterstellt sei. Die Erscheinung an dem See bei Tiberias steht merklich schon über dem Niveau jener ersten und zweiten Erscheinung in dem Apostelkreise. Die sieben Jünger nehmen an dem Herrn, welchen sie als ihren Herrn erkennen, ohne zu schwanken, ein Besonderes wahr, eine Würde, eine Erhabenheit, welche den alten, vertraulichen Verkehr nicht mehr aufkommen lässt, sondern ihnen ein ehrfurchtsvolles Schweigen, eine scheue Zurückhaltung auflegt. Wir haben hier die vierte Erscheinung vor den Jüngern. Sichtbarer als an dem See tritt auf dem Berge jetzt die himmlische Majestät hervor: diese Offenbarung auf dem Berge hat in jener Verklärung auf dem Berge Matth. 17 eine Parallele. Ist es noch undenkbar, wie Olshausen behauptet, dass Etliche von den Elfen zweifeln, ob sie den Herrn wirklich sehen und nicht ein täuschendes Phantasma? Selbst wenn alle Elfe Christum an dem Gestade des galiläischen Meeres in grösserer Klarheit gesehen hätten als an jenen beiden gesegneten Abenden in Jerusalem, so verstand es sich doch nicht von selbst, dass sie in diese überschwängliche Klarheit jetzt auf dem Berge sich fanden. Und von den Aposteln haben nur fünf den Auferstandenen an dem See geschaut, die andern sechs haben nur davon gehört; ist es undenkbar, dass von diesen Sechsen welche zweifeln? Ist der Fortschritt in dem Glauben und Schauen bei Allen ein gleicher? Gibt es unter den Elfen nicht grosse Unterschiede: weit geförderte und Christum schon nach dem Geiste erkennende und noch am Alten klebende, ihn immer noch mehr nur nach dem Fleische kennende Seelen? Ich habe ebenso wenig wie Calvin, Bengel, Fritzsche, Baumgarten-Crusius, Bleek, Meyer, Keil u. A. Bedenken, die wenigen Zweifler unter den Aposteln zu suchen. Die Gaben des Geistes, das Mass des Glaubens, die Höhe der Erkenntniss ist auch bei den Auserwählten nicht alle Wege gleich: selbst in dem inneren Leben einer und derselben Person zeigen sich solche Schwankungen, ein Voreilen und ein Zurückbleiben, ein Aufschwung und ein Nachlass. Gut schreibt Calvin: *mirum tamen est, quosdam Christo iam bis viso adhuc dubitasse. Si cui ad primam manifestationem hoc referre placeat, nihil erit absurdi, quia interdum res diversas miscere solent evangelistae. Sed neque absurdum videri debet, si reliquiae pavoris quosdam ad novam rursus vacillationem impulerint. Scimus enim, quoties apparuit Christus, donec collectis animis ad eius conspectum assuevissent, metu et stupore fuisse perculsos. Quare sensus est, meo iudicio, quosdam initio haesitasse, donec propius et familiarius ad eos Christus accederet: ubi autem vere certoque innotuit, tunc eos adorasse, quia scilicet conspicuus erat divinae eius gloriae fulgor. Et forte eadem ad dubitandum ratio ipsos repente impulit, quae postea induxit, ut adorarent, quia deposito servi habitu nihil tunc nisi coeleste prae se tulit.*

Jene Frauen, welche an dem Ostermorgen den Auferstandenen anbeteten, traten herzu und erfassten seine Füsse, die aber, welche Christum hier anbeten, eilen nicht auf ihn zu, sondern werfen sich, sobald sie ihn erblicken, auf die Erde nieder und scheinen in dieser demüthigen Stellung verblieben zu sein. Der, welchen sie in einer gewissen Entfernung geschaut hatten, tritt an sie heran. Er will dadurch eines Theils den Zweifel, ob er es denn auch wirklich sei, bei jenen Wenigen heben, andern Theils will er ihnen sowohl ein Zeichen geben, dass er zu ihnen sich hält und dass er von ihnen nicht scheidet, als auch wie 17, 7, wo er auch zu den drei auserwählten Aposteln herantrat (προςελθὼν ὁ Ἰησοῦς ἥψατο κτλ.), sie von dem Boden aufheben. Vor ihnen stehend, thut er seinen Mund auf: so majestätisch als seine Erscheinung, so majestätisch ist auch seine Rede. „Das sind Worte der Majestät,“ so sagt Luther zu Mark. 16, 15, „welche billig eine Majestät heisst,“ wir setzen diesen treffenden Ausspruch vor die ganze Rede, wovon jener Vers nur ein Bruchtheil ist. Von der Spitze eines Berges aus hatte der Versucher Jesu einst alle Reiche der Welt und ihre Herrlichkeit gezeigt und versprochen unter der Bedingung, dass er vor ihm niederfalle und ihn anbete: der Herr, welcher dem Versucher energisch sein: hebe dich von mir! zurief, steht jetzt wieder auf einem Berge und zeigt seinen Gläubigen nicht bloss alle Reiche der Welt als sein Eigenthum, sondern auch den Himmel als seinen rechtmässig erworbenen und verliehenen Besitz. Er spricht nämlich: ἐδόϑη μοι πᾶσα ἐξουσία ἐν οὐρανῷ καὶ ἐπὶ γῆς. Gerhard will zwischen ἐξουσία und δύναμις den Unterschied feststellen, dass ἐξουσία die zu Recht bestehende Gewalt, δύναμις aber bloss die faktische Gewalt aussagt; allein diese Unterscheidung lässt sich nicht aufrecht erhalten, denn ἐξουσία bezeichnet im klassischen Griechisch auch vielfach die Willkür; mir scheint ἐξουσία nur immer die angespannte, wirkende, lebendige Kraft, δύναμις hingegen vielfach aber bloss die ruhende, schlummernde zu sein. Alle Gewalt im Himmel und auf Erden legt der Auferstandene sich bei: mehrere Ausleger beschränken diese absolute Aussage. Paulus glaubt, Christus wolle nur sagen: ich habe alle möglichen Anstalten zu treffen, dass das Gottesreich über die Menschheit ausgebreitet, Alles zu Gott zurückgeführt werde; Kühnöl, dass ihm zustehe, die *potestas animis hominum per doctrinam imperandi, potestas in homines omnes per doctrinam.* Baumgarten-Crusius erkennt hier auch nur, wie 11, 27. Joh. 13, 3. 17, 2, geistige Macht und Herrschaft. Wir haben aber kein Recht, hier die ἐξουσία Christi, sei es auf die Erde, sei es auf die geistigen Dinge einzuschränken: es ist diess auch nicht an jenen beiden Stellen, welche wirkliche Parallelen sind, Matth. 11, 27 und Joh. 13, 3 gestattet. Eine ganz unumschränkte Gewalt über Alles, was im Himmel und auf Erden ist, nimmt Christus für sich in Anspruch. Alle Gewalt, alle Macht, alle Herrschaft im Himmel und auf Erden ist ihm gegeben: alle Dinge im Himmel und auf Erden sind ihm demnach zum Schemel seiner Füsse gelegt und unterthan gemacht worden. Ein Wort, dessen Inhalt sich nicht ausreden, sondern nur ahnen lässt, spricht die Majestät unseres Herrn dort auf dem Berge, der zu dem Himmel hinauf- und zu der Erde herabsieht. Das Höchste setzt er zuerst, damit das Letzte, was er sagen will, auf diese Weise in das rechte Licht gestellt werde. Die Königsherrschaft Christi umfasst den Himmel, Alles, was in dem Himmel lebt, webt und ist, den natürlich ausgenommen, von welchem er in Hinblick auf seinen Hingang und mit Nichten in Rückblick auf seinen Ausgang in diese Welt gesprochen hat: ὁ πατήρ μου μείζων μού ἐστιν, Joh. 14, 28 und von dem er diese Macht verliehen erhalten hat. 1. Kor. 15, 27. In dem Himmel steht also der königliche Stuhl unseres Herrn zur Rechten des allmächtigen Vaters, und alle lebenden Himmelswesen, Engel und Erzengel, alle Throne, Herrschaften, Fürstenthümer und Gewalten dienen ihm. Die böse Geisterwelt selbst ist wider Willen ihm unterthan, denn sie vermag Nichts wider seinen königlichen Willen. Der Fürst dieser Welt, welcher an ihm Nichts hatte, ist jetzt schon gerichtet, Joh. 16, 17. Er hat ausgezogen die Fürstenthümer und die Gewaltigen und sie zur Schau getragen öffentlich und einen Triumph aus ihnen gemacht durch sich selbst, Kol. 2, 15. Was ist das für eine wunderbar herrliche Gewalt des Herrn in dem Himmel! Die Einen dienen ihm williglich, werfen sich anbetend vor ihm nieder und preisen seinen herrlichen Namen und die Andern müssen auch in seinem Namen ihre Kniee beugen und bekennen, dass er der Herr ist. Seine Gewalt beschränkt sich aber nicht auf diese lebendigen Himmelswesen, auch die Kräfte des Himmels stehen ihm zur Verfügung. Er sendet den Seinen, worauf Grotius schon hinweist, die Kraft Gottes aus der Höhe, und rüstet sie aus mit den Kräften der zukünftigen Welt: er theilt ihnen sein Leben mit und verschlingt den Tod bei ihnen schon durch die Macht seines Lebens! Von dem Himmel blickt er herab auf die Erde: ihm ist wie alle Gewalt im Himmel, so auch alle Gewalt auf Erden gegeben. Wir denken auch hier wieder zuerst an die lebenden Wesen. Er ist ein Herr über sie Alle, ebenso gut über seine Feinde wie über seine Freunde, über die Ungläubigen wie über die Gläubigen. Seine Gewalt beruht nicht darauf, dass wir ihn zum Könige wählen und auf den Thron heben, sondern darauf, dass er zum Könige eingesetzt ist von seinem Vater durch das Wort: setze dich zu meiner Rechten, bis ich deine Feinde zum Schemel deiner Füsse lege! Die Seinen trachten darnach, seine Gebote zu halten und seinen heiligen Willen auszurichten, und die Widersacher, welche ihm nicht williglich dienen wollen in heiligem Schmucke, werden durch seine Macht und Weisheit gezwungen, ihm auch zur Erreichung seiner königlichen Absichten behülflich zu sein. Wie die Seinen nichts ohne ihn vermögen, so vermögen die Feinde nichts wider ihn: das Reich muss ihm wohl bleiben. Aber auch alle Kräfte der Erde sind ihm unterthan wie die Kräfte des Himmels. Alles, was die Erde erzeugt, Alles, was der erfinderische Geist der Erdbewohner ersinnt und vollbringt, Alles dient den Zwecken seiner Herrschaft, zum Besten seines Reiches. Vorbildlich legten die Weisen aus Morgenland ihm ihre Schätze zu Füssen, als er in der Krippe zu Bethlehem noch lag; alles Wissen und Können der Menschen kommt, wenn sie es auch nicht wollen, seiner Herrschaft doch schliesslich zu Statten. Die Verkehrsmittel beflügeln die Schritte seiner Reichsboten, der Handel bahnt der Mission den Weg, die Sprachwissenschaften reichen neue Zungen dar zur Predigt des Evangeliums. Die sich ausbreitende Kultur hilft die Bollwerke des Heidenthums zerstören und die sich vertiefende Weltweisheit — wenn es auch nicht immer den Anschein hat, doch es gilt, von einem erhabenen Standpunkte aus den Weg der Entwickelung zu überschauen — führt je länger desto mehr zu dem hin, in welchem verborgen liegen alle Schätze der Weisheit und der Erkenntniss. Ueber Alle und Alles im Himmel und auf Erden ist der Auferstandene König: der Auferstandene, welcher dem Tode die Macht genommen und Leben und unvergängliches Leben an das Licht gebracht hat. Welche Perspektive eröffnet sich da dem Himmel und der Erde! Welch ein günstiges Prognostikon wird damit gestellt! Ist er der Todesüberwinder, der Fürst des Lebens, der, welcher über Himmel und Erde die Gewalt hat, dann jauchzet ihr Himmel, und frohlocke, du Erde, denn neues Leben, neues herrliches, unvergängliches, heiliges, seliges Leben giesst sich dann über euch aus! Diese Gewalt ist dem Herrn gegeben, übertragen, verliehen worden, nicht auf eine gewisse Zeit, denn es folgt keine Angabe irgend welcher Zeitschranke, sondern wie die letzten Worte bei Matthäus, die bis zu der συντέλεια τοῦ αἰῶνος hinausblicken, bezeugen, auf immer und ewig. Mehrere ältere Ausleger haben sich in dieses ἐδόθη, welches nachdrucksvoll an der Spitze dieses majestätischen Ausspruchs steht, nicht recht finden können; es schien ihnen mit der Würde Christi nicht recht vereinbar zu sein, dass er diese ἐξουσία sich nicht selbst gegeben habe. Theophylaktus gehört zu diesen wunderlichen Leuten: er sagt, dass von dem Kreuze, welches er erduldet habe, dem Heilande diese königliche Macht verliehen worden sei. Aber nicht von dem Kreuze ist ihm diese Gewalt verliehen worden, sondern von dem Gott und Vater, welcher dieses Kreuz ihm auf seine Schultern gelegt hatte, und zwar zum Lohne dafür, dass er es in solchem kindlichen Gehorsam bis an das Ende getragen hat. Es ist wahr, Jesus hätte sich auch anders ausdrücken können, wie er sagt: ἐξουσίαν ἔχω θεῖναι αὐτήν (sc. τὴν ψυχήν μου), καὶ ἐξουσίαν ἔχω πάλιν λαβεῖν αὐτήν (Joh. 10, 18), so hätte er hier auch, ohne sich an der Wahrheit zu vergehen, reden können: πάλιν λαμβάνω τὴν ἐξουσίαν. Denn die Gewalt empfängt er jetzt nicht erst, da er zum Vater geht, er ist ja von dem Vater schon ausgegangen und gekommen in die Welt, bei diesem Ausgange, bei dieser Sendung, sagt Meyer, hatte er die ἐξουσία über Alles schon von Gott empfangen, Matth. 11, 27. Joh. 13, 3. Die letztere Stelle besagt aber nicht, was Meyer in ihr findet: εἰδώς, ὅτι πάντα ἔδωκεν αὐτῷ ὁ πατήρ, weist nicht auf die Menschwerdung des Sohnes Gottes zurück, sondern erklärt, dass Jesus, als er seinen Jüngern die Füsse wusch, schon wusste, von dem Bewusstsein durchdrungen war, dass sein Vater ihm Alles von dem Momente an schon übergeben habe, da er seinen Fuss auf den Weg zum Kreuze gesetzt hatte, durch welches sein ὑψοῦσθαι vor sich gehen sollte. Bleiben wir bei Matthäus stehen, so würde dieses Wort, verglichen mit jenem 11, 27, wohl aussagen, dass er jene Gewalt im Himmel und auf Erden, von welcher er wusste, dass sie ihm schon übergeben sei, aber bislang noch keinen Gebrauch gemacht hatte, weil er in seine Herrlichkeit noch nicht eingegangen war, nun wirksam auszuüben gesonnen ist. Wir gehen aber, da das erste Evangelium durchaus nicht auf dem niedrigen Standpunkte steht, dass es in Jesus Christus nur einen Menschen erkennt, welcher wegen seiner sittlichen Leistungen schliesslich Gottes Sohn geworden ist, sondern ganz bestimmt auch bekennt, dass der, welcher als des Menschen Sohn auf Erden gewandelt ist, vorher als Sohn Gottes schon subsistirte (1, 23. 2, 15. 3, 17 u. s. w.), lieber darauf zurück, dass der Herr, ehe er in diese Welt kam, bei dem Vater schon Herrlichkeit hatte, wie wir nicht bloss aus Joh. 17, 5 (καὶ νῦν δόξασόν με σύ, πάτερ, παρὰ σεαυτῷ τῇ δόξῃ, ᾗ εἶχον πρὸ τοῦ τὸν κόσμον εἶναι παρά σοι), und 1, 3 (πάντα δι᾽ αὐτοῦ ἐγένετο), sondern auch aus Phil. 2, 6 (ὃς ἐν μορφῇ θεοῦ ὑπάρχων), Kol. 1, 16 (ἐν αὐτῷ ἐκτίσθη τὰ πάντα τὰ ἐν τοῖς οὐρανοῖς καὶ ἐπὶ τῆς γῆς, τὰ ὁρατὰ καὶ τὰ ἀόρατα, εἴτε θρόνοι, εἴτε κυριότητες, εἴτε ἀρχαί, εἴτε ἐξουσίαι· τὰ πάντα δι᾽ αὐτοῦ καὶ εἰς αὐτὸν ἔκτισται) wissen. Diese vorweltliche Machtstellung nimmt aber der Herr nicht nach eigenem Ermessen, aus eigener Kraft wieder ein: er bekennt, dass ihm diese Macht gegeben sei, und hebt selbst nirgends hervor, dass sie ihm eigentlich nur zurückgegeben sei. Joh. 17, 5 bittet er um die Rückgabe seiner δόξα, Luk. 24, 26 redet er aber auch wie hier nicht von dem Rückgange, sondern von dem Eingange in seine δόξα. Paulus lässt dieses Moment Phil. 2, 9 auch ausser Acht, er sagt nicht, dass der, welcher seine göttliche μορφή mit der μορφή δούλου vertauscht hatte, jene nach dem Todesleiden wieder an sich genommen habe, sondern führt Alles auf des Vaters Willen und That zurück, διὰ καὶ ὁ θεὸς αὐτὸν ὑπερύψωσεν κτλ. Phil. 2, 7, womit Eph. 1, 20 ff.

ἐγείρας αὐτὸν ἐκ νεκρῶν καὶ ἐκάθισεν ἐν δεξιᾷ αὐτοῦ ἐν τοῖς ἐπουρανίοις,
ὑπεράνω πάσης ἀρχῆς καὶ ἐξουσίας καὶ δυνάμεως καὶ κυριότητος καὶ παντὸς ὀνόματος ὀνομαζομένου οὐ μόνον ἐν τῷ αἰῶνι τούτῳ ἀλλὰ καὶ ἐν τῷ μέλ-
λοντι καὶ πάντα ὑπέταξεν ὑπὸ τοὺς πόδας αὐτοῦ, vgl. 1. Kor. 15, 25 ff.
Was bestimmt den Herrn dazu, das ἐδόθη so zu betonen, und seine Apostel
ihm in diesem Punkte nachzufolgen? Ein sehr wichtiges Wahrheitsmoment
muss diesem Lehrtropus zu Grunde liegen. Wenn Christus seine menschliche Natur mit dem Tode abgestreift hätte, würde er schwerlich sich so
ausdrücken, aber da er die menschliche Natur mit hineinnimmt in seine
Herrlichkeit und da dieser jene ἐξουσία von Haus aus nicht eignete,
spricht er ganz korrekt, dass diese Gewalt ihm gegeben sei, denn, da der
Sohn Nichts für sich will, hing es von dem Willen des Vaters ab, ob seine
menschliche Natur an dieser δύναμις sollte Theil haben. In Bezug auf
seine menschliche Natur redet der Heiland hier von einer Uebertragung,
Verleihung der δύναμις, das haben die alten Väter meistentheils schon
ganz richtig erkannt. Euthymius Zigabenus summirt die Meinung der
orientalischen in den kurzen Worten: ἐδόθη μοι, φησί, ὡς ἀνθρώπῳ, ἣν
εἶχον, ὡς θεός, wie auch Augustinus die der occidentalischen (tr. 105 in Jo.):
hoc autem quod potestas Christo a patre data est omnis carnis secundum
hominem intelligendum est; nam secundum deum omnia per ipsum facta sunt.
Auch Calvin kommt darauf zurück: meminerimus vero, quod Christus iure
suo semper apud patrem habuit, hoc illi in carne nostra datum esse, vel
(ut clarius loquar) in persona mediatoris. Non enim aeternam potentiam
iactat, qua praeditus fuit ante creatum mundum, sed quam nunc accepit,
dum ordinatus fuit mundi iudex, denn die Uebernahme des Mittleramtes
coincidirt nach ihm mit der Annahme der menschlichen Natur. Gerhard
und die kirchlichen Ausleger schliessen sich sammt und sonders dem Consensus der Alten an.

Diese Erklärung Christi über seine δύναμις leitet einen Befehl ein,
in welchem Matthäus und Markus zusammentreffen: πορευθέντες μαθητεύσατε πάντα τὰ ἔθνη schreibt der Erstere, der Andere πορευθέντες εἰς
τὸν κόσμον ἅπαντα κηρύξατε τὸ εὐαγγέλιον πάσῃ τῇ κτίσει. Unbedingt
steht jenes Vorwort mit diesem Gebotsworte in dem engsten Zusammenhange, auf welchen der Codex Vaticanus mit seinem nach πορευθέντες
eingeschobenen οὖν schon aufmerksam macht. Calvin legt denselben so
dar: Matthaeus vero ante quam discipulis iniunctum narrat docendi munus,
Christum de sua potestate praefatum esse dicit: nec abs re. Non enim hic
sufficeret mediocris auctoritas, sed summo vereque divino imperio pollere
oportet, qui suo nomine vitam aeternam promitti mandat, totum orbem
redigi sub ditionem suam ac doctrinam promulgari, quae subacta omni
altitudine totum humanum genus humiliet. Atque hac quidem praefatione
non modo apostolos erexit Christus ad liberam muneris sui exsequendi
fiduciam, sed fidem evangelii sui in omnes aetates stabilivit. Numquam certe tam arduum munus aggredi apostolis persuasum foret, nisi
scirent in coelo sedere suum vindicem, cui summum imperium datum esset:
nam sine tali praesidio impossibile fuisset quidquam proficere. Atqui ubi
audiunt coelo et terrae praeesse, cui operam suam locant, hoc uno ad supe-
randa quaevis obstacula satis superque instructi sunt. Ich kann aber diese
Motivirung, welche Gerhard auch bietet, nicht gut heissen: wollte Christus
dieses mit der Vorrede andeuten, so hätte er sich die Nachrede: ἰδοὺ

ἐγὼ μεθ' ὑμῶν schenken dürfen, denn zwei Mal hat er dann dasselbe mit andern Worten gesagt. Besser bemerkt, wie auch Lange anerkennt, Bengel zu *πᾶσα*. *Causa, cur Jesus discipulos mittat in totum mundum et cur totus mundus Jesum debeat colere; cur baptismum instituat Jesus.* Jesus hat sich soeben als den König Himmels und der Erde deklarirt: wie viel fehlt aber noch, dass sein Reich wirklich über diese Erde sich erstreckt? Er wendet sich daher an seine Getreuen, sein Reich auf Erden aufzurichten, die Erde, welche ihm von Rechtswegen gehört, durch die Predigt des Evangeliums ihm zu erobern. Ausgehen sollen sie: Matthäus und Markus fangen gleicher Weise mit *πορευθέντες* an. Das ist schon ein Neues: dieses eine Wort kündet schon eine neue Aera in dem Reiche Gottes an. Gott hat sonst auch schon seine Boten gesandt, welche er gesalbt hatte mit seinem Geiste, aber zu ihrer Sendung gehörte kein *πορεύεσθαι*, sie brauchten nicht zu reisen, keine grossen, weiten Reisen anzutreten, denn ihre Mission bezog sich auf das Volk, unter welchem sie wohnten. Gut sagt Calvin: *quo etiam pertinet exeundi verbum: nam prophetis sub lege praescripti erant Judaeae limites, nunc vero diruta maceria evangelii ministros procul exire iubet dominus ad spargendam per omnes mundi plagas salutis doctrinam.* Nur hin und wieder erstreckt sich ihre Sendung weiter über die Grenzen des heiligen Landes hinaus. So wurde der Prophet Elias gelegentlich in die Grenzgebiete, ja über die Grenzen hinaus gesandt nach Zarpath bei Sidon (1. Kön. 17, 9), nach Damaskus zu Hasael (ebd. 19, 15); aber wir sehen es aus dem Verhalten des Propheten Jona, wie schwer es diesen Männern fiel, in dem Namen Gottes aus ihrem Vaterlande auszuziehen in ein fremdes, fernes Land, wenn es auch nur auf sehr kurze Zeit sein sollte. Der Israelit hatte keine Ahnung davon, dass Gott seine Boten aussende: sie erwarteten, dass die Kinder der Fremde von selbst, gelockt von dem schönen Glanze, der von Zion ausgehen sollte, herbeikommen würden. Jesaja, welcher die Läufer von Midian und Epha (60, 6) herbeikommen sieht und in prächtigen Bildern das Zusammenströmen aller Völker nach Jerusalem, der Stadt Gottes, darstellt, gibt nirgends einen Wink, dass diese allgemeine Völkerwanderung durch Boten hervorgerufen werden soll, welche von Zion ausgehen. Es ist ein ganz Neues, dass die Völker nicht kommen sollen, um das Heil zu suchen, sondern dass das Heil sich aufmacht, um die Völker aufzusuchen. Aufmachen sollen sie sich also, und wie sie die Jahre über, da der Herr sie zu ihrem Dienste vorbereitete, keine bleibende Stätte hatten, so sollen sie während der Zeit, da sie ihrem Dienste obliegen, auch keinen festen Wohnsitz haben, sie sollen wandern, reisen über Land und Meer, ohne Ruhe, ohne Aufhören. Wohin sie aber reisen sollen, gibt Matthäus nicht besonders an, denn es erhellt aus dem Predigtbefehle schon von selbst; Markus aber schreibt ausdrücklich: *εἰς τὸν κόσμον ἅπαντα.* Völkerscheiden, Landesgrenzen hat es schon in jenen Zeiten gegeben und, da der Verkehr noch sehr darniederlag und die Völker einander feindselig gegenüberstanden, sehr viele mehr und sehr schwer zu überwindende: aber für sie soll es kein: bis hieher und nicht weiter! geben, sie sollen von Land zu Land, von Erdtheil zu Erdtheil reisen, hinein in die ganze grosse, weite Welt. Kein Fleck der Erde wird ausgenommen, es heisst ausdrücklich: *εἰς κόσμον ἅπαντα.* Man hat dieses Wort gepresst, Programme, ja dicke Bücher — man sehe nur Wolf nach — sind darüber geschrieben worden, ob denn die Apostel auch alle Länder der Erde betreten haben, ob sie in Amerika vor Kolumbus schon gewesen sind. Man hat nicht muthwillig solcherlei Fragen aufgeworfen und, um den Witz leuchten zu lassen, eingehend behandelt, nein, man hatte ein nicht zu verkennendes Interesse des Glaubens. Man las hier den strikten Befehl des Heilandes an seine Apostel, in alle Welt hinauszugehen, und hätte gern nachgewiesen, dass jene es getreulich ausgerichtet haben, weil man befürchtete, es falle sonst entweder auf die Allwissenheit des Auftraggebers oder auf den Eifer der Beauftragten ein Schatten. Man hätte sich dieser Frage entschlagen können, wenn man sich den Kontext bei Markus genauer angesehen hätte. Wir werden doch wohl sagen dürfen, wenn die Zeichen, welche der Heiland verheisst, allen Gläubigen zugesagt werden, so wird der vorhergehende Befehl sich schwerlich auf die Apostel beschränken, sondern auf alle Gläubigen sich beziehen. Hingehen sollen sie in alle Welt und dort das Gebot ausrichten: $\varkappa\eta\varrho\acute{\upsilon}\xi\alpha\tau\varepsilon$ $\tau\grave{o}$ $\varepsilon\grave{\upsilon}\alpha\gamma\gamma\acute{\varepsilon}\lambda\iota o\nu$ $\pi\acute{\alpha}\sigma\eta$ $\tau\tilde{\eta}$ $\varkappa\tau\acute{\iota}\sigma\varepsilon\iota$. Sie haben eine Botschaft ihres Herrn in aller Welt auszurichten: die Art und Weise, wie sie das thun sollen, beweist, dass sie nicht einen geheimen Auftrag an einige wenige Auserwählte empfangen haben, sondern an alles Volk. Keine Winkelprediger, keine Ohrenbläser, keine Konventikelheilige sendet Christus aus: $\varkappa\eta\varrho\acute{\upsilon}\xi\alpha\tau\varepsilon$ sagte er. Die $\varkappa\acute{\eta}\varrho\iota\varkappa\varepsilon\varsigma$ müssen eine helle, laute Stimme besitzen und haben das, was ihnen befohlen worden ist, mit weithin tönender Stimme allem Volke zu verkünden; Homer gibt ihnen daher das Prädikat $\lambda\iota\gamma\acute{\upsilon}\varphi\vartheta o\gamma\gamma o\varsigma$ mit Vorliebe (cf. Od. 2, 6. Il. 2, 50. 9, 10). Was er ihnen in das Ohr gesagt hat, das sollen sie von den Dächern predigen: sie sollen hintreten vor alles Volk, auf die Märkte und Areopage, und die Botschaft, welche er ihnen anvertraut, hier öffentlich verkündigen vor allen Kreaturen, dass es halle und schalle in aller Welt. Schon in dem Zeitwort $\varkappa\eta\varrho\acute{\upsilon}\sigma\sigma\varepsilon\iota\nu$ liegt diess, dass sie nicht aus sich, noch von sich reden sollen, der $\varkappa\acute{\eta}\varrho\upsilon\xi$ redet nur, wenn er einen Auftrag erhalten hat; diesen hat er zu verkünden, er ist gleichsam nur der Mund für einen Andern, für einen Höhergestellten. So liegt es auch mit denen, welche in dem Namen Christi ausgehen sollen in alle Welt. Sie haben nur das mitzutheilen, was er ihnen gibt, und er gibt ihnen $\tau\grave{o}$ $\varepsilon\grave{\upsilon}\alpha\gamma\gamma\acute{\varepsilon}\lambda\iota o\nu$. Auch dieses Wort weist auf die neue Phase in der Geschichte des Reiches Gottes hin. Das Alte ist vergangen; Moses mag seine Prediger noch haben in den Schulen der Kinder Israel, welche ihre Berufung verschmähen, die Jünger Christi sollen dem Mittler des alten Bundes nicht ihren Mund leihen. Das Gesetz ist durch Mosen gegeben, Gnade und Wahrheit aber durch Jesum Christum geworden. Sie sind die Herolde dieses Herrn, dessen Knecht nur Moses war: nicht das Gesetz, sondern das Evangelium ist ihnen befohlen. Zwar dürfen sie das Gesetz nicht ganz unter die Bank werfen, denn dasselbe hat seine heilsökonomische Bedeutung, es ist ein Zuchtmeister auf Christus: aber der Zuchtmeister ist nur Vorbereiter, lange nicht der Meister. Sie haben daher das Gesetz so zu treiben, wenn sie es treiben, dass es auf Christus hinweist und zu Christus hintreibt. Christum aber haben sie allein auf den Leuchter zu stellen, dass sein Evangelium leuchte vom Aufgang bis zum Niedergang über der ganzen Welt. Zur Predigt nicht von seinem Zorne, sondern von seiner Gnade sendet Jesus seine Knechte aus, und zwar zu $\pi\acute{\alpha}\sigma\eta$ $\tau\tilde{\eta}$ $\varkappa\tau\acute{\iota}\sigma\varepsilon\iota$. Die Oekumenicität, Universalität des Christenthums, wird auf das Entschiedenste betont nach

Markus: εἰς κόσμον ἅπαντα und πάσῃ τῇ κτίσει heisst es bei ihm. Zuerst wird die Allgemeinheit des Evangeliums geographisch, sodann ethnographisch ausgesprochen. Was haben wir unter πάσῃ τῇ κτίσει zu verstehen? Calvin sagt: *impletum fuit illud Jesaiae vaticinatum (49, 6) 'cum similibus, datum esse Christum gentibus in lucem, ut sit salus Dei usque ad extremum terrae. Id Marcus intelligit per omnem creaturam.* Lightfoot, Hammond, Knachtbull u. A., selbst Volkmar begründen diess damit, dass bei den Rabbinen das entsprechende Wort הבריות in verächtlichem Sinne die Heiden bezeichnet: wir können aber davon hier keinen Gebrauch machen. Das vorhergehende εἰς κόσμον ἅπαντα, so wie das ἐκήρυξαν πανταχοῦ in V. 20, welches offenbar unser κηρύξατε wieder aufnimmt, legt es nahe, an alle Kreatur, die nur irgendwo in der Welt ist, zu denken, ebenso soll ja doch wohl auch die Verheissung von den Zeichen, welche den Gläubiggewordenen folgen, nicht den Heidenchristen ausschliesslich gelten. Wir werden also von den Heiden auf alle Menschen fortgedrängt. Lightfoot verschweigt nicht, dass die Rabbinen auch in diesem Verstande הבריות nehmen, so z. B. *Babyl. Chetub* f. 17, 1: *dicunt sapientes, sit semper animus hominis commixtus (vel complacens), creaturis* (הבריות). *Glossa, ut faciat cum uno quoque homine ad complacentiam, cf. Midr. Till. in Ps. 135.* Grotius bemerkt: *Hebraei hominem κατ' ἐξοχήν vocant* בריא האת *ut excellentissimum Dei opus,* und lenkt damit wieder zu der Auslegung der Väter zurück, welche mit Gregorius M. *(hom. 29)* sagen: *omnis creaturae nomine signatur homo,* weil *omnis creaturae aliquid habet homo*; so Wetstein, Paulus, Kühnöl, de Wette, Baumgarten-Crusius, Bleek, Meyer und Keil. Sicher ist κτίσις in Kol. 1, 23 in eben dieser Beschränkung auf den Menschen gemeint. Mehrere Ausleger wollen sich mit dieser Auffassung aber nicht zufrieden geben, sie bestehen darauf, dass κτίσις alle Gottesgeschöpfe, die ganze Schöpfung bezeichne. Sie wollen nicht behaupten, dass Christus seine Apostel aussende, um wie der h. Antonius den Fischen und der h. Franz von Assisi den Vögeln zu predigen: aber auch der unvernünftigen Kreatur gelte die Predigt des Evangeliums. So sagt Bengel zu κτίσει: *hominibus, primario v. 16, reliquis creaturis secundario. Sicut maledictio, ita benedictio patet. Creatio per filium, fundamentum redemptionis et regni.* Olshausen, Lange und Stier führen diesen Gedanken weiter aus. Es kommt uns nicht in den Sinn, zu leugnen, dass die Geschichte der Menschheit auf das Engste, ja solidarisch verknüpft ist mit der Geschichte der ganzen Schöpfung; des Menschen Fall brachte den Fluch der Eitelkeit über die Schöpfung, sie sehnt sich seitdem mit unaussprechbarem Seufzen nach der seligen Freiheit, das Heil wird auch ihr erscheinen, wenn das Heil der Menschheit durch die Wiederkunft des Erlösers sich vollendet. Ja die Schöpfung hat nicht erst an dem Ende einen Genuss von dem Evangelium, sondern jetzt schon einen gewissen; man denke nur daran, dass das Wort Gottes ein Feind aller Thierquälerei ist. Allein wir dürfen hier doch nicht so weit gehen, denn ein Mal gibt der Herr bestimmt an, an wen sie sich mit ihrer Botschaft richten sollen: direkt, unmittelbar können sie nur durch das Wort mit Menschen-handeln, und zum Andern wird sofort auf die Wirkung des Wortes bei denen, welchen es gepredigt wird, übergegangen — Segen oder Fluch — und diese Wirkung von dem Glauben und Nichtglauben der Hörer des Evangeliums abhängig gemacht. Kann die Schöpfung glauben? Ganz verkehrt ist Gerhard's Auslegung von

$\varkappa\tau\acute{\iota}\sigma\iota\varsigma$, dass darunter die ärmsten und geringsten Menschen zu verstehen seien: er glaubt diese Behauptung aus 1. Petri 2, 13 ableiten zu können, wo bei $\pi\acute{\alpha}\sigma\eta\ \acute{\alpha}\nu\vartheta\varrho\omega\pi\acute{\iota}\nu\eta\ \varkappa\tau\acute{\iota}\sigma\epsilon\iota$ auch an die unterste Behörde gedacht sei. Was Gerhard betonen möchte, damit ja nicht das Christenthum als die Religion der Bevorzugten erscheine, liegt in dem zu $\varkappa\tau\acute{\iota}\sigma\epsilon\iota$ gefügten $\pi\acute{\alpha}\sigma\eta$, welches Bengel gut so umschreibt: *omni, cf. v. 20, hoc sine limitatione dicitur. Si non omnes homines omnium locorum et seculorum audivere evangelium, primorum praeconum successores, et ii, quorum erat audire, non responderunt voluntati divinae.*

Mit diesem Worte bei Markus korrespondirt auf das Beste das Wort bei Matthäus: $\pi o\varrho\epsilon v\vartheta\acute{\epsilon}v\tau\epsilon\varsigma\ \mu\alpha\vartheta\eta\tau\epsilon\acute{\upsilon}\sigma\alpha\tau\epsilon\ \pi\acute{\alpha}v\tau\alpha\ \tau\grave{\alpha}\ \acute{\epsilon}\vartheta v\eta$. In zwiefacher Bedeutung erscheint $\mu\alpha\vartheta\eta\tau\epsilon\acute{\upsilon}\epsilon\iota v$ in dem Neuen Testamente, erstens ein Jünger sein, wie es wenigstens ein Mal in der richtigen Lesart $\acute{\epsilon}\mu\alpha\vartheta\acute{\eta}\tau\epsilon v\sigma\epsilon v$ bei Matth. 27, 57 vorkommt, und dann wie hier und mehr jemanden zum Jünger machen, welche letztere Bedeutung dieses Wort in dem klassischen Griechisch nicht hat. Wenn mehrere Ausleger zugefahren und in die Spuren der Vulgata, welcher Luther leider auch folgt, eingetreten sind, so bedauern wir das lebhaft: das Wort lässt sich nur willkürlich mit *docere*, lehren und dgl. wiedergeben. Eine Anweisung, wie die Jüngermachung geschehen soll, ist in dem $\mu\alpha\vartheta\eta\tau\epsilon\acute{\upsilon}\epsilon\iota v$ keineswegs enthalten, sie folgt hier sofort bei Matthäus. Ein vorläufiger besonderer Katechumenenunterricht ist in diesem $\mu\alpha\vartheta\eta\tau\epsilon\acute{\upsilon}\sigma\alpha\tau\epsilon$ schlechterdings nicht angezeigt: das Evangelium wird verkündigt, und wer der Lehre desselben die Ehre gibt und in dem Jesus von Nazareth den Heiland glaubt, der ist reif zu seiner Jüngerschaft. $\Pi\acute{\alpha}v\tau\alpha\ \tau\grave{\alpha}\ \acute{\epsilon}\vartheta v\eta$ sollen zu Jüngern gemacht werden. Hengstenberg vertheidigt die sonst allgemein aufgegebene Fassung, $\acute{\epsilon}\vartheta v\eta$ gleich Heiden. Wir wissen recht gut, dass der Israelit zwischen $\acute{o}\ \lambda\alpha\acute{o}\varsigma$ und $\tau\grave{\alpha}\ \acute{\epsilon}\vartheta v\eta$ scharf unterscheidet, dass Christus diesen Sprachunterschied mehrfach beobachtet, wie Matth. 10, 5. 18, 7, allein der Nachweis fehlt, dass er das Volk Israel ausnimmt, wenn er von $\pi\acute{\alpha}v\tau\alpha\ \tau\grave{\alpha}\ \acute{\epsilon}\vartheta v\eta$ spricht. Offenbar, vgl. meine evang. Perikopen 3, 469 f., werden unter $\pi\acute{\alpha}v\tau\alpha\ \tau\grave{\alpha}\ \acute{\epsilon}\vartheta v\eta$, über welche der Erlöser an dem jüngsten Tage richten wird, Matth. 25, 32, nicht die Völker der Heiden, sondern überhaupt alle Völker, die Totalität der auf dieser Erde wohnenden Völker verstanden. Wie könnte das Volk Israel von diesen Völkern ausgeschlossen sein? Sendet der Heiland aller Menschen nicht zuerst seine Glaubensherolde nach Jerusalem, Judäa, Samaria und dann erst in die Länder der Heiden? Sieht er bei diesem Gebote über die ersten Jahrzehnte hinweg, in denen unter den Kindern Israel gearbeitet wurde, weil er es voraussah, dass seine Apostel bald den Staub von ihren Füssen schütteln mussten zum Zeugnisse wider die berufenen Kinder des Reiches? An alle Völker auf dem Erdenrunde sendet Christus seine Jünger, an Juden und Heiden. Credner, Strauss u. A. sagen, dass dieses Wort so von Jesus nicht könne geredet sein, wie hätten denn sonst die Apostel Bedenken tragen können, die Heiden in die christliche Gemeinde aufzunehmen. Allein, so wie die Angreifer es darstellen, liegt die Sache nicht: nicht im Geringsten waren die Apostel in Zweifel, ob auch Heiden zu Jüngern gemacht werden dürften, sondern nur darüber, wie das zu geschehen habe, ob aus dem Heiden ein Judenchrist zu machen sei, d. h. ein Christ, welcher neben dem Evangelium auch das Gesetz mit all seinen Satzungen auf sich nehme, der ausser der Taufe auch die

Beschneidung empfangen müsse, oder ob er ohne Weiteres, d. h. ohne Auflage des Gesetzes und der Beschneidung, hinzugethan werden dürfe. Darüber hatte Christus sich hier nicht bestimmt geäussert, sich aber doch so ausgesprochen, dass man bei einigem Nachdenken seinen Sinn treffen konnte. Zwischen den Zeilen dieses Befehles ist der Wille des Herrn deutlich zu lesen: aus der Anweisung, welche über die Art und Weise, wie aus einem Menschen ein Christ gemacht werde, ertheilt wird, ergibt sich, wie er über jene wichtige Frage dachte.

Christus spricht: μαθητεύσατε πάντα τὰ ἔθνη, βαπτίζοντες (die beiden Codices Vaticanus und Cantabrigiensis lesen dafür das unpassende Particip des Aoristes βαπτίσαντες) αὐτοὶς εἰς τὸ ὄνομα τοῦ πατρὸς καὶ τοῦ υἱοῦ καὶ τοῦ ἁγίου πνεύματος, διδάσκοντες αὐτοὶς τηρεῖν πάντα ὅσα ἐνετειλάμην ὑμῖν. Nach v. Hofmann (Schriftbeweis 2, 2, 164) ist, was in den beiden Participialsätzen hinzutritt, nicht etwa die nähere Bestimmung, worin das μαθητεύειν bestehe, indem sonst das Lehren vor dem Taufen genannt und der Inhalt der Lehre ein anderer sein müsste; sondern das μαθητεύειν soll nur nicht ohne ein βαπτίζειν und ohne ein διδάσκειν bleiben. „Um einen zum μαθητής zu machen, muss ihm Jesus kund gethan und der Glaube an den Sohn Gottes in ihm gewirkt werden. Ist er dadurch ein μαθητής geworden, so soll er die Taufe erhalten, welches ihn des Verhältnisses der μαθηταί zu dem dreieinigen Gott theilhaftig macht, und das Verhalten gelehrt werden, welches diesem Verhältnisse entspricht.“ Wir können dieser Auffassung nicht beitreten: Olshausen und Meyer haben mit Fug und Recht schon eingewandt, dass Christus, wenn er die Taufe und die Belehrung der Getauften als Dinge angesehen hätte, welche auf das Jüngergewordensein zu folgen hätten, unbedingt hätte sagen müssen: μαθητεύσαντες πάντα τὰ ἔθνη, βαπτίζετε αὐτοὺς κτλ. So wie die Worte hier lauten, kann durch das Particip βαπτίζοντες nur ausgesagt werden, in welcher Weise das μαθητεύειν zu vollziehen ist, durch welche Handlung sie aus einem Menschenkinde einen Jünger Jesu Christi zu machen haben. Durch die Taufe soll das geschehen in erster Linie: hiernach wäre die Taufe ein äusseres Kennzeichen eines Christenmenschen, jeder, welcher sie empfangen hat, ist damit ein Jünger des Herrn geworden. Was für ein βαπτίζειν gemeint sei, das gibt Christus nicht weiter an: es liegt kein triftiger Grund dazu vor. Denn ein βαπτίζειν, durch welches alle Völker, alle Individuen aller Völker — αὐτοὺς, welches κατὰ σύνεσιν zu πάντα τὰ ἔθνη konstruirt ist, weist auf diese Individualisirung hin. — wird von Christus hier nicht zum ersten Male seinen Jüngern befohlen. Man muss sich erinnern, dass den Aposteln die Taufe gar kein unbekanntes Ding war: Viele von ihnen hatten wohl selbst die Taufe von der Hand Johannes des Täufers empfangen, Alle hatten hernach in dem Namen Jesu selbst getauft, denn, wenn es auch Joh. 3, 22 von dem Herrn heisst: καὶ ἐκεῖ διέτριβε μετ' αὐτῶν καὶ ἐβάπτιζεν und die Johannesjünger ihrem Meister klagen, ᾧ σὺ μεμαρτύρηκας, ἴδε, οὗτος βαπτίζει καὶ πάντες ἔρχονται πρὸς αὐτόν, ebenda V. 26, so erklärt der Evangelist 4, 2 ganz ausdrücklich: Ἰησοῦς αὐτὸς οὐκ ἐβάπτιζεν, ἀλλ' οἱ μαθηταὶ αὐτοῦ. Aus der Zusammenstellung dieser Stellen geht klar hervor, dass die Apostel nicht hinter dem Rücken des Heilandes, sondern in seinem Auftrage, an seiner Statt, als seine Bevollmächtigten durch die Taufe schon in seine Jüngerschaft aufgenommen haben. Meyer, v. Hofmann u. A. haben desshalb gesagt, dass man unrichtig hier die Einsetzung dieses Taufsakramentes finde: wir können das nicht zugeben, wir behaupten, dass die Taufe, welche der Herr jetzt seinen Aposteln gebietet, sich sogar wesentlich von der Taufe unterscheidet, welche sie bisher schon verwaltet haben. Der Unterschied besteht nicht sowohl darin, dass die Taufe, welche bisher nur Israeliten ertheilt wurde, nun auf alle Völker ausgedehnt wird und die Taufe somit als die heilige Wasserfluth erscheint, welche jene seit Jahrtausenden bestandene Scheidewand zwischen Juden und Heiden unterwühlt und fortschwemmt, sondern vielmehr darin, dass dieselbe jetzt $\varepsilon i\varsigma$ $\tau\grave{o}$ $\ddot{o}\nu o\mu\alpha$ $\tauο\tilde{υ}$ $\piα\tau\varrho\grave{o}\varsigma$ $\varkappaα\grave{i}$ $\tauο\tilde{υ}$ $\nu i o\tilde{υ}$ $\varkappaα\grave{i}$ $\tauο\tilde{υ}$ $\acuteα\gamma io\nu$ $\pi\nu\varepsilon\acute{υ}\mu\alpha\tauο\varsigma$ gespendet wird, was bisher schlechterdings nicht geschehen konnte, denn die Offenbarung des dreieinigen Gottes war noch gar nicht zum Abschluss gekommen, der heilige Geist insbesondere war noch nicht als mittheilsames Princip vorhanden. Es ist nicht wohlgethan gewesen, dass man in älterer Zeit — ich nenne Calvin, Hunnius, Gerhard — wie in neuerer Zeit — ich verweise auf Hengstenberg, Philippi — jeden wesentlichen Unterschied zwischen Christus- und Johannestaufe geleugnet hat; ein wesentlicher Unterschied ist mit Höfling, v. Hofmann, Thomasius, Olshausen, Meyer ganz entschieden festzuhalten, die Taufe des Johannes geschieht $\varepsilon i\varsigma$ $\mu\varepsilonτ\acuteα\nuο\iotaα\nu$, wie er selbst sagt Matth. 3, 11. ist ein $\betaά\pi\tau\iota\sigma\mu\alpha$ $\mu\varepsilonτα\nuο\acuteiα\varsigma$ $\varepsilon i\varsigma$ $\ddot{α}\varphi\varepsilon\sigma\iota\nu$ $\acuteα\mu\alpha\varrho\tau\iota\tilde{ω}\nu$ (Mark. 1, 4; Luk. 3, 3), dem Grösseren aber, welcher nach ihm kommen wird, vindizirt er die Taufe $\grave{\varepsilon}\nu$ $\pi\nu\varepsilon\acute{υ}\mu\alpha\tau\iota$ $\acuteα\gamma i\dot{ω}$ (Matth. 3, 11; Mark. 1, 8; Luk. 3, 16), womit Petrus vollständig stimmt, welcher mit der christlichen Taufe die $\ddot{α}\varphi\varepsilon\sigma\iota\varsigma$ $\acuteα\mu\alpha\varrho\tau\iota\tilde{ω}\nu$ und die $\deltaω\varrho\varepsilon\grave{α}$ $\tauο\tilde{υ}$ $\acuteα\gamma io\nu$ $\pi\nu\varepsilon\acute{υ}\mu\alpha\tauο\varsigma$ (Act. 2, 38) in Verbindung bringt. Ebenso unrecht war es aber auch, jene Taufe während des Erdenwallens des Erlösers mit der Taufe, welche er hier auf dem Berge in Galiläa gebietet, für identisch zu erklären: jene bisherige Taufe steht mit der johanneischen im Wesentlichen auf gleichem Niveau, sie unterscheidet sich von jener nur dadurch, dass sie nicht mehr auf $\tau\grave{o}\nu$ $\grave{\varepsilon}\varrho\chi\acuteο\mu\varepsilon\nuο\nu$, auf Den, der kommen soll, sondern auf $\tau\grave{o}\nu$ $\grave{\varepsilon}\lambda\eta\lambda\upsilon\vartheta\acuteοτα$, auf Den, welcher bereits gekommen ist, geschieht, aber die $\ddot{α}\varphi\varepsilon\sigma\iota\varsigma$ $\acuteα\mu\alpha\varrho\tau\iota\tilde{ω}\nu$ ertheilen beide und beiden fehlt das *summum bonum*, die Gabe des heiligen Geistes. Jene Christustaufe war auch nur eine präparatorische: die Taufe, welche jetzt befohlen wird, ist wirklich ein Neues, ein Gnadenmittel, wie es noch nie dagewesen ist. Daher haben wir ein gutes Recht, von einer Einsetzung der Taufe zu reden. Einer näheren Anweisung, in welcher Form die Taufe vorgenommen werden sollte, bedurfte es aus dem einfachen Grunde nicht, dass die Form der Taufe schon hinlänglich bekannt war und keine wesentliche Veränderung an derselben nothwendig erschien. Mit Wasser hatte Johannes schon getauft und so sollte dieses Element auch bei der Christustaufe fortbestehen. In das Wasser tauchte Johannes den Täufling vollständig unter, diess erhellt ein Mal schon daraus, dass er zu dem Schauplatze seiner Thätigkeit sich am Liebsten Orte wählte, wo, wie bei Aenon, nahe bei Salim, $\pi ο\lambda\lambda\grave{α}$ $\ddot{υ}\delta\alpha\tau\alpha$ (Joh. 3, 23) waren, wenn er nicht an dem Jordan selbst sich aufhielt, Luk. 3, 3, in welchem ($\grave{\varepsilon}\nu$ $\tau\tilde{ω}$ $'Ιο\varrho\delta\acuteα\nu\eta$, $\pi ο\tau\alpha\mu\tilde{ω}$ Matth. 3, 6) er taufte. Auch das für die Taufe stereotype Wort führt darauf hin, dass ein Untertauchen dabei stattfand, denn $\beta\alpha\pi\tau i\zeta\varepsilon\iota\nu$ heisst eben eintauchen, was die Bemerkung des Matth. 3, 16 und des Mark. 1, 10, dass Jesus, nachdem er getauft war, aus dem Wasser heraufgestiegen sei, bestätigt. Diese Form des Untertauchens in's Wasser haben die Apostel

beibehalten. Philippus stieg mit dem Kämmerer aus Mohrenland in das
Wasser hinab, welches an dem Wege war, und stieg mit ihm nach der Taufe
wieder herauf (Apostelg. 8, 36, 38, 39). Das Wasser als Element wird in
Apostelg. 10, 47; Eph. 5, 26; Ebr. 10, 23 bezeugt, das Untertauchen
aber durch das Bild von dem Begrabenwerden in den Tod Christi.
Röm. 6, 4. Ein dreimaliges Untertauchen erhellt aus dem Neuen Testamente noch nicht: seit wann es herrschend wurde, können wir nicht angeben. Tertullianus erwähnt es schon *adv. Prax. c. 26: nec semel, sed
ter, ad singula nomina in personas singulas tinguimur*; Hieronymus erklärt
rund heraus *com. in Eph. 4: ter mergimur, ut trinitatis unum appareat
sacramentum:* Cyrillus Hier. deutet es anders (Cat. 2, 4): κατεδύετε τρίτον
εἰς τὸ ὕδωρ καὶ πάλιν ἀνεδύετε· καὶ ἐνταῦθα διὰ συμβόλου τὴν τριήμερον
τοῦ Χριστοῦ αἰνιττόμενοι ταφήν, womit Leo M. ep. 4 übereinstimmt. Nur das
Eine fügt Christus zu βαπτίζοντες, es ist dieses Eine demnach das Einzige,
welches Noth thut: εἰς τὸ ὄνομα τοῦ πατρὸς καὶ τοῦ υἱοῦ καὶ τοῦ ἁγίου
πνεύματος. Das ist das Neue, Specifische, Wesentliche an der Taufe,
welche er jetzt anordnet für alle Völker, dass dieselbe eine Taufe sein
soll εἰς τὸ ὄνομα des dreieinigen Gottes. Was besagen diese Worte?
Jedenfalls das nicht, was die Vulgata sagt: *in nomine*, welches Luther
leider, allzu konservativ in diesem Punkte und der herkömmlichen Uebertragung und Formel sich anbequemend, sowohl in seine Schriftübersetzung
als auch in sein Taufbuch hereingenommen hat. Unsere agendarische
Form: ich taufe dich im Namen des Vaters und des Sohnes und des
heiligen Geistes! hat in dem Stiftungsworte Christi ganz und gar nicht
ihre Wurzel, sondern in einer irrthümlichen Dolmetschung, welche sich
schon bei Cyprianus ep. 73, 5 *(baptizantes eos in nomine patris et filii et
spiritus sancti)* findet, während sein hochverehrter Lehrer Tertullianus *de
bapt. 13* ganz richtig übersetzt: *tinguentes eas (nationes) in nomen patris
et filii et spiritus sancti.* So wie jetzt die solenne Formel lautet, erklärt der
Taufende, dass er nicht nach seinem Belieben diesen Akt vornehme, sondern
im Auftrage, auf Befehl seines Herrn: eine gewisse Wahrheit hat ja diese
Formel, denn der Taufende hat sicher seine Vollmacht von Christus, wenn
nur ordnungsmässig getauft wird, er handelt als Christi Diener und Haus-
halter über seine Geheimnisse, aber, worauf hier doch Alles ankommt, der
Grund der Schrift geht ihr völlig ab. Jesus sagt nicht, in wessen Namen der
Täufer handeln soll, sondern in wessen Namen der Täufling hineingetauft
werden soll. Was heisst nun: βαπτίζειν εἰς ὄνομά τινος? Bindseil (Studien
und Kritiken 1832, 410 ff.) behauptet, die ursprüngliche Bedeutung sei
keine andere als: durch die Taufe jemanden hinführen zu dem Namen
jemandes, d. h. durch die Taufe bewirken, dass sich jemand nach einem
Andern nenne. Dafür spreche die rabbinische Redensart בשם טבל, taufen
auf den Namen jemandes, z. B. לשם עבדות zum Namen der Knechtschaft,
לשם בן הורין zum Namen des Sohnes freier Eltern, die Ertheilung eines
neuen Namens aber sei entweder Zeichen der Subordination, wie denn
bei den Römern die Sklaven vielfach das Pränomen ihrer Herrn getragen
hätten, oder Zeichen einer Erhöhung, wie Joseph Genes. 41, 45 einen
neuen Namen empfange. Darnach soll die Phrase βαπτίζειν τινὰ εἰς τὸ
ὄνομα τοῦ πατρὸς καὶ τοῦ υἱοῦ καὶ τοῦ ἁγίου πνεύματος bedeuten, jemanden
taufen und ihm dabei den Namen des Vaters und des Sohnes und des
heiligen Geistes beilegen und dadurch erklären, dass er durch die An-

nahme dieses Namens 1) seine Unterwürfigkeit gegen Vater, Sohn und heiligen Geist anerkenne, aber 2) auch, dass er mit diesem neuen Namen zugleich zu einer höheren Würde erhoben worden, indem er in eine engere Verbindung mit ihnen getreten sei. Diese Ansicht Bindseil's ist durchaus nicht neu, steht auch nicht verrathen und verlassen da in der Neuzeit. Er selbst beruft sich schon auf Clericus, wir fügen noch Grotius hinzu, dieser schreibt nämlich: *quum locutio haec varias habeat ex Hebraismo significationes, eam his praeferendam arbitror, quae baptismo maxime propria est. Est autem baptizari in aliquem vel in eius nomen, se ei auctorare et devovere et de eius nomine adpellari velle.* Baumgarten-Crusius nähert sich der Bindseilschen Auffassung sehr, denn βαπτίζειν εἰς τὸ ὄνομα heisst nach ihm taufen, damit sie (die Getauften) „genannt werden von —. Es bedeutet demnach ein Verhältniss der Abhängigkeit oder Verehrung oder Verbindung überhaupt.“ Ebenso Olshausen, welcher schreibt: „das βαπτίζειν εἴς τινα bezeichnet die Taufe als einen verpflichtenden, sich jemandem verbindenden Ritus und das erhabene Objekt, dem die Taufe verbindet, ist eben Vater, Sohn und Geist.“ Bleek kommt auch nicht darüber hinaus: die Formeln βαπτίζειν εἰς τὸ ὄνομά τινος, wie hier noch Act. 8, 16. 19, 5. 1. Kor. 1, 13, 15, ἐπὶ τῷ ὀνόματί τινος (Act. 2, 38), ἐν τῷ ὀνόματί τινος (Act. 10, 48) und bloss εἴς τινα 1. Kor. 10, 2. 12, 13) „bezeichnen im Allgemeinen: durch die Taufe jemandem geweiht werden, als ihm angehörig, zu ihm sich bekennend, bezeichnet und verpflichtet werden. So liegt denn in unseren Worten: sie taufen so, dass sie sich bekennen und erkannt werden als angehörend nicht nur im Allgemeinen Gott dem Vater, wie auch die Genossen der alttestamentlichen Theokratie, sondern auch dem Sohne, nämlich Christo, als dem eingebornen Sohne Gottes, und dem Geiste, dem heiligen Geiste, welcher nach der Verheissung des Herrn sich bald in grösserer Fülle über seine Jünger ergiessen und das Lebensprincip für die Gemeinde des Herrn werden sollte.“ Ich kann diese Auffassungen nicht gut heissen: wenn die Taufe auf den Namen des Vaters, des Sohnes und des heiligen Geistes den Getauften gegen diese in Pflicht nehmen soll, so will sich das Folgende nicht mehr gut schicken. Verpflichten lässt sich doch mit gutem Gewissen Niemand, wenn man ihn nicht zuvor mit den Pflichten, welche er auf sich nehmen soll, vertraut gemacht hat, und hier folgt erst noch die Anweisung, die Getauften Alles halten zu lehren, was Christus geboten hat. Francke (Sächs. Studien 1846, 11 ff.) vermeidet diesen Fehler, er findet keine Verpflichtung, sondern eine Berechtigung des Getauften hier ausgesagt: er erlangt durch die Taufe nämlich das Recht, Gott den Vater, Christum den Sohn und den Geist den heiligen Geist zu nennen. Gut bemerkt Meyer dagegen, dass diese Auslegung an dem heiligen Geiste scheitert, denn πνεῦμα ἅγιον sei kein specifisch christlicher Name des Geistes. Meyer fasst wie de Wette und Fritzsche das εἴς τινα bei βαπτίζοντες gleich in Beziehung auf. „Hier,“ sagt er, „wo durch das βαπτίζειν εἰς τὸ ὄνομα das μαθητεύειν, also die Versetzung in die geistliche Abhängigkeit von Christo geschieht, bezeichnet es, dass durch die Taufe der Täufling in das neue Lebensverhältniss treten soll, in welchem der ihm verkündigte **Name des Vaters und des Sohnes und des heiligen Geistes der Inhalt des Glaubens und des Bekenntnisses ist**; τὸ ὄνομα nämlich: weil eben der **Name** dessen, zu welchem man sich bekennt, das ganze specifische Verhältniss desselben an sich und zum Bekennenden ausdrückt und somit die drei Namen: Vater, Sohn und Geist den Inbegriff des unterscheidenden Bekenntnisses, welches das des zu Taufenden ist und für die Zukunft sein soll. So waren die Korinther nicht εἰς τὸ ὄνομα τοῦ Παύλου getauft (1. Kor. 1, 13), weil ihr Glaube und ihr Bekenntniss nicht den Namen ›Paulus‹, sondern den Namen Christus zum Inhalt haben sollte. So beschnitten die Samariter כלשם הר גריזים (siehe Schöttgen), weil der Name Garizim das specifische Moment ihres unterscheidenden Glaubens und Bekenntnisses (ihr Schiboleth) sein sollte.“ Wir haben auch gegen diese Fassung unsere grossen Bedenken. Keil bemerkt nicht übel dazu: „hiernach würde die Taufe nichts weiter sein als der Ritus der Aufnahme in die Gemeinschaft der Bekenner Jesu Christi oder in die christliche Gemeinde. Aber so wenig der Name des dreieinigen Gottes eine Bezeichnung der christlichen Gemeinde ist, eben so wenig ist die Taufe nur eine Aufnahme in die christliche Gemeinde. Die Gemeinschaft des Menschen mit Gott kommt nicht so zu Stande und besteht auch nicht bloss darin, dass der Mensch Gott sucht und findet, sich von Gott abhängig weiss und fühlt, und demgemäss sich zu Gott verhält, sondern wird im Allgemeinen dadurch begründet, dass Gott in dem Werk der Schöpfung und im Gewissen sich dem Menschen als Schöpfer und Erhalter der Welt und aller Kreaturen und dem menschlichen Geiste sich als den unendlichen Geist, in dem wir leben, weben und sind, kundgibt; im Besondern aber dadurch, dass Gott denen, welche durch ihre Schuld sich ihm entfremdet haben und in Sünde und Verderben gerathen sind, in besonderer Weise sich als Erbarmer, Retter und Erlöser vom Tod und Verderben bezeugt und seinen Gnadenrath durch Propheten verkündigt und durch die Sendung seines Sohnes ausgeführt hat und dadurch den Menschen entgegengekommen ist und sie durch kräftige Erweisung seiner Liebe und Gnade zu sich zieht.“ Nach Weiss ist εἰς hier wie 18, 20 zu fassen, der Taufakt wird also vollzogen auf diese Namen hin, d. h. weil Gott als der Vater, der den Sohn gesandt und den heiligen Geist geschenkt hat, von dem Täufling genannt und bekannt wird: allein 18, 20 legt eine andere Fassung näher, welche auch dem Kontexte hier mehr entsprechen würde. Der Herr redet ja die an, welche nicht getauft werden sollen, sondern taufen, und wir müssten darnach den Satz so umschreiben, taufet sie, indem ihr den Vater, Sohn und Geist vor Augen habt, ihn nennet und bekennet. In seinem Schriftbeweise sagt v. Hofmann (2, 2, 163 f.): „Das εἰς muss sich aus dem Begriffe des βαπτίζειν selbst erklären lassen, und lässt sich auch daraus erklären, nur freilich nicht aus dem Begriff dieses Verbums an sich, wohl aber aus dem Begriff der damit bezeichneten Handlung des Johannes. Denn was sonst mit diesem Worte benannt worden, sei es im gemeinen Leben, sei es im mosaischen Gesetze, steht ausser Zusammenhang mit dem Taufen, welches der Herr im Anschlusse an die johanneische Taufe geboten hat. Nun setzte das Taufen des Johannes wirklich in Verhältniss zu dem, welchen sein Wort verkündigte. Gleiche Bewandtniss wird es auch mit dem Taufen der Jünger Jesu haben. Welcher Art aber das Verhältniss ist, ergibt sich aus der Beschaffenheit dessen, worauf sie taufen. Hat Johannes zu der bevorstehenden Offenbarung des Himmelreiches taufend in Verhältniss gesetzt, so brachte es die Zukünftigkeit derselben mit sich, dass es ein Verhältniss der Bereitschaft war, in welches er setzte. Wenn dagegen jetzt die Jünger Jesu auf den Namen des Vaters und des Sohnes und des heiligen Geistes taufen, so ist es ein Vorhandenes, zu welchem sie in Verhältniss setzen, und ist also diess Verhältniss das einer Zugehörigkeit. Nicht eine Weisung ist es also, welche der christlich Taufende dem Täufling gibt, nicht eine Verpflichtung legt er ihm auf, sondern er setzt ihn in dasjenige Verhältniss der Zugehörigkeit zu Gott, welches in dem Namen, auf welchen er tauft, ausgedrückt ist. Denn der Name ist des Wesens Offenbarung. Gott wird der Vater genannt, nachdem er der Vater Jesu Christi, hiermit aber in Christo der Gläubigen Vater genannt worden. Mit ihm wird der Sohn genannt, nachdem Jesus Christus erschienen und das, was er war, Gottes Sohn, völliger Weise geworden ist, diess aber als der Erstgeborne seiner Brüder. Und mit dem Sohne wird der heilige Geist genannt, nachdem der Geist Gottes, als Geist Jesu Christi, heiliger Geist der Gemeinde Christi geworden ist. Wer nun auf diesen dreifachen Namen getauft wird, der wird in das durch diese Heilsverwirklichung geschaffene Verhältniss zu Gott versetzt, die in Christo verwirklichte Gemeinschaft Gottes und der Menschheit wird ihm zugeeignet." Thomasius 3, 2, 12, Philippi 5, 2, 19), Hengstenberg, Keil u. A. lassen sich eben dahin aus, $\beta\alpha\pi\tau\dot{\iota}\zeta\epsilon\iota\nu$ $\epsilon\dot{\iota}\varsigma$ $\tau\dot{o}$ $\ddot{o}\nu o\mu\alpha$ $\tau o\tilde{\upsilon}$ $\pi\alpha\tau\rho\dot{o}\varsigma$ $\varkappa\alpha\dot{\iota}$ $\tau o\tilde{\upsilon}$ $\upsilon\dot{\iota}o\tilde{\upsilon}$ $\varkappa\alpha\dot{\iota}$ $\tau o\tilde{\upsilon}$ $\dot{\alpha}\gamma\dot{\iota}o\upsilon$ $\pi\nu\epsilon\dot{\upsilon}\mu\alpha\tau o\varsigma$ heisst in das Verhältniss der Zugehörigkeit oder der Gemeinschaft mit dem Gott versetzen, der sein Wesen als Vater, Sohn und heiliger Geist geoffenbart hat. So sehr ich auch mit diesem Resultate einverstanden, so wenig kann ich die Art und Weise, wie v. Hofmann dieses Resultat gewinnt, billigen. Derselbe geht von der Voraussetzung aus, dass Johannes $\epsilon\dot{\iota}\varsigma$ $\tau\dot{o}\nu$ $\dot{\epsilon}\rho\chi\dot{o}\mu\epsilon\nu o\nu$ getauft habe, wodurch der Täufling in ein Verhältniss der Gemeinschaft in spe mit ihm versetzt worden sei. Ich kann diese Voraussetzung nicht gutheissen; ich glaube auch, dass Johannes gewisser Massen auf $\tau\dot{o}\nu$ $\dot{\epsilon}\rho\chi\dot{o}\mu\epsilon\nu o\nu$ getauft hat, allein, dass er dieses bei seiner Taufe nicht als die Hauptsache betonte, erhellt sonnenklar aus den Evangelien. Matthäus sagt (3, 6): $\dot{\epsilon}\beta\alpha\pi\tau\dot{\iota}\zeta o\nu\tau o$ — $\dot{\upsilon}\pi'$ $\alpha\dot{\upsilon}\tau o\tilde{\upsilon}$ $\dot{\epsilon}\xi o\mu o\lambda o\gamma o\dot{\upsilon}\mu\epsilon\nu o\iota$ $\tau\dot{\alpha}\varsigma$ $\dot{\alpha}\mu\alpha\rho\tau\dot{\iota}\alpha\varsigma$ $\alpha\dot{\upsilon}\tau\tilde{\omega}\nu$, womit Mark. 1, 5 wörtlich übereinstimmt. Also nicht das Bekenntniss, dass sie an die nahe Zukunft des Messias glaubten, sondern das Bekenntniss, dass sie arme Sünder seien, verlangte der Täufer von den Taufkandidaten. Man kann desshalb nicht von dem ihm untergeschobenen $\epsilon\dot{\iota}\varsigma$ $\tau\dot{o}\nu$ $\dot{\epsilon}\rho\chi\dot{o}\mu\epsilon\nu o\nu$ den Ausgang nehmen, sondern man wird an das $\epsilon\dot{\iota}\varsigma$ $\mu\epsilon\tau\dot{\alpha}\nu o\iota\alpha\nu$ (Matth. 3, 11) anzuknüpfen haben, denn in dem Ausdrucke $\beta\dot{\alpha}\pi\tau\iota\sigma\mu\alpha$ $\mu\epsilon\tau\alpha\nu o\dot{\iota}\alpha\varsigma$ $\epsilon\dot{\iota}\varsigma$ $\dot{\alpha}\varphi\epsilon\sigma\iota\nu$ $\dot{\alpha}\mu\alpha\rho\tau\iota\tilde{\omega}\nu$ Mark. 1, 4 und Luk. 3, 3 gibt $\epsilon\dot{\iota}\varsigma$ $\dot{\alpha}\varphi\epsilon\sigma\iota\nu$ doch nur die Wirkung dieser Taufe der Busse an. Von $\beta\alpha\pi\tau\dot{\iota}\zeta\epsilon\iota\nu$ möchte ich doch trotz des Einspruchs, welchen v. Hofmann erhoben hat, ausgehen: das Wort ist wirklich nicht so schwankend in seiner Bedeutung, als vielfach behauptet wird. Man vergleiche nur die Lexika von Passow und Pape und nehme dazu 2. Reg. 5, 14 in der LXX. Polybius 3, 72 ($\mu\dot{o}\lambda\iota\varsigma$ $\ddot{\epsilon}\omega\varsigma$ $\tau\tilde{\omega}\nu$ $\mu\alpha\sigma\tau\tilde{\omega}\nu$ $o\dot{\iota}$ $\pi\epsilon\zeta o\dot{\iota}$ $\beta\alpha\pi\tau\iota\zeta\dot{o}\mu\epsilon\nu o\iota$ $\delta\iota\dot{\epsilon}\beta\alpha\iota\nu o\nu$), Strabo 14, 3 ($\mu\dot{\epsilon}\chi\rho\iota$ $\dot{o}\mu\varphi\alpha\lambda o\tilde{\upsilon}$ $\beta\alpha\pi\tau\iota\zeta o\mu\dot{\epsilon}\nu o\upsilon\varsigma$), Diodor. Sic. 1, 36 ($\dot{\upsilon}\pi\dot{o}$ $\tau o\tilde{\upsilon}$ $\pi o\tau\alpha\mu o\tilde{\upsilon}$ $\pi\epsilon\rho\iota\lambda\eta\varphi\vartheta\dot{\epsilon}\nu\tau\alpha$ $\delta\iota\alpha\varphi\vartheta\epsilon\dot{\iota}\rho\epsilon\sigma\vartheta\alpha\iota$ $\beta\alpha\pi\tau\iota\zeta\dot{o}\mu\epsilon\nu\alpha$); die Grundbedeutung des Untertauchens tritt so stark hervor, dass man ja dieses Wort auf $\beta\alpha\vartheta\dot{\upsilon}\varsigma$ zurückzuführen suchte, über welche Ableitung selbst Curtius nicht den Stab ohne Weiteres zu brechen gewagt hat. Nach dieser originalen Bedeutung würde das Wort des Täufers (Matth. 3, 11): $\dot{\epsilon}\gamma\dot{\omega}$ $\mu\dot{\epsilon}\nu$ $\dot{\upsilon}\mu\tilde{\alpha}\varsigma$ $\beta\alpha\pi\tau\dot{\iota}\zeta\omega$ $\dot{\epsilon}\nu$ $\ddot{\upsilon}\delta\alpha\tau\iota$ $\epsilon\dot{\iota}\varsigma$ $\mu\epsilon\tau\dot{\alpha}\nu o\iota\alpha\nu$ aussagen: ich tauche euch im Wasser

unter und zwar in die Busse hinein, ich versenke euch in die Busse. Die
μετάνοια wird als dasjenige angegeben, in welches der Täufling hineinver-
senkt, hineinversetzt werden soll. Gehe ich zu dieser Formel βαπτίζειν
εἰς τὸ ὄνομα τοῦ πατρὸς καὶ τοῦ υἱοῦ καὶ τοῦ ἁγίου πνεύματος weiter, so
tritt an die Stelle der μετάνοια nunmehr der Name des dreieinigen Gottes.
Der Name ist, wie Luther mit seinem Worte: „man muss Gottes Name
nicht so ein schlecht Ding sein lassen, sondern Gottes Name ist seine
allmächtige Kraft: wo Gottes Wort und Name ist, da ist er selbst,“ schon
andeutet, ein grosses Ding, das ausgesprochene Wesen, die Offenbarung
des Wesens: der Gott, welcher Vater, Sohn und heiliger Geist heisst, ist
der Gott der Offenbarung, der Heilsökonomie, der Erlösung. Der drei-
einige Gott ist der Erlösergott: da ist der Vater, der dieses Erlösungswerk
in seinem Gnadenrath beschlossen, da der Sohn, der es durch seinen Gehorsam bis zum Tode vollbracht hat, und da der heilige Geist, der es
durch sein Wirken uns aneignet. Getauft werden in den Namen dieses
dreieinigen Gottes heisst, ganz analog mit jenem Getauftwerden εἰς μετάνοιαν, in die Offenbarung, in die Erlösung, in das Heil, welches in demselben beschlossen liegt, eingetaucht und versenkt werden. Werden sie
aber in den Gott des Heiles versenkt und versetzt, so werden sie damit,
wie jede Pflanze, die versetzt wird, in ein neues Lebensverhältniss hinein-
gesetzt. Der Schoss des dreieinigen Gottes ist gleichsam der Mutterboden,
in welchen der Mensch durch die Taufe verpflanzt werden soll. Wenn
hier steht εἰς τὸ ὄνομα τοῦ πατρὸς καὶ τοῦ υἱοῦ καὶ τοῦ ἁγίου πνεύματος,
so sollte es eigentlich keiner Erklärung noch bedürfen, dass der erstge-
nannte ὁ πατήρ nicht der Allvater, der Vater der Menschen ist, denn
neben den Vater tritt ja sofort der Sohn, um dessen willen er Vater
heisst, nicht ein beliebiges Wesen, sondern Jesus Christus, allein, da
Baumgarten-Crusius den Vaternamen so allgemein fasst, ist doch das
Richtige festzustellen. Man hat den Singular τὸ ὄνομα eines Theils dazu
benutzt, die Einheit in den drei Personen zu deduciren, so Basilius, Hieronymus u. A., andern Theils aber auch die drei Personen als *modi* der
Gottheit darzuthun, so Sabellius: Beides ist nicht mit Recht geschehen.
Denn εἰς τὸ ὄνομα ist, wie Meyer sagt, selbstverständlich vor τοῦ υἱοῦ
und τοῦ ἁγίου πνεύματος hinzuzudenken. Die Einheit, wie die Dreiper-
sönlichkeit Gottes geht übrigens aus dieser Stelle evident hervor. Sehr
richtig bemerkt Gess (S. 263): „da sich der Sohn in dieselbe Reihe mit
dem Vater und dem heiligen Geiste stellt und wie den Vater, so sich den
Völkern als Heilsquell verheisst, so ist klar, dass er sich dieselbe Wesenheit wie dem Vater zuerkennt. Der Vater und ein blosser Mensch und
der heilige Geist könnten nicht in Einer Reihe stehen und drei Heilsquellen
sein. Da der heilige Geist neben dem Vater und dem Sohne, also neben
zwei Personen steht, so ist klar, dass auch ihm Persönlichkeit zukommt:
ein Etwas könnte nicht neben den Persönlichkeiten stehen. Dasselbe
erhellt daraus, dass die Taufe auf des Geistes Namen geschehen soll, und
der Persönlichkeit, nicht dem Etwas kommt ein Name zu.“ Es ist übrigens
dieses die einzige Stelle in den Evangelien, wo die heilige Dreieinigkeit
kurz und bestimmt ausgesprochen wird und zwar als der Inbegriff der
ganzen Heilsoffenbarung Gottes. Das war Vielen zu viel: die Dreieinigkeit
Gottes soll keine urchristliche Lehre sein und so behaupteten denn die
Socinianer, denen Teller beipflichtet, dass diese ganze Stelle interpolirt

sei: was de Wette, Strauss u. A. dahin ermässigten, dass sie diess Wort wohl einem Apostel, aber nicht Christo selbst zuschrieben. Allein, so wenig als dieses Wort, weil es auf die Bekehrung der Heiden abzielt, mit Strauss, Wittichen u. A. zu verwerfen ist, kann es wegen dieses trinitarischen Zeugnisses angetastet werden, denn aus andern Reden Christi wird auch dieser Unterschied in der Gottheit entwickelt werden können, wie z. B. aus dem Gespräche mit Nikodemus, den letzten Reden bei Johannes. *Implicite* ist dieses Dogma noch in andern Aussprüchen Christi nachzuweisen, *explicite* aber finden wir es nur hier.

Man hat die Frage aufgeworfen, ob Christus mit diesen Worten: μαϑητεύσατε πάντα τὰ ἔϑνη, βαπτίζοντες αὐτοὺς εἰς τὸ ὄνομα τοῦ πατρὸς καὶ τοῦ υἱοῦ καὶ τοῦ ἁγίου πνεύματος die Spendeformel der Taufe fixirt habe. Bengel, Storr, Olshausen, Philippi u. A. erklären: er hat es gethan: hingegen Eisenlohr (Ueber die Taufe, 1804), Ziegler (Theol. Abhandlungen 2, 162 ff.), Zimmermann *(de baptismi origine, 1815)*, Reiche *(de baptismatis origine, 1816)*, Matthies *(baptismatis expositio, 1831)*, Kühnöl, Baumgarten-Crusius, Bleek, Meyer, Keil u. A.: er hat es nicht thun wollen. Befremdend ist es immer, dass an keiner Stelle, und es sind ihrer ja nicht so wenige in dem Neuen Testamente, in welchen der Taufe Erwähnung geschieht, gesagt wird, dass die Taufe in dem Namen des dreieinigen Gottes stattgefunden habe, immer wird nur der Namen Christi mit derselben in Verbindung gesetzt. Es kann das zufällig sein, aber das ist, weil es immer geschieht, wenig wahrscheinlich. Die erste bestimmte Hinweisung auf die solenne Formel (Tertullianus spricht bereits *de baptismo 13* von der *forma praescripta)* finden wir erst bei Justinus, der in seiner ersten Apologie c. 61 schreibt: ἔπειτα ἄγονται ὑφ' ἡμῶν, ἔνϑα ὕδωρ ἐστί, καὶ τρόπον ἀναγεννήσεως, ὃν καὶ ἡμεῖς αὐτοὶ ἀνεγεννήϑημεν, ἀναγεννῶνται· ἐπ' ὀνόματος τοῦ πατρὸς τῶν ὅλων καὶ δεσπότου ϑεοῦ καὶ τοῦ σωτῆρος ἡμῶν Ἰησοῦ Χριστοῦ καὶ πνεύματος ἁγίου, τὸ ἐν τῷ ὕδατι τότε λουτρὸν ποιοῦνται.

Wie dieses Gebot des Heilandes, des Hauptes seiner Gemeinde, sich zu der üblichen Praxis verhält, ist wenigstens im Vorübergehen zu berühren, da die Feinde der Kindertaufe auch aus dieser Stelle ihre Waffen zum Angriffe nehmen. Was sie aber aus diesem Einsetzungsworte wider die Kindertaufe vorbringen, ist über alle Begriffe schwach, denn sie nehmen die landläufige Uebersetzung ohne Weiteres für richtig, für eine authentische Interpretation an. Diess ist aber eine ganz falsche Voraussetzung: μαϑητεύειν heisst nicht unterrichten, in den Elementen der Christenlehre unterweisen, sondern nichts mehr und nichts minder, als zu Jüngern machen, und wie dieses vor sich gehen soll, lehrt der Heiland ausdrücklich, er führt zuerst das Taufen und das Lehren dann erst, also an zweiter Stelle, an. Eine Bestimmung, welch ein Lebensalter, welch eine Glaubensstufe und Geistesreife erreicht sein muss, wenn die Taufe ertheilt werden darf, wird nirgends angegeben: blicken wir auf den folgenden Satz hin, so dürfen wir wohl sagen: jeder Mensch ist unbedenklich in dem Namen des Herrn zu taufen, wenn nur Garantieen da sind, dass er das, was Christus geboten hat, später kennen lernen kann. Unsere Ueberzeugung ist, dass die Apostel, wenn sie diesen Taufbefehl bedachten, gar nicht zweifeln konnten, dass auch Kinder zu taufen seien: die Parallele zwischen dem alttestamentlichen *signum* und dem neutestamentlichen *sacramentum* musste ihnen ja sofort in die Augen springen und alle Bedenken nehmen. Die Beschneidung versetzte den Israeliten in die Gemeinschaft mit dem Gotte, der durch Mosen seinen Gesetzesbund aufgerichtet hatte, die Taufe versetzt den Menschen in die Gemeinschaft mit dem Gotte, der in Christo seinen Gnadenbund gestiftet hat: durften, ja mussten nach Gottes Befehl in jenen Bund die jungen israelitischen Kinder aufgenommen werden, warum sollten, warum durften nicht in diesen Bund junge Kinder aufgenommen werden, deren Eltern schon lange Christen waren oder mit ihnen zugleich Christen wurden? Ist es denkbar, dass der Gnadenbund gegen die kleinen Kinder ungnädiger sei, als der Gesetzesbund? Weiter können wir hier diese Frage nicht verfolgen: nur bekennen möchte ich, dass ich die übliche Praxis der Taufe sowohl exegetisch, als auch spekulativ für vollberechtigt halte.

Einen zweiten Participialsatz fügt Christus noch zu diesem ersten βαπτίζοντες αὐτούς; es stellt kein καί die Verbindung zwischen ihnen her, wäre das geschehen, so wüssten wir ganz bestimmt, dass dieses διδάσκοντες αὐτοὺς τηρεῖν πάντα ὅσα ἐνετειλάμην ὑμῖν jenem βαπτίζοντες koordinirt ist. Es ist aber, da es fehlt, die Frage: steht dieser neue Satz gleichberechtigt neben jenem, oder ist er ihm subordinirt. Für eine Koordination erklären sich die meisten neueren Ausleger, wie Bengel, Olshausen, Baumgarten-Crusius, Lange, für eine Subordination aber Meyer, Kühnöl, Keil u. A.: Letztere berufen sich darauf. dass eine asyndetische Redeweise in diesem kurzen Worte nicht zu erwarten sei, dass aber, wenn eine solche hier nicht vorliege, dieser neue Satz nur eine begleitende Bestimmung zu dem μαθητεύσατε βαπτίζοντες enthalten könne. Ich schliesse mich den Letzteren an, denn zu jenem sprachlichen Moment tritt das sachliche hinzu, dass nämlich nach urchristlicher Anschauung derjenige, welcher die Taufe erhält, damit zu der Gemeinde hinzugethan (Apostelg. 2, 41), d. h. zu einem Jünger Christi gemacht wird. Wenn wir der Lesart des Vaticanus und Cantabrigiensis βαπτίσαντες mit Weiss den Vorzug gegeben hätten, wäre Alles klar, denn dann würde Jesus sagen, dass sie alle Völker zu seinen Jüngern machen sollten, durch ein nur ein Mal vor sich gehendes Taufen, dass aber die ein Mal Getauften in einen fortwährenden Unterricht zu nehmen seien. Die Getauften sollen von den Verkündigern des Evangeliums, nachdem sie soweit gebracht sind, sich nicht selbst überlassen werden, wie das bei den Heiden allgemeine Sitte war, denn bei diesen fand wie bei denen, welche den Göttern waren zugeführt worden, durchaus keine Unterweisung in der Religion statt; selbst die Priester, die berufenen Pfleger des Glaubens, wurden nicht *de natura deorum* gründlich unterrichtet, damit beschäftigten sich höchstens im Interesse der allgemeinen Bildung die Philosophen, nur über den Ritus, über das Ceremonienwesen des *cultus divinus* wurden sie belehrt. Diejenigen, welche durch die heilige Taufe zu Jüngern eingeweiht sind, sollen nicht sofort losgesprochen und zu Meistern erklärt werden, sie sollen vielmehr weiter belehrt werden. Eine Weiterführung, eine Förderung in geistlicher Weisheit und Erkenntniss soll in's Auge gefasst werden: διδάσκοντες sollen die βαπτίζοντες werden. Wie sie aber den Taufbefehl von ihrem Herrn empfangen haben, so erhalten sie auch das, was sie den Getauften lehren von ihm: διδάσκοντες αὐτοὺς τηρεῖν πάντα ὅσα ἐνετειλάμην ὑμῖν. Sie sind also nur seine Organe, seine Mundboten: er gibt ihnen, was sie zu lehren haben, und sie legen diess, wie das Brot, welches sie aus seinen Händen in der Wüste empfangen, nur den Leuten vor. *Porro quando Christus haec praescribit apostolis, quod docere debeant auditores servare omnia ea, quae ipse praecepit, id successores apostolorum in ministerio sibi quoque dictum putent, ne scilicet eruditiones humanas vel propria somnia auditoribus proponant, nec operibus humanorum mandatorum eos premant, sed ea solum doceant, quae Christus ipse tum immediate diebus carnis suae, tum mediate per prophetas et apostolos praecepit.* Πάντα, ὅσα ἐνετειλάμην ὑμῖν sollen sie ihnen lehren. Meyer beschränkt dieses πάντα ὅσα auf sittliche Lehranweisungen: Gerhard und Bengel waren schon anderer Ansicht: Letzterer sagt: *haec praecepta exstant Matth. 5, Joh. 15 etc.*, ihm pflichten Stier, Weiss. Keil u. A. mit Recht bei. Hat Christus bloss ethische Vorschriften seinen Jüngern ertheilt, haben seine Unterweisungen, seine Gebote sich nicht auch auf den Glauben bezogen? Er forderte von ihnen die Erfüllung des ganzen Willens Gottes: Glauben zu halten und diesen Glauben in guten Werken Zeit Lebens zu beweisen. Wir besitzen eine authentische Auslegung dieses Herrenwortes in dem Worte seines Lieblingsjüngers, der in seinem ersten Briefe 3, 23 schreibt: καὶ αὕτη ἐστιν ἡ ἐντολὴ αὐτοῦ, ἵνα πιστεύσωμεν τῷ ὀνόματι τοῦ υἱοῦ αὐτοῦ Ἰησοῦ Χριστοῦ καὶ ἀγαπῶμεν ἀλλίλους, καθὼς ἔδωκεν ἐντολὴν ἡμῖν. Wie es ungebührlich ist, das πάντα ὅσα auf sittliche Lehranweisungen zu beschränken, eben so ungebührlich ist es aber auch, das ἐνετειλάμιν ὑμῖν mit Schott (Das Wesen der Taufe in der luth. Zeitschrift von Rudelbach und Guericke 1871, 1 ff.) auf die Zeit von dem letzten Abend an einzuengen. Nirgends zeigt sich eine Spur, die zu solch einer Limitation uns berechtigte, und was erreichen wir damit? Gar Nichts, denn die Hauptpunkte seiner Lehre hat der Auferstandene seinen Jüngern alle an das Herz gelegt, wie wir aus Luk. 24, 44 ff. ersehen. Wenn aber der Heiland ausdrücklich befiehlt, dass sie diejenigen, welche von ihnen getauft worden sind, seine Gebote sollen halten (τηρεῖν) lehren, so greift das über das blosse Mittheilen und Lehren hinaus und weist auf christliche Zucht und Vermahnung hin, womit aber erklärt wird, dass die Taufe wohl die Pforte zu dem Reiche uns aufschliesst, dass aber nur der für einen wahren Reichsgenossen, für einen ächten Jünger gehalten wird, welcher seine Jüngerschaft durch einen gerechten, frommen, gottseligen Wandel an den Tag legt. An den Früchten will er die Seinen erkennen, nach ihren Werken will er sie richten. Gut sagt Euthymius: τοῦτο πάλιν παραγγελία περὶ πολιτείας, οὐκ ἄρκει γὰρ τὸ βάπτισμα καὶ τὰ δόγματα πρὸς σωτηρίαν, εἰ μὴ καὶ πολιτεία προςείη. Wie, wann, wo dieses διδάσκειν zu erfolgen habe, wird nicht angegeben; ob für die Getauften ein kürzerer oder längerer, nachgehender, besonderer Unterricht gefordert ist, erhellt nirgends. Die meisten Ausleger beziehen diese Weisung auf den Gottesdienst, zu welchem sich alle Getauften versammeln — und ich glaube, dass sie damit das Richtige getroffen haben. Von Neophyten ist ja nicht in Sonderheit die Rede, sondern ganz allgemein von Getauften — wir hätten hier also einen Wink Christi über die Einrichtung des Gemeindegottesdienstes. Wie im Dienste der Mission, im Interesse der Völkerbekehrung das Evangelium gepredigt werden soll, so soll auch in den Gemeindezusammenkünften die Predigt im Interesse der Erbauung ihre Stelle finden. Der Gottesdienst auf Erden, weil er es mit Getauften zu thun hat, welche noch gelehrt werden müssen, Alles zu halten, was Christus geboten, hat noch nicht die Form und den Charakter des Gottesdienstes in dem Himmel, wo die, welche überwunden haben, vor dem Stuhle des Lammes stehen und es anbeten; er hat noch nicht das Glaubensleben darzustellen, sondern vor allen Dingen dieses Glaubensleben weiter zu begründen, zu stärken, zu entwickeln, vollzubereiten, dass es sich ein Mal zu Lob und Preis des dreieinigen Gottes darstellen kann, wie es ist.

Wenn nun aber der Heiland seine Jünger mit diesem Gebote zu taufen und zu lehren, was er ihnen gesagt hat, in alle Welt hinaussendet, so ist damit auch schon *sapienti sat* angedeutet, ob er die Beschneidung sammt dem mosaischen Gesetze Allen, die seine Jünger werden, aufgelegt haben will oder nicht. Er sendet sie lediglich mit dem Gebote aus zu taufen, von der Beschneidung redet er kein Sterbenswörtchen: er weiss von ihr nichts, er will von ihr in seinem Reiche nichts mehr wissen, sie ist antiquirt, abrogirt, nachdem die heilige Taufe, auf welche sie schattenhaft hinwies, an's Licht hervorgetreten ist. Seine Gebote sollen sie halten lehren und nicht die Gebote und Satzungen Moses, diese haben jetzt keinen Werth mehr, nachdem in dem Evangelium die Erfüllung derselben gekommen ist. Bestimmter konnte sich Christus nicht erklären.

Hier möchte ich mit Gerhard und anderen Harmonisten die Worte des Markus 16, 16 u. 17 einrücken: sie schliessen sich leicht und gefällig diesem Einsetzungsworte des Taufsakramentes an. Ὁ πιστεύσας καὶ βαπτισθεὶς σωθήσεται, ὁ δὲ ἀπιστήσας καταχριθήσεται. Mit der Predigt des Evangeliums entsendet der Herr seine Boten in alle Welt an alle Menschen: er sieht aber voraus, dass es ihnen nicht anders ergehen wird als ihm, auch in diesem Punkte bewahrheitet sich wieder auf beklagenswerthe Weise das Wort: der Jünger ist nicht über seinem Meister. Hat er, der das Evangelium mit ebenso holdseligen als gewaltigen Worten predigte, allgemein Glauben gefunden? Wie hat er seinen Mund so weit aufgethan, wie seine Hände ausgereckt den ganzen Tag, und wie viele Jünger hat er im Lande? Die Einen glaubten und die Andern wollten nicht glauben. Dasselbe wird bei der Predigt der Apostel sich wiederholen: man wird das Evangelium, das sie bringen, theils annehmen, theils verwerfen. Wer ihrer Predigt Glauben schenkt, wer da glaubt dem Evangelium, dass die heilsame Gnade Gottes in Christi Jesu erschienen ist, um die Menschen nicht verloren gehen zu lassen, sondern selig zu machen, der wird die Taufe, die Aufnahme in die Gemeinde der Gläubigen begehren und empfangen; denn wie könnte sie dem abgeschlagen werden, der an die Offenbarung des dreieinigen Gottes glaubt? Und wer die Taufgnade bewahrt und aus einem Gläubigen durch schlimmen Rückfall nicht wieder ein Ungläubiger wird, sondern ausharrt, σωθήσεται. Das Auge des Herrn blickt hinaus in die fernste Zukunft, wovon das letzte Wort bei Matthäus noch in Sonderheit zeugt: dieses σωθήσεται zielt eben dahin. Läuft diese Zeit, dieser αἰών zu Ende, so kommt das Gericht über alle Völker, über alle Kreaturen: gerettet wird aus diesem Gerichte und seiner Verdammniss allein der πιστεύσας καὶ βαπτισθεὶς. Das ist gewiss, was wir Weiss gern zugeben, der erste Sinn dieses σωθήσεται, allein verwerfen möchte ich doch nicht ohne Weiteres die Erklärung von Meyer, dass dieser Gläubige und Getaufte das Messiasheil bei Errichtung des messianischen Reiches erlangt, denn *tertium non datur* von der heiligen Schrift für jenen Zeitpunkt, entweder Segen oder Fluch, Leben oder Tod, Aufnahme in das Reich oder Verstossung in die äusserste Finsterniss. Die σωτηρία, welche an dem jüngsten Tage erwartet wird, ist eine Erlösung von allem und jedem Uebel, eine Erlösung nicht für eine gewisse Zeit, sondern für alle Ewigkeit — sie ist dem Gläubigen und Getauften gewiss. Dass die Taufe absolut zu ihrer Empfangnahme nothwendig sei, dass sie als ein zweiter Heilsgrund hier angegeben sei, lässt sich nicht behaupten: die strengsten Dogmatiker sind nicht so rigoros gewesen, dass sie den Defekt der Taufe als ein unüberwindliches Hinderniss der Seligkeit angesehen hätten. Nur der *contemptus sacramenti damnat?* Der *defectus sacramenti* ist aber aus allerlei Gründen bei einem Gläubigen denkbar. So ruht also doch das Gerettetwerden auf dem Gläubiggewordensein, auf dem Gläubigsein und nicht auf dem, was die Konsequenz des Gläubigseins ist, auf der Taufe. Ein *opus operatum* kann nicht selig machen; wohl werden wir durch die Taufe in die Gemeinschaft mit dem dreieinigen Gott verpflanzt, aber nicht jede Pflanze gedeiht, welche man aus einem schlechten Boden in einen guten überträgt, sie hat keinen Segen, sondern nur den Fluch davon, wenn sie nicht in den neuen Boden ihre Wurzeln treibt, um aus ihm Saft und Kraft an sich zu ziehen. Der, welcher durch die Taufe in Christum gepflanzt ist, muss auch, wenn die Taufe ihren Segen ihm mittheilen soll, mit der Herzwurzel des Glaubens sich in den Gnadengrund hinabsenken, der ihn aufgenommen hat. Richtig sagt Calvin deshalb: *quamquam simul tenendum est, non ita necessario requiri ad salutem, ut perire necesse sit, quicumque eum (baptismum) adepti non fuerint: neque enim hic fidei adiungitur tamquam dimidia salutis causa, sed ut testimonium. Fateor quidem hominibus necessitatem imponi, ne signum gratiae Dei negligant: sed quamvis pro eorum infirmitate talibus adiumentis utatur Deus, obstrictam esse eius gratiam nego. Hoc modo non simpliciter necessarium esse dicemus, sed tantum obedientiae nostrae respectu.* Zur Verschärfung dieses Gedankens hebt der Heiland noch die Kehrseite hervor, dieselbe entspricht aber nicht ganz genau der Vorderseite: dem πιστεύσας und σωθήσεται fehlt das Gegenbild nicht, wohl aber dem βαπτισθείς, denn die andere Seite der Medaille heisst: ὁ δὲ ἀπιστήσας κατακριθήσεται. Dass dem βαπτισθείς hier kein μὴ βαπτισθείς korrespondirt, versteht sich eigentlich von selbst. Hat Bengel, wie wir entwickelt haben, vollständig recht, wenn er zu καὶ βαπτισθείς schreibt: *quisquis credidit, baptismum suscepit,* so hat er mit seiner Bemerkung zu ἀπιστήσας: *qui non credebant, baptismum non suscipiebant,* den Nagel auf den Kopf getroffen. Soll der Herr in diesen knappen, gedrängten Reden, in welchen jedes Wort schwer wiegt, wegen des leidigen *parallelismus membrorum* etwas ganz Ueberflüssiges sagen? Das kann man von seiner Majestät doch nicht verlangen, ohne sie zu beleidigen. Wer der Predigt des Evangeliums keinen Glauben schenkt, kommt mit dem Gesuche um die heilige Taufe gar nicht, bei ihm kann also von einem Getauftwerden gar nicht die Rede sein, denn die Praxis, welche katholische Missionare, um mit ihren Massenbekehrungen zu prahlen, hin und wieder beobachtet haben, dass sie tauften, indem sie den Heiden die Taufe aufzwangen, ist ganz gegen den Sinn und das Gebot Christi. Was sollte da bei dem ἀπιστήσας noch besonders herausgesetzt werden, dass er kein Getaufter sei, dass er wie den Glauben, so auch die Taufe nicht angenommen habe? So nach Bengel Stier, Meyer, Keil u. A. Wer nicht an das Evangelium glauben wird, κατακριθήσεται, wird in dem zukünftigen Gerichte verdammt werden, also ewig verloren sein. Dieses Wort hält der gesammten Menschheit einen Schuldbrief vor die Augen, welchen sie mit aller Anstrengung, mit dem Aufgebote aller eigenen Kräfte, ja nicht ein Mal mit ihrem Herzblute austilgen kann. Der Mensch mag sein, wie er will, thun, was er mag, wenn er das Evangelium nicht im Glauben angenommen hat, ist er am Ende verloren. Er befindet sich also von Natur in einem solchen Zustande, dass er sich nicht selbst helfen kann, sondern nur durch fremde Hilfe, durch Gottes Gnade, welche zum Glauben gepredigt wird, errettet wird. Die Verlorenheit aller Menschen in die Sünde kann nicht stärker bezeugt werden, als es hier geschieht. Die ungläubige Menschheit liegt im Tode, die gläubige wartet auf das Leben, ja sie hat schon das Leben in sich, denn sie gibt grossartige Lebenszeichen bereits von sich. Der, welcher gläubig geworden ist und die Taufe empfangen hat, σωϑήσεται, hat Christus gesprochen, aber er geht sogleich dazu über, dass der Gläubiggewordene schon jetzt in einem neuen Zustande sich befindet, mit Kräften Gottes begnadigt ist. Σημεῖα δὲ τοῖς πιστεύσασιν παρακολουϑήσει (so lesen wir mit dem Codex Sinaiticus, Alexandrinus, Vaticanus statt ἀκολουϑήσει, welches der Codex Ephraemi überliefert) ταῦτα (so der Alexandrinus und Ephraemi). Das Futurum παρακολουϑήσει liegt mit den beiden vorhergehenden Futuris σωϑήσεται καὶ καταχριϑήσεται durchaus nicht in gleicher Ferne: jene beiden ersten Futura gingen auf den jüngsten Tag, diess aber geht auf die Tage bis zu jenem Tage, denn mit Teufeln, Schlangen, Giftbechern, Krankheiten gibt es dann nichts mehr zu thun. Es sollen also σημεῖα, wozu Euthymius sehr richtig schreibt ἤτοι ϑαύματα, denn der folgende Katalog des σημεῖα stellt diese Bedeutung ausser allen Zweifel, denen, welche gläubig geworden sind, beifolgen, gleichsam das Geleite geben. An diesem πιστεύσασιν haben Viele Einschränkungen vorgenommen. Gerhard erkennt in diesen Gläubigen nur Apostel und einzelne apostolische Männer in der Urkirche. *Per τοὺς πιστεύοντας intelliguntur non omnes credentes ad finem usque mundi, sicut hoc vocabulum accipitur Joh. 17, 20: sed credentes in primitiva apostolica ecclesia, nec illi quidem omnes, sed aliqui eorum, qui, cum ipsi credant, etiam aliis evangelium ad fidem in eis excitandam praedicant, inter quos principatum habuerunt apostoli, ideo autem Christus indefinite nominat credentes, quia quod certis quibusdam personis dabatur, id erat commune totius ecclesiae bonum et quae miracula ab uno edebantur, ea valebant ad omnium confirmationem.* Kühnöl geht nicht ein Mal so weit, nur den Aposteln und den 70 Jüngern gilt diese Verheissung. *Per τοὺς πιστεύοντας non omnes Christi sectatores intelligendi sunt, nam non omnes Christiani eiusmodi miracula patrabant, qualia hoc loco describuntur, sed agit Christus hoc loco ut locis parallelis Luc. 24, 48. Joh. 20, 19, cum legatis suis, atque adeo significantur inprimis Apostoli et praeter eos alii tunc tempore praesentes, qui haud dubio e numero septuaginta discipulorum erant, vid. Luc. 24, 33 coll. Luc. 10, 1, 9, 17, etiam infra v. 20 diserte commemorantur ἐκεῖνοι, illi Christi discipuli. quibus ea dixit, quae hoc loco leguntur et ad hos σημεῖα referuntur.* Während diese auf bestimmte Personen die Zusage beschränken, erklären Andere, dass sie nur auf eine ganz bestimmte Zeit gegeben sei. Gregor sagt in seiner *hom. 29: numquidnam, fratres mei, quia ista signa non facitis, minime credidistis? Sed haec necessaria in exordio ecclesiae fuerunt. Ut enim fides cresceret, miraculis fuerat nutrienda: quia et nos cum arbusta plantamus, tamdiu eis aquam infundimus, quousque ea in terra iam convaluisse videamus; et si semel radicem fixerint, in ri-*

gando cessamus. Hinc est enim, quod Paulus dicit (1. Cor. 14, 22): linguae in signum sunt non fidelibus, sed infidelibus. Aehnlich lässt sich Calvin aus: *sicuti miraculis evangelii sui fidem sancierat dominus, quam diu versatus erat in mundo, ita nunc eandem virtutem in futurum tempus propagat, ne putent discipuli alligatam corporali eius praesentiae fuisse. Magnopere enim intererat vigere inter fideles divinam illam Christi potentiam, ut certo constaret resurrexisse a mortuis, quo superstes maneret eius doctrina et immortale esset nomen. — Quamquam autem non exprimit Christus, velitne hoc temporale esse donum, an perpetuo in ecclesia sua residere: magis tamen probabile est, non nisi ad tempus promitti miracula, quae novum et adhuc obscurum evangelium illustrent. Fieri quidem potest, ut ingratitudinis suae culpa mundus hoc honore privatus sit: ego tamen statuo, miraculis hunc proprie impositum fuisse finem, ne qua evangelii doctrinae sub initium deesset approbatio. Et certe videmus, eorum usum non ita multo post cessasse vel saltem adeo rara fuisse eorum exempla, ut colligere liceret non peraeque omnibus saeculis esse communia.* Da aber weder eine Beschränkung auf bestimmte Personen, noch eine Beschränkung auf bestimmte Zeiten hier von dem Herrn angedeutet wird, haben wir auch kein Recht, diese Zeichen in der versuchten Weise zu beschneiden. Es wird diess auch um so weniger angehen, als die Kirche, wenn sie anders der Leib des Herrn ist, auch von den himmlischen Kräften, welche ihm eigen sind, berührt und durchwirkt werden muss. Luther hat daher wohl sehr recht daran gethan, dass er diese Zeichen, die den Gläubigen folgen sollen, für alle Gläubigen aller Zeiten in Anspruch nahm. Er sagt: „wie wollen wir hier thun, dass wir den Spruch wahr behalten, dass wer da glaubt, der soll auch Macht haben und können diese Zeichen thun? Etliche fahren hier zu und legen diese Zeichen geistlich aus; aber sie leiden solche Auslegung nicht, denn damit macht man nur die Schrift wankend und unbeständig. Etliche sagen, dass wiewohl diese Zeichen nicht Jedermann hat und thut, so sind sie doch der ganzen Gemeinde, dem ganzen Haufen der Christenheit gegeben, dass der die Teufel austreibe, der Andere die Kranken gesund mache und so fortan. Darum sagen sie, dass solche Zeichen seien eine Offenbarung des Geistes, dass wo die Zeichen sind, sei auch die christliche Kirche und wiederum. Aber diese Worte wollen nicht gehen auf die Gemeinde, sondern auf jeglichen in Sonderheit, dass die Meinung sei, so ein Christenmensch ist, der den Glauben hat, der soll Gewalt haben, diese nachfolgenden Zeichen (und nicht diese allein) zu thun und sollen ihm folgen, wie Christus Joh. 14, 12, vgl. Matth. 10, 8, Ps. 91, 13 sagt: denn ein Christenmensch hat gleiche Gewalt mit Christo, ist eine Gemeinde und sitzt mit ihm in gesammten Lehen. Wenn ich gläubig bin, so kann ich's thun und steht in meiner Gewalt, denn der Glaube gibt mir so viel, dass mir Nichts unmöglich ist, wenn es von Nöthen ist. Denn Christus hat nicht also geredet, dass sie immer m ü s s e n also ergehen und solches thun, sondern dass sie es Macht haben und k ö n n e n thun. Die Jünger haben sie auch nicht alle Wege geübt, sondern allein das Wort Gottes zu bezeugen und durch die Wunderzeichen dasselbe zu bestätigen, wie denn in dem Text hier steht V. 20. Sintemal aber das Evangelium nun ausgebreitet ist, ist es nicht von Nöthen, Zeichen zu thun wie zu der Apostel Zeiten. Wenn es aber die Noth erfordern würde und sie das Evangelium ängsten und drängen wollten, so müssten wir wahrlich dran und müssten auch

Zeichen thun, ehe wir das Evangelium uns liessen schmähen und unterdrücken." Bengel hat später wieder energisch darauf bestanden, dass
diese Verheissung auch jetzt noch gilt: *hodie quoque in omni fideli fides
latentem habet vim miraculosam: omnis effectus precum revera miraculosus
est, etiamsi non apparcat: etsi in multis et propter ipsorum imbecillitatem
et propter mundi indignitatem, non modo propter ecclesiam plantatam, quamquam prima miracula N. T. revera domino Jesu nomen aeternum pepere-
runt, ea se hodie vis non exserit.* Ihm stimmen Fritzsche, de Wette, Stier,
Bleek, Meyer, Keil u. A. bei. Wie der Herr nicht in einem fort Zeichen
vollbracht, auch nicht diese hier angegebenen Zeichen alle selber gethan
hat, so liegt auch kein Grund vor, warum diese Zeichen alle Zeit seinen
Gläubigen folgen und jeder einzelne Gläubige alle diese nachher aufgezähl-
ten Zeichen wirken sollte. Der Geist theilt seine Gaben aus, wie er will,
dem Einen diess und dem Andern das, welchen letzteren Umstand Calvin
und Grotius noch besonders betonen. Bestimmte Zeichen macht Christus
namhaft, nicht in der Absicht, mit diesen fünf Zeichen alle Zeichen zu
beschreiben, welche den Gläubigen folgen werden, denn von den Aposteln
selbst werden Zeichen in der Apostelgeschichte berichtet, welche wir hier
nicht erwähnt finden, wie z. B. die Gewalt über Leben und Tod, welche
sie sowohl so übten, dass sie aus dem Leben zum Tode befördern (Ananias
und Sapphira 5, 1 ff.), als auch so, dass sie aus dem Tode in das Leben
zurückrufen (Tabea 9, 40 f., Eutychus 20, 9 ff.). Es werden nur etliche
Zeichen gleichsam zur Exemplifikation angegeben.

Jesus spricht: ἐν τῷ ὀνόματί μου δαιμόνια ἐκβαλοῦσι. Weiss protestirt
gegen Meyer, welcher mit den andern Auslegern das nachdrücklich voran-
gestellte ἐν τῷ ὀνόματί μου auf alle folgenden Zeichen beziehet; er will es
über den ersten Satz hinaus sich nicht erstrecken lassen, gleich zu dem
zweiten soll es nicht passen. Was bedeutet hier ἐν τῷ ὀνόματί μου? *Ex
mandato meo*, antwortet man gewöhnlich, allein diese Fassung kann nicht
die richtige sein: sie bahnt zu dieser wohl den Weg und ist ein integriren-
der Bestandtheil derselben, aber nur ein untergeordneter, nicht der domi-
nirende, wesentliche. Oder ist es möglich, mit dieser Auslegung dem
Worte Christi: ἕως ἄρτι οὐκ ἠτήσατε οὐδὲν ἐν τῷ ὀνόματί μου (Joh. 16, 24)
gerecht zu werden? Haben die Apostel nicht vor langer Zeit den Herrn
schon gebeten, dass er sie beten lehre? Haben sie das VaterUnser, welches
er ihnen damals gab, seit der Zeit nie gebetet? Und betet der, welcher
das VaterUnser spricht, nicht in dem Namen Christi, der dieses Gebet
uns gelehrt und uns allein das Recht gegeben hat, den allmächtigen Gott
Himmels und der Erde unsern Vater zu nennen? Es erschöpft also dieses
ex mandato (auctoritate mea, wie Kühnöl sagt) lange noch nicht das ἐν
τῷ ὀνόματι. Bengel schreibt zu dieser Stelle: *in nomine meo, quod fideles
invocant*: gewiss nicht mit Unrecht. Sie haben ja gesehen, wie Christus
mehr denn ein Mal, wenn er ein Wunder wirken wollte, seine Augen zu
Gott dem Vater erhob, der ihm die Wunderkraft verliehen hatte, cf. Matth.
14, 19. 15, 36. Mark. 7, 34. Joh. 11, 41: sollten sie nicht gleicher Weise
sich im Gebet an den wenden, der da versprochen hat, mit Zeichen ihren
Glauben zu krönen, wenn es von Nöthen sei, ein Zeichen zu wirken?
Aber ich möchte über dieses Anrufen des Jesusnamens noch hinausgehen:
der Erlöser bekennt: ἐγὼ ἐτήρουν αὐτοὺς ἐν τῷ ὀνόματί σου (Joh. 17, 12)
und betet: τήρησον αὐτοὺς ἐν τῷ ὀνόματί σου (V. 11); er versteht da doch

wohl unter dem ὄνομα das geoffenbarte Wesen Gottes. Er hat den Namen Gottes ihnen gegeben, und dieser Name Gottes lebt nun in ihnen, eine *communio*, eine *unio*, besteht. Der handelt in dem Namen eines Andern, welcher diesen Namen sich *in succum et sanguinem* verwandelt hat, der eines Geistes mit ihm geworden ist. Als solche, die nicht bloss vor sich her, in dem Munde, sondern in sich. in dem Herzen, den Namen Christi tragen, werden die Gläubigen nun für das Erste Teufel austreiben, wie der Vollmachtgeber es selber gethan hat. Es ist keine Frage; an wirkliche Teufelaustreibungen denkt der Heiland. Der Besessenen gab es damals ausserordentlich Viele in dem h. Lande, sie dokumentirten, dass die Macht des Teufels ihren Höhepunkt erreicht hatte. Die Apostel trieben von solchen Dämonischen wirklich Dämonen aus. Wir lesen Apostelg. 5, 16: „es kamen auch herzu Viele von den umliegenden Städten gen Jerusalem und brachten die Kranken und die von unsaubern Geistern gepeiniget waren: und wurden alle gesund." Philippus, der Armenpfleger, stand nicht hinter ihnen zurück, „denn die unsaubern Geister fuhren aus vielen Besessenen mit grossem Geschrei", heisst es dort 8, 7 in der Beschreibung seiner grossartigen Wirksamkeit in Samaria. „Ich gebiete dir in dem Namen Jesu Christi, dass du von ihr ausfahrest," so sprach Paulus (Apostelg. 16, 18) zu dem Wahrsagergeist in einer Magd, „und er fuhr aus zu derselbigen Stunde." Ja vor seinem Schweisstuch und Koller entwichen schon die bösen Geister 19, 12. Diese Macht erhielt sich nachweislich noch lange in der Christenheit; Irenaeus schreibt 2, 57 (Ben. 2, 32, 4): *in nomine Christi, qui vere illius sunt discipuli, ab ipso accipientes gratiam, perficiunt ad beneficia reliquorum hominum, quemadmodum unusquisque accepit donum ab eo. Alii enim daemones excludunt firmissime et vere, ut etiam saepissime credant ipsi, qui emundati sunt a nequissimis spiritibus, et sint in ecclesia.* Aehnlich Justinus in der *apologia minor* c. 6: καὶ νῦν ἐκ τῶν ὑπ' ὄψιν γινομένων μαθεῖν δίνασθε. δαιμονιολήπτους γὰρ πολλοὺς κατὰ πάντα τὸν κόσμον καὶ ἐν τῇ ὑμετέρᾳ πόλει πολλοὶ τῶν ἡμετέρων ἀνθρώπων τῶν Χριστιανῶν, ἐπορχίζοντες κατὰ τοῦ ὀνόματος Ἰησοῦ Χριστοῦ, τοῦ σταυρωθέντος ἐπὶ Ποντίῳ Πιλάτῳ, ὑπὸ τῶν ἄλλων πάντων ἐπορχιστῶν καὶ ἐπῳστῶν καὶ φαρμακευτῶν μὴ ἰαθέντας ἰάσαντο καὶ ἔτι νῦν ἰῶνται, καταργοῦντες καὶ ἐκδιώκοντες τοὺς κατέχοντας τοὺς ἀνθρώπους δαίμονας. Gregor sprang schon zu der geistlichen Deutung über: *habemus,* schreibt er in der angezogenen Homilie, *de his signis atque virtutibus, quae adhuc subtilius considerare debeamus. Sancta quippe ecclesia quotidie spiritualiter facit, quod tunc per apostolos corporaliter faciebat. Nam sacerdotes eius, cum per exorcismi gratiam manum credentibus imponunt, et habitare malignos spiritus in eorum mente contradicunt, quid aliud faciunt, nisi daemonia eiiciunt?* Nach Lange sollen sich die Boten und Träger des Heiles zuerst siegreich in der Welt des geistigen Lebens bewähren. Sie werden die Dämonen austreiben, die dämonisch-düsteren Stimmungen in der Welt überwinden, die dämonischen Kräfte brechen, die dämonischen Mächte aus der Menschenwelt hinauswerfen.

Das zweite Zeichen: γλώσσαις λαλήσουσιν καιναῖς (der Codex Ephraemi hat dieses Adjektivum nicht). Was ist darunter zu verstehen? Die Alten waren einig, die Neueren gehen wunderbar aus einander. Die Einen fassen dieses Reden καιναῖς γλώσσαις als Reden in Lauten, in einzelnen Tönen und nicht in verständlichen Worten und in zusammenhängenden Sätzen.

Bardili kam meines Wissens zuerst auf ein undeutliches Reden mit der Zunge; Eichhorn, Kahnis u. A. nahmen später ein Tönen in Zungen, also ein Lallen, Stammeln, Jauchzen, Frohlocken an. Wieseler (Studien und Kritiken 1838, 703 ff.) entscheidet sich für einen Erguss in leisen, unartikulirten Tönen, in scheinbar unsinnigen und zwecklosen Worten: David Schulz (Die Geistesgaben der ersten Christen, 1836) aber für ein mit lebhafter Deklamation und Gestikulation verbundenes, lautschallendes Jubelgeschrei ohne eigentliche Gedankenmittheilung. Wir müssen alle diese Auffassungen ganz entschieden abweisen. Wir erfahren allerdings in der Apostelgeschichte und in den Korintherbriefen von Glossolalien ein Mehreres, allein wir verzichten darauf, aus jenen Mittheilungen diese Ansicht zu widerlegen, denn wir können nicht mit absoluter Sicherheit den Beweis führen, dass jene Erscheinungen Erfüllungen dieser Verheissung sind: unsere Stelle setzt uns aber schon vollständig in Stand. Von einem $\lambda\alpha\lambda\epsilon\tilde{\imath}\nu$ redet Christus: kann man solch ein Sichverlautbaren ein $\lambda\alpha\lambda\epsilon\tilde{\imath}\nu$ nennen? Auf keinen Fall; $\lambda\alpha\lambda\epsilon\tilde{\imath}\nu$, welches Markus 1, 34; 2, 2, 7; 4, 33, 34; 5, 35, 36; u. s. w. so gern gebraucht, bedeutet Sprechen, Reden, seine Gedanken in verständlichen Worten und richtigen Sätzen einem Andern mittheilen.

Andere fassen $\lambda\alpha\lambda\epsilon\tilde{\imath}\nu$ ganz richtig als Reden, verstehen aber unter $\gamma\lambda\tilde{\omega}\sigma\sigma\alpha\iota$ eine ganz bestimmte Art von Wörtern und Ausdrücken, nämlich Archaismen, Idiotismen, Provinzialismen u. dergl. Bleek hat in einer sehr gelehrten Abhandlung (Studien und Kritiken 1829, 3 ff. u. 1830, 45 ff.) diese Meinung verfochten; allein an dieser Stelle ist sie ebenso wenig haltbar als an den andern Stellen. Wie lassen sich Archaismen, Idiotismen u. dergl. mehr als $\gamma\lambda\tilde{\omega}\sigma\sigma\alpha\iota$ $\varkappa\alpha\iota\nu\alpha\iota$ bezeichnen? Solche Wort- und Sprachformen sind nicht neu, sondern alt: oder heissen sie etwa darum hier neu, weil sie jetzt zum ersten Male frischweg in den Dienst des Heiligen hineingenommen werden? Der Neuheit der Zungen will Herder so gerecht werden, dass er $\gamma\lambda\tilde{\omega}\sigma\sigma\alpha\iota$ als Auslegungsweisen fasst: Christus soll verheissen, dass seine Gläubigen die alten Propheten nicht in der alten, hergebrachten Weise der Schriftgelehrten auslegen werden, sondern in einem neuen Geiste. Allein wer kann das in diesen einfachen Worten $\gamma\lambda\tilde{\omega}\sigma\sigma\alpha\iota\varsigma$ $\lambda\alpha\lambda\acute{\eta}\sigma\upsilon\sigma\iota\nu$ $\varkappa\alpha\iota\nu\alpha\tilde{\iota}\varsigma$ finden? Heisst $\gamma\lambda\tilde{\omega}\sigma\sigma\alpha$ in dem Munde des Volkes Auslegung? Wo ist eine Andeutung, dass dieses $\lambda\alpha\lambda\epsilon\tilde{\imath}\nu$ auf das Alte Testament zurückgreift? In Psalmen, Lobgesängen und geistlichen Liedern redeten die Gläubigen mit einander; aber dass sie einander Mosen und die Propheten erschlossen hätten, hören wir nirgends. Gerathen ist es jedenfalls, $\gamma\lambda\tilde{\omega}\sigma\sigma\alpha$ in dem gewöhnlichen Sinne zu belassen, da jedes Anzeichen fehlt, dass es anders gemeint ist. Die Zunge, das ist die erste Bedeutung des Wortes. Wir können es daher nur billigen, dass Paulus, Baur u. A. von hier aus ihren Ausgangspunkt genommen haben. Paulus schreibt: „$\gamma\lambda\acute{\omega}\sigma\sigma\alpha\iota\varsigma$ $\varkappa\alpha\iota\nu\alpha\tilde{\iota}\varsigma$ $\lambda\alpha\lambda\epsilon\tilde{\imath}\nu$ mit neuen, mit neuer Kraft und Fertigkeit gleichsam neubelebten, ungewöhnlich thätigen Zungen reden, das ist, denen es sonst schwer wurde, mit Beredsamkeit sich auszudrücken, werden gleichsam neue Zungen gewachsen sein." Wir können mit dieser Erklärung auch nichts anfangen, denn erstens ist nirgends gesagt, dass die alte Zunge schwer und die neue Zunge leicht sei — diese näheren Bestimmungen sind hereingetragen —, und zweitens dürften wir dann wohl erwarten, dass der Herr gesagt hätte $\gamma\lambda\acute{\omega}\sigma\sigma\eta$ $\lambda\alpha$-

λήσουσιν καινῇ, denn nicht mit verschiedenen neuen Zungen konnte der Einzelne reden. Baur, welcher sich eingehend mit diesem höchst interessanten Probleme beschäftigt hat (Studien und Kritiken 1838, 618 ff.), erklärt dieses Sprachenzeichen so: „es war eine höhere Ausdrucksweise, ein begeistertes, vom Geiste gewirktes Reden; nur bestand es nicht bloss im Gebrauche einzelner fremdartiger Ausdrücke, weil ein solcher an und für sich keinen begeisterten Vortrag ausmachen kann, sondern es war ein Reden, das durchaus einen höheren Charakter an sich trug, eine höhere, vollkommenere Sprache, nur keine menschliche Sprache und kein Reden in verschiedenen menschlichen Sprachen, sondern es war die Sprache des Geistes, wie er sich in den Christen aussprach, dessen neues Lebensprinzip er geworden ist." Baur gesteht selbst offen und ehrlich ein, dass seine Beschreibung des Zungenredens nicht auf diese Evangelienstelle und auf den Bericht über das Pfingstwunder passe. Ewald hat es aber versucht, diese Auffassung auch an diesen beiden Stellen festzuhalten. Das Zungenreden ist ihm das Aufjauchzen und Aufseufzen des in der Welt noch ganz fremden Christenthums. Allein, lässt sich γλῶσσα so fassen, dass es solch eine höhere Ausdrucksweise, solch eine Sprache des Geistes bezeichnet? Hat der Eine Geist verschiedene Zungen-Sprachen? Muss diese höhere Ausdrucksweise, diese Sprache des Geistes nicht eine einzige, allgemeine sein? Wir sehen, es geht mit γλῶσσα gleich Zunge nicht in unserer Stelle und werden so zu der Auffassung hingedrängt, welche in der christlichen Kirche von Anfang an ist herrschend gewesen. Wir könnten sagen, dass die Apostelgeschichte schon den Kommentar zu dieser Verheissung γλώσσαις λαλήσουσιν καιναῖς liefere, denn zugestanden muss werden, dass der Bericht des Lukas darauf führt, dass die Apostel, als sie an dem Tage der Pfingsten anfingen λαλεῖν ἑτέραις γλώσσαις (2, 4) in verschiedenen Dialekten (ἐν τῇ ἰδίᾳ διαλέκτῳ V. 8), Sprachen also, zu den gottesfürchtigen Männern aus allerlei Volk redeten. Origenes, Augustinus, Hieronymus, Chrysostomus, Leo, Gregorius, Theophylaktus, Euthymius, Beda, Erasmus, Luther, Calvin, Beza, Gerhard, Grotius, Calov haben sich für neue Sprachen erklärt und hierin die Zusage gefunden, dass die Gläubigen in Sprachen reden würden, welche sie bis dahin weder geredet noch überhaupt gelernt hatten, wunderbar durch den Herrn, der in allen Zungen und Sprachen das Evangelium will verkündigt haben, dazu in den Stand gesetzt. Gut sagt Beza: *novas linguas appellat non recenter fabricatas, sed peregrinas et quas numquam antea nossent, qui singulari spiritus munere repente evadebant earum periti.* In seinem Namen also werden sie das thun: wir wissen nicht, warum ἐν ὀνόματί μου nicht zu diesem Zungenreden passen soll: ihre Zugehörigkeit zu dem Herrn, ihre Salbung mit dem h. Geiste verhilft ihnen zu dieser Sprachfertigkeit. Eine Erfüllung dieser Verheissung finden wir, wie schon bemerkt, in Apostelgeschichte 2. Gregor fasste dieses Zungenreden wieder geistlich: *et fideles quique, qui iam vitae veteris saecularia verba derelinquunt, sancta autem mysteria insonant, conditoris sui laudes et potentiam, quantum praevalent, narrant, quid aliud faciunt, nisi novis linguis loquuntur.* Lange findet angegeben, dass die Gläubigen jene Siege über die Verderbnisse der kranken Geisterhaftigkeit in der Kraft des neuen, schönen und seligen Geisteslebens gewinnen werden, welches sich darin offenbaren wird, dass sie in neuen Zungen reden.

Drittes Zeichen: ὄφεις ἀροῦσιν, wovor einige alte Handschriften —

der Codex Ephraemi an der Spitze — noch die Worte setzen: καὶ ἐν ταῖς χερσίν. Luther, Heumann, Paulus (in seinem exegetischen Handbuche) erklären: Schlangen werden sie fortschaffen, vertreiben, verbannen; Theophylaktus und Euthymius sagen, dass es auch heissen könne: Schlangen werden sie umbringen, was auch Glöckler's Ansicht ist. Meyer wendet hiergegen ein, der Ausdruck sei ungehörig und sonderbar, die Sache selbst im Kontext nicht wunderbar genug. Das Letztere kann ich nicht zugeben, allerdings ist das Schlangentödten an und für sich noch kein Wunder, aber ziehen wir ἐν τῷ ὀνόματί μου mit Meyer dazu, so möchte doch ein Zeichen resultiren. Es würde ja dann jedes andere Mittel zur Vertreibung und Erlegung derselben ausgeschlossen: im Namen Christi würden sie dann den Schlangen gebieten, sich von dannen zu heben, zu verenden, und jene würden es thun. Allein αἴρειν kommt, wenn es mit einem Thiere verbunden wird, nie in dem Sinne vor, dasselbe tödten und ὄφεις αἴρειν, das können wir nicht leugnen, heisst zu allererst: Schlangen in die Hand nehmen und in die Höhe heben. Gelangen wir hiermit zu einem vernünftigen Sinn, so haben wir keinen Grund, weiter zu gehen. Theophylaktus und Euthymius wollen auch diese Auffassung, Grotius, Baumgarten-Crusius, Bleek, Ewald, Meyer, Keil folgen. Wie ist dieses Aufheben der Schlangen zu denken? Gewiss nicht so, wie in der alten Welt Zauberer schon Schlangen in die Hand nahmen (Virgilius Aen. 7, 753; Silius Ital. 3, 300 ff.; Plinius h. n. 25, 5. 28, 4; Gellius 16, 11; Aelian. anim. 17, 5) und wie diese Kunst dem grossen Napoleon in Aegypten noch vorgeführt wurde, denn mit solchen Incantationen haben Christi Jünger nichts zu schaffen: wesshalb Paulus in seinem Kommentare es nicht hätte befürworten sollen. In seinem Namen fassen sie die Schlangen an, nicht in der Absicht, ein epideiktisches Wunder vor den Leuten zu verrichten: wie kann in dem Namen dessen, der jedes epideiktische Wunder entschieden von sich weist, ein solches vollbracht werden? Wir haben sicher an solches Schlangenaufheben zu denken, wie uns Apostelg. 28, 3 ff. von Paulus erzählt wird. Meyer erklärt freilich, „das Faktum mit der Otter an der Hand Pauli ist anders": leider spricht er sich nicht weiter aus. Ich vermuthe, er findet es desshalb anders, weil Paulus die Otter nicht mit Wissen und Willen anfasst: allein in dem ἀροῦσιν liegt durchaus nicht, dass der, welcher die Schlange aufhebt, es mit Absicht thut. Das Austreiben der Dämonen kann allerdings nicht in dieser unbewussten Weise geschehen, aber Schlangen sind keine Dämonen und ein Aufheben noch kein Austreiben. Gregorius bleibt sich hier auch treu: *qui dum bonis suis exhortationibus malitiam de alienis cordibus auferunt, serpentes tollunt.* Nach Lange verheisst Christus, dass sich die Macht des Heilslebens der Gläubigen auch in dem Gebiete der irdischen Natur kund geben werde: sie werden die Schlangen, das giftige Gewürm anfassen und hinauswerfen. In seiner Arbeit über das Evangelium des Markus ist ihm dieser Gedanke aber zu nüchtern: sie werden Schlangen als Signale des Triumphes aufpflanzen mit heilender Wirkung, besagt ihm jetzt dieser Satz. Abenteuerlich nennt Meyer diesen Gedanken: αἴρειν heisst nie für sich allein aufpflanzen, σημεῖα dürfte dann auf keinen Fall hier fehlen.

Viertes Zeichen: κἂν θανάσιμόν τι πίωσι, οὐ μὴ αὐτοὺς βλάψῃ. Wie bei den Schlangen nicht bemerkt wird, ob sie dieselben bewusst oder unbewusst aufheben, so fehlt auch hier jede Angabe darüber, ob der giftige, tödtliche Trank von ihnen selbst ohne Wissen und Willen genommen oder ob er ihnen von Andern in böser Absicht gereicht wird. Die Ausleger denken insgesammt nur an den letzten Fall: ich sehe aber nicht ein, warum der erste ausgeschlossen sein soll. Auf ihren Reisen konnten die Jünger ja vielfach in die Lage kommen, aus Quellen und Bächen zu trinken, deren Wasser in hohem Grade gefährlich war. Bleibeu wir bei dem letzten Fall stehen, so ist es ja weltbekannt durch den Schierlingsbecher, welcher dem Sokrates zudekretirt wurde, dass man sich durch Gift unleidlicher, gefährlicher, verderblicher Menschen zu entledigen suchte. Die Verheissung wird hier den Gläubigen ertheilt, dass der Gifttrank, welchen sie entweder aus Unwissenheit selbst zu sich nehmen, oder den sie von hinterlistigen Menschen heimlich vorgesetzt oder von menschlichen Gerichten öffentlich zuerkannt erhalten, ihnen keinen Schaden thun, ihnen also das Leben weder augenblicklich nehmen, noch schweren Krankheiten und beständigem Siechthum unterwerfen soll. Ganz ohne schädliche Wirkung wird das stärkste Gift bei ihnen bleiben. Meyer findet in diesem, wie in dem vorigen Zeichen einen apokryphischen Ansatz; Strauss, Keim u. A. natürlich mehr als einen Ansatz. Die Apostelgeschichte bietet uns keine Erfüllung dieser Verheissung. Eusebius berichtet aber in seiner h. e. 3, 39, dass Papias erzähle: καὶ αὖ πάλιν ἕτερον παράδοξον περὶ Ἰούστον τὸν ἐπικληθέντα Βαρσαβᾶν γεγονός· ὡς δηλητήριον φάρμακον ἐμπιόντος καὶ μηδὲν ἀηδὲς διὰ τὴν τοῦ κυρίου χάριν ὑπομείναντος. Abdias in der ap. histor. 5, 20, und der autor der Schrift de morte sanctorum (welche unter den Werken des Isidorus Hispalensis zu finden ist) c. 73: bibens lethiferum haustum non solum evasit periculum, sed eodem prostratos poculo in vitae reparavit statum, wissen Gleiches von dem Evangelisten Johannes. Wenn Meyer erwähnt, dass bei Augustinus sich diese Sage auch schon finde, so hat er sicher c. 22 der Schrift soliloquium animae ad Deum — pro hac (dulcedine divina) quoque gustanda veneni poculum intrepidus Joannes potavit — im Auge; allein er hat übersehen, dass wohl die beiden Bücher soliloquia ächt sind, dieses Schriftchen aber dem grossen Kirchenvater untergeschoben ist. Gregor fährt in seiner allegorischen Deutung so fort: et dum pestiferas suasiones audiunt, sed tamen ad operationem pravam minime pertrahuntur, mortiferum quidem est, quod bibunt, sed non eis nocebit. Lange deutet, dass ihr ganzes Leben in seiner neuen Mächtigkeit von dem schädlichen Einfluss der tödtlichen Gifte, die ihnen etwa gereicht werden, befreit sein wird, und immer mehr zur Ueberwindung aller schädlichen Einflüsse erstarkt.

Fünftes Zeichen: ἐπὶ ἀῤῥώστους χεῖρας ἐπιθήσουσιν, καὶ καλῶς ἕξουσιν. Auf die χαρίσματα ἰαμάτων (1. Kor. 12, 9) weist Jesus hier hin. In seinem Namen werden sie ihre Hände auf Kraftlose, Krüppel, Kranke legen und eine stärkende, heilende Kraft wird von ihnen, den Knechten Christi, ausgehen und sie, die Kranken nämlich, werden sich besser befinden, genesen, gesunden. Lange betrachtet als Subjekt in dem Satze καλῶς ἕξουσιν nicht die ἄῤῥωστοι, sondern die handauflegenden Gläubigen, „den beiden vorigen Parallelen gemäss", ich hätte vorsichtiger nur von einer gesprochen. Allein eine Parallele ist nicht nothwendig: eine Antithese thut es auch, und zwar diese: wenn sie euch tödtliches Gift beibringen, schadet es euch nicht, wenn ihr aber eure lebendige Kraft auf sie übertragt, hilft es ihnen. Das kann doch auch kein Zeichen sein, dass sie die Hände auflegen, selbst aber in dem besten Wohlsein sich befinden, denn dass ihr Handauflegen den Kranken Heilung bringt, ist dann gar nicht ausgesagt. Die heilige Schrift berichtet von einer grossen Menge von Krankenheilungen, welche die Apostel in dem Namen des Herrn vollzogen. Zu dem Lahmen, der in der schönen Thüre des Tempels lag, sprach Petrus: „im Namen Jesu Christi von Nazareth, stehe auf und wandle! und griff ihn bei der Hand und richtete ihn auf und alsobald standen seine Schenkel und Knöchel fest, er sprang auf, konnte stehen und gehen.“ Apostelg. 3, 6 ff. Ja nicht ein Mal die Hand brauchten sie auf die Kranken zu legen, ihr blosser Schatten wirkte schon Wunder. „Es wurden aber,“ lesen wir 5, 14, „je mehr zugethan, die da glaubten an den Herrn, eine Menge der Männer und der Weiber, also dass sie die Kranken auf die Gassen heraustrugen und legten sie auf Betten und Bahren, auf dass, wenn Petrus käme, sein Schatten ihrer Etliche überschattete. Es kamen auch herzu Viele von den umliegenden Städten gen Jerusalem und brachten die Kranken — und wurden alle gesund.“ Philippus, der Armenpfleger, machte in Samarien viele Gichtbrüchige und Lahme gesund 8, 7; Petrus heilt zu Lydda den Aeneas 9, 33 ff. Es ist unnöthig, noch weiter in der Apostelgeschichte zu suchen, denn der Umstand, dass von Charismen der Heilung selbst geredet wird, beweist, dass ihre Zahl Legion gewesen ist. Diese Gnadengabe hielt noch lange an: Irenaeus sagt *l. c.*: *alii autem laborantes aliqua infirmitate per manuum impositionem curant et sanos restituunt.* Origenes bezeugt, dass dieses Charisma, allerdings nicht mehr in der Mächtigkeit, wie in dem Anfange, vorhanden sei, denn c. Cels. 1, 2 sagt er: διὰ τὰς τερaστίους δυνάμεις ἃς κατασκευαστέον γεγονέναι καὶ ἐκ πολλῶν μὲν ἄλλων, καὶ ἐκ τοῦ ἴχνη αἰτῶν ἔτι σώζεσθαι παρὰ τοῖς κατὰ τὸ βούλημα τοῦ λόγου βιοῦσιν. Er hält aber doch triumphirend dem Celsus 3, 24 entgegen, der mit Aesculapius geprahlt hatte: ἡμεῖς γάρ, εἰ τοῦτο σεμνὸν εἶναι νομίζει, ἐναργῶς δείκνυμεν ἀμύθητόν τι πλῆθος Ἑλλήνων καὶ βαρβάρων ὁμολογούντων τῷ Ἰησοῦ. Τινὲς δὲ σημεῖα τοῦ εἰληφέναι τι διὰ τὴν πίστιν ταύτην παραδοξότερον ἐπιδείκνυνται, ἐν οἷς θεραπεύουσι· οὐδὲν ἄλλο καλοῦντες ἐπὶ τοὺς δεομένους θεραπείας, ἢ τὸν ἐπὶ πᾶσιν θεὸν καὶ τὸ τοῦ Ἰησοῦ ὄνομα μετὰ τῆς περὶ αὐτοῦ ἱστορίας. τούτοις γὰρ καὶ ἡμεῖς ἑωράκαμεν πολλοῖς ἀπαλλαγέντας χαλεπῶν συμπτωμάτων καὶ ἐκστάσεων καὶ μανιῶν καὶ ἄλλων μυρίων, ἅπερ οὔτ’ ἄνθρωποι οὔτε δαίμονες ἐθεράπευσαν. Gregorius hält seine geistliche Auffassung bis auf das Letzte fest: *quid quoties proximos suos in bono opere infirmari conspiciunt, dum eis tota virtute concurrunt et exemplo suae operationis illorum vitam roborant, qui in propria actione titubant; quid aliud faciunt, nisi super aegros manus imponunt, ut bene habeant?* Lange kehrt hier auf ein Mal zu der wörtlichen Auffassung zurück: die Gläubigen werden sich als die wahren Boten der Heilkraft Christi auch in der Sphäre des leiblichen Lebens bewähren. Sie werden den Kranken die Hände auflegen und sie werden gesund sein.

Ueberblicken wir diese Zeichen, so zeigt sich, dass diese fünf namhaft gemachten nicht gedankenlos herausgegriffen sind, sondern sich sinnig an einander reihen. Die Gläubigen sollen für das Erste Macht über den Teufel und seine dienstbaren Geister haben, also die Werke, das Reich des Teufels zerstören; mit ihren neuen Zungen sollen sie Gott im Himmel preisen, der ihnen diese Macht gegeben hat, und da diese Zungen, wie wir uns überzeugt haben, Sprachen sind, Gottes Grossthaten in allen Zungen und Sprachen verkünden; wenn sie so mit neuen Zungen predigend ausgehen, werden sie auf Schlangen treffen, ohne dass sie es ahnen, wissen, droht ihnen die allerhöchste Gefahr, aber sie werden wie unschuldige Kinder mit diesen Schlangen spielen und nichts erleiden; ja, wenn man sie, sei es überlistet, sei es überwältigt hat, dass sie ganz in der Hand fremder, feindseliger Mächte sind, so wird ihnen doch kein Haar auf dem Haupt gekrümmt werden; unverwüstliches Leben ist in ihnen und strömt durch die Auflegung ihrer Hände nach allen Seiten hin aus. Wir werden durchaus nicht sagen dürfen, dass diese Zeichen nur in den ersten Zeiten den Gläubigen nachgefolgt sind auf Schritt und Tritt: wir haben sie zu erwarten bis an das Ende dieses Weltlaufes. Diese Zeichen fehlen auch jetzt nicht in dem Hause Gottes: strahlen sie nicht mehr so hell, wie in dem Anfange, so haben wir ein Mal daran zu denken, dass Alles, was neu ist, auch am Meisten glänzt, und zum Andern daran, dass diese Zeichen doch wohl nur Formen, Prototypen, Repräsentanten sind. Nicht in den Dämonischen allein halten sich Teufel auf, der Teufel ist der Fürst der Welt, so weit sie noch nicht zu dem Herrn bekehrt ist: es werden demnach noch heute Teufel ausgetrieben, wenn die dämonische Macht, welche über einem Menschen, über einem ganzen Volke waltet, gebrochen wird. Die neuen Zungen folgen noch den Gläubigen. Jene neuen Sprachen waren eine Weissagung, dass in allen Sprachen der Welt die grossen Thaten Gottes verkündet und gepriesen werden sollten. Der Gläubige, welcher in die Harfe greift und dem Gott aller Gnade sein Lied singt, oder vor der versammelten Gemeinde die grossen Heilsthaten erwecklich predigt, oder von dem Heiland aller Menschen den armen Heiden erzählt in der Sprache, darin sie geboren sind, redet mit neuen Zungen. Führen wir in dieser Weise das Einzelne, das Phänomen auf das Genus zurück, zu welchem es gehört, auf die Idee, welche in ihm sich darstellt, so erkennen wir, was Christus gesagt hat von den Zeichen, die dem Gläubigen folgen werden, hat heute noch seine volle Gültigkeit. Es geht uns leider meistens so, wie dem Knaben des Propheten Elisa, der die feurigen Rosse und Wagen, welche um den Propheten waren, nicht sah, bis dass ihm die Augen geöffnet wurden. (2. Kön. 6, 15 ff.)

Wir schliessen hieran das Schlusswort bei Matthäus: καὶ ἰδοὺ ἐγὼ μεϑ' ὑμῶν εἰμι πάσας τὰς ἡμέρας ἕως τῆς συντελείας τοῦ αἰῶνος, das in dem *textus receptus* angefügte ἀμήν ist aus liturgischen Rücksichten hereingekommen, es fehlt im Sinaiticus, Alexandrinus, Vaticanus, Cantabrigiensis. Der Zusammenhang mit dem Vorhergehenden ist sehr durchsichtig. Ausgehen sollen die Apostel mit der Predigt des Evangeliums in alle Welt, um das Reich des Herrn unter allen Völkern aufzurichten. Was haben sie dabei nicht für Nöthe und Gefahren, Anfeindungen und Verfolgungen zu erwarten? Sie haben es ja bei Christus gesehen, wie bald das angenehme Jahr zu Ende ging und sich eine mächtige Partei wider ihn erhob! Welchen Widerspruch musste er nicht ertragen? Wie wuchs die Macht seiner Gegner? Am Kreuze beschloss er sein Leben! Können sie auf ein anderes Los rechnen? Die Kinder Israel haben, von den Hohenpriestern und Obersten des Volkes missleitet, ihre Stellung schon genommen: der Ausschluss aus der Synagoge ist über jeden Anhänger Christi schon verhängt, das Todesurtheil über den Meister hat das Todesurtheil über seine Getreuen zur nothwendigen Folge. Ueber die Grenzen Palästinas hinaus weist sie das Wort Christi hinein in die Länder der Heiden. Wer sind sie? Angehörige eines missachteten, verspotteten, zertretenen Volkes, Männer ohne alles Vermögen, Ansehen, Bildung und Gelehrsamkeit, Leute, welche die Sprache ihres Volkes nicht ein Mal rein reden, und die Sprache, deren sie sich draussen unter den Heiden bedienen müssen, bloss leidlich verstehen, aber durchaus nicht fliessend sprechen. So schlimm ihre Stellung ist der heidnischen Bildung gegenüber, ebenso misslich ist ihre Lage der heidnischen Gewalt und Obrigkeit gegenüber. Werden die verschiedenen Staaten, wird der Staat, welcher hier vor allen andern als die weltgebietende Macht in Betracht kommt, die Predigt des Evangeliums dulden, welche die alten Götter entthront und den herkömmlichen Volksglauben zerstört und einen neuen Gott, einen neuen Cultus einführt. Wir wissen, wie verwachsen in der alten Welt Religion und Politik waren; war bei den Römern doch Staat und Religion so sehr eins, dass das Oberhaupt des Staates auch Oberpriester, *pontifex maximus* war. Es ist vorauszusehen, dass, wie das Volk in denjenigen, welche den alten Göttern nicht dienen, ἄθεοι, irreligiöse, gottlose Menschen erkennt, die Lenker des Gemeinwesens in diesen Herolden einer neuen Religion gemeingefährliche, alles Bestehende mit Umsturz bedrohende Leute sehen, gegen welche mit allen Mitteln der Gewalt vorzugehen ist. Zu diesem Allen nehme man noch hinzu den Widerstand, welchen der natürliche Mensch, der von seinem verderbten Wesen nicht lassen mag, nothwendig leistet; diesen Widerspruch des Fleisches und Blutes, des Verstandes gegen das Evangelium. Wir müssen gestehen: Muth mussten die Boten Christi besitzen, einen Muth, der mit dem Muthe eines Kriegers sich nicht bloss messen kann, der in einen heissen Kampf hineinzieht, sondern nach dem edlen Geständnisse eines berühmten Kriegshelden, des alten, ehrlichen Georg von Frundsberg, jenem weit überlegen ist. Der Herr spricht darum ein Wort der Ermuthigung zu den Seinen: καὶ ἰδοὺ ἐγὼ εἰμὶ μεθ' ὑμῶν πάσας τὰς ἡμέρας ἕως τῆς συντελείας τοῦ αἰῶνος. Das ἰδού spannt, bereitet auf ein gewichtiges, majestätisches Wort vor. Sein ἐγώ wirft Christus mit aller Kraft in die Wagschale: sie sollen nur thun, was er ihnen gebietet, und sich nicht fürchten, er will auch das Seine thun, er wird Alles wohl machen. Gut bemerkt Calvin zu unserer Stelle: *quia provinciam Christus mandabat apostolis, quam minime obire poterant, humana tantum virtute freti, coelestis sui praesidii fiducia eos animat. Nam antequam se illis affuturum promitteret, praefatus est, se esse regem coeli ac terrae, qui manu sua et imperio omnia gubernet. Ergo emphatice legendum est hoc pronomen, ego; acsi dixisset, si officio suo strenue defungi vellent apostoli, non respiciendum esse, quid ipsi possent, sed iniuncta eius potestate nitendum esse, sub cuius auspiciis militant.* Er, der sich eben erst als den in der feierlichsten Weise bekannt hat, dem alle Gewalt im Himmel und auf Erden gegeben ist, er also, der Herr aller Dinge, der zu der Rechten des allmächtigen Gottes sitzt, verheisst: ἐγὼ εἰμὶ μεθ' ὑμῶν. Dieses Wort scheint einer Reihe von andern Worten Christi zu widersprechen, in welchen er ganz bestimmt aussagt, dass er nicht alle Zeit bei uns sei. Wir lesen Joh. 12, 8: τοὺς πτωχοὺς πάντοτε ἔχετε μεθ' ἑαυτῶν, ἐμὲ δὲ οὐ πάντοτε ἔχετε. 14, 25: ταῦτα λελάληκα ὑμῖν παρ' ὑμῖν μένων. 16, 4: ἀλλὰ ταῦτα λελάληκα ὑμῖν, ἵνα, ὅταν ἔλθῃ ἡ ὥρα, μνημονεύητε αὐτῶν, ὅτι ἐγὼ εἶπον ὑμῖν· ταῦτα δὲ ὑμῖν ἐξ ἀρχῆς οὐκ εἶπον, ὅτι μεθ' ὑμῶν ἤμην. Vgl. noch 14, 3; 17, 11: καὶ οὐκέτι εἰμὶ ἐν τῷ κόσμῳ καὶ οὗτοι ἐν τῷ κόσμῳ εἰσὶ καὶ ἐγὼ πρὸς σὲ ἔρχομαι. V. 12: ὅτε ἤμην μετ᾽ αὐτῶν ἐν τῷ κόσμῳ, ἐγὼ ἐτήρουν αὐτοὺς ἐν τῷ ὀνόματί σου. Also sagt Christus einer Seits aus, dass er nicht mehr bei den Jüngern in dieser Welt sei, und anderer Seits, dass er bei ihnen sei. Das Räthsel löst sich nur dadurch, dass die Art und Weise seines Seins bei den Seinen in dieser Welt nicht alle Zeit eine gleiche ist: er war bei ihnen in den Tagen seines Fleisches in einer anderen Weise gegenwärtig, als er es jetzt ist in den Tagen seiner Herrlichkeit: damals war er leiblich handgreiflich, sichtbar ihnen nahe, von nun an wird er ihnen in der Weise nahe sein, die er selbst Joh. 14, 23 (ἐάν τις ἀγαπᾷ με, τὸν λόγον μου τηρήσει καὶ ὁ πατήρ μου ἀγαπήσει αὐτὸν καὶ πρὸς αὐτὸν ἐλευσόμεθα καὶ μονὴν παρ᾽ αὐτῷ ποιήσομεν) und V. 16 ff.: (ἐγὼ ἐρωτήσω τὸν πατέρα καὶ ἄλλον παράκλητον δώσει ὑμῖν, ἵνα μένῃ μεθ᾽ ὑμῶν εἰς τὸν αἰῶνα, τὸ πνεῦμα τῆς ἀληθείας, ὃ ὁ κόσμος οὐ δύναται λαβεῖν — ὑμεῖς δὲ γινώσκετε αὐτό, ὅτι παρ᾽ ὑμῖν μένει καὶ ἐν ὑμῖν ἔσται. οὐκ ἀφήσω ὑμᾶς ὀρφανούς· ἔρχομαι πρὸς ὑμᾶς) andeutet, geistlich, übersinnlich, unsichtbar. *Modus autem praesentiae*, sagt Calvin sehr richtig, *quam dominus suis promittit, spiritualiter intelligi debet: quia ut nobis auxilietur non opus est e coelo descendere, cum spiritus sui gratia, quasi extenta manu e coelo, nos iuvare possit.* Die Begründung: *Nam qui secundum corpus immenso locorum spatio a nobis distat, non modo per totum mundum spiritus sui efficaciam diffundit, sed in nobis quoque vere habitat:* können wir aber nicht loben, denn der Reformator wird sich darin wohl irren, dass er den Himmel, in welchem der erhöhte Sohn bei dem Vater wohnt, als einen bestimmten Raum in der Welt sich denkt: wo ist denn dann der Schöpfer Himmels und der Erde, d. i. eben der ganzen Welt. gewesen vor der Schöpfung? Der Himmel ist kein bestimmter, abgegrenzter Raum in dem Universum, sondern da ist der Himmel, wo dieser unser Gott ist, er macht durch seine Gegenwart den Himmel. Wir treten damit den Ubiquitisten lange noch nicht bei: diese Lehre von der Ubiquität scheint uns darin zu fehlen, dass sie den verklärten Leib Christi hier souverain erklärt und ihn in eine schrankenlos sich ergiessende, von keinem Willen beherrschte Substanz umsetzt. Der verklärte Leib ist nichts für sich, er ist ganz aufgehoben und verschlungen von dem Geiste, wesshalb er ja auch das σῶμα πνευματικόν heisst: er ist da, wo der Geist, dessen Organ er ist, will, dass er sei. Will nun Christus mit diesen Worten: ἐγὼ εἰμι μεθ᾽ ὑμῶν uns seine leibliche Gegenwart versprechen? Nach den oben mitgetheilten Stellen müssen wir das in Abrede stellen: durch den Geist will er jetzt mit uns handeln, seine Verbindung mit uns aufrecht erhalten. Ich glaube nicht, dass Bengel mit seiner Bemerkung: *vobiscum, etiam cum in toto mundo eritis divisi:* den rechten Punkt getroffen hat: das μεθ᾽ ὑμῶν soll gewiss zu allererst das zu Gemüthe führen, dass er von ihnen nicht scheidet, wenn er auch dem Leibe nach aus dieser Welt scheidet. Weiss und Andere suchen die Grundstelle zu diesem Worte, welches nach ihnen nicht aus dem Munde Christi hervorgegangen, sondern von dem Apostel ihm nur in den Mund gelegt worden ist, damit der würdige Schluss seinem Evangelium nicht fehle, in Matth. 18, 20: οὐ γάρ εἰσιν δύο ἢ τρεῖς συνηγμένοι εἰς τὸ ἐμὸν ὄνομα, ἐκεῖ εἰμι ἐν μέσῳ αὐτῶν. Weiss gesteht selbst zu, dass dieses Wort hier nicht *pure* wiedergegeben, sondern zwiefach erweitert worden sei: wir finden die Verwandtschaft zwischen beiden Aussprüchen nur in der allgemeinen Idee, dass der Herr den Seinen nahe, gegenwärtig sein will, in dem Einzelnen treten die grössten Unterschiede hervor. Erstens verspricht Christus in diesem ersten Worte seine Gnadengegenwart Zweien oder Dreien, welche zusammen sind, hier jedem Einzelnen für seine eigene Person; dort betont er, dass er nur zu denen kommt, welche in seinem Namen sich versammelt haben, hier fällt diese Bedingung ganz fort. Dort findet sich kein Fingerweis, wie lange dieses Wort gelten soll, hier wird ein Termin bestimmt angegeben. Ueberhaupt bezieht sich die Zusage auf ganz Verschiedenes: hier auf den Beistand, den er seinen Gläubigen bei der Ausrichtung des Missionsbefehles leistet, dort aber auf seine Gegenwart bei ihren Gebetsversammlungen, dass sie den Vater in seinem Namen bitten können. Ich halte daher das Wort hier für original: ἐγὼ εἰμι μεϑ' ὑμῶν stellt nicht bloss die *omnipraesentia*, sondern die *omnipraesentia operativa* den Jüngern in Aussicht. Grotius paraphrasirt: *abiturus quidem sum in coelum, nec adero vobis adspectabili modo; sed adero divina efficacia. Notandum enim est, cum aliquo esse peculiariter de Deo dici, Iudic. 6, 12, 13; Jerem. 1, 8; Act. 7, 9;* er hätte aber wohl gethan, noch ganz besonders hervorzuheben, dass diese Phrase nicht von jeder beliebigen Gnadengegenwart Gottes gebraucht wird, sondern von einer ganz bestimmten, qualifizirten, nämlich von seiner allmächtigen, helfenden. Nicht auf eine gewisse kurze Zeit verheisst der scheidende Erlöser seinen Jüngern sein Nahesein, sondern für πάσας τὰς ἡμέρας ἕως τῆς συντελείας τοῦ αἰῶνος. Mit Recht schreibt Bengel zu πάσας: *continua praesentia eaque praesentissima.* Nicht an Haupttagen, an den entscheidungsvollen Tagen bloss will er bei ihnen sein, sondern auch an den Nebentagen, da keine Entscheidung fällt, da Alles in seinem gewöhnlichen Laufe weitergeht, denn wie in unserem Leben nicht jeder Tag dieselbe Bedeutung hat, sondern aus der Zahl der Tage solche hervortreten, welche Höhepunkte in unserem Leben bilden, so ist es ja auch bei den Aposteln. Der grosse König will bei seinen Dienern sein auch an dem allergewöhnlichsten Tage, bei den geringfügigsten Geschäften und Angelegenheiten, bis dass der letzte Tag hereinbricht ἕως τῆς συντελείας τοῦ αἰῶνος. Dieser αἰών, denn αἰών mit dem bestimmten Artikel kann schlechterdings nicht den αἰὼν ὁ μέλλων, sondern nur den αἰὼν οὗτος bezeichnen, cf. Matth. 13, 39; 24, 3, dieser Zeitlauf, diese Weltperiode also geht dem Ende entgegen: bis zu diesem äussersten Zeitpunkte will aber der Herr bei uns sein, denn Euthymius, Chrysostomus und Theophylaktus folgend, hat schon ganz gut herausgestellt, dass diese Zusage, weil sie bis auf das Ende der Welt hinausreicht, nicht auf die Apostel sich beschränken kann. Er sagt: τοῦτο δὲ δείκνυσιν, ὅτι οὐ μόνον μετὰ τῶν τηνικαῦτα μαϑητῶν, ἀλλὰ καὶ μετὰ τῶν μετ' αὐτούς ἐστιν. οὐ γὰρ ἕως τῆς συντελείας τοῦ αἰῶνος οἱ ἀπόστολοι μένειν ἔμελλον· ἀλλὰ διὰ τῶν τότε καὶ τοῖς μετὰ ταῦτα τὴν τοιαύτην ἐπηγγείλατο χάριν, ὡς ἑνὶ σώματι διαλεγόμενος πᾶσι τοῖς πιστοῖς. Diesen richtigen Gedanken vertreten später wieder energisch Calvin (*notandum est praeterea non solis apostolis hoc esse dictum: quia non in unam modo aetatem, sed usque ad finem mundi dominus auxilium suum promittit. Perinde est igitur, acsi diceret, utcumque infirmi sint evangelii ministri rerumque omnium inopia laborent, se illorum fore praesidem, ut victores emergant supra omnes mundi conflictus. Sicuti hodie clara experientia docet, arcano modo Christum mirabiliter operari, ut innumeris obstaculis evangelium praevaleat*), Gerhard, Grotius, Bengel. Man hat an dem ἕως τῆς συντελείας τοῦ αἰῶνος mehrfach Anstoss genommen und gefragt: wie, nur bis dahin will Christus bei den Seinen alle Tage sein? Theophylaktus entgegnet, dass ἕως nicht streng den *terminus ad quem* angibt: Gerhard nimmt das wieder auf: *quod autem post consummationem saeculi cum illis futurus sit, de eo nulla poterat esse dubitatio: idem proinde iudicium sit de particula ἕως, quod est de particula donec, quae ita praecedentia includit, ut tamen sequentia non excludat.* Gen. 8, 7. 1. Reg. 15, 23. 2. Reg. 6, 23. Ps. 110, 2. Matth. 1, 25. 5, 27. Wir sagen aber wohl besser mit Bengel: *tum enim nos erimus cum domino.* Mit jener συντέλεια τοῦ αἰῶνος hört die Form unseres dermaligen Verkehres mit Christus auf, es beginnt eine neue Phase, denn der Herr kommt dann, um nicht wieder von uns zu scheiden, sondern uns dahin zu führen, wo er selber ist, in das Reich seiner Herrlichkeit. Herrlich ist dieser Schluss des ersten Evangeliums: er blickt nicht bloss hinaus über alle Völker und Zeiten, sondern offenbart auch die Majestät des Herrn, von welchem bis dahin erzählt wurde, im vollsten Glanze. Novatianus schreibt *de trin. c. 12: quomodo Esaias (inquit): ecce virgo concipiet et pariet filium et vocabitis nomen eius Emmanuel, quod interpretatum est, nobiscum Deus: sic Christus ipse dicit: ecce ego vobiscum sum usque ad consummationem saeculi. Est ergo nobiscum Deus, imo multo magis etiam in nobis est. Nobiscum est Christus: est ergo, cuius nomen est, nobiscum Deus, quia et nobiscum est. Aut numquid non est nobiscum? quomodo ergo dicit, se nobiscum esse? est ergo nobiscum. Sed quoniam nobiscum est, Emmanuel, i. e. nobiscum Deus, dictus est. Deus ergo, quia nobiscum est, nobiscum Deus dictus est.* Der Kreis ist abgeschlossen, zu dem Anfang kehrt das Ende zurück. Jesus wird als der geweissagte Emmanuel 1, 23 angekündigt, und hier deklarirt er sich selbst als diesen Gottmituns, denn Gottes Eigenschaften legt er sich hier ganz entschieden bei, die Allmacht, die Allgegenwart, die Ewigkeit. Die Weissagung des Propheten Jesaja 7, 14 ist in ihm also vollständig in Erfüllung gegangen: er ist der Christus.

11. Die Himmelfahrt.

Mark. 16, 19—20.	Luk. 24, 44—53.	Act. 1, 3—12.
	Er aber sprach zu ihnen: das sind meine Reden, die ich zu euch sagte, da ich noch bei euch war, dass Alles erfüllt werden müsse, was von mir geschrieben ist in dem Gesetz Mosis und den Propheten und den Psalmen. (45) Da öffnete er ihnen das Verständniss, dass sie die Schrift verstanden. (46) Und sprach zu ihnen: also ist geschrieben, dass Christus leide und auferstehe	Welchen er sich auch lebendig erzeigt hatte nach seinem Leiden durch mancherlei Erweisungen und liess sich sehen unter ihnen vierzig Tage lang und redete mit ihnen vom Reiche Gottes. (4) Und als er mit ihnen ass, befahl er ihnen, nicht von Jerusalem zu weichen, sondern zu warten auf die Verheissung des Vaters, welche ihr von mir gehört habt. (5) Denn Johannes

von den Todten am dritten Tage (47) und gepredigt werde auf seinen Namen Busse zur Vergebung der Sünden allen Völkern, anhebend zu Jerusalem. (48) Ihr seid dess Zeugen. (49) Und ich sende die Verheissung meines Vaters auf euch. Ihr aber bleibet in der Stadt, bis dass ihr Kraft aus der Höhe angezogen habt.

hat mit Wasser getauft, ihr aber werdet mit dem heiligen Geiste getauft werden nicht lange nach diesen Tagen.

Euthymius Zigabenus ist schon mit Beda der Meinung, dass Alles, was Lukas in den Versen 44—49 incl. mittheile, an dem Osterabende gesprochen sei. Ἀναμιμνήσκει, bemerkt er zu V. 44, αὐτοὺς καὶ ὧν προέλεγε περὶ ἑαυτοῦ, ἵνα κἀντεῦθεν γνοῖεν, ὅτι αὐτός ἐστιν; und zu V. 50 schreibt er: οὐ τότε, ἀλλ᾽ ἐν τῇ τεσσαρακοστῇ ἡμέρᾳ μετὰ τὴν ἀνάστασιν. τὰ γὰρ ἐν τῷ μέσῳ παρέδραμεν ὁ εὐαγγελιστής. In der neueren Zeit ist man noch weit über ihn hinausgegangen, Zeller, Meyer, Ewald und Bleek vertreten mit aller Entschiedenheit die Ansicht, dass Alles, was Lukas in Kap. 24 berichte, an einem und demselben Tage, also an dem Ostertage geschehen sei. Ich schliesse mich ihnen nicht an, denn ich kann nun und nimmermehr glauben, dass Lukas in seinem Evangelium einer anderen Tradition als in seiner Apostelgeschichte gefolgt sei. Dass es verschiedene Traditionen gegeben haben könne, will ich nicht in Abrede ziehen: wohl aber leugne ich, dass bei Lukas verschiedene Traditionen zu Grunde liegen. An seinen ersten λόγος knüpft er den zweiten an: hat er in jenem die Himmelfahrt auf den Auferstehungstag selbst, in dem andern aber auf den vierzigsten Tag darnach gesetzt, so musste er, wenn er mit sich nicht in Widerspruch gerathen und seinen lieben Theophilus nicht in die grösste Verwirrung bringen wollte, sich darüber erklären, warum er in der späteren Schrift die in der früheren enthaltenen Nachrichten abändere. Er verliert kein Wort, deutet auf keine Differenz hin: ich muss daher voraussetzen, dass er keine Aufklärungen wegen verschiedener Berichterstattung zu geben hat. Wieseler's in den Beiträgen zur richtigen Würdigung der Ev. S. 285 f. vorgetragener Gedanke empfiehlt sich ausserordentlich, wie auch Weiss anerkennt. „Sehr instruktiv für das Verfahren des Lukas am Schlusse des ersten Theiles seines Geschichtswerkes im Verhältniss zum Anfang der Apostelgeschichte ist im Allgemeinen das Verfahren des Josephus am Schlusse des siebenzehnten Buches seiner Archäologie im Verhältnisse zum achtzehnten Buche desselben Werkes: am Schlusse jenes Buches berichtet er nämlich kurz und summarisch über die Abordnung des römischen Statthalters Quirinius nach Syrien und Palästina, um dasselbe ausführlich und mit Zusätzen im Anfange des achtzehnten Buches zu wiederholen. Lukas hatte zu der vorläufigen Erwähnung der Himmelfahrt Jesu sammt den ihr unmittelbar voraufgehenden Reden Jesu sogar noch mehr Grund, da letztere auf's Passendste den ersten Theil seines Werkes oder das Leben Jesu abschloss, aber auch nicht minder passend das durch die damaligen Reden Jesu Apostelgesch. 1, 4—8 und durch die frohe Aussicht auf seine Wiederkunft 1, 11 bedingte Verhalten seiner Jünger einleitete."

Diejenigen, welche in dem Evangelium nicht eine andere Tradition, sondern nur einen zusammengedrängten, summarischen Bericht erkennen, gehen hinsichtlich der V. 44—49 sehr aus einander. Gerhard nimmt die V. 44—48 für den Osterabend in Anspruch, den V. 49 allein weist er dem Himmelfahrtstage zu. Grotius aber fasst sie als Inhaltsangabe sämmtlicher Reden, welche der Auferstandene in jenen vierzig Tagen mit seinen Jüngern pflog: *sequitur summa sermonum, quos per quadraginta dies Jesus cum apostolis suis habuit, quos quia eiusdem erant argumenti, tum Marcus, tum Lucas, neque hic tantum, sed in actis* καϑομάδα *recitat.* Ihm folgen Schleiermacher, Stier, Ebrard, Meyer, Keil. Lange, welchem v. Hofmann beipflichtet, lässt die Summation erst mit τότε διήνοιξεν V. 45, Godet mit V. 46 beginnen. Bengel, Glöckler u. A. wollen von solchem summarischen Berichte nichts wissen, der Heiland redet nach ihnen diese Worte an dem Tage seiner Himmelfahrt. Ich schliesse mich den letzteren an. Eine Summation kann ich hier nicht finden, denn wenn auch einzelne Sätze, wie z. B. V. 47 u. 48, sich mit Aussprüchen Jesu an dem Osterabende (Joh. 20, 21 ff.) und auf dem Berge (Matth. 28, 19 und Mark. 16, 15) nahe berühren, so lässt sich doch das Gebot, Jerusalem nicht zu verlassen, sondern dort auf die Verheissung des Vaters zu warten, wegen Apostelgesch. 1, 4 ff. dem Himmelfahrtstage durchaus nicht absprechen. Mit diesem Gebote stehen aber die vorherbefindlichen Verse in dem engsten Zusammenhange: muss der Schlussvers (V. 49) dem vierzigsten Tage verbleiben, so können daher die vorhergehenden Verse ihm auch nicht abgesprochen werden. Erinnern die Verse 44—48 mehrfach an frühere Worte Christi, so kann uns das nicht im Mindesten befremden. Er knüpft an das an, was er schon gesagt hatte, er summirt dieses, weil er sein letztes, abschliessendes Wort jetzt eben sprechen will.

Er eröffnet seinen letzten Willen in Jerusalem den Seinen; dahin weist uns das Evangelium, denn dasselbe hat zuletzt von der osterabendlichen Erscheinung Christi dort erzählt und führt uns nach der Himmelfahrt sofort dahin zurück; dahin hatte nach der Apostelgeschichte 1, 3 der Erlöser seine Apostel beschieden und dahin lenken sie nach V. 12 sogleich auch von dem Oelberge wieder ihre Schritte. Es ist der vierzigste Tag nach Ostern: die Selbstbeweisungen des Auferstandenen reichen nach Apostelgesch. 1, 3 nicht über den vierzigsten Tag hinaus. Es mag sein, dass die Zahl vierzig in dem Alten Testamente mehrfach als runde Zahl erscheint, man will das wenigstens daraus schliessen, dass 1. Mos. 7, 17. 8, 6. 50, 3. 2. Mos. 24, 18. 4. Mos. 14, 34. 1. Kön. 19, 8. Jon. 3, 4. Matth. 4, 2 von 40 Tagen und 2. Mos. 16, 35. Ezech. 29, 13. Amos 2, 10. Apostelg. 7, 42. 13, 18. Hebr. 3, 9 u. 17 von 40 Jahren, 5. Mos. 25, 3 und 2. Kor. 11, 24 von 40 Streichen die Rede ist: hier aber können wir die Vierzig nicht als eine solche annähernde, unbestimmte, heilige Zahl mit Beza fassen, welcher darauf, dass Christus sich auch an einem Sonntage dem Thomas geoffenbart habe, die kühne Behauptung gründet, dass er auch dieses letzte Mal an einem Sonntage erschienen sei. Freilich lesen wir in dem Briefe des Barnabas c. 15: διὸ καὶ ἄγομεν τὴν ἡμέραν τὴν ὀγδόην εἰς εὐφροσύνην, ἐν ᾗ καὶ ὁ Ἰησοῦς ἀνέστη ἐκ νεκρῶν καὶ φανερωθεὶς ἀνέβη εἰς τοὺς οὐρανούς: allein diese Stelle, welche, wenn wir nicht einen Irrthum annehmen wollen, dem der apostolische Vater verfallen ist, sich vielleicht so beseitigen liesse, dass dieses ἀναβαίνειν εἰς τοὺς οὐρανούς nur ein anderer Ausdruck für ἄφαντον γίνεσθαι ist, darf auf keinen Fall die Auslegung der Vierzig bestimmen, zumal da diese Angabe allen Ueberlieferungen der alten Kirche über den Tag der Himmelfahrt Christi widerspricht. Auf einen Donnerstag und nicht auf einen Sonntag oder überhaupt auf einen andern Wochentag hat die Kirche von Anfang dieses glorreiche Ereigniss gelegt und mit vollem Rechte, denn jene Bedeutung der Vierzig als runde Zahl ist in dem ganzen Neuen Testamente unerweislich und hier in der Apostelgeschichte um so weniger zulässig, als Lukas 2, 1 sofort von dem fünfzigsten Tage berichtet, also die Tage genau zählt. In Jerusalem finden wir an diesem Tage die Jünger: Wieseler sagt nicht in, sondern bei Jerusalem, in irgend einer Lokalität auf dem Oelberge, sein Hauptgrund ist, dass Christus mit seinen Jüngern nicht am lichten Tage aus der Stadt auf den Oelberg sich habe begeben können, ohne von den Juden, seinen Feinden, bemerkt zu werden. Für uns hat dieser Grund keine Bedeutung, denn wir sind der Ueberzeugung, dass der Leib Jesu sich schon in dem Zustande der Verklärung befand, wesshalb derselbe nicht von jedem, der nur Augen hatte, gesehen wurde, ja gesehen werden musste, sondern nur denen sichtbar wurde, welche des Anschauens des verherrlichten Sohnes Gottes gewürdigt wurden. Gegen eine Lokalität auf dem Oelberge spricht das ἐξήγαγεν δὲ αὐτοὺς ἕως πρὸς Βηθανίαν, sie waren ja dann schon in der Richtung nach Bethanien von Jerusalem aus gegangen, denn dass die Jünger von Jerusalem sich auf den Weg gemacht hatten, erhellt daraus, dass sie nach Jerusalem zurückkehren, was in dem Evangelium wie in der Apostelgeschichte ausdrücklich erwähnt wird, wie denn auch ἐξάγειν, vornehmlich wenn es sich auf einen Gang in's Freie, nach einem andern Orte hin bezieht, besser auf einen Ort, als auf ein Haus passt. Wir kennen dieses Haus, in welchem Jesus an dem vierzigsten Tage mit seinen Jüngern zusammenkam, nicht näher: war es das Haus, wo er das Ostermahl mit ihnen gehalten hatte, oder war es das Haus der Maria, der Mutter des Johannes Markus, oder gar das Haus, in dem Johannes später mit der Mutter des Heilandes zusammenlebte? Er war hier, und da er nicht mehr mit seinen Aposteln aus- und einzog, sondern ihnen bloss erschien, kann diese Zusammenkunft nicht von ungefähr erfolgt sein, sondern er muss ihnen bei einer früheren Erscheinung, doch wohl bei der letzten, vielleicht bei der, welche dem Jakobus zu Theil wurde (1. Kor. 15, 7), — die dann noch erwähnte vor allen Aposteln, welche für lange Zeit den Schluss machte und nur noch in der, welche Paulus hatte, eine Nachfolge fand, wäre dann, wie Gerhard, Osiander u. A. befinden, diese an dem Tage der Himmelfahrt, — desshalb ganz bestimmte Weisungen gegeben haben. Er war dort συναλιζόμενος, wie es Act. V. 4 lautet. Das Wort ist schwierig: συναλίζειν, welches bei Herodotus 1, 176. 2, 111. 7, 13 u. ö. erscheint, heisst zusammenbringen, versammeln: darnach wäre συναλιζόμενος einer, der versammelt wird. In diesem Sinne passt es hier nicht. Beza, Elsner (mit Berufung auf Herodotus 1, 62. 5, 15. Jamblichus, vita Pythag. c. 12), Meyer früher, de Wette, Bisping umschrieben es mit „indem er sich mit ihnen versammelte", allein das absolut nothwendige „mit ihnen" ist von ihnen erst hinzugethan worden. Grotius fasste συναλιζόμενος gleich συναλίζων, ipsos in unum recolligens, qui dispersi fuerant. Krebs, Kühnöl, Olshausen heissen das gut; allein nie kommt συναλίζεσθαι in aktiver Bedeutung vor. Hemsterhuis und Valckenaer suchten in einer Konjektur ihr Heil: συναλιζομένοις sei nur in συναλιζόμενος verschrieben: aber die Haupthandschriften bestehen alle auf dem Nominativ. Der Grieche kennt das Wort σύναλος mit einem Salz essend, überhaupt mitessend, auch bietet eine alte griechische Psalmenversion für אָכְלַי, welches Symmachus mit συνφάγοιμι wiedergibt, συναλισθῶ. Casaubonus, Saubert, Bolten, Meyer, Overbeck u. A. nehmen desshalb hier συναλιζόμενος im Sinne von mitessend. An jenem vierzigsten Tage war Christus noch ein Mal mit seinen Jüngern in der herablassendsten. vertraulichsten, familiärsten Weise zusammen. Er setzte sich, was er während dieser mysteriösen Zwischenzeit nie gethan hatte, mit ihnen an einen Tisch und ass mit ihnen. Wie er an dem Abende vor seinem Leiden und Sterben mit ihnen zusammengesessen und zusammengegessen hatte, so wollte er auch an diesem Tage, da er von ihnen schied, noch ein Mal in der alten, trauten Weise mit ihnen verkehren: wie er ihnen damals ein Zeichen gab, dass er sie bis an das Ende liebe, so wollte er ihnen auch jetzt von seiner mit ihnen Gemeinschaft pflegenden Liebe einen solchen Beweis bieten, dass sie daran ihr ganzes Leben lang sich erquicken könnten. Er ass mit ihnen und über Tische sprach er zu ihnen, was Lukas im Ev. 24, 44—49 und in der Apostelgeschichte 1, 4 u. 5 angibt. Er sprach zu ihnen: οὗτοι οἱ λόγοι μου (so lesen wir auf Grund des Codex Alexandrinus, Vaticanus und Cantabrigiensis, der Sinaiticus hat das Pronomen ebenso wenig, als der *textus receptus),* οὓς ἐλάλησα πρὸς ὑμᾶς ἔτι ὢν σὺν ὑμῖν, ὅτι δεῖ πληρωθῆναι πάντα (der Vaticanus liest dafür ἅπαντα) τὰ γεγραμμένα ἐν τῷ νόμῳ Μωυσέως καὶ (ἐν rückt der Codex Sinaiticus ein und τοῖς, letzteres auch der Vaticanus) προφήταις καὶ ψαλμοῖς περὶ ἐμοῦ. Wieseler schlägt vor, dieses οὗτοι mit dem folgenden ὅτι zu verbinden: diess sind die Worte, welche ich zu euch redete, als ich noch bei euch war, dass erfüllt werden müsse Alles, was über mich geschrieben ist in dem Gesetze Mosis und den Propheten und Psalmen. Weiss schliesst sich ihm an und umschreibt: wenn ich euch sagte, dass die Schrift erfüllt werden musste, so meinte ich damit Folgendes, was nun V. 46 u. 47 näher angegeben wird. Allein οὗτοι kann nicht so verstanden werden, denn das, was die Schrift von Christus aussagt, kommt dann erst V. 46 und zwar durch den Vers τότε διήνοιξεν αὐτῶν τὸν νοῦν κτλ. davon getrennt. Dieser Satz kann nicht in dem Folgenden erst seinen Inhalt empfangen, er ist ganz selbstständig, ganz in sich geschlossen. Paulus und v. Hofmann nehmen hier einen Hebraismus an. Der Erstere sagt: „οὗτοι οἱ λόγοι אֵלֶּה הַדְּבָרִים, diess sind nun die Ereignisse, οὓς von denen u. s. w."; der Letztere bemerkt ganz ähnlich: „אֵלֶּה דִּבְרֵי אֲשֶׁר דִּבַּרְתִּי, das jetzt Geschehene ist das, wovon ich sagte, wenn ich sagte, es müsse u. s. w." Dagegen ist aber zu erinnern, erstens dass οἱ λόγοι in der Bedeutung von *res gestae* in dem Neuen Testamente ganz unerweislich ist, zweitens dass οἱ λόγοι μου, אֵלֶּה דִּבְרֵי in dem Sinne von meine Angelegenheiten, das, was sich mit mir zugetragen hat, nirgends gefunden wird, und drittens dass der Relativsatz οὓς ἐλάλησα die λόγοι als solcherlei charakterisirt, welches nicht durch Handlungen, Thaten u. dgl., sondern durch Worte zu Stand und Wesen gelangt ist. Unbedingt liegt es am Nächsten, οὗτοι οἱ λόγοι zu übersetzen: diess sind meine Worte, diess habe ich ausgesprochen. Gerhard fasst unseren Satz so: *memoria recolite verba mea, quae toties ante passionem meam et mortem ad vos locutus sum, in quibus non semel, sed aliquoties de passione, morte et resurrectione mea vos monui.* Allein die Hauptsache, das *memoria recolite,* wird hier erst hineingetragen. Grotius schreibt zu οὗτοι οἱ λόγοι: *quod prae-dicenti mihi saepe non credidistis, aut quod praedictum non intellexistis, nunc re ipsa experimini.* „Hier sind die Worte, hier trifft das ein, wovon ich euch immer gesagt habe, dass es Alles erfüllt werden müsse,“ sagt Baumgarten-Crusius; ganz ähnlich Meyer, dem Godet, Bleek, Keil sich an-schliessen, „diess (dass ich nämlich — wie ihr euch nun überzeugt haben werdet — nach meinem Leiden und Sterben wirklich auferstanden bin) sind die Worte (in ihrer Verwirklichung nämlich), welche ich zu euch redete, während ich noch mit euch war, dass nämlich erfüllt werden müsse u. s. w. (Inhalt der λόγοι).“ Mir kann diese Auslegung nicht zu-sagen. Ganz abgesehen davon, ob dieses Wort an dem Osterabende oder an dem Himmelfahrtstage geredet worden ist, hierhin oder dorthin passt oder nicht passt, so gibt der Sprecher auch nicht den leisesten Wink, dass οὗτοι auf Leiden, Sterben und Auferstehen abzielt; wir würden wohl auch, um V. 47 gerecht zu werden, die Predigt des Evangeliums in aller Welt noch mit hinzunehmen müssen: lässt sich von dieser aber auch sagen, dass sie sich durch den Augenschein davon überzeugen konnten? Vor allen andern Auslegungen ist sicher diejenige vorzuziehen, welche gar nichts zu diesem Satze hinzudenkt, sondern mit seinen Worten zu einem vernünftigen, zeitgemässen Sinne kommt. Wir können dazu kommen, wenn wir nur Wieseler's Andeutungen folgen. Diess sind meine Worte, welche ich euch sagte, als ich noch bei euch war, dass erfüllt werden müsse Alles, was in der Schrift über mich geschrieben ist. Was er ihnen gesagt hat, ist nicht, dass er leiden, sterben und auferstehen müsse, sondern dass es seine Auf-gabe sei, die auf ihn lautenden Weissagungen des Alten Testamentes ihrer Erfüllung entgegenzuführen. Das hat er ihnen vielfach in der kräftigsten Weise eröffnet, kein Jota, kein Tüttelchen von dem Gesetze und den Pro-pheten darf hinfallen; er ist gekommen, dass er alle und jede messianische Weissagung, soweit sie auf diese Zeit lautet, zur Wahrheit und Wirklich-keit mache. Hiermit stimmt, was noch ein besonderes Gewicht in die Wagschale wirft, der Kontext aufs Schönste. Nach dieser feierlichen Er-klärung, dass die Weissagungen der Schrift, welche auf ihn sich bezogen, erfüllt werden müssten, öffnet er ihnen nun die Schrift, summirt er sämmt-liche Verheissungen, soweit sie jetzt überhaupt in Betracht kommen können, unter die drei Hauptstücke: Tod, Auferstehung, Völkerpredigt, und führt sie in das Verständniss ein. Die Worte, die Reden, auf welche Jesus hin-weist, hat er in einer ganz bestimmten Zeit zu ihnen gesprochen: οὓς ἐλάλησα πρὸς ὑμᾶς ἔτι ὢν σὺν ὑμῖν. Von seiner Todesnothwendigkeit, von seiner Lebensherrlichkeit, von der Predigt unter allen Völkern hat er seit seiner Auferstehung hin und wieder gehandelt, aber wann hat er seitdem klar und bestimmt ausgesprochen, dass die Weissagungen der Propheten an ihm hätten in Erfüllung gehen müssen? Vor seinem Leiden und Sterben, während seines Leidens hat er das gethan, da war er ganz erfüllt von dem Gedanken, dass es so und nicht anders kommen müsse, weil die Schrift es so geweissagt habe: vgl. Luk. 18, 31. 22, 37. Matth. 26, 54 u. s. w. Auf jene Worte weist der Herr hin, er unterscheidet die Zeit, in welcher er jetzt redet; ἔτι ὢν σὺν ὑμῖν gilt von jener Zeit, es gilt also nicht mehr von dieser Zeit. Wie haben wir das zu verstehen? *Cur autem dicit*, fragt Gerhard, *haec locutus sum vobis, cum adhuc vobiscum essem, an non etiam eo tempore cum illis erat? Resp. erat quidem cum eis, sed modo longe alio ac diverso, quo antea cum illis fuit: tunc erat in statu exinanitionis, iam vero in statu exaltationis, tunc in corpore mortali, iam vero in corpore glorificato ipsis aderat.* Allein diese an und für sich ganz wahren Bestimmungen genügen hier nicht, denn die Worte lauten so, als hätte das εἶναι σὺν αὐτοῖς überhaupt aufgehört. Meyer sagt, „durch den Tod war er von ihnen getrennt und das frühere Zusammensein mit ihnen war auch jetzt, nach der Auferstehung, nicht wieder hergestellt"; das frühere Zusammensein hat für ewig aufgehört, ist aber durch den Tod Christi wirklich eine Trennung zu Stande gekommen? Nach Meyer allerdings, denn nach ihm ist Christus noch nicht in den Stand der Herrlichkeit eingegangen, weil sein Leib noch nicht vollends verklärt ist. Wir sind anderer Ueberzeugung: mit verklärtem Leibe ist nach der Lehre der Schrift der Herr von den Todten auferstanden, er könnte also in neuer Weise mit den Seinen verkehren. Allein die Seinen sind für diese neue Verkehrsweise noch nicht reif, der Geist, das Band der vollkommenen Gemeinschaft, gebricht ihnen noch: Christus kann bis zu dieser Stunde noch nicht anders mit ihnen Gemeinschaft pflegen, nicht anders für sie fühlbar, erfahrungsmässig gegenwärtig sein, als wenn er sich ihnen versichtbart, leibhaftig sich zu ihnen gesellt. Grotius hat also das Richtige getroffen, wenn er bemerkt: *nam tunc tantum κατ᾽ οἰκονομίαν illis aderat.* In den Tagen seines Fleisches hat er ihnen gesagt, dass Alles erfüllt werden muss, was über ihn, in Bezug auf ihn geschrieben sei ἐν τῷ νόμῳ Μωυσέως καὶ προφήταις καὶ ψαλμοῖς. Meyer hat ganz recht, das Fehlen des Artikels vor προφήταις und ψαλμοῖς, wir setzen nur noch hinzu, das Fehlen des ἐν bei diesen beiden Dativen, ist nicht zu übersehen: es würden durch ἐν τοῖς προφήταις καὶ ἐν τοῖς ψαλμοῖς diese integrirenden Stücke des Schriftganzen aus einander gerissen, wir erhielten eine *scriptura tripartita*, während so die *scriptura una* und *unisona* sehr bestimmt hervortritt. Es fragt sich, ob der Herr die Schrift nach ihrer Dreitheilung uns hier vorführen will, oder ob er die hauptsächlichsten Bücher derselben Schrift namhaft macht, in welchen die Weissagungen über ihn enthalten sind. Meyer ist der letzteren Ansicht: die Propheten sind nur die auch von uns sogenannten Propheten und durchaus nicht die sogenannten früheren Propheten, d. h. die Bücher Josua, Richter, 1. und 2. Samuel und die Könige, also die sogenannten späteren Propheten mit Einschluss des Daniel; die Psalmen repräsentiren nicht die *Chetubim*, die *hagiographa*, sondern gelten nur für sich selbst. Bleek schliesst sich ihm an; die Hauptschriften des Alten Testamentes, welche Weissagungen oder prophetische und typische Hindeutungen auf den Messias und sein Reich enthalten, der Pentateuch, die eigentlich prophetischen Bücher und die Psalmen werden nach ihm hier nur genannt. Meyer behauptet, der Heiland gebrauche die Ausdrücke Propheten und Psalmen nicht in jenem literarhistorischen Umfange, sondern, wie aus 20, 42 erhelle, in jenem engeren Sinne; allein jene Stelle beweist gar nichts und die häufig wiederkehrende Formel νόμος καὶ προφῆται Matth. 5, 17. 7, 12. 22, 40. Luk. 16, 16. Act. 13, 15 will auf keinen Fall nur den Pentateuch und die Propheten bezeichnen, sondern den ganzen Schriftcodex. So fassen Calvin, Gerhard, Grotius, Lightfoot, Bengel, Paulus, Glöckler, Baumgarten-Crusius, Godet, Lange, Stier, Keil hier auch Gesetz, Propheten und Psalmen. Es kann wohl kaum die Frage sein, ob in Christi Zeiten das Alte Testament schon in diese drei Haupttheile zerlegt wurde, denn in dem

Prologe zu Jesus Sirach geschieht schon τοῦ νόμου καὶ τῶν προφητῶν καὶ τῶν κατ᾽ αὐτούς Erwähnung und ὁ νόμος καὶ αἱ προφητεῖαι καὶ τὰ λοιπὰ τῶν βιβλίων werden namhaft gemacht, wie denn auch in *Bava Bathra f. 15, 2* sich bereits diese Eintheilung findet: *omnes libri prophetarum*, heisst es hier, *sunt octo, Josuae, Judicum, Samuelis, Regum, Jeremiae, Ezechielis, Esaiae et duodecim.* — *Hic est ordo Chetubim, librorum hagiographorum, Ruth, liber Psalmorum, Job, Proverbia, Ecclesiastes, Cantica, Threni, Daniel. liber Estherae, Ezra et Chronica.* Wir haben aus dem Gespräche Christi mit den beiden Wanderern nach Emmaus schon ersehen, wie viel Weissagungen er in dem Gesetze und in allen Propheten auf sich erkannte; das ganze Alte Testament enthält, wie wir hören, Verheissungen, die auf seine Person und sein Werk abzielen, dort war nur von dem Gesetze und den Propheten die Rede, hier werden die *hagiographa* auch noch ausdrücklich angezogen. Zweifelsohne fand Christus vornehmlich in den Psalmen und dem Buche Daniel, welche beide dazu gerechnet werden, Weissagungen auf sich. Nach Calvin enthält dieser Vers eine Rüge: *in summa tacite conqueritur Christus, cum effluxerit sua doctrina, se operam apud apostolos male perdidisse. Acrius etiam eorum tarditatem pungit, quum se quicquam novum protulisse negat: sed tantum in memoriam revocasse, quae a lege et prophetis testata erant, quibus iam a pueritia imbutos esse decebat. Verum ut totius doctrinae pietatis ignari forent, nihil tamen magis absurdum fuit, quam non protinus amplecti, quod a Deo profectum esse persuasi erant. Confessum enim in tota gente axioma istud erat, nullam esse religionem, nisi quae continebatur in lege et prophetis.* Allein man hat keinen Grund, in diesen Worten des Heilandes einen solchen strafenden Ton anzunehmen: nichts enthält dieser Spruch als die einfache, wahrheitsgemässe Aussage, dass seine Reden ihnen erklärt hätten, erfüllt werden müsste Alles, was in dem heiligen Codex von ihm geweissagt sei. Nicht zum ersten Male hat er diess gesagt, aber er hat sich überzeugen müssen, dass seine bestimmten Erklärungen bei ihnen nicht ausreichend gewesen sind: was er ihnen als Lehre der Schrift verkündete, leuchtete ihnen mit Nichten aus der Schrift entgegen und ein. Wir haben daran zu denken, dass die Schriftauslegung bei den Kindern Israel Monopol der Schriftgelehrten war und dass diese die Schrift weniger auslegten, als ihre fleischlichen, scholastischen, verkehrten Gedanken in dieselbe hineinlegten. Das Volk, und zu dem Volke gehörten die Jünger Christi, konnte nicht selbst in der Schrift forschen; es kannte dieselbe im Grossen und Ganzen nur aus den Lehrvorträgen jener Meister in Israel. Falsche Vorstellungen hatten so die Jünger gleichsam mit der Muttermilch eingesogen und diese falschen Vorstellungen hatten sich um so mehr bei ihnen festgesetzt, als dieselben mit den Wünschen des fleischlichen Herzens vollkommen übereinstimmten. Die hellsten Weissagungen des Alten Testamentes waren verdunkelt: sie waren durch das Licht, welches mit dem Ostermorgen aufgegangen war, immer noch nicht hell und licht geworden. Christus steckt darum seinen Aposteln jetzt ein Licht auf, hebt den Schleier, der über jenen messianischen Stellen lag; sie sollen die Schrift recht verstehen, denn nicht bloss zur Befestigung ihres Glaubens, sondern auch zur Bekehrung der Kinder Israel trägt es wesentlich bei, wenn sie erkennen, was die Schrift von dem zukünftigen Messias geredet hat, das ist erfüllt in ihm. Er kann es nicht länger anstehen lassen, sie in das volle Verständniss des Alten Testamentes einzuführen, denn es ist das letzte Mal, dass er von Angesicht zu Angesicht mit ihnen redet. Lukas schreibt: *τότε διήνοιξεν αὐτῶν τὸν νοῦν τοῦ συνιέναι τὰς γραφάς. Multa*, sagt Bengel, *in mente nostra removeri obstacula opus est, dum intelligamus. Act. 16, 14. Aperuit et virtute sua et verbo.* Er spricht sich nicht ganz klar darüber aus, ob Jesus seinen Jüngern nur den *νοῦς*, oder auch wie der Purpurkrämerin Lydia in der angezogenen Stelle *τὴν καρδίαν* öffnet. Offenbar ist hier betont, dass er den Aposteln den Verstand geöffnet habe, nicht den Verstand der heiligen Schrift, nicht den Sinn der Weissagungen, sondern ihren eigenen Sinn und Verstand, er gab ihnen mit andern Worten, indem er ihnen die Worte der Schrift erklärte, erleuchtete Augen des Verständnisses. Aber eine blosse Worterklärung thut es nicht: unsere Augen sind so unvermögend, die Wunder Gottes in der heiligen Schrift zu lesen, weil unsere Herzen so finster sind. Die Unwissenheit in geistlichen Dingen, die Verschlossenheit der Schrift hat zum allergrössten Theil ihren Grund in der Härtigkeit des Herzens. Wer die Schrift recht erklären will, der darf sich nicht damit bescheiden, dass er ihre Worte in's Klare stellt, sondern muss sein Absehen auch darauf richten, dass er für sie das Herz erwärme und gewinne. Mit der Wirkung auf den Verstand muss eine Einwirkung auf das Herz verbunden werden. Hierauf kommt Alles an, *νοῦς* ist nicht bloss der äussere Verstand, sondern auch der innere Sinn. Calvin sagt: *quia antea dominus, perfunctus doctoris officio, nihil aut parum apud discipulos profecerat, nunc spiritu suo intus eo docere incipit. Frustra enim in aërem funduntur verba, donec intelligentiae dono illustratae sint mentes. Verum quidem est, instar lucernae esse verbum domini, sed lucet in tenebris ac inter coecos, donec lux interior oculis detur a domino, Ps. 143, 8, cuius proprium munus est, illuminare coecos. Atque hinc apparet, quanta sit naturae nostrae corruptio, quando nihil nobis prodest oblatum in oraculis coelestibus vitae lumen. Jam vero si intelligentia non perspicimus, quid rectum sit, quomodo ad praestandum obsequium sufficeret voluntas? Fatendum est igitur, nos modis omnibus deficere, ut coelestis doctrina non aliter utilis sit nobis vel efficax, nisi quatenus spiritus et mentes nostras ad eam intelligendam, et corda nostra ad subeundum eius iugum format: ideoque ut idonei simus eius discipuli, necesse est, deposita omni ingenii nostri fiducia, lumen e coelo petere: stulta etiam liberi arbitrii opinione relicta, nos Deo regendos tradere.* Zu der *explicatio verbi*, welche sich an den Verstand richtet, muss die *illuminatio mentis*, welche ohne irgend welche Bewegung des Herzens nicht zu Stande kommen kann, sich gesellen.

Lukas gibt aber genauer an, worauf sich die Einführung der Apostel in die h. Schrift bezogen habe. Es kam dem Heiland vornehmlich auf die Punkte an: *καὶ εἶπεν αὐτοῖς· ὅτι οὕτω γέγραπται* (*καὶ οὕτως ἔδει*, so hat der *textus receptus*, nicht aber der Sinaiticus, Vaticanus, Ephraemi und Cantabrigiensis, wesshalb wir mit Lachmann und Tischendorf diese Worte streichen) *παθεῖν τὸν Χριστὸν καὶ ἀναστῆναι ἐκ νεκρῶν τῇ τρίτῃ ἡμέρᾳ καὶ κηρυχθῆναι ἐπὶ τῷ ὀνόματι αὐτοῦ μετάνοιαν εἰς ἄφεσιν* (so liest Tischendorf mit dem Codex Sinaiticus und Vaticanus, der *textus receptus* hat *καὶ ἄφεσιν*, welches sich im Alexandrinus, Ephraemi und Cantabrigiensis befindet) *ἁμαρτιῶν εἰς πάντα τὰ ἔθνη, ἀρξάμενον* (so lese ich lieber mit der *recepta*, obgleich sich Tischendorf für *ἀρξάμενοι*, welches der Codex Sinaiticus, Vaticanus und Ephraemi darbietet, erklärt, denn

25 *

ἀρξάμενον wird die schwierigere Lesart sein, während ἀρξάμενοι sich mehr als Correktur darstellt) ἀπὸ Ἱερουσαλήμ. Wenn wir den üblichen Text beibehalten und lesen: ὅτι οὕτω γέγραπται καὶ οὕτως ἔδει παϑεῖν κτλ., so hebt nach Godet Jesus eine doppelte Nothwendigkeit hervor: die eine auf die Weissagung gegründet (so stehet es geschrieben), die andere auf die Natur der Sache (also musste es geschehen). Allein was soll das heissen: auf die Natur der Sache? Hat Christus die Nothwendigkeit seines Leidens, seines Auferstehens und der Predigt in aller Welt aus der Natur der Sache, aus Vernunftgründen, aus abstrakten, dogmatischen, spekulativen Grundsätzen heraus entwickelt? Geht er nicht immer, dem getreu, dass das Christenthum eine historische Religion, eine geschichtliche Gottesoffenbarung und mit Nichten ein spekulatives Lehrgebäude ist, auf den in dei Heilsgeschichte ausgesprochenen, in der h. Schrift niedergelegten Willen Gottes zurück? Nach v. Hofmann hat man diese Worte καὶ οὕτως ἔδει ausgelassen, weil man das καί nicht verstand und für „und" nahm, aber es heisse hier „auch": weil so geschrieben steht, so musste auch so Christus leiden. Keil monirt aber hiergegen nicht ohne Grund, dass die kausale Fassung von ὅτι nach vorhergehendem εἶπεν αὐτοῖς durchaus nicht natürlich sei, und dass bei dieser Fassung, wie bei der von Godet, für das κηρυχϑῆναι der logisch einfache Anschluss fehle. Wenn nämlich παϑεῖν καὶ ἀναστῆναι von ἔδει abhänge, so müsse diess auch vor κηρυχϑῆναι hinzugedacht werden, darnach wäre V. 47 zu übersetzen: und musste gepredigt werden. Dieser Instanz hat Bornemann sich dadurch entziehen wollen, dass er aus griechischen Schriftstellern nachzuweisen versuchte, dass ein und dasselbe Zeitwort, obgleich es nur in einem *tempus* steht, doch öfters, wenn es zu mehreren Sätzen gehört, in verschiedenen *temporibus* zu ihnen gezogen werden könne: allein ein Jeder sieht, wie künstlich dieser Ausweg ist. Wir geben den Haupthandschriften die Ehre und streichen diese Worte καὶ οὕτως ἔδει und finden hier nichts weiter, als die Aussage, welche durch das recitative ὅτι, so schon Stier, Weiss u. A., (seltsamer Weise findet Meyer darin beigebracht, warum Christus ihnen den νοῦς geöffnet habe) eingeführt wird: so steht geschrieben, dass Christus leiden musste. Das οὕτω gehört auf keinen Fall zu παϑεῖν, dass etwa auf die besonderen Modalitäten bei seinem Leiden hingewiesen würde, sondern zu γέγραπται: so und nicht anders steht geschrieben, das Leiden des Erlösers ist in der h. Schrift geweissagt. Wir enthalten uns, hier auf die Weissagungen des Alten Testamentes hinsichtlich der Passion Christi einzugehen, da wir bei der Auslegung der Leidensgeschichte, sowie bei dem Gespräche Christi mit den beiden Wanderern nach Emmaus vielfach Gelegenheit hatten, auf die Stellen des Alten Testamentes hinzuweisen, in welchen der Geist Gottes durch die Hand von Propheten das Bild des Leidenden, sei es in typischen, sei es in prophetischen Geschichtsbildern uns vor die Augen malt. Doch die Prophetie bleibt nicht dabei stehen, dass der Knecht Gottes sich durch Leiden vollenden müsse, sie geht darüber noch hinaus. Ostern hat ein doppeltes Angesicht, es gibt ein πάσχα σταυρώσιμον und ein πάσχα ἀναστάσιμον, das Eine fordert das Andere. Eingehen konnte der Herr nicht in seine Herrlichkeit, bis dass er auf dem Wege der Erniedrigung auf der letzten Stufe angelangt war, und leiden und sterben konnte er umgekehrt auch nicht, ohne dass durch die Auferstehung sein herrlicher Name aus der Schmach und sein Leben

aus der Macht des Todes herausgerissen wurde. Reden Psalmisten und
Propheten in zahlreichen Stellen von dem leidenden Christus, so weissagen
sie an eben so vielen Stellen wieder von dem auferstandenen, dem erhöhten Herrn. Auch auf diese speziellen Weissagungen habe ich mich
hier nicht mehr einzulassen, denn ich habe schon bei andern Worten Jesu
das Auge auf diese Lichter richten müssen, welche in die Finsterniss
seines Todes und Grabes hineinleuchten. Interessant ist nur hier, dass
die Auferstehung an dem dritten Tage betont wird, wie das auch Paulus in
der wunderbar mit diesem Worte harmonirenden Erklärung über den Inhalt
seiner Predigt 1. Kor. 15, 4 thut. Nach der Schrift hat er gelehrt: ὅτι ἐγήγερται τῇ τρίτῃ ἡμέρᾳ. Bestimmte direkte Weissagungen über den Zeittermin
der Auferstehung finden wir nirgends in dem Alten Testamente: Christus
kann den dritten Tag nur aus Typen entwickelt haben. Es unterliegt
keinem Zweifel, dass er in der Geschichte des Jonas, der drei Tage und
drei Nächte in dem Bauche des Walfisches war, die betreffende Prophetie
gefunden hat, vgl. Matth. 12, 40. Die Betonung des dritten Tages ist
auch in das apostolische Glaubensbekenntniss übergegangen und hilft die
Wirklichkeit einer leibhaftigen Auferstehung, die Rückkehr in dieses Leben
zu konstatiren. Denn, wenn die Auferstehung Christi nur ein anderer
Ausdruck wäre für seine persönliche Fortdauer als geistiges Wesen oder
für die unaufhörliche Fortwirkung seines Geistes in dieser Welt, so wäre
es ganz absurd von einem dritten Tage derselben Auferstehung zu reden.
Er erwachte zu dem geistigen Leben nicht erst nach einem langen, langen
Todesschlafe, ebenso lebte sein Geist nicht erst an dem dritten Tage in
seinen Gläubigen wieder auf; die Frauen, die Salben und Spezereien den
stillen Sabbath über bereiteten, trugen ihn in einem feinen und guten
Herzen. Aber noch einen dritten Hauptpunkt hat der Herr durch Eröffnung
der Schrift ihnen als ein göttliches Muss erwiesen: es ist geschrieben, dass
das Evangelium aller Welt gepredigt wird, die Universalität des Christenthums, der Offenbarung in Christus, spricht das Alte Testament ebenso
klar und bestimmt aus, als das Leiden und Auferstehen des Erlösers.
*Καὶ κηρυχθῆναι ἐπὶ τῷ ὀνόματι αὐτοῦ μετάνοιαν εἰς ἄφεσιν ἁμαρτιῶν εἰς
πάντα τὰ ἔθνη, ἀρξάμενον ἀπὸ Ἰερουσαλήμ.* Die Predigt εἰς πάντα τὰ
ἔθνη ist also in dem Alten Testamente geweissagt: wir werden hier vorsichtig sein müssen, dass wir nicht Stellen heranziehen, welche von der
Bekehrung aller Völker zu dem Messias handeln, denn meistens wird nicht
angegeben, dass jene Völker, welche sich nach Zion in Bewegung setzen,
durch die Stimme der Prediger, die von Zion aus zu ihnen gekommen
sind, herbeigerufen worden sind. Grotius führt eine Anzahl wirklich hierher
gehöriger Prophezeiungen an. *Esajae 49, 1: audite insulae me et nationes
longinquae. Hoseae 2, 23: vocabo non populum meum, populum meum.
Ps. 2, 8: dabo gentes haereditatem tuam. Joel 3, 5: quisquis invocabit
nomen Dei, evadet. Malachiae 1, 11: ab ortu ad occasum magnum erit
nomen meum inter gentes. Dan. 7, 14: et dedit ei potestatem et regnum, et
omnes populi, nationes et linguae ei servient.* Ich wundere mich aber sehr,
dass Grotius nicht an Röm. 15, 9 ff. gedacht hat, wo Paulus aus der
Schrift beweist, dass Gott auch der Heiden in Christo sich annimmt: er
beruft sich dort auf Ps. 18, 50: διὰ τοῦτο ἐξομολογήσομαί σοι ἐν ἔθνεσι
καὶ τῷ ὀνόματί σου ψαλῶ; auf Ps. 67, 5: εὐφρανθῆτε ἔθνη, μετὰ τοῦ
λαοῦ αὐτοῦ, auf Ps. 117, 1: αἰνεῖτε τὸν κύριον, πάντα τὰ ἔθνη, καὶ

ἐπαινέσατε αὐτόν, πάντες οἱ λαοί und schliesslich auf Jesaj. 11, 10. Die erste Stelle gehört unbedingt hierher, die beiden anderen passen insofern noch, als der Dichter mit seinem Harfenspiele mitten unter den Heiden steht und Gott sein Lied singt, welches sie ihm nachsagen sollen. Nicht jetzt erst eröffnet Christus seinen Aposteln den Blick in das Weite, er hat es vielfach schon durch deutliche Fingerweise gethan, vgl. Matth. 8, 11; 10, 18; Luk. 14, 23; Joh. 10, 16; Matth. 26, 13; Mark. 14, 9; Matth. 24, 14, und hat auf dem Berge in Galiläa sie ausdrücklich mit der Predigt des Evangeliums an alle Creatur betraut: allein den Schriftbeweis für seine Winke und Befehle hat er ihnen noch nicht geliefert, er thut das jetzt erst, wo die Aufgabe nunmehr an sie herantritt, hinauszugehen in alle Welt. Predigen sollen sie μετάνοιαν. Wie die Kinder des Reiches, wenn sie anders in das nun erscheinende Himmelreich eingehen wollten, Busse zu thun hatten nach der übereinstimmenden Predigt des Täufers und des Herrn Jesu, so haben auch die Kinder der Fremde Busse zu thun. Eine μετάνοια, eine Aenderung ihres νοῦς, ihres ganzen Wesens ist unerlässlich: ohne dieselbe gelangen sie nicht zu der Gnade, welche das Evangelium ihnen entbietet und allein entbieten kann, εἰς ἄφεσιν ἁμαρτιῶν. Die μετάνοια ist nicht Selbstzweck bei der Predigt, sondern nur Mittel, um zu dem Zweck und Ziele zu gelangen: Vergebung der Sünden, das ist der Kern des Evangeliums. Und diese Predigt der Busse zur Vergebung der Sünden soll schriftgemäss geschehen ἐπὶ τῷ ὀνόματι αὐτοῦ. Gerhard folgt der Vulgata und Luther, welche zwischen ἐπί und ἐν τῷ ὀνόματι keinen Unterschied anerkennen: Grotius heisst das gut: *recte exponitur, Christi mandato, et quasi vices eius obeundo 2. Cor. 5, 20. Itaque et Christus ipse per legatos suos dicitur gentibus εὐαγγελίζεσθαι Eph. 2, 17.* Baumgarten-Crusius umschreibt: wie es von ihm zu erwarten; allein ἐπί τινι kann doch nie gleich sein παρά τινος. Bleek fasst ἐπί in Beziehung auf ihn, Stier durch ihn und in ihm, Meyer wohl aber am Richtigsten auf Grund seines Namens. Sie stehen mit ihrer Predigt von der Vergebung der Sünden gleichsam auf dem Namen Christi: der Name Christi ist der Grund, der Stützpunkt ihres Evangeliums. Weichen sie von diesem Grunde, so schwebt ihre Predigt von der Busse zur Vergebung der Sünden in der Luft. Auf Grund des Namens Christi sollen sie Busse und Vergebung der Sünde predigen; sie brauchen nur diesen Namen, seine Bedeutung, seinen wesentlichen Inhalt, nur das in dem Namen offenbarte Wesen und Werk zu entfalten, und das Wort, welches sie verkündigen, muss wie ein zweischneidiges Schwert die Herzen treffen. Von Jerusalem aber, das ist die wichtige Weisung, welche sie in dieser Abschiedsstunde erhalten, soll die Predigt des Evangeliums ausgehen. Die Lesart ἀρξάμενοι bietet keine grossen Schwierigkeiten, denn, wenn man nicht eine Anakoluth anzunehmen geneigt ist, liesse sich ja dieses Particip auch zu dem folgenden Satze ὑμεῖς μάρτυρες τούτων ziehen. Ἀρξάμενον lässt sich verschieden erklären. Jedenfalls ist ἀρξάμενον Accusativ; es fragt sich aber, ob es impersonell zu nehmen ist, „indem man anfängt", oder „es anfängt", oder ob man ihn in laxer Beziehung eine Apposition sein lässt, „indem es" (das Gepredigtwerden), so Baumgarten-Crusius, oder „indem er" (der κηρύσσων), was Winer S. 207 für möglich hält, „beginnt". Leichter ist die erste Möglichkeit, welcher Winer schliesslich auch S. 550 den Vorzug einräumt. Raphel erklärte sich schon in seinen *annotat. Herodot.* dafür, bei Herodot findet sich 3, 91 eine treffende Parallele. Hier heisst es: ἀπὸ δὲ Ποσειδήϊου πόλιος, τὴν Ἀμφίλοχος ὁ Ἀμφιάρεω οἴκισε ἐπ' οὔροισι τοῖσι Κιλίκων τε καὶ Σύρων, ἀρξάμενον ἀπὸ ταύτης μέχρι Αἰγύπτου, πλὴν μοίρης τῆς Ἀραβίων — ταῦτα γὰρ ἦν ἀτελέα — πεντήκοντα καὶ τριηκόσια τάλαντα φόρος ἦν. Wie ἀρξάμενον hier, kommt δόξαν bei Josephus sehr häufig vor, cf. ant. 1, 2, 1: θῦσαι τῷ θεῷ δόξαν αὐτοῖς. 1, 3, 2: πᾶν ὅσον ἦν ἀνθρώπινόν ποτε δόξαν αὐτῷ διαφθεῖραι. 2, 3, 3: δόξαν οὖν τοῦτο. Bei den Klassikern erscheint in diesem *accusativus absolutus* sehr häufig ἐξόν, παρόν, cf. Vigerus p. 329. So de Wette, Godet, Bleek, Meyer, v. Hofmann, Keil, Weiss. Von Jerusalem soll also die Predigt des Evangeliums ihren Anfang nehmen, das ist auch vorgeschrieben. Grotius bemerkt zu dieser Stelle: *ab urbe Davidis, cuius solium Messiae erat promissum Ps. 132. Esaj. 9, 7 et alibi. Huc illa pertinent Ps. 2, 6: ego constitui regem meum super Sion. Ps. 110, 2: sceptrum roboris tui mittet Deus ex Sion. Esaj. 2, 3: de Sione exibit lex et verbum Dei ex Hierosolymis. Esaj. 28, 16: fundo in Sione lapidem, lapidemque pretiosum. Esaj. 40, 9: super celsum montem ascende, bonorum nuncia, Sion, vocem tuam vehementer effer, bonorum nuncia, Jerusalem. Esaj. 60, 1: surge illuminare, Jerusalem scilicet, quod addunt septuaginta.* Es ist diess eine neue und höchst nothwendige Weisung. Wie leicht konnten die Jünger auf den Gedanken kommen, dass sie mit der Predigt des Evangeliums durchaus nicht in Jerusalem zu beginnen hätten, dass mit dem Volke Israel gar kein Versuch mehr vorzunehmen sei. Hatte der Herr doch selbst in mehreren Reden es offen ausgesprochen, dass Jerusalem und überhaupt das jüdische Volk sein Geschick entschieden habe durch die Erwürgung Christi, vgl. Matth. 21, 39 ff., womit 22, 7 und 23, 37 verglichen werden kann. Die Bauleute haben den zum Eckstein von Gott ausersehenen Baustein verworfen und das Reich Gottes soll nun zur gerechten Strafe von ihnen genommen und den Heiden gegeben werden. Allein, hat das Volk Israel auch über Christus, den Sohn Gottes, das Kreuzige gerufen und sich offen von ihm als dem Könige der Verheissung losgesagt, so will Christus, welcher gnädig und barmherzig ist, sie noch nicht sofort dem Gerichte der Verdammniss überantworten. Er sendet seine Apostel hinein in die Mördergrube, er sieht es im Geiste, wie sie den Stephanus steinigen und den Jakobus mit dem Schwerte hinrichten, wie sie alle Einladungen abweisen, auf keine Predigt der Busse zur Vergebung der Sünden eingehen, aber nichts kann ihn abhalten. Er hat sein Volk lieb, er möchte es wie einen Brand noch aus dem Feuer reissen. Die Apostel haben gethan, wie Christus ihnen geboten hatte: in Jerusalem haben sie ihre Thätigkeit begonnen, dort war lange Zeit der Centralpunkt der Mission, dort weilten die Säulenapostel der Urgemeinde. Sie haben den Staub nicht sobald von ihren Füssen geschüttelt zu einem Zeugniss wider die Halsstarrigen und Blutdürstigen, sondern sind nicht müde geworden, in der Stadt, die dem Verderben schon geweiht war, zu predigen; sie zogen erst von dannen, als die Römer kamen, um eine Wagenburg um dieselbe zu schlagen. *Nunc clare demum aperit Christus*, schreibt Calvin zu unserem Verse, im Anfang die Sache nicht ganz richtig darstellend, *quod ante celaverat, redemptionis a se allatae gratiam communiter ad omnes gentes patere. Etsi enim a prophetis non semel praedicta fuerat gentium vocatio, non tamen sic erat patefacta, ut eas facile secum admitterent*

Judaei in spem salutis. Ergo usque ad resurrectionem non fuit Christus, nisi unius electi populi creditus redemptor. At tunc primum diruta maceria, ut qui extranei et prius dispersi fuerant, in ovile domini aggregarentur. Interim tamen, ne irritum videri possit Dei foedus, locavit Christus Judaeos in priore gradu, initium fieri praecipiens ab Hierosolyma. Nam quia genus Abrahae peculiariter adoptaverat Deus, reliquo mundo praeferri oportuit: hoc est ius primogeniturae, quod illis assignat Jeremias 31, 9. Hunc quoque ordinem diligenter ubique observat Paulus (Eph. 2, 17), quod Christus adveniens annunciaverit pacem eis, qui prope erant, deinde alienis et remotis. Ich verweise noch auf Act. 13, 46, wo Paulus ausdrücklich den Juden in Antiochien in der Landschaft Pisidien sagt: ὑμῖν ἦν ἀναγκαῖον πρῶτον λαληθῆναι τὸν λόγον τοῦ θεοῦ, ἐπειδὴ δὲ ἀπωθεῖσθε αὐτόν, καὶ οὐκ ἀξίους κρίνετε ἑαυτοὺς τῆς αἰωνίου ζωῆς, ἰδού, στρεφόμεθα εἰς τὰ ἔθνη.

Sehr beachtenswerth ist es, dass Christus diese drei Hauptstücke, sein Leiden, sein Auferstehen, die Predigt seines Evangeliums bei allen Völkern aus der Schrift als nothwendig erweist und sich nicht begnügt, es einfach selbst auszusprechen. Wir erkennen hieraus die Ehrfurcht, welche er ohne Rückhalt dem Worte Gottes, denn dasselbe fand er in dem Alten Testamente (Matth. 22, 43), zollte. Er beugte sich willig unter dasselbe und hielt es für eine Autorität, welcher er sich zu unterstellen habe. Wenn er aber, der Sohn Gottes, einen solchen ungeheuchelten Respekt schon vor dem Gottesworte empfand, welches nur durch den Mund geringer Knechte geredet worden war; wie haben wir uns erst dem Worte unterzuordnen in dem Gehorsame des Glaubens, welches der Vater zuletzt in seinem eingeborenen Sohne zu uns gesprochen hat. Vortrefflich weist Calvin nach, wie dieses Verfahren des Erlösers jedem falschen Enthusiasmus, der um das geschriebene Wort sich nicht kümmert, sondern nur auf das innere Wort, welches Gott durch seinen Geist unmittelbar und unvermittelt dem Herzen kund gibt, Gewicht legt, abhold ist. *Observent praeterea lectores, non fuisse apertos mentis oculos discipulis, quibus sine adiumento Dei mysteria perspicerent, sed ut comprehensa sunt in scripturis: atque ita impletum fuit, quod dicitur Ps. 119, 18: illumina oculos meos, ut considerem mirabilia legis tuae. Neque enim spiritum Deus suis confert, qui verbi sui usum aboleat, sed potius qui fructuosum reddat. Quare perperam fanatici homines revelationum praetextu spernendae scripturae sibi licentiam concedunt: nam quod de apostolis nunc legimus, quotidie in suis omnibus Christus efficit, nempe ut spiritu suo ad intelligendam scripturam eos dirigat, non autem abripiat ad vagos* ἐνθουσιασμούς. — *Hoc contextu,* sagt er weiterhin, nach einer anderen Seite sich zur Abwehr wendend, *refellitur eorum calumnia, qui externam doctrinam obtendunt supervacuam fore, si nulla nobis ad intelligendum facultas naturaliter suppetat. Quorsum, inquiunt, apud surdos verba faceret dominus? Atqui videmus, ubi spiritus Christi, qui interior est magister, partes suas implet, non lusoriam esse ministri loquentis operam. Christus enim, postquam intelligentiae spiritu donavit suos, non sine fructu apud eos ex scripturis disserit.* Die Worte ὑμεῖς (καί setzt der Codex Cantabrigiensis davor und δέ darnach) μάρτυρες (so lesen die beiden Codices Vaticanus und Cantabrigiensis, ἐστέ aber setzen der Sinaiticus und Alexandrinus davor) τούτων. Das eingeschobene ἐστέ ist ein ganz richtiges Glossem, es darf aber nicht mit Dr. Paulus als Imperativ gefasst werden, es ist der Indikativ: ihr seid

Zeugen davon. Das Präsens ist durchaus als Präsens zu belassen und nicht
in ein Futurum umzusetzen: vorläufig kommt es dem Herrn auf weiter
nichts an, als den Thatbestand festzustellen, dass er die eben genannten
drei Hauptstücke ihnen wirklich aus der Schrift vorgetragen hat. Doch
der Zeuge hat das, was er weiss, zu bezeugen, er ist zum Zeugnissablegen
da, und weil die letzten Worte auf eine Verkündigung in aller Welt hinweisen, müssen sie also bezeugen vor allen Völkern, was sie soeben gehört
haben. Euthymius schreibt zu τούτων, τοῦ πάθους καὶ τῆς ἀναστάσεως
καὶ τῆς ὅλης οἰκονομίας: leider lässt er sich nicht weiter über die Bedeutung von οἰκονομίας aus. Es könnte auch Verfügung, Anordnung
bedeuten und somit auf die in V. 47 enthaltenen Bestimmungen gehen,
allein das davor gesetzte ὅλης scheint mir mehr dafür zu sprechen, dass
οἰκονομία hier auf das ganze Verhalten und Leben Jesu abzielt. Lange,
Stier, Bleek u. A. haben diesen letzten Gedanken in unserer Zeit wieder
vertreten, nicht bloss von seinem Leiden und Auferstehen, sondern auch
von seinem Leben und Wirken sind sie Zeugen gewesen und sollen sie
Zeugen sein: allein wir haben kein Recht zu dieser Erweiterung. Theophylaktus, Kühnöl, de Wette beschränken dieses Zeugensein auf die Passion
und Auferstehung, wozu sie aber auch nicht das geringste Recht haben,
denn τούτων weist auf das, was mit εἶπεν αὐτοῖς V. 46 eingeleitet wurde,
hin. Meyer, Wieseler, Weiss, Keil u. A. bestehen desshalb ganz entschieden
darauf, dass die Zeugenschaft und das Zeugniss der Apostel sich auf die
drei Stücke bezieht: Leiden, Auferstehen, Predigt in aller Welt. Ihre
Sache, ihre Pflicht ist es, daran zu gedenken, dass sie aus seinem eigenen
Munde gehört haben, wie er nach der Schrift gelitten habe, auferstanden
sei und auf Grund seines Namens das Evangelium der Busse zur Vergebung allen Völkern verkündet werde. Fordert er sie aber so energisch
auf, dieses zu bezeugen, so mussten sie ahnen, dass das Wort von dem
Kreuze und der Auferstehung Christi, sowie das Wort an die Heiden auf
Widerstand treffen werde. Die Schrift des Alten Testamentes hatte im
Ganzen nur für die Kinder Israel von Haus aus Bedeutung: sollen sie die
Schriftgemässheit jener drei Stücke bezeugen, so steht also zu erwarten,
dass von jüdischer Seite aus das bittere Leiden und Sterben Christi auf
Grund der Schrift wird in Abrede gestellt werden. Diess ist geschehen,
das Kreuz war denselben ein Aergerniss, weil sie sich gewöhnt hatten, die
messianischen Weissagungen nur in dem rosigsten Lichte eines grossartigen
äusserlichen Triumphes zu betrachten. Fanden sie aber die Passion des
Heilandes in Widerspruch mit dem Alten Testamente, so musste ihnen ganz
folgerichtig auch das Wort von der Auferstehung als schriftwidrig erscheinen,
denn auferstehen von den Todten kann nur Einer, der erst dem Tode
anheimgefallen ist. Die Predigt des Evangeliums in aller Welt war ihnen
eben so ein Stein das Anstosses, denn das Gesetz Moses mit all seinen
Satzungen sammt den späteren Menschensatzungen wollten sie den Völkern
auf den Hals legen.

Nondum eos ad promulgandum evangelium ablegat, sed tantum admonet,
quorsum eos destinaverit, ut se in tempore comparent, so schreibt Calvin
ganz richtig. Er eröffnet ihnen eine grosse, weite Perspektive: es wird
auch nicht so lange mehr anstehen, dass sie als seine Zeugen auftreten.
Können sie aber so, wie sie sind, schon seine Zeugen sein? Der nur kann
von dem Herrn und seinem Heile zeugen, in dessen Herzen der heilige

Geist sein Zeugniss niedergelegt hat und fort und fort abgibt. Joh. 15, 26. Der Geist des Zeugnisses kommt in der nächsten Zeit. *Κἀγὼ ἐξαποστέλλω* (so liest Tischendorf auf Grund des Sinaiticus und Vaticanus, statt des recipirten *ἀποστέλλω*) *τὴν ἐπαγγελίαν τοῦ πατρός μου ἐφ᾽ ὑμᾶς· ὑμεῖς δέ καϑίσατε ἐν τῇ πόλει* (so wird mit dem Sinaiticus, Vaticanus, Ephraemi und Cantabrigiensis gelesen werden müssen, der *textus receptus* enthält noch die nähere Bestimmung der Stadt, welche durch den Context schon hinlänglich bestimmt ist, *Ἱερουσαλήμ*), *ἕως οὗ ἐνδύσησϑε ἐξ ὕψους δύναμιν* (so mit dem Sinaiticus, Vaticanus, Ephraemi, statt des herkömmlichen *δύναμιν ἐξ ὕψους*). Dem *ὑμεῖς* in dem letzten Satze tritt nachdrucksvoll dieses *κἀγώ* gegenüber: ihre Aufgabe ist es, Zeugen zu sein, und seine Sache ist es, sie zu Zeugen auszurüsten. Er will ihnen nicht bloss zusenden, sondern zusenden, indem er ihn heraussendet, den heiligen Geist, wir finden *ἐξαποστέλλειν* auch Gal. 4, 6 von der Sendung des Geistes, Lukas überhaupt liebt dieses doppelte *Compositum*, Ev. 1, 53. 20, 10 u. 11. Act. 7, 12. 9, 30. 11, 22. 12, 11 u. o. Die *notio* des Heraus liegt mit darin, vgl. die sehr instruktive Stelle Ev. 20, 10, wo *ἀποστέλλειν* und *ἐξαποστέλλειν* neben einander vorkommen. Heraussenden will er ihnen den heiligen Geist, heraus, nämlich aus dem Himmel, in welchen er sich jetzt erhebt. Den heiligen Geist bezeichnet er hier aber als *τὴν ἐπαγγελίαν τοῦ πατρός μου*. Grotius geht hier auf einem ganz falschen Wege: *ἐπαγγελίαν τοῦ πατρός vocal donum spiritus sancti sibi a patre promissum, ut a se discipulis daretur. Ita Act. 1, 4: τὴν ἐπαγγελίαν τοῦ πατρός, ἣν ἠκούσατέ μου.* Wo ist aber die Stelle, in welcher dem Erlöser der heilige Geist verheissen würde für seine Jünger? Gibt er nicht, wie wir Joh. 20, 22 sehen, den heiligen Geist durch den Odem seines Mundes? Bekennt er nicht, dass er selbst den heiligen Geist seinen Jüngern sendet Joh. 15, 26. 16, 7? Unbegreiflich ist es, wie Grotius auf diesen Gedanken kam, denn er gibt ganz richtig eine Anzahl alttestamentlicher Stellen an, in welchen Christi Vater, der allmächtige Gott, seinen heiligen Geist verheisst. Oben an stellt er mit Recht die Weissagung des Propheten Joel, welche schon Theophylaktus und Euthymius an erster Stelle angeben. „Nach diesem will ich meinen Geist ausgiessen über alles Fleisch und eure Söhne und Töchter sollen weissagen, eure Aeltesten sollen Träume haben und eure Jünglinge sollen Gesichte sehen. Auch will ich zu derselben Zeit beides über Knechte und Mägde meinen Geist ausgiessen." 3, 1 u. 2. Diess ist auf jeden Fall die Hauptstelle, Petrus wendet sie schon Act. 2, 16 ff. auf die Ausgiessung des heiligen Geistes an dem Tage der Pfingsten an. Die Ausleger verweisen weiter auf Jesaja 44, 3: „ich will Wasser giessen auf die Durstigen und Ströme auf die Dürren; ich will meinen Geist auf deinen Samen giessen und meinen Segen auf deine Nachkommen, dass sie wachsen sollen wie Gras, wie die Weiden an Wasserbächen." Ezechiel 36, 27: „ich will meinen Geist in euch geben und will solche Leute aus euch machen, die in meinen Geboten wandeln und meine Rechte halten und darnach thun; 39, 29: und will mein Angesicht nicht mehr vor ihnen verbergen, denn ich habe meinen Geist über das Haus Israel ausgegossen, spricht der Herr, Herr." Sacharja 12, 10: „über das Haus Davids und über die Bürger Jerusalems will ich ausgiessen den Geist der Gnade und des Gebetes." Durch das ganze Alte Testament zieht sich so die Verheissung, dass Gott in den letzten Tagen, in der Zeit, da er seinem Volke den

Messias zusendet, auch seinen heiligen Geist schenken wolle, dass derselbe es erleuchte, stärke, heilige. Zu denken gibt es aber, dass die prophetischen Verheissungen wohl davon reden, dass dieser Geist Gottes uns zu Menschen Gottes macht, aber nie davon, dass er uns zu Kindern Gottes erhebt. Jene Weissagungen des Alten Testamentes hat der Letzte der Propheten, Johannes der Täufer, mit ganz besonderem Ernste wieder aufgenommen. Es zeigt sich bei ihm ein bedeutender Fortschritt in der Prophetie. Während früher nur die Gabe des Geistes in die messianische Zeit hineinversetzt wurde, verkündigt er, dass der Messias in eigener Person die ¡Geistestaufe werde vollziehen. Die Verheissung des Vaters, den von dem Vater durch den Mund der Propheten verheissenen Geist will er auf sie herab, über sie senden. Majestätisch lautet diese Zusage, welche in das Präsens gesetzt ist, weil diese Zusendung nicht bloss gewiss, sondern auch in der allerkürzesten Frist schon zu erwarten ist, denn den vom Vater verheissenen Geist sendet er aus seiner eigenen Machtfülle. Er will dem Vater nicht vorhalten seine Verheissung, er will ihn nicht bitten, dass er nun sein Wort erfülle, sondern er selbst will das geben, was der Vater versprochen hat. Ein Zwiefaches ist darin enthalten: erstens, dass er auch der Herr des Geistes ist, der ihn nach seinem Wohlgefallen mittheilen kann, und zweitens, dass er mit dem Vater eins ist, denn des Vaters Wort löst der Sohn ein. *Nunc se Christus*, sagt Calvin vortrefflich, *in locum patris substituens, praestandi munus in se recipit: in quo iterum divinam sibi potentiam vindicat. Nam haec pars eius gloriae est, quam Deus iureiurando negat se alteri daturum, infirmos homines coelesti virtute induere. Itaque si in Christum competit, sequitur illum esse Deum, qui olim per os prophetae locutus est. Jesaj. 42, 8. Quamquam autem apostolis specialem gratiam pollicitus est Deus et Christus contulit: tamen in genere hoc tenendum est, neminem mortalium per se evangelio praedicando idoneum esse, nisi quatenus Deus spiritu suo eos vestiens, ipsorum nuditati et inopiae occurrit. Et certe ut non de solis apostolis exclamat Paulus (2. Cor. 2, 16): quis ad haec idoneus reperietur? sed neminem inter mortales huic tanto operi parem esse pronuntiat: sic necesse est, quoscunque Deus excitat evangelii ministros, imbui coelesti spiritu, ideoque omnibus ecclesiae doctoribus sine exceptione promittitur.* Sie sollen die Verheissung des Vaters empfangen, dass sie als seine Zeugen aufzutreten im Stande sind, bis dahin aber sich still und ruhig verhalten: ὑμεῖς δὲ καθίσατε ἐν τῇ πόλει, ἕως οὗ ἐνδύσησθε ἐξ ὕψους δύναμιν. Calvin mengt hier Wahres und Falsches bunt durch einander. *Ne temere ante tempus ad docendum prorumpant, quietem atque silentium illis Christus imperat, quousque, eos pro suo arbitrio emittens, tempestive utatur eorum opera. Atque haec utilis fuit obedientiae eorum probatio, quod scripturae intelligentia praediti et afflati spiritus gratia, quia tamen loqui vetuit dominus, silent tamquam muti. Scimus enim quam cupide prodeant in medium, qui sibi hoc videntur cum laude et admiratione facturi. Et forte hac dilatione eorum torporem Christus mulctare voluit, quia non statim ex suo mandato in Galilaeam eodem die profecti erant. Quicquid sit, eorum exemplo edocti sumus, nihil tentandum esse nisi vocante domino. Quare publice docendi non desit facultas, se tamen privati homines in silentio contineant, donec eos sua manu in theatrum producat.* Seltsam ist die Vermuthung, dass Jesus zur Strafe dafür, dass die Apostel sich nicht sofort an dem Ostertage nach Galiläa hinbegeben hatten, wohin das Wort des

Engels und das Wort des Auferstandenen sie beschieden hatte, einen Stadt-
arrest den Seinen zuerkannt und ihnen die Predigt des Evangeliums bis
auf Weiteres untersagt habe. Mit dem Verweilen in Jerusalem können sie
sich aber unmöglich wider ihren Meister vergangen haben; hätte er,
welcher sie nach Mark. 16, 14 an dem Osterabende schalt wegen ihrer
Herzenshärtigkeit, sie wohl wegen ihrer Saumseligkeit ungerügt gelassen?
Konnten sie überhaupt ohne die Gabe des Geistes predigen und sollte der
Geist ihnen etwa nach der ursprünglichen Absicht Christi schon an dem
Ostertage verliehen werden? Bleiben sollen sie in der Stadt, in welcher
sie sich befinden: $\varkappa a\vartheta i\zeta\varepsilon\sigma\vartheta a\iota$ heisst, wie שֵׁב Judic. 9, 41 (hier von der
LXX mit $oi\varkappa\varepsilon i\nu$), Jud. 11, 17 u. 19, 4 (hier mit $\varkappa a\vartheta i\zeta\varepsilon\iota\nu$ übersetzt), auch
bleiben, verweilen, so noch Act. 18, 11. Unter der Stadt ist, wie die alte
Glosse $^\prime I\varepsilon\varrho o\nu\sigma a\lambda\eta\mu$ schon ganz richtig angibt, nur Jerusalem zu verstehen.
Wenn nun Calvin u. A. mit ihm sich die Sache so denken, dass Christus
dieses Wort noch an dem Osterabende gesprochen habe, so machte dieses
Gebot, in der Stadt zu verweilen, grosse Schwierigkeiten. Eine Reise
nach Galiläa, welche Calvin noch darnach geschehen lässt, kann man
unmöglich dann noch einschieben. Wozu der Text uns hier nöthigt, dazu
werden wir weiter durch die Apostelgeschichte gezwungen, denn in derselben
ist 1, 4 u. 5 hier mit dieser Stelle ganz parallel und dort wird dieses Wort
dem Himmelfahrtstage bestimmt zugeschrieben. Wenn Stier, Lange, Ebrard
hier eine Weisung gefunden haben, welche über den Pfingsttag noch hinausreicht, so verträgt sich das auch nicht mit dem Berichte des Lukas, denn
sowohl in dem Evangelium als auch in der Apostelgeschichte hebt er hervor, dass Christus nur für eine ganz bestimmte Zeit ihr Verbleiben ge-
gefordert habe. Im Evangelium heisst es: $^{\prime\prime}\varepsilon\omega\varsigma$ $o\tilde{v}$ $\varepsilon\nu\delta\acute{v}\sigma\eta\sigma\vartheta\varepsilon$ $\varepsilon\xi$ $\check{v}\psi o\nu\varsigma$ $\delta\acute{v}\nu a\mu\iota\nu$.
Nicht länger sollen sie unthätig in Jerusalem sitzen, als bis zu diesem
Zeitpunkte, da sie aus der Höhe Kraft werden angezogen haben. Der
metaphorische Gebrauch von $\varepsilon\nu\delta\acute{v}\varepsilon\sigma\vartheta a\iota$ ist nicht bloss biblisch, vgl. Röm. 13,
14; Gal. 3, 27; Eph. 4, 24; Kol. 3, 12; Septuaginta Prov. 31, 25; Job. 8,
22; 29, 14; 39, 19; Ps. 35, 26; 93, 1; 104, 1; 109, 18; 132, 9; 16, 8;
2. Chron. 6, 41; Jesaj. 51, 9; 52, 1; 61, 10; Ezech. 7, 27 u. s. w., sondern
auch klassisch, was Vossius und Gataker nicht anerkennen wollten.
Homerus singt Ilias 9, 231: εi $\mu\dot{\eta}$ $\sigma\acute{v}\gamma\varepsilon$ $\delta\acute{v}\sigma\varepsilon a\iota$ $\dot{a}\lambda\varkappa\acute{\eta}\nu$; 19, 36: $\delta\acute{v}\sigma\varepsilon o$ $\delta^\prime$
$\dot{a}\lambda\varkappa\acute{\eta}\nu$; Aristophanes eccles. 288: $\varepsilon\nu\delta\nu\acute{o}\mu\varepsilon\nu a\iota$ $\varkappa a\tau\grave{a}$ $\sigma\varkappa\acute{o}\tau o\nu$ $\tau\acute{o}\lambda\mu\eta\mu a$ $\tau\eta\lambda\iota$-
$\varkappa o\tilde{v}\tau o\nu$. Diogenes Laert. 4, 3, 6: $\tau\acute{\eta}\nu$ $\tau\varepsilon$ $\dot{a}\varkappa a\varkappa\acute{\iota}a\nu$ $\varkappa a\grave{\iota}$ $\tau\grave{o}\nu$ $a\acute{v}\chi\mu\grave{o}\nu$ $\varepsilon\nu\varepsilon\delta\acute{\varepsilon}\delta\nu\tau o$
$\tau\acute{a}\nu\delta\varrho o\varsigma$ $\varkappa a\grave{\iota}$ $\tau\grave{o}$ $\beta\acute{a}\varrho o\varsigma$. Der Grieche verwendet auch $\dot{a}\mu\varphi\iota\acute{\varepsilon}\nu\nu\nu\mu\iota$ und
$\pi\varepsilon\varrho\iota\beta\acute{a}\lambda\lambda o\mu a\iota$ in diesem Sinne; cf. Kypke 1, 345 f. Anziehen sollen sie
Kraft, und zwar soll diese ihnen aus der Höhe zukommen. Gott, der in
der Höhe wohnt, reicht ihnen diese Kraft dar, sie ist mit der $\varepsilon\pi a\gamma\gamma\varepsilon\lambda\acute{\iota}a$
$\tau o\tilde{v}$ $\pi a\tau\varrho\acute{o}\varsigma$ nicht gerade identisch, wohl aber in sie eingeschlossen, denn
der heilige Geist ist nicht bloss ein Geist der Kraft und der Stärke,
sondern auch der Weisheit, der Erkenntniss, der Gottesfurcht, des Gebetes,
der Gnade u. s. w., wo er aber ist, da fehlt es auch an der Kraft nicht, denn
der Geist Gottes manifestirt sich allenthalben als eine Kraft, zum Wenigsten
als eine Kraft zur Heiligung, bei uns. Die älteren Ausleger, welche $\varepsilon\xi$
$\check{v}\psi o\nu\varsigma$ entweder von dem Himmel oder von der Gottheit verstehen, fassen
das Bild so, als wenn der heilige Geist wie eine Waffenrüstung angelegt
werden solle: sie thun darin des Guten zuviel, auf einen Kampf ist hier
nirgends angespielt; wie der Mensch sich in ein Kleid hüllt, — die Alten

hatten ja nicht die engen Kleider, wie wir sie tragen, sondern nur weite Gewänder, in welche man sich einwickeln, ganz einschlagen konnte, — so sollen sie sich in die Kraft hüllen und sich mit ihrer natürlichen Schwachheit dahinein verbergen. Mit dieser Weisung korrespondirt Apostelg. 1, 4 f., wo berichtet wird: ἀπήγγειλεν αὐτοῖς ἀπὸ Ἱεροσολύμων μὴ χωρίζεσθαι, ἀλλὰ περιμένειν τὴν ἐπαγγελίαν, ἣν ἠκούσατέ μου· ὅτι Ἰωάννης μὲν ἐβάπτισεν ὕδατι, ὑμεῖς δὲ ἐν πνεύματι βαπτισθήσεσθε ἁγίῳ οὐ μετὰ πολλὰς ταύτας ἡμέρας. Wenn Calvin glaubt, dass Jesus seine Geistestaufe der Wassertaufe des Johannes desshalb entgegengesetzt habe, weil immer noch einige Apostel den Johannes ungebührlich hoch gestellt hätten, so befindet er sich in einem grossen Irrthume. Wir zweifeln nicht daran, dass diejenigen unter ihnen, welche Jünger dieses treuen Zeugen gewesen waren, seiner noch dankbar gedachten, aber dass sie ihn ihrem Herrn und Meister fast gleich gestellt hätten, können wir uns ganz und gar nicht denken. Auf ihn, als den Höheren, dessen Schuhriemen aufzulösen er nicht würdig sei, hatte der Täufer sie hingewiesen und jeder Tag, den sie in der Gemeinschaft Jesu seither verlebt hatten, vornehmlich aber der Tag seiner Auferstehung, hatte sie davon überzeugt, dass Christus unendlich mehr sei als Johannes! Die Erinnerung, dass jener nur mit Wasser getauft habe, sie aber mit dem heiligen Geiste getauft werden sollten, geschieht nicht im Interesse der Richtigstellung des beiderseitigen Ansehens, sondern in dem der Feststellung der Verheissung Gottes. Gott hat am Letzten durch den Mund des Täufers die Gabe des Geistes verheissen, und die Wassertaufe desselben war ein Siegel und Unterpfand der Geistestaufe. Sie haben durch den Heiland von dieser Verheissung des Geistes gehört; wir gedenken der Stellen Joh. 14, 16, 23, 26; 15, 26; 16, 7: und jetzt verkündet er ihnen, dass sie von Jerusalem sich nicht entfernen sollen, weil die Verheissung in der allernächsten Zeit, welche nicht mehr nach Wochen, sondern nur noch nach Tagen zu bemessen ist, erfüllt werden soll. Er sagt ausdrücklich: οὐ μετὰ πολλὰς ταύτας ἡμέρας. Kühnöl folgt noch Kypken, der hierzu bemerkt: *singularis his verbis inest constructionis mutatio. Posita enim sunt pro*: οὐ πολὺ μετὰ ταύτας ἡμέρας, *vel pro*: οὐ πολλαῖς ἡμέραις μετὰ ταῦτα. *Similiter tamen profani. Achilles Tatius L 5, p. 301 (lib. 7, 14)*: ὡς ὀλίγων πρὸ τούτων ἡμέρων ἔρχεται Διόφαντος, *paucos circiter ante dies venit Diophantus.* Joseph. ant. 1, 22, 1: οὐ μετὰ πολὺ τῆς ἀφίξεως τοῦ υἱοῦ. Allein, wie Winer S. 140 ausführt, hat hier keine Versetzung des πολύς stattgefunden, sondern es ist wie im Lateinischen *ante hos quinque dies*, vgl. ausser jener Stelle aus Tatius noch Heliodor 2, 22; 97: οὐ πρὸ πολλῶν τῶνδε ἡμερῶν, zu erklären; αὗται ἡμέραι sind eben diese verflossenen Tage selbst und *ante hos quinque dies* heisst eigentlich vor den (von jetzt an gerechnet) zunächst verflossenen fünf Tagen. Das Pronomen setzt also die Bestimmung mit der Gegenwart in Verbindung. Der Tag der Ausgiessung des heiligen Geistes steht also in Aussicht, in der allernächsten Zukunft: bis dahin dürfen sie Jerusalem nicht verlassen. Hier sollen sie der Dinge warten, die da kommen sollen.

Mark. 16.	Luk. 24.	Act. 1.
	(V. 50) Er führte sie aber hinaus gen Bethanien,	(V. 6) Da sie nun mit ihm gingen, fragten sie ihn und sprachen: Herr, wirst du in dieser Zeit wieder aufrichten das König-

(V. 19) Und der Herr, nachdem er mit ihnen geredet hatte, ward aufgehoben gen Himmel und sitzt zur Rechten Gottes.	und hob die Hände auf und segnete sie. (51) Und es geschah, da er sie segnete, schied er von ihnen und ward hinaufgetragen gen Himmel.	reich für Israel? (7) Er sprach aber zu ihnen: es gebühret euch nicht zu wissen Zeit oder Stunde, welche der Vater seiner eigenen Macht vorbehalten hat. (8) Aber ihr werdet die Kraft des heiligen Geistes empfangen, welcher auf euch kommen wird, und werdet meine Zeugen sein zu Jerusalem und in ganz Judäa und Samaria und bis an das Ende der Erde. (9) Und da er diess gesagt hatte, ward er zusehends aufgehoben und eine Wolke nahm ihn auf vor ihren Augen weg. (10) Und als sie ihm nachsahen, gen Himmel fahrend, siehe, zwei Männer standen bei ihnen in weissen Kleidern, (11) welche auch sagten: ihr Männer von Galiläa, was stehet ihr und sehet gen Himmel? Dieser Jesus, welcher von euch ist aufgenommen gen Himmel, wird kommen, wie ihr ihn gesehen habt gen Himmel fahren. (12) Da wandten sie um gen Jerusalem von dem Berg, der da heisst der Oelberg, welcher ist nahe bei Jerusalem, einen Sabbathweg weit.
(20) Sie aber gingen und predigten an allen Orten; und der Herr wirkte mit ihnen und bekräftigte das Wort durch mitfolgende Zeichen.	(52) Sie aber beteten ihn an und kehrten um nach Jerusalem mit grosser Freude. (53) Und waren alle Wege im Tempel und lobten Gott.	

Lukas berichtet in dem Evangelium ausdrücklich, dass Christus, nachdem er diese Verheissung und Weisung gegeben habe, hinausgegangen sei mit seinen Jüngern. Er schreibt: ἐξήγαγεν δὲ αὐτοὺς (ἔξω liest hier der *textus receptus* auf Grund des Alexandrinus und Cantabrigiensis und einer Correktur in der Handschrift des Ephraem, Tischendorf hat es aber gestrichen, da es in dem Sinaiticus, Vaticanus und dem ursprünglichen Ephraem nicht angetroffen wird: an und für sich macht ἔξω auch nicht die geringsten Schwierigkeiten, denn es steht, vgl. Lobeck zu Sophokles Aiax, p. 334, und zu Phrynichus, p. 16 und Bornemann, häufig auch bei Klassikern bei mit ἐκ componirten Zeitwörtern) ἕως πρὸς (dafür steht in dem gewöhnlichen Texte εἰς, alle Codices, welche ἔξω auslassen, haben aber πρός, wesshalb es vorzuziehen ist) Βηθανίαν. In der Apostelgeschichte wird Bethanien nicht genannt, aber V. 12 der Oelberg als die Stätte angegeben, da die Himmelfahrt stattfand. Beide Mittheilungen stehen mit einander in dem schönsten Einklange, denn der Oelberg liegt bekanntlich zwischen Jerusalem und Bethanien und die Notiz in dem Evangelium ἕως πρὸς Βηθανίαν muss nicht so gefasst werden, dass Christus sich mit seinen Aposteln bis nach, bis hinein in Bethanien begeben habe, sondern erlaubt, wie die älteren Ausleger schon erklärt haben und Bengel, Kühnöl, Glöckler, Baumgarten-Crusius, Bleek, Meyer, Godet, Keil u. A. zugestehen, die Deutung: bis in die Nähe, in der Richtung, auf dem Wege, bis zu der Stelle, da es nach Bethanien hinabgeht. Markus gibt keine Lokalität an: er erzählt in einem Athem, Strauss und Bruno Bauer haben desshalb schon längst gesagt, er stelle es so dar, als ob aus dem Speisezimmer, von welchem V. 14 die Rede war, die Himmelfahrt erfolgt sei: gut bemerkt

Meyer dagegen, dass, wenn man den compendiarischen Bericht des Markus nicht mit Verstand lesen wolle, der Ausgang der Apostel in alle Welt dann sofort nach der Himmelfahrt vor sich gegangen sei. Nicht aus irgend einer Behausung oder Stätte, welche auf dem Oelberg sich befand, was Wieseler annimmt, sondern aus der Stadt Jerusalem, was die anderen Ausleger insgesammt feststellen, führte Christus die Seinen hinaus. Es ist derselbe Weg, welchen er sie erst vor Wochen geführt hat; er überschreitet den Kidron, aber er biegt dort nicht in ein Seitenthal ein, etwa nach dem Garten Gethsemane, wo seine Seele bis zum Tode betrübt war und ein Engel ihn stärken musste, sondern den Oelberg steigt er hinauf. Sein Weg geht jetzt schon sichtbar, sinnbildlich hinauf in die Höhe. Den Oelberg hat Christus sich ausersehen. Dass er einen Berg sich erwählte zur Auffahrt, finden wir ganz natürlich, denn die Berge sind dem Himmel näher als die Thäler, aber warum erwählte er sich von den vielen Bergen des heiligen Landes nicht einen andern Berg, etwa den Berg der Verklärung, den Berg der Zusammenkunft mit den fünfhundert Brüdern, den Tabor? In der heiligen Schrift ist der Oelberg nicht als der Berg der Himmelfahrt geweissagt: wohl lautet das Wort des Propheten Sacharja 14, 4: und es treten seine Füsse am selbigen Tage auf den Oelberg, vor Jerusalem gen Osten, und der Oelberg spaltet sich in der Mitte, gegen Aufgang und gegen Niedergang, in ein sehr grosses Thal: aber jener Tag ist der Tag, welcher nach dem grossen Gerichtstag über Jerusalem und Israel, der 14, 1 u. 2 geschildert worden ist, durch Gottes Gnade seinem Volke als Tag des Heiles wieder aufgeht (V. 3 ff.). Wir weisen nicht darauf hin, dass Jesus auf diesem Oelberg gerne mit den Seinen weilte, auch nicht darauf, dass er doch eine Höhe bei Jerusalem wählen musste, da seine Apostel nicht von dort weichen sollten, wir machen lieber darauf aufmerksam, dass er zu Füssen dieses Berges gelitten und sein Leben gelassen hat, und dass er auf der Höhe dieses Berges von seiner Wiederkunft zum Weltgerichte geredet und zu seinem königlichen Einzug in die Stadt des grossen Königes sich gerüstet hat. Der Ort seiner tiefsten Erniedrigung soll auch Zeuge seiner höchsten Erhöhung sein: von dem Berge, von welchem aus sein königlicher Einzug in die Stadt des grossen Königs sich entwickelt hatte, wollte er jetzt zu dem Thronsitze neben demselben sich erheben, um einst, wie er hier geweissagt hatte, als der Weltenrichter wieder zu erscheinen. Konnte er eine geeignetere Stätte finden im ganzen Lande?

Ich möchte hier einschieben, was Lukas in der Apostelgeschichte 1, 6—8 berichtet: οἱ μὲν οὖν συνελθόντες ἠρώτων (so wird statt ἐπηρώτων mit dem Codex Sinaiticus, Alexandrinus, Vaticanus, Ephraemi zu lesen sein) αὐτὸν λέγοντες· κύριε, εἰ ἐν τῷ χρόνῳ τούτῳ ἀποκαθιστάνεις τὴν βασιλείαν τῷ Ἰσραήλ; εἶπεν δὲ πρὸς αὐτούς· οὐχ ὑμῶν ἐστιν γνῶναι χρόνους ἢ καιρούς, οὓς ὁ πατὴρ ἔθετο ἐν τῇ ἰδίᾳ ἐξουσίᾳ, ἀλλὰ λήψεσθε δύναμιν ἐπελθόντος τοῦ ἁγίου πνεύματος ἐφ᾽ ὑμᾶς καὶ ἔσεσθέ μου (so lesen alle grösseren Handschriften, und nicht μοι) μάρτυρες ἔν τε Ἱερουσαλὴμ καὶ (ἐν schiebt hier der *textus receptus* ein, Tischendorf streicht es aber, da es in dem Alexandrinus, Ephraemi und Cantabrigiensis fehlt) πάσῃ τῇ Ἰουδαίᾳ καὶ Σαμαρείᾳ καὶ ἕως ἐσχάτου τῆς γῆς. Ich verlege dieses Gespräch auf den Weg hinaus auf den Oelberg: dazu bestimmt mich vor allen Dingen der neunte Vers, wo die Himmelfahrt mit den Worten angeschlossen wird: καὶ ταῦτα εἰπὼν βλεπόντων αὐτῶν ἐπήρθη. Unmittelbar nach diesem

Gespräche also erfolgt jener wunderbare Akt: dasselbe kann desshalb gar nicht gut in jenem Lokale zu Jerusalem stattgefunden haben. Die Einleitung οἱ μὲν οὖν συνελθόντες ἠρώτων passt zu dieser Annahme ganz vortrefflich. Meyer schreibt dazu: „ein neuer Auftritt, bei welchem die Himmelfahrt erfolgte, V. 9. Das vom Herrn beim Essen gesprochene Wort der Verheissung (V. 4 u. 5) veranlasste (μὲν οὖν) die Apostel, zusammenzukommen und ihn sodann gemeinschaftlich mit der Frage anzugehen u. s. w." Overbeck fragt, wie μὲν οὖν diess bedeuten könne? Der einzige Begriff in dem Vorhergehenden, aus welchem συνελθόντες entnommen und an welchen es daher durch μὲν οὖν angeschlossen werden könne, sei συναλιζόμενος und so sei οἱ μὲν οὖν συνελθόντες zu umschreiben: die nun bei Gelegenheit dieses Mahles zusammengekommen waren. Ich glaube aber, dass man dem μὲν οὖν vollkommen gerecht wird, wenn man συνέρχεσθαι nicht als Zusammenkommen, sondern als Zusammengehen nimmt. Man weiss gar nicht recht bei der anderen Auffassung, was συνελθόντες noch soll, es ist rein pleonastisch. Vorher ist schon gesagt, dass Christus, der mit seinen Jüngern zusammen ass, ihnen Weisungen gegeben habe: fragen nun welche, so können diess nicht wildfremde Leute, sondern nur eben die sein, mit welchen er zusammengegessen hat. Man hat diesen Uebelstand empfunden und ihn dadurch beseitigen wollen, dass man die Apostel von dem Mahle aufstehen und die Köpfe zusammenstecken lässt. Sie verabreden sich unter einander und nahen sich nun mit ihrer Frage. So Chrysostomus, Theophylaktus, Oekumenius, Calvin, Gerhard, Bengel u. A. *Facilius putabant*, bemerkt Bengel, *coniunctim se impetraturos esse responsum*: hat Christus es aber bisher so gehalten, dass er einem einzelnen Menschen nicht Rede stand, sondern nur einer Gemeinschaft? Calvin schreibt: *congregatos fuisse apostolos refert, quum mota fuit haec quaestio, ut sciamus non unius aut alterius stultitia esse motam, sed simul omnium*: aber ein οἱ μὲν οὖν hätte schon ausser allen Zweifel gestellt, dass Alle, mit denen er zusammen ass, ihn gefragt haben. Es empfiehlt sich daher, dieses συνελθόντες zu fassen gleich zusammengehen. Erst haben sie mit dem Herrn zusammen gegessen, jetzt gehen sie mit ihm zusammen: dass ἔρχεσθαι und συνέρχεσθαι nicht bloss Kommen, Zusammenkommen, sondern auch Gehen, Zusammengehen heissen, ist aus jedem Lexikon zu ersehen. Auf dem Wege hinaus nach dem Oelberg beschäftigte die Zukunft des Reiches die Apostel: nicht sowohl der Ort, dem sie sich nahten, rief ihnen die Reden in's Gedächtniss zurück, welche der Erlöser auf dem Oelberg (Matth. 24 u. 25) gehalten hatte, sondern vielmehr die Stunde, welche jetzt gekommen war, hiess sie um seine Reichspläne und königlichen Gedanken sich erkundigen und kümmern, denn sie ahnten, dass ein ganz besonderes Ereigniss bevorstünde, dass der Herr von ihnen zu scheiden im Begriff stehe. Sie fragen: κύριε, εἰ ἐν τῷ χρόνῳ τούτῳ ἀποκαθιστάνεις τὴν βασιλείαν τῷ Ἰσραήλ; Calvin summirt gleichsam nur die Auffassung sämmtlicher Kirchenväter, wenn er sagt: *mira vero illorum fuit ruditas, quod tam absolute tantaque cura per triennium edocti non minorem inscitiam produnt, quam si nullum unquam verbum audissent. Totidem in hac interrogatione sunt errores, quot verba. Quaerunt de regno; sed regnum somniant terrestre, quod opulentia, deliciis, externa pace et similibus bonis constet. Eius restitutioni dum praesens tempus assignant, triumphare cupiunt ante militiam. Priusquam enim operi, cui destinati sunt, manum admoveant, fructu laboris volunt potiri. Falluntur etiam in eo, quod ad carnalem Israelem restringunt Christi regnum, quod ad ultimos usque mundi fines propagandum erat. In tota porro quaestione hoc vitii est, quod sapere appetunt ultra iustam mensuram. Non ignota procul dubio illis erant prophetarum vaticinia de instaurando Davidis regno, Christum saepius hac de re concionantem audierant, res denique vulgo trita erat, ut in miserrima populi servitute tamen futuri regni exspectatione erecti omnium animi essent. Jam vero instaurationem hanc sperabant adventu Messiae. Inde factum est, ut apostoli, quum viderent Christum excitatum, protinus ad illam mente provolarent. Sed interea ostendunt, quam male profecerint sub optimo magistro.* Gerhard stimmt zu: *praeconceptae discipulorum opiniones et ipse verborum sonus manifeste ostendunt, de restitutione mundani cuiusdam regni ipsos quaerere, neque enim de regno Dei, de quo Christus ad ipsos fuerat locutus, sed de regno Israelis quaerunt, quo nomine quid intelligant, duo ex consortio ipsorum Emmaunta euntes manifeste indicant Luc. 24, 21.* Die neueren Ausleger folgen fast einmüthig diesen Vorgängern, ich nenne nur Grotius, Bengel, Heinrichs, Kühnöl, Schneckenburger, Meyer, Zeller, de Wette, Overbeck. In seinem Schriftbeweise erklärt sich aber v. Hofmann auf das Allerbestimmteste gegen die hergebrachte Auslegung. Er sagt 2, 2, 647: „Diese Frage für den Ausdruck einer sinnlichen Hoffnung zu halten (so z. B. Meyer), hat man kein Recht; und es ist falsch, wenn man sagt, Jesus weise sie zurück, weil sie das Heil auf die Juden beschränke (Schneckenburger). Im Anschlusse an die alttestamentliche Verheissung hat jene Hoffnung und hat diese Frage nichts falsch Jüdisches an sich, sondern beide gehen auf eine Verwirklichung des Heils, durch welche Israel zur Erfüllung seines Berufs gelangt, der Segen aller Geschlechter des Erdbodens zu werden. Erinnerte ja doch Jesu Verheissnng selbst, dass sie nach wenigen Tagen die Taufe mit dem heiligen Geiste empfangen sollten, an Joels Weissagung von der Ausgiessung des Geistes Gottes über ganz Israel und der damit anhebenden Verherrlichung des heiligen Volkes, somit aber des wahrhaftigen Gottes vor aller Welt. Ihr Irrthum war nur der, dass sie ihre eigene Ausrüstung mit dem heiligen Geiste und die Ausgiessung desselben über das ganze Volk so nahe beisammen glaubten, und nicht, dass sie jene mit der herrlichen Wiederbringung des Reiches Davids (Mich. 4, 8) für eins und dasselbe (Schneckenburger) oder letztere für gleichzeitig mit ihr hielten (Baumgarten)." Allein wir können dieser Auffassung nicht beipflichten. Von einer Ausgiessung des heiligen Geistes über das Volk Israel ist in der Frage der Apostel auch nicht ein Schatten zu finden: sie wollen wissen, wann dem Volke Israel das Königreich, welches ihm längst schon genommen war, wieder zugestellt werde, wenn, mit anderen Worten, Israel wieder als ein königliches Volk dem Erdkreise sein Gesetz vorschreiben werde. An ein äusseres, weltliches Reich denken sie noch: die fleischlichen Erwartungen, welche ihre Volksgenossen als das Palladium der Nation hüteten, hegen sie noch in ihren Herzen, obgleich sie gesehen haben, wie das ganze Volk von dem Glauben und Hoffen seiner Väter abgefallen ist.

Christus gibt ihnen eine Antwort, eine abweisende und zurechtweisende. Eine abweisende, denn er spricht: οὐχ ὑμῶν ἐστιν γνῶναι χρόνους ἢ καιρούς, οὓς ὁ πατὴρ ἔθετο ἐν τῇ ἰδίᾳ ἐξουσίᾳ. Auf eine Belehrung, dass kein weltliches Reich von ihm aufgerichtet und Israel übergeben werden solle, lässt er sich nicht ein: er sendet ja den heiligen Geist, der wird die Unwissenden schon in alle Wahrheit leiten und diese Wahrheit wird ihnen um so mehr einleuchten, je eifriger sie dem Werke obliegen, welches er ihnen befiehlt, denn dann werden sie es täglich mehr inne, dass die Welt zu einer Aufrichtung des Reiches, welches ihnen unter dem dunklen Bilde eines Reiches Israel vor der Seele schwebt, also des Reiches der Herrlichkeit, noch nicht reif ist. Ein Königreich kommt, ein Königreich, welches Christus, der Herr der Herrlichkeit, herstellt und beherrscht, diess geht aus dem ἔϑετο unwidersprechlich hervor, wozu Bengel ebenso fein als wahr bemerkt: *posuit, ergo res ipsa firma est: alias nullum eius rei tempus esset.* Gott hat die χρόνους und καιρούς schon in seinem ewigen Rathe festgestellt, also die Zeit nicht bloss im Allgemeinen, sondern in den grossen Zeiträumen, welche der Welt noch vergönnt sind, — eine Andeutung, dass das Ende aller Dinge nicht so bald zu erwarten ist, als die Apostel glaubten, liegt hier vor — auch schon den bestimmten Zeitpunkt, den καιρός, die gelegene Zeit, wie sonst, hier in Sonderheit die zur Herstellung jenes Königreiches sich schickende Zeit. Er hat das festgesetzt in seinem Rathe, aber dabei soll es auch beruhen, οὐχ ὑμῶν ἐστιν γνῶναι. Ihnen wird es nicht gegeben, jene Zeit zu wissen, ihre Pflicht ist es auch nicht, jene Zeit zu erforschen: jene Zeit ist und soll sein — ein Geheimniss Gottes. Bengel dreht sich hier wunderbar, um sein Grübeln nach dem Tage der Wiederkunft zu rechtfertigen: es kann ihm natürlich nicht gelingen, denn der Text ist zu gewaltig. Sehr gut schreibt Calvin zu dieser Stelle: *generalis est totius quaestionis reprehensio. Curiosa enim erat, quum scire appeterent apostoli, quod dominus volebat absconditum. Est autem hic sapiendi modus, ut quantum ille progreditur docendo ad discendum parati simus, libenter autem ignoremus quicquid ipse nos celat. Quando autem nobis fere omnibus ingenita est stulta et inanis curiositas, cui mox accedit audacia, diligenter observanda est haec Christi admonitio, qua utrumque vitium corrigit. Verum, ut intelligamus eius mentem, simul tenenda sunt duo membra, quae coniungit. Non est, inquit, vestrum scire quae pater in sua potestate posuit. Loquitur quidem de temporibus: sed quum aliarum rerum eadem sit ratio, universale praeceptum statui debet, ut contenti Dei revelatione nefas esse putemus de aliis inquirere. Hoc verum est temperamentum inter duo extrema. — Itaque quoties stulta plus sciendi, quam oportet, cupiditas nos sollicitat, in memoriam revocemus hoc Christi dictum; non est vestrum nosse. Nisi enim invito ipso et vetante perrumpere libeat, satis ad lasciviam ingenii nostri cohibendam habebit ponderis. Nunc quod ad temporum praescientiam attinet, eam modo investigationem damnat Christus, quae ultra divinae revelationis mensuram penetrat. Idque secundo membro, quemadmodum dixi, notatur: quae pater in sua potestate posuit. — Quicquid arte, doctrina, iudicio, usu comprehendunt philosophi aut agricolae, hoc Deus non dicitur retinuisse sibi, quia apud eos quodammodo deposuit. Idem et de prophetis sentiendum. Nam illorum officium fuit scire, quae dominus manifestabat. Verum coecutire nos oportet in abscondito rerum successu, quoad futurum tempus. Nihil enim est, quod nos magis ab officio retardet, quam nimis anxia hac in parte inquisitio. Semper enim ex futuro eventu consilium capere volumus: atqui dominus eventum occultans nobis praescribit, quid facto sit opus. Hic conflictus exoritur, quia non libenter Deo sinimus, quod suum est, ut eventus ipse solus gubernet, sed ingerimus nos in alienam et importunam sollicitudinem. In summa prohibet Christus, ne ad nos transferamus, quod Deus sibi vindicat. In eo genere est eorum praescientia, quae sibi ipse suo arbitrio praeter nostram opinionem et supra ingenii nostri captum moderanda sumpsit.* Abweisend ist aber die Antwort Christi nicht bloss, sondern auch zurechtweisend. Er will sie davon abhalten, dass sie auf die Erforschung der Zeit und der Stunde, da das Reich der Herrlichkeit aufgerichtet werden soll, sich verlegen; eine andere Aufgabe ist ihnen zugewiesen. An diese ermahnt er sie ernst in den folgenden Worten: ἀλλὰ λήψεσϑε δύναμιν ἐπελϑόντος τοῦ ἁγίου πνεύματος ἐφ᾽ ὑμᾶς καὶ ἔσεσϑέ μου μάρτυρες ἔν τε Ἱερουσαλὴμ καὶ πάσῃ τῇ Ἰουδαίᾳ καὶ Σαμαρείᾳ καὶ ἕως ἐσχάτου τῆς γῆς. *Quod optimum frenandae curiositati remedium erat, Christus eos revocat tam ad Dei promissionem, quam ad mandatum. Curiositas fere ex otio et diffidentia nascitur: diffidentiae medetur promissionum meditatio. Mandata, ubi nos et nostra studia deceat occupari, ostendunt. Iubet ergo discipulos patienter exspectare, quod Deus promisit, et intentos esse ad munus, quod Deus iniunxit, exsequendum.* So Calvin. Gesagt hat er ihnen schon, dass sie die Verheissung des Vaters baldigst empfangen und Kraft aus der Höhe anziehen sollen; er bestätigt ihnen noch ein Mal diese Verheissung und erklärt, dass jenes nicht zwei verschiedene Verheissungen sind, sondern nur eine, die Kraft, welche sie anziehen sollen, sei die Kraft des heiligen Geistes, also die Kraft, welche mit und in dem heiligen Geist aus der Höhe kommt. Offenbar ist's ihm aber weniger um die Wiederholung dieser Verheissung zu thun, als um die Wiederholung des Missionsbefehles; der Mensch vergisst nicht leicht eine Zusage, wohl aber eine Auflage, nicht leicht ein Anerbieten, sondern ein Gebot. Hat er ihnen auf dem Berge in Galiläa gesagt, dass sie das Evangelium allen Völkern, allen Menschen zu predigen haben, hat er ihnen vorhin erst geboten, dass sie mit dieser Allerweltspredigt in Jerusalem anfangen sollen, so eröffnet er ihnen jetzt, in welcher Reihenfolge sie von Jerusalem aus zu allen Völkern das Wort tragen müssen. Die Stationen auf dem Weg von Jerusalem in alle Welt heissen: Judäa, Samaria. In Jerusalem ist der Anfang zu machen, aus der Hauptstadt ist dann das Land Judäa in Angriff zu nehmen: das Gesicht, welches der Prophet Ezechiel von der Quelle hatte, die unter der Schwelle des Tempels hervorfloss und alle Gewässer gesund machte, soll Wahrheit werden. Es ist auffallend, dass trotzdem, dass von Samarien die Rede ist, Galiläa gar nicht erwähnt wird: sollte Jesus jene Landschaft ganz übersehen haben, in welcher er nicht bloss aufgewachsen war, sondern auch die längste Zeit öffentlich gewirkt und die meisten Gläubigen gesammelt hatte? Es ist diess einfach nicht denkbar: es legt sich so der Gedanke nahe, dass Galiläa unter Judäa mit befasst ist. Es gibt einen doppelten Sprachgebrauch bei Judäa: der Name wird theils in engerem, theils in weiterem Sinne genommen. Bei den Juden war diess schon der Fall, so heisst Serubabel, welcher zum Statthalter über das ganze von Hebräern bewohnte Land gesetzt war, der Statthalter von Juda (Hagg. 1, 1, 14; 2, 21); so ist das Land Juda 2. Chron. 9, 11; 17, 2 das ganze heilige Land; so gedenkt Josephus ant. 12, 4, 11 Ἰουδαίας πέραν τοῦ Ἰορδάνου; so setzt Ptolemaeus über den Abschnitt (5, 16), welcher von diesem Lande handelt, die Ueberschrift: Παλαιστίνης Συρίας, ἥτις καὶ Ἰουδαία καλεῖται, ϑέσις und so stand auf den Münzen, welche unter Titus auf die Eroberung Palästinas geschlagen wurden: *Judaea capta.* Plinius bezeichnet mit Judäa cf. *h. n.* 5, 13, 14 u. 15 fast ausnahmslos das ganze Land. Nachdem sie

Jerusalem und Judäa, das Land der Juden, mit dem Schalle des Evangeliums erfüllt haben, ist Samarien in das Auge zu fassen, wo Jesus selbst
schon in vielversprechender Weise einen Anfang mit der Predigt gemacht
hat (Joh. 4, 1 ff.). Sodann haben sie sich in die Länder der Heiden zu
begeben. Ein weites Arbeitsfeld thut sich ihnen auf: sie sollen aber nicht
blind darauf losgehen und ihr Wesen in ungeordneter Weise treiben: der
Gott, welchem sie dienen, ist ein Gott der Ordnung, er hält nichts von
einem sinnlosen, willkürlichen, abenteuernden Hin- und Herfahren in der
Kreuz und Quer. Einen Plan zeichnet er ihnen vor, in grossen Zügen
zeichnet er ihnen den Weg vor. Sie haben nicht zu predigen, wo sie
wollen, es für gut und bequem erachten, sondern wo sie sollen. Christus
sagt hier seinen Aposteln nicht noch ein Mal ausdrücklich, dass sie, wenn
die Zeit gekommen ist, die Grenzen des heiligen Landes überschreiten und
ausser den Juden in aller Welt auch die Heiden aufsuchen sollen, denn
das verstand sich nach dem Worte auf dem Berge schon von selbst und
wird auch hier leise angedeutet. Sollen sie in dem heiligen Lande nicht
bloss an die Juden, sondern auch an die Samariter sich wenden, so wissen
sie auch, dass 'sie in den Ländern der Heiden nicht bloss den Juden,
sondern auch den Heiden das Evangelium zu predigen haben. Die Scheidewand zwischen Juden und Samaritern war stärker als die zwischen Juden
und Heiden. *Praeterea falsam*, schreibt Calvin nicht falsch, *quam de
Israele conceperant, opinionem oblique refutat. Solos in eo ordine censebant,
qui ex Abraham geniti erant secundum carnem. Testatur Christus, Samariam
aggregandam esse: quae tametsi loco vicina, animis tamen maxime disiuncta
erat. Testatur alias omnes regiones et remotas et profanas sancto populo
uniendas esse, ut eiusdem sint gratiae participes. Quantopere abhorruerint
Judaei a Samaritanis notum est.* Joh. 4, 9. An dieses Programm, welches
Christus seinen Aposteln entworfen hatte, haben sie sich gehalten. In
Jerusalem haben sie von Anfang an in ganz hervorragender Weise das
Evangelium gepredigt, wie die ersten Kapitel der Apostelgeschichte das
beweisen. Die grosse Verfolgung, welche nach Stephanus' Tod sich erhob
in dem jüdischen Lande, bahnte den Sendboten den Weg nach Samarien,
Apostelg. 8, 1. Bis an das Ende der Erde sollen die Zeugen Christi vor-
dringen: ganz ohne Grund schiebt Lange dem μάρτυρες die Bedeutung von
Blutzeugen unter. In dem Neuen Testamente lässt sich dieser kirchen-
väterliche Gebrauch des Wortes noch nicht nachweisen: es bezeichnet
einfach den Menschen, der durch Wort und Werk eine Sache als wahr
bestätigt. Dass die Apostel so weit das Zeugniss zu tragen haben, können
wir aus dem Texte nicht darthun. Es lässt sich auch an die *successores*
derselben denken: will man das Wort als ein in Sonderheit den Aposteln
geltendes betrachten, so wird ἕως ἐσχάτου τῆς γῆς als ein hyperbolischer
Volksausdruck zu nehmen sein. Weit, sehr weit sind ja diese ersten Zeugen
des Weltheilandes gekommen; geben wir auch nichts auf die Spuren des
Apostels Thomas, welche sich in Indien verlieren, so wissen wir, dass ein
Brief des Apostels Petrus aus Babylon datirt ist und dass nach Clemens'
erstem Brief an die Korinther c. 5 Paulus ἐπὶ τὸ τέρμα τῆς δύσεως gelangt ist.

Geschlossen ist das Gespräch und damit sind auch alle Reden zum
Abschlusse gekommen, welche Christus je mit seinen Jüngern geführt hat;
hierauf weist Markus mit den Worten hin: ὁ μὲν οὖν κύριος Ἰησοῦς μετὰ

τὸ λαλῆσαι αὐτοῖς. Meyer, de Wette u. A. folgen dem alten Theophylaktus, der mit seiner Bemerkung ταῦτα δὲ λαλήσας auf die in den vier
vorhergehenden Versen enthaltenen Reden Christi hindeutet. Augustinus,
Euthymius, Maldonat, Bengel, Kühnöl, Lange, Keil u. A. aber sind
anderer Ansicht. Wenn ταῦτα dastände, wären wir an V. 15—18 gebannt,
da aber jede Beschränkung fehlt und hier kurz gedrängt erzählt wird, so
hindert uns nichts, an alle Reden zu denken. Das Ende ist gekommen:
mit μὲν οὖν winkt der Evangelist schon darauf hin. Fritzsche findet diesen
Uebergang absurd, allein er ist, wie Meyer schon erklärt hat, logisch vollkommen richtig. Das „nun, also aber" markirt eben, dass jetzt das faktische Endergebniss nicht bloss jener letzten Zusammenkunft, sondern auch
des ganzen diessseitigen Lebens Christi folgt. Grossartig ist dieses Endergebniss, majestätisch dieser Ausgang des Evangeliums. Der, von welchem
Markus erzählt hat, steht nun vor unseren Augen als ὁ κύριος Ἰησοῦς, und
nicht als ὁ Ἰησοῦς. Sehr gut schreibt Bengel zu κύριος, *magnifica et opportuna appellatio:* er hat es sich nicht entgehen lassen, dass in dem ganzen
Evangelium Christus auch kein einziges Mal als der Herr schlechtweg bezeichnet wird: angeredet wird er mit κύριε allerdings 7, 28. Jesus, von
welchem immer nur dieser unscheinbare Name gebraucht wurde, wird jetzt
im Schluss des Evangeliums als der Herr bekannt, wohl nicht darum, was
Keil vermuthet, weil er mit der Himmelfahrt sich als ὁ κύριος erwiesen
und als der Herr seiner Gemeinde sich manifestirt hat, sondern weil er
durch Alles, was bisher und vornehmlich durch das, was zuletzt von ihm
erzählt worden ist, als den Herrn in eminentem Sinne sich glänzend ausgewiesen hat. Das κύριος blickt nicht vorwärts auf das, was noch kommt,
sondern rückwärts auf das, was mitgetheilt ist. Wir sehen, wie das erste
und letzte Evangelium mit einem vollen Akkorde abschliessen, so auch
das zweite mit diesem: Jesus ist der Herr!

Lukas berichtet in seinem Evangelium, dass Christus, welcher seine
Apostel in der Richtung nach Bethanien aus Jerusalem hinausgeführt habe,
ἐπάρας τὰς χεῖρας αὐτοῦ εὐλόγησεν αὐτούς, καὶ ἐγένετο ἐν τῷ εὐλογεῖν
αὐτὸν αὐτοὺς διέστη ἀπ᾽ αὐτῶν. Der Gedanke Lange's und Anderer, dass
Christus bei den in der Apostelgeschichte mitgetheilten Worten zuletzt seine
Hände zum Segnen erhoben habe, hat nicht viel Ansprechendes, denn zu
jenen zurückweisenden und zurechtweisenden Reden will das Segnen sich
nicht recht schicken. Ist dasselbe doch nicht eine bedeutungslose Gebärde,
welche bei allem Reden gemacht werden kann, sondern das Zusprechen
eines himmlischen Gutes. Und Christus wünscht mit seinem Segnen seinen
Jüngern nicht bloss Heil auf ihre Wege, sondern verleiht es ihnen in der
That auch. Calvin hat dieses schon sehr richtig erkannt: Menschen segnen
mit frommen Wünschen, des Menschensohn aber segnet mit der That und
Wahrheit. *Dum sibi mutuo benedicunt homines, id nihil aliud est quam
bene precari. Dei autem alia est ratio, qui non votis tantum favet, sed solo
nutu praestat quicquid nobis optabile est. Sed quum omnis benedictionis
unicus sit auctor, quo tamen familiaris esset sua gratia, voluit suo nomine
ab initio sacerdotes benedicere tamquam mediatores. Sic Melchisedec benedicit
Abrahae et Num. 6, 23 perpetua huius rei lex tradita est. Eodem pertinet,
quod Ps. 118, 26 legitur: benedicimus vobis e domo Domini. Denique apostolus Ebr. 7, 7 signum praestantiae esse dixit, aliis benedicere. Nunc ubi
Christus verus Melchisedec et aeternus sacerdos in lucem prodiit, in ipso*

compleri oportuit, quod legalibus figuris adumbratum fuit: sicuti etiam docet Paulus (Eph. 1, 3), nos in ipso benedici a Deo patre, ut divites simus omnium coelestium bonorum. Nur dieses eine Mal hat Christus, soweit wir wissen, seine Jünger gesegnet in äusserlicher, feierlicher Weise; Tag für Tag hat er sie freilich gesegnet mit allem Guten, aber still, verborgen, heimlich. Er wollte offenbar den Priestern nicht in ihr Amt greifen, denn diesen und in Sonderheit dem Hohenpriester war es befohlen, den Segen Gottes auf sein Volk zu legen (Num. 6, 23). Jetzt, wo er scheidet, wirft er auf dem Berge alle Hüllen ab und offenbart sich als den wahrhaftigen Hohenpriester. *Quo docuit*, bemerkt Calvin zu diesem Akte, *benedicendi munus, quod sub lege sacerdotibus commissum erat, vere et proprie suum esse.* Die Aemter Christi werden vielfach so dargestellt, als wenn das eine Amt erst anfange, wenn das andere abschliesst; das ist aber grundfalsch. Die drei Aemter verwaltet er nicht *successive*, sondern zu gleicher Zeit: sie bestehen nicht nach, sondern neben einander. Der, welcher jetzt ein Herr ist über alle Dinge, offenbart sich noch als Hohenpriester und will in alle Ewigkeit als Hoherpriester sich erweisen, wie ja auch in Ps. 110, 4 die Weissagung lautet: du bist ein Priester ewiglich nach der Weise Melchisedeks. Um zu segnen, erhob Christus seine Hände. *In manibus sublatis describitur vetus ceremonia, qua scimus sacerdotes olim fuisse usos*, schreibt Calvin. Wie bei dem Beten vielfach die Hände erhoben werden, vgl. Exod. 17, 11; Ps. 28, 2; 44, 21; 63, 5; 141, 2 u. ö., so auch bei dem Segnen Lev. 9, 22. Der Gestus ist leichtverständlich, wer betet, will von Gott, der in der Höhe und im Heiligthume wohnet, etwas für sich haben, und wer segnet, will in dem Namen Gottes ein Gut dem Andern übermitteln; er hebt die Hände in die Höhe, um es von Gott sich darreichen zu lassen. Während des Segnens, bemerkt Lukas ausdrücklich, entfernte sich Christus von ihnen, entschwand er ihnen. Grotius irrt, wenn er dieses ἐν τῷ εὐλογεῖν αὐτὸν αὐτούς erklärt: *simul atque ritum illum valedicens impleverat;* Kühnöl, de Wette, Meyer, Keil u. A. erinnern ganz richtig, dass ἐν εὐλογεῖν nie bedeuten könne μετὰ τὸ εὐλογεῖν. Indem Jesus seine Jünger segnete, während dieses Segnens, worunter Meyer ohne Noth auch eine segnende Rede befasst, ein segnender Gestus ohne jedes Wort ist, wie Weiss schon angibt, viel mehr angezeigt, διέστη ἀπ᾽ αὐτῶν. Wir werden uns dieses Sichentfernen des segnenden Christus nicht so vorstellen dürfen, wie Verschiedene mit de Wette es thun, dass Jesus, das Angesicht seinen Jüngern zugewandt, hinterrücks gegangen sei, oder frisch darauf losgeschritten sei und nur hin und wieder segnend zu ihnen sich umgewandt habe. Wer segnet, wendet allerdings denen, die er segnet, sein Antlitz unverrückt zu: aber ein solches Hinterrücksgehen ist ein Kunststückchen, das des scheidenden Erlösers vollständig unwürdig ist. Schied er von ihnen während des Segnens, so kann diess nur auf eine zwiefache Weise geschehen sein, entweder nämlich ward er ihnen auf ein Mal unsichtbar, oder er ward vor ihren Augen in die Höhe entrückt, da, wenn er sich rückwärts oder seitwärts auf ganz natürlichem Wege entfernte, sie ihm leicht nachfolgen konnten. Bolten u. A. mit ihm geben an, dass die Apostel, als sie den Herrn zum Segnen die Hände erheben sahen, sich niedergeworfen, und als sie wieder aufgestanden wären, ihn nicht mehr erblickt hätten: diese Annahme hat aber keinen Halt in dem Texte, das Anbeten — wenn es überhaupt ächt ist — geht nicht der Himmelfahrt vorher, sondern folgt ihr nach. Eine plötzliche, wunderbare Entfernung ist in dem διέστη jedenfalls angedeutet, wie umgekehrt in dem ἔστη εἰς τὸ μέσον Joh. 20, 19, 26. Schliesst Lukas hiermit seinen Bericht, so wird es doch nicht möglich sein, diese Erscheinung Christi für irgend eine und nicht für die letzte zu halten, was Weiss noch zulässt, denn die Schlussverse führen unbedingt darauf, dass fortan nicht mehr die Person Christi, sondern der Tempel in Jerusalem den Punkt ihrer Vereinigung abgibt. In den meisten Handschriften steht aber noch der Satz: καὶ ἀνεφέρετο εἰς τὸν οὐρανόν: nur die beiden grossen Codices, der Sinaiticus und Cantabrigiensis, enthalten ihn nicht, hingegen lesen wir ihn im Alexandrinus, Vaticanus, Ephraemi und in einer grossen Menge von Minuskeln. Tischendorf streicht ihn, was Weiss billigt: Andere aber sind anderer Meinung, wie z. B. Godet, der auf die Frage: sollte der Satz eine Glosse eines Abschreibers sein? gut antwortet: „aber eine Glosse wäre wahrscheinlich aus dem Berichte der Apostelgeschichte entnommen worden und diese Schrift enthält keinen ähnlichen Ausdruck." Die Auslassung dürfte also, wie so manche andere, auf die Nachlässigkeit eines Abschreibers zu setzen sein, vielleicht machte das doppelte καὶ ihn irre und wirre. Wir behalten desshalb den fraglichen Satz bei. Paulus behauptet, Lukas unterscheide die sichtbare Thatsache: διέστη ἀπ᾽ αἰτῶν und die Folgerung: καὶ ἀνεφέρετο εἰς τὸν οὐρανόν: allein das ist auf keinen Fall richtig, denn in der Apostelgeschichte berichtet derselbe Schriftsteller nicht als seine Folgerung oder seine Erklärung dieses plötzlichen Verschwindens, dass Christus in den Himmel gefahren sei, sondern als nackte, sinnliche Thatsache. Das Imperfectum ἀνεφέρετο ist hier mit Absicht nach dem Aoriste ἀπίστη gesetzt, denn schildern, malen will der Evangelist. Nach de Wette ist zu ἀνεφέρετο noch etwas zu ergänzen: emporgetragen, emporgehoben ward er, von wem? Von Engeln oder Wolken, sagt er; allein das ist ganz überflüssig, ἀνεφέρετο ist durch sich schon verständlich, emportragende Subjekte können getrost wegfallen, denn es kommt lediglich darauf an, das Hineingelangen Christi in den Himmel darzustellen. Mit dieser Darstellung im dritten Evangelium harmoniren auf das Beste die Mittheilungen in dem zweiten und in der Apostelgeschichte: Markus sagt kurz und gut: ἀνελήφθη εἰς τὸν οὐρανόν und Lukas in seinem δεύτερος λόγος: καὶ ταῦτα εἰπὼν βλεπόντων αὐτῶν ἐπήρθη καὶ νεφέλη ὑπέλαβεν αἰτὸν ἀπὸ τῶν ὀφθαλμῶν αὐτῶν. Zwischen den drei Zeitwörtern ἀνεφέρετο, ἀνελήφθη und ἐπήρθη besteht kein solcher Unterschied, dass eine verschiedene Anschauung von der Himmelfahrt Christi resultirte. Wie ἀνεφέρετο, so kommt auch ἐπήρθη nur dieses eine Mal von der Himmelfahrt vor, ἀναλαμβάνεσθαι ist dafür der *terminus technicus*. Gut haben das schon Gerhard und Grotius gefunden: der Letztere schreibt zu ἀνελήφθη: *vocem hanc de Christi in coelum ascensione libenter apostoli usurpant Luc. 9, 51. Act. 1, 2 u. 22. Paulus, 1. Tim. 3, 16. Apud LXX Elias dicit Elisaeo 2. Reg. 2, 10: ἐὰν ἴδῃς με ἀναλαμβανόμενον ἀπὸ σοῦ,* לקח. *Proptereaque iidem interpretes paulo post* לבד *ascendit, vertunt ἀνελήφθη, ad sensum magis quam ad vocem respicientes, et erat in Judaeos liber, veteres narrationes de Mosis corpore continens, cui nomen ἀνάληψις Μωσέως.* Auffallend ist es, dass kein Berichterstatter die Himmelfahrt ganz bestimmt auf den Erlöser selbst zurückführt und sie als seine eigne That darstellt, was eigentlich sehr nahe lag, da er von seinem ἀναβαίνειν und πορεύεσθαι wiederholt geredet hat. Markus und Lukas schreiben die Initiative Gott zu, dieser nimmt den Herrn auf, hebt ihn gen Himmel und jener lässt es ruhig mit sich so machen. Ein dogmatisches Bedenken kann sie von einer Darstellungsweise, welche die Spontaneität und Aktivität Jesu schärfer hervorkehrt, nicht abgehalten haben; es ward jene andere Form wohl um desswillen vorgezogen, weil das Eingreifen des allerhöchsten Gottes diesem Akt noch einen höheren Glanz und Werth verleiht. Gut bemerkt Grotius weiter: *Nec omittendum de Elia dici* ἀνελήφθη ἔως εἰς τὸν οὐρανόν *1. Macc. 2, 58, de Christo vero non tantum* εἰς οὐρανόν, *ut hoc loco et alibi, sed et* εἰς οὐρανούς *Act. 2, 34. Eph. 6, 9. Col. 4, 1. 1. Thess. 1, 10. Ebr. 8, 1.* Wir können diesen Bemerkungen nur beitreten. Das Neue Testament kennt mehr als einen Himmel, es redet 2. Kor. 12, 2 von einem dritten Himmel und Eph. 4, 10 geschieht gar πάντων τῶν οὐρανῶν Erwähnung. Es ist nicht einerlei, ob es heisst, Christus sei aufgefahren εἰς τὸν οὐρανόν oder εἰς τοὺς οὐρανούς: Verschiedenes wird durch den Singular und den Plural betont. Gut sagt v. Hofmann in dem Schriftbeweise 2, 1, 535: „wir haben, wenn Paulus schreibt, über alle Himmel sei Christus aufgefahren, keine Ursache zu fragen, wie viele Himmel dies gewesen. Und wenn er sich im Briefe an die Hebräer das eine Mal so ausdrückt, Christus sei höher geworden als die Himmel (7, 26), oder er habe die Himmel durchschritten (4, 14), das andere Mal dagegen so, er sei in den Himmel eingegangen (9, 24), oder er sei in den Himmeln Heiligthumspfleger (8, 1), so hat es mit dieser Verschiedenheit des Ausdrucks eine ähnliche Bewandniss, wie mit dem Gebrauche von הַשָּׁמַיִם und שְׁמֵי הַשָּׁמַיִם. Wo nämlich von Jesu nur gesagt werden sollte, dass er aus dieser Welt des Menschen hinweg zu Gott, da genügte εἰς τὸν οὐρανόν. Dagegen, wo alle nur irgend denkbare innerweltliche Beschlossenheit oder jede mögliche Schranke zwischen dem überweltlichen Gotte und ihm ausdrücklich verneint werden soll, da heisst es ὑπεράνω πάντων τῶν οὐρανῶν oder dem ähnlich." Aus der sichtbaren Welt ward also Jesus entrückt in einer Weise, wie noch nie ein Mensch von hinnen genommen ward. Henoch und Elias sind von Gott wunderbar zu sich genommen worden: auf welche Weise dieses mit Henoch geschah, wissen wir nicht, die sogenannte Himmelfahrt des Elias ist uns besser bekannt. Ein grosser Unterschied tritt auf den ersten Blick hervor; der Heiland nimmt seine Jünger mit hinaus auf den Oelberg, dass sie Zeugen seiner Himmelfahrt seien: Elias aber, der da weiss, dass Gott ihn wegnehmen will, sucht sich in jeder Weise, selbst seines vertrautesten Schülers, des Elisa, zu entledigen. Die Jünger Jesu sollten Alles, so weit es den sinnlichen Augen möglich war, sehen. Elisa sah einen feurigen Wagen mit feurigen Rossen: sie sahen Nichts dergleichen. Er ward aufgehoben zusehends καὶ νεφέλη ὑπέλαβεν αὐτὸν ἀπὸ τῶν ὀφθαλμῶν αὐτῶν. Meist findet man darin angegeben, wie dieses Auffahren geschah, dass nämlich eine Wolke sich um ihn legte und ihn in die Höhe trug. Allein nichts deutet darauf hin, dass diese Wolke bis auf die Spitze des Oelbergs sich herabsenkte und ihn als ein Gefährt in sich aufnahm. Nach dem genauen Berichte der Apostelgeschichte scheint die Wolke erst um Christus sich gelegt zu haben, nachdem er schon etwas in die Höhe entrückt worden war. Hierfür entscheiden sich auch Meyer, Baumgarten und Overbeck. In eigener Kraft schwang er sich auf, der Wolke entgegen. Dieselbe war durchsichtig, die Gestalt Christi leuchtete mit himmlischer Klarheit wie die helle Sonne aus ihr hervor: Lukas deutet ganz bestimmt hierauf hin, denn

V. 11 heisst es: ἐθεάσασθε αὐτὸν πορευόμενον εἰς τὸν οὐρανόν. Sie haben also mehr gesehen, als dass er aufgehoben ward und eine Wolke ihn aufnahm, sie sahen, dass diese Wolke ihn zu dem Himmel hinauftrug: freilich sagen anderer Seits wieder die Worte: νεφέλη ὑπέλαβεν αὐτὸν ἀπὸ τῶν ὀφθαλμῶν αὐτῶν, dass er ihnen nicht immer sichtbar blieb in dieser Wolke, welche dem Auffahrenden entgegenkam, je höher sie ihn hinauftrug, desto mehr entzog sie ihn ihren Augen, bis sie ihn schliesslich nicht mehr sahen. Eine Wolke nahm ihn auf, des Menschen Sohn, welcher nach der Weissagung des Propheten Daniel 7, 13 in den Wolken des Himmels kommen wird zum Weltgericht. Er, der in einer schreckenvollen Wolke wiederkommt, scheidet jetzt in einer segensschweren Wolke, denn mit segnenden Händen fährt er auf von dieser Erde. Seinen Segen hinterlässt er ihr, der als der Herr, als der eingeborne Sohn vom Vater in seine Herrlichkeit jetzt eingeht. Wir haben keinen Grund, die νεφέλη hier als die Glorie Gottes zu fassen und in ihr ein Zeichen zu erkennen, dass der Vater sich zu dem Sohne herablässt aus seinem Himmel, um ihn in denselben einzunehmen: wir sehen mit Chrysostomus in ihr τὸ ὄχημα τὸ βασιλικόν, denn Gott fährt auf einer schnellen Wolke nach Jesaja 19, 1 über den Erdkreis. Gottes Wagen kommt dem Erlöser gleichsam halbwegs entgegen, um ihn dahin zu tragen, wo er nun weilen soll, zu der Rechten Gottes. Markus bringt das Aufgenommenwerden in den Himmel und das Sitzen zur Rechten Gottes in die engste Verbindung: ἀνελήφθη εἰς τὸν οὐρανὸν καὶ ἐκάθισεν ἐκ δεξιῶν τοῦ θεοῦ; also er, der aufgehoben ward, setzte sich selbst zu der Rechten Gottes nieder. Beide Aussagen sind so neben einander gefügt, dass man fast mit Schulthess denken möchte, sie hätten mit ihren Augen das Eine gesehen wie das Andere: wir sind aber nicht so kühn, wir glauben vielmehr, dass die Apostel daraus, dass Jesus gen Himmel fuhr, den Schluss zogen, dass er zu der Rechten Gottes erhöht worden sei, denn einer Seits hatte er mehrfach von seiner Himmelfahrt, welche nur selten so von ihm bezeichnet wird, cf. Joh. 3, 13; 6, 62; 20, 17, als von seinem Hingehen zu dem Gotte gesprochen, von welchem er in diese Welt gekommen sei, vgl. 14, 2, 3, 12, 28; 16, 28. Brachte ihn aber seine Himmelfahrt zu Gott zurück, so musste sie ihn auch wieder in den Stand zurückversetzen, in welchem er sich vor Grundlegung der Welt bei dem Vater befunden hatte. In des Vaters Schoss hatte er gesessen (Joh. 1, 18), als der Sohn seiner ewigen Liebe, gekrönt mit Preis und Ehre, und zugleich als das Lebens- und Lichtprincip für die ganze Welt, welche erst durch ihn in das Dasein gerufen war (Joh. 1, 2 ff.). Anderer Seits aber erinnerten sie sich auch des Psalmes 110, welchen Christus vielfach auf sich angewandt hatte, um seine Erhöhung aus der Schrift zu beweisen. Für das, was sich ihnen aus einer Erwägung der Worte Christi über seinen Eingang ergab, bot ihnen dieser Psalm den konkreten Ausdruck. Hatte Jesus vor Kaiaphas doch selbst erklärt, dass sie von nun an sehen würden den Menschensohn καθήμενον ἐκ δεξιῶν τῆς δυνάμεως καὶ ἐρχόμενον ἐπὶ τῶν νεφελῶν τοῦ οὐρανοῦ, Matth. 26, 64, und somit den neuen Herrlichkeitsstand als ein Sitzen zur Rechten Gottes beschrieben, denn dass unter der δύναμις die höchste Majestät in dem Himmel und auf Erden zu verstehen ist, wird allgemein anerkannt. Was nun im Besonderen dieses καθίζειν ἐκ δεξιῶν τοῦ θεοῦ bedeutet, bedarf hier keiner weiteren Auseinandersetzung, da ich mich hierüber schon in der Leidensgeschichte 1, 340 f. ausgelassen habe.

Der Sitz zu der Rechten ist mehr als ein blosser Ehrensitz, wofür v. Hofmann ihn ausgab, er ist auch ein Machtsitz, welches sowohl aus der Grundstelle Ps. 110, 1 klar hervorgeht, in welcher Gott dem, welchem er diesen
ausgezeichneten Platz einräumt, zusagt, dass er seine Feinde ihm zum
Schemel seiner Füsse legen wolle, was doch nichts Anderes heissen kann,
als dass er über seine Feinde eben so gut wie über seine Freunde herrschen soll, dass keine Gewalt im Himmel und auf Erden im Stande ist,
ihm zu widerstehen, als auch daraus entnommen werden kann, dass der
Gott, neben welchem er thronen soll, die δύναμις genannt wird. Dieses
Sitzen Christi zur Rechten Gottes deutet allerdings auch darauf hin, dass
er aus der Arbeit dieses Lebens zu einer seligen Ruhe gekommen ist,
allein, dass diese Ruhe keine absolute, sondern nur eine relative ist, erhellt
aus dem ἐκ δεξιῶν, welches einen andern Sinn hat als ἐν δεξιᾷ (Eph. 1, 20).
Sitzt der Herr der Herrlichkeit ἐκ δεξιῶν τοῦ θεοῦ, so manifestirt er sich
demnach von da aus, so sitzt er also thätig, eingreifend, mit seiner Macht
helfend dort. Wo aber sitzt er? Ist die Rechte Gottes, ist der Himmel,
wo die Rechte Gottes jedenfalls zu suchen ist, ein bestimmter Ort? Hier
gehen die Wege der Lutheraner und der Reformirten weit aus einander.
Zwingli beruft sich gern auf Augustins Ausspruch (ep. 187, 41: *Christum —
et ubique totum praesentem esse non dubites tamquam Deum, et in eodem
templo Dei esse tamquam inhabitantem Deum et in loco aliquo coeli propter
veri corporis modum*) und erklärt sich dahin (*ad N. amicum non vulgarem,
Zwinglii op. ed. Schuler et Schulthess. 3, 1, 452*): *dexteram patris non esse
circumscriptam, nemo negat, sed humanam Christi naturam circumscriptam
esse oportet· (exegesis eucharist. neg. ad Luth. ib. p. 512): humanae naturae
est, uni sive loco sive circumscriptioni (nihil enim circumstantiam istam morari
oportet: sedet ad dexteram patris) alligari*, und (*ad Theob. Billicani epist.
resp. ib. p. 654): constat ergo Christum, quantum ad humanam naturam ad-
tinet, in coelis tantum esse ad dexteram patris, — p. 655: si enim Christi
corpus loco non definitur et circumscribitur, vere corpus non est*. Ganz
ähnlich lässt sich Aretius so zu dieser Stelle aus: *ad dextram Dei sedet:
quae est non solum gloria et maiestas omnipotentiae, verum etiam pro
humani corporis ratione et conditione, certa loci notatio, in quo Christus
ratione veri corporis humani circumscribatur*. Diese Bestimmungen können
unmöglich richtig sein, denn sie widersprechen sowohl dem gesunden
Menschenverstande, als auch den Aussagen der heiligen Schrift. Ist
Christus seinem Leibe nach an einen bestimmten Ort gebunden, seinem
Geiste, seiner göttlichen Natur nach aber mit Nichten, so würde in alle
Ewigkeit eine unüberfahrbare Kluft zwischen den beiden constitutiven
Momenten seiner Person bestehen. Eine und dieselbe Person wäre nach
der einen Seite allgegenwärtig und nach der andern Seite räumlich be-
schränkt. Löste sich da der Eine Christus nicht in zwei Christi auf? Und
wenn er nun selbst auf das Allerbestimmteste es ausspricht, dass er zum
Vater gehe, muss er dann nicht überall sein, wo der Vater ist? Mehrere
Theologen haben den Himmel, wo Christus zur Rechten Gottes thront,
innerhalb der geschaffenen Welt gesucht, sie meinen, Gott habe sich einen
Punkt in dem Universum zu seinem Wohnsitze ausersehen, von wo aus
er das Regiment führt. Ich kann mich mit diesem Gedanken nicht befreunden: es liegt gar keine Nothwendigkeit dazu vor, dass der Gott, der
da war, ehe die Welt war, nun, nachdem er die Welt geschaffen hat, sich

gleichsam irgendwo niedergelassen habe. Warum soll er nicht eben so von ausserhalb her als König über diese Welt herrschen? Der Himmel, in welchem Gott wohnt, hat mit dem Himmel, welcher über diese Erde sich ausspannt, nichts zu schaffen. Gut sagt Tholuck in seiner Auslegung der Bergrede zu Matth. 6, 9: „in unwillkürlicher, uns unbewusster Symbolik macht unter allen Völkern der religiöse Geist den reinen und stillen, unermesslichen und unwandelbaren Aether zum Wohnsitz der Gottheit. So auch im Alten Testament, welches indess auch daneben in den stärksten Ausdrücken von der Allgegenwart Gottes und seiner Erhabenheit über den Raum spricht, 1. Kön. 8, 27. 2. Chron. 2, 6. Ps. 139, 7. Jerem. 23, 23.“ Gottes Sitz und Thronstätte ist in dem Himmel und doch auch über allen Himmeln, „weil nicht,“ wie Harless schön zu Eph. 4, 10 sagt: „der sichtbare Raum der Himmel, sondern die Herrlichkeit einer über Alles erhabenen Erhabenheit die Wohnung seines Wesens ist.“ Ebenso trefflich bemerkt Thomasius 2, 283: „der Himmel, in den er zurückkehrt, ist derselbe, aus dem er gekommen, und kann daher hier so wenig als dort an eine Lokalität gedacht werden.“ Die einzige Stelle, aus welcher man etwa wahrscheinlich machen könnte, dass ὁ οὐρανός ein beschränkter, bestimmt abgegrenzter Raum sei, Act. 3, 21: ὃν δεῖ οὐρανὸν δέξασθαι ἄχρι κτλ., ist nicht durchschlagend, denn dort wird nicht der Gegensatz zwischen lokaler Beschränktheit und lokaler Entschränktheit gezeichnet, sondern der Gegensatz zwischen unsichtbarer Herrlichkeit und sichtbarer, in welcher der Weltheiland am Ende als der Richter aller Welt erscheint, wird dort betont. Dass Christus über alle geschaffenen Räumlichkeiten sich erhoben hat, wird Hebr. 4, 14 ausdrücklich bezeugt, denn hier lesen wir: ἔχοντες οὖν ἀρχιερέα μέγαν, διεληλυθότα τοὺς οὐρανούς, also alle kosmischen Räume hat er durchschritten, wodurch er καὶ ὑψηλότερος τῶν οὐρανῶν γενόμενος 7, 26 ist. Nicht an einen räumlichen, innerweltlichen Ort hat sich Christus mittelst seiner Himmelfahrt begeben, sondern über jeden Raum hat er sich aufgeschwungen, und ist in den reinen Himmel zurückgekehrt. Was die Auffahrt aussagt, darauf führt auch das Sitzen zur Rechten Gottes. Wie lässt sich die Rechte Gottes als Bezeichnung eines Ortes, als Beschreibung einer gewissen Lokalität verstehen? Gott ist allgegenwärtig, kein Raum umschliesst ihn und so ist Gottes Rechte auch nicht hier oder dort, sondern aller Orten. Ueberhaupt ist die Rechte Gottes kein Ort, kein *locus*, sei es im Himmel oder auf Erden, sondern eine bildliche Bezeichnung seiner Macht, seiner *omnipotentia*. Die Rechte gebraucht der Mensch zum Handeln, Gott wirkt mit seiner Rechten, sie verhilft ihm zum Siege, sie ist das Werkzeug und der Sitz seiner Kraft, mit einem Worte das Symbol seiner allmächtigen Kraft. *Dextra*, sagt Melanthon, *significat potentiam*. Sitzt Christus nun zur Rechten Gottes, so sitzt er unmittelbar neben dem Gotte, welcher in dem Himmel seinen Thron hat und von dem Himmel her über die Erde, über die ganze Welt waltet, vgl. 1. Kön. 22, 19; Ps. 33, 14; Ps. 103, 19; Ps. 47, 9; Jesaj. 66, 1. Neben dem Throne Gottes, ἐν δεξιᾷ τοῦ θρόνου τῆς μεγαλωσύνης ἐν οὐρανοῖς (Ebr. 8, 1), ἐν δεξιᾷ τοῦ θρόνου τοῦ θεοῦ (dort 12, 2) ist sein Thronstuhl aufgeschlagen, er sitzt also neben dem weltmächtigen Gotte als dessen Beisitzer, d. h. dieselbe Stellung, welche Gott zur Welt einnimmt, nimmt der Erhöhte ein. Es erhellt hieraus, dass sich die beiden Aussagen: ἀνελήφθη εἰς τὸν οὐρανόν und ἐκ δεξιῶν τοῦ θεοῦ durchaus nicht ganz decken, obgleich sie sich so sehr berühren, dass Petrus sagen kann:

οὐ γὰρ Δαβὶδ ἀνέβη εἰς τοὺς οὐρανούς, λέγει δὲ αὐτός· εἶπεν ὁ κύριος τῷ κυρίῳ μου· κάθου ἐκ δεξιῶν μου Act. 2, 34. Während nämlich in der ersten das enthalten ist, dass Christus aus der Welt scheidet, aus jeder räumlichen Beschränktheit heraustritt, unterrichtet uns die andere, dass er von der Welt geschieden ist, nicht um mit ihr fortan nichts mehr zu thun zu haben, sondern um sie von oben her zu beherrschen, dass er aus jeder Beschränktheit durch den Raum herausgetreten ist, nicht um ihn leer zu lassen, sondern um ihn mit seiner allmächtigen Kraft und Gottheit zu erfüllen. Eph. 1, 23. Was Matth. 28, 18 das Wort: mir ist gegeben alle Gewalt im Himmel und auf Erden, begrifflich aussagt, das ist in dem Spruche: setze dich zu meiner Rechten! bildlich ausgedrückt. Sitzen zur Rechten Gottes heisst theilnehmen an der göttlichen Macht und Weltherrschaft. Vgl. Thomasius 2, 284 f. Himmelfahrt und Sitzen zur Rechten Gottes koincidiren also nicht begrifflich, aber auch nicht zeitlich. Thomasius meint freilich, dass das Sitzen nicht ein der Zeit nach späteres Moment sei (2, 284): allein das Auffahren ist ein Gehen und das Sitzen das Gelangtsein zum Ziele; wir werden also doch wenigstens im Gedanken ein Nacheinander festhalten müssen. Ehe Christus seine weltmächtige Stellung einnimmt, muss er die letzte Schranke der Welt siegreich durchbrochen haben. Die Auffahrt ist der Gang zum Stuhle zur Rechten Gottes. Luther hat hier schon tiefe Blicke gethan: „wo Gott ist,“ sagt er, „und was Gottes Rechte ist und heisst, da ist Christus, des Menschen Sohn. Das will auch Christus, so oft er im Evangelio bekennt, dass ihm Alles sei übergeben vom Vater und Alles unter seine Füsse gethan, d. i. er ist zur Rechten Gottes, welches nichts Anderes ist, denn dass er auch als ein Mensch über alle Dinge ist, alle Dinge unter sich hat und darüber regiert. Darum muss er auch nahe dabei, darinnen und darum sein, Alles in Händen haben. — Sitzen zur Rechten ist so viel als regieren und Macht haben über Alles. Soll er Macht haben und regieren, muss er freilich auch da sein, gegenwärtig und wesentlich durch die rechte Hand Gottes, die allenthalben ist.“ In der Erklärung des 110. Psalmes sagt er: „setze dich zu meiner Rechten; das heisst je mit einem Wort hoch gehoben und zum herrlichen Könige gesetzt, nicht über das Schloss zu Jerusalem, noch Kaiserthum zu Babylon, Rom und Constantinopel, oder den ganzen Erdboden, welches wäre ja eine grosse Macht; ja auch nicht über den Himmel, Sterne und Alles, was man mit Augen sehen kann; sondern noch viel höher und weiter: setze dich, spricht er, neben mich, auf den hohen Stuhl, da ich sitze und sei mir gleich. Denn das heisst er neben ihm sitzen, nicht zu Füssen, sondern zur Rechten, d. i. in dieselbige Majestät und Gewalt, die da heisst eine göttliche Gewalt.“ Luthers Auffassung theilt Calvin vollständig, welcher in der *harmonia ev.* bemerkt: *aliis locis exposui, quid valeat haec loquutio: Christum scilicet in sublime evectum esse, ut supra angelos omnesque creaturas emineat, ut per eius manum pater mundum gubernet, ut denique coram eo flectatur omne genu. Ergo perinde est, acsi vocetur Dei vicarius, qui eius personam sustinet. Quare locum aliquem imaginari non convenit, quum metaphorice dextera secundam a Deo potestatem significet. Consulto autem hoc addidit Marcus, ut sciremus, non receptum fuisse Christum in coelos, ut beatam quietem procul a nobis colat, sed ut mundo praesideat in salutem omnium piorum.* Neuerdings haben Meyer u. A. dieser bildlichen Auffassung des Sitzens zur Rechten Gottes, welche Euthymius schon vertritt (καὶ μὴν ὁ θεὸς καὶ πατὴρ αὐτοῦ, ἀσώματος ὤν, οὐκ ἂν ἔχοι δεξιὰ ἢ ἀριστερά. τῶν σωμάτων γὰρ ταῦτα σχήματα. λοιπὸν οὖν, τὸ μὲν καθίσαι δηλοῖ ἀνάπαυσιν καὶ ἀπόλαυσιν τῆς θείας βασιλείας· τὸ δὲ ἐκ δεξιῶν τοῦ θεοῦ οἰκείωσιν καὶ ὑμοτιμίαν πρὸς τὸν πατέρα), widersprochen. Das Sitzen zur Rechten Gottes soll „als lokales Faktum, als wirkliche Sitzeinnahme auf der göttlichen Thronstätte" zu fassen sein. Allein wir sind der Ueberzeugung, dass der Berichterstatter selbst an gar kein lokales Faktum, an gar keine wirkliche Sitzeinnahme gedacht hat: er wusste zu gut, dass Gott ein Geist ist und dass die Schrift des Alten Testamentes, wenn sie von Gliedern Gottes oder von dem Sitzen Gottes, was ja auch nur mittelst des Leibes geschehen kann, redet, der Bildersprache sich bedient, welche der Mensch überhaupt anwenden muss, wenn er von geistlichen Dingen spricht.

Diess ist der wundervolle, erhabene, ganz einzigartige Abschluss des Lebens Christi in dieser Welt. Gregor der Gr. hat vortrefflich den grossen Unterschied zwischen Christi und Elias' Himmelfahrt dargestellt. Er sagt hom. 29: *in veteri testamento cognovimus, quod Elias sit raptus in coelum. Sed aliud est coelum aëreum, aliud aethereum. Coelum quippe aëreum terrae est proximum: unde et aves coeli dicimus, quia eas volitare in aëre videmus. In coelum itaque aëreum Elias sublevatus est, ut in secretam quandam terrae regionem repente duceretur, ubi in magna iam carnis et spiritus quiete viveret, quousque ad finem mundi redeat et mortis debitum solvat. Ille etenim mortem distulit, non evasit. Redemtor autem noster, quia non distulit, superavit eamque resurgendo consumsit et resurrectionis suae gloriam ascendendo declaravit. Notandum quoque est, quod Elias in curru legitur ascendisse: ut videlicet aperte demonstraretur, quia homo purus adiumento indigebat alieno. Per angelos quippe facta illa et ostensa sunt adiumenta: quia nec in coelum quidem aëreum per se ascendere poterat, quem naturae suae infirmitas gravabat. Redemtor autem noster non curru, non angelis sublevatus legitur; quia is, qui fecerat omnia, nimirum super omnia sua virtute ferebatur. Illo etenim revertebatur, ubi erat: et inde redibat, ubi remanebat: quia cum per humanitatem ascenderet in coelum, per divinitatem suam et terram pariter continebat et coelum.* Christus fährt gen Himmel wie der Herr aller Dinge, Elias aber wie ein Knecht: das ist das Resultat jeder Vergleichung zwischen den beiden Himmelfahrten. Den Mythikern konnte es daher nicht gelingen, aus dem Alten Testamente die Goldfäden zusammenzusuchen, aus welchen diese Geschichte gewebt sein sollte, sie mussten der schöpferischen, freibildenden Phantasie das beste Theil der Arbeit zuerkennen. Für uns dreht es sich nur noch darum, ob wir diese Himmelfahrt unseres Herrn als ein äusseres Faktum, oder als eine Vision, als eine innere Offenbarung zu betrachten haben.

Man hat mehrfach daraus Kapital schlagen wollen für eine innere Schauung, dass in dem ersten wie in dem letzten Evangelium dieser glorreiche Vorgang nicht berichtet und überhaupt in der Predigt der Apostel die Himmelfahrt nie nachdrücklich betont wird. Matthäus schweigt ganz von diesem Schlussereignisse, wir entdecken bei ihm auch nicht ein Mal einen Fingerweis auf dasselbe, es sei denn, dass wir 26, 64 mit Gewalt hierher ziehen. Anders liegt es mit dem vierten Evangelium: in demselben finden sich, obgleich die Ausdrücke ἀναλαμβάνεσθαι, ἀναφέρεσθαι εἰς τὸν οὐρανον in demselben nie betroffen werden, Anspielungen, ja bestimmte

weissagende Andeutungen. Von seinem ἀναβαίνειν redet Christus wiederholt, vgl. 3, 13; 6, 62; 20, 17, häufiger noch von seinem πορεύεσθαι πρὸς
τὸν πατέρα, wo er früher war, 14, 2, 3, 12, 28; 16, 28: hieraus geht
unzweifelhaft hervor, dass Johannes um die Himmelfahrt wusste, es aber
nicht nöthig hielt, von ihr noch einen besonderen Bericht abzuerstatten.
Entweder hatte er den Mittheilungen der Andern nichts hinzuzusetzen, oder
er schrieb jener nicht eine so hohe Bedeutung zu, sie erschien ihm nur als
die nothwendige Consequenz der Auferstehung. In den apostolischen Reden
und Briefen wird die Himmelfahrt nicht allzu oft erwähnt, Petrus spielt
auf sie Act. 2, 34 an und redet von ihr in seinem ersten Briefe 3, 22:
Paulus deutet auf sie Eph. 2, 6 hin, setzt sie voraus Kol. 3, 1 ff. und
nennt sie ausdrücklich 1. Tim. 3, 16; Eph. 4, 10. In dem Hebräerbrief
wird von der Himmelfahrt des Hohenpriesters, welchen wir haben, ein sehr
ausgiebiger Gebrauch gemacht, um sowohl die Unvergleichlichkeit seiner
Person als seines Werkes recht in das Licht zu stellen, vgl. 7, 26; 4, 14;
9, 24; 8, 1. Die Thatsache der Himmelfahrt steht, wie Meyer offen und
ehrlich zugesteht, vermöge der Zeugnisse des Neuen Testamentes unum-
stösslich fest, und zwar, fügen wir hinzu, die Thatsache einer sichtbaren
Himmelfahrt, einer körperlosen Erhebung des Heilandes in den Himmel
zu dem Sitze der Glorie Gottes. „Ein sichtbarer, ja sinnlich eklatanter
Hergang aber," erklärt derselbe sofort weiter, „darf um so mehr als Zuthat
späterer Ueberlieferung — erwachsen aus dem Reflexe der Vorstellung von
der Parusie Act. 1, 11 — betrachtet werden, als nur Lukas, sicher
wenigstens in der Apostelgeschichte (nicht ein Mal Mark. 16, 19) einen
derartigen Hergang ausdrücklich berichtet, der erste und vierte Evangelist aber, obgleich Johannes Augenzeuge gewesen wäre, gänzlich davon
schweigen (auch Joh. 6, 62), was sie schwerlich weder moralisch gekonnt,
noch geschichtlich gedurft haben würden, da eine solche höchste und letzte
äussere Verherrlichung Jesu den gewaltigen Eindruck, welchen sie auf die
Gläubigen nothwendig hervorgebracht hätte, auch bei dem schriftstellerischen
Geschäfte unabweisbar geltend gemacht haben würde, und sich dieses
glänzendste messianische σημεῖον als den würdigsten und herrlichsten
Schlussstein — die Rückkehr in den Himmel der himmlischen Herkunft
entsprechend — eben so natürlich und unabweislich dargeboten hätte.
Die Gründe, mit welchen man ihr Schweigen hat erklären und rechtfertigen
wollen (so z. B. in Flatt's Magazin 8, 67; Olshausen, Krabbe 532 f., Hug,
Gutachten 2, 254 ff., Ebrard, Lange), sind nichts als abgedrungene,
schwache und selbst psychologisch unhaltbare Ausflüchte, vgl. Strauss 2,
657 f." Das Schweigen des Johannes erklärt sich aber doch wohl genügend
daraus, dass er der Geburt Christi kein Correlat zu bieten hat, da er von
derselben gar nicht redet; er stellt in dem ursprünglichen Schlusskapitel
die Gottwerdung Christi (sit venia verbo) kraft der Auferstehung der in
dem ersten Kapitel besprochenen Menschwerdung des Logos gegenüber.
Matthäus erkennt in der Auferstehung ganz richtig den Eingang Christi in
seine Herrlichkeit und verfolgt dieselbe nicht weiter, denn Gegenstand der
Geschichtsschreibung kann sie noch nicht sein, da sie noch fort und fort in
ihrer Entfaltung und Entwickelung begriffen ist. Wer den Bericht des
Markus unbefangen vornimmt, empfängt den Eindruck, dass derselbe die
Himmelfahrt nicht als eine innere, sondern als eine äussere Thatsache be-
trachtet. Leibhaftig und darum sichtbarlich fuhr Christus auf, das bezeugt

Lukas in der Apostelgeschichte mehrfach, vgl. V. 9 βλεπόντων αὐτῶν und ἀπὸ τῶν ὀφθαλμῶν αὐτῶν, V. 10 ἀτενίζοντες ἦσαν εἰς τὸν οὐρανὸν πορευομένου αὐτοῦ, V. 11 ὃν τρόπον ἐθεάσασθε αὐτὸν πορευόμενον εἰς τὸν οὐρανόν. Meyer träumt von einer Discrepanz zwischen dem ersten und zweiten Berichte desselben: die heilige Sage ist in der kurzen Zeit nicht dichter, massiver, handgreiflicher geworden. Die Himmelfahrt, das gestehen übrigens die andern Ausleger fast einmüthig zu, wird von den betreffenden Berichterstattern als ein sichtbarer, ja sinnlich eklatanter Hergang dargestellt. Calvin postulirte schon eine sichtbare Auffahrt: er bemerkt zu Act. 1, 9: *quid nobis prosit Christi ascensio, ex institutione nostra discant lectores. Quia tamen unum est ex primis fidei nostrae capitibus, sedulo ad faciendam eius fidem incumbit Lucas. Imo potius eam omni dubitatione eximere dominus ipse voluit, quum ita palam in coelum ascendit et aliis circumstantiis testatam fecit ascensus sui certitudinem. Si enim clam evanuisset, haesissent attoniti discipuli: nunc quum in edito et undique aperto ac patente loco constituti eundem, quocum versati erant, quem nunc quoque loquentem audiunt, vident sursum attolli, oculis suis prosequuntur, nube subduci vident, non est, quod dubitent, quorsum abierit. Assunt praeterea angeli, qui suo testimonio id confirmant. Historiam vero ita diligenter nostra causa praescribi oportuit, ut filium Dei, tametsi nusquam in mundo comparet, in coelis tamen vivere, sciamus.* Während Calvin die Sichtbarkeit der Himmelfahrt um desswillen als nothwendig fordert, dass die Gläubigen bestimmt wissen, wo sie Christum jetzt zu suchen haben, so Weiss um desswillen, dass sie wissen, keine weitere leibhaftige, sichtbare Erscheinung sei zu gewärtigen. Er sagt in seiner Ausgabe des Meyerschen Commentars zu Markus und Lukas S. 606: „sicher müssen jene Erscheinungen einen bestimmten Abschluss gehabt haben, bei welchem Jesus seinen Jüngern sagte, dass er ihnen nicht mehr erscheinen werde, dass seine irdische Wirksamkeit ein Ende habe, da sonst das Ausbleiben fernerer Erscheinungen ihnen unverständlich bleiben und ihren Glauben an seine Auferstehung und Erhöhung erschüttern musste. Ob er bei diesem letzten Scheiden durch ein sinnfälliges Zeichen, wie es Act. 1, 9 berichtet wird, seinen Jüngern die Gewissheit gegeben habe, dass er nunmehr bleibend in das himmlische Leben entrückt sei, — hängt von der Frage nach der Geschichtlichkeit jener Erzählung ab." Wir weisen diesen Gedanken nicht so kurzer Hand ab, wie Keil das thut, der, da meint, dass Christus vor den Augen seiner Jünger auffahre, um sie sinnenfällig davon zu überzeugen, dass er zur Herrlichkeit des Vaters zurückkehre, die er bei seinem Eintritt in die Welt verlassen hatte, vgl. Luk. 24, 26 mit Joh. 17, 5.

Lukas erzählt in der Apostelgeschichte nun weiter: καὶ ὡς ἀτενίζοντες ἦσαν εἰς τὸν οὐρανὸν πορευομένου αὐτοῦ, ἰδοὺ ἄνδρες δύο παρειστήκεισαν αὐτοῖς ἐν ἐσθήσεσιν λευκαῖς, so ist mit dem Codex Sinaiticus, Alexandrinus, Vaticanus und Ephraemi statt des recipirten ἐσθῆτι λευκῆ zu lesen. Es wird mit dem ἀτενίζοντες ἦσαν geschildert, die umschreibende Form ist absichtlich gewählt, um das ausdauernde, beharrliche Schauen, das Starren darzustellen. Lukas liebt sehr dieses ἀτενίζειν, es wird entweder mit dem blossen Dativ, so Ev. 4, 20; 22, 56; Act. 3, 12; 14, 9, oder mit εἰς, so Act. 3, 4; 6, 15; 7, 55; 11, 6; 13, 9 verbunden. Der Genetiv πορευομένου αὐτοῦ darf daher mit diesem ἀτενίζοντες ἦσαν nicht mit der Vulgata, Luther u. A. in direkte Verbindung gebracht werden, sondern ist als *gen. absolutus* zu nehmen. Kühnöl überträgt ihn aber falsch: *postquam eo abierat;* es heisst nur: während er wegging. Ein ganz unerwartetes Phänomen wird mit *ἰδού* angekündigt: überrascht im höchsten Grade waren die Apostel, als sie auf ein Mal dicht bei sich zwei 'Männer in weissen Gewändern erblickten. Wer waren diese Männer? Alle Kirchenväter, Luther, Calvin, Gerhard halten sie für Engel: Bengel aber merkt an: *vir pro angelo c. 10, 30; 3, 22; Luc. 24, 4; sed confer etiam Luc. 9, 30, itaque vel angeli fuerunt vel homines.* Ewald folgt dem letzten Fingerweise Bengels und glaubt, dass hier dieselben Männer, welche einst auf dem Berge der Verklärung erschienen waren, Moses und Elias, wieder gegenwärtig sind. Meyer wendet dagegen ein, wenn es diese Beiden gewesen wären, würden sie, wie in jener Stelle des Evangeliums, mit Namen genannt sein. Wir sagen einfacher und hoffentlich durchschlagender: die Erklärung zu diesen *ἄνδρες δύο ἐν ἐσθήσεσιν λευκαῖς* haben wir in dem Ev. 24, 4, wo erzählt wird, dass *ἄνδρες δύο ἐπέστησαν ἐν ἐσθῆτι ἀστραπτούσῃ.* Was jene beiden Männer waren, das waren auch diese Beiden, nämlich Engel, als welche nicht bloss die weisse Gewandung, über deren Symbolik wir uns hier nicht weiter auslassen, weil das S. 20 schon geschehen ist, sondern auch die Rede ihres Mundes sie ausweist. Sie stellen sich den Aposteln nicht als ihres Gleichen vor mit der Anrede *ἄνδρες Γαλιλαῖοι,* und geben sich als Wesen zu erkennen, denen die Gedanken und Zukunftspläne Gottes wohlbekannt sind. Sie sprachen: *ἄνδρες Γαλιλαῖοι, τί ἑστήκατε ἐμβλέποντες εἰς τὸν οὐρανόν; οὗτος ὁ Ἰησοῦς ὁ ἀναληφθεὶς ἀφ' ὑμῶν εἰς τὸν οὐρανὸν ἐλεύσεται, ὃν τρόπον ἐθεάσασθε αὐτὸν πορευόμενον εἰς τὸν οὐρανόν.* Die Anrede *ἄνδρες Γαλιλαῖοι* wird von Calvin schon ganz richtig gefasst: *ego iis nequaquam assentior, qui probrose nomen hoc fuisse apostolis inditum putant, quasi angeli tarditatem ac hebetudinem eorum increparent. Meo iudicio hoc quoque ad excitandam attentionem valuit, quod eos ignoti et numquam prius visi tamquam notos compellant.* Gewiss sollen diese Männer nicht herabgesetzt werden, indem sie als Galiläer angeredet werden, steht ja dabei noch das ehrenvolle *ἄνδρες;* sie werden nach ihrer Heimath benannt, stammen sie doch zum grössten Theile aus Galiläa, vielleicht auch ist der Ausdruck Galiläer in dem Munde des Volkes schon zu der Ehre gelangt, die Bezeichnung eines Anhängers Jesu Christi zu sein. Calvin findet in den Worten: *τί ἑστήκατε ἐμβλέποντες εἰς τὸν οὐρανόν* eine scharfe Rüge: *videntur tamen immerito reprehendi, quod in coelum suspiciunt. Ubi enim potius quaerendus est Christus? Annon scriptura subinde nos illuc invitat? Respondeo, non ideo reprehendi, quia sursum oculos attollant, sed quia oculis requirant Christum, quum nuper interposita nubes corporeos omnes sensus ab eo investigando arceret. Deinde quod mox sperabant rediturum, ut eius conspectu iterum fruerentur, quum ascenderit, ut in coelo maneat, donec secundo appareat iudex mundi.* Ich glaube nicht, dass der Reformator hier das Richtige getroffen hat: einen Verweis enthält diese kurze Frage nicht: auch sehen die Jünger nicht mit den Gedanken gen Himmel, welche ihnen beigelegt werden. Man versetze sich nur in ihre Lage. Aufgeschwungen hat sich der Herr, eine Wolke, welche von dem Himmel sich dem Kommenden entgegenbewegte, hat ihn aufgenommen und in den Himmel hinaufgetragen: versteht es sich nicht von selbst, dass jene galiläischen Männer nicht wissen, wie ihnen geschehen ist, dass sie sprachlos, verstürzt, verstarrt lange gen Himmel schauen? Die Engel wollen mit ihrer Frage

sie wieder zu sich bringen, in das wirkliche, arbeitsvolle Leben zurückrufen. Sie haben nicht unverrückt zu dem Himmel aufzustarren: der,
welchen sie haben gen Himmel fahren sehen, bleibt in dem Himmel, bis
er, so wie er jetzt aufgefahren ist, dereinst von dort her kommt. Ἐλεύσεται,
so sagen die beiden Engel, indem sie auf die Parusie des Herrn hinausblicken. Nicht auf immer und ewig ist der, welcher jetzt leibhaftig, sichtbar von dieser Erde scheidet, aus dieser Welt geschieden: er, der jetzt
geht, kommt wieder, wie er, der vom Himmel einst ausgegangen war, jetzt
wieder in den Himmel eingegangen ist. Auffallend ist es, dass von einem
Kommen und nicht von einem Wiederkommen die Rede ist. *Ascensio
potius Christi*, sagt Bengel, *quam adventus eius ad iudicium, in scriptura
ut reditus describitur. Venire dicitur, non solum, quia ante non venerat
ad iudicandum, sed quia adventus gloriosus multo erit illustrior. Mundus
non crediderat, filium Dei venisse: respectu credentium dicitur redire.
Joh. 14, 3. Tum revelabitur, in die suo. Verbum venit, iam in prophetia
Henochi positum est.* Ueber diese Wiederkunft Christi lassen sich die beiden
Engel nicht weiter aus, denn sie wissen, dass die Apostel von dem Herrn
schon hinlänglich gehört haben, wann und wozu er noch ein Mal kommt.
Sie sind sicher, dass die Jünger, welche den Meister eben erst nach der
Zeit gefragt, wann er das Reich aufrichten wollte, und die Antwort
empfangen hatten, dass Zeit und Stunde zu wissen ihnen nicht gebühre,
das zukünftige Kommen ihres verherrlichten Herrn nur von seinem majestätischen Kommen am Ende dieses Zeitlaufs verstehen werden. Kommen
wird er, nachdem das Evangelium aller Kreatur gepredigt worden ist,
οὕτως, ὃν τρόπον sie ihn haben auffahren sehen. Sie haben ihn in voller
Majestät auf einer Wolke leibhaftig gen Himmel fahren sehen, so will
er wiederkommen in voller Majestät, wie er selbst sagt ἐν τῇ δόξῃ
(Matth. 25, 31), μετὰ δυνάμεως καὶ δόξης πολλῆς (Luk. 21, 27); auf einer
Wolke, wie er wieder selbst erklärt ἐν νεφέλῃ (Luk. 21, 27), ἐπὶ τῶν
νεφελῶν τοῦ οὐρανοῦ (Matth. 26, 64); leibhaftig, wie er es selbst andeutet,
wenn er das Subjekt, welches wiederkehrt als τὸν υἱὸν τοῦ ἀνθρώπου
bezeichnet, wie Matth. 25, 31; 26, 64 u. ö. *Quemadmodum visibiliter in
coelum ascendit, ita quoque visibiliter redibit* sagt Gerhard sehr richtig.
Die Rückkehr von der Erde in den Himmel ist ein Typus der Rückkehr
von dem Himmel zu der Erde: freilich fehlen auch tiefgreifende Unterschiede nicht. Von einer Begleitung des Auffahrenden durch die Menge
der himmlischen Heerschaaren ist uns nichts bekannt, hingegen werden die
Engel und Erzengel den Wiederkommenden zur Erde geleiten, jetzt sehen
nur die Apostel — ob noch andere Gläubige zugegen waren, was unter
Anderen auch Bengel annimmt, ist mir ausserordentlich zweifelhaft, da in
der Apostelgeschichte nur immer von jenen die Rede ist — die Heimkehr,
an dem Ende aber soll die Wiederkunft leuchten, wie ein Blitz vom
Aufgang bis zum Niedergange, denn alle Geschlechter der Menschen sollen
ihn sehen. Calvin ist der Ansicht, dass dieses Wort Trost spenden solle:
*dixi hac consolatione mitigari, imo prorsus tolli absentiae tristitiam, quum
rediturum Christum audimus. Nam finis simul notandus est, quod scilicet
adveniet redemptor, qui secum nos in beatam immortalitatem colligat. Nam
ut nunc non sedet in coelo otiosus (quemadmodum dii homerici finguntur
deliciis suis vacare), ita nec sine fructu iterum videbitur. Ergo sola Christi
exspectatio et importuna carnis nostrae desideria compescere et nostram in
adversis omnibus patientiam sustentare et taedium nostrum solari debet.*

Allein, schwerlich dachten die Apostel in dieser Stunde der Verherrlichung ihres Herrn, dass sie einen Verlust erlitten: sie waren ganz hingenommen und sahen ihm nur mit verzückten Augen und anbetenden Herzen nach. Höchstens mahnt dieser Hinweis auf die Wiederkunft Christi sie daran, dass sie ihre Aufgabe lösen, damit er sie einst in sein Reich aufnehmen kann. Diese Engelworte sagen über die Zeit und Stunde der Parusie nichts Bestimmtes aus. Gut bemerkt schon Bengel: *non ii, qui ascendentem viderunt, dicuntur venturum visuri.*

Das Wort der Engel gibt den Aposteln die volle Besinnung wieder. Sie erwachen aus ihrer Entzückung. Lukas redet davon in dem Evangelium: καὶ αὐτοὶ προσκυνήσαντες αὐτὸν (Tischendorf streicht die beiden letzten Worte, welche in dem Codex Cantabrigiensis allerdings fehlen, allein uns dünkt das Zeugniss dieser einen Autorität gegen die vereinigten Autoritäten des Sinaiticus, Alexandrinus, Vaticanus, Ephraemi und aller Uncialen zu schwach zu sein) ὑπέστρεψαν εἰς Ἰερουσαλὴμ μετὰ χαρᾶς μεγάλης καὶ ἦσαν διὰ παντὸς ἐν τῷ ἱερῷ εὐλογοῦντες (so lese ich auf Grund des Codex Sinaiticus, Vaticanus und Ephraemi, Tischendorf gibt wieder dem αἰνοῦντες des Codex Cantabrigiensis den Vorzug, der *textus receptus* verbindet beide Lesarten) θεόν (τόν bleibt besser davor weg, weil es im Sinaiticus, Ephraemi, Cantabrigiensis nicht gefunden wird, ebenso das ἀμήν darnach, welches aus dem gottesdienstlichen Gebrauche eingeschlichen ist). In der Apostelgeschichte lautet es kürzer: τότε ὑπέστρεψαν εἰς Ἰερουσαλὴμ ἀπὸ ὄρους τοῦ καλουμένου ἐλαιῶνος, ὅ ἐστιν ἐγγὺς Ἰερουσαλήμ, σαββάτου ἔχον ὁδόν. Das Erste, was die Apostel thaten, war, dass sie den Herrn, der aufgefahren war gen Himmel, anbeteten: sie ihrer Seits (καὶ αὐτοί) thaten das. Grotius irrt, wenn er bemerkt: *corpore prostrato, quod ante hac non fecerant, quippe ἐν ταῖς ἡμέραις τῆς σαρκὸς αὐτοῦ (ut loquitur ad Hebraeos scriptor) ad familiarem victum admissi. Nunc faciunt maiestate ipsius aperte cognita* 2. Cor. 5, 16: εἰ δὲ καὶ ἐγνώκαμεν κατὰ σαρκὰ Χριστόν, ἀλλὰ νῦν οἰκέτι γινώσκομεν. Wir wissen, dass sie bereits auf dem Berge in Galiläa in seinem Namen ihre Kniee gebeugt haben (Matth. 28, 17). *Christus est Deus*, so merkt Bengel kurz, aber gut an: Calvin ist viel weitschichtiger und mengt Ungehöriges in einander. *Adorandi verbo primum significat Lucas, exemptam fuisse dubitationem apostolis, quia tunc omni ex parte resplenduit Christi maiestas, ut iam dubia esse non deberet eius resurrectio: deinde ob eandem causam coepisse maiore reverentia eum colere, quam dum eius consuetudine in terra fruebantur. Cultus enim, de quo nunc agitur, non tantum ut magistro vel prophetae, neque etiam ut Messiae, dimidia tantum ex parte cognito, sed ut regi gloriae mundique iudici exhibitus fuit.*

Von dem Oelberge, dessen Entfernung Lukas in der Apostelgeschichte genau angibt als einen Sabbatherweg, d. h. als eine Wegstrecke, welche der Jude auch an einem Sabbathe zurücklegen durfte (nach Epiphanius 66, 82 sechs Stadien, womit Josephus b. i. 5, 2, 3 vollkommen stimmt, nach welchem der Oelberg wirklich sechs Stadien entfernt ist), kehrten sie nach Jerusalem zurück μετὰ χαρᾶς μεγάλης. Nicht gut erklärt das Euthymius mit διὰ τὴν ἀνάστασιν αὐτοῦ καὶ διὰ τὴν ἐλπίδα τῆς εἰρημένης ἐπαγγελίας. Gerhard kommt auch nicht zurecht: *quod cum gaudio magno in urbem reversi dicuntur, mirum alicui videri poterat, ingrediebantur urbem odiis et iris adversus Christum et eius discipulos flagrantem, erant igitur sicut in medio luporum Matth. 10, 16, sed fide exspectant impletionem promissionis*

de adventu spiritus sancti. Grotius hätte seinen ersten Grund, *ob intelle-
ctam rationem admirabilem, qua procurata erat redemptio generis humani —*
er führt auch die Verheissung des Geistes zweitens an, — anders formuliren
sollen. Offenbar bezieht sich die grosse Freude auf den herrlichen Abschluss des diessseitigen Lebens Christi, seine Erhöhung zur Rechten Gottes,
das ist, wie Godet, Meyer u. A. richtig angeben, ihre Freude und ihr Psalm.
Dort in Jerusalem sind sie die folgenden Tage, schwerlich spricht Lukas
bloss von der Zeit bis Pfingsten, sondern auch von der Zeit darnach, διὰ
παντὸς ἐν τῷ ἱερῷ εὐλογοῦντες θεόν. Die Worte sind nicht zu pressen,
sondern *cum grano salis*, ähnlich wie Luk. 2, 37, zu verstehen: Euthymius
schreibt schon dazu κατὰ τοὺς καιροὺς δηλονότι τῶν συνάξεων, ὅτε εἶναι
ἐν αὐτῷ ἐξῆν. Gerhard, Grotius und alle neueren Ausleger stimmen bei.
Διὰ παντός, sagt Grotius, *intellige quotidie, temporibus nimirum congruis.
Ita Petrus et Joannes Act. 3 narrantur iisse in templum circa horam no-
nam, quae destinata erat precibus vespertinis. Quod post acceptum spiritum
fecerunt, idem eos et decem diebus post domini* ἀνάληψιν *fecisse credibile
est: de quo tempore haec mihi videntur accipienda. Nec obstat, quod coetus
suos e tempore habuerunt in privatis aedibus, ut docemur Act. 1, 15; nam
idem fecerunt et post acceptum spiritum, quamvis quotidie interea et templum
adirent Act. 2, 46; 3, 1; 5, 25; 12, 12.* Ihre Freude war es, Gott in
seinem Heiligthume zu preisen, denn εὐλογεῖν hat sehr häufig auch diese
Bedeutung, cf. Luk. 2, 28.

Während Lukas uns am Schlusse seines Evangeliums die Jünger in
dem Tempel zeigt, welche Gott loben über Alles, was sie gesehen und
gehört haben, weist Markus sie uns auf den Wegen in alle Welt, welche
der Herr ihnen geboten hatte. Er schliesst mit den Worten: ἐκεῖνοι δὲ
ἐξελθόντες ἐκήρυξαν πανταχοῦ, τοῦ κυρίου συνεργοῦντος καὶ τὸν λόγον
βεβαιοῦντος διὰ τῶν ἐπακολουθούντων σημείων. Die Apostel also, denn
ἐκεῖνοι δέ steht in Bezug zu dem Vorhergehenden, ἐκεῖνοι blickt auf
V. 14, δέ aber auf V. 19 ὁ μέν zurück, gingen aus, selbstverständlich von
dem Orte, da sich diese letzten Begebenheiten zugetragen hatten, also von
Jerusalem, wie ihnen Act. 1, 8 ausdrücklich befohlen war, doch nicht vor
der Gabe des Geistes, auf welche sie vertröstet waren (Luk. 24, 49;
Act. 1, 4 ff.), und predigten πανταχοῦ, an allen Orten. Fritzsche ist zu
scharfsinnig, der Redaktor der Schlussverse soll hier vollständig aus seiner
Rolle fallen und die Zeit, in welcher er schrieb, deutlich verrathen. *Invito
enim scriptori excidit, ut, quum doctrinam divinam, quemadmodum Jesus
fieri iusserit v. 15,* u b i q u e   l o c o r u m *ab apostolis traditam esse referret,
eo se tempore scripsisse, quo* a p o s t o l i   p e r a c t i s   J e s u   m a n d a t i s
m o r t u i   e s s e n t, *attento lectori haud obscure proderet.* Vortrefflich ist
dagegen Bengels Bemerkung: *quo tempore Marcus evangelium scripsit, iam
tum apostoli exierant in omnem mundum Rom. 10, 18, ideo praeter Petrum,
Jacobum maiorem, Johannem, Jacobum minorem, Judam, nullius apostoli,
nisi Pauli, post Actorum caput 2 vel 15, nos mentionem legimus in libris
novi testamenti. Ibi quisque maxime innotuit, ubi praedicavit. Nullius
apostoli, solius Jesu Christi nomen in toto orbe celebratum est.* Das πανταχοῦ ist eben so wie das διὰ παντός vorher als ein populär hyperbolischer
Ausdruck zu fassen: das aber erhellt aus ihm mit aller Sicherheit, dass
zu der Zeit, wo dieser Vers geschrieben ward, durch den Dienst der
Apostel schon in ausserordentlich vielen Ländern das Evangelium von
Christus gepredigt worden war. Diese Predigt in aller Welt ist ein Zeichen

und Zeugniss, dass Jesus lebt und im Himmel thront. Ohne seine kräftige Hülfe wäre es den Aposteln nicht möglich gewesen: aber er stand ihnen zur Seite. Was sie thaten, das thaten sie *τοῦ κυρίου συνεργοῦντος*. Falsch versteht Calvin, dem Fritzsche folgt, Gott unter diesem *κύριος*; ein Blick auf V. 19 überführt uns, dass Gerhard, Grotius, de Wette, Meyer, Bleek, Keil im Rechte sind, die an den Herrn Christus denken. Wie er seinen Herolden hilft, gibt Markus nicht an. Gerhard erinnert mit Recht, dass dieses *συνεργεῖν* ein anderes ist, als es Gehülfen dem Paulus leisteten, Röm. 16, 3, 9, 21; 2. Kor. 1, 24: die *principalis actio* gebühre dem Herrn, die *ministerialis* seinen Knechten. *Consistit autem illa Christi συνέργεια cum praedicatione apostolorum in hisce membris, 1) quod Christus suo spiritu et virtute per verbum apostolorum fuit efficax ad hominum conversionem et salutem, sicut 1. Cor. 3, 6 dicit apostolus: ego plantavi, Apollo rigavit, Deus autem dedit incrementum, 2) quod ab insidiis et potentia hostium apostolos tutos praestitit Matth. 10, 16: ecce ego mitto vos sicut oves in medio luporum, 3) quod doctrinam evangelii ab apostolis in toto mundo sparsam miraculis divinis et supernaturalibus confirmavit, sicut hoc loco Marcus addit, dominum confirmasse sermonem apostolorum per signa subsequentia.* Gewiss bezieht sich die Mitwirksamkeit des Herrn auch auf jene *σημεῖα*, welche durch den Artikel als die Zeichen signalisirt werden, welche den Gläubigen in den Versen 17 u. 18 verheissen wurden. Christus hielt also Wort und befestigte durch die nicht ausbleibenden, sondern der Verkündigung des Wortes nachfolgenden Zeichen, dass das Wort, welches verkündigt wurde, sein Wort, eine Kraft Gottes sei. Meyer erklärt es für irrig, mit den anderen Auslegern an die von den Aposteln verrichteten Wunder zu denken: denen, die durch die Predigt derselben gläubig geworden waren, seien die verheissenen *σημεῖα* zu Theil geworden: allein er hat ganz übersehen, dass diese Zeichen nicht etlichen Gläubiggewordenen, sondern allen Gläubiggewordenen — und waren die Apostel nicht die Erstgeborenen unter denselben? — verheissen werden. So auch Weiss und Keil.

Christus, der gen Himmel aufgefahren ist, wirkt also von dem Himmel her vermöge seiner allmächtigen Kraft und Gottheit im Anschluss an sein Wort in dieser Welt.

> Der Herr ist noch und nimmer nicht
> Von seinem Volk geschieden;
> Er bleibet ihre Zuversicht,
> Ihr Segen, Heil und Frieden!

Es fehlen auch die Zeichen nicht, die dem Worte nachfolgen, um es zu bekräftigen. „Es sind aber solche äussere Zeichen (V. 17 u. 18),“ sagt kein Geringerer als Luther, „noch eitel geringe und fast kindische Wunderzeichen gegen die rechten, hohen Wunder, so Christus ohne Unterlass in der Christenheit durch seine göttliche, allmächtige Kraft wirkt, nämlich, dass dieselbige auf Erden vertheidigt und erhalten wird und noch etwa Gottes Wort und Glauben, ja noch ein Christ auf Erden bleibt, wider den Teufel und alle seine Engel, dessgleichen wider so viele Tyrannen, Rotten und falsche, undankbare Leute unter den Christen, ja auch wider unser eigen Fleisch und Blut, welche allesammt wider das Reich Gottes stürmen.“